# 聚焦国家战略
# 推动教育高质量发展

中国教育发展战略学会2022年度学术年会报告文集

中国教育发展战略学会　编

中国言实出版社

**图书在版编目(CIP)数据**

聚焦国家战略 推动教育高质量发展：中国教育发展战略学会2022年度学术年会报告文集 / 中国教育发展战略学会编. -- 北京：中国言实出版社，2023.7

ISBN 978-7-5171-4541-7

Ⅰ. ①聚… Ⅱ. ①中… Ⅲ. ①教育事业—发展—中国—2022—文集 Ⅳ. ①G521-53

中国国家版本馆CIP数据核字（2023）第138419号

**聚焦国家战略 推动教育高质量发展**

---

责任编辑：张天杨
责任校对：王建玲

---

出版发行：中国言实出版社

地 址：北京市朝阳区北苑路180号加利大厦5号楼105室
邮 编：100101
编辑部：北京市海淀区花园路6号院B座6层
邮 编：100088
电 话：010-64924853（总编室） 010-64924716（发行部）
网 址：www.zgyscbs.cn 电子邮箱：zgyscbs@263.net

---

经 销：新华书店
印 刷：徐州绪权印刷有限公司
版 次：2023年11月第1版 2023年11月第1次印刷
规 格：787毫米×1092毫米 1/16 47印张
字 数：945千字

---

定 价：168.00元
书 号：ISBN 978-7-5171-4541-7

# 韩进会长[①]在中国教育发展战略学会2022年度学术年会上的致辞

各位来宾、各位会员：

大家上午好！

在全国上下深入学习贯彻党的二十大精神的重要时刻，我会召开本年度的学术年会具有格外重要的意义。为方便大家参会，今年的学术年会采取了视频会议的形式。在此，我代表学会，对参会的各位领导、专家，各位学会同人表示热烈的欢迎和由衷的感谢！

党的二十大是在全党全国各族人民迈上全面建设社会主义现代化国家新征程、向第二个百年奋斗目标进军的关键时刻召开的一次十分重要的大会。习近平总书记代表中国共产党中央委员会所作的大会报告，深刻阐述了新时代坚持和发展中国特色社会主义的一系列重大理论和实践问题，科学谋划了未来一个时期党和国家事业发展的战略、方针、目标和任务，提出以中国式现代化全面推进中华民族伟大复兴的使命任务，并提出了为加快完成这一历史使命的国家战略，对于新时代新征程党和国家事业发展具有重大而长远的意义。

党的二十大报告指出："教育、科技、人才是全面建设社会主义现代化国家的基础性、战略性支撑。"强调"我们要坚持教育优先发展、科技自立自强、人才引领驱动，加快建设教育强国、科技强国、人才强国，坚持为党育人、为国育才，全面提高人才自主培养质量，着力造就拔尖创新人才，聚天下英才而用之"。这一表述体现党和国

① 韩进，中国教育发展战略学会会长，武汉大学原党委书记。

家对于教育、科技、人才战略在国家现代化建设中的基础性、战略性支撑作用的高度重视，将教育、科技、人才战略集中在一章中表述，也体现了对教育、科技、人才这三大战略相互关系的新认识，也为三大战略统筹协同前提下的教育优先发展战略提供了新的视野，指明了方向。

党的二十大报告从社会主义现代化强国建设的战略高度，再次强调了继续实施科教兴国、创新驱动、可持续发展、区域协调发展、乡村振兴等一系列国家战略，实施这些国家战略的关键因素是国民素质提升和人才队伍建设，教育作为培养人的事业，能够也必须为国家战略提供智力与人才支撑。再次强调了“教育是国之大计、党之大计。培养什么人、怎样培养人、为谁培养人是教育的根本问题”。中国教育发展战略学会作为以教育发展战略研究为己任的学术社团，根本宗旨就是从战略高度研究“培养什么人、怎样培养人、为谁培养人”这一教育的根本问题，要不断提升自身研究的战略自觉和战略视野，更好地回应国家发展的战略需求，更好地发挥我会战略研究智库的作用。

本次年会的主题，就是学习贯彻党的二十大精神，呼应国家发展的战略需求，研讨新形势、新格局下教育协调发展、高质量发展的新挑战、新任务、新战略。基于这一主题，本次年会设立了一个主论坛和八个平行论坛，将聚焦教育发展的宏观背景与战略需求、教育科技人才的统筹协同与学习型大国建设、中国式现代化与教育现代化、科技自立自强与人才培养、区域教育高质量协调发展、区域教育与经济社会协同发展、数字化战略赋能教育高质量发展、教育治理创新、乡村振兴与农村教育发展等重大战略问题深入展开研讨，将有近百位会内外专家学者围绕上述主题作报告，从报告题目上看，可以说主题鲜明，视野开阔，内容丰富，相信这些报告对于我会今后深入学习贯彻党的二十大精神，以党的二十大精神指导我会的教育发展战略研究将产生重要的推动作用。

一年一度的学术年会是我会贯彻学会宗旨，展示学会学术研究成果，开展学术交流的重要平台，因此本届年会得到了国家社科基金的社团学术会议资助，在组织形式上也有所创新。本次年会的一大特点是分支机构的参与有所增强，我会 30 多个分支机构大都积极参与了平行论坛的协办，并将在年会上发表各自的研究成果，或推荐本专委会的研究骨干在年会上作报告，这样的组织形式对于促进会内不同研究领域的学术交流、分享彼此的研究成果、协同推进我会的教育战略综合研究将发挥积极的作用。借此机会，我想代表总会对各分支机构对年会的积极参与和大力支持表示感谢！

同志们，我们要以学习贯彻党的二十大精神为引领，以本届年会为新的契机，围绕党的二十大提出的新战略、新任务，全面深化我会的教育发展战略研究，为加快建设教育强国，加快推进我国的教育现代化，促进教育协调、持续、高质量发展作出我们应有的贡献！

预祝本届年会取得圆满成功！

谢谢大家！

2022 年 12 月 17 日

# 目录

## 

# 一、中国式现代化和现代教育发展体系

# 新时代新征程加快教育现代化、建设教育强国的行动指南

张　力[①]

奋斗百年路，启航新征程。党的二十大报告庄严宣告："从现在起，中国共产党的中心任务就是团结带领全国各族人民全面建成社会主义现代化强国、实现第二个百年奋斗目标，以中国式现代化全面推进中华民族伟大复兴。"[②]这是作为举旗定向的政治宣言、引领复兴的行动纲领的一条主线。锚定这一主线，党的二十大报告擘画以中国式现代化全面推进中华民族伟大复兴的宏伟蓝图，制定新时代新征程党和国家事业发展的大政方针和战略部署，首次将教育、科技、人才战略单列为党代会政治报告的一个部分，进一步要求实施科教兴国战略，强化现代化建设人才支撑，继续强调坚持科技是第一生产力、人才是第一资源、创新是第一动力，对深入实施科教兴国战略、人才强国战略、创新驱动发展战略作出新的部署。这对于全党全国各族人民齐心协力朝着第二个百年奋斗目标奋勇前进，具有非常重大的战略指导意义。

## 一、全面总结新时代十年教育、科技、人才的历史性成就

百年风云激荡，奋斗铸就辉煌。中国共产党自成立之日起，就坚定不移践行为中国人民谋幸福、为中华民族谋复兴的初心和使命，党和人民百年奋斗，书写了中华民族几千年历史上最恢宏的史诗。在新民主主义革命时期、社会主义革命和建设时期、改革开放和社会主义现代化建设新时期、中国特色社会主义新时代各个历史阶段，党始终重视发挥教育、科技、人才的重要作用，在理论创新和实践探索上积累了丰富经验，形成了承前启后、一脉相承、与时俱进的光荣传统，为以史为鉴、开创未来提供了重要依据。

站在"两个一百年"奋斗目标的历史交汇点上，习近平总书记明确要求，全党要全面把握和深入思考五个方面新的历史特点，即我国发展面临新的战略机遇、战略任务、

① 张力，国家教育咨询委员会秘书长，教育部原教育发展研究中心主任。

② 习近平. 高举中国特色社会主义伟大旗帜　为全面建设社会主义现代化国家而团结奋斗——在中国共产党第二十次全国代表大会上的报告（2022 年 10 月 16 日）. 新华社北京，2022-10-25.

战略阶段、战略要求、战略环境。[①]这是我们从国家战略层面加快建设教育强国、科技强国、人才强国的重要立足点，是全党全社会在以习近平同志为核心的党中央领导下统筹推进“五位一体”总体布局、协调推进“四个全面”战略布局的必然要求。

根据党的二十大报告对新时代十年教育、科技、人才的系统总结，经过改革开放新时期到中国特色社会主义新时代的接续奋斗，当前我国建成世界上规模最大的教育体系，教育普及水平实现历史性跨越，稳居同期全球中上等收入国家行列，每年职业院校和高等学校向社会输送数以千万计专业人才和技术技能人才的后备力量，从业人员接受继续教育培训上亿人次。党对教育工作的全面领导切实加强，教育优先发展战略地位进一步落实，劳动力和专门人才在各行各业的适应性逐渐改进，广大人民群众满意度持续提高，中国特色社会主义教育制度体系的主体框架基本确立，教育面貌正在发生格局性变化，[②]我国巨大人口压力正在迅速转化成强大人力资源优势。

新时代以来，创新驱动发展战略显著推进，科技自立自强成为国家发展的战略支撑，新型举国体制不断健全，国家战略科技力量逐渐加强，全社会研发经费支出居世界第二位，研发人员总量居世界首位，基础研究和原始创新不断加强，关键核心技术实现重大突破，重大创新成果竞相涌现，一些前沿领域开始进入并跑、领跑阶段，科技实力正在从量的积累迈向质的飞跃，从点的突破迈向系统能力提升，我国在世界知识产权组织发布的《2022年全球创新指数报告》中跃居第11位，进入创新型国家行列。

新时代以来，党更加重视培养人才、团结人才、引领人才、成就人才，党对人才工作的领导全面加强，坚持党管人才原则的体制机制不断健全，新时代人才强国战略深入实施，更加积极、更加开放、更加有效的人才政策逐步推进，人才队伍快速壮大，人才效能持续增强，人才比较优势稳步增强，国家战略人才力量新格局正在形成，世界重要人才中心和创新高地建设步伐加快，我国已经拥有一支规模宏大、素质优良、结构不断优化、作用日益突出的人才队伍，我国人才工作站在一个新的历史起点上。[③]

综上，新时代教育、科技、人才事业对如期全面建成小康社会，中华民族迎来从站起来、富起来到强起来的伟大飞跃的卓越贡献，已载入实现第一个百年奋斗目标的光辉史册，在全面建设社会主义现代化国家、朝着实现第二个百年奋斗目标奋进的新征程上，必然需要教育、科技、人才事业继续发挥基础性、战略性支撑的作用。

① 张旭东，丁小溪．推动中华民族伟大复兴号巨轮乘风破浪、扬帆远航——党的二十大报告诞生记．新华社北京，2022-10-25.

② 习近平主持召开中央全面深化改革委员会第十六次会议［N］．人民日报，2020-11-03.

③ 张力．教育科技人才奠基社会主义现代化国家建设［N］．中国教育报，2022-11-24.

## 二、准确把握加快教育现代化、建设教育强国的历史方位

建设教育强国、科技强国、人才强国，是党的十九大报告作出的重大部署，没有给出完成的时间点。党的十九届五中全会把教育强国、人才强国定在2035年必须建成的五项强国目标之中（还包括文化强国、体育强国、健康中国），而未列出科技强国的实现时间点。党的二十大报告把科技强国增加到2035年建成的强国目标之中，从而为单列教育、科技、人才战略的第五部分明确了总的方向。

综观2035年我国基本实现社会主义现代化的辉煌远景，必须建成的教育强国、科技强国、人才强国、文化强国、体育强国、健康中国六项目标，完全对标全体中国人民的三大素质——思想道德素质、科学文化素质、身心健康素质的全面提升，在党的二十大报告所设置的十八项强国目标系列中优先部署。因此，党的二十大报告第五部分专门部署教育、科技、人才战略，紧跟第四部分“加快构建新发展格局，着力推动高质量发展”，位于社会主义政治建设、文化建设、社会建设、生态文明建设之前，在党的二十大报告涵盖改革发展稳定、内政外交国防、治党治国治军各个领域，放在非常突出的位置，充分彰显教育、科技、人才的重要战略地位。

党的二十大报告指出，“教育、科技、人才是全面建设社会主义现代化国家的基础性、战略性支撑”，全面阐释了新时代新征程“加快建设教育强国、科技强国、人才强国”的重大使命，对“坚持教育优先发展、科技自立自强、人才引领驱动”提出新的更高要求。从宏观战略角度来看，坚持教育优先发展，重在夯实人力资源深度开发基础；坚持科技自立自强，重在坚持独立自主持续开拓创新；坚持人才引领驱动，重在巩固发展优势赢得竞争主动。归根到底，全面建设社会主义现代化国家，教育是基础，科技是关键，人才是根本。

关于“教育强国”，属于偏正式复合短语，意为教育综合实力形成显著优势的国家，历经改革开放和社会主义现代化建设新时期、中国特色社会主义新时代的理论与实践探索，作为党代会政治报告的重点部署，首见于党的十九大报告，第八部分第一节开宗明义：“建设教育强国是中华民族伟大复兴的基础工程。”[①] 此后，党中央、国务院《中国教育现代化》明确提出，到2035年，总体实现教育现代化，迈入教育强国行列，推动我国成为学习大国、人力资源强国和人才强国，为到20世纪中叶建成富强民主文明和谐美丽的社会主义现代化强国奠定坚实基础。在党的十九届五中全会确定教育强国实现时点的基础上，党的二十大报告的第三部分提出到2035年“建成教育强国”的目标、第五部分具体阐述“建设教育强国”。

① 习近平. 决胜全面建成小康社会　夺取新时代中国特色社会主义伟大胜利——在中国共产党第十九次全国代表大会上的报告［N］. 人民日报，2017-10-28.

关于“教育现代化”，一般是指后发国家在工业化社会前后不断追赶先发国家的教育变革创新过程，也是教育适应本国经济社会发展的过程。新时代的教育现代化，必须锁定于中国式现代化的总目标。党的二十大报告明确了中国式现代化的科学内涵、旨归意义、目标任务、实现途径，揭示了中国式现代化的独特优势、实践指引、光明前景。不久前，习近平总书记进一步深刻指出：中国式现代化，深深植根于中华优秀传统文化，体现科学社会主义的先进本质，借鉴吸收一切人类优秀文明成果，代表人类文明进步的发展方向，展现了不同于西方现代化模式的新图景，是一种全新的人类文明形态。[①]而加快教育现代化，作为建设教育强国的重要路径，对于实现中华民族伟大复兴的中国梦，具有重要战略意义。

## 三、深入落实党的二十大关于教育事业的系列决策部署

党的十八大以来，以习近平同志为核心的党中央更加高度重视教育事业。习近平总书记发表了一系列关于教育的重要论述，对坚守为党育人、为国育才，加快推进教育现代化，建设教育强国，办好人民满意的教育提出了总体要求。[②]党的二十大报告紧扣“办好人民满意的教育”这一重点导向，在第五部分第一节对教育发展改革作出了全方位部署。

总体上看，对党的二十大报告的教育专论部分，我们可从五个层面加深理解。一是从教育是国之大计、党之大计，把握培养人这一教育根本问题出发，坚定社会主义办学方向。二是坚持以人民为中心发展教育，以加快建设高质量教育体系，发展素质教育，促进教育公平为主线，筑牢教育体系特别是基础教育的基础。三是对职业教育、高等教育、继续教育协同创新，职普融通、产教融合、科教融汇，以及建设中国特色、世界一流大学和优势学科等提出新的政策导向。四是深化教育领域综合改革，在十年改革取得突破性进展的基础上，增加涉及教材建设管理、学校管理和教育评价体系、学校家庭社会育人机制等新的着力方向，并继续重视教师队伍建设。五是推进教育数字化，建设全民终身学习型社会、学习型大国，更好满足人民群众对高质量教育的需求，把我国的人口压力转化为人力资源的显著优势。

党的二十大报告共有300多处新表述新举措，而教育专论部分的新提法新要求有十多处，充分遵循了习近平总书记关于守正创新的总体要求。所谓守正，就是对党全面领导教育工作的基本原则、方向、经验，必须保持稳定性和连续性，一以贯之、一脉相承、一如既往。所谓创新，就是根据新形势新情况新要求，必须在教育重点领域和关键环节

① 习近平在学习贯彻党的二十大精神研讨班开班式上发表重要讲话强调　正确理解和大力推进中国式现代化［N］．人民日报，2023-02-08．

② 本书编写组．习近平总书记教育重要论述讲义［M］．北京：高等教育出版社，2020．

方面与时俱进、开拓进取、勇毅前行。因此，党的二十大报告关于教育的专论，与党的十八大、十九大报告，十八届、十九届历次中央全会的许多部署相连接，与习近平总书记到各地各学校座谈会发表的重要意见论述、所主持重要会议确定的重大决策措施相契合，体现了马克思主义中国化时代化的教育理论创新，反映了党的教育方针在新时代新征程上开辟的新境界。

同时，在党的二十大报告的其他部分，还有许多与教育有关的重点阐释和任务要求。诸如第四部分乡村振兴中的人才振兴；第五部分优化高水平研究型大学定位和布局，深化人才发展体制机制改革；第七部分增强全民法治观念；第八部分深入实施马克思主义理论研究和建设工程，深入开展社会主义核心价值观宣传教育，深化爱国主义、集体主义、社会主义教育，推进大中小学思想政治教育一体化建设，加强和改进未成年人思想道德建设，加强青少年体育工作；第九部分完善重点群体（包括高校学生）就业支持体系，健全终身职业技能培训制度，重视心理健康和精神卫生；第十五部分增强党组织政治功能和组织功能；结束语“全党要把青年工作作为战略性工作来抓”等，我们都应该通篇学习，深刻领会，提高认识，融会贯通，认真落实。

“勿忘昨天的苦难辉煌，无愧今天的使命担当，不负明天的伟大梦想。”[①] 党的二十大报告明确了教育强国、科技强国、人才强国加快建设和协调推进的一整套战略部署，坚持以人民为中心的发展思想、围绕办好人民满意的教育提出一系列重点举措，要求全面增强教育系统更好服务社会主义现代化建设、促进人的全面发展的能力，饱含着全党全社会对教育事业的衷心期望，着眼于党和国家长治久安、人民幸福安康，为新时代加快教育现代化、建设教育强国指明了方向。

① 中共中央关于党的百年奋斗重大成就和历史经验的决议（2021 年 11 月 11 日中国共产党第十九届中央委员会第六次全体会议通过）. 新华社北京，2021-11-16.

# 新时代推进大中小学思想政治教育一体化建设的思考[①]

冯　刚[②]

**摘　要：**新时代大中小学思想政治教育一体化的建设是一项长期、复杂的系统工程。由大中小学思想政治理论课一体化扩展到大中小学思想政治教育一体化建设，所涉及的内容更加丰富，所需完善的协调机制更为复杂。在新时代背景下，准确把握大中小学思想政治教育一体化建设的内在规律，深入探赜一体化的理念与内涵、大中小学思想政治理论课一体化的要素与结构、从大中小学思想政治理论课一体化到大中小学思想政治教育一体化的深化发展，是推进思想政治教育与时俱进、创新发展的关键所在。

**关键词：**新时代；大中小学；思想政治教育；一体化

党的二十大是在全党全国各族人民迈上全面建设社会主义现代化国家新征程、向第二个百年奋斗目标进军的关键时刻召开的一次十分重要的大会，这次大会对整体推进新时代中国特色社会主义伟大事业作出了全面、系统的部署和安排，对教育战线以及思想政治教育都具有重要的指导意义。党的二十大报告明确指出："用社会主义核心价值观铸魂育人，完善思想政治工作体系，推进大中小学思想政治教育一体化建设。"[③]这指明了思想政治教育进一步深化发展的思路和方向。由大中小学思想政治理论课的一体化扩展到大中小学思想政治教育的一体化，所涉及的内容更加丰富，所需完善和建构的协调机制更为复杂，凸显出了更强的系统性、全面性、整体性。准确把握大中小学思想政治教育一体化建设内在规律，是思想政治教育与时俱进、发展创新的关键所在。[④]据此，本文主要从一体化的理念与内涵、大中小学思想政治理论课一体化的要素与结构、从大中小学

① 基金项目：本文系2022年度国家社科基金教育学一般项目"完善新时代思想政治工作体系研究"（课题编号：BEA220040）的阶段性成果。

② 冯刚（1968—　），男，北京师范大学思想政治工作研究院院长，教授、博士生导师，中国教育发展战略学会副会长兼思想道德建设专业委员会理事长。研究方向：马克思主义理论、党的建设和思想政治教育。

③ 习近平．高举中国特色社会主义伟大旗帜　为全面建设社会主义现代化国家而团结奋斗——在中国共产党第二十次全国代表大会上的报告［M］．北京：人民出版社，2022：44.

④ 冯刚，徐文倩．把握新时代大中小学思想政治教育一体化建设内在规律［J］．中国高等教育，2020（02）.

思想政治理论课一体化到大中小学思想政治教育一体化的深化发展三个方面出发，对新时代推进大中小学思想政治教育一体化建设展开进一步探讨。

## 一、一体化的理念与内涵

一体化是一个整体性概念，强调统筹与配合。大中小学思想政治教育的一体化，就是强调要从不同角度、不同阶段、不同学理建构等层面，保持思想政治教育的衔接与贯通。由此可见，协同育人既是遵循理论与实践的辩证关系、坚持系统论的客观要求，也是新时代大中小学思想政治教育一体化建设的核心理念。而一体化概念的再次提出，正是因为思想政治教育在育人目标、育人内容、育人方式、管理评价、学科发展等方面的协同上，遇到了新的情况、新的变化，因而需要采用新的办法，来增强思想政治教育各方面要素的统筹、协同、衔接、配合，以强化思想政治教育的整体性、战略性设计，满足青年学生的成长需求和发展期待。

一体化是一个动态性概念，强调衔接与联动。大中小学思想政治教育一体化，是指在加强顶层设计、全面协调的前提下，对大中小学的思想政治教育进行逻辑梳理、分层设计、系统构建，使其有机衔接、层层递进，最终形成一个横向贯通、纵向连接的教育共同体。可见，大中小学思想政治教育的一体化建设，离不开其内部各要素的相互衔接与有序配合。从纵向衔接维度上看，它涉及大中小学的一体化建设问题；从横向衔接维度上看，它涉及家庭、学校、社会、政府的一体化建设问题；此外，它还涉及如何处理好思想政治教育横向一体化和纵向一体化之间关系的问题。从“思政课程”向“大思政课”的转化维度看，新时代大中小学思想政治教育一体化建设既包括思想政治教育一体化，也包括德育一体化以及课程思政一体化等内容。总之，新时代大中小学思想政治教育一体化建设是一项复杂、长期的系统工程，是全部思想政治工作者的共同职责，只有有效整合各方面、各阶段的力量，才能汇聚起育人的强大合力，推动教育事业的全方位发展进步。

一体化是一个时代性概念，强调创新与发展。进入新时代，立足中国共产党 100 多年来对思想政治工作的经验性总结和规律性把握，党和国家对思想政治工作的部署也更多地体现出整体性设计、系统性安排，以求更好地提升思想政治工作的质量与效果。以党中央关于高校思想政治教育的重要论述和政策文件为例，不论是 2016 年的全国高校思想政治工作会议、2019 年的学校思想政治理论课教师座谈会等会议，还是 2017 年中共中央、国务院印发《关于加强和改进新形势下高校思想政治工作的意见》、2021 年中共中央印发《关于新时代加强和改进思想政治工作的意见》等文件，都体现了要把思想政治工作作为治党治国重要方式的重要论断，并深刻阐释了如何深度融合党建与思想政治工作，如何系统推进思想政治工作守正创新，以及如何更好地提升思想政治工作的治理水平等问题。大中小学思想政治教育一体化建设作为高校思想政治教育治理的重要方面，内含于国家治理现代化的整体部署之中。可见，在国家治理体系和治理能力现代化的背景下，推进大中小学思想政治教育一体化建设，有利于构建、完善与国家治理现代化同向同行的新时代高校思想政治教育治理体系，推动高校思想政治教育的内涵式发展。

## 二、大中小学思想政治理论课一体化的要素与内涵

新时代大中小学思想政治理论课一体化建设是一项内容丰富的系统工程。新时代大中小学思想政治理论课一体化从德智体美劳五育并举的整体性目标出发，统筹大学、中学、小学不同学段的思想政治理论课，把不同阶段各具特色的思想政治理论课统一于学生成长发展的实际与全过程当中，优化育人目标，整合教学内容，创新教学方法，有助于大中小学各学段纵向贯通、横向协同，形成立体化、全程化、动态性的思想政治理论课育人体系，充分发挥了协同育人的功能与作用。细言之，新时代思想政治教育理论课一体化主要强调了以下四个方面的内容：第一，强调充分调动各类课程中的思想政治教育资源，从不同专业、不同课程等角度落实立德树人根本任务，更深层次地理解教育的目标，在知识传授的基础上更加注重价值的养成与能力的塑造。第二，强调在不同学段的教学内容上，体现五育之间的相互支撑与渗透。比如，在德育中，不断提升学生的政治认同、家国情怀、文化素养、法治意识与道德修养；在智育中，引导不同学段学生提升能力、扩展视野、增长见识；在体育中，教育不同学段学生增强体质、锤炼品质、健全人格；在美育中，通过特色课程培育不同学段学生的审美情操，提升审美情趣；在劳育中，增强不同学段学生的动手能力，弘扬劳动精神。第三，强调既要形成育人共同体，构建大中小学课程育人的大平台，促进思想政治理论课程立德树人“关键课程”作用和课程思政立德树人“关键环节”作用的协同发挥，又要深入挖掘大中小学各类课程的育人元素，并与课程教学紧密结合起来，达到“入芝兰之室久而自芳”的教育效果。第四，强调既要在大中小学课程思政一体化建设中探索一以贯之的教学逻辑，注重全过程育人，也要尊重不同学段学生身心特点、成长发展、思想认知的规律，明确各学段课程思政育人的重难点，形成不同学段各具特色、自然衔接、相互支撑的连续过程，统筹推进大中小学课程思政的课程目标、教学目标等，最终形成螺旋上升、逐渐过渡、有序递进的纵向体系。综上，新时代大中小学思想政治理论课一体化建设的内容，集中体现在以立德树人为根本任务，以五育并举为重要目标，以协同育人为核心理念，以学段统筹为基本要求。

大中小学思想政治理论课一体化建设的具体要素主要涵盖教材、主体、客体、评价等方面。大中小学思想政治理论课一体化建设离不开内部要素和结构的搭建与完善。具言之：第一，大中小学思想政治理论课一体化建设要求教材内容的连贯性。确保各个学

段的教材达到内容衔接、连贯的关键，在于加强大中小学教材的一体化编排，注重教材内容的整体性、针对性以及教辅资源的配套性，遵循学科知识的内在逻辑，尊重学生对教学内容的接受程度，保证不同学段教材内容体现出一定的梯度和层次，实现大中小学教材的承上启下、无缝衔接，层级跃迁、有序过渡。第二，大中小学思想政治理论课一体化建设注重学生成长的连续性。要想实现思想政治教育对象科学、全面、连续地成长，需要我们在坚持以生为本、以人为本之余，更加关注学生的成长发展。换言之，要改变“以学生为中心”的简单化看法，形成“以学生的成长发展为中心”的价值理念。例如，小学阶段的培养目标重在启蒙道德情感，初中阶段的培养目标重在打牢思想基础，高中阶段的培养目标重在提升政治素养，大学阶段的培养目标重在增强使命担当。通过有序衔接各个阶段的培养目标，能够有效增强学生成长发展的贯通性。第三，大中小学思想政治理论课一体化建设注重教学队伍的联动性。一体化的要求和培养，要求提升教师队伍的整体素质、优化教师队伍结构，切实加强大中小学思想政治理论课教师之间的联系和交流，使各个学段教师沟通合作、协同育人，形成不同育人力量之间的“联合作战”与“集团作战”，发挥良好育人效果。第四，大中小学思想政治理论课一体化建设注重评价体系的完整性。评价体系的一体化建设是思想政治理论课一体化建设的重要方面，强调充分发挥评价的导向作用，以完整的评价体系促进大中小学思想政治理论课一体化建设。在具体的评价环节上，重视加强评价体系的顶层设计、完善评价体系的实施运行，追求动态评价和静态评价、过程评价和结果评价的统一，用发展的、多元的眼光看待学生成长成才的全过程，以评价的可持续性促进学生发展的可持续性，通过教育评价的科学性、专业性、客观性引领学生达到更为长远的进步。

大中小学思想政治理论课一体化建设是思想政治理论课内涵式发展与质量提升的重要方面。在新的时代背景下，面对社会环境和不同学段学生心理思想行为的变化，大中小学思想政治理论课一体化的内部各要素，都应同党和国家事业发展方向和不同学段学生全面发展成长成才的需求相适应，力求形成一套具有持续性、衔接性、持续有效运行的系统，确保大中小学思想政治理论课一体化得以自我完善、自我更新和自我优化。在学校思想政治理论课教师座谈会讲话中，习近平总书记提出：“要把统筹推进大中小学思政课一体化建设作为一项重要工程，推动思政课建设内涵式发展。”[①] 其中的“内涵式发展”强调要在加强统筹协调的前提下，遵循教育规律、学生成长规律，结合专业特点、学生学段特点，深入挖掘各类课程和教学方式中蕴含的思想政治教育资源，对大学、中学和小学的思想政治理论课进行分层设计，确保各类课程与思政课程同向同行，最终形成结构完善、内容合理的育人体系。“内涵式”发展体现在教材体系方面，就是强调在专

① 习近平主持召开学校思想政治理论课教师座谈会强调　用新时代中国特色社会主义思想铸魂育人　贯彻党的教育方针落实立德树人根本任务［N］. 人民日报，2019-03-19（01）.

家委员会的指导下，统一编排大中小学各个学段的思想政治理论课教材，并以落实立德树人根本任务为共同的教学目标，形成相互契合、相互支撑的立体化教材体系。“内涵式”发展体现在教学体系方面，就是要关注人文方式的涵育作用，借助多学科理论和方法，积极运用新媒体和新技术开展教学，形成新时代大中小学思想政治理论课教学方法的一体化，还要充分利用各种资源库，形成大中小学共建、共商、共享的教学资源平台，促成新时代大中小学思想政治理论课教学资源的一体化。“内涵式”发展体现在监督体系方面，就是既要加强顶层设计，又需要进行分类指导。在不同学段的校园内部，形成积极、健康、向上的校园氛围，对不同学段的学生施以潜移默化的影响。总之，新时代统筹推进大中小学思想政治理论课一体化建设，是推动思想政治理论课质量提升和内涵式发展的现实要求，能够为思想政治教育的改革创新提供正确的方向指引。

## 三、从大中小学思想政治理论课一体化到大中小学思想政治教育一体化的深化发展

从大中小学思想政治理论课一体化到大中小学思想政治教育一体化的深化发展，是大思政工作格局构建的需要。在2019年召开的学校思想政治理论课教师座谈会上，习近平总书记强调：“在大中小学循序渐进、螺旋上升地开设思想政治理论课非常必要，是培养一代又一代社会主义建设者和接班人的重要保障。”[①]其中的“循序渐进、螺旋上升”点明了大中小学思想政治理论课一体化设计的核心要义。大中小学思想政治教育一体化建设本着“整体规划、分层设计、有机衔接、系统推进”的原则，对大中小学各阶段、各板块的思想政治教育内容进行同步设计、同步规划，在阶段性和贯通性之间寻求平衡，在循序渐进、螺旋上升中教导培养，既体现层次性又强调关联性。相比大中小学思想政治理论课的一体化，大中小学思想政治教育一体化所涉及的内容更广泛，所需协调的机制更复杂，因而呈现出了系统性要求更强，整体性要求更高的特点。从大中小学思想政治理论课一体化到大中小学思想政治教育一体化的深化发展，意味着“循序渐进、螺旋上升”这种全方位、系统化的建设思维，不仅体现在思想政治理论课的一体化当中，还被纳入了整个思想政治教育过程，用以推动思想政治教育的大中小学一体化建设。这启示我们，不仅要重视对思想政治理论课的分段设计，还要重视对日常思想政治教育、德育以及涉及人全面发展的不同方面的整体布局，科学有效地构建适合不同年龄段学生的思想政治教育体系，使大中小学各个教育学段的思想政治教育既各有侧重又相互联系，既相互协作又互为补充，更好地实现全员育人、全过程育人、全方位育人。可见，从大中小学思想政治理论课一体化到大中小学思想政治教育一体化的深化发展，是着力构建

① 习近平主持召开学校思想政治理论课教师座谈会强调　用新时代中国特色社会主义思想铸魂育人　贯彻党的教育方针落实立德树人根本任务［N］. 人民日报，2019-03-19（09）.

“大思政”工作格局和“三全育人”模式的必然要求。

从大中小学思想政治理论课一体化到大中小学思想政治教育一体化的深化发展，目标在于构筑纵横结合的立体化育人新格局。大中小学思想政治教育一体化建设着眼“三全育人”，致力于将思想政治教育的“横向”和“纵向”结合起来，编织一个立体化的育人网络。过去，“一体”“协同”的理念更多聚焦于思想政治教育的横向联结。随着人们对“一体化”认识的逐渐深入，思想政治教育的纵向联结也逐渐受到关注。打造立体化的育人新格局，首要任务是加强顶层设计，在宏观上把准方向、明确目标，整合各类资源、统筹各个阶段，将思想政治教育的每一个要素、每一个过程和每一方参与者都纳入全局来考量，形成一个内容全面、结构合理的整体框架。在将宏观架构转化为具体操作时，要把思想政治教育的时间维度和空间维度结合起来，实现两者的有效结合。在大中小学的对接融通中，要寻求家庭、政府和社会的参与，避免任何一方的“缺席”。此外，要在与家庭、学校、社会的合作沟通中，渗透“渐进”“分层”的思想，关注学生成长历程，为其营造良好的成长环境。这种纵横结合的立体化布局，在时间上覆盖学生成长全过程，在空间上囊括有关各领域，有利于打造校际联动、家校联动、校地联动的齐抓共管、协同配合的机制。这是补足现有人才培养体系短板、推进教育治理体系和治理能力现代化的有力举措。显而易见，构筑纵横结合的立体化育人新格局，是从大中小学思想政治理论课一体化到大中小学思想政治教育一体化的深化发展的目标追求。

从大中小学思想政治理论课一体化到大中小学思想政治教育一体化的深化发展，重点在于明确深化发展的意义。明确了深化发展的意义，才能更好地推进大中小学思想政治教育一体化工作，进而在提高工作效率的同时，克服过程中的各种阻力。其一，从大中小学思想政治理论课一体化到大中小学思想政治教育一体化的深化发展，是教育现代化的内在要求。① 教育现代化关键在于人的现代化、人的全面发展。推动我国教育的跨越式发展、实现教育的现代化，必须打通大中小学各个阶段的思想政治教育，探索一体化建设的内在理路。要将立德树人贯穿各个领域、各个环节，健全立德树人系统化落实机制，搭建统筹协调的机制，使立德树人工程得以在现实中顺畅进行。要对不同学段思想政治教育的内容、方法、手段等进行合理化设计，区分层次、突出重点，使不同学段相互融通，推动思想政治教育的均衡发展。要对学生进行科学有爱、通力合作的观照，帮助学生形成稳定的政治人格、高尚的道德修养、丰富的文化知识和良好的实践能力。其二，从大中小学思想政治理论课一体化到大中小学思想政治教育一体化的深化发展，是遵循教育发展规律的重要表现。大中小学思想政治教育一体化建设在内容、方法、评价等方面，都体现出了对规律的遵循。在内容安排上，大中小学思想政治教育一体化建设，

---

① 冯刚，刘嘉圣．新时代大中小学课程思政一体化建设的内涵要素及优化路径［J］．中国高等教育，2022（01）．

遵循了认知发展的规律；在搭建方法体系上，大中小学思想政治教育一体化建设也力求方法科学、体系完备，遵循了方法发展的规律；在评价环节，大中小学思想政治教育一体化建设同样遵循思想政治工作规律、教书育人规律和学生成长规律。其三，从大中小学思想政治理论课一体化到大中小学思想政治教育一体化的深化发展，是加强思政学科建设的题中之义。课程深刻影响着思想政治教育的育人效果，教材是学科育人的重要依托，打造一支高水平高素质的人才队伍是支撑思想政治教育学科发展的关键。因此，从课程设置、教材编排、队伍建设入手进行大中小学思想政治教育一体化建设，有助于推动思想政治教育学科迈向一流。

从大中小学思想政治理论课一体化到大中小学思想政治教育一体化的深化发展，关键在于以不同维度的一体化带动思想政治教育的一体化。习近平总书记在中国人民大学考察时强调，“思想政治理论课能否在立德树人中发挥应有作用，关键看重视不重视、适应不适应、做得好不好”[①]。首先，大中小学思想政治理论课的一体化是大中小学思想政治教育一体化中的关键和重点，要以思想政治理论课的一体化，带动思想政治教育一体化的建设和发展。其次，要以日常思想政治教育的一体化，带动思想政治教育一体化的建设和发展。日常思想政治教育侧重解决学生在学习、生活、实践中面对的现实问题，加强日常思想政治教育的一体化，就要处理理论武装、校园文化、班级建设、党团组织、社会实践、心理健康、网络育人等方面内容的关系，加强日常思想政治教育内部各要素的衔接与贯通。此外，任课教师、辅导员、班主任、党务政工干部、共青团干部、心理咨询教师等育人队伍是日常思想政治教育的“生力军”，要通过不同育人力量之间的协同配合，提升育人质量。最后，要通过教书育人、管理育人、服务育人、文化育人、实践育人、科研育人、组织育人相互之间的纵向协同，带动大中小学思想政治教育一体化的建设和发展。中共中央、国务院印发《关于加强和改进新形势下高校思想政治工作的意见》提出，“把思想价值引领贯穿教育教学全过程和各环节，形成教书育人、科研育人、实践育人、管理育人、服务育人、文化育人、组织育人长效机制”[②]。总之，研究探索并实践不同维度的一体化建设，以不同维度的一体化带动大中小学思想政治教育的一体化，是提高思想政治教育育人实效，实现德育、智育、体育、美育、劳育并举的重要抓手。

① 习近平在中国人民大学考察时强调　坚持党的领导传承红色基因扎根中国大地　走出一条建设中国特色世界一流大学新路［N］. 人民日报，2022-04-26（01）.

② 中共中央、国务院. 关于加强和改进新形势下高校思想政治工作的意见［N］. 人民日报，2017-02-28.

# 2020—2035年我国义务教育阶段资源配置研究[①]

乔锦忠　沈敬轩　李汉东　钟秉林[②]

**摘　要：**教育事业发展需要有前瞻性，在《中国教育现代化2035》目标的指引下，有必要对2020—2035年期间，我国义务教育阶段的学龄人口变动情况及其对教育资源配置的影响进行深入研究。本研究采用Leslie矩阵的队列要素法和实地访谈法，对2020—2035年期间我国义务教育阶段在校生数、学校数、教师数和所需经费等进行了预测，结果显示：随着生育率和出生人口下降，我国义务教育阶段学生人数呈现出持续下降趋势；与2020年预测值相比，2035年我国义务教育阶段在校生总量将下降约3000万人；按现行学校规模计算，2026年（峰值年份）城区需新建小学4000所，2030年（峰值年份）城区需新建初中4000所，农村地区将有大量小学校舍闲置（3.73万所）；按现行师生比计算，义务教育阶段专任教师的需求量在下降，与2020年相比，2035年小学教师过剩约150万人，初中教师过剩约37万人。2031年，我国城区义务教育学生数将超过镇区，义务教育将总体进入以城市教育为主体的时代，教育资源配置应因地制宜，因时而动，充分考虑学生由农村向镇区和城区的转移。建议科学规划学校布局，适当提高办学标准，降低生师比，缩小班级规模，及时补充优秀教师；统筹优化学前、托育和义务教育阶段的教师资源配置，不断优化教师队伍结构。

**关键词：**教育现代化；义务教育；资源配置；人口预测

## 一、问题提出

按照国家规划，2020—2035年是我国从全面建成小康社会向基本实现社会主义现代化发展的关键阶段。到2035年，经济与社会要基本实现现代化，教育同样也要基本实现现代化。2019年2月23日，中共中央、国务院印发了《中国教育现代化2035》，对我国

① 基金项目：本文系教育部哲学社会科学研究重大课题攻关项目“人口变动与教育资源配置”（19JZD049）的阶段性成果。

② 乔锦忠，北京师范大学教育学部高等教育研究院副教授、中国教育发展战略学会区域教育专业委员会理事。沈敬轩，北京大学教育学院。李汉东，北京师范大学系统科学学院。钟秉林，北京师范大学教育学部。

教育现代化进行全面部署。义务教育是教育体系的重要组成部分，实现“优质均衡”是其现代化的主要任务之一，其内涵包括提升义务教育均等化水平、推进城乡义务教育均衡发展，有序扩大城镇学位供给等。同年，中共中央办公厅、国务院办公厅印发的《加快推进教育现代化实施方案（2018—2022年）》，将“推进义务教育优质均衡发展，加快城乡义务教育一体化发展”作为今后5年推进教育现代化的十项重点任务之一。

学龄人口、师资与经费投入是举办义务教育的基础条件，其中学龄人口更是基础中的基础。以日本为例，人口年龄结构的巨大变化导致适龄入学人口数不断减少，在学人数呈现逐年减少的趋势，最终影响了各教育阶段的教育经费需求状况。当前，少子化现象对日本学前教育阶段的影响最为明显，对义务教育阶段影响最为严重，对高中阶段学校教育的影响已开始减弱，对高等教育阶段的影响尚不明显（王彦均，刘强，2020）。

因此在制定规划和实施相关政策时，要充分考虑学龄人口总量和变动情况，将学龄人口预测作为校舍建设、师资配备和经费投入等资源配置的基础。人口受经济发展、城市化进程和生育政策等多种因素影响。2016年我国实行“全面二孩”政策，但政策效果并不理想，人口堆积效应已在短期内释放完毕：2017年全年出生人口1723万，较2016年减少了63万，2018年全国出生人口1523万，比2017年减少200万，2019年全国出生人口1465万，比2018年减少58万。2020年我国出生人口数量为1200万人，相比2019年减少了265万人。

多年来，我国义务教育阶段学龄人口总体呈下降趋势，随着城市化进程的推进，还出现了“城镇挤，乡村空”分布不均等问题。城镇特别是城区大班额和超大班额问题突出，乡村教育资源富余闲置，就读人数不足。因此，做好2020—2035年义务教育阶段学龄人口变动与资源配置研究，特别是对城镇义务教育适龄人口与教育资源需求进行预测，对于提高教育系统的资源利用效率，实现教育现代化有重要意义。

本研究基于第六次人口普查数据、国家统计局1%人口抽样数据以及近年来国家统计局公布的新生人口数据建立模型，借助模型预测了2020—2035年我国义务教育适龄人口与年度入学人数、在校生总量，并分城乡、学段分别估算了义务教育所需的学校数量、专任教师数以及经费需求，为此期间我国义务教育资源配置提供事实依据。

## 二、文献综述

### （一）人口学视角下的教育资源配置研究

教育资源配置需要以人口预测作为基础。人口预测是一种人口分析技术，指“根据一个国家或地区现有人口状况及可预见到的未来发展变化趋势，赋予影响人口发展的各种因素以一定假设条件，对未来人口发展趋势所做的各种测算”（宋健，2019）。Guillard（1855）首次使用了“人口学”（Demography）一词。他将人口学定义为“关于人口、人口运动以及人口的物理、文明、智力、心理等方面状态的数学知识”。近年来，“二战”后婴儿潮人口的老龄化问题与育龄人口的少子化问题逐渐加剧，导致了包括我国在内的很多国家进行人口政策调整。人口学中的经典问题，如“人口及其年龄结构会如何变化”“这些变化会对经济社会产生哪些影响”开始受到更多的关注。

Cutler（1993）和 Poterba（1998）等学者的实证研究发现，人口及年龄结构的变化会对公共支出产生影响，例如在老年人占比较高的社区，相对于教育支出，医疗健康支出占公共支出的比例会更高。由于现代国家的基础教育责任主要由公共部门承担，在人口学视角的教育资源配置研究中，公共教育支出（Public Education Expenditure）是一个重要的观察指标：Hirsch（1960）基于 1951—1952 年、1954—1955 年两个时期的数据，提出并验证了影响美国公共教育支出的五个因素，其中就包括人口年龄结构。McMahon（1970）使用时间序列回归分析后，发现仅有适龄学生人口对美国公共教育支出有显著影响。Castles（1989）则使用 20 世纪 60 年代以来的 OCED 国家数据，同样得出人口学变量显著影响了各国的公共教育支出的结论。特别地，Grob & Wolter（2007）使用 1990—2002 年间瑞士各州的面板数据，发现除了在校学生数外，对公共教育支出产生显著影响的人口学变量还包括退休人口数。该研究还指出，公共教育支出对学生人数变化的弹性较小，即学龄人口的小幅度变化（下降）不会导致公共教育支出的大幅度变化，同时退休人口对教育预算有显著的负面影响。Poterba（1997）使用美国 1960—1990 年间的面板数据也得出了类似的结论。一项对 20 世纪挪威政府公共支出的实证研究则发现（Borge&Rattso，1995），人口年龄结构的老龄化提高了生均高等教育支出、降低了老年人口的人均医疗健康支出，这一过程伴随着青年群体规模的缩小和老年群体规模的扩大。

### （二）基于人口预测的教育资源配置研究

早期的人口预测工作主要在西方发达国家开展，我国于 20 世纪 70 年代初期，基于计划生育工作的需要开展了区域性与全国性的人口预测，宋健、于景元、李广元（1980）以及徐坚成（1999）较早对我国基础教育学龄人口进行了预测。

基于人口预测的教育资源配置研究主要分为两类：一是对不同地域范围的学龄人口进行预测。在对不同地域范围的人口预测研究中，针对全国、省域（直辖市）、地市或区开展相关研究，如杨顺光（2016）预测了我国 2016—2035 年基础教育的学龄人口变动趋势；Ngware & Muthaka（2007）以及 Omwami，E.M.&Omwami，R.K.（2010）分别预测了肯尼亚初等教育阶段的学龄人口情况以及实行“普及初等教育”政策的经费需求。在省域（直辖市）层次，李汉东等（2019）预测了山东省 2011—2050 年学前教育和义务教育阶段适龄人口的数量，赵佳音（2016）预测了北京市及各区义务教育学龄人口及资源需求，谢倩，李阳和胡扬名（2018）预测了 2020—2100 年湖南省的义务教育学龄人口；Tharakan & Navaneetham（2000）预测了印度喀拉拉邦（Kerala）的学龄人口、校舍需求。

在地市层次，汤鹏（2018）预测了合肥市的城乡义务教育资源需求等。二是对不同学段的学龄人口进行预测。洪秀敏和马群（2017）使用了北京市第六次人口普查数据和CPPS软件，对北京市2019—2029年城乡学前适龄人口进行了预测。李玲等（2019）预测了我国2019—2035年城乡小学适龄人数、教职工需求、小学校舍建筑规模需求。姚引妹、李芬和尹文耀（2015）基于中国2005年1%人口抽样和2010年人口普查资料，对“单独二孩”政策下的学龄前、小学、初中、高中、大学的受教育人口变动趋势进行了预测和分析；OLOO（2017）分析了2013—2030年肯尼亚初等教育、中等教育阶段的教师需求数、教室需求数和公共经费需求。

从人口预测方法与模型来看，Cannan（1895）和Whelpton（1936）分别提出了今天被广泛应用的队列要素预测法的思路与具体方法，这一方法也多为国内研究者所采用。国内相关研究主要使用中国人口信息研究中心开发的中国人口预测软件（CPPS）进行预测，所用数据为2010年的第六次人口普查数据和国家统计局1%人口抽样数据。此外，姚翠友等（2019）以及周志等（2017）使用多因素灰色预测模型和人口推算法等工具进行学龄人口预测。Wilson & Rees（2005）从方法层面总结了近年来人口预测方法发展情况：（1）对人口预测结果进行评估，对比现实情况与预测结果；（2）减少预测过程中的误差和不确定性因素，包括拟合自回归综合移动平均值（ARIMA）模型、专家判断法（Expert Judgment，也称德尔菲法）、事后估计法（Ex-post Method，即假定过去预测结果中的误差为将来预测结果中的误差提供了参考）；（3）对人口的国内、国际迁移进行预测；（4）引入年龄、性别、地区之外的人口预测新变量，包括受教育年限、劳动力状况、民族等；（5）针对人口老龄化、生育意愿变化、移民趋势等特定情景的预测。

从研究结果来看，近几年的国内研究主要集中在探讨“全面二孩”政策影响下，学前和小学学龄人口的大致变动趋势。研究发现，实行“全面二孩”政策后，我国义务教育阶段小学阶段受教育人口数量呈现先上升再下降的趋势。“全面二孩”政策对义务教育的影响将从2022年左右开始显现，并在短期内刺激义务教育小学阶段学生规模迅速扩大，到2030年达到峰值后，小学阶段学生规模会重新开始缩小（周娅娜等，2019；李玲等，2016）。分城乡来看，农村义务教育在校生规模受“全面二孩”政策影响小于城镇，城镇地区中小学的数量与专任教师数量均存在缺口（孙冬霞，2017）。

总体来看，上述研究主要集中在义务教育学龄人口的变化趋势方面，对具体数量，特别是关键年份所需教育资源投入的研究不够细致深入，对资源配置的指导性不强。在新的历史条件下，随着人口政策实施时间的延伸和城市化进程的不断推进，新的调查和普查数据不断补充，对总和生育率和城镇化水平的估计越来越准确，有必要对全国义务教育阶段学龄人口数据和教育资源配置情况做进一步预测。

## 三、人口预测模型和方案

### （一）人口预测模型

李汉东和李流（2012）提出的人口预测模型，针对中国现存的城乡二元结构以及计划生育政策的特点，充分考虑了不同人口群体在生育、死亡和迁移等方面的特征和变化。首先构建了分城乡、分性别、分年龄人口预测矩阵模型：

$$\begin{cases} P^{(1)w}(t+1)=S^{(1)w}(t+1)\times P^{(1)w}(t)+E^{(1)w}(t+1)\times P^{(1)w}(t+0.5)-G^{w}(t+1) \\ P^{(1)m}(t+1)=S^{(1)m}(t+1)\times P^{(1)m}(t)+E^{(1)m}(t+1)\times P^{(1)w}(t+0.5)-G^{m}(t+1) \\ P^{(2)w}(t+1)=S^{(2)w}(t+1)\times P^{(2)w}(t)+E^{(2)w}(t+1)\times P^{(2)w}(t+0.5)+G^{w}(t+1) \\ P^{(2)m}(t+1)=S^{(2)m}(t+1)\times P^{(2)m}(t)+E^{(2)m}(t+1)\times P^{(2)w}(t+0.5)+G^{m}(t+1) \end{cases} \quad (1)$$

模型中各个变量的含义如下：$P^{(1)w}$（$t$+1）、$P^{(1)m}$（$t$+1）分别表示 $t$+1 年末农村女性、男性人口按年龄队列列向量；$P^{(2)w}$（$t$+1）、$P^{(2)m}$（$t$+1）分别表示 $t$+1 年末城镇女性、男性人口按年龄队列列向量。模型中使用迁移人口参数 $G^{w}$（3+1）、$G^{m}$（$t$+1），分别表示在 $t$+1 年从农村向城镇按性别、年龄迁移的人口数列向量。方程组（1）由四个方程组成，分别为农村女性、农村男性、城镇女性和城镇男性的转移方程。

以第一个方程为例说明参数和矩阵的含义。其中，$S^{(1)w}$（$t$+1）表示农村女性存活率矩阵，它由 1 年不同年龄队列女性的存活率 ${S^{(1)w}}_{x}$（$t$+1）组成，其中 $x$=1，…，100。

$$S^{(1)w}(t+1)=\begin{bmatrix} 0 & \cdots & 0 & 0 \\ {S^{(1)w}}_{0}(t+1) & \cdots & 0 & 0 \\ \vdots & \ddots & \vdots & \vdots \\ 0 & \cdots & {S^{(1)w}}_{n-2}(t+1) & 0 \end{bmatrix} \quad (2)$$

矩阵 $E^{(1)w}$（$t$+1）是由农村 0 岁女婴数量组成的矩阵。该矩阵除第一行外，其他元素都为 0，行向量 $SRB^{(1)w}$（$t$+1）$k^{(1)}$（$r$+$l$）[$B1^{(1)}$（$t$+1）+$B2^{(1)}$（$t$+1）+$B3^{(1)}$（$t$+1）] 表示不同年龄妇女平均生育的孩子数量。该行向量仅仅从第 16 行到第 50 行的元素不为 0（对应女性的生育年龄为 15—49 岁），其余的元素为 0。其中 $SRB^{(1)w}$（$t$+1）表示 $t$+1 年农村出生的女婴存活到 1 年年末的存活率，而 $k^{(1)}$（$r$+$l$）表示 $t$+1 年农村地区出生性别比，$Bi^{(1)}$（$t$+1）=$TFRi^{(1)}$（$t$+1）（$bi^{(1)}0$，…，${b_i^{(1)}}_{n-2}$，${bi^{(1)}}_{n-1}$），$i$=1，2，3 表示 $t$+1 年农村育龄妇女平均生育的 $i$ 孩次婴儿数（其中，$i$=3 表示三孩次及以上），$TFRi^{(1)}$（$t$+1）为农村育龄女性在 $t$+1 年的 $i$ 孩次总和生育率；（$bi^{(1)}0$，…，${b_i^{(1)}}_{n-2}$，${bi^{(1)}}_{n-1}$）为农村育龄女性生育 $i$ 孩次的年龄分布。

$$E^{(1)w}(t+1)=\begin{bmatrix} SRB^{(1)w}(t+1)k^{(1)}(t+1)\left(B1^{(1)}(t+1)+B2^{(1)}(t+1)+B3^{(1)}(t+1)\right) \\ 0 \ \cdots \ 0 \ 0 \\ \vdots \ \ddots \ \vdots \ \vdots \\ 0 \ \cdots \ 0 \ 0 \end{bmatrix} \quad (3)$$

Leslie 矩阵具有唯一的单重正特征值以及对应的特征向量。在利用 Leslie 矩阵进行人口移算时，需满足“年龄分布结构稳定”假设（即年龄结构收敛性假设）。验证该假设的方法是求出 Leslie 矩阵的特征值和特征向量，判断在迭代无穷次（即时间充分长）的情况下，观察年龄分布结构是否趋近于特征向量、人口增长率是否趋近于特征值。本研究中的人口预测模型仅在形式上参考了 Leslie 矩阵的离散动态模型，如公式（3）所示，每年的出生人口队列由当年育龄妇女数量、生育模式控制，其他队列（存活率）由完全生命表控制。由于并未使用 Leslie 矩阵及其推论，故在实际计算过程中，不给出特征值和特征向量以验证“年龄分布结构稳定”假设。

## 四、适龄人口预测结果与教育资源需求分析

### （一）适龄人口与在校学生总量

本研究将义务教育阶段适龄人口的年龄界定为 6—14 周岁，对应义务教育阶段的一至九年级。同时，考虑学年制中的跨学龄因素，以每个年级对应的两年学龄人口均值作为年级学生数（以小学一年级为例，对应的学生年龄应为 6 岁或 7 岁，则以 6 岁与 7 岁人口的平均值，作为一年级学生数，但为了表示方便，在图表中仍用 6 岁对应一年级学生数，但实际该数为 6 岁和 7 岁人口均值）。

在 2020—2035 年间的义务教育适龄人口中，6—14 周岁学生对应的最大出生年份为 2006—2029 年，7—15 周岁学生对应的最大出生年份为 2005—2028 年。表 1、图 1 为利用人口预测模型对 2020—2035 年间义务教育适龄人口数进行预测的结果。其中，2025 年一年级学生（实际年龄 6 岁或 7 岁，表 1 以 6 岁表示）的出生时间为 2018—2019 年，预测人数 1505 万，接近于 2018 年实际全国新生人口（1523 万）。2026 年一年级学生的出生时间为 2019—2020 年，预测人数 1455 万，接近于 2019 年实际全国新生人口（1465 万）。

表 1　2020—2035 年全国义务教育适龄总人口（单位：万人）

| 年份 | 6 岁 | 7 岁 | 8 岁 | 9 岁 | 10 岁 | 11 岁 | 小学适龄人口 | 12 岁 | 13 岁 | 14 岁 | 初中适龄人口 | 适龄总人口 |
|---|---|---|---|---|---|---|---|---|---|---|---|---|
| 2020 | 1640 | 1610 | 1595 | 1550 | 1520 | 1545 | 9460 | 1545 | 1525 | 1500 | 4570 | 14030 |
| 2021 | 1645 | 1640 | 1610 | 1595 | 1550 | 1520 | 9560 | 1545 | 1545 | 1525 | 4615 | 14175 |
| 2022 | 1695 | 1640 | 1635 | 1610 | 1595 | 1550 | 9725 | 1520 | 1545 | 1545 | 4610 | 14335 |
| 2023 | 1730 | 1695 | 1640 | 1635 | 1610 | 1595 | 9905 | 1550 | 1520 | 1545 | 4615 | 14520 |
| 2024 | 1615 | 1725 | 1690 | 1640 | 1635 | 1610 | 9915 | 1595 | 1550 | 1520 | 4665 | 14580 |
| 2025 | 1505 | 1615 | 1725 | 1690 | 1640 | 1635 | 9810 | 1610 | 1595 | 1550 | 4755 | 14565 |
| 2026 | 1455 | 1505 | 1615 | 1725 | 1690 | 1640 | 9630 | 1635 | 1610 | 1595 | 4840 | 14470 |
| 2027 | 1415 | 1455 | 1505 | 1615 | 1725 | 1690 | 9405 | 1640 | 1635 | 1610 | 4885 | 14290 |
| 2028 | 1370 | 1410 | 1450 | 1505 | 1615 | 1725 | 9075 | 1690 | 1640 | 1635 | 4965 | 14040 |
| 2029 | 1315 | 1370 | 1410 | 1450 | 1505 | 1615 | 8665 | 1725 | 1690 | 1640 | 5055 | 13720 |
| 2030 | 1260 | 1315 | 1370 | 1410 | 1450 | 1505 | 8310 | 1615 | 1725 | 1690 | 5030 | 13340 |

续表

| 年份 | 6岁 | 7岁 | 8岁 | 9岁 | 10岁 | 11岁 | 小学适龄人口 | 12岁 | 13岁 | 14岁 | 初中适龄人口 | 适龄总人口 |
|---|---|---|---|---|---|---|---|---|---|---|---|---|
| 2031 | 1210 | 1255 | 1310 | 1370 | 1410 | 1450 | 8005 | 1505 | 1615 | 1725 | 4845 | 12850 |
| 2032 | 1170 | 1210 | 1255 | 1310 | 1370 | 1410 | 7725 | 1450 | 1505 | 1615 | 4570 | 12295 |
| 2033 | 1130 | 1170 | 1210 | 1255 | 1310 | 1370 | 7445 | 1410 | 1450 | 1505 | 4365 | 11810 |
| 2034 | 1100 | 1130 | 1170 | 1210 | 1255 | 1310 | 7175 | 1370 | 1410 | 1450 | 4230 | 11405 |
| 2035 | 1075 | 1100 | 1130 | 1170 | 1210 | 1255 | 6940 | 1310 | 1370 | 1410 | 4090 | 11030 |

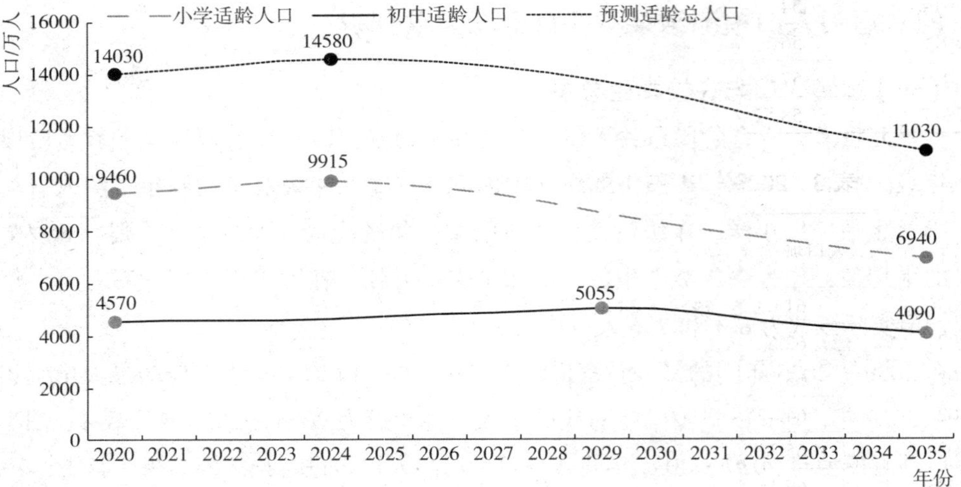


**图1　2020—2035年我国义务教育阶段适龄人口**

根据2010—2018年间教育部发布的《教育发展统计公报》，全国小学净入学率依次为99.70%、99.79%、99.85%、99.71%、99.81%、99.88%、99.92%、99.91%、99.95%。利用函数FORECAST.ETS（该函数的计算原理为基于历史值使用指数平滑计算或预测出未来值）预测2019—2035年间的小学适龄儿童入学率，可知2020年的小学净入学率为99.99%，2021年达到100%。因此，在本研究中，2020—2035年间小学适龄儿童入学率按照100%计。同理，根据2010—2018年《教育发展统计公报》，全国初中适龄人口入学率（毛入学率）依次为100.10%、100.10%、102.10%、104.10%、103.50%、104.00%、104.04%、103.50%、100.90%。本研究的初中适龄人口入学率也以100%计。

2020—2035年间，我国仍处在城镇化进程中，进行学龄人口预测不能不考虑城镇化对学龄人口城乡分布的影响。根据《中国教育统计年鉴》中小学校在校生数统计数据，计算得出在校生城镇化率，结合2008—2017年间的常住人口城镇化率（表2），使用函数拟合预测2020—2035年全国人口城镇化率与在校生城镇化率（表3）。

**表 2　2008—2017 年常住人口城镇化率与在校生城镇化率（单位：%）**

| 年份 | 常住人口城镇化率 | 在校生城镇化率 | | 在校生城区化率 | | 在校生镇区率 | |
|---|---|---|---|---|---|---|---|
| | | 初中 | 小学 | 初中 | 小学 | 初中 | 小学 |
| 2008 | 46.99 | 62.97 | 42.65 | 19.14 | 17.46 | 43.82 | 25.19 |
| 2009 | 48.34 | 64.40 | 43.85 | 19.49 | 17.66 | 44.91 | 26.18 |
| 2010 | 49.95 | 66.18 | 46.18 | 20.07 | 18.31 | 46.10 | 27.87 |
| 2011 | 51.27 | 77.05 | 59.05 | 28.35 | 26.26 | 48.70 | 32.78 |
| 2012 | 52.57 | 79.55 | 62.33 | 30.25 | 27.73 | 49.29 | 34.60 |
| 2013 | 53.73 | 81.66 | 65.63 | 32.21 | 29.62 | 49.45 | 36.01 |
| 2014 | 54.77 | 82.93 | 67.73 | 33.50 | 31.14 | 49.43 | 36.59 |
| 2015 | 56.10 | 83.71 | 69.40 | 33.42 | 31.68 | 50.29 | 37.71 |
| 2016 | 57.40 | 84.59 | 70.83 | 34.40 | 32.96 | 50.19 | 37.87 |
| 2017 | 58.52 | 85.52 | 72.50 | 35.28 | 34.30 | 50.24 | 38.20 |

**表 3　2020—2035 年全国人口城镇化率与在校生城镇化率（单位：%）**

| 年份 | 人口城镇化率 | 在校生城镇化率 | | 在校生城区率 | | 在校生镇区率 | |
|---|---|---|---|---|---|---|---|
| | | 初中 | 小学 | 初中 | 小学 | 初中 | 小学 |
| 2020 | 61.63 | 88.08 | 77.75 | 36.75 | 35.67 | 51.33 | 42.08 |
| 2021 | 62.61 | 88.64 | 79.11 | 37.41 | 36.46 | 51.23 | 42.65 |
| 2022 | 63.55 | 89.10 | 80.34 | 38.07 | 37.24 | 51.03 | 43.10 |
| 2023 | 64.45 | 89.46 | 81.46 | 38.73 | 38.03 | 50.72 | 43.43 |
| 2024 | 65.32 | 89.71 | 82.45 | 39.40 | 38.81 | 50.31 | 43.63 |
| 2025 | 66.15 | 89.85 | 83.31 | 40.06 | 39.60 | 49.79 | 43.71 |
| 2026 | 66.95 | 89.88 | 84.06 | 40.72 | 40.38 | 49.16 | 43.67 |
| 2027 | 67.71 | 89.81 | 84.68 | 41.38 | 41.17 | 48.43 | 43.51 |
| 2028 | 68.43 | 89.63 | 85.18 | 42.04 | 41.95 | 47.58 | 43.22 |
| 2029 | 69.11 | 89.34 | 85.55 | 42.70 | 42.74 | 46.64 | 42.81 |
| 2030 | 69.76 | 88.95 | 85.80 | 43.36 | 43.53 | 45.58 | 42.28 |
| 2031 | 70.37 | 88.45 | 85.93 | 44.03 | 44.31 | 44.42 | 41.62 |
| 2032 | 70.95 | 87.84 | 85.94 | 44.69 | 45.10 | 43.15 | 40.84 |
| 2033 | 71.49 | 87.13 | 85.82 | 45.35 | 45.88 | 41.78 | 39.94 |
| 2034 | 71.99 | 86.31 | 85.58 | 46.01 | 46.67 | 40.30 | 38.92 |
| 2035 | 72.45 | 85.38 | 85.22 | 46.67 | 47.45 | 38.71 | 37.77 |

1. 义务教育阶段的学生城镇化率高于常住人口城镇化率，应当以在校生城镇化率作为教育资源配置的参考依据。我国义务教育阶段的学生城镇化率高于常住人口城镇化率，而常住人口城镇化率高于户籍人口城镇化率，相较于基于户籍人口城镇化率的预测结果（表 4），基于在校生城镇化率的预测结果更符合实际需求（表 5）。2017 年在校生城镇化率初中已达 85.52%、小学为 72.50%（表 2），而基于户籍人口的预测显示 2020 年在校生城镇化率初中仅为 88.08%（2020 年城镇初中在校生数 1927.09 万人；2020—2035 年我国

义务教育阶段资源配置研究中在校生总数 4577.47 万人）、小学仅为 77.75%（城镇小学在校生数 3397.17 万人）（表 4），两者差距很大，表明大量农村户籍学生已经进入到城镇中小学中，城乡间义务教育资源需求存在明显差异，应当以在校生城镇化率作为教育资源配置的参考依据。

**表 4　基于户籍人口城镇化率的 2020—2035 年义务教育在校学生数（单位：万人）**

| 年份 | 城镇在校生数量 | | | 农村在校生数量 | | | 在校生总量 | | |
|---|---|---|---|---|---|---|---|---|---|
| | 总量 | 初中 | 小学 | 总量 | 初中 | 小学 | 总量 | 初中 | 小学 |
| 2020 | 5324.26 | 1927.09 | 3397.17 | 8717.45 | 2650.38 | 6067.08 | 14041.71 | 4577.47 | 9464.24 |
| 2021 | 5335.03 | 1980.28 | 3354.75 | 8842.64 | 2641.43 | 6201.21 | 14177.67 | 4621.71 | 9555.96 |
| 2022 | 5367.54 | 2014.62 | 3352.93 | 8972.09 | 2600.54 | 6371.55 | 14339.63 | 4615.16 | 9724.48 |
| 2023 | 5422.20 | 1953.85 | 3468.35 | 9095.80 | 2661.59 | 6434.21 | 14517.99 | 4615.44 | 9902.56 |
| 2024 | 5431.36 | 1833.38 | 3597.98 | 9150.45 | 2827.80 | 6322.65 | 14581.81 | 4661.18 | 9920.63 |
| 2025 | 5398.53 | 1746.30 | 3652.24 | 9163.86 | 3004.71 | 6159.15 | 14562.39 | 4751.01 | 9811.39 |
| 2026 | 5428.61 | 1762.33 | 3666.28 | 9036.93 | 3078.47 | 5958.46 | 14465.54 | 4840.80 | 9624.74 |
| 2027 | 5487.90 | 1844.14 | 3643.76 | 8795.16 | 3042.87 | 5752.29 | 14283.05 | 4887.00 | 9396.05 |
| 2028 | 5494.26 | 1928.51 | 3565.76 | 8547.08 | 3037.33 | 5509.76 | 14041.34 | 4965.83 | 9075.51 |
| 2029 | 5458.81 | 2028.87 | 3429.94 | 8257.48 | 3025.36 | 5232.12 | 13716.29 | 5054.23 | 8662.06 |
| 2030 | 5383.10 | 2073.35 | 3309.75 | 7951.36 | 2953.10 | 4998.27 | 13334.46 | 5026.44 | 8308.02 |
| 2031 | 5250.44 | 2031.71 | 3218.73 | 7603.18 | 2807.04 | 4796.14 | 12853.62 | 4838.75 | 8014.87 |
| 2032 | 5059.75 | 1929.95 | 3129.80 | 7234.64 | 2634.20 | 4600.45 | 12294.39 | 4564.14 | 7730.25 |
| 2033 | 4888.44 | 1845.61 | 3042.83 | 6923.56 | 2518.05 | 4405.52 | 11812.00 | 4363.66 | 7448.34 |
| 2034 | 4753.69 | 1793.82 | 2959.87 | 6655.57 | 2437.41 | 4218.17 | 11409.26 | 4231.23 | 7178.04 |
| 2035 | 4628.45 | 1744.52 | 2883.94 | 6405.04 | 2348.30 | 4056.74 | 11033.49 | 4092.82 | 6940.68 |

**表 5　基于在校生城镇化率的 2020—2035 年义务教育在校学生数（单位：万人）**

| 年份 | 城镇在校生数 | | | 城区在校生数 | | | 镇区在校生数 | | | 农村在校生数 | | | 义务教育在校生总数 | | |
|---|---|---|---|---|---|---|---|---|---|---|---|---|---|---|---|
| | 在校生总量 | 初中 | 小学 | 在校生总量 | 初中 | 小学 | 在校生总量 | 初中 | 小学 | 在校生总量 | 初中 | 小学 | 在校生总量 | 初中 | 小学 |
| 2020 | 11380 | 4025 | 7355 | 5054 | 1679 | 3374 | 6326 | 2346 | 3981 | 2650 | 545 | 2105 | 14030 | 4570 | 9460 |
| 2021 | 11654 | 4091 | 7563 | 5212 | 1727 | 3485 | 6442 | 2364 | 4078 | 2521 | 524 | 1997 | 14175 | 4615 | 9560 |
| 2022 | 11921 | 4108 | 7813 | 5377 | 1755 | 3622 | 6544 | 2353 | 4192 | 2414 | 502 | 1912 | 14335 | 4610 | 9725 |
| 2023 | 12197 | 4128 | 8068 | 5554 | 1788 | 3767 | 6643 | 2341 | 4302 | 2323 | 487 | 1837 | 14520 | 4615 | 9905 |
| 2024 | 12359 | 4185 | 8174 | 5686 | 1838 | 3848 | 6673 | 2347 | 4326 | 2221 | 480 | 1741 | 14580 | 4665 | 9915 |
| 2025 | 12445 | 4272 | 8173 | 5789 | 1905 | 3885 | 6656 | 2367 | 4288 | 2120 | 483 | 1637 | 14565 | 4755 | 9810 |
| 2026 | 12445 | 4350 | 8095 | 5860 | 1971 | 3889 | 6585 | 2379 | 4206 | 2025 | 490 | 1535 | 14470 | 4840 | 9630 |
| 2027 | 12351 | 4387 | 7964 | 5893 | 2021 | 3872 | 6458 | 2366 | 4092 | 1939 | 498 | 1441 | 14290 | 4885 | 9405 |
| 2028 | 12180 | 4450 | 7730 | 5895 | 2087 | 3807 | 6285 | 2363 | 3922 | 1860 | 515 | 1345 | 14040 | 4965 | 9075 |
| 2029 | 11929 | 4516 | 7413 | 5862 | 2159 | 3703 | 6067 | 2357 | 3709 | 1791 | 539 | 1252 | 13720 | 5055 | 8665 |

续表

| 年份 | 城镇在校生数 | | | 城区在校生数 | | | 镇区在校生数 | | | 农村在校生数 | | | 义务教育在校生总数 | | |
|---|---|---|---|---|---|---|---|---|---|---|---|---|---|---|---|
| | 在校生总量 | 初中 | 小学 | 在校生总量 | 初中 | 小学 | 在校生总量 | 初中 | 小学 | 在校生总量 | 初中 | 小学 | 在校生总量 | 初中 | 小学 |
| 2030 | 11604 | 4474 | 7130 | 5798 | 2181 | 3617 | 5806 | 2293 | 3513 | 1736 | 556 | 1180 | 13340 | 5030 | 8310 |
| 2031 | 11164 | 4285 | 6879 | 5680 | 2133 | 3547 | 5484 | 2152 | 3332 | 1686 | 560 | 1126 | 12850 | 4845 | 8005 |
| 2032 | 10653 | 4014 | 6639 | 5526 | 2042 | 3484 | 5127 | 1972 | 3155 | 1642 | 556 | 1086 | 12295 | 4570 | 7725 |
| 2033 | 10193 | 3803 | 6390 | 5395 | 1979 | 3416 | 4797 | 1824 | 2974 | 1617 | 562 | 1055 | 11810 | 4365 | 7445 |
| 2034 | 9791 | 3651 | 6141 | 5295 | 1946 | 3348 | 4497 | 1705 | 2792 | 1614 | 579 | 1034 | 11405 | 4230 | 7175 |
| 2035 | 9407 | 3492 | 5914 | 5202 | 1909 | 3293 | 4204 | 1583 | 2621 | 1623 | 598 | 1026 | 11030 | 4090 | 6940 |

2. 2020—2035 年间，全国义务教育阶段在校生数将经历一个短期（4 年）缓慢上升到长期（11 年）快速下降的过程。到 2035 年，义务教育阶段在校生规模比 2020 年将减少约 3000 万人（图 2）。具体而言，即由 2020 年的约 1.40 亿人缓慢上升，在 2024 年达到峰值约 1.46 亿人（表 5）。随后呈现加速下降趋势，由每年减少一两百万人（2025—2028 年）加速至每年减少三四百万人（2028—2035 年），最终至 2035 年减少到约 1.10 亿人，较 2020 年预测值下降 3000 万人。

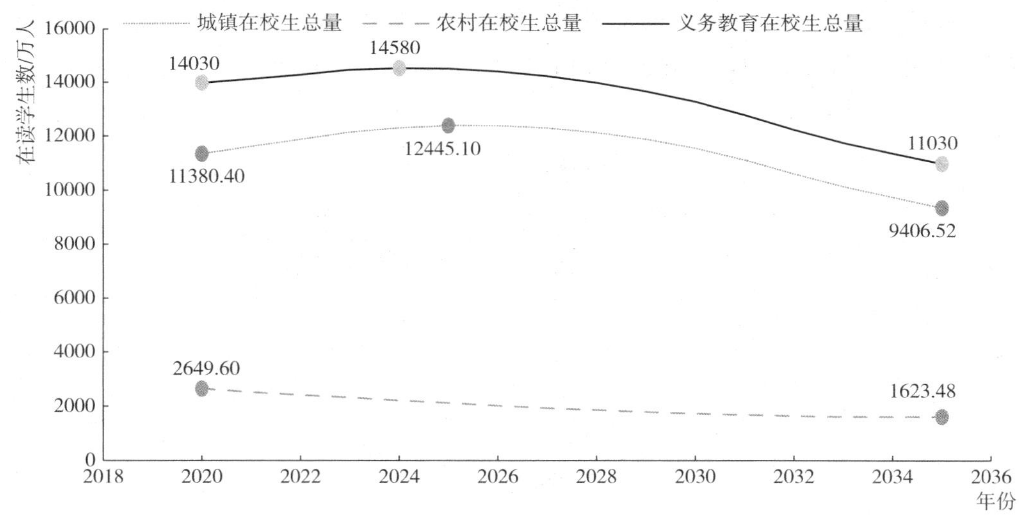


**图 2　2020—2035 年义务教育总在校学生数（分城镇、农村）**

3. 到 2031 年左右，我国义务教育将总体进入以城区教育为主体的时代，城区在校生总量超过镇区。但全国发展水平有差异，各地进入城区教育为主体的时间会有差异（表 5）。总体来看，城镇在校生峰值出现在 2025 年（图 3），数量为 12445.10 万人，总趋势为缓慢增长后迅速下落。其中，镇区在校生总量于 2024 年率先达到峰值 6673.15 万人，随后城区在校生总量于 2028 年达到峰值 5894.76 万人，并在 2031 年超过镇区之后一直领先，到

2035 年城区在校生比镇区多将近 1000 万人。经济发达地区会优先进入以城区教育为主体的时代。

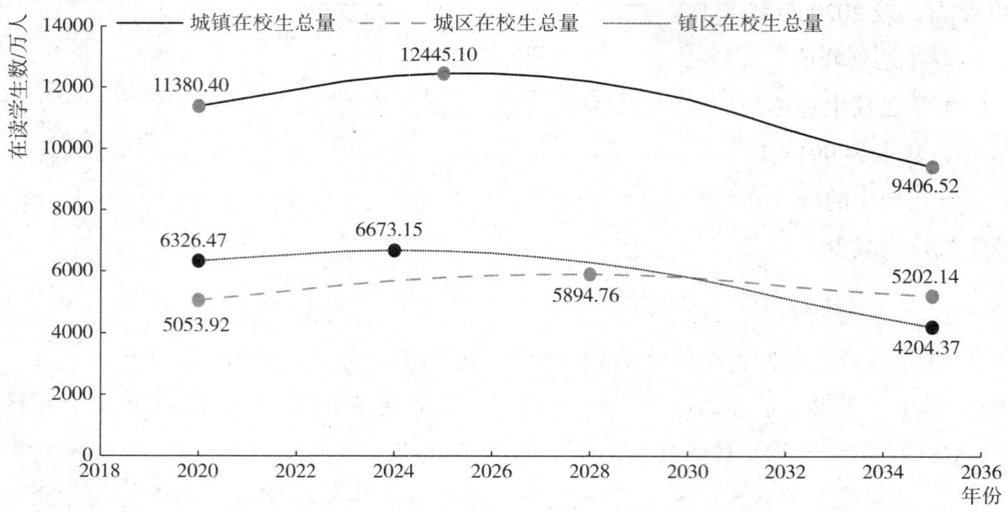


**图 3　2020—2035 年城镇（分城区、镇区）义务教育在校学生数**

4. 农村地区在校生数在 2020—2035 年间呈快速减少趋势（图 2），特别是小学阶段在校生减幅最大（图 4）。2035 年农村学生仅有 1623.48 万人，较 2020 年减少约 1026.12 万人，其中最低值出现在 2034 年，为 1613.53 万人。减少的在校生大部分为小学生，2020—2035 年间年均减少 67.45 万人，2035 年减少为 1025.53 万人，较 2020 年减少约 1079.18 万人。农村初中在校生呈现先减后增，至 2024 年达到最低值 480.25 万人，之后逐步回升至 597.95 万人，较 2020 年增加 53.06 万人。

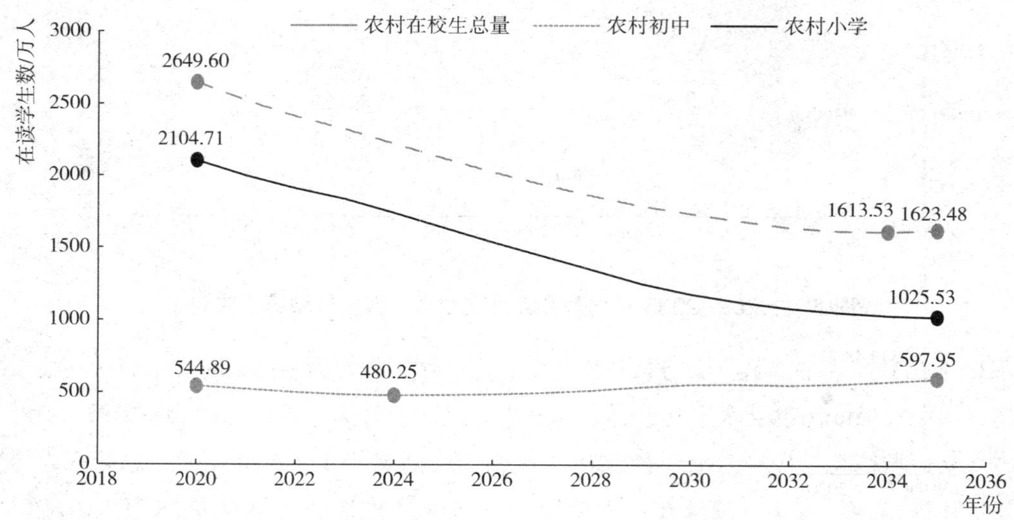


**图 4　2020—2035 年农村（分小学和初中）义务教育在校学生数**

5. 初中在校生总体呈现先缓慢增长后快速下降趋势（图 5）。初中在校生峰值出现在 2029 年，数量为 5055 万人，较 2020 年增加了 485 万人。随后迅速下降至 2035 年的 4090 万人，较 2020 年减少了 480 万人。2020—2029 年间增长的初中学生主要分布在城区，2030 年达到峰值 2181.24 万人，最后缓慢下落至 1908.9 万人。

6. 小学在校生总体趋势为先短期缓慢增长后长期快速下降（图 6）。小学峰值出现在 2024 年，数量为 9915 万（图 6），峰值较 2020 年的 9460 万，增加约 485 万。城区小学、镇区小学在校生的峰值 3888.96 万人、4326.2 万人，分别出现在 2026 年和 2024 年，随后在校生数持续减少。

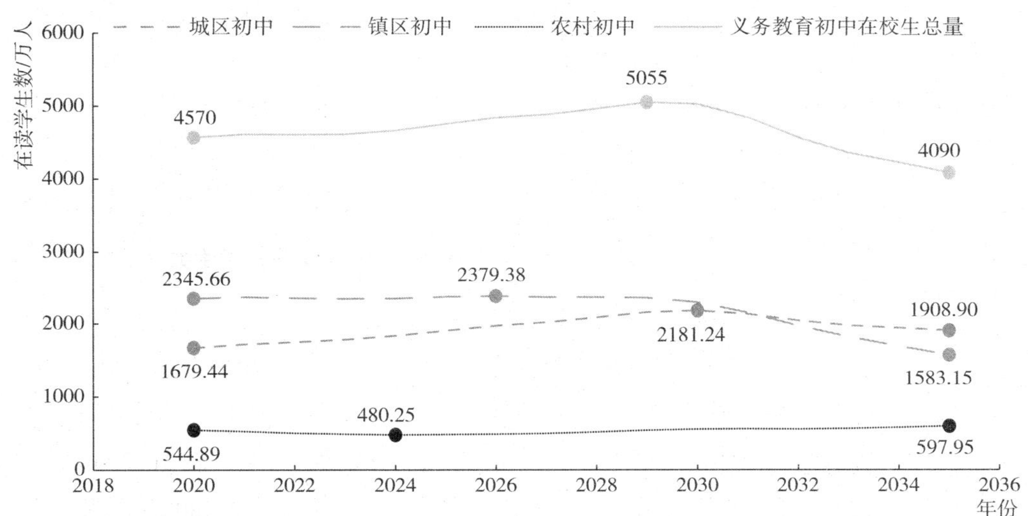


**图 5　2020—2035 年义务教育初中（分城区、镇区和农村）在校学生数**

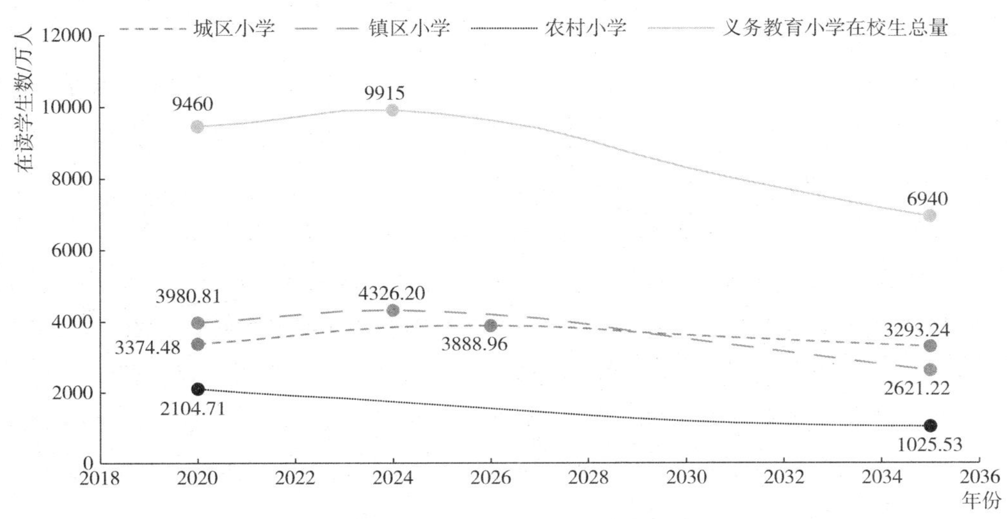


**图 6　2020—2035 年义务教育小学（分城区、镇区和农村）在校学生数**

## （二）学校数量需求

《城市普通中小学校校舍建设标准》（建标〔2002〕102号）规定："完全小学：12班、18班、24班、30班，每班45人；初级中学：12班、18班、24班、30班，每班50人。"《农村普通中小学校建设标准》（建标〔2008〕159号）规定，"完全小学为6班、12班、18班、24班，近期45人/班，远期40人/班；初级中学为12班、18班、24班，近期50人/班，远期45人/班"。除上述两个全国统一标准外，全国各地均结合当地实际情况，制定了中小学规模的相应标准，如川教〔2012〕184号文件附表《四川省义务教育学校办学条件基本标准（试行）》《义务教育学校办学基本标准》规定，"农村每所小学6个班且每班45人、农村每所初中18个班且每班50人、城镇每所小学24个班且每班45人、城镇每所初中18个班且每班50人"。

综合上述文件及各地实践情况，本研究采用表6中的学校规模开展2020—2035年义务教育学校需求数预测。预测时使用基于在校生城镇化率的在校生人数（表5）。由于数据资料限制，本研究预测的城镇和乡村学校需求数，均不含教学点。因此该部分预测的学校需求数可能与现有统计资料无法完全对应，但仍可以结合现有统计资料探索各类学校、教学点的大致数量及变化趋势。

**表6　2017年义务教育学校规模（校均人数）**

| | 城镇学校 | | 城区学校 | | 镇区学校 | | 农村学校 | |
|---|---|---|---|---|---|---|---|---|
| | 小学 | 初中 | 小学 | 初中 | 小学 | 初中 | 小学 | 初中 |
| 在校生数（万人） | 7318.34 | 3798.65 | 3462.29 | 1567.14 | 3856.05 | 2231.51 | 2775.36 | 643.41 |
| 学校数（万所） | 7.10 | 3.66 | 2.72 | 1.24 | 4.38 | 2.43 | 9.61 | 1.53 |
| 校均人数（人/所） | 1031 | 1038 | 1275 | 1268 | 880 | 920 | 289 | 421 |

基于对学校数量的测算，可以发现：

1.2020—2035年间全国义务教育学校需求数（图7、表7）总体呈现下降趋势，下降速度逐步加快，至2035年只需14.07万所，较2020年减少5.52万所。2035年初中、小学需求数分别为4.79万所和9.28万所，较2020年分别减少0.38万所和5.14万所。事实上，自2003年以来全国义务教育阶段学校数一直是减少趋势，2020—2035年期间将继续延续过去减少的趋势，而且下降速度逐步加快（表8）。

2.农村学校需求量呈快速下降趋势，小学大量闲置，初中基本稳定，2024—2035年间初中学校需求有所增加（图8）。2035年农村只需学校4.97万，较2020年减少3.61万所。其中农村小学需求数量在2035年下降到3.55万所，减少3.73万所。农村初中需求量基本维持在1.29万—1.42万所左右水平，最低值为2024年的1.14万所，随后在2035年回升至1.42万所。

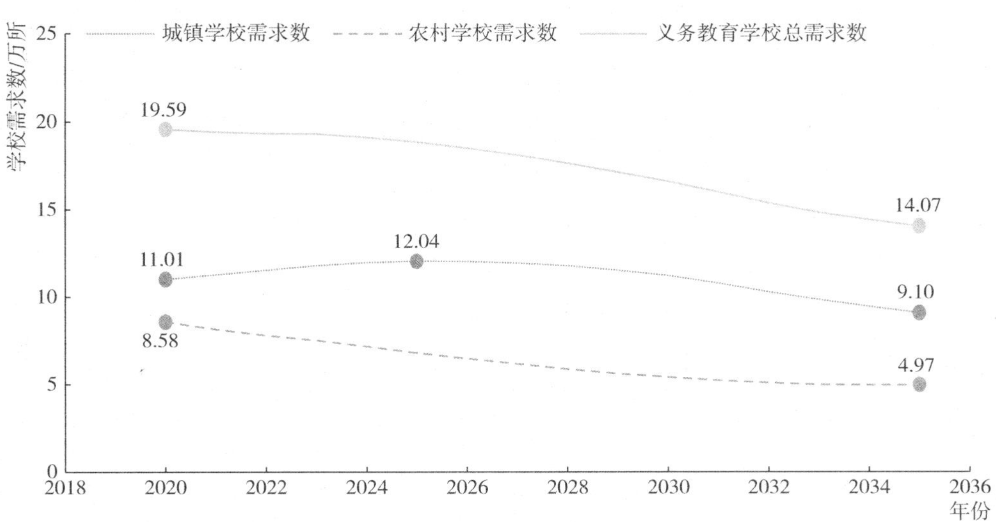


**图 7　2020—2035 年义务教育（分城乡）学校需求数**

**表 7　2020—2035 年义务教育学校需求数（单位：万所）**

| 年份 | 城镇学校需求数 | | | 城区学校需求数 | | | 镇区学校需求数 | | | 农村学校需求数 | | | 学校总需求数 | | |
|---|---|---|---|---|---|---|---|---|---|---|---|---|---|---|---|
| | 总量 | 初中 | 小学 | 总量 | 初中 | 小学 | 总量 | 初中 | 小学 | 总量 | 初中 | 小学 | 总量 | 初中 | 小学 |
| 2020 | 11.01 | 3.88 | 7.13 | 3.97 | 1.32 | 2.65 | 7.07 | 2.55 | 4.52 | 8.58 | 1.29 | 7.28 | 19.59 | 5.17 | 14.42 |
| 2021 | 11.28 | 3.94 | 7.33 | 4.10 | 1.36 | 2.73 | 7.20 | 2.57 | 4.63 | 8.16 | 1.25 | 6.91 | 19.43 | 5.19 | 14.24 |
| 2022 | 11.53 | 3.96 | 7.58 | 4.22 | 1.38 | 2.84 | 7.32 | 2.56 | 4.76 | 7.81 | 1.19 | 6.62 | 19.34 | 5.15 | 14.19 |
| 2023 | 11.80 | 3.98 | 7.82 | 4.36 | 1.41 | 2.95 | 7.43 | 2.54 | 4.89 | 7.51 | 1.16 | 6.36 | 19.31 | 5.13 | 14.18 |
| 2024 | 11.96 | 4.03 | 7.93 | 4.47 | 1.45 | 3.02 | 7.46 | 2.55 | 4.91 | 7.16 | 1.14 | 6.02 | 19.12 | 5.17 | 13.95 |
| 2025 | 12.04 | 4.12 | 7.92 | 4.55 | 1.50 | 3.05 | 7.44 | 2.57 | 4.87 | 6.81 | 1.15 | 5.67 | 18.85 | 5.26 | 13.59 |
| 2026 | 12.04 | 4.19 | 7.85 | 4.60 | 1.55 | 3.05 | 7.36 | 2.59 | 4.78 | 6.48 | 1.16 | 5.31 | 18.52 | 5.36 | 13.16 |
| 2027 | 11.95 | 4.23 | 7.72 | 4.63 | 1.59 | 3.04 | 7.22 | 2.57 | 4.65 | 6.17 | 1.18 | 4.99 | 18.12 | 5.41 | 12.71 |
| 2028 | 11.78 | 4.29 | 7.49 | 4.63 | 1.65 | 2.99 | 7.02 | 2.57 | 4.45 | 5.88 | 1.22 | 4.66 | 17.66 | 5.51 | 12.15 |
| 2029 | 11.54 | 4.35 | 7.19 | 4.61 | 1.70 | 2.91 | 6.78 | 2.56 | 4.21 | 5.61 | 1.28 | 4.33 | 17.15 | 5.63 | 11.52 |
| 2030 | 11.22 | 4.31 | 6.91 | 4.56 | 1.72 | 2.84 | 6.48 | 2.49 | 3.99 | 5.40 | 1.32 | 4.08 | 16.63 | 5.63 | 11.00 |
| 2031 | 10.80 | 4.13 | 6.67 | 4.46 | 1.68 | 2.78 | 6.12 | 2.34 | 3.78 | 5.23 | 1.33 | 3.90 | 16.03 | 5.46 | 10.57 |
| 2032 | 10.31 | 3.87 | 6.44 | 4.34 | 1.61 | 2.73 | 5.73 | 2.14 | 3.58 | 5.08 | 1.32 | 3.76 | 15.38 | 5.19 | 10.20 |
| 2033 | 9.86 | 3.66 | 6.20 | 4.24 | 1.56 | 2.68 | 5.36 | 1.98 | 3.38 | 4.99 | 1.34 | 3.65 | 14.85 | 5.00 | 9.85 |
| 2034 | 9.47 | 3.52 | 5.95 | 4.16 | 1.53 | 2.63 | 5.02 | 1.85 | 3.17 | 4.96 | 1.38 | 3.58 | 14.43 | 4.89 | 9.53 |
| 2035 | 9.10 | 3.37 | 5.73 | 4.09 | 1.50 | 2.58 | 4.70 | 1.72 | 2.98 | 4.97 | 1.42 | 3.55 | 14.07 | 4.79 | 9.28 |

注：《中国教育年鉴》（2003—2017 年）在 2010 年前的统计类目为城市、县镇、农村，自 2011 年起统计类目为城区（含城乡接合区）、镇区（含镇乡接合区）、乡村。因此 2010 年与 2011 年的数据存在较大差距。

3. 与 2020 年相比，城区需在 2026 年（高峰年份）新建小学 4000 所，2030 年（高峰年份）新建初中 4000 所。镇区所需学校数于 2024 年达到峰值 7.46 万所，随后 2028 年城区所需学校数达到 4.63 万所的峰值，峰值年份的学校需求量大于 2020 年，因此在高峰年需新建一定数量的小学和初中。随着义务教育适龄人口的快速下降，2035 年城区、镇区学校数分别为 4.09 万所和 4.7 万所，较 2020 年水平分别增加 0.12 万所、减少 2.37 万所（图 9）。

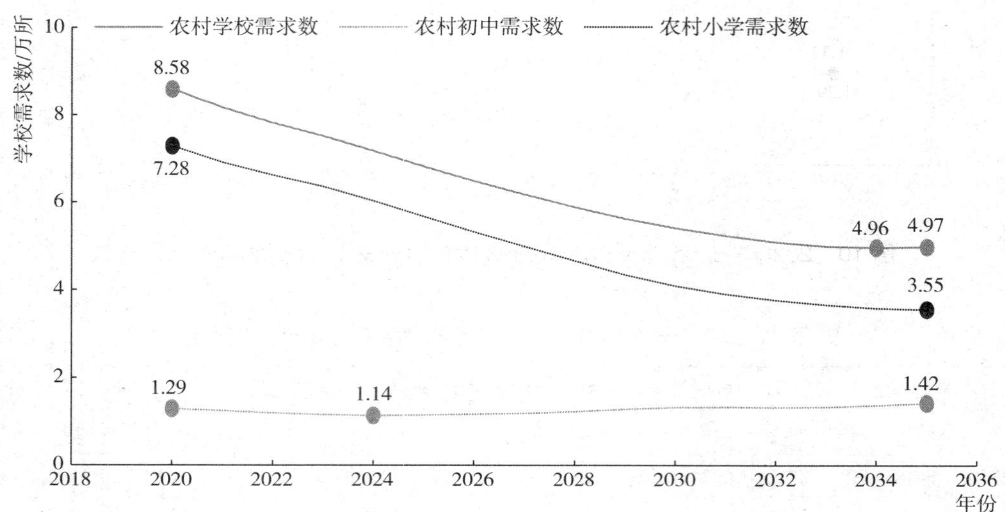


**图 8 2020—2035 年义务教育农村学校（分小学和初中）需求数**

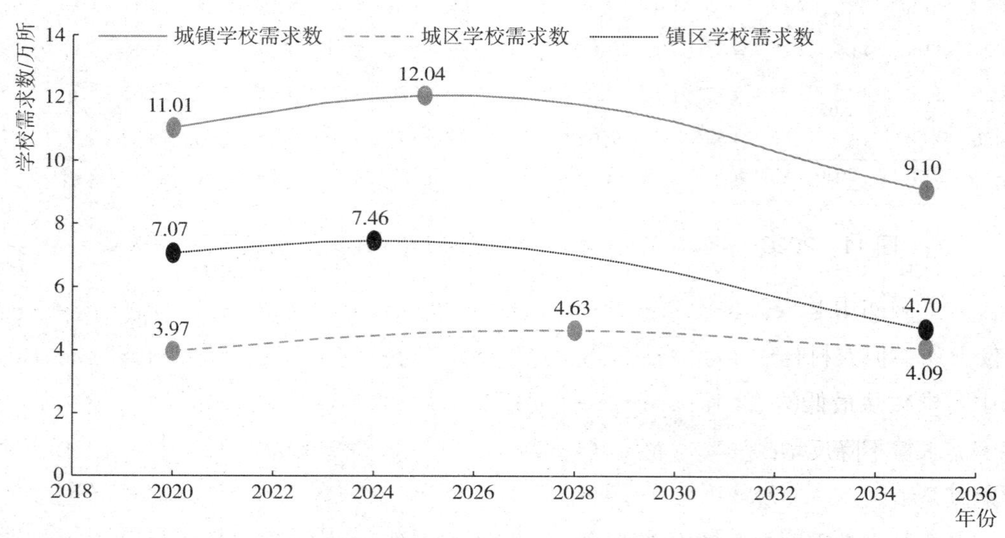


**图 9 2020—2035 年义务教育城镇学校（分城区和镇区）需求数**

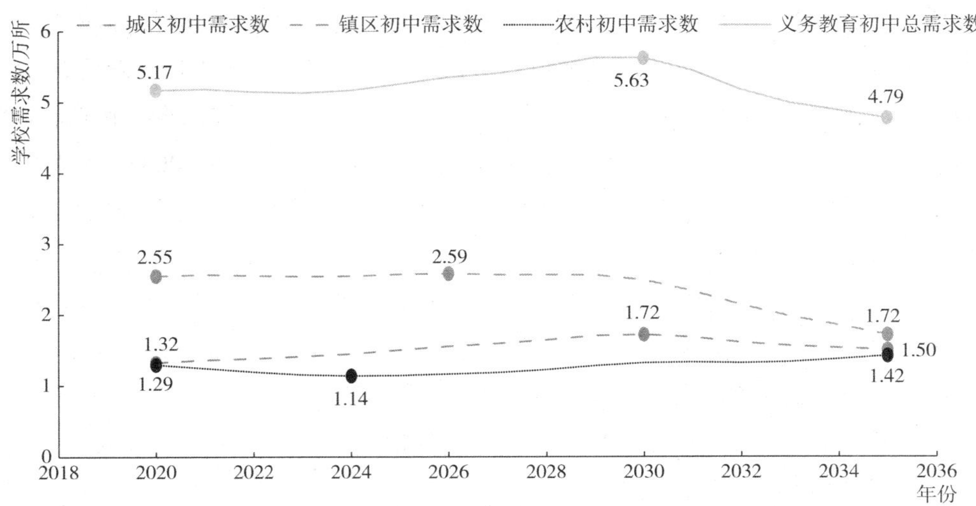


**图 10　2020—2035 年义务教育初中学校（分城区、镇区和农村）需求数**

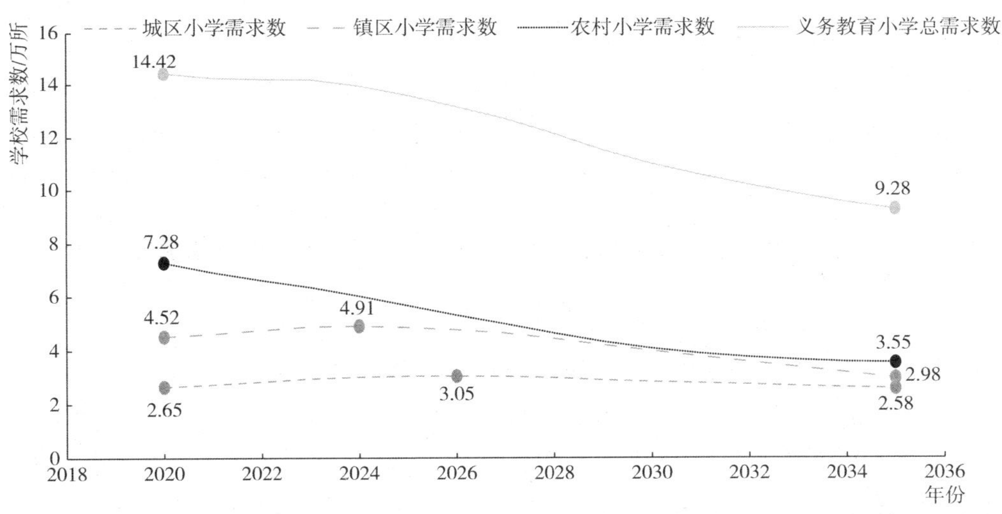


**图 11　2020—2035 年义务教育小学学校（分城区、镇区和农村）需求数**

4. 全国初中学校需求数将在 2030 年达到峰值 5.63 万所（图 10），随后迅速下降至 4.79 万所，但农村初中需求量在 2024—2035 年期间需求有小幅增长，自 2024 年起农村初中需求数从最低的 1.14 万所开始持续增加，至 2035 年达到峰值 1.42 万所，是同时期唯一需求量不降反增的。初中学校需求量在 2030 年前稳中有增，之后开始下降，下降最快地区是镇区。

5. 全国小学需求数总体在 2023 年前保持稳定，随后开始加速下滑（图 11）。2020—2035 年期间全国小学需求数在 2023 年前保持稳定，农村小学需求数始终下滑，下降幅度很大，到 2035 年所需学校数不足 2020 年的一半（2020 年 7.28 万所，2035 年 3.55 万所）；城区与镇区小学需求数分别在 2026 年、2024 年前有小幅上升，随后也开始下降。

6. 农村小学教学点需求量将持续减少。如表 8、图 12 所示，农村小学教学点从 2011 年起呈现增长趋势，2011—2017 年间增长了 2.93 万所，增幅 48.0%，恢复到了接近 2005 年的水平。但这种增长主要是政策短期激励的结果，在 2020—2035 年期间增长不具有可持续性，相反会随着农村人口的持续减少，小学教学点需求量不断减少。

### （三）教师数量需求

生师比是预测教师需求量的主要指标之一。根据 2020—2035 年间义务教育在校学生数，采用 2019 年《教育发展统计公报》的生师比数据（普通小学生师比为 16.85∶1，普遍初中生师比为 12.88∶1），可以对义务教育阶段专任教师需求量进行预测。本研究假设未来义务教育阶段的生师比保持不变。基于对专任教师数量的测算，可以发现：

1. 与在校生数变化趋势类似，2020—2035 年间，义务教育阶段的专任教师需求量总体减少。义务教育阶段专任教师将由 2020 年的 916.24 万人缓慢上升，在 2025 年达到峰值 951.37 万人，随后呈现加速下降的趋势，最终至 2035 年 729.42 万人（表 9、图 13），较 2020 年水平减少 186.82 万人。

2. 小学专任教师需求量过剩较大，初中专任教师先短缺后过剩。小学教师需求量较早达到峰值 588.43 万人（2024 年），随后加速减少，至 2035 年减少到 411.87 万人，较 2020 年过剩 149.55 万人。初中专任教师于 2029 年达到峰值 392.47 万人，到 2035 年时，初中专任教师将过剩 37.26 万人（图 13）。

### （四）经费需求

本研究选择“公共预算教育事业费支出”作为义务教育经费需求的预测指标。一般而言，生均教育经费（本研究中指“生均一般公共预算教育事业费”）表示每个学生平均获得的政府教育经费，但由于不同国家和地区的经济状况、消费水平、物价指数的差异，相等的生均教育经费并不表示相同的教育条件，故将其换算成生均教育经费指数以具可比性。生均教育经费指数是指生均教育经费与人均国民生产总值之比。

表 8　2003—2017 年义务教育学校数（单位：万所）

| 年份 | 农村学校数 | | | | 城镇学校数 | | | | 城区学校数 | | | | 镇区学校数 | | | | 全国学校数 | | | |
|---|---|---|---|---|---|---|---|---|---|---|---|---|---|---|---|---|---|---|---|---|
| | 总数 | 初中 | 小学 | 小学教学点 | 总数 | 初中 | 小学 | 小学教学点 | 总数 | 初中 | 小学 | 小学教学点 | 总数 | 初中 | 小学 | 小学教学点 | 总数 | 初中 | 小学 | 小学教学点 |
| 2003 | 38.68 | 2.65 | 36.04 | 10.17 | 10.27 | 3.73 | 6.55 | 0.40 | 3.45 | 0.90 | 2.55 | 0.08 | 5.75 | 1.75 | 4.00 | 0.32 | 48.96 | 6.37 | 42.58 | 10.57 |
| 2004 | 36.25 | 2.52 | 33.73 | 9.81 | 9.55 | 3.86 | 5.69 | 0.34 | 3.22 | 0.88 | 2.34 | 0.08 | 4.98 | 1.64 | 3.34 | 0.26 | 45.79 | 6.38 | 39.42 | 10.15 |
| 2005 | 34.24 | 2.57 | 31.68 | 9.29 | 8.63 | 3.68 | 4.94 | 0.16 | 2.86 | 0.82 | 2.04 | 0.04 | 4.65 | 1.75 | 2.91 | 0.12 | 42.87 | 6.25 | 36.62 | 9.45 |

续表

| 年份 | 农村学校数 | | | | 城镇学校数 | | | | 城区学校数 | | | | 镇区学校数 | | | | 全国学校数 | | | |
|---|---|---|---|---|---|---|---|---|---|---|---|---|---|---|---|---|---|---|---|---|
| | 总数 | 初中 | 小学 | 小学教学点 | 总数 | 初中 | 小学 | 小学教学点 | 总数 | 初中 | 小学 | 小学教学点 | 总数 | 初中 | 小学 | 小学教学点 | 总数 | 初中 | 小学 | 小学教学点 |
| 2006 | 31.59 | 2.53 | 29.06 | 8.64 | 7.77 | 3.53 | 4.24 | 0.16 | * | * | 1.46 | 0.02 | * | * | 2.78 | 0.14 | 39.36 | 6.06 | 33.31 | 8.80 |
| 2007 | 29.79 | 2.63 | 27.16 | 8.31 | 8.15 | 3.30 | 4.85 | 0.19 | 1.34 | 0.76 | 0.58 | 0.08 | 4.97 | 1.87 | 3.09 | 0.16 | 37.94 | 5.94 | 32.01 | 8.50 |
| 2008 | 27.94 | 2.63 | 25.30 | 7.75 | 7.94 | 3.16 | 4.78 | 0.16 | 2.49 | 0.76 | 1.73 | 0.02 | 4.92 | 1.87 | 3.05 | 0.13 | 35.88 | 5.79 | 30.09 | 7.91 |
| 2009 | 26.02 | 2.61 | 23.42 | 7.10 | 7.63 | 3.03 | 4.60 | 0.15 | 2.37 | 0.73 | 1.64 | 0.02 | 4.84 | 1.87 | 2.97 | 0.13 | 33.65 | 5.63 | 28.02 | 7.25 |
| 2010 | 23.96 | 2.87 | 21.09 | 6.54 | 7.27 | 2.62 | 4.65 | 0.15 | 2.62 | 1.89 | 0.73 | 0.02 | 4.90 | 1.89 | 3.01 | 0.13 | 31.23 | 5.49 | 25.74 | 6.69 |
| 2011 | 19.00 | 2.10 | 16.90 | 6.10 | 10.53 | 3.31 | 7.22 | 0.65 | 3.70 | 1.08 | 2.62 | 0.08 | 6.83 | 2.24 | 4.60 | 0.56 | 29.54 | 5.41 | 24.12 | 6.74 |
| 2012 | 17.44 | 1.94 | 15.50 | 6.25 | 10.74 | 3.38 | 7.36 | 0.73 | 5.84 | 1.09 | 4.74 | 0.64 | 4.90 | 2.29 | 2.61 | 0.08 | 28.18 | 5.32 | 22.86 | 6.98 |
| 2013 | 15.88 | 1.85 | 14.03 | 7.36 | 10.75 | 3.43 | 7.32 | 0.92 | 3.72 | 1.11 | 2.60 | 0.12 | 7.03 | 2.32 | 4.72 | 0.81 | 26.63 | 5.28 | 21.35 | 8.28 |
| 2014 | 14.64 | 1.77 | 12.87 | 7.86 | 10.76 | 3.49 | 7.27 | 1.04 | 3.77 | 1.15 | 2.63 | 0.14 | 6.98 | 2.34 | 4.64 | 0.90 | 25.40 | 5.26 | 20.14 | 8.90 |
| 2015 | 13.54 | 1.70 | 11.84 | 8.18 | 10.76 | 3.54 | 7.21 | 1.12 | 3.76 | 1.15 | 2.61 | 0.15 | 7.00 | 2.39 | 4.61 | 0.97 | 24.29 | 5.24 | 19.05 | 9.30 |
| 2016 | 12.26 | 1.62 | 10.64 | 8.68 | 10.72 | 3.59 | 7.12 | 1.16 | 3.86 | 1.19 | 2.66 | 0.15 | 6.86 | 2.40 | 4.46 | 1.01 | 22.98 | 5.21 | 17.76 | 9.84 |
| 2017 | 11.13 | 1.52 | 9.61 | 9.03 | 10.76 | 3.67 | 7.10 | 1.27 | 3.95 | 1.24 | 2.72 | 0.17 | 6.80 | 2.43 | 4.38 | 1.10 | 21.89 | 5.19 | 16.70 | 10.30 |

注：《中国教育年鉴》（2003—2017 年）在 2010 年前的统计类目为城市、县镇、农村，2011 年起统计类目为城区（含城乡接合区）、镇区（含镇乡接合区）、乡村。因此 2010 年与 2011 年的数据存在较大差距。

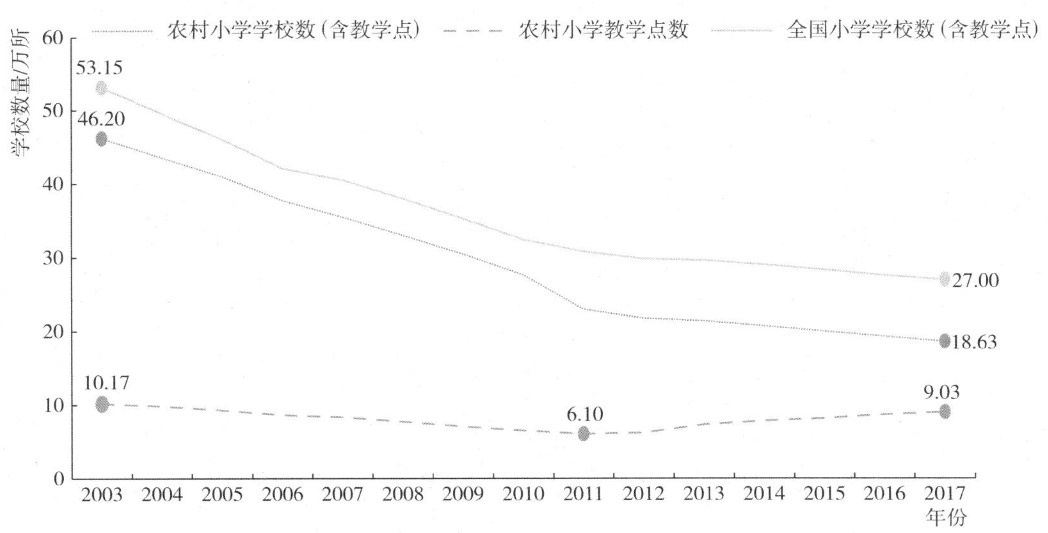


**图 12　2003—2017 年农村义务教育小学、教学点数**

表 9　2020—2035 年义务教育专任教师需求数量（单位：万人）

| 年份 | 城镇专任教师需求数 | | | 城区专任教师需求数 | | | 镇区专任教师需求数 | | | 农村专任教师需求数 | | | 义务教育专任教师需求总数 | | |
|---|---|---|---|---|---|---|---|---|---|---|---|---|---|---|---|
| | 总量 | 初中 | 小学 | 总量 | 初中 | 小学 | 总量 | 初中 | 小学 | 总量 | 初中 | 小学 | 总量 | 初中 | 小学 |
| 2020 | 749 | 313 | 437 | 331 | 130 | 200 | 418 | 182 | 236 | 167 | 42 | 125 | 916 | 355 | 561 |
| 2021 | 766 | 318 | 449 | 341 | 134 | 207 | 426 | 184 | 242 | 159 | 41 | 119 | 926 | 358 | 567 |
| 2022 | 783 | 319 | 464 | 351 | 136 | 215 | 431 | 183 | 249 | 152 | 39 | 113 | 935 | 358 | 577 |
| 2023 | 799 | 321 | 479 | 362 | 139 | 224 | 437 | 182 | 255 | 147 | 38 | 109 | 946 | 358 | 588 |
| 2024 | 810 | 325 | 485 | 371 | 143 | 228 | 439 | 182 | 257 | 141 | 37 | 103 | 951 | 362 | 588 |
| 2025 | 817 | 332 | 485 | 378 | 148 | 231 | 438 | 184 | 255 | 135 | 37 | 97 | 951 | 369 | 582 |
| 2026 | 818 | 338 | 480 | 384 | 153 | 231 | 434 | 185 | 250 | 129 | 38 | 91 | 947 | 376 | 572 |
| 2027 | 813 | 341 | 473 | 387 | 157 | 230 | 427 | 184 | 243 | 124 | 39 | 86 | 937 | 379 | 558 |
| 2028 | 804 | 345 | 459 | 388 | 162 | 226 | 416 | 183 | 233 | 120 | 40 | 80 | 924 | 385 | 539 |
| 2029 | 791 | 351 | 440 | 387 | 168 | 220 | 403 | 183 | 220 | 116 | 42 | 74 | 907 | 392 | 514 |
| 2030 | 771 | 347 | 423 | 384 | 169 | 215 | 387 | 178 | 208 | 113 | 43 | 70 | 884 | 391 | 493 |
| 2031 | 741 | 333 | 408 | 376 | 166 | 211 | 365 | 167 | 198 | 110 | 43 | 67 | 851 | 376 | 475 |
| 2032 | 706 | 312 | 394 | 365 | 159 | 207 | 340 | 153 | 187 | 108 | 43 | 64 | 813 | 355 | 458 |
| 2033 | 674 | 295 | 379 | 356 | 154 | 203 | 318 | 142 | 176 | 106 | 44 | 63 | 781 | 339 | 442 |
| 2034 | 648 | 283 | 364 | 350 | 151 | 199 | 298 | 132 | 166 | 106 | 45 | 61 | 754 | 328 | 426 |
| 2035 | 622 | 271 | 351 | 344 | 148 | 195 | 278 | 123 | 156 | 107 | 46 | 61 | 729 | 318 | 412 |

注：表 9 使用近似计算值表示，因此各年份数值间的差值，可能与正文中存在差异（正文中 2035 年与 2020 年差值为 149.55 万，表中差值则为 149 万）。

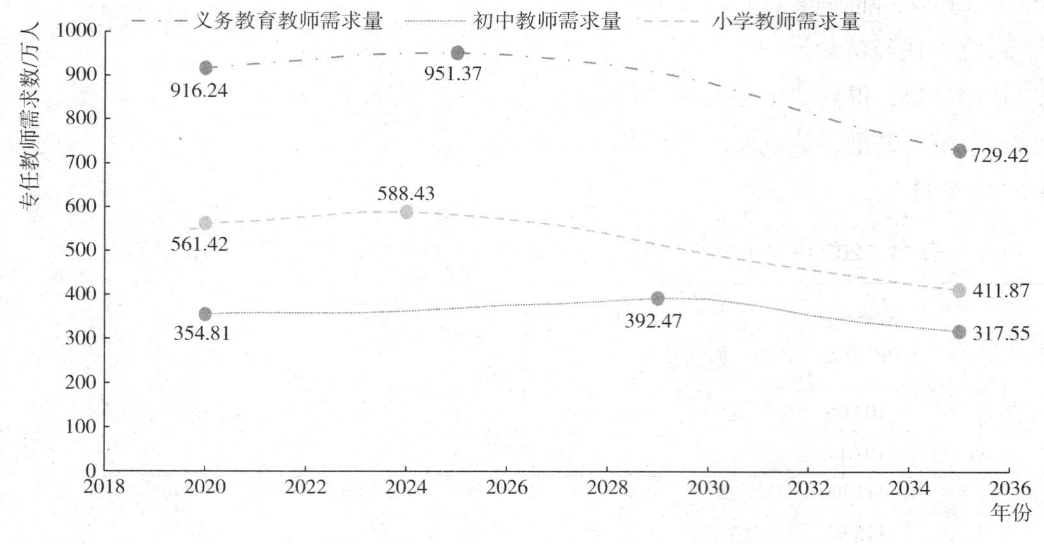


图 13　2020—2035 年义务教育阶段专任教师需求数量

通过计算可知（表 10），2018 年普通初中、普通小学、农村初中、农村小学的生均教育经费指数分别为 0.231、0.160、0.211、0.153。假设未来义务教育生均公共财政预算教育经费指数保持不变。

表 10 2018 年生均教育经费指数

| 学校类型 | 2018 年一般生均公共财政预算教育经费 / 元 | 2018 年人均国民生产总值 / 元 | 生均教育经费指数 |
|---|---|---|---|
| 普通小学 | 10565.51 | 65898 | 0.160 |
| 农村小学 | 10102.83 | 65898 | 0.153 |
| 普通初中 | 15196.25 | 65898 | 0.231 |
| 农村初中 | 13912.30 | 65898 | 0.211 |

注：以上数据来源，国家统计局官网、《中国教育经费统计年鉴 2019》（2019、2020 年数据暂不完整，使用 2018 年数据进行计算）。

对 2020—2035 年间我国的国民生产总值及人均国民生产总值进行预测。根据《国家统计局关于修订 2018 年国内生产总值数据的公告》，依据第四次全国经济普查结果，2018 年国内生产总值为 919281 万亿元。按 2018 年人口数据（13.95 亿人）计，2018 年人均国民生产总值为 65898 元。

根据张平等（2012）的预测，我国经济的潜在增长率为 5.7%—6.6%（2016—2020 年）、5.4%—6.3%（2021—2030 年）。在纳入城镇化、生育水平等参数后，杨华垒、沈盈希和谢琳（2020）预测我国 2018—2050 年间的实际 GDP 增长情况分别为 3.996%（2018—2020 年）、2.949%（2021—2050 年），该预测值低于其他未考虑城镇化对生育水平的负面影响的研究：白重恩和张琼（2017）的预测值为 4.35%，谭海鸣等（2016）的预测值为 3.13%、陆旸和蔡昉（2016）的预测值为 4.47%。

综合上述经济预测研究结果，本研究假定 2020—2035 年 GDP 增长率为 4%。结合人口预测结果，得到 2020—2035 年间的人均国民生产总值的预测值（以 2020 年人均国民生产总值为基准，拟定人均 GDP 增长速度 2019—2020 年为 6.15%、2021—2035 年为 5.85%（表 11）。

表 11 2020—2035 年人均国民生产总值及生均公共财政预算事业费预测值

| 年份 | 预测全国 GDP/ 万亿元 | 预测全国人口 / 亿人 | 预测人均 GDP/ 元 | 城镇生均公共财政预算事业费支出（元 / 人） | | 农村生均公共财政预算事业费支出（元 / 人） | |
|---|---|---|---|---|---|---|---|
| | | | | 初中 | 小学 | 初中 | 小学 |
| 2020 | 103.05 | 13.95 | 73847 | 17029.27 | 11839.96 | 15590.45 | 11321.47 |
| 2021 | 107.17 | 13.98 | 76676 | 17681.73 | 12293.59 | 16187.78 | 11755.23 |
| 2022 | 111.46 | 13.99 | 79661 | 18370.09 | 12772.19 | 16817.98 | 12212.87 |
| 2023 | 115.92 | 14.00 | 82810 | 19096.24 | 13277.06 | 17482.78 | 12695.64 |
| 2024 | 120.55 | 14.00 | 86131 | 19862.03 | 13809.49 | 18183.86 | 13204.75 |
| 2025 | 125.38 | 13.99 | 89631 | 20669.16 | 14370.67 | 18922.80 | 13741.35 |
| 2026 | 130.39 | 13.97 | 93317 | 21519.21 | 14961.68 | 19701.03 | 14306.48 |

续表

| 年份 | 预测全国GDP/万亿元 | 预测全国人口/亿人 | 预测人均GDP/元 | 城镇生均公共财政预算事业费支出（元/人） | | 农村生均公共财政预算事业费支出（元/人） | |
|---|---|---|---|---|---|---|---|
| | | | | 初中 | 小学 | 初中 | 小学 |
| 2027 | 135.61 | 13.95 | 97198 | 22414.00 | 15583.80 | 20520.21 | 14901.36 |
| 2028 | 141.03 | 13.92 | 101279 | 23355.30 | 16238.26 | 21381.98 | 15527.16 |
| 2029 | 146.67 | 13.89 | 105571 | 24345.05 | 16926.40 | 22288.10 | 16185.17 |
| 2030 | 152.54 | 13.86 | 110083 | 25385.33 | 17649.68 | 23240.50 | 16876.78 |
| 2031 | 158.64 | 13.82 | 114822 | 26478.19 | 18409.52 | 24241.02 | 17603.34 |
| 2032 | 164.99 | 13.77 | 119798 | 27625.69 | 19207.33 | 25291.56 | 18366.22 |
| 2033 | 171.59 | 13.72 | 125020 | 28829.99 | 20044.66 | 26394.11 | 19166.87 |
| 2034 | 178.45 | 13.67 | 130500 | 30093.56 | 20923.17 | 27550.91 | 20006.91 |
| 2035 | 185.59 | 13.62 | 136249 | 31419.28 | 21844.91 | 28764.62 | 20888.29 |

根据生均教育经费指数公式（生均教育经费指数 = 生均公共财政预算事业费支出 / 人均国民生产总值），利用 2020—2035 年人均国民生产总值预测值、初中及小学生均公共财政预算教育经费指数，最终得到 2020—2035 年间初中、小学的生均公共财政预算事业费支出标准。最后，结合义务教育阶段在校生预测数据，求得 2020—2035 年全国义务教育公共财政预算事业费支出（表 12、图 14、图 15）。

《国务院关于统筹推进县域内城乡义务教育一体化改革发展的若干意见》（国发〔2016〕40 号）指出，"加快推进县域内城乡义务教育学校建设标准统一、教师编制标准统一、生均公用经费基准定额统一……到 2020 年，基本消除城乡二元结构壁垒，实现义务教育与城镇化发展基本协调"。基于对适龄人口与在校生数的测算，可以发现：

1. 2020—2035 年间义务教育阶段生均公共财政预算事业费需求逐年上升，在实行"城乡生均经费基本定额统一"的情况下，与 2020 年相比，2035 年小学段城乡所需生均公共财政预算事业费上涨幅度约为 1.0 万元 / 人，初中段城乡上涨幅度为 1.4 万元 / 人（表 10、表 11）。在不考虑"城乡生均经费分别基本定额统一"的情况下，2020—2035 年间，小学段城镇、农村生均公共财政预算事业费需增加 1.00 万元 / 人、0.96 万元 / 人，初中段城镇、农村生均公共财政预算事业费分别增加了 1.44 万元 / 人、1.32 万元 / 人。

2. 城镇地区教育公共财政预算事业费所需的增加额远大于农村地区（图 14）。2020—2035 年间城镇地区所需公共财政预算事业费，年均增加 555.25 亿元。相比之下农村公共财政预算事业费 15 年内仅上涨 629.80 亿元。

表 12　2020—2035 年义务教育公共财政预算事业费支出情况（亿元）

| 年份 | 城镇公共财政预算事业费支出 | | | 农村公共财政预算事业费支出 | | | 公共财政预算事业费支出 | | |
|---|---|---|---|---|---|---|---|---|---|
| | 总额 | 初中 | 小学 | 总额 | 初中 | 小学 | 总额 | 初中 | 小学 |
| 2020 | 15563.10 | 6854.47 | 8708.63 | 3232.35 | 849.51 | 2382.84 | 18795.45 | 7703.98 | 11091.47 |
| 2021 | 16530.90 | 7233.45 | 9297.45 | 3196.07 | 848.37 | 2347.70 | 19726.98 | 8081.82 | 11645.15 |
| 2022 | 17525.43 | 7545.91 | 9979.52 | 3179.26 | 844.74 | 2334.52 | 20704.69 | 8390.65 | 12314.04 |
| 2023 | 18596.15 | 7883.88 | 10712.28 | 3182.40 | 850.54 | 2331.86 | 21778.56 | 8734.42 | 13044.14 |
| 2024 | 19600.33 | 8311.77 | 11288.57 | 3171.57 | 873.28 | 2298.29 | 22771.90 | 9185.04 | 13586.85 |
| 2025 | 20575.25 | 8830.20 | 11745.06 | 3163.21 | 913.67 | 2249.54 | 23738.47 | 9743.86 | 13994.60 |
| 2026 | 21472.07 | 9361.19 | 12110.88 | 3161.66 | 965.04 | 2196.62 | 24633.73 | 10326.24 | 14307.50 |
| 2027 | 22243.83 | 9833.10 | 12410.73 | 3169.32 | 1021.84 | 2147.48 | 25413.15 | 10854.93 | 14558.21 |
| 2028 | 22944.58 | 10393.00 | 12551.58 | 3190.24 | 1101.27 | 2088.97 | 26134.82 | 11494.27 | 14640.55 |
| 2029 | 23541.98 | 10994.55 | 12547.43 | 3227.52 | 1201.03 | 2026.49 | 26769.50 | 12195.58 | 14573.92 |
| 2030 | 23942.05 | 11357.45 | 12584.60 | 3283.22 | 1292.12 | 1991.10 | 27225.28 | 12649.58 | 14575.70 |
| 2031 | 24010.27 | 11346.57 | 12663.71 | 3339.22 | 1356.89 | 1982.33 | 27349.49 | 12703.46 | 14646.03 |
| 2032 | 23841.16 | 11089.78 | 12751.38 | 3400.38 | 1405.45 | 1994.92 | 27241.54 | 12495.23 | 14746.30 |
| 2033 | 23771.93 | 10964.31 | 12807.62 | 3506.09 | 1483.11 | 2022.98 | 27278.02 | 12447.42 | 14830.60 |
| 2034 | 23834.76 | 10986.50 | 12848.26 | 3665.14 | 1595.80 | 2069.34 | 27499.91 | 12582.30 | 14917.61 |
| 2035 | 23891.86 | 10971.76 | 12920.10 | 3862.15 | 1719.99 | 2142.16 | 27754.01 | 12691.75 | 15062.26 |

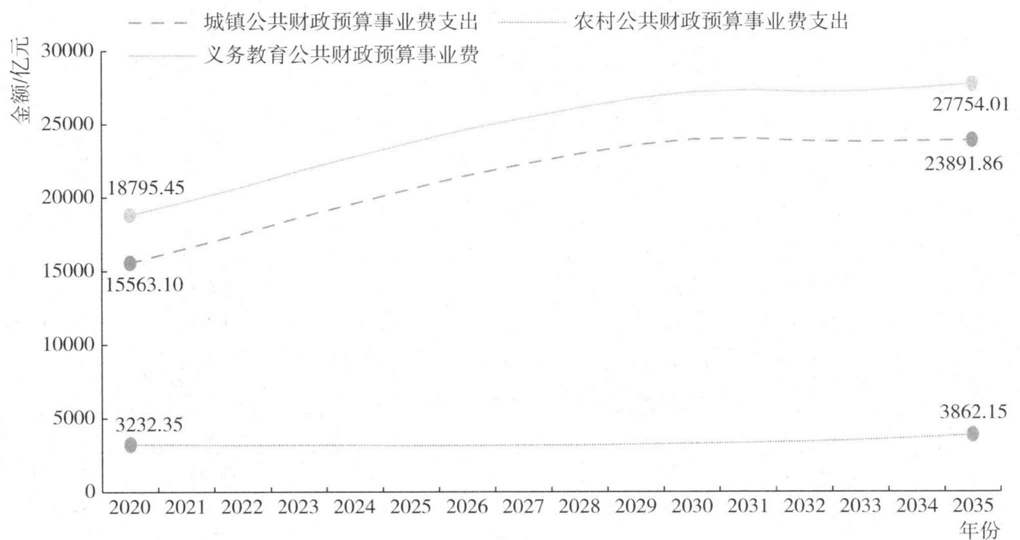


图 14　2020—2035 年义务教育（分城乡）公共财政预算事业费需求

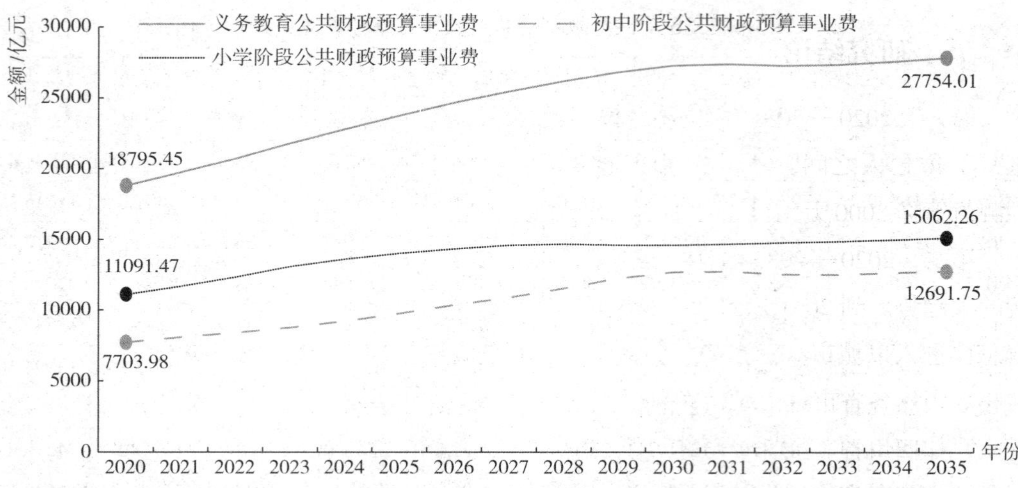


**图 15 2020—2035 年义务教育（分学段）公共财政预算事业费需求**

3. 实行“城乡生均经费基本定额统一”后义务教育公共财政预算事业费的增幅约为实行前事业费总额的 0.75%—1.00%。假定 2020—2035 年期间我国能实行“城乡生均经费基本定额统一”，农村地区义务教育公共财政预算事业费所需的数量、变化率均不会有太大变化。以差额最大的 2035 年为例，基本定额统一前的农村学校总预算事业费为 3862.15 亿元，统一后的农村学校总预算事业费为 4118.99 亿元，变化幅度为 256.84 亿元，仅占定额统一前城乡义务教育总预算事业费的 0.93%（表 13）。

**表 13 城乡生均经费统一后的公共财政预算事业费支出变化情况**

| 年份 | 义务教育事业费增加值 / 亿元 | | | 义务教育事业费增加值变化率 | | |
|---|---|---|---|---|---|---|
| | 总额增加值 | 初中 | 小学 | 总额变化率 | 初中 | 小学 |
| 2020 | 187.53 | 78.40 | 109.13 | 1.00% | 1.02% | 0.98% |
| 2021 | 185.81 | 78.30 | 107.52 | 0.94% | 0.97% | 0.92% |
| 2022 | 184.87 | 77.96 | 106.91 | 0.89% | 0.93% | 0.87% |
| 2023 | 185.29 | 78.50 | 106.79 | 0.85% | 0.90% | 0.82% |
| 2024 | 185.85 | 80.59 | 105.25 | 0.82% | 0.88% | 0.77% |
| 2025 | 187.34 | 84.32 | 103.02 | 0.79% | 0.87% | 0.74% |
| 2026 | 189.66 | 89.06 | 100.60 | 0.77% | 0.86% | 0.70% |
| 2027 | 192.65 | 94.30 | 98.35 | 0.76% | 0.87% | 0.68% |
| 2028 | 197.30 | 101.64 | 95.67 | 0.75% | 0.88% | 0.65% |
| 2029 | 203.65 | 110.84 | 92.81 | 0.76% | 0.91% | 0.64% |
| 2030 | 210.44 | 119.25 | 91.19 | 0.77% | 0.94% | 0.63% |
| 2031 | 216.01 | 125.23 | 90.78 | 0.79% | 0.99% | 0.62% |
| 2032 | 221.07 | 129.71 | 91.36 | 0.81% | 1.04% | 0.62% |
| 2033 | 229.52 | 136.87 | 92.65 | 0.84% | 1.10% | 0.62% |
| 2034 | 242.04 | 147.27 | 94.77 | 0.88% | 1.17% | 0.64% |
| 2035 | 256.84 | 158.74 | 98.10 | 0.93% | 1.25% | 0.65% |

## 五、研究结论

第一，2020—2035年期间义务教育阶段学生数量总体在减少，体量大体在1.10亿—1.46亿人之间，峰值为2024年，在校生总量为1.46亿人。到2035年，较2020年预测值下降3000万人。

第二，2020—2035年期间义务教育阶段学生从农村和镇区向城区转移依然是不可逆转的大趋势。到2031年左右，全国城区义务教育学生数将超过镇区，我国义务教育阶段将总体进入以城市教育为主体的时代，教育资源配置应充分考虑由农村向镇区和城区的转移。当然各省市进入城市教育时代的时间可能不尽相同，发达省份会早于2031年优先进入，如四川省（虽处于西部，但属于具有全国影响力的重要经济中心）将于2029年进入以城市教育为主体的时代（乔锦忠，2020），其他经济与社会发展相对落后的省份可能会晚于2031年进入。因此各地在教育规划和资源配置时应因地制宜、因时而动。

第三，从校舍资源配置角度看，城区将是全国未来义务教育阶段资源配置的重点地区，按现行学校规模，与2020年相比，2026年（峰值年份）城区需新建小学4000所，2030年（峰值年份）城区需新建初中4000所；农村地区将有大量小学校舍闲置（与2020年相比，过剩约3.73万所），但农村初中需求相对稳定，在2024—2035年间还有所增加；小学教学点需求数量将会逐步减少。

第四，从教师资源配置的角度看，2020—2035年期间我国义务教育阶段专任教师的需求量在下降，按现行生师比标准，将会有一定数量的小学和初中教师过剩。与2020年相比，2035年小学教师过剩约149.55万人，初中过剩约37.26万人。

第五，随着经济与社会发展水平的提高，义务教育阶段所需财政投入需求不断加大。实行城乡生均经费基本定额统一对义务教育财政预算事业费影响不大。

## 六、政策建议与讨论

第一，根据城市化进程和人口流动趋势合理规划学校布局，加大城区学位供给，脱贫任务完成后，不再出台新的向农村地区倾斜教育资源投入的政策文件。按照《中国教育现代化2035》“实现基本公共教育服务均等化”战略任务的要求，一方面要在农村和边远山区保留必要的教学点、乡村小规模学校和寄宿制学校，保障这些地区的学生就近接受义务教育；另一方面也要加大城区学校供给，城区新建小区要严格配套建设学校。研究发现，学生城镇化率要高于人口城镇化率，根据预测2035年全国人口城镇化率将达到72.45%，届时小学和初中的学生城镇化率将分别达到85.22%和85.38%。城区在适龄人口高峰仍需要配建大量学校，所以要严格落实国家对城区新建小区配建学校的政策。课题组在河南、山东和四川等人口大省的调研中发现，有个别地区，自改革开放以来几乎没有新建公立学校，单纯依靠民办教育来支撑日益增加的城市义务教育需求，致使普通居民家庭承受了很大的经济压力。还有一些地级市所在城市，因为基础教育管理权限归各区县，但土地供应控制在市级政府手中，造成了市级政府和区县政府在学校建设上相互推诿，在城市化过程中没有配备足够学校的情况。总体来看，未来 15 年内，义务教育阶段的学龄人口会不断向城市聚集，可通过地方立法等措施，保障城区学校配置。在脱贫任务完成后，应不再向农村地区倾斜教育资源。

第二，以国家义务教育质量监测结果为标准，深化教育教学改革，适当提高办学条件标准，缩小班级规模。在新发展阶段，提高质量和优化结构成为未来教育发展中的关键问题。《2019 年国家义务教育质量监测——语文学习质量检监测结果报告》特别调查了进城务工人员随迁子女、家庭处境不利学生的学业表现，发现近九成随迁子女的学业表现达到中等及以上水平，与城市本地儿童无显著差异，近三成家庭处境不利学生的学习兴趣、学习习惯好于全国均值。可见，优化教育资源城乡配置有利于促进优质均衡。现有办学条件标准是在发展不充分情况下制定的，学龄人口下降后，义务教育阶段的校舍和教师存在冗余，可以适当提高办学条件标准，缩小班级规模、降低生师比，提高生均校舍面积，向随迁子女、家庭处境不利学生倾斜更多的教育教学资源支持。目前已有发达省份围绕未来高质量目标，制定了新的义务教育阶段办学条件标准，大力发展优质教育。《江苏教育现代化 2035》提出，到 2035 年，中小学生师比由 15.5 下降至 13（其中小学生师比由 18 下降为 15）;《上海教育现代化 2035》则提出，义务教育专任教师中本科及以上学历比例由 88.7% 提升为 95% 以上（“保持高水平”）。其他有条件的地区，也应围绕着高质量目标，制定新的义务教育阶段办学条件标准，大力发展优质教育。

第三，统筹优化学前、托育和义务教育阶段的教师资源配置，及时补充高素质教师。研究发现，按照当前编制水平，到 2035 年全国将有约 150 万小学教师、37 万初中教师过剩（表 9、图 13）。除降低生师比，缩小班级规模外，还可以系统统筹义务教育阶段过剩教师。当前，学前和托育阶段教师大量短缺，特别是有资质条件受过专门训练的幼儿教师缺口很大。把过剩中小学教师经过培训适当补充到学前和托育阶段，也不失为一种相对可行的解决方案。另外，尽管未来我国义务教育阶段教师总量可能存在过剩，但考虑到教师队伍的总体素质还不是很高，仍需要及时补存一定数量的高素质教师。为了应对疫情，国务院常务会议决定“加快推进允许教育类硕士及以上学历毕业生、公费师范生免试认定教师资格”。可以预见，这一举措将吸引一定数量的具有硕士及以上学历的高素质人才进入教师队伍。为了不断提高教育质量，及时补充高素质的优秀教师仍然十分必要。

第四，稳定部属和省属师范大学的招生计划，减少师专（包括已升格的新建本科院校）和高职高专的教师专业招生计划。调整师范专业设置，扩大音、体、美、劳、通用技术、学前、托育和特教等学科的招生人数，减少文化科目的招生计划。尽管当前综合大学也参与师范生培养，但师范大学仍然在教师培养中占有重要地位。在未来学生数量不断减少，教师总量有剩余的条件下，应适当提高师范生培养层次并不断优化教师队伍结构。当前，高职高专在学前师资培养中发挥了十分重要的作用，教师队伍中文化课教师供给相对充分，但音乐、体育、美术、心理、特殊教育、劳动和通用技术等教师相对短缺。因此应尽量提高师范生培养层次，鼓励更多的优秀学生从事教育行业，不断优化教师队伍结构，充分发挥艺术、体育和劳动等学科的育人价值。为此，应稳定部属和省属师范大学招生计划，逐步减少师专（包括已升格的新建本科院校）和高职高专的师范生招生计划。

## 七、研究不足与展望

首先，本研究立足全国，对 2020—2035 年期间义务教育资源配置需求进行了估算。因此，研究结果仅能预测全国尺度的义务教育资源配置需求，无法准确反映各省市区县的教育资源配置情况。为了更好地服务地方教育规划，在后续研究中，有必要采用地区尺度的统计数据，对各省的义务教育资源需求进行预测。特别是对于四川、河南、山东、广东等人口大省和三区三州等发展任务较为艰巨的地区，需要给予更多的关注。乔锦忠等（2020）发现，四川省山区面积占到全省总面积的 76.77%，乡村小规模学校对于保障西部偏远山区儿童的受教育权十分重要。因此，尽管从全国来看，义务教育阶段学生从农村和镇区向城区流动依然是不可逆转的大趋势，但仍需注意保障乡村小规模学校的供给。

其次，受数据可获得性等因素的影响，本研究未能充分考虑疫情等突发偶然因素对经济、人口与教育所带来的影响。疫情期间得以迅速推广的线上教育可能会导致未来教师需求量的减少，同时疫情也会对学校硬件设施和网络条件等提出要求，从而需要更多的财政投入。在下一步的研究中，应充分考虑疫情对经济、人口和教育系统的影响。

最后，义务教育是基本公共服务，属于政府法定的责任范围。但在现实中，义务教育阶段也有民办学校，而且在东部发达地区和中西部省会城市，当前义务教育阶段在民办学校就读的学生占有一定的比例并有继续扩大趋势。为了扭转民办学校对公立教育体系和教育生态的冲击，近期教育部出台了一系列政策，如将义务教育阶段民办学校的招生范围限制在注册地、民办学校与公办学校同时招生等。因为民办教育供给受政策扰动较大，本研究没有考虑义务教育阶段民办学校的因素，如果考虑民办学校，需要由政府提供的教育资源将低于本研究的预测值。

## 参考文献：

[1]白重恩，张琼．中国经济增长潜力预测：兼顾跨国生产率收敛与中国劳动力特征的供给侧分析［J］．经济学报，2017，4（04）．

[2]洪秀敏，马群．“全面二孩”政策与北京市学前教育资源需求［J］．北京师范大学学报（社会科学版），2017（01）．

[3]李汉东，李流．中国2000年以来生育水平估计［J］．中国人口科学，2012（05）．

[4]李汉东，李玲，赵少波．山东省“全面二孩”政策下学前教育及义务教育资源供求均衡分析［J］．教育学报，2019（02）．

[5]李玲，杨顺光．“全面二孩”政策与义务教育战略规划——基于未来20年义务教育学龄人口的预测［J］．教育研究，2016，37（03）．

[6]李玲，周文龙，钟秉林，李汉东．2019—2035年我国城乡小学教育资源需求分析［J］．中国教育学刊，2019（09）．

[7]陆旸，蔡昉．从人口红利到改革红利：基于中国潜在增长率的模拟［J］．世界经济，2016，39（01）．

[8]乔锦忠，沈敬轩，李汉东，钟秉林．2020—2035年中国人口大省义务教育阶段资源配置研究——以四川省为例［J］．教育经济评论，2020（05）．

[9]宋健．人口与教育［J］．自然辩证法通讯，1980（03）．

[10]宋健，于景元，李广元．人口发展过程的预测［J］．中国科学，1980（09）．

[11]宋健．人口统计学［M］．北京：中国人民大学出版社，2019．

[12]孙冬霞．“全面二孩”政策对我国义务教育资源供给的影响研究［J］．长沙：湖南大学，2017．

[13]谭海鸣，姚余栋，郭树强，宁辰．老龄化、人口迁移、金融杠杆与经济长周期［J］．经济研究，2016，51（02）．

[14]汤鹏．“全面二孩”政策对城乡义务教育资源需求的影响——以合肥市为例．黄山学院学报［J］．2018，20（02）．

[15]王彦军，刘强．日本人口少子化对学校教育经费影响的研究［J］．现代日本经济，2020（05）．

[16]谢倩，李阳，胡扬明．学龄人口预测与义务教育资源需求分析——基于省域视角并以湖南省为例［J］．湖南农业大学学报（社会科学版），2018，19（02）．

[17]徐坚成．我国不同地区未来学龄人口波动与基础教育发展［J］．教育发展研究，1999（08）．

[18]杨华磊，沈盈希，谢琳．城镇化、生育水平下降与经济增长［J］．经济评论，2020（03）．

[19]杨顺光."全面二孩"政策下学龄人口变动对基础教育资源配置的影响研究[D].重庆：西南大学，2016.

[20]姚翠友，王泽恩.北京市义务教育学龄人口多因素灰色预测分析[J].数学的实践与认识，2019，49(12).

[21]姚引妹，李芬，尹文耀."单独二孩"政策下我国受教育人口变化趋势研究[J].教育研究，2015，36(03).

[22]张平，等.中国经济长期增长路径、效率与潜在增长水平[J].经济研究，2012，47(11).

[23]赵佳音.人口变动背景下北京市及各区县义务教育学龄人口与教育资源需求预测[J].教育科学研究，2016(06).

[24]周娅娜，曾益."全面二孩"政策背景下中国义务教育财政支出的动态模拟[J].兰州学刊，2019(06).

[25]周志，田楠，赵宇红.天津市义务教育学龄人口规模预测与分析——基于多因素灰色预测模型和人口推算法[J].西南师范大学学报(自然科学版)，2017，42(03).

[26]Borge，L.E.，& Rattso，J. Demographic shift，relative costs and the allocation of local public consumption in Norway [J]. Regional Science and Urban Economics，1995，25 (6).

[27]Castles，F.G. Explaining Public Education Expenditure in OECD Nations [J]. European Journal of Political Research，1989，17 (4).

[28]Cannan，E. The probability of a cessation of the growth of population in England and Wales during the next century [J]. The Economic Journal，1895，5 (20).

[29]Cutler，D.M.，Elmendorf，D.W.，& Zeckhauser，R.J. Demographic characteristics and the public bundle [J]. Public Finance = Finances publiques，1993，48.

[30]Grob，U.，& Wolter，S.C. Demographic change and public education spending：A conflict between young and old？ [J]. Education Economics，2007，15 (3).

[31]Guillard，A. Elements de StatistiqueHumaine ou Demographie Comparee [M]. Paris：Guillaumin et Cie libraires，1855.

[32]Hirsch，W.Z. Determinants of Public Education Expenditures [J]. National Tax Journal，1960，13 (1).

[33]McMahon，W.W. An Economic Analysis of Major Determinants of Expenditures on Public Education [J]. The Review of Economics and Statistics，1970，52 (3).

[34]Ngware，M.W.，Onsomu，E.N.，& Muthaka，D.I.. Financing secondary education in Kenya：Cost reduction and financing options [J]. Education Policy Analysis Archives，2007，15.

[35]Omwami, E. M., & Omwami, R. K. Public investment and the goal of providing universal access to primary education by 2015 in Kenya, 2010.

[36]International Journal of Educational Development, 30 (3).

[37]OLOO, F. O. Projection of optimal allocation of educational Resources in primary and secondary schools in Kenya During the period 2013—2030[J]. Doctoral dissertation, Maseno University, 2017.

[38]Poterba, J. M. Demographic structure and the political economy of public education [J]. Journal of Policy Analysis and Management, 1997, 16 (1).

[39]Poterba, J. M. Demographic change, intergenerational linkages, and public education [J]. The American Economic Review, 1998, 88 (2).

[40]Tharakan, P. M., & Navaneetham, K. Population projection and policy implications for education: a discussion with reference to Kerala [J]. Review of Development and Change, 2000, 5 (1).

[41]Whelpton, P. K. An empirical method of calculating future population [J]. Journal of the American Statistical Association, 1936, 31 (195).

[42]Wilson, T., & Rees, P. Recent developments in population projection methodology: A review [J]. Population, Space and Place, 2005, 11 (5).

# 经济增长与健康人力资本

刘国恩[①]

关于人力资本与经济增长的关系，国内外社科已有丰富的研究成果，并通过广泛的科普宣教和认知提升，促进了个人、家庭、社会和公共部门对人力资本的投入，推动了国家和地区的经济增长和社会进步，并越来越好地惠及在增长不平等进程中的弱势群体。

## 一、人力资本对不同增长阶段的影响

尽管如此，有关人力资本促进包容增长和共同富裕的认知仍需加强，尤其对快速迈入中等收入阶段的新兴经济体更是如此。

一方面，纵观长期经济发展的历史，中等收入经济体往往面临最为显著的收入公平问题。如果解决得当，处理好增长与分配的矛盾问题，将为迈向更为先进、文明的社会经济提供增长源泉。否则，就可能面临所谓“中等收入陷阱”的风险挑战。

另一方面，基于对21世纪以来的观察，世界经济已在很大程度上进入后工业革命的发展阶段，即信息革命时代，其引领标志为基于大数据和云计算的人工智能推进的数字经济。在数字时代的大背景下，人力资本与信息经济的关系将如何发生较之过去不同的变化演进，从而如何影响未来的个人、家庭与社会对人力资本的投资行为，将是极为重要的研究命题。

## 二、人力资本对人类发展命运的影响

人力资本的内涵丰富，其中包括两大核心要素：教育人力资本和健康人力资本。国内外关于教育人力资本的理论和实证研究已相当丰富，我想特别分享一个近期的读书体会，让自己提升了关于教育决定人类发展命运的认识高度。自从我们的祖先智人在6万—9万年前走出非洲的伟大迁徙之旅以来，足迹遍布全球各大陆，形成了浩瀚的人类文明史。在诸多解读人类文明发展主线的学说中，如果以人口和收入为坐标，一个具有相当共识的认知是以工业文明为分水岭，人类发展轨迹发生了前后迥异的大转型。美

① 刘国恩，北京大学国家发展研究院经济学长江学者、特聘教授，北京大学全球健康发展研究院院长，中国医学科学院学部委员。

国加州大学的经济史学家 Gregory Clark 教授对此曾说，人类历史上只发生了这一件大事（工业文明），其他细节都不重要。工业革命前，人类发展长期无法逃离马尔萨斯笔下的“贫困陷阱”，因为任何农业技术的进步，最终几乎都转化为更高的生育率和人口增长，因而未能促进人类平均生活水平高于最低生存线。工业文明犹如一台创世纪的增长发动机，让人类发展的整体趋势第一次从起码生存线腾飞而起，梦幻般逃离了马尔萨斯笔下的“贫困陷阱”，并渐行渐远。

当然，关于工业文明增长奇迹的观察并不新鲜，但是关于世界如何逃离马尔萨斯时代的神奇力量，人们的解读可谓见仁见智，堪称世纪难题，其中还包括人们普遍关心的“李约瑟之问”：即为什么工业文明首发于英国，而非中国。最近，美国布朗大学经济学家 Oded Galor 在其新作《人类之旅》中，给出了普惠教育是其关键的解释，很有启发。根据他的“统一增长理论”（Unified Growth Theory），在人类文明进入有文字后的历史时期，大多正式教育只面向社会中的少数特权阶层。即使有时面向更广泛的群体进行普及，其主要目的也是服务于提高民众的宗教意识、法律规范、道德观念、军事知识等社会管理所需的，而非源于民众自身投资教育的内在动因，因为大多粗放的农业生产活动对教育人力资本的要求不高。

工业文明开启之后，越来越多的制造业、贸易、服务业工作需要读写、运算和掌握很多机器的能力，教育带来的工作机会和收入回报开始显著提高，为父母普遍性地对子女进行教育投资提供了空前的经济动力。与此同时，父母对小孩的教育投资成本（收入、时间、精力）也显著上升，促使父母开始关注优化养育小孩的数量和质量，最终导致生育率在工业文明发源地国家首先下降，同时提高新生代的教育人力资本水平。史料统计显示，英国 5—14 岁的儿童入学率在 1855 年为 11%，1902 年提高到 74%；法国的儿童入学率增长更快，1901 年提高到 86%。工业文明促进教育人力资本积累，既大幅提高了工业经济的劳动生产率，又同时降低了妇女生育率，即所谓的“人口大转型”（Demographic Transition），为 1800 年前后人类开始彻底终结马尔萨斯时代提供了强有力的经济学解释。

## 三、健康与经济的关系

下面我着重谈谈健康与经济的关系问题。毋庸置疑，这是一道人人在乎、而又最难厘清的人类共同难题。尤其是经过 3 年来全球新冠疫情防控，人们对此话题的重视度无论从哪个方面看，恐怕都有了新的提升。此时此刻，全国上下正在经历奥密克戎病毒感染的高峰。不幸之万幸，得益于现代医学的创新力量，人类在不到 1 年之内的 2020 年末，就成功研制出几款可紧急使用的病毒疫苗。现在，绝大多数民众都已接种不同种类的疫苗；与此同时，抗病毒、减症状的药物也在不断惠及广大居民；此外，各大医疗机构也在不断优化治疗方案，为高风险患者提供越来越有效的救治条件。当然，通过近3年的疫情防控，为了降低当下新冠病毒对人们健康的风险，个人、家庭、企业都高度配合，大幅让渡个体的生活、出行、工作等空间，每个人都在疫情外部性和机会成本间进行不易的取舍。

### （一）哲学问题

如果把这个“取舍”问题上升到经济哲学层面，也许有助于我们思考这道难题。2006年底，我有幸前往香港中文大学参加当年经济学诺贝尔奖得主Edmond Phelps的庆祝酒会。10多年过去了，对当晚Phelps的获奖感言中的一句话仍记忆犹新。他问大家：人们活着为了工作，还是工作为了活着？席间一片寂静，无人应答。当然，他也没正面回答。我想，没有答案，何尝又不是一个答案呢？换言之，工作与活着，恐怕不是简单的孰轻孰重关系。本质上讲，活着为了生命健康，工作为了收入保障。活着与工作的关系真可非简单命题，关于生命健康，人们常说“生命乃无价之宝，身体是革命的本钱”。关于工作挣钱，人们又说“金钱并非万能，但无钱万事不能”。幸好，对于世间过于复杂的问题，理论探讨的优势在于它的抽象性。健康与赚钱的关系之所以难以厘清，理论上讲无非是二者既不完全对立，又非完全一致。换言之，用经济学的术语简单说就是：二者既有替代效应（Substitution Effect），也有互补效应（Complimentary Effect）。

### （二）健康需求理论

根据美国经济学家Michael Grossman关于健康需求的经济学理论，人们的健康在其效用最大化的函数中，具有“二重”价值。一方面，健康本身具有人们追求的“内在价值”（Intrinsic Value），因为健康赋予人们幸福、美丽与长寿。另一方面，健康又具备人力资本的“工具价值”（Instrumental Value），是人们创造财富、提高生活品质的必要条件。此外，健康人力资本的一个根本特征是其存量性，一方面伴随年龄、疾病冲击，健康存量因此折旧；另一方面通过投资健康可以促进存量。然而，因为时间和资源的有限性，健康促进与财富创造客观上必然存在取舍关系，无论我们主观上认可与否，任何选择都无法成为“免费午餐”。柏拉图在《理想国》中曾说：“不能过度关心自己的健康，当然正常锻炼身体除外。”柏拉图的告诫不仅包含了对健康与工作的取舍，同时也隐含了健康投资服从边际报酬递减的规律，这与教育人力资本的投资回报递减属性一致。

### （三）健康对增长的贡献

为了更好认识健康与经济的全面关系，我先谈谈健康作为人力资本，如何影响经济活动的三大理论作用机制。第一是储蓄机制。人们的健康水平越高，意味着预期寿命更长；更长的寿命，促进更高的储蓄，因为生活需要财富。根据新古典增长模型，人们的储蓄率增加，促进收入增长。第二是生育机制。人们的健康水平越高，婴幼儿死亡风险越低，因此降低夫妻通过多生小孩提高存活率的生育代价。在马尔萨斯时代，人类先辈妇女的总和生育率之所以远高于现代人，关键原因之一正是他们要抵御婴儿死亡率高的风险，即所谓的“替代效应”。如今，因为健康水平的普遍提高，妇女生育率大幅下降，从而使育龄妇女和家庭成员可以根据理想小孩数量进行最优生育规划，提高资源配置效率和小孩的健康成长质量，以及育龄妇女返回工作的劳动生产率。第三是最直接的健康人力资本机制。人们的健康水平越高，工作时间越长；工作效率、劳动生产率也更高，从而促进收入增长。

### （四）微观与宏观的实证分析

根据这些理论机制，经济学家进行了不少基于微观和宏观数据开展的实证研究。因为时间关系，这里仅举例两篇我自己直接参与分析工作的论文。在 2008 年发表的一篇论文中，我们使用《中国健康与营养调查》（China Health and Nutrition Survey）微观数据，定量分析了城乡居民因为健康水平的差异如何影响其家庭人均收入。研究发现，农村居民因为从事体力劳动而社会保障又相对不足，个人健康水平对家庭人均收入的影响特别显著。更值得关注的是性别差异，我们发现农村妇女的健康一旦出了问题，对家庭人均收入的影响大于男性健康的影响，颠覆了过去关于“男主外、女主内”的传统认知，她们不仅平常要主内，还能在男方出现健康问题之际，随时替补主外，披星戴月完成家外农活。人们常说，“妇女能顶半边天”，该研究说明：中国妇女的贡献恐怕不止半边天，至少对农村妇女是如此。另外一个是宏观分析的例证。哈佛大学 Dwight Perkins 教授等在其 2013 年的经济发展著作中，为了揭示因果关系，他们基于 1975 年的各国预期寿命，发现当年初始预期寿命更高的国家，1975—2002 年之后都获得了更高经济增长率。基于同样分析思路，我们在近期开展了相关研究，并进一步扩展了相关研究，包括更新更多各国样本、纳入更早数据至 1960 年、区分不同国家的产业结构差异等。我们的增长模型结果发现，无论使用预期寿命还是婴儿死亡率作为人群健康指标，国家层面的健康人力资本都是影响一国长期收入增长的一个决定性因素。

### （五）经济对健康的影响

历史观察：下面，我从经济史学的角度，再讲讲经济增长同样决定人类健康的重要作用。如上所述，在人类发展的历史长河中，马尔萨斯时代的“贫困陷阱”一直是约束人类健康发展的主旋律。根据英国史学家 Angus Madison 的史料记载，直到公元 1000 年前后，无论生在哪个大陆，人们的平均预期寿命都未超出 25 岁。尽管也有人可能活到四世同堂的时候，但绝大多数人可没有如此好运，其中小孩长大成人的概率极低。究其主因，正是马尔萨斯时代的“贫困杀手”，导致营养严重不足以及脆弱抵抗力的幼小身体，在大饥荒、瘟疫肆虐的岁月，白发人送黑发人成为人类古代普遍的历史记忆。即使又过了 900 年，当人类迈入 20 世纪，虽然发达国家的预期寿命得以提高到 46 岁，但全球平均预期寿命也不过 31 岁。然而，人类在 20 世纪以来短短的百年间，创造了有史以来最辉煌的工业文明，全球平均收入和医学技术发生了翻天覆地的提升，为人均预期寿命的快速增长提供了最重要的经济保障。2021 年，全球平均预期寿命已高达 71 岁，超过“二战”后 1950 年全球最高的美国（68 岁），究其关键原因，收入增长，公共卫生、医学技术的提升功不可没。

“贫困杀手”并未远去，尽管如此，伴随我们时代平均生活水平大幅提高的同时，仍然还有不少低收入国家和人群未能逃离“贫困杀手”的威胁。根据美国华盛顿大学发布的 2017 年全球死亡风险因素统计，由于经济落后，“贫困杀手”一年就直接夺走 511 万生命，其中不干净的水源致死 123 万，匮乏的卫生条件致死 148 万，母亲营养不足导致的出生时低体重婴儿死亡 110 万，幼儿成长中营养缺乏导致的瘦小体弱致死 130 万。由此可见，人们的健康生命不仅面临疾病的短期威胁，长期的“贫困杀手”从未远离我们，而低收入的弱势群体面临的风险最大。记得电影《我不是药神》中一句关于无钱治病的戳心对白：这世上只有一种病，穷病。

疫情经济影响的不平等：疫情三年来，为了取得既定目标下的防控效果和公共健康，各地防控措施始终坚持一视同仁，不留死角。与此同时，不同阶层、不同行业的群体付出的代价或机会成本不尽相同。从事劳动密集型体力工作的人群首当其冲，他们的物理工作几乎无法“足不出户”，更难切换到“线上平台”。雪上加霜的是，他们又是教育水平、数字转型、收入储蓄能力最为脆弱的主要群体。各国情况显示，疫情冲击以及由此推动的数字化转型可能有助于提高劳动生产率，但同时增加了贫富差距扩大的风险。北京大学国家发展研究院的一份研究生论文显示，在 2020 年疫情发生后的 120 天中，全国上市公司的工作招聘机会平均下降不少，但对教育水平要求的工作结构变化更值得关注。其中，要求具有硕士水平的工作机会不降反升 26%；本科水平要求的工作增加 12.8%。但遗憾的是，更低教育水平的工作机会则全面下降，分别为大专下降 26%，高中下降 38.2%，学历不限的工作下降高达 80.9%。

慢病更需要资源：由于资源的稀缺性，关于健康促进和机会成本的讨论，我还希望谈谈慢病管理的重大挑战。对于全球大多中等收入以上的经济体，长期威胁人们健康的疾病谱已经发生了根本转型，其典型特征是重大慢病的防治越来越成为社会医疗资源配置的重心。2019 年，世界顶尖医学期刊 *The Lancet* 刊发了关于中国疾病谱的进展报告，在公布的十大致死“杀手”排序中，分别为 ① 脑卒中、② 缺血性心脏病、③ 慢阻肺、④ 肺癌、⑤ 胃癌、⑥ 阿尔兹海默症、⑦ 高血压性心脏病、⑧ 结肠癌、⑨ 食管癌、⑩ 道路伤害。除了排序第 10 的道路伤害，其他无一例外都是非传染性的慢病。因此，从长计议，国家健康促进的工作重点必须在重大慢病的防治，其中，健康生活方式、创新医疗技术、持续经济增长是其决定性条件。

## 四、结语

综上所述，一方面，健康作为生命核心，本身赋予人们追求幸福的内在价值。另一方面，健康人力资本，也是人类创造财富的关键生产要素。促进健康是一个系统工程，经济增长是其不可或缺的资源保障。在资源约束下，人类健康与经济增长的关系既有替代效应，也有互补效应。纵观人类发展历史，过去是如此，现在是如此，未来也应如此。2022 年，疫情对经济造成了重创，根据国际货币基金组织 10 月的报告，估计 2022 年的世界经济平均增长为 3.2%。刘鹤副总理在达沃斯世界经济论坛发言称，2022 年中国经济增长估计在 3%。2023 年，世界经济增长预期减速到 2.7%，而中国经济预期有望上调到 4.4%。不过，若我们跨过当下疫情高峰的严冬，并能继续坚持改革开放，更好融入世界经济，让市场机制在资源配置中发挥决定性作用，相信我们仍有潜力争取更高的增长目标。只要如此持之以恒，中国就有机会一步步发展成为更加繁荣、先进的文明之国。

# 新时代新征程教育发展重大部署框架结构探析

## ——学习党的二十大报告的体会

孙绵涛　吴亭燕[①]

**摘　要：** 探讨新时代新征程教育发展重大部署的框架结构，对于实现教育现代化，建设教育强国，促进全面建设社会主义现代化国家，全面实现中华民族的伟大复兴具有重大的意义。对党的二十大报告关于教育的重要论述进行分析发现，这一框架结构是由教育发展重大部署的一大目标、两大地位、三大根本问题、四大基本原则和五大路径这五大部分组成。这五大部分构成了一个新时代新征程教育发展部署的完整的逻辑体系。

**关键词：** 党的二十大报告；新征程；教育发展重大部署；框架结构

党的二十大报告为我们党第二个百年新征程教育发展作出了重大部署，这一部署为新时代的教育发展指明了方向，是新时代教育改革发展的行动纲领，为新时代的教育改革发展提供了根本的遵循。学习领会党的二十大报告中提出的这一教育发展重大部署，弄清这一重大部署的框架结构，是学习和贯彻新时代新征程教育重大部署精神的基础或前提。对于新时代实现教育现代化，建设教育强国，促进全面建设社会主义现代化国家，全面实现中华民族的伟大复兴具有重大的意义。然而，文献检索发现，目前对党的二十大报告中的教育重大部署，多见于从教育在整个报告中所处的重要地位来谈新时代教育的重要地位和对教育改革发展的认识，而从报告文本中有关教育的内容进行分析的角度来阐述新时代新征程中教育重大部署的框架结构还较为少见。以下从文本分析的角度，谈谈对党的二十大报告中教育重大部署框架结构的初步认识。

党的二十大报告第五部分“实施科教兴国战略，强化现代化建设人才支撑”中，对新时代新征程中教育发展的重大部署进行了专门的论述。为了更好地学习、理解和分析这段论述，清晰理解新时代新征程教育发展的重大部署，现将这段论述摘录如下：“办好人民满意的教育。教育是国之大计、党之大计。培养什么人、怎样培养人、为谁培养人

① 孙绵涛，浙江外国语学院特聘教授，教育治理研究中心主任，中国教育发展战略学会学术委员会学术委员。吴亭燕，博士，浙江外国语学院教育学院讲师。

是教育的根本问题。育人的根本在于立德。全面贯彻党的教育方针，落实立德树人根本任务，培养德智体美劳全面发展的社会主义建设者和接班人。坚持以人民为中心发展教育，加快建设高质量教育体系，发展素质教育，促进教育公平。加快义务教育优质均衡发展和城乡一体化，优化区域教育资源配置，强化学前教育、特殊教育普惠发展，坚持高中阶段学校多样化发展，完善覆盖全学段学生资助体系。统筹职业教育、高等教育、继续教育协同创新，推进职普融通、产教融合、科教融汇，优化职业教育类型定位。加强基础学科、新兴学科、交叉学科建设，加快建设中国特色、世界一流的大学和优势学科。引导规范民办教育发展。加大国家通用语言文字推广力度。深化教育领域综合改革，加强教材建设和管理，完善学校管理和教育评价体系，健全学校家庭社会育人机制。加强师德师风建设，培养高素质教师队伍，弘扬尊师重教社会风尚。推进教育数字化，建设全民终身学习的学习型社会、学习型大国。”① 这段论述为新时代新征程的教育发展作出了一个怎样的重大部署？换句话来说，这一重大部署究竟是一个什么样的框架结构？通过学习，笔者觉得这段论述是从教育发展目标、教育发展地位、教育发展根本问题、教育发展基本原则和教育发展路径五个方面，擘画出了新时代新征程教育发展重大部署的框架结构。下面就这五个方面的框架结构分别进行分析。

## 一、教育发展重大部署的一大目标

党的二十大报告用“办人民满意的教育”这一句话提出了新时代新征程教育发展的目标。为人民办教育，办人民满意的教育是我们党办教育的根本宗旨和立足点。党的十八大以来颁发的重大教育改革政策中也多次提及这一宗旨，这次在党的二十大报告中又特别强调，说明办人民满意的教育是我们党一贯的教育主张。不过这次提办人民满意的教育与以往不同，以往是对一个阶段的教育改革发展的具体要求提出来的，而这次是对下一个一百年的教育发展的总体要求提出来的。办人民满意的教育有哪些具体要求呢？或者说什么样的教育才是人民满意的教育呢？上述这段论述提出的除教育发展部署的目标外，另外四大方面的教育发展重大部署，即两大地位、三大根本问题、四大基本原则、五大路径就是办人民满意教育的具体要求或具体内容。也就是说，做到了这四大方面，就能办好人民满意的教育。

① 习近平．高举中国特色社会主义伟大旗帜　为全面建设社会主义现代化国家而团结奋斗——在中国共产党第二十次全国代表大会上的报告［EB/OL］.（2022-10-25）［2022-12-05］. http：//www.gov.cn/xinwen/2022-10/25/content_5721685.htm.

## 二、教育发展重大部署的两大地位

教育发展重大部署的两大地位是指上面这一段论述重申的教育是“国之大计”和“党之大计”的战略地位。我们党一向高度重视教育的改革与发展，一直强调要把教育放在重要的战略地位，强调要优先发展教育事业。2020 年 9 月 22 日习近平总书记在教育文化卫生体育领域专家代表座谈会上从党和国家事业发展全局的高度，提出教育是国之大计、党之大计的重要论断。这一论断，从为党育人、为国育才的高度，赋予教育的战略地位以新的深刻的内涵。这一内涵，可以理解为从培养人的高度，揭示了我们党为什么要把教育放在重要的战略地位，为什么要优先发展教育。这一重要地位，从党的二十大报告将教育放在特殊重要部分加以论述就可以看出来。报告分三大板块，第一大板块论述了成就经验、指导思想和使命任务，第二大板块对各领域作出了战略部署，第三大板块是结语，主要是号召全党，寄语青年。与以往的重要政策文件一般将教育发展放在国计民生这部分论述不一样，这次在第二大板块第一部分论述了未来的发展格局和高质量发展后，就如何发展这一格局和高质量发展谈到了教育发展的问题，而且是把教育与科技和人才战略放在一起加以论述，强调了教育是科技和人才的基础。可见，这次党的二十大报告以一种新的形式，把教育的发展提到了下个一百年新征程重大部署前所未有的高度。

## 三、教育发展重大部署的三大根本问题

在提出了教育发展明确的目标和重要的战略地位后，报告中的这段论述接着提出了下一个一百年教育发展培养什么人、怎样培养人、为谁培养人的教育发展重大部署的三大根本问题。培养什么人，是教育的首要问题，是对教育作出重大部署的逻辑起点。培养什么人，就是要培养德智体美劳全面发展的社会主义建设者和接班人。德智体美劳全面发展是培养的人的内容，而社会主义建设者和接班人是培养的人的性质。我们党对于培养什么样的全面发展的人，经历了一个从德智体三方面的全面发展，到德智体美四方面的全面发展，再到德智体美劳五方面全面发展这样一个认识过程，反映了我们党对人的全面发展的规律性的认识过程。对于培养人的性质。把培养社会主义建设者和接班人作为培养的人的性质，其原因正如习近平总书记指出的：“我国是中国共产党领导的社会主义国家，这就决定了我们的教育必须把培养社会主义建设者和接班人作为根本任务，培养一代又一代拥护中国共产党领导和我国社会主义制度、立志为中国特色社会主义奋斗终身的有用人才。”① 首先当然要重视对人的德的培养。对人的德的重视，以往强调的

① 本书编写组．习近平总书记教育重要论述讲义［M］．北京：高等教育出版社，2020.

是“德育首位”，现在明确提出“立德树人”。“德育首位”和“立德树人”虽然都是强调“德”的重要性，但前者是把“德”放在与“智体美”平行的地位来强调的，“德”只是放在首位或放在第一而已。“立德树人”就不同了，是把德渗透在智体美中，渗透在整个人的成长发展过程中，把德放在人成长发展的统领地位。这就是报告中说的“培养人的根本问题在于立德树人”的意义所在。而要做好立德树人，就要全面贯彻党的教育方针，落实立德树人根本任务。什么叫全面贯彻党的教育方针，全面贯彻党的教育方针在培养人的要求上当然是要培养德智体美劳全面发展的人，但要培养这种全面发展的人，最基本的要求就是要对学生实施德智体美劳的全面教育，就是人们常说的“五育并举”，只有这样才有可能把学生培养成为德智体美劳全面发展的人。为谁培养人，报告中说得很清楚，就是要为党育人、为国育才，就是要培养热爱中国共产党、热爱中国特色社会主义制度的人，培养为伟大的祖国做贡献的人。

## 四、教育发展重大部署的四大基本原则

教育发展重大部署的基本原则，就是上述这段论述中提出的“坚持以人民为中心发展教育，加快建设高质量教育体系，发展素质教育，促进教育公平”。这四大基本原则，与教育发展的目标，办好人民满意的教育是一脉相承的，而办好人民满意的教育，必须要以人民为中心来发展教育，我们党始终坚持教育发展的人民立场，历来强调发展教育为了人民。对于高质量教育体系建设，习近平总书记在2018年全国教育大会上的重要讲话中指出，要构建德智体美劳全面培养的教育体系，形成更高水平的人才培养体系。要把立德树人融入思想道德教育、文化知识教育、社会实践教育各环节，贯穿基础教育、职业教育、高等教育各领域，学科体系、教学体系、教材体系、管理体系要围绕这个目标来设计[①]。加快建成高质量的教育体系，是办人民满意教育的载体，也就是说，只有建设成了高质量的教育体系，我们才有可能办人民满意的教育。高质量教育体系建设中最重要的质量就是教学质量，它是培养什么人，如何培养人的基础。对于教学质量，习近平总书记强调，“要深化教育教学改革，强化学校教育主阵地作用，全面提高学校教学质量”[②]。对于素质教育，是教育教学培养人的核心，是培养什么人的基本内容。对于素质教育的意义和如何进行素质教育，习近平总书记强调，“素质教育是教育的核心，教育要注

① 中华人民共和国中央人民政府．习近平出席全国教育大会并发表重要讲话［EB/OL］.（2018-09-10）［2022-12-05］. http：//www.gov.cn/xinwen/2018-09/10/content_5320835.htm?tdsourcetag=s_pctim_aiomsg.

② 中国人大网．习近平在陕西榆林考察时强调　解放思想改革创新再接再厉　谱写陕西高质量发展新篇章［EB/OL］.（2021-09-16）［2022-12-05］. http：//www.npc.gov.cn/npc/kgfb/202109/451de8c90ccc488d8074d082f564da29.shtml.

重以人为本、因材施教，注重学用相长、知行合一”①。教育公平是办人民满意教育的基础，对于教育公平，习近平总书记强调，要“坚持教育公益性原则，把教育公平作为国家基本教育政策”②。教育事关国民素质提升和国家未来发展，是重要的公共服务。所以我国必须要发展素质教育，提高全体人民的素质，使每个人都能享受到优质的公平教育，这符合我国教育法规定的“教育活动必须符合国家和社会公共利益”③。这四条原则以往一般是在党和国家颁布的一些重要政策文件中对某一方面的问题提出的，比如，在2020年《中共中央关于制定国民经济和社会发展第十四个五年规划和二〇三五年远景目标的建议》和2021年《中华人民共和国国民经济和社会发展第十四个五年规划和2035年远景目标纲要》中，就有专章对高质量教育体系建设进行了专门的论述。而这次在党的二十大报告中，将分散的各个文件中的要求组合起来，形成了一个办人民满意教育的原则体系。以人民为中心是办人民满意教育的方向，高质量教育体系是办人民满意教育的载体，人民满意的教育必定是高质量的教育。提高全民的素质是办人民满意教育的核心，促进教育公平是办人民满意教育的价值追求。依据这四项原则，才有可能办好人民满意的教育。

## 五、教育发展重大部署的五大路径

这段论述还提出了新时代教育发展重大部署的五大路径。第一大路径是各级教育发展的路径，这一路径主要是要加快义务教育优质均衡发展和城乡一体化，优化区域教育资源配置，强化学前教育、特殊教育普惠发展，坚持高中阶段学校多样化发展，完善覆盖全学段学生资助体系。这一路径涉及的主要是基础教育的发展方面。这一路径提出的有关基础教育的发展与以往的表述大体一致，稍微有点不同的是将学前教育与特殊教育并提，强调二者都要普惠性发展，以往讲的主要是学前教育中普惠性幼儿园的发展，而特殊教育改革发展一般是放在整个义务教育中如何与普通教育融合发展来论述的，因为目前我国所说的特殊教育，主要指义务教育阶段的特殊教育。另外，我们还要注意到，在各级教育的论述中，没有提到高等教育发展的问题。高等教育的发展是放在各类教育中来加以论述的，这也是与以往论述各级教育不同的地方。第二大路径是各类教育的发展路径，这条路径又包括四条具体路径：第一条具体路径是统筹职业教育、高等教

① 中华人民共和国教育部．习近平在北京市八一学校考察时强调 全面贯彻落实党的教育方针 努力把我国基础教育越办越好［EB/OL］.（2016-09-10）［2022-12-05］. http://www.moe.gov.cn/jyb_xwfb/gzdt_gzdt/201609/t20160910_280694.html.

② 习近平．习近平谈治国理政（第三卷）［M］. 北京：外文出版社，2020.

③ 国家法律法规数据库．中华人民共和国教育法［EB/OL］.（2021-04-29）［2022-12-05］. https://flk.npc.gov.cn/detail2.html?ZmY4MDgxODE3YWIyMmI4YTAxN2FiZDc3N2NkYzA1ZDg%3D.

育、继续教育协同创新，推进职普融通、产教融合、科教融汇，优化职业教育类型定位。这一路径所表述的内容与以往的内容基本上也没有什么差别，只是把高等教育与职业教育放在一起来谈职教和普教的发展问题，这样处理，可能是考虑到高等教育里也有职业教育的缘故。第二条具体路径是加强基础学科、新兴学科、交叉学科建设，加快建设中国特色、世界一流的大学和优势学科。这条路径实际上讲的是高等教育的问题，但由于高等教育在上一个路径中提到了，所以这条路径专门讲了高等教育中的学科建设发展问题。这样表述，抓住了高等教育发展的最为实质性的问题。因为“双一流建设”中，一流学科建设是一流大学建设的基础。第三条具体路径是引导规范民办教育发展。这条路径与以往对民办教育发展的提法没有什么不同。第四条具体路径是加大国家通用语言文字推广力度。这一路径是有关民族教育发展的路径。以往在有关教育政策文件中提民族教育发展一般是提强化中华民族共同体意识，提高民族教育的质量，加大国家通用语言文字推广力度三个方面，这里只提加大国家通用语言文字推广力度，没提提高民族教育质量，因为民族教育质量问题已经包含在四项基本原则的高质量教育体系建设中；没提强化中华民族共同体意识，在笔者看来是因为这二者是互为条件和内容的，加大国家通用语言文字推广的力度是有利于中华民族共同体意识的形成的，反之亦然。第三大路径是深化教育领域综合改革，加强教材建设和管理，完善学校管理和教育评价体系，健全学校家庭社会育人机制。教育领域的综合改革涉及很多方面，以教育部为深入贯彻落实党的十八大关于深化教育领域综合改革的要求颁发的《关于2013年深化教育领域综合改革的意见》为例，教育综合改革领域包括了三大方面：一是改革人才培养模式，具体包括推进考试招生制度改革，深化课程内容改革，探索创新人才培养途径，完善职业教育人才培养模式，落实人才成长立交桥支撑措施等。二是改革办学体制，包括改善民办教育发展环境，完善职业教育产教融合制度，落实高校办学自主权，扩大教育对外开放等。三是改革管理体制，包括完善均衡发展义务教育机制，落实省级政府教育统筹，健全教育监测评价机制，推进教育督导体制改革，完善高校治理结构等。而这里教育领域的综合改革只提了加强教材建设和管理，完善学校管理和教育评价体系，健全学校家庭社会育人机制三个方面，这三个方面的综合改革主要是针对当前新时代教育改革发展中出现的问题和强调的重点不同而提出来的。比如，关于教材的问题，过去一般是将教材建设和教育管理分开提的，党的二十大报告首次提出“加强教材建设和管理”，将教材的建设与管理问题合并提出来，一方面表明了教材建设国家事权的重要属性，凸显了教材工作在党和国家事业发展全局中的重要地位，体现了我们党对教材工作的高度重视。另一方面也表明我们党对教材建设与管理关系的科学认识。从理论上来讲，将教材的建设与管理一并提比分开提要科学，教育建设中有教材管理的问题，而教育管理中也有教材建设的问题。还比如关于完善学校管理和评价问题，以往有关教育政策文件中一般提的是学校治理问题，强调要完善学校内部治理结构，有序引导社会参与学校治理。而这里没有提学校治理，提的是学校管理。之所这样提，恐怕是因为以往我们在提教育治理或学校治理时，强调的是多元参与，共享共治，而较少强调治理中管控，而以往那种提法实际与治理的本义是不相符的。通过对东西方治理的本义进行考察发现，治理的本义有管理（管控和统治）和疏导（协调共治）两方面的意思，而现在提治理只提协调共治一个方面，这是不符合治理的本义的。实际上，在治理中，不仅需要协调共治，有时候更需要管理或管控才能奏效。所以，报告中提学校管理而不提学校治理，可能主要针对以往治理中只提协调共治而缺乏强调管理的一面提出来的。第四大路径提出了加强师德师风建设，培养高素质教师队伍，弘扬尊师重教社会风尚。做到了这三个方面，才能建设一支高素质的教师队伍，为办人民满意的教育，提供人力支撑。第五大路径是推进教育数字化，建设全民终身学习的学习型社会、学习型大国的具体举措。之所以提出这五大路径，是因为数字化教育是用计算机技术、网络技术去取代传统的教学模式，实现高效课堂无纸化，探究互动零距离的创新教学模式。而学习型社会的突出特点是人人皆学、处处能学、时时可学，学习对象全覆盖、学段全覆盖，支持多样化的学习模式，坚守学习个体的包容性与学习机会的公平性，并实现了跨学习空间的智联融通，对于多元化学习需求表现出很强的适应性。强调教育数字化，可以为终身学习的学习型社会的这些学习方式提供便利条件。

上述各级教育发展、各类教育发展、教育领域综合改革、教师队伍建设和建设终身学习的学习型社会这五大路径构成了教育发展重大部署路径的一个逻辑体系。各级各类教育发展的路径可以看作是教育发展的纵向路径，教育领域的综合改革可以看作是教育发展的横向路径，建立终身学习的学习型社会则是发展路径的落脚点，教师队伍建设可以说是教育发展路径的主轴，教育的纵向发展和横向发展都是朝着形成一个终身学习的学习型社会路径而汇聚的，教师队伍则是完成教育纵向发展、教育横向发展和形成终身学习的学习型社会的主要力量。

图 1 为党的二十大报告中对下一个百年教育发展重大部署的框架结构图示。

在党的二十大报告关于教育发展的五大部署中，教育发展目标是新时代新征程教育发展的方向，教育发展地位是新时代新征程教育发展的根本保障，教育发展的根本问题是新时代新征程教育发展的核心，教育发展的基本原则为新时代新征程的教育发展提供了基本的原则指导，教育发展的路径为新时代新征程教育发展提供了具体实现的途径，五大部署构成了一个新时代新征程教育发展的有机整体，形成了新时代新征程教育发展部署的逻辑体系。

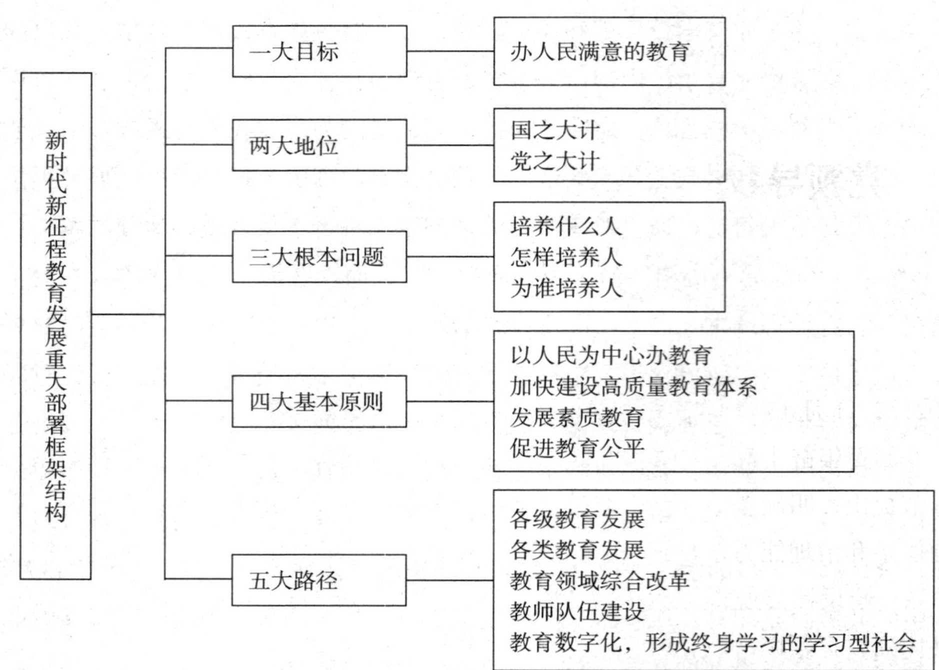


**图 1　新时代新征程教育发展重大部署框架结构图**

# 党领导我国教育法治取得的成效与未来展望[①]

孙霄兵[②]

2021年11月11日，中国共产党第十九届中央委员会第六次全体会议通过《中共中央关于党的百年奋斗重大成就和历史经验的决议》。其中在“开创中国特色社会主义新时代”章节提出，明确全面深化改革总目标是完善和发展中国特色社会主义制度、推进国家治理体系和治理能力现代化；明确全面推进依法治国总目标是建设中国特色社会主义法治体系、建设社会主义法治国家。

具体到教育领域，伴随中国共产党的百年奋斗历程，教育法治建设的成效也是可圈可点的，值得好好总结和梳理，在已有成就的基础上，今后还要继续加大教育法治化建设力度，助力中国特色社会主义法治体系建设，推动社会主义法治国家的目标实现。

## 一、党领导下我国教育法治的进程

中国的教育法治总体来看，适应了我国法治化的要求和教育改革与发展的要求，逐步建立起由多部单行法和行政法规及地方性法规组成的社会主义教育法律法规体系，集中解决了当时教育的热点难点问题，满足人民群众和教育发展的需要。以下列几个重点的发展阶段加以说明：

1. 新中国成立到改革开放前夕。教育法律虽然不完备，但处于法律的潜在准备阶段。比如，1961年，中共中央印发讨论试行的《教育部直属高等学校暂行工作条例（草案）》，后来简称“高等学校六十条”。条例草案总结经验教训，规定高等学校必须以教学为主，努力提高教学质量；积极参加科学研究；正确执行党的知识分子政策和百花齐放、百家争鸣的方针；实行党委领导下的以校长为首的校务委员会负责制等。

2. 改革开放至20世纪八九十年代。随着改革开放的深入，我们越来越深入地认识到：教育必须走上依法治理轨道，这样才能从根本上解决我国国民教育的主体和重点问

① 孙霄兵. 党领导我国依法治教取得的成效与未来展望——深入学习贯彻党的十九届六中全会精神［J］. 中国民族教育，2022（01）.

② 孙霄兵，教育部政策法规司原司长、法制办公室主任，全国教育科学规划领导小组成员，中国教育发展战略学会原执行会长兼教育法治专业委员会理事长。

题。1998年8月29日,《中华人民共和国高等教育法》正是在这样的背景下颁布的。此法对于高等学校的设立、组织和活动、教师和其他教育工作者的权益与职责、学生的权利与义务、高等教育投入和条件保障等进行了规定，明确提出“公民依法享有接受高等教育的权利。国家采取措施，帮助少数民族学生和经济困难的学生接受高等教育”，对发展高等教育事业、实施科教兴国战略、促进社会主义物质文明和精神文明建设起到了重要的推动作用。在教育法治的发展历程中，少数民族教育也受到了高度重视。1984年颁布了《中华人民共和国民族区域自治法》，明确提出“推广全国通用的普通话和规范汉字”“国家帮助民族自治地方培养和培训各民族教师”“帮助和促进民族自治地方经济、教育、科学技术、文化、卫生、体育事业的发展”等，对发挥各族人民当家作主的积极性，发展社会主义民族关系，巩固国家的统一，促进民族自治地方和全国社会主义建设事业的发展都起了巨大作用。

3. 2000年至今。法律不仅解决了涉及教育领域的一些重点、普遍问题，而且解决了许多难点、专门、特殊问题。随着经济社会的发展，我们的生活也发生了许多变化，需求的多元化也助推着教育法治进入到新时代，这样才能更好地满足社会需求。比如，2016年,《中华人民共和国民办教育促进法》规定，可以举办非营利学校和营利性学校，鼓励投资办学和捐资办学，体现了当时中国教育的巨大潜力和发展空间。

2021年10月23日，为了发扬中华民族重视家庭教育的优良传统，引导全社会注重家庭、家教和家风，增进家庭幸福与社会和谐，培养德智体美劳全面发展的社会主义建设者和接班人,《中华人民共和国家庭教育促进法》正式颁布，对今后家校社协同育人必将起到助推作用。与此同时，还有许多过去已经颁布的法律法规为了顺应形势发展不断进行修订。

## 二、党领导下我国教育法治的成效

党的百年奋斗历程中，教育法治的进展和成绩是很突出的，成为中国特色社会主义道路在教育领域的重要标志。中国共产党成立以来，坚持对教育的全面领导，坚持社会主义办学方向，坚持依法治国的基本方略。政府依法行政，教育依法治教，学校依法办学，教师依据《中华人民共和国教育法》(以下简称《教育法》)、《中华人民共和国教师法》(以下简称《教师法》)执教，依法育人。强调立德树人，“培养德智体美劳全面发展的社会主义事业的建设者和接班人”是写入《教育法》的成文规定。

1. 教育立法。以几部具有较大影响力的教育法律为例：1980年2月12日,《中华人民共和国学位条例》颁布，2004年进行修订。1986年4月12日,《中华人民共和国义务教育法》颁布，2006年进行修订。1993年10月31日,《中华人民共和国教师法》颁布，正在对其修订内容征求意见。1995年3月18日,《中华人民共和国教育法》颁布，对落实教育优先发展的战略地位，促进教育的改革与发展，建立具有中国特色的社会主义现代化教育制度，维护教育关系主体的合法权益，加速教育法制建设提供了根本的法律保障；2021年进行了修订，并于2021年4月30日起施行。1996年5月15日，《中华人民共和国职业教育法》（以下简称《职业教育法》）修订通过，2021年6月7日，《职业教育法》修订草案首次提请全国人大常委会审议。1998年8月29日，《中华人民共和国高等教育法》颁布，2015年进行修订。2002年12月28日，《中华人民共和国民办教育促进法》颁布，2016年进行修订。2021年10月23日，《中华人民共和国家庭教育促进法》颁布，自2022年1月1日起施行。当然，教育法律还有更广义的，比如，《中华人民共和国国家通用语言文字法》《中华人民共和国未成年人保护法》《中华人民共和国预防未成年人犯罪法》等，都跟教育法治有紧密的关联。还有我们的根本大法，拥有最高法律效力的《中华人民共和国宪法》（以下简称《宪法》）以及其他一些相关的、涉及教育人财物的，都可以归入其中。

2. 行政法规。比如，1981年颁布的《学位条例暂行实施办法》，1983年颁布的《全国中小学勤工俭学暂行工作条例》，1986年颁布的《普通高等学校设置暂行条例》，1988年颁布的《高等教育自学考试暂行条例》，1989年颁布的《幼儿园管理条例》，1990年颁布的《学校体育工作条例》《学校卫生工作条例》，1994年颁布的《教学成果奖励条例》，1995年颁布的《教师资格条例》，1997年颁布的《社会力量办学条例》，2003年颁布的《中外合作办学条例》，2004年颁布的《民办教育促进法实施条例》（2021年进行了修订），2012年颁布的《校车安全管理条例》《教育督导条例》，等等。

3. 地方性行政法规。这其中包括少数民族地区的许多地方性法规。有些是针对地方特殊的教育问题制定的，有的是为了落实上级的法律而制定的，包括一些实施办法和意见等。第四个层面体现在教育部和省级的行政规章上。比如教育部部长令、地方行政部门的省长令等。这些法律法规制度出来后，国家都进行了积极的普法宣传活动，通过普及法律知识，让社会大众和在校学生学法守法用法。每年12月4日宪法宣传日，学生都会学习宪法，教育部部长会带头领读、宣读宪法。在学校，中小学的品德与社会课、道德与法治课，大学里的政治理论课都会有法律知识的学习和普及内容。

目前来看，我国已经形成以《宪法》相关教育条款为基础，以《教育法》为核心，以教育法律为统领，同时涵盖多部教育行政法规、部门规章以及地方性教育法规和规章的教育法治体系。

有了较为完备的法律体系后，法治化程度还要看执法的情况。令人欣喜的是，现在教育部一些人员已经取得行政执法证，标志着教育部已经初步形成了一支具备执法能力、具有规范证件的执法队伍。2021年11月30日，教育部举行颁证仪式，为教育部机关首批取得中华人民共和国行政执法证的人员颁发证件。教育部机关共68人取得执法证，其中，校外教育培训监管司的全体同志取得了执法证。今后，如教育领域中的一些重点难点问题得不到解决时，他们可以拿着执法证单独执法，不断加大执法力度，依法维权事件也将得到较好解决。如学校自主权、师生权益受到侵犯时，都可以用法律的手段进行维权，通过司法程序介入解决。

总体来看，教育法治成效显著，并呈现以下几个特征：一是有比较强大的政府行政力量来立法、执法和普法；二是人民群众的法律意识（包括涉及教育领域）越来越高，教育的许多问题通过法治来解决；三是现在教育的法治正在向纵深发展，已经深入和渗透到教育改革的方方面面；四是法律体系越来越完备。

## 三、党领导下我国教育法治的展望

每一部与教育有关的法律法规的颁布，都是适应党和国家的要求，反映人民的急切呼声，对教育的改革和发展都会产生重要作用。2021 年是“十四五”开局之年，我们要认真贯彻落实党的十九大精神，特别是党的十九届六中全会精神，坚持党的领导、人民当家作主、依法治国有机统一，继续加快教育法治化进程，推进依法治教力度，全面推进依法治国，建设社会主义法治国家。

1. 开拓创新教育立法的思路，做到从对象立法到主体立法。对象立法，就是把国民教育的某个领域作为对象，如义务教育、职业教育、高等教育、民办教育、家庭教育等。今后要向主体立法方向转变。即立法不只是针对某方面的教育工作对象提出要求，而是要对教育立法主体提出要求，比如让德智体美劳全面发展在法律上得到充分体现，而不再是通过切块的方式来立法，以免越切越碎、造成互相拼接的局面。要从整体上进行考虑、系统化进行，从分散走向系统，从对象走向主体，从单一走向统一联合。可以建议全国人大制定教育法典，更加全面、系统、体系化、全方位地解决教育立法问题。2020 年 5 月 28 日，《中华人民共和国民法典》（以下简称《民法典》）颁布，其立法模式和立法技术丰富了我国的立法实践，为社会经济生活其他领域的立法提供了可资借鉴的经验。以《民法典》为开始，可以推动教育法的法典化。

2. 把党和政府许多政策放到法律视角考虑，做好政策和法律的衔接。可以把中央确定的教育重大问题及时以法治思路和法治思维推动形成法律，更好地体现依法治国、依法治教理念，从而解决一些文件和法律打架的问题。

3. 对重大教育问题的高度重视和关切，尤其是要强调教育优先发展的问题。这是原则，要进一步细化。作为教育主体的优先，要体现在学校工作要优先、教师工作要优先、学生发展要优先方面，真正把这些内容放到社会主义建设事业中党之大计、国之大计的重要位置。这些年，在党的领导下，我们加强了对教育经费的支持力度，“十四五”时期要进一步加大保障力度，把教育的发展放到社会领域中规划的优先位置，把人才培养、教育的发展水平等方面放到优先位置进行规划和安排。

4. 以人民为中心，综合考虑教育的一系列法律问题。以人民为中心，通过法律的形式解决人民群众急难愁盼问题。比如，学生的入学、考试、毕业就业、学历学位的问题，分类考试和职业教育开放力度的问题，如何更好地做到“五育并举”、立德树人的问题，还有人民群众受教育权，都要有具体的行政措施和法律来解决。

5. 加大教育改革创新的力度。教育法律不能故步自封，要更好地体现党的领导和满足人民的需要。从党的发展历程我们可以看到，尤其是新中国成立以来，党和国家一直在不断调整教育政策，以适应社会主义现代化建设和人民群众的需要。新时代，教育在服务经济社会发展上也要加大力度，立法要进一步加强。在社会主义市场经济条件下，教育如何更好地立德树人，学校如何更好地依法办学，如何通过学分制保障学生有更多的选择权和全面自主的发展，学生如何更顺畅地就业，都应在法律上有较好的体现，并且要更好地通过法律来解决相关责任主体的责权利问题。

新时代，我们要紧密团结在以习近平同志为核心的党中央周围，更好地完善法律体系，并将法律条款、法律要求转变为法律行为、行动和方案，将培养德智体美劳全面发展的社会主义建设者和接班人落实好，办好人民满意的教育，为 2035 年基本实现国家治理体系和治理能力现代化，人民平等参与、平等发展权利得到充分保障，基本建成法治国家、法治政府、法治社会，建成教育强国、人才强国作出努力，为中华民族伟大复兴作出更大贡献。

# 传承国学，增强文化自信

杨建华[①]

**摘　要：**中华文化独一无二的理念、智慧、气度、神韵，增添了中国人民和中华民族内心深处的自信和自豪。为建设社会主义文化强国，增强国家文化软实力，实现中华民族伟大复兴的中国梦，就必须在中小学注重传承中华优秀传统文化。在中小学传承中华优秀传统文化意义重大，可以培养和健全中小学生的人格、情操、品德、精神，提升他们的智力。近几年来，我们在古诗京唱、韵白吟诵、古诗词方面做了有益的探索并取得一定的成果。巧用记忆多通道，引导中小学生在吟唱中理解、感悟、审美、升华。教师授课生动活泼，学生学习兴致盎然，乐学，易学，易记，易理解，取得良好的效果。

**关键词：**传统文化；中小学生；传承；古诗京唱；韵白吟诵；感悟；审美

## 一、传承中华优秀传统文化，正当其时

文化是民族的血脉，是人民的精神家园。文化自信是更基本、更深层、更持久的力量。党的二十大报告指出，中华优秀传统文化源远流长、博大精深，是中华文明的智慧结晶，其中蕴含的天下为公、民为邦本、为政以德、革故鼎新、任人唯贤、天人合一、自强不息、厚德载物、讲信修睦、亲仁善邻等，是中国人民在长期生产生活中积累的宇宙观、天下观、社会观、道德观的重要体现，同科学社会主义价值观主张具有高度契合性。中华文化独一无二的理念、智慧、气度、神韵，增添了中国人民和中华民族内心深处的自信和自豪。为建设社会主义文化强国，增强国家文化软实力，实现中华民族伟大复兴的中国梦，就必须在中小学实施中华优秀传统文化传承发展工程。

中华优秀传统文化积淀着中华民族最深沉的精神追求，代表着中华民族独特的精神标识，是中华民族生生不息、发展壮大的丰厚滋养，是中国特色社会主义植根的文化沃

① 杨建华（1957 —），男，广东省音乐家协会会员，2004 年度广东省优秀音乐家，中学语文高级教师，曾任深圳市中学语文学科带头人、深圳市中学教师高级职称评审委员会委员、深圳市科学思维研究会副会长、秘书长，深圳市“十五”规划重点课题、罗湖区“十二五”规划品牌工程“古诗新唱”主持人。应邀担任广东省教育厅《南粤名师大讲堂》主讲名师，深圳市老年科技工作者协会文史文创分会负责人、深圳卫视《课间十分钟》、深圳广播电台《就是爱成长》栏目主讲嘉宾。

土，是当代中国发展的突出优势，对延续和发展中华文明、促进人类文明进步，发挥着重要作用。

创造性转化、创新性发展，坚守中华文化立场、传承中华文化基因，不忘本来、吸收外来、面向未来，汲取中国智慧、弘扬中国精神、传播中国价值，不断增强中华优秀传统文化的生命力和影响力，创造中华文化新辉煌。是我们的指导思想。

讲仁爱、重民本、守诚信、崇正义、尚和合、求大同。① 这是我们的核心理念。

担当意识：天下兴亡、匹夫有责；爱国情怀：精忠报国、振兴中华；社会风尚：崇德向善、见贤思齐；荣辱观念：孝悌忠信、礼义廉耻。② 这些体现着评判是非曲直的价值标准，潜移默化地影响着中国人的行为方式。传承发展中华优秀传统文化，就要大力弘扬自强不息、敬业乐群、扶危济困、见义勇为、孝老爱亲等中华传统美德。

处世方法：求同存异、和而不同；教化思想：文以载道、以文化人；美学追求：形神兼备、情景交融；生活理念：俭约自守、中和泰和③。这些是中国人民思想观念、风俗习惯、生活方式、情感样式的集中表达，滋养了独特丰富的文学艺术、科学技术、人文学术，至今仍然具有深刻影响。传承发展中华优秀传统文化，就要大力弘扬有利于促进社会和谐、鼓励人们向上向善的思想文化内容。

## 二、中小学传承中华优秀传统文化的意义

1. 健全人格。学生时期是一个人世界观、人生观、价值观形成的启蒙时期，中华传统文化启蒙教育讲授传统美德，在此阶段向学生传授传统文化，就是教他们用传统文化做生命的底色。

2. 培养情操。中国优秀的古典经文意存高远，可以培养孩子们的古典文化底蕴和优雅情怀。其中不仅有文学，还蕴含着美学、哲学。用这些优秀的传统文化资源充实孩子，就是给了孩子一把开启心智的钥匙。

3. 塑造品德。中华优秀传统文化素养要从娃娃抓起。孩子们在接受优秀传统文化熏陶的同时，养成良好的思想品德。经典著作是我们民族文化教育精神的一个庞大载体，是我们民族生存的根基。为了使孩子们能够从小就汲取优秀传统文化中的营养，实现人的全面发展，必须弘扬中华优秀传统文化。

4. 铸造精神。童蒙少年时期是人格的奠定时期，接触独具智慧和价值的经典，在诵

① 翟博．加强中华优秀传统文化教育［N］．中国教育报，2017-08-31.

② 范玉刚．历史感是中华民族屹立世界的精神遵循［EB/OL］.（2017-09-14）［2017-09-14］. http：//www.rmlt.com.cn/2017/0914/495508_2.shtml.

③ 商志晓．中国现代化与中华传统文化的辩证联结［EB/OL］. http：//www.dangjian.cn/shouye/sixianglilun/lilunqiangdang/202109/t20210923_6184146.shtml.

读吟咏中逐渐培养其人文精神。

5. 提升智力。学生经过一年的学习，提高了听说读写能力，作文中、课堂上时不时引经据典。孩子们不仅语文学习能力提高，其他科目的学习成绩也有所上升。

## 三、我们的尝试：古诗京唱、韵白吟诵古诗词

“求木之长者，必固其根本；欲流之远者，必浚其泉源。”中华优秀传统文化是中华民族的精神命脉，是涵养社会主义核心价值观的重要源泉，也是我们在世界文化激荡中站稳脚跟的坚实根基。增强文化自觉和文化自信，是坚定道路自信、理论自信、制度自信的题中应有之义。习近平总书记倡导对中华优秀传统文化创造性转化、创新性发展，又为我们如何传承中华优秀传统文化及时做出具有战略高度的引领。

京剧与古典诗词融合是有可行性的。京剧与古典诗词有一脉相承的渊源关系。中国诗词和京剧的艺术规律都是“诗声一体”，这种规律始自《诗经》《楚辞》，历经汉乐府，延至唐诗、宋词及元曲，乃至今天的诗词吟唱。用京剧的唱腔演唱古诗词，以京剧的声腔和音韵，传达古典诗词的隽永之美，是京剧、诗词与现代装置艺术的跨界融合。

京腔京韵唱古诗、韵白吟诵古诗词的追根溯源，中国古典诗词是“诗声一体”的，涵盖了一切配乐演唱的韵文，无论新老戏曲、曲艺的唱段文本，都是按曲牌声腔演唱的韵文。即依声填词，被之管弦。由此可见，配乐演唱，始终主导着中国诗歌发展的历史方向。戏曲声腔艺术形式来源于中国诗词曲的“诗声一体”，是产生中国京剧声腔韵味美的艺术规律的本源。中国京剧声腔的艺术规律，继承了“诗声一体”的范式。当新的艺术媒介纷纷涌现，传统古诗词也需要借助新的艺术样式加以传扬。

古诗京唱，用京腔京韵唱古诗，就是用传承国粹（京剧）的方式来传承国学（古典诗词），让学生去记住中学语文课本里的诗词的内容，领悟诗词的意境，达到记忆和理解的目的，使学习变得轻松愉快，同时获得一种强烈的审美愉悦和审美享受。①

首先是古诗京唱是课程改革的需要。课程需要改革，改革需要整合，整合需要创新。古诗京唱就是把语文学科和音乐学科进行整合，为古诗词的教学再辟蹊径。

其次是传承中华传统文化的需要——古诗京唱就在这种大背景下应运而生，通过语文课和音乐课的整合，刷新课堂。在减轻学生课业负担的同时让他们获得一种强烈的审美愉悦和审美享受，达到记忆、理解、鉴赏的三重目的，把学生培养成为“腹有诗书气自华”的高素质人才。

追求整合三重美：通过古诗京唱的形式去彰显古诗词的语言美，通过古诗京唱的形式去描绘古诗词的画面美，通过古诗京唱的形式去再现古诗词的意境美。研究方法、研

① 杨建华. 用“国粹”传承“国学”[EB/OL].（2016-06-30）[2016-06-30]. http://study.luohuedu.net/blog/1983186.

究阶段和实施步骤为，以京剧的声腔和音韵，传达古典诗词的隽永之美。

运用京剧韵白吟诵古诗词。京剧韵白就是字韵与声腔的珠联璧合，是一种特殊的形式美。它体现了京剧的语言节奏韵律，运用韵白的语音音乐性，使之产生汉语语音的节奏和韵律。运用韵白的音乐性，使之产生对称均衡，调和铿锵的韵味。它比用其他的语言方式，如普通话的语言方式，更耐人寻味。

## 四、优势之处

1. 古诗京唱、韵白吟诵实验是对中共中央办公厅、国务院办公厅《关于实施中华优秀传统文化传承发展工程的意见》① 从态度上的积极响应和行动上的贯彻落实。即“围绕立德树人根本任务，遵循学生认知规律和教育教学规律，按照一体化、分学段、有序推进的原则，把中华优秀传统文化全方位融入思想道德教育、文化知识教育、艺术体育教育、社会实践教育各环节，贯穿于启蒙教育、基础教育……各领域”。是对“丰富拓展校园文化，推进戏曲、书法、高雅艺术、传统体育等进校园，实施中华经典诵读工程”的具体实施。

古诗京唱的形式学生喜闻乐见，古诗京唱核心是“歌”，这是最受学生欢迎的一种形式。记忆本来是艰苦的，但这一“歌”，就好比给古诗词插上了音乐的翅膀，让古诗词搭上了音乐的快车，让跋涉者（学生）享受到车船的便利，使得辛苦的学习变得轻松愉快。

2. 古诗京唱、韵白吟诵实验之所以有效，在于它巧用记忆多通道，符合人的记忆规律，符合心理学的原理。接收信息的“通道”不止一条，有视觉、听觉、动觉、触觉等。有多种感知觉参与的记忆，叫作“多通道”记忆。现代科学研究表明，人从视觉获得的知识，能够记住 25%，从听觉获得的知识能够记住 15%，若把视觉与听觉结合起来，能够记住 65%。多通道记忆法动员脑的各部位协同合作，来接收和处理信息。这种方法在掌握各种语言文字的过程中效果显著。因此，我们在开展古诗京唱实验时，利用的就是这种多通道记忆原理。让学生看、读、听、唱、舞，刺激到学生的多个感官，在他们的大脑皮层留下深刻的痕迹。

3. 古诗京唱、韵白吟诵实验除了能让学生快速记忆以外，更重要的是能让学生通过京腔演唱、韵白吟诵的方式，在吟唱中理解，在吟唱中感悟，在吟唱中审美，在吟唱中升华。因此，我们在对古诗词配曲时，特别注意到让音乐的情绪紧扣着古诗词即诗人的情绪。诗人们情动而辞发，曲作者配曲以入情。只有这样，学生才能把披文入情与歌唱入情统一起来，达到记忆和理解的目的。依词配曲，缘诗传情，因人设韵。为学生的情感记忆铺路搭桥。此外，从识记方法来看，初中生与小学生相比，识记虽仍带机械成分，

① 人民网．中共中央办公厅、国务院办公厅印发关于实施中华优秀传统文化传承发展工程的意见［EB/OL］.（2017-01-26）［2017-01-26］. http：//politics.people.com.cn/n1/2017/0126/c1001-29049653.html.

但机械方法已不起主导作用，意义识记的成分越来越大。为了帮助学生理解，在理解的基础上记忆，我们还将所有的古诗词唱腔配上文字点评，与唱腔相得益彰，把古诗京唱、韵白吟诵实验推上了一个新台阶[①]。

## 五、现状与展望

目前，古诗京唱、京剧韵白吟诵古诗词实验以深圳市一所中学和一所小学为试点，以学校京剧社为示范，通过唱念做打舞等形式，辐射全校，激发全校学生古诗京唱的兴趣和热情，愿意而且能够用京腔京韵唱古诗，达到学习与审美双丰收的目标。

预期目标：古诗京唱、韵白吟诵，遵循京剧声腔韵味形成的艺术规律，平仄交替，声韵回旋，教师授课生动活泼，学生学习兴致盎然，乐学，易学，易记，易理解。应能取得良好的效果。为实现中共中央办公厅、国务院办公厅在《关于实施中华优秀传统文化传承发展工程的意见》中提出的“到2025年，中华优秀传统文化传承发展体系基本形成，研究阐发、教育普及、保护传承、创新发展、传播交流等方面协同推进并取得重要成果，具有中国特色、中国风格、中国气派的文化产品更加丰富，文化自觉和文化自信显著增强，国家文化软实力的根基更为坚实，中华文化的国际影响力明显提升”的总体目标，贡献我们的微薄之力！

① 杨建华. 用歌唱将古诗词长留心间［J］. 师道，2012（03）.

# 中国式现代化与教育的作用

吴晓求[①]

**摘　要：** 党的二十大报告对中国式现代化做了准确的概括。本文从三个方面论述了中国式现代化与教育的作用：（1）中国式现代化是经济社会全面发展的现代化；（2）中国式现代化的实现依赖于雄厚的经济基础和社会基础；（3）现代化的核心是人的现代化，教育对于全方位促进中国式现代化的实现、跨越“中等收入陷阱”具有重要作用。

**关键词：** 中国式现代化；教育现代化；人才培养

党的二十大报告内容丰富，对未来发展作出了两步走的战略部署，即到2035年基本实现社会主义现代化，到本世纪中叶把中国建设成富强民主文明和谐美丽的社会主义现代化强国，以中国式现代化全面推进中华民族的伟大复兴。

## 一、如何理解中国式现代化

党的二十大报告对中国式现代化做了准确的概括，主要有五点：

一是，人口规模巨大的现代化，是14亿人口大国的现代化。我们用了短短40多年时间，把一个贫穷落后的国家建设成正在迈向现代化的国家，这是人类发展史上的奇迹。

二是，全体人民共同富裕的现代化。这是中国式现代化最显著的特征。我们不搞两极分化，将采取一系列措施，让全体人民共同富裕起来。

三是，物质文明与精神文明相互协调的现代化。

四是，人与自然和谐共生的现代化。

五是，走和平发展之路的现代化。

同时，党的二十大报告指出，中国式现代化体现了国际社会公认的现代化的一般内涵。比如说，一个现代化的国家肯定是富裕的、高收入的国家，社会文明程度发达，包括完善的法制、良好的生态环境、人均预期寿命、教育水平、创新能力、贫富差距、政府廉洁、国际影响力等，这些都构成了国际社会公认的现代化的基本内涵。

① 吴晓求（1959—），中国教育发展战略学会副会长兼高等教育专业委员会理事长，中国人民大学原副校长、教授。

在中国式现代化中，这种国际社会公认的一般内涵将得到充分体现，同时，又特别强调中国的特征。中国将走一条与中国国情相适应的现代化之路，这如同中国市场经济一样。我们走的是有中国特色的社会主义市场经济道路，这其中，首先要体现市场经济的共同元素和基本原则。同时，基于经济发展水平和中国的国情又进行了新的探索。中国式现代化，如同有中国特色的社会主义市场经济一样，既体现了人类文明的共性，又有我们的创新和探索。中国式现代化是经济社会全面发展的现代化，也是人的素质全面提高的现代化。

## 二、中国式现代化的经济基础和社会基础

中国式现代化的实现，要有雄厚的经济基础，为此，必须保持经济的可持续增长，我们才能成为一个高收入国家并进入到发达国家的行列。对我们来说，如何保持经济的可持续增长非常重要。保持经济的可持续增长，是中国式现代化的物质基础，没有这样一个基础，中国式现代化是很难实现的。

现在，摆在我们面前的重要任务是，如何保持经济的可持续增长？什么样的制度、体制和政策，才能维持经济的可持续增长？我认为，至少有三个宏观因素非常重要。这三个宏观因素就是指导思想、基本原则和基本方向。

1. 要坚定不移地走有中国特色的社会主义市场经济道路。这条路必须坚定不移地走下去。只有有中国特色的社会主义市场经济，才能使中国发展起来，才能使中国富裕起来，才能把中国建设成现代化的国家。过去 40 多年的发展历史已经充分证明了这一点。理论分析和实践都表明了，我们没有其他路可走，只能走这条被实践证明了正确的道路。我们既不能走模仿西方自由市场经济道路，更不可能回到低效率、没有活力的计划经济模式。有中国特色的社会主义市场经济，是我们必须坚持的基本经济制度。

2. 必须坚定不移推进改革开放。这里所说的改革，是市场化改革。我们一定沿着市场化方向推动各项制度改革，同时进一步扩大开放。中国式现代化一定是开放基础上的现代化。没有一个国家闭关锁国能成为现代化国家。我们要不断地拓展开放空间，让中国经济、金融、社会全面与国际体系相融合，这是实现中国式现代化非常重要的力量。进一步深化和扩大开放，是我们必须长期坚持的基本国策。有太多的事实表明，深化改革、扩大开放对中国多么重要。

3. 要推动教育的现代化，人的全面发展的现代化。教育在中国式现代化中具有特殊的作用，这是中国式现代化实现的重要基础。从中国式现代化实现的社会基础角度看，必须进一步完善法治。中国式现代化首先是法治的现代化，让社会处在可预期的状态。

前几天结束的中央经济工作会议，对 2023 年中国经济发展做了战略部署。我对中央经济工作会议 2023 年的安排，高度赞成。中央经济工作会议提到了问题所在，强调了一

些新的政策，包括重视平台经济的作用。

在谈到问题时，中国经济工作会议仍然提到了中国经济面临的三重困难，需求、供给、预期三方面仍存在不同程度的问题，预期转弱仍然存在，经济活动中信心不足仍然存在。信心不足与法制是否完善、政策是否稳定有密切关系。

所以，沿着中国特色社会主义市场经济道路继续前行，进一步推动改革开放，不断完善法治，重视教育，重视人才，是中国经济可持续发展的基石，是恢复信心的前提。

## 三、中国式现代化过程中教育的作用

中国式现代化是经济社会全面发展的现代化，包括个人的全面发展。世界各国经验表明，中等收入国家迈向现代化过程，并不是一帆风顺的。国际上有不少国家在这个过程中遇到了困难，长期处在停滞状态。少数国家短期内进入到高收入国家、发达国家行列，但在一个不太长的时间内又退回到中高收入国家，我们把这个现象称之为“中等收入陷阱”。

有理由相信，中国将跨越“中等收入陷阱”。我们不仅要在“十四五”时期进入高收入国家行列，而且将继续前行，成为一个现代化国家。

教育在一个国家现代化过程中，具有全方位的作用。教育在人才培养、理论创新、技术进步、产业升级、法治完善、生态环境以及经济和社会协调发展等方面，都能作出重要贡献。现代化的核心是人的现代化。

在中国式现代化过程中，教育的发展重点在三个方面。

第一，基础教育的普惠性。在现代化实现过程中，中国的义务教育应该由现在的九年制延长到十二年制，这是中国式现代化的重要内涵。如果我们的义务教育还仍停留在九年制阶段，应该说，这种教育还没有达到现代化国家教育的基本标准。我们要高度重视基础教育，普及基础教育，要极大地改善农村和落后地区的基础教育，大大提高中国基础教育的普惠性。实现十二年义务教育，是中国式现代化关于教育的一个重要指标。

第二，职业教育的高质量。要进一步推进中国职业教育的发展。我们以往不重视职业教育，现在要找到有技术含量、有工匠精神的人很难。我们要把职业教育和高等教育同等看待，它们对中国式现代化的实现都具有重要作用。

第三，高等教育的高水平。高水平，就是要向国际先进水平看齐。高等教育是人才培养的高地，科技创新、科学发明，源头在高等教育。

如果教育得到了全面发展，人的素质就会全面提升，我们就具备了现代化的人才基础。无论是职业教育、高等教育，都要实现理想和才能的平衡发展，都要实现德、智、体、美、劳全面发展。

我们要重视理想教育，实现人才在能力与理想之间的协调发展。创新能力、国际视野、跟踪国际先进科学技术水平和理论发展，是人才的重要标准。中国是一个 14 亿人口大国，要实现现代化，人文精神、科学技术水平都必须要处在前列。这样的人才培养，主要靠高等教育。

我们要创造宽松的环境，让人才脱颖而出。我特别强调人才的创新能力。社会不能对他们有太多的苛求，有太多的约束。环境不宽松是很难培养出现代化人才的，特别是领军人才很难出现，引领科学技术发展前沿的杰出人才很难出现。

教育发展了科技水平就能提高，科技水平提高了，就能推动产业升级、产业迭代。产业升级、产业迭代、经济结构调整，是中国式现代化最重要的基础。我们不能指望传统产业、资源型企业把中国带入现代化。我们必须通过基于科技进步的产业升级和产业迭代，才能把中国带入现代化。

中国式现代化有非常丰富的内涵，其中一定包括中国教育的现代化。

什么是教育的现代化？教育的现代化应当包括：基础教育的普惠性，职业教育的高质量，高等教育的高水平。其中，最重要的还是人们创新能力的培养。

高等教育专业委员会要提倡这样一种理念，培养与中国式现代化相适应的现代化人才，培养具有国际视野，跟踪国际前沿，引领国际先进技术和理论的领军人物。这也是中国大学的责任和使命。

# 实施科教兴国战略，加快建设教育强国

张双鼓[①]

**摘　要：**教育、科技、人才、创新的一致性特征是与科教兴国战略、人才强国战略、创新驱动发展战略的一致性高度关联。高质量教育是一个体系，内涵式发展更侧重于教育自身，高质量教育发展是内外部协同的、以质量为导向的发展。教育现代化离不开教育国际化和教育信息化，教育数字化是国家的竞争战略，中外合作办学是搭建教育国际合作的平台。

新时代深化中国高等教育评价如何改革？深化教育领域综合改革，完善学校管理和教育评价体系。教育评价改革是一项系统工程，坚决克服“五唯”的顽瘴痼疾，坚持破立并举、以立为本，提高教育治理能力和水平，办好人民满意的教育。

**关键词：**二十大；教育；高质量；数字化；评价体系

习近平总书记作的二十大报告，是党团结带领全国各族人民夺取新时代中国特色社会主义新胜利的政治宣言和行动纲领。党的二十大报告，高屋建瓴、统揽全局，内涵丰富、催人奋进。在我国进入全面建设社会主义现代化国家新征程的关键时刻，科学谋划了未来党和国家事业发展的目标任务和大政方针，对以中国式现代化全面推进中华民族伟大复兴作出了一系列战略部署，特别是对人才强国战略、科教兴国战略、创新驱动发展战略予以高度重视，为落实立德树人根本任务，加快建设中国特色世界一流大学，指明了前进方向。

党的十八大以来，习近平总书记提出一系列新理念新思想新战略，形成习近平总书记关于教育的重要论述，为新时代中国教育发展指明前进方向、提供根本遵循。教育领域围绕培养什么人、怎样培养人、为谁培养人这一根本问题，过去十年在党中央的坚强领导下，高等教育面貌发生了格局性变化，从大众化阶段迈入普及化阶段，高等教育质量实现跃升，“双一流”建设取得突破性进展。

---

① 张双鼓，中国教育发展战略学会原常务副会长、中国常驻联合国教科文组织代表团原公使衔副代表。

## 一、牢牢把握教育、科技、人才、创新的一致性特征

党的二十大报告首次将教育、科技、人才内容单独成章，把教育、科技、人才进行“三位一体”统筹安排、一体部署，并摆放在论述“高质量发展是全面建设社会主义现代化国家的首要任务”之后的突出位置。

“创新”在党的二十大报告中出现50多次，是最热的高频词之一。国家的实力源于创新，民族的活力源于创新。坚持创新是实现我国现代化建设全局中的核心，到2035年要实现高水平科技自立自强，进入创新型国家前列，建成科技强国的总体目标。教育对创新的影响越来越重要和直接，创新驱动的实质是人才驱动，人才强国离不开教育强国的有力支撑。

突出教育、科技、人才、创新的一致性特征是与科教兴国战略、人才强国战略、创新驱动发展战略的一致性高度关联。报告强调“必须坚持科技是第一生产力，人才是第一资源，创新是第一动力”，“坚持教育优先发展、科技自立自强、人才引领驱动，加快建设教育强国、科技强国、人才强国”。“第一生产力”“第一资源”“第一动力”归根结底都取决于教育，没有教育的优先发展，就很难实现这三个“第一”。国家的改革与发展与教育、科技、人才的基础性、战略性支撑能力密切相关。

强国战略共同服务于创新型国家的建设，对教育强国、科技强国和人才强国建设之间的内在关系和新时代任务进行了深刻阐述，为未来进一步推动教育事业高质量发展指明了方向，极具战略意义和深远影响。完善人才战略布局，加快建设国家战略人才力量，深化人才发展体制机制改革，培养造就大批德才兼备的高素质人才，聚天下英才而用之。

## 二、加快建设高质量教育体系

高等教育要扎根中国大地办大学，要主动融入新发展格局，通过服务国家战略形成对建设创新高地的支撑。2019年2月，中共中央、国务院印发了《中国教育现代化2035》提出了推进教育现代化的八大基本理念：更加注重以德为先，更加注重全面发展，更加注重面向人人，更加注重终身学习，更加注重因材施教，更加注重知行合一，更加注重融合发展，更加注重共建共享。《中国教育现代化2035》提出，2035年主要发展目标是提升一流人才培养与创新能力。分类建设一批世界一流高等学校，建立完善的高等学校分类发展政策体系，引导高等学校科学定位、特色发展。

《中共中央关于制定国民经济和社会发展第十四个五年规划和二〇三五年远景目标的建议》指出，提高高等教育质量。推进高等教育分类管理和高等学校综合改革，构建更加多元的高等教育体系，高等教育毛入学率提高到60%。分类建设一流大学和一流学科，支持发展高水平研究型大学。

“十四五”时期，我国高等教育进入普及化初级阶段，高等教育的发展与改革将面临国内外社会形势的转变、国家总体战略布局优化以及信息技术革命带来的机遇与挑战。

党的二十大报告科学谋划了今后五年乃至更长时期党和国家事业发展的目标任务和大政方针。报告对发展不同阶段不同类型的教育提出了各自的重点内容，明确“统筹职业教育、高等教育、继续教育协同创新，推进职普融通、产教融合、科教融汇，优化职业教育类型定位”。这是党代会报告第一次提出关于职普融通和优化职业教育类型定位的论述。

### （一）坚持创新在我国现代化建设全局中的核心地位

“坚持创新在我国现代化建设全局中的核心地位”，加强自主创新能力，实施科教兴国战略。21 世纪以来，全球科技创新进入空前活跃期，信息、生命、材料、能源资源和空天海洋等领域呈现突破态势，新技术革命正在加速学科交叉融合，引领产业变革方向，将深刻改变人类生产和生活方式，重构全球创新发展与竞争格局。

创新是当今时代的重大命题。坚持创新在我国现代化建设全局中处于核心地位，把科技自立自强作为国家发展的战略支撑，坚持面向世界科技前沿、面向经济主战场、面向国家重大需求、面向人民生命健康，深入实施科教兴国战略、人才强国战略、创新驱动发展战略，完善国家创新体系，加快实现高水平科技自立自强，加快建设科技强国。

“深入实施人才强国战略。培养造就大批德才兼备的高素质人才，是国家和民族长远发展大计。”改善创新生态根本是加强创新人才教育培养。要加强高校基础研究，布局建设前沿科学中心，发展新型研究型大学，培养造就一批具有国际水平的战略科技人才、科技领军人才、创新团队，以及面向世界汇聚一流人才，吸引海外高端人才。还要加强国际科技合作，更加主动地融入全球创新网络，在开放合作中提升自身科技创新能力。

### （二）加快建设高质量教育体系

“加快建设高质量教育体系”，提高高等教育质量，实施人才强国战略。质量是教育的生命，教育质量是培养人的质量。联合国教科文组织认为，高等教育质量是一个多维度、多层次、动态的概念，与教育模式的背景设置、机构使命和目标以及给定系统、机构、计划或学科内的具体标准有关。

党的十八大以来，我国高等教育与国家现代化和民族复兴同向同行，培养高水平人才的高质量高等教育体系持续优化。高质量教育是一个体系，内涵式发展更侧重于教育自身，高质量教育发展是内外部协同的、以质量为导向的发展。坚持为党育人、为国育才，扎实走好新时代人才自主培养之路。

党的十九大报告首次提出“高质量发展”，明确指出我国经济已由高速增长阶段转向高质量发展阶段，并把实现高质量发展、建设现代化经济体系作为国家发展的战略目标。只有实现高等教育高质量发展，充分发挥高等教育在培养高素质人才、服务国家重大战略需要、服务经济社会发展需要、提升中华文化影响力等方面的作用，才能落实教育国之大计、党之大计战略地位。

推进教育高质量发展，离不开教育现代化。国家将加快推进教育现代化，建设教育强国，不断提高教育服务和支撑经济社会发展的能力。实现高质量发展是中国式现代化的一个本质要求，其中必然包含着教育高质量发展。党的二十大报告提出，要“实施科教兴国战略、强化现代化建设人才支撑”，要“加快建设高质量教育体系”，要“全面提高人才自主培养质量”，要“加快建设中国特色、世界一流的大学和优势学科”。充分体现党和国家对高等教育的需要比以往任何时候都更加迫切，对科学知识和卓越人才的渴求比以往任何时候都更加强烈。

**（三）教育数字化，是国家的竞争战略**

新时代工业信息化、商业信息化、医疗信息化、金融信息化、政务信息化，也深刻地改变着包括教育在内的各领域的面貌。教育信息技术已成为国与国竞争的关键，世界各国都将人工智能技术等作为未来国家竞争力提升的关键，以期在新一轮科技革命中占据制高点。没有信息化，就没有现代化；没有教育信息化，就没有教育现代化；甚至可以说，没有教育信息化，也就没有信息化时代经济社会的长远发展。

党的二十大报告指出，“推进教育数字化，建设全民终身学习的学习型社会、学习型大国”。第一次明确提出了“学习型大国”。教育数字化行动是国家层面的战略行动，我国教育信息化正迈向数字化转型新阶段。高等教育数字化战略是决定高等教育高质量发展的重大问题，是实现高等教育学习革命、质量革命和高质量发展的战略选择和创新路径。目前，中国正在扎实推进高等教育数字化战略行动，不断完善教育信息化顶层设计和体制机制，以高水平的教育信息化引领教育现代化，推动教育高质量发展。

**（四）中外合作办学，搭建高等教育国际合作平台**

扩大教育开放，同世界一流资源开展高水平合作办学。这是新时代关于合作办学的顶层设计。

2003 年 9 月 1 日，国务院实施了行政法规《中华人民共和国中外合作办学条例》（以下简称《中外合作办学条例》）。

《中外合作办学条例》颁布及实施以来，教育部相继出台了一系列规范性文件，对加强中外合作办学的管理工作发挥了重要作用。中外合作办学，是引进国外优质资源办学、培养国际化人才的有效方式。为进一步规范中外合作办学秩序，提高办学质量，促进中外合作办学更健康发展，教育部采取了有效措施加强中外合作办学监管。

近年来，各种挑战和问题加剧，加强人文交流，教育国际合作的价值和意义更加重要。近三年来，中国已与 58 个国家签署了互认高等教育学历学位协议，与 188 个国家和地区、46 个重要国际组织建立了教育合作与交流关系。深入实施共建“一带一路”教育行动，加强同共建国家教育领域互联互通，目前已在埃及、埃塞俄比亚、印度、巴基斯坦、葡萄牙和中亚等共19个国家和地区，设立25个鲁班工坊，启动了海外中国学校建设试点。

## 三、以教育评价改革牵引教育领域综合改革

2020年10月，中共中央、国务院印发了《深化新时代教育评价改革总体方案》(以下简称《总体方案》)，强调要以立德树人为主线，“破五唯”为导向，以五位主体为抓手，改进结果评价，强化过程评价，探索增值评价，健全综合评价。

党的十八大报告提出了“深化教育领域综合改革”目标任务。

党的二十大报告对深化教育领域综合改革提出了进一步要求，“深化教育领域综合改革，加强教材建设和管理，完善学校管理和教育评价体系，健全学校家庭社会育人机制”。

2022年6月22日，中央全面深化改革委员会第二十六次会议审议通过《关于开展科技人才评价改革试点的工作方案》，聚焦“四个面向”，围绕国家科技任务用好用活人才，创新科技人才评价机制，以激发科技人才创新活力为目的，以“评什么、谁来评、怎么评、怎么用”为着力点，以“破四唯”和“立新标”为突破口，以深化改革和政策协同为保障，按照创新活动类型构建以创新价值、能力、贡献为导向的科技人才评价体系，引导各类科技人才人尽其才、才尽其用、用有所成，为实现高水平科技自立自强和建设世界科技强国提供有力人才支撑。

2022年11月18日，中央教育工作领导小组秘书组、教育部在京召开深化新时代教育评价改革工作推进会。怀进鹏部长强调，以教育评价改革牵引教育领域综合改革。

一要以评价改革牵引育人方式改革；二要以评价改革牵引办学模式改革；三要以评价改革牵引管理体制改革；四要以评价改革牵引保障机制改革。

怀部长指出，教育评价改革是一项系统工程，关键是要加强党的领导，打好推进落实的“组合拳”。要增强改革担当，坚持破立并举、以立为本，建立健全上下衔接、分层贯通的教育评价制度体系，充分发挥改革试点的示范带动作用。要加强宣传引导，强化监督问责，努力营造有利于教育评价改革落实落地的良好环境。

### (一)立德树人成效是教育评价改革的根本标准

教育评估系统和评估指标的实践研究是促进育人方式改革的重要手段。《总体方案》要求，坚持把立德树人成效作为根本标准。坚决克服重智育轻德育、重分数轻素质等片面办学行为，促进学生身心健康、全面发展。

党的十八大报告首次将“立德树人”确立为教育的根本任务，党的十九大报告指出要“落实立德树人根本任务”，党的二十大报告再次强调“落实立德树人根本任务”。人

才培养是我国高校的最根本任务，课程质量是人才培养的重要保障，教师的水平直接影响着人才培养的质量。单纯用考试升学的“指挥棒”指挥学校教育、评价学校教育、考核学校教育，违背了立德树人的教育本质。

立德树人是我国高校的灵魂和使命。2018 年 5 月 2 日，习近平总书记在北京大学师生座谈会上强调:“要把立德树人的成效作为检验学校一切工作的根本标准，真正做到以文化人、以德育人，不断提高学生思想水平、政治觉悟、道德品质、文化素养，做到明大德、守公德、严私德。”

为此，一是坚持正确政治办学方向。古今中外，每个国家都是按照自己的政治要求来培养人的，世界一流大学都是在服务自己国家发展中成长起来的。二是建设高素质教师队伍。人才培养，关键在教师。教师队伍素质直接决定着大学办学能力和水平。三是构建高水平人才培养体系。学生在大学里学什么、能学到什么、学得怎么样，同大学人才培养体系密切相关。

### （二）“破五唯”是教育评价改革的重中之重

党的二十大报告提出，加快建设国家战略人才力量，努力培养造就更多大师，战略科学家、一流科技领军人才和创新团队、青年科技人才、卓越工程师、大国工匠、高技能人才。必须深化教育领域综合改革，完善教育评价体系。扭转不科学的教育评价导向，坚决克服唯分数、唯升学、唯文凭、唯论文、唯帽子的顽瘴痼疾。

优秀人才的评审是由论文、帽子、职称、学历、奖项等综合维度构成和体现的，只要这些维度能够货真价实，也是一个人或团队的学术能力、学术水平、社会贡献的象征和体现。当前，教育界普遍支持“破五唯”，关键在于“立什么”“如何立”。

“五唯”是当前教育评价问题的集中体现，反映了不科学的评价导向。《总体方案》只提出了指导原则：一是改革党委和政府教育工作评价，推进科学履行职责；二是改革学校评价，推进落实立德树人根本任务；三是改革教师评价，推进践行教书育人使命；四是改革学生评价，促进德智体美劳全面发展；五是改革用人评价，共同营造教育发展良好环境。

我们要立足这五大主体，全面反思、审视、调整、完善现行的各类评价制度、评价标准、评价程序等，建立坚实的制度基础。

### （三）深化教育评价改革是一项复杂的系统工程

深化教育评价改革是一项复杂的系统工程，需要加强顶层设计和整体谋划，加强教育评价改革关联性、系统性和可行性研究。《总体方案》对各教育阶段、各教育主体提出了不同的改革方向，其核心是“改进结果评价，强化过程评价，探索增值评价，健全综合评价”。

深化教育评价改革是一项复杂的系统工程，需要各方通力配合、协同推进。《总体方案》明确提出，教育评价事关教育发展方向，有什么样的评价“指挥棒”，就有什么样的办学导向。

要在基本确定深化教育评价改革举措的基础上，深入研究教育领域改革关联性，深入论证教育评价改革举措可行性，把握好全面深化教育评价改革的重大关系，不断摸索完善各个领域不同主体对象的评价办法，使教育评价改革举措在政策取向上相互配合、在实施过程中相互促进、在实际成效上相得益彰。

为深入贯彻落实习近平总书记关于教育的重要论述和全国教育大会精神，完善立德树人体制机制，扭转不科学的教育评价导向，坚决克服“五唯”的顽瘴痼疾，提高教育治理能力和水平，加快推进教育现代化、建设教育强国、办好人民满意的教育。

# 关于教育强国与人的现代化发展的几点认识

范国睿[1]

**摘　要**：现代化是社会发展与文化变迁的演进过程，包括物质－技术层面的现代化，文化－制度层面的现代化和人的现代化。现代化的本质与核心是人的现代化；人的现代化是一个从“家庭人”走向“社会人”、从“熟人”走向“公共人”、从“经验人”走向“知识人”、从“知识人”走向“智慧人”，不断演进升华的历史渐进过程。建设教育强国，促进人的现代化发展，需要正确处理好“人”与“物”的关系，坚持马克思主义的人的全面发展观，办好人民满意的教育，“促进物的全面丰富和人的全面发展”；需要处理好普及与提高的关系，在面向全体学生，着力普遍提高全社会的受教育水平、提高全社会文明程度的同时，因材施教，着力造就科技拔尖创新人才；需要处理好人文与科技的关系，着力培养学生以公共性为基本特质的公共精神、以创新为核心的科技素养，赋予每一个受教育者以中华优秀传统文化为底色。

**关键词**：现代化国家建设；教育强国；科技强国；人才强国；教育现代化；人的发展

现代化是社会发展与文化变迁的演进过程。[2]自工业革命以来，由于科学技术进步及工业化的推动，人类社会的现代化进程不断加快，经历了从农业社会到工业社会到智能社会的巨大转变，引发经济、政治、文化、思想等各个领域的深刻变化。党的二十大报告提出了从现在到21世纪中叶全面建成社会主义现代化强国、实现第二个百年奋斗目标，以中国式现代化全面推进中华民族伟大复兴的战略目标与战略安排。中国式教育现代化，既有国际教育现代化的共同特征，更有基于中国国情的中国特色；既有国家现代化的共同特征，又符合教育事业发展的规律和教育改革发展的独特使命与任务，促进人的现代化发展是教育现代化的重要使命与核心任务。中国式现代化是人口规模巨大的现代化，是全体人民共同富裕的现代化，是物质文明和精神文明相协调的现代化，是人与

① 范国睿，华东师范大学教授，中国教育发展战略学会常务理事。

② 荣渠．现代化新论：世界与中国的现代化进程［M］. 北京：商务印书馆，2009.

自然和谐共生的现代化，是走和平发展道路的现代化。现代化的本质与核心是人的现代化，人的现代化需要通过教育现代化来实现。

在实现教育现代化乃至国家现代化的进程中，需要深刻认识科技革命、产业革命、社会变革对教育改革发展的新挑战、新要求，妥善处理各种条件与因素之间纷繁复杂的关系。教育强国是实现社会主义强国战略中的重要一环，教育现代化是建设教育强国的关键。现代化国家建设需要人尤其是高素质的人来实现，人的现代化发展既包括人以现代化的方式实现现代化发展的过程，也包括人的现代化所达到的发展水平与状态。现代化的教育是促进人的现代化发展的重要路径与方法；推进以促进人的现代化发展为核心的教育现代化建设，是一项长期的、复杂的、艰苦的系统工程，涉及主客观许多条件和因素，深刻认识科技革命、产业革命、社会变革对教育改革发展的新挑战、新要求，需要正确认识并妥善处理各种条件与因素之间纷繁复杂的关系。建设教育强国，促进人的现代化发展，需要正确认识教育强国在全面建设社会主义现代化国家中的基础性、战略性支撑作用，正确认识现代化的本质是人的现代化，正确认识和处理“人”与“物”的关系，普及与提高的关系，人文与科技的关系。

## 一、教育强国在全面建设社会主义现代化国家中的基础性、战略性支撑作用

党的二十大报告在阐释建设社会主义现代化国家的相关表述中，提出建设“数字中国”和“健康中国”及建设“制造强国”“质量强国”“航天强国”“交通强国”“贸易强国”“海洋强国”“农村强国”“体育强国”“网络强国”“文化强国”“科技强国”“人才强国”“教育强国”。这十五个相关表述，共同支撑起“富强民主文明和谐美丽的社会主义现代化强国”“综合国力和国际影响力领先的社会主义现代化强国”；同时，这十五个表述，也并非在同一层面上，其中有的表述涉及单一领域，有些表述则涵盖多个领域和行业。值得注意的是，所有这些领域的“强”，都离不开“科技”和“人才”，而“科技”和“人才”又需要通过“教育”来实现，所以，“教育强国”在全面建设社会主义现代化国家中发挥着基础性、战略性的支撑作用。

首先，从教育与经济社会的关系来看，建设教育强国是对当前新经济体系研判的基础上，形成的对教育、科技、人才在整个现代化建设中的战略地位的创新性认识。近年来，我国人口结构变化和劳动力成本上升，传统产业竞争优势持续削弱，越来越多的产业面临世界技术前沿挑战，后发追赶空间缩小，高投入、高消耗、高污染的发展模式，造成资源、环境、生态约束日趋增强，从而导致高速增长不可持续，使我国经济进入中低速增长阶段。中美贸易战、高科技和技术与产业脱钩正在一定程度削弱经济增长动力，全球通胀和滞胀制约政策空间，全球供应链和产业转移压缩产业和企业的市场空间，国

内投资者、企业家、消费者预期日益转弱等，都不同程度地影响着我国经济发展。当前我国经济发展正处于经济布局优化和结构调整的关键期，亟待以科技创新激活发展动能，推动制造业向高端化、智能化、绿色化发展，这就需要切实加大科技创新力度，强化关键核心技术攻关，打造原创技术“策源地”，不断提升企业核心竞争力，需要打造创新平台，深化科技创新要素由分散转向高效聚合，持续向企业集聚。科技创新需要高素质的创新人才；高素质的创新人才需要通过高质量的教育来培养。基于此，将教育、科技、人才一体化安排部署，协同推进教育强国、科技强国和人才强国建设。

其次，从教育的地位与作用来看，建设教育强国体现了党对教育事业地位与作用的认识不断深化。改革开放以来，在党的历次代表大会报告中，教育事业的地位与作用几经变迁，从“经济建设”“文化建设”到“民生和社会建设”。党的二十大报告，将教育、科技、人才并列，独立成章，即第五章——“实施科教兴国战略，强化现代化建设人才支撑”，表明党对于教育事业地位和作用的认识、定位经历了一个与时俱进的过程。这一章充分肯定了教育、科技、人才在全面建设社会主义现代化国家中的基础性、战略性支撑作用，强调了在发挥“基础性、战略性支撑作用”中坚持的三个“第一”，即“科技是第一生产力”“人才是第一资源”“创新是第一动力”，阐明了要深入实施的“三大战略”，即，科教兴国战略、人才强国战略、创新驱动发展战略，进而“开辟发展新领域新赛道，不断塑造发展新动能新优势”。报告指出，“我们要坚持教育优先发展、科技自立自强、人才引领驱动，加快建设教育强国、科技强国、人才强国，坚持为党育人、为国育才，全面提高人才自主培养质量，着力造就拔尖创新人才，聚天下英才而用之”。

最后，从教育强国的内涵来看，建教育强国、以教育强国是建设现代化强国的题中应有之义。我们可以从两个层面来理解“教育强国”：一是建“教育强国”，二是以“教育”“强”“国”。上面我们提到的现代化国家的十五种表述，“教育强国”是其中之一，就是说，“教育强国”是建设现代化强国的题中应有之义，是现代化国家建设的表现之一。作为现代化强国一个方面，“教育强国”即“强国”之“教育”，“建”教育强国，就是要建设一个公平的高质量的教育体系。最近大家都在讨论高质量教育体系建设问题。教育质量是教育强国的核心，提高教育质量是建设教育强国的内在要求。“高质量”本身有一个不断演进、不断提升的过程。我们过去曾把“普及九年义务教育”作为办有质量的教育的目标和任务。新时代，需要满足人民日益增长的美好生活需要，需要教育由“学有所教”的规模增长转向“学有优教”的高质量发展，建设一个具有强大自主培养能力、强大综合实力与竞争能力、充满生机与活力的教育体系。教育公平是教育强国的重要基础。建设现代化强国，意味着建设现代文明国家，现代文明国家意味着培养和造就文明人。现代教育的重要使命是普遍地提高全体国民的文化素养，进而提高全社会的文明程度。教育强国也就意味着保证每个人平等的受教育的权利，保障每个人享有平等接受教育的机会，教育发展成果更多更公平惠及全体人民，每个人都有平等机会通过教育改变自身命运、绽放人生精彩、成就人生梦想。

以“教育”“强”“国”，就是将教育作为一个手段、方法和路径，来建设现代化强国。这里有三层含义：第一，从人力资本的层面，意味着教育从数量与质量两个层面促进支撑科技经济持续、健康、绿色发展的人力资本的提升；第二，从知识生产的层面，意味着以教育传播、创新、应用知识，推动科技进步与知识创新，增强国家创新能力，提升国家科技与经济竞争力；第三，从社会进步的层面，作为一个现代化国家，社会一定是民主的、公平的、正义的，这意味着需要以教育改善和提升人的素养，进而实现、保障与促进社会公平正义，保障和促进社会的进步与文明。

## 二、现代化的本质是人的现代化

英格尔斯（Alex Inkeles）通过研究六个发展中国家的现代化进程发现①，无论一个国家引入了多么现代的经济制度和管理方法，也无论这个国家如何效仿最现代的政治和行政管理，如果执行这些制度并使之付诸实施的那些个人，没有从心理、思想和行动方式上实现由传统人到现代人的转变，真正能顺应和推动现代经济制度与政治管理的健全发展，那么，这个国家的现代化也只是徒有虚名。② 现代化的本质是人的现代化，人是现代化的核心。首先，人的现代化是现代化的重要组成部分，是国家现代化必不可少的因素，而且是一个前提性的条件。其次，现代化是依靠人尤其是高素质的人来实现的。社会的发展总是需要有引领者。从经济意义上来说，改革开放之初，1978 年，中共十一届三中全会提出“允许一部分人先富起来”，是针对当时中国社会主要矛盾提出的激发人们积极性创造性的策略，“先富起来”的目的在于“带动全体人民共同富裕”。事实上，不仅仅是在经济领域，各行各业发展都需要科技创新的推动，这就需要富有创造力的人来引领、推动和支撑。最后，人的现代化发展，体现在许多方面，包括人的价值观念、思维方式和行为方式在现代化进程中不断演化，实现自身的现代化。人在怎样的程度上学会改变

① 20 世纪 80 年代，四川人民出版社出版了一套包括美国社会学家英格尔斯（Alex Inkeles）的《人的现代化》在内的一批哲学、经济学、社会学的“走向未来”丛书，对当时的学术界和青年学生起了非常好的启蒙作用。四川人民出版社出版的《人的现代化》不是全译本，原书名也不是“人的现代化”，而是“Becoming Modern”，直译为“成为现代人”；20 世纪 90 年代，中国人民大学出版社组织翻译出版了该书的全译本，书名为《从传统人到现代人》。

参见：Inkeles，A.，and David Horton Smith. Becoming Modern：Individual Change in Six Developing Countries [M]. Harvard University Press，1974.

[美] 阿历克斯·英格尔斯. 人的现代化——心理·思想·态度·行为 [M]. 殷陆君，译. 成都：四川人民出版社，1985.

[美] 阿列克斯·英克尔斯，[美] 戴维·H. 史密斯. 从传统人到现代人——六个发展中国家中的个人变化 [M]. 顾昕，译. 北京：中国人民大学出版社，1992.

② Inkeles，A.. Becoming Modern. Individual Change in Six Developing Countries [J]. Ethos，1975，3 (2).

自然界，人的智力就在怎样的程度上发展起来。正如恩格斯在论述人的智力发展时所说，"人的智力是按照人如何学会改变自然界而发展的"①"人的思维的最本质的和最切近的基础，正是人所引起的自然界的变化，而不仅仅是自然界本身；人在怎样的程度上学会改变自然界，人的智力就在怎样的程度上发展起来"②。

人的现代化是一个漫长的历史进程，这一过程与科技进步有关，与社会的生产方式有关，与家庭和社会组织形式有关，与人的受教育水平及综合素质养成有关。自近代以来，人的现代化进程呈现如下四个方面的变化：

### （一）从"家庭人"走向"社会人"

从家庭走向社会，是人的现代化发展的第一步。家庭是社会组织的基本单位，从原始氏族的采集社会到农耕社会到以家庭作坊为单位的工场手工业，家庭都是原初性的社会组织，发挥着人口、经济、社会观念与社会知识文化的生产与再生产功能，人的教育与发展同样囿于家庭之中。对于大多数社会底层的家庭及其子女而言，受教育基本是父母的责任。在法国社会学家涂尔干（Émile Durkheim）看来，"儿童首先属于他的父母；所以，像他父母所理解的那样引导儿童在智力上和道德上得到发展，也是他父母的责任。因此，教育基本上被看作是一种私人事务和家庭事务"③。随着社会的发展，手工业和商业与农业的分离，特别是机械化工业的建立，家庭的物质生产功能被剥离出来，工厂和企业成为社会物质生产的基本单位，家庭的社会结构和功能发生分化，个体逐渐走出家庭进入社会之中。"教育是年长的一代对尚未为社会生活做好准备的一代所施加的影响。教育的目的就是在儿童身上唤起和培养一定数量的身体、智识和道德状态，以便适应整个政治社会的要求，以及他将来注定所处的特定环境的要求。"④由"家庭人"走向"社会人"是人的现代化发展的第一次飞跃。

### （二）从"熟人"走向"公共人"

就其社会性而言，从"熟人"走向"公共人"是与由"家庭人"走向"社会人"相生相伴的人的现代化发展进程。作为一种社会生活或组织模式的现代社会与传统社会已有本质上的差异。1861 年，梅因（Henry Maine）的研究阐明了人类基于"身份"依赖的交往关系。所谓"身份"，是指"人类最初是分散而孤立的集团中的，这种集团由于对父辈的服从而结合在一起"⑤。这种基于"身份"的交往关系是以亲属关系为基础的交往关

① 马克思恩格斯全集（第二十卷）[M]. 北京：人民出版社，1971.

② 马克思恩格斯选集（第四卷）[M]. 北京：人民出版社，1995.

③④ [法] 爱弥尔・涂尔干. 教育与社会学 [M]. 沈杰，译. [法] 爱弥尔・涂尔干，道德教育（涂尔干文集第三卷）[M]. 陈光金，沈杰，朱谐汉，译. 上海：上海人民出版社，2001.

⑤ [英] 梅因. 古代法 [M]. 沈景一，译. 北京：商务印书馆，1959.

系。费孝通在《乡土中国》中提出的“熟人社会”概念[①]，则贴切地描绘了传统的乡土中国的“熟人社会”图景——基于血缘、姻亲、地缘关系以及乡规民约的复杂的人际关系网络。“熟人好办事”，意味着在日常社会生活中依靠“熟人”织就的网络，沟通关系、打通关节、解困排忧。现代社会是公共社会，公共性是人们对人类社会共同体存在的公共行动、公共领域、公共事务、公共生活以及公共福祉等公共特性的概括，具有公开、共同和共享等特点。人的现代化发展表现为人的公共精神的建立、巩固与发扬，这种以公共性为基本特质的公共精神，不仅表现为人的公共参与精神，还表现为在其社会生活中所秉持的自由平等、契约精神、民主意识、法治思维、责任义务、公平正义以及规则秩序等一系列公共性价值理念与价值准则。

### （三）从“经验人”走向“知识人”

就人的现代化发展的知识与技术基础而言，从依靠经验到依赖知识，既是社会发展的需求，也是人类走向文明、作为个体的人走向文明的必经之路。工业革命建立在现代科学技术基础之上，机器大生产要求工人必须具备基本的读写算等文化知识和基本的科学技术知识，具备一定的文化素养，客观上也就需要具备一定科学知识、标准化的“知识人”从事生产与管理，这就催生了普及教育以及现代教育体系的产生与发展，无论是西方的K–12教育体系，还是我国的普通中小学教育体系，虽几经改革变迁，中西在教育教学的过程与方式也多有差异，但其传授确定性知识的核心特征以及工业化组织体系，始终未有根本改变，这也成为当代人诟病现代教育体系的所在[②]。客观地讲，依照工业制度模板建立起来的这种具有工业主义特征的教育体系，不仅在很大程度上适应了工业化对“知识人”的要求，促进了社会生产，也在“知识”超越“经验”的意义上，极大地提高了人的现代化素养，提高了社会的文明程度。

### （四）从“知识人”走向“智慧人”

当代科技进步日新月异，从互联网、物联网、人工智能到元宇宙、ChatGPT，数字化、网络化、智能化、多元化、协同化的技术迭代升级与集群突破，剧烈冲击着工业革命以来形成的经济结构与社会体系，引发政治、经济、社会、文化诸领域的系统性变革，深刻改变着人类的思维、生产、生活方式。人工智能、数字技术对知识的记忆、存储、提取、应用能力都远远超越了人类，依托数据和算法的人工智能正加快替代拥有、使用

① 费孝通. 乡土中国·生育制度［M］. 北京：北京大学出版社，1998.

② 例如，美国哲学家努斯鲍姆（Martha Nussbaum）认为，这种“要求学生具备基本技能、识字和计算能力”的教育是一种旧的教育发展模式，这种教育是一种“为经济增长服务的教育”，“全世界的教育制度正在日益走向为经济增长服务的教育模式”，“各国和各国教育制度都在拼命追求国家的利润”。这种“为经济增长服务的教育”与单纯追求经济增长的社会发展模式是同构的，它强调经济增长和群体价值，抵制批判性思维，反对人文和艺术教育。参见［美］玛莎·努斯鲍姆. 功利教育批判：为什么民主需要人文教育［M］. 肖聿，译. 北京：新华出版社，2017.

确定性知识的从业者。对于教育领域来说，种种变革一方面呼唤培养智能化、数字化的科技创新人才，提升全体人的智能化、数字化水平；另一方面也在使基于工业文明、以传授和接受确定性知识为表征的标准化、效率化的教育模式遭遇前所未有的颠覆性挑战。这需要人们不再将获取知识作为人的发展的重心，而是要培养包括创造力、批判思维与问题解决能力在内的学习与创新技能作为人类应对科技与社会挑战的核心，而其中，又以信息、媒体与技术技能尤其是数字素养（Digital Literacy）作为智能时代的人发展的独特素养，实现由“知识人”向适应智能时代的“智慧人”的转变。

## 三、需要正确认识与处理的若干关系

### （一）“人”与“物”的关系

现代化的实现依赖于经济的发展、物质的供给、民主法制的政治环境、多元文化以及人与自然和谐等多个方面。党的二十大报告指出，“中国式现代化是物质文明和精神文明相协调的现代化。物质富足、精神富有是社会主义现代化的根本要求”。要“促进物的全面丰富和人的全面发展”。“人”的现代化过程是通过教育与社会实践实现的，教育现代化的过程中同样存在着“人”的现代化与“物”的现代化的关系。教育现代化是一个持续推进的过程，在这一过程中，需要坚持教育优先发展，聚集教育资源，持续改善办学条件，实现教育环境、设施设备等物质条件的现代化，而这一切都需以坚持马克思主义人的自由全面发展的根本价值追求为前提，坚持并践行以人民为中心发展教育思想，顺应人民群众日益增长的对美好生活的向往、对“好教育”的需求，办好人民满意的教育。

### （二）普及与提高的关系

现代化进程的每一步都对人类自身素养的提升与完善提出更新更高的要求并促进这种提升与完善的达成。近十年来，教育始终被摆在优先发展的战略地位，建成包括学前教育、初等教育、中等教育、高等教育等在内的世界最大规模的教育体系。但我国教育经费总投入与欧美发达国家相比仍有较大差距，与建设高质量教育体系要求仍有较大差距。2020 年，我国普通小学、普通初中、普通高中、中等职业学校、普通高等学校生均教育经费总支出分别是 14103 元、20342 元、23489 元、22568 元、37241 元，[①] 按美元汇率计算，相当于 2017 年 OECD 国家、欧盟国家平均水平的 24%—37%，与建设高质量教育体系要求也有较大差距。因此，坚定地持续实施教育优先发展战略，增加教育投入，面向全体学生，不断提高教育质量，着力普遍提高全社会的受教育水平，提升国民文化素养，提高全社会文明程度。同时，面对我国经济发展所依赖的科技发展仍面临原始创

① 教育部．2020 年全国教育经费执行情况统计快报［R/OL］.（2022-04-27）［2022-12-08］. http://www.moe.gov.cn/jyb_xwfb/gzdt_gzdt/s5987/202104/t20210427_528812.html.

新能力不强、技术依赖问题突出、成果转化率偏低等问题，着力造就一大批科技拔尖创新人才，成为破解科技与经济发展过程中的“卡脖子”关键技术、提升国家竞争力的迫切任务。唯其如此，方能建设高度文明的现代化强国。

### （三）人文与科技的关系

人类社会发展的终极追求就是要实现人的自由全面发展。马克思认为，“代替那存在着阶级和阶级对立的资产阶级旧社会的，将是这样一个联合体，在那里，每个人的自由发展是一切人的自由发展的条件”[①]。无论是“社会人”“公共人”“知识人”“智慧人”，其素养构成离不开“人文”与“科技”两大领域，其成长和发展都离不开持续不断的学习，离不开旨在培养学生认识自己、认识社会、与人沟通与合作的伦理与社会规范，教人向善爱美的人文教育，离不开旨在培养学生如何认识客观世界、改造客观世界、教人求真的科技教育。这就需要着力培养：（1）中华优秀传统文化修养：中华传统文化是现代中国人的文化底色，在教育过程中，弘扬仁爱孝悌、尊老爱幼、见利思义、谦和好礼、修己慎独、诚信知耻、勤劳节俭、自强不息、谦虚礼貌等中华传统美德，提高学生明大德、守公德、严私德的道德水准和文明素养。（2）现代公民素养：现代社会是公共社会，人的现代化，就是要通过教育培养学生以公共性为基本特质的公共精神，使其在参与社会公共生活时不仅具有公共参与精神，而且能够秉持理性 e 精神、契约精神、民主精神、法治精神以及自由平等、责任义务、公平正义以及规则秩序等一系列公共性价值理念与价值准则。（3）现代科学素养：科 e 学教育旨在传授科学技术知识、提高民族科学素养，科学教育过程中，既有相关科学技术的“强有力知识”（Powerful Knowledge）[②]、科学方法、科技能力（技能）的培养，也有科学观念、科学价值观、科学精神和科学道德等具有人文性的教育。

---

① 马克思，恩格斯．共产党宣言［A］．马克思恩格斯文集（第二卷）［C］．北京：人民出版社，2009：53.

② ［英］迈克尔·扬．把知识带回来：教育社会学从社会建构主义到社会实在论的转向［M］．朱旭东，文雯，许甜，等，译．北京：教育科学出版社，2019.

# 在法治轨道上全面建设教育强国

周佑勇[①]

教育兴则国家兴，教育强则国家强。党的二十大报告明确把教育确立为全面建设社会主义现代化国家的基础性、战略性支撑之一，并对坚持教育优先发展、加快建设教育强国作出全面部署，意义重大而深远。习近平总书记指出，一个现代化国家必然是法治国家。加快教育现代化、全面建设教育强国，离不开法治的引领、规范和保障，必须在法治轨道上全面推进。党的二十大报告专题论述“坚持全面依法治国，推进法治中国建设”，提出了一系列新论断、新举措、新要求，为推进新时代法治建设指明了前进方向，也为在法治轨道上全面建设教育强国提供了根本遵循。我们必须深入学习贯彻党的二十大精神，深刻认识把握法治中国建设对于推进中国式现代化、推进教育现代化的重大意义，切实把党的二十大的重大决策部署转化为全面推进依法治教、加快建设教育强国的生动实践。

## 一、推进中国式现代化必须全面推进法治中国建设

党的二十大报告首次单独对法治中国建设作出专章论述、专门部署，这在我们党代表大会的历史上还是第一次，充分体现了以习近平同志为核心的党中央对法治中国建设的高度重视，进一步宣示了我们党矢志不渝追求法治的坚定决心。报告深刻阐明全面依法治国是“关系党执政兴国，关系人民幸福安康，关系党和国家长治久安”的重大战略问题，首次提出“在法治轨道上全面建设社会主义现代化国家”，强调要“全面推进国家各方面工作法治化”。这些重大论断和决策，充分彰显了法治建设在全面建设社会主义现代化国家中的基础性、保障性作用，深刻表明推进中国式现代化必须全面推进法治中国建设。

首先，国家现代化与法治化之间存在内在的必然逻辑。“在法治轨道上全面建设社会主义现代化国家”这一重大论断的提出，蕴含着国家现代化与法治化之间内在的必然逻辑关系。从理论逻辑上，法治作为治国理政的基本方式，既是实现国家现代化的基本保

---

① 周佑勇，中央党校（国家行政学院）研究生院院长、教授、博士生导师。

障，也是国家现代化的重要内容，国家要走向现代化必须走向法治化。纵观世界各国现代化的历史发展进程，现代化与法治内在联结、相互依存、不可分割。习近平总书记指出："法治和人治问题是人类政治文明史上的一个基本问题，也是各国在实现现代化过程中必须面对和解决的一个重大问题。"推进中国式现代化，必须加快法治中国建设步伐，以法治现代化建设更高程度的法治文明，筑牢中国之治的制度根基。从实践逻辑上，世界各国推进法治现代化道路的实践并不尽相同，但是就我国而言，习近平总书记强调，"我们要在短短几十年时间内在十三亿多人口的大国实现社会主义现代化，就必须自上而下、自下而上双向互动地推进法治化"。党的十八大以来，我们党正是按照这种"双向互动"模式来定位法治、布局法治、厉行法治，推动我国社会主义法治建设取得历史性成就、发生历史性变革，进而以坚强有力的法治保障把党和国家事业不断推向前进。当前，我国正处于全面建设社会主义现代化国家、以中国式现代化全面推进中华民族伟大复兴的关键时期。这就需要我们更加重视法治、厉行法治，从法治上为应对各种风险挑战、解决各种深层次矛盾问题提供制度化方案。

其次，要全面推进国家各方面工作法治化。基于法治化与现代化的内在逻辑关系，我们必须把国家各方面工作都纳入法治轨道，充分发挥法治的引领、规范和保障作用，通过国家各方面工作法治化推进和护航中国式现代化。党的二十大报告提出要"全面推进国家各方面工作法治化"，其深刻含义就在于，要紧扣全面建设社会主义现代化国家对法治中国建设提出的新任务和新要求，积极回应推进中国式现代化的法治需求，统筹推进经济社会发展各领域各方面法治建设。在经济建设领域，要以高质量法治推动经济高质量发展，大力营造法治化营商环境。在政治建设领域，要健全人民当家作主制度体系，在法治轨道上有序推进全过程人民民主。在文化建设领域，要坚持依法治国与以德治国相结合，把社会主义核心价值观融入法治建设。在社会建设领域，必须依法保障和改善民生，推进社会治理法治化，完善包括教育在内的各个社会领域制度规范，用法治来保障人民安居乐业、社会安定有序。在生态文明建设领域，要用最严格的制度、最严密的法治保护生态环境，解决突出的环境问题。在国家其他各方面工作中，党的二十大报告还提出，要完善国家安全法治体系，完善中国特色军事法治体系，坚持和完善"一国两制"制度体系，坚定维护国际关系基本准则等。所以，我们对法治建设的理解和把握，要贯通党的二十大报告的全篇，而不能仅仅局限于报告第七部分法治篇。

最后，要坚持以习近平法治思想为指引深入推进法治中国建设。围绕在法治轨道上全面建设社会主义现代化国家的新形势新任务，报告对新时代法治中国建设作出了一系列新的部署和要求，进一步丰富和发展了习近平法治思想。就总体要求而言，要围绕建设中国特色社会主义法治体系、建设社会主义法治国家的总目标，坚定不移走中国特色社会主义法治道路，围绕保障和促进社会公平正义，坚持"三个共同推进、三个一体建设”，全面推进科学立法、严格执法、公正司法、全民守法。

除总体要求外，报告还具体部署了四个方面的重点工作，即“完善以宪法为核心的中国特色社会主义法律体系”“扎实推进依法行政”“严格公正司法”“加快建设法治社会”。围绕这四个方面的工作部署，要准确把握推进法治中国建设的重点任务。具体而言，要聚焦法律制度空白点与突出点，统筹立改废释纂，加强重点领域、新兴领域、涉外领域立法。要扎实推进依法行政，树立法治政府良好形象，全面推进严格规范公正文明执法。要继续深化司法体制综合配套改革，推进严格公正司法，坚决遏制司法腐败。要大力弘扬社会主义法治精神，增强全民法治观念，让法治信仰深入人心，使尊法学法守法用法在全社会蔚然成风。

## 二、以教育法治化全面推进教育现代化

一个现代化国家必然是法治国家，也必然是一个现代化的教育强国。推进教育法治化是全面依法治国系统工程的重要组成部分。在法治轨道上全面建设社会主义现代化国家，必然要求在法治轨道上全面建设教育强国。我们必须紧紧围绕党的二十大关于加快建设教育强国的重大决策部署来谋划推进教育领域法治建设，不断提高教育法治化水平。党的二十大报告明确提出，要“全面贯彻党的教育方针，落实立德树人根本任务，培养德智体美劳全面发展的社会主义建设者和接班人”，要“加快建设高质量教育体系，发展素质教育，促进教育公平”“深化教育领域综合改革”“加强师德师风建设”，等等。要落实这些决策部署和任务要求，就必须始终贯穿法治思维，注重运用法治方式，全面推进依法治教。

首先，“落实立德树人根本任务”必须全方位加强法治育人，更加注重运用法治手段解决师德师风突出问题。“立德树人”是教育的根本任务，直接关乎“培养什么人、怎样培养人、为谁培养人”这个教育的根本问题。关于“培养什么人、为谁培养人”，也就是要“培养德智体美劳全面发展的社会主义建设者和接班人”。从法治思维来看，学校法治教育系固本之基、兴国之要，只有通过有效的法治教育将学生培养成为具有社会主义法治理念和法治信仰、具备良好法治素养的合格公民，才能成为合格建设者和可靠接班人。要全面加强学生法治教育、培养学生法治观念，切实将法治教育纳入国民教育体系，构建从中小学教育到高等教育全覆盖的法治课程体系。同时，要加强对教育系统的全员法治培训，将法治思维方式融入学校的各项管理工作，深入推进依法治校，切实增强教育管理者的法治观念，树立依法治教、依法执教的意识，营造良好的法治育人环境。关于“怎样培养人”，关键在教师要落实立德树人。习近平总书记指出，人才培养的关键在教师，必须坚持把教师队伍建设作为基础工作，并多次强调“评价教师队伍素质的第一标准是师德师风”。当前，师德师风的问题依然很突出，譬如频频出现的校园性骚扰事件、

体罚或变相体罚学生等问题。要有效解决这些问题，仅仅靠文件推动是不够的，还必须运用法治的方式，建立严格的师德预警和风险防范机制，强化师德考评、规范查处机制，健全畅通的学生利益诉求与维权救济途径，在法律框架下构建平等、和谐、良性的师生关系。

其次，“加快建设高质量教育体系”必须有良好的法律制度体系和法治运行机制给予保障，更加注重以法治思维和法治方式推进教育领域综合改革。当前，促进教育公平，推动教育高质量发展，必须依靠法治手段全面深化改革，切实有效地解决教育领域的新矛盾，满足人民对更加公平更高质量教育的美好需求。就高等教育而言，当前的核心任务是加快推进以“内涵式发展”为主线的“双一流”建设。所谓内涵式发展，意味着不再仅仅依靠外部条件投入，关键在于通过深化内部治理体制机制的改革创新，完善内部治理结构、优化办学要素配置，深入推进教育治理体系和治理能力现代化，充分激发高校内生动力，实现高等教育高质量发展。而要推进教育治理现代化，必须坚持法治的思维方式，充分发挥教育法治的引领性、规范性、保障性作用，真正为教育改革发展开拓道路并保驾护航。尤其是要加强重点领域的立法，完善相关法律制度建设，为深化改革创造“于法有据”的法治环境。否则，我们的一系列改革举措都将会受到合法性质疑，动摇改革的信心和顺利推进。

## 三、创新教育法治实践，切实加强重点领域立法与全面依法治教

实行教育的法治化，关键在依法治教，核心是规范教育行政管理权，必须不断创新法治实践，构建完善的教育法律制度体系和法治运行机制，实现全面依法治教。当前，重点要做好以下三个方面的工作。

其一，加强重点领域立法，构建完善的教育法律制度体系。经过长期努力，目前我国已经形成了比较完备的教育法律体系，基本实现教育事业各个领域有法可依，发挥了法治固根本、稳预期、利长远的重要作用。但是随着教育领域改革的不断深化，很多改革举措仍然停留在政策层面，处于“于法无据”的状态，亟待加快对教育事业发展急需的重点领域立法步伐，加强对已出台教育法律法规的废改释工作。譬如1980年出台的《学位条例》(以下简称《条例》)至今已有42年，其当初的规范预设已难以满足全面深化学位制度改革的现实需要，改革中的一些做法已经突破《条例》规定，亟须尽快出台《学位法》，对其作出重大修订。党的二十大报告明确提出要“统筹立改废释纂”，更加强调了法典编纂的重大任务。法典是法的最高表现形式，是一个国家法治文明发展的象征。当前，教育法典的编纂工作在我国已提上日程，被明确列入全国人大常委会立法工作计划，必须加快推进教育法法典化，以制定统一的教育法典构建更加完备的教育法律制度体系，为引领推动教育综合改革，加快推进教育现代化提供最基础、最稳定、最可靠的

法治保障。

其二，扎实推进依法行政，不断改进和创新教育行政执法方式。党的二十大报告强调，建设法治政府是全面依法治国的主体工程和重点任务，必须扎实推进依法行政，全面推进严格规范公正文明执法。长期以来，教育部门往往习惯于命令服从式的管理，而不擅长执法，有些人甚至认为教育部门不是执法部门，没有行政执法权。但是在法治主义下，“管理即执法”，执法是行政机关履行政府职能、管理经济社会事务的主要方式。教育部门也不例外，必须切实树立起“管理即执法”的法治理念，及时转变传统管理思维方式，善于使用执法的思维方式。同时，现代执法的精神在于“服务”，还要以服务为宗旨，更加注重强化执法“服务”意识，善于改进和创新执法方式，尤其是要结合教育实际，加强行政指导、行政奖励、说服教育、合作示范等非强制手段的运用，规范和推行柔性执法、文明执法。目前我国教育管理中已采取了许多新的执法方式，如政策性指导、合作共建、质量评估、教育督导、行政约谈等。这相对于以前强制性检查、处罚、许可等方式来说，更有利于实现教育管理目的。但是这些执法方式大都还只是规定在相关规范性文件中，仍然有待于进一步规范化、法律化、程序化。

其三，深入推进依法治校，全面提升各类学校治理法治化水平。依法治校是现代学校治理的基本理念，也是依法治教的重要内容。要全面推进依法治教，实现教育法治化，就必须进一步强化依法治校，积极推动各类学校管理工作的法治化，构建依法自主办学治校的现代学校制度，不断提升学校治理法治化水平。现代学校治理实际上是以学校章程为统领的依法治校，必须以教育法律法规为依据，大力推进学校依章程自主办学，健全完善学校内部治理结构和各项规章制度。在现代学校治理体系中，还要坚持以师生为本、以服务为宗旨，淡化过去那种行政化的“管理”色彩，更加注重协商、沟通、说理等柔性管理方式，全面加强师生权益保护，构建在法治框架下的多元化纠纷化解机制，更好地维护学校、教师、学生各方的合法权益，切实推进教育事业得以健康有序地发展。

总之，全面推进教育法治化是教育治理领域的一场深刻革命，也是一个复杂的系统工程，必须将教育事业改革发展全面纳入法治轨道，实现全面依法治教。要始终坚持法治思维，切实增强法治观念、树立法治意识，不断创新教育法治实践，为加快推进教育现代化、全面建设教育强国提供坚实的法治保障。

# 从党的二十大报告看“两个确立”的决定性意义[①]

黄相怀[②]

**摘　要**：“两个确立”是党的十八大以来我们党取得的最重要的政治成果。站在文本解读的视角，党的二十大报告充分体现和彰显了“两个确立”的决定性意义。从新时代伟大成就看，党的二十大报告对新时代党和国家事业取得的历史性成就、发生的历史性变革进行了总体性概括，这些伟大变革无一不是坚持和捍卫“两个确立”的结果；从新征程战略擘画看，党的二十大报告鲜明提出了拥有马克思主义科学理论指导的“根本所在”和以中国式现代化全面实现中华民族伟大复兴的“中心任务”，贯彻落实两个重大论断都离不开“两个确立”的强大支撑；从应对新的风险挑战看，党的二十大报告充分阐述了必须直面的、可能出现的风险挑战，并着重用“两个随时”予以表达，应对这些风险挑战从根本上靠“两个确立”发挥实践伟力。

**关键词**：党的二十大报告；“两个确立”；决定性意义

特定的时代方位和时空背景，往往赋予党的全国代表大会特殊的政治意义和历史意义，党的二十大尤其如此。习近平总书记指出，党的二十大是在全党全国各族人民迈上全面建设社会主义现代化国家新征程、向第二个百年奋斗目标进军的关键时刻召开的一次十分重要的大会。大会所取得的一系列重大政治成果、理论成果、实践成果，对于我们党在新时代新征程上团结带领全国各族人民全面建设社会主义现代化国家、全面推进中华民族伟大复兴，具有重大的现实意义和深远的历史意义。

作为党的十八大以来我们党取得的最重要的政治成果，“两个确立”的决定性意义在党的二十大上得到了充分彰显。党的二十大旗帜鲜明地强调和维护“两个确立”，体现了全党全国人民共同的意愿心声。《中国共产党第二十次全国代表大会关于十九届中央委员会报告的决议》指出：“全党要高举中国特色社会主义伟大旗帜，深刻领悟‘两个确立’的决定性意义，坚决维护习近平同志党中央的核心、全党的核心地位，全面贯彻习近平

① 黄相怀. 从党的二十大报告看“两个确立”的决定性意义［J］. 北京石油管理干部学院学报，2022，29（05）.

② 黄相怀，中共中央党校（国家行政学院）研究室副主任、研究员。

新时代中国特色社会主义思想，弘扬伟大建党精神，自信自强、守正创新，踔厉奋发、勇毅前行，为全面建设社会主义现代化国家、全面推进中华民族伟大复兴而团结奋斗。”显然，这里揭示的是，“两个确立”是融入大会灵魂和总纲之中的一个总体性要求。

那么，从文本解读的角度看，“两个确立”的决定性意义又是如何具体体现于党的二十大报告之中的呢？

## 一、从新时代伟大成就看“两个确立”的决定性意义

在中国特色社会主义新时代，党和国家事业取得的历史性成就、发生的历史性变革是有目共睹的、举世瞩目的。党的二十大报告对此进行了总体性概括总结。比如，在脱贫攻坚方面，指出“坚持精准扶贫、尽锐出战，打赢了人类历史上规模最大的脱贫攻坚战，全国八百三十二个贫困县全部摘帽，近一亿农村贫困人口实现脱贫，九百六十多万贫困人口实现易地搬迁，历史性地解决了绝对贫困问题，为全球减贫事业作出了重大贡献”；在全面深化改革方面，指出“打响改革攻坚战，加强改革顶层设计，敢于突进深水区，敢于啃硬骨头，敢于涉险滩，敢于面对新矛盾新挑战，冲破思想观念束缚，突破利益固化藩篱，坚决破除各方面体制机制弊端，各领域基础性制度框架基本建立，许多领域实现历史性变革、系统性重塑、整体性重构”；在国家安全方面，“贯彻总体国家安全观，国家安全领导体制和法治体系、战略体系、政策体系不断完善，在原则问题上寸步不让，以坚定的意志品质维护国家主权、安全、发展利益，国家安全得到全面加强”；等等。所有这些重大成就的取得，无一不是以习近平同志为核心的党中央坚强领导的结果，无一不是习近平新时代中国特色社会主义思想科学指导的结果。

要进一步问的是，为什么以习近平同志为核心的党中央的坚强领导以及习近平新时代中国特色社会主义思想能够产生如此巨大的推动变革的力量呢？这就要从更深的层次来思考这个问题。

可以以党的领导与党的建设为例来说明。比如，对于党的十八大之前一段时间党的领导和党的建设上存在的问题，党的二十大报告的分析是深刻的、透彻的、直言不讳的：“党内存在不少对坚持党的领导认识模糊、行动乏力问题，存在不少落实党的领导弱化、虚化、淡化问题，有些党员、干部政治信仰发生动摇，一些地方和部门形式主义、官僚主义、享乐主义和奢靡之风屡禁不止，特权思想和特权现象较为严重，一些贪腐问题触目惊心”。特别是其中提到的“一些贪腐问题触目惊心”，用主观感受表达问题的客观严重性，值得深入体会。面对这样的情况，以习近平同志为核心的党中央主要从两个战略方面采取了有针对性的举措。一方面是坚持和加强党的全面领导，“明确中国特色社会主义最本质的特征是中国共产党领导，中国特色社会主义制度的最大优势是中国共产党领导，中国共产党是最高政治领导力量，坚持党中央集中统一领导是最高政治原则”；另

一方面是坚定不移推进全面从严治党，“持之以恒正风肃纪，以钉钉子精神纠治‘四风’，反对特权思想和特权现象，坚决整治群众身边的不正之风和腐败问题，刹住了一些长期没有刹住的歪风，纠治了一些多年未除的顽瘴痼疾”，并且“开展了史无前例的反腐败斗争，以‘得罪千百人、不负十四亿’的使命担当祛疴治乱，不敢腐、不能腐、不想腐一体推进，‘打虎’‘拍蝇’‘猎狐’多管齐下，反腐败斗争取得压倒性胜利并全面巩固”。

数据最有说服力。据中央纪委、国家监委有关负责同志在党的二十大记者招待会上的介绍，党的十八大以来，全国纪检监察机关立案审查调查553名中管干部，含十八届中央委员、中央候补委员49人，十八届中央纪委委员12人，十九届中央委员、候补委员12人，十九届中央纪委委员6人；处分厅局级干部2.5万多人、县处级干部18.2万多人。这样的数字背后所反映的态度、力度以及效度等，都是前所未有的，党的二十大报告中使用的表述是“史无前例”，充分彰显了我们党在反腐败成就问题上的深刻认识。进一步对比分析显示，党的十九大以来，纪检监察机关查处涉嫌贪污贿赂犯罪7.4万多人，其中首次贪腐行为发生在党的十八大前的，占48%；首次贪腐行为发生在党的十九大后的，占11.1%。这就表明，不收敛、不收手的问题得到有力遏制。在高压震慑和政策感召下，党的十九大以来共有8万多人向纪检监察机关主动投案。与此同时，信访举报量连续4年下降。2021年比2018年下降了29.9%。据《新一届中共中央委员会和中共中央纪律检查委员会诞生记》显示，二十届“两委”人选考察过程中，向中央纪委国家监委征求对“两委”人选的意见1007人次，查核个人有关事项报告731人次，经严格把关，20余名人选没有被列为考察对象、遴选对象。文中说：“许多干部反映，这次考察在人选廉洁把关上‘动了真格、把得真严’，体现了对廉洁问题‘零容忍’的鲜明态度，体现了党中央全面从严治党的坚定决心。”

从党的十八大前面临的形势到党的二十大上总结的成就，其间经历了什么？主要包括：以习近平同志为核心的党中央“审时度势、果敢抉择，锐意进取、攻坚克难，团结带领全党全军全国各族人民撸起袖子加油干、风雨无阻向前行，义无反顾进行具有许多新的历史特点的伟大斗争”，同时“采取一系列战略性举措，推进一系列变革性实践，实现一系列突破性进展，取得一系列标志性成果”，并且“经受住了来自政治、经济、意识形态、自然界等方面的风险挑战考验”。其间，党和人民遇到和经受的许多压力都是改革开放以来极为罕见的：罕见的经济下行的压力、罕见的发展转型的压力、罕见的外部打压的压力，等等。2022年10月17日上午，在参加党的二十大广西代表团讨论时，习近平总书记强调，党的十八大以来，我们党紧紧依靠人民，稳经济、促发展，战贫困、建小康，控疫情、抗大灾，应变局、化危机，攻克了一个个看似不可攻克的难关险阻，创造了一个个令人刮目相看的人间奇迹。这10年，有涉滩之险，有爬坡之艰，有闯关之难。正所谓“事非经过不知难，成如容易却艰辛”。

## 二、从新征程战略擘画看“两个确立”的决定性意义

从党的二十大报告看，把握新征程上的战略擘画，主要应当把握两点：一是“根本所在”；二是“中心任务”。所谓“根本所在”，指的是中国化时代化的马克思主义的科学指导，“拥有马克思主义科学理论指导是我们党坚定信仰信念、把握历史主动的根本所在”。所谓“中心任务”，指的是以中国式现代化实现民族复兴，“从现在起，中国共产党的中心任务就是团结带领全国各族人民全面建成社会主义现代化强国、实现第二个百年奋斗目标，以中国式现代化全面推进中华民族伟大复兴”。而无论是第一点还是第二点，都离不开“两个确立”的强大支撑。

从“根本所在”看，党的十八大以来，推进马克思主义中国化时代化取得了巨大成就。正如党的二十大报告阐述的：“十八大以来，国内外形势新变化和实践新要求，迫切需要我们从理论和实践的结合上深入回答关系党和国家事业发展、党治国理政的一系列重大时代课题。我们党勇于进行理论探索和创新，以全新的视野深化对共产党执政规律、社会主义建设规律、人类社会发展规律的认识，取得重大理论创新成果，集中体现为新时代中国特色社会主义思想。十九大、十九届六中全会提出的‘十个明确’‘十四个坚持’‘十三个方面成就’概括了这一思想的主要内容，必须长期坚持并不断丰富发展。”科学理论来源于实践而又深刻指导实践。新时代伟大成就的取得，离不开习近平新时代中国特色社会主义思想的指导。比如，不能设想，党的建设成就的取得，能够离得开习近平总书记关于党的建设重要论述的指导；不能设想，生态文明建设成就的取得，能够离得开习近平生态文明思想的指导；不能设想，社会主义民主政治建设成就的取得，能够离得开习近平总书记关于全过程人民民主重要论述的指导；等等。

然而，要更好引领新的征程、擘画更加美好的未来，还需要党的创新理论不断丰富发展。在党的二十大报告中，人们读到了“开辟马克思主义中国化时代化新境界”这个板块的内容。值得注意的是，在阐述习近平新时代中国特色社会主义思想的世界观和方法论的“六个坚持”的时候，党的二十大报告是以不同寻常的笔法进行写作的。这种笔法，既强调要求做到什么，又强调要求不做什么；而通常禁止性要求的一些表述还是十分显眼的。比如：在阐述“人民至上”时，强调“一切脱离人民的理论都是苍白无力的，一切不为人民造福的理论都是没有生命力的”；在阐述“自信自立”时，强调“我们要坚持对马克思主义的坚定信仰、对中国特色社会主义的坚定信念，坚定道路自信、理论自信、制度自信、文化自信，以更加积极的历史担当和创造精神为发展马克思主义作出新的贡献，既不能刻舟求剑、封闭僵化，也不能照抄照搬、食洋不化”；等等。这样的论述，其目的何在呢？较为合理的解释，就是强调习近平新时代中国特色社会主义思想是开放的、不断向前发展着的理论，不应也不会陷于停滞和僵化的状态，从而避免失去对

现实世界的指导与擘画。从而，从不断发展着的实践中汲取营养，进而不断实现理论的丰富与发展，完成这一理论与实践有机交互任务的最高支撑，只能是“两个确立”。

从“中心任务”看，指引以中国式现代化实现中华民族伟大复兴行稳致远，更加迫切需要不断丰富和发展着的习近平新时代中国特色社会主义思想的指导，更加迫切需要以习近平同志为核心的党中央指引航向。比如，党的二十大报告指出，我们要坚持教育优先发展、科技自立自强、人才引领驱动，加快建设教育强国、科技强国、人才强国，坚持为党育人、为国育才，全面提高人才自主培养质量，着力造就拔尖创新人才，聚天下英才而用之。这之中的核心是人才问题。我国要建设成为社会主义现代化强国，一个非常重要的指示性标识就是能够吸引到足够多的全球高端人才创业、就业、居住、营商等，而要形成这样的全球比较优势，就必须在创新创业体制机制上、在薪酬回报上、在个税制度上，乃至在国籍政策等方面，进一步采取更加积极、主动、开放的重大举措。而这些重大举措的拓展，又非得以习近平同志为核心的党中央从理论创新上、政治引领上提供更为开放、更加坚强的思想领导力和政治引领力为前提和保证。比如，党的二十大报告还指出，我们要实现好、维护好、发展好最广大人民根本利益，紧紧抓住人民最关心最直接最现实的利益问题，坚持尽力而为、量力而行，深入群众、深入基层，采取更多惠民生、暖民心举措，着力解决好人民群众急难愁盼问题，健全基本公共服务体系，提高公共服务水平，增强均衡性和可及性，扎实推进共同富裕。这些美好生活的预期看似很简单，实则不简单。如何处理好民生与发展、先富与共富的辩证关系，实在是考验一个国家能否顺利推进现代化的重大要求。对于许多国家来说，由于缺乏科学的理论指导和坚强的政治领导，即便明明能够认识到该如何摆正发展与民生、先富与后富的关系，在现实政治中也难以做到这一点，从而也就出现了一些畸形的现代化现象。因而，正确把握现代化过程中的这些重大关系，并适时适度进行调适，对于当代中国来说，靠的只能是“两个确立”。

## 三、从应对新的风险挑战看“两个确立”的决定性意义

正如人们普遍看到的，在当今世界、当今时代，对于任何一个国家和民族来说，如何在乘风破浪中奋力前行，都是一个根本性的政治命题。当我们说“两个确立”是“战胜一切艰难险阻、应对一切不确定性的最大确定性、最大底气、最大保证”的时候，我们也就是在说，新征程上必须直面的、可能出现的风险挑战，对于我们更加自觉而坚定拥护“两个确立”提供了更为充分的现实基础。

新时代在应对风险挑战上，“两个确立”是如何发挥实践伟力的呢？从对外斗争可见一斑，党的二十大报告指出的：“面对国际局势急剧变化，特别是面对外部讹诈、遏制、封锁、极限施压，我们坚持国家利益为重、国内政治优先，保持战略定力，发扬斗争精

神，展示不畏强权的坚定意志，在斗争中维护国家尊严和核心利益，牢牢掌握了我国发展和安全主动权。”可以想见，如果没有“两个确立”的作用的发挥与效应的释放，我国发展能否经得住来自外部的讹诈、遏制、封锁、极限施压，是很难说的。诸如此类的道理，从过去的十年，我们还应当理解得更深刻更透彻一些。

新征程上必须直面的、可能出现的风险挑战，在党的二十大报告中得到了充分的阐述。在总结新时代十年成就之后，紧接着对工作中存在的不足也进行了一些阐述，“必须清醒看到，我们的工作还存在一些不足，面临不少困难和问题。”这些困难和问题主要表现在什么方面呢？比如，“发展不平衡不充分问题仍然突出，推进高质量发展还有许多卡点瓶颈，科技创新能力还不强”；“一些党员、干部缺乏担当精神，斗争本领不强，实干精神不足，形式主义、官僚主义现象仍较突出；铲除腐败滋生土壤任务依然艰巨”；等等。不言而喻，克服和解决这些困难与问题，有赖于全党全国各族人民更加自觉坚持以习近平新时代中国特色社会主义思想为指导，更加自觉与以习近平同志为核心的党中央保持高度一致。

更进一步，要看到的是，新征程上党和国家事业发展所面临的风险挑战，是全局性的、战略性的，也是具有急迫性和不确定性的。在党的二十大报告中，我们读到了“两个随时”这样的表述。第一个“随时”：我国改革发展稳定面临不少深层次矛盾躲不开、绕不过，党的建设特别是党风廉政建设和反腐败斗争面临不少顽固性、多发性问题，来自外部的打压遏制随时可能升级。第二个“随时”：我国发展进入战略机遇和风险挑战并存、不确定难预料因素增多的时期，各种“黑天鹅”“灰犀牛”事件随时可能发生。而之所以形成“两个随时”提法，主要是基于对国际形势的判断：一方面，“世界百年未有之大变局加速演进，新一轮科技革命和产业变革深入发展，国际力量对比深刻调整，我国发展面临新的战略机遇”。另一方面，“同时，世纪疫情影响深远，逆全球化思潮抬头，单边主义、保护主义明显上升，世界经济复苏乏力，局部冲突和动荡频发，全球性问题加剧，世界进入新的动荡变革期”。

应对这样的风险挑战靠什么？首先并且最重要的是，要靠坚持和加强党的全面领导，从而要“坚决维护党中央权威和集中统一领导，把党的领导落实到党和国家事业各领域各方面各环节，使党始终成为风雨来袭时全体人民最可靠的主心骨，确保我国社会主义现代化建设正确方向，确保拥有团结奋斗的强大政治凝聚力、发展自信心，集聚起万众一心、共克时艰的磅礴力量”。其中的关键就是，全党全军全国各族人民要紧密团结在以习近平同志为核心的党中央周围，坚持以习近平新时代中国特色社会主义思想武装头脑、指导实践、推动工作，自觉提高政治判断力、政治领悟力、政治执行力，把我们党确定的目标任务和重大方针政策落实到位，在干事创业中凝聚坚不可摧的钢铁长城、战无不胜的钢铁队伍。

同时还要发扬斗争精神，更加自觉坚持以习近平总书记关于伟大斗争重要论述为指导，科学判断时与势，辩证把握危与机，以高超的斗争本领、灵活的斗争艺术应对前进路上的各种风险挑战考验，增强志气、骨气、底气，不信邪、不怕鬼、不怕压，知难而进、迎难而上，统筹发展和安全，从而要“全力战胜前进道路上各种困难和挑战，依靠顽强斗争打开事业发展新天地”。

总之，要从现实政治中深刻认识到，在当今世界，坚强有力的领导是稀缺资源，科学有效的思想是稀缺资源，团结奋斗的局面是稀缺资源，而“两个确立”则是使得当今中国免于这些匮乏的重要条件，从而也就对于推进党和国家事业发展、实现民族伟大复兴发挥起决定性意义。理解“两个确立”，我们应当反复咀嚼这句话：“历史发展有其规律，但人在其中不是完全消极被动的。只要把握住历史发展规律和大势，抓住历史变革时机，顺势而为，奋发有为，我们就能够更好前进。”

## 参考文献：

[1]习近平．高举中国特色社会主义伟大旗帜　为全面建设社会主义现代化国家而团结奋斗：在中国共产党第二十次全国代表大会上的报告[M]．北京：人民出版社，2022.

[2]习近平．心往一处想劲往一处使　推动中华民族伟大复兴号巨轮乘风破浪扬帆远航[N]．人民日报，2022-10-18(01).

[3]中国共产党第二十次全国代表大会关于十九届中央委员会报告的决议[N]．人民日报，2022-10-23(02).

[4]习近平．在党史学习教育动员大会上的讲话[J]．求是，2021(07)：4-17.

# 用优秀传统文化视觉化推动中国教育现代化发展

梅　明[①]

**摘　要：**本文从新媒体视觉传播角度，阐述了用优秀传统文化视觉化推动中国教育现代化发展的时代机遇、生动实践和未来思考。强调在保留原有教材图书的基础上，大力发展数字出版和媒体融合，把传统文化的视觉化增量做起来，从一线城市逐步向中西部地区扩散。建议从教材建设、非遗传承、新媒体赋能三个方面重点推进。

**关键词：**中国教育现代化；优秀传统文化；视觉传播

党的二十大报告明确指出："中华优秀传统文化源远流长、博大精深，是中华文明的智慧结晶，其中蕴含的天下为公、民为邦本、为政以德、革故鼎新、任人唯贤、天人合一、自强不息、厚德载物、讲信修睦、亲仁善邻等，是中国人民在长期生产生活中积累的宇宙观、天下观、社会观、道德观的重要体现，同科学社会主义价值观主张具有高度契合性。我们必须坚定历史自信、文化自信，坚持古为今用、推陈出新，把马克思主义思想精髓同中华优秀传统文化精华贯通起来、同人民群众日用而不觉的共同价值观念融通起来，不断赋予科学理论鲜明的中国特色，不断夯实马克思主义中国化时代化的历史基础和群众基础，让马克思主义在中国牢牢扎根。"[②]2017 年 1 月 25 日，中共中央办公厅、国务院办公厅发布《关于实施中华优秀传统文化传承发展工程的意见》，第九条讲道："丰富拓展校园文化，推进戏曲、书法、高雅艺术、传统体育等进校园，实施中华经典诵读工程，开设中华文化公开课，抓好传统文化教育成果展示活动。"[③]本文从新媒体视觉传播角度，阐述了用优秀传统文化视觉化推动中国教育现代化发展的时代机遇、生动实践和未来思考。

---

① 梅明（1976 —），男，导演，湖北大学新闻传播学院硕士生校外导师，《中国皇家园林》系列影视节目总导演。2018 年，有摄影作品被选为北师大邮册主图，公开发行。2021 年，导演 16 集大型纪录片《武当文脉》。

② 中共中央办公厅、国务院办公厅．关于加快推进媒体深度融合发展的意见[EB/OL].（2020–09–26）[2020–09–26]. http://www.gov.cn/zhengce/2020–09/26/content_5547310.htm.

③ 中共中央办公厅、国务院办公厅．关于实施中华优秀传统文化传承发展工程的意见[EB/OL].（2017–01–25）[2017–01–25].http://www.gov.cn/zhengce/2017–01/25/content_5163472.htm.

## 一、传统文化视觉传播推动教育发展的时代机遇

中华优秀传统文化从表现形式和载体上看，在五四运动前是以文言文为主，在五四运动后以白话文为主，2020 年 9 月，中共中央办公厅、国务院办公厅印发了《关于加快推进媒体深度融合发展的意见》①，则大大加快了视觉化内容的建设。从表面上看，传统文化只是增加了表现形式，事实上，视觉化更大的意义在于为文化创新提供了一个增量改革的机遇；在增量发展的过程中形成一些有效做法，又会反过来激活存量部分的进步。从四十多年的改革经验看，做存量改革阻力是很大的，做增量改革则容易得多。我们在保留原有教材图书的基础上，大力发展数字出版和媒体融合，把传统文化的视觉化增量做起来，从一线城市逐步向中西部地区扩散。在增量发展上，新媒体呈现百花齐放的趋势，头部民营企业动辄市值过千亿美元，这在老媒体行业是难以想象的。截至 2021 年 12 月 23 日，TikTok 是 2021 年世界上访问量最大的互联网网站。2022 年 10 月，Tiktok 全球日活跃用户数（DAU）突破 10 亿。在我们印象中的非主流短视频小抖音，一个海外版居然有如此大的影响，可见视觉传播的威力。

人民日报在推出了融媒体的中央厨房后，新媒体也发展很快。在献礼二十大的节目中，2022 年 10 月 15 日，人民日报新媒体推出重磅原创视频《新千里江山图》②，以名画《千里江山图》为创作蓝本，以“江山就是人民，人民就是江山”为创作理念，运用多种新媒体技术，传统与现代呼应，科技与艺术交融，人文与自然美美与共，让《千里江山图》“活”了起来，不仅展现了中国这十年在政治、经济、社会、文化、生态等各个领域取得的成就，更展现了中国人民面对种种困难挑战，埋头苦干、奋勇前进，创造一个又一个奇迹。截至 10 月 16 日 9 时，该视频在人民日报新媒体自有平台的播放量超过 1.46 亿次，总点赞量超 210 万次，成为传统文化视觉传播紧扣时代主题的“炸场”典型案例。本文四次提到《千里江山图》，四次表现形式都不一样，充分展现传统文化厚重的底蕴和新的时代风采。

## 二、传统文化视觉化赋能中国教育的生动实践

2019 年 3 月 11 日，教育部会同六部委印发《加强和改进中小学中华优秀传统文化教育工作方案》（下文简称《工作方案》），第七条指出开展经典诵写讲文化实践活动，举办

---

① 中共中央办公厅、国务院办公厅．关于加快推进媒体深度融合发展的意见[EB/OL].（2020-09-26）[2020-09-26]. http://www.gov.cn/zhengce/2020-09/26/content_5547310.htm.

② 夏康健，连慧颖．一帧一秒展时代芳华，《新千里江山图》火遍全网的秘诀[EB/OL].（2022-12-08）[2022-12-08]. https://mp.weixin.qq.com/s/Z_FPx0zBSQkQY52nSyKpvg.

中小学生书写活动、诗词大会、中国节庆日诵读活动等[①]。社会各单位积极落实，取得了不少有益成果。

一是以中国大学MOOC为代表的传统文化课程。2019年12月16日，教育部公布首批教育移动互联网应用程序备案名单，高等教育出版社有限公司旗下"中国大学MOOC"应用获得通过。目前已有一万多门开放课、1400多门国家级精品课，与803所高校开展合作，已经成为最大的中文慕课平台。大批的优秀传统文化课程可以24小时不间断地供全国人民学习，为2035年实现全民终身学习奠定了基础。北京师范大学拍摄了一大批国家精品课程，绝大多数免费开放，其中艺术与传媒学院的《中国传世名画鉴赏》第四章"山水篇"第十七讲从鉴赏和技法的角度详细讲解了《千里江山图》。

二是以央视为代表的优秀传统文化栏目。比如《航拍中国》，让我们深入了解每一个省，没有一字一句讲道德教育，每一个精彩的画面却都是最好的爱国主义教材，地理课可以播这些类型节目的加强版。在诗词学习上，央视推出了《中国诗词大会》《经典咏流传》《国家宝藏》等，均是叫好又叫座。看着70岁的谭咏麟高唱《定风波》，更能理解"老夫聊发少年狂"的意境。

由故宫博物院、中国东方演艺集团、人民网共同出品的舞蹈诗剧《只此青绿》将宋代名画《千里江山图》搬上舞台，讲述了一位现代故宫研究员"穿越"回北宋，并以"展卷人"视角"窥"见天才少年画家王希孟内心世界及画作创作过程的故事。该剧荣获了文化和旅游部2022年度文化和旅游最佳创新成果。全剧以舞蹈形式讲述一幅古代名画的"前世今生"，以展卷、问篆、唱丝、寻石、习笔、淬墨、入画为篇章演绎了一幅国之工匠的人文画卷，以中国传统山水画中的"青绿"主色调为视觉线索，尝试将画作材料中用到的篆、绢、颜料、笔、墨等非遗工艺与舞台艺术相结合，创新了艺术表达新境界，唤醒了观众内心深处对传统文化的热爱。

一些地方宣传部门看了我拍摄颐和园和武当山的传统文化内容后，邀请我去拍摄美丽乡村，让我有机会拍了一些古村落，在更广阔的田野拍摄和传播优秀传统文化。比如用青绿山水画的意境，完全用航拍拍摄的作品《梦回良溪》，5分多钟的节目，完美地展现了"绿水青山就是金山银山"，广大年轻观众也十分喜欢。节目制作完毕后，从村里大屏幕、蓬江发布，再到南方报新媒体，最后是人民日报新媒体反复播放，被戏称为小乡村版的《千里江山图》。

三是以《长津湖》为代表的主旋律电影。近年来，描写家国情怀的爱国主义电影如《长津湖》系列、《战狼》系列、《红海行动》等轮流占据票房榜首；以《你好，李焕英》为代表的东方伦理、家庭孝道题材也广受好评，起到了"润物细无声"的效果。2020年、

① 教育部. 关于印发《加强和改进中小学中华优秀传统文化教育工作方案》的通知（教材函〔2019〕4号）.

2021年，中国电影全年总票房连续两年稳居全球电影市场第一。十年间，国产电影票房占市场份额比重整体稳步向前，从2013年开始超过50%，到2021年时国产电影票房占市场份额比重最高已达84.49%。在中国影史票房榜中，排名前十的电影有九部都是国产片。

四是以河南卫视为代表的“传统文化公开课”。河南卫视自从2020年起，陆续打造出《唐宫夜宴》《元宵奇妙夜》《端午奇妙游》等一系列“炸场”的现象级出圈节目，以现代科技配合中国传统节日的“混搭风”，打造出一系列融入历史典故、还原历史场景的美轮美奂的视听盛宴。令人拍案叫绝、酣畅淋漓的同时，更让中华优秀传统文化潜移默化地影响着人们的内心。与20年前湖南卫视崛起不同的是，河南卫视的节目虽然是电视首播，却主要依靠手机短视频爆炸式传播，既顺应了新的时代，也打破了只有沿海经济发达地区出好节目的惯常思维。

## 三、关于用传统文化视觉化赋能中国教育现代化的思考

党的十九届六中全会通过的《中共中央关于党的百年奋斗重大成就和历史经验的决议》①，强调“推动中华优秀传统文化创造性转化、创新性发展”。我们要结合新的时代条件传承弘扬好中华优秀传统文化，守正创新，推陈出新，赋能推动中国教育现代化发展。

一是教材建设方面。《工作方案》第四条指出，全面修订义务教育、普通高中国家课程和中等职业学校公共基础课程非统编教材，根据学科特点，进一步强化中华优秀传统文化教育内容。建议可以把视觉传播实力强的央媒也引入到全媒体教材的编写中来。

央视和人民日报都来利用七十年积累的传统文化数据库，多编一些辅助的优秀传统文化视频教材。各出版社、各媒体、各学校也发挥自己的特色优势，编各自的拳头产品。内容多了，家长也可以选择学生最喜欢的内容，家校共建也有了抓手。经过几年竞争后，最后将留下系列精品课程，也可以为中华优秀传统文化“走出去”打好基础。

二是非遗传承方面。传统文化博大精深，非物质文化遗产是弘扬优秀传统文化重要的抓手。《工作方案》第十五条指出，充分利用校外优秀传统文化资源，鼓励文物保护单位以及博物馆、非遗场所等资源单位，研发中华优秀传统文化研学课程和路线，鼓励青少年校外活动场所开展中国传统手工艺体验等活动。武当山古建筑群是世界非物质文化遗产，同时太极拳、《本草纲目》这两项世界非遗也与武当山息息相关。笔者结合多年研究，拍摄了16集人文纪录片《武当文脉》②。

① 中共中央关于党的百年奋斗重大成就和历史经验的决议[EB/OL].（2021-11-16）[2021-11-16].http://www.gov.cn/zhengce/2021-11/16/content_5651269.htm.

② 武当山旅游经济特区管委会.16集人文纪录片《武当文脉》聚焦武当[EB/OL].（2022-09-15）[2022-09-15]. http://www.wudangshan.gov.cn/xwdt_30832/wdyw/202209/t20220915_3933858.shtml.

该片通过口述历史的方式，拍摄了 17 位非遗传承人，每集 12—15 分钟。节目制作有字幕，有一些主持人介绍，有很多一看就懂的画面，这些传承人的非遗项目一下就活起来了。人民日报客户端发布当天，第一集就有 370 万推荐量，深受老百姓的喜爱，今日头条、百度、B 站、凤凰网、腾讯、爱奇艺争相转发，加上 30 多篇融媒体文章，累计播放量和阅读量过亿。一周后，根据第一集访谈整理的融媒体文章《中国功夫如果不能打，何以流传千年》，被几十个网站转载，累计阅读量过千万，发布三个月后今日头条仍能收到读者点赞或评论，很多年轻观众向笔者询问武当山与非遗的情况。所以，只要对传统文化教育传播加大投入、潜心钻研、认真打磨、广泛传播，一定会受到广大青年学生的欢迎。

三是新媒体赋能方面。年轻人在短视频、直播中感受戏曲唱腔、品味民乐音韵，已是普遍现象。新媒体已经是传统文化传播的重要阵地。《关于加快推进媒体深度融合发展的意见》指出，要推动主力军全面挺进主战场，以互联网思维优化资源配置，把更多优质内容、先进技术、专业人才、项目资金向互联网主阵地汇集、向移动端倾斜，让分散在网下的力量尽快进军网上、深入网上，做大做强网络平台，占领新兴传播阵地。教育部《工作方案》第九条则指出，增加传统文化艺术在全国中小学生艺术展演活动中的比重，设立戏曲、民族音乐、民族舞蹈、中国书画（篆刻）等项目。持续推进传统戏曲进校园。

新媒体日渐成为学生们了解优秀传统文化的重要渠道。2022 年 12 月 8 日，清华大学新闻与传播学院课题组联合抖音发布《活态传承——直播打赏与非遗传播研究报告》[①]。报告指出，非遗从业者通过直播间、短视频进行文化展演，扩宽创收渠道，获得观众认同；大众借打赏进行文化消费，助力非遗实现“活态传承”。

报告分析，以往非遗传承以“博物馆”式的记录留存为主，脱离大众生产生活。直播、短视频中，年轻群体用点赞、打赏、消费等方式表达对非遗的欣赏，非遗从业者获得经济和物质的双重认同，激发创作热情，坚定传承信心。截至 2021 年 11 月，抖音覆盖 98.83% 国家级非遗戏剧项目，获赞超 22 亿次。戏剧种类超过 300 种，其中逾 200 种开通了直播，70% 以上通过直播获得收入。“90 后”“00 后”是短视频听戏的重要群体。截至 2022 年 6 月，国家级非遗项目抖音覆盖率 99.74%，相关视频点赞超 94 亿。

综上所述，党的二十大报告提出中国式现代化的伟大目标后，社会各界深受鼓舞。蓝图在手，使命在肩，作为一个传统文化的虔诚爱好者，我将用镜头，从城市到农村，从首都高校到中西部小学，踏踏实实拍出一些青少年学生喜欢的作品，用优秀传统文化视觉化赋能中国教育现代化，助推更多的学子把中华文脉传承下去。

---

① 北青网.《活态传承——直播打赏与非遗传播研究报告》发布[EB/OL].（2022-12-08）[2022-12-08]. https://baijiahao.baidu.com/s?id=1751646691291550714&wfr=spider&for=pc.

# 中国共产党基础教育发展战略回顾、经验与启示

韩　民

**摘　要：**对中国共产党成立一百年来的基础教育发展战略、新民主主义革命时期及社会主义革命和建设时期党领导和推动中国基础教育发展的历史经验进行了总结。一是坚持党对基础教育的领导；二是坚持基础教育优先发展；三是始终坚持正确的政治方向，坚持教育与生产劳动相结合；四是坚持中国特色发展道路，结合国情和实际办基础教育；五是始终坚持以人民为中心，坚持基础教育服务人民、依靠人民；六是始终坚持改革创新，创新基础教育理念、体系、制度、内容、方法和治理；七是始终坚持统筹推进，坚持基础教育规模、质量、公平、效益等协调发展；八是坚持依法治教，为基础教育持续健康发展提供了有力保障。

**关键词：**中国共产党；基础教育；发展战略

在中国共产党领导中国革命和社会主义建设的百年历史进程中，基础教育始终受到党的高度重视，基础教育发展战略在党的战略和政策体系中始终占有重要地位。本文将回顾建党百年来党的基础教育发展战略，总结党领导基础教育发展的历史经验，为新时代基础教育的持续健康发展提供借鉴。

## 一、新民主主义革命时期党的基础教育发展战略及其实践

中国共产党自诞生初期就高度关注教育普及，将普及教育的主张纳入党的纲领。1922年通过的《中国共产党第二次全国代表大会宣言》提出了为工农大众利益奋斗的7项目标，其中一项是“改良教育制度，实行教育普及”。1923年6月，党的三大通过的《中国共产党党纲（草案）》中提出：“实行义务教育，教育与宗教绝对分离。全国教育经费应严重保证。”中国共产党自成立时起就把普及教育作为党的纲领和任务的一项重要内容，并提出了实行义务教育、保障教育经费和提高教师待遇等先进的政策主张。

随着苏维埃政权的建立，党开始在苏区践行普及教育的战略构想。1930年，闽西苏维埃政府的《目前文化工作总计划》提出：“凡6—11岁的儿童享受小学教育的权利和义务，以养成智力和劳力均衡的发展为原则，学习与劳动统一的教育之前途。”1931年的

《中华苏维埃共和国宪法大纲》中规定：在进行国内革命战争所能做到的范围内，应开始施行完全免费的普及教育，首先应在青年劳动群众中施行并保障青年劳动群众的一切权利，积极地引导他们参加政治和文化的革命生活，以发展新的社会力量。1934年初，毛泽东在全国苏维埃代表大会报告中指出：苏维埃文化教育的总方针在于"使广大中国民众都成为享受文明幸福的人"，要求将"厉行全部的义务教育"作为苏维埃文化教育的中心任务之一。

根据上述方针，苏区采取了一系列战略举措发展初级教育。一是建立面向大众的小学教育制度。1934年，苏区中央政府的《中华苏维埃共和国小学校制度暂行条例》提出：小学教育的任务是训练参加苏维埃革命斗争的新后代，训练将来共产主义的建设者。二是确立德智体美劳并重、课内课外学习并举的课程体系。根据苏区《小学课程教则大纲》（1934）列宁初小课程主要有国语、算术、游艺（唱歌、图画、游戏、体育等），国语课包含乡土地理、革命历史、自然和政治常识；高小设国语、社会常识、科学常识、算术和游艺，课外学习包括劳动实习、社会工作等。三是确立联系实际，联系政治斗争，联系生产劳动的教学方法。例如，组织学生出"反'围剿'""扩大红军""支援前线"等宣传栏；劳动实习课组织让学生参加校内劳动实习或校外的春耕、秋收等，还组织学生参加儿童团，从事站岗放哨、慰劳红军，帮红军家属砍柴、挑水等社会活动。四是注重因地制宜、因陋就简、灵活办学。为方便就学，苏区小学实行按学区就近入学，学生距学校最多不超过3里地。为适应农村需要，小学设全日班、半日班，农忙时放农忙假。五是依靠群众办学和管理。根据毛泽东提出的文化教育要走群众路线，依靠群众办学，因人因地因时制宜进行普及教育和扫盲教育的建议，①苏区在办学和教学上强调走群众路线。六是探索建立依法治理、统一领导和民主参与相结合的教育管理体制。1931年，中央苏维埃政府在瑞金成立时设立了中央教育人民委员部，下设初等教育局、高等教育局、社会教育局、巡视委员会等机构。颁布《中华苏维埃共和国地方苏维埃暂行组织法（草案）》和《省、县、区、市教育部及各级教育委员会的暂行组织纲要》，对各级教育部门和教育委员会的工作任务、机构设置、干部编制、干部职责、干部任免等作了明确规定。苏区还建立了教育巡视制度，管理强调民主治理和社会参与，各级教育委员会委员除教育行政领导外，还有共青团、少先队、儿童团、工会等群众团体的代表及当地学校校长代表等参与。同时，注重法制建设，在短短的几年里苏区政府制定了近40项教育法规、法则、条例、章程和办法等。

上述战略举措有效推动了苏区小学教育的发展。据1934年初全国苏维埃代表大会报告中列举的江西、福建、粤赣三省的统计：2932个乡平均每个乡至少有1所列宁小学，

① 参见1931—1933年间毛泽东发表的《兴国调查》《长冈乡调查》《才溪乡调查》等文。

学龄儿童多数入了学。兴国学龄儿童入学率超过61%，比国民党统治区高得多。苏区小学教育的发展战略及实践为党在执政条件下发展基础教育事业积累了宝贵经验。

抗日战争和解放战争时期，革命根据地或解放区的基础教育取得很大发展。以陕甘宁边区为例，据不完全统计，边区小学的学校数和学生数，1940 年比 1937 年增加了约 3 倍和 7 倍。1946 年小学生数又比 1940 年增加了约 5.5 倍。而东北解放区，小学校和小学生数 1949 年比抗战胜利后国民党统治时期分别增加了 1.4 倍和 1.5 倍。同中央苏区相比，这个时期解放区基础教育的进展还体现在中等教育的发展上。陕甘宁边区中等学校的学生数 1941 年是 1937 年的 51 倍，1944 年又比 1941 年增加 51%。

解放区基础教育的发展得益于以下党的教育发展战略。一是明确提出抗战教育政策及新民主主义教育方针，把教育同革命战争相结合。1937 年，中共中央提出十大救国纲领，呼吁“改变教育的旧制度、旧课程，实行以抗日救国为目标的新制度、新课程”。1938 年，毛泽东在党的六届六中全会上作《论新阶段》的政治报告，提出“实行抗战教育政策，使教育为长期战争服务”“办理义务的小学教育，以民族精神教育新后代”。1945 年，毛泽东在《论联合政府》中提出，根据抗战教育政策，抗日根据地的教育以国防教育为中心。二是注重政治思想教育、战时教育和劳动教育。1938 年发布的《陕甘宁边区小学规程》强调，要注重对小学生进行抗日政治教育。抗日根据地的政治思想教育注重理想信念教育，教育学生确立“打倒日本侵略者”，建设“自由、民主、统一和富强的新中国”的崇高理想和必胜信念。三是服务人民群众，依靠人民群众办学。为适应民众需求，陕甘宁边区办学注重因地制宜多种形式办学。边区鼓励农村小学因时、因地、因人制宜，采取半日制、隔日制、早午制、轮回制和个别教学等组织形式机动灵活地开展教学。边区还鼓励农民举办民办村学，并实行民办公助。还创造了流动学校，多个村合聘一个教员，教员轮流到各村教课，学生上学不离村，不脱离生产。四是完善基础教育体系，逐步发展中等教育。华北人民政府制定的“1949 年华北区文化教育建设计划”中提出，建设普通中学，大量培养具有革命人生观和中等文化水平及基本科学知识的青年。

1949 年 6 月 15 日，《人民日报》在一篇社论中指出：华北解放区的小学教育是在与敌人的残酷斗争中，在人力物力财力极端困难的条件下坚持与发展起来的。教育干部和教师本着为人民服务，紧密联系实际，结合生产，对旧教育作了大胆的革新，创造了多种多样的方式方法，培养了成千上万有政治觉悟和初步文化知能的青年，对支援战争建设解放区起了巨大的作用，对新民主主义小学教育建设积累了经验，在中国教育史上写下特殊的一章。这不仅是对华北解放区小学教育的发展历程及其贡献的概括，也是对全国解放区基础教育发展的精辟概括。党在解放区发展基础教育上积累的宝贵经验为新中国成立后对改造旧的基础教育、开辟社会主义国家基础教育事业发展新局面提供了有益借鉴。

## 二、社会主义革命和建设时期党的基础教育发展战略

1949 年 9 月，《中国人民政治协商会议共同纲领》规定："中华人民共和国的文化教育为新民主主义的，即民族的、科学的、大众的文化教育"，还提出"有计划有步骤地实行普及教育"。1954 年的《中华人民共和国宪法》规定："中华人民共和国公民有受教育的权利。国家设立并逐步扩大各种学校和其他文化教育机关，以保证公民享有这种权利。"同年，政务院文教委员会副主任习仲勋在《1954 年文化教育工作的方针和任务》的报告中提出："中等教育和初等教育，应贯彻全面发展的教育方针。"

新中国成立初期，党和国家采取的基础教育发展战略和政策主要集中在如下几个方面。一是接管和改造旧的教育体系，调整办学体制。政府对接管的国民党遗留的公立学校进行了改造，接办全国私立中小学校并逐步将其改为公立学校。二是进行学制改革。1951 年，中央政府发布《关于改革学制的决定》，颁布了新学制。基础教育学制上的变化主要是：将幼儿园纳入学制系统；将小学原来的初高小四二制改为五年一贯制（1953 年停止推行，仍沿用四二制），入学年龄定为 7 周岁；明确中等教育的层次与类型，将中学分初、高两级，修业年限各为三年。同时，将中专、技校和师范学校纳入中等教育学制系统；实行"向工农开门"，将工农速成初等学校、业余初等学校和识字学校、工农速成中学、业余中学等业余教育、补习教育纳入学制系统。三是建立学校管理运行规范。1951 年，教育部召开第一次全国初等教育与师范教育会议，通过《幼儿园暂行规程（草案）》和《幼儿园工作人员服务规程》，明确了幼儿园的培养目标、活动项目和服务规范等。1952 年，教育部颁布《小学暂行规程》，规定了"小学实施智育、德育、体育、美育全面发展的教育"的教育目标及教导原则、教学计划、领导体制等。四是充实教育内容和方法。1953 年以后，对中小学教育实行"整顿巩固，重点发展，提高质量，稳步前进"的发展方针，参照苏联经验改革中小学教育，强调学生的全面发展，加强政治思想教育，改进学校体育卫生工作。改革了学校课程，制订了教学计划，编写了各学科教学大纲、教科书和教学指导书；加强了师资培训，充实了教学设备，改进了教学方法。五是提出普及义务教育的政策目标。1956 年，刘少奇在党的八大政治报告中提出："逐步地扩大小学教育，以求在十二年内分区分期普及小学义务教育。"这是新中国成立后第一次提出普及义务教育的目标。

1957 年，毛泽东在《关于正确处理人民内部矛盾的问题》的讲话中明确提出了社会主义教育方针，即："我们的教育方针，应该使受教育者在德育、智育、体育几方面都得到发展，成为有社会主义觉悟的有文化的劳动者。"1958 年，中共中央召开全国教育工作

会议，除批判教育中的教条主义和脱离生产、脱离实际以及忽视政治、忽视党的领导等错误倾向外，还提出了“乡村普及小学，大中城市普及初中”的目标。同年9月，中共中央、国务院在《关于教育工作的指示》中指出：“党的教育工作方针是教育为无产阶级政治服务，教育与生产劳动相结合；为了实现这个方针，教育工作必须由党来领导。”还强调，“在一切学校中，必须把生产劳动列为正式课程”“教育是人民群众的事业……办教育更必须依靠群众”。提出，“全国应在三年到五年的时间内，基本上完成扫除文盲、普及小学教育、农业合作社社社有中学和使学龄前儿童大多数都能入托儿所和幼儿园的任务”。但是，由于出现了超出国民经济承受能力的盲目扩大办学规模，导致基础教育出现冒进。从1957年到1958年，全国普通中学从11096所猛增到28931所，小学校从54.7万所猛增到77.7万所，小学学龄儿童入学率从61.7%猛增到80.3%；幼儿园从1.6万所猛增到78.5万所，在园幼儿数从108.8万人猛增到2950万人。

从1957年到1960年，中学学生数从628万人猛增到1026万人。针对这一问题，1961—1963年，党中央提出了“调整、巩固、充实、提高”的工作方针，对教育事业进行了调整。以幼儿园为例，1961年幼儿园数回落到6万所，在园幼儿回落到290万人。

在总结经验教训的基础上，1963年，中共中央批准了《全日制小学暂行工作条例》（以下简称“小学四十条”）和《全日制中学暂行工作条例》（以下简称“中学五十条”），对中小学的教育方针、培养目标、教学工作、生产劳动、生活保健、教师、行政工作、党的领导等提出规范要求，将基础教育纳入制度化管理的轨道。两个条例还强调把提高中小学教育质量作为重要战略任务提上党和政府的议事日程，要求各级党委加强对中小学的领导。

## 三、改革开放和社会主义现代化建设时期的基础教育发展战略

1978年，党的十一届三中全会决定把党的工作重点转移到社会主义现代化建设上来，由此开启了我国改革开放的序幕，我国基础教育重新步入健康发展的轨道。1980年，中共中央、国务院发布《关于普及小学教育若干问题的决定》，提出了“在八十年代，全国应基本实现普及小学教育的历史任务，有条件的地区还可以进而普及初中教育”的战略目标。改革开放40多年来党的基础教育战略发展的大致脉络可以通过党中央、国务院召开的五次全国教育工作会议（大会）的决策及其实际影响加以考察。

第一次全教会上启动教育体制改革，实施九年制义务教育。1985年，党中央、国务院召开改革开放后的第一次全国教育工作会议，其主题是贯彻落实《中共中央关于教育体制改革的决定》（以下简称《决定》）。中央提出要以极大的努力抓教育，并且从中小学抓起，这是有战略眼光的一招。如果现在不向全党提出这样的任务，就会误大事，就要负历史的责任。会议及《决定》从社会主义现代化建设全局出发，对教育体制改革进行

了全面部署，作为“关系民族素质提高和国家兴旺发达的一件大事”，提出“有步骤地实行九年制义务教育”，将全国分为三类地区，分批普及义务教育。同时，作为一项重大改革举措，提出实行基础教育由地方负责、分级管理的原则，把发展基础教育的责任交给地方。这两项重大决策对此后我国基础教育的发展产生了深远的影响。1986 年，全国人大审议通过了《中华人民共和国义务教育法》，由此开启了我国依法推进义务教育的历史进程。

第二次全教会上确立教育优先发展和“两基”“重中之重”的战略地位。1992 年，党的十四大报告提出了加快改革开放和现代化建设步伐，建立社会主义市场经济体制的任务，并要求“大力加强基础教育”“到本世纪末，基本普及九年义务教育，基本扫除青壮年文盲”。1994 年，党中央、国务院召开改革开放后第二次全国教育工作会议，主题是在社会主义市场经济体制下坚持教育优先发展战略，部署实施《中国教育改革和发展纲要》。江泽民指出：“在整个社会主义现代化建设的过程中，教育优先发展的战略地位必须始终坚持，不能动摇”“必须舍得投资把义务教育办好”。会议还提出了分三类地区分“三步走”的“普九”实施策略。为推动“普九”进程，自 1995 年起，国家实施了“国家贫困地区义务教育工程”（1995）、“国家贫困地区义务教育助学金”（1997）等义务教育专项工程项目，帮助贫困地区中小学校改善办学条件，向家庭经济困难学生提供免费教科书和助学金等。在党的坚强领导下，各级政府及全国人民的艰苦努力下，2000 年我国如期实现了占 85% 的人口地区“普九”的目标。

第三次全教会上深化基础教育改革，全面推进素质教育。1999 年，党中央、国务院召开了改革开放后第三次全国教育工作会议，会议主题是面向 21 世纪深化教育体制和结构改革，实施科教兴国战略，贯彻落实《中共中央　国务院关于深化教育改革全面推进素质教育的决定》，全面推进素质教育。要求把全面推进素质教育作为基础教育改革和发展的根本任务，提出了加强和改进德育、改革人才培养模式、减轻中小学课业负担、加强体育和美育；深化教育改革、完善基础教育，主要由地方负责、分级管理的体制；加快改革招生考试和评价制度；改革教育内容方法，建立新的基础教育课程体系，加强课程的综合性和实践性；等等。《决定》要求地方各级政府要继续将“两基”作为教育工作的“重中之重”，同时积极发展幼儿教育和高中阶段教育。

进入 21 世纪，党和国家采取一系列推动基础教育改革发展和素质教育的新举措。一是发布《国务院关于基础教育改革与发展的决定》，提出确立基础教育在社会主义现代化建设中的战略地位，坚持基础教育优先发展。强调“十五”期间继续坚持将“普九”作为“重中之重”，同时提出初中阶段入学率达到 90% 以上，高中阶段入学率达到 60% 左右，学前教育进一步发展的目标。提出完善义务教育管理体制，实行“由地方政府负责、分级管理、以县为主”，把举办农村义务教育的责任从主要由社会转到主要由政府承担，把政府对农村义务教育的责任从以乡镇为主转到以县为主。二是落实推进素质教育的重要举措，包括颁布实施《基础教育课程改革纲要（试行）》，实施中小学评价与考试制度改革，启动“全国亿万青少年学生阳光体育运动”等。三是实施《国家西部地区“两基”攻坚计划》，推动西部地区“两基”人口覆盖率的提高，2007年达到98%，比2003年提高了21个百分点。四是启动农村义务教育经费保障机制改革（2005），建立了中央和地方分项目、按比例分担的农村义务教育经费保障机制，实行免除农村义务教育阶段学生学杂费、向学生提供免费教科书、补助家庭经济困难寄宿生生活费的“两免一补”政策。

第四次全教会上推进义务教育均衡发展，加快普及高中和学前教育。2010年，党中央、国务院召开改革开放后第四次全国教育工作会议，部署进一步落实教育优先发展战略，实施《国家中长期教育改革和发展规划纲要（2010—2020年）》（以下简称《纲要》）。提出“优先发展、育人为本、改革创新、促进公平、提高质量”的教育工作方针，确定了2020年我国教育改革发展的目标任务。

根据会议及《纲要》的部署，我国实施了改善基础教育薄弱环节的重大战略和政策举措。第一，实施学前教育行动计划。2011—2020年，三期行动计划中央财政累计安排资金1530亿元，重点扩大普惠性学前教育资源，同时推动学前教育体制机制改革，建立健全幼儿资助制度。第二，巩固提高九年义务教育水平，推进义务教育均衡发展，建立县域城乡一体化义务教育发展机制。包括实施国家义务教育均衡发展评估认定、推进学校标准化建设（学校建设标准、教师编制标准、生均公用经费基准定额和基本装备配置标准等）、实施全面改善贫困地区义务教育薄弱学校基本办学条件等项目；完善农村教师补充机制，启动实施“乡村教师支持计划”。同时完善农村义务教育经费保障体制，增加中央财政用于支持中西部的教育转移支付资金；深化改革完善治理，启动义务教育均衡发展改革试点项目，颁布义务教育学校管理标准；规范义务教育学校布局调整，加强控辍保学等。第三，加大对高中教育的扶持力度。建立普通高中家庭经济困难学生资助政策体系，实行国家助学金和学费减免制度等；启动实施《高中阶段教育普及攻坚计划》，以推动高中学校改善办学条件，健全经费投入机制，提升教育质量，突出办学特色。提出扩大教育资源、完善经费投入机制、完善扶困助学政策、加强教师队伍建设、推动学校多样化有特色发展、改进招生管理办法六大政策措施。中央设立专项资金，重点支持中西部省份贫困地区普通高中改善办学条件。第四，深入推进素质教育，加强学校体育，切实减轻中小学课业负担。第五，加大对弱势人群基础教育扶持力度，实施特殊教育提升计划。

## 四、新时代建设中国特色社会主义的阶段基础教育发展战略

2012年党的十八大开启了中国特色社会主义新时代。党的十八大以来，以习近平同志为核心的党中央统筹推进“五位一体”总体布局、协调推进“四个全面”战略布局，

提出一系列新理念新思路新战略，加快了我国基础教育现代化的步伐。2018 年，党中央、国务院召开了改革开放以来的第五次全国教育工作会议——全国教育大会。习近平总书记出席大会并发表重要讲话。他站在新时代坚持和发展中国特色社会主义的战略高度，要求在党的坚强领导下，全面贯彻党的教育方针，坚持马克思主义指导地位，坚持中国特色社会主义教育发展道路，坚持社会主义办学方向，立足基本国情，遵循教育规律，坚持改革创新，以凝聚人心、完善人格、开发人力、培育人才、造福人民为工作目标，培养德智体美劳全面发展的社会主义建设者和接班人，加快推进教育现代化、建设教育强国、办好人民满意的教育。

2019 年 2 月，中共中央、国务院印发《中国教育现代化 2035》，明确提出了未来我国推进教育现代化的基本理念；确定了推进教育现代化的八项战略目标，包括建成服务全民终身学习的现代教育体系、普及有质量的学前教育、实现优质均衡的义务教育、全面普及高中阶段教育、职业教育服务能力显著提升、高等教育竞争力明显提升、残疾儿童少年享有适合的教育、形成全社会共同参与的教育治理新格局；重点部署了推进教育现代化的十大战略任务：学习习近平新时代中国特色社会主义思想，发展中国特色世界先进水平的优质教育，推动各级教育高水平高质量普及，实现基本公共教育服务均等化，构建服务全民的终身学习体系，提升一流人才培养与创新能力，建设高素质专业化创新型教师队伍，加快信息化时代教育变革，开创教育对外开放新格局，推进教育治理体系和治理能力现代化。全国教育大会、《中国教育现代化 2035》为未来基础教育改革发展指明了方向。

在党的十九大精神及习近平新时代中国特色社会主义思想的指引下，自 2018 年以来，中共中央、国务院先后发布了一系列重要文件，就全面深化教师队伍建设改革、学前教育深化改革规范发展、全面提高义务教育质量、加强劳动教育、深化新时代教育评价改革等重大战略问题进行了部署，对深化基础教育改革，推动基础教育可持续发展提供了新动力，提出了新举措。

## 五、中国共产党基础教育发展战略的经验与启示

一是始终坚持党的领导。在新民主主义革命和社会主义革命与建设过程中党始终坚持了对基础教育正确而坚强的领导，党在重要历史关头作出的重大战略抉择，对我国基础教育事业的改革发展起了决定性的推动作用。二是始终坚持优先发展的战略地位。党始终把基础教育作为为人民谋幸福、为民族谋复兴的伟大革命事业的重要组成部分，把普及教育、实现义务教育置于教育事业的“重中之重”的战略地位。三是始终坚持正确的政治方向。坚持基础教育为新民主主义革命、社会主义革命及建设服务，坚持把教育与生产劳动相结合。始终坚持党的教育方针，把立德树人、培养革命事业建设者和接班

人作为基础教育的根本任务。四是始终坚持中国特色发展道路。党在借鉴国际基础教育发展经验的同时，始终坚持立足各个历史时期的基本国情，结合中国各地的实际办基础教育，探索出了一条符合中国国情的基础教育发展道路，为实现了从人口大国向人力资源强国的转变奠定了坚实的基础。五是始终坚持以人民为中心。党始终把基础教育视作为人民谋权利、为人民谋幸福的基础性事业，为保障人民群众接受基础教育的权利，促进基础教育的公平付出了巨大努力。党的基础教育发展战略始终坚持服务人民、依靠人民，根据人民群众的需求办教育，办人民满意的教育。六是始终坚持改革创新。党的基础教育发展战略始终坚持与时俱进的改革导向，坚持把创新教育理念、教育体系、教育制度、教育内容、教育方法和教育治理作为推动基础教育发展的基本动力。七是始终坚持统筹推进。党在推动基础教育发展过程中，始终坚持了积极进取又实事求是，量力而行又尽力而为，循序渐进又与时俱进，着眼长远又立足当前，统筹规划又分步实施的原则，有效地推动了世界最大规模的基础教育的持续健康发展。八是坚持依法治教。从新民主主义革命时期中央苏区对教育法制的早期探索到改革开放后实施《义务教育法》，党始终坚持依法治理基础教育，为基础教育的持续健康发展提供了有力的保障。

## 参考文献：


[1]曾秀秀．宁化苏区教育工作初考［J］．文物鉴定与鉴赏，2017（07）．

[2]中国现代史资料编辑委员会．苏维埃中国［Z］．1957．

[3]陈元晖．中国现代教育［M］．北京：人民教育出版社，1979．

[4]肖菊梅．中央苏区列宁小学劳动教育的历史经验及启示［J］．中国人民大学教育学刊，2020（12）．

[5]张挚．论中央苏区教育发展的经验与意义［J］．江西社会科学，2006（12）．

[6]江西省教育学会．苏区教育资料选编［M］．南昌：江西人民出版社，1981．

[7]董源来，范程，张挚．中央苏区教育简论［M］．南昌：江西高校出版社，1999．

[8]陕西师范大学教育研究所．陕甘宁边区教育资料：教育方针政策部分［Z］．北京：教育科学出版社，1981．

[9]白均堂．再论陕甘宁边区教育［J］．教育学研究，2003（11）．

[10]高奇．新中国教育历程［M］．石家庄：河北教育出版社，1996．

[11]中央教育科学研究所．中华人民共和国教育大事记 1949—1982［M］．北京：教育科学出版社，1984．

[12]国家教育委员会编. 新的里程碑：全国教育工作会议文件汇编［M］. 北京：北京科学出版社，1994.
[13]改革开放30年中国教育改革与发展课题组. 教育大国的崛起1978—2008［M］. 北京：教育科学出版社，2008.

# 二、聚焦国家发展战略和中国教育高质量发展

# 教育在促进高质量发展中的战略作用①

闵维方②

**摘　要：**党的二十大报告明确指出，高质量发展是全面建设社会主义现代化国家的首要任务。本文从五个方面阐述了教育在高质量发展中的重要战略作用，其中包括：（一）教育通过教学科研为创新驱动发展提供人才支持和知识贡献；（二）教育增强人们的生态环境意识，为绿色发展提供驱动力；（三）教育通过调节收入分配结构，促进共同富裕，是实现共享发展的重要机制；（四）通过优质教育资源向经济欠发达地区和边远农村的优先配置，促进区域和城乡协调发展；（五）通过扩大教育对外开放，促进中外文化科学技术交流与经济合作，为开放发展奠定重要基础。

**关键词：**教育；高质量发展；战略作用

党的二十大报告明确指出："高质量发展是全面建设社会主义现代化国家的首要任务。"习近平总书记进一步强调："高质量发展，就是能够很好满足人民日益增长的美好生活需要的发展，是体现新发展理念的发展，是创新成为第一动力、协调成为内生特点、绿色成为普遍形态、开放成为必由之路、共享成为根本目的的发展。"③教育在我国的经济社会发展中始终发挥着基础性、先导性、全局性的战略作用，因此，二十大报告再次强调了"坚持教育优先发展"，并把教育、科技、人才三大战略构成一个相互联系的有机整体，作为高质量发展的战略支撑。本文探讨在我国当前特定经济社会发展条件下，教育在促进高质量发展中的战略作用。

---

① 基金项目：国家社会科学基金学术社团研究项目"教育在全面建设小康社会中的战略作用"（项目编号：20STA018）。

② 闵维方（1950—），男，北京大学教育经济研究所教授、博士生导师，全国教育科学规划领导小组成员、教育经济与管理专家组组长，中国教育发展战略学会原会长。研究方向：教育经济学、教育管理学、高等教育学、国际比较教育学。

③ 习近平．习近平谈治国理政（第三卷）［M］．北京：外文出版社，2020.

## 一、教育为创新驱动发展提供人才支持和知识贡献

高质量发展首先是创新驱动的发展，必须依靠知识创新和科技创新，而要实现科技创新并推动创新成果产业化，进而促进经济社会发展，必须有一大批拔尖创新人才以及数以千万计的高级专门人才和数以亿计的高素质劳动者。从本质上看，创新驱动就是人才驱动。教育是造就这种高质量人力资源的基础，是拔尖创新人才不断涌现的源泉。2021 年，我国共有各级各类学校 52.93 万所，在校生 2.91 亿人，其中高等教育在学总规模 4430 万人，在学研究生 333.24 万人，博士生达 50.95 万人。[①] 正是这一世界上规模最大的教育体系，为我国实现创新驱动的经济社会发展提供源源不断的强大人力资本支持。与此同时，我国高等院校 2021 年进行的科技研究项目多达 696714 项，其中基础研究 303197 项、应用研究 328869 项、实验发展研究 64648 项，发表科技论文 1129917 篇，出版科技著作 13740 部，当年专利申请数高达 328896 项，其中发明专利 193474 项，实用新型专利 119687 项，获得专利授权 268450 项，同企业签订技术转让合同 19936 项，[②] 成为我国创新驱动发展的重要生力军，为我国加快建设世界重要人才中心和创新高地奠定了重要基础。正是由于教育系统提供的人才支持和知识贡献，我国的创新发展能力不断提高，我国 2005 年的总体创新指数为 100，2021 年我国的总体创新指数提高到 264.6，比 2005 年增长 164.6，比上年增长 8%（图 1）。这一指数可以具体分解为以下四个指标：一是创新环境指数达到 296.2，比 2005 年增长 196.2，比上年增长 11.3%，其中与教育密切相关的劳动力中大专及以上学历人数指数实现两位数增长，比上年增长 14.8%，理工科毕业生占适龄人口比重指数比上年增长 7.0%；二是创新投入指数达到 219.0，比 2005 年增长 119.0，比上年增长 4.4%。其中与教育密切相关的基础研究人员人均经费指数实现两位数增长，比上年增长 12.0%，开展产学研合作的企业所占比重指数比上年增长 6.3%；三是创新产出指数达到 353.6，比 2005 年增长 253.6，比上年增长 10.6%，其中与教育密切相关的每万名 R&D 人员专利授权数指数、每万名科技活动人员技术市场成交额指数均实现两位数增长，均比上年增长 16.2%，每万人科技论文数指数、发明专利授权数占专利授权数的比重指数分别比上年增长 4.2% 和 3.5%；四是创新成效指数为 189.5，比 2005 年增长 89.5，比上年增长 2.8%（图 1）。根据世界产权组织发布的《全球创新指数 2022》，我国在世界上的创新指数排名从 2012 年的第 34 位跃升为 2022 年的第 11 位。

① 中华人民共和国教育部.2021 年全国教育事业发展统计公报，2022 年 9 月 14 日.

② 教育部科学技术司. 2021 年高等学校科技统计资料汇编［M］. 北京：高等教育出版社，2022.

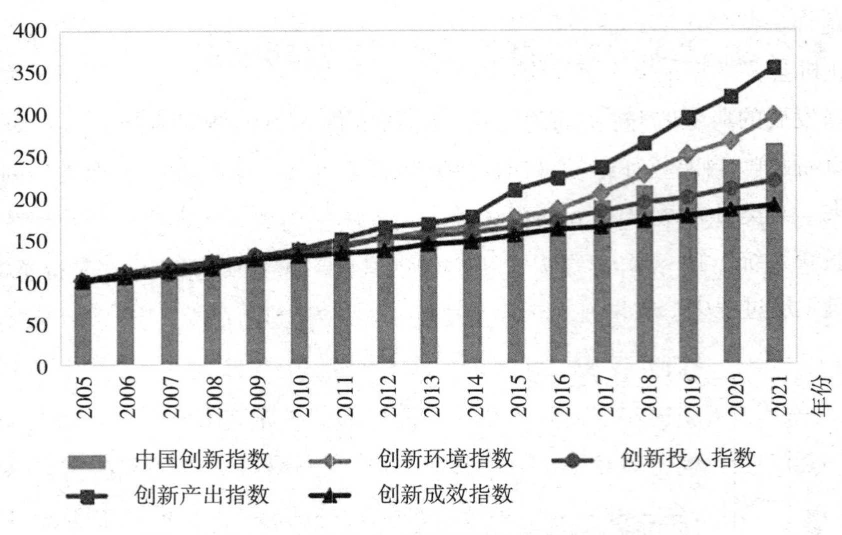


**图 1　2005 — 2021 年中国创新指数及分领域指数**

数据来源：国家统计局，2022 年 10 月 28 日发布。

特别需要指出的是，我国基础研究的国家自然科学基金委员会面上项目的 70% 以上是由教育系统承担的。基础研究是技术创新的源头活水，正是因为有这些基础性研究成果，才有一切战略性、原创性技术进步。大学创新能力对高质量发展的促进作用首先体现在基础研究和知识创新上。基础科学研究探讨世界的客观规律，拓展人类对宇宙和自身的认知边界，是实现技术引领的前提，也是颠覆式、跨越式创新的源泉。没有电磁理论的麦克斯韦方程组，便不会发展出现代的电力科技和电子科技；没有量子力学的薛定谔方程，就不会有大规模集成电路、各种半导体器件的发明，也不会催发新一代的信息技术和产业革命；没有 20 世纪一系列基础研究的重大成果，就不会有今天一系列科学技术的突飞猛进和知识经济的高速发展。国际经验也显示，大学在基础研究和科技创新中具有极端重要性（图 2）。例如，十几年前，美国的大学在基础研究领域提出了压缩传感理论，① 使得应用领域的科技工作者有可能以此理论为基础，在图像处理、医疗成像、模式识别和地质勘探等方面取得一系列重大突破，形成重要科技成果，对经济社会发展作出重大贡献。这样的例子在世界上比比皆是。位于硅谷的斯坦福大学，连续多年被评为全球最具创新性大学，② 十分注重基础研究和科技创新成果的转化。斯坦福大学前校长卡斯帕尔在北京大学百年校庆的“校长论坛”上发表题为《研究密集型大学的优势》的演讲指出：“1995 年，硅谷的高科技公司营业收入高达 850 亿美元。据估算，这些利润的

① 压缩感知或压缩传感［Compressive Sensing（CS）or Compressed Sensing、Compressed Sampling］是一种新的信息获取指导理论。该理论一经提出，就在信息论、信号/图像处理、医疗成像、模式识别、地质勘探、光学/雷达成像、无线通信等领域受到高度关注，并被美国科技评论评为 2007 年度十大科技进展。

② 路透社．TOP 100：世界上最具创新性的大学．2022-07-27.

62% 来自这样一些公司，这些公司的创办人曾经和斯坦福大学有关系。它们也创造了几十万个就业机会。”① 正是由于以斯坦福大学为代表的高等院校的作用，硅谷这片荒凉的山谷成为创新发展的典范之一。2011 年一项详细的统计研究显示，大约有 4 万家企业可以寻根到斯坦福大学。如果把这些企业的产值加起来，相当于世界第十大经济体。② 可以说，近 100 年来，人类日新月异的技术进步和产品更新都来源于基础研究的成果积累和广泛应用，而教育系统，特别是其中的大学正是开展基础研究的最重要基地，在实现创新驱动的高质量发展过程中，发挥着基础性、先导性的战略作用。

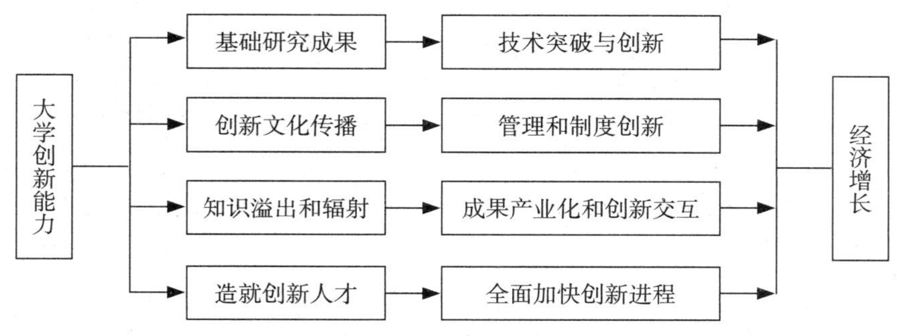


**图 2　大学与创新驱动的经济增长**

资料来源：余继，闵维方，王家齐．“大学创新能力与国家经济增长”——基于 33 个国家数据的实证分析［J］．北京大学教育评论，2019（4）：113．

## 二、教育是绿色发展的驱动力

高质量发展是以绿色为普遍形态的发展，即“资源节约型、环境友好型”的发展。党的二十大报告指出，要加快发展方式的绿色转型，推动经济社会发展绿色化、低碳化，积极稳妥推进碳达峰、碳中和，这是我国转变经济增长方式，实现长期可持续的高质量发展的关键所在。大量研究从理论与实证的结合上揭示了教育在加快生态文明建设，促进绿色发展方面发挥着基础性的战略作用。首先，教育能够显著提高人们的文化科学技术水平，增强人们的生态环境意识，形成自觉节约资源和保护环境的行为模式。国际经验表明，教育事业同生态文明建设事业之间存在着协同发展趋势。教育平均发展水平和质量越高的国家，人们的环境保护意识越强，生态文明建设水平也越高，经济活动的资源消耗也越少，绿色经济占比也越大。全球 176 个主要国家的教育发展水平与生态环境指数呈显著的正相关，即一个国家的平均受教育水平越高，生态环境表现越好（图 3）。

① Casper，G.，The Advantage of the Research-Intensive University，The University of The 21st Century，Peking University Press，1998.

② 洪瀚于广州“斯坦福大学与硅谷的创新”第六届岭南论坛演讲，2017 年 4 月 1 日。（洪瀚，斯坦福大学经济系教授，国际计量经济学学会会员）。

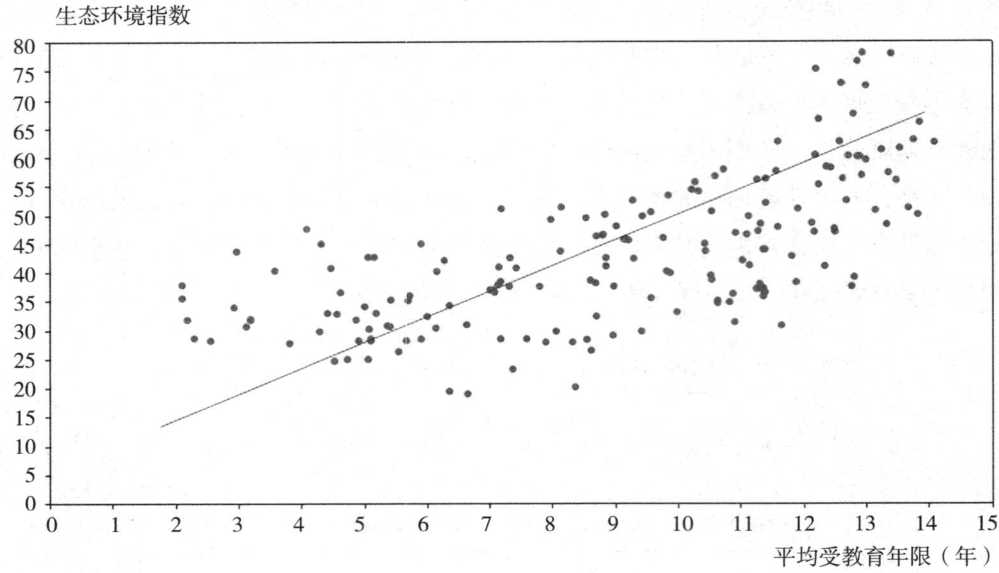


**图 3　教育发展水平与生态环境水平呈显著的正相关**

数据来源："平均受教育年限"数据来自联合国计划开发署（UNDP）公布的 2021 年各国人类发展指数，"生态环境指数"数据来自耶鲁大学公布的各国生态环境指数。

我国的情况也是如此。例如，十年前，我国每万美元国内生产总值耗水 1340 吨，而美国是 410 吨，德国是 220 吨，日本是 190 吨。考虑到我国人均水资源量仅为世界人均水资源量的 28%，因此，降低生产活动的耗水量成为我国经济向绿色转型的重要指标之一。党的十八大以来，随着我国教育事业的突飞猛进，劳动年龄人口平均受教育年限从 2011 年的 7.5 年上升到 2021 年的 10.9 年。随着受教育水平的提高，我国总体人力资本质量大大提高，劳动者素质显著提升，人们的环境意识大大增强，生产的科技含量和全要素生产率大大提高，资源消耗大大减少，经济加快向绿色转型。同 2012 年相比，全国 2021 年每万元国内生产总值用水量、万元工业增加值用水量分别下降 45% 和 55%。① 与此同时，我国十年来地表水质优良断面比例提升了 23.3 个百分点，达到 84.9%，已经接近发达国家水平；能耗强度累计下降 26.4%，煤炭在一次能源消费中的占比下降 12.5 个百分点，2014—2021 年年均下降 1.4 个百分点，是历史上下降最快的时期；可再生能源发电装机突破 11 亿千瓦，比十年前增长近 3 倍，占世界可再生能源装机总量的 30% 以上；水电、风电、光伏、生物质发电装机规模和在建核电规模稳居世界第一，清洁能源消费比重在能源消费增量中的份额超过 60%，单位国内生产总值二氧化碳排放下降 34.4%，②

① 朱程清（中国水利部副部长）在全国首届节水创新发展大会上的讲话，2022 年 11 月 17 日，北京。

② 刘元春. 全面建设社会主义现代化国家的物质基础更坚实［N］. 人民日报，2022-11-11（09）.

我国经济发展更加绿色。

其次，教育不仅通过提高人力资本质量进而提升全要素生产率从而降低生产过程中的资源消耗，促进“资源节约型、环境友好型”的发展，而且实证研究还显示，[①]教育在促进绿色经济的增长中的作用要显著大于教育促进传统经济增长的作用，即除了提升全要素生产率外，教育还有将经济变得更为“绿色”的功效。教育在提高人力资本质量的同时，也促进了产业结构的优化升级，即一国的经济从劳动密集型、资源消耗型产业向资本密集型产业升级，进而向知识和技术密集型产业升级。由于产业结构的优化升级是以具有相应知识技能的劳动者群体为基础的，只有高素质的劳动者才能很好地适应高附加值的知识和技术密集型产业，可以说人才的高度决定产业的高度。而教育正是通过提高人的知识技能，为产业优化升级创造了必要的前提。产业结构的优化升级对一个国家经济的高质量发展意义重大，不仅是经济增长的重要源泉之一，而且能够使国家在产业的不断更新换代中，降低对资源和环境的损耗，从而实现长期可持续的“绿色经济”增长，促进人与自然和谐共生。教育通过其人才培养功能在产业结构的优化升级中发挥着基础性和先导性的作用，驱动经济向绿色化转型。最后，教育还能改变人们的观念，促进生产组织和管理制度上的创新。这类创新同样有助于发展绿色经济。社会各行各业、各领域的发展都有赖于创新的推动，这些创新一方面能够开创新的生产方式、带动新的需求，提高经济的总量；另一方面还能让生产方式更为科学合理，从而降低资源消耗、提高经济的运行效率。而组织和管理创新又高度依赖于人们所具有的知识和观念，这些都以良好的教育为支撑。

## 三、教育是促进共享发展、实现共同富裕的重要机制

高质量发展是以全体人民共享发展成果、共同富裕为根本目的的。正如党的二十大报告所指出的，中国式现代化是全体人民共同富裕的现代化。要坚持按劳分配为主体、多种分配方式并存，构建初次分配、再分配、第三次分配协调配套的制度体系。努力提高居民收入在国民收入分配中的比重，提高劳动报酬在初次分配中的比重。增加低收入者收入，扩大中等收入群体，完善按要素分配的政策制度，加大税收、社会保障、转移支付等的调节力度。引导、支持有意愿有能力的企业、社会组织和个人积极参与公益慈善事业。教育在实现这一系列促进共同富裕的政策目标过程中发挥着重要的战略作用，主要体现在以下四个方面。第一，要实现共同富裕，首先要“富裕”，即通过可持续的高质量经济增长，不断增加全社会的财富总量，做大做好“蛋糕”，才有可能调节收入分配，分好“蛋糕”，达到共同富裕的目标。没有可持续的经济增长，空谈共同富裕，结果

① 陈然，丁小浩，闵维方．教育对绿色GDP的贡献研究［J］．教育研究，2019（05）：133–141.

只能是“均贫”。大量的实证研究显示，教育能够提高人力资本的质量，促进经济长期可持续增长，从而为共同富裕奠定必要的物质基础。2015 年汉诺谢克（Hanushek）和沃斯曼（Woessmann）在研究了全球自 1960 年以来的经济增长状况后发表的《国家的知识资本：教育与经济增长》更进一步阐述了教育在促进长期经济增长中重要的作用（图 4）。

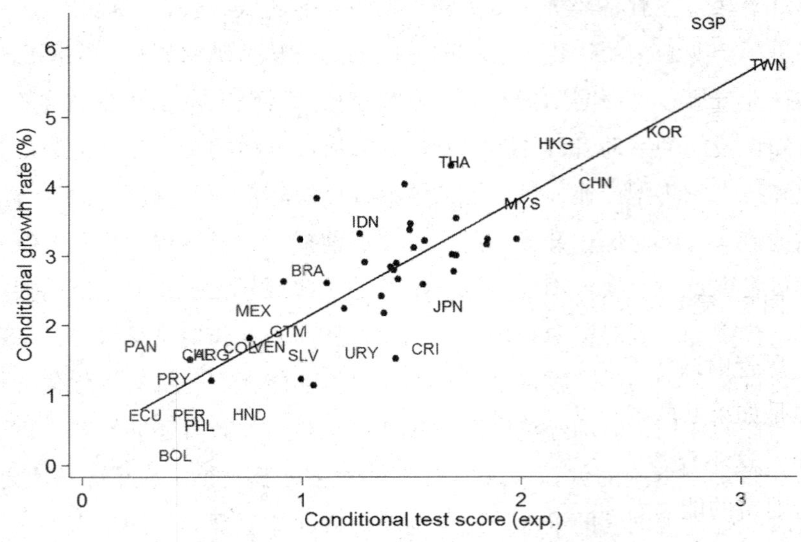


图 4　1960—2010 年教育与经济增长的关系（国家）

资料来源：Hanushek，E. A.，L. Woessmann. The Knowledge Capital of Nations：Education and Economics of Growth［J］. MIT Press，2015.

第二，优质公平的教育在促进宏观经济增长的同时，也会提高人们的收入水平和纳税能力，扩大纳税群体（图 5）。我国目前个人所得税纳税人数占劳动年龄人口比例仅为 15.3%，而日本这个比例为 56.6%，德国为 61.3%，美国为 67.4%，英国为 74.4%。[①] 同时，同相关国家相比，我国第三次分配的慈善捐赠规模和比重也存在一定提升空间。因此，只有通过提高人们的收入水平和纳税能力，才能提高国家财政收入，增强国家调节分配结构的能力，促进共同富裕，在这方面，教育同样具有重要作用，如图 5 所示。良好的教育还能增进人们对社会公共利益的理解，认识到缩小收入差距有利于社会和谐稳定，而社会和谐稳定有利于经济的繁荣发展和增进每一个社会成员的福祉，从而使得人们能够更好地理解财政再分配的重要性并积极参与社会公益慈善等第三次分配活动。研究显示，居民个人和企业决策中的捐赠考量、捐赠意愿会随着居民个人和企业家教育水

① 赵扬，等. 迈向橄榄型社会［M］. 北京：中信出版集团，2022.

平的提高而显著增强，[①②③]从而有利于面向全社会把“蛋糕”分好，促进共同富裕。

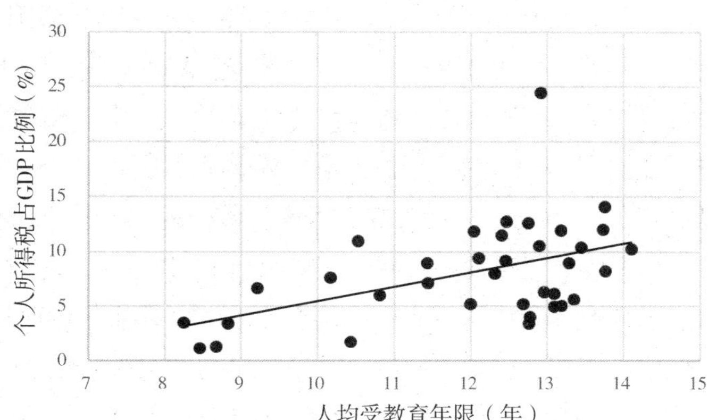


**图5 受教育水平对个人所得税占GDP比例的影响（2015—2020年）**

第三，尽管财政再分配在调节分配结构、缩小收入差距方面发挥着不可或缺的重要作用，但是如果共同富裕过于依赖财政再分配，则会增加国家的财政负担，并可能导致税负加重。这不仅损害经济效率、迟滞经济增长，而且仅仅是从结果上缩小收入差距，但创造财富的能力差距却没有缩小，进入下一轮经济循环的时候，收入差距可能又会由于能力差异再现出来。因此，仅在再分配上做文章，得到的只会是短期效应，不能从长期根本解决贫富差距问题。从根本上长期解决收入差距、实现共同富裕的关键之一是在保持经济增长和加大再分配力度的同时，通过加强对人力资本的投资，大力发展优质公平、有针对性的个性化教育，普遍提高全体社会成员的知识和能力。正如舒尔茨（Schultz）所指出的：人们拥有的经济能力绝大部分并不是与生俱来的，也并不是进入校门之时就已经具备的。人们通过学校教育获得的作为生产者和消费者的能力非同小可。其能量之大，可从根本上改变通常的储蓄与资本形成的现行标准，亦可改变工资结构及劳动与财产收入的相对数额。[④]通过教育使具有不同禀赋和潜能的每一个人都得到充分发展，保障所有社会成员都获得创造财富的能力，即人的共同发展、人的能力的共同提高、人的潜力的充分发挥是实现共享发展和共同富裕的基础。

第四，习近平总书记指出，“低收入群体是促进共同富裕的重点帮扶保障人群。要加大普惠性人力资本投入，有效减轻困难家庭教育负担，提高低收入群众子女受教育水

① 杨永娇，张东．中国家庭捐赠的持续性行为研究［J］．学术研究，2017（10）：38-47.

② Hambrick，D.C.，P. A. Mason. Upper Echelons：The Organization as a Reflection of Its Top Managers［J］. Academy of management review，1984，9（2）：193-206.

③ 程肇基，张桂香．企业家背景特征与企业慈善捐赠行为的分析——基于中国上市公司的经验数据［J］．南昌大学学报（人文社会科学版），2014（03）：26-35.

④ Schultz，T. The Economic Value of Education，Columbia University Press，1963.

平”。[①] 大量实证研究表明，扶贫必先扶智，教育是阻断贫困代际传递、促进积极向上社会流动的最重要机制，尤其是对于提高低收入群体经济地位和克服社会阶层固化等问题的积极作用更为凸显。低收入群体的子女受教育程度越高，越有助于其进入较高收入群体。相较于教育复制原有社会经济分配结构的功能，教育对实现低收入群体子女经济地位跃升所发挥的积极作用要大得多。[②] 基于中国家庭追踪调查数据（CFPS）的实证分析也发现，教育是影响低收入群体向上流动的关键性因素。低收入家庭的家庭成员平均受教育年限每增加 1 年，落入低收入陷阱的机会减少了 2%，向上流动到中等收入阶层的概率会增加 1.9%。[③] 进一步的研究采用中国家庭金融调查（CHIS）非农个体面板数据分析发现，收入分布中的初始位置、年龄、受教育程度、地区变量都会对收入流动性产生显著影响，其中教育程度为大专以上是所有决定向上流动因素中的最重要因素。[④] 基于 CGSS 和 CLDS 混合横截面数据的调查结果也表明，在子代获得社会地位及父代影响子代的主要路径中，教育在各因素重要性排名中位居第一（阳义南和连玉君，2015）。[⑤] 针对农民工群体的相关研究也发现，受教育年限的延长不仅能提高农民工的社会经济地位，使其实现阶层向上流动，[⑥] 而且还能通过代际传递影响子代的人力资本和社会经济地位，实现收入的增加。[⑦] 同时，就业的知识技能水平提高、良好的健康状况也有利于社会经济地位不利的农民摆脱职业代际固化，进入高收入行业，实现向上流动和社会阶层的跨越。[⑧] 国外的研究也提供了相类似的证据。例如，一项探索加拿大移民贫困因素的调查结果显示，人力资本因素发挥的作用很大，其中受教育年限对减少贫困机会的影响非常显著。[⑨] 因此，在通过教育普遍提高全体社会成员的能力过程中，要特别注重优质教育资源向低收入群体的倾斜，提高低收入群体及其子女的致富能力，提高其经济收入水平，阻断贫困的代际传递，实现积极的向上的代际社会流动，促进社会的整体经济收入分配格局趋向公平。

总之，发展优质公平的教育，是降低基尼系数、缩小收入差距、促进共享发展、实

① 习近平．扎实推进共同富裕［J］．求是，2021（20）：1–2.

② 郭丛斌，闵维方．中国城镇居民教育与收入代际流动的关系研究［J］．教育研究，2007（05）：39–50.

③ 刘志国、刘慧哲．收入流动与扩大中等收入群体的路径：基于CFPS 数据的分析［J］．经济学家，2021（11）：21–29.

④ 解垩．个人所得税、高收入不平等与收入流动性［J］．吉林大学社会科学学报，2021（05）：53–61.

⑤ 阳义南、连玉君．中国社会代际流动性的动态解析——CGSS 与CLDS 混合横截面数据的经验证据［J］．管理世界，2015（04）：46–57.

⑥ 寇恩惠，刘柏惠．城镇化进程中农民工就业稳定性及工资差距——基于分位数回归的分析［J］．数量经济技术经济研究，2013（07）：52–61.

⑦ Machin，S.，and A. Vignoles. Educational Inequality：the Widening Socio - Economic Gap［J］. Fiscal Studies，2004，25（2）.

⑧ 刘新波，文静，刘轶芳．贫困代际传递研究进展［J］．经济学动态，2019（08）：38–46.

⑨ Kazemipur，A.，S. S. Halli. Immigrants and “New Poverty”：The Case of Canada［J］. International migration review，2001，35（4）.

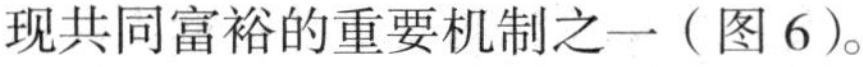
现共同富裕的重要机制之一（图 6）。

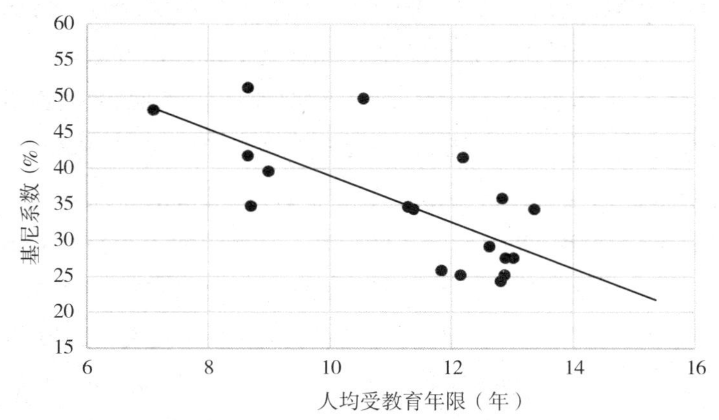


**图 6　居民受教育水平对基尼系数的影响**

## 四、教育在区域和城乡协调发展中发挥重要促进作用

高质量发展是区域和城乡协调的发展。党的二十大报告特别强调，要深入实施区域协调发展战略和新型城镇化战略，推动西部大开发形成新格局，推动东北全面振兴取得新突破，促进中部地区加快崛起，鼓励东部地区加快推进现代化，促进区域协调发展。教育在这一过程中具有不可或缺的促进作用。国际国内的经验都显示，一个地区的经济发展取决于全要素生产率。全要素生产率主要指物质资本和劳动力的量的投入所不能解释的那部分经济增值，即导致经济增长的所有其他要素的总和。这些要素包括人力资本、知识创新、技术进步、生产过程创新、组织管理创新等各方面的因素，其中通过教育形成的人力资本是驱动全要素生产率的最重要部分。[①] 通过优质教育资源向中西部和东北地区的倾斜，助力经济欠发达地区形成高质量人力资本，而高质量人力资本是提高这些地区创新水平和经济发展速度的最重要的驱动力。近年来，我国根据区域的经济发展差异，将省级行政区按财力状况分为 5 档，中央承担 10% 至 80% 不等的教育支出责任。在义务教育公用经费保障方面，明确将国家制定分地区生均公用经费基准定额，调整为制定全国统一的基准定额，所需经费由中央与地方财政分档按比例分担，其中西部地区为第一档，中央财政分担 80%；中部地区由中央财政分担 60%，为全国义务教育均衡发展奠定了财政基础。同时在高等教育招生指标和学生资助等专项资金支持方面向经济欠发达地区倾斜。这些资源配置方式体现了我国通过教育发展战略促进区域协调发展的人力资源开发的政策取向，以助力经济欠发达地区通过教育提高劳动者素质，进而提高全要素

① 张心悦，闵维方．教育在提高全要素生产率中的作用研究——基于线性与非线性视角［J］. 北京大学教育评论，2021（03）：101–124.

生产率，从根本上实现经济发展的跃升。这在促进区域协调发展中发挥了重要作用，使得我国区域发展相对差距持续缩小。2021年，中部和西部地区生产总值分别达到25万亿元、24万亿元，与2012年相比分别增加13.5万亿元和13.3万亿元，占全国的比重分别提高到2021年的22%和21.1%。中西部地区经济增速连续多年高于东部地区。东部与中西部人均地区生产总值的比值分别从2012年的1.69和1.87下降至2021年的1.53和1.68，东西差距持续缩小，区域发展的协调性逐步增强。①

党的二十大报告论述协调发展时，还特别强调“推进以人为核心的新型城镇化，加快农业转移人口市民化”。城镇化是一个国家现代化的必由之路，也是实现城乡协调发展，拉动经济可持续增长的重要引擎之一。我国目前按常住人口计算的城镇化率只有约60%，而按户籍计算城镇化率还不到45%，低于高收入国家的平均水平20个百分点（图7）。当日本和韩国的人均收入水平与我国目前水平相当时，它们的城镇化率都已经超过75%。② 因此，我国下一步实现高质量的协调发展的重点之一就是加快城镇化进程，即实现城乡一体化的协调发展。

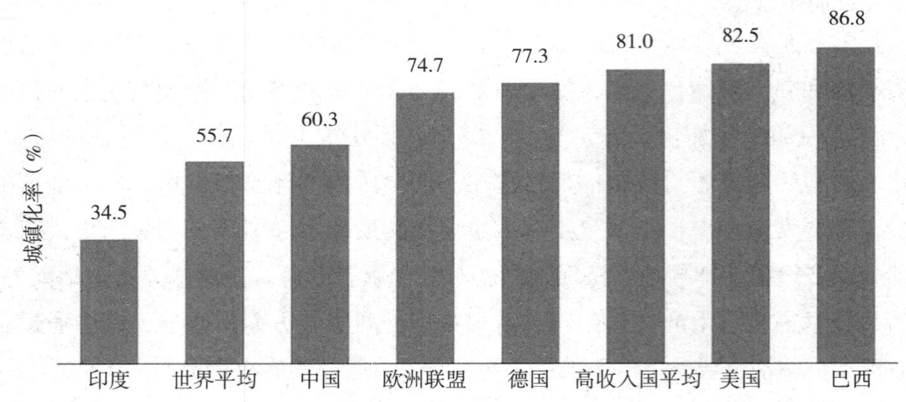


**图7　部分国家和地区城镇化率**

数据来源：世界银行数据库 http：//data.worldbank.org/.

国际经验表明，教育是以人为核心的新型城镇化最重要的动力，主要体现在以下两个方面：第一，增加教育投资，大力发展教育事业，提高农业劳动者的文化科学水平、生产操作能力和经济运作视野，使他们能够更好地运用不断更新的农业科学技术发展的最新成果，如新型化肥和新的农业机械等，不断提高农业劳动生产率，促进现代化大农业的发展，从而使得越来越多的农民从土地上解放出来，进入城镇的劳动生产率更高，收入也更高。第二，教育是深度开发人力资源、全面提高人的素质的基础，是农民通过

① 肖渭明．在国家发展和改革委员会新闻发布会上的讲话，2022年9月20日。

② 姚洋．我国经济将主要在这四个方面转型［N］．北京日报（理论周刊），2020-12-02.

接受培训和再培训进入第二产业和第三产业并逐步实现“市民化”的必要前提。城镇化进程不仅仅是促进经济增长的发展手段，更是一个人自身发展的过程。以人为核心的新型城镇化不仅仅是阶层城镇化，即通过严格筛选的招聘等方式抽调农村的相关人才到城镇；也不是简单的空间城镇化，即农村人口通过低筛选或无筛选的方式，以农民工的身份进入城镇打工，但是这些农民工没有享有与城市居民平等的基本公共服务与社会保障等相关待遇；更不是单纯的生活城镇化，即通过各种方式进入城镇的农民在衣食住行等方面模仿城市居民，但是并没有在文化和价值观上，更没有在户籍上真正融入城市。以人为核心的新型城镇化是全面的城镇化，首先是人本身的城镇化，是人的全面素质的提高，是引领农村居民进入现代城市文明的过程。城镇社会是一个社会分工更加细化，居民之间互动更多、社会互动规则更强，公共领域更加发达的社会，因此对人的人文、社会、法律与秩序素养要求更高更系统，① 这些素养必须通过系统的教育过程才能形成。新型城镇化是坚持以人为本、城乡一体、互为促进、和谐发展的城镇化。这就要求大力发展教育，不断提高教育质量和水平，推动城镇化的健康发展，实现城乡的协调发展，加大教育投入对加快城镇化有促进作用（图 8）。

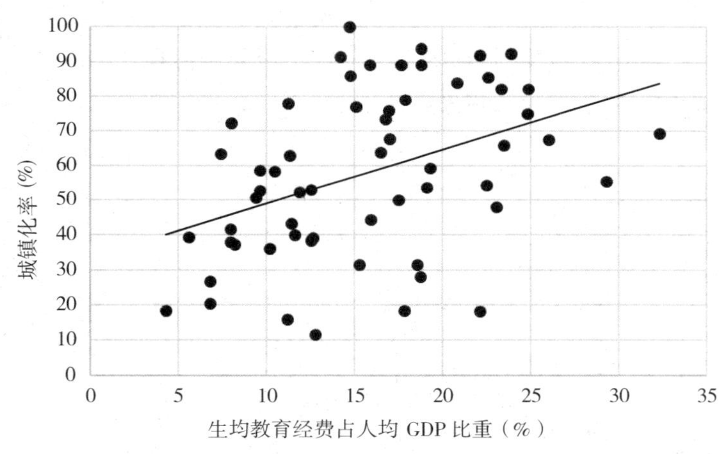


**图 8　生均教育经费占人均 GDP 比重对城镇化率的影响**

## 五、教育是开放发展的重要基础

高质量发展是以开放为必由之路的发展。改革开放以来我国经济高速发展并已经深深融入国际经济体系，成为世界产业链中不可分割的一部分。我国既为世界经济增长作出重要贡献，同时也受益于在国际经济体系中的相互合作与交流。因此，党的二十大报告特别强调，要“坚持高水平对外开放，加快构建以国内大循环为主体、国内国际双循

① 秦玉友．教育如何为人的城镇化提供支撑［J］．探索与争鸣，2015（09）．

环相互促进的新发展格局”。在这一过程中，教育对外开放在形成对外开放新局面，促进“双循环”，推动经济高质量发展中具有重要作用。首先，通过教育国际交流与合作，促进中国优秀文化成果与世界先进文化成果的相互借鉴与吸收。例如，截至 2020 年 6 月，我国已经在 162 个国家和地区设立 541 个孔子学院和 1170 个孔子课堂，同时，我国的中外合作办学机构和项目达到 2282 个，其中本科以上的机构和项目达 1196 个，[①] 产生广泛的国际影响，特别是在“一带一路”沿线国家和地区受到广泛的欢迎，极大地增进了我国同世界各国人民的语言文化交流和相互了解与友谊。从而为推进我国经济的开放发展创造了必要的人文条件。

其次，教育在开放发展中的作用还体现在人才培养上。根据初步统计，改革开放以来的四十多年中，我国 81% 的科学院院士、54% 的工程院院士、72% 的国家“863”计划首席科学家均为留学回国人员。[②] 同时，通过来华留学项目，我国一方面吸引了大批国际高层次人才，同时也为其他国家，尤其是第三世界国家的科技与经济社会发展事业培养了大批人才。这些都为我国的开放发展奠定不可或缺的国内外人才基础，在加快建设世界重要人才中心和创新高地，形成人才国际竞争的比较优势，加快建设国家战略人才力量过程中发挥着重要作用。已有实证研究显示，全方位的教育对外开放，包括出国留学、来华留学、国际合作研究和国际学术会议均对我国可持续的经济增长具有促进作用，[③] 因而也对高质量发展产生积极影响（图 9）。

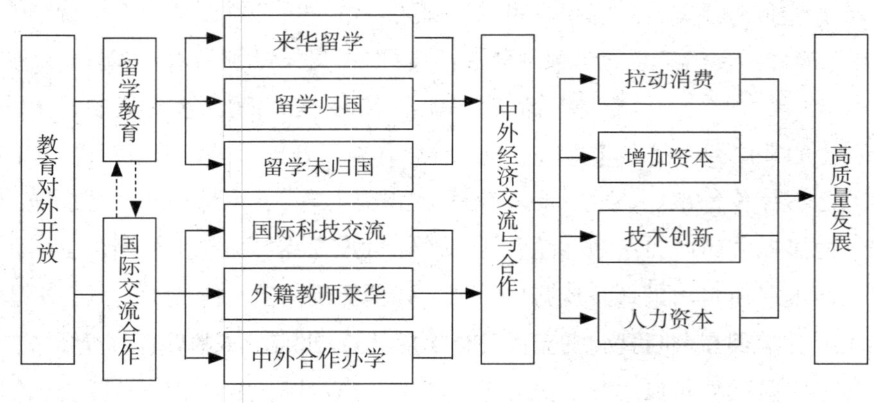


**图 9　教育对外开放促进高质量发展的作用机制**

党的二十大报告强调要提高对外开放水平。因此，我们要进一步扩大双向、高效有序的教育对外开放，既要坚持“支持留学、鼓励回国、来去自由、发挥作用”的方针，

① 沈伟．如何加快和扩大新时代教育对外开放［N］．中国教育报，2020-06-23（06）.

② 徐小洲．新形势下为何要加快和扩大教育对外开放［N］．中国教育报，2020-06-23（06）.

③ 薛海平，高翔，杨路波．双循环背景下教育对外开放推动经济增长作用分析［J］．教育研究，2021，42（05）：30-44.

也要加大力度吸引更多优秀外国留学生来华学习，扩大教育教学和科学研究的国际交流与合作，充分发挥教育对外开放促进“双循环”的重要作用。同时，通过国际教育交流与合作这一促进不同国家不同文明之间和谐共处与共同繁荣的有效机制，在促进我国经济社会高质量发展的同时，为构建人类命运共同体作出贡献。

总之，教育在习近平总书记强调的高质量发展的五个方面都具有重要的战略性作用（图 10），而要发挥好教育的这种作用，必须深化教育教学综合改革，进一步提高教育质量，促进教育公平，完善各级各类学校管理和教育评价体系，健全学校家庭社会全方位协同育人机制，推进教育信息化数字化转型，构建完善的终身教育体系，建设好全民终身学习的学习型国家。

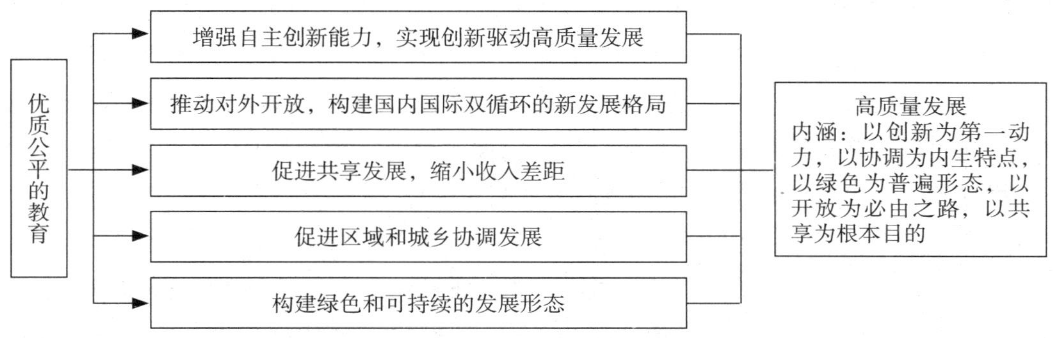


**图 10　教育促进高质量发展的战略作用**

# 高校日常思想政治教育工作质量评价的战略意义

严　帅[①]

**摘　要：** 高校日常思想政治教育工作是一定生产力基础上的生产关系构成。新时代主要矛盾的变化要求思想政治教育领域作出相应调整，高校日常思想政治教育工作质量评价契合社会主要矛盾的变化，主动调整矛盾各方的关系，体现以人民为中心的质量观和评价理念，坚持思想政治教育的意识形态本质规定，在历史传统、理论体系和实践方位中确定质量评价新的定位，从而确保日常思想政治教育工作的性质与方向。

**关键词：** 日常思想政治教育；质量评价；战略意义

中国特色社会主义进入新时代，社会主要矛盾转化为“人民日益增长的美好生活需要和不平衡不充分的发展之间的矛盾”，“社会主要矛盾的变化是关系全局的历史性变化，对党和国家工作提出了许多新要求”[②]，深刻影响着思想政治教育工作。社会主要矛盾体现了社会生产力的发展水平，反映了生产关系与生产力不相适应的情形，经济基础的变化也要求建立与之相匹配的社会意识形态和保障意识形态的制度、组织、机构等上层建筑体系。要在社会主要矛盾中认识高校日常思想政治教育工作质量评价的时代特征，在意识形态本质中理解高校日常思想政治教育工作质量评价的内在规定，通过评价明确高校日常思想政治教育工作质量的现实方位。

## 一、质量评价契合新时代社会主要矛盾的变化

社会主要矛盾是新时代的重要特征，主要矛盾的变化对思想政治教育提出了新的任务和要求，高校日常思想政治教育工作作为思想政治教育体系的重要组成，需要作出相应的调整。质量评价反映生产力和生产关系的发展变化与两者的矛盾关系，着力改进与现实需要和未来趋势不适应的部分，明确新时代工作的质量方位。

---

① 严帅（1983—），男，北京师范大学继续教育与教师培训学院党委书记，副研究员，中国教育发展战略学会思想道德建设专业委员会秘书长。研究方向：党建与思想政治教育，思想政治教育评价，高校学生事务管理。

② 中共中央党史和文献研究院．十九大以来重要文献选编（上）[M]．北京：中央文献出版社，2019.

### （一）质量评价回应社会生产力发展的需要

生产力与生产关系之间的矛盾是社会主义社会的基本矛盾，生产力是人类改造自然获得物质资料的能力，是国家经济社会发展的重要指征。“各种经济时代的区别，不在于生产什么，而在于怎样生产，用什么劳动资料生产。”[①] 不同历史时期的生产方式，决定了当时的生产力发展水平。1981 年，中国共产党的十一届六中全会通过的《关于建国以来党的若干问题的决议》中把当时的社会主要矛盾表述为“人民日益增长的物质文化需要同落后的社会生产之间的矛盾”，[②] 明确社会主义的根本任务是“发展生产力”，[③] 进而提出“科学技术是第一生产力”，[④] 对生产力内在要素和发展生产力的关键指向有了深刻的认识，中国共产党人意识到，“在社会主义社会，只有尽快提高劳动者的素质，大力提高科学技术和劳动资料的水平，不断开发和拓展资源、产品等劳动对象，才能使社会生产力得到极大发展”。[⑤]

改革开放以来，生产力水平发生了巨大的飞跃，“一切劳动、知识、技术、管理、资本等要素的活力竞相迸发”，[⑥] 推动了中国社会物质文化的显著发展，也直接促进了高校思想政治教育的发展：高校基本建立了思想政治教育体系，思想政治教育工作者自身的知识能力和文化素养不断提升，思想政治教育的手段、技术、条件、资源都得到了充分的发展，思想政治理论课程体系更加健全，日常思想政治教育渠道和载体不断丰富，进入高校的大学生人数不断增加，思想政治教育对高等教育发展和高素质人才培养作出了重要贡献。

新时代的生产力发展水平和发展目标是分析思想政治教育形势的重要基础。当前，生产力的发展并没有终结，而是进入了新的历史时期，在宣告“落后的社会生产”阶段结束的同时，“发展的不平衡不充分”的问题逐渐凸显，新时代要“着力解决发展不平衡不充分问题，大力发展质量和效益”[⑦]。思想政治教育工作中也呈现出结构上的不平衡，从所属地域上，不同地区不同高校思想政治教育的资源条件、师资状况和质量效益有着显著的差距，从内容供给来看，作为主渠道的高校思想政治理论课程形成了相对完整的体系，课程教材、师资队伍、教学模式、质量评价逐渐成熟。而作为主阵地的高校日常思想政治教育工作体系还在探索和健全的过程中，其理论依据、实践体系、关键标准都有待进一步厘清。同时，高校思想政治教育工作中还存在着一些影响充分发展的不利因素，

① 马克思恩格斯选集（第 1 卷）[M]. 北京：人民出版社，2012.

② 中国共产党中央委员会关于建国以来党的若干历史问题的决议 [M]. 北京：人民出版社，1981.

③ 邓小平文选（第三卷）[M]. 北京：人民出版社，1993.

④ 邓小平文选（第三卷）[M]. 北京：人民出版社，1991.

⑤ 习近平. 关于社会主义市场经济的理论思考 [M]. 福州：福建人民出版社，2003.

⑥ 习近平谈治国理政（第三卷）[M]. 北京：外文出版社，2020.

⑦ 十九大以来重要文献选编（上）[M]. 北京：中央文献出版社，2019.

既有来自社会外部的，也有来自高校和思想政治教育内部的。质量评价对日常思想政治教育工作的体制机制、主体客体、工作载体提出发展目标，推动劳动者、劳动对象、劳动资料等生产力要素充分发展。

### （二）质量评价协调形成适应生产力的生产关系

生产力决定生产关系，生产关系只有不断作出相应调整，才能满足生产力发展的需要。生产关系是“人们在自己生活的社会生产中发生一定的、必然的、不以他们的意志为转移的关系，即同他们的物质生产力的一定发展阶段相适应的生产关系”①。生产力的持续发展对生产关系提出新的要求，旧有的生产关系无法满足当下生产力的要求，“已成为桎梏的旧交往形式被适应于比较发达的生产力，因而也适应于进步的个人自主活动方式的新交往形式所代替；新的交往形式又会成为桎梏，然后又为另一种交往形式所代替”。②生产力与生产关系的矛盾运动成为推动社会历史发展的根本动力。

思想政治教育是一定生产力基础上的生产关系，质量评价通过明确评价导向、建构评价内容、确定评价标准等方式，调节思想政治教育中不适应的要素，逐渐形成适应生产力发展的新的关系。新时代社会主要矛盾直接决定了思想政治教育的主要矛盾。有学者提出思想政治教育的主要矛盾表现为“人们对于美好思想政治道德生活的需要和不平衡不充分的发展之间的矛盾”。③社会主要矛盾也决定着思想政治教育体系中各要素的主要矛盾，有学者归纳了思想政治教育主要矛盾的表现包括关系的“不适应”、工作中的“矛盾”状况以及过程中不同层面的“冲突”等。④矛盾运动的过程中，既有不断变化的要素，也有相对不变的要素，质量评价要坚持和把握一以贯之的要求，对不断变化的部分进行调整。我国的基本国情和世界上最大的发展中国家的地位没有变，当前社会主义生产关系的本质没有改变，社会主义公有制的主体地位、按劳分配的根本制度没有变。但是所有制的具体表现形式更加丰富，“人民日益增长的物质文化需要”转变为“人民对美好生活的向往”，这就意味着生产关系的调整始终坚持“人民主体”的价值取向，同时人的需要和全面发展的基础已经从“物质文化”扩充到生活的方方面面，单纯的“物质文化”需要已经不足以概括，同时人们的需要已经从“有没有”转变为“好不好”的质量追求。要精准分析大学生需求的具体变化，改进日常思想政治教育供给体系，提升供给的质量和效益。

### （三）质量评价坚持以人民为中心的发展观

人的需要和人的全面发展是新时代发展的根本方向。要“把人民对美好生活的向往

---

① 马克思恩格斯文集（第 2 卷）［M］. 北京：人民出版社，2009.

② 马克思恩格斯文集（第 1 卷）［M］. 北京：人民出版社，2009.

③ 张毅翔. 社会主要矛盾转化影响新时代思想政治教育的机理、根源与应对［J］. 思想教育研究，2019（04）.

④ 王习胜. 思想政治教育主要矛盾研究的方法论抉择［J］. 思想教育研究，2019（11）.

作为奋斗目标”，[①]通过“更高质量、更有效率、更加公平、更可持续的发展”，[②]从而满足和解决“人民日益增长的美好生活需要”，更好地“推动人的全面发展”。党的二十大进而提出“坚持以人民为中心发展教育，加快建设高质量教育体系”。[③]

以人民为中心的发展观，要求质量评价将人作为真正的主体。新时代的发展观从人的发展需要出发，充分考虑社会关系的变革对人的深远影响，将人的全面发展作为发展的终极目标。思想政治教育要根据新时代社会发展的变化，不断调整和完善指导思想与理论方法，提炼质量标准和评价方案，真正将人作为“思想政治教育的价值主体、实践主体和创造主体”，[④]充分肯定人的主观能动性对历史发展的创造性价值。思想政治教育工作者要将人的自由全面发展落实在高校立德树人的具体实践中，从思想上和现实中引导大学生“坚定理想信念，志存高远，脚踏实地，勇做时代的弄潮儿，在实现中国梦的生动实践中放飞青春梦想，在为人民利益的不懈奋斗中书写人生华章”。[⑤]

以人民为中心的发展观，要求质量评价以人民满意为尺度。“时代是出卷人，我们是答卷人，人民是阅卷人”，[⑥]思想政治教育工作要经得起历史和实践的检验，质量评价要充分参考评价各方的需要和期望，将人民满意作为质量评价的根本标尺。高质量的教育体系建设要求高质量的思想政治教育供给，在思想政治教育实践中体现教育公平、实施依法治校、完善治理体系、落实立德树人，不断满足人民对接受更好教育的需要，不断提升思想政治教育不同主体的获得感、幸福感和安全感。

## 二、质量评价满足高校日常思想政治教育的意识形态本质要求

日常思想政治教育工作是上层建筑的重要组成，上层建筑的意识形态属性决定了日常思想政治教育工作的目标与方向，社会意识的阶级性赋予了日常思想政治教育明确的工作内容。在中国高校的实践中，日常思想政治教育工作是中国共产党在高校意识形态安全建设的重要组成，传递着政治制度、法律体系、国家机器、组织机构的意志。质量评价确保日常思想政治教育满足意识形态的规定性和阶级性，体现社会意识形态的整体性。

### （一）质量评价确保教育工作符合意识形态的规定性

社会上层建筑是在一定经济基础上的社会意识形态和相配套的政治体系。马克思认

① 十九大以来重要文献选编（上）[M]. 北京：中央文献出版社，2019.

② 十八大以来重要文献选编（中）[M]. 北京：中央文献出版社，2016.

③ 高举中国特色社会主义伟大旗帜，为全面建设社会主义现代化国家而团结奋斗——在中国共产党第二十次全国代表大会上的报告[M]. 北京：人民出版社，2022.

④ 陈华洲，赵耀. 社会主要矛盾转化视域下思想政治教育的现代转型[J]. 思想理论教育，2019（02）.

⑤ 十九大以来重要文献选编（上）[M]. 北京：中央文献出版社，2019.

⑥ 习近平谈治国理政（第三卷）[M]. 北京：外文出版社，2020.

为，“一定阶级是社会上占统治地位的物质力量，同时也是社会上占统治地位的精神力量”“占统治地位的思想不过是占统治地位的物质关系在观念上的表现”。[①]“占统治地位的物质力量”与“占统治地位的精神力量”的辩证关系，揭示了一定社会基础与上层建筑的辩证关系，“占统治地位的思想”是“占统治地位物质关系”的观念表现。

意识形态是思想政治教育的内在规定性，是其区别于其他教育类型的根本属性。思想政治教育的意识形态本质具有普遍意义。思想政治教育是人类社会的普遍活动，不仅在社会主义社会存在，在其他社会也存在。思想政治教育按照占统治地位的思想来构建、指导与实践，把占统治地位的思想、政治、道德观念和规范转化为个体的思想意识和道德品质，进而指导个体的社会行为，实现人的发展与社会进步。意识形态的方向与目标，规定着思想政治教育的方向与目标，“思想政治教育实际上是意识形态教育”[②]。日常思想政治教育工作是思想政治教育的重要组成，日常是表现形式，核心是思想政治教育，质量评价通过导向和保障的功能，确保日常思想政治教育工作满足意识形态的内在规定。

质量评价要确保日常思想政治教育工作符合意识形态的相对稳定性。“意识形态作为社会存在的反映，总是落后于社会存在的，社会存在即人们的生活过程总是处于不断发展和变化中，而意识形态一经形成就具有相对稳定性，直到社会存在发生根本性变化时，意识形态才会或迟或早地发生剧烈的变化。”[③] 因此，高校日常思想政治教育工作质量评价是相对稳定的，才能够在一定时期内实现导向和保障的作用，否则就会因为评价导向的游离、保障的缺失引发教育政策和实践的反复波动。随着社会的发展，日常思想政治教育工作中出现了无法满足需要的情形，对社会存在的适应相对滞后，孤立的、局部的调整已经无法满足需要。直到新时代对全社会提出了广泛而普遍的新要求，日常思想政治教育工作才能够整体重新定位与建构，质量评价才能够超越零碎的政策安排，按照新时代的要求，确保日常思想政治教育工作作出符合当下意识形态的调整和改进。

### （二）质量评价确保教育工作立足意识形态的阶级性

日常思想政治教育工作具有鲜明的阶级性。上层建筑包括政治上层建筑和思想上层建筑，社会意识形态属于思想上层建筑的范畴。思想政治教育是“社会或社会群体用一定的思想观念、政治观念、道德规范，对其成员施加有目的、有计划、有组织的影响，

---

① 马克思恩格斯选集（第1卷）[M]. 北京：人民出版社，2012.

② 郑永廷. 社会意识形态与思想政治教育的内在联系 [J]. 中国高校社会科学，2015（06）。关于思想政治教育的本质，学界还有更多的讨论，如有的学者总结了思想政治教育本质的十种阐释，提出本质的研究要与教育目标契合：陈秉公. 思想政治教育本质研究现状及建议 [J]. 思想教育研究，2014（06）。有学者认为思想政治教育的本质兼具意识形态性和非意识形态性：石书臣. 思想政治教育的本质规定及其把握 [J]. 马克思主义与现实，2019（01）。本文倾向认为，思想政治教育的意识形态本质，体现了马克思主义理论基础与思想政治教育功能的内在一致性，也符合思想政治教育实践目标的基本需要。

③ 俞吾金. 意识形态论 [M]. 北京：人民出版社，2009.

并促使其自主地接受这种影响，从而形成符合一定社会一定阶级所需要的思想品德的社会实践活动”[①]，具有鲜明的阶级性。

日常思想政治教育工作是统治阶级调节思想生产和分配的重要举措。“构成统治阶级的各个个人也都具有意识，因而他们也会思维……他们还作为思维着的人，作为思想的生产者进行统治，他们调节着自己时代的思想的生产和分配；而这就意味着他们的思想是一个时代的占统治地位的思想”。[②]“占统治地位的思想”为政治上层建筑提供思想理论依据，包括思想观念、政治观念、道德观念等具体内容，因而思想政治教育一般包含“思想教育、政治教育和道德教育”[③]，也就构成了日常思想政治教育的主要内容，质量评价就是要推动思想教育、政治教育和道德教育通过具体的工作设计，融入高校育人的制度、过程、环节中。

质量评价要确保日常思想政治教育工作遵循意识形态的阶级性。在高校日常思想政治教育工作中坚持和维护意识形态的阶级性，要聚焦日常思想政治教育工作的政治要求，“关键是政治方向，根本是立德树人”[④]。思想政治教育的具体形态可以是思想政治理论课，也可以是日常思想政治教育，未来还可能出现其他的教育形式，无论哪一种形式，“意识形态都是思想政治教育中共同具有的最一般、最普遍、最稳定的属性”[⑤]，都应当将“思想教育、政治教育和道德教育”作为重要内容，将占统治地位的思想，尤其是政治思想转化为个人思想主张并指导其实践。

**（三）质量评价确保教育工作体现意识形态的整体性**

上层建筑中的政治上层建筑处于主导地位，决定社会意识形态的性质和内容。统治阶级的思想，首先通过政治制度、法律体系、国家机器、组织机构等体系加以明确。思想政治教育的意识形态蕴含，不仅是作为思想上层建筑范畴应有的，也是政治上层建筑一系列安排在高校的具体体现。

思想政治教育是统治阶级的意识形态体现，有别于一般的思想文化，政治上层建筑对思想政治教育有着重要的影响与作用。政治制度决定了国家性质与组织形式，奠定了思想政治教育的制度根基。法律体系是有关人的言语、行为、权利、交往、关系的强制性规范，本身也蕴含着思想、道德、价值的导向。国家机器是政治制度和法律体系的保障者与执行者，是维持、评判、规范社会意识形态的工具，这些政治上层建筑的安排，同时也是思想政治教育的基本内容。

---

① 陈万柏，张耀灿．思想政治教育学原理［M］．北京：高等教育出版社，2015.

② 马克思恩格斯选集（第1卷）［M］．北京：人民出版社，2012.

③ 本书编写组．思想政治教育学原理（第二版）［M］．北京：高等教育出版社，2018.

④ 冯刚．新时代中国特色社会主义思想政治教育的创新发展［J］．中国高等教育，2018（Z1）.

⑤ 石书臣．思想政治教育的本质规定及其把握［J］．马克思主义与现实，2009（01）.

从中国的实践来看，思想政治教育是意识形态整体的有机组成。社会主义政治制度决定了高校坚持社会主义办学方向，坚持以人民为中心的教育理念，把立德树人作为根本任务，培养德智体美劳全面发展的社会主义建设者和接班人，坚持教育“为人民服务，为中国共产党治国理政服务，为巩固和发展中国特色社会主义制度服务，为改革开放和社会主义现代化建设服务”[①]。中国共产党对教育事业的全面领导决定了高校日常思想政治教育工作中要全面贯彻党的教育路线方针政策，遵从中国共产党党内法规和国家法律，各项章程、制度、规定要符合上位政策，要按照中国共产党的基层组织建设要求加强和完善高校党的领导。因此，高校的日常思想政治教育工作，是中国共产党对意识形态全面领导与对高校具体指导的体现，体现了党和国家对意识形态的整体设计。

## 三、质量评价明确高校日常思想政治教育工作的质量方位

质量方位是把握质量标准的重要依据，是质量评价的出发点和参照点。当前，思想政治教育中关于学科理论定位的讨论比较多，而思想政治教育实践定位的讨论较少。在高校思想政治教育实践中，关于思想政治理论课的质量讨论比较多，思想政治理论课的形式、内容、标准、评价相对完整。2019 年，中央专门召开了学校思想政治理论课教师座谈会，为思想政治理论课的质量方位提供了新的战略指向。相比而言，日常思想政治教育工作的质量定位相对模糊，高校日常思想政治教育工作容易湮没在高校宏大的育人体系中，导致工作内容分散、目标指向模糊、效果难以度量。质量评价要在总结历史传统、把握本质规律、分析现实要求中，明确日常思想政治教育工作质量的现实方位。

### （一）历史经验为品德的认识和评价提供了借鉴

“我们如果对任何事物，对政治或其他各问题，追溯其原始而明白其发生的端绪，我们就可以获得最明朗的认识。”[②] 在人类历史发展的不同阶段，无论是古代社会还是近现代社会，无论是中国还是外国，有着大量的关于思想的、政治的、道德的观念、讨论、实践。思想政治教育发展到一定的历史阶段，必然出现对其效果、价值、作用等评价。不同阶级的评价立场有着基本的标准，“相对于自身给定的价值目标是具有正向价值的”[③]。

中国历史上对育人的导向和标准有着丰富的表述，其中最重要的是确立了对德的要求，包括德是什么、处于什么地位、有什么作用。《尚书·洪范》中提出，“三德：一曰正直，二曰刚克，三曰柔克”，[④]《礼记·中庸》中提及，“知，仁，勇，三者天下之达德

① 习近平谈治国理政（第二卷）[M]. 北京：外文出版社，2017.

②［古希腊］亚里士多德. 政治学［M］. 吴寿彭，译. 北京：商务印书馆，2017.

③ 张澍军. 论思想政治教育的历史定位与运行特征［J］. 教育研究，2015（04）.

④ 李学勤主编. 尚书正义［M］. 北京：北京大学出版社，1999.

也”[①]，这些提法指出了德行的朴素内涵。周朝的官学要求学生掌握礼、乐、射、御、书、数“六艺”，其中“礼”就有伦理教化、行为规范的指向。古人认为德行是处于统领地位的，德行具有导向、教化的功能，司马光在《资治通鉴》里提道，“才者，德之资也；德者，才之帅也”[②]，说明了育人的根本在于立德。

社会发展水平决定了对事物的认知所能达到的程度。“我们只能在我们时代的条件下进行认识，而且这些条件达到什么程度，我们便认识到什么程度”。[③]中国古代历史中，教育者和教育主管部门一直都在寻找合适的品德标准与评价方法，汉代通过察举的方式选拔官吏，设置了“孝廉”“光禄”“贤良方正”等科目，将德行的标准具化；魏晋南北朝采取九品中正制，使用评价的方式对候选人进行考核和遴选；科举制度建立后，将德行的要求与标准内化为考试的教材与内容。近现代国外科学实验的发展，推动了质量标准的实证化，代表了新的阶段对质量的重新认识。不同时期关于品德的认识以及评价的经验，为高校日常思想政治教育工作质量评价的构建提供了历史的借鉴。

### （二）人的本质及其实践规律深化了评价的理性认识

马克思主义将人看作一切社会关系的总和，对人的本质有了更进一步的把握，理性认识和分析人的实践，深化了对人类实践以及人的本质的理解。正是因为认识了人的本质及其实践的一般规律，从而“根据效用原则来评价人的一切行为、运动和关系等等”有了可能。[④]而不同历史时代人的本质及其实践的变化，呈现出不同的质量特征，也就具有了评价的可能。

日常思想政治教育工作作为一种普遍意义的实践活动，具有客观的物质性，工作中特定的环境、资源、工具，具有客观性，工作中的互动过程、言行举止、工作记录，都能够被观察、认识和分析。人的思想状况、政治素质和道德水平，也是在一定物质条件基础上的生产关系呈现，是客观物质世界的精神反映，遵循一定的规律，有着内在的逻辑，可以通过一定的方式收集信息，借助测量指标进行度量或统计，也可以作为人的实践活动，借由人的经验来判断。

马克思主义不仅提供了分析实践和思想的一般方法，而且深化了对政治工作、道德教育的社会性、阶级性和目的性研究，从思想政治教育的历史地位、时代特征、互动关系的角度加深了对质量评价这一问题的理解，从而丰富和拓展了日常思想政治教育工作质量的表现形式、层次维度和观察方法。

---

① 十三经注疏整理委员会．礼记正义［M］．北京：北京大学出版社，2000.

② 司马光．资治通鉴［M］．胡三省，音注．北京：中华书局，2011。司马光在分析晋国国君智伯之所以治国不力，以致亡命的历史时写道，“智伯之亡也，才胜德也”。所以“才德全尽谓之圣人，才德兼亡谓之愚人，德胜才谓之君子，才胜德谓之小人”。

③ 马克思恩格斯选集（第3卷）［M］．北京：人民出版社，2012.

④ 马克思恩格斯全集（第23卷）［M］．北京：人民出版社，1972.

### （三）中国共产党在高校的实践明确了质量建设与发展的方向

新中国成立后，中国共产党在各个历史时期的工作重心决定了高校思想政治教育工作的重点，明确了思想政治教育实践质量定位。思想政治教育是中国共产党创造的专门概念。“理论在一个国家的实现程度，取决于理论满足这个国家的需要的程度。”[①] 中国共产党自建党之初就重视思想政治工作，在军队中创建了政治工作制度，把思想政治工作作为党的各项工作的“生命线”。改革开放以来，中国共产党提出了高校思想政治教育各阶段发展目标，构成了质量建设的任务和质量评价的内容。推动高校探索思想政治教育科学化，系统构建高校思想政治教育工作体系，形成了政治教育传统、思想政治理论课程体系、辅导员工作制度、思想政治教育组织机构和体制机制等。

培养担当民族复兴大任的时代新人，是高校思想政治教育根据新时代中国共产党的历史使命提出的新的目标。“我国是中国共产党领导的社会主义国家，这就决定了我们的教育必须把培养社会主义建设者和接班人作为根本任务，培养一代又一代拥护中国共产党领导和我国社会主义制度、立志为中国特色社会主义奋斗终身的有用人才。”[②] 新时代中国共产党的历史使命是要实现中华民族伟大复兴，需要一代又一代青年接续奋斗。日常思想政治教育工作要围绕这一目标设计和实施，质量评价要针对目标的完成情况来开展。

质量评价要持续发挥导向、鉴定、诊断、调控和改进的作用，为日常思想政治教育明确实践方向。近年来，中央就建立健全思想政治教育评价发布了多个文件，强调通过评价，保障思想政治教育方向，改进思想政治教育质量，提升育人的效果。2016 年，中央发布《关于加强和改进新形势下高校思想政治工作的意见》，明确提出“健全高校思想政治工作评价体系，推动工作的制度化。”[③]2020 年，中央发布《深化新时代教育评价改革总体方案》，提出“充分发挥教育评价的指挥棒作用，引导确立科学的育人目标，确保教育正确发展方向”，进而提出“科学设计各级各类教育德育目标要求，完善德育评价”。[④] 党的二十大报告明确提出“加快建设高质量教育体系”“完善学校管理和教育评价体系”等要求。[⑤] 这些文件是中国共产党对高校思想政治教育实践的战略部署和质量要求，为日常思想政治教育工作明确了质量建设与发展的方向目标。

① 马克思恩格斯选集（第 1 卷）［M］. 北京：人民出版社，2012.

② 十九大以来重要文献选编（上）［M］. 北京：中央文献出版社，2019.

③ 十八大以来重要文献选编（下）［M］. 北京：中央文献出版社，2018.

④ 中共中央、国务院印发《深化新时代教育评价改革总体方案》［N］. 人民日报，2020-10-14.

⑤ 高举中国特色社会主义伟大旗帜，为全面建设社会主义现代化国家而团结奋斗——在中国共产党第二十次全国代表大会上的报告［M］. 北京：人民出版社，2022.

# 我国高职院校标准化教育现状、困境与抉择[①]

苏霄飞　苗向阳　顾兴全[②]

**摘　要：**我国经济社会已由高速增长阶段转向高质量发展阶段，对标准化提出了新的更高要求。为了满足这一要求，首先必须培养大量能够从事标准制定、实施、监督的高素质技术技能人才。但是，当前高职院校标准化教育基本处于空白，同时面临人才培养定位不准、专业建设迟缓、师资严重不足等问题。因此，高职院校应该抓住《国家标准化发展纲要》发布的契机，重新审视标准化在高职专业建设中的地位与作用，积极推动标准化职业技能等级证书制度试点。

**关键词：**高等职业教育；标准化；标准化教育；人才培养

## 一、问题提出

众所周知，高职院校在院校数量、学生数方面占据高等学校半壁江山。而在如此庞大规模的高职院校中，标准化教育几乎处于空白。深圳职业技术学院（以下简称深职院）、顺德职业技术学院（以下简称顺德职院）、青岛职业技术学院（以下简称青岛职院）、义乌工商职业技术学院（以下简称义乌工商院）、苏州健雄职业技术学院（以下简称健雄学院）等少数高职院校开展过标准化课程建设的探索。是否我国高职院校不适合开展标准化教育呢?

韩国和荷兰有学者研究认为标准化教育包括两个方面，一是标准化正规教育，二是标准化职业教育。标准化正规教育主要面向学校教育，标准化职业教育主要面向商业人员、政府官员、标准化组织人员等。由韩国发起的SEPSC项目将标准化教育划分为正式教育和专业教育。正式教育同样也是面对学校教育，专业教育同样也是面对商业、政府、标准

① 本文为基金项目：2021年江苏高校“青蓝工程”优秀教学团队、第五届太仓市高校专业建设领军人才阶段性成果。

② 苏霄飞，苏州健雄职业技术学院党委书记、教育管理学博士，中国教育发展战略学会教育标准专业委员会副理事长，研究方向：职业教育学校管理。苗向阳，苏州健雄职业技术学院标准化技术专业带头人，教授，研究方向：标准化教育教学研究。顾兴全，中国计量大学标准化教育研究中心副主任，副教授，研究方向：标准化教育与战略。

化机构。综合这两种观点，标准化教育可以分为学校教育和面对专门群体的职后教育，面向高职层次的标准化教育属于标准化学校教育范畴。国外经验也告诉我们，高职院校可以举办标准化教育，韩国、越南、印度尼西亚等国家成功开展过专科层次的标准化教育。

国内研究标准化教育和标准化人才的学者主要来自中国计量大学，如余晓、曹欣欣、张朋越等，但是在他们的研究中几乎没有涉及高职层次的标准化教育。因此，顾兴全指出："在推进新时代职业教育改革发展中，高职等层次的标准化职业教育存在缺位。"

## 二、标准化教育现状与影响因素

### （一）开设的院校与课程

深职院王利婕团队通过十余年的努力，面向全校学生开设了标准化基础、标准化与创新和标准化与生活等通识课程。面向印刷与包装类专业开设了印刷质量与标准化、包装检测与标准化等专业课程。通过成立学生标准化创新工作室、学生标准化项目研究小组等形式，形成了学生开展标准化学习和实践的平台与真实场景。

2014 年，顺德职院丁红珍团队面向机械专业开设了机械安全生产标准化和机械专业标准化与质量专业选修课程。除此之外，该校涂料专业、家具工艺与设备专业也开设了标准化选修课程。2018 年，以家具设计与制造以及机械制造类专业为试点，丁红珍团队开设了高职教育标准与标准化应用实务通识课程。

青岛职院徐奎玲团队、李彬团队、李占军团队分别开设了管理标准化、经济法标准化实践、标准编审与应用技能训练等通识课程。王金生在 2019 青岛国际标准化论坛上作了"职业院校标准化技能教育的问题与对策"主旨发言，提出构建课程体系、开发教材、培养师资、建设实训基地。

义乌工商学院楼芸团队面向工商企业管理专业开设标准化与质量管理专业拓展课程。该校协同创新平台义乌制造标准化管理研究中心参与制定假发、高品质涤纶缝纫线、无缝塑身纤体内衣、毛绒玩具等 6 项标准，为行业创造效益超千万元。

2021 年 10 月，健雄学院面向全校学生开设标准化基础通识课程，这是江苏省高职院校范围内首次开设标准化课程。2021 年 9 月，苏霄飞参加教育部组织的高职标准化技术专业简介和专业教学标准制定工作。2021 年 5 月，健雄学院成功备案高职标准化技术专业，2022 年，计划招收 30 名标准化技术专业新生。2022 年 4 月，健雄学院举办"1+X"标准编审职业技能等级证书（初级）第 1 期远程教育学习班。

根据开设院校学生数和课程覆盖面情况，我们粗略估算，受过标准化教育的学生数占高职在校生总数的比例不足 1‰。除了面向高职学生的标准化教育之外，高职院校在标准化职后培训和标准化竞赛方面也有涉足。大庆职业学院依托中国石油天然气集团公司和大庆油田，探索建设石油标准化专业课程体系，石油专业课、标准化课程和现场观摩课课时比例为4:2:1，累计完成4523人次的职后培训，成为全国首家在职业教育领域开展标准化教育培训的高职院校。形成一套“1（标准化课程）+1（岗位课程）+N（特定能力课程）”培训实施方案，出版《石油钻采技术标准化培训教程》系列教材。

2021年，中国计量大学举办第一届全国大学生标准化奥林匹克竞赛（以下简称标准化奥赛），共有87支学生队伍获奖，其中只有长江职业学院一支高职学生队伍获奖。据不完全统计，2022年第二届标准化奥林匹克竞赛有16所高职院校、29支高职学生队伍、168名高职学生参加。

### （二）师资队伍

高职院校标准化师资队伍主要由从事过标准制修订的教师和接受过标准化师资培训的教师这两部分组成。在全国标准信息公共服务平台上，以“职业技术学院、职业学院、职业技术大学、职业大学，高等职业技术学校”为关键词搜索，全国高职院校中作为第一起草单位主持制修订国家标准11项。参与制修订国家标准470项、行业标准124项、地方标准283项。

按照主持一个标准项目需要投入10名教师，参与一个标准项目需要投入5名教师计算，全国高职院校中从事过标准制修订的教师人数在4500人次左右。据不完全统计，目前已经有56名高职教师取得国家总局标准技术审评中心颁发的标准编审（初级）师资证书。考虑到有些教师重复参与不同的标准制修订的可能性，以及有些教师已经退休，推测目前高职院校大约有4000名教师基本具备标准化教学能力。

### （三）高职层次人才需求

即将公布的高职专科标准化技术专业培养目标中明确指出，应“掌握团体标准化、企业标准化知识”。高职标准化教育正是培养能够从事团体标准化、企业标准化的高素质技术技能人才。

截至2022年4月，全国团体标准信息平台公开的团体标准制定活跃组织达到6007个。截至2020年底，企业标准信息公共服务平台注册企业共341940家。根据高职专科标准化技术专业教学标准研制组调研结果分析：目前企事业单位从事标准化工作的人员中，高职大专及以下的占48.08%；我国70%的企业没有标准化机构和专兼职人员，规模以下企业设置标准化机构和配备专兼职标准化人员的比例不足10%；按规模以上企业的需求计算，每个企业配备1名接受过标准化知识系统训练的人员，那么人才缺口超过50万。

### （四）影响专业设置的因素

影响高职专业设置的主要因素有区域经济、院校竞争、政策影响等外部因素和中高职衔接、职业教育理念、教育资源等内部因素。区域经济已经被广泛认为是影响高职专业设置的首要因素，这与高职教育是为区域经济和社会发展服务的理念是一致的。鉴于标准化领域的特殊性，区域发展规划中无论是战略性新兴产业，还是传统产业，产业名称中都不会有“标准”相关的表述。而区域发展规划正是很多高职院校设置专业的依据，这也导致高职院校在设置专业时，不会很明确地设置标准化专业。

在《“十三五”国家战略性新兴产业发展规划》（以下简称《规划》）发布后的2016—2019年间，数据科学与大数据技术专业呈爆炸式增长，全国高校新增专业数量达到了616个。这无疑得益于《规划》中提出了实施“互联网+”工程、大数据发展工程、人工智能创新工程等重大工程。但同时，《规划》中有81处提到了“标准”“标准化”“标准体系”或“标准规范”等标准相关词语，但这并没有触发设置标准化专业的高潮，甚至没有带来标准化教育的蓬勃兴起。

职业教育更多地被理解为技能教育，教学生一技之长，成为许多高职院校的教学追求，但是标准化很难被认为是一种技能。同时，标准化意识淡薄、标准化师资匮乏使得标准化教育资源在高职院校捉襟见肘。这些因素都造成了标准化专业不会成为一个“时髦”专业受到追捧。

## 三、发展困境

### （一）社会认同度低，人才定位难以把握

现代意义的标准化科学发展至今，也不过几十年。标准化人才作为一种职业，一直到2015年才被收录到《中华人民共和国职业分类大典（2013年版）》中。我国从2005年开始，上海、重庆、深圳等地开始建立标准化专业技术资格考试制度，但是据统计，每年各地参加考试人数不过寥寥一两百人。2013年，安徽省启动标准化专业技术资格考试制度，截至2020年底，共培养标准化工程师895名，每年也只有一百多人通过考试。截至2014年，全国仅有不到10个地区推进标准化工程师制度探索和标准化人才培育体制创新。按此规模推测，全国每年通过标准化工程师考试的人数在2000人左右。

在标准化教育培训方面，2011年教育部才批准在中国计量大学开设首个本科标准化专业，目前全国也仅仅有十几所高校开设标准化专业，每年毕业生不足千人。虽然，国内也建立了标准化人才职后培训体系，各级各类的标准化协会、学会能提供短期的培训课程，但是受到模式单一、公益性不强、企业不重视等因素影响，培训广度、质量、数量都不尽如人意。结合资格认证和高校培养，全国每年新增标准化人才总量在3000人左右。这么小的规模增量造成了标准化人才在社会大众中的陌生度很高、认同度很低。

《中华人民共和国职业分类大典（2015年版）》中对标准化工程技术人员的职业描述为：从事标准化管理、研究、服务和标准制定、修订、实施、监督的工程技术人员。由于对标准和标准化不了解，社会大众觉得这个职业很深奥，不知其里。不同的人有不同的理解，如工程技术人员、研发科技人员、服务行业、管理人员等各种表述不一的理解，给标准化人才定位带来了很大的难度。在人们的潜意识中，很难具象出标准化职业的工

作场景、工作任务、工作成果。

### （二）专业建设起步晚，职业院校积极性不高

目前，仅有健雄学院一所高职院校开设标准化技术专业，相比于本科和研究生层次的标准化教育，高职院校的标准化专业探索几乎就是空白，高职院校参与国行标制修订的数量也不多。大多数职业院校的标准化工作主要集中在教学标准、课程标准、实习标准、实验实训室建设标准以及“1+X”证书标准等方面。而这些，无论从工作思维、工作流程、工作成果上都还不能称为真正意义上的标准化工作。

相关调研发现，相当一部分高职院校暂时也没有开设标准化技术专业的意愿。高职院校标准化教育主要停留在思路和设想层面，更多的高职院校希望通过“标准化 +”专业、辅修专业、第二专业、微专业等形式将标准化教育与现有高职专业融合，或者作为补充。高职教育是以就业为导向，很多高职院校担心标准化专业就业岗位不明确，企业对标准化不重视，标准化专业学生不被社会认可，多种因素造成高职院校对开设标准化专业顾虑重重。

### （三）学科体系不健全，专业教师储备不足

在《中华人民共和国国家标准学科分类与代码》（以下简称《学科分类标准》）中，标准化学科被设置在工程与技术学科门类中，作为一级学科“工程与技术科学基础”下面的二级学科“标准科学技术”。但是在国务院学位委员会和教育部共同颁布的《学位授予和人才培养学科目录》（以下简称《学科目录》）一级学科和二级学科目录中没有设置标准化学科。2010 年教育部正式在《普通高等学校本科专业目录》（以下简称《目录》）中增设“标准化工程”专业，在 2020 年版《目录》中，“标准化工程”专业设置在管理学大类、工业工程小类中。

学科分类标准用于国家宏观管理和科技统计，而非学位授予和人才培养。这就造成了学科分类标准中虽然设置了标准化学科，但是对于人才培养并没有太多的促进作用。标准化工程专业主要培养本科层次的标准化人才，由于学科目录中没有设置标准化学科，造成了没有专门培养标准化专业的硕士点和博士点。当前，高职院校对于新引进教师的学历要求越来越高，很多院校要求引进博士学历研究生，这就造成标准化专业师资招聘中专业不能完全匹配。而从相关的经济学、法学、理学、工学、管理学招聘师资的实践案例还比较少。

刘彩在对武汉某高职院校师资进行实证研究时发现：有一半以上（55.60%）的教师是直接从学生或待业者的身份进入高职院校。王陈浩也指出：高职教师来源从学校到学校的现状成为高职院校教师队伍建设亟待解决的问题。《全国职业院校教情调查报告》数据显示：高职教师在入职前与所教专业相关的企业工作年限中位数为 1 年，48.4% 的高职教师不具有任何与所教专业相关的企业工作经历。根据高校人才网高职高专人才招聘

数据分析，以 2022 年 4 月为例，共有 5675 个高职院校职位，其中 901 个职位要求达到博士学位，2938 个职位要求达到硕士学位，博硕士学历职位占到总数的 67.6%，还要考虑到高职院校招聘中有些职位不是教师岗位，对于高职师资博硕士学历要求的比例还要更高一些。这些数据都说明了当前高职院校师资主要来自高校培养的毕业生，而不是来自行业企业。对于标准化专业而言，高校无法大量培养高职院校所需要的师资，行业企业也不能有效供给，这就造成了高职标准化专业师资储备严重不足。

**（四）全民意识不强，教育生态还未成形**

20 世纪 80 年代末，苏孟彦提出：企业要想在竞争中站稳脚跟，就必须按照国家标准，组织生产，要有很强的标准化意识。十年后，王孟钦惊呼：企业全员标准化意识不容乐观，并总结了企业领导层标准化意识的三种类型：意识淡薄型、意识简单型、实用意识型。三十年后，沈俊杰总结出企业标准化意识不强的三种表现：缺少标准化活动、缺少标准化投入、缺少标准化人员。企业是离标准化最近的组织，改革开放四十多年来，发展最成功的就是社会主义市场经济，企业无疑是最大的受益者。然而，四十多年间，企业的标准化意识仍然不尽如人意。

社会生活中，标准化无处不在，而社会大众对标准化却视而不见。这看似矛盾的观点在现实社会中却真实存在。普通国民的标准化意识如何呢？20 世纪 90 年代，也就是改革开放十几年后，施邦英指出，人们热衷于短期经济效益，搞短期行为。“赚现钱才是标准。”一些小企业、乡镇企业常常是无标生产，特别是国民标准化意识的淡薄，已深刻影响到国民生产和经济的各个领域。到了改革开放三十年后，王爱玲仍然认为：我国公众标准化意识普遍薄弱，标准的实施状况差、无标生产经营屡见不鲜。各级政府缺乏系统有效的提升公众标准化意识的路径和方法。我国公众标准化意识明显滞后于时代的发展，并无明显改观。

公众标准化意识淡薄，那么学生群体标准化意识如何？基础教育阶段的标准化意识教育在我国还未开展，最新发布的《义务教育课程方案和课程标准（2022 年版）》中没有明确的表述就是最好的例证。崔智敏在对大庆职业技术学院学生调查时发现：职业院校学生对标准化的认识程度处于一般水平，工科类专业略好于管理类、财经类、计算机类，专业认识程度相对较差。罗小娟在对云南工科大学生调查时发现：只有 22% 的学生标准化意识较好或很好，46% 的学生不能很好地理解标准相关定义，其他学生不理解标准化的概念。罗明珠在对广州六所大学调查时发现：只有 29.2% 学生是在进入大学之前就了解标准化，51.94% 的学生在进入大学之后仍然不了解标准化。不难看出，从基础教育到高职教育，再到本科教育，乐观估计学生群体中有一半的学生知道标准化但不甚了解，另一半的学生可能压根不知道标准化。

## 四、抉择与机遇

### （一）用好《国家标准化发展纲要》实施的红利

截至 2022 年 10 月，25 个省、区、市发布了贯彻落实《国家标准化发展纲要》（以下简称《纲要》）的相关文件。按照发文机构的行政强度、响应速度、要素比例，我们研究了《纲要》贯彻落实态势（图 1）。

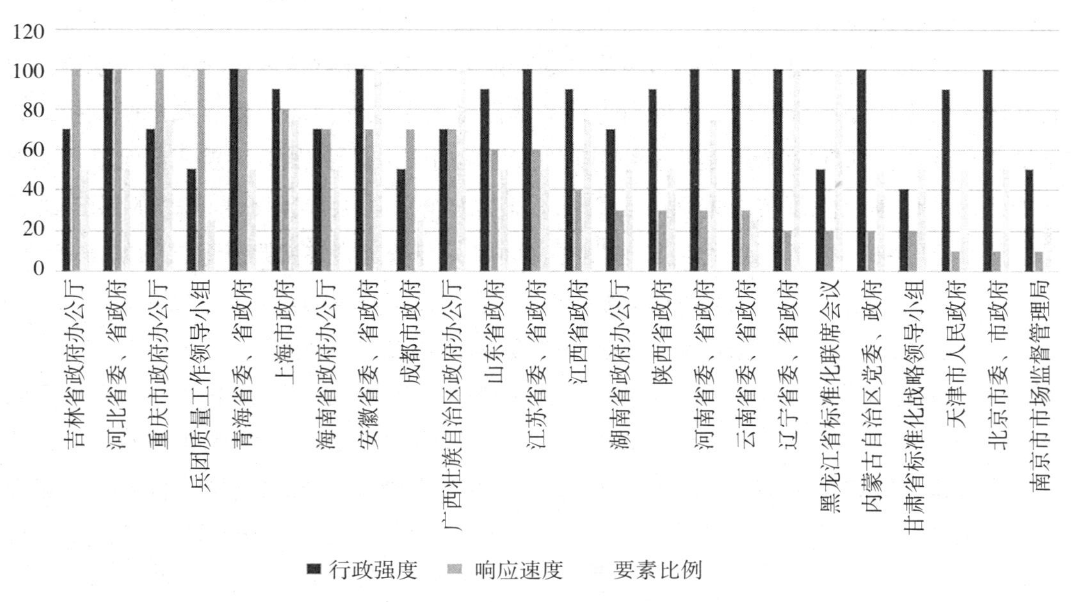


**图 1　《纲要》贯彻落实态势**

其中有 37.5% 的省、区、市是由党委、政府双机关发文，16.7% 的省、区、市在“加强标准化人才队伍建设”“将标准化纳入职业教育”“开展专业与标准化教育融合试点”“鼓励高等院校开设标准化相关专业”四个核心要素上全覆盖。

标准是经济活动和社会发展的技术支撑，标准化活动就需要大量的技术人才支撑。标准供给向政府和市场并重转变、向经济社会全域转变、向质量效益型转变，这些都造成了标准的绝对数量会大幅增加，相应地，也造成了标准研制、应用的人才大量短缺。推进技术经理人、科技成果评价服务等标准化工作，标志着标准化作为一种新的服务业态已经形成。虽然，现阶段职业教育标准化人才培养还有许多困难，但是站在国家发展战略角度重新审视标准化人才培养，其重要性不言而喻。

### （二）抓住《职业教育专业目录》调整的机遇

2020 年 8 月，教育部启动《职业教育专业目录》（以下简称《目录》）修（制）订工作，2021 年 3 月新版《目录》中增加了标准化技术专业，归属于公共管理类，专业代码 590210。该专业的新增体现了紧密对接现代产业体系、服务国家战略的特点；紧密对接新业态、新职业，补齐人才短板等特点。本次《目录》修订主要以国民经济行业分类、职业分类大典及新职业目录等为依据，这也解决了前文中提到的行业分类和职业分类大典中有标准化类别，却没有相应专业培养的尴尬局面。

标准化是现代社会一种重要的公共管理政策工具和手段，标准化体系建设和实施过程中也涉及非常多的公共管理问题。因此，将标准化技术专业纳入公共管理类专业群，也是充分考虑到标准化与公共管理的内在关系，从公共管理的角度来丰富标准化的内涵，完善标准化的公共治理。

在《目录》中新增标准化技术专业的意义还在于将标准化通识课程引入高职专业公共基础课程模块中。从以往的经验看，标准化因覆盖领域广泛而几乎涉及高职院校的各类学科和专业，其理论知识已渗透到各学科的教学内容中。《纲要》中提出深度发展全域标准化，可以预见除了传统的第一、第二、第三产业，社会事业如养老、体育、教育、保险等社会事业领域的标准化会加速发展。可以不夸张地说，高职所有专业都与标准、标准化有关，将标准化通识课程纳入高职专业课程体系势在必行。

### （三）跟上“1+X”标准编审职业技能等级证书推广的契机

由北京中标赛宇科技有限公司开发的标准编审职业技能等级证书（以下简称等级证书）获批参与“1+X”证书制度试点。该证书的设立是为了加强标准化人才队伍建设，积极推动标准化教育和人才培养，推进标准化职业教育和职业技能教育，加快标准化相关领域职业技能等级证书推广和试点应用，探索和促进学历证书与等级证书融通衔接。

该证书的考试机构是北京中标赛宇科技有限公司，培训机构是山东成人教育标准化产业学院，教材和题库由中国计量大学标准化教育研究中心编制，实现了“考、培、题三分离”。截至2022年12月，全国等级证书已经开设6次初级班，1次中级班，2次师资班，累计培养标准化人才3500人次，证书实现了教育部、国标委、中组部三网通查。

山东成人教育标准化产业学院在全国设立10个教学部，分别对接各省份，共签约教学机构53家，直接从业人员300余人。高职院校引入等级证书有三种途径：第一种是与山东成人教育标准化产业学院合作；第二种是与所在省份的教学部合作；第三种是与所在省份的教学机构合作。

## 五、结语

国标委原主任陈钢说，育才造士，为国之本。当今世界，人才是推动经济发展和社会进步的决定性动力。发挥标准化重要作用、实施技术标准战略的关键在人才。虽然职业院校标准化教育困难重重，但是我们惊喜地发现政策利好不断袭来。新修订的《企业标准化管理办法》即将出台，对企业标准化人才队伍建设有明确要求。新修订的《国家标准化法实施条例》增加了标准化人才培养和标准化职业技能证书等相关内容。标准化工作绩效即将纳入各省省委、省政府工作考核细则中，这将极大推动地方政府对标准化人才的重视程度。

## 参考文献：

[1]Donggeun Choi，Henk J. de Vries，Danbee Kim. Standards Education Policy Development：Observations based on APEC Research [J]. International Journal of IT Standards & Standardization Research，Vol.7，No.2，July-December，2009.

[2]余晓，吴伟，周立军. 标准化教育发展的国际经验及中国的策略选择 [J]. 现代教育管理，2011（09）.

[3]余晓，宋明顺，周立军，张月义. 我国标准化教育的发展现状分析 [J]. 中国标准化，2012（05）.

[4]余晓，刘文婷，宋明顺，祝鑫梅. 中国标准化教育——已有实践和未来设想 [J]. 中国标准化，2018（09）.

[5]Cao Xinxin. Reaping a harvest. China Standardization，September/October，2018.

[6]Cao Xinxin. Standardization education practices in China. China Standardization，September/October，2018.

[7]标准化人才培养与学科建设的路径探索 [J]. 世界教育信息，2020（09）.

[8]顾兴全，许建军，王音，阚少杰. 标准化人才培养与专业建设的挑战、机遇与对策 [J]. 标准科学，2021（06）.

[9]王利婕. 高职院校专业 + 标准化技术协同育人体系建设与研究实践 [C]. 第 18 届中国标准化论坛标准化教育分论坛. 广东顺德，2021.10.

[10]丁红珍，王荣发. 将标准化课程和知识导入高职课程体系的改革——以顺德职业技术学院为例 [J]. 职业教育，2014（04）.

[11]丁红珍，王荣发. 高等职业教育标准化通识课程建设探讨 [J]. 教育教学论坛，2018（11）.

[12]徐奎玲. 管理标准化 [OL]. https：//coursehome.zhihuishu.com/courseHome/1000012748#teachTeam.

[13]李彬. 经济法标准化实践 [OL]. https：//coursehome.zhihuishu.com/courseHome/1000012746#teachTeam.

[14]李占军. 标准编审与应用技能训练 [OL]. https：//coursehome.zhihuishu.com/courseHome/1000004024#courseDesign.

[15]王金生. 职业院校标准化技能教育的问题与对策[OL]. http：//www.qtc.edu.cn/info/1021/30389.htm.

[16]义务工商职业技术学院科研与社会服务概况[OL]. https：//www.ywicc.edu.cn/kxyan_jiu/kygk.htm.

[17]我院在全省首开标准化技术专业课程[OL]. http：//www.csit.edu.cn/2021/1013/c3487a32929/page.htm.

[18]高等职业学校专业设置备案结果[OL]. https：//zyyxzy.moe.edu.cn/home/major-register?year=2021&province=&school_code=&school_name=&major_code=&major_name=%E6%A0%87%E5%87%86%E5%8C%96%E6%8A%80%E6%9C%AF.

[19]全国首个标准化技术专业提前招生！[OL]. https：//mp.weixin.qq.com/s/eUFCCntPYWsruhq8cSUr5g.

[20]“1+X”标准编审职业技能等级证书（初级）第1期远程教育学习班[OL]. https：//mp.weixin.qq.com/s/csn7J5h1jtNQOhf9_53v-Q.

[21]崔智敏. 标准化教育培训基地建设的实践与思考[J]. 中国石油和化工标准与质量，2017（12）.

[22]姚笛. 传播标准理念　弘扬石油精神[J]. 化工职业技术教育，2021（04）.

[23]全国团体标准信息平台活跃团体[OL]. http：//www.ttbz.org.cn/Home/ActGroupList/?t=%E6%B4%BB%E8%B7%83%E5%9B%A2%E4%BD%93&page=301.

[24]市场监管总局（标准委）发布《中国标准化发展年度报告（2020年）》[OL]. https：//www.samr.gov.cn/xw/zj/202111/t20211104_336444.html.

[25]贾圆圆，沈亚强. 高职专业设置研究：成果与反思——基于74篇论文的分析[J]. 河南科技学院学报，2017（10）.

[26]于文静. 专业设置视角下社会发展和国家政策对专业建设的影响研究[J]. 才智，2021（23）.

[27]唐良富，陈雄，张慕，赵明，唐绪全，瞿进. 国内外对标准化人员要求与评定标准（考试）浅析[J]. 中国标准化，2017（02）.

[28]郑玉艳，步翠兰，程瑶，李玉婷. 浅析安徽省标准化人才培养现状及对策[J]. 中国标准化，2022（05）.

[29]高瑞鑫，但丹. 我国标准化专业技术资格考试制度建设实践[J]. 中国标准导报，2014（06）.

[30]朱培武. 国内外标准化人才继续教育现状与推进对策[J]. 继续教育研究，2014（08）.

[31]国家职业分类大典修订工作委员会. 中华人民共和国职业分类大典（2015年版）[M]. 北京：中国劳动社会保障出版社，中国人事出版社，2015.

[32]GB/T13745-2009. 中华人民共和国学科分类与代码标准［S］. 北京：中国标准出版社，2016.

[33]刘彩. 高职院校师资来源与职业能力探析——以武汉 CZ 学院为例［J］. 科技创业，2013，26(10).

[34]王陈浩. “双高计划”背景下高职院校教师队伍结构优化策略研究［J］. 湖北开放职业学院学报，2022(05).

[35]教育部职业技术教育中心研究所课题组. 全国职业院校教情调查报告［N］. 中国教育报，2020-10-16(10).

[36]苏孟彦. 乡镇企业要有“标准化意识”［J］. 乡镇论坛，1989(10).

[37]王孟钦. 强化企业全员标准意识　适应市场竞争机制［J］. 兵工标准化，1996(04).

[38]沈俊杰，汤峥. 浅谈企业“标准化意识”［J］. 中国质量与标准导报，2017(12).

[39]施邦英. 市场呼唤：提高国民的标准化意识［J］. 中国标准化，1997(03).

[40]王爱玲，朱培武，陈凯丽，元伊玲，尉星宇，张泽伟. 公众标准化意识提升路径思考与实践［J］. 中国标准化，2014(06).

[41]于泽元，马祝敏. 义务教育新课标的精神内核与实践逻辑［J］. 教师教育学报，2022(03).

[42]崔智敏，大庆地区高职学生标准化意识调查探究［J］. 学园，2018(04).

[43]罗小娟，赵乐静. 云南省工科大学生标准化意识——以昆明市五所高校为例［J］. 全国商情（经济理论研究），2009(20).

[44]罗明珠，章家恩，关卫昌，朱静. 广州市大学生标准化意识的调查研究［J］. 中国农学通报，2011(04).

# “幼小初高大”一体化教育家成长共同体建设探索与实施[①]

李 广[②]

**摘 要：** 面向2035年实现教育现代化、建成教育强国的新目标，党中央提出了建设高质量教育体系的新要求。百年大计，教育为本；教育大计，教师为本。教师是教育发展的第一资源。教育家型教师是教育发展所需，更是社会发展所需。“幼小初高大”一体化教育家成长共同体建设针对教师职后培训与专业发展中存在的学段割裂、学科分离与学校封闭等现实问题，扎根基础教育，以造就一批教育家型教师为目标追求，以师范大学为主导协同幼儿园、小学、初中、高中各学段，以东师“前沿课堂”为专业实践场域，以“学段纵向贯通—学科横向融合—学校内外协同”为运行机制，以优质教师教育资源开发为实践路径，全面落实立德树人根本任务，引领我国基础教育创新发展，促进基础教育高质量发展。

**关键词：**“幼小初高大”一体化；教育家型教师；成长共同体

当今世界各国的竞争，是综合国力的竞争、科学技术的竞争，其本质上是教育的竞争、人才的竞争。党的十八大以来，习近平总书记高度重视教育工作，对于如何落实“立德树人”根本任务、“培养什么人、怎样培养人、为谁培养人”等一系列教育的根本问题给出了答案。新时代我国科技等多领域的快速发展，为教师终身学习和专业发展提供了更多可能，也为教师教育的高质量发展提供助力。党的二十大报告也指出：教育、科技、人才是全面建设社会主义现代化国家的基础性、战略性支撑。扎根中国大地，讲好中国教师教育故事，深化教育家型教师教育理论研究与实践路径创新，以教师队伍质量提升带动教育高质量发展，是我国由教育大国向教育强国迈进的重要战略举措。

---

① 本文为基金项目：国家社会科学基金2019年度教育学重大课题“新时代中国教育高质量发展的路径和对策研究”（项目编号：VFA190004）的阶段性研究成果。

② 李广（1968—），男，东北师范大学教育学部教授、博士生导师，东北师范大学教师教育研究院执行院长，中国教育发展战略学会教师发展专业委员会副理事长。研究方向：教师教育、课程与教学论。

## 一、教育家型教师培养面临的挑战

面向2035年实现教育现代化、建成教育强国的目标，党中央提出了建设高质量教育体系的新要求。百年大计，教育为本；教育大计，教师为本。教师是教育发展的第一资源。《中共中央　国务院关于全面深化新时代教师队伍建设改革的意见》明确提出："到2035年，教师综合素质、专业化水平和创新能力大幅提升，培养造就数以百万计的骨干教师、数以十万计的卓越教师、数以万计的教育家型教师。"[①] 教育家型教师培养是教育发展所需，更是社会发展所需。然而，当前我国教师教育领域存在学段割裂、学科分离与学校封闭等现实问题，制约了教育家型教师的成长与发展。

### （一）教师教育的阶段性与教育家型教师成长连续性之间的矛盾

当今世界正处在大发展大变革大调整时期，高层次创新型人才的需要与教师教育发展不平衡不充分的矛盾日益突出，如何培养教育家型教师、促进教师教育高质量迫在眉睫。教师教育一体化是教师教育发展的基本走向，是教师教育改革的重要目标，教师终身持续的专业发展必然基于教师教育职前职后的一体化发展。[②] 目前我国教师的专业发展仍具有阶段性，在教师教育的不同阶段，教师专业发展会因主体、场域、形式等不同而导致其发展相对割裂的现实困境，教师教育的阶段性（人为性）与教育家型教师成长的连续性（为人性）之间的矛盾就此凸显。

### （二）校际之间，教师教育者、师范生、中小学教师多元主体之间割裂问题

"幼小初高大"校际之间，教师教育者、师范生、中小学教师多元主体之间专业存在隔离问题。教师教育一体化的理念进入中国视野以来，学界认识到在教师教育发展中，各教育阶段的知识不可固化和分离，但是"幼小初高大"校际因"级"和"类"的天然屏障而客观存在专业隔离问题，各段知识无法构成有效的衔接与统一发展。同样，从主体上看，教师教育者、师范生、中小学教师因其所处学校的"级"与"类"不同，使其主观上带有了"级"与"类"的无意识归属，产生了主体间的专业隔离现象。大学的"不主动"和中小学的"不理解"造成了两个类属间的相互区隔，一方面，大学同"幼小初高"合作意识淡薄，尚未将构建学习共同体作为着重改进点；另一方面，大学与"幼小初高"的合作渠道不畅，一个突出的表现是中小学没有为师范生提供有效且与计划相适切的教育实践机会。[③] 校际的物理隔离和师生多元主体之间的情感隔离导致教师教育进入发展的恶性循环。

---

① 中共中央、国务院关于全面深化新时代教师队伍建设改革的意见［N］. 人民日报，2018-02-01.

② 邹绍清，陈亮. 教师教育协同机制的创建与实施［J］. 教育研究，2013（08）.

③ 冯永刚，高斐. 实践取向的教师教育困境及突围［J］. 中国教育学刊，2017（11）.

### （三）同一学科不同学段及同一学段不同学科之间知识体系纵向连贯与横向融合问题

教师教育阶段的学段划分，在一定程度上形成了同一学科各阶段教学内容、知识体系的相对独立，这有其主观美好愿望的合理性，但这种划分也经常出现非主观的不符合学生客观成长规律的无法避免的“非法性”。教育阶段的划分，造成了同一学科各阶段教学内容、知识体系的相对独立、互不衔接，制约了学生学科学习的连贯性，造成了学生在每个教育阶段学习初期不适应的现象即是客观表现与诠释说明。通过培养“幼小初高大”一体化教育家型教师，帮助学生把幼儿园到小学、小学到初中、初中到高中、高中到大学的学科学习距离拉近，让学科教学更为高效地开展。

### （四）“教育家型教师”专业发展的优质资源与长效机制短缺问题

在校际合作层面，大学高质量教师教育学术资料未能及时给基础教育一线教师进行学术理论指导，造成校际优质资源共享的延迟；在教师发展层面，“幼小初高”教师由于“级”和“类”的阻隔，造成合作互助环境的缺失，同伴互助的优质资源共生的空窗；在师范生培养层面，未能随时深入一线教学实践，在学校学习的知识未能及时科学转化成教学知识输出，造成了师范生理论与实践发展不平衡的问题。教师教育优质资源平台的短缺问题最终使教师的知识、经验未能得到及时的分享、教学实践未能得到有效的改善，也使各级主体缺乏在合作中参与对话、知识共享、探讨反思、协作交流的机会，以及同伴互助、持续学习的场域，最终阻碍了教师专业的高质量发展和教育家型教师的培养。

## 二、教育家型教师培养创新路径探索

教师队伍建设是新时代我国教育领域研究的重点问题，也是实践领域的重大难题。针对这一重大难题，深入开展调查研究，掌握第一手真实数据，厘清教育家型教师培养现状，剖析面临挑战，结合高校优势进行教育家型教师培养路径探索尤为重要。

### （一）组建“幼小初高大”一体化多元主体教学学术研究团队

教师教育具有“超前性”特性，是在为一个尚未到来的时代培育人，教育家型教师是教师教育的最高目标和标准。[①] 正是这种“超前性”推动着未来教师的培养，引领未来教学的发展。因此，教育家型教师的培养应源于教学实践并结合于教学实践，其学术共研一体化的实施为该问题找到了答案。整合大学、中学、小学、幼儿园优质资源，组建一支由学科教法教师、中小学名师与教师教育研究者构成的理论扎实、结构多元、实践性强的教师教育队伍，开展一体化教师教育顶层设计，为打通教师教育不同阶段间的

① 李晓华，刘旭东，张春海．论新时代教师教育的专业品格及其提升［J］. 教师教育研究，2020（04）.

“隔阂”提供理论指导。组建由学科教法教师、中小学名师与教师教育研究者构成的理论扎实、结构多元、实践性强的教师教育队伍，开展教师教育一体化顶层设计，在共同体这片专业土壤上培育更多的教育家型教师。

### （二）创设实施多元“同课异构”专业场域与教学学术论坛

高校牵头与“幼小初高”和地方政府等建立长期稳定的合作关系，打破学校“级”与“类”、内容“科”与“段”、主体“师”与“生”壁垒，创新实现特色资源共享，达成主体间的专业合作，创设实施多元“同课异构”专业场域与教学学术论坛。坚持开展精品示范课、专业评课议课研课、高端教研报告等活动。大学教师与“幼小初高”教师双向挂职，名师互聘，促进未来教师了解一线教学实践样态，一线教师了解教育教学研究前沿。“幼小初高大”共同开展教师教育课题研究，实现资源与成果共享，教学智慧共生，发展平台共筑，为教育家型教师专业发展提供更加宽广的视野与路径。引领教师在专业场域中发现并解决真实教学问题，塑造教学思维，激发教学想象，以高品质平台支撑促进教师教学高质量发展，实现教师教学知识与教学智慧的共生。“幼小初高大”建立长期稳定的合作关系，打破教师“级”与“类”的主观自我束缚，开展同课同构、同课异构、异课同构等多种教学活动，让共同体成为一个发展平台，助力教师完成高质量教学实践活动。

### （三）完善“学段纵向贯通—学科横向融合—学校内外协同”的运行机制

以先进理念凝聚优质资源，以学术研究创造优质资源。“幼小初高大”一体化教育家型教师成长共同体以资源共享、合作共赢为原则，以造就大批教育家型教师为目标，以打破固有学段学科概念、解构重塑一体化为建设思路，促进各学段教师纵向理解同一学科知识体系的内在连续性与规律性及其教育教学逻辑顺序，横向理解不同学科知识体系相互之间的内在本质关系与结构特征及其教育教学形式规律。以科学严谨的制度保障运行，以完备优化的章程引领实践。制定“幼小初高大”一体化教育家成长共同体章程，强调共同体以资源共享、合作共赢为原则，以造就大批教育家型教师为目标，以打破固有学段学科概念、解构重塑一体化为建设思路，让共同体成为一个合作机制，推动教学模式的创新。同时，在这“学段纵向贯通—学科横向融合—学校内外协同”三维循环的立体模式下，保障教育家型教师继续洞察教育现象的本质，凝练升华为独特的方法策略、创新建构出自己的理论体系，而后再通过实践、总结与反思，即可逐步构建出理论联结实践、实践升华理论的螺旋上升循环的优质环境。①

① 李贵安，白玉．聚焦未来教育家型教师培养：基点、特质与路径［J］．中国大学教学，2022（05）．

## 三、教育家型教师成长共同体建设展望

“幼小初高大”一体化教育家成长共同体建设是“U-G-S”教师教育模式十余年创新实践经验的继承与发展，是教育部“卓越教师培养计划2.0版”的具体实践与创新探索，开拓并延伸了具有特色的教育家型教师成长之路。共同体经过六年的实施与推广，培养了一系列的教育家型教师，并产出了一系列高质量教学及科研成果，为振兴教师教育、提升基础教育质量提供了经验与有效方案，辐射广泛。

### （一）为区域师范院校教师教育改革与发展提供示范引领

“幼小初高大”一体化教育家成长共同体建设不仅是教师教育培养的新模式，也是教师教育发展的新路径，共同体建设实现了教师教育多元主体之间的横向协同与纵向融合，在打破学段壁垒的基础上，实现了协同联合多学段教师共同成长。该模式为多所师范院校联动提供了全新思路与方法，一是提升了师范院校教师教育研究反哺实践的能力，推动区域师范院校教师教育课程体系的完善与创新；二是建立了职前职后教育相融通、学历学位教育与在职教育相结合的开放灵活的教师教育体系，实现区域教师教育优质资源整合。

### （二）为提高师范生培养质量及“幼小初高”教师专业素养提供支撑

科研给予教学以创新支持，教学反馈科研以灵感驱动，“幼小初高大”一体化教育家型教师成长共同体重视培养师范生教研创新结合，互助互通的思想，力求逐渐培养师范生形成具有独特自身特色的教育风格和教学思想，为师范院校培养高素质教师教育者提供创新通道。在实践层面，共同体创新开发“前沿课堂”大家谈系列活动，秉持“创造的教育”理念，创新教师教育模式，关注教师教育空间的弥合，在目标上强调将教师培养成为“反思型实践者”而非“技术熟练者”，[①] 支撑构建“互联网＋教师教育”教科研新生态的品牌活动，活动形式包含名师示范课、专家评课议课、知名专家学术报告等。充分利用师范高校的学术资源强健根基，在基础教育层面汲取丰富实践经验，合作共赢打造资源共生共享新平台。组建“幼小初高大”一体化教育家成长共同体教研论坛，充分发挥部分全国优秀中小学学校教师教育、教师教学资源优势，实现教育家成长资源整合，探索具有成果所在单位特色的教育改革之路。共同体育人成效鲜明，探索具有中国特色的教师教育人才培养模式，促进区域教师教育发展，引领教师教育文化创新，通过开展高端在职教师研训活动，进一步完善教师教育培养模式，拓宽师范生自身教育视野。

① 刘益春．秉持“创造的教育”理念 培养具有创造力的教师［J］. 中国教育学刊，2017（04）.

### （三）扎根中国大地为我国教师教育创新发展提供政策咨询

共同体的建设促进了教师教育者与“幼小初高”教学名师间的深度对话与实质合作，实现了教研相长，为我国开展教师教育改革提供了支撑。“幼小初高大”一体化教育家成长共同体创建实施过程中应坚持立足中国大地，为中国社会主义现代化建设服务，在活动的组建和成果的产出的过程中力求体现中国特色，形成中国话语，树立中国自信，增强中国话语权，建立一支体现师范大学特色与优势的“幼小初高大”一体化具有创造力的教育家型教师培养专业团队，培养具有国际视野中国特色的教育家型教师队伍，扎根中国大地，为我国教师教育创新发展提供政策咨询。

# 近20年我国高等学历继续教育对教育平等的影响

## ——基于2000—2020年教育基尼系数的测算[①]

吴 峰 张懿丹 邬 跃[②]

**摘 要：**高等学历继续教育是我国高等教育的重要组成部分，其在提供学历补偿教育、缓解社会教育供给矛盾、促进教育平等等方面发挥着重要作用。但是高等学历继续教育对我国教育平等的影响究竟如何，还缺乏从实证视角给予科学论证。采用教育基尼系数来衡量高等学历继续教育对教育平等的影响，是一个新颖且值得深入探索的研究视角。为此，以近20年我国高等学历继续教育的各类数据为基础，采用教育基尼系数作为教育平等的刻画指标进行的多维测算表明：截至2020年，高等学历继续教育使得我国6岁以上人口平均受教育年限提高了0.2274年；同时为86.56%的高考落榜生提供了接受高等教育的机会；截至2020年，高等学历继续教育使教育基尼系数增加了0.013。长期来看，我国高等学历继续教育带来的教育基尼系数的变化值随时间呈"倒U"形，随着我国平均受教育年限的不断提高，其带来的教育基尼系数的变化值在达到"倒U"形的顶峰之后将不断变小。这表明高等学历继续教育长期有助于降低我国的教育基尼系数，并促进教育平等。

**关键词：**高等学历继续教育；教育平等；教育基尼系数；受教育年限

## 一、问题提出

教育平等是教育领域颇受关注的研究话题，高等学历继续教育对教育平等的影响一直是我国教育管理部门十分关注的问题，也是广大从事高等学历继续教育的工作者非常关心的问题。高等学历继续教育面临着新时代的改革，教育部继续教育管理部门希望研

① 本文为基金项目：高等学历继续教育对社会经济的贡献（委托单位：教育部职业教育与成人教育司）的阶段性研究成果。引用：吴峰，张懿丹，邬跃．我国高等学历继续教育对教育平等的影响——基于2000—2020年教育基尼系数的测算［J］．现代远程教育研究，2023，35（01）．

② 吴峰，博士，北京大学教育学院教授，中国教育发展战略学会终身学习专业委员会常务理事。张懿丹，北京大学教育学院硕士研究生。邬跃，博士，中国矿业大学（北京）马克思主义学院教授。

究者对上述问题进行回答，为下一步的政策制定提供依据。因此，研究21世纪以来20多年期间，我国高等学历继续教育对于教育平等的影响及其未来趋势，具有重要的时代性意义。

进入21世纪以来，我国高等学历继续教育发生了很大变化。首先是定位的变化。2000年，党中央《关于制定国民和经济社会发展第十个五年计划的建议》中明确提出，“完善继续教育制度，逐步建立终身教育体系”，首次将继续教育定位为服务于我国终身教育体系的建设，是我国终身教育体系的重要组成。其次是规模的扩大。远程教育是基于互联网络开展学历继续教育的一种重要形式，1999年教育部颁布了《关于启动现代远程教育第一批普通高校试点工作的几点意见》，批准清华大学等高校举办现代远程教育，2000年我国正式招收第一批远程教育学生。最后是教育部对于继续教育质量加强了规范。1999年教育部颁布了《关于高等学校以函授、夜大学方式举办本专科教育的意见》《关于普通高等学校函授、夜大学本专科设置的补充意见》，加强了对于高等学历继续教育质量的管理，对于办学资格、办学条件、范围和专业、备案手续、检查监督等提出规范性要求，2000年以上《意见》正式实施。可见，2000年前后是我国高等学历继续教育发展的变革期，进入21世纪以来，教育管理部门对高等学历继续教育重视程度提高，既强调培养质量的规范管理，又不断扩大招生规模以适应新时代全民终身教育的需要。

高等学历继续教育包括成人本专科、网络本专科和自学考试3种类型。高等学历继续教育的规模在近20年内大幅提升，2020年高等学历继续教育毕业生数已突破560万人，同年全国普通高校毕业生数874万人，两者相加总毕业生数达到1434万人。可以计算出，2020年高等学历继续教育毕业生数占总的高等学历毕业生数的比例是39.1%，是一个不小的数字。图1是2001—2020年我国高等学历继续教育毕业生数及其增长率。

**图1 2001—2020年我国高等学历继续教育毕业生数及其增长率**

教育被视为促进阶层流动、助推社会平等的重要途径，教育平等的问题一直备受国家和社会重视。我国高等学历继续教育主要面向未能通过普通高考进入高等教育，但在实际工作生活中仍有学历提升需求的成人，这对教育平等的意义重大。国家也一直将高等学历继续教育作为促进教育平等、弥合机会差距的手段。譬如，2016 起教育部全国总工会联合实施“农民工学历与能力提升行动计划——‘求学圆梦行动’”，安排每年资助 30 万农民工接受学历继续教育，助力农民工求学圆梦（教育部，2016）。可见，自 2000 年以来，我国高等学历继续教育发展快速、招生数量及毕业生数量巨大，它对教育平等的影响比以前更大。

教育基尼系数是计算教育平等的常用方法。教育基尼系数源于基尼系数，基尼系数最早由意大利统计学家基尼提出，用于测量收入不平等程度。教育基尼系数基于平均受教育年限和各受教育水平人口比例来计算并刻画教育平等程度。国际上学者们经常采用这个方法，譬如 Ziesemer（2016）等人用该方法计算了 146 个国家的教育基尼系数。Thomas（2001）等人采用教育基尼系数计算了 1960—2000 年 140 个国家 15 岁以上人口受教育年限的基尼系数，发现教育不平等程度在大多数国家是逐年下降的，教育不平等程度与教育发展水平负相关。Liu（2016）等人基于教育基尼系数测算的跨国研究表明，在 20 世纪 70 年代至 21 世纪前 10 年，除北爱尔兰外的各个国家的教育机会不平等程度都有所下降；多国横向对比结果表明，高等教育学历普及度越高，机会不平等程度越低。国内学者杜鹏（2005）用这一方法计算国内的教育基尼系数，研究发现中国各地区的教育差距一直以来呈下降趋势，教育在地区间存在一定程度的差距，教育发达的地区教育差距更小。在教育差距下降的同时伴随着平均受教育年限的延长。孙百才（2009）采用基尼系数的方法计算了改革开放以来 30 年的教育平等程度，研究发现我国教育平等得到很大的提高。张长征（2006）采用教育基尼系数对我国 1978—2004 年间的教育公平程度进行了实证研究，研究发现我国教育公平程度已有显著提高，但是存在着显著的区域教育不平等与城乡不平等。

国内学者对于教育基尼系数的计算，是基于各级受教育程度的人口存量数据进行的，这些数据是通过统计年鉴获取的，统计年鉴上的本专科学历人口存量是获得高等学历继续教育的本专科学历人口与获得普通高等学校教育的本专科学历人口的总和。因此，以前的研究者们计算高等学历教育对教育基尼系数的影响时，是将普通高等学校教育和高等学历继续教育合并在一起计算的，并没有将两者区分开来。文献研究显示，目前没有关于我国高等学历继续教育对于教育基尼系数影响的相关文章。

## 二、研究方法

### （一）高等学历继续教育的界定

《中国教育统计年鉴》中，高等学历继续教育分本科和专科两种层次，包括“函授教育、夜大学、成人脱产班、开放大学、现代远程教育试点网络教育、自学考试”六种类型。高等教育网络本专科学生数包含“开放大学、现代远程教育试点网络教育”，高等教育成人本专科学生数包含“函授教育、夜大学、成人脱产班”，自学考试数据单独计算。因此，高等学历继续教育毕业学生数是网络本专科毕业学生数、成人本专科毕业学生数、自学考试毕业学生数之和。计算毕业生数而非招生数是考虑到高等继续教育完成度不佳，成人高等教育具有辍学率问题（蒋远婷，2021）。需要说明的是，网络本专科自 2002 年始有统计数据；成人本、专科自 1984 年始有统计数据；自学考试分别自 1985、1984 年始有本、专科毕业生数据。表 1 是各类高等学历继续教育数据情况。

**表 1　各类高等学历继续教育数据情况**

| 高等学历继续教育类型 | 网络本、专科 | 成人本、专科 | 自学考试 |
|---|---|---|---|
| 数据年份 | 2002—2020 | 1984—2020 | 1985—2020（本科）<br>1984—2020（专科） |

### （二）教育基尼系数

教育基尼系数反映教育不平等程度，数值位于 0 到 1 之间，越靠近 0 代表教育越公平，越靠近 1 代表教育越不公平。具体计算可以直观地体现为面积的比值，如图 2 所示。图中，横轴为人口累计百分比，纵轴为教育成就累计百分比（教育成就一般指平均受教育年限）。图中直线 *OT* 为对角线，表示理想状态下的绝对公平，即每一个人的教育成就均相等；而曲线 *O’T* 则表示实际受教育情况，被称为教育的洛伦兹曲线，因为实际情况下会有部分人口未受过教育，所以该曲线从横轴上非原点的某一点 *O’* 开始。

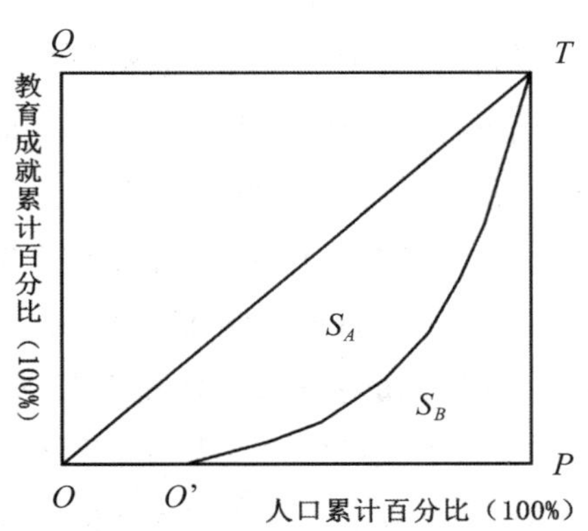


**图 2　教育基尼系数的图形表示**

图中面积反映实际教育平等和理想绝对教育平等之间的差距。教育基尼系数在图形中表示为面积除以正方形面积的一半，计算方式如下：

$$E = \frac{S_A}{S_A + S_B} \tag{1}$$

为了使用实际数据计算教育基尼系数，本研究采用 Thomas（2001）提出的计算公式：

$$\sum_{i=2}^{n} \sum_{j=1}^{i-1} p_i \left| y_i - y_j \right| p_j \tag{2}$$

式中 $E$ 代表教育基尼系数，为平均受教育年限，和代表不同受教育水平人口比例，和代表不同教育获得程度人口的受教育年限，为教育获得水平的分组数量。

## （三）计算过程与数据来源

1. 平均受教育年限计算

本研究中，用 $\mu$ 表示平均受教育年限。根据 Thomas（2001）等人的算法，平均受教育年限的计算方式如下：

$$\mu = \sum_{i=1}^{n} p_i \, y_i \tag{3}$$

指各受教育水平人口所占比例。式中计算时，总人口的统计口径在各研究中不同，如孙百才（2009）、张长征（2006）和黄维海（2019）等人的研究为“6 岁及以上人口”；Thomas（2001）和聂江（2016）的研究为“15 岁以上人口”；杜鹏（2005）的研究统计口径为全体人口。本研究选择“6 岁及以上人口”作为总人口统计口径，因为我国学历统计以小学为起点，自学生接受小学教育开始作为总人口统计口径比较合适，故式中为各水平受教育人口占 6 岁及以上总人口比例。计算数据来源为 2000—2019 年《中国统计年鉴》“分地区按性别、受教育程度分的 6 岁及以上人口”，2020 年数据根据第七次人口普查数据公报和相关数据推算，计算公式如下：

$$p_i = \frac{\text{第 } i \text{ 类受教育程度人口数}}{\text{6 岁以上总人口数}} \quad (i = 1, 2, 3, 4, 5, 6, 7) \tag{4}$$

根据统计数据情况将受教育程度分为 7 类。在非人口普查年份中，专科、本科、研究生所占比例根据邻近年份人口普查数据和毕业生数据推算。本研究中一些年份的人口比例数据直接引用《中国统计年鉴》，其余年份数据根据《中国统计年鉴》和《中国教育统计年鉴》进行推算。在已有研究中，计算国内平均受教育年限和教育基尼系数的数据来源主要有两个：第一，《中国统计年鉴》中的“分地区按性别、受教育程度分的 6 岁及以上人口”，如孙百才（2009）、杜鹏（2005）、黄维海（2019）等人的研究；第二，中国综合社会调查（CGSS）数据，如张学敏等（2019）的研究。有的研究对各个样本做出比较，如李春玲（2010）对 2005 年 1% 人口抽样、中国人民大学 2006 年 CGSS 数据、中国社科院 2006 年 CGSS 数据进行比较，发现中国人民大学的数据抽样中较高学历者比例严重偏高。但综合来看，选择《中国统计年鉴》数据作为分析基础的研究更多，数据样本量更大，故选择《中国统计年鉴》作为主要数据来源。

在（3）式中，$y_i$ 指各水平受教育人口的受教育年限，根据国内研究的一般做法进行赋值。不识字或识字很少（$y_1$）为0年，小学（$y_2$）为6年，初中（$y_3$）为9年，高中及中专（$y_4$）为12年，专科（$y_5$）为15年，本科（$y_6$）为16年，研究生（$y_7$）为19年。

2. 教育基尼系数计算

依据我国实际情况，根据教育获得水平将人群分为7类展开（2）式可得：

$$
\begin{aligned}
E = (\frac{1}{\mu})\,[&p_2(y_2 - y_1)p_1 \\
&+ p_3(y_3 - y_1)p_1 + p_3(y_3 - y_2)p_2 + \cdots \\
&+ p_7(y_7 - y_1)p_1 + p_7(y_7 - y_2)p_2 + p_7(y_7 - y_3)p_3 + p_7(y_7 - y_4)p_4 \\
&+ p_7(y_7 - y_5)p_5 + p_7(y_7 - y_6)p_6]
\end{aligned} \tag{5}
$$

3. 高等学历继续教育对教育基尼系数的影响

通过计算高等学历继续教育导致的教育基尼系数变化，刻画高等学历继续教育对教育平等的影响。在本研究中，高等学历继续教育对教育基尼系数影响计算具体化为：

$$e = E - E' \tag{6}$$

式中为历年教育基尼系数，为历年未包含高等学历继续教育的教育基尼系数。计算过程分为四步：第一步，查找历年各类高等学历继续教育毕业数，相加作为历年高等学历继续教育人口存量。第二步，从历年全体本、专科人口存量中减去对应历年高等学历继续教育存量，再计算各类学历人口存量占6岁以上总人口比例。第三步，依据算出的比例和（5）式计算历年的。第四步，根据（6）式计算历年与之差。

4. 高考落榜生接受高等学历继续教育的比例

高等学历继续教育以高中、专科为起点，部分未能接受高等教育的学生成为潜在受益对象（江风娟等，2018）。在20世纪八九十年代，我国高考录取率非常低，这是因为我国在那个时代的高等教育资源严重匮乏，从而使得那个时代的绝大多数考生没有上大学的机会。高等学历继续教育为高考落榜生提供了圆“大学梦”的机会，高等学历继续教育对高考落榜生的覆盖率可以形成其对教育平等贡献的参考。覆盖率的计算方式如下：

$$\text{覆盖率} = \frac{\text{高等学历继续教育毕业人数}}{\text{高考落榜生人数}} \times 100\% = \frac{\text{历年高等学历继续教育毕业人数之和}}{\text{历年高考报名人数之和} - \text{历年高考录取人数之和}} \times 100\% \tag{7}$$

在（7）式中，高等学历继续教育毕业人数指自有数据记录以来至2020年的各类高等学历继续教育毕业人数之和，高考落榜生人数指1977年至2018年的高考落榜生人数之和（刘海峰，2019）。

## 三、计算结果

从 2000 年至 2020 年，我国平均受教育年限不断提升，国民受教育水平显著提高，平均受教育年限和教育基尼系数的变化如表 2、表 3 所示。

**表 2　平均受教育年限及对高等学历继续教育的影响**

| 年份 | $\mu$ | $\mu'$ | $u$ | 年份 | $\mu$ | $\mu'$ | $u$ |
|---|---|---|---|---|---|---|---|
| 2000 | 7.5979 | 7.5631 | 0.0348 | 2011 | 8.7985 | 8.6780 | 0.1205 |
| 2001 | 7.6514 | 7.6131 | 0.0383 | 2012 | 8.8935 | 8.7625 | 0.1310 |
| 2002 | 7.7062 | 7.6615 | 0.0447 | 2013 | 9.0043 | 8.8622 | 0.1420 |
| 2003 | 7.8785 | 7.8278 | 0.0507 | 2014 | 8.9929 | 8.8390 | 0.1539 |
| 2004 | 7.9762 | 7.9177 | 0.0585 | 2015 | 9.0769 | 8.9106 | 0.1664 |
| 2005 | 7.7993 | 7.7305 | 0.0688 | 2016 | 9.0783 | 8.8995 | 0.1788 |
| 2006 | 8.0087 | 7.9357 | 0.0731 | 2017 | 9.2099 | 9.0189 | 0.1911 |
| 2007 | 8.1535 | 8.0719 | 0.0815 | 2018 | 9.2072 | 9.0049 | 0.2023 |
| 2008 | 8.2371 | 8.1472 | 0.0899 | 2019 | 9.2769 | 9.0623 | 0.2146 |
| 2009 | 8.3446 | 8.2449 | 0.0997 | 2020 | 9.4712 | 9.2438 | 0.2274 |
| 2010 | 8.7598 | 8.6489 | 0.1108 | | | | |

注：$\mu$ 为平均受教育年限，$\mu'$ 为未包含高等学历继续教育的平均受教育年限，$u=\mu'-\mu'$ 是高等学历继续教育毕业生存量导致的平均受教育年限的增长量。

**表 3　教育基尼系数及对高等学历继续教育的影响**

| 年份 | $E$ | $E'$ | $e$ | 年份 | $E$ | $E'$ | $e$ |
|---|---|---|---|---|---|---|---|
| 2000 | 0.2356 | 0.2323 | 0.0032 | 2011 | 0.2125 | 0.2037 | 0.0088 |
| 2001 | 0.2423 | 0.2389 | 0.0035 | 2012 | 0.2116 | 0.2022 | 0.0094 |
| 2002 | 0.2432 | 0.2392 | 0.0040 | 2013 | 0.2111 | 0.2013 | 0.0098 |
| 2003 | 0.2408 | 0.2365 | 0.0043 | 2014 | 0.2152 | 0.2046 | 0.0106 |
| 2004 | 0.2357 | 0.2307 | 0.0050 | 2015 | 0.2232 | 0.2126 | 0.0107 |
| 2005 | 0.2461 | 0.2402 | 0.0059 | 2016 | 0.2211 | 0.2093 | 0.0117 |
| 2006 | 0.2348 | 0.2287 | 0.0062 | 2017 | 0.2193 | 0.2072 | 0.0121 |
| 2007 | 0.2277 | 0.2209 | 0.0068 | 2018 | 0.2209 | 0.2081 | 0.0128 |
| 2008 | 0.2229 | 0.2154 | 0.0075 | 2019 | 0.2197 | 0.2064 | 0.0134 |
| 2009 | 0.2201 | 0.212 | 0.0081 | 2020 | 0.2118 | 0.1986 | 0.0132 |
| 2010 | 0.2076 | 0.1994 | 0.0083 | | | | |

注：$E$ 为教育基尼系数，$E'$ 为未包含高等学历继续教育的教育基尼系数，$e=E-E'$ 是高等学历继续教育毕业生存量导致的教育基尼系数的增长量。

另外计算表明，自 1977 年恢复高考至 2018 年，我国高考落榜生共计 10219.42 万人，自有高等继续教育统计数据至 2020 年，我国高等学历继续教育毕业生共计 8845.90 万人，覆盖了 86.56% 的高考落榜生，圆了他们未竟的大学梦。党的二十大报告指出："建设全民终身学习的学习型社会、学习型大国。”我国高等学历继续教育提供了学历补偿性教育，缓解了社会普遍增长的教育需求与传统教育供给相对不足的矛盾，推动了教育公平和社会公平（陈丽等，2019），为我国实现学习型社会、学习型大国作出了贡献。

## 四、分析与讨论

### （一）平均受教育年限

我国平均受教育年限随年份呈上升趋势，高等学历继续教育使得我国平均受教育年限升高（$u>0$）（表2）。为了进一步分析该现象，笔者绘制了21世纪以来历年各受教育水平人口占6岁及以上总人口百分比堆积图，呈现各学历人口占比的变化（图3）。

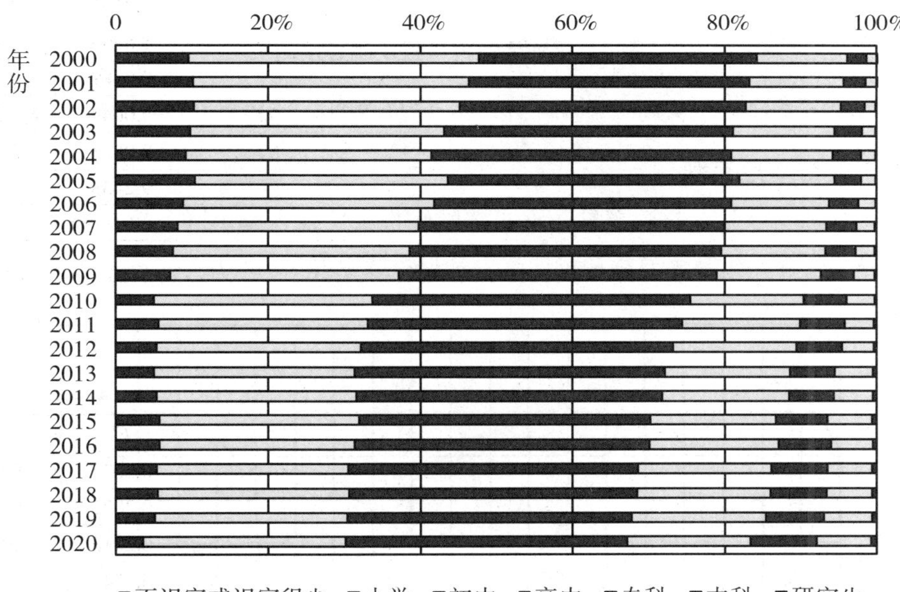


**图3　历年各受教育水平人口占6岁及以上人口比例**

2000年至2020年，高学历人口占比增加，接受过高等教育的人口比例从3.81%增长到16.62%；至2020年，接受过高等学历继续教育的人口占6岁及以上总人口的6.73%。21世纪以来，我国未包含高等学历继续教育的平均受教育年限$\mu'$位于区间［7.563，9.244］内，均值落在初中到高中阶段。设$\mu$与年份（设2000年为$T$=1）为线性关系，可以通过曲线估计得到表达式（8）（$R^2$=0.963），预测我国2021—2025年平均受教育年限，如图4所示。由（8）式知，预计2025年我国平均受教育年限将达到10年。

$$\mu=0.0986T+7.4447 \tag{8}$$

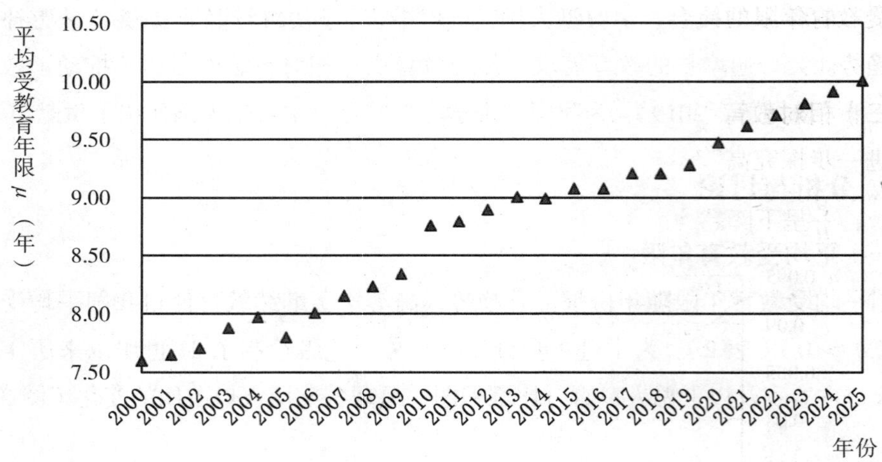


**图 4　平均受教育年限及趋势预测**

注：图中 2021—2025 年 $\mu$ 均为预测值，分别为 9.615、9.713、9.812、9.910 和 10.010 年；其余年份为实际值。

## （二）教育基尼系数

由表 3 及图 5 可知，我国教育基尼系数随年份呈“先大幅下降，再小幅上升，后回落”的趋势，高等学历继续教育存量使教育基尼系数上升（$e > 0$）。

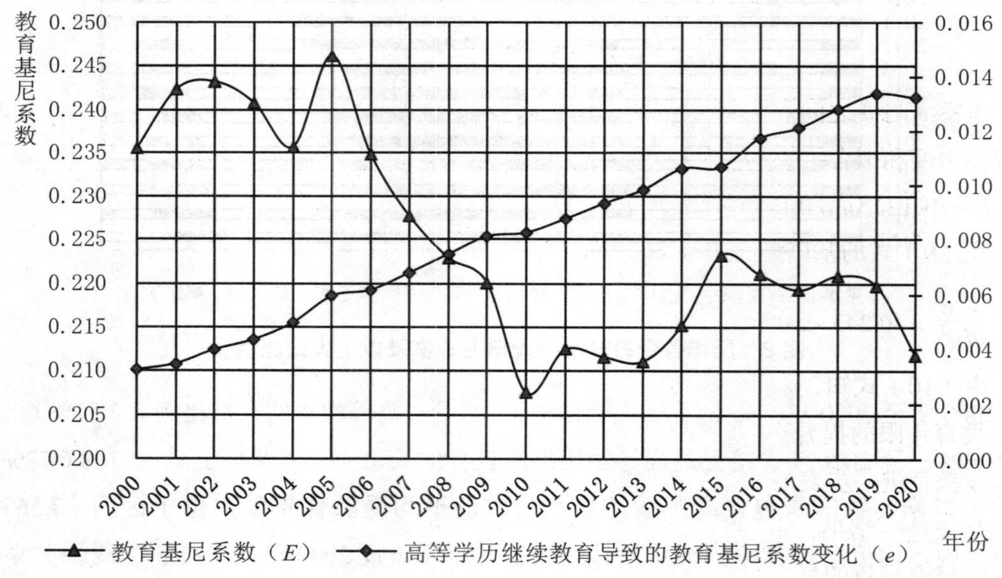


**图 5　教育基尼系数变化情况**

分析其原因，高等学历继续教育将一部分人口的受教育年限从高中的 12 年增加为专科的 15 年或本科的 16 年，将这部分人口拉离了均值。单从数据结果看，其扩大了高学历人口的比例，才造成教育基尼系数升高。根据 20 年来的趋势分析，高等学历继续教育为平均受教育年限的提升作出贡献，近年来随着平均受教育年限的升高，教育基尼系数有下降趋势。

### （三）相对教育平等系数

要进一步探究高等学历继续教育对教育基尼系数的影响，应考察 $e$ 的变化。随着年份的增长，$\frac{e}{u}$ 呈下降趋势（图 6）；随着年份的增长，$\mu$ 和 $u$ 均呈上升趋势（表 2）。

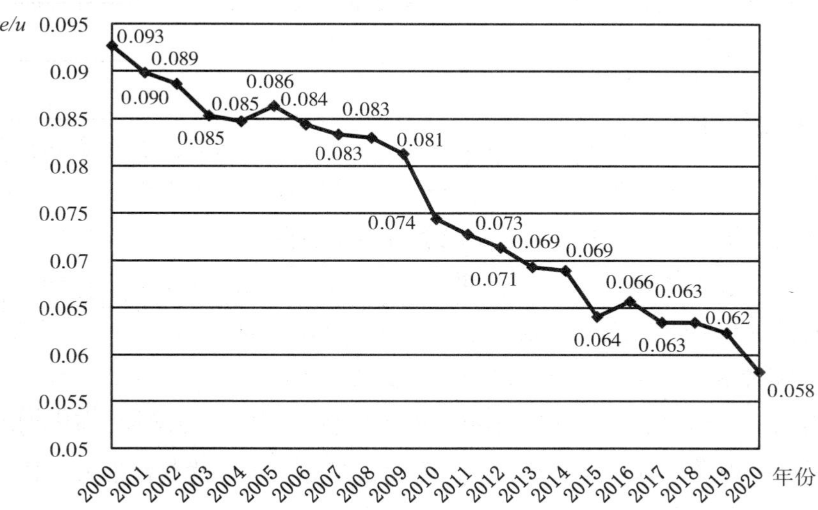


**图 6　随年份的变化趋势**

考察 $e$ 与 $u$ 之间的依存关系，以 $u$ 为自变量，$e$ 为因变量进行曲线拟合。同时考虑模型解释力度和拟合结果的简洁性，得到结果（$R^2$=0.995）：

$$e=-0.1215u^2+0.0843u+0.0005 \tag{9}$$

在（9）式的基础上，计算对求二次导，得到：

$$\frac{d^2e}{du^2}=-0.243<0 \tag{10}$$

由（10）式知，$e$ 会先到达顶点，然后下降。即高等学历继续教育持续发展，当对平均受教育年限的提升达到一定程度时，其导致的教育基尼系数增长量开始下降；高等学历继续教育进一步发展，将会使教育基尼系数降低。

基于这一结果，本研究提出相对教育平等系数的概念，用比值 $a=\frac{e}{u}$ 来刻画高等学历继续教育导致的教育基尼系数变化 $e$ 与平均受教育年限变化 $u$ 的依存关系：$u$ 每增长一个单位 $e$ 的变化量为多少。$\frac{e}{u}$ 下降的趋势很明显（图 6）表明，若 $a$ 随时间推移逐渐减小，那么高等学历继续教育使教育基尼系数增量逐渐降低，最终长远来看促进教育平等。

我国发展高等学历继续教育能提升平均受教育年限，虽然短期从数据上看是教育基尼系数升高，但长期有利于教育平等。从长期角度看，提升平均受教育年限促进教育平等，这一观点也有国际证据支持。Ziesemer（2016）测算了1950—2010年146个国家的教育基尼系数，发现平均受教育年限与教育基尼系数并非简单的线性关系，但总体上，随着平均受教育年限的增加，教育基尼系数逐步下降；当平均受教育年限无限大时，教育基尼系数为零。这个结论与国际学者Thomas（2001）等的研究结论也一致，他们采用教育基尼系数计算了1960—2000年140个国家15岁以上人口受教育年限的基尼系数，发现教育发展水平与教育平等程度呈"U"形关系，当平均受教育年限提高时，教育平等程度是先下降然后上升。

## 五、主要结论

结果表明，高等学历继续教育对教育平等的影响需要从多方面进行分析。第一，高等学历继续教育使更多人口有机会接受高等教育，提升了该部分人口的受教育年限，促进了我国平均受教育年限的增长。21世纪以来，高等学历继续教育导致的累计平均受教育年限增量从0.0348年提升到0.2274年，预计2025年我国平均受教育年限将达到10年。86.56%高考落榜生因继续教育得到了接受高等教育的机会，这对教育平等的意义相当重大。第二，高等学历继续教育在短期内会使教育基尼系数增加，但随着时间推移，当我国国民的平均受教育年限达到一定高度时，高等学历继续教育带来的教育基尼系数就会逐渐减小，最终变成负值。第三，为进一步解释高等学历继续教育对教育平等的影响，研究提出相对教育平等系数，随时间推移呈下降趋势时，也就是，从长期来看，高等学历继续教育降低我国教育基尼系数，促进教育平等。

高等学历继续教育，特别是远程教育的开展，还能降低地区之间的教育差距，譬如我国东部地区与西部地区的教育差距。但是本研究未能计算教育基尼系数的地区差异。这是由于目前我国高等学历继续教育的数据来源是按照注册学校所在地统计的，而缺乏相应的生源地统计。考虑到高等学历继续教育在缩小地区教育差异的贡献，它对于教育平等的贡献就更大。

## 参考文献：

[1]杜鹏．基于基尼系数对中国学校教育差距状况的研究［J］．教育与经济，2005（03）．

[2]黄维海，陈娜，张晓可．教育扩展效应、人口结构效应与受教育平衡程度的波动——新中国成立以来的受教育库兹涅茨曲线［J］．清华大学教育研究，2019，40（04）．

[3]江凤娟，吴峰．互联网红利与我国人力资源跨越式发展［J］．教育研究，2018，39（12）．

[4]蒋远婷，商俊超．成人高等教育的辍学问题影响因素回顾与对策［J］．继续教育研究，2021（01）．

[ 5 ]教育部. 关于印发《农民工学历与能力提升行动计划——“求学圆梦行动”实施方案》的通知［EB/OL］.［2021-07-30］［http://www.moe.gov.cn/srcsite/A07/zcs_cxsh/201603/t20160324_235014.html.

[ 6 ]李春玲. 高等教育扩张与教育机会不平等——高校扩招的平等化效应考查［J］. 社会学研究，2010，25（03）.

[ 7 ]刘海峰. 跌宕起伏：中国高校招生考试 70 年［J］. 高等教育研究，2019，40（11）.

[ 8 ]陈丽，徐亚倩. 改革开放 40 年我国继续教育理论研究的脉络分析［J］. 现代远程教育研究，2019，31（06）.

[ 9 ]聂江. 以基尼系数衡量的教育不平等与中国的实证研究［J］. 市场与人口分析，2006（04）.

[ 10 ]孙百才. 测度中国改革开放 30 年来的教育平等——基于教育基尼系数的实证分析［J］. 教育研究，2009（01）.

[ 11 ]张学敏，吴振华. 教育性别公平的多维测度与比较［J］. 教育与经济，2019（01）.

[ 12 ]张长征，郇志坚，李怀祖. 中国教育公平程度实证研究：1978—2004——基于教育基尼系数的测算与分析［J］. 清华大学教育研究，2006（02）.

[ 13 ]Liu Y，Green A，Pensiero N. Expansion of higher education and inequality of opportunities: a cross-national analysis［J］. Journal of Higher Education Policy and Management，2016，38（3）.

[ 14 ]Thomas V，Wang Y，Fan X. Measuring education inequality: Gini coefficients of education［M］. World Bank Publications，2001.

[ 15 ]Ziesemer T. Gini coefficients of education for 146 countries，1950-2010［J］. Bulletin of Applied Economics，2016，3（2）.

# 文化引领新时代社区教育 高质量发展的路径选择[①]

张海定 陈乃林[②]

**摘 要：**社区教育与社区文化密不可分，共同目的是培养社会主义现代化需要的公民，建设学习型、文化型社区，打造文明和谐幸福生活家园。强化文化引领社区教育高质量发展，对建设社会主义现代化强国、培育社会主义现代化需要的公民、形成新时代社区教育发展观、深化社区治理、实现乡村全面振兴具有重要意义。文化引领社区教育高质量发展，要突出理想信念的引领、高尚道德的引领、行为规范的引领、特色课程的引领、重要节庆文化的引领，进一步提升社区教育的高度、广度、深度和温度。新时代社区教育高质量发展，归根结底，就要在文化引领下，凝心聚力建设居民共同的精神家园，这是社区教育促进社会建设的崇高目标和最高境界。

**关键词：**文化；社区教育；高质量；精神家园

国家2035年远景目标提出："建成文化强国、教育强国、人才强国、体育强国、健康中国，国民素质和社会文明程度达到新高度，国家文化软实力显著增强。""十四五"时期，"社会文明程度得到新提高。社会主义核心价值观深入人心，人民思想道德素质、科学文化素质和身心健康素质明显提高，公共文化服务体系和文化产业体系更加健全，人民精神文化生活日益丰富，中华文化影响力进一步提升，中华民族凝聚力进一步增强"。

围绕2035年远景目标和"十四五"规划，社区教育如何立足新时代，从文化角度进行创新与突破，发挥其思想价值引导力、血脉感情凝聚力、民族精神推动力，打造守望相助的精神家园，提升城乡居民综合素质和社区文明程度，助力社区治理、乡村振兴和中国梦，实现高质量发展，是值得认真思考的问题。本文从厘清社区文化与社区教育、社区治理之间的关系入手，分析了文化引领新时代社区教育高质量发展的重要意义，提

① 本文为基金项目：2021年河南省职业教育教学改革研究与实践项目立项项目重点项目"'十四五'时期郑州市学习型城市建设策略研究"，编号：豫教〔2021〕57934的阶段性研究成果。

② 张海定（1969—），男，河南荥阳人，郑州市成人教育教研室副主任，高级讲师，河南省终身教育协会学习型社会建设委员会主任，研究方向：成人教育、社区教育。陈乃林（1941—），原江苏省教育委员会副主任兼江苏广播电视大学校长，中国教育发展战略学会终身学习专业委员会顾问，学习型社会和学习型组织国际智库委员会顾问，研究方向：终身教育、社区教育及其管理决策。

出了路径选择。

## 一、厘清社区文化、社区教育、社区治理关系

观察社区教育，以往角度多从社区和教育入手，强调社区属性和教育属性，往往忽略了文化属性。黄云龙曾经指出：社区教育的实质在于传递、传播和发展社会文化，促进成人的社会化和个性化，提升人的文化素养，生成人的创新精神。传递传播文化是社区教育文化使命的底线。当下，社区治理面临的主要问题是缺乏共同愿景，社区认同度和参与度低，这与社区文化建设缺失密不可分。从认识上厘清社区文化与社区教育的内在逻辑关系，加强社区文化的建设与引领，无疑会增强社区居民的认同感、归属感与责任感，促进人的素质全面提升和社区高品位发展，实现打造幸福家园的社区治理目标。

社区最早是由德国著名社会学家和哲学家斐迪南·腾尼斯在1881年的社会学名著《共同体与社会》中提出，旨在强调人与人之间所形成亲密关系和共同的精神意识以及对社会共同体（Gemeinschaft）的归属感、认同感。共同体就是指一种具有共同习俗和价值观念的同质人群构成的关系密切、守望相助、富有人情味的场域。共同习俗和价值观念主要指文化特征。

20世纪30年代，社区一词引入我国。20世纪80年代以来，伴随着城市改革的步伐，社区、社区服务、社区建设等名词逐渐出现在人们视野当中。2000年11月，《民政部关于在全国推进城市社区建设的意见》首次明确了社区概念，“社区是指聚居在一定地域范围内的人们所组成的社会生活共同体。”共同的认同心理和归属感被认为是现代社区的显著标志。李山（2017）提出：“社区内不断生长着相互信任、守望相助和休戚与共的关系；培育着成员的强烈认同感、归属感与责任感的意识；分享着集体规范、理想信念与价值准则的共识：承担着参与、自治与发展的义务。这些在社区内部活动着的公共人、生发着的公共性、生长着的社会资本，以及孕育着的文化认同等共同体要素，构成社区的实质性要素。由此可见，社区不仅是以地域为基础的物质生产生活共同体，更是一种文化层面的社会性存在。”从根本上讲，社区是文化世界的存在，文化是现代社区的核心。社区不仅是生活共同体，更是文化共同体。社区建设（治理）的目的是打造生活共同体、文化共同体、命运共同体。

社区文化是个复合词，由社区和文化两个词组成，社区是外延，文化是本质。关于社区文化，有不同的定义。社区文化在我国最早由吴文藻先生进行系统研究，费孝通先生提出了“社区的构成要素之一是具有一定特征的社区文化”的核心观点。奚从清（1996）认为，社区文化是指社区居民在特定区域内长期活动过程中形成起来的、具有鲜明个性的群体意识、价值观念、行为模式、生活方式等文化现象的总和。强调文化是群体意识、价值观念、行为模式和生活方式的综合表现。连玉明（2003）提出：社区文化

是指在以人口、地域面积为参数划定的社会自然地域范围内，以居民为参与主体，通过文艺表演、科技普及、法律法规宣传、文体娱乐等形式，提高城市管理水平和人口素质的文化形态。强调社区文化的地域、主体、形式、目的、属性等特点。

从内容看，社区文化包括文化（价值）观念、社区精神、道德规范、行为准则、公众制度、文化环境、文化活动等，其中，价值观是社区文化的核心。发展社区文化的目的是满足居民的精神生活，提高人口素质，培育社区成员健康、高尚的审美情趣，倡导健康、文明的生活方式，形成社区精神、增强成员的认同感、归属感与责任感，提高社会管理水平。

社区文化是一种软实力，是社区治理的重要目标、内容和工具。加强社区文化建设有利于满足社区成员的精神文化需求和对美好生活的向往，增强社区意识和认同感，形成和睦的邻里关系，构造和谐的社区氛围，培育社区精神，增强社区凝聚力，提高社区治理现代化水平。

中国的社区教育与社区建设同步发展，既是全民终身教育的重要组成部分，也是社区建设的重要内容。关于社区教育，国家标准化管理委员会2020年发布的《社区教育服务规范》将之定义为：在社区中，开发、利用各种教育资源，以社区全体成员为对象，为提高成员的素质和生活质量，促进成员的全面发展和社区可持续发展而开展的以学习活动为核心的一系列活动。《教育部等九部门关于进一步推进社区教育发展的意见》提出社区教育的主要内容是：广泛开展公民素养、诚信教育、人文艺术、科学技术、职业技能、早期教育、运动健身、养生保健、生活休闲等教育活动，提升居民生活品质，推动生活方式向发展型、现代型、服务型转变。

从国家两个最具政策影响力的文件看，社区教育的服务对象为全体居民，服务内容涵盖了公民素养、人文艺术、科学技术、职业技能、运动健身、养生保健、生活休闲等方方面面，目的是提高居民的素质和生活质量，促进人的全面发展和社区可持续发展。

在服务对象、服务内容、目的功能方面，社区教育与社区文化具有高度重合性。上面千条线，下面一根针，客观讲，由于基层社区没有专门的文化、教育部门和人员，所以文化、教育、体育、宣传等活动基本上是多合一,一个人负责。社区组织的社区教育活动包含了文化、教育、体育和宣传。从大文化角度看，社区教育也属于公共文化服务体系的重要组成部分，是建设文化强国、教育强国、人才强国、体育强国、健康中国的有力支撑，在传承中华优秀传统文化、传播先进科学文化、弘扬社会主义核心价值观、推动社会文明进步、建设学习型社区、推动社会治理体系建设、形成科学文明生活消费方式、服务人的全面发展等方面起着不可替代的作用。大力发展社区教育既是构建服务全民终身教育体系、建设学习型社会、增强“四个自信”的战略举措，也是推进社区治理、乡村振兴，积极应对人口老龄化，满足城乡居民美好生活需求的重要内容。

中国的社区治理是在社区服务、社区建设、社区管理的基础上发展演变过来的，是社区建设新阶段，是国家治理重要组成部分。2012 年召开的中国共产党第十八次全国代表大会第一次将“社区治理”写入党代会报告中。2017 年，《中共中央　国务院关于加强和完善城乡社区治理的意见》出台，标志着社区治理进入新时代。社区治理是社区内的政府组织、民营组织、社会组织和居民自治组织以及个人等各种网络体系，应对社区内的公共问题，实现社区社会事务管理和公共服务的过程。社区治理主要包括三方面内容：完善社区治理结构，加强社区组织建设，推动社区多元主体共同解决社区问题；建立社区服务体系，提升社区社会服务能力，满足社区居民多层次、多样化服务需求；培育社区共同体精神，增强居民对社区的认同感和归属感，营造和谐温馨的社区氛围。社区治理是社会治理和国家治理的基础性工程，社区治理做不好，国家治理就会失去根基。

从社区治理角度看，社区文化和社区教育主要从两个方面发挥作用：一是通过培育文艺社团、志愿组织、学习型组织、学习型团队等壮大社区组织，主动参与社区治理；二是组织开展各类文化教育活动，完善社区服务体系，提升服务能力，满足居民精神需求，改善居民关系，培育社区共同体精神，提高参与社区事务的意识与能力，共同打造幸福家园。《中共中央　国务院关于加强和完善城乡社区治理的意见》提出：新时代社区治理要加强社区居民参与能力、社区服务供给能力、社区文化引领能力、社区依法办事能力、社区矛盾预防化解能力、社区信息化应用能力“六大能力建设”，其中社区文化引领能力是重要支撑，社区教育涵盖其中。由此看来，社区文化和社区教育都属于社区治理的重要组成部分和手段，统一于社区治理全过程。

## 二、认清文化引领新时代社区教育高质量发展的重要意义

文化是民族的血脉，是人民的精神家园，具有引领风尚、教育人民、服务社会、推动发展的重要作用。强化文化引领新时代社区教育高质量发展具有重要意义。

一是建设社会主义现代化强国的要求。习近平总书记讲：“我国现代化是物质文明和精神文明相协调的现代化。我国现代化坚持社会主义核心价值观，加强理想信念教育，弘扬中华优秀传统文化，增强人民精神力量，促进物的全面丰富和人的全面发展。”我们要建设社会主义现代化强国，实现中国梦，就必须有社会主义先进文化的引领，依靠社区教育和社区文化，不断丰富亿万城乡居民的精神生活，强化理想信念、民族精神和社会主义核心价值观教育。

新时代国民精神最需要的就是坚持“四个自信”，根本是文化自信。用中华优秀传统文化、社会主义先进文化、科学文化知识培育社会主义现代化需要的公民，打造和谐社区、美丽乡村，建设社会主义现代化强国是新时代社区教育发展的必然选择。文化引领社区教育高质量发展主要表现为思想引领、价值引领、氛围营造、情感凝聚、行为引导、

教育实践等，凝聚社会力量，形成强烈的感召力和向心力。具体体现在加强对居民的理想信念教育、中国梦教育、社会主义核心价值观教育、爱党爱国爱社会主义教育、集体主义教育、优秀传统文化教育、社会主义先进文化教育、中国特色社会主义教育、文化自信教育，引导人们树立正确的历史观、民族观、国家观、文化观、价值观、人生观，不断提高思想觉悟、道德水准、文明素养，增强做中国人的志气、骨气和底气，使14亿中国人民意气风发地行走在建设社会主义现代化强国的大道上。这是社区教育坚持正确的政治方向的基本要求，也是社区文化引领社区文明进步必然达到的目标境界。

二是培育担当民族复兴大任的时代新人要求。党的十九大报告提出要培育担当民族复兴大任的时代新人。教育是对文化的传承和发展，文化是教育的内容和载体，文化的使命在于以文化人，教育的使命在于立德树人，二者的共同使命是培养担当民族复兴大任的时代新人。培养时代新人，既要坚持习近平新时代中国特色社会主义思想、社会主义核心价值观等先进文化，又要传承中华民族优秀传统文化，还要有世界大同的博爱情怀，铸牢中华民族共同体意识，培育和建设共有的精神家园。这些思想素质需要通过以先进文化建设为核心的社区教育来实现。担当民族复兴大任的时代新人，除了有坚定的政治方向、良好的思想道德素质外，还要具备科学精神、文化素养、法治意识、公共参与精神等。“十四五”时期乃至今后长时期：搞好社区学习，核心是培育新时代公民。新时代公民素养有四个核心内容：政治品质、科学精神、法治意识、公共参与。具体而言，热爱中国共产党，热爱社会主义祖国，具有家国情怀；践行社会主义核心价值观，热心公共参与，履行社会责任；具有科学素养、理性思维、崇尚创新、尊重实践；增强法治意识，自觉学法、守法、用法。培育新时代公民就是培养担当民族复兴大任的时代新人，这是社区教育的育人目标要求。新时代呼唤社区教育要把立德树人，培育新时代中国特色社会主义现代化需要的公民摆在首要位置。

三是形成新时代社区教育发展观的要求。发展观是关于发展的本质、目的、内容和要求的总体看法和根本观点。“有什么样的发展观，就会有什么样的发展道路、发展模式和发展战略，就会对发展的实践产生根本性、全局性的重大影响。”中国的社区教育发展，经过了起步探索、实验带动、广泛发展等几个阶段后，现在已经步入高质量发展阶段。在发展过程中，各地积累了不少成功经验，探寻成功的背后都有科学的发展观作保证，都有先进的理念作支撑，都把人的发展与社区建设紧密结合在一起，走出了文化引领的发展之路。新时代的社区教育发展要秉持三个理念：办国家需要的社区教育，办人民满意的社区教育，办有文化品质的社区教育；要树立两个目标：一是培养社会主义现代化需要的公民的育人目标；二是建设学习型社区和幸福家园的组织目标。文化铸魂，教育立人。社区教育与其他教育最大的区别就是贴近生活、贴近居民需求，虽然是草根教育、平民教育，但是也要有高远的追求，有一定的质量标准，有规范化、特色化的课程，不能仅仅满足于居民喜爱的蹦蹦、唱唱、跳跳、写写、画画的层面上，而要把人的发展和社区发展摆在同等重要的位置上。正如瑞典桑兹维尔地区民众中学的校长奥克松所说，“发展人的责任感和公民意识比记住一些课本知识更为重要”。社区教育具有教育和社区双重属性，发展目标也要兼具教育培养和社区建设的功能，同时要与社区治理和乡村振兴的大目标契合。社区教育的发展观本身就是一种理念和发展模式的选择。新时代社区教育发展必须坚持“以人为本”和“社区为根”两个基本原则，围绕“培养什么样的人，怎样培养人？”“建设什么样的社区，怎样建设社区？”两个根本问题进行统筹谋划，体现时代特征，符合中国国情，在“创新、协调、绿色、开放、共享”发展理念引领下，突出“全面、均衡、优质、特色、高质量、可持续”六大发展特征。

四是推进社区治理体系建设和治理能力现代化的要求。社区教育、社区文化和社区管理是社区建设的三支重要力量和重要手段。有研究者指出，“社区治理行政化、多元治理主体导致治理效率低、社区服务专业化和职业化程度低、社区居民缺乏社区精神等，都是影响城市社区治理的突出问题”。社区精神是社区治理的灵魂。遵纪守法、崇德向善的价值观，与邻为善、以邻为伴、守望相助的邻里观，积极参与、主动承担、共建共享的公民意识等是社区精神的核心。社区能否形成这些精神，是社区治理目标能否实现的关键，也是克服“社区冷漠症”的关键。越来越多的研究和实践证明，传统管理思维已无法满足现代社会转型发展的需要，需要在社区教育和文化管理上下功夫，密切居民之间的关系，构筑生活共同体、精神共同体、命运共同体。为此，《中共中央　国务院关于加强和完善城乡社区治理的意见》明确提出要加强文化引领能力，“培育心口相传的城乡社区精神，增强居民群众的社区认同感、归属感、责任感和荣誉感”“积极发展社区教育，建立健全城乡一体的社区教育网络，推进学习型社区建设”。由此可见，中央层面已经高度重视社区文化、社区教育对社区治理的重要性。文化引领社区教育高质量发展，在社区治理层面，关键就是要培育以社区共同体为核心的社区精神，倡导积极的人生观、价值观，强化人的归属感、参与意识、自治能力，重构熟人社会，打造共建共治共享的幸福和谐家园，推动个人的全面发展和社区的文明进步。这是新时代社区治理赋予社区教育工作的新使命新担当。

五是实现乡村全面振兴的根本要求。乡村振兴是全面建设社会主义现代化国家的重大历史任务，是新时代“三农”工作的总抓手。乡村振兴战略中，乡风文明是灵魂，是保障，是支撑，是核心要义。《中共中央　国务院关于实施乡村振兴战略的意见》提出：“必须坚持物质文明和精神文明一起抓，提升农民精神风貌，培育文明乡风、良好家风、淳朴民风，不断提高乡村社会文明程度。”乡风文明建设包括农民的思想道德建设、优秀传统文化的传承、公共文化建设、移风易俗行动等，也包含了社区教育内容。文化是内容，教育是载体，没有农村成人教育和社区教育参与，农村文化建设就会成为空中楼阁。如何在文化引领下，协同做好乡风文明建设、提升农村居民生活质量和文明素养，是宣传、文化和教育部门需要共同思考的问题。在这方面，浙江开展的农村文化礼堂建设提供了很好启示。浙江省2013年开始实施农村文化礼堂建设项目。省委宣传部牵头，文化、教育、体育等部门共同参与，以"文化礼堂、精神家园"为主题，以有场所、有展示、有活动、有队伍、有机制等为基本标准，在全省行政村建成了一大批集学教型、礼仪型、娱乐型于一体的农村文化礼堂。截止到2020年，全省已建成农村文化礼堂14341家，500人以上行政村覆盖率超74.5%，培育了"我们的村晚""我们的村歌""我们的节日""我们的传统"等系列文化品牌，形成了"日日有开放、周周有活动""月月有主题、季季有赛事"的文化教育场景，把文化礼堂建成集思想道德建设、文体娱乐、知识普及于一体的农村文化综合体，成为文化强省和新农村建设、乡村振兴的重要抓手，实现了提升农民素质、打造精神家园、繁荣农村文化、促进农村和谐的建设目标。

## 三、文化引领新时代社区教育高质量发展的路径选择

教育部部长怀进鹏在2022年全国教育工作会上提出："必须跳出教育看教育、立足全局看教育、放眼长远看教育，准确识变、主动求变、积极应变，抓住重大机遇，开创教育新局面。"宏观上讲，我们倡导文化引领社区教育高质量发展，主要是提高社区教育工作者的政治站位和思想站位，善于从政治高度、全局高度、长远角度谋划推进社区教育工作，着眼文化强国、教育强国、人力资源强国、学习型社会和社会主义现代化强国建设，从中找到结合点、着力点、创新点，推动社区教育特色发展、优质发展、创新发展。微观上讲，社区教育要培养有家国情怀的人，使之成为幸福生活的创造者、美丽社区的建设者、社会主义现代化需要的公民，要打造有品质的人文社区、学习型社区、和谐社区，要突出理想信念的引领、高尚道德的引领、行为规范的引领、特色课程的引领、重要节日文化活动的引领、文化游学方式的引领、终身学习文化的引领等，进一步提升社区教育的高度、广度、深度和温度，满足居民美好生活需求，引领社区治理和乡村振兴。

### （一）强化目标规划引领能力

丰富居民精神文化生活、培育时代新人、建设学习型社区和幸福家园、推动社区治理和乡村振兴，是新时代社区教育和社区文化建设的共同使命。无论社区教育、社区文化，还是社区治理、乡村振兴，核心问题就是培养什么样的人、建设什么样的社区（乡村）的问题。文化引领社区教育发展，首要解决的问题是目标问题，以什么样的文化化什么样的人。从实践看，凡是社区教育做得好的地方，都是基层党组织和行政领导高度重视，把社区教育与文化建设统一到社区治理和乡村振兴大局中，提出育人惠民和社区

建设双目标或者活动主题，统一规划实施，从场所、设施、人力、资源、经费等多方面予以保障。街道、乡镇和社区、行政村在社区治理和乡村振兴整体规划中，要把社区教育和文化建设作为公共服务项目和民生问题，提出软硬件建设标准和督导评估要求，整体部署，协调推进，达标提优，避免条块分割、各自为政。西安市红专南路社区，在社区治理中提出建设“和谐社区，德美社区，绿色社区，文化社区，服务社区”目标，制定了“厚德，孝悌，爱家，惜福”社区大家庭家训，打造社区精神殿堂“社区文史馆”，成立社区老年大学，探索“文化养老”“文化惠民”“志愿服务”社区教育模式，形成了周周有活动、月月有比赛、重大节日有展演的社区文化活动氛围，满足了居民精神文化需求，推动了社区文明和谐进步。该社区先后被民政部授予“全国和谐社区建设示范社区”，被全国妇联、民政部等七部委授予“全国学习型家庭示范社区”，被省、市评为示范社区、先进社区、文明社区。

### （二）打造特色文化课程品牌

课程开发是社区教育内涵发展的核心，品牌打造是社区教育品质发展的标杆。无论是特色课程开发还是社区教育品牌打造都离不开文化，尤其是地域特色文化的支撑。每个地区都有独特的地理风貌、文化传承，打造独具特色的社区教育文化品牌得心应手，不但满足居民了解本土历史文化的需求，传承优秀传统文化，而且还增强文化的认同感、自豪感，激发热爱家乡（社区）、建设家乡（社区）的热情，助力经济社会发展。

在文化特色课程、品牌项目和游学线路开发建设中，可以结合当地实际，深入挖掘文化旅游资源，按自然地理类、人文历史类、生产技术类、综合实践类规划设计，打造精品课程、精品线路，使学员真正地读万卷书、行万里路，感受中华文化的魅力、家乡的自然风物、改革开放的伟大成就，增强爱党爱国爱家乡的情感自觉，坚定走中国特色社会主义道路。在特色文化场所设立全民终身学习体验基地，进行常规化、特色化的教育培训活动。把社区教育与人的发展、产业发展、文化发展和乡村（社区）发展结合起来，走文化惠民、文化富民、文化兴村（社区）、文化强村（社区）的道路，是社区教育最大价值和意义所在。

### （三）培育文化教育志愿服务团队

通过社区教育培育文化活动骨干，组建各类文艺型、学习型团队和志愿服务组织，参与社区治理和乡村振兴，把学习、活动与志愿服务组织联结起来，是社区教育发展的新方向。郑州康桥华城社区，在开展社区教育活动中提出了“弘扬雷锋精神，文化兴家园，文明养精神，运动促健康，做有道德的康桥人”目标，以“十队一学堂”（“十队”指康桥模特队、葫芦丝队、合唱队、柔力球队、太极拳队、诗文品读社等10支文化活动团队，“一学堂”指康桥学堂）为抓手，以10支社区文化建设志愿服务雷锋团队（以社区老工人、老农民、老战士、老教师、老党员“五老”人员为骨干）为依靠，广泛开展主题教育、文明礼仪、诗词朗诵、声乐舞蹈、书法国画、季节养生、红歌汇、朗读者、书画展、文艺会演、趣味运动会等活动，把社区建成了彼此温暖、共同守望的精神文化家园，打造了书香社区、文化社区、品质社区，探索了“文化养老、精神养老、健康养老、科学养老、奉献养老”的居家养老新路子，走出了社区公共文化管理的社区治理新途径，成为省市闻名的社区教育、社区建设、文化建设、党建工作先进典型，被誉为“郑州社区教育的样板间”，被教育部关工委确定为全国社区教育28个联系点之一，被中宣部等部门评为“全国最美志愿服务社区”。该社区的成功之处就是提出了文化兴家园的奋斗目标，组建了以老同志为主的社区文化建设志愿服务雷锋团队，保证了各项活动的顺利开展。每次大活动、外来人员参观，志愿服务雷锋团队成员必登台朗诵《文化兴家园——康桥文化建设志愿者之歌》，表达对康桥社区的热爱和邻里和谐的感恩，展现“献了青春献白发，退而不休再出发”的家国情怀，其感恩之心、担当之责、奋进之姿和奉献精神深深镌刻在康桥居民的心里，成为社区精神的灵魂。

**（四）以文化活动联结居民感情**

“社区靠群众，群众靠活动，活动靠发动，发动靠文化。”文化活动始终是密切联系社区居民的纽带和桥梁。无论是浙江的农村文化礼堂、西安的红砖南路社区，还是郑州的康桥华城社区，都是以文化惠民、文化兴家园为主题，形成了浓厚社区文化活动氛围，拉近了居民的心理距离，满足了居民的精神文化需求，推动了社区的和谐进步。实践证明，在社区教育活动中，围绕中华传统节日，有机结合读书节、劳动节、建党节、建军节、国庆节等重要节日，开展读书征文、文艺演出、经典诵读、书画摄影比赛、体育健身竞赛等文体活动，可以有效地宣传传统文化，弘扬社会主义核心价值观，活跃居民文化生活，加强沟通了解，增强认同感、幸福感，凝聚社区力量，建设美好家园。河南辉县川中社区，2014年在中国农业大学孙庆忠教授指导下，依托当地一个乡村幼儿园开办社区大学，秉持“让每一节课都上成幸福课和人生课”“让每个学员都拥有体面而有尊严的人生”的办学愿景，通过开展各种文化教育活动，引领农民终身学习和乡村文化建设。最吸引人的活动就是每年“六一”举办的社大周年庆典晚会，幼儿园小朋友、老师、社区大学学员、村民集体参与，既是一次学习成果大汇报，又是一次才艺大展示，还是一次村民大聚会、大交流，激发了全民学习热情，拉近了彼此距离，融洽了学校、乡村、邻里之间的密切关系。社区大学学员，通过学习交流，提高了自身素质，影响了家庭和孩子，改变了乡村面貌。有学员发自肺腑地给社区大学老师（基本上都是幼儿园老师）写道：因为有您，我的生活变得更加多姿多彩，我的人生也因为有您而变得充实、幸福；因为有您，我才有了展示我梦想的心灵阶梯；谢谢你们给了我一个舞动人生的舞台！

**（五）利用文化场所创设精神地标**

在社区教育和文化活动中，特色场馆建设必不可少。场馆既是活动场所、教育场所、展示场所，也是一个地方的文化地标建筑，代表着区域的文化形象。当前，在农村，不少地方建设有农村书屋、村史馆、党员生活馆、文化礼堂、文化广场、乡村戏台、非遗传习场所、新时代文明实践中心等主题功能空间，城市社区特色文化场所相对薄弱。可以结合老旧小区、老旧厂区、城中村等改造，创新打造一批“小而美”的城市书房、文化驿站、文化礼堂、文化广场等新型公共文化空间，建设社区展览馆、社区文化馆、党员生活馆、工业文化馆等。借助城乡文化场馆开展讲座、展演、展览、展示和培训活动，可以有效缓解社区教育活动场所受限的局面，同时增强与文化部门、组织部门的合作联系，共同推动社区教育工作。教育部门要主动与文化和组织部门沟通，建立合作机制，探索“资源共享、工作齐抓”的新型管理模式，共同举办大型文化教育活动，让社区居民享有“文化有阵地、娱乐有设施、健身有场所、活动有保障”的精神文化生活环境，提升社区（乡村）文化建设品质，服务全民终身学习。上海图书馆从 1978 年至今倾力打造的“上图讲座”值得效仿，它以全民阅读推广为原点，以都市文化讲座和宏观时政信息讲座为核心，六大板块十八个系列为主体，以上图朗诵、智慧课堂等新兴项目为特色，以全媒体传播渠道为依托，发展成为全国叫得响的公共文化服务品牌和上海市百姓喜爱的“城市教室”“市民课堂”。形式从单一的现场讲座发展出电视讲座、网络讲座、广播讲座、讲座丛书、讲座视听阅览室等多元载体讲座，开发了“上图讲座”、“上图微讲座”、微信公众号、网络音频主播等新媒体传播平台，极大地吸引了社会各界人士的参与。

## 四、结语

新时代社区教育高质量发展，归根结底，就要在文化引领下，凝心聚力建设居民共同的精神家园，这是社区教育促进社会建设的崇高目标和最高境界。精神家园是在历史上形成和发展，并为一定共同体成员所拥有和依托的社会文化生态系统，是全体成员“心系之、情系之、命系之”，具有精神支撑功能的一个精神生活空间。共同的文化根基、共同的时代精神和共同的价值目标，三者交相辉映，共同构成中华民族精神家园的整体。

现在不少地方在社区教育方面，涌现出了一批诸如村组家园、睦邻点、新市民之家等社会组织，它们自觉立足于教育学习，主动和精神文明与社会文明建设、生态文明与美丽家乡建设结合起来，居民心手相牵，互帮互助，深刻地蕴含了社区教育的精神内涵和文化价值，提升了社区精神和家园意识，推动着社区由社会生活共同体经教育学习共同体向构建和谐共同体、建设精神家园的新境界发展提升。

建设居民精神家园，是一个不断学习、思考、实践、提升的过程。中华优秀传统文化源远流长、精彩纷呈，社区是社会的细胞，每个居民的家乡都有自己的文化根脉，要传承发扬这些文化基因，作为创建精神家园的基础。要善于把社区传统文化和时代先进文化对接，凝聚共识，凝心聚力，构筑社区成员的共同愿景；引导居民广泛参与，群策群力共同培育，不断提高人的精神文化素养；在此基础上，搭建精神家园框架，丰富精神家园内涵，创建精神家园特色，打造家园形象品牌。

总之，新时代社区教育要不断丰富新内容、创造新形式、探索新途径，办好国家需要的、人民满意的、独具文化特色的社区教育。举旗帜、聚民心、育新人、兴文化、展形象，不仅是文化的使命，也是教育的担当。站在“两个一百年”的历史交汇点上，社区教育工作者要高举习近平新时代中国特色社会主义思想伟大旗帜，为建设中华民族的精神大家园强基铸魂，为实现中华民族伟大复兴的中国梦不懈奋斗。

## 参考文献：

[1]中华人民共和国国民经济和社会发展第十四个五年规划和2035年远景目标纲要[EB/OL].(2021-03-13)[2021-03-13]. http://www.gov.cn/xinwen/2021-03/13/content_5592681.htm.

[2]黄云龙. 创新，提升社区教育的文化品位[J]. 成才与就业，2011(19).

[3]周利利. 基于社区精神培育视角的社区教育课程开发[J]. 湖北大学成人教育学院学报，2009，27(22).

[4]李山. 社区文化治理的理论逻辑与行动路径[M]. 北京：高等教育出版社，2017.

[5]奚从清. 社区研究——社区建设与社区发展[M]. 北京：华夏出版社，1996.

[6]连玉明. 学习型社区[M]. 北京：中国时代经济出版社，2003.

[7]GB/T 20647.3-2006，社区服务指南第3部分：文化、教育、体育服务[EB/OL]. http://std.samr.gov.cn/gb/search/gbDetailed?id=5DDA8BA1ADE818DEE05397BE0A0A95A7.

[8]向德平，华汛子. 中国社区建设的历程、演进与展望[J]. 中共中央党校(国家行政学院)学报，2019，23(03).

[9]李翔，郑海鸥，吴月. 让中华民族精神的大厦巍然耸立[N]. 人民日报，2022-03-02(01).

[10]陈乃林. “十四五”时期社区教育发展前瞻——一个老教育工作者的思考与建言[J]. 当代职业教育，2021(01).

[11]温家宝. 提高认识，统一思想，牢固树立和认真落实科学发展观——在省部级主要领导干部“树立和落实科学发展观”专题研讨班结业式上的讲话[EB/OL].(2004-02-21)[2004-03-01]. http://www.gov.cn/govweb/gongbao/content/2004/content_62698.htm.

[12]顾耀铭，王和平．当今瑞典教育概览［M］．郑州：河南教育出版社，1994.
[13]张垚，叶帆．把社区建设成和谐的社会生活共同体——关于城市社区治理的研究综述［N］．人民日报，2012-02-08（07）.
[14]颜维琦．上图讲座创办40周年，陪伴一座城市成长的文化“港湾”［EB/OL］．（2018-10-31）．https：//difang.gmw.cn/2018-10/31/content_31874561.htm.

# 关于终身教育立法的思路解析与路径选择

陈乃林 [①]

**摘　要：** 终身教育立法是我国新时代教育改革发展的一个重点热门话题。本文秉持多思路谋划、多路径选择的精神，提出了四种思路与选择：由国务院先行制定终身教育行政法规；按照对终身教育理念与立法实践有所区别的解读，制定置于《教育法》下位的终身教育法；调整思路，另辟蹊径，制定“终身学习促进法”；从长远和更高目标出发，编制教育法典，推进教育法律体系法典化。本文意在分析比较，权衡利弊，为终身教育立法提供决策咨询服务。

**关键词：** 终身教育立法；思路解析；路径选择

我国终身教育立法，是当下人们关注的一个重点和热点问题。如何解决这一问题，有不少见仁见智的看法。本文拟就立法思路与路径选择谈一些看法，意在通过多思路谋划、多路径选择，找到一条大家可以接受的立法路径，以利推进我国终身教育立法进程。

终身教育作为一种教育理念古已有之。但作为一种具有国际性影响的教育思想，则是在20世纪60年代提出来的。1965年保罗·朗格朗（Paul Lengrand）在联合国教科文组织第三届促进成人教育国际委员会上，以“终身教育”为题作了报告；1970年，他在《终身教育引论》中提出，终身教育是指“人一生的教育与个人及社会生活全体的教育的统合”。也就是说，终身教育是贯穿人的“一生”，不是某个阶段；涵盖“社会生活全体”，不是某个方面；是“统合”，即涵盖各级各类教育的总和，是一种社会化、终身性的“大教育”概念（杨晨，2009）。按照这种理念立法，那就应该制定一部教育领域的基本法。

而从我国的立法实践看，1995年已经颁布了《中华人民共和国教育法》(以下简称《教育法》)，这是一部教育领域的基本法，不仅规定了我国教育改革发展的方向，同时也为其他教育类法律法规的制定提供了立法依据。其他教育类法律法规的制定，必须在整体立法精神和原则上与《教育法》保持一致，不能越位，越位就是违法，就是无效（兰

---

① 陈乃林，原江苏省教育委员会副主任兼江苏广播电视大学校长，中国教育发展战略学会终身学习委顾问，学习型社会和学习型组织国际智库委员会顾问，研究方向：终身教育、社区教育、老年教育及其管理决策。

岚，2017）。终身教育立法当然也不例外。

这里就带来一个两难的选择：从法理上说，终身教育立法，就应当高于《教育法》，因为终身教育是涵盖各级各类教育的社会化、终身性的“大教育”；而从立法实践上，法律位阶要高于《教育法》的地位，是不可能的，而且是违法的。这里的难题就在于：社会都在大声疾呼要推进终身教育立法，而在我国现行的法律体系中，又找不到真正体现终身教育本质内涵的法律位阶。面对如此复杂的情况，怎么办？路在何处？笔者试着按以下几种情况，提供若干思路和路径，和诸位共谋解决之策。

## 一、由国务院先行制定终身教育行政法规

鉴于终身教育立法，不管在终身教育的法理认知方面，还是在立法原则与法律位阶方面，都存在不少争议，可能难以一时达成共识。在这种情况下，本着从实际出发、稳步有序解决问题的原则，建议由国务院制定《终身教育促进条例》。根据宪法和法律，国务院制定行政法规，这是国务院履行宪法和法律赋予职责的重要形式。按照我国的法律体系，行政法规也是法律体系的重要构成要素，是将法律规定的相关制度具体化，是对法律的细化和补充。

这样做的好处是：

一是在现行的法律体系框架下，按照位于《教育法》下位法的立法思路，制定终身教育促进条例，避免了和《教育法》的规范主体和主要内容发生矛盾冲突，较好地处理了教育基本法与政府行政法规的关系，立法程序上也可以减少一些环节。

二是通过制定与实施终身教育促进条例，既可以发挥促进终身教育、终身学习的积极作用，又可以创造一个边实践边探讨的过程与机会，有利于在实践中达成共识，为下一步终身教育立法打下较好基础。

三是这个终身教育促进条例也应该而且可以有所建树。根据补短板、强弱项的精神，可以把终身教育促进条例的重点，放在成人继续教育和不同教育类型之间的沟通衔接等薄弱甚或空白的领域，从而体现终身教育促进条例的针对性和创新性，为下一步终身教育立法丰富和拓展新的内涵。

## 二、按照《教育法》下位法的立法思路，制定终身教育法

理由是什么呢？学者靳澜涛（2021）指出，终身教育的立法范畴固然需要立足于学理定义，但二者还是应该有所区别。作为理论概念的终身教育带有哲学意义的终极性，从理论上看，立法应当对上述特征有所体现，然而这种最广义的“大教育”定义，对于终身教育的专门立法并不现实。广义的终身教育更多地作为一种贯穿于教育体系的理念存在，而立法调整的对象必须是特定的某类社会关系，价值理念仅仅适宜成为立法目标

或原则，它们可以通过纳入总则的形式或渗透在制度设计之中得到文本呈现，但为此制定专门性法律并不现实。

按照这种对终身教育理念与立法实践有所区别的思路，制定终身教育法，置于《教育法》下位，遵循教育法的基本原则和基本精神，不致发生矛盾与冲突；同时，选择教育法及教育领域现有的单行法没有涉及、涉及较少，或不够具体、不够明确的那些部位，作为终身教育立法重点。目前大家比较公认的，就是成人继续教育（包括社区教育、老年教育等），以及正规教育、非正规教育与非正式学习之间的成果认证、衔接、转换。这样做，和2015年新修订的《教育法》规定，要“促进不同类型学习成果的互认和衔接，推动全民终身学习”等新内容新精神也完全一致，同时又作了具体的补充与拓展。

考虑到终身教育作为各级各类教育的理论指导与方向引领，终身教育法应在总则中，明确以下三点原则性内容：

一是正本清源，明确界定终身教育概念：“终身教育是贯穿人的一生、涉及社会生活各个方面的连续性教育。”这是原则，必须坚持，不可动摇，更不可否认。这也是纠正目前在一些地方，将终身教育变成成人继续教育代名词的误读误导。

二是应该明确指出：“终身教育是各级各类教育改革发展的指导原则。各级各类学校教育应当在终身教育理念指导下，深化教育教学改革，培养学生树立终身学习的理念和习惯，学会认知，学会做事，学会合作，学会发展，促进自身终身学习和人格完善。”就是说，学校教育也应该接受终身教育思想的指导，而不要自外于或游离于终身教育之外，特别是对学生的培养，这里应给出一个原则性、导向性的指引。

三是指明适用范围：“鉴于国家已经颁布《教育法》，以及在义务教育、职业教育、高等教育等方面，制定了比较健全的单行法律，根据补短板、强弱项的原则，本法重点规定成人继续教育，以及正规教育与非正规教育、非正式学习等各种不同类型学习成果的互认和衔接。”

按照这样的立法思路与立法原则，可以较好地处理终身教育法与《教育法》的立法原则和法律位阶之间的关系，也具有强弱项补短板填空白的积极作用，仍然不失为终身教育立法的一种智慧之举、创新之举。

## 三、调整思路，另辟蹊径，制定“终身学习促进法”

终身教育立法何以变成终身学习立法？能否成立？这就必须厘清教育与学习、终身教育与终身学习的关系。简要地说，两者的关系，好比一个硬币的两面，相互联系、密不可分，本质上是一致的。具体而言，大致包含三层含义：

一是教化育人最终须靠学习者内化生成。所谓教育，实乃教化、育人之谓也。教与学相比，教之职责重在教化、指导、帮助、影响，真正的化则要靠学习者自身的领悟、省思、内化、践行，逐步转化为学习者自身的素质素养，养成批判性思维、与人合作、创造创新能力，发现问题、分析问题、解决问题的能力，经过实践、积累，进而形成世界观、价值观。

二是教育的本质意涵是“引发学习”。联合国教科文组织2011年修订通过的《国际教育标准分类法》（ISCED）将教育定义为“有意识的活动，涉及某种形式的交流，旨在引发学习”（杨进，2021）。换句话说，教育不光是正规教育，还包括“某种形式交流”的非正规教育；教育的本旨在于“引发学习”，反过来说，不能“引发学习”的活动，就不是真正的教育，这就深刻地阐释了教育的本质意涵，揭示了教育与学习密不可分的内在联系。

三是教育的最终落脚点是学习。教与学，教的本义带有效法、仿效的意涵，学则重在练习、践行；教是为了不教，教育必须通过学习方显成效；教育是学习的基础与支持，学习是教育发展的必然趋势和更高境界。每一个被教育者都要成为主动学习者，都要学会学习，自主学习，学以致用，在实践中学习，使用是更重要的学习，这是人一生中最为重要的一种能力，终身管用的立身资本。

综上可见，教育与学习具有内在的有机联系，根本目的和目标都是指向人，为了人，服务人，惠及人、提升人、完善人。而终身学习和终身教育的关系，其根基仍然是教育与学习关系的延伸拓展与提升，本质一脉相承。不管是终身教育立法，还是终身学习立法，都具有内在的相通性和一致性。所以，终身教育和终身学习的理论，都是终身教育立法的指导思想和理论依据；并且，如果说终身教育是教育改革发展的指导原则，那么，终身学习就是终身教育（学习）立法的根本宗旨。

从历史与时代发展变化的视角，终身学习自20世纪六七十年代产生以来，随着社会经济科技文化的迅速发展，终身教育也加快向终身学习的转型，到90年代，美欧等发达国家和地区终身学习已经成为一种新的发展趋势，乃至成为教育社会主流的话语体系，

党的十九大以来，我国高度重视终身教育，进一步加大力度、加快进度。2019年初，中共中央、国务院印发《中国教育现代化2035》，将“建成服务全民终身学习的现代教育体系”作为首要教育发展目标，将“构建服务全民的终身学习体系”作为十大战略任务之一。2019年10月，中共十九届四中全会又从中国特色社会主义制度的高度，提出了“构建服务全民终身学习的教育体系”的战略任务。党的十九届五中全会提出：“发挥在线教育优势，完善终身学习体系，建设学习型社会。”《中华人民共和国国民经济和社会发展第十四个五年规划和2035年远景目标纲要》进一步指出：“发挥在线教育优势，完善终身学习体系，建设学习型社会。推进高水平大学开放教育资源，完善注册学习和弹性学习制度，畅通不同类型学习成果的互认和转换渠道。”上述纲领性文献，进一步为中国新时代教育改革发展，作出了战略决策和战略部署，指明了前进方向。习近平总书记指

出："党的政策是国家法律的先导和指引，是立法的依据和执法司法的重要指导。"这个重要指示给终身教育立法提供了最重要的指导和权威性依据。

综上可见，党和国家近年来对终身教育创新发展作出如此密集而又重大的决策，意味着我国的教育业已从传统的学校教育本位迈入了全民终身学习的新时代，也是为终身教育（学习）立法提供了前所未有的难得机遇和政策依据。

实施终身教育（学习）立法，可谓恰逢其时。这样做，一是更利于从规范公权、保障私权的立法原则出发，凸显保障公民学习权的立法核心（兰岚，2019）。依法推进全民终身学习发展，和习近平总书记以人民为中心，使教育惠及 14 亿中国人民的指导思想高度契合；二是有利于凸显教育的本质特征和根本目的，调动学习者的积极性、主动性、创造性，弘扬人人皆学的良好社会风气，促进学习型社会的建设；三是顺应国际社会终身学习立法的发展趋势，20 世纪，美、日等国就已出台终身教育相关法，我国台湾地区 21 世纪初出台的也是以终身学习冠名的法律；四是有利于避开终身教育立法与现行《教育法》的立法原则与法律位阶的矛盾，而且立法的视角和内涵明显带有改革创新意涵，可以填补现行教育法律法规体系的空白，具有重要的现实意义和深远影响。

当然，我们还要看到，教育与学习、终身教育与终身学习，本质是一致的，但是仍有一定区别，在承载的主体、担负的职责、运作的机理方面，是不完全一样的。特别是主体的位移，给立法带来的变化和影响还是值得注意的。如果是终身教育立法，法律规范的主体是政府，政府要发挥主导作用，负责为全民终身学习创造和提供必要的环境条件，要加强对各级政府治理工作的监督检查，以及必要时法律责任的追究。如是终身学习立法，法律规范的主体就是学习者，一方面，法定的公民学习权的保障与享有，得到了高度的重视与关注；另一方面，社会成员作为学习者，是一个个分散的有差别的流动的个体，对法定对象的义务与责任如何依法监督检查？法律如何发挥推动和引领全民终身学习的作用？政府的职责仍然需要为公民提供终身学习的环境条件，在教育立法转为学习立法以后，政府的角色与运作有什么变化？这些都是需要深入研究的新问题。

法国思想家卢梭曾说，一切法律中最重要的法律，既不是刻在大理石上，也不是刻在铜表上，而是铭刻在公民的内心里。法治的根基在于公民发自内心的拥护，法治的伟力源于公民出自真诚的信仰（王香平，2014）。

所以，制定终身教育（学习）立法，绝不是看立法者的主观偏好，也不光是一味跟国际接轨，最终还要看本国本地社会经济文化环境与必要的学习条件，终身学习文化发展发育程度，社会成员自主学习意识、能力和学习状况，群众性的学习社团（学习共同体）的发展水平和组织动员能力，诸如此类，总体应有个比较务实中肯的研判，力求使终身教育（学习）立法比较准确地反映上述这些实际状况。

现行的两省三市为什么无一例外地都使用《终身教育促进条例》？与终身教育、终身学习在我国的发展状况，包括群众性的终身学习状况不无关系。当年福建省在制定《终身教育促进条例》时，就遇到是用“终身教育”还是用“终身学习”来作为名称的争论，最终之所以选用“终身教育”，就是因为“考虑到终身教育处于发展初始阶段，主要是靠政府的主导与推动，所以把实施主体定位为政府与社会，重点规范政府与社会的义务与行为”。（沈辉，2014）大多数人大代表和政协委员还认为“发展终身教育、推动终身学习，由政府来抓比较有优势、有力度，应当以各级政府为主导来加以推动”（陈乃林，2021）。鉴于此，先行制定“终身教育促进法”或“终身学习促进法”，也不失为一种可行之举。这里绝无否认终身教育（学习）立法之意，关键是如何把握时机与条件，力求使法律准确反映经济社会发展要求，更好协调利益关系，发挥立法的引领和推动作用。

## 四、以终身教育为指导思想，把《教育法》修改成符合终身教育思想、名副其实的教育基本法

坚定终身教育立法的基本方向，坚守终身教育与终身学习的科学真理，坚持以终身教育对《教育法》进行重大修改，着眼长远，坚持不懈，精心探究，奋力达成。

终身教育自产生以来，迅速传播，现已成为世界主流主导的教育思潮，成为许多国家推进教育改革发展的指导原则，成为国际社会引领性、主流性的教育改革实践。构建终身教育体系，推进终身教育（学习）立法，也已成为国际社会教育改革发展的必然趋势和发展方向，是未来教育改革发展的必由之路和理性选择。

我们党和国家从社会主义现代化建设和改革开放的全局高度，庄重地作出了“构建服务全民终身学习的现代教育体系”的战略部署，提到了国家的重要议事日程，这是指引我们制定终身教育相关法的根本遵循和行动指南。

同时，我们又要看到，终身教育从产生那时起，就是教育领域的一场革命，是对传统封闭、僵化的教育制度体系的一种颠覆性的冲击，构建终身教育体系，“要以终身教育思想为指导，重建具有内在一致性、关联性和持续性，使学校和各种教育机构以及广大学习者的潜能都能得到充分开发的新的教育体系。”这个重建表现在：要以“构建服务全民终身学习的现代教育体系”为立法统领，而不是以阶段性的学校教育为本位；要坚持以人民为中心的思想，让教育惠及14亿多中国人为立法宗旨，而不是以某一年龄段人群为对象的立法思维定式；要坚持以早期教育、家庭教育为发端、以老年教育为终端、以学校教育为主干、以成人继续教育为主体、以构建四通八达的教育立交桥为主轴，而不是囿于正规教育、学历教育、学校教育的圈子里；要有利于14亿多人全面发展、充分发展、自由发展、终身发展，是一个高度开放、灵活多样、规范有序、四通八达、保证品质的崭新教育体系。

由此带来的对《教育法》的修改也是重大的，必须经过终身教育的法理论辩和比较研究，经过实践创新和实践检验，将比较成熟的教育成果，经过权威的立法部门，遵循严格立法程序，上升为法律规范，形成一部具有中国特色、世界水平、顶天立地、面向未来的教育基本法。

这就必须经过一个较长时间的实践和修法过程，决不能一蹴而就，也不能操之过急。如果按照这种思路，具体的解决办法有两种：

一是制定终身教育法，定位于宪法下位、教育领域的基本法，取代现行的《教育法》，或者把现行的《教育法》修正为“学校教育法”，这样做，就终身教育而言，正本清源，顺理成章地从法理到法律，依法成为教育领域的基本法，《教育法》调整为学校教育法，终身教育法与学校教育法的关系也理顺了。看起来，这一种思路很理想，但付诸立法实践，歧义大，难度大，可行性很小。

二是以终身教育思想为指导，对现行的《教育法》进行重大修改，把《教育法》修改成名副其实的终身教育法；考虑到我国现行的《教育法》，已经奠定了位于宪法下位、教育领域基本法的法定地位，故此仍然使用“教育法”的名称，关键是法定内容符合终身教育与终身学习的本质要求，这样做，遵循立法原则和立法程序，思想比较容易统一，应该说还是具有可行性的。

## 五、编制教育法典，推进教育法律体系法典化，这是终身教育立法的长期目标和更高追求

随着我国全面建设社会主义现代化强国的进程，当我国社会经济文化进一步发展，教育法治建设不断加强，法律体系进一步健全，可以考虑编纂教育法典。所谓法典是指同一门类的各种法规，经过整理、编纂而制定为比较系统的立法文件。这是现行法律系统化的表现形式之一。法典编纂和法律汇编不同，法典需要重新审定某一法律部门的全部现行法律规范，废除已经陈旧的，修改相互抵触的，弥补其缺陷或空白，使之成为基于某些共同原则、内容协调一致、有机联系的统一法律。法典较单行法更为系统、完备，是一种新的立法文件。（兰岚，2020）目前，我国已有的教育法律体系包括全国人大常委会通过的 7 部教育法规、国务院制定的 14 项教育法规和教育部制定的 370 多项教育法规。（张璇，2018）到那时，终身教育和其他教育类法律之间，存在的一些法律之间的矛盾冲突，就会得到科学合理的解释或调整；各级各类教育法律的关系就会厘清理顺，以终身教育统领的整个教育法制体系将会日臻完善，如是，中国的终身教育（学习）立法肯定会迈入一个新发展阶段，达到一个新的法治境界。

简短的结语与展望。依法治国是我国建设社会主义现代化强国的基本国策。教育法治建设则是完善中国特色社会主义制度体系的重要组成部分。而终身教育立法，可以说

是中国特色社会主义教育法治建设的一项重点工程。重要性、必要性自不待言，复杂性、艰巨性也前所未有。本文讨论的几种立法思路与路径，有的是平行的，有的则有层次之别；有的在平行关系中，又有若干差别之处；至于终身教育的两种立法思路和模式看似矛盾，实质上则有广义理解、狭义应用和广义理解、整体应用的解读，似乎也属可以尝试之列；在时间序列中，又有现期和中长期之分。这些思路与路径，其本身没有对错好坏之分，更多的是一种分析比较，权衡长短得失，意在通过多思路解析、多路径选择，供立法部门择其适合者而用之。

观察我国目前终身教育立法形势，法治环境氛围趋好，立法舆论比较活跃，可喜的是，通过关于终身教育立法的研讨，人们不仅对于终身教育立法的重要性、必要性形成共识，而且对于具体制定怎么样的法律，例如制定终身学习促进法，也趋向统一，对解决立法中的重点、难点问题，例如大家都主张把重点放在非正规教育方面，特别是那些短板弱项方面，放在社会成员学习成果的认证、正规教育与非正规教育的沟通衔接方面等，这种立法思想认识的趋于一致表明，终身教育的立法确实向前迈出了实质性的一大步。同时，另一个可喜的现象，就是地方性立法积极性高涨，除了终身教育立法外，有些省市搞了社区教育、老年教育等细分类型的地方性教育法规，估计还有一些地方将要出台类似法规，这是对国家层面的终身教育立法一个很好的推动与促进。但总的看来，仍需有一个工作推动和实践积累的过程。期盼国家层面的终身教育立法，步伐再加大加快一点，相信终身教育立法成就之时，依法推进全民终身学习的明天会更好。

## 参考文献：

[1]杨晨. 我国终身教育立法三难[J]. 教育发展研究（上海），2009，29（21）.

[2]兰岚. 终身教育立法研究之与现有法律体系的冲突与协调[J]. 现代远距离教育，2017（05）.

[3]靳澜涛. 我国终身教育立法缘何难产：瓶颈与出路[J]. 中国远程教育，2021（09）.

[4]杨进. 谈构建全民终身学习体系的国际趋势[J]. 宁波大学学报（教育科学版），2021（05）.

[5]中共中央、国务院印发《中国教育现代化 2035》[EB]. 新华网，2019-02-23.

[6]党的十九届四中全会《决定》[EB]. 新华社，2019-11-05.

[7]中共中央关于制定国民经济和社会发展第十四个五年规划和二〇三五年远景目标的建议[EB]. 新华社，2020-11-03.

[8]中华人民共和国国民经济和社会发展第十四个五年规划和二〇三五年远景目标纲要[EB]. 新华社，2021-03-15.

[9]党领导全面依法治国　习近平强调这十六个字［EB］. 中央广播电视总台央视网，2019-02-17.

[10]兰岚. 论我国终身教育的立法核心——公民学习权保障［N］. 华东师范大学学报（教育科学版），2019，37（01）.

[11]王香平. 全面推进依法治国　努力建设法治中国　十八大以来习近平同志关于依法治国的重要论述［J］. 新湘评论，2014（19）.

[12]沈光辉. 我国终身教育立法的主要问题与对策建议—— 福建省的实践探索与启示［J］. 中国远程教育，2014（12）.

[13]陈乃林."十四五"时期我国构建终身教育体系前瞻［N］. 宁波大学学报（教育科学版），2021，43（05）.

[14]兰岚. 论我国终身教育立法的调整对象、立法目标与立法原则，首都师范大学学报（社会科学版），2020（02）.

[15]张璇. 地方《终身教育促进条例》的现实局限与立法建议［J］. 中国远程教育，2018（06）.

[16]陈乃林. 两重视域下全民终身学习体系建设的思考与建议［J］. 当代职业教育，2020（01）.

# 国家教育标准化研究平台的战略定位与建设研究

全国教育标准化发展战略研究课题组①

**摘　要：**“国家教育标准化研究平台”由中国教育发展战略学会主办、教育标准专业委员会承办。“国家教育标准化研究平台的战略定位与建设研究”是中国教育发展战略学会“我国教育标准化发展战略研究”的子课题。本文从研究平台定位的四个维度、平台发展的四个目标、平台建设的五大重点、平台启动的四项实证研究四个方面对“国家教育标准化研究平台”建设的重要性、方向性、可行性、实践性进行分析研究。

**关键词：**教育标准化；研究平台；建设规划

我国教育已经进入高质量发展的新时代。习近平总书记关于“标准决定质量，有什么样的标准就有什么样的质量，只有高标准才有高质量”的重要论述，深刻阐明标准与质量关系的同时，为实施国家标准化战略注入了强大的动力。2018 年 1 月 1 日正式实施的《中华人民共和国标准化法（2017 年修订版）》将标准的范围从“改善产品质量”扩展到“提升产品和服务质量”。在中国共产党成立 100 周年之际，第一份以中共中央、国务院名义颁发的《国家标准化发展纲要》（以下简称《纲要》）正式出台。《纲要》提出“标准运用由产业与贸易为主向经济社会全域转变”的目标，将养老、体育、教育、保险等社会事业领域的标准化纳入全域标准化的国家战略之中。中国教育发展战略学会立足国情、放眼全球、面向未来，根据《教育部关于完善教育标准化工作的指导意见》（教政法〔2018〕17 号），成立了教育标准专业委员会（以下简称“教育标准委”），启动了“国家教育标准化研究平台”建设，依托教育部政策法规司委托课题“中国教育标准战略研究”，教育标准委开展了与此配套的“我国教育标准化发展战略研究”。

## 一、“国家教育标准化研究平台”的战略定位

关于“国家教育标准化研究平台”的战略定位，本文从标准在国家战略中的地位、教育标准委发起机构的政府背景、教育标准委的法定业务、教育部政法司的授权委托课

① 全国教育标准化发展战略研究课题组是中国教育发展战略学会根据教育部政策法规司委托课题“中国教育标准战略研究”（项目编号：JYBZFS2022206）的配套研究项目。本文的主要贡献者是张建强、郑飞虎、王颖。

题等四个维度思考“国家教育标准化研究平台”的战略定位。

### （一）标准在国家战略中的地位

2200年前，秦始皇推行“车同轨，书同文，行同伦”（《礼记·中庸》第二十八章），把中华民族推向了大一统时代。当今世界，美、英、德、日等发达国家通过实施标准化战略，瓜分世界经济秩序的国际话语权，德国尤为如此。“二战”之后，德国采用典型的控制、争夺型策略，积极争夺国际标准化组织的领导权，在ISO和IEC两大国际标准化组织中，德国的标准化技术委员会（TC）和标准技术分委员会（SC）秘书处数量占据绝对优势（图1）。

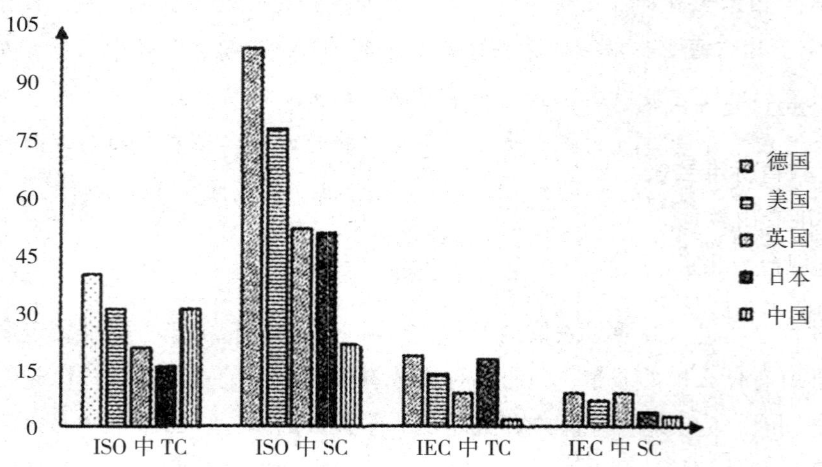


**图1　ISO、IEC标准化技术委员会（TC）、标准技术分委员会（SC）秘书处国别统计**

数据来源：根据ISO、IEC官网统计，数据截至2015年4月。

中国加入WTO之后，积极实施国家标准化战略，先后成立国家标准化管理委员会、修订《中华人民共和国标准化法》，中共中央、国务院先后颁布《国家标准化发展纲要》。国际标准的制定数量从2000年的13件增加到2020年的856件（图2），综合国力快速提升。在教育标准化领域，《中国教育现代化2035》《深化新时代教育评价改革的总体方案》《教育部关于完善教育标准化工作的指导意见》出台，以“推动战略研究、服务教育决策”的中国教育发展战略学会于2021年成立教育标准委，创建“国家教育标准化研究平台”，标准成为技术支撑。

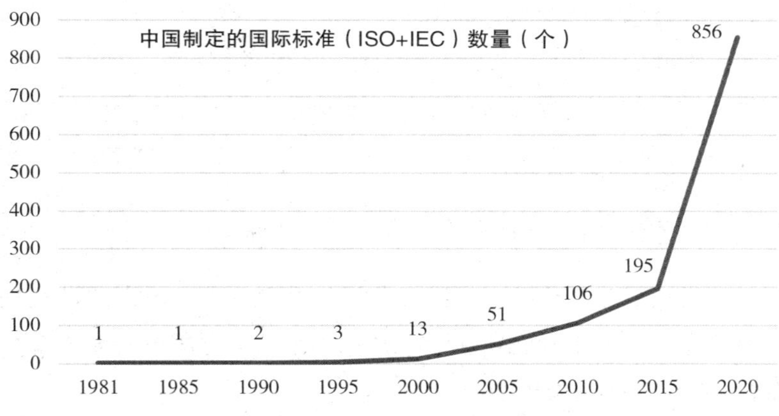


**图 2　中国制定的国际标准（ISO+IEC）数量变化图**

数据来源：2022 年 2 月 27 日 ISO 前主席张晓刚在 CCTV-2《中国经济大讲堂》上的演讲。

### （二）教育标准委发起机构的政府背景

教育标准委由教育部直属的北京师范大学、中国教育科学研究院、中国教育报刊社、中国教育电视台、北京语言大学和中央直属的中国银行等机构主导发起，清华大学、同济大学、中国工程院、民进中央教委、教育部考试中心、教育部基础教育质量监测中心、教育部中外语言交流合作中心、国家标准技术审评中心、中国质量认证中心等单位资深顾问参与。单位会员政府背景浓郁，个人会员学术造诣深厚，具备担当建设“国家教育标准化研究平台”的能力。

### （三）教育标准委的法定业务

教育标准委是中国教育发展战略学会分支机构。业务范围为：推动和组织教育发展战略性、全局性、综合性问题研究和交流；组织和承担国家、地方政府、行业组织、教育机构和国际组织委托的研究任务；为国家和地方政府、行业制定教育发展战略、教育规划和政策提供咨询服务，接受委托开展教育评价、科研立项评审和成果鉴定等中介服务工作；推动和组织国内外学术交流，召开国内和国际（双边或多边）学术报告会、研讨会和学术论坛；开展有关教育发展、政策和管理培训；编辑学术刊物，出版学术专著；编发学会简报，通过互联网、媒体、电子出版物等交流学会活动信息。其业务范围为教育部、民政部批准。

### （四）教育部政法司的授权委托

在中国教育发展战略学会的直接领导和亲自推动下，教育标准委获得了政府委托课题“中国教育标准战略研究”。经教育部政策法规司批准，研究内容包括：教育标准化工作的基本理论和基本原则；中国教育标准体系的基本架构；标准在引领教育高质量发展中的作用机制；国际标准与国内标准的比较与兼容；教育标准促进教育高质量发展的典型案例；推进我国教育标准战略的政策建议。

综合以上四个维度的分析，教育标准委构建“国家教育标准化研究平台”，是我国教育高质量发展的时代召唤，是中国教育发展战略学会的工作要求，是教育标准委发起组织的情怀所依，是教育部政策法规司的委托授权，具有国家战略高度。

## 二、“国家教育标准化研究平台”的工作目标

根据中国教育发展战略学会教育标准专业委员会第一次全国会员代表大会表决通过的《教育标准专业委员会五年发展规划（2022—2026）》，课题组明确了教育标准委建设“国家教育标准化研究平台”的四大目标：

### （一）打造一个教育标准高端学术论坛品牌

创立“中国教育标准化发展论坛”，聚集中国具有一流学术水准、享有较高社会声誉并致力于中国教育（标准）研究的著名专家、学者。论坛紧紧围绕教育标准化主题，以“学术年会”“区域论坛”“专题论坛”“京师讲坛”“闭门会议”“圆桌会议”“高端访谈”等形式呈现。

### （二）编制一套年度教育标准化发展蓝皮书

编辑出版《中国教育标准化发展年度报告》（蓝皮书），对中国教育标准化的学术研究、标准制定、标准实施、对标达标、咨询服务、政策决策的发展现状进行信息归集，确立中国教育标准化发展的“风向标”，为各级政府教育主管部门、教育研究机构、办学机构和相关配套服务机构提供参考依据。

### （三）建设一个智能化教育标准信息平台

以服务教育标准化工作为目的，发布相关的政策、新闻资讯；提供集成教育标准化全生命周期管理、课题研究数字化管理、会员在线管理与综合服务平台、数字知识资源管理服务平台、教育培训与学习成果评价系统、专家智库管理系统等多种信息资源智力服务功能的综合化数字化系统。

### （四）建立一个教育标准化研究生态系统

与中国教育发展战略学会各分支机构和国务院相关部门下属社团组织和地方政府、教育主管部门、相关院校进行战略合作，建立教育标准研究共同体，增加教育标准供给，形成“政策指导、课题引领、标准输出、试点示范、社会参与”的教育标准化“研究—实践—交流—推广”良性发展的生态系统。

以上四大工作目标可以概括为“国家教育标准化研究平台”的“四个一工程”。

## 三、“国家教育标准化研究平台”的建设重点

根据国家关于推进教育高质量发展、实施标准化战略的战略决策和教育部的工作部

署以及教育教学的实践需求，“国家教育标准化研究平台”的建设重点是：

### （一）推动教育标准领域课题研究

以《中国教育现代化 2035》《国家标准化发展纲要》《深化新时代教育评价改革的总体方案》《教育部关于完善教育标准化工作的指导意见》等文件为依据，针对教育标准化发展战略中的重大理论和现实问题，围绕教育部政府委托课题和中国教育发展战略学会“十四五”重点研究课题以及教育标准委，编制教育标准化课题指南；对于教育标准委承担和管理的各级各类研究课题实施过程管理，发现和总结典型案例，建立教育标准化研究工作机制。

### （二）培养教育标准化专业人才

研究教育标准化纳入学前教育、基础教育、高等教育、职业教育和继续教育的途径和方式，开展专业与标准化教育融合试点。研究构建多层次从业人员培养培训体系，开展标准化专业人才培养培训和国家教育质量基础设施综合教育。研究教育标准化学习成果评价与认证系统，建立健全标准化领域人才的职业能力评价和激励机制。

### （三）开发教育服务和评价配套标准

围绕中共中央、国务院《深化新时代教育评价改革总体方案》具体实施，加快完善各级各类学校评价标准的制修订和试点示范及典型案例的收集与研究，包括：完善幼儿园质量评估标准；制定义务教育学校办学和普通高中办学质量评价标准；完善与职业教育发展相适应的学位授予标准；探索建立应用型本科评价标准；制定以游戏为基本活动促进儿童学习和发展的学前教育专业人才培养标准；健全“双师型”教师认定、聘用、考核等评价标准；国家学生体质健康标准达标考核；完善各级各类学校学生学业标准等。

### （四）实施标准化政策文件转化工程

根据《教育部关于完善教育标准化工作的指导意见》提出的“统筹用好标准与标准类政策文件两种管理方式与手段，根据需要及时将标准类政策文件转化为标准”要求，参照 GB/T1.1《标准化工作导则第 1 部分：标准化文件的结构和起草规则》，根据教育部相关部门授权，规范学校设立、学校建设、教育装备、教育信息化、教师队伍建设、学校运行和管理、学科专业和课程、教育督导、语言文字九大领域。

### （五）开展教育标准化工作实践探索

根据《中华人民共和国标准化法》第 27 条，在教育标准委的会员中推广标准化管理，引导同类型、同领域、同专业的头部会员组建标准化服务联盟，建立相应的标准工作组，共同探索联盟内部教育标准化发展之路。深入调查研究，将教育综合标准化试点单位和教育改革试验区以及教育高质量发展过程中的经验，上升为团体标准、行业标准和国家标准，乃至国际标准。

通过五项重点工作支撑“国家教育标准化研究平台”的“四个一工程”的落地。

## 四、开局之年启动的实证研究

2022 年是“国家教育标准化研究平台”的开局之年。“国家教育标准化研究平台”建设与教育部政策法规司、圆明园遗址公园管理处、中国银行、保定市人民政府合作开展教育标准化的实证研究。

### （一）教育标准理论研究的顶层设计

2022 年新春伊始，教育标准委与教育部职能司局进行工作对接，从而获得教育部政策法规司“中国教育标准战略研究”课题的委托授权和国家财政的经费拨款。以此为契机，中国教育发展战略学会启动“十四五”规划课题——“我国教育标准化发展战略研究”，组建中国教育发展战略学会教育标准专家库。随即，教育标准委发布包括教育标准的基本理论和政策研究、我国教育标准体系基本架构、标准在引领教育高质量发展中的作用机制、教育标准国际比较与衔接以及教育标准国际化的技术路径、教育标准促进教育高质量发展的典型案例、推进我国教育标准战略的政策建议等六大研究板块的 60 个研究方向的课题申报指南。从顶层设计的角度形成了包括教育部、中国教育发展战略学会、教育标准委三个层次和政府委托课题、学会重点课题、平台常规课题三种类型的教育标准化理论研究体系。至 2022 年底，学前教育领域的运动游戏融合发展课程标准化、中小学研学旅行服务标准体系建设、职业教育产教融合标准化体系建设、留学服务质量评价标准体系建设等领域的研究工作已经展开。从而，初步完成“国家教育标准化研究平台”的顶层设计。

### （二）建立爱国教育标准化示范基地的实证研究

圆明园既是中华文明无比辉煌的象征，又是中华民族近代屈辱的纪念遗址，更是值得全人类深刻检讨和反思的文化遗存。2022 年 4 月 2 日，北京师范大学依托教育标准委与北京市海淀区圆明园管理处进行战略合作，共建爱国主义教育标准化示范基地、大学生思想政治教育实习实践基地，以此作为全国爱国主义教育和国防教育标准体系建设的实证研究示范基地。这是一个以“点”为特征的教育服务标准体系建设实证研究示范基地，旨在贯彻落实教育部等 11 部门印发的《关于推进中小学生研学旅行的意见》，为中小学生研学旅行基地“3T4G”标准化试点树立标杆。“3T”即三体系，包括安全保障体系、质量管理体系、信用评价体系；“4G”即四国，包括国家标准、国家认证、国家平台、国际认同。

### （三）标准助力职业教育高质量发展

中国银行是教育标准委的发起单位之一。2022 年 2 月 22 日，教育部、中国银行共同启动支持职业教育发展行动计划。计划包括：职业院校校园建设、信息化建设、现代制造业人才培养、职业院校技能大赛、教师培训、推进资源共享、开展专属金融服务、建设产教融合实训基地、推动职业院校毕业生高质量就业九大领域。围绕九大领域的标准化体系建设的实证研究，列入教育标准委与中国银行的战略合作内容。研究重点是产教融合标准体系的实证研究。这是一个以“线”为特征的教育服务标准体系建设实证研究示范项目，旨在落实中共中央办公厅、国务院《关于深化现代职业教育体系建设改革的意见》。

### （四）区域教育标准化研究示范基地的实证研究

推动京津冀协同发展、建设雄安新区，是习近平总书记亲自谋划、亲自部署、亲自推动的重大国家战略。党的二十大报告把“高标准、高质量建设雄安新区”作为“深入实施区域协调发展战略”的首要任务。在“南深圳，东浦东，北雄安”的改革布局中，保定市因其与雄安新区血脉相承、骨肉相连、不可分割的特殊关系，提出了构建京雄保一体化发展新格局的设想。教育标准委为配合教育部、河北省人民政府共推保定市开展国家职业教育改革试点，就产教融合型的专业设置、课程开发、师资培训、教育教学、行为评价等学科建设的标准化体系建设与保定市人民政府进行战略合作。这是一个以“面”为特征的区域教育标准化实证研究示范项目，旨在响应党的二十大报告提出的“具有全局性意义的区域重大战略”的实施。

教育标准委在成立之后的开局之年，围绕以政府委托课题“中国教育发展战略研究”为重点的教育标准化研究，顶层设计、点线面相结合的教育标准化实证研究开展了实践探索。

## 五、结语

“国家教育标准化研究平台”是中国教育发展战略学会根据《国家标准化发展纲要》提出的“构建以国家级综合标准化研究机构为龙头，行业、区域和地方标准化研究机构为骨干的标准化科技体系”①而创建的国家级综合标准化研究智库，为了发挥教育领域的龙头机构作用，自2022年起，教育部政策法规司下达委托课题“中国教育标准战略研究”，中国教育发展战略学会启动“我国教育标准化发展战略研究”课题，教育标准委发布配套的六大模块60个方向的课题指南，三级课题全面布局。

又是一个春天扬帆起航，又是一个时代谱写篇章！可以期待，在教育部政策法规司和中国教育发展战略学会的大力支持和直接领导下，“国家教育标准研究平台”的服务功能将逐步加强，研究成果将不断涌现，社会价值将日益突出！

① 中共中央、国务院印发《国家标准化发展纲要》。

## 参考文献：

[1]徐长发，孙霄兵，曾天山，黄兴胜. 国家教育标准体系的发展与完善［J］. 教育研究，2015，36（12）.

[2]杨润勇. 我国教育标准化改革：背景、问题与建议［J］. 教育理论与实践，2018，38（04）.

[3]张晓刚. 如何让标准化成为高质量发展的抓手［EB］.（2022-03-27）中央电视台《中国经济大讲堂》. http：//tv.cctv.com/2022/03/27/VIDEu3VY0YMPYxn8Sr1x8vcg220327.shtml.

[4]顾明远. 教育大辞典（增订合编本）［Z］. 上海：上海教育出版社，1998.

[5]楚江亭，等. 关于建立我国教育标准的思考［J］. 教育理论与实践，2002（10）.

[6]中国教科院教育质量标准研究课题组. 教育质量国家标准及其制定［J］. 教育研究，2013，34（06）.

[7]方晓东，等. 中国教育质量观的发展脉络［J］. 人民教育，2011（02）.

[8]宋明顺，等. 德国标准化及其对我国标准化改革的启示［J］. 中国标准化，2016（02）.

# 心理教育在教育高质量发展中的深刻作用与持久影响

陈　虹　赖泰荣　吴文庆[①]

**摘　要：**建设高质量教育体系，是党中央对“十四五”乃至一个更长时期完善中国特色社会主义教育体系的最新要求。加快建设高质量教育体系，就是要提升教育公平发展、均衡发展、协调发展、全面发展、创新发展、优质发展、持续发展、安全发展的质量。由于心理教育具有描述性、解释性、预测性和控制性的功能，因此，在推动教育高质量发展进程中，会对学生、教师及家长，对学校文化、社会发展及强国建设起到深刻而持久的影响。本文从四个方面阐述了心理教育对促进教育高质量发展的作用，并提出教育高质量发展背景下心理教育的思考和展望。

**关键词：**心理教育；教育高质量发展；作用与展望

党的十九届五中全会通过的《中共中央关于制定国民经济和社会发展第十四个五年规划和二〇三五年远景目标的建议》，明确了“建设高质量教育体系”的政策导向和重点要求。教育高质量发展主要内容是：要在教育公平、均衡、协调、全面、创新、优质、持续、安全发展方面提升质量。

心理教育是有目的、有计划、有组织、系统地传授心理知识和技术技能，对教育对象心理过程进行积极影响，促进教育对象在知、情、意方面提高综合能力，维护和提升教育对象心理健康水平的教育实践活动。心理教育是终身教育，是全民教育，不仅解决个体心理困惑和心理健康问题，也同时为社会、经济、文化、科技等领域服务。心理教育对教育高质量发展的主要作用体现在如下方面。

## 一、助力学生正确认识自我，促进心理素质高质量发展

心理教育的最基本目的是，在描述学生心理及行为的特点和发展状况的基础上，对

---

① 陈虹（1963—），女，中国教育发展战略学会心理教育专业委员会常务副理事长。研究方向：心理教育、积极心理学、积极语言技术、家校社政共育模式。赖泰荣（1973—），男，中国教育发展战略学会心理教育专业委员会学术秘书。研究方向：德育与心理健康教育。吴文庆（1956—），男，中国教育发展战略学会心理教育专业委员会常务副秘书长。研究方向：心理教育、积极心理学、家校社政共育模式。

学生产生基础性、发展性的积极影响，提升学生的心理素质，是培育有理想、有道德、有文化、有纪律的时代新人的重要途径。

党的二十大报告对加快推进教育高质量发展作出重大部署，要求：坚持立德树人，培养担当民族复兴大任的时代新人，更加重视儿童青少年的体育、美育、劳动教育、心理健康教育，不断健全学校家庭社会育人机制，促进学生全面发展健康成长。

良好心理素质是人的全面素质中的重要组成部分，是未来人才素质中的重要内容。心理教育是为提升学生心理素质的高质量发展服务的，基本功能体现在：心理教育能够准确描述学生心理发展规律，科学讲解心理健康知识，系统分析心理异常现象，精准解读情绪变化特点，深刻剖析思维发展特质，因此，能够帮助学生客观正确认识自我，树立心理健康意识，了解心理调节方法，掌握心理保健常识和技能，为学生在生命历程中正确认识义和利、群和己、成和败、得和失，形成自尊自信、理性平和、积极向上的健康心态，[①] 提升心理健康素质与思想道德素质奠定了扎实基础。

## 二、引领教育评价改革的科学方向，促进教育高质量发展体系建设

心理教育的第二个重要功能是，在心理学普遍原理指导下，科学解释学生心理现象的活动过程与特点的形成原因、发展变化以及相互关系。

党的二十大报告要求，加快推进教育高质量发展，要坚持以教育评价改革为牵引，统筹推进育人方式、办学模式、管理体制、保障机制改革，建立促进学生身心健康、全面发展的学校管理和教育评价体系长效机制。

教育评价的核心内容是教育质量评价，包括德育、智育、体育、学生个性培养（兴趣、爱好、特长、意志品质等），学生评价又是教育质量评价的关键。学生评价是以教育目的和培养目标为依据，在调查了解学生发展水平的基础上，对学生行为进行价值判断的过程。由于教育水平和质量的高低最终要体现在学生的质量上，所以，学生评价的尺度越是合理，评价的标准越是科学，评价的内容越是符合学生心理需求和思维发展水平，越容易实现教育方针和培养目标。我们的教育方针和培养目标是培养全面发展、身心健康的一代新人，因此，要树立与心理教育相结合、综合评价的质量评价观。

心理教育的解释功能恰恰服务于学生评价，体现在：心理教育通过了解学生成长记录，可以诠释学生群体的发展情况及形成原因；通过分析学生进步程度，可以说明学生学业水平的能力及影响因素；通过挖掘学生特长优势，可以表明学校的教育质量和努力程度；通过调研访谈问卷测量，可以阐明学校教育评价机制的科学性和有效性。

由此说明，心理教育有利于深化课程、教材、教法、考评多方面的改革方向，使教

① 教育部．高等学校学生心理健康教育指导纲要（教党〔2018〕41 号）[DB/OL]. http://www.moe.gov.cn/srcsite/A12/moe_1407/s3020/201807/t20180713_342992.html，2018-07-06.

育评价更加规范化、科学化、具体化、人性化，为“提高全体学生的心理素质，培养学生积极乐观、健康向上的心理品质，充分开发学生的心理潜能，促进学生身心和谐可持续发展”[①]奠定了基础。

## 三、发挥学校育人育心主阵地作用，提升教师队伍高质量发展

心理教育的预测功能体现在：心理学的科学理论可以指导学校和教师，对学生行为进行一系列符合学生身心发展规律、尊重学生合理需求的逻辑推理，对学生以后的发展变化和在特定情境中的反应作用作出科学推断。

党的二十大报告要求，教育要坚持以人民为中心，发挥学校育人主阵地作用。教育部教师工作司《教师积极心理品质提升暨教师专业成长行动研究》课题[②]，在对 3 万余名教师进行调研时发现，心理教育理论知识已成为新时代教师知识结构中必要的组成部分，除了发展心理学和教育心理学，越来越多的教师还系统学习了认知行为、焦点解决、积极语言[③]、艺术表达、团体活动、危机干预等心理技术。实践证明，学校和教师在掌握心理学的普遍原理和心理辅导科学技术时，能更好地推断学生品德发展的方向，预测学生习惯形成的速度，判断学生失误或错误的变化趋势，对学生各种问题情境中的行为作出准确预判，形成针对性强、实效性强的教育策略，避免无视学生心理需求、超前超重学生身心承载负荷，给学生心灵带来伤害，对打造具有深厚教育情怀、高素质专业化教师队伍起到了学理支撑作用。

教师承担着传播知识、传播思想、传播真理的历史使命，是加快教育现代化，建设教育强国，办好人民满意教育的中流砥柱，是国家富强、民族振兴、人民幸福的重要基石[④]。因此，教师实施心理教育，发挥出心理教育的预测功能，能够更好地关心理解学生、尊重接纳学生，为学生德智体美劳全面发展和身心健康成长提供了强有力的保障。

## 四、提升教育安全发展的质量，推动家校社政媒共育机制的高质量发展

心理教育的理想目标是实现对人心理及行为的控制功能。控制体现在：操纵某些变量的决定条件或创设一定的情境，使学生产生理论预期的改变或发展，对学生的情感、态度、行为、价值观等方面施加积极影响。

① 教育部．中小学心理健康教育指导纲要（2012 年修订）（教基一〔2012〕15 号）［DB/OL］．教育部官网http：//www.moe.gov.cn/srcsite/A06/s3325/201212/t20121211_145679.html？ ivk_sa=1024320u.2012-12-11.

② 陈虹，赖泰荣，吴文庆．教育部教师工作司委托“教师积极心理品质提升暨教师专业成长行动研究”课题成果报告（课题批文号：2017JSSKT012），2020-09-18.

③ 刘爱军，陈虹．积极语言技术在小学教学管理中的运用［J］．心理月刊，2020，15（14）.

④ 新华社．关于全面深化新时代教师队伍建设改革的意见［DB/OL］（2018-01-20）［2018-01-31］．http：//www.gov.cn/zhengce/2018-01/31/content_5262659.html.

党的二十大报告要求，教育要坚持问题导向，加快解决制约教育高质量发展的重大问题，要提升教育安全发展的质量。中国有近 3 亿的儿童，他们需要有个安全成长的环境，应该享受安全教育的权利。

心理健康是影响经济社会发展的重大公共卫生问题和社会问题，影响学生心理健康的因素除了生物因素和心理因素外，还有环境因素。家庭成员的心理健康状况及家庭氛围的和谐融洽水平，是学生成长的重要环境因素。现阶段家庭教育出现一些危机，家长虽重视子女的教育问题，却苦于找不到有效的教育方法，讨好式、强制式、冷漠式、惩罚式亲子关系，均导致学生在成长环境中难以获得安全的需要，还可能引发家源性心理伤害，抑郁的低龄化现象就与非安全化的家庭氛围有直接关系，但相当多家长却未自知、不自醒。因此，家长了解心理教育的理念和知识，掌握心理教育的方法和技术，努力创设民主、尊重的家庭环境，自觉改善自己的教育方式，学会控制自己的不良情绪，接纳、赞美、欣赏学生的点滴进步，形成友好和谐的亲子关系，一定会对学生的情感、态度、行为、价值观产生深刻影响，这正是心理教育促进幸福家庭的理想目标。

家长和教师均是学生成长的重要责任人，双方要在思想道德、学习素养、心理健康、生命意义和生涯指导方面形成合力，在教学目标、教育内容、育人方法上达成一致；[①] 而政府和媒体，则是社会文化建设和精神文明建设的重要主体，关系着社会的安定与秩序，对人的心理发展会起着潜移默化的影响和持久深刻的影响。因此，双方要承担起主体责任，在国家长治久安、社会舆论导向、人心理性平和等方面发挥出应有作用，以促进高质量育人教育合力的形成，构建起安全的育人环境，让学生学有所安、玩有所安、活有所安。学校应充分发挥党政作用，借助媒体正向公信力和积极影响力，在家长委员会、家长学校、家长会、家访、家长开放日、家长读书会、网络培训等传统活动中，增加科学的心理教育知识，提升家长心理辅导技能，组织丰富多彩的亲子互动活动和发人深省的校园心理剧等教育活动，既培育了家庭的积极文化，[②] 也塑造了家庭的安全氛围，更创设了家校共育的平和环境，为家校社政媒共育的可持续发展提供了持久的心理基础。

## 五、教育高质量发展背景下实施心理教育工作的建议和展望

建设高质量教育体系，充分体现了党中央对完善中国特色社会主义教育体系的最新要求。教育高质量发展背景下实施心理教育，可以重点抓好以下三个方面。

### （一）构建有利于心理教育工作持续发展的战略机制

充分发挥政府主导作用，优化顶层设计，加强政策引领，促进心理教育工作制度化、

① 陈虹.《家庭教育促进法》对教育生态有何影响［J］. 教育家，2022，8（260）：40.

② 毛素莲、陈虹. 瞌睡虫“起飞”了——积极语言HAPPY 五步法使无助学生变得乐学善学［J］. 班主任，2023（03）：14-17.

体系化。加强源头管理，全方位提升学生心理健康素养；加强过程管理，提升教师及早发现学生心理问题能力和日常咨询辅导水平；加强结果管理，提高学校心理危机事件干预处置能力[①]，促进心理教育工作健康、可持续发展。

### （二）开展梯度性、过程性、全员性心理教育人才队伍培养

为贯彻2021年教育部办公厅颁发的《关于加强学生心理健康管理工作的通知》和教育部等十七部门关于印发《全面加强和改进新时代学生心理健康工作专项行动计划（2023—2025年）》的通知精神，教育系统要将心理培训纳入教师培训计划，建立分层分类培训体系；对每个层次要制定专业评定方案，以校本研修、区域教研、种子计划、提优计划、名师工作室、导师机制等为成长平台，推动教师全员心理教育水平提升。

### （三）建立多元化、立体式心理教育格局

通过全体教育工作者及全体家长、党政部门及大众媒体共同参与，加强心理教育与其他课程的融合，与家庭教育整合，与党政管理协调，与媒体宣传协调，以教促研，以研促教，以校促家，以家促校，以政促媒，以媒促心，推进心理教育“五全育人”理念，实现“全员育人、全面育人、全程育人、全科育人、全息育人”；构建多元、立体式心理教育格局，全面促进教育高质量发展。

综上所述，我们要准确把握“十四五”时期教育改革发展的宏观形势，扎实贯彻党中央关于建设高质量教育体系的重要决策。在推动教育高质量发展进程中，充分利用心理教育的描述性、解释性、预测性和控制性功能，抓早抓实抓深心理教育，发挥出心理教育对学生、教师及家长，对学校文化、社会发展及强国建设的重要作用，积极探索教育高质量发展的路径，为促进人的全面发展和社会全面进步承担新使命、绘就新蓝图。

---

① 教育部办公厅. 关于加强学生心理健康管理工作的通知［DB/OL］.http：//www.moe.gov.cn/srcsite/A12/moe_1407/s3020/202107/t20210720_545789.html，2021-07-12.

# 研究型大学的有组织科研与一流学科建设

周　森　黄诗茜　刘明兴[①]

**摘　要：**党的二十大报告指出，“应加快建设中国特色、世界一流的大学和优势学科”“加强基础学科、新兴学科、交叉学科的建设”。这意味着，“双一流”建设、学科交叉融合、基础学科建设等，是未来一段时期内高等教育发展的重点。本研究从学科交叉融合发展的视角出发，将高校内学科类国家重点实验室的科研产出数据与“双一流”学科建设管理数据相结合，分析大学内部基础学科的交叉融合遵循怎样的规律，以及“双一流”基础学科建设与因应国家重大需求和因应市场需求研究之间的动态复杂关系。研究发现：（1）高校内部学科交叉融合成为常态；（2）学科交叉融合在不同领域呈现出不一样的规律，各类研究需要交叉融合的基础学科并不相同；（3）当高校内部基础学科发展较好时，能为校内的科研活动提供有力的支撑，无论研究活动是面向国家重大需求，还是因应市场需求。基于研究发现，提出以下建议：（1）搭建新型举国体制下的有组织科研平台；（2）高校内部应该重视基础学科群建设；（3）“双一流”专项拨款应更加重视学科群建设，加强一流学科建设与国家重大需求之间的关联。

**关键词：**“双一流”建设；学科交叉融合；基础学科建设；有组织科研

创新在我国现代化建设全局中具有核心位置，大学是创新的重要主体，理应为国家战略实施提供重要支撑。党的二十大报告提出：“加快实施创新驱动发展战略。”“加快实现高水平科技自立自强。”“以国家战略需求为导向，集聚力量进行原创性引领性科技攻关，坚决打赢关键核心技术攻坚战。”“加快实施一批具有战略性全局性前瞻性的国家重大科技项目，增强自主创新能力。”这充分体现了近年来，随着中美科技对抗形势日益严峻，我国对科技自立自强、原创性引领性突破的需求日益急迫。这一需求同样体现在近年来的一系列政策文件中。

---

① 周森（1986—），女，北京大学中国教育财政科学研究所助理研究员。研究方向：教育经济学、高等教育财政学。黄诗茜（1999 —），女，北京大学教育学院/ 中国教育财政科学研究所博士研究生。研究方向：高等教育经济学、教育测量学。刘明兴（1972 —），男，北京大学中国教育财政科学研究所常务副所长、教授、博士生导师。研究方向：发展经济学、政治经济学。

党的二十大报告针对高等教育的发展，提出“应加快建设中国特色、世界一流的大学和优势学科”“加强基础学科、新兴学科、交叉学科的建设”。《中华人民共和国国民经济和社会发展第十四个五年规划和2035年远景目标纲要》（以下简称《纲要》）明确提出，“建立健全符合科学规律的评价体系和激励机制，对基础研究探索实行长周期评价，创造有利于基础研究的良好科研生态”。为此“要加大基础研究财政投入力度、优化支出结构”，同时对高等教育提出，要“分类建设一流大学和一流学科，支持发展高水平研究型大学”，“推进基础学科高层次人才培养模式改革”。

2022年8月教育部提出要“加快有组织科研，深入推进‘双一流’建设”，接着在8月份印发了《关于加强高校有组织科研 推动高水平自立自强的若干意见》（以下简称《意见》），提出了加强大学有组织科研的重点举措，包括强化国家战略科技力量建设，“深入推进‘双一流’建设，加快高校国家重点实验室重组”，“支持高校牵头或参与国家实验室和区域实验室建设”；加快目标导向的基础研究重大突破，“研究设立基础研究和交叉学科专项，启动基础学科研究中心”；推进高质量创新人才培育和建设，“在‘双一流’建设学科与博士点布局中，强化与国家科技战略部署衔接”。《意见》同时指出要“推进科研评价机制改革营造良好创新生态。完善‘双一流’建设动态监测系统，引导高校主动对接国家战略布局，提升支撑国家重大科技任务的能力”。

一系列政策文件的表述表明，“双一流”学科建设依然是高等教育发展的重点，而如何通过完善“双一流”学科建设促使大学瞄准国家重大需求和关键核心技术“卡脖子”问题，以学校学科优势为基础，加快变革大学科研范式和组织模式，强化有组织科研，让更多的重大原创性研究成果和科研人才从国家科技创新主战场上涌现出来，也是亟待解决的重要政策问题。

以完善“双一流”经费投入政策为目标出发，本研究关注于如何通过“双一流”建设，促使高校落实国家重大战略部署，实现基础研究领域的重大突破。在高校内部，科研要素的流动，具有自己的规律，当校内的资源分配符合科研要素流动的规律时，资源分配会发挥更大的作用。在相关政策文本中，高校有组织科研成为政策强调的重点，其瞄准的目标则是高校内的学科类国家重点实验室。在这一层面上考虑，结合高校的优势，即高校内有较为齐全的基础学科，本研究试图探讨，高校内的基础学科如何融入国家重点实验室的科研之中，与实验室的研究特点以及高校内的学科特点之间存在怎样的关系。当高校的“双一流”学科经费配置遵从这一科研要素流动的规律时，“双一流”学科建设才能真正完成《意见》中所提到的“完善‘双一流’建设动态监测系统，引导高校主动对接国家战略布局，提升支撑国家重大科技任务的能力”这一重要任务。

本研究以国家重点实验室内的科研活动为研究对象，将网络爬虫数据与“双一流”

学科建设管理数据相结合，回答以下问题：（1）高校内的科研活动中，学科交叉融合的态势如何？（2）学科交叉融合的态势是否存在领域间的差异？（3）高校的“双一流”学科建设与科研活动中的学科交叉融合之间存在怎样的关系？（4）根据国家重点实验室内科研活动性质的差异，测量其因应国家重大需求及因应市场需求的程度，进一步分析“双一流”学科建设、学科交叉融合及因应国家重大需求，与因应市场需求之间的动态关系。

## 一、政策背景

### （一）高校的科研组织与“双一流”建设

新中国成立以来，我国高校的科研功能逐步发生变化，从教学为主科研为辅，逐步发展为教学与科研并重，高校在国家创新体系的建设中发挥重要的作用。根据《全国科技经费统计公报》数据，我国高校研发经费执行规模呈增长态势（图1），2016年开始，量级达到千亿元，2021年，我国高校的研发经费支出增至2180.5亿元。高校在基础研究中占据着重要地位，2021年，我国基础研究经费为1817.0亿元，全国高校基础研究经费为904.5亿元，占全社会基础研究经费的49.8%。党的十八大以来，高校承担了全国60%以上的基础研究、80%以上的国家自然科学基金项目，建设了全国60%以上的国家重点实验室，获得了60%以上的国家科技三大奖励，[①]高校两院院士在全国院士总数中占比超过40%。

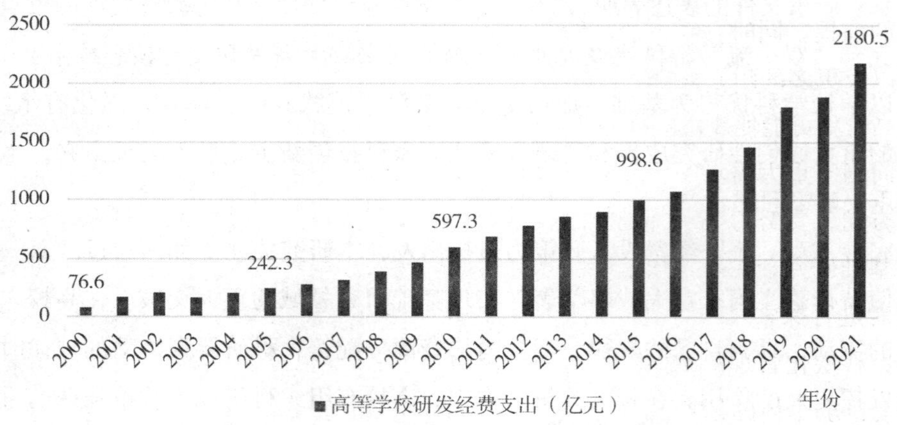


**图1　2000—2021年我国高校研发经费支出**

数据来源：2000—2020年《全国科技经费投入统计公报》，http：//www.stats.gov.cn/tjsj/tjgb/rdpcgb/qgkjjftrtjgb/index.html。《2021年全国科技经费投入统计公报》，http：//www.stats.gov.cn/tjsj./zxfb/202208/t20220831_1887760.html.

与此同时，我国高等教育领域的重要政策，也逐步开始强调高校要承担起在国家科技创新体系中的重任，成为原始创新的发源地。2015年《统筹推进世界一流大学和一流

① http：//www.moe.gov.cn/jyb_xwfb/xw_zt/moe_357/jjyzt_2022/2022_zt09/02gdjy/202205/t20220523_629506.html.

学科建设总体方案》中提出，“双一流”的建设任务之一即为“提升科学研究水平”，“以国家重大需求为导向，提升高水平科学研究能力，为经济社会发展和国家战略实施作出重要贡献”，“推动加强战略性、全局性、前瞻性问题研究，着力提升解决重大问题能力和原始创新能力。大力推进科研组织模式创新，依托重点研究基地，围绕重大科研项目，健全科研机制，开展协同创新，优化资源配置，提高科技创新能力”。

2022 年《教育部、财政部、国家发展改革委员会关于深入推进世界一流大学和一流学科建设的若干意见》中提出：“服务国家急需，强化建设高校在国家创新体系中的地位和作用，想国家之所想、急国家之所急、应国家之所需，面向世界科技前沿、面向经济主战场、面向国家重大需求、面向人民生命健康，率先发挥‘双一流’建设高校培养急需高层次人才和基础研究人才主力军作用，以及优化学科专业布局和支撑创新策源地的基础作用。”这意味着与第一轮建设相比，新一轮“双一流”建设更加聚焦国家战略急需领域，同时更加强调基础学科的布局与发展。

在科研活动方面，高校需要同时因应国家的三方面研究需求：一是从 0 到 1 的基础理论研究需求；二是核心关键技术的应用研究需求；三是支撑新兴科技产业技术的快速变革需求。高校内部的科研组织结构，使得高校具有满足第一方面需求的特殊优势。高校的组织结构相对分散化，往往由一群具有不同学术目标的人员组织而成，虽然小组的、联合的方式是开展学术活动所必不可少的，但成员个体的自主独立始终是学术组织存在和运行的前提。同时，高校的职能和经费收入多元化，更可能有松散的内部环境、长远的目光以及更多的耐心资本（允许失败）。在这种条件下，与科研院所和企业的研究机构相比，高校更可能促成由好奇心驱动的基础研究，更多为原创性、基础性研究探索。

面向国家重大需求的研究、核心关键技术的应用需求研究则以目标为导向，有既定的研究方向，要努力实现关键核心技术的自主可控，相关研究是为解决应用问题而产生的应用基础研究。在研发的早期探索阶段，可以采用竞争性或非竞争性的科研基金来支持研究者进行探索。一旦进入系统研究或大设备攻坚阶段，则需要大科研团队的配合。原则上，科层化管理的科研院所有利于做集成攻关类项目，但科层组织却由于过于庞大而很容易削弱个体的创新活力。另一方面，面向国家重大需求的研究经常横跨多个领域，需要进行学科交叉，才能解决基础研究和技术方面的壁垒。在我国目前的国家科研体系中，科研机构多以研究领域或学科组建，居于不同的省份和城市；工业企业的研究机构由于生产目的单一，更难做跨学科的研究；高校内部的不同学院往往处于同一个校园内，具有跨学科研究的优势。若高校内部的资源配置可以遵从科研要素流动的规律，满足在内部进行跨学科研究的灵活性，则可以充分发挥高校在基础学科研究方面的优势，使面向国家重大需求、核心关键技术的研究在高校产生突破成为可能。

### （二）国家重点实验室基本情况

在某些情况下，解决国家重大需求要靠举国体制来完成。国际经验表明，以研究型大学为依托的国家实验室体系可以成为发展新型举国体制的一个重要抓手。[①] 我国的国家重点实验室虽然也广泛以高校为依托，但在科研的组织结构方面却受制于大学原有的院系组织结构，缺乏聚集大学内部的跨学科研究资源的灵活性，使得高校内部的交叉合作较为困难，难以建立起真正的以任务为导向的团队。

国家重点实验室是依托大学和科研院所建设，具有相对独立的人事权和财务权的科研实体。在改革开放初期，为了支持基础研究和应用基础研究的发展，1984 年由原国家计委组织实施了国家重点实验室建设计划，并在 1984—1997 年间建成了 155 个国家重点实验室。1998 年国务院机构改革后，国家重点实验室建设和运行职能统一由科技部管理。2003 年，为带动地方基础研究和基地建设，开展了省部共建国家重点实验室培育基地工作。2006 年，为加强国家技术创新体系建设，开展了依托企业和转制院所建设企业国家重点实验室。2008 年，科技部和财政部联合宣布设立国家重点实验室专项经费，从开放运行、自主选题研究和科研仪器设备更新三方面，加大国家重点实验室稳定支持力度。2018 年科技部、财政部联合发布《关于加强国家重点实验室建设发展的若干意见》，以进一步完善国家重点实验室发展体系。经过这一系列的建设历程，我国已形成学科国家重点实验室、省部共建国家重点实验室、企业国家重点实验室“三位一体”的国家重点实验室体系，成为国家创新体系的重要组成部分、中国基础研究和应用基础研究的核心基地，为国家原始创新能力的持续增长提供了有力保障。

根据科技部国家重点实验室年度报告的数据显示，截止到 2016 年底，我国共有国家重点实验室 452 家，其中学科国家重点实验室 254 家，占比 56.19%，企业国家重点实验室 177 家，占比 39.16%，省部共建国家重点实验室 21 家，占比 4.65%。其中，学科国家重点实验室是我们研究的重点。学科国家重点实验室主要分布在地球科学、工程科学、生物科学、医学科学、信息科学、化学科学、材料科学、数理科学八大领域。

## 二、数据来源与分析思路

### （一）数据来源

本研究利用《国家重点实验室 2016 年度报告》提供的国家重点实验室名单，选取 125 个依托于单一高校的学科类国家重点实验室，构建科研人员的微观数据库。其中包含 4 家跨校区实验室（中国矿业大学 2 家、中国石油大学 1 家、中国地质大学 1 家），6 家依托单位为“单一高校 + 科研院所”的实验室，及 115 家依托单位为单一高校的实验室。在本研

① 魏建国．依托大学建设国家实验室　强化国家战略科技力量［R］．中国教育财政政策咨询报告（2019—2021）、北京大学中国教育财政科学研究所．

究后续的书写中，“国家重点实验室”“国重实验室”“学科类国家重点实验室”以及“实验室”，均指样本中的125个的学科类国家重点实验室。数据库主要包含以下四大类信息：

第一类信息为科研人员的名单，我们从各国家重点实验室的官方网站获取其科研人员名单，名单搜集时间为2021年7月。课题组通过网络爬虫与人工核对相结合的方式搜集科研人员简历信息，简历主要来自学院与国家重点实验室官网、科研人员个人主页及百度百科。

第二类信息为科研人员的发表数据，该数据来源于Scopus数据库，包含每名科研人员截至2020年12月的所有发表的具体信息。我们从中提取了各科研人员的发表情况，在本研究中所使用到的为每篇文章所发表的期刊以及期刊所属于的领域。

第三类信息为科研人员的企业兼职信息，包括个人层面的信息与企业层面的信息。在本研究中所使用到的为个人层面的信息，主要为各科研人员是否在企业兼职以及兼职的年份等。

第四类信息为“国家科学技术三大奖”（以下简称国家三大奖）的获奖情况。国家三大奖是指国家自然科学奖、国家科技进步奖和国家技术发明奖。根据2020年10月最新修订的《国家科学技术奖励条例》（以下简称《条例》），国家三大奖应与国家重大战略需要和中长期科技发展规划紧密结合，获奖成果应具有服务于国家重大战略需求的特点。鉴于此，本研究将国家三大奖的获得情况作为科研人员面向国家重大需求科研成果的衡量指标。国家三大奖的数据主要来源于科技部官网，并与科研人员的个人简历进行比对，最终获得国重实验室科研人员1990—2020年获得国家三大奖的数据。

将四大类信息合并之后，我们对科研人员数据库进行了进一步的清洗，剔除以下三类人员：（1）基本个人信息无法获得，或个人关键变量缺失的样本；（2）因重名而无法确定企业兼职信息的样本；（3）副高级职称以下的样本；[①] 从而构建了一个时间跨度为2000—2020年，涵盖8094名科研人员，770553个论文发表与企业兼职的数据。

在此基础上，我们将科研人员发表的期刊名称与中国社会科学院JCR大类分类进行匹配，从而识别每篇文章发表的期刊JCR大类。[②] 然后，将实验室依托单位与2017年公布的一流学科建设名单匹配，以识别各国家重点实验室的依托高校是否为“双一流”高校，以及是否存在为“双一流”学科的基础学科。其中，95.35%的实验室依托单位为“一流”学科建设高校，51.9%的实验室依托单位为基础学科一流建设高校。27.9%的实验室依托单位为数学一流学科建设高校，19.4%的实验室依托单位为物理一流学科建设高校，45.7%的实验室依托单位为化学一流学科建设高校。

① 不同实验室官网人员介绍存在差异，有的实验室官网只介绍了副高级以上科研人员，而有的还介绍了讲师、助理研究员等，为保证实验室间的可比性，我们删除了副高级职称以下的人员。

② 中国社会科学院将JCR中所有期刊分为数学、物理、化学、生物、地学、天文、工程技术、医学、环境科学、农林科学、社会科学、管理科学及综合性期刊13大类。

## （二）分析思路与指标构建

本研究的重要指标构建包括两大部分，第一部分为学科交叉融合度相关指标的构建，第二部分为实验室研究对于国家重大需求和市场重大需求的重视程度衡量。

对于学科交叉融合的测度，本课题使用三个指标进行衡量。从单个学科层面，使用某学科发文数量占某个科研单位总发文数量的比重，来衡量该学科在该科研单位中的融合程度，值越大，代表融合程度越高。从科研单位整体层面，使用发文学科数量与学科分散程度测度科研单位中的学科交叉融合情况。发文学科数量即某科研单位发表文章所属学科大类的数量，从数量层面衡量了科研单位内部的学科交叉情况。发文学科数量越大，则该科研单位内部科研产出所涉及的学科越多，学科交叉程度越高；学科分散程度主要测度的是科研单位内部学科发文的分散 / 集中程度，构建方式类似于衡量行业集中程度的赫芬达尔 – 赫希曼指数（HHI），该测度方式在计算专利技术复杂度、生物多样性等方面均有贡献，具体公式与步骤如下：

$$dispersion=1-\Sigma\alpha^2$$

首先计算每年各学科占本实验室所有论文产出对应学科的比值 $\alpha$，将每个学科大类所占比值取平方后加总，再用 1 减去该值，即得到学科分散度指标。该指标值越大，代表学科分散程度越高，实验室内部学科交叉程度越高。

对于实验室的研究对两大需求的重视程度，则用实验室获得国家科技三大奖的数量以及实验室人员企业兼职比例的高低进行衡量。根据实验室内部各科研人员的国家科技三大奖的获奖情况以及企业兼职数据，本研究在实验室层面进行聚集，得出各实验室每年国家科技三大奖的获奖量以及实验室科研人员的市场兼职比例。如果实验室获得国家科技三大奖的数量越多，我们认为实验室因应国家重大需求的程度就越高；如果实验室科研人员市场兼职的比例越高，我们就认为实验室内的科研活动因应市场重大需求的程度则越高。

本研究将国家重点实验室作为高校内部科研活动的发生场所，将其科研人员的文章发表作为实验室内科研活动成果的衡量。值得注意的是，文章发表不能完全代表科研成果，本研究考虑到数据的可得性与可比性，故采用此种衡量方式。在分析思路方面，首先分析高校内科研活动的学科交叉融合态势如何，也即，国家重点实验室的文章发表中，所涵盖的学科数量以及其他学科的占比有怎样的变化趋势；其次，将一流学科建设纳入讨论范围，分析高校内部基础学科的一流学科建设对国家重点实验室的科研产出和学科交叉融合情况所产生的影响；最后，将国家重点实验室获得国家科学技术三大奖的多寡作为实验室是否因应国家重大需求的衡量指标，将实验室人员企业兼职比例的高低作为衡量实验室与市场交流密切度的衡量指标，探讨“双一流”基础学科建设、学科交叉融合与因应国家重大需求或市场需求之间的动态交叉关系。

### （三）样本中国家重点实验室的基本分布情况

1. 国家重点实验室在各研究领域中的数量分布及占比情况

样本中共包含125个国家重点实验室，其中6个数理领域实验室、13个化学领域实验室、35个工程领域实验室、13个信息领域实验室、13个地学领域实验室、19个生物领域实验室、15个材料领域实验室以及11个医学领域实验室（图2）。实验室人员的分布情况为工程领域（2464名）、生物领域（1136名）和材料领域（1129名），实验室的科研人员数量最多，而数理领域实验室科研人员数量最少，为416人（图3）。

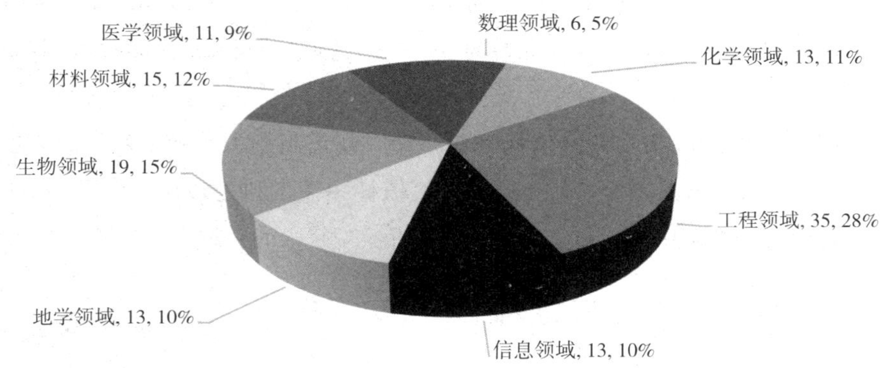


**图2　国重实验室在各领域中的数量分布及占比情况**

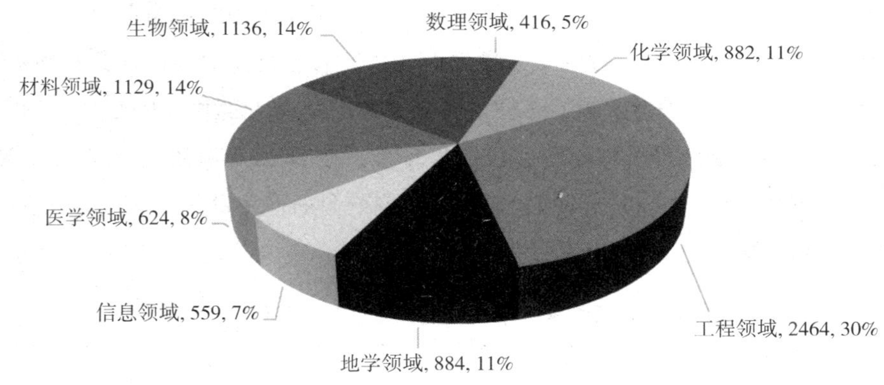


**图3　国重实验室人员在各领域中的数量分布及占比情况**

2. 国家重点实验室的地域分布情况

国重实验室的省域分布并不均衡，主要集中在北京市、上海市、江苏省、湖北省等地区，仅北京市和上海市的国重实验室占比超过30%，大部分中部省份以及西藏、青海、宁夏、内蒙古等西部地区均没有依托高校建立的国重实验室。这与我国研究型高校的地域分布不均衡的总体情况密切相关，东、中、西部科研资源的差距呈现出高度的“贫富分化”。

3. 基本数字描述

在125家实验室中，平均获得约22次科技三大奖（标准差为17.021），最少获得1次，最多为95次；平均获得约4次国家自然科学奖，约14次国家科学技术进步奖，约4次国家技术发明奖。近10年获得科技三大奖最多的三个实验室分别为：测绘遥感信息工程国家重点实验室（95次）、能源清洁利用国家重点实验室（92次）、水文水资源与水利工程科学国家重点实验室（73次）。

就兼职而言，兼职比例在实验室中差异较大，基础领域实验室中，平均兼职比例为37.4%（标准差为0.186），兼职比例最高为79.7%，兼职比例最低为14.7%；应用领域实验室中，平均兼职比例为42.0%（标准差为0.173），兼职比例最高为88.9%，兼职比例最低为4.2%。

就依托高校而言，93个实验室依托“双一流”建设高校，其中“双一流”A类建设高校88个，“双一流”B类5个，121个实验室依托一流学科建设高校，其中65个实验室所依托的高校具有基础一流学科。

## 三、国家重点实验室学科交叉融合情况

### （一）学科交叉融合整体趋势

2000年至2020年，样本中的国家重点实验室期刊论文发表量持续上升，该趋势在不同领域的国家重点实验室均成立（表1）。在高校内部国家重点实验室的文章发表中，所涉及的学科大类也逐步增加，2000年，平均而言，所有领域实验室的科研发表所涉及的学科大类数量为2.67个，2020年，科研发表所涉及的学科大类数量增至7.54个。其中，工程、地学和数理领域所涉及的学科领域增长较多，在2020年分别达到了8.77个、8.59个和8.57个。这意味着，高校内部国家重点实验室的科研产出和领域宽度均在逐年上升，高校实验室内部的学科交叉情况越来越普遍。

**表1　各领域实验室文章发表量变化情况（2000—2020）**

| 所属领域 | 领域平均发文量（篇） | | | | | |
|---|---|---|---|---|---|---|
| | 2000 | 2004 | 2008 | 2012 | 2016 | 2020 |
| 数理领域 | 64.231 | 111.462 | 193.077 | 276.385 | 429.385 | 454.231 |
| 化学领域 | 63.625 | 145.917 | 268.625 | 378.958 | 544.667 | 626.667 |
| 材料领域 | 50.313 | 146.000 | 368.294 | 568.588 | 897.941 | 1064.588 |
| 地学领域 | 13.528 | 36.725 | 89.462 | 174.073 | 305.000 | 426.073 |
| 工程领域 | 20.833 | 51.868 | 122.000 | 240.474 | 518.000 | 785.421 |
| 生物领域 | 16.743 | 48.973 | 129.816 | 219.895 | 283.868 | 382.737 |
| 信息领域 | 15.929 | 47.310 | 126.552 | 223.793 | 362.103 | 474.733 |
| 医学领域 | 25.870 | 58.880 | 142.200 | 253.840 | 291.080 | 352.760 |

图 4 显示了国家重点实验室逐年学科分散程度的变化情况。学科分散度体现了在实验室的文章发表中，各学科大类的文章发表所占比例的离散程度。尽管实验室的文章发表所涉及的学科大类可能逐步增加，但可能逐步集中于某一领域，在这种情况下，实验室发表的学科分散程度则会下降。图 4 表明，在领域宽度之外，实验室文章发表的学科分散度逐步提高。这意味着，整体而言，在实验室研究涉及更多学科的同时，并没有完全依赖于某一个或者某几个学科。此外，在文章发表中，发表于基础学科期刊（数学、物理与化学）的文章占比逐步降低（图 5），从 2000 年的将近 25% 下降至 2020 年的不足 15%。

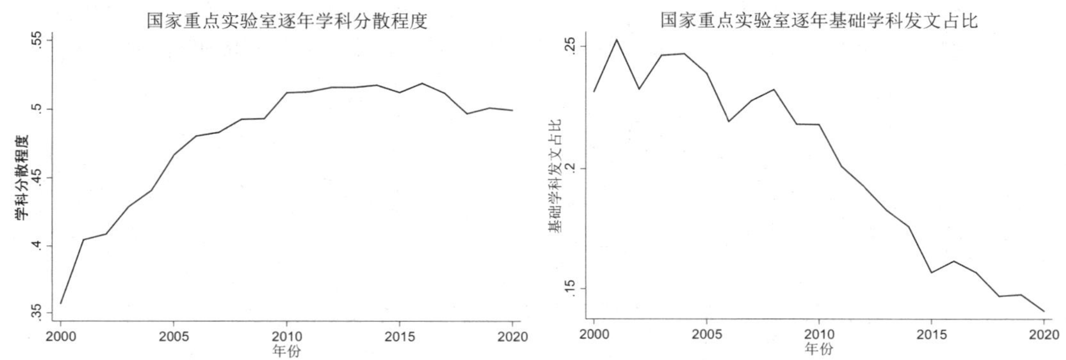


**图 4　国家重点实验室逐年学科分散程度**　　**图 5　国家重点实验室逐年基础学科发文占比**

由于实验室分属于八大领域，既有基础学科领域，即数理与化学领域，也有应用研究领域，那么基础学科期刊发文占比的下降可能由基础学科领域的变化或应用领域的变化所主导。因此，我们将实验室根据其所在的领域，将其划分为基础学科领域与应用研究领域，同时，根据实验室国家科技三大奖的获奖情况及企业兼职人员比例，将基础学科领域与应用研究领域的实验室分别分为四大类：得奖多兼职多、得奖多兼职少、得奖少兼职多及得奖少兼职少的实验室，以进一步分析其发文学科大类数量、学科分散度及基础学科发文占比的变化情况（图 6）。结果显示，对于这八类实验室，虽然在程度上有所差异，但在趋势上则完全一致。从 2000 年至 2020 年，各类实验室的文章发表所涉及的学科大类逐步增加，学科分散度也逐年提高，基础学科发文占比呈现下降趋势。唯一的例外，出现在应用领域得奖多且兼职多的实验室，其学科分散度在 2000 年至 2006 年呈现增长趋势，而在此后则逐步呈现下降趋势，意味着在此类实验室中，尽管所需学科逐步增加，但其研究逐步集中。在基础研究领域得奖多且兼职多的实验室中，2000 年至 2020 年，学科分散度基本处于稳定状态。

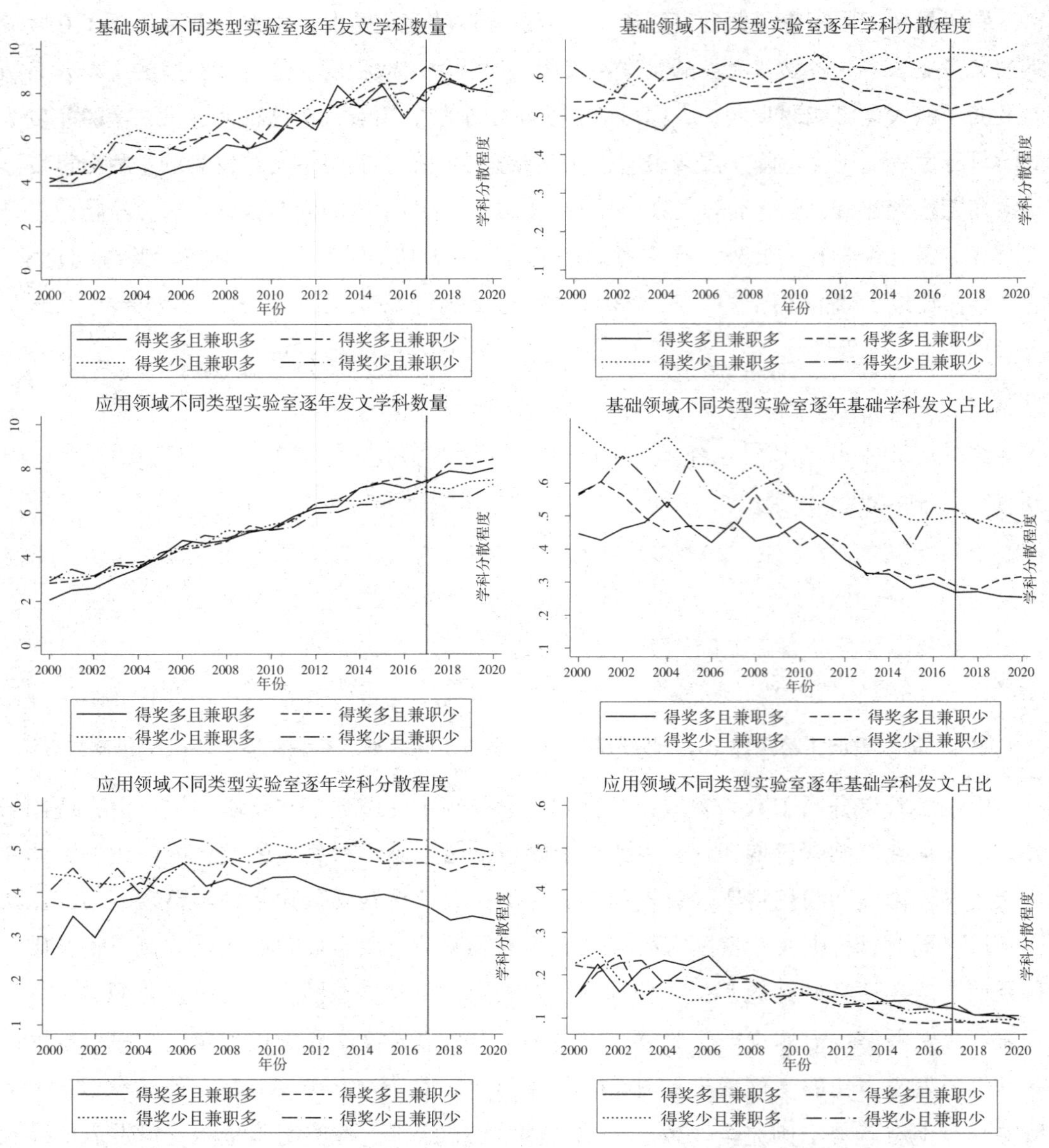


**图 6　不同实验室的发文学科数量、学科分散度与基础学科发文占比的变化情况**

### （二）不同领域学科交叉融合的发展态势

值得注意的是，不同领域国家重点实验室的学科交叉融合态势呈现差异化的特点。这体现在三个方面：学科分散度的变化趋势不同、学科集中于本领域的程度不同以及需要与之融合的学科不同。

不同领域实验室学科分散程度的变化情况表现在其他领域学科分散度逐步提高的情况下，工程、材料、信息领域的实验室的学科分散程度呈现下降的趋势。在不同领域的实验室中，基础学科的发文占比均在减少，若将基础学科进一步细化为数学、物理和化学，趋势也如此，在报告中不做进一步的展示（表 2）。

**表 2　实验室文章发表中基础学科发文占比的变化情况**

| 所属领域 | 领域基础学科发文占比 | | | | | |
| --- | --- | --- | --- | --- | --- | --- |
| | 2000 | 2004 | 2008 | 2012 | 2016 | 2020 |
| 数理领域 | 0.558 | 0.566 | 0.618 | 0.483 | 0.458 | 0.441 |
| 化学领域 | 0.568 | 0.578 | 0.532 | 0.495 | 0.422 | 0.370 |
| 材料领域 | 0.353 | 0.317 | 0.294 | 0.271 | 0.206 | 0.173 |
| 地学领域 | 0.184 | 0.193 | 0.132 | 0.088 | 0.063 | 0.053 |
| 工程领域 | 0.298 | 0.246 | 0.246 | 0.163 | 0.128 | 0.108 |
| 生物领域 | 0.224 | 0.096 | 0.068 | 0.080 | 0.061 | 0.060 |
| 信息领域 | 0.456 | 0.410 | 0.340 | 0.243 | 0.187 | 0.151 |
| 医学领域 | 0.255 | 0.247 | 0.149 | 0.096 | 0.103 | 0.091 |

在基础研究领域，基础学科发文占比逐步下降，如数理学科实验室中，基础学科领域发文占比从 2000 年的 55.8% 降至 2020 年的 44.1%，化学领域实验室中，基础学科领域发文占比从 2000 年的 56.8% 降低至 2020 年的 37.0%，这意味着在基础研究领域，其研究逐步从本领域扩散开，逐步与工程学科进行融合。对于工程、材料、信息领域的实验室而言，其在工程学科期刊的发文占比逐步提高，结合其发文学科数增多，学科分散度下降，意味着这些实验室，尽管其研究需要越来越多学科的交叉融合，需要更多学科的支撑，但其研究内容更加聚焦于本领域，学科特色更加凸显。

若将基础学科进一步细分为数学、物理和化学，数学学科与在其他领域实验室中的融合度较低，主要分布在数理、工程、信息领域；物理学科的分布较为广泛，集中分布在数理领域，同时在信息、材料、工程领域都有布局；化学学科主要分布在化学、材料、医学等领域。

表 3 展示了各类领域实验室所发表的期刊文章占比排名前三的学科，在生物领域，发文占比较高的其他学科期刊有工程技术和医学；在材料领域，发文占比较高的其他学科期刊有工程技术、化学和物理；在医学领域，则为生物和工程技术。尽管学科交叉融合成为趋势，但是，对于不同领域的实验室而言，其需要交叉融合的学科则完全不同。若更为细致地根据年份进行观察，则可能发现，不同领域实验室交叉融合的学科随时间的推移也在发生变化。

**表 3　各应用领域中发文占比排名前三的学科**

| 所属领域 | 领域内平均发文学科数量（篇） | 大类学科 | 发文占比 | 排名 |
| --- | --- | --- | --- | --- |
| 生物领域 | 8.87 | 生物 | 42.22% | 1 |
| | | 工程技术 | 15.84% | 2 |
| | | 医学 | 15.67% | 3 |

续表

| 所属领域 | 领域内平均发文学科数量（篇） | 大类学科 | 发文占比 | 排名 |
|---|---|---|---|---|
| 材料领域 | 10 | 工程技术 | 72.08% | 1 |
| | | 化学 | 15.17% | 2 |
| | | 物理 | 8.57% | 3 |
| 医学领域 | 8.73 | 医学 | 48.76% | 1 |
| | | 生物 | 20.07% | 2 |
| | | 工程技术 | 13.28% | 3 |
| 工程领域 | 10.69 | 工程技术 | 75.65% | 1 |
| | | 物理 | 7.37% | 2 |
| | | 化学 | 5.07% | 3 |
| 信息领域 | 9.46 | 工程技术 | 68.79% | 1 |
| | | 物理 | 15.41% | 2 |
| | | 化学 | 4.75% | 3 |
| 地学领域 | 10.38 | 工程技术 | 30.15% | 1 |
| | | 地学 | 29.44% | 2 |
| | | 环境科学与生态学 | 21.47% | 3 |

### （三）“双一流”基础学科建设与重点实验室的学科交叉融合

鉴于高校的优势在于具有较为完善的学科布局并且基础学科较为齐全，在本研究中，我们进一步分析当高校的基础学科发展较好时，实验室的科研活动与基础学科融合之间存在怎样的关系。在本研究中，我们将是否为“双一流”学科视为高校内部某专业是否为校内强势学科或者发展较好的学科的衡量标准。

图 7 显示了当基础学科是否为“双一流”学科时，其在基础研究领域和应用研究领域的国家重点实验室中的融合交叉情况，也即当基础学科在高校中是否为发展较好的强势学科时，其在不同领域的国家重点实验室中的交叉融合度。当基础学科为一流学科，也即学校的基础学科发展较好时，无论在基础研究领域的国重实验室还是在应用研究领域的国重实验室，其发表的文章在基础学科期刊中的比例均高于基础学科并非一流学科的高校的国重实验室。这一规律，主要受物理和化学两个基础学科的影响。

综合以上结果，（1）在过去二十年间，随着时间的推移，各领域国家重点实验室的科研活动越来越需要不同学科的共同支撑，学科交叉融合的现象在国家重点实验室中越来越普遍；（2）与此同时，与基础学科交叉融合所占的比例逐年下降，与工程学科在各领域国家重点实验室中的融合度逐步提高；（3）学科交叉融合的情况因实验室具体领域的不同而有所差异，尽管工程、材料、信息领域实验室的研究中，学科宽度在逐步扩展，但本学科的重要性在逐步提高，说明在更加偏向应用研究的领域中，学科交叉融合是以研究逐步集中于本领域为前提的；（4）当高校的基础学科发展较好，也即，当基础学科为“双一流”学科时，无论在基础研究领域还是在应用研究领域的国家重点实验室，均与基础学科研究有更多的交叉融合。

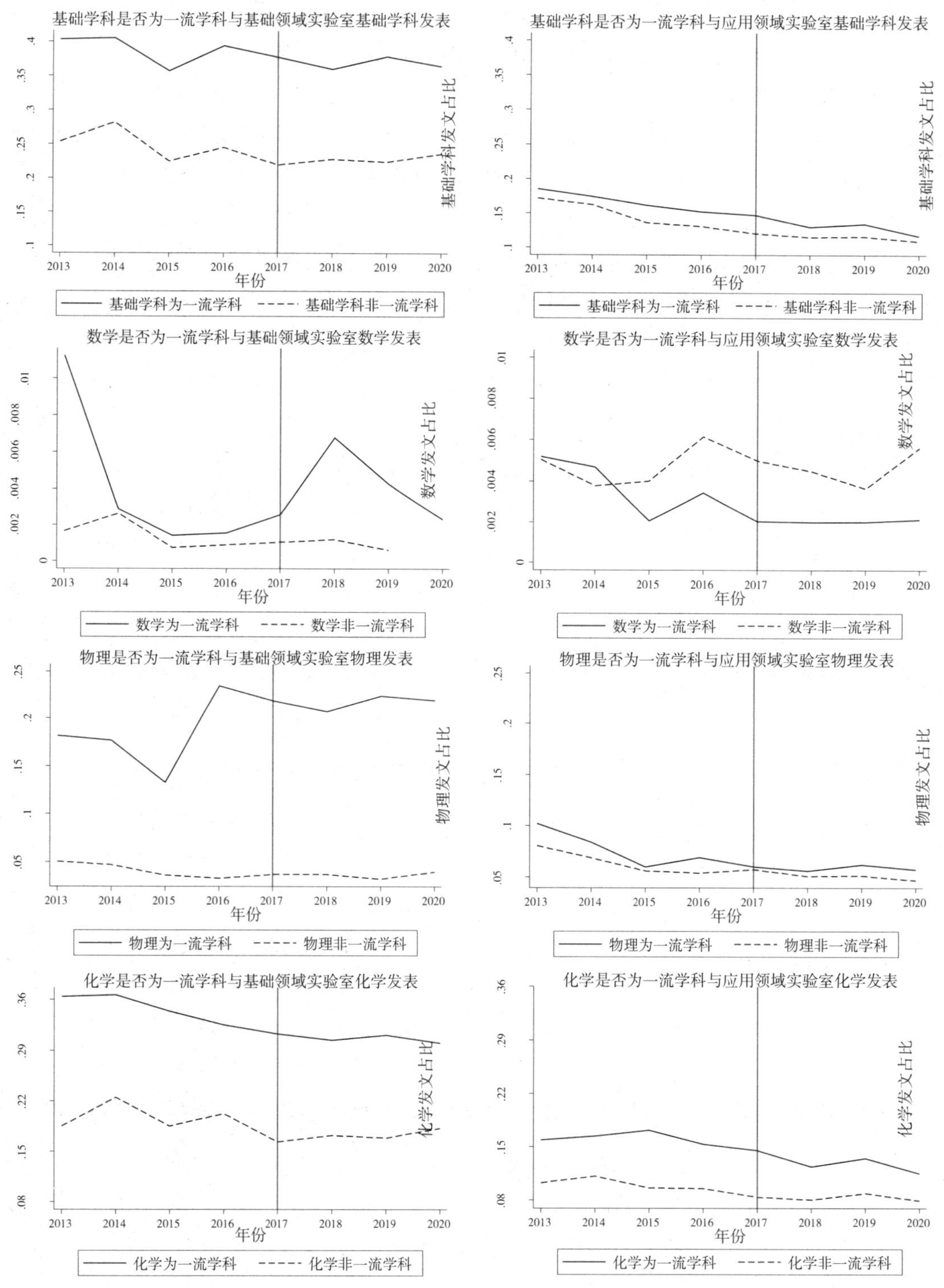


**图 7　一流学科建设与各领域实验室相关学科的融合度**

## 四、有组织科研、因应国家重大需求与“双一流”学科建设

### （一）因应国家重大需求、“双一流”学科建设与基础学科融合

国家自然科学奖、国家技术发明奖、国家科学技术进步奖是我国科学技术领域最具影响力的奖项，在我国创新体系中具有重要的地位，能够在很大程度上代表获奖组织或个人的研究成果因应国家重大需求的程度或者其重要性。

图 8 中显示了因应国家重大需求、“双一流”学科建设与基础学科融合三者之间的关系。首先，无论国家重点实验室是否因应国家重大需求，近年来其文章发表中，基础学科的占比均逐步降低，这一趋势在基础学科发展较好的高校，也即基础学科为“双一流”学科的高校，和基础学科发展一般的高校，均如此。其次，当基础学科为“双一流”学科时，无论实验室是否足够因应国家重大需求，其与基础学科的交叉融合度均更高。若将图 8 的左右两部分进行对比（左边为更加因应国家重大需求的实验室，其三大奖获奖个数为前四分之一；右边为因应国家重大需求程度较低的实验室，其三大奖获奖个数为后四分之一），当实验室更加因应国家重大需求时，无论基础学科是否为“双一流”学科，其与基础学科的融合程度均高于不那么因应国家重大需求的实验室。若按照基础学科融合程度进行排序，那么从高到低依次为：基础学科为一流学科且获奖个数前四分之一的实验室、基础学科为一流学科但获奖个数为后四分之一的实验室、基础学科不是一流学科且获奖个数为前四分之一的实验室、基础学科不是一流学科但获奖个数为后四分之一的实验室。

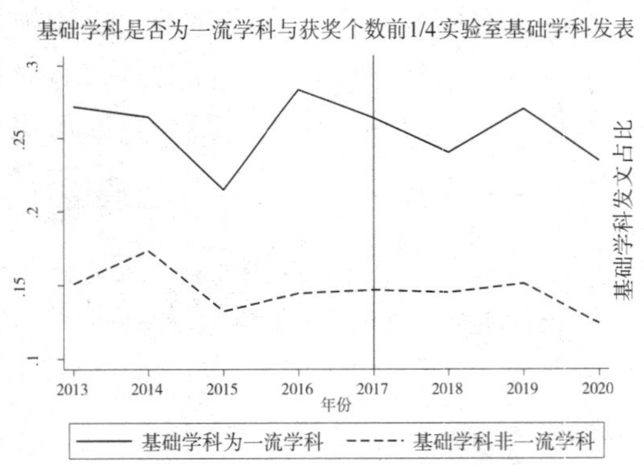


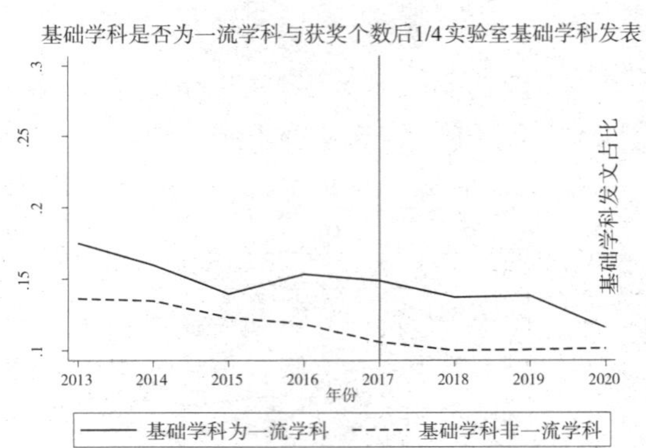


**图 8　基础学科是否为一流学科与因应国家重大需求不同的实验室中基础学科交叉融合度**

在图 8 的基础上，图 9 将基础学科进一步细分为数理学科和化学学科。图 10 中所展现的规律，主要由数理学科与国重实验室的交叉融合所主导。化学学科的不同点体现在三者的交叉关系，相较于因应国家重大需求的实验室，化学学科的融合交叉程度在因应国家重大需求度较低的实验室更高。

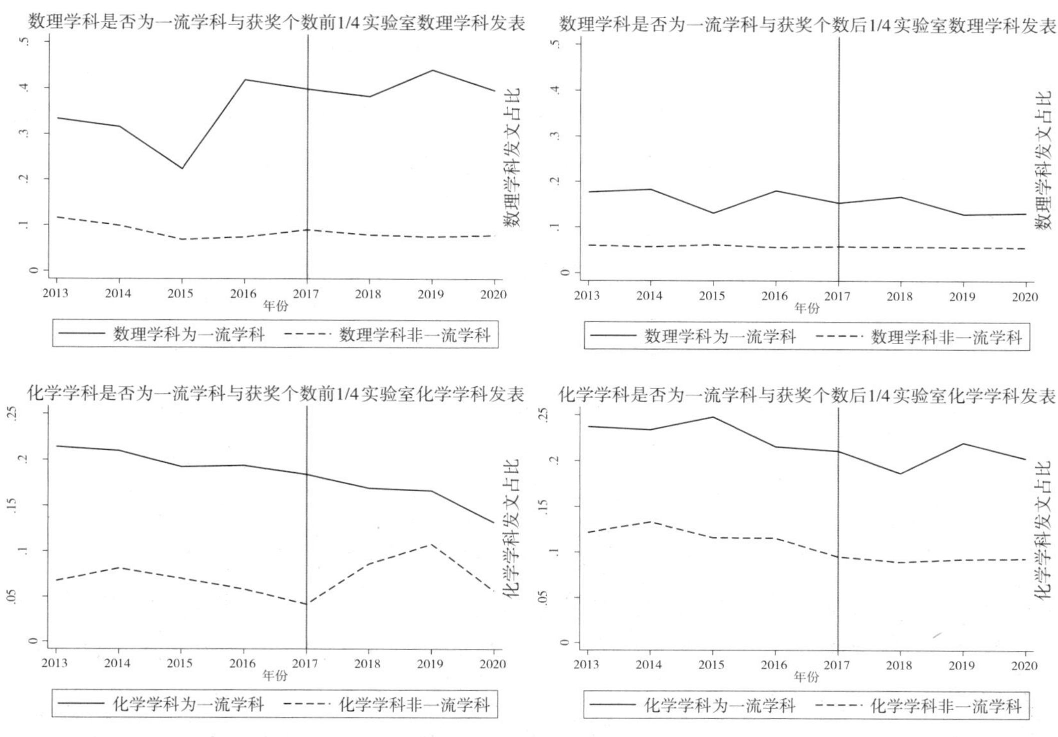


**图 9　科技奖获奖个数的多寡、基础学科是否为一流学科与实验室基础学科发表（分学科）**

## （二）因应市场需求、“双一流”学科建设与基础学科融合

《发明与发现：反思无止境的前沿》① 一书中曾提到“发现—发明循环模型”，基础研究与应用研究“其实如同一枚硬币的两面，根本性的创新研究只会在这种支持广泛意义研究概念的环境下才会繁荣发展”，“研究需要多重学科的专业知识和研究者间高水平的互动”。为实现对某些底层基础研究问题的突破，需要研究者对应用问题有深入的认识，必须保持创新链条上各机构保持充分的协调一致，共同促进创新过程各方面的一体化整合。

若想提高高校的基础研发能力，则需促进高校研究人员更多去了解市场需求，科研体制和机制需要在科学、工程和技术之间架起桥梁。但这并不意味着，在一个科研项目中，需要涵盖全链条。尤其在我国企业的基础研发能力较弱的情况下，勉强要求重大研发项目去进行全链条的统筹，则可能对基础研究的产生具有负面影响。高校应该秉持广义的研究概念，使得研究人员能够同时开展理论和实践研究，对于企业的研究人员而言，在研制原型装置的同时，也应对其基本性质进行探索。在当前的情况下，企业研究人员的水平可能无法达到对基本性质进行探索，但对企业的研究项目的经费支持应允许其以

① ［美］文卡特希·那拉亚那穆提（Venkatesh Narayanamurti）. 发明与发现：反思无止境的前沿［M］. 北京：清华大学出版社，2018.

较低成本与高校科研人员合作以进行对基本性质的探索，发挥高校在基础研究领域的优势。表 4 显示了在样本数据中，国家重点实验室科研人员企业兼职的情况，有相当一部分的实验室科研人员在企业中有兼职，当基础学科为“双一流”学科时，兼职的比例为 42.6%，当基础学科为非“双一流”学科时，兼职比例为 45.0%。随领域的不同，兼职比例差异更大。

**表 4　国家重点实验室科研人员企业兼职情况**

| 兼职类型 | 基础学科为“双一流”学科 | 基础学科非“双一流”学科 |
|---|---|---|
| 兼职人数占比 | 0.426 | 0.450 |
| 兼实职人数占比 | 0.234 | 0.234 |
| 兼虚职人数占比 | 0.277 | 0.283 |
| 兼股东人数占比 | 0.358 | 0.371 |

对于国家重点实验室的科研人员，在与市场联系越来越紧密的过程中，处于应用领域的科研人员可能倾向于发挥高校的基础研究优势，更多地进行基础学科的研究，来保有在市场上的竞争性地位；或者其应用研究会激发实验室或高校内部的基础研究，从而使基础领域的研究有所突破。我们用实验室科研人员在企业中兼职的比例来衡量实验室因应市场需求的程度，来探讨当实验室因应市场需求时，基础研究的重要性在实验室科研中的变化情况。图 10 显示了因应市场需求程度（也即企业兼职比例的高低）、一流学科建设与基础学科融合三者之间的关系。结果显示，对于在企业兼职人数较多的国重实验室，也即因应市场需求的国重实验室，当其校内的基础学科为“双一流”学科时，实验室的文章发表中，基础学科的占比较高，而当基础学科不是“双一流”学科时，实验室的文章发表中，基础学科的占比较低，也即，对于企业兼职较多的国重实验室，若校内基础学科发展较好，其与基础学科的交叉融合程度较高；对于企业兼职较少的国重实验室而言，这一规律依然成立。

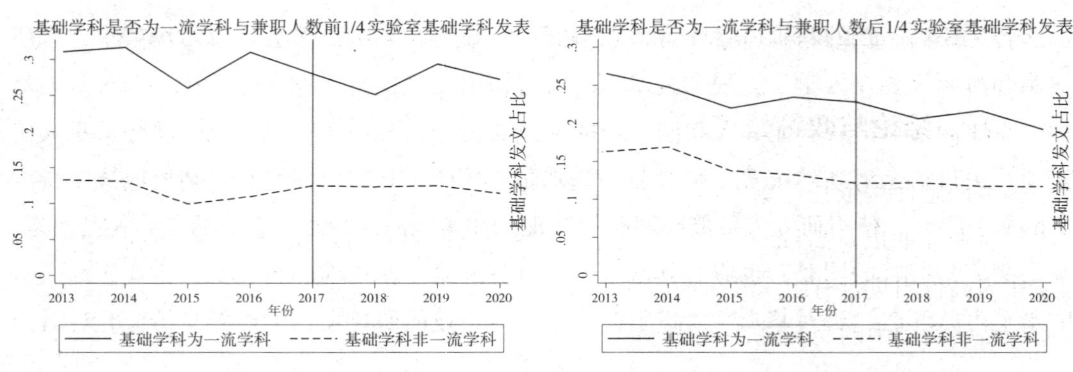


**图 10　企业兼职的多寡、基础学科是否为一流学科与实验室基础学科发表**

若比较四类实验室与基础学科的交叉融合度，融合度从高到低，依次为：兼职人数最多的国家实验室且基础学科为“双一流”学科，兼职人数较少的国家实验室且基础学科为“双一流”学科，兼职人数较少的国家实验室且基础学科不为“双一流”学科，兼职人数较少的国家实验室且基础学科为“双一流”学科。

在图 10 的基础上，图 11 将基础学科进一步细分为数理学科和化学学科，趋势与上述讨论相同，差异出现在数理学科。在 2013—2020 年，在企业中兼职人数较多的国重实验室，当其所在高校的数理学科为“双一流”学科时，其研究发表中数理学科的占比呈现出逐步提高的趋势。

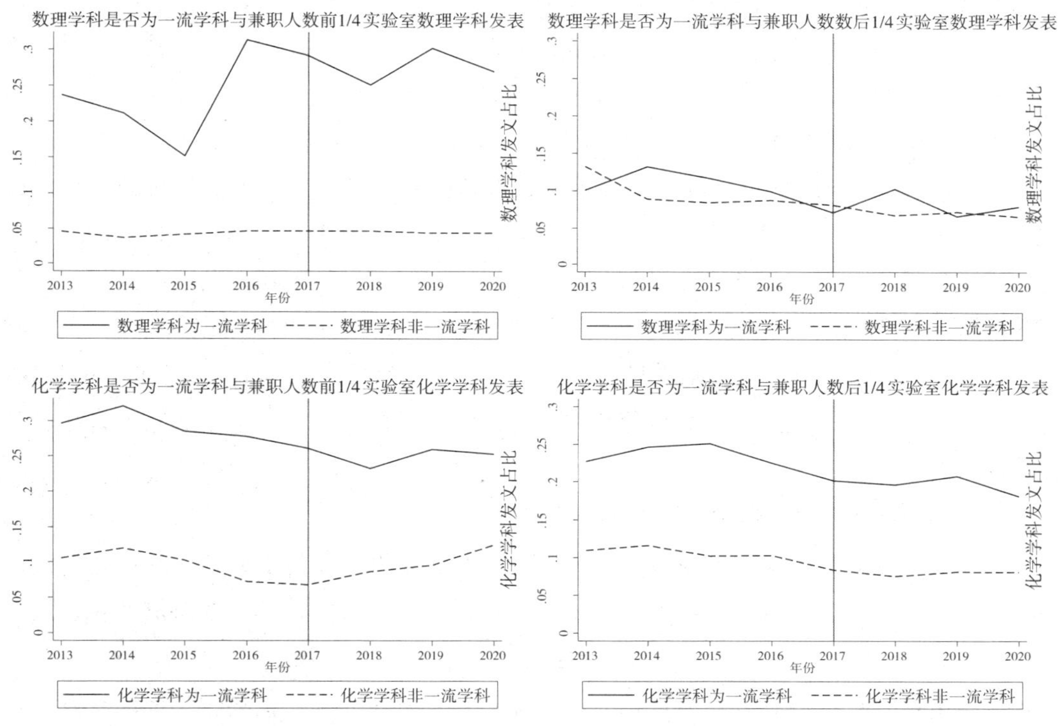


**图 11　企业兼职的多寡、基础学科是否为一流学科与实验室基础学科分学科发表**

## 五、结论与政策建议

本课题使用依托于单一高校的国家重点实验中副高级以上科研人员的获奖、论文发表与企业兼职以及高校的“双一流”学科建设等相关信息，将高校内部的国家重点实验室作为高校内进行有组织科研的场所，探讨在 2000—2020 年间，基础学科在高校内部有组织科研活动中的交叉融合情况。

整体而言，数据分析结果显示，高校内部的科研活动中，学科交叉融合成为常态；需要交叉的学科随领域不同存在差异；在交叉之余，部分领域更加聚焦于本学科，学科特色凸显。当高校内部的基础学科发展较好时，能为校内的科研活动提供重要的学科支撑，无论是因应国家重大需求的科研活动，还是因应市场需求的科研活动。在基本规律之外，科研活动对不同的基础学科需求度并不相同，例如，因应国家重大需求的科研与数理学科的交叉更多，因应市场需求的科研活动与化学的交叉则更多。根据以上分析的结论，结合当前政策精神，本研究提出如下政策建议：

**（一）加强基础学科群建设，优化“双一流”学科布局**

高校当前的“双一流”学科布局大部分遵循学校原本的学科基础与学科评估的结果。当高校基础学科为“双一流”学科时，其与因应国家重大需求的研究或因应市场需求的研究，均有更多的融合；与此同时，高校国家重点实验室的研究中，学科分散度越来越高，也即需要与越来越多的学科交叉融合；这就意味着，对于校内未布局基础学科一流学科的国重实验室，或者所在高校并未建立相关学科群的国重实验室，在与基础学科的交叉融合过程中则会存在一定的限制，阻碍其进行大型科研攻关。

在当前技术“卡脖子”、高校实行有组织基础研究的背景下，基础学科的一流学科布局具有重要的意义，但并非所有的学校都需要拓宽其基础学科布局。对于基础学科布局已经完备的高校而言，继续加强基础学科建设，同时通过打通校内的制度障碍，使基础学科研究要素的流动更为通畅，即可逐步促进学校内部有组织科研的开展。对于基础学科布局并不完备或者没有基础学科为“双一流”学科的高校，其往往也并非头部高校，此时，应更加专注于与其独有的特色相关的基础学科建设，使特色学科的发展有相应基础学科的支撑。

**（二）搭建新型举国体制下的有组织科研平台**

中国科学院第二十次院士大会上，习近平总书记强调：“要健全社会主义市场经济条件下新型举国体制，充分发挥国家作为重大科技创新组织者的作用，支持周期长、风险大、难度高、前景好的战略性科学计划和科学工程，抓系统布局、系统组织、跨界集成，把政府、市场、社会等各方面力量拧成一股绳，形成未来的整体优势。要推动有效市场和有为政府更好结合，充分发挥市场在资源配置中的决定性作用，通过市场需求引导创新资源有效配置，形成推进科技创新的强大合力。”

上文分析表明，因应国家重大需求的研究需要高校基础学科的支持；因应市场需求的研究也需要高校基础学科的支持。对于高校而言，尤其是研究型高校而言，其优势就在于具有较为健全的基础学科，在部分高校，基础学科相关的专业可以形成学科群。在新型举国体制之下，为更好地因应国家重大需求，高校需要发挥其基础研究优势。

我们发现，在高校的有组织科研场所中，基础学科的交叉融合已经较为普遍，这意味着，在正常的情况下，学校内部会发生科研要素的流动，遵循高校自身的科研要素组织规律，减少基础学科服务于有组织科研活动的过程中所需要克服的制度障碍，即可使学校的研究工作更为有效开展。学校需搭建灵活配置的科研平台进行有组织的科研，使科研要素根据科研活动的需求进行自主融合，才能更加有效地调配科研要素，实现有组织的科研。应充分发挥高校自身的特点，加强大学的某个科研管理部门的权限，对几个导向明确的国重实验室进行一定限度的整合，搭建多中心化的科研平台，再让各个实验室根据国家重大需求调整校内基础学科的研究力量。

### （三）将学科群建设、因应国家重大需求等纳入拨款分配因素

一流学科建设评估对象、专项拨款对象模糊，需要在体制机制上进行调整。伴随着学科的交叉融合，一个学科在高校内部往往分布在多个学院中，在进行学科评估时，常以高校内所有有关学科发表均作为评价依据，在进行“双一流”学科拨款时，从教育财政部门至学校，以多个因素为准，将学校作为拨款对象。

我们建议对“双一流”学科的评价体系也进行相应的调整，更好地发挥评价体系的“指挥棒”作用。将高校是否将“双一流”学科专项经费投向与国家重大需求或因应市场需求，也即所在区域具有比较优势的产业和资源禀赋相契合的学科倾斜作为下一期“双一流”学科评估的重要考核指标；这其中包括学科发展的重点、人才引育的重点以及学校相应学科或团队所取得的重要成果是否真的因应国家战略部署或市场重大需求。以因应国家重大需求为例，具体而言，结合先进的科研贡献识别技术（如知识图谱等），识别具体高校、学科与科研人员在国家要贯彻的重大科技攻坚中作出的贡献。将此作为高校学科评估的重要指标，引导高校的学科发展及科研人员进行创新型、颠覆性研发活动。基于这样的评估模式，国家可以改变目前对高校的专项支持策略，从一流学科专项经费中拨出一部分用于支持高校内部有组织的基础研究。同时调整资助重点，将这部分资金重点集中于市场不会发展的科研力量，却在国家的重大科研目标中具有重要作用的基础学科与基础研究领域。在专项经费分配中，充分调动基础学科研究人员的积极性。

# 标准化助力应用型本科教育高质量发展

胡连利　卢　萌[①]

**摘　要**：探索应用型本科教育高质量发展是一项系统化、科学化、复杂化工程，促进应用型高校高质量发展，深化评价标准建设具有基础性、前瞻性的价值和意义，保定学院着眼于学校未来发展和布局，引入标准化建设的理念，探索和研究标准与应用型高校建设管理融合的方法和路径，将教育标准化建设工作作为引领全校工作的特色培育工程。基于国家社会管理和公共服务综合标准化试点项目建设，通过构建系统性标准体系，开展标准制修订工作，加强标准化宣传培训，推进标准实施与改进，打造标准化工作品牌等工作，运用标准化机制引领推动应用型本科高校高质量建设与发展。

**关键词**：标准化；应用型；标准体系；高质量

应用型本科高校是我国高等教育的重要类型，促进地方本科高校向应用型转变是党中央和国家作出的战略部署。党的十八大以来，我国应用型高等教育的类型定位更加巩固、政策环境更加优化、发展动能更加强劲，一大批普通本科高校向应用型转变，为我国构建高等教育高质量发展体系提供了重要支撑。当前，在全面建设社会主义现代化国家新征程上，建设高水平应用型大学是适应我国经济进入高质量发展阶段的客观要求，是筑牢实现中华民族伟大复兴基础工程的重要举措。探索应用型本科教育高质量发展是一项系统化、科学化、复杂化工程，促进应用型高校高质量发展，深化评价标准建设具有基础性、前瞻性的价值和意义，要在重点领域和关键环节实现率先突破，离不开创新驱动和跨界融合。

## 一、深刻领会国家教育标准化实施战略布局

习近平总书记指出："标准决定质量，有什么样的标准就有什么样的质量，只有高标准才有高质量。"从古代的"车同轨、书同文"到现代工业规模化生产，都是标准化的实

① 胡连利（1964—），男，汉族，河北东光人，博士，二级教授，博士生导师，现任保定学院党委书记；主要研究方向为新闻传播、高等教育管理。卢萌（1983—），女，汉族，河北保定人，文学硕士，副教授，保定学院科研处副处长；主要研究方向为教育标准化、教育管理。

践活动，我国也在积极实施标准化战略，以标准助力国家发展。

2018 年 11 月，教育部印发《关于完善教育标准化工作的指导意见》（教政法〔2018〕17 号），文件中提到“办好人民满意的教育，必须增强标准意识和标准观念，形成按标准办事的习惯，提升运用标准的能力和水平，形成可观察、可量化、可比较、可评估的工作机制，充分发挥标准的支撑和引领作用。”“加快制定、修订各级各类学校设立标准、学校建设标准、教育装备标准、教育信息化标准、教师队伍建设标准、学校运行和管理标准、学科专业和课程标准、教育督导标准、语言文字标准等重点领域标准，加快建成适合中国国情、具有国际视野、内容科学、结构合理、衔接有序的教育标准体系，实现教育标准有效供给。”

从国家到地方政府、社会团体，再到企事业单位，越来越多的单位认识到标准在规范管理、提升质量、扩大影响方面的重要作用，抓质量必须先有标准已经成为社会各界的共识。2018 年 1 月，教育部发布了我国高等教育教学质量国家标准，即《普通高等学校本科专业类教学质量国家标准》，其中明确了 92 个专业类，587 个本科专业应该达到的质量标准，在教育标准化道路上迈出重要一步。

## 二、应用型本科教育标准化工作探索与实践

保定学院紧抓高等教育改革的战略机遇，由普通本科高校向应用型本科高校转型发展，先后成为河北省 10 所普通本科高校向应用技术型高校转型发展的试点院校和国家发改委以及教育部“十三五”产教融合发展工程规划项目重点支持院校，学校借转型发展之机，步入了“国家队”的行列。随着转型发展工作的不断推进和深入，在长期复杂多维的教育教学改革过程中，在 600 多所地方本科高校逐步向应用型转变的整体趋势下，如何基于自身特色和发展需求，探索创新发展之路，从特色研究切入，把点做深、把点做透，把点做亮，一直是我校教育研究者关注的焦点。2021 年 3 月，我校成功获批国家第七批社会管理和公共服务综合标准化试点项目，此试点建设主要以实现应用型本科高校管理规范、教育质量提升为目标，通过标准引领推动应用型本科高校高质量建设与发展。

### （一）完善工作机制，强化统筹协调

学校以标准化树立学校品牌、以标准化促进管理服务，把标准化作为提升工作质量的关键手段。组建了以校领导任组长、各职能处室负责人为成员的保定学院教育服务标准化试点工作领导小组，对试点创建工作形成统一领导、统一组织、统一协调、统一实施的工作机制。组建了标准化工作机构，设在科研处，并配备了专兼职工作人员。调整完善《河北保定学院应用型本科教育标准化试点建设方案》，进一步明确建设目标、建设任务、进度安排等项目推进工作，为今后工作安排做好顶层设计。

### （二）构建标准体系，搭建顶层设计

围绕应用型本科高校教育管理和服务质量提升目标，从相关方需求和期望出发，坚持科学性、系统性、需求性，建立和优化服务和管理互为补充、协调推进的教育服务标准体系，构建科学合理、层次分明、满足需求的标准体系框架，编制标准明细表，以指导下一步的标准制修订工作。目前，已完成河北保定学院应用型本科教育管理服务标准体系的构建工作。

### （三）深化改革创新，开展标准研究

在保定市市场监督管理局和教育局领导的指导下，首次获批保定市地方标准制修订项目计划立项。“西部支教群体培树标准”“高校课程思政建设评价标准”两个项目获准2022年第一批保定市地方标准制修订项目计划立项，这是我校在应用型本科高校建设过程中，以标准化建设理念积极开展高等教育标准化研究和建设所取得的首批地方标准研制项目。积极推进校级标准化课题“保定学院教育教学管理服务标准化建设”招标项目的结项工作，目前各项课题研究成果已初步形成研究报告，后期将在此基础上制定标准文件。

### （四）加强培训宣传，扩大社会影响

积极组织标准化专业培训。聘请专家举办“标准化助力应用型本科教育高质量发展”系列讲座，加深对标准化工作的了解，提高对标准化工作重要性的认识；组织参加国家市场监督管理总局、中国标准化协会、中国计量大学等举办的标准化培训，在标准编写、管理科学、体系构建、标准文化等方面开展学习和研讨并取得相应证书。

## 三、应用型本科教育管理服务标准体系的构建

河北保定学院应用型本科教育管理服务标准体系的编制以社会职能、办学定位和学校发展战略为根本出发点，充分考虑校内外相关方需求和期望，高等教育标准化现状，以实现学校发展战略，提升教育管理和服务质量为目标，构建了科学合理、层次分明、满足需求、以学校标准为主体的应用型本科教育管理服务标准体系，建立了优化服务和管理互为补充、协调推进的工作机制，为标准制修订工作做好顶层设计，并融入学校管理系统，既保障应用型人才培养的质量，又引导高校充分发挥自身优势，积极融入地方，开展研究，服务社会，使各要素在办学过程中始终在质量标准和规范的引导下推行实施。

### （一）标准体系构建原则

河北保定学院应用型本科教育管理服务标准体系在设计过程中，始终坚持从实际出发，遵循应用型高校办学规律并坚持以下原则。

1. 坚持科学谋划，统筹推进

根据地方经济社会发展需求和高等教育发展规律确立影响应用型本科高校教育管理

服务质量的关键要素，研究尝试教育与标准融合的实施路径和方法，以标准文化和规范为基础开展应用型本科高校教书育人、科研管理、服务社会等各个环节发生条件、机制和方法的研究，建立服务和管理互为补充、协调推进的教育管理服务标准体系。

2. 坚持系统观念，整体协同

在国家法律法规政策的指导下，以社会职能、办学定位和学校发展战略为根本出发点，从系统科学的视角，建立服务和管理互为补充、协调推进的教育管理服务标准体系，形成标准体系、子体系结构图和标准明细表，在各级体系建设和标准明细表规划的基础上，形成教育管理、服务事项的服务指南、办理规程标准，完善各标准子体系的搭建，致力于让标准嵌入教学实施评价、师资队伍建设、科研管理服务、教学质量保障等教育管理服务的各个环节，通过文件规范与标准化工作的结合，使各项工作做到方向明确、路径清晰、评价有效。

3. 坚持需求导向，应用牵引

应用型本科教育管理服务标准体系的核心目的就是要引导应用型高校凸显办学定位和办学特色，实现战略发展目标，引导教师建立培养应用型人才为目标的教学理念，在设计体系的过程中充分认识到导向性原则，评价什么、需要师生重视什么，都应有明确的导向，使评价对象知晓努力的方向和达标的要求并为此而不断改进完善教育教学质量。

**（二）标准体系划分依据**

普通高等学校的基本职能包括人才培养、科学研究、服务社会，在三维立体的职能构建中，不同高校就职能的发挥有不同程度和向度的区别，应用型本科高校作为高等教育重要的办学类型之一，更加注重以市场需求为导向、以实践应用为目的、以服务地方为根本。

为保障应用型本科高校办学职能和特色发展的实现，保定学院立足地方，充分发挥自身优势，将标准化融入应用型本科教育管理服务建设中，在改革中提质量，在错位中谋发展。

应用型本科教育管理服务标准体系框架主要由教学育人标准体系、科研管理标准体系、服务社会标准体系和服务保障标准体系四个标准子体系构成，四方面相互制约，工作标准同时实施四项标准体系中的相应规定，是教学育人、科研管理、服务社会和服务保障标准共同指导和制约下的下层标准。以下为河北保定学院应用型本科教育管理服务体系总体架构图（图 1）。

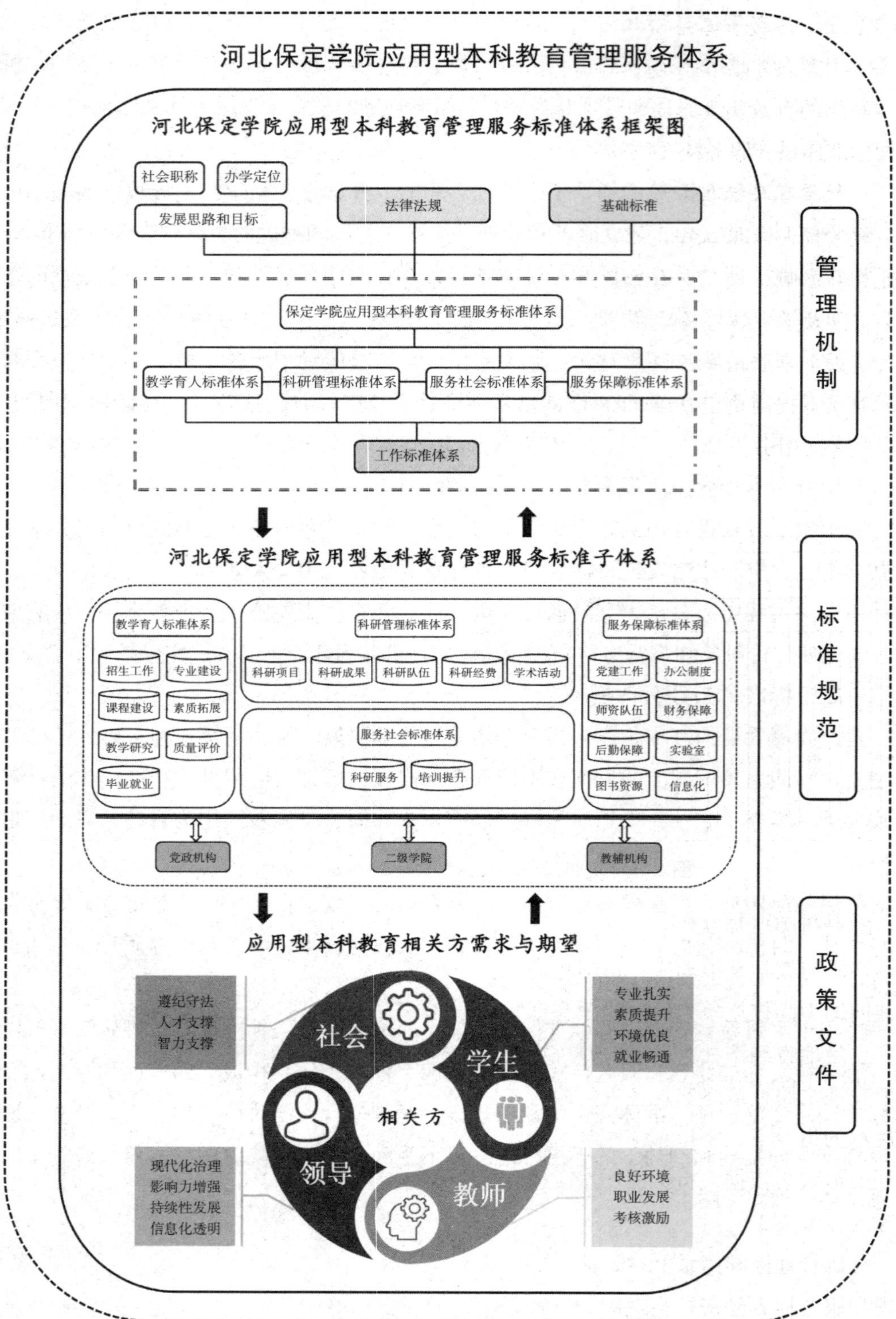


图 1　河北保定学院应用型本科教育管理服务体系总体架构图

### （三）各级子体系说明

应用型人才培养、科学研究、服务社会是应用型本科高校办学的核心内容，为保障办学职能的有效实现，应用型本科教育管理服务标准体系分为教学育人标准体系、科研管理标准体系、服务社会标准体系和服务保障标准体系四个标准子体系。

1. 教学育人标准体系

教学育人标准体系贯穿在应用型人才培养的全过程（图2），共同构成招生—培养—就业相互影响、相互支撑的全链条循环联动机制，从学生招生入学开始到毕业就业步入社会，涉及学生学习及教师教学工作各个环节的运转和协调，包括招生工作、专业建设、课程建设、素质拓展、教育研究、质量评价、毕业就业等育人全过程。招生和培养环节为就业质量提高奠定基础，培养和就业工作为招生提供内部参考；就业和招生为人才培养提供方向指引。

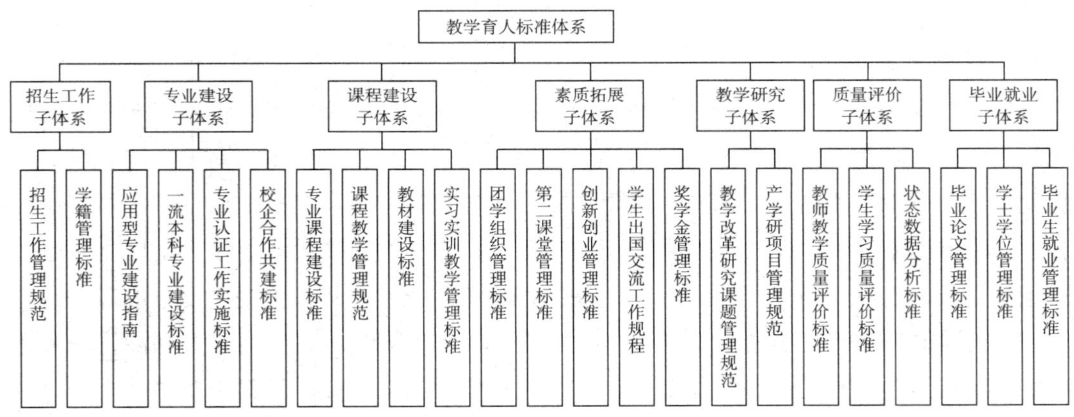

图2　河北保定学院应用型本科教学育人标准体系

2. 科研管理标准体系

科研与教学是推动应用型本科高校教育质量内涵式提升的双翼和两轮，两者互促互哺共同助力高校竞争力的提升。在产教融合背景下，应用型高校科研管理应结合时代要求，立足地方经济社会发展，以应用研究为驱动，兼顾基础研究，走“政校行企”协同创新发展之路，最终实现各种资源的共享与聚集。科研管理标准体系在国家省市科研工作规章的指导下，坚持总体设计，分块布局，协调有序，注重实施的原则，以科学研究的开展形式为依据，将标准体系主体构成分为科研项目、科研成果、科研队伍、科研经费等内容（图3）。

科研管理标准体系是科研活动的整体布局，最终目的是助力应用型人才培养职能的实现和服务地方经济社会发展，高校科研犹如一根扁担，一头担负着教学能力的提升与创新突破，探索教育思想观念、人才培养模式、专业课程体系等教育教学的问题，一头担负着服务社会的水平和价值实现，通过应用性科研产出，促进社会效益和经济效益的实现。

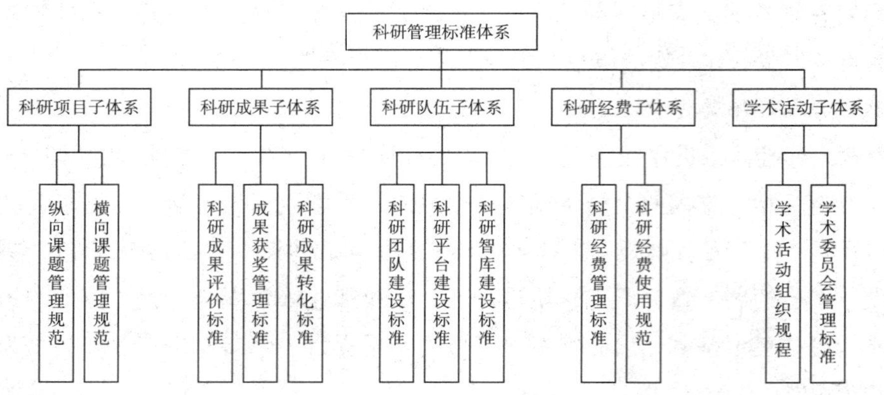


**图 3　河北保定学院应用型本科科研管理标准体系**

3. 服务社会标准体系

地方应用型高校的自身属性与地方经济社会发展具有高度的契合性，服务地方的贡献度是衡量应用型本科高校办学水平的重要指标。服务社会是应用型高校与地方经济社会发展建立紧密联系的重要窗口，主要方式是科研服务和培训提升。应用型本科高校服务社会就需要解决社会的现实问题，而科学研究是服务的重要手段。教育培训提升也是应用型高校服务社会的重要方式，职业培训是我国职业教育体系中的重要组成部分，随着社会经济转型和产业升级对高技能人才的需求，离不开员工素质的提升和高技能人才的支撑，职业教育培训是学校培养专门人才职能在时间和空间上的拓展与延伸，通过培训工作，高校可以增强与企事业单位的紧密联系和沟通，及时有效地汇聚社会对各岗位人才需求的信息，并实现对学校人才培养和科学研究的反哺。

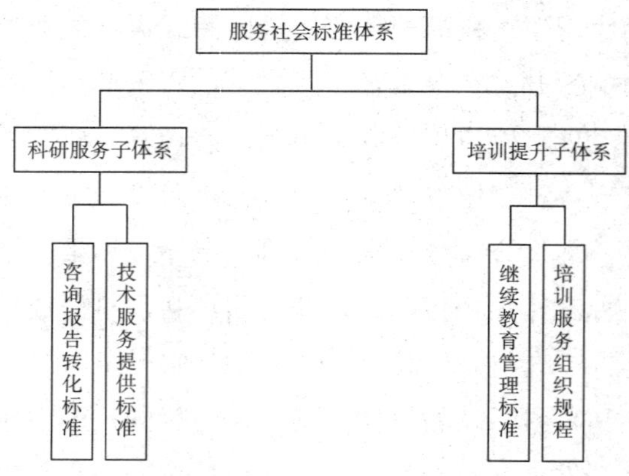


**图 4　河北保定学院应用型本科服务社会标准体系**

4. 服务保障标准体系

应用型高校职能的实现离不开高质量的服务保障体系，高校内部有效的管理体制、运行机制是推动各项工作有序高水平开展的基础。应用型本科高校服务保障标准体系主要包括党建工作、办公制度、师资队伍建设、财务保障，后勤服务、实验室建设、图书资源服务、信息化保障等方面（图 5）。

教学育人标准体系、科研管理标准体系、服务社会标准体系和服务保障标准体系相互交织，相互影响，基于应用型高校职能的实现，四个方面从根本上是一个有机整体，培养应用型人才、开展科学研究其实都是为社会服务，只不过服务方式相对间接而已，构建应用型本科教育管理服务标准体系的最终目的就是为地方经济社会发展服务，但核心之轴在于应用型人才培养，应用型高校在发展过程中要根据发展战略和办学定位，立足地方经济社会发展，以社会需求为导向，及时调整专业建设方向、人才培养模式、科研研究内容，不断适应校内外发展环境，最大限度地发挥地方本科院校在建设高等教育强市中的生力军作用。

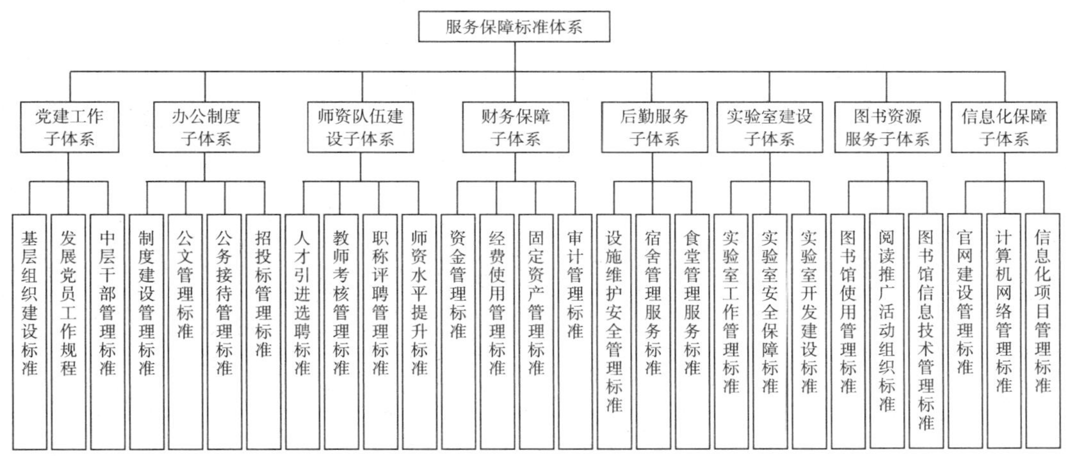


**图 5　河北保定学院应用型本科服务保障标准体系**

## （四）编制标准明细表

在标准体系完善的基础上，制定标准明细表，形成教育管理制度、服务事项指南、办理规程规范等各类标准形式，致力于让标准嵌入教学实施评价、师资队伍建设、科研管理服务、教学质量保障等教育管理服务的各个环节，通过文件规范与标准化工作的结合，使各项工作做到方向明确、路径清晰、评价有效。

教育标准化是一项规模庞大的系统工程，也是我国教育领域的新课题，在标准化推动教育高质量发展的征程上，保定学院作为地方应用型本科院校，以期为教育标准化作出一些有益尝试，为管理部门决策提供有益参考，也想通过标准化研究和试点建设带动更多高校和专家关注教育标准化对应用型本科高质量发展的推动效能。

## 参考文献：

[1]应卫平，吴博. 浅谈应用型本科高校评价标准的构建［J］. 中国高等教育，2021（24）.
[2]蒲天银. 提升地方高校财务保障服务水平的思考［J］. 中国市场，2019（24）.
[3]习琴琴. 产教融合背景下应用型本科高校科研管理路径探析［J］. 云南科技管理，2021（05）.
[4]中国教育科学研究院课题组. 中国应用型本科高校研究报告 2018［M］. 杭州：浙江教育出版社，2020.
[5]杨展怡. 地方高校教务服务保障体系的构建［J］. 科教文汇（上旬刊），2014（07）.
[6]沈亦军. 应用型高校实验室一体化建设与管理的探索［J］. 合肥学院学报（综合版），2018，35（05）.

# 关于建设高质量基础教育目标和路径的若干思考

谈松华[①]

教育质量是教育发展的一个基本问题，在不同的发展阶段，其重点和内涵有所不同。现阶段讨论建设高质量的基础教育，有两个重要的背景：一是我们处在后普及教育阶段，义务教育已经实现了全面普及，学前教育、高中教育和高等教育也已经基本普及。不同于普及教育阶段有质量的教育公平，在后普及教育阶段集中建设高质量教育，应该突出一个“高”字。二是我们正处在一个新的历史起点上，在迎接新科技革命和产业变革、应对国际国内不确定性变化挑战的形势下建设高质量教育，核心在于培养适应新时代要求的时代新人，突出一个“新”字。所以，什么是“高”和“新”，怎样建设成为符合时代“高”“新”要求的基础教育，是研究新阶段基础教育高质量发展的重点所在。我在这里讨论两个问题：新时代需要什么样的高质量基础教育？建设高质量基础教育的路径是什么？力图回答的是怎样建设高质量的基础教育，通过什么样的路径来实现高质量基础教育的目标。

## 一、建设高质量基础教育的目标

高质量基础教育的目标具有鲜明的时代性。20世纪80年代以来，我国探索和实施的素质教育、发达国家进行的基础教育改革，主要集中在培养什么人、培养的人要达到什么样的教育水平上。这些实践和理论探索，积累了多方面的经验，也触及了教育质量发展的诸多问题。特别是知识经济和信息社会的发展，对于人才培养和教育质量的内涵，提出了更多新的问题和新的要求，也激发了教育界以及广泛的国际社会对教育应该培养什么人、怎样培养人的研究和实践。

高质量基础教育目标具有导向作用，涉及国家的教育宗旨、教育方针、人才培养的总体要求。需要从国家发展、学习者个体的发展和时代的要求三个方面来综合考量，需要坚持以人为中心的发展观，总结历史经验，研判未来经济社会的新变革对教育的影响，以时代的新特点，科学地回答应该培养什么人、怎样培养人、为谁培养人的系列课题，

① 谈松华，国家教育咨询委员会委员，国家教育考试指导委员会委员，中国教育发展战略学会顾问、学术委员会名誉主任。

把高质量基础教育目标落实到培养符合时代需要的德智体美劳全面发展的社会主义建设者和接班人的总体要求上。从历史经验看，有三个关系需要研判：

### （一）知识和素养的关系

知识和素养的关系是研究高质量基础教育目标首先要处理好的关系。从20世纪90年代开始，我国的素质教育和国际上所进行的基础教育改革体现了一种历史性的转变。这与人类社会从工业社会向信息社会、智能社会的转变密切相关。大体上经历了从知识本位到能力本位，再到素养本位的过程。尤其是在90年代中后期，国际上提出人类正在经历着知识革命。引爆知识革命的一个重要因素就是知识爆炸，知识总量的激增和知识更新周期的缩短。这种知识本身的革命，对长期以来以传递知识，特别是传递人类已有知识为主要职能的教育形态提出了挑战。

国际上，联合国教科文组织提出了“四个支柱”，欧盟提出了“终身学习核心素养”，美国提出了“21世纪技能”。同一时期，中国的教育方针从“德智体”到“德智体美”再到“德智体美劳”。基础教育课程改革中，先是提出“知识与技能、过程与方法、情感态度价值观”，后又研制了《中国学生发展核心素养》，以发展核心素养指导确定学科核心素养，围绕学科核心素养确定课程标准，指导教学。可见，知识与素质的关系是时代变革中提出的基本问题，教育目标经历从知识本位向能力本位与素养本位的转变，反映的是历史对人才培养的必然要求，是建设高质量基础教育首先要把握的基本点。

### （二）人文素养和科学素养的关系

新时代的人才需要具有诸多素养，而人文素养和科学素养是最重要的两个基本部分。

人文素养是指人们在文化、艺术、美学、教育、哲学、国学、历史等方面的综合品质和发展程度，核心是重视人、尊重人、关心人、爱护人，以人为中心，反映的是做人的素养。分析中国教育的现状，尽管我们在加强思想品德和思想政治教育方面学时是持续增加的、内容也是不断拓展的，但是在总体上，离人文主义教育观主导我国的教育实践还有一定的距离，对学生提高人文素养还没有产生整体性的效果。所以，在高质量基础教育目标上，如何体现人文主义教育的主导作用，培养具有人文精神、人文底蕴、跨文化理解和品行修养高尚的时代新人，仍然是一个需要研究的课题。

科学素养是指科学精神、科学态度、科学知识、科学方法。在科学技术突飞猛进的时代，科学素养的缺失或弱化，将会产生一大批科盲，并直接影响国家的综合国力和国际竞争力。纵观美国80年代以来的多次教改，都把加强和改进数学、科学和工程教育作为重点。21世纪初，美国总统委托美国科学院、工程院和卫生健康研究院，共同研究新科技革命条件下的国家竞争力，提交了《迎接风暴》的报告。该报告明确提出中小学数学、科学和工程教育方面的薄弱是影响美国国家竞争力的重要因素。于是联邦政府决定拨专款，在大学培养数学、科学和工程专业的硕士生，充实中小学教师队伍。之后，许多国家在中小学相继开设STEM和STEAM课程，着重培养学生数学、科学和工程的学科和跨学科能力。中国基础教育在科学知识的教育教学上有较好的基础，但对当前知识革命时代特别强调的提出问题和解决问题能力，怀疑精神、独立思考，鼓励探索、鼓励创新，不怕失败、宽容失败的精神等方面的培养上还有较大差距。特别需要指出的一点是，新高考把科学课程作为选考科目，分值远低于外语，这种导向会严重影响中小学科学教育的地位和质量，是与新科技革命时代的世界潮流背道而驰的。我们也看到，这两年教育部在加强科学教育、培养和充实中小学科学教师队伍方面加大了力度。但是，这些单项的举措需要统筹于系统的科学素养的培养上，需要从课程的设计到评价到高考的设计上进一步完善，以实现培养学生适应新科技革命时代的科学素养的要求。

世界教育发展历程中呈现的科学与人文关系是相互交织和相互作用的。20世纪70年代，在新技术革命影响下，联合国教科文组织在《学会生存》的报告中提出了“科学人道主义”的概念，强调科学技术是一把双刃剑，科学的发展是为人类福祉服务的。20世纪90年代，特别是进入新世纪以来，科学技术的突飞猛进，对人类社会的进步产生了革命性的影响，同时产生了忽视人文精神和人的全面发展的科学主义、功利主义的教育现象。联合国教科文组织在《反思教育》的报告中指出，功利主义是现阶段教育的主要弊病，提出了人文主义的教育观。随着信息技术与教育的深度融合，联合国教科文组织近两年又提出了“数字人文”的概念，强调在技术变革中要高度关注人文忧患。所以，无论是从我国的教育发展要求还是从国际发展趋势看，确定高质量基础教育目标，需要依据未来科技发展和人类文明进步的要求，对人才培养目标进行系统设计。

### （三）公平与效率的关系

在高质量基础教育阶段，教育公平的重点应该是教育质量的公平，目标是人人享有优质教育的机会。这是高质量基础教育阶段目标的基本内涵。

20世纪80年代，特别是世纪之交以来的国际趋势和基本经验是，以标准驱动质量提升。即使美国这样的教育管理以州为主的国家，2009年也开始制定和推进《州共同核心标准》，并得到了大多数州的支持。21世纪以来，中国在课程标准研制和评价方面取得了重要进展，为办人民满意的高质量教育奠定了重要基础。以国家制定的标准为基本标准，在实施中协调公平与效率的关系，处理好统一性和多样性的关系是提高教育质量的基本保证。

教育质量标准的统一性要求：公平对待每一位学习者，不论地域、民族、出身等，给予所有学生达成质量标准的教学支持（包括对学习困难学生的特殊帮助），使他们获得生存和发展所需要的知识和能力。但统一性并不意味着简单、呆板、划一的执行标准。学生个体禀赋、潜能以及学习能力和努力程度的差异，决定了把教育质量的公平看作是划一的标准，将会限制学有余力或更有发展潜力的学生的充分发展，不符合效率原则。

而多样性正是办面向人人，适合人人的高质量教育的必然选择。

高质量的教育公平目标应该在坚持基本标准的前提下，明确把拔尖创新人才培养纳入目标。给具有不同兴趣特长和发展能力的学生更多的发展空间，特别是要为有特殊才能和有发展潜力的资优学生创造选择更多更快的学习方式和学习内容的条件，这就需要在确定教育目标时进行制度设计，创造拔尖创新人才培养的制度环境，保证实现学生全面而有个性发展。

## 二、建设高质量基础教育的路径

影响教育质量的因素是多样的、复杂的。建设高质量基础教育需要坚持整体性和系统性，其路径选择需要远近兼顾，内外配套、标本兼治、可持续发展。

### （一）克服应试教育弊端是实现高质量基础教育的关键所在

落实“双减”政策是我国现阶段解决应试教育顽症的着力之举。应试教育把考试分数和学业成绩作为衡量学生优劣和教育质量高低的唯一标准，这不仅严重影响了学生的身心健康发展，也形成了提高教育质量的错误导向。多年来的素质教育实践经验表明，不从根本上消除应试教育的土壤，诸多旨在提高教育质量和学生素质的改革举措，在实践中就会变形。这也是导致教育内卷化现象愈演愈烈，花费大量的人力物力，难以奏效的重要原因。一些顽症不改，教育质量难以提高。如：三年高中，两年上课，一年应考的模式已经根深蒂固；校外补习加班加点，极大地加重了学生学业负担和身心压力，激发了中产阶层的社会焦虑。这些已经不仅是教育问题，已经成为一个普遍关注的社会问题。

“双减”是用行政力量扭转应试教育愈演愈烈局面的一剂猛药，已经产生了遏制其发展的成效。但是要从根本上消除应试教育的顽症，真正走上减负增效、建设高质量教育的健康轨道，需要行政力量与学术力量的协同作用，采取更长远、更综合的政策和措施。

### （二）为具有不同兴趣爱好和禀赋潜能的学生提供高质量发展的多种通道

高质量教育要让所有学生能够选择适合自己的最优发展通道。根据学生特点和社会需要，加强对所有学生的兴趣、爱好、职业生涯指导，帮助学生学会自主选择，并通过多向多次选择，扬长避短、各得其所，实现幸福的人生。这是高质量教育的重要落脚点。特别是在人工智能深刻影响社会生产生活的背景下，帮助学生通过理性选择具有比以往更加重要的意义。

推进制度变革，改变现行的过于划一、呆板的升学、分流、就业制度，建设纵向衔接、横向贯通、灵活多样的教育体系，是为学生提供按照兴趣爱好去选择的制度基础，也是教育教学更有效的基本保证。建设更加多样、更加灵活的教育体系，需要着力打通多样化选择的堵点，如：继续深入推进普职分流、普职融合、工学交替、灵活学制；在不同学段设置多种课程、多样的课内外和校内外活动，等等，都将更有利于建设高质量的基础教育。

### （三）建设高质量基础教育的外部环境

人的成长是学习者、学校、社会相互作用和影响的结果。社会环境也是近年来应试教育愈演愈烈的重要因素，必须着力改善。要大力营造处处可学、时时能学、人人皆学的文化氛围和社会环境，并通过其熏陶和影响，促进人的自由和充分发展，为高质量教育的发展提供支撑。

这里有三个重要环节：一是产学研三者之间形成共育人才的机制。学生有渠道能够参与生产劳动、科学研究和社会实践活动，并在其中学习和体验，增长知识、能力和才干。二是学校、家庭和社会在教育理念上的契合，在社会资源上的共享，在教育行为上的协同，消除阻力和外部干扰，形成多方参与的合力和共同育人的机制。三是破除“五唯”的评价标准，改革不合理的收入分配制度、劳动就业制度和工资制度，形成尊重知识、尊重劳动、尊重创新，鼓励创新创业的评价导向和社会文化，保障多种成长通道的建立，实现人人成才。

### （四）优化学校关键要素配置，激发高质量发展的内生动力

建设高质量教育是多种要素相互作用和整体提升的过程。联合国教科文组织在最近发布的《一起重新构想我们的未来——为教育打造新的社会契约》报告中再次强调：学校不会随着技术的变革而消亡，但学校要变革。建设高质量的教育就内部而言，要通过优化要素配置，激发活力。其中关键要素是：优质教师队伍建设、教育与技术的深度融合、教育教学制度的变革。

教师的基础能力、学习能力和应变能力直接影响教育质量和学生的发展。要适应技术正在改变教与学关系的时代要求，建立和完善有利于激发教师自主性、进取心和专业化持续发展的教师选拔、培养和考核制度。

要充分发挥教育技术在育人模式探索中的变革动力作用，特别是要推进以学生为中心的学习方式，提高教师学习和应用新技术的能力，落实因材施教，提高学习效率，帮助具有不同志向和潜能的学生，实现个性化的高质量发展。

教育教学制度需要进一步增强针对性，面向不同的学生需要，提供不同的学习资源和学习组织方式，促进学生的发展。评价制度上实行多种多样的评价，突出学生的优势，以激发学生的自信心和进取心，促进学生的自主发展。通过制度建设，实现学习困难的学生能够找到合适的学习组织和方式，学有余力，特别是资优学生有自主选择和脱颖而出的机会。

# 建设教育强国背景下的民办教育高质量发展[①]

黄　为　黄　鹏[②]

**摘　要：**教育是国之大计、党之大计。党的十九大报告指出："建设教育强国是中华民族伟大复兴的基础工程。"党的二十大报告指出："引导规范民办教育发展。"党的二十大报告强调，高质量发展是全面建设社会主义现代化国家的首要任务。本文从六个方面探讨了民办教育高质量发展的路径选择，其中包括：（一）提高政治站位，全面贯彻党的教育方针；（二）重视合规安全，确保民办学校及其举办者安全；（三）完善内部治理结构，建立现代学校制度；（四）迭代办学系统，推动学校持续健康发展；（五）突出公益性办学，自觉履行社会责任；（六）提高办学质量，努力实现高质量发展。

**关键词：**教育强国；民办教育；高质量发展

党的十九大报告指出："建设教育强国是中华民族伟大复兴的基础工程。"在2018年9月召开的全国教育大会上，习近平总书记强调："加快推进教育现代化、建设教育强国、办好人民满意的教育。"党的二十大报告指出："引导规范民办教育发展。"党的二十大报告强调，高质量发展是全面建设社会主义现代化国家的首要任务。本文从六个方面探讨建设教育强国背景下民办教育高质量发展的路径选择。

## 一、建设教育强国，民办教育不可或缺

当前，我国正处于"两个一百年"交汇期，未来五年是全面建设社会主义现代化国家开局起步的关键时期。从现在起，我国的中心任务就是团结带领全国各族人民全面建成社会主义现代化强国、实现第二个百年奋斗目标，以中国式现代化全面推进中华民族伟大复兴。

教育是国之大计、党之大计。2017年10月18日，习近平总书记在党的十九大报告

① 本文为基金项目：广东省教育科学规划2021年度研究项目（项目编号：2021JKDY038）的阶段性研究成果。

② 黄为，男，中国教育发展战略学会常务理事兼民办教育专业委员会秘书长、广州工商学院高等教育研究所顾问，研究方向：民办教育政策、规划与治理。黄鹏，男，广州工商学院高等教育研究所副研究员，团中央全国学校共青团研究中心特聘研究员，研究方向：产学研合作与创新人才培养。

中指出:“建设教育强国是中华民族伟大复兴的基础工程。”在2018年9月召开的全国教育大会上,习近平总书记强调:“加快推进教育现代化、建设教育强国、办好人民满意的教育。”党的十九届五中全会明确,要建设高质量教育体系,到2035年建成教育强国。中共中央、国务院印发的《中国教育现代化2035》,为教育事业高质量发展描绘了宏伟蓝图。

党的二十大报告首次把教育、科技、人才进行“三位一体”统筹安排、一体部署,并摆放在“全面建设社会主义现代化国家的首要任务”即“高质量发展”之后的突出位置;强调“引导规范民办教育发展”,“引导”“规范”“发展”成为新时代我国民办教育发展的三个关键词,极具战略意义和深远影响。教育是人才涌现的基础和科技发展的先导,民办教育是科技第一生产力、人才第一资源、创新第一动力的重要结合点,具有鲜明的战略价值。教育支撑人才,人才支撑创新,创新服务于国家经济建设和综合国力提升。报告突出了教育在全面建设社会主义现代化国家的基础性、战略性支撑作用。科教兴国战略、人才强国战略、创新驱动发展战略都是需要长期坚持的国家重大战略,也都是事关现代化建设高质量发展的关键问题。报告强调坚持教育优先发展,坚持以人民为中心发展教育,加快建设高质量教育体系,发展素质教育,促进教育公平。报告要求全面贯彻党的教育方针,落实立德树人这个根本任务,培养担当民族复兴大任的时代新人,培养德智体美劳全面发展的社会主义建设者和接班人。

民办教育是我国社会主义教育的组成部分,与公办教育享有同等法律地位,同样使命光荣、责任重大,在教育强国建设新征程中大有可为。立足新时代,充分认识民办教育的重要性,需要更加广阔的视野、更加客观的立场和更加长远的时间尺度。我国是发展中国家,长期处于社会主义初级阶段,地方财政状况还比较困难,教育投入占GDP的比重还较低。当今世界正经历百年未有之大变局,我国经济发展的不确定性增加,发展不平衡不充分问题仍然突出。目前,各地经济社会发展不平衡,教育发展情况差异较大,一些经济落后、财政比较困难的地区仍需要社会资本兴办民办学校。中国建设高质量教育体系,必须是充满活力的教育体系,体制创新、机制灵活正是民办教育的优势所在。另外,学生家长对于个性化教育的选择需求客观存在,仅靠公办学校难以满足。总之,我国推进教育强国建设,要构建公办教育与民办教育协同发展、相得益彰的良好生态,树立“协同融合”育人理念和“三全育人”新格局,民办教育不可或缺、不能缺席。

## 二、党的二十大对民办教育发展提出了新要求

党的二十大报告提出:“引导规范民办教育发展。”这一新表述反映了新阶段党和国家对民办教育发展提出了新要求。我们如何理解这个政策信号?

回眸我国民办教育40多年发展历程,民办教育政策持续变迁。改革开放以来,我国

颁布了《宪法》《社会力量办学条例》《民办教育促进法》《民办教育促进法实施条例》等几部具有标志性意义，并且对民办教育发展具有重大影响的法律法规。1982 年《宪法》第十九条规定："国家鼓励集体经济组织、国家企业事业组织和其他社会力量依照法律规定举办各种教育事业。" 1997 年《社会力量办学条例》第四条规定："国家对社会力量办学实行积极鼓励、大力支持、正确引导、加强管理的方针。" 2002 年出台的《民办教育促进法》第三条规定："国家对社会力量办学实行积极鼓励、大力支持、正确引导、依法管理的方针。" 2016 年修改后的《民办教育促进法》第三条继续规定："国家对民办教育实行积极鼓励、大力支持、正确引导、依法管理的方针。"

党的十三大以来，多次党代会对民办教育发展作了明确表述。十三大报告提出："鼓励社会各方面力量集资办学。" 十四大报告提出："鼓励多渠道、多形式社会集资办学和民间办学，改变国家包办教育的做法。" 十六大报告提出："鼓励社会力量办学。" 十七大报告提出："鼓励和规范社会力量兴办教育。" 十八大报告提出："鼓励引导社会力量兴办教育。" 十九大报告指出："支持规范社会力量兴办教育。" 党的二十大报告提出："引导规范民办教育发展。" 二十大报告的关键词表述叠加了十八大报告和十九大报告的部分关键词即"引导""规范"，但删除了"鼓励""支持"，将"社会力量兴办教育"修改为"民办教育发展"。

梳理政策变迁脉络，基于政策价值取向，改革开放以来，我国民办教育政策的历史演变进程大致可划分为三个阶段：观望默许阶段、鼓励支持阶段、引导规范阶段。我国民办教育政策价值取向的实然状态是在社会大背景的不断变化中，基于国家利益、学校利益和个人利益等因素，经历了从重社会需要到个人需求再到国家需要、重外延发展到内涵建设，以及重规模扩张到质量保障的变迁。现在已经进入新发展阶段，对民办教育政策作出相应的调整，从以"鼓励支持"为主转向以"引导规范"为主，从鼓励"增量"转向优化"存量"。这一政策变化体现了新阶段发展民办教育要维护国家教育主权、回归教育公益性、强化外部监督、促进和维护教育公平的价值取向。规范是当前和今后一个时期我国民办教育政策的主要着力点。

## 三、"引导规范民办教育发展"的内涵阐释

党的二十大报告明确提出"引导规范民办教育发展"，"引导""规范""发展"这 3 个关键词如何解读？首先，"发展"旗帜鲜明表明允许民办教育继续发展，而不是被取缔和禁止，但党和国家的要求更高了，政策导向是"引导规范"。那么，引导什么？又规范哪些？结合近两年对民办教育政策文件的学习和实证观察，笔者认为，引导的是方向，规范的是行为。具体讲，引导民办教育的办学方向、办学领域、非营利目的、内涵式路径、高质量发展方式；规范资本投资办学行为、民办学校运行与经济活动、民办教育治

理；等等。

### （一）如何理解“引导民办教育发展”？

1. 引导社会主义办学方向，全面贯彻落实党的教育方针，突出党对民办教育的全面领导

我国是中国共产党领导的社会主义国家，必须坚持社会主义办学方向，全面贯彻党的教育方针：“教育必须为社会主义现代化建设服务、为人民服务，必须与生产劳动和社会实践相结合，培养德智体美劳全面发展的社会主义建设者和接班人。”民办教育是我国社会主义教育事业的重要组成部分。虽然公办教育与民办教育的法人性质、经费来源不同，但办学方向、办学宗旨、培养目标、培养任务是一致的，都是为党育人、为国育才。

2. 引导非营利性民办学校发展，鼓励公益性办学

这主要体现在两个方面。一是，强调民办学校必须坚持“公益性办学”鲜明导向。“公益性事业”是教育事业本身的固有属性，也是《民办教育促进法》给予民办教育的明确定位。二是，大力扶持非营利性民办学校。国家将出台一揽子鼓励扶持民办教育的举措，在财政资助、税收优惠、用地划拨等方面，加大对非营利性民办学校的支持力度。

3. 引导社会资本主要进入职业教育领域办学

《民办教育促进法实施条例》放开职业教育领域营利性办学，吸引社会力量广泛参与、积极支持职业教育发展。新修订的《职业教育法》明确了职业教育的类型定位，并提出：“国家鼓励发展多种层次和形式的职业教育，推进多元办学，支持社会力量广泛、平等参与职业教育。”党的二十大报告对进一步强化职业教育的表述鲜明具体，提出：“统筹职业教育、高等教育、继续教育协同创新，推进职普融通、产教融合、科教融汇，优化职业教育类型定位。”这些都为职业教育的发展提供了重要指引，也提振了民办教育工作者从事职业教育工作的信心。

4. 引导高质量发展，优化民办教育存量

党的二十大报告提出：“高质量发展是全面建设社会主义现代化国家的首要任务。”“建设高质量教育体系”。“高质量教育体系”指向的是能够满足人民群众日益增长的更高质量、更有效率、更加公平、更为完善、更为多样、更可持续、更加安全的教育体系。从深层含义来看，高质量的教育体系是体现创新、协调、绿色、开放、共享等新发展理念的教育体系。这是新时代教育发展的新主题、新方向、新目标、新任务。

随着分类管理改革深化，我国民办教育也进入了新阶段，发展定位和目标任务也发生了历史性变化。民办教育分类管理改革逐步深入，规范与高质量发展成为主流基调，民办学校治理体制机制作出相应的调整成为必然趋势，过去以规模取胜的办学模式将逐步让位于以质量取胜的办学模式。可以预见，办学质量低的民办学校会加速淘汰，民办教育存量将不断优化。

### （二）如何理解“规范民办教育发展”？

1. 规范民办学校内部治理和运营管理

在这方面，规范的主要内容是，强化政府监管和社会监督的外部监督体系，完善内部治理结构。为解决长期存在的举办者单边治理和家族化等问题，在落实民办学校法人财产权、完善内部法人治理结构和健全组织运行机制方面作出实质性规范和约束性规定，建立现代学校制度。

2. 规范民办学校办学行为和经济活动

党的政策导向通过法律法规来落实。对民办学校办学行为与经济活动，《民办教育促进法实施条例》明确了举办者的法律责任，制定了负面清单和禁业规定，办学风险加大。民办学校面临的合规风险，综合来看，主要有法律政策、财务管理和税务三大类：一是法律政策风险，包括办学资质、办学条件、招生、课程教材、安全管理、劳资关系等，重点是办学资质和安全管理。二是财务管理风险，包括会计制度和财务管理制度、法人财产权、预算和决算、账簿管理、收费管理、账户管理、资金管理、资产管理、债务管理、关联交易和结余处理等。值得注意的是，非营利性民办学校举办者不得获取办学结余，义务教育阶段民办学校禁止关联交易。三是税务风险，包括税务申报、免税资格申请、税务筹划、应纳税额计算、税款扣缴和税收纠纷处置等。民办学校必须严格进行税务申报，并按规定缴纳税款。

3. 规范资本有序投资办学，建立资本“红绿灯”机制，防范办学风险

在社会主义市场经济体制下，资本是带动各类生产要素集聚配置的重要纽带，是促进社会生产力发展的重要力量。在新的时代条件下正确认识和把握资本，最根本的是要“正确认识和把握资本的特性和行为规律”。既要辩证地、历史地、发展地看待各类资本的积极作用；也要清醒地认识到资本无序扩张的危害，积极发挥制度优势，提高资本治理效能，规范和引导资本健康发展。民办教育是资金密集型行业，没有资本介入，民办学校继续靠收取学费滚动发展，不可能实现高质量发展。但允许资本进入，如果缺乏严格且有效的监管，逐利的资本有可能会侵害教育的公益性，甚至绑架教育。因此，必须严格规范资本投资办学行为，建立资本“红绿灯”机制，有效引导资本，严格监管资本，让资本为教育服务，教育也增值资本，助力民办教育持续健康高质量发展。

4. 规范民办教育外部治理，强化法治意识，提升治理能力

民办教育发展不仅包括民办学校发展，也包括民办教育治理。在国家重视治理体系和治理能力现代化的大背景下，完善民办教育治理体系，既要规范内部治理，加强对民办学校办学主体的监管，引导民办学校依法办学；也应规范外部治理，建立健全制度，推进教育公共治理体制完善，规范政府行为，做到依法行政，形成共治格局，提升治理效能。

综上所述，笔者的理解，“引导规范民办教育发展”的内涵，就是引导民办教育高质量发展。

## 四、民办教育高质量发展的路径选择建议

我国民办教育发展已经进入新时代，由野蛮生长向规范管理转变、由外延扩张向内涵式提升转型、由高速度增长向高质量发展转变、由以投资逻辑为主向以教育逻辑为主转型、由市场定位向政治站位转向，已成为当前民办教育发展转型的重要趋势。

民办教育要立足新发展阶段，树立新发展理念，构建新发展格局，实现高质量发展。要推进民办教育高质量发展，必须加快推动民办学校转型升级，促进学校持续健康发展。坚持战略思维，从更高的站位、更宏大的背景和更长远的未来统筹谋划学校发展。坚持辩证思维，既看到问题和困难，也找寻希望与机遇，从“危”中把握“机”。关于民办教育高质量发展，提出以下路径建议。

### （一）提高政治站位，全面贯彻党的教育方针

教育是党和国家的事业，我国民办教育是中国式民办教育，最根本的特征就是坚持党的领导。民办学校举办者和管理者必须提高政治站位，提升政治领悟力，保证社会主义办学方向，高度重视党建工作，自觉接受党的领导，主动接受党的监督，贯彻落实党的教育方针，心怀国之大者，提升自己的格局，认真完成“为党育人，为国育才”的光荣任务。

### （二）重视合规安全，确保民办学校及其举办者安全

《民办教育促进法实施条例》已明确法律责任，规定了惩罚办法。非营利性民办学校就不能挪用或侵占办学结余，营利性民办学校就要主动缴纳税款，举办者的法律责任巨大。民办学校举办者和管理者要强化法律意识，补齐刑事风险意识弱和法律风险内控机制缺失这两个短板，以防为主、防救结合，确保民办学校法务、财务、税务合规，以合规创造价值，确保学校和举办者安全，保障民办学校稳定健康发展。

### （三）完善内部治理结构，建立现代学校制度

民办学校绝大多数是以自然法人的形式存在的，大多是以家族式管理或企业化管理为特征，出资者就是学校管理者，自然人的先天性弊端和单边治理缺陷，在许多民办学校存在，企业家出资、教育家办学的良善治理有待建立。按照法律法规要求，完善内部治理结构，加强内部监督，落实董事会（理事会）领导下的校长负责制，建立现代民办学校制度，推进民办学校可持续发展。

### （四）迭代办学系统，推动学校持续健康发展

民办学校要持续进化，办学系统需要不断迭代。民办学校要系统重构办学体系，提升办学综合实力，推进学校持续健康发展。建议从以下几个路径来实施民办学校转型升

级:(1)端正价值取向。明确办学初心、愿景、使命和价值观。(2)制定战略规划。规划办学目标与特色定位，制定远景目标、中期规划、近期计划。(3)加强团队建设。树立人力资本与人才强校理念，重视核心团队建设和接班人传承。(4)推动管理升级。完善法人治理结构、管理机制，加快数智化转型升级，建立共同愿景，培育学校文化。

**(五)突出公益性办学，自觉履行社会责任**

在新形势下，民办学校举办者应由投资性办学思维调整为公益性办学心态，不能把“良心事业”办成逐利产业，要深化民办学校绿色、可持续发展的广度与深度，为国办学，为民分忧，重视价值观教育和通识教育素养，强化责任担当，履行社会责任。

**(六)提高办学质量，努力实现高质量发展**

落实立德树人这个根本任务，遵循教育规律，回归教育的育人本位。面向人工智能和数字化时代，放眼未来，树立新的教育理念和新的质量观，建立高素质的教师队伍，弘扬教育家精神，构建质量保障体系，提升人才培养能力，真正让教育“赋能于人”，培养适应并引领未来的人才，力争培养一批拔尖创新人才或高技能人才，助力教育强国建设，以育人的高质量和良好的品牌形象取得学生家长充分信任和政府高度认可。

## 参考文献:

[1]吴岩. 中国式现代化与高等教育改革创新发展[J]. 中国高教研究，2022(11).

[2]李洪波，董秀娜. 协同·贯通·融合：构建一体化“三全育人”新格局[J]. 中国高等教育，2021(21).

[3]佟欣. 三十年来我国民办高等教育政策价值取向的变迁[J]. 浙江树人大学学报(人文社会科学版)，2009，9(03).

[4]罗腊梅. 我国民办高等教育政策的演变逻辑与未来走向[J]. 现代教育管理，2016(03).

[5]宋瑞洁. 后疫情时代欧盟高等教育发展战略新图景——基于《欧洲大学战略》的分析[J]. 比较教育研究，2022，44(12).

# 共同富裕视角下的义务教育财政投入效应分析

魏　易[①]

2020年10月，党的十九届五中全会明确提出了“扎实推动共同富裕”，到2035年实现“全体人民共同富裕取得更为明显的实质性进展”的远景目标。教育公平是实现共同富裕的必经途径，而义务教育均衡发展则是教育公平的重要体现。近年来，国家出台了一系列政策措施，建立健全义务教育经费保障机制，优化完善义务教育资源配置，不断提高经费保障水平，加快补齐短板弱项，着力推进义务教育均衡发展，取得了显著成效。通过各级政府共同努力，截至2020年底，全国96.8%的县实现县域义务教育基本均衡发展。在此背景下，本文关注的问题是：教育财政投入在城乡和不同家庭收入水平的学生群体之间的分配效应如何？

目前，已有国际比较研究基于公共教育资源在不同学校和学生群体之间的分配结果来评价教育财政资金分配的公平性，而国内相关研究仍主要以地区和学校为单位，分析省内区县之间、区县内部学校之间在生均经费、办学条件等方面的差异，尚缺乏对公共教育资源在不同人群之间（如城市和农村、低收入和高收入、基础教育和高等教育等）分配的公平性研究。本文首次将微观家庭入户调查数据和学校行政管理数据相结合，分析教育财政投入在不同学生群体之间的分配效应，填补了国内相关研究在这一方面的空白。

下文分为四个部分：第一部分回顾了国内外教育财政投入公平性的内涵。第二部分首先对家校匹配样本的分布情况进行描述分析，其次分析义务教育阶段公、民办学校的家庭教育支出和学校经费投入在城乡不同收入群体之间的分布情况，而后聚焦于连片特困地区学校的在校生家庭教育支出和学校经费投入情况。第三部分对比了2017年和2019年公、民办义务教育学校生均教育事业性经费的变化情况，进一步分析公共教育财政投入在不同收入群体之间的分配效应。第四部分，小结。

① 魏易，北京大学中国教育财政科学研究所副研究员。

## 一、教育财政投入的公平性

教育公平的政策目标主要包括机会公平、过程公平和结果公平。为了达到不同的政策目标，各国政府选择不同的方式向教育机构和学生个人分配资源。从教育财政的角度出发，教育公平主要包括横向公平和纵向公平两类。横向公平指的是在具有类似需求的单元（学校或学生）之间的资源分配，主要看同一类需求的单元（学校或学生）是否获得了相同的资源。我国县域内义务教育均衡状况指标就属于这一类。[①] 而纵向公平指的是在具有不同需求的单元之间的资源分配，侧重于根据不同学生群体的需求为他们提供差异化的资金。

各国教育财政投入是否有效促进了教育公平？首先，从教育财政资金的分配方式和规则来看。为了实现教育公平，各国政府在教育财政资金的分配过程中考虑了不同的因素。以 OECD 国家为例，依据拨款公式进行资金分配是各国政府对中小学校最常用的拨款方式，其中与教育公平相关的因素包括地区人口特征、学校特征和学生特征三类。图 1 显示了 OECD 国家政府对中小学学校拨款时是否考虑教育公平相关因素及其重要程度。三类因素中，最常见的是学校和学生特征因素。在有中央和地方政府拨款数据的 26 个国家中，25 个使用了至少一个与学生特征相关的指标，23 个使用了至少一个基于学校特征的指标，14 个使用了至少一个基于人口特征的指标。从学生群体的特征来看，与特殊教育相关的拨款因素是最常见的，其次是低收入和弱势群体学生。很多国家政府对学校的拨款都向贫困学生进行了倾斜，最常用的指标是贫困学生的数量或比例，也有许多国家采用了多维度的指标，包括贫困学生的数量、贫困学生占比高的学校以及学校是否在贫困偏远地区。此外，各拨款因素的权重不同，这意味着它们在不同程度上影响分配的资金数额。平均而言，教育公平因素对拨款额度影响较大的国家占 5%，影响中等的国家占 20%，影响较小的国家占 50%。这表明，相对于其他拨款因素，教育公平因素本身对学校获得的拨款的影响有限。

① 2012 年 2 月，教育部印发《县域义务教育均衡发展督导评估暂行办法》，建立了县域义务教育均衡发展督导评估制度，启动义务教育基本均衡县评估。其中，衡量县域内义务教育均衡状况指标为：根据生均教学及辅助用房面积、生均体育运动场馆面积、生均教学仪器设备值、每百名学生拥有计算机台数、生均图书册数、师生比、生均高于规定学历教师数、生均中级及以上专业技术职务教师数 8 项指标，分别计算小学、初中差异系数，评估县域内小学、初中校际均衡状况。

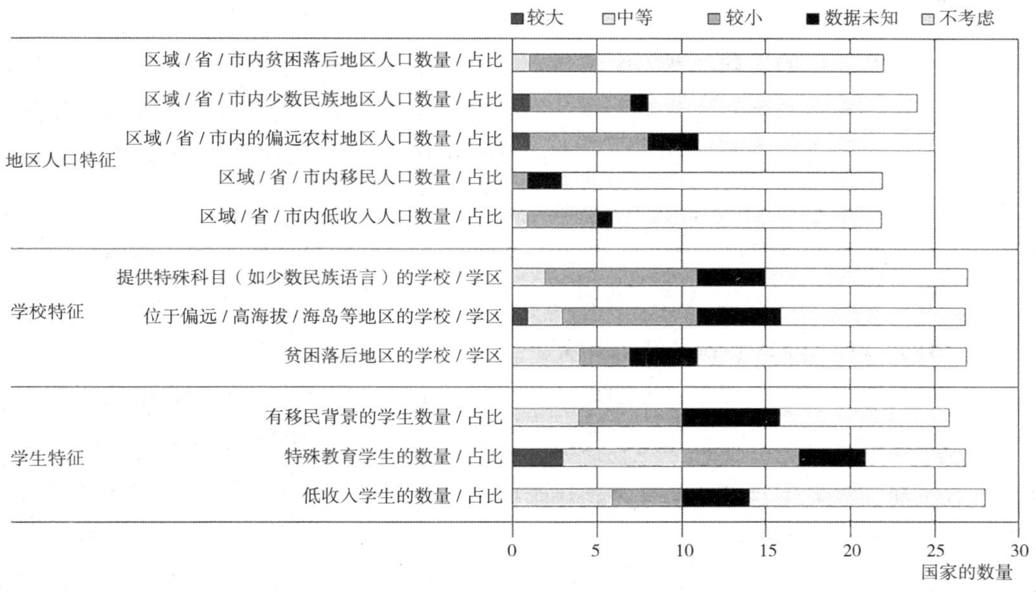


数据来源：OECD，（2021），Figure D6.4.

**图 1　OECD 国家政府对中小学学校拨款时是否考虑教育公平相关因素及其重要程度**

其次，从教育财政资金的分配结果来看各国教育财政投入的公平性。Berne 和 Stiefel（1984，1999）提出了教育财政投入公平性的评估框架，回答包括“谁？什么？如何？（Who？ What？ How？）”三个问题。第一个问题指的是教育财政投入公平是为了谁？第二个问题指的是哪些教育资源应该在目标群体中公平分配？第三个问题指的是如何定义公平，用什么具体的公平原则来确定分配是否公平？分析教育财政投入的公平性，就需要明确针对的是哪个对象、哪类教育资源、哪个维度的公平。不同的对象、投入和维度的选择，可能会产生完全不同的评估结果。

**表 1　教育财政投入公平性的评估框架**

| 问题 | 定义 | 评估指标 |
|---|---|---|
| 谁？ | 学生、纳税人、教师、家长 | |
| 什么？ | 财政投入 | 联邦、州和地方政府的总投入、公用经费、教育支出、常规项目支持等 |
| | 教育结果 | 高中毕业率、大学升学率、学业考试合格率等 |
| 如何？ | 横向公平 | 范围、联合全距比率（第 95 百分位的生均经费 / 第 5 百分位的生均经费）、变异系数、基尼系数、麦克伦指数、沃斯特根指数 |
| | 纵向公平 | 按照需求加权的学生数（例如，特殊教育学生、英语非母语学生、学困生、贫困生、偏远贫困地区学校的学生、天才儿童项目等） |
| | 财政中立 | 相关系数、弹性 |
| | 充足性 | Odden-Picus 充足指数 |

数据来源：Odden 和 Picus（2012）.

随着教育政策目标的改变，教育财政投入的评估对象逐渐从州和学区层面的生均经费转向以学校为单位的生均经费，而对公平的定义逐渐从教育投入的公平转向了结果的公平。除了地区和学校层面的分析之外，目前对教育投入在不同学生群体之间分配的研究相对较少，分析方法主要包括：通过洛伦兹曲线和基尼系数分析公共教育资源在不同收入和受教育水平人群中的集中程度；通过比较受教育程度最高的人群和受教育程度最低的人群享有的公共资源的份额，分析公共教育资源是偏向于优势人群，还是偏向于弱势人群；通过收益指数分析公共教育资源在不同社会群体（如男童和女童、不同族裔）之间的分配（UIS，2016；UNESCO，2014）。

目前国内聚焦于义务教育公平和均衡的研究，主要是以区县和学校为单位衡量公共教育资源分配的公平性，分析省内区县之间、区县内部学校之间在生均经费、办学条件等方面的差异。尚缺乏对公共教育资源在不同人群之间分配的公平性的分析，即公共教育资源在不同群体（如城市人群和农村人群、低收入人群和高收入人群、基础教育受教育者和高等教育受教育者等）之间的分配。当公共教育财政投入更倾向于非义务教育学段或重点学校，而这些享受到更多公共财政投入的学校的入学机会与家庭背景有关时，那么公共教育资源的配置也将是不公平的。例如，当重点普通高中、精英高校的入学机会偏向于收入水平或社会阶层更高的家庭时，优势家庭的子女既占有了机会，又享受了低成本和高质量的教育。

那么，教育财政投入在城乡和不同家庭收入水平的学生群体之间的分配效应如何？要回答这一问题，更加准确地估计公共财政教育投入在不同群体之间的分配，需结合学生就读学校的基本信息、家庭背景信息、家庭教育支出情况和学校获得的公共财政教育投入的信息。本文根据学生就读学校信息，将家庭调查数据与学校经费数据进行了匹配，来回答公共财政投入在城乡和不同家庭收入水平的学生群体之间是怎样分配的问题。

## 二、义务教育阶段的家庭教育支出和学校经费投入

### （一）样本中小学生概况

2019 年中国教育财政家庭调查（China Institute for Educational Finance Research-Household Survey，CIEFR-HS）覆盖了全国 29 个省、345 个县、34643 户家庭。根据样本中学生的就读学校信息，将调查数据与学校层面公共教育投入数据进行了匹配，从而得到了样本学生的家庭端的支出和学校端的经费投入情况。在匹配成功的样本中，共有公办学校小学生 4062 人，覆盖 1680 所学校；初中生 2113 人，覆盖 1113 所学校。在此基础上，本文对公共教育投入在不同学生群体之间，尤其是城乡学生和不同家庭收入水平的学生之间的分配进行分析。

首先，来看不同家庭组学生就读学校的地区分布。图 2 和图 3 根据家庭收入水平由低

到高分为五组，分别估计每一组学生所在学校的区域和城乡分布情况。其中，区域分为东部、东北部、中部和西部，城乡分为主城区、城乡接合区、镇中心区、镇乡接合区、特殊区域、乡中心区和村庄。[①] 可以看出，最低和次低收入家庭的子女有70%左右分布在中西部地区，不到25%分布在东部地区，而最高收入组家庭的子女有将近50%分布在东部地区。从学校的城乡分布来看，最低收入组家庭的子女有23%在位于乡中心区和村庄的乡村学校就读，次低收入组家庭的子女有20%在乡村学校就读，而最高收入组的子女有8%在乡村学校。从城区就读的学生占比来看，最低收入组家庭的子女有20%在主城区学校就读，次低收入组家庭的子女有25%，而最高收入组家庭的子女则有66%在主城区学校就读。

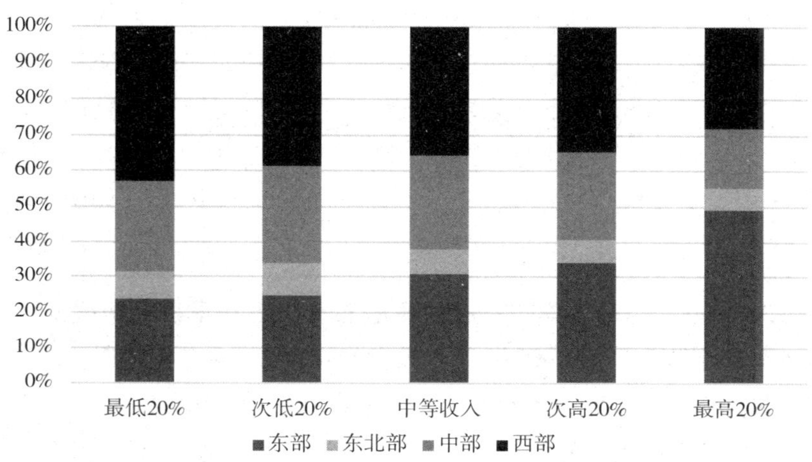


**图2　样本中小学生就读学校的地区分布**

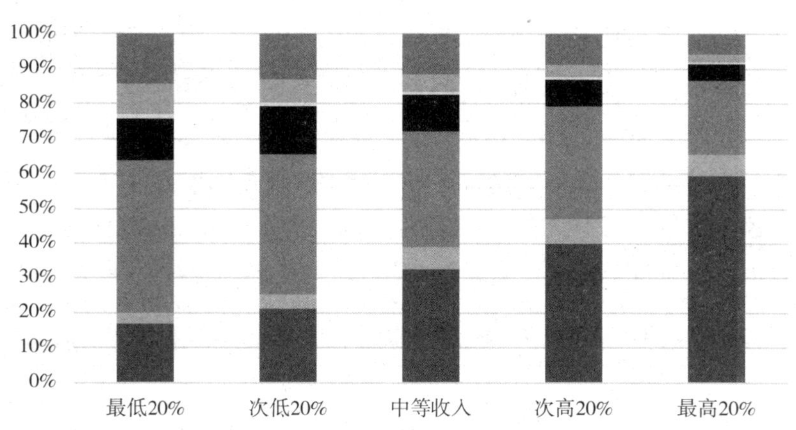


**图3　样本中小学生就读学校的城乡分布**

① 从2014年起，教育部采用了国家统计局颁布的《统计用城乡划分代码》，开展教育经费统计工作。新的城乡划分标准调整为三大类七小类，即：城区（主城区和城乡接合区）、镇区（镇中心区、镇乡接合区、特殊区域）、乡村（乡中心区和村庄），其中城市指城区，农村指镇区和乡村。

根据表 2，小学阶段分别有 4% 和 4.6% 的学生在城镇和农村的民办学校就读，初中阶段分别有 9.6% 和 6.9% 的学生在城镇和农村的民办学校就读。从生均家庭教育支出水平来看，农村小学和初中的生均家庭教育支出分别为 1955 元和 3387 元，城镇家庭分别为 6472 元和 7999 元。总体上，城镇家庭在每个孩子教育上的投入是农村家庭的 2.7 倍左右。其中小学阶段差异最大，城镇家庭是农村家庭的 3 倍左右，初中阶段城镇家庭是农村家庭的 2.3 倍左右。从生均家庭教育支出占家庭消费总支出的比例来看，农村小学和初中家庭分别是 3.6% 和 6.8%，城镇小学和初中家庭分别是 5.1% 和 7.1%。在小学阶段，农村家庭负担低于城镇家庭，初中逐渐接近城镇水平。

表 2　样本中小学生民办学校占比和家庭教育支出情况（元 / 年）

| | 城镇 | | | 农村 | | |
|---|---|---|---|---|---|---|
| | 民办就读比例 | 生均家庭教育支出 | 生均家庭教育支出占比 | 民办就读比例 | 生均家庭教育支出 | 生均家庭教育支出占比 |
| 小学 | 4.0% | 6472 | 5.1% | 4.6% | 1955 | 3.6% |
| 初中 | 9.6% | 7999 | 7.1% | 6.9% | 3387 | 6.8% |
| 平均 | 5.7% | 6934 | 5.7% | 5.6% | 2577 | 5.0% |

### （二）城乡公办义务教育学校在校生家庭教育支出和学校经费投入

首先，来看农村和城镇地区家庭在子女教育方面的支出和负担程度。表 3、图 4 为公办义务教育学校分城乡和家庭收入水平的生均家庭教育支出和负担。根据家庭年收入水平由低到高将家庭分为收入最低的 20%、次低的 20%、中等收入组、次高的 20% 和最高的 20% 五组。子女在公办小学、初中上学的农村家庭中，最低收入组平均在每个孩子的教育上花费 1173 元 / 年，略高于城镇最低收入组的 1100 元 / 年。随着家庭收入水平的逐渐提高，城镇家庭的教育支出逐渐与农村家庭拉开差距，城镇的最高收入组的生均家庭教育支出是农村的接近 3 倍。此外，虽然农村地区内部差异较小，但对不同家庭来说负担率差异较大，对最低收入组家庭来说，每个孩子的教育支出占家庭总支出的 7.8%；而对最高收入组家庭来说，每个孩子的教育支出占 2%。另一方面，城镇地区家庭的教育支出水平差异较大，但对每个家庭来说，负担率则较为相近，均在 5%—6% 左右。

表 3　公办义务教育学校分城乡和家庭收入水平的生均家庭教育支出和负担（元 / 年）

| | 全国 | | 农村 | | 城镇 | |
|---|---|---|---|---|---|---|
| | 生均家庭教育支出 | 生均家庭教育支出占比 | 生均家庭教育支出 | 生均家庭教育支出占比 | 生均家庭教育支出 | 生均家庭教育支出占比 |
| 最低 20% | 1145 | 7.2% | 1173 | 7.8% | 1100 | 6.1% |
| 次低 20% | 1926 | 5.9% | 1837 | 5.6% | 2029 | 6.2% |
| 中等收入 | 2518 | 4.7% | 2086 | 4.0% | 2830 | 5.2% |
| 次高 20% | 3850 | 4.4% | 2359 | 2.8% | 4561 | 5.2% |
| 最高 20% | 9738 | 4.4% | 3819 | 2.0% | 11019 | 5.0% |

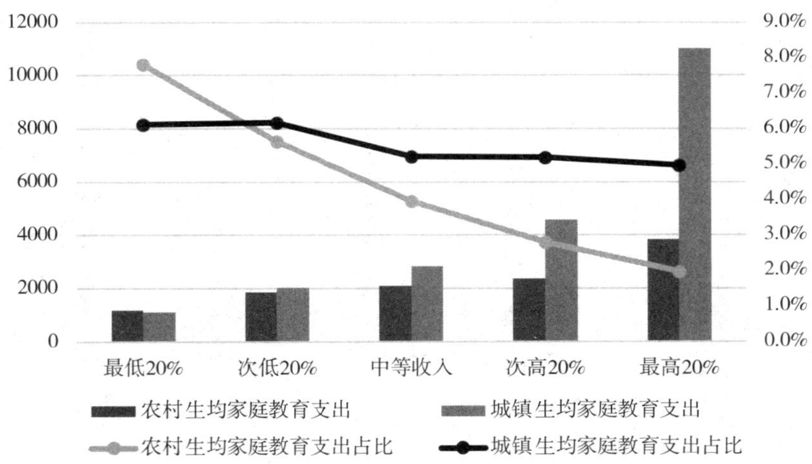


**图 4　公办义务教育学校分城乡和家庭收入水平的生均家庭教育支出和负担（元 / 年）**

其次，来看农村和城镇地区家庭子女所在学校的经费投入情况。表 4 为公办义务教育学校分城乡和家庭收入水平的生均教育事业性经费。采用生均教育事业性经费来衡量学校经常性的教育投入水平。目前公办义务教育学校基本上由公共财政支持，农村和城镇学校的预算内教育事业性经费占比均达到 98% 以上。从全国范围内来看：（1）城乡不同收入水平组的家庭子女所在学校的生均教育事业性经费差异不大，均在 1.5 万元到 1.8 万元之间；（2）收入最高的 20% 家庭中，城镇家庭子女所在学校的生均教育事业性经费明显高于农村家庭；（3）除了最高收入组外，农村家庭子女所在学校的生均经费高于城镇地区，尤其是收入最低 20% 的家庭，农村学校的生均教育事业性经费明显高于城镇家庭；（4）存在中部凹陷的现象，即中等收入家庭子女所在学校的生均经费要低于次低收入和高收入群体。尤其是农村地区，中等收入的生均经费要低于低收入群体。

**表 4　公办义务教育学校分城乡和家庭收入水平的生均教育事业性经费（元 / 年）**

| | 全国平均 | | 农村 | | 城镇 | |
|---|---|---|---|---|---|---|
| | 生均教育事业性经费 | 生均预算内教育事业性经费 | 生均教育事业性经费 | 生均预算内教育事业性经费 | 生均教育事业性经费 | 生均预算内教育事业性经费 |
| 最低 20% | 15100 | 14915 | 15769 | 15523 | 14016 | 13932 |
| 次低 20% | 15538 | 15269 | 15783 | 15452 | 15254 | 15056 |
| 中等收入 | 15165 | 14971 | 15483 | 15382 | 14932 | 14670 |
| 次高 20% | 15609 | 15366 | 17134 | 16760 | 14873 | 14693 |
| 最高 20% | 18109 | 17869 | 16418 | 16264 | 18482 | 18222 |

图 5 是公办义务教育学校分城乡和家庭收入水平的生均奖助学金。从不同收入水平的家庭来看，奖助学金的分配向着收入水平较低的家庭子女所在学校倾斜。相对于高收入家庭子女所在的学校，这些学校可能聚集了更多的低收入和弱势群体家庭的学生，因

此部分说明了奖助学金的分配能够有效瞄准目标学生群体。

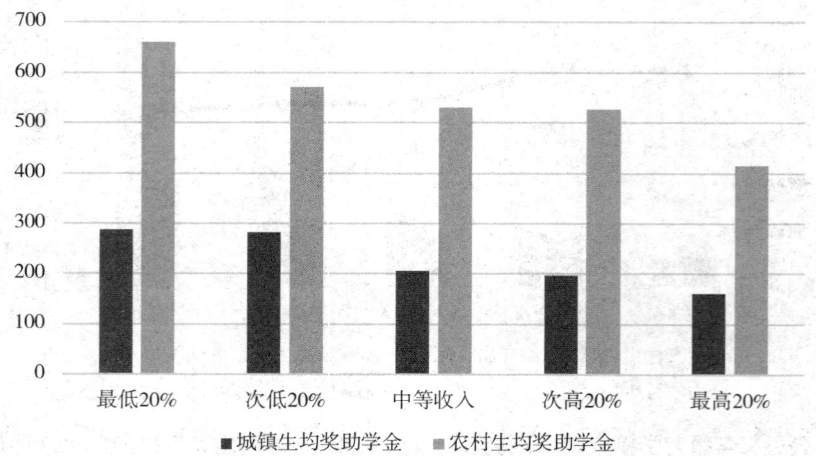


**图 5　公办义务教育学校分城乡和家庭收入水平的生均奖助学金（元 / 年）**

### （三）城乡民办义务教育学校在校生家庭教育支出和学校经费投入

本节将义务教育阶段民办学校的在校生也按照家庭年收入水平由低到高分为五组，分析那些在民办学校就读学生的家庭教育支出和相关学校的生均经费情况。首先，来看农村和城镇地区家庭在子女教育方面的支出和负担程度。与公办学校相比，义务教育阶段就读民办学校的学生的家庭教育支出较高，不同收入水平的家庭之间差异大。表 5、图 6 为民办义务教育学校分城乡和家庭收入水平的生均家庭教育支出和负担。农村低收入家庭生均教育支出是城镇家庭的 2.7 倍，负担接近家庭总支出的 30%；而农村高收入家庭生均教育支出则是城镇家庭的 38%，负担为家庭总支出的 5.8%。无论城乡，民办学校在校生家庭的教育支出和负担都远高于公办学校在校生家庭。

**表 5　民办义务教育学校分城乡和家庭收入水平的生均家庭教育支出和负担（元 / 年）**

| | 全国 | | 农村 | | 城镇 | |
|---|---|---|---|---|---|---|
| | 生均家庭教育支出 | 生均家庭教育支出占比 | 生均家庭教育支出 | 生均家庭教育支出占比 | 生均家庭教育支出 | 生均家庭教育支出占比 |
| 最低 20% | 3285 | 21.0% | 4327 | 29.1% | 1593 | 7.9% |
| 次低 20% | 6707 | 20.1% | 7436 | 22.3% | 5492 | 16.6% |
| 中等收入 | 9018 | 16.9% | 7966 | 15.0% | 9744 | 18.2% |
| 次高 20% | 11000 | 12.3% | 10066 | 11.7% | 11531 | 12.7% |
| 最高 20% | 24930 | 10.1% | 10936 | 5.8% | 28581 | 11.2% |

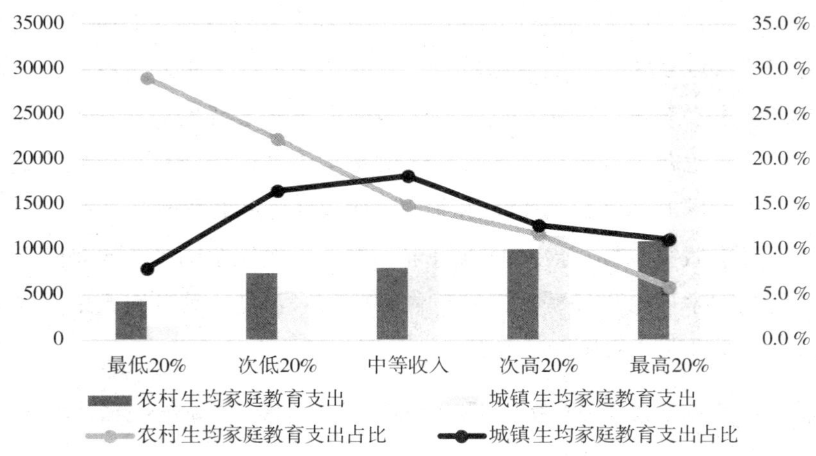


**图 6　民办义务教育学校分城乡和家庭收入水平的生均家庭教育支出和负担（元 / 年）**

其次，来看农村和城镇地区家庭子女所在学校的经费投入情况。表 6 为民办义务教育学校分城乡和家庭收入水平的生均教育事业性经费。由于民办学校经费主要依赖于家庭缴纳的学费，因此民办学校不仅生均事业性经费低于公办学校，而且城乡之间、农村和城镇内部的学校之间都存在极大差异：（1）城乡不同收入水平组的家庭子女所在学校的生均教育事业性经费差异较大，城乡最高收入组所在学校的生均经费分别是最低收入组的 3.6 倍和 2 倍；（2）城乡中低收入组所在学校的生均经费接近，随着家庭收入水平进一步提高，城镇地区学校的生均经费与农村地区拉大，城镇最高收入组达到农村的 2.4 倍。

**表 6　民办义务教育学校分城乡和家庭收入水平的生均教育事性经业费（元 / 年）**

| | 全国平均 | | 农村 | | 城镇 | |
|---|---|---|---|---|---|---|
| | 生均教育事业性经费 | 生均预算内教育事业性经费 | 生均教育事业性经费 | 生均预算内教育事业性经费 | 生均教育事业性经费 | 生均预算内教育事业性经费 |
| 最低 20% | 4894 | 1012 | 4416 | 1168 | 5672 | 760 |
| 次低 20% | 6712 | 1385 | 6177 | 1378 | 7542 | 1396 |
| 中等收入 | 7529 | 1283 | 6223 | 1269 | 8430 | 1293 |
| 次高 20% | 9283 | 1402 | 6678 | 667 | 10816 | 1834 |
| 最高 20% | 16705 | 2579 | 7231 | 1449 | 19237 | 2881 |

总体来看，多年来公共财政对义务教育学校和农村地区学校的重视和投入，使得地区之间、城乡之间和不同收入水平的家庭子女所在学校之间的教育经费差异大大缩小，且出现了向农村和低收入家庭倾斜的趋势。公办和民办学校在校生的家庭教育支出和学校经费投入的差异比较显示，在考虑了公共财政投入之后，公办学校的不同收入群体子女所享受到的教育总投入差距显著缩小。

### （四）贫困地区在校生家庭教育支出和学校经费投入

表 7、图 7 主要对贫困地区中的集中连片特殊困难地区（以下简称“连片特困地

区”）义务教育阶段在校生的家庭教育支出和学校经费投入现状进行描述。与全国水平相比，连片特困地区城乡家庭支出普遍较低，且除了最高收入组外，城乡之间没有太大差异。从学校经费水平来看，首先，连片特困地区的农村学校生均经费不仅高于全国农村地区的平均水平，也普遍高于全国城镇地区的平均水平；而连片特困地区的城镇学校生均经费则略低于全国城镇学校的平均水平。其次，从连片特困地区内部来看，农村学校生均经费普遍高于城镇学校，最高收入组也不例外。而就全国平均水平来看，最高收入组家庭子女所在的学校生均经费普遍高于农村学校。可见，公共财政的重视和倾斜，使得连片特困地区农村学校的教育经费保障水平得到了极大的改善。

**表 7 连片特困地区在校生家庭教育支出和生均教育事业性经费（公办义务教育学校）（元 / 年）**

| | 农村 | | 城镇 | |
|---|---|---|---|---|
| | 生均教育事业性经费 | 生均家庭教育支出 | 生均教育事业性经费 | 生均家庭教育支出 |
| 最低 20% | 15871 | 703 | 12643 | 513 |
| 次低 20% | 16788 | 1199 | 13128 | 1387 |
| 中等收入 | 16400 | 1662 | 14659 | 1330 |
| 次高 20% | 18738 | 1555 | 13096 | 1707 |
| 最高 20% | 17292 | 1709 | 14682 | 3555 |

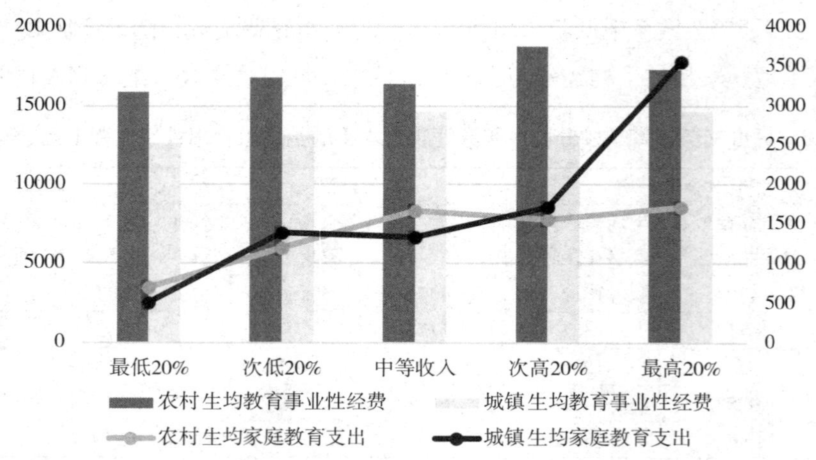


**图 7 连片特困地区分城乡和家庭收入水平的在校生家庭教育支出和生均教育事业性经费（公办义务教育学校）（元 / 年）**

图 8 显示连片特困地区学校的生均奖助学金高于全国平均水平。农村中低收入家庭子女所在的学校，其生均奖助学金达到 1000 元左右，是全国农村平均水平的 2 倍。城镇地区在 500—600 元，是全国城镇平均水平的 3 倍。总体来看，奖助学金的分配向连片特困地区的小学和初中学校进行了倾斜。

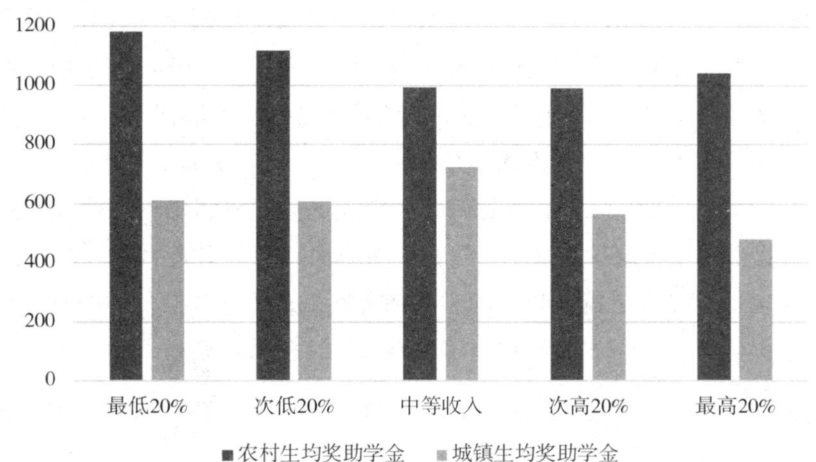


**图 8　连片特困地区分城乡和家庭收入水平的学校生均奖助学金（公办义务教育学校）（元 / 年）**

## 三、公共教育财政投入的分配效应

### （一）公办义务教育学校经费投入和在校生家庭教育支出

图 9 为 2017 年和 2019 年公办义务教育学校分城乡和家庭收入水平的生均教育事业性经费的变化情况。与 2017 年相比，2019 年城乡公办义务教育学校的生均教育事业性经费整体上实现了显著的增长。尤其是农村地区，从收入最低的 20% 到收入最高的 20% 的农村家庭子女所在的学校，分别增加了 2376 元 / 生、1671 元 / 生、1052 元 / 生、1892 元 / 生和 2248 元 / 生，收入最低 20% 的农村家庭所在的学校生均教育事业性经费增长幅度甚至高于收入最高 20% 的农村和城镇家庭。

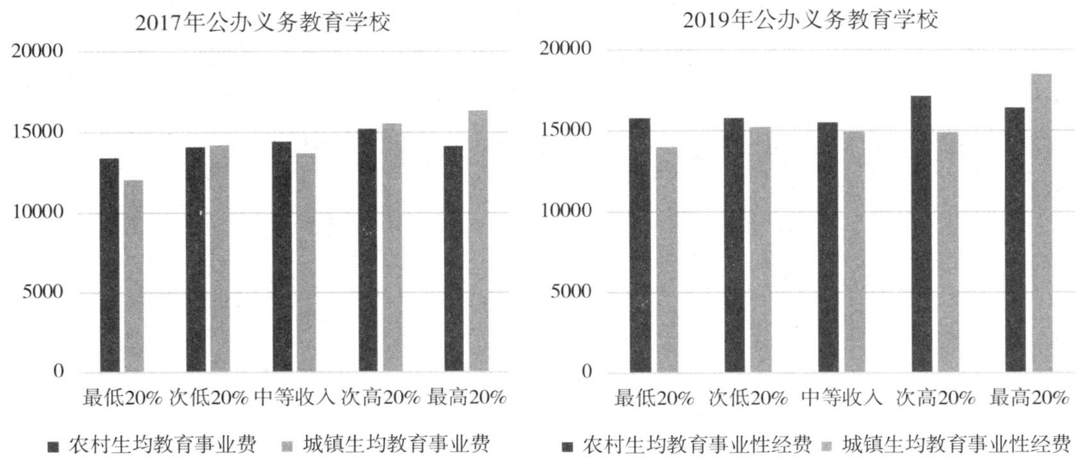


**图 9　2017 年和 2019 年公办义务教育学校分城乡和家庭收入水平的生均教育事性经业费（元 / 年）**

图 10 为 2019 年根据家庭收入水平分组的公办学校学生的生均教育总投入。其中公共教育投入使用的是相应的生均预算内教育事业性经费。收入最高 20% 家庭组的生均家庭教育支出接近 1 万元 / 年，是收入最低的 20% 家庭组的生均家庭教育支出的 8.5 倍左右。将家庭教育支出和公共教育投入结合来看，最高 20% 家庭组生均总投入约为 2.8 万元 / 年，公共教育投入占生均总投入近 65%；最低 20% 家庭组生均总投入约为 1.6 万元 / 年，公共教育投入占生均总投入 93%。可见，一方面，随着主流学校的竞争越来越激烈，家长们在课外辅导上投入了越来越多的时间和金钱，希望这些额外的投资能帮助他们的孩子在学校取得优势。另一方面，在基础教育阶段，公共财政投入缩小了家庭教育支出的差距，具有正向的分配效应。

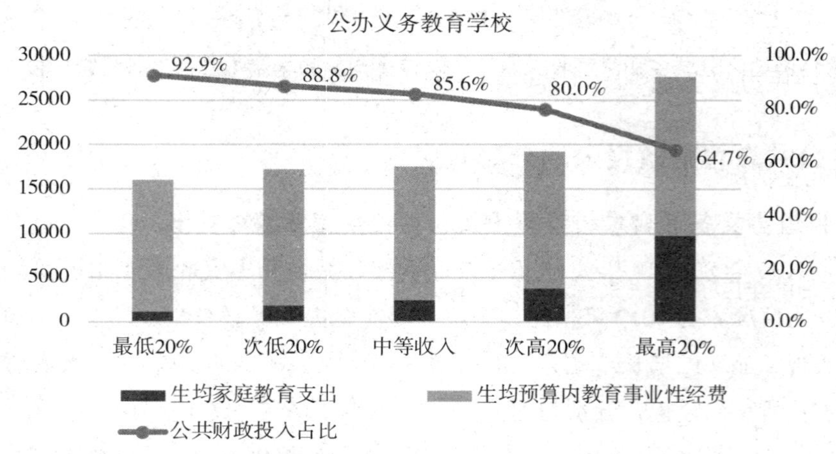


**图 10　2019 年根据家庭收入水平分组的公办学校学生的生均教育总投入（元 / 年）**

为了进一步估计公共财政教育投入的分配效应，本文计算了生均学校经费投入与人均家庭收入的比值，结果如图 11 所示，在低收入群体中，尤其是农村地区的低收入群体中，公共教育投入与人均收入的比例更高。随着收入水平的增加，比例逐渐降低，收入最高的两个群体比值都低于 1。一定程度上说明，公共财政教育投入向低收入群体倾斜。

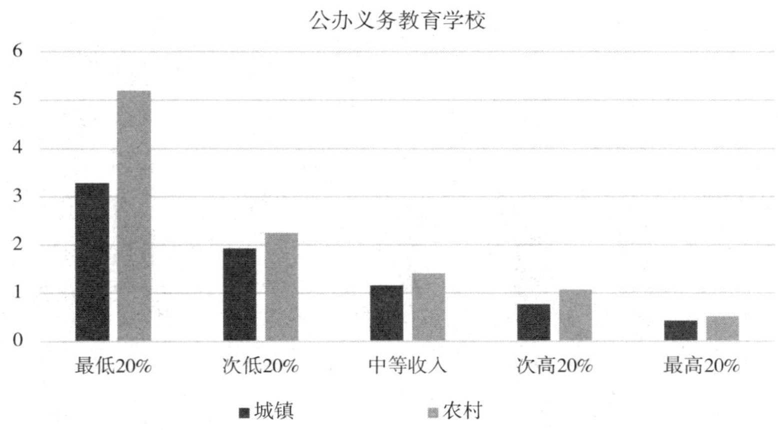


**图 11　生均预算内教育事业性经费与人均家庭收入的比值**

## （二）民办义务教育学校经费投入和在校生家庭教育支出

图 12 为 2017 年和 2019 年民办义务教育学校分城乡和家庭收入水平的生均教育事业性经费的变化情况。与 2017 年相比，2019 年民办义务教育学校生均教育经费没有明显增长，有些群组甚至略有下降，尤其是中高收入组家庭所在的民办学校。

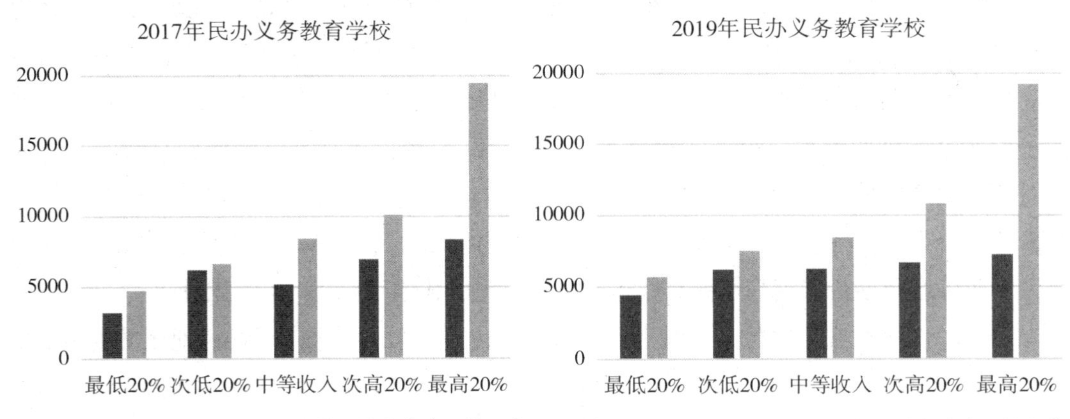


**图 12　2017 年和 2019 年民办义务教育学校分城乡和家庭收入水平的生均教育事业性经费（元 / 年）**

图 13 为 2019 年根据家庭收入水平分组的民办学校学生的生均教育总投入。收入最高 20% 家庭组的生均家庭教育支出接近 2.5 万元 / 年，是收入最低的 20% 家庭组的生均家庭教育支出的 7.6 倍左右。将家庭教育支出和公共教育投入结合来看，收入最高 20% 家庭组生均总投入约为 2.8 万元 / 年，公共教育投入占生均总投入的 9.4%；收入最低 20% 家庭组生均总投入约为 4297 元 / 年，公共教育投入占生均总投入的 23.6%。收入最高 20% 家庭组的教育总投入是收入最低 20% 家庭组的 6.4 倍，高低收入组之间的差距变化不大。

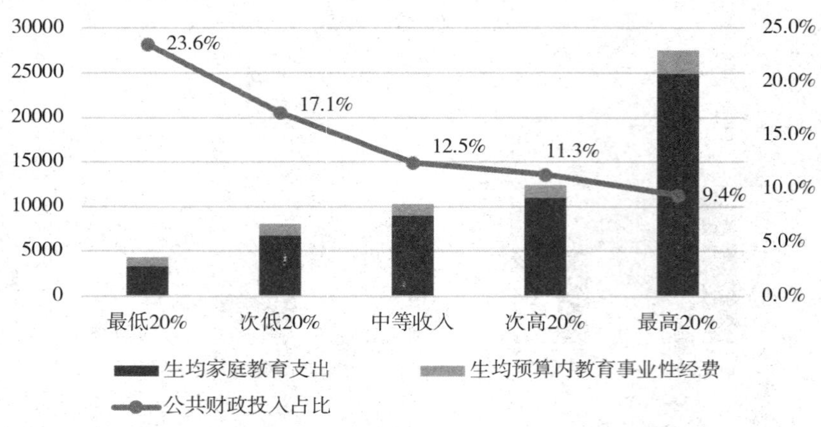


**图 13　2019 年根据家庭收入水平分组的民办学校学生的生均教育总投入（元 / 年）**

## 四、小结

本文关注的问题是，在国家将义务教育全面纳入公共财政保障范围，公共教育财政投入不断增长的背景下，从学生和家庭的层面来看，农村地区和低收入家庭是否享受到了更多的公共财政的阳光？基于覆盖了全国 29 个省份、345 个区县、3.46 万户家庭的 2019 年中国教育财政家庭调查，本文对公共教育投入在城乡和不同家庭收入水平的学生之间的分配进行分析。结果表明，在考虑了公共财政投入之后，公办学校的不同收入群体子女所享受到的教育总投入差距显著缩小。公共教育投入具有正向的分配效应，尤其是对农村地区中低收入的家庭。相较于 2017 年，2019 年城乡公办义务教育学校的生均教育事业性经费整体上实现了显著的增长。农村地区低收入家庭子女所在的学校，其生均教育事业性经费增长幅度高于最高收入组家庭。具体来看：

首先，农村和城镇地区家庭在子女教育投入上差异较大，城镇家庭是农村家庭的 2.7 倍左右。农村小学和初中的生均家庭教育支出分别为 1955 元 / 年和 3387 元 / 年，城镇家庭分别为 6472 元 / 年和 7999 元 / 年。其中小学阶段差异最大，城镇家庭是农村家庭的 3.3 倍左右，初中阶段城镇家庭是农村家庭的 2.4 倍左右。

其次，城乡不同收入水平的家庭子女所在学校的生均教育事业性经费差异不大，均在 1.5 万元 / 年到 1.8 万元 / 年之间。除最高收入组家庭之外，农村家庭子女所在学校的生均经费均高于城镇地区。此外，数据显示还存在一定程度上的“中部凹陷”的现象，即中等收入家庭子女所在学校的生均经费要低于次低收入和高收入群体。而民办学校由于经费主要依赖于家庭缴纳的学费，少有来自公共财政的投入，不仅生均事业性经费低于公办学校，城乡之间、农村和城镇内部的学校之间都存在极大差异。

最后，连片特困地区农村学校生均经费普遍高于全国城镇平均水平，生均奖助学金是全国平均水平的 2—3 倍。尤其是农村中低收入家庭子女所在的学校，生均奖助学金达到 1000 元左右。总体来看，多年来公共财政对义务教育学校和农村地区学校的重视和投入，使得地区之间、城乡之间和不同收入水平的家庭子女所在的学校之间的教育经费差异大大缩小，且出现了向农村和低收入家庭倾斜的趋势。

## 参考文献：

[1]Berne，R.，& Stiefel，L. The measurement of equity in school finance[M]. Baltimore：Johns Hopkins University Press，1984.

[2]Berne，R.，& Stiefel，L. Concepts of school finance equity：1970 to present. In Helen Ladd，Rosemary Chalk & Janet Hansen (Eds.). Equity and adequacy in education finance：Issues and perspectives [M]. Washington，DC：National Academy Press，1999.

[3]OECD. Education at a Glance 2021：OECD Indicators，OECD Publishing，Paris，2021.

[4]Odden，A.，& Picus，L. School Finance：A Policy Perspective (5th edition). McGraw Hill Press，2012.

[5]UNESCO. Education sector analysis methodological guidelines. Retrieved from：https：//www.unicef.org/reports/education-sector-analysis-01，2014.

[6]UNESCO-UIS. A roadmap to better data on education financing [M]. Canada：UNESCO Institute for Statistics，2016.

# 三、科技教育人才“三位一体”和创新人才培养

# 创新人才培养要科教协同育人

李志民[①]

**摘　要**：党的二十大报告提出“坚持科技是第一生产力、人才是第一资源、创新是第一动力”重要论断，明确指出要坚持教育优先发展、科技自立自强、人才引领驱动，加快建设教育强国、科技强国、人才强国，坚持为党育人、为国育才，全面提高人才自主培养质量，着力造就拔尖创新人才，聚天下英才而用之。高等教育作为科技创新和人才培养的结合点，在建设现代化强国中承担着重要的使命，肩负着不可替代的历史责任。如今，影响科研和教育高质量发展的三大问题可以归纳为制度、观念和技术中的三大矛盾。针对这三大矛盾，本文主要提出以下三个观点，其中包括：（一）以高水平的科研支撑高质量的人才培养；（二）高等教育普及阶段要激发学生的内生动力；（三）科教协同育人，全面提升创新人才培养能力。

**关键词**：教育；高质量发展；人才培养

党的二十大报告提出“坚持科技是第一生产力、人才是第一资源、创新是第一动力”重要论断，明确指出要坚持教育优先发展、科技自立自强、人才引领驱动，加快建设教育强国、科技强国、人才强国，坚持为党育人、为国育才，全面提高人才自主培养质量，着力造就拔尖创新人才，聚天下英才而用之。习近平总书记更是强调，办好人民满意的教育。坚持以人民为中心发展教育，加快建设高质量教育体系，发展素质教育，促进教育公平。加快义务教育优质均衡发展和城乡一体化，优化区域教育资源配置，强化学前教育、特殊教育普惠发展，坚持高中阶段学校多样化发展，完善覆盖全学段学生资助体系。推进教育数字化，建设全民终身学习的学习型社会、学习型大国。[②]

高等教育作为科技创新和人才培养的结合点，在建设现代化强国中承担着重要的使命，肩负着不可替代的历史责任。如今，影响科研和教育高质量发展的三大问题可以归

① 李志民（1957—），男，中国教育发展战略学会副会长，兼人才发展专业委员会理事长，曾先后在清华大学、教育部外事司、中国驻美国大使馆任职，曾任教育部科技发展中心主任。

② 习近平．高举中国特色社会主义伟大旗帜　为全面建设社会主义现代化国家而团结奋斗——在中国共产党第二十次全国代表大会上的报告［J］．中国人大，2022（21）．

纳为制度、观念和技术中的三大矛盾：国家实行社会主义市场经济制度，而科技和教育管理却还存在着计划经济管理思路之矛盾；科技的精英概念、精英教育长期未转变，高等教育已经进入普及阶段，而全社会还是精英教育思想之矛盾；以及互联网正在推动人类文明迈上新台阶，人类正在进入信息社会，但科技和教育管理者、参与者的思想观念仍停留在工业社会①，甚至是农业社会的观念矛盾。针对三大矛盾，在此提出以下三个观点：

## 一、以高水平的科研支撑高质量的人才培养

新时期，大学要以服务国家战略为主要目标。围绕党的二十大报告指出的“建设创新型国家”“建设人力资源强国”和“实现中华民族伟大复兴”，服务新时代发展，全面提高高等教育质量。高等学校开展科研，首先是大学主要功能之一，且助推学科建设，既是服务社会的功能，最后还可以反哺学校管理现代化。

大学层次种类多样，满足国家和人民对高等教育的不同需求，提供不同层次的科研服务。研究型大学加强科教融合、以就业为主的大学开展产教融合。目前我国大约有 650 所大学开展科研工作。高校科研的终极目标还是要提供数量可观、高质量可转化成果。但长期以来，我国高等院校、科研院所评价人才的一个主要衡量指标就是 SCI 论文发表数量以及发表期刊的档次，而论文指标又捆绑了职称评审、课题申报、科研获奖、经费支持以及各项荣誉获得，这在一定程度上使得论文主导了人才培养目标。我国是世界上论文发表数量最多的国家，而我们希望有更多论文成果契合国家重大战略需求。科研是要解决问题，论文是科研过程的副产品。科研的本质是知识生产，知识创新是科研的核心价值。

此外，用高水平的科研成果支撑高质量的人才培养，还要注意以下几个问题。要有组织地攻关科技，有意识地自由探索；科研成果首先要转化到课堂，写进讲义，编写教材。要树立正确的科研评价导向，破“四唯”，分类评价，全面评价教师。科研要研究真问题，防止重复和模仿。科研还要让学生参与其中，特别是研究生阶段，研究过程也是人才培养过程。

## 二、高等教育普及阶段要激发学生的内生动力

我国在 20 年时间内，完成了高等教育从精英阶段跃升至普及化阶段，② 目前，大学的入学标准与精英教育阶段相比已经发生了根本性变化，生源知识结构的多元性和生源质

① 杨桂青，王若熙．推动基础教育高质量发展［N］．中国教育报，2021-12-09.

② 杨朝清．控辍保学离不开“爱的教育”［N］．湖南日报，2021-12-15.

量的差异性加大，教学质量的评价方式和保障都发生了改变。高等教育的主要矛盾已经从供需矛盾转向人民群众对高质量教育资源的渴求与教育发展不均衡不充分的矛盾。此外，我国高等教育已进入普及化阶段，但社会各界对高等教育的认知多多少少还停留在精英教育阶段，这种思想观念已无法满足社会发展对高等教育的实际需求，也无益于拔尖创新人才的培养，必须转变观念，遵循高等教育普及化阶段的发展规律。①

在肯定我国高等教育取得巨大成就的同时，也应看到还有很多不完善之处，甚至很多“痼疾”依旧存在。例如，多年来，我国学生多以考上大学为分界点，为了考上好一点的大学，中小学阶段“累得要命”，然而“严进”却未必“严出”，这也使很多学生在进入大学后降低了对自己的约束和要求。

其实，国外在这方面已有较成熟的做法可以参考借鉴，通过学位再分级来调动学生学习的积极性。中学到大学处于重要的人生转折阶段，大学生更容易因为不适应而迷失自己，不应该让他们在人生最好的年华“躺平”。

试行学位分级，充分调动学生学习的内生动力。可以先以学士学位为试点，根据学习成绩和能力表现颁发不同等级的学士学位。分级既会影响继续深造，也会影响其未来就业，等于通过优胜劣汰的分层促使学生重视平时的学习过程。

顺应高等教育的发展规律，转变思想观念，校准社会预期，提高教育质量，推进教育公平，是我们在高等教育普及化新时代需要抓紧补上的一课。在措施上，我们要创新实施符合社会主义市场规律，适应高等教育普及化特点的教育教学管理机制。高等教育结构需要多元化，以适应社会发展对多方面人才的需求以及个人成长的不同需求。大学是培养“群英”的地方，要多样化发展，并把精力放在提高整体教育质量上。②

## 三、着重分享科教协同育人，全面提升创新人才培养能力

首先，什么是“创新”“创新能力”和“创新人才”。创新人才应具备四项基本素养，即扎实的专业基础知识、敏锐的灵感和想象力、很强的综合分析能力以及无畏而诚实的表达能力。③针对创新人才的特质，产教融合、科教融合的方式更为有效。对于实践性强的学科、应用技术类专业，产教融合适应了科技发展越来越快；产品更新速度加快；服务升级越来越快的时代特征。对于理论性强的学科、国家战略性专业，通过科教融合可以及时将成果转化到课堂，写进教材、讲义。此外，信息技术，尤其是互联网的发明，改变了信息获取的渠道，颠覆了传播规律，正在促进人类文明迈上新台阶，也同样影响

① 别敦荣，易梦春．普及化趋势与我国高等教育发展的战略选择——兼论两岸高等教育交流与合作［J］．清华大学教育研究，2017，38（03）．

② 赵建梅．培养双语双文化人：新疆少数民族双语教育的人类学研究［D］．上海：华东师范大学，2011．

③ 岳晓东．大学生创新能力培养之我见［J］．高等教育研究，2004（01）．

教育和科研的质量。

创新人才的培养少不了高水平师资队伍的建设。要重视人才引进的作用，用好人才才能吸引人才，使用人才是最好的培养过程，做到良性循环。另外，在疫情中，教师的数字化教学能力被放大，要进一步转变教师观念，提高教师信息化素养。

党的二十大报告中强调：“我们要拓展世界眼光，深刻洞察人类发展进步潮流，积极回应各国人民普遍关切，为解决人类面临的共同问题作出贡献。”世界的发展需要中国，中国的发展离不开世界。实现中华民族的伟大复兴，少不了人才的交流和融合。对于国际化人才，应要求至少要过语言关。学好外语是国际交流的基础能力。外语不单指英语，而是放开俄语、德语、法语、日语等多语种。近年来关于英语学习和考试饱受质疑，其中既有公众想不到的地方，也有合理的成分。从新时代发展的眼光看，多语种并重是大国教育的必选。

创新人才往往是跨学科的，具备全方面的综合素养，这要求我们的考试体系也随之变革。学科交叉已经成为全球学术发展重要趋势，对考查学生综合解决问题的能力能够起到关键的作用。我们需要打破“标准化考试”的窠臼，逐步实现有参考书无标准化试题的考试新模式，彻底改变靠刷题和猜题提高高考成绩的套路，只有注重全方位知识积累才可能考出好成绩，全方位提高国民素质。事实上只有这样，才能将高考变身为真正素质教育的“指挥棒”，而不是应试教育的“导火索”。

古往今来，人才都是富国之本、兴邦大计。培养堪当民族复兴大任的时代人才，要坚持以高水平科研为支撑，激发学生的内生动力，科教协同育人，全面提升创新人才培养能力，方可发挥拔尖创新人才的引领作用。

# 把握四个关键指挥棒，提高科技人才自主培养质量[①]

王云海[②]

**摘　要：**党的二十大报告明确指出，坚持教育优先发展、科技自立自强、人才引领驱动是全面建设社会主义现代化国家的重要战略。本文从四个方面阐述了提高科技人才自主培养质量的四个关键指挥棒。其中包括：（一）以“坚持为党育人、为国育才”为政治指挥棒，牢记“为谁培养人”的初心使命；（二）以“全面提高人才自主培养质量”为培养指挥棒，明确“怎样培养人”的实施路径；（三）以“着力造就拔尖创新人才”为评价指挥棒，确立“培养什么人”的目标方向；（四）以“聚天下英才而用之”为制度指挥棒，营造“文化吸引人”的用人环境。

**关键词：**科技人才；自主培养；高质量；指挥棒

习近平总书记在党的二十大报告中首次将教育强国、科技强国、人才强国战略放在一起进行了系统论述，作出了整体部署。报告指出：“我们要坚持教育优先发展、科技自立自强、人才引领驱动，加快建设教育强国、科技强国、人才强国。”[③]把教育、科技和人才“三位一体”进行统筹部署，彰显了科技人才在新时代社会主义现代化强国建设中的重要战略地位。习近平总书记在二十国集团领导人第十七次峰会讲话中指出，“当今世界正在经历百年未有之大变局，这是世界之变、时代之变、历史之变。当前，新冠肺炎疫情反复延宕，世界经济脆弱性更加突出，地缘政治局势紧张，全球治理严重缺失，粮食和能源等多重危机叠加，人类发展面临重大挑战”[④]。以大数据、云计算、区块链、人工智能等为代表的新一轮科学技术革命和产业变革深刻改变着人类社会的生产生活方式，科

① 本文为国家教育考试科研规划 2021 年度重点课题“教育考试大数据应用研究——基于江苏新高考选考科目数据的案例研究”（GJK2021007）的阶段性成果。

② 王云海（1974—），男，对外经济贸易大学教育与开放经济研究中心教授，中国教育发展战略学会人才发展专业委员会学术委员会副主任。研究方向：高等教育管理、教育制度与政策、学生发展等。

③ 习近平．高举中国特色社会主义伟大旗帜　为全面建设社会主义现代化国家而团结奋斗：在中国共产党第二十次全国代表大会上的报告［M］．北京：人民出版社，2022.

④ 习近平．共迎时代挑战　共建美好未来——在二十国集团领导人第十七次峰会第一阶段会议上的讲话［J］．中华人民共和国国务院公报，2022（33）.

技人才特别是领军人才成为世界各国迎接重大挑战、提升核心竞争力的关键因素和重要基础。

以习近平同志为核心的党中央始终把人才工作摆在治国理政大局的重要位置，党的二十大报告指出：“坚持为党育人、为国育才，全面提高人才自主培养质量，着力造就拔尖创新人才，聚天下英才而用之。”从四个层面为提高科技人才自主培养质量工作指明了政治方向，明确了实施路径，确定了评价目标，创新了制度文化。全面系统回答了“培养什么人、为谁培养人、怎样培养人”这一最具战略决定性意义的根本问题，进一步明确了教育在全面建设社会主义现代化国家中新的使命和任务。

本文从把握“政治指挥棒、培养指挥棒、评价指挥棒、文化指挥棒”四个关键指挥棒入手，围绕高等教育“为谁培养人、怎样培养人、培养什么人”的使命任务，结合学习贯彻党的二十大精神，探讨高等教育如何进一步提高科技人才自主培养质量的思考与实践。

## 一、以“坚持为党育人、为国育才”为政治指挥棒，牢记“为谁培养人”的初心使命

习近平总书记在中央人才工作会议上强调：“做好人才工作必须坚持正确政治方向，不断加强和改进知识分子工作，鼓励人才深怀爱国之心、砥砺报国之志，主动担负起时代赋予的使命责任。”为谁培养人是教育的根本问题，是教育的初心使命。要确保科技人才正确的政治方向，必须把党的二十大报告中再次强调的“坚持为党育人、为国育才”作为政治指挥棒，牢记为谁培养人的初心使命。

坚持党的全面领导是确保科技人才政治方向的根本保证。习近平总书记在清华大学考察时强调：“坚持把立德树人作为根本任务，着力培养担当民族复兴大任的时代新人。百年大计，教育为本。必须坚守为党育人、为国育才，想国家之所想、急国家之所急、应国家之所需，加大基础学科人才和紧缺人才培养力度，把立德树人成效作为检验学校一切工作的根本标准，着力形成更高水平的人才培养体系。”坚持正确政治方向是新时代人才工作的首要问题。在人才实践工作中，要坚持党管人才的根本原则，强化科技人才队伍建设的政治保障。充分发挥我国人才制度的政治优势，把坚持和加强党的全面领导贯穿科技人才队伍培养的全过程。

坚持党管人才是提高科技人才培养质量的战略需要。“科学无国界，科学家有祖国”。科技创新是提高社会生产力和综合国力的战略支撑，高质量科技人才是国家自立自强的战略保障，科技人才的使命担当是中华民族伟大复兴的关键所在。要坚持党管人才，铸牢科技人才队伍的思想政治基石，坚持国家利益和人民利益至上，深刻领悟“两个确立”、增强“四个意识”、坚定“四个自信”、做到“两个维护”，主动肩负起历史重任和

时代重任，把科技报国、创新济民的使命担当融入建设社会主义现代化国家和中华民族伟大复兴的事业中。

## 二、以“全面提高人才自主培养质量”为培养指挥棒，明确“怎样培养人”的实施路径

习近平总书记在中国科学院第二十次院士大会、中国工程院第十五次院士大会、中国科协第十次全国代表大会上指出：“当今世界的竞争说到底是人才竞争、教育竞争。要更加重视人才自主培养，更加重视科学精神、创新能力、批判性思维的培养培育。要更加重视青年人才培养，努力造就一批具有世界影响力的顶尖科技人才，稳定支持一批创新团队，培养更多高素质技术技能人才、能工巧匠、大国工匠。我国教育是能够培养出大师来的，我们要有这个自信！”实现高水平科技自立自强是大国创新崛起的必由之路，全面提高科技人才自主培养质量是实现高水平科技自立自强的必由之路。要把党的二十大报告再次强调的“全面提高人才自主培养质量”作为人才培养指挥棒，明确“怎样培养人”的方向路径，就是要立足国情、立足现实、立足长远，更加重视科技人才的科学选拔，更加重视科技人才的自主培养，更加重视科技人才的培养质量。

首先要充分发挥考试评价的人才培养选拔指挥棒功能，加强中考、高考和研究生等考试招生等制度对科技人才培养的导向作用。教育评价事关教育发展方向，有什么样的评价指挥棒，就有什么样的办学导向。①2014年启动实施的新高考改革赋予了学生和高校更大的选科自主权，在一定程度上提升了学生自主选择、自主学习、自主成才的动力。但由于学生考虑高考分数、学校录取等功利性因素，在浙江、江苏等省份出现了物理、化学等选考科目“遇冷”的现象。新高考物理“遇冷”现象成为社会追踪的热点和焦点。②在一定程度上影响了高校基础学科后备人才的选拔录取，引起了国家高度重视。江苏省2020年被迫推出了化学科目赋分保障机制，设定25%的阈值人数比例。③2021年教育部出台了《普通高校本科招生专业选考科目要求指引（通用版）》，要求高校的理、工、农、医等学科的绝大部分专业必选物理、化学，进一步强化了物理和化学作为科学基础学科支柱的重要地位，在一定程度上缓解了物理、化学选考“遇冷”的现象。教育部2020年起实施的“强基计划”，进一步加大选拔培养有志于服务国家重大战略需求且综合素质优秀或基础学科拔尖的学生，有效激活了基础学科人才培养，探索出了对优秀

① 周洪宇．深化教育评价改革，加快推进教育现代化——《深化新时代教育评价改革总体方案》解读［J］．中国考试，2020（11）．

② 冯成火．新高考物理“遇冷”现象探究——基于浙江省高考改革试点的实践与思考［J］．中国高教研究，2018（10）．

③ 江苏省教育厅．省教育厅关于进一步做好深化高考综合改革相关工作的通知［EB/OL］．（2020-03-10）［2021-02-08］．http：//jyt.jiangsu.gov.cn/art/2020/3/10/art_58320_9001971.html.

学生精准选拔的有效路径。《教育部 2022 年工作要点》提出，积极探索拔尖创新人才早期发现和选拔培养机制。加大强基计划实施力度，支持实施本硕博一体化人才培养改革。清华大学开办“丘成桐班”和北京大学举办“物理学科卓越人才培养计划”，就是中国高校选拔人才新模式的再创新和再实践，是高校对国家人才选拔政策的积极响应和实践。将拔尖人才选拔和培养的链条向前延伸，是探索中国拔尖人才选拔和培养模式，形成中国拔尖人才选拔和培养范式的有益尝试和有力探索。充分体现了国家对基础学科和科技人才的高度重视，希望通过新举措、新办法、新模式，进一步加快拔尖创新人才的自主选拔和自主培养，支撑国家自主创新和整体科技实力的快速发展。

其次是要不断增强高等教育自主培养科技人才的能力，特别是不断提升培养科技领军人才的能力。习近平总书记多次强调，“技术和粮食一样，靠别人靠不住，要端自己的饭碗，自立才能自强”。以美国为首的西方发达国家对我国科技发展和高端人才的限制和围堵从未停止，从“冷战”时期的“巴黎统筹委员会”和“冷战”后的“瓦森纳协定”，到现在美国的“小院高墙”策略，要求中国必须专注培养自己的科技人才，做好自己的科技创新。高校更要紧扣国家战略需求，扎实推进“双一流”建设，努力打造一大批科技领军人才自主培养的战略基地，以培养“大师”的战略思维探索高质量科技人才培养的自主道路和中国模式。深圳大学校长、中国科学院院士毛军发在 2022 西丽湖论坛“中国式现代化进程中高等教育发展思考”上表示，一流大学是基础研究的主力军和重大科技突破的策源地、人才培养的主阵地，分享了深圳大学建设世界一流大学的目标设想：“在本世纪中叶可以培养出 10 位马化腾级别的杰出校友、产生 3 项诺奖级的研究成果、为深圳建设中国‘硅谷’发挥类似斯坦福的作用。”充分体现了中国高校在科技领军人才自主培养、高质量培养的自信和决心。

## 三、以“着力造就拔尖创新人才”为评价指挥棒，确立“培养什么人”的目标方向

国家科技创新力的根本源泉在于科技人才。自十八大以来，党中央先后出台了一系列深化科技人才评价改革的政策规定，2018 年中办、国办接连印发了《关于分类推进人才评价机制改革的指导意见》和《关于深化项目评审、人才评价、机构评估改革的意见》，2020 年印发《关于破除科技评价中“唯论文”不良导向的若干措施（试行）》，2021 年印发《关于完善科技成果评价机制的指导意见》，2022 年科技部等八部门印发《关于开展科技人才评价改革试点的工作方案》。党的二十大报告提出：“必须坚持科技是第一生产力、人才是第一资源、创新是第一动力。”① 没有第一生产力的变革，第一动力的

① 习近平．高举中国特色社会主义伟大旗帜 为全面建设社会主义现代化国家而团结奋斗：在中国共产党第二十次全国代表大会上的报告［M］．北京：人民出版社，2022.

作用就无法真正显现，而在科学实践中培养拔尖创新人才是关键所在。科技人才的培养、考核、晋升、选拔都离不开评价制度和评价指标，评价指挥棒是影响科技人才发展成长的重要导向。我们应该以“着力造就拔尖创新人才”为科技人才的评价指挥棒，进一步明确“怎样培养人”目标方向。

要推进和完善分类评价体系建设，构建更加科学的拔尖创新人才评价机制。最新发布的《关于开展科技人才评价改革试点的工作方案》再次明确科技人才分类评价的标准，按照承担国家重大攻关任务、基础研究类、应用研究和技术开发类、社会公益研究类四类标准进行分类评价，进一步探索和构建符合不同类型科研活动特点的评价指标和体系，创新评价方式和评价机制。承担国家重大攻关任务的人才评价要以国家战略和创新价值为导向。基础研究类的人才评价要以理论价值和学术贡献为导向。应用研究和技术开发类的人才评价以技术成果和市场贡献为导向。社会公益研究类的人才评价要以社会贡献和社会效益为导向。既要考虑不同类型人才评价之间的细化分类，也要充分考虑到跨领域人才融合创新的评价。通过分类评价，引导各类科技人才人尽其才、才尽其用、用有所成，为实现高水平科技自立自强和建设世界科技强国提供有力人才支撑。

要推进和完善综合评价体系建设，构建更加合理的拔尖创新人才评价机制。科技人才的评价需要综合考虑个人贡献、团队作用、创新价值、发展潜力等诸多因素。要以“破四唯”和“立新标”为突破口，推进过程评价和增值评价相结合、定量评价和定性评价相结合、第三方评价和国际评价相结合的综合评价体系建设，改变片面将论文、专利、项目、经费数量等与科技人才评价直接挂钩的做法，避免评价标准“一刀切”，通过构建科技人才综合评价体系，让评价体系与科技人员的实际贡献相统一。“推动人才评价体系更加完善，形成可操作可复制可推广的有效做法。”近年来，中国教育发展战略学会人才发展专业委员会以学术桥为基础，全面改革和创新人才评价体系，贯彻“破五唯”专项行动，构建了职称晋升、人才计划遴选、聘期考核等多场景下“分类 + 小同行”各类评审评价体系与标准。通过人才精准画像等各类人才评审和评价体系，针对性开展了“海外学者中国行”论坛、海外人才现场招聘会、全国博士现场招聘会、“视频云”招聘等诸多有影响力的活动，辐射高层次人才超过 30 万人。建立了 180 多个海外人才工作站和联络点，建设了“20 万 +”的国内外评审专家库，服务全国 800 余所高校和科研院所，服务了数十万各国各级各类人才，探索出一套具有中国特色的人才综合评价新模式。

要推进和完善动态评价体系建设，构建更加公平的拔尖创新人才评价机制。科技创新随着时代的发展和要求发展迅猛，信息技术不断迭代，这就要求科技人才的评价体系要与时俱进，紧跟时代要求，不断调整优化，不断改革创新，以激发科技人才创新活力为目标，遵循不同类型人才的成长发展规律，科学合理设置评价考核体系，注重短期与长期相结合，改革与创新相结合，持续跟踪科技人才的最新科技成果和研究动向，开展动态评估、动态评价，构建更加公平的科技人才评价体系和机制。

## 四、以“聚天下英才而用之”为制度指挥棒，营造“文化吸引人”的用人环境

要创造以“聚天下英才而用之”的人才制度环境。党的二十大报告指出：“加快建设世界重要人才中心和创新高地，促进人才区域合理布局和协调发展，着力形成人才国际竞争的比较优势。”建设世界重要人才中心和创新高地，必须以“聚天下英才而用之”的战略理念为文化指挥棒，进一步“深化人才发展体制机制改革，真心爱才、悉心育才、倾心引才、精心用才，求贤若渴，不拘一格”打造“文化吸引人”的制度环境，“把各方面优秀人才集聚到党和人民事业中来。”党的十八大以来，党和国家以及各级政府进一步深化人才发展体制机制，努力创造人尽其才、才尽其用的和谐用人文化，做到“用好用活各类人才”。在2022深圳全球创新人才论坛上，著名科学家颜宁宣布将辞去普林斯顿大学教职，到深圳创立医学科学院。她在论坛上向全世界科学家发出了加盟深圳医学科学院的邀请，欢迎全世界的科学家到中国一起开展科学研究。根据香港《南华早报》报道，美国哈佛大学、普林斯顿大学和麻省理工学院三所著名大学联合发布了一份调查报告，该报告显示，至少有1400名美国华裔科学家在最近一年左右的时间内，离开了原本工作的美国科研机构，加入中国科研机构或者院校，这一数字是2011年的两倍多。这些现象充分证明了党的十八大以来，以习近平同志为核心的党中央在人才工作方面的正确决策和巨大成就。

要营造“近者悦、远者来”的人才文化氛围。习近平总书记在中央人才工作会议上强调，“加快建设世界重要人才中心和创新高地，必须把握战略主动，做好顶层设计和战略谋划。我们的目标是：到2025年，全社会研发经费投入大幅增长，科技创新主力军队伍建设取得重要进展，顶尖科学家集聚水平明显提高，人才自主培养能力不断增强，在关键核心技术领域拥有一大批战略科技人才、一流科技领军人才和创新团队；到2030年，适应高质量发展的人才制度体系基本形成，创新人才自主培养能力显著提升，对世界优秀人才的吸引力明显增强，在主要科技领域有一批领跑者，在新兴前沿交叉领域有一批开拓者；到2035年，形成我国在诸多领域人才竞争比较优势，国家战略科技力量和高水平人才队伍位居世界前列。”这是党中央对人才工作的顶层设计与战略谋划，为新时代人才工作指明了发展方向和前进目标。要进一步贯彻落实好“聚天下英才而用之”的党的二十大精神，坚持面向世界科技前沿、面向经济主战场、面向国家重大需求、面向人民生命健康，深入实施新时代人才强国战略，营造“近者悦、远者来”的文化氛围，全方位培养、引进、用好各类人才，让中国成为全球优秀科技人才向往的世界重要人才

中心和科技创新高地。

习近平总书记多次明确指出："办好中国的事情，关键在党，关键在人，关键在人才。"党的二十大报告为提高科技人才高质量培养工作指引了新方向、确定了新目标，擘画了新蓝图。中国的高等教育肩负着为强化现代化提供高质量人才支撑的使命和任务。我们要系统把握政治指挥棒、培养指挥棒、评价指挥棒、文化指挥棒四个关键环节，全面贯彻党的教育方针，把立德树人作为根本任务，全面提升我国科技人才自主培养质量，培养更多优秀的胸怀祖国和堪当大任的科技领军人才，为全面建成社会主义现代化强国奠定坚实的人才基础。

# 科教融合培养未来人才的模式创新

王艳芬　李树深[①]

## 一、引言

当前，百年未有之大变局正在加速重构世界版图，新一轮科技革命和产业革命汹涌而来，关键核心技术成为大国博弈的必争之地[②]，而创新人才是核心竞争力所在。党的二十大报告首次将教育、科技、人才作为一个有机整体进行专章论述，强调教育、科技、人才是全面建设社会主义现代化国家的基础性、战略性支撑。教育的核心目的是培养高素质人才，人才是科技创新的根本驱动力，创新是引领发展的第一动力。实现高水平科技自立自强，最基础、最根本的是要实现高层次创新人才培养的自立自强。

作为高层次创新人才培养的主阵地，我国研究型大学虽然在"双一流"建设过程中取得了显著的成绩，但人才培养尚不能满足国家当前和未来发展的需要，高层次人才自主培养体系仍有待完善[③]。因此，研究新时代对未来人才培养的需求，探索拔尖创新人才培养新模式、提高人才培养质量是研究型大学当前重要且紧迫的任务。

## 二、新时代对高校人才培养的新要求

### （一）时代背景

当前，新一轮科技革命和产业变革正在重构全球创新版图。一方面，科学知识总量呈爆炸性增长，知识领域不断分化、细化，同时知识生产向数据驱动的第四范式转变[④]；另一方面，人类社会面临的问题越来越复杂化，学科深度融合交叉成为必然选择，基础研究与高新技术前沿探索的界限逐渐模糊，源头创新成果到产业化应用的创新链大

---

① 王艳芬，中国科学院大学教授、常务副校长。李树深，中国科学院院士，原中国科学院副院长，原中国科学院大学校长。

② 吴朝晖. 加快建设更加卓越的创新型大学［EB/OL］. http://zdpx.zju.edu.cn/news1_6696_301.html，2019-12-03/2023-01-09.

③ 郑永和，王杨春晓，李星达，等. 产学研融合培育拔尖创新人才的若干思考［J］. 科教发展研究，2022，2（01）.

④ 潘教峰，鲁晓，王光辉. 科学研究模式变迁：有组织的基础研究［J］. 中国科学院院刊，2021，36（12）.

大缩短，知识生产呈现出主体多元化、组织模式多样化的特征[①]，这些使得科学研究的复杂性、系统性、协同性日益增强，亟须创新主体协同联动，创新路径多点突破。

同时，俄乌冲突、气候变化等重重挑战，使得全球政治经济秩序大分化、大转型加速演进，关键技术和人才成为国家核心竞争力。我国正处于世界百年未有之大变局和中华民族伟大复兴战略全局历史交汇的重要战略机遇期，中国高等教育应承担起孕育新技术、培养新时代技术人才的历史使命[②]。党的二十大提出的统筹教育、科技、人才“三位一体”的战略方针为我国高等教育人才培养指明了方向，这要求我们深入探索教育、科技、人才三者之间的内在联系，形成三者相互促进、协同发展的良性互动格局，开辟未来人才自主培养的新领域新赛道，塑造发展新动能新优势[③]。

### （二）新时代对高校人才培养提出新要求

深入分析新时代新格局对未来人才的新要求，探索未来人才培养规律，创新人才培养模式，自主培养高质量人才，是服务国家战略和人类命运共同体建设的重要前提。对于拔尖创新人才培养而言，当今世界复杂性、波动性、不确定性和模糊性并存，竞争性和挑战性加剧；科学研究和创新发展活动的学科交叉趋势明显，大规模、大尺度的前沿性科学研究项目需要多层次主体、强沟通频率、高协同效率的跨学科和跨地域的分散合作；世界科技强国的建设也要求产出更多原创性、颠覆性和突破性的创新成果，这些都对新时代拔尖创新人才在价值观、知识结构、专业能力和品德素养等方面都提出了更高要求。

面对科技革命和产业变革的新浪潮，拔尖创新人才不仅要掌握精深的单一学科知识，还要不断探索知识的深度、扩宽知识的广度，具备交叉融合的知识视野，熟悉多学科研究范式和语言。同时，需要具备理实结合的能力，以及从错综复杂的现象中发现问题、解决问题的能力，从而夯实创新创造能力的基础。此外，要适应新一代信息技术和人工智能突飞猛进发展带来的人类社会生活、生产、学习方式和科研范式的颠覆性变革，提升学生数字素养和自主学习能力。

面对大国博弈的新环境，拔尖创新人才应拥有家国情怀，对国家、民族深厚的责任感、归属感和荣誉感。同时在这样一个挑战层出不穷、风险日益增多的时代，全球命运与共、休戚相关，拔尖创新人才还必须具备人类命运共同体意识、秉持开放包容的价值理念，具备国际胜任力和参与全球治理的能力，为解决全球性问题作出贡献。

---

① Atkinson R.The new production of knowledge：the dynamics of science and research in contemporary societies（book review）[J].College & Research Libraries，1995，56（06）.

② 刘继安，李岳璟，丁黎．未来技术人才培养：挑战与体系重构——基于中国科学院大学未来技术学院的案例研究［J］．高等工程教育研究，2021（02）.

③ 习近平强调，坚持科技是第一生产力人才是第一资源创新是第一动力［EB/OL］.（2022-10-16）［2023-01-09］. http：//www.gov.cn/xinwen/2022-10/16/content_5718815.htm.

面对未来世界充满不确定性的新特点，拔尖创新人才应具备应变能力、决策能力和终身学习能力，处理复杂问题时的系统思维、批判思维和战略思维能力，以迎接未来世界的竞争与挑战。通过深化对生命的认知、对自我的认知和对环境的认知，在模糊性和不可预知性中保持从容和乐观。①

此外，德智体美劳的全面发展是拔尖创新人才可持续发展的基础。在个性品质方面，拔尖创新人才应具备好奇心和探索精神，善于跳出认知框架，大胆假设，在享受发现事物奥秘的乐趣中成长为创新者。在心理素质方面，拔尖创新人才应具备强大的自我效能感和心理韧性，不惧怕失败，持之以恒探索。此外，对美的鉴赏力、健康的体格等都是拔尖人才创新能力不可或缺的素养。

然而，传统的教育教学模式已无法满足对上述能力和素质的培养需要，亟须探索人才自主培养的新理念、新规律、新模式②。

### （三）高校人才培养模式变革的路径分析

二十大报告为未来高等教育人才培养模式变革指明了方向，即教育、科技、人才三位一体协同发力。这要求我们不断探索教育、科技、人才同频共振的内在联系，形成教育链、科技链、人才链的深度融合，汇聚起系统支撑全面建设社会主义现代化国家的强大合力。

学科专业建设是人才培养的基础和载体。新时代，学科分化与综合的矛盾日益突出，自然科学与人文科学的方法论日益趋同，高等教育与经济社会发展的结合日益紧密。为培养拔尖创新人才，高水平研究型大学要统筹基础学科、应用学科、新兴交叉学科，坚持分类发展、特色发展。而这需要基层组织结构作为支撑，尤其是在新兴交叉学科繁荣发展的背景下，大学传统的直线型、分科式组织结构已经落伍，取而代之的应该是虚实结合的矩阵式组织结构，以保证学科专业的集群式发展。

在组织结构与学科布局的支撑下，高水平研究型大学要创新人才培养过程，围绕新时代人才培养新要求，从培养方案、课程设置、课堂教学、科研训练、实习实训、质量保障等方面，系统谋划顶层设计。完善制度设计，构建本研贯通、学科融通的机制，落实本研贯通的培养方案，建设纵横融通的课程体系。构建开放共享、多方协同的育人体系，通过科教融合实现课堂教学与科研训练联动，通过产教融合为学生提供高质量实习实训机会，采用多元评价促进人才分类培养，提高人才培养质量。

---

① Niblett，R.Realizing the university：in an age of supercomplexity（book Review）[J].Comparative Education，2001，37（1）.

② 王树国．第四次工业革命背景下的高等教育变革与发展[J]．中国高教研究，2021（01）.

## 三、国科大科教融合人才培养模式的实践与探索

中国科学院大学（以下简称“国科大”）是中国科学院“率先建成国家创新人才高地”任务的重要承担者，是一所以科教融合为办学模式、研究生教育为办学主体、精英化本科教育为办学特色的创新型大学，是高等教育办学新模式的一个典型案例。国科大全面继承和发展了中国社会科学院研究生教育的优良传统，坚持在高水平科研实践中培养高素质创新创业人才，在我国研究生教育改革与发展中起到了示范引领作用。更名大学之后，形成了覆盖本、硕、博三个层次的完整高等教育体系，开始系统性探索拔尖创新人才培养的新模式。新时代，国科大对标国家要求，积极探索中国特色的科教融合培养创新人才之路，并基于对未来人才需求的研判，开展了一系列人才培养模式的改革创新。

### （一）国科大科教融合办学模式的实践

1. 独特的科教融合大学治理体系

科教融合学院是国科大实施科教融合育人体系的制度保障。国科大依托中国社会科学院科研实力雄厚的研究所，先后成立了 40 个科教融合学院，依托各研究所科研实力强劲的实验室，设立了 339 个教研室，全国重点实验室、大科学装置、国家工程中心等研究平台对口支撑和保障教研室教学工作，在研究所实验室开设前沿实验课程。形成了与院属研究机构在管理体制、师资队伍、培养体系、科研工作等方面高度融合的办学体系，建立起一套高效的科教资源整合和共享机制，形成了独具特色的科教融合大学治理体系。

2. 以任务带学科的独特学科建设模式

学科专业建设是人才培养的基础和载体。国科大的学科布局与中国社会科学院为完成党和国家赋予的神圣使命而凝聚人才、布局学科同根同源、一脉相承。在学科建设发展的过程中，中国社会科学院逐渐走出了一条“以任务为经，以学科为纬，以任务带学科，以学科促任务”的特色学科发展路径。国科大依照中国社会科学院新时期“四个率先”计划等重点科技领域重大战略任务，充分发挥自身优势，在已有的自然科学完备的学科体系和学科群建制的基础上，在专业设置、学科类型、层次结构和区域布局等方面全面推进与中国社会科学院、国家战略布局的学科联动，加强在交叉学科、前沿学科和综合性学科方面设置特色学科，布局了网络空间安全、集成电路科学与工程、纳米科学与工程、基础医学、再生医学、工程博士等一批满足国家社会发展需要的学科和专业学位；战略性整合校所科教资源，相继成立了未来技术学院、网络空间安全学院、纳米科学与技术学院、集成电路学院、人工智能学院、核科学与技术学院、航空宇航学院等一批多学科交叉科教融合学院，加快培养国家战略新兴产业急需的“卡脖子”领域人才。

3. 一线科学家为主体的科教融合师资队伍

以一流科学家培养未来科学家是国科大的特色和优势。为建设一流师资队伍，国科大面向全球大力引进高水平人才；面向全院开展“双向双聘”，让知识创造者上讲台传授知识；为营造追求卓越的学术氛围，建立了学术荣誉和长聘体系；此外，注重培养面向未来的梯队人才，开展特别研究助理计划。通过不断深化人才制度改革，国科大组建了一支一流的科教融合师资队伍。

4. 在高水平科研实践中培养高水平人才的办学特色

在高水平科研实践中培养高水平人才是国科大研究生教育的根本特征，国科大将科教融合育人优势向本科教育延伸，形成了“小而精、特而强”的独特模式。国科大优中选优遴选了 15 个重点学科开展本科生教育，实行“一制三化”（导师制，小班化、个性化、国际化）培养模式，即全部小班教学，教授授课比例高达 80%以上；学生入校后有两次自由转专业机会和一学期国际访学机会；实行全员全程学业导师制，从新生一入学，就配备一名科学家担任其学业导师，学生可以进入实验室在真实科研实践中培养科研兴趣。国科大本科毕业生高达 90%的深造率，显示出参与科技创新对学生的学术志趣和学术潜力发展的影响。

国科大研究生教育实行“两段式”培养模式，分为学校集中教学和研究所科研实践两个阶段。集中教学对于学校来讲，有利于开展系统的课程建设，增加课程供给，提高教学质量和效益；对于研究生来讲，有利于扩展学术视野、系统学习相关领域知识，感受校园氛围。研究生第二年进入项目组后，在导师指导下开展课题研究，在实践中掌握研究方法、培养创新能力。研究所先进的科研平台、重大前沿的科研项目、优秀的科研团队，为培养高质量人才提供了坚实基础。“两段式”兼顾了知识广博和专业精深，有助于培养关键技术领域和前沿交叉学科领域的高层次人才。

### （二）国科大科教融合培养未来人才的新探索

基于对未来人才需要具备的知识、能力和素养结构的调研，针对当前人才培养中普遍存在的问题，借鉴世界一流高校的改革实践，国科大在深化科教融合、培养未来人才方面进行了一系列新的探索。

1. 以“大思政”工作体系夯实学生的价值观

科学没有国界，但科学家有祖国。在世界百年未有之大变局中，为谁培养人是高校人才培养的逻辑起点。为了培养具有家国情怀的创新创业人才，在中国社会科学院党组的统一领导下，国科大深入推进覆盖校部集中教学和研究所科研训练的全程“大思政”育人体系建设，实现学校和培养单位在思政工作方面的无缝对接，构建职责明确、有效衔接的“大思政”工作机制。具体举措包括：进一步加强学校和培养单位党委对学生思想政治工作的领导，积极发挥全校思政工作会议的窗口作用和平台作用，突出国科大学生思想政治工作领导小组办公室的协调作用，查找和打通科教融合模式下“大思政”工作的难点和堵点，坚持顶层设计和基层实效相结合，重点聚焦“文件贯通、制度联通、信息互通、工作融通”的“四通”工作机制，高质量推进“三全育人”落地落实。

2.“以学生为中心”重构人才培养模式

在人才培养方面，国科大积极探索本研贯通、学科融通、理实结合、开放协同的人才培养新模式。本科生“一生一芯”教改项目是国科大科教融合育人新探索的一个典型。2019年，在国家芯片领域被“卡脖子”，急缺掌握软硬件全栈知识和工程实践能力的芯片设计人才的情况下，国科大岗位教师包云岗教授带队的教学改革团队开展了以学生学习为中心的项目式教学，融通多门软硬件课程，第一期指导5名本科生主导完成了一款开源RISC-V处理器SoC芯片设计并成功流片，并从第二期起将相关科教资源向其他高校学生开放。2022年2月开班的第四期，共有215所国内外高校的1100余名本硕博在校生和毕业生报名参加。国科大“一生一芯”教改项目的人才培养成效获得了学界和产业界的高度认可，为其他“卡脖子”领域专精人才培养提供了参考。

3. 开发培养未来人才的课程体系

课程是人才培养的基础体系。面向国家关键领域和未来复合型人才培养需求，国科大对课程内容和课程组织形式进行改革，构建了基于自主知识体系的课程体系。针对我国对智能计算系统的开发和设计人才的大量需求，国科大面向计算机、软件工程和人工智能方向的研究生和高年级本科生，开设智能计算系统（理论）和智能计算系统实验课程，出版了第一本系统介绍当代智能计算系统软硬件技术栈原理的图书《智能计算系统》与第一本结合智能计算系统软硬件技术栈设计实验的图书《智能计算系统实验教程》。该课程改变了全国人工智能人才培养体系，促进人工智能人才培养由“算法应用型人才”向“系统型人才”转变，引领带动全国80多所高校每年为国家培养1万余名具备计算机系统思维人才，课程团队受到斯坦福大学授课邀请，引领了我国计算机专业的教学风潮。

同时，国科大注重加强对学生思维能力的培养，帮助他们尽早适应快速变革的科技时代。为激发学生的思辨能力和创造能力，国科大注重科学与哲学、艺术的融合。通过不断扩大高质量通识课程供给，依托专业课加强学科史教育，有针对性地加强逻辑与哲学教育，鼓励理工科学生选修经济管理类课程，营造多学科师生广泛交流与合作的环境，为培养眼界高远、思想深刻、了解社会、富有激情的拔尖创新人才提供适宜的文化土壤。同时，作为课程的有益补充，国科大为学生提供了丰富多彩的艺术与科学结合的活动，建立艺术教育机构，筹办“艺术与科学之间”国际学术论坛，举办《艺术与科学审美》师生作品展，促进“科学＋艺术”的对话与融合。

4. 多元主体共建产学研一体化平台

校企协同育人是解决学校教育与业界真实场景脱节问题的有效途径。国科大积极落实习近平总书记关于卓越工程师培养的重要指示，拟依托国科大 A+ 类学科，在新一代信息技术、网络空间安全、新材料、新能源与节能环保、生物医药及高端医疗装备、集成电路等新兴产业领域与国家实验室、科技创新龙头企业建立专项产学研教育教学研究、实训及交流基地，并根据培养专业特点，结合企业工程实际要求制定不同的评价指标与方法。以项目为主导制定应用型、复合型人才培养方案，打造完整的知识、能力与素质矩阵，建立完善的校企共建课程体系，打造精品课程及教材，完善学生毕业就业保障，积极参与工程硕博士培养改革专项。

同时，国科大进一步深化科研优势在教育教学中的作用，搭建科研实践平台。以在校园内部建立的北京燕山地球关键带国家野外科学观测研究站为例，该研究站开展生态学、环境化学、大气环境、水环境和土壤环境的长期研究与示范。试验站的监测和研究工作被作为课程的一部分，将课程与野外实习相结合，使研究生们能够在实践中体会学科精髓和研究方法。该试验站已承办实验课程 20 余门，累计服务学生 4000 余名，有力地支撑了野外台站优秀人才培养，初步建成为研究示范平台、教学实验基地和野外台站优秀人才培养基地，吸引越来越多的研究院所和其他高校的高水平研究人员到站开展工作，为在读研究生们提供更多的科研实践机会。

此外，国科大将依托北京怀柔国家综合性科学中心的五大科学中心，分别设立新型科教融合共同体。“十四五”时期，中国社会科学院 17 家研究所将陆续进驻科学城，相关科技领域覆盖了 33 个一级学科，形成了“聚人气、聚科研气”的良好态势，3000 余名国科大导师、1 万余名学生将围绕五大科学方向开展研究。国科大将抓住怀柔科学城发展新阶段的历史机遇期，以各科学中心为平台，进一步促进学科交叉、师资队伍融合以及培养模式创新，探索高水平科技创新实践培养高素质科技领军人才的新模式。

## 四、结语

面对百年未有之大变局，国家对新一代高水平创新人才需求日益迫切，需要深入探索创新人才成长规律和培养模式。国科大依托中国社会科学院雄厚的科研实力和独具特色的科教融合办学体制，将国家一流科研平台、一流人才队伍、一流科研成果等科研资源高效转化为教育资源，培养了一大批高水平创新人才，生动诠释了科技创新、人才培养和人才聚集成长一体化发展的倍增效应。

面对新时代未来人才培养的新使命和新要求，国科大将以二十大精神为指导，以服务国家战略需求为导向，以培养德才兼备的高水平创新人才为核心，通过多元主体协同共建，促进教育、科技、人才三者一体化发展，进一步深入探索创新人才培养的新模式，建设科教融合、独具特色的世界一流大学。

# 实施更加积极开放的人才政策

王辉耀[①]

**摘　要：**当前，新一轮人才战争已经打响，全球人才竞争进入新格局。党的十八大以来，我国深入实施科教兴国战略、人才强国战略、创新驱动发展战略，对国际人才的吸引力持续增强，但与此同时我国国际人才发展也面临一些挑战。习近平总书记强调，强起来要靠创新，创新要靠人才。人才是创新的第一资源。新时期，培育并吸引更多具有国际竞争力的高层次国际化人才是我国人才工作的重要方向。留学人员不仅可在国际化交流学习中开拓视野，掌握国际前沿技术知识，而且作为国家形象的载体是天然的“民间外交官”。党的二十大报告将人才工作重要性提升到了新高度，再度强调实施更加积极、更加开放、更加有效的人才政策。对此，我国可从人才引进、人才培育及人才发展等角度出台更优政策，更好发挥留学人员等国际人才在全球治理等方面独特优势。

**关键词：**国际组织；留学人员；人文交流；人才政策

党的二十大报告提出，教育、科技、人才是全面建设社会主义现代化国家的基础性、战略性支撑。必须坚持科技是第一生产力、人才是第一资源、创新是第一动力，深入实施科教兴国战略、人才强国战略、创新驱动发展战略，开辟发展新领域新赛道，不断塑造发展新动能新优势。党的二十大报告将教育、科技、人才放在同一部分进行统筹部署，可见这三方面工作将是我国未来一段时间内的工作重点。

教育、科技与人才三方面工作环环相扣，相辅相成。随着新一轮科技革命和产业变革加快推进，科技创新越发成为国家竞争力的核心。当前，新一轮人才争夺战已经打响，世界上各个地区的人才大规模、频繁且高效率地流动。加快建设世界重要人才中心和创新高地不仅要加快建设高质量教育体系，完善科技创新体系，还要实施更加积极开放的人才政策，聚天下英才而用之，不断提升国际人才吸引力、竞争力，着力形成人才国际

① 王辉耀，全球化智库（CCG）创始人兼理事长，九三学社中央委员，九三中央经济委员会副主任，商务部中国国际经济合作学会副会长，人社部中国人才研究会副会长，中国国际人才专业委员会会长，国际人才组织联合会（AGTO）总干事，中国公共关系协会副会长，中国教育发展战略学会国际胜任力培养专业委员会学术委员会副主任，中国人民外交学会理事，中国太平洋经济合作全国委员会理事，中国侨联特聘专家委员会专家，西南财经大学发展研究院院长，清华大学全球胜任力发展指导中心顾问委员会成员等。

竞争的比较优势。

## 一、新时期国际人才流动趋势

近年来，尽管受到经济危机、地缘政治等方面影响，国际人才流动仍持续增长。国家及区域间人才争夺愈演愈烈，全球人才竞争进入新格局。

党的十八大以来，习近平总书记高度重视人才工作，强调人才是衡量一个国家综合国力的重要指标，要实施更加开放的人才政策。2021 年 9 月，中央人才工作会议在北京召开，这是继中共中央、国务院 2010 年召开全国人才工作会议之后，在人才工作领域召开的最高规格会议，会议明确了新时期人才工作的指导思想、战略目标、重点任务及政策举措。习近平总书记在会上发表重要讲话指出，要把“坚持聚天下英才而用之”作为做好人才工作的基本要求。中国发展需要世界人才的参与，中国发展也为世界人才提供机遇。必须实行更加积极、更加开放、更加有效的人才引进政策，用好全球创新资源，精准引进急需紧缺人才，形成具有吸引力和国际竞争力的人才制度体系，加快建设世界重要人才中心和创新高地。

人才是自主创新的关键，顶尖人才具有不可替代性。近年来，随着国际形势的变化和国家科教兴国战略、人才强国战略、创新驱动发展战略深入实施，人才体制机制深化改革及国际人才创新创业环境更加开放平等，我国对国际人才的吸引力持续增强。教育部统计数据显示，1978 年至 2019 年，各类出国留学人员累计达到 656.06 万人，其中 165.62 万人正在国外进行相关阶段的学习或研究；490.44 万人已结束海外学业，423.17 万人在完成学业后选择回国发展，占已完成学业群体的 86.28%。[①]2021 年，回国创新创业的留学人员首次超过 100 万人。可以说，留学进入一个新时代，海归也进入了一个新时代，留学人员回流呈平稳增长态势，将在创新创业、技术突破、民间外交等方面发挥更大作用。

2019 年，我国出国留学人数超过 70 万，根据联合国教科文组织（UNESCO）的统计与预测，我国 2019 年仍保持世界第一大留学生来源国地位，有 106 万中国学生在海外高等教育机构学习，2020 年这一数字则上升至 108 万。

与此同时，我国国际人才发展也面临一些挑战。从人才聚集趋势来看，美国等发达国家一方面通过高教科研体系和高新产业集群吸纳大批国际学生和科技人员，另一方面则利用“长臂管辖权”和一系列打压手段，干扰我国引进国际人才进程。而疫情也对国际人才回流和外国专家来华造成了影响。

① 王辉耀，苗绿，郑金连．中国留学发展报告（2022）[M]．北京：社会科学文献出版社，2022.

## 二、国际人才助力推动创新发展

创新是一个国家和民族发展进步的不竭动力。当今世界，科技创新已成为提高综合国力的关键支撑，成为社会生产方式和生活方式变革进步的强大引领，谁牵住了科技创新这个牛鼻子，谁走好了科技创新这步先手棋，谁就能占领先机、赢得优势。党的二十大报告强调，坚持创新在我国现代化建设全局中的核心地位。

党的十八大以来，我国深入实施创新驱动发展战略，走出了一条从人才强、科技强，到产业强、经济强、国家强的发展道路。我国人才资源总量从2010年的1.2亿人增长到2019年的2.2亿人，其中专业技术人才从5550.4万人增长到7839.8万人，各类研发人员全时当量达到480万人年，居世界首位。[①]10年间，我国全社会研发投入从1.03万亿元增长到2.79万亿元；全国高新技术企业数量从不到5万家增加到33万家；我国国际专利申请量超过6.9万件，居世界首位；我国的实体科技馆从118座增至408座；我国全球创新指数排名由2012年的第34位上升到2021年的第12位[②]……2021全球人才竞争力指数（GTCI）报告显示，在国际人才竞争力方面，中国首次跻身前40位，排名第37位。

习近平总书记强调，强起来要靠创新，创新要靠人才。人才是创新的第一资源。随着科技创新对大国竞争的影响力进一步上升，顶尖人才、领军人才和创新人才成为大国角力的关键力量。打造世界重要人才中心和创新高地既要靠自主培养，也要发挥优势吸引国际顶尖人才。尤其是在“卡脖子”领域及我国存在大量人才缺口的人工智能等高新技术领域，顶尖国际人才可加快我国科技创新步伐，并以创新引领加快我国经济社会高质量发展。

以全球顶尖科技创新中心硅谷为例，这里聚集了大量国际人才。2019年，硅谷310万人口中外国出生的居民人数占到总人口的39.1%，硅谷科技类岗位雇员中外国出生居民的占比更是高达64%[③]。2020年后，国际移民仍持续大规模迁入硅谷，相当一部分是STEM（科学、技术、工程和数学）类人才，是研发、改良、创新、技术成果转化等环节的关键人物，对科技创新的发展至关重要。此外，硅谷周边有斯坦福大学、加州大学伯克利分校、加州大学旧金山分校、圣何塞州立大学、加州州立大学东湾分校等，一方面吸引和培养了大量科技人才，满足了当地科技公司发展的需要，为科技创新公司的发展提供了动力；另一方面，为当地科技创新产业输入了大量尖端的科技发明和技术，并和企业开展人才领域的紧密合作，为科技创新产业的发展起到了举足轻重的作用。

新时期，培育并吸引更多具有国际竞争力的高层次国际化人才是我国人才工作的重

---

① 王辉耀. 增强对国际人才的吸引力　强化现代化建设人才支撑［N］. 组织人事报，2022-11-03.

② 研发投入强度增长　我国进入创新型国家行列［EB］. 光明网，2022-06-07.

③ 王京生. 世界四大湾区人才流动比较分析及启示［J］. 特区实践与理论，2022（03）.

要方向。2020年6月出台的《教育部等八部门关于加快和扩大新时代教育对外开放的意见》强调，出国留学仍将是我国培养现代化人才的重要渠道，要克服疫情影响，拓展出国留学空间。党的二十大报告指出，加强人才国际交流，用好用活各类人才[①]。深化人才发展体制机制改革，真心爱才、悉心育才、倾心引才、精心用才，求贤若渴，不拘一格，把各方面优秀人才聚集到党和人民事业中来。

未来，随着我国深化人才发展体制机制改革，各地面向国际化人才的政策制度及配套环境将不断完善。留学人员在国际化交流学习中开拓视野，掌握国际前沿技术知识，不断提升创新能力，并通过各地人才计划等回国，投身我国现代化建设，必将大有作为。

## 三、发挥留学人员人文交流桥梁作用

人文交流是国际关系的重要基石和润滑剂，在国际局势紧张的情况下可发挥更为重要的作用，正在成为世界和平稳定新的压舱石。党的二十大报告强调，增强中华文明传播力影响力。坚守中华文化立场，提炼展示中华文明的精神标识和文化精髓，加快构建中国话语和中国叙事体系，讲好中国故事、传播好中国声音，展现可信、可爱、可敬的中国形象。加强国际传播能力建设，全面提升国际传播效能，形成同我国综合国力和国际地位相匹配的国际话语权。深化文明交流互鉴，推动中华文化更好走向世界。留学人员作为国家形象的载体，是天然的“民间外交官”，是我国推进中外人文交流的桥梁纽带和重要使者，对于增强中华文明传播力影响力可发挥重要作用。

国之交在于民相亲，民相亲在于心相通。国际环境越是复杂严峻，越凸显人文交流的价值和重要性。疫情时，以官方为主体的“一轨外交”面临局限性，留学人员具有开阔的国际视野，熟悉国际规则，拥有一定的跨国人脉，具有多重文化背景和语言优势，可以进行跨文化交流。留学人员在跨文化交流学习中传递着中国的传统文化、文明准则、信仰追求和当代中国的经验与发展模式，可以校准西方的中国认知，帮助国际公众消除对中国的误解，减少双方误读，增强国家的软实力建设。

同时，来华留学生作为中国发展的见证者，往往在了解真实的中国后会对中国认知发生很大的改观，也是讲好中国故事的重要潜在力量。疫情前我国已成为世界第三、亚洲第一留学目的地国，来华留学生人数接近50万。疫情暴发后，大量留学生未能返华复学，对我国来华留学事业发展造成了冲击。

2022年7月，包括笔者在内的全球化智库（CCG）专家团开启了为期一个月的美欧亚二轨外交之旅。在美国华盛顿，我们明显感觉到新生力量的缺乏。老一辈知华人士很多年事已高，而新一代知华人士因缺少足够广阔和深入的对华认识容易变得片面，缺少

① 习近平．高举中国特色社会主义伟大旗帜　为全面建设社会主义现代化国家而团结奋斗——在中国共产党第二十次全国代表大会上的报告［J］．共产党员，2022（21）．

足够的素材在国外发声。此外，多位高校教授向我们反映，很多做东亚研究或学习中文的学生都希望到中国留学。因此，发展出国和来华留学事业，鼓励海外留学生讲好中国故事，在来华留学生中培养新一代知华、友华人士，是新时期我国大力开展人文交流、提升国家文化软实力的重要方面。

## 四、实施更加开放积极有效的人才政策

百年未有之大变局下，国内国际双循环格局的形成和我国经济社会的稳定发展将更加有利于国际人才的吸引和集聚。党的二十大报告将人才工作重要性提升到了新高度，再度强调实施更加积极、更加开放、更加有效的人才政策。对此，笔者提出以下几点建议：

第一，遵循国际惯例，促进引才规范化、标准化和透明化，完善人才引进配套政策。要打消国际社会因为意识形态、地缘政治等因素引起的对我国引才计划的质疑，采用国际通用方法，更多依靠学术机构、科研单位及人才组织等机构引才，如加拿大的首席科学家计划和以色列国家引才计划，确保引才的规范化、标准化和透明化。同时要为人才配备具有国际竞争力的生活环境，构建开放共享、多元主体协调融合的人才创新生态系统。可借鉴美国硅谷的成功经验，布局建设国际一流研究型大学和科研院所的同时，结合地区产业发展需求，大力发展应用型本科教育和高等职业教育，提升技能型人才的培养数量和质量，形成多层次的人才生态体系。此外，要完善国际人才综合保障服务，包括建立国际人才交流驿站，为国际高端人才提供信息共享、体育休闲等服务；引导在国际人才社区邻近区域筹建国际学校，并以政策引导国际教育行业发展，最大程度为国际人才解决子女教育后顾之忧；提升医疗卫生国际化服务水平，实现国际化人才诊疗多语种服务等。

第二，进一步简化海外华人华侨回流、海外友人获取中国绿卡的渠道。目前，全球华人华侨总量高达6000多万，其中专业人士群体近400万。可探索建立华裔卡制度，允许来华创新创业、具有学士及以上学位或在华工作满2年的外籍华人申请华裔卡，给予永久居留。建议允许有意来华发展的外籍高层次人才在海外直接申请在华永久居留，免去先来中国住满一定期限的要求。

第三，推进发展出国留学及来华留学事业，培育吸引更多高层次国际人才。可鼓励北京、上海等国际化程度高的城市和地区发挥辐射带动作用，提高来华留学数量与质量。提高来华留学生奖学金比例，加强对“一带一路”沿线国家和地区来华留学生吸引力度。完善来华留学生就业、实习、工作、居住等政策支持，开发国际人才资源，助力中国“走出去”。加快海外中国学校和中国国际课程的建设，增大高校自主权，使来华留学成为中国经济增长的动力。

第四，拓展完善留学人员回国就业平台，降低海归创新创业制度壁垒，为海归参与国家政策制定、公共外交与全球治理等提供更多渠道。在一些专业性较强的政府部门、公共服务领域建立科学的人才选拔、使用和评估机制，鼓励吸引留学回国人员到机关、企事业单位和其他组织工作，提升机构国际化水平。鼓励各地政府积极与留学人才沟通对话，建立政府与留学人才对话的常态化联系机制，为海归创新创业提供更多制度支持。发挥相关领域留学人才的智囊作用，对地方所推行重要社会经济项目、决策等与留学人才进行充分讨论，既能提高政府决策合理性，也能增加留学人才的政治参与度。

新时期，中国所面临的日趋复杂的国际环境越来越需要能够进行国际沟通的国际化人才从事公共外交相关工作。很多留学人员对国家建设和未来发展有强烈的使命感和责任感，是中国在全球化竞争中建言献策的重要力量和不可或缺的国际智囊。对在海外取得高学历、熟悉国际规则和国际交往方式、具有跨国管理经验的人才，可积极纳入国际胜任力人才培养的潜在对象。

第五，充分发挥国际人才组织联合会及国际商会等组织的作用。通过国际人才组织联合会聚合国际知名人才组织、协会、跨国公司等，依靠市场等非政府力量吸引国际人才，促进全球人才合作共识，填补全球治理在人才管理方面的空白。充分借助本地区商会作用，联结各国商会，构建交流与合作网络，加强商会与商会间的联系，推动外国商会与本地商会间的合作交流。充分借助商会网络，积极引进与地区发展战略相适应的世界一流外资企业总部及行业领先的创新创业企业，形成企业创新集群，进而带动产业专业人才汇聚。

此外，结合国际人才发展及流动趋势，从留学人员角度实现国际化发展，可选择多元化的留学目的地，发掘更多的新兴留学国家；通过中外合作办学体验“在地留学”，鼓励更多高校举办中外合作办学或开展相关项目；到欧洲、美洲、大洋洲、亚洲等国家和地区参加国际游学，体验超前教育体系，增加国际见闻，为出国留学做准备；积极参与国际事务，在世界舞台上为中国发声；积极参加智库等社会组织，为中国发展建言献策；在跨国公司中历练，推动中国企业走向世界。

# 科技人才培养与教育评价

王殿军 ①

**摘　要**：科技人才培养是国家人才发展战略的重要核心，是实现中国式现代化的根本保障，是“教育、科技、人才”“三位一体”战略部署的关键。本文整体分为分析问题和解决问题两个核心部分，首先从时代发展的变化对现有教育体系的挑战入手，对教育体系和人才培养目前面临的问题进行了深入分析，给出了问题分析的思路和产生问题的核心原因；然后，提出了在中国影响科技人才，特别是拔尖人才培养的早期阶段主要是中学阶段的观点，给出了优化现有教育评价改进、加强专任教师培训以及构建综合评价系统等方式的问题解决思路和实际案例。

**关键词**：科技；创新；人才培养；教育评价

习近平总书记在党的二十大报告中明确提出：“我们要坚持教育优先发展、科技自立自强、人才引领驱动，加快建设教育强国、科技强国、人才强国，坚持为党育人、为国育才，全面提高人才自主培养质量，着力造就拔尖创新人才，聚天下英才而用之。”党的二十大首次将“教育、科技、人才”进行了高屋建瓴的“一体化”阐述，为我们进一步深化教育改革指明了方向。我国当前培养创新型科技人才的任务十分紧迫已经成为共识 ②，而科技人才培养是一个系统工程，是新时代的呼唤，在现行教育体系中存在诸多挑战，诸如科学教育支持不足、基础教育中动手实践能力不容乐观等 ③，培养理念从外在设定目标向内外目标协同发展，并且更多地涉及人才培养的价值取向的问题 ④。从国际上看，美国、加拿大、英国、德国、日本、韩国、新加坡、以色列等创新型国家非常重视科技

---

① 王殿军（1960—），男，中国教育发展战略学会教育评价专业委员会理事长，清华大学教育研究院基础教育研究所所长、教授、博士生导师，国家督学。研究方向：教育经济学、教育管理学、教育评价、拔尖人才培养。

② 中国工程院“创新人才”项目组．走向创新——创新型工程科技人才培养研究［J］．高等工程教育研究，2010（01）．

③ 郑永和，王晶莹，李西营，杨宣洋，谢涌．我国科技创新后备人才培养的理性审视［J］．中国科学院院刊，2021，36（07）．

④ 阎琨，吴菡．拔尖人才培养的国际趋势及其对我国的启示［J］．教育研究，2020，41（06）．

创新人才的早期培养[①]，并在各个教育阶段进行了深入的探索[②]，我们国家只有科学地认识这种挑战，正确地付诸行动，才能真正做好科技人才培养和教育评价工作。

## 一、时代呼唤与教育挑战

我国当前的教育模式，始于工业化时代，到目前已经有100多年。工业化时代的工厂，每个机床前站一个人，就像当时的《摩登时代》电影，工人密密麻麻地站满整个车间，每个人就做一两个标准化的动作，工人基本和机器没有差异，但今天的工厂就发生质变了。以汽车生产车间为例，我们可以看到车间已经几乎没有什么人，被称为“黑灯工厂”，都是机器人在工作，一切都是自动化的，几乎不需要人工照明。整个人类的科学技术进步已经进入高速发展的时代，进入了信息时代、智能时代。除了工业生产之外，其他的行业因为信息时代的到来也发生了翻天覆地的变化。

然而，相对其他行业的发展，我们今天的课堂，从教与学的模式上看，其实与100多年前没太大的区别。时代、科技、社会和生产力发生的翻天覆地的变化，对于我们在人才培养和教育体系的组织形式、培养模式、培养理念、培养方式、培养内容等并没有产生积极的影响和变化。我们不追求一定要变化，但是为了应对变化迅速的世界和未来，如果还只是以知识为中心的培养方式，我们的学生很难做到真正的拔尖创新。

爱因斯坦说过，人人都是天才。但是如果考核鱼能不能爬树，它整个一生都会认为自己特别无能。鱼本来擅长在水里游，如果我们要考它能不能爬树，它就很有挫败感。长期以来，我们高度统一的评价、单一的教育模式，既不适合智能化时代的需求，也不满足学生个性化发展的需求，对于科技拔尖人才的培养更是有百害而无一益。今天中国的教育，还是更注重标准答案。培养过程如同标准化的工业流水线，每个人能力、兴趣都不一样，但最后培养结果可能会是一模一样的“方盒子”。无论是国外的教育还是中国的教育，高度统一的教育模式，缺乏丰富和个性选择的教育方式，都值得我们反思和改革。

问题到底出在哪里？不论是解决拔尖人才培养，还是解决所有的人才培养，其实三个环节是最重要的，即发现、培养和评价。传统意义上的教育公平，是要给所有人提供一样的教育。而在新时代的语境下，这样的公平方式就值得商榷了。孔子曾经说过，要因材施教，但在实践中需要太多的条件支持而很难做到。如果想尽可能做到这一点，我

① National Science Board ( US ).A National Action Plan for Addressing the Critical Needs of the US Science，Technology，Engineering，and Mathematics Education System.Washington DC：National Science Foundation，2007.

② Marginson S，Tytler R，Freeman B，et al.STEM：Country Comparisons：International Comparisons of Science，Technology，Engineering and Mathematics ( STEM )Education.Melbourne：Australian Council of Learned Academies，2013.

们则应该先从评价开始。尽早发现苗子，再进行个性化的培养[①]。我们国家其实能培养出大师，但是目前从规模上来讲有点不够；从高度上来讲，我国人才在世界上的竞争力还需要提高。究其原因，是我们的体系出了问题。

## 二、解决思路与实践探索

我认为，在中国影响拔尖人才培养的早期阶段主要是中学阶段，也就是中学的6年教育。这个阶段中，影响最大的关键点还是高考。高考是个独木桥，高三变成了刷题大战。同时，“标准答案”其实也严重影响了孩子们的创新思维。甚至在有些大学，还把大一当作“高四”一样地去管理和培养，在过去也是按学分制来评价学生，最终决定谁能上研究生。所以反观我们整个的高考教育，一直都是被考试成绩所左右，这与拔尖人才培养应该走的路子格格不入。

评价中的选拔功能应该是一个相对比较弱的功能。第一，评价测评需要发现孩子的个性潜力和他的喜好是什么。但一定要有正确科学的测评观。测评的主要目的是发现不同人的区别。只有发现了区别，才能为他提供适合他的教育。我们经常说要为孩子提供适合的教育，然而没有评价，没有科学的测评，我们无法了解我们的培养对象。第二，在了解培养对象应匹配的教育之后，培养并没有结束，还需要进行阶段性的测评，来观察培养的情况。我们判断得准不准、培养得好不好，对培养过程进行反馈和调整。因此，我们的教育应该是培养—评价—发现—培养，然后倒过来再进行评价—再发现—再评价—再发现—再培养，它是个螺旋形上升的过程。了解培养对象，评估对象的发展怎么样，诊断和反馈持续循环，最终将整个培养、评价的过程和最后的那一次综合评价作为选拔的依据。而我们今天的教育评价，只有终结性评价，走独木桥定终身，其实存在严重的问题。

因此，我认为有几个需要重点关注的教育评价改进方向：第一是多维度、多角度。过去单一维度的学业评价中，考试是主要的评价手段，并不关注过程，无法客观得到学生的完整情况，所以未来一定需要多维度的综合评价。第二是综合素质评价，第三是能力评价。这与《评价改革总体方案》里提到的方向是完全一致的，即一定要是过程性评价、贯通式评价，要历史地看、发展地开展评价工作。由于信息化时代的到来，使得我们开展这些周期贯通式的评价工作变成可能。

另外，我非常反对“贴标签式”人才培养。有些学校通过一些奇奇怪怪的考试方式，把学生选出来后贴个“天才”标签，这对于学生的发展和培养是非常不利的，国际上也有一些专家提出丰富教学模式进行人才培养。我们应该通过个性选择的方式，提供不同

① 王殿军．“强基计划”：夯实中国发展的人才根基［J］．人民教育，2020（12）．

教育内容和方式，以“开小灶”的方式，让这些孩子得到他应有的教育，而不应给他分快班、慢班、竞赛班等特殊标签。通过设计“旋转门”机制，孩子满足条件，就进入增量培养计划中；不满足条件，就延续原有计划，避免给孩子过多压力。“发现”这个过程特别重要，我们反对贴标签，但是发现了一定要给他有针对性地制定培养方案的内容。我们应该是让他在一个宽松自主的环境里完成规定的学习内容。

除了整体环境创设，老师同样重要。从各发达国家的经验来看，必须有拔尖人才培养专任老师。他们了解这些孩子的心理、生理特点，能够为这些孩子提供特殊的、有针对性的引导和教学服务。另外，所提供的课程必须不能对于所有孩子都一样，必须让孩子有选择。让学生们能够有选择地学习，满足他们的个性发展需要，充分地体现多样性、个性化。从教育教学的体系上看，可采用 A+B 的方案：方案 A 是完成所有孩子都必须完成的学习任务，这是基础。而方案 B，就是因材施教，为他们提供适合他个性发展的需求的方案。A 与 B 两套方案相辅相成，学生在两套方案间以“旋转门”方式进行切换。放眼全国，未来希望利用先进技术，通过线上线下建立融合机制，突破时空限制来建立虚拟学校方式，解决目前有些学校因为没有足够的受过专门训练的老师，而无法为学生提供 B 方案的问题。在整个拔尖人才评价、选拔、培养的整个过程中，我们都要充分地利用技术力量，完成和实现过去无法做到的目标。

为了落实学生综合素质评价工作思路，我主导了一套可利用技术构造实现学生综合素质的评价系统[①]。目前已经在若干个省得到应用，并显现了非常好的效果，获得了省、部和国家的多项奖励。这套系统不但可以评价学生的综合素质发展情况，也可以发现优秀苗子，再为他提供个性化的培养，对于课堂教学、促进学生内驱力发展等都发挥了很大的作用，给我们的教育带来了积极的变革手段。

除综合素质评价系统，我们在目前只通过考试评价学科知识的主流体系下，也在尝试构建对学生能力的评价体系。只有我们开始评价学生能力、关注学生能力的过程，整个教育体系才会关注培养能力。今天的教育人才培养的最大问题，就是高考指挥棒只考学科知识，所以老师们就只教学科知识，而且只教要考的那些课程的知识，或者至少是重点教这些东西，其他都是可以应付状态，这样对于拔尖人才培养是特别不利的。

我们还在尝试通过信息技术建立先进的、有国际水平的发现测评体系。通过这些测评体系可以帮助我们识别科技创新人才的特点和潜力，进行分类、个性化、分层培养。尤其是我们的高阶能力的测试，可以为我们在培养过程中发现优秀学生，以加强进一步培养。人才培养是一个持续螺旋式上升的过程，这个过程当中一定需要“评价—发现—培养”循环，而不是恨不得在幼儿园时期就选定特定的培养对象，然后一成不变，这样

① 杜毓贞，王殿军，潘鑫，郑笑彤．学生综合素质评价系统的设计与开发［J］．现代教育技术，2019，29（12）．

对孩子来讲其实是不健康的，对培养工作来说也是极不科学的。同时，未来也要线上线下相融合，培养师生的高阶思维能力。通过教师工作坊、线上的学习工作坊，把拔尖人才发现出来，通过技术赋能，突破时空限制，让这些孩子得到最为合适的教育内容和机会，为国家培养大师。

清华附中已经尝试进行了这样的因材施教的课程体系，围绕能力培养分层建设了相应的课程体系和师资体系，而且还与郑泉水院士所创立的清华钱班[①]和深圳零一学院共同建设了大中连贯培养的“零一学堂”。我们在中学阶段把学有余力又有天赋的孩子发现之后，在支持他们正常完成学业的情况下，为他们创造条件参与到一些高阶科学研究项目当中，以问题为驱动、以能力培养为导向，形成一系列的项目式学习、跨学科学习的课程群。

事实证明，这样贯通式的科技拔尖人才培养体系是非常有效的，涌现了许多成功优秀学生的案例。比如清华附中陈廷翰同学（现为北京大学 2022 级博士生），2015 年开始参加清华附中高研实验室、中国英才计划。他因为看到有消防员在救火过程中因为吸入了高温的空气而牺牲的新闻，特别痛心，于是研制了消防控温呼吸器解决这个问题。这个项目于 2017 年，在第 32 届全国青少年科技创新大赛上获得一等奖与中国科协主席奖。

① 郑泉水，徐芦平，白峰杉，等．从星星之火到燎原之势——拔尖创新人才培养的范式探索［J］．中国科学院院刊，2021，36（05）．

# 总体国家安全观下的人才培养与安全教育

孔昭君[①]

国家安全是国家生存和发展的前提和基础。维护和保障国家安全是党和国家的一项基础性、长期性、战略性工程，事关人民安居乐业，事关党和国家兴旺发达、长治久安，事关中华民族的伟大复兴。多年来，在以习近平同志为核心的党中央坚强领导下，我们走出一条中国特色国家安全道路，开创了维护国家安全的崭新局面。这条道路以总体国家安全观为统领，契合新的时代条件下维护国家安全的紧迫要求，彰显鲜明中国特色，为实现国家长治久安和人民安居乐业、实现中华民族伟大复兴提供了坚强安全保障。

党的十九大报告指出，加强国家安全制度体系与能力建设，实施国家安全教育，增强全党全国人民国家安全意识，推动全社会形成维护国家安全的强大合力。国家安全教育成为高质量教育体系建设、维护国家长治久安的重要领域，成为推进教育治理能力和体现现代化的重要抓手。

## 一、对总体国家安全观的认识

2014 年 4 月 15 日，习近平总书记在主持召开中央国家安全委员会第一次会议时提出，坚持总体国家安全观，走出一条中国特色国家安全道路。习近平总书记首次提出总体国家安全观的重大战略思想，并首次系统提出“11 种安全”，即政治安全、国土安全、军事安全、经济安全、文化安全、社会安全、科技安全、信息安全、生态安全、资源安全、核安全。

2019 年，国家安全体系新增了 4 种新兴领域的安全，即海外利益安全、极地安全、深海安全、太空安全。2020 年 2 月 14 日，中央召开全面深化改革委员会第十二次会议，习近平总书记在会议上强调：“要从保护人民健康、保障国家安全、维护国家长治久安的高度，把生物安全纳入国家安全体系，系统规划国家生物安全风险防控和治理体系建设，全面提高国家生物安全治理能力。”生物安全成为国家安全的又一重要组成部分。

2021 年 11 月 11 日，党的十九届六中全会通过的《中共中央关于党的百年奋斗重大

① 孔昭君，中国教育发展战略学会安全教育专业委员会副理事长，北京理工大学管理与经济学院教授。

成就和历史经验的决议》深化阐述了总体国家安全观的主要内涵是：以人民安全为宗旨，以政治安全为根本，以经济安全为基础，以军事、科技、文化、社会安全为保障，以促进国际安全为依托。既重视外部安全，又重视内部安全，对内求发展、求变革、求稳定、建设平安中国，对外求和平、求合作、求共赢、建设和谐世界；既重视国土安全，又重视国民安全，坚持以民为本、以人为本，坚持国家安全一切为了人民、一切依靠人民，真正夯实国家安全的群众基础；既重视传统安全，又重视非传统安全，构建集政治安全、国土安全、军事安全、经济安全、文化安全、社会安全、科技安全、信息安全、生态安全、资源安全、核安全等于一体的国家安全体系；既重视发展问题，又重视安全问题，发展是安全的基础，安全是发展的条件，富国才能强兵，强兵才能卫国；既重视自身安全，又重视共同安全，打造命运共同体，推动各方朝着互利互惠、共同安全的目标相向而行。动员全党全社会共同努力，汇聚起维护国家安全的强大力量，夯实国家安全的社会基础，防范化解各类安全风险，不断提高人民群众的安全感、幸福感。

2022 年 10 月 16 日，党的二十大报告明确指出，必须坚定不移贯彻总体国家安全观，把维护国家安全贯穿党和国家工作各方面全过程，确保国家安全和社会稳定。以新理念新要求统筹发展和安全，贯彻新发展理念、构建新发展格局、推动高质量发展，为新时代贯彻落实总体国家安全观赋予了更丰富的时代内涵。党的二十大确立了总体国家安全观“治国安邦”的基本方略，在认识论和方法论两个维度更加成熟和定型，丰富和发展了习近平新时代中国特色社会主义思想，具有重大现实意义和深远历史意义。

从上述总体国家安全观不断深化的过程中不难看出，总体国家安全观的鲜明特征就在于“总体”二字上。“总体”揭示了国家安全含义的全面性、国家安全布局的系统性、国家安全效果的可持续性。

总体国家安全观强调的是“大安全”，既包括政治、军事、国土等传统安全，也包括经济、文化、社会、科技、网络、生态、资源、核、海外利益等非传统安全；既包括当下安全领域，也包括太空、深海、极地、生物等新型领域；既包括物的安全，也包括人的安全。

同时，国家安全也不是多个领域安全的简单叠加，它是一个相互联系、不可分割的系统性整体。随着社会的发展、时代的进步，各个领域、各个方面安全的关联性更加增强，一个领域的安全出现问题，可能引发“蝴蝶效应”，导致另一个领域的安全问题，甚至造成整个国家安全都出现问题。总体国家安全观之“观”，抛弃了孤立地、简单地、片面地看待安全问题，而是从全局和战略的高度来系统审视国家安全，统筹好各个领域的安全工作。

最后，维护国家安全是一个动态的过程，实践在发展，理念也要更新。可持续性不仅是经济发展的理念，也是维护国家安全的理念。正如习近平总书记所指出的：“可持续，就是要发展和安全并重，以实现持久安全。”国家谋求安全，不是权宜之计，而是为了长治久安。将时间作为重要变量引入国家安全的系统思考范畴，着重思考长远战略、长远布局，这是国家安全理论的重要创新。贯彻好总体国家安全观，既要求着力推进新时代国家安全全面发展进步，又要求把维护重点领域国家安全作为主阵地、主战场，着重抓好政治安全、国土安全、经济安全、社会安全、网络安全、外部安全等工作。

## 二、新时代国家安全教育的新要求

新时代新征程赋予中国共产党和中国人民新使命。党的二十大报告第一次把教育、科技、人才合为一个部分进行论述，体现了党对社会主义现代化建设规律的新突破。以创新驱动高质量发展，必须依靠科技进步，科技进步必须依靠人才，人才必须依靠高质量的教育。教育强，则国家强。教育在全面建设社会主义现代化强国中发挥着基础性、战略性支撑作用，只有加快建设教育强国，才能为社会主义现代化建设提供更加强大的人力资源支持。党和国家要全面统筹教育强国、科技强国和人才强国建设，要更加主动发挥教育强国建设在科技强国、人才强国建设中的基础性、主体性、战略性作用，要更加主动地统筹教育、科技、人才力量为经济社会高质量发展服务，以中国式现代化全面建设社会主义现代化国家，全面推进中华民族伟大复兴。

国家安全教育是维护国家安全的战略举措，是加强国家安全能力建设的一项基础性、长期性、战略性工程。2018 年 4 月，教育部印发了《关于加强大中小学国家安全教育的实施意见》，把国家安全学作为一级学科建设，在大中小学开展国家安全教育。当前国家安全教育还存在一定程度的主体分散化、形式碎片化和内容浅层化的现象，还不能满足维护国家安全的实践需要，亟待注重系统谋划、多措并举，不断增强国家安全教育的系统性、整体性、协同性。为此，要在新的历史背景下提出国家安全教育的新要求。

一方面，要以学习国家安全法律法规为路径。自 2014 年以来，我国国家安全立法步伐加快，反间谍法、国家安全法、反恐怖主义法等多部国家安全领域的法律陆续颁布实施，我国国家安全法律体系初步形成。国家安全法治建设不断推进，不仅为国家安全教育制定了规范性要求，也为全社会履行国家安全责任提供了重要遵循。从现实来看，国家安全相关法律知识的欠缺往往是导致窃密、泄密等危害国家安全案件发生的主要原因。通过深入学习内容严谨、程序规范的国家安全法律知识，明确公民和组织维护国家安全的义务和职责，增强全民的权利意识、规则意识、程序意识、责任意识，提高用法治思维和法治方式维护国家安全的能力。

另一方面，要以凝聚国家安全的社会合力为目标。维护国家安全的根基在人民，力量在人民。只有坚持以民为本、以人为本，坚持国家安全一切为了人民、一切依靠人民，才能真正夯实国家安全的群众基础。全面贯彻落实以人民安全为宗旨的总体国家安全观，就是要通过广泛的社会宣传和舆论引导，深入开展灵活多样的国家安全宣传教育，不断提升人民群众自觉维护国家安全的意识与能力。要加强人民防线建设，打造人人有责、人人尽责的国家安全共同体，推动全社会形成维护国家安全的强大合力，共同筑牢国家安全的铜墙铁壁。

## 三、总体国家安全观指导下的人才培养新任务

### （一）强化国家安全意识

全民国家安全意识较为薄弱是我国经济社会发展所面临的潜在挑战，亟待全面加强。

一要树立国家利益高于一切的理念，增强忧患意识和风险意识。当前，各种可预见和不可预见的安全风险及挑战前所未有，牢固树立"安而不忘危，存而不忘亡，治而不忘乱"的国家安全治理理念，不断加强全民国家安全意识。要着力汇聚起以人民群众为中心的国家安全强大力量，全方位筑牢国家安全的人民防线。

二要切实增强全民国家安全意识。对于个人而言，时刻身处一张布满有机链条的国家安全网络之中，政治、军事、国土、经济、文化、社会、科技、网络、生态、资源、核、海外利益、太空、深海、极地、生物等各领域的安全共同构成了体系化的国家安全，维护国家安全是每个公民应尽的义务，切实增强全民国家安全意识有利于形成一种整体性概念认知和基础意识。

三要加强全民对国家安全的形势认知。进入新发展阶段，要深刻认识我国社会主要矛盾发展变化带来的新特征、新要求，增强在对外环境开放中动态维护国家安全的意识和能力，深刻认识错综复杂的国际环境带来的新矛盾新挑战，加强全民国家安全意识和风险意识，准确识变、科学应变，不断筑牢国家安全的人民防线。

### （二）健全国家安全理论

总体国家安全观秉承马克思主义国家安全理论本色，坚守为人民谋安全的信念，承载为中华民族伟大复兴护航的使命，饱含对人类前途命运的睿智思考。总体国家安全观是在百年来中国共产党维护国家安全思想理论演进和伟大实践的基础上发展形成的，是对党的十八大以来国家安全领域的一系列理论突破和实践创举的系统总结，是既有系统性又有科学性，具备实践性兼有普世性的理论结晶，是实现中华民族伟大复兴的中国梦在国家安全领域上的重大思想引领。总体国家安全观是我们党在国家安全理论上的历史性飞跃，不仅给我们提供了认识论，也给我们提供了方法论，为新时代国家安全教育提供了根本遵循。

要推进总体国家安全观教育的政治性、思想性、理论性，与中国近现代史基本问题研究、马克思主义基本原理、马克思主义中国化研究、思想政治教育等马克思主义理论学科相结合，讲清"总体国家安全观"的历史逻辑、理论逻辑、实践逻辑、教育逻辑。

通过其间的交叉互动和对相关国家安全议题的探讨，进一步拓展马克思主义理论学科的研究队伍、研究视野和研究内容，推动其创新发展。

### （三）普及国家安全技能

国家安全教育是指国家对公民进行安全教育，以增加公民的安全知识和增强其安全意识，而这种安全意识的提升是国家社会可持续发展的关键。国家安全教育的目的是向公众传播安全知识，教育他们清楚认知政府性安全规章制度的要求，了解可能遇到的安全威胁，加强本人及他人的安全防护意识，以避免或减少安全事故发生。针对不同的安全方面应提供相应的安全教育，包括社会安全、网络安全、金融安全、校园安全、消费者保护及公共卫生安全等，了解当前公民面临的地区风险，把握可能出现的紧急情况，提高个人安全防范和应对能力。

加强国家安全教育培训，以提升安全教育者的安全技能。具体培训内容包括怎样快速熟悉突发事件，以及如何正确有效地采取应急措施高效应对；如何实现灾难化学污染物的后果控制，管理大型抗灾应急事件；如何有效采用防范和应急技术技能来改善安全体质，包括会测量体温、脉搏；能够看懂食品、药品、化妆品、保健品的标签和说明书；学会识别常见的危险标识，如高压、易燃、易爆、剧毒、放射性、生物安全等，远离危险物。积极参加逃生与急救培训，学会基本逃生技能与急救技能；需要紧急医疗救助时拨打120急救电话；发生创伤出血量较多时，立即止血、包扎；对怀疑骨折的伤员不要轻易搬动；遇到呼吸、心搏骤停的伤病员，会进行心肺复苏；抢救触电者时，首先切断电源，不能直接接触触电者；发生火灾时，会拨打火警电话119，会隔离烟雾、用湿毛巾捂住口鼻、低姿逃生。应用适宜的中医养生保健技术方法，开展自助式中医健康干预。

### （四）汇聚国家安全力量

国家安全早已不限于“保卫国家不受侵略”的意思，而拓展到了经济、社会、生态环境、网络空间等各个领域，与我们每个人的生活都息息相关。家是最小国，国是千万家。国泰方能民安，国家安全与我们每一个人，每一个家庭息息相关。在维护国家安全上，人人都不是局外人旁观者，而是人人有责，更需人人尽责。要坚持国家安全一切为了人民、一切依靠人民，动员全党全社会共同努力，培养和增强全民自觉投身国家安全责任感使命感，形成和汇聚起维护国家安全的强大力量，夯实国家安全的社会基础，防范化解各类安全风险，不断提高人民群众的安全感、幸福感。

### （五）强化国家安全工作

新时代的国家安全工作，就是要贯彻总体国家安全观，推进国家安全体系和能力现代化，坚决维护国家安全和社会稳定，为实现中华民族伟大复兴的中国梦提供强有力的安全保障，不断提高维护国家安全的本领。

一是坚持维护和塑造国家安全。既要解决好大国发展进程中面临的安全共性问题，更要处理好中华民族伟大复兴关键阶段面临的特殊安全问题。要立足国际秩序大变局来把握规律，立足防范风险的大前提来统筹，立足我国发展历史机遇期的大背景来谋划，做到国家利益延伸到哪里、安全保障就跟进到哪里，为国家发展创造良好外部安全环境。

二是坚持科学统筹的重要方法。始终把国家安全置于新时代中国特色社会主义事业战略全局中来把握，坚持“五统筹”，充分调动各方面积极性，形成国家安全合力。

三是坚持敢于斗争、善于斗争。面对来自外部的各种围堵、打压、捣乱、颠覆活动，必须发扬不信邪、不怕鬼的精神，同企图颠覆中国共产党领导和我国社会主义制度、企图迟滞甚至阻断中华民族伟大复兴进程的一切势力斗争到底。

## 四、关于强化国家安全教育的思考

### （一）贯彻总体国家安全观

习近平总书记提出，坚持总体国家安全观，走出一条中国特色国家安全道路。国家安全教育治理要以总体国家安全观为指导，构建具有中国特色的国家安全法律制度、战略框架与教育机制。国家安全教育要以总体国家安全观的核心要义和实践要求为指导，充分调动人民群众维护国家安全的自觉性、主动性，坚定捍卫国家利益、维护国家安全的决心和信心。国家安全教育要在总体国家安全观的指引下，以贯通一体的学校教育为基础，有序推进全民国家安全教育，不仅需要科学严谨的安全理论为先导，也需要相互协调的教学体系为渠道。

### （二）贯彻党的二十大精神

“国家安全是民族复兴的根基，社会稳定是国家强盛的前提。”党的二十大报告首次把国家安全作为报告的独立一部分，作了前所未有的系统阐述，深刻阐明了国家安全和社会稳定的重大意义，对推进国家安全体系和能力现代化、坚决维护国家安全和社会稳定作出重大战略部署。这对当前统筹好发展和安全两件大事，构建现代化的国家安全体系，增强现代化的维护国家安全能力，有效保障国家安全和社会稳定，具有重要指导作用。要全面贯彻党的二十大精神，深刻领悟“两个确立”的决定性意义，坚决做到“两个维护”，强化底线思维和斗争精神，在世界变局中坚决维护国家安全。

教育、科技、人才是全面建设社会主义现代化国家的基础性、战略性支撑。必须坚持科技是第一生产力、人才是第一资源、创新是第一动力，深入实施科教兴国战略、人才强国战略、创新驱动发展战略，开辟发展新领域新赛道，不断塑造发展新动能新优势。要坚持教育优先发展、科技自立自强、人才引领驱动，加快建设教育强国、科技强国、人才强国，坚持为党育人、为国育才，全面提高人才自主培养质量，着力造就拔尖创新人才，聚天下英才而用之。办好人民满意的教育。教育是国之大计、党之大计。培养什么人、怎样培养人、为谁培养人是教育的根本问题。育人的根本在于立德。全面贯彻党的教育方针，落实立德树人根本任务，培养德智体美劳全面发展的社会主义建设者和接班人。

### （三）创新安全教育形式

当前，国家安全教育面临的主要问题是形式单调，除传统的讲授、培训方式之外，缺乏喜闻乐见的漫画、视频等供给。“一支粉笔加一张嘴”的过时的传统式的宣传教育，已不适应新时代新形势，也很难收到预期的效果。因此，要创新国家安全教育形式，丰富内容。

一要发挥好课堂教育的主渠道作用。内容选择上引入相关权威性读本，精心提炼“四史”、中华优秀传统文化、地方志、校史中蕴含的国家安全教育基因等。在课堂教学上转变叙述风格，运用新技术转译总体国家安全观教育中的大主题、大道理等。鼓励有条件的学校开设慕课堂、微格教学系统、“口袋”博物馆、文化推介墙、理论回廊等，邀请相关专家学者、优秀思政课教师、先进群体、革命老兵、英雄楷模等做客“思政大讲堂”，通过情景剧表演、书画展、文艺思政课、知识竞赛、辩论赛、文创产品设计、集中观影、焦点访谈等把总体国家安全观教育搬上舞台。

二要运用好革命博物馆、纪念馆、党史馆、烈士陵园、旧址遗迹等党和国家红色基因库，让青少年学生在追溯国家安全记忆中获得深度的初心滋养和精神洗礼。整合区域基建大工程、军事体验基地、高新技术园、文化科技馆、党建创新中心等校外教育资源，让学生在参观考察和社会实践中体会中国共产党在国家安全领域创造的恢宏业绩和“以人民为中心”的至深情感。建立总体国家安全观教育培训基地和主题公园，开展现场宣教、科普大篷车，宣传国家安全知识，推广国家安全教育。

三要建立总体国家安全观教育专题网站。在恪守总体国家安全观教育科学性和权威性的基础上善用和智用信息技术，探索开发符合教育主题和青少年学生兴趣的歌曲、影视、动漫、游戏等。运用虚拟仿真、人工智能、全息投影、3D 沙盘等新兴技术，打造一些立体化教育实验室和现象级主题作品，激发青少年学生的学习热情。推出各类新媒体产品，寓教于乐，让国家安全意识深入人心。

### （四）升级安全教育手段

国家安全教育的内容是综合的、系统的、相互链接的、互相促进的，这就要求教育内容的编排上形成不同领域相互统合、不同学段相互衔接、不同学科相互关联的体系。总体国家安全观的养成和坚持，依赖于全面国家安全教育内容的构建。

第一，国家安全分为十六个领域，每个领域有其独特的特点、内容和表现，内涵和外延各不相同，但其内容综合构成了总体国家安全观，在教育内容的设置上应做到“总—分—总”，既要有总体描述，也要有分别解释，还要有统合指向。国家安全教育内容要全，既要做到传统国家安全内容的教育，更要做到新拓展国家安全内容的教育，构成总体国家安全观教育内容体系。

第二，依据学生身心发展的规律和认知发展的特点，具体与抽象相结合，做到国家安全教育内容编排的阶段性和连续性的统一、实现不同学段的相互衔接。由易到难、由浅到深、上下联动，有计划有步骤地让学生掌握国家安全教育的全部内容，做到认知上能认识、情感上能认同、意志上能坚持、行动上能坚守。根据不同学段的具体教学时间和任务，详略得当、有重点地安排国家安全教育内容，既不增加学生的学习负担，也要让学生掌握全面的国家安全教育内容。

第三，不同学科国家安全教育内容要相互关联。国家安全教育内容涉及不同领域的知识，需要与不同的学科教育内容相结合。国家安全教育内容除安排在道德与法治课、思想政治教育课程等专门的课程之外，应该有意识地和学科教育内容相结合。中小学阶段要和语文、历史与政治三个学科直接结合，大学阶段则要和具体的专业课有机结合，强调国家安全教育内容与其他学科、专业内容的融合，做到既有专门的课程内容、又有分散的支撑内容，形成“专—分”相结合的内容体系。

第四，建立国家安全教育监测数据平台，及时跟踪、监测学生的学习进展和动态，提供个性化的学习内容和指导方案，提升国家安全教育的学习质量。

**（五）广泛动员社会力量参与安全教育**

政府、学校、家庭、社会协同，构筑总体国家安全的教育制度。每个人都应从居安思危的视角，上好国家安全这堂大课，国家安全教育应当动员全社会的力量参与进来。

政府有关部门要通过电视、广播、报纸等传统媒体，微信、微博、客户端、抖音等新媒体，尤其是传播速度快、接受方便的两微一端（微信、微博、客户端）向全体人民宣传、推送国家安全教育的内容、案例和应对办法，以合适、可以接受、容易理解的方式解释、说明什么是传统领域和新拓展领域的国家安全，遇到国家安全问题如何应对，反映渠道是什么，以提高人民的国家安全意识，形成总体国家安全观。

学校要发挥主阵地作用，依据不同年龄、不同地区、不同文化学生面临的国家安全问题、容易出现的问题，有目的有组织有体系地开展国家安全教育，开齐开足国家安全教育课程，保证课时，推进活动开展；主动积极与家庭和社会协作，引导家庭、社会正确、有效地开展国家安全教育，特别是引导广大群众正确认识新拓展领域国家安全问题的现实表现和严重程度，建立总体国家安全观的知识和能力基础。

家庭在开展教育时，主动和学校合作，纳入国家安全教育的内容；尤其是家长，要主动提升自身的国家安全意识、知识和能力，教会孩子正确认识、处理国家安全问题，既保护自己，也保护国家，推动全体国民形成总体国家安全观。

社会要塑造国家安全教育的良好氛围，尤其是媒体、教育培训机构、科技馆、青少年宫等要相互协同，主动开发、宣传、推进国家安全教育的资源数据库建设、教育模式创新和典型案例等，扩大国家安全教育的对象覆盖面，引导广大人民群众正确看待国家安全，形成总体国家安全意识。

总之，加强国家安全教育，是维护国家安全的重要工作，也是中国教育发展战略学会安全教育专委会的职责和使命，面临总体国家观指导下的人才培养新任务，必须贯彻总体国家安全观，贯彻党的二十大精神，创新安全教育新形式，升级安全教育手段，广泛动员社会力量参与安全教育，开创安全教育新局面，贡献于国家安全的宏伟事业。

# 原创成果展评模板与原创关键词：一流科技人才的试金石

刘益东[①]

**摘　要：**我国科技体制、人才评价标准与科研考核制度正面临着深刻而急剧的变革，以满足尽快实现科技自立自强的需要。我国科研事业正从引进吸收、跟踪跟进阶段向加强基础研究、追求原始创新的自立自强阶段转型、跃升，科研难度陡然增高，“管理者通吃”、唯“帽子”通吃的科研体系根本不能胜任。只有大幅提高科技人才评价标准与科研考核标准，以原始创新论英雄，一流科技人才方能充分发挥作用。本文深入探析原始创新特点，提出原创成果展评模板、原创关键词及其分析法、论文展评模板，提出以知识点而非论文作为科研产出的基本单位，杜绝以次充好，助力科技人才评价改革。

**关键词：**原始创新；原创成果展评模板；原创关键词；原创关键词分析法；论文展评模板；数据库—知识点

目前，我国科技体制、人才评价标准与科研考核制度正面临着深刻而急剧的变革，以满足尽快实现科技自立自强的需要。我国科研事业正从引进吸收、跟踪跟进阶段向加强基础研究、追求原始创新的自立自强阶段转型、跃升，科研难度陡然增高，“管理者通吃”、唯“帽子”通吃的科研体系根本不能胜任。现行科研考核方式内容烦琐、标准却不高，与加强基础研究、追求原始创新极不适应，只有大幅提高科技人才评价标准与科研考核标准，一流科技人才方能凸显优势，充分发挥作用，取得数量充足、分布合理的原始创新成果，以实现科技自立自强。2022 年 11 月，科技部、教育部、中科院等八部门联合印发《关于开展科技人才评价改革试点的工作方案》指出，对于基础研究类人才评价，实行以原创成果和高质量论文为标志的代表作评价，建立体现重大原创性贡献、国家战略需求以及学科特点、学术影响力和研究能力等的人才评价指标。原创成果是原始创新成果的简称，实际上，以原创成果论英雄，不仅适合基础研究领域，同样适合理论研究、交叉学科、人文社科、综合研究等各种学术研究领域。尽快实现科技自立自强需要双管齐下：一是确立依据原始创新作为甄选一流科技人才的金标准，用原创成果展评模板与

① 刘益东（1961—），中国科学院自然科学史研究所研究员、博士生导师，科技与社会研究中心主任，中国教育发展战略学会教育评价专委会副理事长。

原创关键词作为试金石；二是确立高标准、优胜出的严格科研考核与监督体系，实现以知识点而非论文作为科研产出的基本单位，以有效杜绝以次充好，扫除垃圾论文。

完成原创成果需要三个环节，做出—发表—公认，在得到公认之前，它不是原创成果，只是普通成果，甚至只是一个“错误”。原创成果要获得承认，需要经过同行评议，而同行评议固有的主观性、非共识、同行相轻乃至人际关系网等缺陷，成为实施代表作评价制度的瓶颈。正如中国工程院原院长徐匡迪院士指出的：搞项目评审、专家投票，往往把颠覆性技术“投没了”。原创成果评价问题不解决，科技人才评价改革就难以顺利实施。本文探讨高效合理的原创成果评价方案，根据原创成果的特点，提出原创成果展评模板和原创关键词及分析法，破解原创成果评价难题，提出论文展评模板，以知识点为科研产出的基本单位，建立高标准严要求的科研考核与监督体系，重建正常的人才秩序（大材大用、中材中用）和良好的学风生态。

## 一、原始创新及其四个特点

关于原始创新，中国学者讨论得最多，英文文献则较少，有学者指出“原始创新”是中国本土学者创造的概念，该概念确实是很好的原创概念，并且已经上升到了政府部门的政策。科技部将“加强从 0 到 1 原始创新的措施研究”纳入了《2021—2035 年国家中长期科技发展规划重大问题研究目录》。对原始创新进行深入研究很有必要。

原始创新是因突破而开辟新领域、新方向的重大创新，是知识的源头活水，从无到有、源源不断，不仅是从 0 到 1，而且是从 1 到 N。也就是说，原始创新具备两个必要条件，也是两个根本特征，缺一不可：突破和开辟新领域、新方向，突破是从 0 到 1；开辟新领域是从 0 到 1 再到 N。突破而开辟的新领域是全新领域，组合或交叉产生的新领域，通常达不到从 0 到 1 这样全新的境地。当然，在交叉融合上做出突破，也能产生原始创新，如发明 CT（计算机 X 射线断层扫描技术）。目前常见的关于原始创新的定义，没有明确“开辟新领域、新方向”这个根本特征。比如百度百科所述的原始创新：是指前所未有的重大科学发现、技术发明、原理性主导技术等创新成果。特别是在基础研究和高技术研究领域取得独有的发现或发明。原始性创新是最根本的创新，是最能体现智慧的创新。

当然，所谓新领域也是分层次、分范围的，例如，分子生物学是生物学的新二级学科；碳-14 法是利用放射性同位素测定化石地质年代的一种新方法。

原始创新的两个根本特征反映了其完成难度和影响力，颠覆性创新则以创新效果为根本特征，不一定很难做到，比如集装箱。

笔者认为原始创新有四个特点。（1）范围广泛：在科学领域、技术领域、工程领域、管理领域、人文社会科学领域、智库领域、设计与创作领域等都有原始创新，凡是有创新的领域，都有原始创新；（2）从无到有，从0到1；（3）影响巨大：通过从0到1再到N，开辟新领域、新方向，是源头活水，源源不断形成新蓝海、新蓝河；（4）底线安全：科技至善，可持续造福人类。

具备前三个特点者可称之为原始创新，四个特点都具备者称之为可持续的原始创新，它作为知识的源头活水推动社会可持续安全与发展。

科研主要分两大类：突破性研究A与推进性研究B，各自可细分两类，共为四类（A1、A2、B1、B2）：A1为突破定论、突破范式、突破前沿，开辟新领域、新方向，开辟新蓝海等；A2为突破瓶颈、突破僵局，包括突破工艺难题、降低成本以实现大规模应用，扩展、升级原有领域等。B1为顺延推进，包括改进、深化、扩展、完善等；B2为组合推进，包括集成创新、交叉融合等。A1即为原始创新，这四类研究可谓四类科研问题。

## 二、依靠同行评议，原始创新难以得到及时承认

完成原始创新需要三个环节，做出—发表—公认，在得到公认之前，它不是原始创新。由于同行评议的主观性、非共识、同行利益纠结等问题，使得原始创新很难得到及时承认。正如诺贝尔生理学或医学奖得主本庶佑所说，真正一流的工作往往没有在顶级刊物上发表，这是因为一流的工作往往推翻了已有的定论，评审员会给你提很多负面的意见。在科技史上，原始创新屡遭磨难的例子并不少见，例如谢赫特曼（Daniel Shechtman）发现准晶体，被当时的化学泰斗、两次诺奖得主鲍林（Linus Carl Pauling）讥讽为：没有什么准晶体，只有准科学家。

获得科技大奖可使原始创新得到承认，但有三点不足：（1）获奖时间延迟，通常在成果面世后几年、十几年甚至更久才能获奖，不利于原创成果与一流人才及时发挥作用；（2）科技大奖覆盖面窄，不少交叉学科、新兴学科、综合研究领域，没有设置权威大奖；（3）国内学者在国际上有时不能获得公平获奖机会，尤其在人文社科、交叉科学、综合研究和智库领域。

## 三、“互联网+代表作”评价法与原创成果的特征

为使原创成果及其完成人及时得到承认，笔者双管齐下，一是克服同行评议缺陷，经过长期研究，用开放评价及其简明版“互联网+代表作”评价法替代同行评议，继承了同行评议的优点，又克服其缺点，以实现学术评价客观化；二是针对原创成果，利用其结构特征、长期坚持的过程特征、职业学者的行为特征，十年磨一剑成果的综合特征，进行规范展示以便于评鉴，加上评价方法的创新，可实现对原创成果及其完成人的及时评价与甄选。

原创成果的结构特征。原创成果是因突破而开辟新领域、新方向的重大创新成果，

笔者揭示、概括出突破点四要素：①突破什么（学术定论 / 主流共识 / 思维定式 / 研究范式 / 现行做法 / 权宜之计 / 学术僵局，或技术僵局 / 技术范式 / 主流技术 / 技术系统 / 应用系统 / 生产方式 / 产业结构 / 技术经济范式 / 经济发展模式等，有其中一个或几个）；②怎么突破的（通过提出和解决什么问题实现突破的）；③突破开辟的新领域、新方向及其意义和前景（这是原创成果的核心特征及其与推进性研究的根本区别，是实现从 0 到 1 原始创新之所在）；④原创成果的主要创见及核心贡献。由于可开辟的细分研究领域很多，原创成果并非凤毛麟角。

原创成果的过程特征。原创成果往往是长期坚持、孜孜以求的结果，不断发表论文，不断有学术界的反馈，相当于经历了长期的同行评议，人文社会科学领域更是如此。

职业学者的行为特征也加强了原创成果的可信性：职业学者长期坚持研究一个问题，往往有四个原因:（1）认为该问题重要，所以孜孜以求，正如著名经济学家张五常所说，衡量问题的重要性是高手的惯例;（2）确信研究思路、技术路线走通了，结论成立或基本成立;（3）长期检索和国内外交流互动，确信是独创独有、是原始创新甚至开宗立派;（4）不断得到学界积极反馈、好评和鼓励，相当于经历了长期的同行评议和认可。

原创成果的综合特征与“原创成果展评模板”。原创成果往往是十年磨一剑，其综合特征鲜明。强调标志性成果的重要性由来已久，作家丁玲倡导“一本书主义”，笔者提出“一把剑主义”，指出学者应潜心研究，十年磨一剑，做出一项原创成果，在科技史上“立得住、传得下去”，并作为自己的学术招牌，“一把剑主义”四要点特征突出，易于识别，可作为原创成果展评模板的核心内容。

“一把剑主义”四要点为：标志贡献一句话及突破点四要素（剑尖）；发表同题系列论文论著或专利清单（剑身）；获奖、转载、引用、受邀报告等学界反馈与好评（剑柄）；国际国内同类工作的盘点比较及优势（剑鞘）。四要点特征鲜明、高下立判。

科技史表明，层次越高的学者越能用一项原创成果体现其水平，诺奖、图灵奖、菲尔兹数学奖、陈嘉庚科学奖等权威大奖奖励的都是一项具体成果，因此用有无“一把剑主义”、用有无原创成果，可及时甄别一流人才，用户和同行可“以剑识才”。用原创成果作为学术招牌标定一流学者桂冠，一目了然，“唯帽子”不攻自破。

## 四、原创关键词与原创关键词分析法

关于原创关键词。有些原创成果，特别是理论原创成果、人文社科原创成果，往往包括原创的新概念，乃至以原创概念为中心构建新知识体系，例如剩余价值、创新、范式、默会知识、软实力等。原创概念往往作为论文的关键词出现，笔者称之为“原创关键词”，其特征是客观可检，如同引文分析依据客观的参考文献一样。在知识爆炸时代，新词汇、新术语、新概念比较多，其中作为论文关键词而问世者往往是经过提出者深思熟虑、确认是言之成理的新概念，并且往往将其作为研究对象。“原创关键词”是指作为关键词是独创独有，或称之为“首发关键词”，它是作为论文关键词首次出现的新关键词。包括两种情况，一是作者把自己提出的新概念作为关键词首发，二是作者把他人提出的新概念作为关键词首发，该词汇、术语作为论文关键词首次出现，但是在论文全文中、在各种文献中不一定是首次出现。

新词汇首次作为论文关键词或首次出现在论文标题中都是一个重要信号，说明四点：①这个新概念正式登场了，这比只在行文中出现要郑重、要有更多阐述；②原创关键词不一定是全新的词汇，但必须具有新内涵而并非只是换一种说法，通过与以往相关概念的对比凸显其原创性及其意义；③以原创关键词作为研究对象开展研究，而不是一笔带过；④通过罗列、统计具有该关键词或标题中含有该词汇的论文的发表、引用、转载等情况，可以看出这个原创概念的提出者持续研究和积累的情况，以及被学术界研究、接受和传播情况。比起针对在各种行文中出现的新词汇、新术语，对原创关键词的统计、分析可以更有效地反映原创概念的问世、获得承认、应用及传播情况。据此还可以提出原创指数或 01 指数（01-index）等。

关于原创关键词分析法。笔者提出原创关键词分析法，它是以原创关键词作为分析对象的分析法。可以借助学术界已有的关键词分析法进行分析，但是原创关键词分析法又有自己的重点，主要分析四个方面的问题：原创关键词作为原创概念的构成、界定；原创概念的价值、意义；该原创概念得到的认可与传播情况；推荐与用户对接。

（1）原创概念的构成与查新。原创概念由三要素组成：新术语 + 探讨其可研究性 + 对其进行研究并得出新结论。新术语需要对应新内涵，而不是新瓶装旧酒式地换一种说法，只有三要素都具备或简化为两要素（新内涵和新结论）等配套出现时，才称之为提出了一个原创概念，仅仅提出一个新词汇、新术语是不足以构成原创概念的。可见，提出原创概念比提出新术语、新词汇要困难得多也有意义得多，两者区别明显。关于原创概念的查新，不仅查询是否先前有雷同或类似的词汇、术语，更要看其提出者是否自觉地探讨其可研究性且将其作为研究对象开展研究并得出新结论。也就是说，仅仅先前出现过雷同或类似的词汇和术语，并不能否定原创概念的原创性，否则世界各种语言文字之多加上知识爆炸、信息爆炸，就很难认证任何概念是原创了。例如“范式”这个概念并不是库恩首先使用，但是库恩赋予其新内涵并以其为研究对象开展系统研究，提出范式理论和一系列新结论，因此库恩成为范式概念的原创者。“准晶体”这个术语并非由丹尼尔·谢赫特曼（Daniel Shechtman）首次提出，但是由于谢赫特曼正确阐述其机制与意义并给出明确证明，而因此获得 2011 年诺贝尔化学奖，获奖理由就是他发现了“准晶体”。原创概念的生命力在于以其作为对象进行研究是否能够产生一系列新结论、能否开辟新研究领域、新研究方向，并不在于仅仅提出一个新名词、新术语，新词汇满天飞并不意味着出现的都是原创概念。

（2）阐述以原创关键词（原创概念）为研究对象所开辟的新研究领域及其意义，说明原始创新的重要性和理论意义、现实意义。

（3）对原创关键词进行统计分析，以反映原创概念得到认可与传播情况。原创概念往往是一个词汇或术语，可以作为论文的关键词，而原创理论、原创方法、原创学说，都是一段话，不容易识别和分析。例如，学者甲提出原创概念A并加以研究，则可以通过统计分析甲相应的系列成果来评价其原创研究的进展，该系列成果包括以A为关键词的论文、标题包含A的论文、书名包含A的学术专著，以及题目或名称包含A的研究报告或专利。利用原创关键词检索四大文摘（新华文摘、人大复印报刊资料、中国社会科学文摘、高等学校文科学术文摘）的论文转载情况，既可看出原创成果得到承认和传播的变化与现状，适当设计转载权重，还可进行量化分析。由于提出原创概念并非易事，具有原创关键词的论文被转载更难能可贵，因此只要列出具有原创关键词和标题出现该词汇的论文转载情况，足以说明获得好评的程度。目前四大文摘都有长时段的转载论文数据库，盘点原创关键词，即可了解我国人文社科领域、交叉科学领域的原创概念、原创成果及完成人的概况。

（4）推荐系统，对接用户。如上所述，原始创新不仅在做出环节遇到困难，在获得承认环节更是阻力重重，原始创新未必受到同行的欢迎，因此应重点解决原始创新及时获得承认问题。对接用户至关重要，因为用户不会同行相轻、不会嫉贤妒能，用户需要最好的成果和人才。为此需要自上而下、自下而上，双管齐下加以解决。自上而下是指教育部、科技部、中科院等部门开展一流科研机构评估和一流学科评估，应均以原创成果数量为首要指标，如此才能够使得擅长原始创新的学者受到重视和礼遇。

自下而上是指培育懂行而挑剔的用户，普及用户须知，主要有两点：一是以一项原创成果足以认定一流人才，因为层次越高的学者越能用一项原创成果体现其水平，如诺贝尔奖、图灵奖、陈嘉庚科学奖，奖励的都是一项具体的成果。有无原创成果是一流人才的试金石，以“尖”识才、以“剑”识才即可（“尖”和“剑”就是十年磨一剑的原创成果）；二是一流人才与二流人才的差距巨大，两者差距不是程度上的，不是95分与70分的差距，而是方向上、层次上、维度上的不同，一流人才可以助人洞悉先机、转危为安、出奇制胜。掌握用户须知即可成为懂行而挑剔的知识用户。

以著名学者李泽厚提出的原创概念“情本体”为例，说明原创关键词。以中国知网收录论文做统计，李泽厚自己以“情本体”作为关键词（或写入标题中）的论文共9篇，其他学者以“情本体”作为关键词的论文共171篇，将“情本体”写入标题的论文共83篇，两者有部分重叠。此外，新华文摘、人大复印报刊资料也有转载。由此可见，“情本体”这一原创概念得到较多承认与传播。

原创关键词分析法提升了对原始创新、颠覆性创新等突破性成果的评价与推广的效率及品质，对鼓励原始创新、颠覆性创新、早日实现科技自立自强具有积极意义。

## 五、以知识点替代论文：高质量科研产出的基本单位

低标准、逆淘汰。科技高质量发展是尽快实现科技自立自强的重要保障。但是长期以来，学术研究的科研产出都是以论文为基本单位，乃至形成“以刊评文”、唯论文等“五唯”顽瘴痼疾。更糟糕的是，以论文作为科研产出的基本单位，导致考核标准低，极易鱼目混珠、以次充好。大量垃圾论文意味着大部分科研产出系假冒伪劣，意味着大量科研经费的浪费，贻误科研时机，更糟糕的是松垮的科研产出考核制度，包括既是领队又是裁判，“铁饭碗、都合格”，给以次充好和学术平庸大开方便之门。低标准、逆淘汰，考核标准低并非好坏都过关，而是坏人坏事拉帮结派、嫉贤妒能，劣币驱逐良币。

学术平庸是加强基础研究、追求原始创新的最大阻碍。人大教授欧阳志远在《光明日报》发文强调中国科学的真正危机是平庸性论文的泛滥。《新华文摘》原总编辑张耀铭先生指出“学术平庸对学术的蛀蚀，比学术不端更为普遍、更为严重……‘劣币驱逐良币’的现象大量发生。”“平庸之恶”不仅在于自己成事不足、浪费资源，更恶劣的是还要嫉贤妒能、打压英才。因此必须建立健全高效合理的科研考核与监督制度，为此，笔者提出用知识点替代论文作为科研产出的基本单位，既能够遏制垃圾论文的泛滥也可以整治学术期刊乱象。

高标准、优胜出。长期以来，人们以论文作为科研产出的基本单位，体现为“期刊—论文”模式。该模式的有效性高度依赖优良的学风和学者的科研诚信，高度依赖学者对科研的热爱和对自己声誉的珍惜。否则，容易鱼目混珠、以次充好。随着信息技术的快速发展与大规模应用已经可以将科研产出从笼统的论文方式提升到精确的知识点方式，从“期刊—论文”模式跃升到“数据库—知识点”模式。当然，论文依然存在，但是有效产出已经凝练为知识点，对科研产出的考核也集中到知识点，以刊评文、唯论文、期刊乱象将不攻自破，以次充好、学术平庸难以蒙混过关。知识点分为三类：资料点、创新点、突破点。如果文章只有新资料，则不是论文，只是文献、史料。创新点和突破点是研究型论文的产出，创新点四要素：①创新了何物，新观点、新概念、新方法、新理论、新技术、新发明等；②如何创新的，通过提出和解决什么问题实现创新；③与其他相近成果的比较；④创新的意义与影响。突破点四要素如上所述。创新点、突破点均特征鲜明，易于辨识与考核。

以“论文展评模板”考核学术论文，避免以次充好。科技部等八部门发布的《关于开展科技人才评价改革试点的工作方案》强调基础研究类人才适用于论文代表作评价。理论研究、交叉学科、人文社科等学术领域也同样适用。学术研究贵在高精而非量大，

在人才评价、项目评审、机构评估中均应以论文代表作为考评重点。

代表作评价依赖主观性很强的同行评议，不少人担心产生新的不公。笔者提出论文展评模板对论文进行格式化展示，凸显论文优点与不足，通过公开实现公平公正。模板包括3项:（1）论文三要素：研究问题—学术结论—接续比较;（2）新优学术结论/新优学术观点;（3）突破点四要素。

研究问题（Research Question）通常是解释性问题而非描述性问题，有些论文用研究目的或任务代替研究问题，实际上也隐含了研究问题；学术结论，也是论文主要学术观点；接续比较体现出研究是在他人工作基础上的推进或另辟蹊径，是学术结论与流行学术观点（主流或前沿的学术观点）相比的优势和知识增量。

与结论、观点不同，学术结论、学术观点是从具体到一般的概括与升华，而结论、观点只是就事论事的看法。例如科学社会学奠基人默顿首次用“马太效应”说明“对已有相当声誉的科学家做出的贡献给予的荣誉越来越多，而对于那些还未出名的科学家则不肯承认其成绩”。这是学术结论、学术观点。而“张三是名教授，大项目和荣誉越来越多；李四是副教授，水平高却申请不到大课题也没有获奖”则只是结论、观点，该文只是文章而非学术论文。从形式上可识别是否为学术结论、学术观点。

研究新案例可产生新结论、新观点，但不一定能提炼、升华出新的学术结论、学术观点。因为即使该案例没有被研究过，但是已被流行学术结论、学术观点所覆盖，这样的研究不能形成学术论文。研撰合格的学术论文并非易事。

新优学术结论是新颖且优于（至少一种）流行学术观点的学术结论，是创新点，有之则为合格学术论文。如果学术结论突破了主流学术观点，则为杰出论文。

展评模板及“评文三问”法：公开透明，接受监督。学术评价贵在公开透明，用论文展评模板展示便于区分学术论文是否合格、是否杰出，作为展评模板简明版的“评文三问”法同样有效：探究并展示出论文的学术结论是什么？是否新颖？与流行学术观点相比有何优势？人们即可做出评判。据此扫描审视，可印证上述知名学者关于垃圾论文的判断。

用论文展评模板检验已发表的论文就会发现，大量发表的所谓论文尽是“三无产品”“两无产品”，缺少论文的形式要件，根本就不是学术论文，其比例之大超出想象，与上述三位知名学者关于存在大量垃圾论文的判断一致，巨量科研经费付诸东流。

目前我国科技发展正从引进吸收、跟踪跟进阶段向原始创新、自立自强阶段跃升，后者的科研难度骤增。如果“跟班式”科研的难度是1分，那么原始创新的科研难度就是100分、200分甚至更高，科研考核标准也应该随之增高，否则“管理者通吃”、唯“帽子”通吃仍然大行其道，劣币驱逐良币。

科研是高端高尚的智力竞赛与精神追求，理想的科研环境是：除了真正的世界级一流学者享有学术权威的话语权之外，其他科研人员都一律平等对话、公平竞争。原始创新往往是十年磨一剑，如上所述，“一把剑主义”四要点可作为原创成果展评模板，加之论文展评模板和创新点四要素、突破点四要素等，基于这些开展论文评价，可有效杜绝以次充好、杜绝垃圾论文。

## 六、结语

众所周知，破“四唯”、破“五唯”已经三年，收效并不显著；“管理者通吃”、唯“帽子”至上、学术不端、垃圾论文等顽瘴痼疾仍未破除，由于“抄作业”的科研难度低，有巨量科研经费的支撑，科研系统仍然可以运行。目前，我国科研事业正从引进吸收、跟踪跟进阶段向加强基础研究、追求原始创新的自立自强阶段转型、跃升，科研难度骤增，顽瘴痼疾缠身的内卷科研体系根本不能胜任。实现科技自立自强，需要“另起炉灶”，构建新型科技体制机制。应依据原始创新甄选一流科技人才，回归科技史与国际通行的标准，提出原创成果展评模板与原创关键词及分析法、论文展评模板等新评价方法，提出以知识点而非论文作为科研产出的基本单位，大幅提高科技人才评价标准与科研考核标准，加强科研监督，坚决杜绝以次充好。高标准严要求的受益者不仅是原创成果和一流人才，更包括风清气正的科研机构、德才配位的人才秩序与热爱科学、孜孜以求的广大学人。

三点建议：（1）人才评价、项目评审、机构评估的重点均为代表作，须公开公示；（2）用“研究问题 / 目的—学术结论—接续比较”作为论文摘要，确保论文品质。通过公开展示实现公平公正，破除“以刊评文”、以次充好；（3）采用新评价方法盘点十年磨一剑原创成果，让大材小用、大材中用的一流人才脱颖而出。据上述方法研发的 AI 评价软件成效将更加显著。率先实施者，顺应科技人才评价改革与教育评价改革的大潮，在一流人才争夺战中抢占先机。

## 参考文献：

[1]刘益东. 从同行承认到规范推荐——开放评价引发的开放科学革命与人才制度革命［J］. 北京师范大学学报（社会科学版），2020（03）.

[2]刘益东. 用“互联网+代表作”落实代表作评价制度——并论开放评价引发的开放教育革命［J］. 情报资料工作，2020，41（03）.

[3]刘益东.“高门槛& 宽门框”的杰才标准与开放式评价：实施新型的学术带头人负责制是科技体制改革的突破口［J］. 未来与发展，2014，38（09）.

[4]李醒民. 库恩在科学哲学中首次使用了“范式”（paradigm）术语吗？［J］. 自然辩证法通讯，2005（04）.

[5]顾也力. 中国95%科研论文是垃圾，必须反思科研监督体系[OL]. 南方都市报，https://tv.sohu.com/20080306/n255568748.shtml，2022-09-20.
[6]熊丙奇. 警惕科研“举国体制”[J]. 民主与科学，2010(03).
[7]钟世镇. 科技界声音[J]. 科技导报，2012，30(26).
[8]刘益东. 打造以一流人才为中心的卓越科研体系——关于设立基础研究特区的建设与思考[J]. 国家治理周刊，2022(02).
[9]张耀铭. 学术期刊乱象诊断[N]. 北京日报，2015-06-08.

# 家校社协同在教育与人才培养中的战略意义、机遇与挑战

苏君阳[①]

**摘　要：**家校社协同目前已成为我国政府与社会共同的关注与行动。积极推进家校社协同有利于为党和国家培育更多、更优秀人才，有利于保障教育现代化理念的深入贯彻执行与推进高质量教育体系建设，有利于保障人才强国战略目标的顺利实现。以人民为中心发展教育理念的确立、教育领域综合改革的进一步深化、《家庭教育促进法》的深入贯彻与实施给家校社协同带来诸多的发展机遇。家校社协同在教育与人才培养中面临如下挑战：学校、家庭、社会协同的自觉意识有待加强；家校社协同主体能力建设有待进一步强化；家校社协同的空间基础有待拓展；家校社协同保障体系有待进一步完善。

**关键词：**家校社协同；人才培养；战略意义；发展机遇；面临挑战

习近平总书记在十九大报告中指出，实现中华民族伟大复兴是近代以来中华民族最伟大的梦想。实现中华民族伟大复兴需要教育能够培养出更多更好的各行各业领域的人才。积极推进家校社协同在教育事业发展与人才培养中皆具有非常重要的战略意义与价值，二十大的召开给家校社协同带来了诸多的机遇与挑战。

## 一、家校社协同在教育与人才培养中的战略意义

### （一）家校社协同是为党和国家培育更多、更优秀人才的需要

人才培养首先需要解决的是为谁培养人的问题，其次才是解决培养什么样的人，怎样培养人的问题。一个国家的教育事业，其培养的人才总是要为一个政党和国家的建设与发展服务的。我国是中国共产党领导下的社会主义国家，因此，我国社会主义教育事业所培养的人才必然是为党和国家服务的。党的二十大报告明确指出，今后将继续坚持教育优先发展战略、实现科技的自立自强、人才的引领驱动，加快建设教育强国、科技强国、人才强国，坚持为党育人、为国育才，这里已明确指出了今后人才培养的方向问题。

① 苏君阳，北京师范大学教授、博士生导师，北京师范大学教育管理学院院长，中国教育发展战略学会家校协同专业委员会副理事长。

为党育人，强调了思想政治教育的重要性。党的二十大报告谈到的教育并不仅仅是科学文化知识教育，其还包括：（1）爱国主义、集体主义、社会主义教育；（2）理想信念教育；（3）国家安全教育；（4）国防教育；（5）党史、新中国史、改革开放史、社会主义发展史学习与宣传教育；（6）社会主义核心价值观与法制宣传教育。为党育人、为国育才是人才培养的政治方向，能否按照这一方向培养人才，仅仅依靠学校的力量是难以完成的，需要学校、家庭与社会的协同合作。

人才培养需要解决两个方面的重要问题，一个是政治性问题，另一个是科学性问题。政治性是人才培养的方向性要求，而科学性则是人才培养的质量要求。教育培养的人才为谁服务是人才培养方向中的首要问题与根本问题。教育怎样培养人才这是人才培养质量的首要问题与根本问题。但不论是人才培养的方向，还是人才培养的质量，皆需要家校社的协同合作。家庭是人才培养的出发地，学校是人才培养的集中地，社会是人才培养的目的地。家校社是否能够协同合作对人才培养的政治方向与质量皆有非常重要的影响。

### （二）家校社协同是保障教育现代化理念贯彻执行，推进高质量教育体系建设的需要

1. 有利于教育现代化理念的贯彻执行

《中国教育现代化 2035》确立了推进教育现代化的八大基本理念：更加注重以德为先，更加注重全面发展，更加注重面向人人，更加注重终身学习，更加注重因材施教，更加注重知行合一，更加注重融合发展，更加注重共建共享。

在教育现代化八大理念中，每一种理念的有效贯彻与实施仅仅依凭学校的力量是难以实现的，皆需积极推进家校社的协同合作。一个人的品德是在家校社共同作用、相互影响下形成的；全面发展、面向人人、终身学习、因材施教、知行合一、融合发展与共建共享等理念的深入贯彻与实施，皆离不开家庭与社会的支持，即家校社的积极协同合作。

家校社协同不应仅仅限于育人活动之中，在整个教育事业发展过程中对于家校社协同皆存在着非常重要的需求。但，不论家校社协同发生在教育事业哪个层面，其最终的目的与根本的目的皆是提升育人质量。

2. 有利于推进高质量教育体系建设

教育体系有广义与狭义两种理解：狭义教育体系即谓学校教育体系，广义的教育体系除了包括学校教育以外，还包括家庭教育与社会教育。从理论上来分析，高质量教育体系不仅应包括学校教育体系，还应该包括家庭教育体系与社会教育体系。但从当下的政策与实践语境来考量，目前，高质量教育体系仅仅指的是学校教育体系，而不包括家庭教育体系与社会教育体系。

在全面育人质量过程中，家庭教育体系与社会教育体系建设同样也不应被忽视。在推进高质量教育体系建设过程中，首先需要做好的是学校教育体系建设工作，这是高质量教育体系建设的重点与关键。从未来的长远发展角度来分析，家庭教育体系与社会教育体系亦应纳入高质量教育体系建设范畴，尤其是在推进服务全民终身学习的学习型社会、学习大国建设进程中。不论是推进学校教育体系建设，还是推进家庭教育体系与社会教育体系建设，皆需要发挥学校、家庭与社会的作用，积极推进三者之间的协同与合作。

### （三）家校社协同是保障人才强国战略目标顺利实现的需要

人才强国战略目标的实现需要解决好两个问题：其一是人才规模；其二是人才质量，尤其是拔尖创新人才质量。人才培养的规模主要和一个国家的经济发展水平及其政府重视程度有关，人才培养质量除了会受到前面两个因素影响以外，更重要的是还会受到学校、家庭与社会因素影响。

我国是世界上受教育人口基数最多的国家，2020 年第七次全国人口普查我国拥有 14 亿多人口，其中，大中小学生与 6 岁至 15 岁未接受教育的文盲人数近 2 亿 3 千万[①]，我国需要接受教育的人口规模比世界上绝大多数国家的人口规模还要多。未来普及义务教育的年限必将会得到延长，因此，保障人才培养规模的任务将会更加艰巨。尽管人才培养的规模主要和一个国家的教育投入能力有关，但，如果没有学校、家庭与社会的协同，那么，人才培养的规模也难以得到保障。

截至 2020 年，我国当前的人口结构中，共有专科人才 112303002 人，本科人才 104921649 人，合计 217224651 人。[②] 这种人才规模在保障我国经济实现高速发展过程中，起到了非常重要的作用。在实现人才强国战略目标过程中，在保障人才培养规模的同时，需要加大高层次人才培养力度，尤其是拔尖创新人才的培养质量，同时也需要全面整体提升人才培养的质量水平。

截至 2020 年，我国各级各类学校 53.71 万所，已登记社会组织 90 万个，慈善组织超 1 万个。如果每个家庭、社会组织以及社会成员在人才成长过程中都能够发挥它的积极作用，那么，人才培养质量必将会得到大规模的提升，从而有助于中华民族伟大复兴的顺利实现。

## 二、家校社协同在教育与人才培养中面临的发展机遇

### （一）教育领域综合改革的进一步深化

深化教育领域综合改革是党的二十大报告关注的教育改革内容之一。今后在深化教

① 国务院第七次人口普查领导小组办公室．中国人口普查分县资料——2020［M］．北京：中国经济出版社，2022.

② 国务院第七次人口普查领导小组办公室．中国人口普查分县资料——2020［M］．北京：中国经济出版社，2022.

育领域综合改革的过程中，应该将教材建设和管理、学校管理和教育评价体系建设、学校家庭社会育人机制的完善作为重点关注。

学校管理与教育评价是一项复杂的系统工程，为了充分发挥学校的管理效能，合理发挥评价的育人效应，就需要家长与社会的合理参与。家长参与学校事务不仅包括管理活动，也包括评价活动。社会参与学校事务范围是有限的，并且，对参与学校事务的社会组织应提出很高的专业与合理性要求。

健全学校家庭社会育人机制其本身就是基于提升育人质量的考虑而提出的一项协同要求。家校社协同有自然性协同与社会性协同两种基本形式。社会性协同又包括积极协同与消极协同两种形式。在家校社协同过程中，首先需要做好的是自然性协同，在自然性协同基础上做好积极社会性协同。自然性协同是家校社协同的首要原则。所谓的自然性协同就是指家校社各自能够做好自己应该做的事情。当家校社不能做好自己应该做的事情，那么，就需要积极推进社会性协同。社会性协同既包括职责以外的协同，也包括职责以内的协同。家校社协同应该以职责以外的协同为主。在积极的社会性协同中学校、家庭与社会是主动的，而在消极的社会性协同中学校、家庭与社会三者皆是被动的。

国家将深入推进学校管理和教育评价体系的完善以及学校家庭社会育人机制建设作为深化教育领域综合改革的重要内容，其必然会给家校社协同带来诸多的发展机遇。

### （二）《家庭教育促进法》的深入贯彻与实施

《家庭教育促进法》（以下简称《促进法》）的颁布旨在保障与提升家庭教育事业发展水平，提升家长育人能力与家庭教育质量水平。《促进法》共分五章，第二章、第三章、第四章分别对家庭、政府与社会应尽的责任、义务作出了明确规定。其中，第四章所规定的责任与义务主体除了社会组织与机构以外，也包括了学校。该法第六条规定各级人民政府指导家庭教育工作，建立健全家庭学校社会协同育人机制。

《促进法》对政府责任与任务的规定，为家校社协同合作提供了可靠的组织、制度、规范以及经费保障基础。该法明确规定政府统筹推进家庭教育指导服务体系建设，将家庭教育指导服务纳入城乡公共服务体系和政府购买服务目录，将相关经费列入财政预算，鼓励和支持以政府购买服务的方式提供家庭教育指导，政府制定相应的家庭教育指导服务工作规范和评估规范。

《促进法》明确了家校社协同合作方向与重点，具体体现在家庭教育的内容、方式、方法等方面对家庭责任作出了规定。

《促进法》将学校的责任与义务纳入到了社会协同章节内容之中。对家校社协同育人机制做出了诸多具体规定，诸如学校家长学校、社区家长学校、家庭教育指导服务站点等。此外，对学校、社区支持家庭教育的基本方向与义务作出了明确规定。

### （三）全民终身学习的学习型社会、学习型大国建设的推进

党的二十大报告指出推进教育数字化，建设全民终身学习的学习型社会、学习型大国。学习型社会、学习型大国是建立在全民终身学习基础之上的。因此，没有全民终身学习就不会有学习型社会与学习型大国的建成。而全民终身学习的实现又是建立在教育数字化普及基础之上，没有教育数字化的普及，实现全民终身学习也就会成为一句空话。

建设全民终身学习的学习型社会、学习型大国以及教育数字化的推进，将会给家校社协同事业发展带来如下几个方面的机遇：第一，国家与社会对家校社协同的重视程度将会愈来愈高；第二，家校社协同机制与途径将会得到拓宽；第三，家校社协同的愿望与需求将会得到更好的满足。反过来，一旦家校社协同得到深入推进以后，那么，其也会有助于进一步完善终身学习体系，建设学习型社会。①

## 三、家校社协同在教育与人才培养中面临的挑战

### （一）学校、家庭、社会自觉协同意识有待加强

家校社协同包括制度性与非制度性协同，不论是前者还是后者，皆需要三者具有很强的自觉协同意识。客观而言，家校社协同的制度与机制基础是相对比较容易建立的，但家庭、学校与社会若想形成自觉协同意识与愿望，需经比较漫长的过程。目前，我国家校社协同育人制度与机制还很不完善，尽管在《促进法》中对相关组织与机制建设已经作出了明确规定，但，很难快速地在全国范围内普遍建立起来。此外，社会上对家校社协同的意义、价值认识程度不够深刻，重视程度还有待提升，因此，在这种情况下就很难形成学校、家庭与社会自觉协同意识。

客观而言，家校社协同仅仅有制度规定、组织与机制建设是不够的，其更需要的是学校、家庭与社会能够形成协同的自觉，对于非制度性协同更是如此。非制度协同既包括组织性的，也包括个体性的。当学校、家庭与社会中的每个个体都有自觉协同意识时，育人的整体质量与效应才能够得到大面积提升。

### （二）家校社协同主体的能力建设有待进一步强化

家校社协同在提升育人质量促进教育事业发展过程中，不仅需要家校社协同的自觉以及制度机制建设为保障，更需要以家校社协同能力的提升为前提。家校社协同能力主要包括三个方面：育人能力、合作能力与沟通能力。不同主体在协同的过程中所需要的能力结构是不同的。对于家庭而言，需要形成的是以育人能力为主、沟通能力为辅，合作能力为必要补充的能力结构。对于学校而言，育人能力、合作能力与沟通能力同样重要。对于社会而言，需要形成的是以育人能力为主，合作能力为辅，沟通能力为必要补

① 邵晓枫，郑少飞．新形势下的家校社协同育人：特点、价值与机制［J］．现代远程教育研究，2022，34（05）．

充的能力结构。

在推进家校社协同过程中，不论是对于哪类主体，前述所提及的几种能力皆是不可或缺的，皆需要提升。但，从不同能力在不同主体参与协同的能力结构中所具有的重要性来分析，今后迫切需要大力提升的是学校合作能力、家庭的育人能力以及社会的沟通能力。从实践层面来分析，不论是家庭、学校还是社会，在提升育人质量与保障教育事业发展过程中，皆存在着能力不足的挑战。

### （三）家校社协同的空间基础有待进一步拓展

家校社协同空间主要包括制度空间、技术空间与文化空间三个方面。《促进法》颁布后为家校社协同空间建设工作的开展奠定了良好的制度基础，但其建设水平还需大大提升。在制度空间建设过程中，首先需要完善必要的制度体系，其次需要提升制度的供给能力。制度供给能力包括两类：一类是保障能力；另一类是可选择能力。技术空间包括协同本身技术空间与教育问题解决的技术空间两个组成部分。目前，不论是学校、家庭，还是社会，其技术空间建设能力皆需要大力加强。文化空间主要包括教育观念文化空间与协同文化空间两个组成部分。教育观念文化空间是在人才培养以及家庭文明、国家文明与社会文明建设中形成的，之于人才培养以及家庭文明、国家文明与社会文明建设的重视程度不同，那么，教育观念的文化空间也就不同。协同文化空间建设主要是受对协同重要意义的认识程度以及协同行为自觉性高低的影响。

为了充分发挥家校社协同在教育与人才培养中的重要意义与价值，就需要不断加强家校社协同空间的基础建设，而不论对于家庭、学校与社会，在这方面皆面临着很大挑战。制度空间建设需要建立相对完善的制度体系与提升制度供给能力。技术空间建设需要全面提升全体社会成员的教育素质，文化空间建设则需要大力加强校风、家风与社会风气建设。

### （四）家校社协同保障体系有待进一步完善

家校社协同育人事业的发展除了需要建立比较完善的制度保障体系以外，还需要建立可靠的技术与经费投入保障体系。

制度保障体系包括法律、法规与规章三个层次。其中规章包括国家、地方与单位组织三个层级。尽管国家已经颁布实施了《促进法》，但仅有这一部法律的保障是不够的，今后还需要推进与加强行政法规、规章以及单位内部的规章制度建设。

技术保障主要是由技术实践保障与技术研究保障两个部分组成的。技术实践保障又是由育人能力保障与协同能力保障两个部分组成的。育人能力的提升是一项长久的系统工程，因此，家校社协同主体要积极树立终身学习意识与精神，不断提升自身的育人能力水平。目前，我国家校社协同能力建设还处在起步发展阶段，难以适应人才培养质量提升与实现教育高质量发展的需求。此外，为了推进家校社协同的实现，提升人才培养质量水平，今后还需要大力开展与加强协同技术问题研究，使得家校社协同发展能够获得科学研究上的保障与支持。

经费投入主体不仅包括政府，还应包括学校、家庭与社会。目前，政府经费投入已经在《促进法》中作出了明确规定，但由于受一些地方政府的经费投入能力不足，以及对家校社协同重视程度不高等因素影响，政府财政经费的保障体系建设将会是比较漫长的。学校、家庭与社会三类协同主体的经费投入是属于间接的经费投入，而不是直接经费投入，因此，不能纳入经费预算范畴。未来家校社协同经费投入体系建设与保障能力皆需要大大提升。

# 教育国际标准助力人才培养高质量可持续发展

李文远①

**摘　要：**当前，中国社会步入了高质量发展新时代，而中国共产党第二十次全国代表大会提出的“教育—科技—人才”高质量发展战略，则成为中国社会高质量发展的根本基础。因此，教育组织如何才能通过提供高质量的教育产品和服务，为中国社会培养出德智体美劳全面发展的高素质人才，从而满足学员和其他受益者（政府主管部门、家长、用人单位、教师、投资者等）的需求和期望，就成为全社会所关注的焦点。为此，国际标准化组织（ISO）发布的教育和学习服务系列国际标准，将有力促进“教育—科技—人才”高质量发展战略，从而助力中国高质量可持续发展。

**关键词：**国际标准；教育组织管理体系；高质量人才培养

## 国际背景

2015 年 9 月 25 日，联合国可持续发展峰会在纽约总部召开，联合国 193 个成员国在峰会上正式通过 17 个全球可持续发展目标，从而彻底解决社会、经济和环境三个维度的发展问题。其中第 4 项目标是“高质量教育”：确保为全球提供包容而公平的高质量教育，促进全人类享有终身学习的机会。

众所周知，教育不仅是人类的一个基本权利，而且是人类社会发展的一个根本基础，因此教育组织所提供的教育产品和服务质量就成为社会上每一个人所关注的焦点。虽然教育组织尚不能对其教育输出结果的质量作出完全而必然的保证，但是许多教育组织都作出大量努力来促进教育质量和水平的提升，从而满足学员以及其他受益者的需求和期望，并确保学员能够得到他们所期望的高质量教育产品和服务。

如何才能确保教育组织提供高质量的教育产品和服务？国际标准化组织（ISO）于 1987 年发布的 ISO 9001 质量管理体系国际标准，在过去 30 多年中帮助社会各种组织建立、实施、保持和改进质量管理体系所取得的巨大成功，为广大组织带来了良好社会效

① 李文远，中国教育发展战略学会教育认证专业委员会学术委员会副主任。

益和经济效益，为在教育领域应用和实施教育组织管理体系奠定了坚实基础。

国际标准化组织（ISO）是国际上三大标准化组织之一，在全世界范围内标准化领域最具权威性。我们国家的标准化政策是积极采用国际标准和国外先进标准，积极参与 ISO 相关标准化活动，而且将 ISO 发布的众多国际标准采用为中国国家标准。

ISO 认识到联合国高质量教育可持续发展目标对于人类社会可持续发展的重要性，并鉴于教育领域与其他各行各业所具有的独特性，于 2013 年专门成立了《ISO/PC 288 教育组织—教育组织管理体系—要求及使用指南》国际标准项目委员会，其目的是在 ISO 9001 质量管理体系标准的基础上，制定出一个适用于教育和学习服务领域独特要求的教育组织管理体系国际标准。

为此，来自 39 个 ISO 成员团体的 86 位专家以及一些不同类型教育组织的相关方代表积极参与了这一国际标准的制定工作。中国作为 ISO/PC 288 项目委员会的“积极成员（正式成员）”，也派出专家参与了这个国际标准的制定工作。因此，这一国际标准的制定具有广泛的代表性。

经过 ISO/PC 288 项目委员会专家们 5 年左右时间的不懈努力，《ISO 21001：2018 教育组织—教育组织管理体系—要求及使用指南》国际标准于 2018 年 5 月正式发布。这一标准作为教育和学习服务领域国际标准化的一个里程碑，为教育组织提供高质量教育产品和服务，从而满足学员和其他受益者的需求和期望，提供了一个国际化、标准化和系统化的质量管理体系框架。

为此，本文将向大家介绍《ISO 21001：2018 教育组织—教育组织管理体系—要求及使用指南》标准相关情况，从而使这一教育组织管理体系标准得到大家的理解、认同并落地实施，以助力我国教育领域全面高质量可持续发展。

我国开展 ISO 21001 标准管理体系研究与实施的重要性：

以习近平新时代中国特色社会主义思想为指导，坚持中国特色社会主义教育发展道路，全面贯彻党的教育方针，遵循教育规律，严格遵守国家法律和各项规章制度，推动我国教育服务认证工作的进一步开展，促进我国教育高质量可持续发展。

教育部于 2018 年 11 月 27 日发布了《教育部关于完善教育标准化工作的指导意见》，强调要加大国际教育标准跟踪、评估和转化力度，注重吸收借鉴国际经验，加强与主要国家之间标准互认，推动中国教育标准“走出去”。国务院于 2019 年 2 月印发《中国教育现代化 2035》明确提出了：建立新型教育服务监管制度、加快形成现代化的教育管理与监测体系；加强与国际组织合作，积极参与全球教育治理，深度参与国际教育规则、标准、评价体系的研究制定，形成充满活力、富有效率、更加开放、有利于高质量发展的教育体制机制。

教育机构向社会提供的基本产品是教育服务，建立教育服务质量认证制度，保证教育机构质量管理体系标准的科学性、系统性对国家教育事业的健康发展具有重要意义。因此，我们建议成立一个促进教育服务标准学术研究和交流的平台，团结有志于从事教育服务认证标准研究的机构和人员，共同推动这项工作的开展，探索具有中国特色的第三方教育服务标准与认证体系。

## 一、教育组织管理体系概念

管理体系是一个组织建立方针和目标以及实现这些目标的过程的相互关联或相互作用的一组要素。管理体系要素包括组织的结构、岗位和职责、策划、运行、方针、惯例、规则、理念、目标，以及实现这些目标的过程。

一个管理体系可以针对某一领域或多个领域，例如教育组织管理、质量管理、财务管理或环境管理。

教育组织管理体系包括教育组织确定其目标，以及为获得期望的结果确定其过程和所需资源的活动；对相互作用的过程和所需的资源进行有效管理，可以向相关方提供价值并实现结果；能够使最高管理者通过考虑其决策的长期和短期影响而优化资源的利用；给出了在提供教育产品和服务方面针对预期和非预期的结果确定所采取措施的方法。

## 二、ISO 21001：2018 教育组织管理体系标准介绍

《ISO 21001：2018 教育组织—教育组织管理体系—要求及使用指南》标准以 ISO 9001：2015 质量管理体系标准为基础，并在此基础上增加了教育和学习领域的特定要求，特别适用于下列教育组织建立和实施教育组织管理体系：学前教育学校、小学、初中和高中、学院、大学、成人教育学校、特殊教育学校、职业教育和培训学校、辅导中心、培训机构、教育部门、咨询机构以及其他非正规教育服务提供者。

ISO 21001：2018 教育组织管理体系宗旨：

ISO 21001：2018 证实了其在满足适用的法律法规要求的基础上，能够持续提供、分享和促进知识构建的能力；通过有效实施 ISO 21001：2018 教育组织管理体系，包括体系持续改进过程，旨在增强学员和其他受益者满意。

ISO 21001：2018 教育组织管理体系要求及其使用指南：

ISO 21001：2018 标准按照 ISO 管理体系标准高级结构，规定了教育组织管理体系如下要求及其使用指南：

| ISO 21001：2018 教育组织管理体系标准要求 | | | |
|---|---|---|---|
| 章节 | 标准要求 | 章节 | 标准要求 |
| 1 | 范围 | 6 | 策划<br>—应对风险和机遇的措施<br>—教育组织目标及其实现的策划<br>—变更的策划 |
| 2 | 规范性引用文件 | 7 | 支持<br>—资源<br>—能力<br>—意识<br>—沟通<br>—成文信息 |
| 3 | 术语和定义 | 8 | 运行<br>—运行的策划和控制<br>—教育产品和服务的要求<br>—教育产品和服务的设计和开发<br>—外部提供的过程、产品和服务的控制<br>—教育产品和服务的交付<br>—教育产品和服务的放行<br>—教育不合格输出的控制 |
| 4 | 组织环境<br>—理解组织及其环境<br>—理解相关方的需求和期望<br>—确定教育组织管理体系的范围<br>—教育组织管理体系 | 9 | 绩效评价<br>—监视、测量、分析和评价<br>—内部审核<br>—管理评审 |
| 5 | 领导作用<br>—领导作用的承诺<br>—方针<br>—组织的岗位、职责和权限 | 10 | 改进<br>—不合格和纠正措施<br>—持续改进<br>—改进的机遇 |
| ISO 21001：2018 教育组织管理体系标准附录（使用指南） | | | |
| 附录 A（规范性附录）：早期儿童教育补充要求<br>附录 B（资料性附录）：教育组织管理体系原则<br>附录 C（资料性附录）：教育组织相关方分类<br>附录 D（资料性附录）：与相关方沟通指南<br>附录 E（资料性附录）：教育组织的过程、测量和工具<br>附录 F（资料性附录）：与地区性标准协调整合示例<br>附录 G（资料性附录）：教育组织的健康和安全考虑 | | | |

ISO 21001：2018 标准管理体系采用“策划—实施—检查—处置（PDCA）”循环过程方法：

ISO 21001：2018 标准倡导教育组织积极采用“过程方法”建立、实施、保持和改进教育组织管理体系，从而使教育组织通过满足学员和其他受益者的要求，来增强学员和其他受益者的满意。

在教育组织管理体系中采用“过程方法”，可以使教育组织能够：

理解如何满足学员和其他受益者的要求并对此保持一致性；

从增值角度来考虑业务过程及其管理；

有效实现过程绩效；

基于数据和信息评价结果进行过程改进。

ISO 21001：2018 标准结构在“PDCA”循环中的展示如图 1 所示：

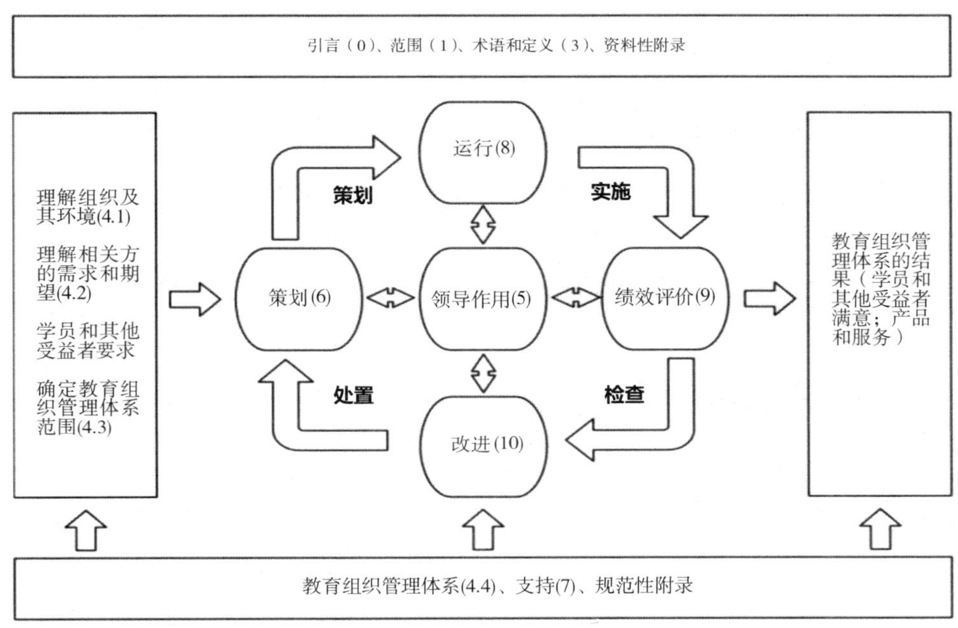


图 1

## 三、ISO 21001：2018 标准管理体系价值与优势

ISO 21001：2018 标准管理体系价值如图 2 所示：

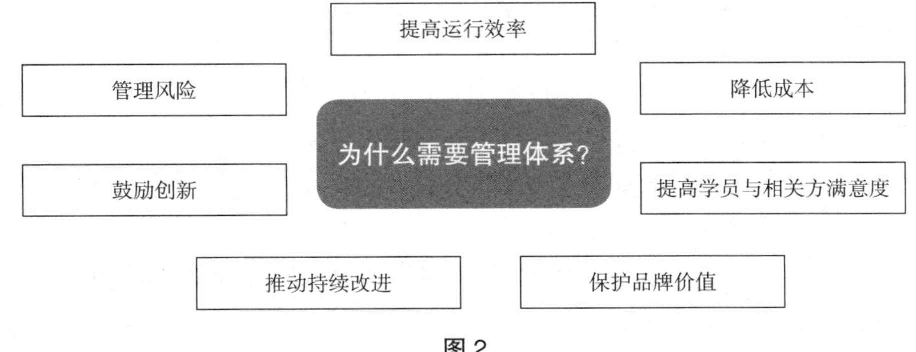


图 2

实施 ISO 21001：2018 标准管理体系优势：

1. 更好地使教育组织的目标和活动与其方针保持一致；

2. 向所有相关方提供包容而公平的高质量教育，增强教育组织所承担的社会责任；

3. 促进更加个性化的教育和学习服务，特别是对于那些有特殊教育需要的学员和远程学习的学员；

4. 通过采用一致性过程和评价工具，证实与提高教育组织运行的有效性和效率；

5. 提高教育组织的可信性和声誉；

6. 证实教育组织对于有效进行教育质量管理的承诺；

7. 在教育组织建立持续改进的良好文化；

8. 可以在一个管理体系框架内，使 ISO 21001：2018 标准与相关地区性标准、国家标准、行业标准、团体标准、教育和学习服务标准、专有标准以及其他相关标准和要求协调整合为一体使用；

9. 促进教育组织相关方更广泛的积极参与；

10. 促进卓越绩效和创新。

## 四、ISO 21001：2018 标准适用对象

ISO 21001：2018 标准规定的所有要求都是通用的，旨在适用于通过教学、培训或研究来提供、分享和促进知识构建的教育组织，无论这些教育组织的类型如何、规模多大以及提供的教育产品和服务种类不同。ISO 21001：2018 标准也适用于其核心业务不是教育的大型组织中内部教育组织（例如大型组织中的职业培训部门或管理学院）。

也就是说，ISO 21001：2018 标准适用于任何利用课程来提供、分享和传授知识的教育组织，其中包括但不限于：学前教育学校、小学、初中和高中、学院、大学、成人教育学校、特殊教育学校、职业教育和培训学校、辅导中心、培训机构、教育部门、咨询机构以及其他非正规教育服务提供者。

## 五、ISO 21001：2018 教育组织管理体系实施原则

ISO 21001：2018 标准以 12 项教育组织管理体系原则作为指导思想，现将每项教育组织管理体系原则概述如下：

原则 1：以学员和其他受益者为关注焦点

教育组织管理体系的首要关注点是满足学员和其他受益者的要求，并超越他们的期望。教育组织应根据社会的需要、教育组织的愿景和使命以及课程目标和成果，使学员积极参与到自己的学习之中。

原则 2：远见卓识的领导作用

远见卓识的领导作用是让所有学员和其他受益者积极参与建立、制定和实施组织的使命、愿景和目标。

原则 3：全员积极参与

所有胜任、经授权并积极参与的相关人员，是组织提供价值的必要条件。

原则 4：过程方法

将活动作为相互关联、功能连贯的过程（包括输入和输出）组成的体系来理解和管理时，可更加高效率地得到一致的、可预知的结果。

原则 5：改进

成功的组织持续关注改进。

原则 6：循证决策

基于数据和信息的分析和评价的决策与课程，更有可能产生期望的结果。

原则 7：关系管理

为了持续成功，组织需要管理与相关方（如供方）的关系。

原则 8：社会责任

承担社会责任的组织是可持续的，并能确保长期成功。

原则 9：可获得性和公平

成功的组织具有包容性、灵活性、透明度和负责任，以应对学员的个性而特殊的需求、兴趣、能力和背景。

原则 10：教育行业道德行为

道德行为是指组织创造一个道德职业环境的能力，在这种环境中，所有相关方都得到公平的对待，利益冲突得到避免，并为社会的利益而开展活动。

原则 11：数据安全和保护

组织创造一个环境，使所有相关方都能充分信任地与教育组织进行互动，使它们能够对自己数据的使用保持控制，而且教育组织将以适当的谨慎而保密的方式来处理它们的数据。

原则 12：基于风险的思维

ISO 21001：2018 标准采用基于风险的思维，并将其作为实现教育组织管理体系有效性的基础。

为了满足 ISO 21001：2018 标准要求，教育组织需要策划和实施相关措施以应对风险和机遇。教育组织通过应对风险和机遇，从而为提高教育组织管理体系的有效性、获得改进结果以及防止不利影响奠定基础。

## 六、ISO 21001：2018 标准在我国教育领域的应用和实施

ISO 21001：2018 标准是基于全球范围内教育组织管理体系指导理论和最佳实践经

验，并充分考虑了不同国家在教育管理原则、方法和过程上的差异性，因此这一标准具有广泛的包容性和适用性。

ISO 21001：2018 标准积极鼓励其与区域、国家以及其他标准一起应用和实施。为此，这一标准还特别在附录 F 中列出了《ISO 21001：2018 标准与欧洲职业教育和培训质量保证框架（EQAVET）协调整合示例》。因此，我国教育组织在应用和实施这一标准中，完全可以将我国关于教育方面的法律法规、规章制度、标准及相关要求融入这一教育组织管理体系中，这样可以促进我国教育方面的法律法规、规章制度、标准及相关要求更加系统而有效地发挥其应有作用，从而有助于我国广大教育组织广泛而深入地提升其教育产品和服务质量管理水平。

为了使 ISO 21001：2018 教育组织管理体系标准在我国教育领域得到广泛而深入的应用和实施，最重要的是使我国教育主管部门和教育组织领导人了解这一标准的指导原则、内容、要求、方法、产生的社会效益，以及如何有助于我国教育领域高质量发展。因此，这一标准只有得到我国教育主管部门和教育组织领导人的认可与重视，才能使其在我国教育领域得到广泛而深入的应用和实施，从而使其发挥应有的积极作用并产生良好的社会效益。

## 七、结束语

综上所述，《ISO 21001：2018 教育组织—教育组织管理体系—要求及使用指南》标准，为广大教育组织提供了一个国际化、标准化、系统化的质量管理框架，从而使教育组织能够更好地向学员和其他受益者提供高质量的教育产品和服务。

随着 ISO 21001：2018 标准得到越来越多教育组织的理解和认同，一些教育组织纷纷按照这一标准建立和实施教育组织管理体系，并通过了 ISO 21001 教育组织管理体系认证。而一些认证机构，也开始陆续向广大教育组织提供 ISO 21001 教育组织管理体系认证服务。因此，预计在未来几年，ISO 21001 教育组织管理体系的应用一定会在广大教育组织中得到广泛而快速的发展。

教育组织通过有效实施 ISO 21001 教育组织管理体系，无疑会提升其总体质量管理水平，更好地为中国社会培养出德智体美劳全面发展的高素质人才，从而为中国社会更快、更高和更强地高质量可持续发展奠定更加坚实的基础。

# 近年来北京大学在国际组织后备人才培养方面的探索

张海滨[①]

**摘　要：**近年来北京大学高度重视国际组织后备人才的培养工作，积极探索国际组织后备人才培养有效途径，努力开创国际组织后备人才培养工作新局面并取得重要进展。其突出特色是：突出"国际性""交叉性"和"应用性""三位一体"办学理念，以学科建设为基础，努力打造八个"一"工程，即：形成一个比较科学完善的课程体系；建设一支高水平的师资队伍；出版一套国际组织精品教材；引入一个新的教学方法——情景发展式研讨教学方法；建设一个功能强大的国际组织数据库；打造一个国内高端学术交流与合作平台；建立一个高水平国际化学术网络；建立一个比较稳定的赴国际组织实习任职通道。

**关键词：**国际组织后备人才培养；学科建设；北京大学

## 引　言

近年来，北京大学遵照习近平总书记关于"要加强全球治理人才队伍建设，突破人才瓶颈，做好人才储备，为我国参与全球治理提供有力人才支撑"的重要指示精神，在国家战略布局和教育部有关政策指导下，迅速将国际组织后备人才培养列入学校国际化人才培养的工作重点，守正创新，勇于探索，在国际组织后备人才培养和输送方面迈出重要步伐，取得积极成果。

## 一、加强组织领导，立足自身优势，构建北京大学全方位多层次国际组织后备人才培养大格局

北大重视国际组织后备人才培养，首先体现在组织领导上。北大统筹全校资源，建立了校长负总责、党委副书记协管，有关职能部门（北大学生就业指导服务中心、教务

---

① 张海滨，北京大学国际关系学院副院长、国际组织与国际公共政策系主任，北京大学碳中和研究院副院长，北京大学全球健康发展研究院副院长，北京大学国际组织研究中心主任，教授，博士生导师，中国教育发展战略学会国际胜任力培养专业委员会学术委员会副主任。研究方向：国际组织与全球治理、全球环境与气候治理。

部、研究生院、校友工作办公室、国际合作部、教育基金会）和相关院系（国际关系学院、法学院、经济学院、国发院、光华管理学院、政管学院、教育学院、外语学院、人口所、信息管理学院）各司其职、相互协作的国际组织后备人才培养工作体系。在这一工作体系下，北大特别强调发挥自身优势、扬长避短、守正创新的重要性。经过集思广益，认真研讨，我们认为北大在国际组织后备人才培养方面具有如下优势。

### （一）传统优势

北京大学拥有国际组织后备人才培养的悠久历史和良好基础。北大法学院是全国范围内最早开始国际组织后备人才培养的单位。1977 年底，梁西教授在法学院率先开设了国内有史以来的第一门国际组织法课程，并构建了研究国际组织法的基本体系。随后法学院于 1979—1997 年期间开设国际法专业本科方向，1979 年开始招收国际法专业研究生，梁西（1984 年调至武汉大学）、饶戈平等教授担任国际组织法方向专业教师，开设“国际组织法”（本科）、“联合国与国际组织法”（硕士）、“国际法与国际组织法专题”（博士）等专业课程。1996 年饶戈平教授出版了《国际组织法》教材，是我国最早系统研究政府间国际组织的专著性教材之一。1998 年以后，根据教育部要求，法学院本科专业不再分专业方向。国际法与国际组织后备人才主要依托国际法专业研究生层面。

1994 年北京大学国际关系学院在国际政治硕士专业下设立联合国与国际组织研究方向，1998 年在国际政治博士专业下设立联合国与国际组织研究方向，多年来培养了一批国际组织优秀人才，如现任世界贸易组织副总干事张向晨等。

### （二）学科优势

国际组织后备人才属于典型的跨学科复合型人才，国际组织后备人才培养需要多学科支撑。北京大学是综合性大学，拥有文史哲、政经法、理工农医等众多学科，门类齐全，其中 41 个学科为全国一流学科，为国际组织后备人才培养提供了坚实的学科支撑。

### （三）政治优势

在北大学校层面推进国际组织后备人才培养工作离不开学校主要领导的大力支持。北大领导高度重视国际组织人才培养工作，林建华教授担任北大校长期间全力支持北大国际组织后备人才培养工作。郝平教授担任北大校长和书记后继续强力推进该项工作，并担任北京大学国际关系学院国际组织与国际公共政策系教授、博士生导师。郝平校长曾担任联合国教科文组织第 37 届大会主席，具有丰富的国际组织工作经验。北大主管学科建设的张平文副校长亲自协调国际关系学院、法学院等社科院系与北大大数据分析与应用国家工程实验室联合建设国际组织数据库。

### （四）资源优势

国际组织后备人才培养必须面向国际，因此需要广泛的国际智力资源。这里的资源优势主要指北大在国际学术资源和在国际组织中担任高层职员的校友资源方面的优势。

北大与哈佛大学、斯坦福大学、牛津大学、剑桥大学、伦敦政治经济学院、巴黎政治大学等世界顶尖学府有常态化联系，为国际组织后备人才培养提供了高端国际学术和人员交流平台。长期以来一大批北大校友加入国际组织，已成为北大国际组织后备人才培养的重要资源，包括现任世界贸易组织副总干事张向晨、新开发银行副行长周强武，联合国前副秘书长刘振民，世界银行前副行长林毅夫、联合国粮农组织前副总干事，世界贸易组织争端解决机构上诉机构主席等。

立足上述优势，5 年来北大全面发力，积极打造全方位多层次国际组织后备人才培养模式，初见成效。

1. 国际组织学位项目

学位项目构成北京大学国际组织后备人才培养的核心。国际关系学院自 2015 年启动“国际公共政策”专业硕士项目，2017 年在国内率先设置“国际组织与国际公共政策”二级学科硕士学位授予点，设立“国际组织与国际公共政策”本科项目，并在国际政治专业博士点下新设立国际组织与全球治理方向，目前北京大学国际组织与国际公共政策项目已形成本、硕、博贯通的人才培养体系。2021 年国际组织与国际公共政策专业 17 名本科生、6 名硕士研究生和 2 名博士研究生顺利毕业。2022 年国际组织与国际公共政策专业 15 名本科生、8 名硕士研究生和 2 名博士研究生顺利毕业。与此同时，国际关系学院面向全校学生提供国际组织与国际公共政策双学位和辅修学位。除此之外，利用线上和线下相结合的方式为全校学生提供四门国际组织与全球治理慕课，为不同需求的学生提供多样化的课程选择。

国际关系学院还与瑞士日内瓦高级国际关系与发展学院（以下简称日内瓦高院）合作开展了 3+2 本硕连读项目，依托国际关系学院丰富的国际办学经验和鲜明的国际组织后备人才培养理念，通过本硕连读的培养模式，学生最终可以获得北大学士学位及日内瓦高院硕士学位，并利用第四、第五年在日内瓦的区域优势获得国际组织实习机会。该项目于 2019 年成功申请了国家留学基金管理委员会国际组织后备人才项目，为项目学生提供相应资金支持。

此外，2019 年法学院在法律硕士（法学）项目里专门设立了国际法与国际组织方向。

2. 非学位项目

除了全力打造精品学位项目，北大有关部门和院系结合自身特点与优势，积极打造形式多样、丰富多彩的国际组织后备人才培养非学位项目，有力配合北大国际组织后备人才培养工作。

研究生院于 2018 年起联合国际合作部、就业中心和教务部，整合优化现有教学资源，每年暑期组织“北京大学国际组织后备人才培养暑期证书项目”。该项目分为基础课程、专家讲座、国际组织（驻京办公室）调研和访问、分组研讨交流 4 个基本模块。学员在为期一周时间内参加 10 余场课程和专题讲座等教学内容，考核合格后准予结业，并可获得 2 学分及“北京大学国际组织后备人才培养暑期项目”结业证书。

国际合作部与国际关系学院于 2019 年暑期联合推出首届“北京大学日内瓦国际组织暑期项目”。该项目为期两周，在瑞士日内瓦举行。第一周由日内瓦高院教授就国际冲突和维和、全球卫生治理、全球贸易和 WTO 改革、国际气候与环境治理、联合国改革等主题为项目学生进行为期一周的专业授课并组织讨论。第二周项目成员对联合国日内瓦总部、世界贸易组织、世界卫生组织、世界气象组织、联合国贸发会等 10 个国际组织进行参访和座谈，深入了解不同国际组织的职能、基本架构、发展目标和机构文化等。学员们通过此次项目完成的考察报告于 2022 年底出版。

公共卫生学院从 2009 年开始每年与美国杜克大学共同开设“北京大学—杜克大学全球卫生问题证书班”，与日内瓦高院合作举办全球卫生外交高级培训班。2012 年 10 月公共卫生学院全球卫生学系成立，并开设了全球卫生概论、全球卫生治理等课程。通过这些教学和实践活动，从不同层面促进全球卫生学科的发展，推动人才的培养。

此外，教育学院 2015 年开设了全校公选课——国际组织理论与实务等课程，并与经合组织、亚洲开发银行等国际组织开展多方面的合作。

综上，北大目前已形成本硕博贯通培养、学位教育和非学位教育、线上课程与线下课程相互补充的全方位多层次国际组织人才培养格局，为不同需求的北大学生学习国际组织知识提供了多样化选择。

## 二、突出“国际性”“交叉性”和“应用性”“三位一体”办学理念，不断强化国际组织后备人才培养中的学科建设

国际组织后备人才培养的基础是学科建设，北大对此高度重视，确定由国际关系学院牵头负责国际组织专业的学位教育工作。北大的基本思路是着眼于培养熟悉党和国家方针政策、了解我国国情、具有全球视野、熟练运用外语、通晓国际规则、精通国际谈判的专业人才，突出“国际性”“交叉性”和“应用性”“三位一体”办学理念，努力打造八个“一”工程。

### （一）形成一个比较科学完善的课程体系

国际组织与国际公共政策专业的最大特色是“国际性”“交叉性”和“应用性”“三性合一”，“三位一体”。课程体系必须充分反映这一特色。国际关系学院依托北京大学 41 个“双一流”学科，为项目学生提供了 70 多门跨学科优质课程。为确保该专业的应用性和实用性，开设了“国际组织与全球治理前沿名家系列讲座”，为本科生和研究生必修课，聘请 30 多位从事多边外交的中国部长、大使和国际组织高官为学生授课。

### （二）建设一支高水平的师资队伍

近年来北大国际关系学院致力于打造一支与国际性、交叉性和应用性相匹配的师资队伍。为此，国际关系学院于2017年建立了国内高校中第一个“国际组织与国际公共政策系”，为系统培养国际组织后备人才提供有力的师资保障。目前该系已组建完毕，包括3位教授（北京大学党委书记郝平、联合国前粮农组织副总干事何昌垂、国际关系学院副院长兼国际组织与国际公共政策系主任张海滨）、3位副教授，3位助理教授。所有老师都拥有海内外名校博士学位，均能用中英双语教授专业课，研究领域涉及：国际组织理论、国际法与全球治理、国际公共政策分析、国际冲突与危机管控、国际发展政策、国际环境与气候政策、国际公共卫生政策、国际贸易与投资政策等。据统计，建系5年以来，该系老师围绕国际组织与国际公共政策出版中英文专著7部，包括《国际组织学：知识论》《全球气候治理的中国方案》《气候变化与国家安全》等，发表论文50篇，其中英文论文16篇，中文论文34篇，SSCI期刊论文10篇，CSSCI期刊论文30篇，在国际组织研究方面取得重要进展，显示了强大的学术竞争力。这是国际组织后备人才培养的核心师资，占整个师资队伍的三分之一；师资队伍的第二个三分之一是充分利用北京大学学科综合性强的优势，在文理工等学科安排了一系列课程供学生修读；师资队伍的第三个三分之一，则来自校外的资深国际组织高官和中国多边外交大使。

### （三）出版一套国际组织精品教材

就目前我国国际组织专业人才的培养要求而言，现有教材难以满足需求。国际关系学院利用自身学术研究优势，于2020年8月与北京大学出版社签署协议，联合出版“北京大学国际组织与国际公共政策系列丛书”，其中包括《国际组织概论》《国际组织理论》《国际公共政策导论》《国际法与国际关系》《国际危机管控导论》《国际环境与气候政策导论》《国际发展学概论》《国际卫生政策导论》《国际公务员实务概论》等10部教材。其中由何昌垂教授等编写的《国际公务员实务概论》一书已于2021年9月出版，梁云祥教授编写的《国际法与国际关系》一书即将于近期出版。

### （四）引入一个新的教学方法

近年来，北大国际关系学院经过前期研讨和筹备，在借鉴博弈论和军事推演方法的基础上，开始将情景发展式研讨教学方法（Scenario Development Discussion，SDD）应用到以国际组织和国际公共政策课程为代表的实务型教学课堂中，为本科生和研究生提供一种真实的多边外交和谈判场景，激发本科生和研究生的学习兴趣，提升学生处理多边外交和国际危机的实际工作能力。情景发展式研讨教学是一种较为新颖的研讨和教学方式。在流程导控的前提下，各行为体通过参与情景（场景）模拟、角色分工扮演和沉浸式互动研讨的方式进行案例解读和研究，使政策评估和分析更趋近于真实，有助于检验各种政策的有效性，丰富预案的完备性。该教学方法的应用受到学生的普遍欢迎。最近三年，北大国际关系学院将该教学方法应用于中央国家机关司局级干部专题研修班的教学之中，受到干部们的高度肯定和热烈欢迎。该成果作为中央和国家机关干部教育培训的优秀典型案例，入选2021年7—8月由中央和国家机关工委主办的“新时代中央和国家机关党的建设成就巡礼展”，在国家博物馆进行了隆重的成果展出。2022年该教学成果被评为北京大学教学成果一等奖。

### （五）建设一个功能强大的国际组织数据库

国际组织数据库建设是开展中国风格和中国气派的国际组织研究和国际组织后备人才培养的一项重大基础性学术工程。2021年7月22日，北京大学国际组织数据库建设工作正式启动。该项工作依托北京大学大数据分析与应用技术国家工程实验室的技术支持，在北大区域与国别研究院的协调下，联合国际关系学院、法学院、教育学院、政管学院、新结构经济学研究院、信息管理系、图书馆等相关机构，形成强有力的跨学科团队，旨在10年内建成具有国际影响力的国际组织数据库。截至2022年10月，国际组织数据库建设已取得重要进展，国际组织数据库网站即将上网对社会开放。

### （六）打造一个国内高端学术交流与合作平台

推动中国高校国际组织研究和人才培养工作的交流与合作是中国国际组织后备人才培养的必然选择。从这一思路出发，2018年4月18日，国际关系学院与中国联合国协会在北京大学联合举办国际组织后备人才培养论坛，联合国常务副秘书长阿米娜·穆罕默德发来视频致辞。中组部人才局、人社部国际司等有关部门领导和15所中国高校负责国际组织后备人才培养项目的负责人围绕“中国学术界对国际组织理论研究的新思考”和“国际组织后备人才培养：政策、实践与教学”两大议题展开了深入讨论。2019年11月16—17日，由北京大学国际关系学院主办的北京大学国际组织后备人才培养论坛在北大举行。来自联合国驻华机构、亚投行、红十字国际委员会等多个国际组织和中共中央组织部、外交部、发改委、人力资源和社会保障部等多个中国党和政府部门的资深官员及30多所开展国际组织后备人才培养工作的中国高校的代表相聚北大，围绕全球治理的走向和国际组织后备人才培养的重大问题展开深入研讨，社会反响热烈。原国务委员戴秉国、原文化部部长蔡武，中共中央组织部人才工作局副局长、中央人才工作协调小组办公室副主任牛伟宏，人力资源和社会保障部国际合作司司长郝斌，国家国际发展合作署国际合作司司长田林，北京大学校长郝平，副校长王博，北大新结构经济学研究院院长、南南合作与发展学院院长林毅夫及30多所中国高校国际组织后备人才培养项目的负责人出席论坛。

### （七）建立一个高水平国际化学术网络

为提高国际组织后备人才培养的质量和水平，借鉴国际组织与国际公共政策领域的世界顶尖学府的办学经验是十分必要的。近年来为提高国际组织领域的国际化办学水平，北京大学通过“请进来”和“走出去”等方式与巴黎政治大学、伦敦政治经济学院、乔治城大学、日内瓦高院等建立了良好的学术和人员交流合作关系。

**（八）积极开展国际组织就业指导服务与人才推送工作，建立一个比较稳定的赴国际组织实习任职通道**

大学生赴国际组织实习和任职是国际组织人才培养和推送的重点，但同时也是一个难点。2016 年 12 月，北大设立全国高校首个国际组织人才专项工作办公室，负责具体开展国际组织就业指导服务与人才推送工作，经过多年努力，成绩斐然。近年来，北大每年赴国际组织实习任职人数始终居全国高校前列。2017 年至 2022 年 7 月，全校共有 410 人到国际组织实习或任职。

其中，北京大学 2017 年赴国际组织实习任职共 43 人；2018 年度为 84 人，相比于 2017 年实现了翻番增长，并有 3 名 2018 届应届毕业生毕业后直接赴国际组织实习任职。2019 年度为 89 人，其中赴海外国际组织总部或地区、国家办公室实习任职人数约占总人数的 43%，海外实习人数与总人数创历史新高，当年有 13 名 2019 届应届毕业生毕业后直接赴国际组织实习任职。

2020 年至 2022 年，受疫情影响，线上远程实习成为新趋势。2020 年度共有 73 名同学到国际组织实习或任职，其中有 11 名为 2020 届应届毕业生。2021 年度共有 79 名同学到国际组织实习或任职，其中有 9 名为 2021 届应届毕业生。2022 年，截止到 7 月，共有 42 名同学到国际组织实习或任职，其中有 7 名为 2022 届应届毕业生，国际组织正逐渐成为毕业生的求职新去向。

## 三、直面问题，不断进取，努力开创国际组织后备人才培养工作新局面

十年树木，百年树人。国际组织后备人才培养有其内在规律，是一项长期的战略性事业，不可能一蹴而就，需要作出坚持不懈的努力。从国外顶尖大学办国际组织后备人才项目的历史看，大多经历了半个世纪甚至更长时间的积累。

当前，北大在国际组织后备人才培养中面临的主要问题和挑战，一是为越来越多的学生提供稳定持续的境外国际组织实习机会有难度；二是对标世界顶尖大学的国际组织人才培养项目，北大的国际组织人才培养项目的国际影响力还有一定差距；三是办学经验还存在不足，对国际组织后备人才培养规律的认识有待进一步深化。北大开展国际组织学位教育的时间不长，在国际组织后备人才培养规律、课程设置、校外导师选聘、学生实习等方面还面临经验不足，认识不够深入的问题，需要在实践中不断总结经验，在国际国内交流中不断完善。

未来 3—5 年，北大将重点采取以下举措：

第一，继续完善北大国际组织后备人才培养机制，继续办好北京大学国际组织高端

论坛。

第二，鼓励更多院系参与到国际组织后备人才培养的学科建设中来，从不同专业的角度培养各类国际组织急需人才，同时在国际胜任力培养专业委员会平台上加强与兄弟高校的合作与交流。

第三，整合全校资源，与国外优秀大学开展形式多样的合作项目，加强国际组织后备人才储备，与国际组织与国际公共政策领域的世界顶尖学府巴黎政治大学、伦敦政治经济学院、乔治城大学、日内瓦高等国际关系和发展研究院等建立五校国际组织与国际公共政策联盟，并鼓励各院系加强与国外高校在国际组织方面的联合培养。

第四，全部完成国际组织与国际公共政策系列教材的出版工作。

第五，依托北京大学大数据分析与应用技术国家工程实验室和社科学部尽快启动高水平国际组织数据库的建设，有力推动北大的国际组织理论和战略研究，同时为国家的国际组织战略提供智力支撑。

## 四、结语

党的二十大报告强调，“中国积极参与全球治理体系改革和建设”，“促进世界和平与发展，推动构建人类命运共同体”。北京大学自成立以来，始终与国家和民族同呼吸、共命运，将不忘初心，砥砺前行，加快培养一大批高水平的国际组织和全球治理人才，为中国积极参与全球治理，推动构建人类命运共同体提供有力的人才支撑，贡献北大智慧和北大力量。

# 高校考试招生制度改革与创新人才选拔培养

郑方贤①

**摘　要**：党的二十大报告指出，要坚持教育优先发展、科技自立自强、人才引领驱动，全面提高人才自主培养质量，着力造就拔尖创新人才。高校考试招生制度作为连接基础教育和高等教育的核心枢纽，对创新人才培养发挥着举足轻重的指挥棒作用。新高考的学生综合素质评价就是把对学生的全面培养纳入学校教育的思想教育、学业指导、研究性学习和社会实践等全面内容；高中学业水平考试制度允许学生自主选科，既满足了学生对学科的兴趣与爱好，又延伸了高校的专业培养对学生学习的引导；院校专业组的志愿填报与投档录取方式，充分尊重了高校的办学自主权，又扩大了考生的选择权；新高考有助于引导考生全面而有个性地发展，有助于考生的创新精神和创新能力。

**关键词**：新高考；综合素质评价；创新人才；选拔

高考作为连接基础教育和高等教育的核心枢纽，对中学的教育教学和人才培养发挥着举足轻重的指挥棒作用。党的二十大报告指出，要坚持教育优先发展、科技自立自强、人才引领驱动，加快建设教育强国、科技强国、人才强国，坚持为党育人、为国育才，全面提高人才自主培养质量，着力造就拔尖创新人才。为贯彻落实党中央的战略发展部署，高校考试招生制度改革要顺应高中多样化人才培养的需求，着力促进世界一流大学建设，促进普职融通和产教融合，全面提高人才自主培养之路，着力选拔拔尖创新人才，以高质量发展全面服务支撑中国式教育现代化。

## 一、创新人才培养是基础教育阶段的重大任务

从人才成长和贯通培养的连续性来看，基础教育阶段承担着创新人才培养的重大责任。厘清基础教育和创新人才培养的关系，构建起基础教育和创新人才培养体系，实现各级各类教育创新人才培养的衔接、贯通是提升创新人才培养的关键问题。基础教育阶段创新人才培养的本质是推进素质教育，实现全面育人。全面育人包括哪些内容呢？第

① 郑方贤，男，研究员，现任上海外国语大学贤达经济人文学院校长，中国教育发展战略学会教育考试专业委员会学术委员会主任，曾任上海市教育考试院院长，研究方向：金融风险管理、教育测量、考试评价等。

一是健康，每个学生必须有健康的身体才能有更好的未来，教育应该让每个学生更加健康，不仅是身体的体格健壮，更是心理的阳光健康，只有从学生时代身心健康，才能保证未来社会发展的可持续。第二是知识的丰富和完备，随着年龄的增长，教育不仅让学生掌握的知识和工具逐年增多，还要指导他们对世界及其变化进行感知和体验，并提高到理性解释，同时还要促进学生持续保持对未知事物的好奇和兴趣。第三是对社会价值的认同，稳定而发展的社会基于大多数成员对公共价值标准的遵守，尽管辅之以法律规范，但每位社会成员的道德水平和文明程度是社会发展的基础，教育就是让我们的青少年更容易形成对社会共同价值的认同。① 实际上，"教育的任务是毫不例外地使所有人的创造才能和创新潜力都能结出丰硕的成果"。② 习近平总书记反复提到的"素质教育""综合素质""创新思维"等，这些素养都是要从小培养的，都需要从基础教育阶段埋下种子，打好底子。总之，创新素养的提升是通过全面素质教育的推进来实现的，创新精神和创新能力的培养是对基础教育提出更为全面的责任和更为丰富的要求。

## 二、新高考改革拓宽了创新人才选拔的制度通道

作为连接基础教育和高等教育桥梁的考试招生制度，要顺应创新人才选拔和培养的需求，拓宽创新人才选拔的制度性通道。2014 年，国务院印发了《关于深化考试招生制度改革的实施意见》，启动了新一轮考试招生制度改革。2020 年，中共中央、国务院印发了《深化新时代教育评价改革总体方案》，再次对考试招生制度改革进行部署。截至目前，前三批共 14 个省份的新高考改革已平稳落地。新高考改革以"两依据一参考"为核心，在坚持立德树人，聚焦培养学生的社会责任感、创新意识和实践能力，促进人的全面发展和社会全面进步等方面完全顺应新时代新形势的发展要求。

首先，新高考实行学生综合素质评价制度，其核心要义是高中学校要把对学生的全面培养纳入学校教育，覆盖思想教育、学业指导、研究性学习和社会实践的全面内容与过程，并把学生的表现准确无误地加以记录。这就要求学校建立全员德育机制，全方位地关心关注学生的成长过程。相比教学机制的完善，伴随教学过程有课程标准、教学大纲、教材、考试要求、试卷与成绩评价等作为支撑，还有教务处等相应的管理体系支撑。学校教育就必须将职业体验、社会实践、研究性学习、升学指导等内容完全纳入学校的培养体系中，并重构满足全面培养要求的学校教育管理体制与机制。

其次，新高考实行高中学业水平考试制度，上海的考生在达成普通高中学科教育基本要求的前提下，可以在思想政治、历史、地理、物理和生命科学等科目中自主选择 3

① 郑方贤. 沪考新语——三年磨一剑　上海新高考这样走过［M］. 上海：上海教育出版社，2021.

② 联合国教科文组织国际 21 世纪教育委员会. 教育：财富蕴藏其中［M］. 联合国教科文组织总部中文科，译. 北京：教育科学出版社，1996.

门进一步学习并参加等级性考试，成绩计入高考总成绩。这一制度既满足了学生对学科的兴趣与爱好，又延伸了高校的专业培养对学生学习的引导。[①]

再次，院校专业组的志愿填报与投档录取方式，充分尊重了高校的办学自主权，扩大了考生的选择权，确保考生携带高中教育改革的成绩继续高校的学习与培养。由于学生的知识结构更为全面，新一轮的高考综合改革，制度性地完善了学生的知识结构和综合素养，进一步促进了学生全面而有个性地成长，势必为学生的终身发展和社会的文明进步奠定更为坚实的基础。[②]

复次，新高考把更多的选择权交给考生，有助于考生在中学阶段合理规划自己的学习及未来发展，有助于引导考生全面而有个性地发展，有助于提高考生的创新精神和创新能力。高校有权设计不同学科专业考试科目的限度组合，以此来满足高校不同学科专业选拔的差异性要求和对学生的专业性要求。[③]这种改革必将有利于推进高校的特色化办学进程和提高学生的自主创新能力。

最后，强基计划招生改革有力构建系统的拔尖创新人才选拔体系。2020 年 1 月教育部印发《关于在部分高校开展基础学科招生改革试点工作的意见》，决定在部分“双一流”建设高校开展基础学科招生改革试点，简称强基计划，意在聚焦国家重大战略需求，探索多维度考试招生选拔机制，为构建系统的拔尖创新人才培养体系奠定坚实基础。从专业布局来看，强基计划明确聚焦于培养高端芯片与软件、先进制造、智能科技和国家安全等关键领导或国家紧缺的人文社科领域等拔尖人才，为构建系统的拔尖创新人才选拔体系做出积极探索。

## 三、高等教育创新发展与拔尖创新人才培养

习近平总书记强调指出，高等教育发展水平是一个国家发展水平和发展潜力的重要标志。我们对高等教育的需求比以往任何时候都更加迫切，我们对科学知识和卓越人才的渴求比以往任何时候都更加强烈。高等教育是整个教育体系的龙头。高等教育的发展高度某种程度上代表着、决定着国家发展的高度。中国高等教育在实现中国式现代化中扮演着不可替代的战略角色，发挥着举足轻重的战略作用。

2022 年 5 月在巴塞罗那召开了第三届世界高等教育大会。大会发布了《超越极限：重塑高等教育的新路径》，大会聚焦三个关键词：超越极限（Beyond Limits）、新路径（New Ways）、重塑（Reinvent）。“超越极限”就是要跳出教育看教育，就是高等教育发展自身的小逻辑要服务服从社会经济发展的大逻辑；“新路径”就是要打破原有的路径依赖，

① 郑方贤. 沪考新语——三年磨一剑　上海新高考这样走过［M］. 上海：上海教育出版社，2021.

② 郑方贤. 沪考新语——三年磨一剑　上海新高考这样走过［M］. 上海：上海教育出版社，2021.

③ 谢维和.“十四五”高考改革：拓展个性化制度空间［J］. 中国考试，2021（01）.

强调探索和创新。“重塑”就是要建立高等教育发展的新范式。这三个关键词归结起来就是创新发展。党的二十大报告明确提出，全面提高人才自主培养质量，着力造就拔尖创新人才。由此可见，改革创新是中国高等教育高质量发展的根本动力和第一要务。

创新型人才缺乏是我国高等教育发展的战略短板，高等教育必须以时不我待的紧迫感，进一步加大改革创新发展力度。提高人才培养质量关键在于夯实教育教学新基建，即“四金一化”：建好金专、金课、金师、金教材，建设质量文化。要推进新工科、新医科、新农科建设，提升国家硬实力，解决“卡脖子”问题。新工科方面，把握“新的工科专业、工科专业的新要求、交叉融合再出新”的内涵，推进理论研究、内容方式、组织模式及实践体系创新；实施基础学科拔尖人才培养计划，提升国家元实力，解决“卡脑子”问题；推进新文科建设，提升国家软实力，解决“卡嗓子”问题。[①]

① 吴岩. 以高等教育高质量发展全面服务支撑中国式现代化［N］. 中国教育报，2022-11-15.

# 加强新时代人文教育，推进科教兴国和人才强国战略

俞亚东[1]

强国大计、人才为本。人才培养，教育之要。习近平总书记在党的二十大报告中从“实施科教兴国战略，强化现代化建设人才支撑”的高度，深刻阐明了教育的战略地位、根本问题和根本要求，指出：“教育是国之大计、党之大计。培养什么人、怎样培养人、为谁培养人是教育的根本问题。育人的根本在于立德。全面贯彻党的教育方针，落实立德树人根本任务，培养德智体美劳全面发展的社会主义建设者和接班人。”这一重要论述，为我们“加强新时代人文教育，推进科教兴国和人才强国战略”提出了明确要求、指明了发展方向、提供了根本遵循。

人文教育专业委员会成立于2017年，在总会领导下，我们认真学习贯彻习近平新时代中国特色社会主义思想尤其是关于教育的重要论述，适应新征程新要求，把准自身职能定位，着眼落实立德树人根本任务，坚持把马克思主义与中华优秀传统人文精神结合起来，积极探索人文教育与思政教育联合融合新路，积极推进人文教育与科学教育协调发展，提出了新时代人文教育的新理念、新内容、新方法、新课程、新模式。我们构建了“新时代人文素养一体化培育”课程体系、教材体系和评价体系，撰写了《新时代人文教育与中国发展》理论著作，召开了新时代人文教育研讨会，牵头完成了教育部政策法规司赋予的“新时代大中小幼人文素养一体化培育体制机制研究”等4项委托课题，向党中央呈报了“关于将塑造新时代马克思主义人文精神作为党和国家战略任务的建议”的咨询报告，在开展新时代人文教育上发挥了积极作用。

下面，我根据总会要求，结合专委会自身情况，从两个方面汇报关于“加强新时代人文教育，推进科教兴国和人才强国战略”问题的思考和体会。

## 一、实施科教兴国和人才强国战略，必须牢牢把握“培养什么人、怎样培养人、为谁培养人”的根本问题

新时代实施科教兴国战略和人才强国战略，目的是为中国式现代化建设提供人才支

---

① 俞亚东，教育部思想政治工作司原一级巡视员，中国教育发展战略学会人文教育专业委员会副理事长。

撑。中国式现代化是中国共产党领导下的社会主义现代化，因此为其提供人才支撑，首先必须把握人才培养的根本问题，坚持人才培养的正确方向。

习近平总书记在全国教育大会上特别强调，培养什么人、怎样培养人、为谁培养人是教育的根本问题。我国是中国共产党领导的社会主义国家，这就决定了我们的教育必须把培养社会主义建设者和接班人作为根本任务，培养一代又一代拥护中国共产党领导和我国社会主义制度、立志为中国特色社会主义奋斗终身的有用人才。

我们认为，贯彻落实习近平总书记这一重要讲话精神，培养全面发展的社会主义建设者和接班人，首要的环节是大力加强和改进新时代人文教育和思政教育，做到树人先立德。根本的要求是推进科学教育与人文教育协调发展，打牢德才兼备基础。只有抓住、抓紧、抓好这两个重要环节，才能在此基础上全面开展德育、智育、体育、美育和劳动教育，从而培养以德为先、德才兼备、德智体美劳全面发展的社会主义建设者和接班人。

### （一）培养新时代人才，首先必须坚持“育人的根本在于立德”

毫无疑问，我们培养的新时代合格人才是德智体美劳全面发展的。但是，人才的德智体美劳五大素质并不是等同的，其中，德是首要的，事关为谁培养人的根本。古人云：德为人之魂，树人先立德。习近平总书记强调：育人的根本在于立德。要成为社会主义建设者和接班人，必须树立正确的世界观、人生观、价值观，把实现个人价值同党和国家前途命运紧紧联系在一起；把爱国情、强国志、报国行自觉融入坚持和发展中国特色社会主义、建设社会主义现代化强国、实现中华民族伟大复兴的奋斗之中。

由此可见，新时代教育要为实施科教兴国战略和人才强国战略服务，就必须首先牢牢把握培养社会主义建设者和接班人的正确方向。为此，就必须大力加强和改进新时代人文教育和思政教育，克服二者在以文化人、立德树人上存在的分离、背离问题，积极探索二者相向而行、联合融合、合力育人的新路子，这就是要坚持马克思主义与中华优秀传统人文精神相结合，科学运用习近平新时代中国特色社会主义思想——当代中国马克思主义、21世纪马克思主义，中华文化和中国精神的时代精神——铸魂育人，持续在人们心灵之中深埋真善美的种子，循序渐进地培养正确的世界观、人生观和价值观，为人们明大德、守公德、严私德奠定坚实的思想基础。

### （二）培养新时代人才，根本要求是推进科学教育与人文教育协调发展

20世纪70年代末、80年代初我国开始的改革开放，真正启动了中国式现代化的巨碾，我国经济建设取得了世人瞩目的伟大成就，人们的物质生活水平上了一个大台阶。但同时，由于在很长时间内存在着重经济建设、轻社会发展，重科技教育和科技素质、轻人文教育和人文素养等问题，从而也导致人才培养上出现了精致利己主义等问题，人们的精神生活中产生了看客心态、道德式微、信仰缺失等问题，社会领域也出现了诸多行为失范和失控问题。

党的十八大以来，中国特色社会主义进入新时代，党和国家的主要任务是全面建设社会主义现代化国家、以中国式现代化实现中华民族伟大复兴。为此，习近平总书记反复强调，必须围绕立德树人根本任务，尽快补足突出短板，大力培养德智体美劳全面发展的社会主义建设者和接班人。

毫无疑问，补足教育短板是多方面的。我们认为，最紧要、最紧迫的是要补足人文教育不足这一突出短板，一方面要加强和完善人文教育的内容和方法，另一方面要大力推进科学教育与人文教育协调发展，以此为人才成长更好地打牢以德为先、德才兼备的根基。

我们认为推进科学教育与人文教育协调发展，是新时代培养合格人才的根本要求。一是因为，在人的全面发展素质中，科学素质和人文素质是两大根本属性或素质。科学素质是人摆脱自然控制、成为自然主人的工具属性，人文素质则是人真正完成超越动物本能、成为自然和社会主人的目的属性。科学素质与人文素质相协调，是人才全面发展的基础和根本。二是因为，马克思主义不仅是科学真理和人文精神有机统一的理论体系，而且实质是基于尊重客观真理基础上的实现人的彻底解放的科学人文理论，坚持马克思主义指导，就必须既重视科学教育和提高人的科学素质，又重视人文教育和培育人的人文素养，培养德才兼备的时代人才。三是因为，党的二十大强调“高质量发展是全面建设社会主义现代化国家的首要任务”，因此培养推进高质量发展的新型时代人才，最突出也是最根本的要求就是要推进科学教育和人文教育协调发展，使我们的人才是以德为先、德才兼备、全面发展的社会主义建设者和接班人。

## 二、积极探索“新时代人文素养一体化培育”新路，为科教兴国和人才强国战略提供有力支持

实施科教兴国战略，强化现代化建设人才支撑，是一个系统工程。把握人才培养的正确方向，提高全民族的人文素养，必须把教育系统和社会领域的人文教育有序衔接、有机统一起来，在全社会开展“新时代人文素养一体化培育”，从而更好地为支撑现代化建设培养以德为先、德才兼备、德智体美劳全面发展的社会主义建设者和接班人。

我们专委会这几年积极开展“新时代人文素养一体化培育”实践探索，主要抓了以下几方面工作。

### （一）在教育系统内，构建了大中小幼人文素养一体化培育的课程体系、教材体系和评价体系

开展新时代人文教育，必须把尊重人、关心人、培养人作为一条红线和根本要求，贯穿于学前教育、基础教育、职业教育、高等教育等全过程和各方面，坚持一体化设计和分段实施，做到循序渐进、螺旋上升地培养学生的科学世界观、人生观和价值观。

一是在学前阶段开设人文幼教，把握幼儿天性未染、善言易入、先入为主的特点，在其心灵深处埋下真善美的种子、扣好人生第一粒扣子，夯实做人的人文根基。二是在小学阶段开设人文小教，持续运用社会主义人性化道德塑造学生的完整人格，使其具有积极“向善”的品格，并能够尝试承担部分社会责任。三是在中学阶段开设人文中教，持续强化社会主义集体化道德塑造学生的成熟人格，使其能够做到积极“择善”并勇于承担社会责任。四是在大学阶段开设人文大教，持续运用社会主义社会化道德塑造学生的理想人格，使其完成从“向善”“择善”到“至善”和勇于承担一生责任与义务的转变。

2019年初以来，我们在黑龙江、内蒙古、广东、湖南、四川5个省（区）的部分学校和幼儿园开展了“新时代大中小幼人文素养一体化培育”实践，均取得学生、家庭、领导“三个百分之百”满意的效果，受到教育部有关部门和实践单位的高度评价。现在又签约了河北、新疆、山西等省（区）的一些单位，后期将逐渐展开。

**（二）在社会领域，创新开展新时代人文素养培育，努力提高全民人文素养**

社会是人才培养和使用的大舞台，是教育界人才培养的延伸和归宿。只有把社会领域的人文教育与教育系统的人文教育相互衔接和内在统一起来，才能更好地“实施科教兴国战略，强化现代化建设人才支撑”，使教育“立德树人”过程成为全面建设社会主义现代化国家、促进社会全面进步的过程，成为培养全面发展的人才和促进人的全面发展的过程。

我们提出要在家庭、企业、社区、乡村等社会单位和部门广泛开展新时代人文教育，努力提高全民族人文素养，为实施科教兴国和人才强国战略提供良好人文环境，为强化现代化建设人才支撑提供强大人文动力。

这几年，我们在教育系统开展新时代人文教育，积极探索了人文家教新模式，构建了家庭、学校（幼儿园）、政府和社会四位一体“共育共治共享”的育人机制，不仅提高了学生人文素养培育效果，而且促进了文明家庭建设、文明校园建设、文化社区建设以及和谐社会建设。

**（三）积极探索对党员进行人文教育的新路子，努力提高党员干部的科学人文素养**

习近平总书记在党的二十大报告中强调，全面建设社会主义现代化国家、全面推进中华民族伟大复兴，关键在党。特别强调，全面建设社会主义国家，必须有一支政治过硬、适应新时代要求、具备领导现代化建设能力的干部队伍。

中国共产党的领导，是统揽全局、协调各方的全面领导。对党员开展新时代人文教育，一方面，有助于从全局高度协调和指导教育系统和社会领域开展的新时代人文教育，实现全域、全程、全员“新时代人文素养一体化培育”，做到提高全民族人文素养，为现代化建设提供合格的人才支撑。另一方面，提高党员领导干部的人文素养，也有助于从马克思主义科学真理和人文精神有机统一的理论高度，深刻理解把握习近平新时代中国特色社会主义思想的世界观和方法论，把握贯穿其中的马克思主义立场观点方法，掌握其“为人民谋幸福、为民族谋复兴、为世界谋大同”的金钥匙，更加自觉地牢记“初心使命”，在全面建设社会主义现代化国家、实现中华民族伟大复兴过程中发挥模范带头作用。

2018 年以来，我们人文教育专业委员会与中车集团、吉林金融高等专科学校，大庆教育局、包钢（集团）煤焦化工分公司、包钢（集团）幼教管理处等单位，联合开展了“企业人文党建”“高校人文党建”和“新时代党员人文素养培育”等实践探索，均取得很好效果，为深入推进新时代党的建设新的伟大工程，建设堪当民族复兴重任的高素质党员干部队伍，贡献了教育人的一份力量。

# 英才教育的争议分析与政策建构
## ——我国英才教育的转型升级[①]

褚宏启[②]

**摘　要：**中外英才教育在发展进程中，一直存有争议，这些争议表现在本体论、认识论、方法论、价值论等诸多层面，本体论涉及英才学生的本质是什么，认识论涉及如何鉴别英才学生，方法论涉及英才学生的教育模式是什么，价值论涉及英才教育是否公平、有没有效率与效能。这些争议的存在，使人们难以形成基本共识，延缓和阻碍了我国英才教育的政策进程，是导致我国英才教育落后的主因之一。本文在对这些争议进行分析和澄清的基础上，指出了我国英才教育发展的认识误区、实践偏差与政策障碍，认为英才学生的定义是多元能力取向的，英才学生的鉴别要兼顾能力因素和动机因素；英才教育的加速模式和充实模式各有利弊，可以混合使用；英才教育并不违反教育公平，所体现的是差异性公平；英才教育对提升国家创新能力、提升国际竞争力具有战略意义，需要大力发展。最后提出了促进我国英才教育转型升级的政策建议，主要包括：加强政府对英才教育的统筹管理，建立英才教育的政策与法律体系，健全大中小幼纵向贯通的英才教育体系，运用多元方式鉴别英才学生，采用充实模式为主、加速模式为辅的英才教育“混合模式”，打造一支专业化的英才教育师资队伍，建立健全包括财力支持、智力支持、社会支持在内的英才教育支持体系。

**关键词：**英才教育；鉴别；加速模式；充实模式；教育公平

英才教育是对英才学生所实施的教育。英才教育古已有之。现代意义上的英才教育与20世纪20年代的智力测验（IQ Test）相伴而生，但是仅限于民间的试验与推动。1957年苏联卫星上天后，1958年美国颁布《国防教育法》，要求发展英才教育，标志着国家力量开始介入英才教育，苏联紧随美国之后于1963年举办英才高中。在美苏两国的示范效应下，很多国家通过政策与立法手段纷纷跟进，20世纪70年代形成世界英才教育

① 本文为国家社会科学基金2021年度教育学重点课题“新时代教育公平的重点问题与政策体系研究”（课题批准号：AGA210014）的阶段性研究成果，以及教育部政策法规司委托课题“中国英才教育政策研究”的研究成果。

② 褚宏启，北京开放大学教授，中国教育发展战略学会副会长。

的第一波浪潮。进入 21 世纪前后，为迎接全球化、信息化、知识经济的挑战，许多国家大力发展英才教育，把英才教育视为提升国家核心竞争力的战略举措，形成世界英才教育发展的第二波浪潮。

我国以政府力量推进现代英才教育，始于 1978 年举办中国科技大学少年班。1985 年以后，又有 12 所大学举办少年班，为给少年班输送生源，有 70 所左右中小学举办超常教育实验班。进入 20 世纪 90 年代中后期，随着大学少年班一些学生出现严重心理问题，质疑英才教育的声音越来越大。1999 年全国“两会”期间，政协委员蔡自兴列举大学少年班存在的一些问题，提出“及早废止少年班”。① 此后，大中小学的英才班数量大幅减少，我国英才教育进入低谷期，② 持续至今。到 2020 年，只剩下 2 所大学还在办少年班，10 所左右中小学还在办超常教育实验班。我国英才教育发展陷入困境，实践减少，研究匮乏，“国家政策不明确”“社会公众认识不清、争议不断”。③

我国英才教育起步于世界英才教育第一波浪潮之中，但发展进程却止步于第二波浪潮之前，与许多国家相比发展滞后，表现在英才教育覆盖面小、不成体系、鉴别机制有漏洞、培养模式单一、政府管理缺位等方面。滞后的主因之一，就在于长期以来尤其是近二十几年来，对英才教育该不该发展、该怎样发展等重要问题存在争议，迟滞了我国英才教育的政策制定与实践推进。

英才教育从诞生之日起就有争议，迄今不休。这些争议表现在本体论、认识论、方法论、价值论等诸多层面，本体论涉及英才学生的本质是什么，认识论涉及如何鉴别英才学生，方法论涉及英才学生的教育模式是什么，价值论涉及英才教育是否公平、有没有效率与效能。对于这些问题，并无一致答案，而是充满争议，这些争议伴随着很多国家英才教育的发展历程。即便在世界英才教育最发达的国家美国，对英才教育也有争议，有美国学者 2009 年梳理了美国社会关于英才教育的“十大迷思”，认为其中饱含对英才教育和英才儿童的疑虑、误解与成见，如果能澄清这些模糊认识和错误认识，“便能开发出实用、经济、便利的新模式和新方法，并在学校施行”。④

对争议进行分析澄清的过程，也是对政策进行建构的过程。本文将对中外英才教育发展历程中出现的这些争议予以分析，力求澄清其中的模糊认识和错误认识，主要关注英才教育的命名之争、本质之争、模式之争、价值之争，在分析这些争议的基础上，提出促进我国英才教育转型升级的政策建议。

---

① 王松光．创新驱动发展背景下的英才教育小议（上）[J]．中国科技教育，2015（03）.

② 王庆环．超常教育，出了什么问题？[N]．光明日报，2011-10-26（07）.

③ 何静．超常教育研究与实践集萃[M]．北京：学苑出版社，2015.

④ 徐晓红．天才教育的十大迷思[J]．基础教育参考，2013（23）.

## 一、英才教育的命名

名正才能言顺。我国对英才教育并没有一个相对固定的、达成共识的正式名称，主要有英才教育、神童教育、天才教育、超常教育、资优教育五种说法，这五种教育的对象相应被称为英才儿童、神童、天才儿童、超常儿童、资优儿童。这些不同的表述在本质上并无不同，所表述的都是同一类教育（对应的英文词皆为 Gifted and Talented Education），且教育的对象都是同一个群体。

多种术语的同时使用、概念的不确定性，会给研究、实践和政策带来严重困扰。有人把“名称混乱，概念界定不严”视为我国英才教育研究与实践亟待解决的首要问题，①有人“建议使用统一的概念，以避免由概念的模糊和不确定导致认识偏差”。②

学术界普遍认为神童、天才儿童、神童教育、天才教育等说法具有命定论与宿命论色彩，严肃的学术研究都不再采用此类说法。当前，检索中国知网可发现，篇名中包含英才教育、超常教育、资优教育等关键词的文章均占相当数量。需要从中择一作为未来我国教育政策的正式用语。本文主张把“英才教育”作为统一使用的标准概念。

### （一）“超常教育”一词的利弊

有人青睐“超常教育”一词。1978 年我国心理学家刘范正式提出“超常儿童”“超常教育”等概念，以“超常儿童”（Supernormal Children）替代“天才儿童”一词。有人认为，“超常”是相对于“低常”和“常态”而言的，符合实际，具有统计学意义，“超常儿童”一词比“天才儿童”能更准确描述这类儿童的特点。③

有人则对“超常教育”“超常儿童”的说法提出异议，主要观点是：（1）“超常儿童”一词将此类儿童标签化，贴上了“超过常人”的标签，不利于他们的健康成长。④（2）“超常”二字会被误解为“异常”，⑤有把此类儿童污名化之嫌。（3）一般民众从功利的角度，视“超常教育”为“超前教育”，造成了不良后果，如一些家长为使孩子能进超常教育实验班，送孩子参加社会上的所谓“神童培训班”，甚至到户籍管理部门改动孩子的出生日期以符合入学年龄要求。⑥（4）超常、超常儿童、超常教育等说法不具有国际通用性，不便于开展对外交流，国外学者往往会将 Supernormal（超常）与 Superman（超人）联系起来，易生歧义，交流时需做大量解释工作。⑦

① 姚本先．我国超常儿童教育实验研究的省思［J］．教育研究与实验，1994（03）．

② 赵厚勰．“超常教育”“英才教育”“天才教育”“资优教育”辨［J］．中国特殊教育，2003（03）．

③ 查子秀．超常儿童心理学（第 2 版）［M］．北京：人民教育出版社，2006．

④ 赵厚勰．“超常教育”“英才教育”“天才教育”“资优教育”辨［J］．中国特殊教育，2003（03）．

⑤ 赵进一，花葆竹．让“超常教育”回归“英才教育”［J］．检察风云，2013（16）．

⑥ 孟现志．关于我国超常教育的若干问题反思［J］．中国特殊教育，2004（07）．

⑦ 赵厚勰．“超常教育”“英才教育”“天才教育”“资优教育”辨［J］．中国特殊教育，2003（03）．

本文支持上述异议，此外，还需要特别强调的是，在我国大陆地区，开展超常教育40余年来，主要集中在对于大学少年班、中小学超常教育实验班的研究与实践，致使超常教育的概念在大众认知和政策认知中，已经被窄化为单独编班、缩短学制的单一教育形式（所谓“神童班”），而且这种形式在实践中也产生了诸多负面问题，20世纪初超常教育热度锐减、进入低谷期与此有关。实际上，英才教育有很多种形式，神童班只是其中一种比较激进的形式，基于此，如果将来在正式的教育政策文本中再使用“超常教育”概念，有可能不利于英才教育的健康发展与范围拓展。

**（二）“资优教育”一词的利弊**

我国台湾地区的心理学家以“资优儿童”替代天才或天才儿童的说法。资优儿童是指天赋优异儿童，泛指那些在思考、推理、判断、发明和创造能力上明显超出一般同龄儿童的儿童。① 针对此类儿童的教育就是资优教育。由于超常儿童一词存在非议，赵厚勰认为“资优儿童”是一个非常科学的概念。② 贺淑曼所做的一项问卷调查表明，人们对于“资优”一词的接受程度较“超常”更好些。③

本文认为，相对而言，“资优教育”是一个比超常教育更好的术语，但依然存在不足：（1）资优教育是一个主要在港台使用的区域性概念，不是我国大陆地区使用频度高的术语，检索中国知网可以发现，其使用频度远低于英才教育或超常教育两个词，此概念的大众接受度不够高。（2）资优教育的英文对应词是 Gifted and Talented Education，但从“字面”上看，资优教育一词对天赋即先天因素（Gifted）强调有余，而对于后天形成的能力因素（Talented）关注不够，因此对于此类儿童的特征涵盖不全。

**（三）“英才教育”一词的比较优势**

“英才教育”一词具有比较优势。除了可以规避超常教育和资优教育两个概念存在的上述问题外，英才教育一词还具如下优点：（1）英才教育一词使用频度高，从中国知网检索可知，篇名中分别包含英才教育、超常教育、资优教育三个关键词的论文数量之比，大约为3:2:1。（2）超常教育和资优教育中的“超常”和“资优”，主要是对教育对象心理特征尤其是智力特征的事实描述，在中文语境中，这两个词从字面上很难看到此类教育的目标境界与价值追求，而“英才教育”一词可以指“对英才儿童的教育”，也可以指“为把学生培养成为英才而进行的教育”，④“体现教育培养的目标和结果”，⑤ 具有更为丰富的内涵与外延，具有更加崇高的境界与追求。（3）“英才教育”一词是对中国优秀传

① 郭为藩．特殊教育名词汇编［M］．台北：台湾心理出版社，1984.

② 赵厚勰．“超常教育”“英才教育”“天才教育”“资优教育”辨［J］．中国特殊教育，2003（03）.

③ 李莉．有关天才儿童的定义的研究综述［J］．中国特殊教育，2003（03）.

④ 孙金鑫，王刚．用好“后发优势”：对中国英才教育政策的反思与建议［J］．教育科学研究，2020（04）.

⑤ 戴耘，蔡金法．英才教育在美国［M］．杭州：浙江教育出版社，2013.

统文化“重教”“乐教”的传承，源之于孟子的乐于“得天下之英才而教育之”，培育英才、造就英才也一直是我国教育的优良传统，在此方面，超常教育、资优教育两词显然无法相媲美。（4）英才教育一词便于与现有政策语言“英才”一词进行衔接。我国21世纪以来的国家层面政策用语中，没有使用过超常、资优等词汇，但是多次使用过“英才”一词。例如，2022年党的二十大报告提出“聚天下英才而用之”。[①]2018年教育部等六部门发布的《关于实施基础学科拔尖学生培养计划2.0的意见》要求“建设一批国家青年英才培养基地”，并要求推进实施“中学生英才计划”。但是，需要注意的是，教育部等六部门的文件并没有使用“英才教育”一词，也没有明确英才学生的甄选标准，也就是说，并没有明确英才教育这种教育类型的存在。而这，正是需要进一步改进的。

尽管在学术研究中，英才教育、超常教育、资优教育并没有本质区别，但相对而言，在中文语境中，“英才教育”是个更好的词语，建议未来使用英才教育一词来统一规范各种不同的说法，把英才教育作为正式的政策语言，并对英才教育的对象“英才儿童”或“英才学生”予以明确定义。

## 二、英才教育与英才儿童的本质

英才教育与英才儿童的本质问题，主要是英才儿童的本质问题，因为认清英才儿童的本质之后，英才儿童如何甄选、如何教育这两个英才教育最关键的问题就迎刃而解了。因此，需要给“英才儿童”下一个明确的定义，从内涵和外延两个方面把握英才儿童的本质。

英才教育存在的逻辑前提是：英才儿童这个特殊群体是客观存在的。但是，对于这个群体的认知，过去和现在都存在着分歧与争议。主要表现在几对关系的处理方面。

### （一）先天与后天的关系

英才儿童主要是天生的还是后天造就的？看法不一。1869年英国生物学家高尔顿（F.Galton）的著作《遗传的天才》（*Hereditary Genius*）问世，提出天才是遗传的观点，他使“Gifted”（天赋的）一词被世人熟知，该词所强调的就是天赋和遗传的决定性作用。不能否认英才儿童的生物学基础，他们的基因组、大脑活动水平等与普通儿童有差异，脑机制研究的深入与脑成像技术的成熟，为英才儿童的先天生物学基础提供了新的佐证，[②]研究发现，数学英才学生确实存在特殊的脑神经机制。[③]但是，即便有良好的遗传素

① 习近平．高举中国特色社会主义伟大旗帜　为全面建设社会主义现代化强国而努力奋斗［M］．党的二十大报告辅导读本．北京：人民出版社，2022．

② OBoyle M.W.Mathematically Gifted Children：Developmental Brain Characteristics and Their Prognosis for Well-being［J］.Roeper Review，2008（30）．

③ 章镇玲，谢宇，孔燕．数学超常人群的脑成像ALE元分析及教育启示［J］．中国特殊教育，2020（06）．

质，如果没有受到适合的后天干预与教育，这些英才儿童的潜能也不能得到充分的挖掘。

中文的英才儿童所对应的英文词是 Gifted and Talented Children，这个英文词是一个被国际学术界广泛认可的复合概念，其中，Gifted 强调天赋与遗传因素，Telanted 更强调后天形成的能力，二者组合起来同时强调了先天与后天的作用。1985 年加拿大心理学家加涅（Gagné）构建了天赋—能力差异模型（Differentiated Model of Giftedness and Talent，DMGT），后来又不断完善，其主要贡献是把天赋（Gift）与能力（Talent）予以明确区分，并提出要把天赋转化为现实的能力。[①] 把先天禀赋与后天能力区分开来、组合起来是重要的，反映了对于“英才儿童”发展的全面认知；但是，强调把先天禀赋转化为后天能力是更为重要的，揭示了“英才教育”的核心使命。

先天与后天的不同，反映了关于英才儿童本质认识的静态观与动态观的差异。静态观过于强调遗传与天赋的作用，认为只要一朝是“神童”（英才儿童），就会永远是“神童”，就会一劳永逸地永远禀赋优异、超乎常人，实际上是给英才儿童“贴标签”、把英才儿童神秘化。动态观则强调英才儿童的发展是遗传与环境交互作用的结果，是发展主义的运用与体现，更为关注英才儿童在年龄、种族、天赋类型等方面的个体特质与发展轨迹及其差异，发展主义强调英才儿童发展的动态性，扩展了英才儿童概念的外延。[②]

英才儿童的概念不仅向动态化发展，还向多元化发展，表现为由强调单一能力转向强调多元能力，由强调能力转向同时强调动力（非智力因素）。

### （二）单一能力与多元能力的关系

单一能力是指人所共有的一般智力，智力测验所测的就是一般智力，测得的数值就是智商（IQ）。1921 年心理学家推孟（Lewis.M.Terman）首先运用斯坦福—比奈智力量表来识别英才儿童，是一个革命性的进步，为甄别提供了科学依据。此后几十年人们把英才儿童视为高智商或智力超常的儿童，即把天赋等同于高智商。根据统计学的测算，这些儿童占同龄人的 1%—3%。

但是，智力测验测的是一般能力，无法识别在特殊领域具有才能的个体。20 世纪 50 年代以后，英才儿童的概念由单一能力取向走向多元能力取向，在强调一般智力的同时，也重视其他能力。加德纳（Martin Gardner）的智力理论即“多元智能理论”为英才儿童范围的拓展提供了理论支撑。

多元能力取向的英才儿童概念对教育政策产生了重要影响。美国国会 1972 年通过了联邦教育总署（USOE）成员马兰德（Sidney P.Marland）提交的名为《英才教育》（Education of the Gifted and Talented）的报告，即《马兰德报告》（*Marland Report*），在政

① Gagné F.Transforming Gifts into Talents：The DMGT as a Developmental Theory［J］.High Ability Studies，2004，15（2）.

② 李玉玲，孔燕．2000—2020 年超常儿童研究主题及趋势——基于三大国际超常儿童研究期刊文献的计量分析［J］．中国特殊教育，2021（04）.

府文件中第一次明确提出了英才儿童的定义：英才儿童是那些被专业人士鉴定为具有高水平表现的儿童，这些儿童在一般智力、特殊学术性向、创新能力、领导能力、视觉或行为表现艺术、心理运动能力六个领域中的个别或全部领域表现优异或具有潜力。① 该报告把多元能力限定为六个领域，其中，特殊学术性向是指在特殊学科如数学、科学、语言艺术等方面所具备的能力；视觉或行为表现艺术是指绘画、雕塑、戏剧、舞蹈、音乐等领域；心理运动能力是指竞技、技巧等体育方面的能力。这个定义中，凸显了创新能力的独立性与不可替代性。研究表明，智力测验不能鉴别创新能力。② 一些学生智商高、考试成绩好，但创新能力并不强。

英才儿童的"马兰德定义"对于其他国家产生了广泛影响，许多国家对英才儿童的定义都与之大同小异。该定义把多方面的能力包括在内，更多的儿童被纳入英才儿童的范围内。关于英才儿童在同龄人中到底有多大比例，没有一个确定的说法。美国国家英才儿童协会（National Association for Gifted Children）所做的一项统计指出，美国英才儿童占全部学生人数的 6%—10%。③

### （三）智力因素与非智力因素的关系

美国心理学会主席兰祖利（Joseph S.Renzulli）对美国官方的马兰德定义有不同看法，认为后者最大的问题是忽略了"强烈的动机"这个因素，他提出了三环智能概念（3-Ring Conception of Giftedness），认为英才儿童应由三方面的心理成分构成：中等以上的能力（同龄人或同领域中前 15%—20%，包括一般智力和特殊能力，即马兰德定义中的一般智力和特殊学术性向）、较强的创新能力、完成任务的强烈动机（包括兴趣、毅力、热情、自信心、责任感等非智力因素）。④ 这些因素是相互独立的，三者相互作用，对于杰出能力的形成具有决定性影响。

兰祖利的理论被广为认可，并被作为英才学生甄选和培养的理论基础。但有学者认为，兰祖利的理论会把那些具有较高智商或创新能力而动机水平不高的儿童排斥在英才教育之外。⑤ 学生的动机水平正是需要通过英才教育予以提高的，然而人的智商是相对恒定的，难以通过教育提高。因此，兰祖利的理论更适宜于作为英才儿童教育的理论基础，而不是甄选的理论基础。

综上可见，随着研究的深化，英才儿童的内涵与外延更为丰富，"高智商儿童就是英才儿童"的看法因其单一能力取向而受到质疑，英才儿童的概念"是一个多层面的复杂

① 付艳萍．美国资优教育政策探究［J］．外国教育研究，2014，41（03）．

② 查子秀．超常儿童心理学（第 2 版）［M］．北京：人民教育出版社，2006．

③ NAGC Makes Gifted Learners a National Priority［EB/OL］．http：//www.nagc.org/ about-nagc/goals-priorities．

④ 李莉．有关天才儿童的定义的研究综述［J］．中国特殊教育，2003（03）．

⑤ 李莉．有关天才儿童的定义的研究综述［J］．中国特殊教育，2003（03）．

概念而非仅仅是学习成就上的或者认知性的”，[①] 由“由狭义的‘智力优异’（高 IQ）走向广义化和多元化”。[②] 英才儿童概念的拓展为英才儿童的鉴别与教育提供了理论依据，尤其为鉴别提供了直接指导。

在为英才儿童“画像”时，年龄问题不可回避。根据心理学的界定，儿童是指 18 周岁以下的未成年人，而大学阶段的英才教育的对象有些已经超过 18 周岁，称之为“英才儿童”确有不当，称之为“英才学生”更为准确。“英才学生”是一个比“英才儿童”范围更宽的概念，可以包含大学阶段的英才教育对象。

我国教育政策与实践需要一个准确、明确、科学的“英才学生”定义，这个定义应该吸收国内外的研究成果和政策进展。本文建议“英才学生”的定义是：“英才学生是那些与同龄人相比，在智力、特殊学术领域，创新能力、领导能力、艺术领域表现优异或具有潜力的儿童和青少年；来自不同民族、文化、区域、社会阶层的儿童与青少年，都有可能表现出突出的才能；这些儿童和青少年有特殊的教育需求，需要为他们提供不同于普通学生的特殊教育。”在此基础上，“英才教育”的定义是：“英才教育是为满足英才学生特殊需求而实施的、促进其天赋与能力发展的特殊教育。”根据上述定义，英才学生是跨越基础教育和高等教育的，其年龄范围可以超过 18 周岁。

需要注意的是，强调多元能力并不是说能力的种类多多益善，必须聚焦重点领域，在强调国际科技竞争、强调培育科技英才的大背景下，可以重点关注多元能力中的智力、特殊学术领域、创新能力等的鉴别与发展，以培养更多的科技英才。基于此，英才学生的特征可以聚焦为智商高，成绩好（学业成绩好或考试分数高），创新能力强，动机水平高。在鉴别时，可以重点关注这几个方面。美国佐治亚州立法确定了鉴别英才儿童的 4 个标准：在总体测试成绩中，智力水平排名在前 4%，标准学业测试成绩在前 10%，创新能力在前 10%，动机水平在前 10%，四者综合后，再确定人选。[③] 此种做法，可资借鉴。

## 三、英才教育的模式选择

英才教育包括加速模式和充实模式两种。英才教育以加速模式起家，中外皆然。充实模式的产生晚于加速模式，但后来居上，英才教育由单一加速模式转向加速与充实双轨并存模式，[④] 而且加速模式存在的弊端甚至使得充实模式成为英才教育的主流模式。

① ［美］乔纳森·普拉克. 发展超常教育需要解决的三个问题［J］. 教育研究，2010（02）.

② 王庆环. 超常教育，出了什么问题？［N］. 光明日报，2011-10-26（07）.

③ 付艳萍. 美国资优教育政策探究［J］. 外国教育研究，2014（03）.

④ 谢腾，杨云. 单轨前行与双轨并存——从研究趋势看资优教育服务的发展历程［J］. 湖南工业职业技术学院学报，2021（02）.

## （一）加速模式的利弊

加速模式（Acceleration Program）在很长一段时间都是英才教育的“正统”模式，可以分为两类：基于年级的加速和基于课程的加速。前者指提早入学（小学、大学）、跳级、双录取等；后者指快速掌握课程内容，如某一科目加速、全部科目加速、提前修读较高年级科目、在中学时修读大学课程等。

英才教育模式的争议，主要是针对加速模式的优势劣势而展开。

支持者认为加速模式有如下优点：（1）强化学习动机。普通课堂的教学内容对于英才学生而言难度不够，会使他们心生厌倦、学习动机下降，甚至出现干扰同学听课等行为问题，而加速学习可以解决这些问题。（2）提升学业水平。使英才学生比同龄人有更高的学业成就。（3）提前毕业或提早取得更高学历。加速模式有助于学生提前完成学业，并提前就业。（4）降低教育成本。不论是基于年级的加速还是基于课程的加速，都是“顺便搭车”利用现有教育资源进行的，而且还缩短了修业年限，为国家和家庭都节省了教育支出。（5）增强社交能力并促进社会化。英才儿童希望与比他们年长一些、能力相当、更为成熟的人交往，[①] 加速模式给英才儿童提供了与此类学生交流的环境。[②] 而在学校常规的普通班里，由于缺乏智力兴趣相似的同伴，有可能使英才学生滋生社会隔离与情感困扰的心理障碍。[③]

一些人对加速模式持反对态度，认为它有以下弊端：（1）知识学习不够系统。加速模式使得英才学生聚焦于几门与早入学和跳级相关的主要科目的学习，出现偏科现象。（2）知识学习不够扎实。加速模式的突出特征是“学得快”，但是不一定学得好，学习质量受到影响，会出现知识断层，影响后来掌握高水平的知识。（3）学生学业压力过大。有的英才学生因竞争激烈、成绩不理想而受到打击，自信心和学习动机下降，需要接受心理辅导甚至需要退学。[④]（4）非智力因素发展相对滞后。英才学生学习能力强，但是与年龄大的同学相比其社会交往能力差，难以与他们结交成为朋友，过早进入到承受社会调适压力的困境，而如果不早入学、不跳级而是和同龄人在一个班级里，就会更加快乐、情绪也更为稳定。[⑤]（5）“英才学生”称呼具有标签效应。会助长其优越感与骄傲自大情绪，进而强化英才儿童不合群、表现怪僻、固执己见的形象。同时还会使未获加速安排的学生产生挫败感和不公平感。（6）体能发展不足。早入学和跳级的英才学生由于年龄

---

① Paul M.Janos et al.A Cross-sectional Developmental Study of the Social Relations of Students Who Enter College Early [ J ]. Gifted Child Quarterly，1988（32）.

② 曾有娣．加速式超常儿童教育研究综述［J］．中国特殊教育，1999（04）.

③ 徐晓红．天才教育的十大迷思［J］．基础教育参考，2013（23）.

④ Dewey G.Cornell et al.Social-emotional Adjustment of Adolescent Girls Enrolled in a Residential Acceleration Program [ J ]. Gifted Child Quarterly，1991（35）.

⑤［美］G.A. 戴维斯，S.B. 里姆．英才教育［M］．杨庭郊，等，译．北京：新华出版社，1992.

小、体型小，导致在体育活动中运动成绩不佳，并进而招致取笑与排斥。[①]

可见，加速模式的弊端主要体现为心理问题与社会调适方面。进入21世纪，国际学术界尤为关注自我概念、人际关系等心理社会变量对英才儿童发展的影响，研究表明，加速模式对英才学生学业成绩和社会情感发展具有积极影响，但也有负面影响。[②]而英才教育的充实模式有助于化解这些负面影响。

### （二）充实模式的优势

充实模式（Enrichment Program）是指不改变英才学生的就读年级，通过提供拓展课程和高深课程，或使用更加复杂的教学策略，来满足英才学生特殊需求的教育模式。其特点不是像加速模式那样“学得更快”，而是学得更宽、学得更深，更宽是水平充实（Horizontal Enrichment），学习更为广泛的知识；更深是垂直充实（Vertical Enrichment），增加课程深度、发展高层次的思维技能。更为重要的，充实模式能够规避加速模式的主要弊端，“有利于儿童情感和社会性的发展”。[③]

充实模式主要有以下形式：（1）常规课堂内的分层教学（Differentiation Program）。根据能力或兴趣，把全班学生分成若干小组，给予难度不同的学习任务，让每组的任务都有挑战性，满足英才学生的学习需求。（2）校内外抽离项目（Pull-out Program）。把已经掌握常规课程内容的学生，从常规课堂“抽离”出来，离开自己的班级，参加校内或校外提供的额外课程，一般每周在校内1—2次，校外1次，旨在发展英才学生的兴趣与专长。（3）独立学习研究。在教师或专家指导下对感兴趣的展开研究，培养英才学生的独立研究能力。（4）学术夏令营或冬令营。时间几天到两周不等，提供学术性课程，为英才学生提供发展兴趣、学习新知、增进友谊的机会。

相对于“求快”的加速模式，家长、学生、教师更认可充实模式，但也有学者对充实模式提出批评，认为充实模式往往缺乏明确的培养目标，缺乏精心策划的教学策略；还有人认为，充实模式实施得越有效，之后对加速模式的需求就越大，因为充实模式易让学生产生厌倦，难以让其保持较高的学习兴趣。[④]

可见，加速模式与充实模式各有长短，但二者并非水火不容，需要融合二者的优势，并根据不同英才儿童的不同需求，设计出最适合的英才教育模式。兰祖利提出了全校性

---

① 曾有娣．加速式超常儿童教育研究综述［J］．中国特殊教育，1999（04）．

② McClarty K L.Life in the Fast Lane：Effects of Early Grade Acceleration on High School and College Outcome［J］.Gifted Child Quarterly，2015，（59）：3-13；Steenbergen-Hu S，Moon S M.The effects of Acceleration on High-ability Learners：A Meta-Analysis［J］.Gifted Child Quarterly，2011（55）．

③ 缴润凯，张锐，杨兆山．智力超常儿童的发展：从加速式教育到丰富式教育［J］．东北师大学报（哲学社会科学版），2008（06）．

④ Stanley，J.C.Idenfitying and Nurturing the Intellectually Gifted［A］.In W.C.George，S.J.Cohn，& J.C.Stanley（Eds.），Educating the Gifted：Acceleration and Enrichment.Baltimore：John Hopkins University Press，1997.

充实模式（School Wide Enrichment Model），系统集成了多种教育方式如区别式课程、抽离式教育、导师指导下的课题研究，以及跳级指导等，[①] 实际上是对加速模式与充实模式的综合。这也反映出加速模式与充实模式之间没有截然的界限，“学得快”与“学得多”“学得好”是可以兼容的。

### （三）我国英才班教育模式的争议

我国 1978 年以来的英才教育模式是以大学少年班、中小学超常教育实验班（以下简称为“英才班”）为主的加速模式，这是一种与国外加速模式不同的“激进加速模式”，有以下几个特点：（1）单独编班，即把经过鉴别的英才学生集中起来，单独编一个行政班。国外的英才班是常规班（行政班）以外的英才班，是常规班的补充，校内的英才班学生来自不同班级、年级，校外的英才班学生来自不同学校、不同区域，是临时性的，放学后、周末或假期时上课。（2）隔离教育，即把英才学生与同龄的非英才学生隔离开来进行教育。国外英才班的学生还要在常规班上课，是一种随班就读的融合教育。（3）过快加速，如中小学阶段从小学四年级开始用 4 年学完 8 年的课程，某大学少年班用 8 年完成初中、高中、本科、研究生共 13 年的课程，[②] 有过于求快之嫌。国外学生的跳级加速，幅度不会如此之大。与我国的英才班模式相比，国外的加速模式属于“温和加速模式”。

有人认为，将英才学生单独编班有积极意义：学生的认知水平比较一致，教师比较容易照顾到全班学生的需要；可以全班整体上步伐一致，学得更快，缩短在校学习时间，尽早成才；英才学生间有很多共同关注的问题，便于相互切磋交流、集思广益等。

有人则提出异议甚至尖锐批评，认为这种模式剥夺了英才学生与同龄人交往的权利，将他们排斥在主流学生群体之外，不利于他们将来适应社会；过度加速学习、同班同学高水平表现都会给他们带来心理压力，导致自我概念降低，进而引发学业成绩、学习热情、成就动机的下降，不利于心理健康与可持续发展。[③]

在英才班就读的英才学生所面临的心理问题，在普通班级中往往能得到克服。马什（Marsh）等人提出“大鱼小池塘效应”（Big-Fish-Little-Pond Effect，BFLPE），认为学生的学业自我概念对其学业成绩有显著的预测作用，在普通班就读的英才学生比在英才班就读的英才学生有更高的学业自我概念，即对自己的学业成功更为自信、焦虑水平更

① Renzulli，J. S. &Reis，S. M. Research related to the Schoolwide Enrichment Model［J］. Gifted Child Quarterly，1994（38）.

② 黄文．站在拔尖创新人才培养最前沿——超常教育 30 年探索不辍［N］．中国教育报，2008-12-29（05）.

③ 华国栋，张冲．论普通班中的超常教育［J］．中国特殊教育，2008（01）；李颖，施建农．大鱼小池塘效应——对超常儿童教育安置的思考［J］．心理科学进展，2005（05）.

低。[①] 英才学生在普通班里成绩排名靠前，相当于小池塘里的大鱼，会更加自信，在英才班里可能排名靠后，就成为大池塘里的小鱼，自信心会降低。大鱼小池塘效应理论本质上是一种社会比较理论，类似中文里“鸡头凤尾”的说法。

但是，还有一种与此相反的理论“标签效应理论”，认为能在英才班学习本身就给了英才学生一个荣誉感的标签，会使得英才学生有更高的自我概念，然而，这个标签所带来积极的“荣誉效应”不能抵消消极的“对比效应”，依然会产生大鱼小池塘效应，大鱼小池塘效应是二者平衡后的净值、互相抵消后的纯结果。[②] 亦即，进入英才班的荣誉感和自豪感，依然抵消不了所带来的压力感与挫折感。正是基于此种效应，有学者建议教育政策制定者应当认真权衡举办英才班的利与弊。[③]

我国的英才班模式是一种激进乃至极端的英才教育加速模式，会把一般加速模式（如早入学、跳级、先修课程）某些优势和弊端都予以放大，比如英才儿童的心理健康问题、人际交往问题都会被大大放大；甚至一般加速模式的某些优势也会转化成劣势，比如一般加速模式有节约教育成本的优势，但是英才班的模式不具备这个优势，在我国，不论是大学的少年班还是中小学超常教育实验班，都需要专门的课程方案、教材设计、教学计划，需要专业化的专门师资力量以及单独的管理团队，一般的中小学不具备这些条件，许多大学也不具备这些条件，因此，从 1978 年至今 40 多年来，我国大中小学的英才班数量不增反减，一个重要原因是受人力财力物力条件限制，不得不取消。英才班在我国没有大面积普及的可能性。有人主张以充实模式取代加速模式，[④] 有人主张在普通班中实施英才教育，[⑤] 有人主张对英才学生的教育安置方式应“融合教育和特长发展并举”，认为融合教育环境能加强英才学生与普通学生间的充分交流，利于前者身心健康平衡发展。[⑥] 以上三者，实际上都主张采用充实模式，实施随班就读的融合教育。

基于前述对于加速模式和充实模式的优缺点分析，本文主张在我国大中小学均采用“充实模式为主、加速模式为辅”的“混合模式”：（1）在中小学阶段，主要采用英才学生在普通班就读的充实教育模式，不采用英才班这种“激进的加速模式”，但是可以采

① Marsh H W，Chessor D，Craven R G et al.The Effects of Gifted and Talented Programs on Academic Self-concept：The Big Fish Strikes Again［J］.American Educational Research Journal，1995（32）.

② Marsh H W，Kong C-K，Hau K-T.Longitudinal Multilevel Modeling of the Big Fish Little Pond Effect on Academic Self-concept：Counterbalancing Social Comparison and Reflected Glory Effects in Hong Kong High Schools［J］.Journal of Personality and Social Psychology，2000（78）.

③ Zeidner M，Schleyer E J.Educational Setting and the Psychological Adjustment of Gifted Students［J］.Studies in Educational Evaluation，1999（25）.

④ 缴润凯，张锐，杨兆山．智力超常儿童的发展：从加速式教育到丰富式教育［J］．东北师大学报（哲学社会科学版），2008（06）．

⑤ 华国栋，张冲．论普通班中的超常教育［J］．中国特殊教育，2008（01）．

⑥ 程黎，王美玲．国内外超常儿童概念的发展及启示［J］．中国特殊教育，2021（10）．

用提前入学、跳级、课程先修等“缓和的加速模式”作为辅助方式。即便采取缓和的加速模式，也不提倡过度提前入学、过多跳级等做法。中小学阶段的充实模式和缓和的加速模式，都不需要为英才儿童单独编班，均采取“随班就读”方式，这是一种比较经济的、可以大面积开展英才教育的模式选择。（2）在大学阶段，在使用其他加速模式的同时，可以采用激进的加速模式，即举办“英才班”，但是要与充实模式结合进行，避免英才学生产生心理健康问题与社会适应问题。（3）由于我国一些中小学长期以来一直举办英才班，对这些英才班可以适当保留，以作教学实验和比较研究之用，但是不要“过快加速”，也就是不要过多缩短学习年限。

## 四、英才教育的公平问题与效果评价

我国该不该通过政策手段大力推进英才教育，关键取决于这两个问题：英才教育是否公平？有无效果？如果英才教育有违教育公平，没能达成目标（比如培养科技英才）而且劳民伤财，政府就难以运用政策手段进一步推动英才教育大力发展。对于我国以英才班为主导形式的英才教育之公平与效果问题，近二十多年来一直存在较大争议，对我国英才教育政策制定造成了极大困扰，严重阻碍着我国英才教育的政策进程。

### （一）关于英才教育公平问题的争议

综合国内外文献，笔者认为英才教育违反教育公平的观点主要有：（1）英才教育不是面向全体学生的，是精英教育，违反教育机会均等原则，体现的是精英主义（Elitism），不是平等主义（Egalitarianism）。[①]（2）真正的教育公平不是“超常教育”（英才教育），而是“低常教育”（针对残障儿童的教育），低常儿童可能连基本的教育机会都难以保障，应优先实施低常教育。[②]（3）英才教育是“把最好的教育提供给最聪明的人”[③]，进一步拉大了英才学生与普通学生的发展差距。（4）英才教育是质量更好的教育，会占用更多的资源，因而对其他普通学生不公平。[④]

认为英才教育不违反教育公平的观点主要有：（1）公平与平等是两个不同的概念，教育公平包括平等性公平、补偿性公平和差异性公平，英才教育是针对英才学生开展的满

① Spielhagen，Frances R.，& Brown，Elissa F.Excellence versus Equity：Political Forces in the Education of Gifted Students［A］.Bruce S.Cooper，James G.Cibulka and Lance D.Fusarelli（Eds.）［C］.Handbook of Education Politics and Policy.New York：Routledge，2008.

② 刘铁芳．超常儿童的超常教育：是扩大公平还是制造不公平——与刘彭芝先生商榷［J］．探索与争鸣，2010（02）.

③ Sapon-Shevin，Mara.Equity，Excellence，and School Reform：Why Is Finding Common Ground So Hard？［A］.James H.Borland（Ed.），Handbook of Giftedness in Children［C］.New York：Teachers College Press，2003.

④ 景晓娟，程黎．超常儿童也需要教育公平［J］．中国特殊教育，2021（09）.

足其独特需要的特殊教育，是差异性公平的体现，并不违反教育公平原则。[①]（2）英才教育与残障教育都是特殊教育，分别针对英才儿童和残障儿童实施，二者的教育需求虽然不同，但在法律和道义上具有同等地位，不能厚此薄彼。对英才学生实施英才教育，“这就像我们为残障儿童单独实施教育是一个道理”。[②]（3）英才教育不是最好的教育，只是满足英才儿童需要的教育，这种教育并不适合普通儿童。对不同学生而言，适合的教育才是最好的教育。有学者提出“最佳匹配”（Optimal Match）概念，要求教学与学生个体的学习需求相匹配，所表达的是同样的理念。[③]因材施教是教育的一项基本原则，英才教育只是因材施教的一种形式。（4）英才教育并未占有更多的教育资源。认为推行英才教育项目“需要大量充足的资源”是一种错误认识，事实是，发展英才教育“并不需要抢银行”。[④]研究发现，英才学生对教师知识量和班级管理能力的需求略低于普通学生，但对教师人格开放性和包容性的需求却显著高于普通学生，两类学生对师资的需求差异更多是类型上的，而非数量上的。[⑤]

本文认为，追求卓越的英才教育与教育公平原则并不冲突，公平与卓越可以兼顾。美国英才教育专家明确指出，“当我们努力追求教育公平时，千万不要忘记‘卓越’一词”。[⑥]

实际上，实施英才教育对英才学生不是锦上添花，而是雪中送炭。英才学生因其特殊性，更容易沦为弱势群体。生活在普通班的英才学生，如果不能接受到英才教育，最后可能会成为学业落后学生或是问题学生，甚至成为同学眼中的“怪物”。英才学生对他人的看法和评价更为敏感，父母和老师的高期望使其压力感增大并对失败产生恐惧感，他们更容易抑郁、焦虑、易怒和表现出较高的自杀倾向，[⑦]导致他们“在校时间往往是煎熬着的而不是快乐度过的”。[⑧]此外，英才学生整个群体的不利处境往往被某些少数个体的辉煌成功所掩盖，其弱势群体特征比起残疾学生、贫困学生更为隐蔽，不易被识别，更难以被认同，其真实需求不被了解，使得整个英才学生群体的不利处境雪上加霜。[⑨]这样，

① 褚宏启．追求卓越：英才教育与国家发展——突破我国英才教育的认识误区与政策障碍［J］．教育研究，2012，33（11）；褚宏启，杨海燕．教育公平的原则及其政策含义［J］．教育研究，2008（01）．

② 樊未晨．人大附中校长：超常教育是真正意义上的公平教育［N］．中国青年报，2009-08-27．

③ Robinson，N.M.，Robinson，H.B. The Optimal Match：Devising the Best Compromise for the Highly Gifted Student［J］. New Directions for Child and Adolescent Development，1982（17）.

④ 徐晓红．天才教育的十大迷思［J］．基础教育参考，2013（23）．

⑤ 景晓娟，程黎．超常儿童也需要教育公平［J］．中国特殊教育，2021（09）．

⑥ Benbow，C.Studying the Development of Math/Science Talent for 35 Years through SMPY：Implications for the Flat World. Keynote Address.National Research Symposium on Talent Development［M］.Iowa City：The University of Iowa.2006.

⑦ Chan D W.Emotional Intelligence，Social coping，and Psychological Distress among Chinese Gifted Students in Hong Kong［J］.High Ability Studies，2006，16（2）.

⑧ 徐晓红．天才教育的十大迷思［J］．基础教育参考，2013（23）．

⑨ 程黎，冯超，柯学，李泊．超常儿童发展中的积极心理健康教育［J］．中国特殊教育，2011（03）．

英才学生就成为真正的弱势群体，只有对他们提供英才教育，才能将他们从困境中拯救出来，对英才学生而言，英才教育是抵御各种风险因素的保护因素。[①]

美国英才儿童学会的两位创建者认为英才儿童是“最容易被忽视的”，他们创建学会的主要目的就是为了满足英才儿童的特殊需要。[②] 英才学生容易成为被孤立和打压的对象，我国有“木秀于林，风必摧之”以及“枪打出头鸟”等说法，澳大利亚也有一个类似的说法叫“高高的罂粟花”综合征（Tall Poppy Syndrome），这种社会症状是指，人们对某一领域的出类拔萃者持怀疑态度，出类拔萃者可能会受到来自社会的不约而同的、自发性的、集体性的批评与否定。这一现象迁移到教育领域，就是学校教育压抑有提早“开花”欲望的英才学生，不允许个体先于同龄人发展。[③]

这种“抵制卓越”的社会心理和情绪，会影响关于英才教育的政策制定与政策走向。在美国，由于社会上流行“平等主义”思潮，导致不同时期卓越和公平两种价值互有消长，使得美国英才教育发展在不同阶段有高低起伏，例如，自 2002 年《不让一个孩子掉队》法案颁布实施以来，美国基础教育政策关注为差生“兜底”而不是让优生“冒尖”，放弃了对追求卓越的倡导，英才教育遭遇暂时挫折，2015 年颁布的《让每个学生成功法案》重新恢复对英才教育的关注与支持，使得公平与卓越并举。[④] 苏联 1958 年为与美国争夺世界霸权，苏共中央第一书记赫鲁晓夫建议“为在数学、物理等方面表现出天赋的青年建立专门的英才学校”，引发巨大争议，有人坚决反对，认为建立英才学校有违社会主义平等原则、容易滋生青年特权思想等理由，最终此建议在同年 12 月通过的法令中被删除，直到 1963 年政府才正式通过在四个城市建立英才高中的政策文件。[⑤] 在英国，政府一直纠结于卓越与公平的关系，致使英才教育长期以来处于边缘位置，直到 2003 年才发生重大转变，英才教育被列入“国家 21 世纪教育战略框架”，力图将公平和卓越并轨于一线，要求满足学生个人需要包括英才学生的特定学习需要，如果不能，就被认为是另一种不公平。[⑥]

我国英才教育政策相对滞后，与纠结于英才教育是否违反公平有密切关系。国内外的理论研究、国外的政策与实践均表明，英才教育追求卓越，与教育公平并不矛盾。在

---

① Peterson J S.Giftedness，Trauma，and Development：A Qualitative，Longitudinal Case Study［J］.Journal for the Education of the Gifted，2014（37）.

② 刘星，杨挺. 美国对超常儿童教育的支持措施及其启示［J］. 中国特殊教育，2012（06）.

③ Eddie J.Braggett，Roger I.Moltzen.Programs and Practices for Identifying and Nurturing Giftedness and Talent in Australia and New Zealand.In K.A.Heller，F.J.Monks，R.J.Sternberg and R.F.Subotnik（eds）.International Handbook of Research and Development of Giftedness and Talent（2nd ed.），NewYork：Pergamon Press，2008.

④ 肖甦，韩云霞.21 世纪以来美国英才教育的发展与趋势——基于对 NCLB 以及 ESSA 的分析［J］. 外国教育研究，2017，44（06）.

⑤ 杨岚，刘争先. 历史制度主义视角下俄罗斯英才教育制度的演进研究［J］. 外国教育研究，2021（11）.

⑥ Miliband，D.Personalised Learning：Building a New Relationship with Schools［R］.London：DfES，2004.

英才教育问题上，应该摈弃平均主义、民粹主义的公平观，不让错误的英才教育公平观阻碍我国英才教育的政策进程。

英才教育的公平问题，有两个方面：一是外部公平问题，涉及英才学生与普通学生、残障学生的比较问题，关注的是英才教育的差异性公平，以及教育卓越与教育公平的关系，前文讨论的主要是这一个方面。二是内部公平问题，即在英才学生群体内部的教育公平问题，关注的是平等性公平、补偿性公平，以及更为微观的差异性公平。

推进内部公平问题，要点有三：第一，推进平等性公平，让所有英才学生都有平等地接受英才教育的机会。我国当前英才教育的主要问题是覆盖面太小，绝大多数英才学生没有机会接受英才教育。第二，推进补偿性公平。在平等性公平的基础上，对来自不利家庭背景的英才学生，尤其是农村英才学生、流动英才学生，给予更多的补偿性教育资源。第三，推进差异性公平。此处是指更为微观的差异性公平，英才学生群体内部也存在差异，需要进一步细分身心特征与教育需求，以满足特殊需要。例如，双重特殊儿童（即具有残障的超常儿童）的能力特征、认知模式和心理特征极其特殊，需要使用更多的个性化手段进行鉴别甄选和教育干预。①

**（二）关于英才教育效果的争议**

效果包括效能与效率两个维度，效能高是指英才教育目标的达成度高，效率高是指以较小成本达成目标。

不同主体对我国英才班的效果评说不一。有人认为成效显著，尤其是英才班的举办校在总结工作成绩时更是如此，所列证据主要是：大学少年班学生考上国内外硕士、博士研究生的比例高，中学超常教育实验班学生考上重点大学尤其是北京大学清华大学的比例高，一些英才学生年龄很小就成为大学生、博士生、教授（如 8 岁的高中生、11 岁的大学生、17 岁的博士、26 岁的正教授，并视之为教育奇迹），某些英才学生进入社会后成为各行业的领军人物，等等。②

但有人对此并不认同，认为英才班是失败的：（1）没有实现造就一批科技领军人才的目标，离预期有很大距离。提前考上大学、研究生，未必将来能成大才，不能将此作为英才教育的最终目标。（2）英才学生尤其是大学少年班学生片面发展，非智力因素严重滞后于智力因素发展，人际交往能力差，难以适应社会，出现了大学少年班有学生出家为僧、有学生非常不尊重导师等问题，让社会难以接受。（3）英才班单独编班运营成本高，成本与收益反差较大，"给学校和社会造成极大的人力、物力和财力浪费"。③ 总之，

---

① Foley-Nicpon M，Allmon A，Sieck B，et al.Empirical Investigation of Twice-exceptionality：Where Have We Been and Where Are We Going？［J］.Gifted Child Quarterly，2010（55）.

② 燕学敏．全纳教育视野下的超常教育［J］．内蒙古师范大学学报（教育科学版），2011，24（04）.

③ 燕学敏．全纳教育视野下的超常教育［J］．内蒙古师范大学学报（教育科学版），2011，24（04）.

效能与效率都不高，以至于有人要求取消英才班，“如果超常教育教不好，还不如不教，让超常儿童回归正常教育”。[①]

上述两种截然相反的评价都有事实基础，认为英才教育有成效者，基于并强化了前文所述及的加速模式的优点；认为失败者，则基于并强化了加速模式的弊端。两种评价各执一端，都有片面性。实际上，我国英才班模式作为激进的加速模式，放大了一般加速模式的利与弊，其优点与缺点都很突出。

就其成效而言，英才班的确培养了一批各行业领军人才。根据追踪调查，我国英才班学生的就业流向主要是国内外一流大学、科研机构，国内外工商、金融、IT、制造等诸多领域，相当一部分人在事业上已经颇有建树。[②]不能因为英才班个别学生出现了心理问题，就以偏概全否认英才班的育人成效。另外，人才培养周期长，成才具有滞后性，对于英才教育的成效要有静待花开的耐心去等待，也许二三十年后会产生几个对世界有影响的科技精英。

还需要特别强调的是，尽管英才班培养出了一批优秀人才，但是与国家现代化需求还是相距甚远。全国英才班 40 多年的英才学生培养总量很小，而我国中小学英才学生的总量即便按照同龄人前 1% 的最窄口径计算，也有 200 万人左右，我国现代化建设需要大量的各领域领军人才尤其是科技领军人才，我国英才班培养出的各领域优秀人才，与我国英才学生的总量相比、与我国巨大的人口基数相比、与国家现代化建设对于大批领军人才的需求相比，实在是凤毛麟角。[③]简言之，英才教育规模太小，即便人人都能成才，也难以支撑国家创新发展战略，因此也就难以说英才教育有很大成效。要让我国英才教育有大成效，必须大规模发展英才教育。而要大规模发展英才教育，就不能把成本高昂的英才班模式作为主流模式。

1999 年以后我国不少学校的英才班难以为继、纷纷停办，规模大幅度萎缩，这本身就说明英才班模式效能与效率不佳。效能不佳表现为学生片面发展，效率不佳表现为运营成本高昂，而背后的原因有以下几点：

第一，目标有偏差。目标狭窄且过于功利化，大学少年班的目标集中在培养科技英才、考研和出国留学上，中学超常班的目标集中在高考上，[④]对于英才学生全面发展关注不够。因此，在英才教育的目标设定上，需要在功利主义与人道主义之间、社会本位与

① 刘铁芳．超常儿童的超常教育：是扩大公平还是制造不公平——与刘彭芝先生商榷［J］．探索与争鸣，2010（02）．

② 黄文．站在拔尖创新人才培养最前沿——超常教育 30 年探索不辍［N］．中国教育报，2008-12-29（05）．

③ 郭奕龙．资优教育：由加速制到充实制的发展［J］．岭南师范学院学报，2017，38（02）．

④ 万绍娜，冯维．我国超常儿童教育存在的主要问题及对策［J］．基础教育研究，2009（19）．

个人本位之间、工具理性与价值理性之间取得平衡，实现智力因素与非智力因素的均衡发展。不要只是把英才学生作为国家科技发展的工具、提升学校升学率的工具，要人道主义地对待他们，尊重其兴趣与选择，让他们能快乐学习、幸福生活。

第二，鉴别不精准。英才班发展早期往往根据经验和学业成绩来鉴别英才学生，对于智力水平、创新能力、非智力因素等关注不够，不能全面鉴别、动态鉴别，导致鉴别不够精准，“招来的学生不超常”。在应试教育、超前教育的影响下，20 世纪 80 年代初中国科技大学少年班招生就曾出现家长填鸭式“造神童”的现象，[①]20 世纪 90 年代后出现了很多“神童教育方案”，社会培训机构出于商业目的以“工厂”模式来生产神童，[②]提高应试能力以应对英才班的鉴别测试，结果有的学生考试分数高进了英才班，但实际上是“伪神童”；还有的家长出于功利考虑，给孩子改年龄，英才班招生时“多有年龄造假现象”；[③]有的高中学校向大学推荐少年班学生时，推良不推优，把最优秀的学生留着以提高高考升学率。大学少年班最后难以为继的一个重要原因是生源质量下降。

第三，模式有弊端。英才教育有加速和充实两种模式，每种模式又有多种形式。我国的英才教育只有英才班这一种方式，这是一种“激进加速模式”，有很多弊端，前已述及，不再赘述。其最大问题就在于“重快轻好”，[④]杨振宁 20 世纪 90 年代初对我国英才教育提出八点忠告，第一条就是：“天才儿童的学习进度已经够快了，不宜要求他们学得更快。”[⑤]杨振宁反对急于求成，倡导水到渠成，不赞成举办少年班。[⑥]

第四，保障不充分。英才教育成功的关键，是有一支专业化的师资队伍，这是我国英才教育的一个短板。除师资保障严重不足外，在政策保障、经费支持、学校管理等方面均有不足。另外，我国英才教育研究也非常滞后，不能为英才教育实践提供有力的智力支持。

要提升我国英才教育的效果（效能与效率），必须针对以上四个方面进行精准纠偏与系统改进。我国英才教育的未来发展，要汲取教训，不能重蹈覆辙。2021 年开办的清华大学“丘成桐数学英才班”和 2022 年开办的北京大学“物理学科卓越人才培养计划”英才班，其教育模式与中国科技大学少年班几乎完全一样，期待两校能充分借鉴我国大学英才班的历史经验与教训，行稳致远。

---

① 李玉兰. 超常教育要有平常心［N］. 光明日报，2008-06-25（11）.

② 吕智红，唐淑. 神童教育的历史回顾与反思（续）［J］. 学前教育研究，2001（06）.

③ 黄文. 站在拔尖创新人才培养最前沿——超常教育 30 年探索不辍［N］. 中国教育报，2008-12-29（05）.

④ 虞进兴. 超常儿童群体教育的实践与研究［J］. 现代特殊教育，2001（06）.

⑤ 杨振宁. 杨振宁对神童教育的忠告［J］. 早期教育，1994（03）.

⑥ 刘美艳，单志艳. 中国超常教育 30 年——兼论官群博士“双超常教育”的理论与实践意义［J］. 中国特殊教育，2009（01）.

由于几十年来我国英才教育的主要形式甚至唯一做法就是英才班，导致政府官员、教育工作者、家长、社会公众、媒体等都认为英才班就是英才教育的全部。在我国讨论英才教育的成败以及未来该不该大力发展英才教育时，必须区分“英才班”和“英才教育”两个概念，从世界范围看，英才班不是英才教育的全部，只是英才教育多种形式中的一种，而且我国的英才班还是一种比较激进甚至极端的形式。不能因为英才班模式存在突出问题，就否定所有的英才教育方式，就否定英才教育的价值和意义。

该不该发展英才教育，不应该成为让人纠结的问题。实际上，关于英才教育的必要性，国际社会已经形成两点共识：（1）英才教育是提升国家竞争力尤其是科技竞争力的重要手段，是造就各类英才尤其是科技英才的主要路径，对促进国家发展具有战略意义，具有极大的工具价值。（2）英才教育是满足英才学生需要的特殊教育，受到这种教育是英才学生的权利，提供这种教育是政府的义务，英才教育对促进人的发展具有重要意义，具有不可替代的内在价值。这两点共识中的任何一条，都足以论证英才教育的必要性。

在我国，要考虑的不是“要不要发展英才教育”的问题，而是“如何大力发展英才教育”“发展什么样的英才教育”的问题。我国发展英才教育的当务之急是扩大英才教育规模，让每一个英才学生都能接受英才教育，而要做到这一点，就需要采用充实模式为主、非激进加速模式为辅的“混合模式”，这种随班就读的教育模式可以兼顾公平与效率、规模与效能。

## 五、我国英才教育的政策建议

当前，我国英才教育进入难得的政策窗口期，我国英才教育转型升级的时机已经成熟。一是科教兴国战略、人才强国战略、创新驱动发展战略的叠加，以及激烈的国际竞争尤其是中美竞争，要求“全面提高人才自主培养质量，着力造就拔尖创新人才”，[①] 为大力发展英才教育提出了客观要求；二是我国的经济社会发展以及教育发展均达到一个较高的水平，为大力发展英才教育提供更为坚实的经济基础、社会条件和教育基础；三是40多年来我国英才教育在科学研究、教育模式、评价方法等方面积累了宝贵的经验，以及一些国家的英才教育已经发展到成熟水平，为我国大力发展英才教育提供了丰富借鉴。[②]

面向未来，基于前文对于英才教育四个方面争议的分析，结合我国教育国情，本文认为，可以采取以下策略发展英才教育，推动我国英才教育的转型升级。

---

① 习近平．高举中国特色社会主义伟大旗帜　为全面建设社会主义现代化强国而努力奋斗．党的二十大报告辅导读本［M］．北京：人民出版社，2022.

② 程黎，马晓晨，张凯等．我国超常教育发展40年：基于政策及实践的分析与展望［J］．中国特殊教育，2018（08）.

### （一）加强政府统筹管理

我国亟待把发展英才教育从民间行为转变为国家行动，利用体制优势，大力发展英才教育，实现弯道超车。

第一，建立英才教育行政管理体制。在国家层面，建议在教育部设英才教育管理机构，并与科技部有关机构联动，统筹推进全国英才教育相关事务。在地方层面，省级教育行政部门可以独立设置英才教育管理处，市级和县级教育行政部门可以在下设的基础教育管理部门设立专门科室或人员，来管理区域英才教育的相关事务。

明确教育行政部门的英才教育管理职能。各级英才教育行政管理机构的主要职能是：在其管辖范围内，制定英才教育的政策文件、规章制度、质量标准、发展规划、年度计划，审查审议英才教育机构或项目的设立或撤销，推进英才教育资源建设与平台建设，保障英才教育的经费投入与学生资助，开展英才教育的师资培训，对学校开展英才教育情况进行指导与督导评价等。

第二，明确英才学生与英才教育的法律地位。修订《教育法》《义务教育法》《高等教育法》等教育法律，明确“英才学生”概念，在法律上确定这个群体的客观存在，明确英才学生和英才教育的法律地位，在教育体系中为英才教育打开通道，解决教育中“有类无教”的问题。[①]

第三，整体设计并持续完善我国英才教育的政策与法律体系。英才教育政策要包括英才教育的关键要素，建议从政府管理、财政支持、英才学生甄选、教育体系结构、教育模式、教师培训、信息平台建设、项目评估等各个方面，整体设计我国英才教育的政策与法律体系。

持续完善我国英才教育的政策与法律体系，根据时间先后可以分三步走：（1）近期出台英才教育的专门政策文件，对英才教育予以全面规范。（2）同时局部修改现行教育法律法规，为英才教育开展提供法律支持。例如，可以修改义务教育法关于年满六周岁才能入学的规定，让未满六周岁的英才儿童能够提前入学，这样就可以为加速模式打开一条通道。（3）在前两者的基础上，待时机成熟时，出台专门的英才教育法，将原有的政策规定法律化、将原有碎片化的法律条文系统化；或者出台特殊教育法，将英才教育作为特殊教育的一个组成部分，列为若干章节予以专门规定。

### （二）系统筛查英才学生群体

运用多种鉴别方式，通过普遍筛查，摸清我国英才儿童的底数，锁定英才教育的目

① 方中雄，张瑞海，黄晓玲. 破解超常教育的制度重构——将超常儿童纳入特殊教育体系［J］. 教育研究，2021，42（05）.

标群体，尽力做到不使一个英才学生被遗漏，在此基础上，建立国家和区域层级的英才学生数据库，对其进行跟踪教育与研究。

第一，多元化鉴别英才学生。根据英才学生的定义，对英才学生的智力、创新能力、动机水平、学业成绩等进行多元化综合测评，以筛选出真正的英才学生。可以采用多样化鉴别方法如标准化成就测验、标准化智力测验、标准化性向测验、创新能力测验等进行甄选。

第二，动态化鉴别英才学生。动态化是指鉴别从单次测试变成多次追踪测试，包括筛查、初试、复试、录取、再查、试读等环节，对英才学生进行全方位追踪观察。动态化鉴别加上多元化鉴别可以大幅提升鉴别的准确性，可以避免出现前文提到的一些问题。

第三，多主体鉴别英才学生。除专业测评人员的鉴别外，要让学生、教师、家长也参与到鉴别中来，运用自我推荐、同伴推荐、教师推荐、父母推荐等形式参与鉴别。可以开发便于师生和家长使用的指导手册，在手册中详细列举出学生的心理特征与行为表现，为他们进行推荐提供指引。

**（三）完善英才教育体系与模式**

为不同教育阶段的英才儿童提供“全覆盖”的特殊教育服务，采用多种类型的混合模式实施英才教育。

第一，建立“幼儿园—小学—初中—高中—大学”相贯通的英才教育体系。英才教育发展重心需要从高等教育前移至基础教育阶段，尤其是中小学阶段。树立每所学校的每个班级都可能有英才学生的观念，针对每个班级开展英才教育，将英才教育视为面向全班学生进行分类指导、分层教学、因材施教的一个方面。

第二，把随班就读作为英才教育的主导模式。只有随班就读才能将英才教育体系深度融入主流教育体系，并从主流教育体系借力，降低成本，扩大规模，促进公平，提高效率，提升效能。在具体教育模式上采用充实模式为主、加速模式为辅的随班就读“混合模式”。不再把单独编班、隔离培养的英才班模式即“激进加速模式”作为主流模式。我国传统的英才班模式，还可以保留少部分，作为教育实验或比较研究之用。

第三，在高中阶段建立专门的英才学校。科技高中是全日制学校教育机构，针对英才学生开展特殊教育，师资力量强，课程与教学具有挑战性和灵活性，以培养科技创新能力为首要任务。美国的托马斯·杰弗逊科技高中和布朗克斯科学高中、韩国的首尔科学英才学校、奥地利的卡尔·波普尔学校（以奥地利哲学家卡尔·波普尔的名字命名，1998 年开办）等，[①] 都是办学卓有成效的英才学校，可资借鉴。

① 蒋洁蕾．奥地利英才教育的架构及启示［J］．教育与教学研究，2015，29（03）．

第四，改进大学的英才教育。要点有三：（1）大学与当地中小学联动，利用周末、假期等时间，运用混合模式对中小学生开展英才教育，学生仍在原学校班级就读。（2）完善“基础学科拔尖学生培养计划”（“珠峰计划”）和“强基计划”（部分高校开展基础学科招生改革试点）对拔尖学生的鉴别，采用多元、动态选拔方式，除学业成就（考试成绩）外，还要对智力、创新能力、动机水平等进行评鉴，把真正的英才学生选拔进来，运用充实模式和加速模式相结合的混合模式实施英才教育，重点培养学生的创新能力，把“珠峰计划”和“强基计划”打造成为真正的、专业化的英才教育。（3）部分重点大学继续开展激进加速的英才班教育，从中学录取少年大学生进行集中教育，但是要汲取已有经验教训，要科学鉴别选拔，并在教育中关注少年大学生的心理健康与社会适应问题，并避免过度加速，不过多压缩学习年限。

**（四）加强师资队伍建设**

专业化的师资队伍是高质量实施英才教育的先决条件。需要通过建立资格证书制度并加强专业培训，打造一支英才教育师资队伍。

第一，建立英才教育教师资格证书制度。从事英才教育教师需取得专门的资格证书，资格条件包括学历、工作年限、工作经验、研究基础、英才教育任职前培训等。美国、英国及我国台湾地区等建立了英才教育教师资格认证制度，可以借鉴。

第二，建立英才教育师资培养培训基地。建议在全国六个大区选择6—10所高校，作为国家级英才教育师资培养培训基地。基地的主要职能是：对英才教育教师队伍建设进行区域性规划，对教师的数量、结构、质量进行分析研判，确定教师队伍建设的目标、任务、步骤、举措；对未来的英才教育教师开展职前培养，可以开设英才教育师范专业，设立有关英才教育本科课程、硕士和博士课程，为大中小学各层级学校培养师资；开展职后培训，开发多种研修项目，对各校主管英才教育的管理者和教师进行培训，就英才教学方法进行沟通和交流。一些国家和地区通过制定相关政策、开展相关活动来促进英才教育师资养成，可以借鉴。比如，澳大利亚首都地区健康、教育和文化部为教师们提供了专业发展包，新西兰在国家层面设有统一的英才教师教育方案，我国香港教育署课程发展处编制了“校本资优课程教师培训教材”等。

鉴于当前我国培养英才教育师资的能力有限，可以探索建立英才教育教师海外研修基地，学习发达国家经验，快速提升我国教师队伍实施英才教育的能力。

**（五）建立健全英才教育支持体系**

我国英才教育基础薄弱，大力发展英才教育需要强有力的财力支持、智力支持和社会支持。

第一，加大经费投入。包括三个方面：（1）在国家层面，设立专项经费，建立经常性、规范化的英才教育财政投入制度，用于英才教育机构（包括研究机构）的教育教学、日常运转等。建立生均拨款制度，标准高于普通学生拨款，接近或等于残疾学生的生均标准。建立中央转移支付制度，支持中西部地区和农村地区发展英才教育，维护英才教育公平，缩小区域、城乡、校际差距。（2）在区域层面，根据不同学段的教育管理权限，建立区域性的英才教育拨款制度，财政责任的重心与义务教育相比，可以适当上移，以“省级统筹”为主、市级统筹为辅，强化省级政府的财政责任。（3）设立全国性和区域性的英才教育发展基金，吸纳社会资本、市场力量支持英才教育发展。

第二，加强英才教育研究。建立国家层面和区域层面的英才教育研究机构，设立省、市、县三级英才教育教研机构，健全英才教育专业组织，开展英才教育的研究、教研与学术交流活动，为我国英才教育提供智力支持。上述机构与组织的主要任务是：对英才教育实践情况进行定期调研，建设全国性英才教育数据库，动态监测英才教育发展状况；开展政策研究，为政府决策提供咨询建议，“提高研究成果的实践转化度与政策指导性”；① 开发符合国情的、信效度较高的英才学生鉴别工具，并对鉴别活动进行指导；开发英才教育课程、教材与评价工具，研究教学模式改革，为英才教育实施提供专业指导；开展多种形式的英才教育经验交流与学术交流，定期举行全国性交流，积极参加国际交流与合作。

第三，加强社会支持。包括三个方面：（1）改进英才学生的家庭教育。通过宣传或培训活动，提高家长对英才学生心理特点、行为表现和教育需求的认识，让家长理性、有效参与英才学生的鉴别与教育工作。②（2）建立开放性的社会资源支持体系。推动高校、科研院所、各级重点实验室、科技馆、博物馆等机构的资源向英才教育机构、英才学生有序开放。（3）营造良好的社会舆论氛围。组织力量，运用多种媒介，宣传大力发展英才教育的必要性，引导社会形成对英才学生、英才教育的正确认知，消除误解与成见，形成正确的英才教育观。

综上，本文从五个方面提出了十五条政策建议，这是一套政策组合，有助于推动我国英才教育的转型升级，使我国的英才教育由民间行为推进转变为国家主导推动，由英才班的“小作坊”实验转变为随班就读的大规模开展，由关注极小一部分英才学生转变为关注全体英才学生，由重点关注大学阶段英才教育转变为重点关注中小学阶段的英才教育，由静态与单一测试（“一考定终身”）转变为动态与多元鉴别，由激进加速模式转变为以充实模式为主的混合模式，由追求急功近利的片面发展目标转变为追求功利与人

① 苏君阳，时思．“十四五”时期我国超常儿童教育事业发展面临的机遇、挑战与应对策略［J］．中国特殊教育，2022（06）．

② 亢晓梅．超常儿童家庭教育问题探索［J］．天津市教科院学报，2010（02）．

道兼顾的全面发展目标。

英才教育中涉及本体论（英才学生的本质）、认识论（鉴别方式）、方法论（教育模式）、价值论（公平、效率与效能）等方面的争议，对各国英才教育政策均有较大影响。在我国，相关争议一直存在，几十年来严重制约着我国英才教育政策的推进，使得我国英才教育发展步履蹒跚、进展缓慢。希望本文对于这些争议的分析与厘清，有助于加快推进我国英才教育的政策进程，以尽快改变我国英才教育的落后局面。最后，需要特别强调的是，关于英才教育的争议将会永远存在，政府需要具有战略定力，不因“杂音”而出现政策摇摆或政策倒退，坚定发展英才教育的决心与信心。

# 四、区域发展战略优化和区域教育发展选择

# 区域教育创新促进区域教育协调发展

## ——在2022年中国教育发展战略学会学术年会之平行论坛“区域协调发展视域下的教育治理创新”上的报告

翟　博[1]

习近平总书记在党的二十大报告中庄严宣告:“从现在起，中国共产党的中心任务就是团结带领全国各族人民全面建成社会主义现代化强国、实现第二个百年奋斗目标，以中国式现代化全面推进中华民族伟大复兴。”同时，报告将高质量发展作为全面建设社会主义现代化国家的首要任务。根据新时代新任务新要求，报告第五部分以“实施科教兴国战略，强化现代化建设人才支撑”为主题，深化了对实施科教兴国战略，强化现代化建设人才支撑的新认识，这充分体现了党和国家对于新时代实施科教兴国战略的高度重视，把教育在社会主义现代化强国建设全局中的地位和作用提升到新高度。同时，报告提出:“促进区域协调发展。”“深入实施科教兴国战略、人才强国战略、创新驱动发展战略，开辟发展新领域新赛道，不断塑造发展新动能新优势。”这一战略部署，以高度的战略性、系统性、全局性设计，既把科教兴国战略、人才强国战略、创新驱动发展战略，统领在全面建成社会主义现代化强国、以中国式现代化全面推进中华民族伟大复兴的战略格局下，统筹在党的二十大报告提出的党的中心任务、首要任务下，全面展现了新时代的中国全面建成社会主义现代化强国、以中国式现代化全面推进中华民族伟大复兴的战略布局。深入探讨区域教育协调发展背景下促进教育要素区域间流动的治理机制创新，是新时代中国式现代化背景下教育治理的新课题。

### 一、深入学习贯彻党的二十大精神，促进区域教育协调发展

党的二十大报告在“加快构建新发展格局，着力推动高质量发展”部分，提出“高质量发展是全面建设社会主义现代化国家的首要任务”“要坚持以推动高质量发展为主题”“着力推进城乡融合和区域协调发展，推动经济实现质的有效提升和量的合理增长”。其核心要点：一要“全面推进乡村振兴。全面建设社会主义现代化国家，最艰巨最繁重

[1] 翟博，中国教育发展战略学会原副会长兼区域教育专业委员会理事长，中国教育报刊社原党委书记、社长。

的任务仍然在农村。坚持农业农村优先发展，坚持城乡融合发展，畅通城乡要素流动”。二要“促进区域协调发展。深入实施区域协调发展战略、区域重大战略、主体功能区战略、新型城镇化战略，优化重大生产力布局，构建优势互补、高质量发展的区域经济布局和国土空间体系”。“以城市群、都市圈为依托构建大中小城市协调发展格局，推进以县城为重要载体的城镇化建设”。

党的二十大报告在“实施科教兴国战略，强化现代化建设人才支撑”部分，提出“教育、科技、人才是全面建设社会主义现代化国家的基础性、战略性支撑。必须坚持科技是第一生产力、人才是第一资源、创新是第一动力，深入实施科教兴国战略、人才强国战略、创新驱动发展战略，开辟发展新领域新赛道，不断塑造发展新动能新优势”。其核心要点：一要办好人民满意的教育。“加快义务教育优质均衡发展和城乡一体化，优化区域教育资源配置，强化学前教育、特殊教育普惠发展，坚持高中阶段学校多样化发展，完善覆盖全学段学生资助体系。统筹职业教育、高等教育、继续教育协同创新，推进职普融通、产教融合、科教融汇，优化职业教育类型定位。”“深化教育领域综合改革，加强教材建设和管理，完善学校管理和教育评价体系，健全学校家庭社会育人机制。加强师德师风建设，培养高素质教师队伍，弘扬尊师重教社会风尚。推进教育数字化，建设全民终身学习的学习型社会、学习型大国。”二要“坚持创新在我国现代化建设全局中的核心地位”。三要“加快实施创新驱动发展战略。坚持面向世界科技前沿、面向经济主战场、面向国家重大需求、面向人民生命健康，加快实现高水平科技自立自强”。四要深入实施人才强国战略。培养造就大批德才兼备的高素质人才，是国家和民族长远发展大计。加快建设世界重要人才中心和创新高地，促进人才区域合理布局和协调发展，着力形成人才国际竞争的比较优势。深化人才发展体制机制改革，把各方面优秀人才聚集到党和人民事业中来。

教育是国家和民族最根本的事业，在国家发展中具有基础性、先导性、全局性的重要作用，必须坚持教育优先发展、坚持科技是第一生产力、人才是第一资源、创新是第一动力。这是我国开辟发展新领域新赛道，塑造发展新动能新优势的力量源泉。深入学习贯彻党的二十大精神，全面建成社会主义现代化强国，以中国式现代化全面推进中华民族伟大复兴，以及国家区域协调发展战略的深入实施，给教育治理带来了新的挑战、提出了新的命题。

## 二、创新是区域教育协调发展的重要推动力量

21世纪是一个创新的时代，是一个呼唤具有创新意识、创新精神、创新能力的一代新人辈出的时代。党的十八届五中全会上，习近平总书记提出了创新、协调、绿色、开

放、共享的新发展理念。创新是引领发展的第一动力。

在中国现代教育的百年探索历程中，创新正在从教育的边缘进入教育中心，已经成为我国现代教育最具重要意义的变革。创新是教育改革和发展的崇高使命。教育由传统走向开放，由传授知识走向培养能力；学校教育由接受性教育向创新性教育转变；学生学习由接受性学习向创新性学习转变。这是21世纪我国教育改革与发展的重要使命。

面对世界百年未有之大变局，世界性高新技术革命和人工智能等挑战，我国高度关注“培养什么人、怎样培养人、为谁培养人”这一教育的根本问题，坚持把立德树人作为教育的根本任务，以培养创新能力为核心实施素质教育，以课程改革为突破口改革教材、教学和教法，以培养创新人才为根本推进教育创新，不断加强教师专业化建设，推动教育事业逐步走上了创新发展的轨道。

教育发展要解决的核心问题是发展的模式与途径，也就是发展政策的选择问题。用习近平新时代中国特色社会主义思想指导教育工作，就要求我们把教育摆在优先发展的战略地位，牢固地树立起科学的教育发展观，促进各级各类教育持续健康协调发展。

党的二十大报告提出：促进区域协调发展。深入实施区域协调发展战略、区域重大战略、主体功能区战略、新型城镇化战略，优化重大生产力布局，构建优势互补、高质量发展的区域经济布局和国土空间体系。统筹城乡发展、统筹区域发展、统筹经济社会发展、统筹人与自然和谐发展、统筹国内发展和对外开放的要求，这是对经济、社会、人与自然全面、协调、可持续发展的具体化。

改革的最终目的是解放和发展生产力，归根到底是为了实现人的全面发展。用这一思想指导教育工作，促进区域协调发展，就要求我们正确处理好教育的近期发展与长远发展的关系、区域发展与整体教育的关系、城市发展与农村发展的关系、内部发展与外部发展以及对外合作的关系，教育发展与经济社会发展的关系、教育发展与人和自然的关系，以及教育发展的数量与质量、速度和效益、规模与结构、公平与效益的关系，推动各级各类教育持续健康协调发展。统筹教育的规模、结构、质量和效益协调发展，统筹各级各类教育协调发展，统筹城乡和区域教育协调发展，统筹公办教育、民办教育和中外合作办学的协调发展，统筹教育的发展、改革和稳定，统筹教育发展与经济社会的协调发展，统筹人的全面发展与经济社会的协调发展，统筹科学教育与人文教育的协调发展。

促进区域协调发展，当前，要特别注意处理好四个重要的关系。一是教育的改革、发展与稳定的关系。发展是目的，改革是动力，稳定是前提。要以改革求发展，以发展促改革，以改革促发展、保稳定，通过教育改革发展促进经济社会发展。二是教育的区域发展与整体发展的关系。就是要“推动西部大开发形成新格局，推动东北全面振兴取得新突破，促进中部地区加快崛起，鼓励东部地区加快推进现代化”。要进一步实行对口支援，加强对西部地区教育的支持和扶持力度。三是城市教育与农村教育发展的关系。就是要“以城市群、都市圈为依托构建大中小城市协调发展格局，推进以县城为重要载体的城镇化建设”。要逐步改善城乡二元经济结构，使城市与农村教育协调发展，加快农村教育发展步伐。四是教育与经济和社会的关系。要注意克服只重视经济增长，而忽视社会发展和教育发展的现象，使教育与经济社会协调发展。要统筹教育与经济社会的协调发展，统筹经济社会与人的协调发展，统筹区域教育、城乡教育的协调发展，统筹公办教育、民办教育和中外合作办学的协调发展，统筹各级各类教育，使各级各类教育都能够持续健康协调地发展。

## 三、如何以教育创新促进区域教育协调发展

以教育创新促进区域教育协调发展，一要考虑我国发展的内外环境深刻复杂变化，二要把握提高教育治理体系和治理能力现代化的新特征，深化教育改革发展，更加注重制度和治理体系建设，要更多解决深层次体制机制问题。当前，在新时代我国教育改革发展的新阶段、新时期，提高教育治理体系和治理能力的问题，既是教育发展的时代课题，也是现实命题，更是教育发展的关键问题。

对区域教育而言，以教育创新促进区域教育协调发展，要抓好如下工作：

一要把立德树人作为教育的根本任务。一是在推进国家治理体系和治理能力现代化的深刻变革过程中，落实立德树人根本任务，突出人的全面发展，推进教育改革发展，促进区域教育协调发展。二是落实立德树人根本任务，既要满足教育系统的公共服务供给能力稳步提升，又要能从根本上培养可靠的、富于创新活力的社会主义建设者和接班人，为提升区域的公共服务水平、保障就业稳定、实现区域差异化发展带来动力和活力。

二要把提高质量作为教育改革发展的重要任务。一是面对加快实现社会主义现代化的新任务，面对人民群众要求接受更加均衡和更高质量教育的新期待，全面推进义务教育均衡发展、全面提高教育质量是新时期新阶段我国教育事业发展的战略选择，是办好人民满意教育的现实需要，是实施素质教育的重要保证。二是全面提高教育质量是满足人民群众对教育新期盼的迫切需要。教育寄托着人民对未来美好生活的希望，教育发展的实质是代表最广大人民的根本利益，核心是实现人的全面发展，就是要让人人获得最大福祉、社会获得和谐和可持续发展。教育涉及千家万户，惠及子孙后代，是体现发展为了人民、发展依靠人民、发展成果由人民共享的重要方面，必须办好人民满意的教育。这充分说明教育在推进国家现代化、实现中华民族伟大复兴进程中的崇高使命。

三要以培养创新能力为核心推进素质教育。创新是素质教育的灵魂。素质教育的发

展得益于党和国家对教育的高度重视，也得益于广大一线教育工作者在实践中的创新与探索。它的形成与发展，经历了从一种朦胧意识到清晰的教育理念，再由一种教育理念上升到国家意志和社会共识，形成一种有效的政策措施，再到具体教育改革实践的过程。一是全面实施素质教育，关键是要通过课堂主渠道的有效教学培养时代和社会所需要的创新型人才，要以课改为突破口推进课程教学创新。二是课程是国家意志的体现，是民族文化建设和国家人才培养的基础，有什么样的课程就会培养什么样的人才。要扎扎实实地推进素质教育，课程改革是关键。

四要加强教育薄弱领域和关键环节建设。有针对性地部署推进关键性改革，加强教育薄弱环节建设，特别是农村教育。目前农村教育薄弱，各地不同程度出现县市学校生源爆满、大班额，农村学校空虚、生源大量减少的现象。这些年来在中央的高度重视下，农村教育有了空前的发展，但目前农村师资水平、教育教学质量、资源保证方面依然存在着许多突出问题，促进区域教育协调发展，必须着力破解农村教育高质量发展的难题。

五要加强家庭教育，推进学校教育、家庭教育、社会教育协调发展。一是当前家庭教育和学校教育矛盾非常突出，学校的素质教育和家庭的应试教育对立，扭曲了教育的本质，偏离了教育方向，迫切需要加强家庭教育。二是从舆情监测看，现在涉及家庭教育热点事件多发，家长不满孩子学习状况，不满被要求批改作业，以及因家庭矛盾导致学生出现心理问题增多。为什么家庭教育现在成了这个样子？关键就是我们现在教育方法不当，过度重视应试、知识学习，忽视了学生的身体健康和心理健康教育。

六要加强教师队伍建设。一是要深刻认识加强教师队伍建设的重要性。国家的创新力决胜于课堂，掌握在教师手中。中国的未来取决于教师，尤其是教师的创新能力。中小学教师队伍的整体素质决定着国民的基本素质，关系着国家的前途与命运。二是在新的历史阶段，加强中小学特别是农村教师队伍建设是深化教育改革、提高教育质量、促进教育公平的根本性战略举措，必须放在最为优先的战略地位，努力造就一支师德高尚、业务精湛、结构合理、充满活力的高素质专业化教师队伍。现在国家高度重视教育和教师队伍建设，从基层调研情况看，目前教师内驱力不足，教育内部学校办学活力不足。

七要推进各级各类教育改革创新和全面协调发展。一是坚持以育人为本，以人才培养体制改革为核心，改革人才培养模式。围绕以育人为本，以促进公平和提高质量作为教育发展的两个重大任务，把改革创新作为推进教育发展强大动力，创建一种人有其学、才有其用、各尽所能、各得其所的社会制度环境，是未来社会改革和教育改革的重要任务。二是深化人才培养模式改革。适应国家、社会和人的全面发展需要，建立科学多样的教育评价标准，深化教育教学改革，创新教育教学方法。以整合与协同的思路，以创新的途径和方法探索教育体制机制改革，在不断回应和破解国家关心、社会关注、群众关切的教育焦点难点问题中，推动教育治理体系和治理能力现代化水平明显提升。

# 少数民族卓越教师职前培育问题研究

## ——高师院校培育体视角[①]

王　云[②]

**摘　要：**随着卓越教师培养计划的持续推进，作为卓越教师培养计划重要组成部分的少数民族卓越教师职前培育的重要性日益凸显。对现有研究的梳理不难发现，当前基于内地高师院校培育体视角的少数民族卓越教师职前培育存在缺乏民族意识、民族特色、民族区别和民族标准等突出问题。增强内地“代培”高师院校的科学评选和民族意识，增强民族标准的研究制定，增强课程设置的针对性和属地高校之间的联合培育是目前理性路径选择。

**关键词：**少数民族；卓越教师；高师院校

基于“良师兴国”“强国必先强师”的不争事实。全球各国对本国教师培育质量的关注始终是“持续热点”。欧美一些国家早在20世纪80年代就已开始致力于“卓越教师”的培育和研究，我国“卓越教师”培育始于2014年教育部发布的《关于实施卓越教师培养计划的意见》，标志着卓越教师的培养正式提上日程。根据该计划，我国将建立高校与地方政府、中小学“三位一体”协同培养新机制，培养一大批师德高尚、专业基础扎实、教育教学能力和自我发展能力突出的高素质专业化中小学教师。2018年1月20日，中共中央、国务院发布《关于全面深化新时代教师队伍建设改革的意见》，明确要大力振兴教师教育，不断提升教师专业素质能力。2018年9月30日，教育部发布关于实施卓越教师培养计划2.0的意见，以此意见作为对“卓越教师”培育的进一步推动。2022年4月2日，教育部等八部门关于印发《新时代基础教育强师计划》的通知，持续推动卓越教师的培育和发展。作为卓越教师培育重要主体的高师院校，积极探索卓越教师成长规律，深入探讨卓越教师职前培育俨然成为新时代赋予高师院校的重要使命。但是，当前对于卓越教师培育的研究并不乐观，某种程度上可以说处于“问题丛生”阶段。至于对少数

① 本文为天津师范大学省部级一般项目“教育综合课程开发及教师卓越教学能力提升”（项目编号：53WC2101）研究成果之一。

② 王云，天津师范大学教育学部讲师，研究方向：教育理论、教师教育。

民族卓越教师培育的研究更少，基本上处于“缺失”“观望”或“刚刚起步”阶段。

## 一、当前卓越教师培育研究现状与问题

在论及少数民族卓越教师培育研究现状之前，需首先梳理一下当前卓越教师培育的研究现状。我国当前卓越教师培育主要集中于理论研究，聚焦在卓越教师的卓越标准、培养模式、实现路径方面。比如4+2本硕连读模式、U—G—S联合培育模式等。但是，已有研究大多停留在理论探讨层面，卓越标准不一，侧重在学生学历的提升。在实操方面研究薄弱，具体实施路径不清等问题。

### （一）注重卓越教师理论探讨，忽视“实现路径”

当前对卓越教师培育的研究存在“坐而论道”“眼高手低”“大而化之”问题，注重卓越教师培育的“理想塑造”而忽视“具体操作”。现有研究几乎无一例外地强调卓越教师的标准制定，如必须具备高学历、高素质、高品德、高技能、高水平等。这样“高大上”近乎“完人”的标准看起来再合理不过，但由于过于理想化和空洞化，大多不具有可操作性，堕入“说起来都对，做起来都蒙”的教育怪圈。比如，何谓“高学历”？可否从学历标准取舍？如能，是否意味着低学历一定不能卓越？这种一味追求高学历的卓越教师培育模式，必将导致高学历的无限膨胀，最终演变为高学历与卓越的简单对等。

### （二）注重卓越教师“大而全”探讨，忽视“卓越的有限性”

卓越教师不可能是面面俱到的全方位卓越，这样的卓越不是真正的卓越，或者是不可实现的卓越。教师在日常现实生活中大概率是“有限卓越”的。正如人无完人、金无足赤，全面卓越教师的培育永远都是不现实的、无法实现的。人的身心发展先天生理特点及其后天所处的社会生活环境条件，共同制约和决定着一个人的发展结果，人的发展只能是某一范围内的发展最大化。由此推之，卓越教师只能是某一方面的卓越，而非理想中的全面卓越。某种程度上可以说，承认卓越教师的部分不卓越才是真正的卓越。

### （三）注重卓越教师职前培育探讨，忽视“全过程关注”

卓越教师职前阶段培育的重要性不言而喻，甚至可以说，没有职前阶段的卓越培育就没有职后的卓越教师。但是，不可否认的是，卓越教师的培育和造就绝对不能仅依赖职前培育这一个阶段。卓越教师的培育一定是职前职后连贯发展的持续过程。当前对卓越教师的研究侧重在职前阶段却忽视职后阶段现象非常明显，实际上，卓越教师的培育和造就之重点在于职后教学实践中的经验累积与反思提升。因此，卓越教师职后阶段的发展更应是研究之重点。职前职后一体化、全过程视角的研究才能真正深入卓越教师，探索卓越的本质内核。

### （四）注重卓越教师“条件规定”，忽视“服务创设”

某种程度上可以说，当前对卓越教师种种“条件规定”，严重束缚了教师主体性的

发挥，过分严苛的条件限定下的卓越教师，只能是某种条件范围内的“博弈卓越”，是一种退而求其次或者折中的“自保式的卓越”。卓越教师的培育重点不应在层层“压制和束缚”一面，而应在卓越教师土壤的培植、环境创设和人性化服务一面。显然，不卓越的土壤长不出卓越的教师，卓越教师也无法在贫瘠的土壤里健康成长。同时，还应该高度关注由于条件规定下卓越教师培育的“伪卓越”化现象的蔓延。

## 二、当前少数民族卓越教师培育研究现状与问题

少数民族卓越教师的培育是我国实施卓越教师培养计划的意见的重要一部分，不言而喻，少数民族卓越教师的培育直接决定着少数民族教育的未来发展，决定着少数民族学生的质量，决定着本民族的未来现实。如果说“良师兴国”，对于少数民族最直接的就是“良师兴族”。应该说，少数民族卓越教师培育是国家卓越教师培育整体战略不可或缺的重要一环。没有少数民族教师的卓越就不可能有国家整体教师的卓越。但是由于少数民族文化和教育的独特性，少数民族卓越教师的培育同当前研究泛指的卓越教师培育不可同日而语。可以肯定的是，少数民族卓越教师的培育一定是基于本民族文化和教育特色的卓越。当前对该课题的研究基本处于空白阶段，2023 年 2 月 1 日，中国知网主题栏输入“少数民族卓越教师”搜索结果为 3 条，真正匹配的只有 2 条。

## 三、少数民族卓越教师职前培育问题

少数民族卓越教师职前培育的重要途径之一就是依托高师院校的“替代培育”。由于我国社会经济发展的历史实际，作为卓越教师培育重要机构的高师院校在布局和发展中存在不均衡化现象，整体体现出“东升西落”差异，即东部发达、中部一般、西部落后。而我国少数民族大多集中在西部、西南部等教育欠发达区域，由此，东部发达地区高师院校“替代培育”欠发达地区少数民族卓越教师便合理了。但是，作为内地高师院校教育学专业教师，通过对“替代培育”少数民族学生的观察和访谈，发现基于内地高师院校培育体的视角，少数民族卓越教师培育存在如下问题。

### （一）少数民族卓越教师培育缺乏“民族特色”

正如前面所述，我国卓越教师培育起步较晚，到目前为止对卓越教师的培育整体仍处在参照国外经验自行摸索阶段，甚至对卓越的内涵解读仍不统一，对卓越的标准仍争论不休。由此可见，处在“自身难保”阶段中的内地高师院校很难顾及少数民族卓越教师培育的“民族特色”。当然，丧失“民族特色”的少数民族卓越教师很难摆脱掉“卓越性质疑”。实际上，内地高师院校除民族类院校外，几乎都在师资方面存在着缺少少数民族教师的缺陷，非少数民族师资能不能胜任少数民族卓越教师培育的重任实际上是值得重点关注的事件。

### （二）少数民族卓越教师培育缺乏“民族区别”

我国是具有56个民族的多民族统一国家。少数民族的民族文化特色是民族之间不同的区别所在，当前内地高师院校在对少数民族卓越教师“替代培育”的进程中，无视各个少数民族文化的差异性，共用统一的培育模式、使用统一的培育课程，加之于具有民族文化差异性少数民族个体，这样缺乏针对性和区别性的培育方法，无形中扼杀掉民族差异性的同时，也造就了“不伦不类”的少数民族卓越教师。

### （三）少数民族卓越教师培育缺乏“民族标准”

几乎可以说，当前所有的卓越教师培育的标准探讨都是基于非少数民族标准，缺乏卓越教师“少数民族标准”的深入研究。一个不争的事实是，用非少数民族的卓越教师标准去衡量和要求少数民族卓越教师显然具有不合理性。但是，当前这种不合理性显然广泛存在。究其众多原因，内地高师院校非少数民族师资，作为卓越教师标准探讨和研究的话语主体是导致该结果的重要因素之一。

### （四）少数民族卓越教师培育缺乏“民族意识”

可以说，意识决定行为结果，教育意识决定教育行为结果。当前内地高师院校作为少数民族卓越教师培育的“替代机构”，存在缺乏民族特色、民族区别、民族标准等问题，究其根因，最主要在于民族意识的缺失。内地高师院校作为少数民族卓越教师培育的重要载体，要想真正培育出具有民族特色的卓越教师，一条不变的铁律就是，必须深入研究少数民族文化特色，必须设置民族区别的课程体系，必须研究制定基于少数民族卓越教师的评价标准。当然，这些的前提是必须具备民族意识，尊重和认同少数民族文化的差异性。

## 四、少数民族卓越教师职前培育问题解决路径

首先，应该明确的是当前少数民族卓越教师的培育是重要而又现实可行的。其次，内地高师院校作为少数民族卓越教师职前的“代培”机构在当前是现实正确选择。最后，少数民族卓越教师培育必须具有“民族特色标准”。基于以上三点，当前内地高师院校基于少数民族卓越教师培育具体理性路径如下：

### （一）增强少数民族卓越教师培育的民族意识

民族特色是少数民族安身立命之所在，当今社会已经步入多元化发展的阶段，呈现出多元互动文化包容的特征。承担少数民族卓越教师培育任务的内地高师院校，一定要树立民族意识，加强对少数民族文化特色的研究，尊重少数民族文化的差异性和多样性，自觉践行少数民族卓越教师的民族意识卓越。

## （二）增强少数民族卓越教师“卓越标准”的研究制定

不可否认，少数民族卓越教师标准的缺失，是导致当前内地高师院校少数民族卓越教师“非少数民族化”的主要原因之一。加强对少数民族卓越教师标准的研究和制定，是内地高师院校今后一段时间的重要研究任务。没有标准就没有方向，没有方向就只会原地打转。

## （三）增强少数民族卓越教师培育的针对性

理论上，承担少数民族卓越教师培育任务的内地高师院校必须在培育理念、课程设置、师资配备、方式方法等方面都具有少数民族特色。某种程度上可以说，针对性是少数民族卓越教师能否真正卓越的重要评价标准之一。这种针对性包括本民族文化针对、本民族认同针对、本民族教育特色针对、本民族未来发展需求针对等。

## （四）增强内地高师院校与属地高校的联合培育

少数民族属地高校有可能在办学层次、师资力量、资源设施等方面与内地高师院校，特别是东部发达地区高师院校存在一定的差距。但是少数民族属地高校具有洞悉本民族文化的先天独特优势，内地高师院校与属地高校的联合，无疑会是一种共赢。有助于少数民族卓越教师真正卓越。

## （五）增强内地高师院校培育资格的科学评选

当前，内地高师院校在少数民族卓越教师培育方面，几乎是理所当然地赋予，缺乏科学合理的评选标准。众所周知，由于少数民族卓越教师培育的特殊性，不是所有的内地高师院校都适合“代培”，也不是所有的传统意义上的“好大学”都一定是“好代培”。无科学评选标准的“自然赋予”，培育不出真正意义上的少数民族卓越教师。科学评选标准的最重要一条，无疑是对内地高师院校少数民族师资力量和培育质量保障的关系确认。

## 参考文献：

[1]宗河．教育部启动卓越教师培养计划［N］．中国教育报，2014-09-19.

[2]中共中央、国务院关于全面深化新时代教师队伍建设改革的意见［EB/OL］（2018-02-01）［2023-02-01］. http://news.cyol.com/yuanchuang/2018-02/01/content_16919086.htm.

[3]教育部关于实施卓越教师培养计划 2.0 的意见．教师〔2018〕13 号［EB/OL］（2018-09-17）［2023-02-01］. http://www.moe.gov.cn/srcsite/A10/s7011/201810/t20181010_350998.html.

[4]教育部等八部门关于印发《新时代基础教育强师计划》的通知．教师〔2022〕6 号［EB/OL］（2022-04-02）［2023-02-01］. http://www.gov.cn/zhengce/zhengceku/2022-04/14/content_5685205.htm.

[5]张世明. 论“卓越教师培养计划”的探讨与实践存在的路径性偏差[J]. 高教学刊，2019(13).

[6]苏德，张良. 民族地区教师培训的困境与突围：基于参训教师的视角——以内蒙古东、西乌珠穆沁旗四所蒙古族小学为个案[J]. 贵州民族研究，2018(11).

[7]白芳. 美国“卓越教师”培养经验及启示[J]. 中国成人教育，2018(10).

# 发挥乡村振兴职业经理人标准引领作用，助力乡村人才振兴

王　婧[①]

**摘　要：** 乡村振兴，关键在人才。在对我国乡村振兴领域经营管理人才需求初步分析的基础上，探讨了乡村振兴职业经理人人才素质标准构建问题。运用胜任模型构建技术，通过文献分析、调查问卷、访谈调研、专家座谈等方法，从职业道德、职业素养、职业知识、职业能力等维度构建乡村振兴职业经理人标准体系，为乡村振兴领域职业经理人的甄选、培养及使用等提供参考依据。

**关键词：** 乡村振兴；职业经理人；人才标准；人才培养

党的二十大报告提出，“全面推进乡村振兴”。坚持农业农村优先发展，坚持城乡融合发展，畅通城乡要素流动。加快建设农业强国，扎实推动乡村产业、人才、文化、生态、组织振兴”。乡村振兴，关键在人才。党中央、国务院《关于实施乡村振兴战略的意见》明确提出，加强农村专业人才队伍建设，其中一个重要方面是扶持培养一批农业职业经理人、经纪人、乡村工匠、文化能人、非遗传承人等。振兴乡村经济，迫切需要懂农业、懂管理、懂市场的复合型、多领域、多层次的专业化和职业化的经营管理人才，即乡村振兴职业经理人，他们是促进涉农经济组织规模化、集约化、标准化、品牌化发展的核心力量，是加快农业农村现代化的重要引领。

## 一、开展乡村振兴职业经理人标准研究的背景

人才标准就是对于什么是人才，怎样衡量、使用和评价等一系列问题的基本认识。开展乡村振兴职业经理人标准化工作将有助于促进乡村振兴各经营主体的高质量发展；有助于为乡村振兴各经营主体能够逐渐形成科学全面地对职业经理人的甄选、培养及使用等建立提供科学依据，不断促进乡村振兴领域的职业经理人队伍建设；有助于克服用人的盲目性和人为性，避免或减少成本风险，为乡村振兴各经营主体提升整体竞争力和可持续发展提供人才保障。为推动农业农村现代化产业职业经理人才队伍建设，中国教

① 王婧，国资委所属职业经理研究中心主任助理，中国教育发展战略学会乡村振兴专业委员会常务理事。

育发展战略学会乡村振兴专业委员会、国资委所属职业经理研究中心与中国农业科学院培训中心成立课题组，以研究制定乡村振兴职业经理人标准为抓手，推动乡村振兴领域经营管理人才的专业化、职业化、市场化。

## 二、研究思路与方法

为做好乡村振兴领域职业经理人标准课题的研究工作，课题组主要采取了文献分析、调查问卷、访谈调研、专家座谈等方法对课题有关研究问题进行了调查与研究。

问卷调查是通过问卷星的方式进行，共收集有效问卷 242 份。课题组采用乡村振兴领域职业经理人有关人员的个人访谈、群体访谈和主管人员访谈等方式，对乡村振兴领域的部分经营主体、政府机构、社会组织、培训机构及科研院所等相关人员进行了访谈。自 2022 年 3 月 30 日至 5 月 10 日，课题组共进行了 7 次线上访谈，共计 36 家单位 38 名人员。其中，企业 18 人、合作经营组织 4 人、政府机构 5 人、培训机构 7 人、科研院所 3 人、社会组织 1 人。被访人员主要来自福建省、河南省、贵州省、陕西省、黑龙江省、河北省、四川省、甘肃省、湖南省、辽宁省、广西壮族自治区、江苏省、山东省、内蒙古、江西省、广东省、北京市等省市、自治区。被访人员包括国有企业和民营企业等不同性质企业人员，并涵盖种植、养殖、畜牧、农机、育种、科技研发等涉农业态。被访人员的组织形态包括涉及农业和农村的企业组织、集体组织、合作组织、家庭组织及政府机构、事业单位、基层组织、社会组织和中介机构等。

## 三、乡村振兴领域经营管理人才需求与有关现状分析

### （一）乡村振兴领域经营管理人才需求

根据人力资源和社会保障部发布的《新职业——农业经理人就业景气现状分析报告》显示，截至 2019 年 11 月，我国农业经理人从业人员预估超过 286 万人，农业经济合作组织以年增幅 10% 以上的速度发展。预计，未来五年我国对农业经理人的需求量将达到 150 万左右。

### （二）乡村振兴领域经营主体的有关基本情况

乡村振兴领域经营主体是指在农业领域和农村中从事研究、生产、加工、销售、物流和服务等活动的各类经济组织。本文研究的经营主体主要包括以下四类：家庭经营、集体经营、合作经营、企业经营。这些经营主体是当前农业和农村经济发展最具活力的主体力量，也是农业和农村经济振兴中应当重点培育和依赖的主要力量。如何将这些经营主体组织起来对接市场经济、形成带动效应成为推进农业和农村经济振兴的主要抓手之一。

根据访谈和问卷调研情况，这些经营主体主要面临以下四方面问题：

一是规模总体偏小，产业化程度不高。从调研情况看，一些乡村振兴领域经营主体

的产品属于初级加工阶段，存在产业链条短、深加工不足、产品附加值低、经济效益低等现象。

二是融资难，扩大再生产能力不足。乡村振兴领域经营主体扩大生产规模、拓宽产业链条、引进先进的生产技术、购买农机设备，对资金需求较大。乡村振兴领域经营主体融资相对困难，加上其他市场因素，造成大多数乡村振兴领域经营主体扩大再生产能力不足。一些资源渠道多、商业经验丰富、企业经营基础扎实的企业，更迫切渴望能获得资金或贷款支持来进一步扩大企业生产。

三是缺乏未来发展规划，抗风险能力弱。这部分在小微企业中比较明显，不少经营主体对于所作产业的市场需求、产品特点和发展前景缺乏认识。种植、养殖等行业经营周期长、收效慢，且受自然和市场等不确定因素影响较大，企业抗风险能力较差。

四是经营管理不太规范，人员素质整体有待提升。不少乡村振兴领域经营主体规章制度不完善，组织结构不合理，利益分配机制不健全，管理上不够民主，管理体制机制不太规范。一些经营主体的员工整体年龄偏大，年龄老化和年龄断层现象比较明显。在员工中，具有本科及以上学历人员占比普遍较低，员工文化知识水平有待进一步提高。高水平的技术技能人员和管理人员非常缺乏。懂技术、会管理、善经营、能营销等的复合型人才更为缺少。

**（三）乡村振兴领域经营管理人员的有关基本情况**

乡村振兴领域经营主体的经营管理人员作为组织的领导管理团队，对于推动组织发展、促进产业转型升级以及与市场有效连接等方面发挥着重要的作用。通过调研访谈和问卷调查，乡村振兴领域经营主体的经营管理人员的基本情况如下（图1）。

1. 经营管理人员的年龄结构状况

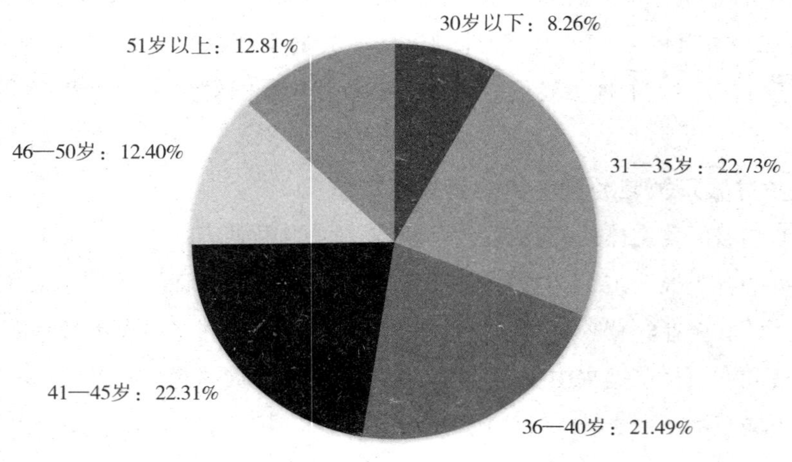


**图1　经营管理人员的年龄结构分布**

乡村振兴领域经营主体的经营管理人员年龄整体比较偏大，年轻的经营管理人员较少，年轻的领导管理人员接续不足，年龄结构老化亟待改善。随着部分大学毕业生、研究生和退伍人员等加入，年轻的经营管理人员的占比开始逐渐增加。

2. 经营管理人员的学历和专业情况

乡村振兴领域经营主体经营管理人员具有本科及以上学历的占比较低，有些经营主体的领导管理成员具有硕士学历和博士学历。但是，从整体来看，乡村振兴领域经营主体经营管理人员的学历不高，很多人只是专科以下学历，甚至有的人只有初中或高中学历（图2）。

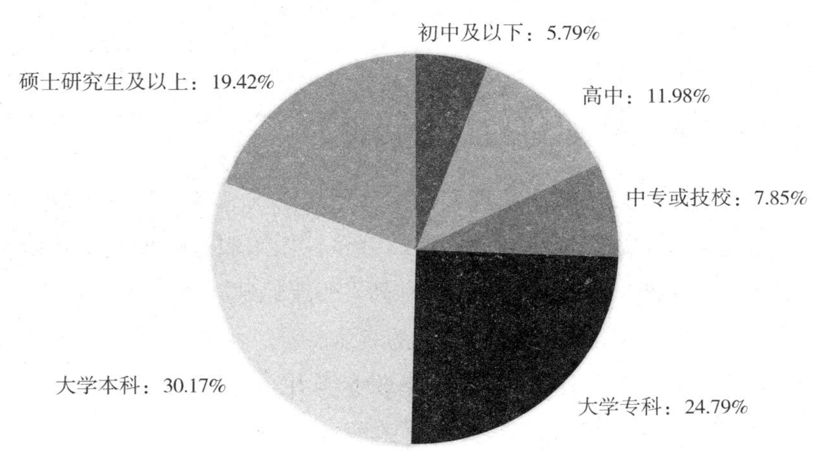


**图2　乡村振兴领域经营主体经营管理人员学历分布**

许多经营主体的经营管理人员所学或以前所从事专业大都是农业相关的技术类专业，也有部分是财务专业或销售专业等。绝大部分经营管理人员对企业经营管理方面知识缺少系统学习，也缺乏专业化的企业经营管理素质能力的训练，许多经营主体的经营管理人员知识结构水平还不能完全适应市场变化的需要。乡村振兴领域经营主体急需大量的懂技术、善经营、会管理的经营管理人员来不断推进组织的发展和壮大。

**（四）经营主体经营管理人员的培训调研情况**

当前，乡村振兴领域经营管理人员培训工作越来越受到重视。近年来，在各级相关政府部门的扶持下，乡村振兴领域的免费公益性培训较多。然而，由于一些扶持政策受地区经济发展的影响，存在着资源分配不均、帮扶措施不够、边远地区培训开展少、培训涉及面不全等现象。存在着培训目标结合区域特点和实际需求不够、课程体系缺乏体系化和系统化、线上培训资源匮乏难以支撑需求者自学、缺乏培训后跟踪服务机制等问题。

此外，针对乡村振兴领域经营管理人员的培训体系尚不成熟，培训市场上涉及经营管理方面的培训内容较少，传统农业相关技术和知识培训内容占多数，培养技术技能型人才培训占多数。简单的技能培训和管理理论培训已无法满足乡村振兴领域经营主体对经营管理人才的需求。

从培训方式上来看，经营管理人员培训一般采用线上培训和线下培训实践相结合的方式。培训采用传统农业基地培训方式居多，现场实操培训形式占多数。不少被访人员都渴望能够前往本行业的优秀企业进行参观学习，帮助自己开阔眼界、提升能力。同时希望融入更多的案例分析和实践练习，减少传统的课堂授课模式。

目前，如何有效搭建乡村振兴职业经理人的培养评价体系，真正激发乡村振兴职业经理人的内生动力，培育懂技术、善经营、会管理的乡村振兴职业经理人队伍，尚处在探索阶段。

## 四、乡村振兴职业经理人标准主要内容

根据调查研究，乡村振兴职业经理人包括高层、中层、基层三个层级。按照职业经理人相关国家标准和行业标准的级别设置，结合乡村振兴职业经理人实际情况，在对人才基本条件和经验经历划分的基础上，将乡村振兴职业经理人级别划分为三个级别。

乡村振兴职业经理人标准构建注重人才的多维特征，主要体现在四个维度：一是职业道德，二是职业素养，三是职业知识，四是职业能力。

### （一）乡村振兴职业经理人应具有良好的职业道德

职业道德是职业内在的规范与要求，是在职业活动中表现出来的品德，是人才评价的首要条件。调研中访谈对象表示只有具有良好的职业道德，爱农业、爱农村、爱农民，有事业心、责任心、忠诚敬业、诚信守诺等，才能在乡村振兴领域坚持得住，自觉自愿地把工作干好。通过编码分析和问卷调查，提炼出乡村振兴职业经理人职业道德，恪守诚信、社会责任、敬业奉献、公私分明（图 3）。

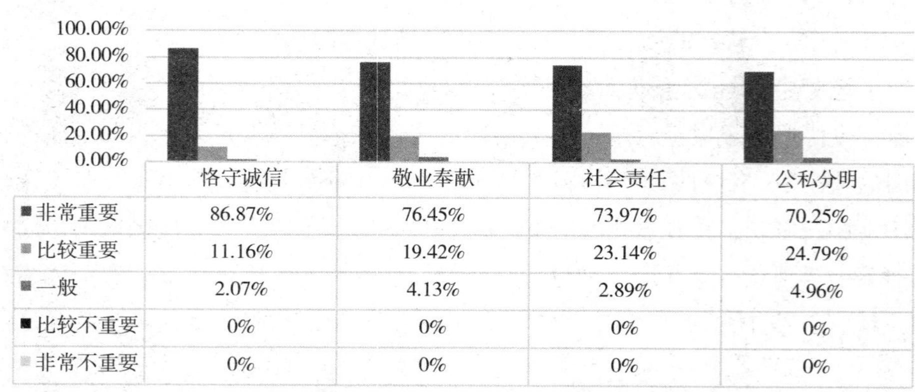


| | 恪守诚信 | 敬业奉献 | 社会责任 | 公私分明 |
|---|---|---|---|---|
| ■非常重要 | 86.87% | 76.45% | 73.97% | 70.25% |
| ■比较重要 | 11.16% | 19.42% | 23.14% | 24.79% |
| ■一般 | 2.07% | 4.13% | 2.89% | 4.96% |
| ■比较不重要 | 0% | 0% | 0% | 0% |
| ■非常不重要 | 0% | 0% | 0% | 0% |

**图 3　乡村振兴职业经理人职业道德要素统计**

### （二）乡村振兴职业经理人应具有基本的职业素养

职业素养是在乡村振兴领域经营管理人员干好工作必备的一项素质。通过访谈调研和问卷调查，归纳出乡村振兴领域经营管理人员的职业素养，包括政治素养、责任担当、合规经营、协作共赢、直面挑战、宽厚包容（图 4）。

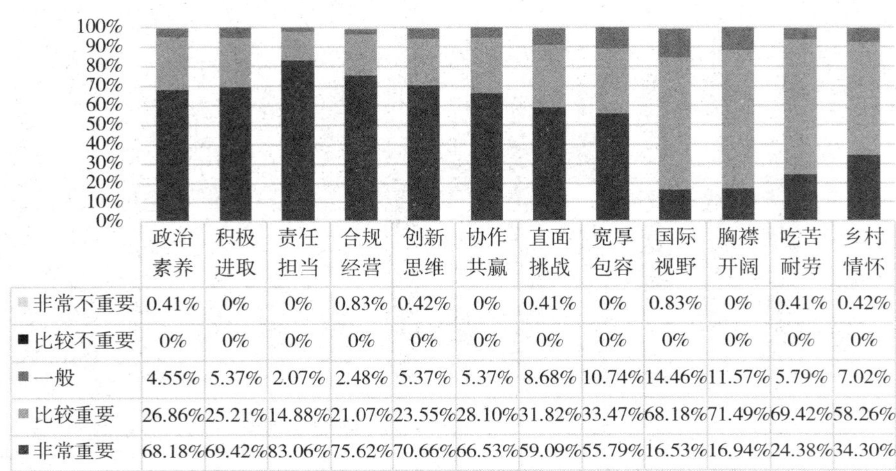

| | 政治素养 | 积极进取 | 责任担当 | 合规经营 | 创新思维 | 协作共赢 | 直面挑战 | 宽厚包容 | 国际视野 | 胸襟开阔 | 吃苦耐劳 | 乡村情怀 |
|---|---|---|---|---|---|---|---|---|---|---|---|---|
| 非常不重要 | 0.41% | 0% | 0% | 0.83% | 0.42% | 0% | 0.41% | 0% | 0.83% | 0% | 0.41% | 0.42% |
| 比较不重要 | 0% | 0% | 0% | 0% | 0% | 0% | 0% | 0% | 0% | 0% | 0% | 0% |
| 一般 | 4.55% | 5.37% | 2.07% | 2.48% | 5.37% | 5.37% | 8.68% | 10.74% | 14.46% | 11.57% | 5.79% | 7.02% |
| 比较重要 | 26.86% | 25.21% | 14.88% | 21.07% | 23.55% | 28.10% | 31.82% | 33.47% | 68.18% | 71.49% | 69.42% | 58.26% |
| 非常重要 | 68.18% | 69.42% | 83.06% | 75.62% | 70.66% | 66.53% | 59.09% | 55.79% | 16.53% | 16.94% | 24.38% | 34.30% |

**图 4　乡村振兴职业经理人职业素养要素统计**

### （三）乡村振兴职业经理人应具有所需的职业知识

职业知识是从事某种职业或担任某种岗位所需掌握的知识。乡村振兴领域经营管理人员应掌握从事工作岗位所需要的专业知识、了解生产技术流程等，懂政策、懂产业、懂法律、了解市场发展趋势等，还需了解企业经营管理的基本知识。归纳起来包括以下几个方面：管理基础知识、乡村振兴领域应用管理知识、乡村振兴领域专业技术知识、乡村振兴领域发展相关知识（图 5）。

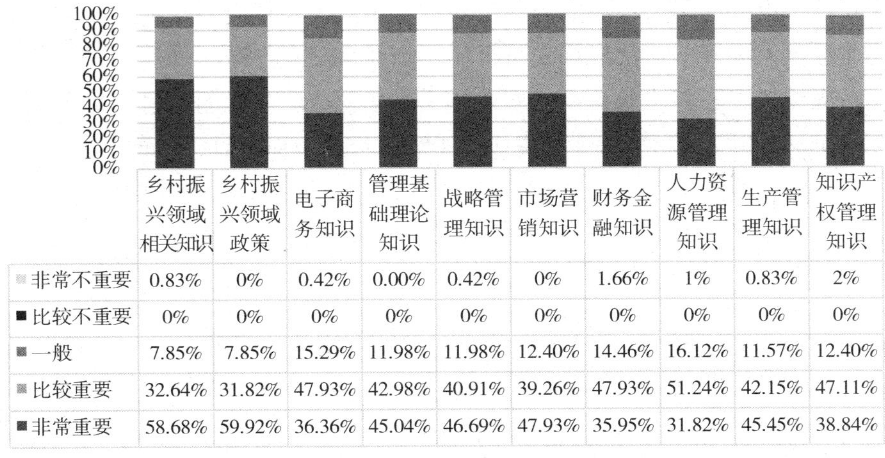

| | 乡村振兴领域相关知识 | 乡村振兴领域政策 | 电子商务知识 | 管理基础理论知识 | 战略管理知识 | 市场营销知识 | 财务金融知识 | 人力资源管理知识 | 生产管理知识 | 知识产权管理知识 |
|---|---|---|---|---|---|---|---|---|---|---|
| 非常不重要 | 0.83% | 0% | 0.42% | 0.00% | 0.42% | 0% | 1.66% | 1% | 0.83% | 2% |
| 比较不重要 | 0% | 0% | 0% | 0% | 0% | 0% | 0% | 0% | 0% | 0% |
| 一般 | 7.85% | 7.85% | 15.29% | 11.98% | 11.98% | 12.40% | 14.46% | 16.12% | 11.57% | 12.40% |
| 比较重要 | 32.64% | 31.82% | 47.93% | 42.98% | 40.91% | 39.26% | 47.93% | 51.24% | 42.15% | 47.11% |
| 非常重要 | 58.68% | 59.92% | 36.36% | 45.04% | 46.69% | 47.93% | 35.95% | 31.82% | 45.45% | 38.84% |

**图 5　乡村振兴职业经理人职业知识要素统计**

### （四）乡村振兴职业经理人应具有多元化的职业能力

职业能力是乡村振兴领域经营管理人员解决问题最重要的本领。通过编码分析和问卷调查提炼出乡村振兴职业经理人应具备的职业能力，包括经营决策能力、团队领导能力、运营管理能力、市场开拓能力、品牌管理能力、风险管控能力和沟通协调能力（图6）。

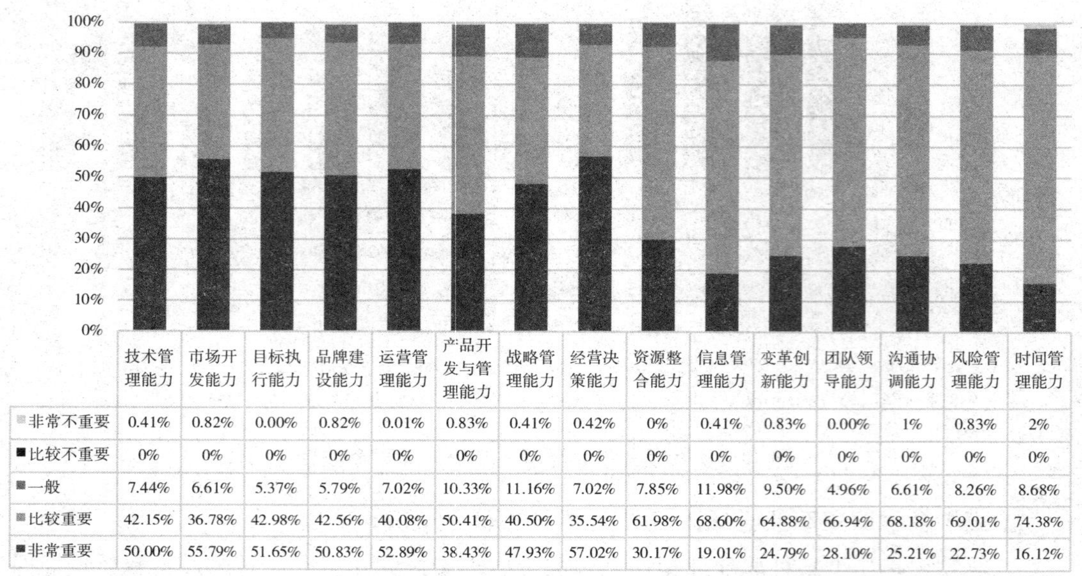


| | 技术管理能力 | 市场开发能力 | 目标执行能力 | 品牌建设能力 | 运营管理能力 | 产品开发与管理能力 | 战略管理能力 | 经营决策能力 | 资源整合能力 | 信息管理能力 | 变革创新能力 | 团队领导能力 | 沟通协调能力 | 风险管理能力 | 时间管理能力 |
|---|---|---|---|---|---|---|---|---|---|---|---|---|---|---|---|
| 非常不重要 | 0.41% | 0.82% | 0.00% | 0.82% | 0.01% | 0.83% | 0.41% | 0.42% | 0% | 0.41% | 0.83% | 0.00% | 1% | 0.83% | 2% |
| 比较不重要 | 0% | 0% | 0% | 0% | 0% | 0% | 0% | 0% | 0% | 0% | 0% | 0% | 0% | 0% | 0% |
| 一般 | 7.44% | 6.61% | 5.37% | 5.79% | 7.02% | 10.33% | 11.16% | 7.02% | 7.85% | 11.98% | 9.50% | 4.96% | 6.61% | 8.26% | 8.68% |
| 比较重要 | 42.15% | 36.78% | 42.98% | 42.56% | 40.08% | 50.41% | 40.50% | 35.54% | 61.98% | 68.60% | 64.88% | 66.94% | 68.18% | 69.01% | 74.38% |
| 非常重要 | 50.00% | 55.79% | 51.65% | 50.83% | 52.89% | 38.43% | 47.93% | 57.02% | 30.17% | 19.01% | 24.79% | 28.10% | 25.21% | 22.73% | 16.12% |

图6　乡村振兴职业经理人职业能力要素统计

## 五、发挥标准引领作用，推动人才队伍建设

以乡村振兴职业经理人标准为引领，建立系统化的人才培养体系，精准实施培训。建立人才评估标准和规范，运用评价结果合理配置人才、促进人才提升。未来，通过乡村振兴职业经理人标准的广泛应用，将有助于全面推动乡村振兴领域经营管理人才系统化育人和精准化选人，逐步建立一支专业化、市场化、职业化的乡村振兴职业经理人队伍，发挥人才引领作用，提升企业经营管理水平，推动实现乡村产业兴旺。

## 参考文献：

[1]冯贞柏，李众敏. 以色列农村现代化及对我国和谐乡村建设的启示[J]. 山西农经，2008（06）.

[2]户振亚. 记忆与启新：乡村振兴战略研究的知识谱系[J]. 重庆邮电大学学报（社会科学版），2022，34（01）.

[3]芦凤英，邓光耀．中国省域乡村振兴水平的动态比较和区域差异研究[J]．中国农业资源与区划，2022，43(10)．

[4]卢先明，刘清泉，邓正华．韩国、日本乡村振兴人才队伍建设的经验及对我国的启示[J]．湖南行政学院学报，2021(02)．

[5]吕莉敏．基于乡村振兴的高素质农民内涵、特征与功能研究[J]．当代职业教育，2022(01)．

[6]李娜．马克思主义哲学视角下实施乡村振兴战略的路径探析[J]．农村经济与科技，2022，33(01)．

[7]谢婷婷．乡村振兴，优化人才保障机制[J]．人力资源，2021(24)．

[8]唐丽霞．全面推进乡村振兴的四个关键问题[J]．人民论坛，2022(01)．

[9]朱战辉．村庄分化视角下乡村振兴实施路径研究[J]．云南民族大学学报(哲学社会科学版)，2022，39(02)．

[10]张启帆．河南乡村振兴战略实践探索[J]．合作经济与科技，2022(03)．

[11]张秋玲．德国乡村多元化发展对我国乡村振兴的启示[J]．农家书屋，2019(04)．

[12]赵庆海，王庆菊．国外乡村人力资源开发实践对我国的启示[J]．农业科技管理，2009，28(01)．

[13]詹慧龙，刘洋．德国乡村发展的做法与启示[J]．古今农业，2019(04)．

[14]《中国农村发展报告》：农村发展呈现5大特征[J]．现代城市研究，2018(09)．

[15]《中国农村发展报告2020》发布[J]．新西部，2020(Z3)．

[16]《中国农村发展报告》(2018)发布[J]．新西部，2018(22)．

# 新时代京津冀教育协同发展的成就与展望

方中雄　高　兵①

**摘　要：** 做强与京津冀区域协调发展战略相适应的教育，是建设教育强国的核心任务和基本路径之一。2015年以来，京津冀三地通过实践探索初步形成了“政府驱动、学校带动、圈层联动”的区域教育治理模式，首都教育功能疏解任务基本达到预期，首都教育的空间布局和社会服务能力逐步优化，首都“两翼”联动格局初步形成，各级各类教育事业合作持续深化。然而，京津冀区域内有一些重要的节点城市的教育关键问题还有待解决，教育软硬件差距依然很大，整体协同发展水平依然不高。面对新形势、新要求，京津冀区域教育改革与发展重点是要进一步稳定持续地疏解部分教育功能，推动支持“两翼”教育建设发展，明确新时代区域教育高质量体系的衡量标准，探索以信息技术为支撑的教育协同发展新模式，进一步完善教育协同发展保障机制。

**关键词：** 京津冀；教育；协同发展

## 一、引言

党的二十大报告提出：“促进区域协调发展，深入实施区域协调发展战略……推进京津冀协同发展、长江经济带发展、长三角一体化发展。”京津冀区域的发展重点强调“协同”，反映出中央对京津冀区域发展的趋势的重要判断。不同区域的发展基础、发展机制和发展目标定位上有所差异，区域教育发展的驱动模式也有所不同。京津冀区域协同发展需要突出中央政府的宏观政策调控和地方政府的相互协作，发挥“三地四方”政府配置资源的基础性作用，来引导整个区域经济社会发展。

按照2015年4月30日中央政治局会议审议通过的《京津冀协同发展规划纲要》，到2020年，京津冀协同发展可分解为两大任务，一是疏解性任务，有序疏解北京的非首都核心功能；二是发展性任务，初步形成京津冀协同发展、互利共赢新局面。教育作为区

① 方中雄（1965—），男，北京开放大学党委书记、研究员，中国教育发展战略学会副会长。研究方向：教育政策和教育管理。高兵（1983—），女，北京教育科学研究院教育发展研究中心副主任，副研究员。研究方向：教育政策和区域教育规划。

域协同发展的基础要素之一，同样承担着疏解和发展两方面的任务，既要通过疏解部分教育资源带动一系列经济社会资源的流动，缓解北京"大城市病"，也要通过促进三地教育公共服务共建共享，带动区域整体教育发展水平的提升。

做强与区域协调发展战略相适应的教育，是建设教育强国的核心任务和基本路径之一。因此，回顾2015年以来京津冀教育资源疏解与协同的主要进展，研究和探讨京津冀区域教育发展的特征及机制，有助于深化对区域教育协同发展规律的认识，有助于各地找准定位、主动作为，在落实国家重大战略中实现更大发展。

## 二、京津冀教育协同发展的治理策略

在京津冀协同发展成为国家重大战略之前，京津冀区域经济与产业发展呈现地域断层，北京"虹吸"效果显著，京津周边还存在大面积的贫困带。在这种背景下，为使整个区域获得更经济、更有效益、更持续的发展，必须充分发挥政府配置资源的基础性作用，以规划、财政、人事等宏观政策调控手段为主，发挥教育和科技创新的竞争优势，打造新的经济增长极。

### （一）政府驱动

在战略推动过程中，京津冀协同发展始终依靠政府驱动，从政策发展脉络来看，总体上处于"谋定而后动"的先期规划和探索阶段。2015年至2020年底，中央和三地政府部门相继出台京津冀协同发展相关重要政策文件（通知或讲话），逐步明确了三地协同发展的宏观方向、目标、思路和重点（表1）。从政策的发布主体和规范内容来看，先后迈进了"谋思路""打基础""寻突破"三个阶段。

**表1　2015—2020年京津冀协同发展相关政策演进**①

| 序号 | 时间 | 政策 / 文件 / 讲话名称 | 发布主体 |
|---|---|---|---|
| 谋思路阶段（对总体思路和城市功能定位进行了规范性确认） | | | |
| 1 | 2015-4-30 | 京津冀协同发展规划纲要 | 京津冀协同发展领导小组 |
| 2 | 2016-5-27 | 关于规划建设北京城市副中心和研究设立河北雄安新区的有关情况的汇报 | 中央政治局会议审议 |
| 3 | 2017-4-1 | 中共中央、国务院决定设立河北雄安新区 | 中共中央、国务院 |
| 打基础阶段（对雄安新区、北京城市副中心等重要节点城市发展进行了具体谋划） | | | |
| 4 | 2017-8-17 | 关于共同推进河北雄安新区规划建设战略合作协议 | 北京市人民政府与河北省人民政府 |
| 5 | 2017-9-29 | 北京城市总体规划（2016—2035年） | 北京市委、市政府 |
| 6 | 2018-4-21 | 河北雄安新区规划纲要 | 中共河北省委<br>河北省人民政府 |
| 7 | 2018-11-18 | 关于建立更加有效的区域协调发展新机制的意见 | 中共中央、国务院 |

① 方中雄. 京津冀教育发展研究报告（2019—2020）——面向2035［M］. 北京：社会科学文献出版社，2021.

续表

| 序号 | 时间 | 政策 / 文件 / 讲话名称 | 发布主体 |
|---|---|---|---|
| 寻突破阶段（协同发展策略走向“精细化”和“纵深性”） | | | |
| 8 | 2019-1-4 | 北京城市副中心控制性详细规划（街区层面）（2016—2035 年） | 北京市委、市政府 |
| 9 | 2019-1-7 | 京津冀教育协同发展行动计划（2018—2020 年） | 北京市教委、天津市教委、河北省教育厅 |
| 10 | 2019-2-23 | 中国教育现代化 2035 | 中共中央、国务院 |
| 11 | 2019-2-26 | 关于北三县地区教育发展合作协议 | 北京市教委与廊坊市政府、北三县教育主管部门 |
| 12 | 2019-8-30 | 首都教育现代化 2035 | 北京市委、市政府 |
| 13 | 2019-9-20 | 北京市支持河北雄安新区“交钥匙”项目实施暂行办法 | 京冀两省市协同办 |
| 14 | 2020-3-17 | 北京市通州区与河北省三河、大厂、香河三县市协同发展规划 | 国家发改委 |
| 15 | 2020-10-29 | 关于建立更加有效的区域协调发展新机制的实施方案 | 北京市发改委 |

对照区域整体政策谋划，教育领域的顶层设计和运行机制逐步完善。京津冀教育部门共同制订并发布了《“十三五”时期京津冀教育协同发展专项工作计划》《京津冀教育对口帮扶项目》和《推进京津冀教育协同发展备忘录》。成立推进京津冀教育协同发展领导小组办公室，统筹推进教育领域京津冀协同发展各项工作。加强津冀教育部门工作对接，建立《京津冀教育协同发展议事规则》，多次召开专题会议开展工作研究，明确责任分工。三地之间签署了《京津冀大学生思想政治教育工作协作方案》《北京市“数字学校”教育资源共享协议》《通武廊教育协同发展框架协议》等 14 个具体合作协议，涵盖教师培训、职业教育、就业创业、教育督导等方面的内容。强化区域间政策协商和制度联动，签署了《北三县地区教育发展合作协议》。

任务落实和政策创新进一步强化。三省市教育部门定期对雄安教育发展、通武廊教育协作等问题进行专项对接。落实标准化台账制度，细化时间表、路线图，完善市区、市校两级联动机制，层层压实责任，推动各项任务落点落图落实。坚持信息发布机制，三地及时通报工作进展，印发《京津冀教育协同发展工作简报》。细化疏解激励措施，鼓励在京高校向外疏解，对按要求开展疏解工作的市属高校，在新校区建设、经费、人员安置补偿等方面给予政策倾斜，高标准规划建设新校区，提高建设速度。对于疏解到津冀的市属高校和职业学校，其生均办学经费继续按北京市标准执行。支持天津未来科技城改善基础教育学校办学条件，为疏解产业转移人口提供优质教育服务。完善学籍管理措施，对具有北京市户籍的中小学生随迁的天津滨海新区就读的学生提供就读便利。

### （二）学校带动

在战略政策指引下，京津冀区域各级各类学校协同合作深入开展，采取学校联盟、搭建平台、结对帮扶、开办分校等方式开展跨区域合作。

基础教育领域，北京市16个区对口帮扶河北省23个教育贫困县，共选定30余所学校进行手拉手对接，有力提升了当地整体教育水平。通州区与天津武清、河北廊坊，大兴区与天津北辰、河北廊坊先后成立教育联盟。京津冀三地13所学校成立京津冀美育联盟。实施“河北省千名中小学骨干校长教师赴京挂职学习”项目，综合运用高级研修班、班主任队伍建设论坛、送教下乡、教师结对、网上培训、交流互访等形式帮助提升河北中小学教师素质。发挥北京“数字学校”云课堂资源优势，面向津冀地区中小学生共享优质数字资源。

职业教育领域，先后成立商贸、外事服务、“互联网+”、信息安全等10个跨区域特色职教集团（联盟），建成“人力资源需求信息共用共享平台”“产教融合校企合作区域性协作平台”“现代服务业创新创业型人才共育平台”“师资与学生交流交换平台”“现代服务业区域性研究平台”等5个平台，在资源共享、渠道贯通、教育教学合作交流、学生互访、联合人才培养等方面开展合作。

高等教育领域，三地高校先后组建“京津冀协同创新联盟”“京津冀经济学学科协同创新联盟”“京津冀建筑类高校本科人才培养联盟”等12个创新发展联盟，在师资共享、教育教学、联合培养、智库建设、产学研合作等多个方面开展深层次交流合作。落实京津冀高校毕业生就业创业协同发展框架协议，积极推动京津冀毕业生就业市场一体化，联合举办专场招聘会、校企交流合作研讨会等，推动实现北京高校毕业生到河北省就业创业。

### （三）圈层联动

习近平总书记早在2014年视察北京时，就明确指出要打造现代化的新型首都经济圈，《京津冀协同发展规划纲要》明确提出建设现代化首都都市圈。目前，已初步形成了三个圈层。第一个圈层是北京向外50公里的环京地区，包括廊坊北三县、固安、涿州、武清等地，为通勤圈；第二个圈层是北京向外100公里，到天津、雄安，为功能圈；第三个圈层是北京向外150公里到承德、唐山、沧州、保定、张家口一带，为产业圈。

通勤圈妥善处理行政办公区、城市副中心、通州全域，以及河北省北三县等四个区域的关系。推动北京优质教育资源在北三县开展合作、建设分校，吸引京冀两地高等学校、职业院校支持北三县发展，努力实现地区协同。北京城市副中心积极引入中心城区优质资源挂牌办学，组建北京学校、北京第一实验学校等市教委直属学校，分别由人大附中和十一学校承办。鼓励通州区职业院校发挥作用，服务城市副中心产业转型升级。

功能圈采取多种方式推进北京与雄安新区教育领域全方位协同合作。签署《关于雄安教育发展合作协议》，稳步推进“交钥匙”学校建设项目，北京四中、史家胡同小学、北海幼儿园作为办学主体新建学校，三个项目提前实现开工建设。提前谋划“交钥匙”项目办学体制机制、师资招聘管理、办学条件保障、教学评价督导等工作。组建北京专家顾问团，专门为雄安新区研制教育质量提升三年计划和中长期发展规划提供智力支持。

产业圈内教育合作不断深化。对接京津冀产业转移升级，北京多个区级教育部门、职业院校与河北多个市县政府部门和学校签署合作协议，采取集团（联盟）建设、联合办学、设立分校、专业建设、竞赛交流、行业帮扶、文艺活动、项目开发、精准扶贫、研讨交流、合作签约、捐赠共享等12种形式密切合作，大力提升区域职业教育整体水平。北京大学、北京服装学院、北京物资学院、北京工业大学、北京建筑大学、北京工商大学、北京农学院、北京石油化工学院等高校主动对接天津滨海新区、河北雄安新区、曹妃甸京冀合作示范区等重点区域及石家庄、衡水、邯郸、沧州、承德等地的科技园和开发区开展合作。

## 三、京津冀教育协同发展的实践进展

### （一）发展成就

2014年以来，京津冀三地各级政府全面贯彻以疏解非首都功能为“牛鼻子”的京津冀协同发展战略，在教育领域突出重点区域，抓住关键环节，区域教育协同发展初显成效。

1. 首都教育功能疏解任务基本达到预期

教育规模平稳控制。“十三五”时期北京严格执行新增产业禁限目录和中央“疏存量控增量”两个意见要求，压缩市属高校和普通中专招生计划，推动教育规模、结构与教育需求和产业需求相适应。北京普通高等教育总体办学规模持续处于下降通道，2020年普通本专科招生数为15.93万，较2014年下降了0.4%；成人本专科招生数降幅较大，较2014年下降了52.5%；普通本专科和成人本专科在校生数分别下降了0.7%和50.4%。在学校数上，普通高等学校数量增加了3所，主要为中央部委属高校，市属高校数量没有变化，成人高等学校数量减少了1所。中等职业教育招生和在校生规模大幅缩减，2020年在校生数较2014年减少一半还多，基本达到2020年的预期目标（表2）。

**表2　首都教育功能疏解规模类指标完成情况**

| | | 2014—2015学年 | 2020—2021学年 | 目标/完成度 |
|---|---|---|---|---|
| 普通高等教育（本专科） | 学校数（所） | 89 | 92① | 不增加/完成 |
| | 招生数（万人） | 16 | 15.93 | 下降/完成 |
| | 在校生数（万人） | 59.46 | 59.03 | 下降/完成 |

续表

| | | 2014—2015 学年 | 2020—2021 学年 | 目标 / 完成度 |
|---|---|---|---|---|
| 成人高等教育（本专科） | 学校数（所） | 19 | 18 | 不增加 / 完成 |
| | 招生数（万人） | 8.83 | 4.19 | 下降 / 完成 |
| | 在校生数（万人） | 23.76 | 11.78 | 下降 / 完成 |
| 中等职业教育 | 学校数（万人） | 123 | 110 | 60 所左右 / 未完成 |
| | 招生数（万人） | 4.46 | 2.61 | 下降 / 完成 |
| | 在校生数（万人） | 16.71 | 7.31 | 6 万人左右 / 接近目标 |

注：①新增为中央部委属高校。

数据来源：《北京市教育事业统计资料》（2014—2015 年和 2020—2021 年）。

从京津冀三地高等教育在校生变化情况来看，近年来北京市在校普通本专科生规模持续减少，研究生数持续保持较大幅度增长，2020 年在校研究生为 38.7 万，较 2014 年增长了 41.24%；天津、河北高等教育一直秉持增量放宽的基调，在本科生增长的同时，研究生保持更高的增幅，2014—2020 年间研究生增长幅度分别 54.90% 和 68.42%（表 3）。

**表 3　首都教育功能疏解规模类指标（在校生数）完成情况**

| 在校生数（万人） | 北京 | | 天津 | | 河北 | |
|---|---|---|---|---|---|---|
| | 普通本专科 | 研究生 | 普通本专科 | 研究生 | 普通本专科 | 研究生 |
| 2014—2015 学年 | 59.5 | 27.4 | 45.5 | 5.1 | 116.4 | 3.8 |
| 2015—2016 学年 | 59.3 | 28.4 | 46.0 | 5.3 | 117.9 | 4.0 |
| 2016—2017 学年 | 58.8 | 29.2 | 51.3 | 5.4 | 121.6 | 4.2 |
| 2017—2018 学年 | 58.1 | 31.2 | 51.5 | 6.0 | 126.9 | 4.6 |
| 2018—2019 学年 | 58.1 | 33.6 | 52.3 | 6.8 | 134.3 | 5.0 |
| 2019—2020 学年 | 58.6 | 34.2 | 53.9 | 7.3 | 147.4 | 5.5 |
| 2020—2021 学年 | 59.03 | 38.7 | 57.2 | 7.9 | 160.5 | 6.4 |
| 变化幅度 | -0.79% | 41.24% | 25.71% | 54.90% | 37.89% | 68.42% |

数据来源：《北京市教育事业统计资料》《天津教育事业统计资料》《河北省教育事业统计提要》各年度数据。

2. 首都教育的空间布局和社会服务能力逐步优化

通过落实《北京城市总体规划（2016—2035）》，北京市积极推进学校疏解。实施部分大学的京内疏解重点项目，北京建筑大学向北京市南部的大兴区疏解、北京工商大学向北京市西南部的房山区疏解、北京城市学院向北京市东北部的顺义区疏解、北京电影学院向北京市东北部的怀柔区疏解、北京信息科技大学向北京市北部的昌平区疏解。

加快了良乡大学城和沙河大学城建设，并将位于北京中心城六区的原高等学校校区重点建设研究生培养基地、国际交流平台和创新智库。将北京城六区中等职业学校腾退的校舍用于举办中小学及幼儿园。

3. 区域“两翼”联动格局初步形成

北京城市副中心教育品质逐步提升。统筹北京市中心城区的基础教育优质资源，在北京城市副中心所在的通州区共规划建设14所优质中小学和幼儿园。积极发挥高校高精尖创新中心资源优势，深入参与北京城市副中心建设。

雄安新区教育协同合作稳步实施。北京市六一幼儿院、中关村三小、朝阳区实验小学、第八十中学对口帮扶雄安四所学校。央属高校积极参与支持雄安新区基础教育建设，人大附小、民大附中雄安校区已挂牌成立。加强职业院校对接，组织北京职业院校赴雄安新区开展招生宣传，吸收河北北三县职教中心加入“京保石邯职教联盟”。发挥北京市属高校作用，北京建筑大学因地制宜成立雄安创新研究院；北京服装学院商学院与雄源集团在雄安新区揭牌成立雄源商学院。

4. 区域教育经费投入差距逐年缩小

教育经费投入方面，河北省一般公共预算教育经费连续六年大幅增长，2020年一般公共预算教育经费为1581.74亿元，是2014年的1.57倍，政府教育投入程度高。从三地比较来看，高等教育生均一般公共预算经费差距逐年缩小。一直以来北京市高等教育生均一般公共预算事业费和公用经费在三地中是最高的，是天津市的两倍多，是河北省的三倍多。从长期来看，三地高等教育生均经费的差距在逐步缩小。从2014年到2020年，北京市与河北省生均一般公共预算公用经费差距由2.8万元缩小到1.5万元（表4）。

**表4　2014—2020年京津冀高等教育生均一般公共预算公用经费（单位：元）**

| | 2014 | 2015 | 2016 | 2017 | 2018 | 2019 | 2020 |
|---|---|---|---|---|---|---|---|
| 北京 | 34710.96 | 32147.32 | 29346.33 | 32126.86 | 26795.81 | 27431.32 | 21588.60 |
| 天津 | 10224.68 | 10847.94 | 9690.57 | 13382.15 | 13111.17 | 9528.61 | 8839.91 |
| 河北 | 6520.68 | 7162.19 | 8067.89 | 7834.22 | 6849.58 | 6186.41 | 6207.31 |
| 最大值－最小值 | 28190.28 | 24985.13 | 21278.44 | 24292.64 | 19946.23 | 21244.91 | 15381.29 |

数据来源：《教育部国家统计局财政部关于各年度全国教育经费执行情况统计公告（2015—2021年）》。

5. 义务教育阶段教师学历水平差距逐年缩小

义务教育阶段教师本科及以上学历占比北京一直领先，河北一直处于劣势，但近年来三地之间的差距逐渐缩小，尤其是北京与河北的差距缩小程度明显，小学本科及以上学历教师占比差距从2014年的47%缩小到2020年的33.5%；初中本科及以上学历教师占比差距从2014年的17.8%缩小到2020年的9.4%（表5）。

**表 5　京津冀三地义务教育阶段教师学历水平概况**

| 年份 | 小学教师本科及以上学历占比（%） | | | | 初中教师本科及以上学历占比（%） | | | |
|---|---|---|---|---|---|---|---|---|
| | 北京 | 天津 | 河北 | 最大值 – 最小值 | 北京 | 天津 | 河北 | 最大值 – 最小值 |
| 2014 | 87.5 | 68.8 | 40.5 | 47 | 98.2 | 93.1 | 80.4 | 17.8 |
| 2015 | 89.3 | 73.6 | 43.5 | 45.8 | 98.7 | 94.7 | 82.8 | 15.9 |
| 2016 | 90.5 | 76.5 | 47.9 | 42.6 | 98.9 | 95.6 | 84.7 | 14.2 |
| 2017 | 91.9 | 79.4 | 51.5 | 40.4 | 99.1 | 96.4 | 86.3 | 12.8 |
| 2018 | 84.8 | 81.0 | 59.3 | 25.5 | 99.19 | – | 87.5 | 11.7 |
| 2019 | 94.0 | 83.2 | 58.3 | 35.7 | 99.2 | 97.1 | 88.5 | 10.7 |
| 2020 | 94.7 | 85.1 | 61.2 | 33.5 | 99.3 | 97.7 | 89.9 | 9.4 |

数据来源：根据《中国统计年鉴》各年度数据计算得出。

## （二）主要问题

1. 区域重要节点城市教育发展依然面临严峻挑战

北京城市副中心教育发展整体水平有待持续提高。副中心区域教育资源布局、学位供给上存在一些突出问题，学前教育是区直公办超负荷、散小黑园需整合，小学方面是区直小学满负荷、部分乡镇有余额，初中是未来三年要满额、区直和梨园地区缺口大，高中是整体需要调层次，全面优质重改革。从与北京市各区比较来说，副中心基础教育经费投入都处于劣势（图 1），教师队伍、教育质量有待快速、大幅提升。

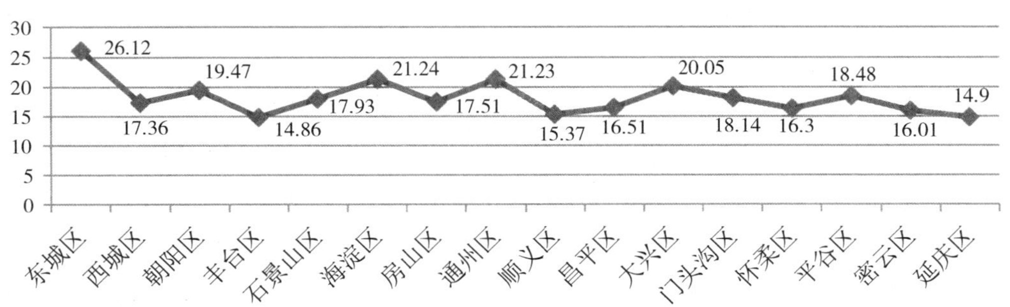


**图 1　北京市十六区一般公共预算教育经费占一般公共预算支出的比例（%）**

资料来源：《2020 年北京市教育经费执行情况统计表》。

雄安新区教育原发问题较突出。雄安新区相对办学规模（每十万人口在校生数量）略高于河北省，基础教育各层级相对规模都在京津两地的 1.5 倍，甚至 2 倍以上。学校大班额现象明显，而有些刚刚完成标准化建设的学校处于空心化、小微化状态。师资队伍严重短缺，教师初始学历为大专以上学历的教师比例仅为 10% 左右，且普遍存在着“教非所学”现象，老龄化趋势明显。雄安新区各级各类学校生均经费低于全国、河北省和北京、天津的平均水平，且与北京、天津差距极为悬殊。

北三县与北京城市副中心实现统一规划的基础薄弱。一是高强度外来人口流入导致整体学位缺口矛盾极大。以燕郊为例，由于北漂族不断向北京周边外溢，凸显了整体教育设施供给滞后，中小学大班额现象突出，平均大多达 60 人以上；二是公办和民办教育资源差距明显，公办学校存在较为严重的大班额和超大班额问题，而民办学校生源严重不足；三是教师群体老龄化严重，41—60 周岁的教师占总教师群体的 47%。

2. 三地教育软硬件差距依然很大

义务教育阶段生师比差距逐年增加。从三地生师比最高值和最低值的差距比较来看，小学阶段河北与北京的差距从 2014 年的 2.6 扩大到 2020 年的 3.1；初中阶段生师比差距从 2014 年的 4.1 扩大到 2020 年的 5.0（表 6）。

**表 6　京津冀三地义务教育阶段生师比情况**

| 年份 | 小学阶段 | | | | 初中阶段 | | | |
|---|---|---|---|---|---|---|---|---|
| | 北京 | 天津 | 河北 | 最大值 – 最小值 | 北京 | 天津 | 河北 | 最大值 – 最小值 |
| 2014 | 14.3 | 14.7 | 16.9 | 2.6 | 9.4 | 10.2 | 13.5 | 4.1 |
| 2015 | 14.4 | 15 | 17.6 | 3.2 | 8.6 | 9.9 | 13.6 | 5 |
| 2016 | 14.1 | 15.2 | 17.7 | 3.6 | 8 | 9.6 | 13.6 | 5.6 |
| 2017 | 13.6 | 15.1 | 17.4 | 3.8 | 7.7 | 9.8 | 13.9 | 6.2 |
| 2018 | 13.6 | 15 | 17.3 | 3.7 | 7.9 | 10.2 | 14.2 | 6.3 |
| 2019 | 13.6 | 15.10 | 17.2 | 3.6 | 8.3 | 10.7 | 14.1 | 5.8 |
| 2020 | 14.0 | 15.4 | 17.1 | 3.1 | 8.7 | 11.0 | 13.7 | 5.0 |

数据来源：2015—2021 年《中国统计年鉴》。

教育经费投入差距仍维持高位且部分指标不断扩大。河北省一般公共预算教育经费连续六年大幅增长，2020 年一般公共预算教育经费是 2014 年的 1.57 倍。从三地比较来看，高等教育生均事业费、公用经费差距逐年缩小，但三地基础教育和中等职业教育的投入差距仍在扩大。2014 年到 2020 年，河北与北京小学、初中生、普通高中、中职生均一般公共预算事业费的差距都在继续扩大；生均公用经费上除小学有明显的差距缩小外，其他都略有扩大（表 7）。

**表 7　2014—2020 年京津冀各级各类教育生均一般公共预算经费**

| | 小学 | | 普通初中 | | 普通高中 | | 中职教育 | |
|---|---|---|---|---|---|---|---|---|
| 年份 | 2014 | 2020 | 2014 | 2020 | 2014 | 2020 | 2014 | 2020 |
| 各级教育生均一般公共预算教育事业费变化情况（元） | | | | | | | | |
| 北京 | 23441.78 | 33546.46 | 36507.21 | 58686.11 | 40748.25 | 70295.87 | 28765.51 | 68451.66 |
| 天津 | 17233.85 | 18562.97 | 26956.43 | 29874.29 | 30090.12 | 31723.15 | 22753.14 | 23422.83 |
| 河北 | 5349.05 | 9327.11 | 7749.39 | 13048.58 | 7748.15 | 15324.98 | 8031.58 | 15616.98 |
| 最大值 – 最小值 | 18092.73 | 24219.35 | 28757.82 | 45937.53 | 33000.1 | 54970.89 | 20733.93 | 52834.68 |

续表

| | 小学 | | 普通初中 | | 普通高中 | | 中职教育 | |
|---|---|---|---|---|---|---|---|---|
| 年份 | 2014 | 2020 | 2014 | 2020 | 2014 | 2020 | 2014 | 2020 |
| 各级各类生均一般公共预算公用经费变化情况（元） | | | | | | | | |
| 北京 | 9950.95 | 8472.08 | 14127.64 | 15479.42 | 16716.08 | 18998.99 | 13473.07 | 22601.06 |
| 天津 | 3968.87 | 3287.58 | 6134.37 | 5321.83 | 10411.54 | 5139.20 | 5918.03 | 4237.02 |
| 河北 | 1439.3 | 2353.99 | 2121.14 | 3407.16 | 2207.91 | 4157.60 | 2435.11 | 4589.28 |
| 最大值－最小值 | 8511.65 | 6118.09 | 12006.5 | 12072.26 | 14508.17 | 14841.39 | 11037.96 | 18011.78 |

数据来源：2015 年和 2021 年《教育部国家统计局财政部关于各年度全国教育经费执行情况统计公告》。

从义务教育办学条件来看，除小学、初中阶段生均校舍建筑面积、危房率的差距，以及初中生均图书室面积的差距减小外，其他硬件条件的差距都是有所增加（表 8）。

**表 8　2015 年与 2020 年京津冀义务教育阶段办学条件概况**

| | | 生均校舍建筑面积（m²/生） | | 危房率（%） | | 生均图书室面积（m²/生） | | 生均体育馆面积（m²/生） | | 生均微机室面积（m²/生） | |
|---|---|---|---|---|---|---|---|---|---|---|---|
| 地区 | 年份 | 小学 | 初中 | 小学 | 初中 | 小学 | 初中 | 小学 | 初中 | 小学 | 初中 |
| 北京 | 2015 | 8.01 | 14.44 | 0 | 0 | 0.19 | 0.35 | 0.2 | 0.43 | 0.16 | 0.27 |
| | 2020 | 7.71 | 13.88 | 0.03 | 0 | 0.19 | 0.34 | 0.24 | 0.53 | 0.14 | 0.25 |
| 天津 | 2015 | 7.24 | 9.99 | 0 | 0 | 0.19 | 0.31 | 0.19 | 0.30 | 0.16 | 0.20 |
| | 2020 | 7.21 | 10.02 | 0 | 0 | 0.19 | 0.31 | 0.24 | 0.42 | 0.15 | 0.17 |
| 河北 | 2015 | 6.26 | 10.51 | 0.04 | 0.01 | 0.21 | 0.27 | 0.03 | 0.08 | 0.18 | 0.20 |
| | 2020 | 6.85 | 11.22 | 0.005 | 0 | 0.23 | 0.29 | 0.04 | 0.11 | 0.18 | 0.20 |
| 最大值－最小值 | 2015 | 1.75 | 4.01 | 0.04 | 0.01 | 0.02 | 0.08 | 0.17 | 0.35 | 0.02 | 0.07 |
| | 2020 | 0.86 | 3.86 | 0.03 | 0 | 0.04 | 0.05 | 0.20 | 0.42 | 0.03 | 0.08 |

数据来源：根据 2015 年和 2020 年《中国教育统计年鉴》数据计算得出。

3. 整体协同发展水平依然不高

一是城市和农村地区教育资源分布差距大。生源上“城区饱满，郊区不足”现象突出，城乡教育资源的品质有较明显的差距，生源配比不平衡现象突出。这种问题不仅在河北省存在，北京市也同样问题突出。

二是京津冀三地虽有统一的发展目标，但衡量标准还不清晰，协同发展的长效机制没有建立。比如，雄安新区、北三县都提出统一规划，联动发展，但三地的课程教材管理、教师人才队伍建设、升学考试改革都不在统一规划中，协同发展没有进入更深层次的探讨。

三是区域间学校建立了帮扶对接关系，对接实际效果有待观察。援助校的师资等资源十分紧张、分身乏术；由于缺乏明确的资金、人员等配套措施，外派教师积极性受到影响；薄弱地区组织当地校长、教师外出学习培训缺乏经费支撑。加之不同地区教育文化、师资力量、生源质量、培养环境等方面的差距也导致短期内难以融合，外派援助教师的教育理念和方法不能实施。

## 四、新时代京津冀教育协同发展展望

习近平总书记曾在2020年强调：“中心城市和城市群正在成为承载发展要素的主要空间形式”，要“科学合理规划城市的生产空间、生活空间、生态空间，处理好城市生产生活和生态环境保护的关系”。因此，新时期京津冀教育仍要着力疏解教育领域非首都核心功能，缩小教育发展水平差距，构建稳定的教育协同发展体系。

### （一）稳定持续疏解部分教育功能

“十四五”时期，要在有序疏解部分首都教育功能方面取得突破性进展。要结合北京义务教育学龄人口持续大幅增长的现实，科学调控各类教育规模，严格执行新增产业禁限目录，科学调控市属高校和普通中专招生规模，重点压缩成人教育规模，不断推进首都教育规模、结构与教育需求和产业需求相适应。持续推进教育培训机构规范有序发展，推动不符合首都功能定位的教育培训机构有序退出。

加快北京高校疏解进度。推进北京市良乡高教园区、沙河高教园区向科教融合新城转化，推进入驻高校内涵建设。做好中国人民大学在通州潞城、北京化工大学在昌平南口、中央民族大学在丰台王佐等的新校区建设，支持在京高等学校通过部分学科院系搬迁、整体搬迁等方式向外疏解。实现北京市各区都有高校的目标，科学推进相关高校到郊区落地。推动在京高校向雄安新区疏解，制定“一校一策”疏解工作方案，为雄安新区发挥“两点一线一面”教育现代化布局战略支点作用奠定基础。

### （二）推动支持“两翼”教育建设发展

大力提升城市副中心教育质量。全面落实基础教育设施专项规划，继续从中心城区引入优质教育资源，加快建设一批优质中小学、幼儿园。积极探索教师资源配置新方式，强化教师专业培训和学科教学指导，提升教师专业化水平。推动形成一批学校品牌建设。通过制定统一规划、完善统一政策，促进北京地区优质教育资源向北三县地区延伸布局，不断完善北三县的教育配套，探索副中心与北三县的优势互补和共建共享。

全力支持雄安新区教育发展。对接需求，采取新建、共建等方式开展基础教育合作办学。支持教育人才队伍建设，深化人员交流、培养。发挥北京高等学校、科研院所优势，服务雄安新区规划建设。

### （三）明确新时代区域教育高质量体系的衡量标准

建设高质量教育体系是我国新时代教育发展的新主题、新方向、新目标、新任务。深刻分析京津冀区域高质量教育体系的核心内涵与本质特征，构建区域教育高质量发展评估指标体系，构建“高质量教育体系发展指数”，对京津冀区域教育发展水平在世界城市群中的相对位置进行评估，为建设京津冀区域高质量教育体系提供决策依据。

### （四）探索以信息技术为支撑的教育协同发展新模式

教育信息化的发展与后疫情时代教育的转型，要求将形成线上线下相融合的教学新常态。利用线上平台跨越时间和空间障碍的优势，通过建设学校在线教育平台，支持教师在线教育课程开发、备课教学、课堂讨论、课下辅导、师生交流等，增强教育的适应性，解决教育的时空障碍，促进区域优质教育资源共享和教育均衡，应在促进协同发展中占据更为重要的位置，三地应加强这方面的共同规划与统一实施。

### （五）进一步完善教育协同发展保障机制

对京津冀教育协同发展的顶层设计和统筹规划亟须加强。目前中央尚未正式公布相关的具有牵头抓总、中长期发展规划性质或综合性管理性质的政策，三地教育管理体制机制不一致，涉及人员管理、经费使用等权限和分工界定不清楚，具体目标与责任不明确，难以从根本上解决一些瓶颈问题。应研究完善以教育部统筹协调的教育协同支持政策，对接《京津冀协同发展规划纲要》和《中国教育现代化 2035》，制定“十四五”时期的实施方案，明确推动京津冀教育协同发展的时间表、路线图和任务书，强化区域优先发展教育的价值共识，建立有效的跨行政区划教育协同发展机制。

# 普惠托育供给融合发展的问题与解决路径

尹坚勤[①]

**摘　要**：近年来，在党和国家的共同推动以及各相关主体的共同努力下，我国托育多类并举、多元并进，成效显著，初步建立起了托育服务体系的基本框架和雏形。然而，正如党的二十大报告指出我国在托育等方面仍面临不少难题。主要体现在当前多种托育类型和需求存在比较明显的错位，导致在托育发展中供给过剩和需求涌动共存。结合当前我国托育服务的发展的基础和条件，今后我国托育服务发展需从完善婴幼儿托育公共服务体系的整体设计，构建婴幼儿托育服务的专业指导体系，加大对社区托育与农村托育服务的支持力度，双向奔赴的托幼一体发展是有效的纾困路径，健全普惠托育服务发展的支持保障与督导体系等五个方面着力，进而为促进和支撑托育服务高质量发展提供坚实基础和保障。

**关键词**：普惠托育；融合发展；托幼一体；依需供给

党的十九大报告对托育服务发展提出“幼有所育”的纲领性要求，提出“加快发展多种形式的婴幼儿照护服务、支持社会力量兴办托育服务机构”的方向性任务。在此基础上，2019 年 5 月印发的《国务院办公厅关于促进 3 岁以下婴幼儿照护服务发展的指导意见》(以下简称《指导意见》)提出了促进婴幼儿照护服务发展的基本原则、发展目标、主要任务、保障措施和组织实施，为新时期做好婴幼儿托育服务工作指明了方向。同年国家发展改革委和国家卫生健康委联合印发《支持社会力量发展普惠托育服务专项行动实施方案(试行)》的通知，强调通过中央财政预算内投资带动和引导社会力量增加普惠托育服务。2020 年《中共中央关于制定十四五规划和二〇三五年远景目标的建议》进一步把“发展普惠托育服务体系”作为实施积极应对人口老龄化国家战略的重要内容。2021 年《关于开展全国婴幼儿照护服务示范城市创建活动的通知》中把“发展集中管理

---

① 尹坚勤，江苏第二师范学院学前教育国际研究所所长，教授，省重点学科带头人，省一流专业负责人。兼任江苏省陈鹤琴教育思想研究会副理事长、南京市婴幼儿发展行业协会副会长等职。近 5 年主持国家卫健委、江苏省卫健委委托课题，在研江苏省哲社基金重点项目《幼有所育背景下江苏托育服务体系构建研究》；在各类学术期刊陆续发表学术论文 30 余篇；主持获江苏省哲学社会科学优秀成果奖三等奖、江苏省基础教学特等奖等。

运营的托育服务网络，建设一批承担指导功能普惠性托育机构”作为扩大服务供给的重要任务。

显然，普惠托育是当前我国婴幼儿托育服务发展的重要任务和基本目标，关键是提供普惠、优质、均衡的托育服务。随着社会服务需求的增加和政策体系的完善，普惠托育服务的建构激发了托育服务市场活力，社会力量投资意愿趋于增强，从而增加了托育服务有效供给。然而，普惠托育服务虽然在快速建构和发展过程中，但是存在的问题仍十分突出，矛盾仍十分尖锐。普惠性托育机构实际面临的核心问题是缺少整体服务质量的基本保障，主要集中在规模小但举办成本偏高，托育人员专业水平严重滞后、托育队伍发展路径亟待规范以及职后专业支持系统有待健全，托育服务标准与监督不明等系列问题。本文将从我国托育发展历程，江苏地方经验、托育服务体系发展理论探讨等方面加以分析，为普惠托育服务政策的落地落实提供对策建议。

## 一、我国 0—3 岁婴幼儿托育机构的发展历程与现实困境

现状和对策的相互结合才能够在时间的横轴上较为全面地展现一个事物的全貌。需要将托育服务体系发展放在一个较长的历史维度中加以分析。从社会、政治、经济、文化等多位的视角分析其演变的特征、规律，从更广的视角认识普惠托育服务体系发展及其问题、影响因素等，进而为托育服务发展及其改革提供更广阔的背景和更坚实的基础。

新中国成立后，我国借鉴“苏联模式”大规模配置政府机关和集体托儿所，主要由各行业各部门自建托育机构，1954 年建有各类托儿所机构 4003 所。1980 年国家教育委员会正式颁布《城市托儿所工作条例（试行）》，规定“托儿所是三岁前儿童集体保教机构”，由地方行政部门领导，各地根据实际条件分属卫生部、工会、妇联等不同部门管理，也有部分幼儿园承担小规模的托班服务，分属教育行政管理。所有托班、托儿所、看护点的服务费用较低，属于社会与单位的职工福利性质。

20 世纪 90 年代，社会福利性托儿机构随着社会经济体制的改革渐渐终止。在经济体制改革过程中，大量事业单位办的福利性托儿所被裁减，随着二孩出生带来的学前教育资源紧张，随着 2010 年《学前教育三年计划》在各省市的推行，学前教育进入发展快车道时期，为了优先满足 3 岁以上幼儿的入园需求，大部分幼儿园不得不取消“托班”和“小小班”，很多城市城乡公立幼儿园也陆续取消“托班”，社会公共托育服务进一步萎缩，开始大规模缩减。据统计，1989 年，国有、集体办的公共托育机构占到 90% 以上，到 2010 年，国有、集体办托儿所基本消失。2013 年曾出现教育部门与卫生部门联合就 3 岁前婴幼儿保教进行试点工作的研究项目，尝试在各类幼儿园中的托班工作的有效管理。在全国范围内遴选了 14 个城市进行试点，上海、南京等均为项目实施城市，但是未见相关项目实施总结材料。总之，托育服务工作的发展与管理始终未能够进入稳定的公共管

理体系。目前，我国托育市场整体面临机构数量不足、服务管理缺失、政策支持不够等突出问题，入托难已成为各地面临的共性问题。

## 二、以江苏为例的普惠托育和托育服务体系发展现状与实践探索

### （一）江苏婴幼儿托育服务供给体系的基本现状

据统计，2019年江苏省各类托育机构为3200家左右，2021年为4200家左右，其中示范性托育机构56家、省普惠性托育机构187家，申请中央专项资金支持项目80个、专项项目增设托位7027个。江苏婴幼儿托育服务供给体系的基本框架初步建立，其供给主体多元，供给方式多样，供给制度和供给体系不断优化。近年来，江苏省在普惠性托育机构发展方面进行了很多有益的探索，同时也积累了一些经验，有一些比较成功的案例。从区域上有苏南经济发达地区的，也有苏中和苏北地区的；从规模上有数百人规模的大型托育机构，也有服务规模数十人的小型机构；从性质上有公办的机构，也有民办的机构。但无一例外的都是有较高质量，较好口碑，经营规范的托育机构，这些机构当前已经获得了江苏省卫健部门认定的省级示范性普惠托育机构，大部分机构走上了稳定和快速提升的良性发展道路。

### （二）家长与托育机构的需求与问题调查

2022年在全省范围进行了0—3岁婴幼儿家长对托育机构的需求调查。大部分家长秉持“有合适的托育机构可以去试试”的态度（51.5%），“非常想送孩子进入托育机构”（28.4%），“暂时不需要托育机构服务”占比14.1%，对托育服务没有任何需求的占比6%。大部分家长对托育机构仍持观望的态度。幼儿园托班和早教机构作为传统的托育机构较受广大家庭的欢迎。

调研表明家长共同的托育诉求为：（1）一个小规模、距离近、提供全日托以解决“因上班孩子无人照看”后顾之忧；（2）更倾向选择公办机构，信任政府办学，寻求放心；（3）价格的影响作用弱化，近三成受访者家庭表现出“不差钱”的状态。近半数家长从未接触过科学育儿的指导，但是家长对于科学育儿指导抱有浓厚的学习兴趣，希望接受“亲子游戏”和“家长课堂”等方面指导。

调研表明托育机构面临的主要困难有：“招生困难、生源不稳定”（82.9%），“运营成本高”（71.7%），“政策支持少”（64.3%），“难以找到符合要求的场地”（62.1%），“人员流动大、难以招到符合资质的员工”（60.5%）等。关于扶持政策方面，总体认为各项政策都很重要，其中“托育机构用水、用电、用气按居民生活类价格执行”“提供税收优惠政策”“政府采取建设补贴、运营补贴的形式支持普惠性托育机构”“托育从业人员纳入当地政府职业技能培训计划，落实职业培训补贴、职业技能鉴定补贴”“以奖代补的形式支持办得好的普惠托育机构”等问题最为关切。

### （三）关于社区亲子中心发展整体现状及分析

通过南京市数据统计分析，以及全省其他城市的报告分析发现，当前江苏省的社区亲子中心多以公办性质为主，主要集中在乡村地区，而城市和镇区的社区亲子中心较少。由此在一定程度上可以看出，江苏省在婴幼儿托育服务的政策实施方面，依然多以“县级化”政府进行统筹规划，城市和镇区对于该部分的实施路径较为单一和薄弱。近年来，由于社会对于托育服务的需求在迅速增长，托育服务体系也在逐渐构建和完善，但依然存在供给不均和区域差异性大等问题。

第一，从同一城市的不同区域社区亲子中心发展现状来看，经济水平较好的区在服务时长、服务频率、活动室面积和专职人员等方面都更有保障，并提供了较多的专业支持。而教育水平较高的区则在师资力量方面有明显优势，并和较偏远的区域在同一方面拉开较大的差距。除此之外，一些老旧城区的设施达标情况会显著低于其他区。因此，通过调查发现，每个区域的优势水平和资源不同，也导致了社区亲子中心发展的不均衡性。针对这一现象，政府应当对各区的社区亲子中心进行科学考察和测评，有针对性地推动其发展过程中供给结构和需求结构的对应。

第二，从社区亲子中心城乡发展差异来看，在每周服务频率、专职人员数量和服务人员学历等方面，城市的亲子中心明显优于镇区和乡村的亲子中心。城市的托育服务对于亲子活动中心的需求更大，但却受限于空间和场地的供给不足。而边远和人口分散的农村，拥有较多的场地和无差别的设施条件，却缺乏高学历的师资支持。针对这个情况，政府应通过专项计划的方式扩大托位供给，推进托育服务体系供给结构和需求结构的耦合。

第三，社区中心存在的问题与解决建议。主要问题在于：社区宣传不到位，居民观念较为落后；亲子活动形式单一，托育职能尚未体现；城乡供求不平衡，专业化程度较低。因此，需要加强社区亲子中心的相关服务规范建设，增设托育服务功能是关键。一是利用多渠道宣传，提升居民的知晓度与信任度。充分利用多种渠道对亲子服务进行宣传与互动，增加居民对社区亲子中心的认同和信任。二是优化服务功能，拓展托育服务。让亲子中心兼具社区亲子活动与临时性托育服务职能。有针对性地提供多样化的托管方式和丰富活动内容，提供临时托育或者不定期的半日制托育服务。三是促进城乡多元发展，培养专业化队伍。提升社区亲子中心的专业化包括专业人才的配备、专业培训的组织和专业管理水平等，加大对专业队伍的扩展。

### （四）江苏婴幼儿托育服务供给体系的实践探索思路与框架建构

三年来，江苏婴幼儿托育服务供给体系初步形成，托育服务的供给能力快速提升，建设成效明显。由于建构时间较短，托育服务的数量与质量的需求增长，托育服务供给体系的建构和发展也面临着挑战。

2020 年 1 月，江苏省政府办公厅发布的《关于促进 3 岁以下婴幼儿照护服务发展的实施意见》中提出，到 2025 年，“以家庭为主、社区为依托、机构为补充、人才为支撑的服务网络基本建立，公益化指导、普惠性服务、社会化运营相结合的服务模式基本普及，多元化、多样化、覆盖城乡的婴幼儿照护服务体系基本形成”。这是婴幼儿照护服务体系的表述首次出现在省级政府的政策文件中，也标志着江苏托育服务体系建构政策初步确立。提出要“以需求和问题为导向，按照政府引导、部门协同、家庭为主、多方参与的总体思路，坚持普惠优先”的方向性和原则性的要求，为其后体系建构提供了清晰的方向指引。

2021 年 9 月江苏省政府办公厅发布的《关于促进养老托育服务高质量发展的实施意见》中提出，要“建立主体多元、依托社区、优质普惠的托育服务体系”。同年颁发的《江苏省“十四五”卫生健康发展规划》中提出，“健全普惠托育服务体系。扩大普惠托育服务供给，落实普惠托育民生实事，每年新增普惠托育机构 80 家以上，大力推进一街道一乡镇一普惠，深入开展支持社会力量发展普惠托育服务专项行动，构建完善 1+N 普惠托育服务体系，实现普惠托育服务提质扩面”。标志着普惠托育服务供给体系从整体架构阶段到了具体建设的新层面，确立了体系建构的基本任务和长期目标。当前江苏托育服务供给体系正处于快速发展中，且在政策环境、政策体系等方面均有较好的保障，江苏根据各供给主体的供给能力和供给优势，形成了以政府供给为示范、以市场供给为主体、以集体供给为补充的供给格局。普惠托育服务供给体系雏形初步形成。

在政策体系建构方面，省市县三级政府确立了相对通畅、多部门联动的管理体制，有序开展示范性普惠托育机构的评选和认证等工作，南京、苏州等市的托育发展基本处于全国前列。探索以示范性托育机构为引领，以普惠性托育机构和社区中心为基础，以家庭照护支持为基本的服务宗旨，构建省、市、县、街（镇）与社区（村）四级服务体系。具体如下：

（1）突出普惠服务方向。明确提出了普惠托育服务的建设标准、服务标准以及价格标准，综合运用纳入社会发展规划、制定单项规划、优化土地划拨和供应、住房建设、财政支持和税收优惠引导、投资融资政策、人才支持等，支持和引导社会力量参与托育服务供给，保障供给的质量和品质，降低托育服务供给成本，多途径引导托育服务的普惠发展方向。在政府主导、市场主体、单位参与、社区为主、家庭补充多个主体之间构成了相互嵌套的结构化服务供给，类型上包括政府、集体、市场和家庭，以及部分混合制单位。以社区供给为主的“1+N”托育模式。

（2）供给主体较为多样。一是各种类型的托育机构。基本上以民办为主，面向社会，对服务对象没有特殊要求，这是体系中的主要托位供给，占总量的 70% 左右；二是幼儿园托班。这类托育服务供给主要是在农村以及城乡接合部地区，以民办园为主体，这在整个供给体系中占比较小，近年来有增长的趋势；三是社区托育中心。近两年来社区托育中心发展较快，各地发展极不均衡，总体占比仍不高；四是企业托育。主要是面向企业内部职工服务需求，此类供给总量较小，但是其适应性较强，有较大的发展空间与适应性。目前家庭式托育尚未纳入监管和规范制度体系，总体占比不大。

（3）保障机制不断完善。一是建立普惠性示范托育机构的标准规范及其评选机制，并对其运行和监管确立了基本规范。二是确立了省市县协同推进、各负其责的保障制度建设和推进机制，省级政府及其相关部门主要负责省域内整体性、全局性、基础性的制度供给，具体执行和操作规范由市县政府及相关部门负责，保障了供给机制的整体性和规范性，也调动了地方政府的积极性和内在动力。三是将婴幼儿托育服务供给纳入城市和农村发展规划，以社会托育机构为骨干力量提供质量可靠、价格合理、方便可及的婴幼儿照护服务。四是完善家庭育儿指导和支持体系，主要依托基层妇幼保健、托育机构、幼儿园、社区、妇联等力量，为婴幼儿家庭开展照护指导服务。

## 三、我国普惠托育服务体系建构的理论基础思考

三个理论从不同维度共同支撑普惠托育服务体系的内在逻辑和整体框架。

### （一）政策分析的系统理论与团体理论—研究框架的基础

政策分析于20世纪中叶诞生于美国，其旨在解决或者补充传统的政策制定过程中存在的问题和缺陷，即政策分析的主体对现行或者将要实施的政策、决策中的问题、政策相关者的反映等进行调研和分析，做出分析和判断的过程。其主要的目的在于协助政策制定者坚定或者改进政策的目标，提高政策实际效果。系统理论和团体理论是其中两个非常重要的理论。公共政策往往都是更有利于影响力较大的那些利益相关者，但是在政策制定过程中，如果由于对某些利益相关者的诉求考虑不周，则会影响政策最终的效果。

政策分析系统理论用于分析当前普惠托育服务和托育服务体系发展存在问题的原因，团体理论主要用于分析托育服务发展与改革过程中不同利益主体的基本诉求。按照系统理论的分析框架，政策是政治系统为了发展的需要对公众的要求做出的制度上的安排。由于社会的外部的政策环境是非常多样的，那么这样对于一个事物而言就构成一个政策制度结构。从而从更广范围和层面上，探求婴幼儿托育服务发展存在问题的原因。在分析婴幼儿家庭照护发展存在问题的原因之后需要解决婴幼儿托育机构发展的问题。按照团体理论的基本解释框架，要保持这一政策的发展就必须保持其内在的平衡，必须关注托育服务体系中各个相关的重要利益相关者的诉求，方能在建构的托育服务体系中保持其公正性和有效性。

### （二）公共产品理论—托育服务体系中政府职责分析

公共产品理论是当代公共经济学的基础性理论，其对政府职能的转变、公共财政的

分配等具有非常重要的基础性指导意义。公共产品具有三个最基本的特点，分别是使用过程中的非排他性、非竞争性以及不可分割性。一般而言，使用过程中很多产品和服务只具备上述特点中的一个，尤其是非排他性和非竞争性。这种产品被称之为准公共产品，即介于公共产品和私人产品之间的一种状况。公共产品的供给是公共产品理论最核心的问题之一，即到底谁是公共产品的供给者。

而普惠性托育服务体系是重要资源，其最终的目的是要提供公共服务。但是当前的问题是，多种原因导致托育机构面临着巨大的生存困难，难以达及公共服务。其中最根本的问题便是其发展政策和机制的缺陷和不足。这种背景下，在其发展政策和机制中，政府的职责该如何发挥，政府的责任该如何落实，政府的具体的职责和责任到底包括哪些方面，应该包含哪些内容，政府应该通过什么方式对托育服务进行扶持和支持。这是公共产品理论进行分析和演绎的，需要建立婴幼儿托育服务的长效机制。

### （三）治理理论—托育服务体系运行机制和体制

兴起于 20 世纪 80 年代的治理理论，随着新公共管理理论的风行而得到学界和政界的青睐。新公共管理理论从严格意义上来说更像是一种思潮，迄今为止并未形成一个较为完善的概念框架。在治理的体系中，涉及的主体多元化，主体间权力的互相依赖性和互动性，自主自治的网络体系的建立，政府作用范围及方式出现了新的特征，需要新的界定。

治理理论提供了全新的视角和分析的框架。以最终服务为目标，政府可以通过各种资源的调配和政策资源的供给引导各个主体提供普惠性服务，以质量为标准，只要供给者供给的服务能够符合要求，便能够获得政府提供的资源的支持与鼓励。在此过程中，托育服务的主管行政部门、社区、托育机构、亲子中心、家庭等其他主体等都很难处于支配地位，需要在此过程中协调、调和。托育服务最终可能和整体的普惠性托育服务体系并不完全相同，更多可能呈现为一种运作机制。在此机制中，各个涉及的主体共同参与、相互协商，最终在各个主体能够接受的范围之内提供一种较为合适的托育服务发展机制和体系。既能够保障婴幼儿托育服务发展，同时又能够保障各个部门的需求。

构建主体多元、优质普惠的托育服务体系。有序推进机构托育服务、社区托育服务与家庭照护服务三方面工作，鼓励支持街道社区、企事业单位、社会组织、幼儿园、个人等各类社会主体兴办普惠托育机构，以公共社会为责任主体，为 0 — 3 岁婴幼儿提供托育服务的公共服务体系。通过财政补贴、提供场地、减免租金、税费优惠等政策措施，采取公办民营、民办公助等多种形式，支持建设社区托育服务机构，打造 15 分钟社区托育圈，使居民在“家门口”就能够得到方便可及、优质普惠的托育服务。

## 四、托幼一体化的现实需求与融合优势潜力挖掘

目前，社会上存在托育机构亟待规范、托育人员的专业水平和队伍严重滞后、托育质量缺乏标准三大基本问题。而托幼一体化的发展提供了一种快速缓解社会矛盾与问题的新路径。

从供给方面分析有三个方面的原因，一是近两年内总体托育机构供给数量有所增长，但是和社会需求仍有一定差距；二是社会组织承接能力不足。政府购买托育服务的需求与能够承接的机构存在需求和分布上的不匹配，各区的普惠托育机构基本上都存在因为疫情招生不足的生存问题。三是补足当前制度短板的有效途径是加强托幼一体化发展，合理调配资源，科学规划布局，以推进托育服务体系供给结构和需求结构的耦合。

我国学前教育体系“十三五”时期在办园条件、合理布局、队伍建设、优质管理等方面打下了良好的基础，在幼教发展历史上也曾经有着很长时期的托幼一体发展阶段。综合分析托幼一体发展可以产生一举四得效应：一是满足 15 分钟服务圈（万人幼儿园配备标准）的托育服务需求，而且场地尤其是室外设备规范达标；二是满足托育服务人员的专业条件，如接受系统培训、具备专业职称、队伍稳定、年龄结构合理等，可以保障提升优质服务水平；三是帮助民办幼儿园与乡镇幼儿园纾困生源不足带来的生存难题；四是实现婴幼儿发展的整体性与一致性，去除 0—3 岁与 3—6 岁儿童发展的社会藩篱。

从“四效应”愿景出发再回头看，针对目前我国普惠托育服务体系发展的现状问题，在托幼一体角度做出的落地化建议可以从以下四点展开。第一，合理选择有条件的公办幼儿园开设 2—3 岁托班提供示范性托育服务，公办幼儿园的师资水平、环境场所有着充分的保障，在迅速缓解“入托难”的民生问题基础上，还有利于解决处在现行管理体制下被放大了的儿童身心发展阶段性与连续性的矛盾，通过解决衔接性问题，体现 0—6 岁发展的完整性与连续性，从而确保服务质量的优化并起到辐射效应。第二，鼓励支持民办幼儿园开设 1—2 岁托班，提供全日托、半日托、周末托等多种形式的托育服务，满足家庭的多样化服务需求的同时，既能充分利用富余的教育资源，又能为幼儿园增加持续性的生源，因而也能前瞻落地两手抓，去有效解决民办幼儿园即将面对的发展性难题。第三，指导扶持乡镇中心园等进一步扩充农村托育供给资源。充分运用乡镇幼儿园的环境场地、设备资源与幼儿教师优质人力资源，结合社区中心的功能与资源建设定位，选择合适的幼儿园作为社区托育服务中心，提供托育服务的同时提供社区亲子活动与家庭照护指导，切实达到提供农村家庭科学育儿的全面支持。第四，针对边远和人口分散的农村，资源短缺的城市城区，流动人口聚居地区等，通过专项财政计划的方式投放到幼儿园，利用幼儿园资源稳步扩大安全规范的托位供给。

出生率的“拐点”决定了入园率的“痛点”，面对现状、着眼未来的托幼一体方案是

先进亦是回归，是对主管部门双向奔赴的呼唤，也是针对中国普惠托育未来发展重要路径的有效落地，以解决现实问题为切入点，为突破由于人口数量下降带来的普惠托育与学前教育发展瓶颈探索新的有效路径。借“托幼一体”还“完整儿童”，让婴幼儿成为最终获益者才是亘古不变的初衷与愿望!

## 五、针对普惠托育服务问题的解决路径建议

### （一）完善婴幼儿托育公共服务体系的整体设计

普惠托育服务应是一个结构清晰、层次多样的整体性结构。在体系中不同类型的需求应该都能够得到较好的满足，不同类型的供给之间也应该存在差异化的发展。当前人口发展趋势变化、社会对托育服务的需求处于快速变革中，需要基于要素分析基础上进行整体设计和优化。要强化体系中的公益普惠原则、公共服务支持方向，明确提高公共资源保障的具体路径，进一步细化和制订切实可行的计划与方案。形成一个结构良好、功能健全的供给系统，加强各主体之间关系、定位等合理的整体性设计，进一步明确托育服务着重优化的基本方向和主要内容，如在供给体系的几类供给主体中，幼儿园托班更适合 2—3 岁的孩子；0—1 岁和 1—3 岁的婴幼儿托育机构如果提供全日制服务一般会区分开。这样能够让各类机构更专业地发展，提供更专业和优质的服务，也能够最大限度地发挥其优势和功能。

### （二）构建婴幼儿托育服务的专业指导体系

落实国家卫生健康委印发的《托育综合服务中心建设指南（试行）》要求，构建集婴幼儿托育服务示范性基地、托育人才研训基地、婴幼儿家庭照护服务指导于一体的托育服务指导体系是政策需求下的有效路径。一是创构省市与区县三级托育服务指导中心，形成协同发展的服务指导共同体，提供系统化的人员专业培训指导服务与托育课程资源，为普惠托育机构提供专业支持降低培训成本；二是创建省级婴幼儿托育服务研究智库，婴幼儿家庭科学照护指导资源库，提高资源使用效益；三是创立省级示范性普惠托育服务基地，每年提供不少于 150 个托位数（国家标准）的优质托育服务，为 7—36 个月龄的婴幼儿提供高质量的个性化的托育服务支持，并探索建设婴幼儿照护服务的综合化示范社区。

### （三）加大对社区托育与农村托育服务的支持力度

近两年来，普惠托育供给体系的主体主要是经营性托育服务机构。经营性托育机构具有独特优势，可以根据社会需求提供服务，服务形式灵活，设置便利。不过，其自身的经营性容易导致忽视质量，政府的监管成本较高，且容易受偶然性因素影响，疫情期间大量的托育机构面临种种生存与发展困境，乃至少数省级示范性普惠托育机构关停。故应考虑通过财政补贴、提供场地、减免税费、人员培训、提供专业服务、纳入监管等

方式对其进行支持，其中，农村托育与社区托育两个抓手在面广量大的农村地区就成为优化农村托育服务结构的重要支架。

当前，农村仍是我国托育服务发展的洼地。增加和强化农村托育服务的供给是今后我国婴幼儿托育服务供给的重要任务。在着手扩大供给规模的同时，质量的提升和保障也是重要工作。因此，以社区托育示范点建设为契机，将农村托育机构建设纳入乡村建设和农村公共服务体系建设，将托育服务供给与质量保障纳入托育服务体系一体规划，用好社区公共资源，满足面广量大的农村地区婴幼儿入托需求的同时也是在为家长科学育儿学习需求提供优质根据地，通过双抓手共生根，进而达到强化农村托育服务供给和质量提升的目的，这也将是普惠托育服务供给体系均衡发展的重中之重。

### （四）双向奔赴的托幼一体发展是有效的纾困路径

普惠托育机构从成立至今出现的几个核心问题可以总结为，托育规模小，成本偏高，人员素质偏低且无专业支持系统，总之缺少质量保障，而托幼一体可以成为解决上述问题的一个优质支架，可以助力普惠托育机构达成的愿景与目标包括满足 15 分钟服务圈（万人幼儿园配备标准）的托育服务需求与托育服务人员的专业条件，帮助民办幼儿园与乡镇幼儿园解决生源不足带来的生存难题，实现婴幼儿发展的整体性与一致性，去除 0—3 岁与 3—6 岁儿童发展的社会藩篱。为了进一步从解决问题出发，向着美好愿景进发，故建议从有条件的公办幼儿园开始设置 2—3 岁托班提供示范性托育服务；鼓励支持民办幼儿园开设 1—2 岁托班，提供全日托、半日托、周末托等多种形式的托育服务；指导扶持乡镇中心园等进一步扩充农村托育供给资源；针对边远和人口分散的农村、资源短缺的城市城区、流动人口聚居地区等，通过专项财政计划的方式投放到幼儿园，利用幼儿园资源稳步扩大安全规范的托位供给。综上所述，有关托幼一体化的发展建议既是借“托幼一体”还“完整儿童”的进步理念，也是扎根现实、着眼未来，为突破普惠托育与学前教育发展现阶段瓶颈而去探索的新的有效路径。

### （五）健全普惠托育服务发展的支持保障与督导体系

将托育服务支持保障与质量监督相结合，解决有关部门的系统协作问题，切实提供托育机构有序发展、有质量服务的基本保障。建立工作联席会议制度，形成卫健委牵头，其他相关部门参与联合督导的共治共管格局，共同推动婴幼儿照护服务持续健康发展。将婴幼儿托育服务纳入各市地方经济社会发展规划和目标责任考核，列入城乡公共服务目录，由政府定期考核并督促推进。重点关注托育机构服务规范和标准体系，通过监测和监管保障其质量发展。加强监测和督导，及时发现问题、解决问题，为托育服务机构的健康发展提供良好的支持环境和保障。

## 参考文献：

[1]谢明主. 公共政策分析 [M]. 北京：首都经济贸易大学出版社，2015.

[2]谢明主. 公共政策分析 [M]. 北京：首都经济贸易大学出版社，2015.

[3]王爱学，赵定涛. 西方公共产品理论回顾与前瞻 [J]. 江淮论坛，2007 (04).

[4]Dougherty K L. Public Goods Theory from Eighteenth Century Political Philosophy to Twentieth Century Economics [J]. Public Choice，2003，117 (3).

[5]吕武. 我国婴幼儿托育服务标准规范体系的现状及其优化研究 [J]. 陕西学前师范学院学报，2022，38 (07).

[6]王睿智. 家庭式托育服务体系规范化发展国际经验及启示 [J]. 陕西学前师范学院学报，2023，39 (02).

[7]苏雅彤. 托育服务情况及发展探析——基于福建省的数据分析 [J]. 发展研究，2022，39 (09).

[8]佘宇，史毅，白钰. 我国托育服务发展面临的主要问题及建议 [J]. 发展研究，2022，39 (09).

[9]吕武. 江苏婴幼儿托育服务供给体系现状及其优化路径研究 [J]. 江苏第二师范学院学报，2022，38 (03).

[10]吴姝丽，张洁. 托育服务体系发展面临的主要问题及对策建议 [J]. 人口与健康，2022 (08).

[11]朱晨晨，廖思斯. 社区嵌入式托育服务模式发展探究 [J]. 教育观察，2022，11 (21).

[12]王智超，尹昊. 高校教师立德树人的困境根源、认识澄清与实践进路 [J]. 高校教育管理，2022，16 (02).

[13]蔡盈，王萍. 我国 0—3 岁婴幼儿托育服务发展的基本判断与思路 [J]. 早期教育，2022 (08).

# 我国西部教育高质量发展：必为、可为、能为

刘云生 ①

**摘　要：** 西部教育高质量发展具有“必为”的战略价值，是我国高质量教育体系的关键板块，是解决西部教育问题的关键抓手，是赢得教育国际竞争的关键一环。西部教育不会因为当前相对落后就放弃高质量发展，具有“可为”的意涵，要坚持科学的质量观，实现教育过程与结果、环境与要素、主体与结构质量的统一；要坚持因地制宜，在历史、世界与时代高位中找到最近发展区；要坚持新发展理念，实现“高质量地发展教育”与“发展出高质量教育”的统一。西部教育高质量发展具有“能为”的实现路径，要重点建立西部适切的教育高质量标准，开展补齐短板的高质量教育项目建设，着力培育西部教育高质量发展优势，健全发展型教育质量保障体系，实施人本式教育质量治理。

**关键词：** 西部教育；高质量发展；最近发展区；质量保障体系；质量治理

党的二十大报告强调，“加快建设高质量教育体系”。受历史、地理等多种原因影响，我国西部教育整体水平相对于东中部落后，其教育高质量发展，“必为”的战略价值是什么？“可为”的质量意涵是什么？“能为”的实现路径是什么？这三个问题，既是西部教育发展需要回答的问题，也是国家层面需要关注的问题。

## 一、西部教育高质量发展的战略价值

质量是教育永恒的主题和追求。任何地区办教育，提高质量都是天经地义的。联合国教科文组织近50余年发布的4个全球教育报告表明，现代教育大体经历了从“教育的普遍可及”到“有质量的教育”再到“确保每个人终身接受优质教育的权利”的发展之路。我国西部教育走向高质量发展，不仅是顺应时代潮流的必然选择，还具有十分重要的战略价值，不是可有可无的选项，而是“必为”之举。

第一是高质量教育体系的关键板块。高质量教育体系有多种维度，就空间维度而言，我国东中西部协调发展是其应有之义。从某种意义上说，西部教育质量的高低对我国教

① 刘云生，博士，重庆市教育评估院书记、院长，研究员，中国教育发展战略学会促进西部教育发展专业委员会秘书长。

育高质量发展起着关键作用，如果西部教育不能高质量发展，我国教育高质量发展将会大打折扣，难以真正实现。党的二十大报告在加快构建新发展格局，着力推动高质量发展中，特别强调“促进区域协调发展”，“推动西部大开发形成新格局”。其中，西部教育高质量发展是这个新格局不可或缺的内容，也是不可塌陷的板块。推进教育高质量发展必须补齐西部教育发展短板。从某种意义上说，西部教育质量发展的水准决定我国教育高质量发展的“高度”。

第二是解决西部教育问题的关键抓手。改革开放以来，我国教育发展十分迅速，一跃进入世界中上水平，但正如当年邓小平所预言的那样，“发展起来以后的问题不比不发展时少”[①]。其中，东西部教育差距越拉越大，就是一个突出问题。在西部教育内部，同样存在发展不平衡、不充分的问题，各地教育发展还存在资源供给不足、师资数量不足质量不高等问题。发展是解决一切问题的基础和关键。推动西部教育高质量发展，是解决这些问题的牛鼻子。

第三是赢得教育国际竞争的关键一环。当下，世界正处在“百年未有之大变局”中，大国竞争全面而激烈，归根结底是人才的竞争、教育的竞争。对当代中国而言，教育对实现中华民族伟大复兴具有决定性意义[②]，我们必须赢得教育国际竞争，继而赢得人才竞争。教育高质量发展是不二选择。教育高质量发展之“高”，不仅与自己比达到新高度，更要与国际比成为新高度，还要与社会需求比创造新高度。随着“一带一路”倡议的深入实施，我国西部在陆地上与欧亚大陆链接的地理优势越发凸显。党的二十大报告在推进高水平对外开放中要求，提高西部开放水平，加快建设西部陆海新通道。西部教育将是我国教育参与国际竞争的重要桥头堡，必须通过自身的高质量发展，稳步扩大规则、规制、管理、标准等制度型开放，为世界教育提供高质量发展的“西部方案”“西部案例”。

## 二、西部教育高质量发展的主要意涵

我国西部教育与东部地区教育相比，整体水平上的较大差距是十分明显的。这是否意味着西部教育就不可能高质量发展呢？这涉及对教育高质量发展的认识。笔者认为，西部教育不仅能高质量发展，而且有其独特的意涵，是“可为”的。具体来说，至少有三层意涵：

第一，西部教育高质量发展要坚持科学的质量观，实现教育过程与结果、环境与要素、主体与结构质量的统一。国际标准化组织对质量的定义是“一组固有特性满足需要

---

① 饶志华．邓小平关于“发展起来以后的问题不比不发展时少”的论断及其启示［J］．求实，2009（03）．

② 教育是国之大计、党之大计［J］．云南教育（视界时政版），2018（10）．

的程度”。教育质量就是教育特性满足利益相关者需要的程度。其中，教育特性是“质”，满足利益相关者需要的程度即为“量”。教育是由过程与结果、环境与要素、主体与结构等多向度构成的，缺少了任何一项，都难以成其为教育。如果把教育质量喻像为球体，学生发展质量作为结果质量，处于球心位置；教育教学实施的质量作为过程质量处于球中空位置，支撑教育教学体系的质量作为条件质量处于球面位置，“结果—过程—条件”，形成教育质量的立体内聚结构。西部教育高质量发展，改善教育支撑条件固然重要，但优化教育教学实施，促进学生高质量发展更为根本。

第二，西部教育高质量发展要坚持因地制宜，在历史、世界与时代高位中找到最近发展区。教育高质量发展追求的是“高质量”。教育质量怎样才算“高”？“高”只有在比较中才存在。从时间纵轴上看，应该处于教育质量的历史高位，与自己的过去比质量要高，与“历史群像”比质量要高；还应该处于时代教育的应然高位。因此，西部地区都要研究自己教育质量发展的历史，同时知道我们这个时代教育质量的高位在哪里。从空间横轴上看，教育高质量应该与世界其他国家和地区的教育相比处于现实中的高位。近几十年来，随着全球化的迅速发展，国际教育测评与比较风起云涌，为我们提供了比较的视角。西部地区教育高质量的“高”，可以根据自身实际去界定，在自身教育“历史高位”、横向教育“世界高位”与时代教育“应然高位”中找到最近发展区，既不好高骛远，也不灰心丧气。

第三，西部教育高质量发展要坚持新发展理念，实现“高质量地发展教育”与“发展出高质量教育”的统一。西部教育高质量发展包括两个方面，一是发展状态的高质量，即“高质量地发展西部教育”；二是发展结果的高质量，即“发展出高质量的西部教育”。前者是手段与过程，后者是目的与结果，没有前者难有后者，没有后者前者也缺乏说服力。发展结果的高质量可根据西部教育实际，参照历史、世界与时代高位“自定义”。发展状态的高质量指的是教育发展，能够反映创新、协调、绿色、开放、共享等新发展理念，成为“实现事物内外部要素最优化的过程”[①]。

## 三、西部教育高质量发展的实现路径

西部教育高质量发展是一个实践命题，唯有在现实中践行这样的发展理念，推进这样的发展过程，实现这样的发展目标，才具有实实在在的意义。西部教育高质量发展相对我国东中部，受经济条件、师资队伍、治理水平等限制因素掣肘较多，要有所为、有所不为，多在“能为”上下功夫。

第一，建立西部适切的教育高质量标准。根据西部实际，制定适合自己的教育高

① 郑文龙，欧阳光华. 高等教育高质量发展：内涵、挑战与路径［J］. 现代教育管理，2022（06）.

质量发展标准，让教育高质量发展真实“可见”、切实“可行”。一是建立素养为本的学生发展标准。人工智能时代，当机器越来越具有智能之后，人的发展从“知能本位”向“素养本位”迭代升级是历史的必然，也是国际教育和未来教育发展的潮流。西部教育要主动融入时代潮流。二是建立规律为本的教育教学标准。教育教学符合度高、有效度高，最根本的一条是遵循学习、教学、育人规律。从某种意义上讲，教育方针政策、伦理道德、法律法规等都是教育规律的具体体现，是教育规律的政策化、规则化。因此，西部教育要以规律为本，根据国家的课程标准，制定更为具体的课程教学标准，把符合度、有效度要求细化为每门课程设计、每项教学实施、每次教学评价的标准。三是建立育人为本的支撑体系标准。紧盯学生素养发展，围绕教育教学高质量实施，制定教育环境友好、资源适配（师资建设、设施设备配置、经费投入等）、治理服务系列标准。这些支撑体系标准要以人为核心，始终围绕服务师生展开，以育人为本位，满足学生学习、教师教书育人、校长办学治校的需要。

第二，开展补齐短板的高质量教育项目建设。按照党的二十大报告精神，对照西部高质量教育标准，找到自己的差距和发展重点，明确若干提高教育质量的重点项目并着手建设。从宏观层面，设置一系列重点建设项目，学前教育着力解决普及普惠问题；义务教育着力解决城乡一体化和优质均衡问题；高中阶段教育着力解决普及和多样化问题；职业教育着重解决服务当地经济发展能力问题；高等教育着重解决基础学科、新兴学科、交叉学科建设，办出教育特色的问题。从微观层面，开展高质量学习建设、课堂建设、课程建设和师资队伍建设，完善覆盖全学段学生资助体系，等等。

第三，着力培育西部教育高质量发展优势。我国西部教育发展水平相对东中部整体落后，但并不是没有自己的独特优势，比如，西部幅员广阔，相对人口密度小，城镇化为教育发展带来新契机，甚至在某些领域某些方面并不比东中部差，比如，重庆市教育评估院受教育部委托先后承担多个全国性的教育评估项目，承担了全国 9 个省（自治区、直辖市）师范类专业二级认证，在全国率先建成了省级义务教育评价育人公共服务体系，累计为东西南北中 12 个省市提供教育评价服务；重庆巴蜀小学获得了 2018 年基础教育教学成果特等奖；重庆市九龙坡区谢家湾小学是 2018 年教育系统唯一获得中国质量奖的学校。这充分说明了，西部地区只要发挥自己优势，在某些领域、某些方面、某些点上率先实现高质量发展，走在全国前列，也是可能的。

第四，健全发展型教育质量保障体系。教育高质量发展能否顺利进行，质量保障体系是关键。所谓质量保障体系，就是满足质量目标达成和可持续提升的价值体系、资源体系、运作体系、治理体系等的总和。西部教育治理保障体系相对薄弱，要着力建立发展型教育质量保障体系。一是推动各级各类学校建立内部质量保障体系。这个体系围绕学校教育质量展开，包括八大系统：理念与文化系统（可借鉴国际教育认证的 OBE 理念，树立“学生中心、产出导向、持续改进”的观念，建立自觉、自省、自律、自查、自纠的质量文化，学校中“人”养成五问习惯：“我是谁？应该怎样？实际怎样？为什么会这样？下一步如何改进和发展？”）；决策与指挥系统（建立质量管理委员会，设立质量管理办公室和质量工作机构，负责制定质量目标、标准及相关政策，引进师生参与，提供质量相关意见和建议，实施质量共同治理）；目标与标准系统（确立办学定位，明确使命、战略目标和办学特色，建立课程质量、教学质量、教学条件质量等标准）；制度与执行系统（建立质量管理、教学运行、学风建设、教学档案等制度并执行）；资源与配给系统（对人力、教学基础、教学研究平台、教学设施、教学经费等资源进行配给）；监测与配给系统（对教育教学质量实施监测、评估、质量审核）；反馈与改进系统（基于评价，对学生学习、教师教书育人、学校治理等质量提出反馈意见，扬长补短，推动改进）；平台与工具系统（基于现代信息技术，建立学—教—管—评一体化平台，运用多种质量保障工具确保教育高质量发展）。二是建立外部质量保障体系。形成监测全覆盖、评估抓重点、认证促卓越的金字塔保障结构，对各级各类教育质量进行全覆盖监测，对质量建设项目进行重点评估，对高质量发展的重要成就进行认证，推动以提升质量为核心的整改。用外部质量保障体系来推动学校内部质量保障体系的建立，内外相互着力，推动教育高质量发展。

第五，实施人本式教育质量治理。20 世纪 70 年代末以来，质量管理的发展经历了质量检验、质量控制、全面质量管理三个阶段，目前正行进在质量治理新阶段。质量治理是多元主体共同参与质量管理、调控和持续改进的过程。由于西部教育底子薄、基础差，教育高质量发展需要付出更多艰辛努力，发挥人的积极性更为重要。因此，实施人本式教育质量治理更为迫切。一是要坚持以人为本、多元治理。“教育高质量发展很大程度上是人的发展，人的满意度、获得感和幸福感。”① 质量治理要把人置于主体位置，切实提高教育满足利益相关者需要的程度。同时，基于教育情感劳动和协同创生的特点，充分激发学生、教师、家长、管理者的积极性、主动性、创造性，协同参与课程治理、教学治理、学习治理、环境治理等，变政府主导的“一元管理”为多元主体参与的“质量共治”。“质量共治”的关键在于明确以质量为中心的权责关系，建立质量权责制，明确各层级管理者、各岗位教师、学生及家长等的质量治理权力、权利、义务与责任，及其行使的路径和方式。二是要坚持程序规范、体系治理。教育高质量发展包含的内容极为丰富且复杂，单向度、机械组合式治理难以适应其发展追求，实施体系治理是必然选择。可根据西部地区教育实际，研制教育质量治理手册，要把内部质量保障体系和外部质量保障体系整合起来，通过一套规范的程序来确保质量治理运作顺畅和高效。

① 曹永国. 教育高质量发展期许回归教育本真［J］. 南京师大学报（社会科学版），2022（01）.

# 乡村振兴战略背景下职业教育高质量发展探索

刘志敏　张　煜[①]

**摘　要：**职业教育在全面推进乡村振兴新征程中有不可替代的作用。职业教育在助推乡村振兴中可以发挥人才培养、推动农业农村产业转型升级和数字化转型的作用。全面推进乡村振兴也是职业教育实现高质量发展、服务国家和区域经济社会发展的重大机遇。职业学校建设综合性的平台载体，依托协同创新网络，不断提升区域服务能力，成为创新的策源地和创新网络中的活跃节点，可以持续放大效能，不断地走向高质量发展的新阶段。

**关键词：**乡村振兴；职业教育；数字化；平台载体；协同创新

民族要复兴，乡村必振兴。[②]党的十八大以来，以习近平同志为核心的党中央坚持把解决好“三农”问题作为全党工作的重中之重，举全党全社会之力推动乡村振兴。党的二十大报告指出：全面推进乡村振兴。全面建设社会主义现代化国家，最艰巨最繁重的任务仍然在农村。坚持农业农村优先发展，坚持城乡融合发展，畅通城乡要素流动。加快建设农业强国，扎实推动乡村产业、人才、文化、生态、组织振兴[③]。

加快构建新发展格局，推动高质量发展，解决好发展不平衡不充分的问题，重点难点在“三农”。乡村要振兴，人才是关键。巩固拓展脱贫攻坚成果、全面推进乡村振兴，需要规模更大、素质更高、结构更优的人才队伍。而乡村也面临着人才短缺、储备不足、整体素质不高等问题，乡村人才的短缺，制约着国家乡村振兴战略的实施进程，影响着乡村的产业发展、技术创新、文化兴盛、治理体系和治理能力现代化水平。

在中华民族伟大复兴的进程中，农业农村为现代化发展提供广阔空间。职业教育具有服务乡村振兴的独特优势，2022 年新修订的《中华人民共和国职业教育法》第十条规

---

① 刘志敏，教育部学校规划建设发展中心创新发展处处长；张煜，教育部学校规划建设发展中心创新发展处项目主管。

② 习近平．坚持把解决好“三农”问题作为全党工作重中之重　促进农业高质高效乡村宜居宜业农民富裕富足（2020 年 12 月 30 日）[N]．人民日报，2020-12-30（01）.

③ 习近平．高举中国特色社会主义伟大旗帜　为全面建设社会主义现代化国家而团结奋斗——在中国共产党第二十次全国代表大会上的报告（2022 年 10 月 16 日）[N]．人民日报，2022-10-26（01）.

定:“支持举办面向农村的职业教育，组织开展农业技能培训、返乡创业就业培训和职业技能培训，培养高素质乡村振兴人才。”面向农村的职业教育大有可为，是实现职业教育高质量发展的重要途径。

## 一、发挥职业教育在乡村振兴中的关键作用

### （一）人才培养

职业教育围绕农村经济社会发展，开设涉农专业，瞄准“三农”人才缺口，培养应用型、复合型的技术技能人才。推动农民技术技能和文化水平提升，不断提高农民素质。

### （二）产业升级

职业院校作为节点，联系政府和行业企业，通过产教融合、校企合作，推动教育链、人才链、产业链、创新链“四链融合”，实现高质量就业，推动产业升级和引产入村。

### （三）数字化转型

发挥数字化技术的重要作用，丰富内容、创新模式，推进东西协作，推动职业教育的优质均衡发展，推动乡村数字化建设。

## 二、乡村振兴是职业院校高质量发展的重大机遇

### （一）扎根大地，服务“三农”

服务乡村振兴是职业院校的重要责任，是实现高质量发展的重大机遇和新动能。由于基础薄弱、人才缺乏、研发投入较低等原因，农村的安全和可持续发展还面临严峻的挑战。第三次全国农业普查数据显示，按主要从事农业行业分，从事种植业的人员最多，占农业生产经营人员的比重为92.9%，总体以第一产业为主，第二、三产业产值规模明显偏小。乡村振兴需要职业院校扎根大地，为乡村五大振兴提供技术解决方案，服务从田间地头到餐桌的完整链条，连接最后一公里。这是职业院校高质量发展的广阔空间，是职业院校师生施展才华、实现价值的肥沃土壤。

### （二）发展县域职业教育，服务县域发展

随着乡村振兴的全面推进和高等教育布局的进一步完善，地方高校和职业院校到县域办学，成为重要的发展趋势。对职业院校而言，将学校办到田间地头，是能力提升的重大机遇，是专业学科结构调整的重大机遇，是提高服务价值的重大机遇，是优化结构的重大机遇，是职业院校将自身发展与国家战略有机衔接、全面融入的重大机遇。服务乡村振兴越深入、贡献越多，赢得的发展空间就会越大。职业学校聚焦乡村优势，发挥自身优势，开展社会服务，支持乡村加快发展，实现校地共同发展、互利共赢，是实现高质量发展的使命和动力。

### （三）赓续农耕文明，促进人的全面发展

习近平总书记强调："赓续农耕文明。"[①] 我国拥有灿烂悠久的农耕文明，是中华民族的巨大精神财富，对于全面推进乡村振兴、建设农业强国具有重要意义。乡村是推动教育深化改革，培养社会主义建设者和接班人的大舞台，是推动"五育"并举、开展"五爱"教育的大课堂，乡村传承和沉淀的中华优秀传统文化，是文化育人重要内容。职业教育作为乡村文化搭上现代化列车的重要桥梁，作为乡土中国融入民族复兴的重要桥梁，在传承和发扬农耕文明，推动数字化和乡村文化的有机衔接，更好地促进乡村文化的创造性转化和创新性发展等方面有着不可替代的作用。

## 三、职业院校服务乡村振兴的几个突破口

### （一）加快新农科建设，推动农业科技成果转化

大学之大在于学问，在于知识，在于技术。加强涉农学科建设、专业建设，需要针对不同层次有不同的切入点，有不同的知识体系。研究型大学重在发挥知识创新的源头性作用，职业院校重在知识的应用和转化，特别是实用技术的应用转化。职业院校要围绕"三农"中的具体问题，提供有针对性的技术手段和解决方案，服务农业产业转型升级，不断提高产业技术含量、知识含量、文化含量，提高农产品附加值，提升农产品供给能力和水平，助力农民增收。

### （二）跨越数字鸿沟，推动一、二、三产业融合发展，全面提升数字技能

数字化转型是实现高质量发展的核心动能之一。云计算、大数据、人工智能、区块链、物联网等新技术的集群式突破影响到经济社会发展的方方面面，对推动乡村一、二、三产业融合发展发挥着重要的作用。高等学校、职业院校作为数字技术和人才的出口，要和乡村振兴各个方面的需要对接起来，和农业农村数字化转型升级结合起来，服务农民的数字素养提升，做乡村数字化转型的赋能者。助力乡村跨越数字鸿沟，弥合发展断层和割裂，使农业农村农民搭上数字化列车，实现跨越式发展，职业院校大有可为。

### （三）服务绿色发展，建设美丽中国

农村地区占全国土地的绝大部分的面积，是绿色发展的主体区域。随着环境压力的日益突出，绿色农业发展面临难题。实现农业发展的绿色转型，需要大量绿色技术技能人才作为支撑，面临着加快人才培养、培训和技术输出转化的问题。这就要求职业院校在学科专业结构、专业知识和通用知识等方面，围绕绿色发展着力调整。同时，职业院校要在学校的建设、使用、管理的各个方面，做绿色发展的实验室和先行军，总结经验、输出模式。

---

① 习近平．锚定建设农业强国目标　切实抓好农业农村工作（2022 年 12 月 25 日）[N]．人民日报，2022-12-25（01）.

**（四）深化劳动教育，促进五育融合、推进五爱教育，推动乡村教育优质均衡发展**

马克思提出，教育与生产劳动相结合是实现人的全面发展的唯一方法。新时代的教育改革中，劳动教育改革是浓墨重彩的一笔。而广大的农村是进行劳动教育的最真实的场景，也是通过劳动教育使学生熟悉乡村、热爱乡村、热爱人民的实践过程。职业院校通过深度参与服务乡村振兴，融入乡村振兴的劳动教育，就自然和乡村产生了更深刻的关联。乡村劳动教育融入学前教育和大中小学，一方面使师生参与劳动实践，另一方面传播交流先进的教育理念，助力乡村教育改革，同时也加强知农爱农教育，了解乡村实际需求，是助推乡村振兴、深化劳动教育，促进“五育”并举的重要突破口，是职业院校劳动教育做深入、乡村振兴做先进的有力抓手。

**（五）创新载体和机制，以乡村振兴学院为纽带提升组团式帮扶专业化水平**

创新载体和机制，是职业教育高质量发展尤为重要的一点。2018 年，教育部学校规划建设发展中心和黄淮学院在产教融合发展国际战略论坛上合作成立了我国较早起步的乡村振兴学院，得到了社会广泛关注。目前黄淮学院在多个县设有乡村振兴学院，为区域乡村振兴重建、乡村规划、产业布局、人员培训、成果转化、文化传承等开展全方位服务。服务乡村振兴对学校而言需要多专业整合的平台，而乡村振兴事业需要综合性的资源输出，特别是对国家实施的组团式帮扶来说，大量的人员和资源，也迫切需要一个专业机构，通过创新性的机制和载体来进行梳理和整合。对此，教育部学校规划建设发展中心、国新文化控股股份有限公司与河北民族师范学院合作开展实践，通过共建乡村振兴学院为平台，整合组团式帮扶资源，以产教融合为抓手，服务县域经济发展。职业学校以综合性、枢纽型的乡村振兴学院，或者产业学院，或者新型研发机构等创新平台为载体，激活资源，激活各行各业组团参与乡村振兴的专业水平，是服务乡村振兴的关键做法。

**（六）共建共享，以集团化构建创新网络，提升服务能级**

构建一个面向乡村振兴需求，包含研究型大学、地方应用型本科高校、职业院校、研究机构和企业在内的协同创新网络，是实现职业教育高质量发展的重要抓手。依托协同创新网络快速提升服务能级，以集团化办学为手段，助力区域职业教育实现跨越式发展。甘肃省定西市聚焦本地乡村振兴特色产业，建设高职学校为主体，联合本地中职学校，整合资源建设职教集团，形成协同创新网络，实现职业教育和乡村振兴的协同发展。职业院校要成为先进理念、先进文化、先进知识的传播中心，要成为高质量、应用型、复合型人才的输出中心，需要依托共建共享的创新网络，互通有无、互相叠加，来快速壮大综合实力。

融入国家发展战略，融入国家创新体系，是职业教育实现高质量发展的根本遵循。

职业学校建设综合性的平台载体，依托协同创新网络，不断提升区域服务能力，形成能够快速移植的好经验、好做法、好产品、好服务，形成综合性的解决方案，成为创新的策源地和创新网络中的活跃节点，就能融入区域经济社会发展，持续放大效能，不断地走向高质量发展的新阶段。

# 从全民教育到终身学习

## ——农村社区学习中心的实践与愿景

齐志勇[①]

**摘　要**：农村社区学习中心的发展过程：从实现全民教育目标出发，开展扫盲教育活动；关注教育发展过程中的弱势群体；开展非正规教育为脱贫服务项目，将扫盲与实用技术培训相结合；通过项目活动，倡导参与式的学习方法；提高社区成员基础知识和能力，促进个人与社区的可持续发展，从而构建基层社区终身学习机制。

**关键词**：全民教育；农村教育；社区教育；学习中心；终身学习

在国际上，社区学习中心（Community Learning Centre，CLC）的概念和行动研究是由联合国教科文组织亚太地区教育局（前亚太地区办事处）于1998年提出和发起的。作为一个促进实现全民教育目标的项目活动，社区学习中心主要通过开展扫盲和扫盲后的继续教育活动为当地社区的所有成员提供各种学习培训机会。同时，社区学习中心也是一个载体和资源中心，为所有社区成员提供信息服务和基本知识生活技能，在提高社区能力建设从而促进当地经济的可持续发展过程中发挥作用。社区学习中心因其组织方式灵活，活动形式多样，活动内容切合实际而受到基层社区教育组织和学习者的欢迎。

经过20年的行动研究和大量的项目实践活动，联合国教科文组织社区学习中心项目活动的国家已由最初的亚太地区9个国家参加，扩大到近30多个国家参与其中，其影响目前扩展到非洲大陆。在世界范围内，特别是在亚太地区，中亚地区和非洲地区的发展中国家，社区学习中心正在逐渐发展成为一种多功能且可持续发展的基层社区终身学习机制。

### 一、社区学习中心的国际背景

社区作为一种基层的社会组织的概念最早产生于欧美国家，而社区教育则更是在发达国家得到广泛的实际运用。正是这种社区教育的发展促进了社区学习中心的产生。最

① 齐志勇，甘肃省教育科学研究所原常务副所长，中国教育发展战略学会理事。

早的社区学习中心作为一种非正规教育模式，是为那些因为各种原因或未能完成正规学校教育的人提供补充教育机会的组织场所。在20世纪60年代末70年代初，非正规教育成为国际上有关教育政策讨论中的一部分，这是对正规学校教育机构之外进行的教育教学和培训的认可。这种讨论总结出了非正规教育的四个特点：一是它可以满足处境不利人群的需求；二是它更关注特殊人群和个性发展；三是它还具有明确的目标；四是其组织形式和教学方法更具有灵活性。因此，许多国家，特别是发展中国家非常重视非正规教育的作用，将其作为一种解决文盲问题，普及基础教育，实现全民教育目标的有效方式，在许多国家的教育部内设立了专门管理非正规教育的机构。20世纪末，联合国教科文组织开始介入对终身教育和学习化社会的探讨，提出终身学习的概念将会对教育体系产生重要影响，未来的教育体系将是学校正规教育，社区非正规教育和社会、媒体及家庭非正式教育三者的结合。

1990年泰国宗滴恩“世界全民教育会议”之后，各个国际组织的教育专家和教育工作者们一致认为，只有当所提供的教育能够满足目标人群的学习需求时，才能实现真正意义上的全民教育。因此，任何教育项目活动的实施方式都必须是能有效地促进学习者掌握与其实际社会和生活环境相关的生产知识与生活技能。

世界全民教育宣言和达喀尔行动纲领都认为，实现全民教育的目标已刻不容缓。如果不加快实现全民教育的步伐，各国和国际上减少贫困的共同目标就无法实现，各国之间和各国内部的差距将会扩大。全民教育目标中都涉及青年成人教育问题，也就是说，全民教育不仅要靠普及正规学校教育，而是要满足所有人的基本学习需求。

## 二、社区学习中心的基本理念与主要功能

1998年联合国教科文组织亚太地区全民教育计划（APEAL）在总结全民教育各项活动经验的基础上，在泰国的清迈举办了“社区学习中心建设培训班”。结合非正规教育项目，在得到各参与国家教科文组织全国委员会认可同意后，首先，开始在亚太地区的11个发展中国家进行建立学习中心的实践探索。其次，联合国教科文组织在实现全民教育目标的框架内，将各种非正规教育项目与社区学习中心建设相结合，以亚太地区发展中国家为主要实验地区进行广泛的理论探索、行动研究和推广扩散。

### （一）社区学习中心的基本概念与学习组织形式

联合国教科文组织开展社区学习中心项目的概念主要来自在发展中国家广泛开展的非正规教育实践活动。非正规教育在传统上一直被作为正规学校教育的补充，主要是为没有完成基础教育的人提供第二次学习机会。因此，非正规教育的对象主要是那些文盲、半文盲青壮年和辍学儿童。但是，进入新世纪，社会环境已发生了很大变化，随着现代化信息技术的发展，正规学校的教育内容已无法跟上飞速发展的现代科学技术进步。不

仅完成基础教育满足不了当代人的学习需求，一个人即便是受过高等教育院校也并不等于完成了一生所有学习任务。而社区学习中心项目的实施，将实现全民教育目标与终身学习实际相结合，既要考虑弱势群体的基本文化基础知识学习需求，还要考虑完成基础教育者的继续学习愿望，同时也要顾及社区成员对现代科学技术的了解和学习需求。

联合国教科文组织对社区学习中心的定义：在正规学校教育体系之外，由社区成员组织、建立、管理并为社区发展服务的教育学习组织或机构。其特点是利用当地社区的非政府组织和教育资源，通过开展与全民教育相关的项目活动，建立社区学习中心。所有的教与学过程都应着眼于鼓励学习者成为有基本文化知识、生活生产技能和自主发展能力的合格公民，以便能够实现自我发展，同时为其家庭、社区和社会的发展做出应有的贡献。

目前在联合国教科文组织倡导支持的社区学习中心项目中，对其组织形式并无统一的固定模式，但是却有一个基本设想。这就是：社区学习中心要根据当地人民群众的实际需求来设立项目或活动主题，以项目主题为契机，来动员社区成员的积极参与。利用实施项目，激发社区群众的学习积极性和主动性，实现由项目活动向终身学习机制的转化。在 20 多个参与实施社区学习中心项目的国家中，在组织结构方面依据其活动机制划分，主要有三种类型：

第一类是由政府主导，并在教育部设有专门非正规教育管理部门的国家。如泰国、蒙古国等。

第二类是政府虽然没有非正规教育专门机构，但是教育部门却有教育研究机构或相关部门负责教育培训和社区学习中心活动。如中国、越南等。

第三类是政府支持，主要由非政府组织通过国际组织的项目支持来建立社区学习中心，开展活动。如孟加拉、印度尼西亚等。

由此可以看出，联合国教科文组织倡导在开展社区学习中心建设时，其组织结构根据国家的不同，社会体制的不同，及需要解决的问题不同而各具特色。但是，都有一种共同点，这就是在实现全民教育目标的框架内，针对社区成员的学习需求，充分调动社区现有资源并利用外部资源支持，通过开展各种自下而上形式的项目活动，努力在社区建立终身学习机制。

### （二）社区学习中心的主要功能

作为扫盲及扫盲后学习的非正规教育机制，基层社区学习中心的主要功能是通过组织开展项目活动，提高社区成员生活技能，培养社区归属感，从而促进社区发展。作为扫盲及扫盲后学习的非正规教育机制，基层社区学习中心的主要功能是通过组织开展项目活动，提高社区成员生活技能，培养社区归属感，从而促进社区发展（图 1）。

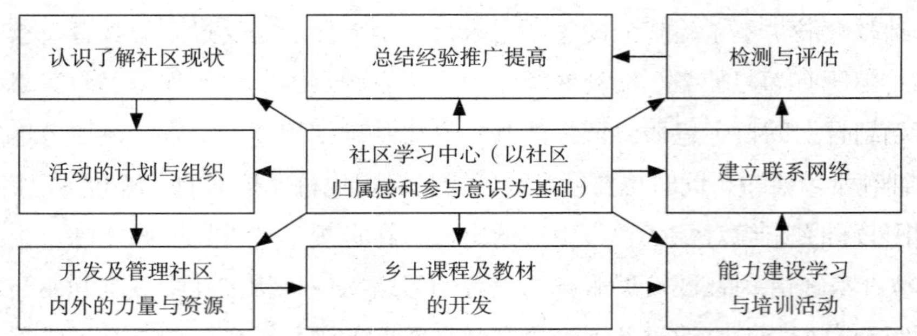


**图 1　社区学习中心的主要功能**

1. 培养社区归属感

让成员了解社区环境及资源；提出社区发展中的问题；认识社区成员的责任并发挥其参与的积极性。

2. 活动的计划与组织

集思广益，探索解决途径，寻求可利用的资源；有针对性地制订活动计划。

3. 开发外部社会支持力量

动员社区资源，充分利用社区的设施设备资源和人才智力资源。

4. 开发基层乡土课程教材

结合当地的人文，历史，文化和实际生活需求，组织开展基层乡土学习材料编写。

5. 开展能力建设培训活动

相关文化知识的传播；科学技术的应用；增收渠道的开发；现代社会生活技能的培养。

6. 建立联系网络多层次沟通

多层面联系；多方式交流。

7. 开展监测评估

关注活动过程；注重活动效益；总结成功经验；查找失败原因；评估方式有自我评估、外部评估、综合评估。

8. 经验总结与推广

### （三）社区学习中心的活动策略

各国在开展社区学习中心项目中的基本做法：根据当地人民群众的实际需求来设立项目或活动主题，以项目主题为契机，来动员社区成员的积极参与。社区学习中心在实施具体项目活动的过程中，关注学习者的实际需求、动员社区各方面积极参与、培养社区归属感、构建终身学习机制，从而促进社区的可持续发展。联合国教科文组织通过非正规教育项目的实施，鼓励各国在开展社区学习中心的学习活动过程中采取以下策略（图 2）：

1. 提高学习者积极参与的策略

积极性是一种心理能动状态的表现，是处于能动状态的心理活动针对一定目标的外在表现。实践证明，社区学习者参与积极性的高低决定了社区学习中心活动效率的高低，学习者参加培训活动的积极性越高，各种培训的效果就越好。因此提高受教育者学习的积极性，把外部的要求转换为学习者内在的动力是社区学习中心的重要策略。

2. 学习内容的针对性及实用性策略

实用性或有效性是保持学习者学习动力和积极性的重要条件。社区学习中心的活动的目的是改善学习者的生活条件，即消除贫困。因此要把教育内容的实用性作为社区学习中心活动的一个基本策略。从受教育者所需要的内容入手进行培训，可使受教育者参加培训的积极性大大提高。

3. 学习过程中的参与性及教学方法的灵活性策略

社区学习中心活动过程中，在教与学上要特别注意发挥非正规教育的优势方法，根据不同的学习对象采用灵活多样的教学方法，调动学习者的积极性，使其真正参与到学习的全过程中去。

4. 学习内容及教材的本土化策略

社区学习中心活动过程中，学习内容在基础知识、实用技术技能、态度和价值观念三个方面是统一的整体。因为各地区之间有不同的特征，有文化、生产方式、自然环境等方面的差别，要使培训富有成效，就要针对当地人口的不同特点编写最适合他们学习、最实用有效的教材。同时，教材资料的选择也要吸收当地文化、习俗和生活中的优秀部分，把新知识、技术和现代观念与他们的本土文化结合起来，使学习者感到熟悉、可信、有用。

5. 活动的可持续性策略

社区学习中心的活动是否具有可持续性，是决定中心由项目活动向构建终身学习机制的关键因素。要使社区学习中心的活动具有持续性，首先，不断革新扫盲工作的内容和形式，注重实效；其次，要注重受教育者的信息反馈；最后，社区学习中心的管理和教学人员需不断地发现问题、创造性地解决问题。

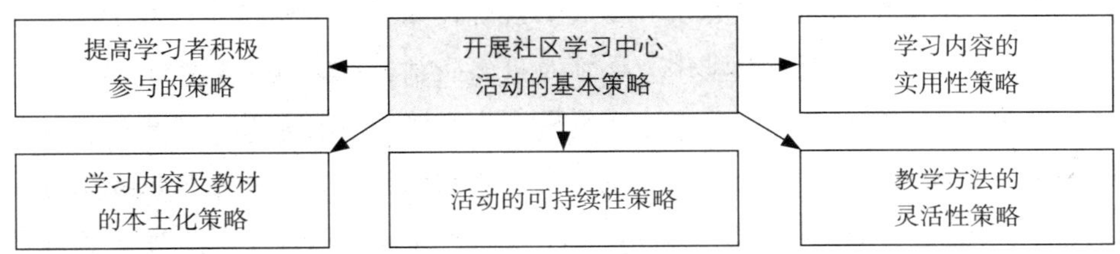


**图 2　建立社区学习中心及开展活动的基本策略**

社区学习中心的活动策略，决定着其灵活的组织形式。在参与实施联合国教科文组织社区学习中心项目的国家中，非正规教育的管理机制和运作方式不同，根据各自国家和项目地区的实际情况，建立了社区学习中心的运行机制。

## 三、社区学习中心研究与实践

中国联合国教科文组织全国委员会从落实全民教育目标的角度出发，一直坚持不懈地致力于农村扫盲教育、女童教育，即对弱势群体提供教育机会。社区学习中心活动开始时在联合国教科文组织的协调下，作为教育行动研究课题由教育科研部门负责组织实施。主要是对没有接受过正规教育的农村青少年和农村社区群众进行扫盲及扫盲后教育，并为当地社区脱贫致富提供服务。在实验阶段，社区学习中心通常是由教育部门负责组织实施，依靠当地政府的支持，结合联合国教科文组织教育项目的执行，以学校为主，在当地农村社区建立学习中心并进行管理，发挥学校在社区发展中的作用和功能。

### （一）农村社区学习中心服务的主要对象

中国农村社区学习中心的活动强调以人为本的原则，社会和教育的发展必须以人为中心，在各级各类教育活动中，要把学习者个人的学习特征（学习动力特征、时间选择与安排、需要类型、兴趣特征等）的培养作为学习型社会形成的根本动力之一，克服传统教育（包括学校教育、社会教育和家庭教育）中仅仅重视知识和智力发展而忽视学习者情绪、意志系统发展的缺陷，注重学习者非智力因素和学习动力系统的培养；降低学习者对教师和教材的依赖，充分发挥个人的能动性和创造性。

1. 青壮年劳动力中的男性

成年男性尤其是作为一家之长的男性，是农村社区学习中心的主要对象，他们对消除贫困起着重要的决定性作用。当他们具备了基本的识字能力后，应迅速进行如新的种植、养殖技术、经营策略、价值观念、劳务输出所应具备的职业竞争意识和职业技能等内容的培训。因此，社区学习中心针对成年男性设计了学习培训活动，如农科班、农机班、畜牧兽医班、暖棚养畜班、地膜粮食、种植技术班、果树修剪、水泥工艺等培训班。

2. 妇女和儿童

家庭妇女承担着全部的家务劳动和子女的抚育，如果母亲是文盲，对子女的抚育也会有不利的影响。妇女在家务劳动中，还涉及许多生活技能，如家庭经济的计划、卫生习惯、营养状况、生育观念等。贫困地区发展家庭经济也是脱贫的一个重要途径，妇女在这方面有较大的优势。生育意识、卫生习惯、文明的生活方式、合理的家庭计划、家庭经济技能、男女平等的观念都应包含在妇女教育的基本内容中。社区学习中心的有些活动就是针对妇女群体设计的。如扫盲培训班、缝纫培训班、卫生保健班、母亲家教班等。

3. 少数民族群体

少数民族是贫困人口中最脆弱的群体，他们大都生活在边远地区，他们所处的自然生态环境恶劣、社会基础设施落后。另外，少数民族独特的文化、生活习俗、宗教信仰、语言文字等因素更加大了他们与现代社会在观念上的距离。少数民族扫盲是一个非常复杂的工作，有许多问题需要认真研究。例如对他们特殊的生态环境、生活习俗和宗教信仰的研究，对他们的母语及其与汉语的关系研究等。

4. 功能性文盲

以往对扫盲工作的评估和脱盲的验收，主要是考查学习者的读、写、算的知识技能。而这种脱盲的人在多大程度上掌握了可以利用的有效脱贫的生产和生活技能？当他们去城市打工或从事经济活动时是否在职业技术或思想观念上做好了准备？社区学习中心的扫盲教育活动应该使学习者真正学到更有效的适应社会、消除贫困、有助于自我发展的知识技能。社区学习中心活动参加人员中还有一部分是因各种因素未接受完九年义务教育的青少年，让这一群体在不能接受正规教育的情况，通过非正规教育的社区学习中心学习培训，掌握应有的科学文化知识和生产生活技能。社区学习中心也对正在接受正规教育的青少年进行必要的职业技术培训，使他们将来走向社会时，能够及早适应社会经济的发展变化。

### （二）中国农村社区学习中心的活动成效

1998 年在甘肃和广西开始实施“贫困农村社区学习中心教育扶贫”项目，随后贵州和云南参与了项目实施。在中国联合国教科文组织的支持下，中国成人教育学会广泛开展了农村社区学习中心扩散活动。尽管在具体实施的过程中出现了多方面的问题和困难，但是成效依然是显著的：

贫困农村社区群众的文化素养普遍有所提高，经济收入远远高于往年，也高于非项目社区群众的经济收入；

农村社区群众参与社会生活的积极性大大提高，为社区发展主动出钱、出力、想办法、谋出路，为社区发展增添了活力；

有效地提高了项目村干部和社区群众对教育优先发展战略的认识水平，从根本上扭转了传统“小教育”的观念；

不但开阔了群众的视野，而且增强了克服地域、自然气候等相对恶劣条件的能力；

丰富了社区群众的业余生活，杜绝了社会不良现象的发生，为社区营造了一个良好的生活环境；

提高了社区群众的环保意识、科技致富意识、法治意识、科学家教意识等。

在社区学习中心项目活动中所取得的以上成果充分说明，在农村开展社区学习中心活动，不但能有效地改变社区群众的生活条件，帮助农村社区群众脱贫致富，而且改善了农村社区居民的精神面貌，增强农村社区的可持续发展能力；同时从大局上来讲，既稳定了生产、安定了秩序，也净化了社区环境，保证了国家的长治久安。

联合国教科文组织倡导的社区学习中心项目，作为一种以非正规教育活动为主要方式的终身学习机制建设，在实施过程中应遵循“社区群众自发组织，社区群众自主管理，为社区群众服务”的建设理念。“社区群众自发组织”是指通过对社区学习中心的宣传使当地群众自觉意识并全面了解社区学习中心在社区中的功能。“社区群众管理”是指全面调动当地社区的教育资源，社区学习中心的建立和管理主要依靠当地群众和当地政府机关、非政府组织以及教育机构的支持。

“为社区群众服务”即指社区学习中心的主要任务和活动的目的是以社区社会与经济发展中当地群众的实际需求为依据，为当地社区群众提供教育、科学技术、医疗卫生、环境保护和文化娱乐服务。

社区学习中心目前还是一个国际合作的非正规教育项目，但是随着时代的发展和社会的进步，终身教育与终身学习正在逐渐成为现代教育的主要发展趋势，这就为社区学习中心由项目活动向终身学习机制的转化提供了有利的客观环境条件。

# 区域协调发展与高质量教育体系建设

安雪慧[①]

**摘　要：**党的二十大报告提出："加快建设高质量教育体系。""深入实施区域协调发展战略。"如何将高质量教育体系建设与区域协调发展战略紧密结合，是高质量教育体系建设所必须关注的内容。新中国成立以来，我国以每个"五年计划"为统领，形成了不同时期的区域发展战略理念、目标和建设重点，在教育领域也形成了特有发展特点。未来，区域协调发展战略下教育要实现高质量发展，就必须与区域社会经济发展紧密联系起来。建议要构建优质均衡的基本公共教育服务体系，将教育、科技、人才要素作为区域协调的基础性、战略性支撑，以多种方式助力区域协调发展，充分用好数字时代为区域合作提供的机遇。

**关键词：**区域教育；区域协调；高质量发展；教育体系

党的二十大报告明确提出："高质量发展是全面建设社会主义现代化国家的首要任务。"加快建设高质量教育体系，不仅体现在"有学上""上好学"和各级教育的贯通衔接上，也体现在区域协调发展方面，确保教育能培养各类人才、推动科技创新，促进人才、科技等要素在区域间充分流动，实现各区域社会经济协同发展、共同富裕。党的二十大报告提出："深入实施区域协调发展战略、区域重大战略、主体功能区战略、新型城镇化战略，优化重大生产力布局，构建优势互补、高质量发展的区域经济布局和国土空间体系。"未来，如何将高质量教育体系建设与区域协调发展战略紧密结合，是建设高质量教育体系所必须关注的内容。

## 一、区域教育认识理解

### （一）区域

"区域"是一个非常广泛的概念，不同学科对"区域"的理解和划分不同。"区域"一词最先使用于地理（空间）学中。从行政学角度看，区域是指行政区划（如省、市、

① 安雪慧，中国教育科学研究院区域教育研究所所长、研究员，中国教育发展战略学会理事。

县、乡、镇）。[①] 从经济学角度看，区域是指经济活动形成的具有地域特征的经济单元，或某一特定经济区域，比如城市圈、经济带、经济板块等。从地理学角度看，区域是指具有一定内聚力的地区，它是通过选择与特定问题相关的、具有同质性的地区。从社会学角度看，区域是指具有共同语言、信仰和民族特征的人类社会聚集地。[②] 可以看出，各学科对区域的认识理解有交叉重叠，不完全是独立的，在一些领域或方面具有关联性。

### （二）区域教育

"区域教育"中的"区域"兼具上述几个学科的特点。区域教育是某一行政区域范围内的教育，是某一经济活动区域的教育，是某一同质性地区的教育，是民族地区的教育，是农村地区的教育。区域教育的覆盖范围取决于所关注的范围，可以是州、省、区、村，或者城市群、乡村群、经济带、战略区。当考虑国家之间的教育发展时，可视为国际范围内的一组国家。

从区域教育研究的内容看，包括三个方面，一是区域教育发展；二是区域教育关系；三是区域教育政策。区域教育发展以区域的自然和社会经济条件为基础，研究一个区域内部的教育发展问题，包括教育适应社会经济发展的内容。根据不同区域的资源、环境和历史优势，因地制宜发展教育，既要与国民教育统筹整体发展，又要办出区域教育特色，从而全面推动全国教育的整体发展。区域教育关系是以区域教育发展水平及特征为基础，包括与区域产业结构的关系，研究一个区域与其他区域之间、若干区域之间的相互关系，也包括区域教育之间的关系。区域教育政策以区域教育发展和区域教育关系为研究对象，提出解决问题的政策策略。近年来，从区域教育的综合改革看，这三个方面很难完全分割，区域教育是适应我国教育体制改革逐步深化的需要而产生的，区域教育综合改革是破解我国教育发展不平衡不充分问题的战略选择，区域教育发展是要适应区域社会经济发展需要，这就是高质量的区域教育。因此，区域教育是高质量教育体系建设的重要内容。从区域协调发展角度看，既是为区域教育发展提供了新的发展模式，更是为区域高质量教育提出了新要求。

## 二、以战略规划引领区域协调发展

由于我国区域间在空间位置、资源禀赋和发展水平上存在较大差异，如何有效推动区域均衡发展，一直是国家关注的重点。新中国成立以来，我国以每个"五年计划"（规划）为统领，构建各发展阶段国民经济和社会发展战略，形成了不同时期的区域发展战略理念、目标和建设重点。从区域协同发展理论的形成过程看，与国家战略规划紧密联

① 吴德慧.《中华人民共和国宪法》学习问答［M］. 北京：中国言实出版社，2020.

② 魏后凯. 现代区域经济学［M］. 北京：经济管理出版社，2011.

系，根据国家战略规划理念、区域战略阶段特征，大致分为四个大的阶段。

### （一）区域均衡布局发展阶段（“一五”至“五五”计划中期）

新中国成立后，为改变区域发展水平极不平衡的情况，国家实施了生产力均衡布局发展模式。比如，新中国成立后国家划分出华北、东北、华东、中南、西南、西北等6个大行政区，[①]代表中共中央统一领导各区域的各项工作，加强区域协调发展的区域性统筹领导。“一五”期间，在694个工业建设单位中，472个工业建设单位布局在内地。[②]1958年2月，划分东北、华北、华东、华南、华中、西南、西北7个经济协作区，要求经济强的地区支援工业基础差的地区，沿海与内部城市彼此支援、相互协作。[③]实施了以三线建设[④]为中心的中西部开发战略，将全国划分为10个经济协作区，建立促进各地区、省市互补合作的区域协调机制，建立均衡工业布局和区域内完整工业基础。但在生产力均衡布局理论下，各地过度注重建立“完整的工业体系”，形成了“小而全”布局，各区域的产业分工不明确、专业化不强、优势不突出，经济发展没有区域资源优势紧密结合。

### （二）区域非均衡布局发展阶段（“五五”后期至“七五”计划）

党的十一届三中全会后，国家提出优先发展东部沿海地区，在投资布局、对外开放、优惠政策、体制改革上向东部沿海地区倾斜。比如，1979年设立深圳等四个经济特区，1984年设立大连、秦皇岛等14个沿海开放城市，1985年将长江三角洲、珠江三角洲以及闽南厦漳泉三角地区设定为沿海经济开放区。[⑤]邓小平提出“两个大局”战略构想，第一个大局是让沿海地区先发展起来，中西部地区要顾全这个大局；第二个大局是让沿海地区帮助内地发展，达到共同富裕，东部沿海地区也要服从这个大局。[⑥]“两个大局”既强调了区域非均衡发展，又强调了区域非均衡中的均衡发展，体现了区域梯度发展战略。此外，国家重视国土空间开发，编制了《全国土地利用总体规划（1986—2000年）》等多部规划，成为国家相关政策的战略性、基础性和约束性规划。同时，对欠发达地区仍给予相应扶持和支持。国务院成立贫困地区经济开发领导小组（1986年），并将扶持“老少边穷”地区脱贫发展纳入国民经济“七五”发展计划。虽然国家把政策支持的重点放在东部沿海地区，但对欠发达地区仍给予相应扶持和支持。区域非均衡发展理论下，一些东部沿海地区很快发展起来，逐步实现了一部分地区先富裕起来的目标。

---

① 范晓春．中国大行政区研究：1949—1954［D］．中央党校博士论文，2004.

② 黄群辉，李晓华，叶振宇．新中国产业与区域经济研究70年［M］．北京：中国社会科学文献出版社，2020.

③ 崔琳．以战略规划引领区域协调发展推进区域治理［J］．宏观经济管理，2022（08）.

④ 三线建设主要把全国工业基地的战略性部署划分为一、二、三线地区：一线地区是指东北及沿海各省和直辖市；三线地区是指云、贵、川、陕、甘、宁、青、晋西、冀西、豫西、鄂西、湘西、粤北、桂西北；二线地区是指处于一线和三线之间的省份，三线又有大小之分，西北为大三线，中部及沿海地区省、自治区的腹地为小三线。

⑤ 安虎森、汤小银．新发展格局下实现区域协调发展的路径探析［J］．南京社会科学，2021（08）.

⑥ 安树伟．改革开放40年以来我国区域经济发展演变与格局重塑［J］．人文杂志，2018（06）.

### （三）区域协调发展阶段（“八五”至“十二五”规划前期）

随着“两个大局”战略中第一个大局的逐步实现，国家开始逐步解决区域发展不平衡问题。《国民经济和社会发展十年规划和第八个五年计划纲要》提出：“正确布局生产力，积极促进地区经济的合理分工和协调发展”“优势互补，协调发展。”[①]《国民经济和社会发展“九五”计划和2010年远景目标纲要》首次提出“促进区域经济协调发展”，并明确“按照统筹规划、因地制宜、发挥优势、分工合作、协调发展的原则，正确处理全国经济总体发展与地区经济发展的关系，正确处理发展区域经济与发挥各省（自治区、直辖市）积极性的关系。要按照市场经济规律，以中心城市和交通要道为依托，进一步形成和发展若干突破行政区划界限的经济区域。”[②]可以说，首次对区域协调发展内涵做了明确说明。《国民经济和社会发展第十个五年计划纲要》提出：“实施西部大开发战略，促进地区协调发展。”“加快中部地区发展。”“提高中部地区的发展水平。”“形成各具特色的区域经济。”[③]《国民经济和社会发展第十一个五年规划纲要》提出：“实施区域发展总体战略。”“坚持实施推进西部大开发，振兴东北地区等老工业基地，促进中部地区崛起，鼓励东部地区率先发展的区域发展总体战略，健全区域协调互动机制，形成合理的区域发展格局。”“支持革命老区、民族地区和边疆地区发展。”[④]构建形成东中西和东北四大板块区域协调发展模式，为今后的国家区域协调发展战略奠定了基础。《国民经济和社会发展第十二个五年规划纲要》提出：“实施区域发展总体战略和主体功能区战略，构筑区域经济优势互补、主体功能定位清晰、国土空间高效利用、人与自然和谐相处的区域发展格局，逐步实现不同区域基本公共服务均等化。”“推进新一轮西部大开发。”“全面振兴东北地区等老工业基地。”“大力促进中部地区崛起。”“积极支持东部地区率先发展。”“加大对革命老区、民族地区、边疆地区和贫困地区扶持力度。”[⑤]2010年，国务院印发《全国主体功能区战略》，将我国国土空间：“按开发方式，分为优化开发区域、重点开发区域、限制开发区域和禁止开发区域；按开发内容，分为城市化地区、农产品主

---

① 中华人民共和国国民经济和社会发展十年规划和第八个五年计划纲要［EB/OL］.（2019-10-29）［2023-02-15］. 1991年4月第七届全国人民代表大会第四次会议批准，https://www.ndrc.gov.cn/fggz/fzzlgh/gjfzgh/200709/P020191029595681819982.pdf.

② 关于国民经济和社会发展“九五”计划和2010年远景目标纲要的报告——1996年3月5日在第八届全国人民代表大会第四次会议通过［N］. 人民日报，1996-03-19（01）.

③ 国民经济和社会发展第十个五年计划纲要［EB/OL］.（2001-03-15）［2023-02-15］.2001年3月15日第九届全国人民代表大会第四次会议批准，http://www.gov.cn/gongbao/content/2001/content_60699.htm.

④ 中华人民共和国国民经济和社会发展第十一个五年规划纲要［EB/OL］.（2006-03-14）［2023-02-16］.2006年3月14日第十届全国人民代表大会第四次会议批准，http://www.gov.cn/gongbao/content/2006/content_268766.htm.

⑤ 国民经济和社会发展第十二个五年规划纲要［EB/OL］.（2011-03-16）［2023-02-16］. http://www.gov.cn/zhuanti/2011-03/16/content_2623428_6.htm.

产区和重点生态功能区；按层级，分为国家和省级两个层面。”[①] 与此同时，国家加强贫困地区发展。1994 年，国务院实施《国家八七扶贫攻坚计划》。2011 年，国家实施《中国农村扶贫开发纲要（2011—2020 年）》，在重点县基础上，扶贫范围增加了六盘山地区等 14 个集中连片特困地区。

在区域协调发展理念下，该时期国家总体形成了“主体功能区 + 四大板块 + 特殊类型地区”的区域协调发展战略体系，其核心目标是依据各区域的主体功能，将区域协调发展与适度倾斜结合起来，建立一个结构紧密、优势互补、相互协调的区域发展体系。可以说，我国区域协调发展的理论框架基本形成。

### （四）区域协调发展战略阶段（“十二五”后期至“十四五”规划）

《国民经济和社会发展第十三个五年规划纲要》提出：“以区域发展总体战略为基础，以‘一带一路’建设、京津冀协同发展、长江经济带发展为引领，形成沿海沿江沿线经济带为主的纵向横向经济轴带，塑造要素有序自由流动、主体功能约束有效、基本公共服务均等、资源环境可承载的区域协调发展新格局。”“深入实施西部开发、东北振兴、中部崛起和东部率先的区域发展总体战略，创新区域发展政策，完善区域发展机制，促进区域协调、协同、共同发展，努力缩小区域发展差距。”“扶持特殊类型地区发展。”[②] 该时期提出了国家区域重大战略。《国民经济和社会发展第十四个五年规划和 2035 年远景目标纲要》进一步提出：“深入实施区域重大战略、区域协调发展战略、主体功能区战略，健全区域协调发展体制机制，构建高质量发展的区域经济布局和国土空间支撑体系。”“深入推进西部大开发、东北全面振兴、中部地区崛起、东部率先发展，支持特殊类型地区加快发展，在发展中促进相对平衡。”[③]

该时期国家建成了“主体功能区 + 四大板块 + 重大战略 + 特殊类型地区”的区域协调发展战略体系，根据区域资源优势和要素禀赋确定区域主体功能，促进区域协调、协同、共同发展，实现区域社会经济高质量发展。可以看出，该时期的区域协调发展上升为国家发展战略。

### （五）区域协调发展战略下的教育发展

在每个发展阶段，国家在构建区域发展协调战略的同时，各领域在不同层面形成了各自的发展特点，本文列举各阶段教育的发展特点如下：

国家在大行政区范围内统筹教育均衡发展。在区域均衡布局发展阶段，国家设立六

---

① 国务院关于印发全国主体功能区规划的通知（国发〔2010〕46 号）[ EB/OL ].（2011-06-08）[ 2023-02-16 ]. http://www.gov.cn/zwgk/2011-06/08/content_1879180.htm.

② 中华人民共和国国民经济和社会发展第十三个五年规划纲要 [ EB/OL ].（2016-03-17）[ 2023-02-16 ]. http://www.gov.cn/xinwen/2016-03/17/content_5054992.htm.

③ 中华人民共和国国民经济和社会发展第十四个五年规划和 2035 年远景目标纲要 [ EB/OL ].（2021-03-13）[ 2023-02-16 ]. http://www.npc.gov.cn/npc/kgfb/202103/bf13037b5d2d4a398652ed253cea8eb1.shtml.

大行政区，大行政区各局设置教育部，分管行政区划内各省教育工作，下辖各省教育管理部门为文教厅，统筹大行政区域内教育发展。比如，1952年5月，《教育部关于全国高等学校的调整设置方案》明确要求："综合性大学为培养科学人才及培养师资的高等院校，全国各大行政区最少有一所，最多不超过四所。"①1954年撤销大区一级行政机构后，1960年重设六个中央局，后又撤销，但都在区域教育协调方面做了一些探索，地方局统筹规划和发展区域内各省教育发展。该时期国家在大行政区域层面统筹全国教育的均衡发展，各行政区统筹区域内的教育均衡发展。

国家建立重点学校制度满足合格人才需求。在区域非均衡布局阶段，要快速发展东部沿海地区的社会经济发展，培养合格人才成为关键要素，这对教育质量提出了一定要求。1978年，邓小平在全国教育工作会议上的讲话中指出："为了加速造就人才和带动整个教育水平的提高，必须考虑集中力量加强重点大学和重点中小学的建设，尽快提高它们的教学水平和教学质量。"②1978年，教育部发布《关于办好一批重点中小学的试行方案的通知》。1980年，教育部又出台了《关于分期分批办好重点中学的决定》，提出首先集中力量办好一批条件较好的重点中学。在非均衡发展理念下，区域教育的普及发展也是梯度推进的。1985年，《中共中央关于教育体制改革的决定》首次提出"有步骤地实行九年制义务教育"，将全国分为三类地区，逐步普及义务教育。在"普及"督导评估中使用地区人口覆盖率衡量普及水平。比如，《中国教育改革和发展纲要》（中发〔1993〕3号）提出："到2000年全国基本普及九年义务教育（包括初中阶段的职业教育），即占全国总人口85%的地区普及九年义务教育。"

区域协调推进各级教育的普及提高。在区域协调发展阶段，依托区域高等教育优质资源，解决区域高等教育协调发展问题。2010年，《国家中长期教育改革和发展规划纲要（2010—2020）》提出要"优化区域布局结构。设立支持地方高等教育专项资金，实施中西部高等教育振兴计划"。近年来国家通过"省部共建"等方式推进区域教育协调发展，优化区域高等教育布局。

区域协调推进人才高地建设。推进在区域协调发展战略阶段，结合国家重大区域战略，实施区域教育协调战略。2019年发布《粤港澳大湾区发展规划纲要》提出"打造教育人才高地"，"推动教育合作发展"，支持粤港澳高校合作办学，鼓励联合共建优势学科、实验室和研究中心。可以看出，区域教育发展与区域协调发展战略的关联性越来越紧密。当然，我国各级教育的普及发展为各区域人才高地的建设提供了坚实基础。

---

① 陈上仁，谢玉华．新中国60年高等教育发展观变迁：均等化·省域化·均衡化［J］．教育学术月刊，2010（01）．

② 缑国禧，李曜明．重点中学办学模式的探索与思考［J］．教育理论与实践，1988（02）．

## 三、区域协调战略与区域教育高质量发展

区域协调发展与国家发展战略紧密结合，是国家构建新发展格局的战略性部署。区域协调发展战略下教育要实现高质量发展，就必须要与区域社会经济发展紧密联系起来，在要素重组和协同方法上创新，寻找新赛道新领域。

首先，要构建优质均衡的基本公共教育服务体系。优质均衡的基本公共教育服务体系是区域协调、合作的基础，否则很难形成可持续的区域合作发展机制。各区域办好区域内教育，实现区域教育高质量发展，适应区域社会经济发展需要，这就为区域间的协同发展、合作、互助发展提供了前提条件。优质均衡的基本公共教育服务体系，需要国家和各地共同发力，国家统筹支持欠发达地区、薄弱地区的基本公共教育服务建设。

其次，将教育、科技、人才要素作为区域协调的基础性、战略性支撑。党的二十大报告提出："教育、科技、人才是全面建设社会主义现代化国家的基础性、战略性支撑。"区域教育如何主动应对，从要素重组和区域协同的可行性角度看，必须要将三方面要素统筹起来，这就需要提升区域合作层次和水平。从以往区域合作层次看，多是县域层面的协同，但要在区域合作中将教育转化为高级产能要素（科技、人才），就必须提升区域合作层次，形成若干突破行政区划界限的区域，打造区域人才和科技创新高地，确保重组要素适应区域社会经济发展，从而实现区域整体的高质量发展。

再次，教育要以多种方式助力区域协调发展。由于不同区域国土空间功能、资源禀赋和优势结构不同，不同区域间的协同方式会不同。区域间教育发展水平不同，其协同方式也不同。从学段看，不同学段的区域协同机制也不同。比如，基础教育多在县域层面协同，高校可跨省域协同。有些协同既需要跨区域，还需要跨领域（部门）协同。有些教育改革合作要打破行政区划限制，探索区域协调共建共享的公共教育服务制度及数字资源互联互通等。近年来，各区域教育协作、合作、互助和帮扶机制的案例，呈现出区域教育不断适应区域协调发展要求的态势。在国家脱贫攻坚战略中，区域间的帮扶协作机制、对口支援机制都提供了很好的经验基础。

最后，充分用好数字时代为区域合作提供的机遇。数字化时代的教育，为区域协同提供了机遇。随着数字化及数据采集、处理技术的发展，改变了传统区域空间，空间因素对教育的影响在不断变化。教育作为区域社会经济发展的重要领域，如何将数据资源作为教育教学要素，共建共享这些要素，并充分考虑这些要素对教学形态和教学关系的影响。

# 长三角区域推进义务教育优质均衡的策略研究

杜晓利[①]

**摘　要：**本文分析了我国义务教育均衡发展从初步均衡到基本均衡，再到优质教育的政策演进、政策执行及执行效果，介绍了长三角地区义务教育均衡发展的策略，为区域义务教育优质均衡发展提供了样本和破解难题的思路。

回顾20世纪初，由于我国各地经济发展不平衡，导致教育资源配置不均衡，在义务教育发展领域突出表现为区域、城乡、人群之间差距大，人民群众的教育需求不能很好满足。2002年，《教育部关于加强基础教育办学管理若干问题的通知》提出"积极推进义务教育阶段学校均衡发展"，至此义务教育发展开始朝着均衡方向转变，并从初步均衡到基本均衡，再到优质均衡，一个阶段接着一个阶段，压茬推进，向着更大范围、更高水平迈进。

## 一、义务教育均衡政策的推进情况

随着义务教育均衡政策的推进，各级政府从对义务教育均衡定位的认识到推进行动策略上，再到推进重点上都发生了重要变化，形成了一幅以纲领性文件为引导、以推进基本均衡为根本路径，以督导评估为重要抓手的全面推进图像。

### （一）政策认识：从"积极推进"到"重中之重"

2002年，《教育部关于加强基础教育办学管理若干问题的通知》提出："积极推进义务教育阶段学校均衡发展"，这是首次从政策层面对义务教育发展的重要定位。2010年《教育部关于贯彻落实科学发展观进一步推进义务教育均衡发展的意见》提出：地方各级教育行政部门要在同级政府的领导下，从贯彻落实科学发展观，建设社会主义和谐社会、促进教育公平的高度，把义务教育作为教育改革与发展的重中之重，把均衡发展作为义

① 杜晓利，上海市教科院智力开发研究所所长、研究员，国家教育特约督导员，国家义务教育均衡督导评估专家，中国教育发展战略学会教育政策与规划专业委员会常务理事，上海高等教育督导评价专家委员会委员。主要研究领域：教育战略与规划、教育政策分析、教育评价等，主持和参与完成国家发改委、教育部、上海市教委委托科研课题100余项。近期主要从事省级政府履行教育职责评价、义务教育均衡发展、基础教育监测与政策跟踪评价等方面的专题研究。

务教育的重中之重，按照促进义务教育均衡发展的法律要求，以适龄儿童少年接受更加公平更高质量的义务教育为目标，合理配置教育资源，不断提高保障水平，大力推进素质教育。

### （二）政策行动：从“战略性任务”到“强力推动”

国家在把义务教育均衡发展作为“重中之重”的基础上，又向前迈了一步，将均衡作为“战略性任务”统领义务教育发展，并努力将之落实到行动上。随后义务教育均衡得到强力推动。这表现在，一是通过密集出台文件持续加强政策支持。2012 年 2 月教育部印发《县域义务教育均衡发展督导评估暂行办法》，决定建立县域义务教育均衡发展督导评估制度。同年 9 月国务院印发的《关于深入推进义务教育均衡发展的意见》指出，要进一步明确地方各级政府责任，并提出推进义务教育均衡发展的基本目标是：每一所学校符合国家办学标准，办学经费得到保障；教育资源满足学校教育教学需要，开齐国家规定课程；教师配置更加合理，提高教师整体素质。同年 11 月党的十八大报告，明确将“努力办好人民满意的教育”放在改善民生之首，提出“均衡发展九年义务教育，合理配置教育资源，大力促进教育公平，让每个孩子都能成为有用之才”。二是与各省签订义务教育均衡备忘录。三是启动义务教育基本均衡督导评估。

### （三）政策重点：从“基本均衡”到“优质均衡”

各地高度重视，从中央到省、市，各级教育行政部门都在积极探索推进义务教育均衡发展的策略。2013 年教育部正式启动县域义务教育基本均衡发展国家督导评估认定工作。截至 2021 年底，全国有 2895 个县级行政单位全部实现县域义务教育基本均衡发展。

2015 年，党的十八届五中全会通过了国家“十三五”规划，把“提高教育质量”确立为“十三五”时期教育发展的主题，并指出，进一步扩大优质教育资源覆盖面，满足广大人民群众“上好学”的现实需求，已经成为各级政府推进义务教育均衡发展的重要任务。2017 年教育部印发《县域义务教育优质均衡发展督导评估办法》，以引导各地将义务教育均衡发展向着更高水平推进，全面提高义务教育质量。2019 年 10 月 12 日，全国县域义务教育优质均衡发展督导评估认定启动现场会召开，标志着义务教育即将迈上优质均衡的新台阶，以优质均衡为引领，促进内涵式发展，进一步提升人民群众满意度。

## 二、义务均衡发展政策调适

如同义务教育的普及一样，实现义务教育均衡同样是艰苦卓绝的任务，需要付出长期的坚持与努力，需要根据义务教育发展情况进行不断调适。本部分将从政策目标、权限、内容与标准、程序、方法等方面分析我国推进义务教育均衡发展所进行的政策调试。

### （一）目标调适：从初步均衡、基本均衡到优质均衡

在推进义务教育均衡发展过程中，围绕满足人民群众义务教育需求，义务教育均

衡发展政策取向目标不断进行调试，呈现出从初步均衡到基本均衡，再到优质均衡的政策取向目标调适路径。力争在2012年实现区域内义务教育初步均衡，到2020年实现区域内义务教育基本均衡，是《教育部关于贯彻落实科学发展观进一步推进义务教育均衡发展的意见》中提出的目标。2010年发布的《国家中长期教育改革和发展规划纲要（2010—2020年）》又强调提出，到2020年基本实现区域内均衡发展，确保适龄儿童少年接受良好义务教育。2019年2月发布的《中国教育现代化（2035）》提出，提升义务教育均等化水平，建立学校标准化建设长效机制，推进城乡义务教育均衡发展。在实现县域内义务教育基本均衡基础上，进一步推进优质均衡。除了政策取向目标，还在具体政策目标上做了较为明确的规定。

### （二）权限调适：指标与标准制定权限由“下放省级”到收归教育部

1. 基本均衡：各省制定指标与标准

根据《县域义务教育均衡发展督导评估暂行办法》，义务教育发展基本均衡县评估认定的指标与标准都由省级政府制定，只有在县级义务教育学校达到本省（区、市）办学基本标准后，才能申请国家评估认定。如文件规定，各地要根据本办法，结合实际，将制定本省（区、市）县域义务教育均衡发展督导评估实施办法和评估标准，报国家教育督导团审核后实施。2012年5月28日，督导办负责人就《县域义务教育均衡发展督导评估暂行办法》答记者问，指出可以将义务教育均衡发展督导评估的主要内容概括为：一个门槛、两项内容、一个参考。其中，“一个门槛”，即基本办学标准评估。要求在对一个县进行评估认定前，要对其所辖义务教育阶段学校是否达到本省基本办学标准进行评估，达到这一条件的县，才有资格接受均衡督导评估认定。可见，义务教育基本均衡的评估认定指标与标准设定权限都在省级政府。

为防止省级政府降低标准要求，文件规定，“本办法确定的义务教育发展基本均衡县评估标准是最低标准。各地在制定本省（区、市）评估标准时，可结合实际，对本办法的评估标准进行调整，但不得低于本办法标准”。但在实际实施过程中，部分省份还是“看菜下饭”，基于自身利益考量，量身定制了符合自己利益的指标与标准。笔者对13个省份制定的义务教育基本均衡的指标与标准进行分析，主要是将这些省份制定的指标与标准中与国家有明确规定的指标与标准（生均校舍面积、生均教学及辅助用房面积、生师比等）进行对照，发现部分省份指标标准明显低于国家规定标准。在政绩锦标赛的驱使下，省级政府基于自身利益最大化与中央政府博弈，从而影响了公共政策目标的实现。

2. 优质均衡：国家制定统一标准

作为地方政府主体的省级政府，与中央政府之间的利益博弈是长期存在的，博弈的结果必然影响国家利益的实现和政策实施的效果，需要通过新的制度调节，建立新型的利益关系。义务教育优质均衡评估选择了将指标与标准的制定权限上收到国家，出台国家统一标准，从而建立起新的游戏规则，寻找新的利益博弈相对均衡点。《县域义务教育优质均衡发展督导评估办法》第五条明确规定，县域义务教育优质均衡发展督导评估认定，包括资源配置、政府保障程度、教育质量、社会认可度4个方面内容。其中资源配置包括7项指标，政府保障程度包括15项指标，教育质量包括9项指标，要求各校指标均要达到要求，且社会认可度要求达到85%以上。

**（三）内容与标准调适：关注教育质量，严格标准**

义务教育优质均衡与基本均衡相比，更加关注教育质量，表现在，一是将“重数量，更重质量”作为优质均衡发展国家评估认定工作原则之一，注重严格标准，严把质量，以质量均衡为核心；二是义务教育优质均衡发展督导评估认定包括资源配置、政府保障程度、教育质量、社会认可度4方面内容，教育质量是评估认定主要内容之一；三是在其他三方面指标中渗透教育质量，或选择跟教育质量高度相关的指标。如资源配置中对高于规定学历教师数量、骨干教师数量、音体美教师数量的规定，都是保障教育质量的重要指标；政府保障程度中的全县每年交流轮岗教师的比例不低于符合交流条件教师总数的10%；其中，骨干教师不低于交流轮岗教师总数的20%、专任教师持有教师资格证上岗率达到100%等规定，也都是教育质量的重要保障；社会认可度调查也将教育质量作为重要的调查内容。

标准严格表现在义务教育优质均衡政策不仅明确各项指标的国家标准，而且对资源配置指标采取水平与均衡两维评估的方法。《县域义务教育优质均衡发展督导评估办法》第六条规定，资源配置评估通过以下7项指标，重点评估县域义务教育学校在教师、校舍、仪器设备等方面的配置水平，同时评估这些指标的校际均衡情况。具体包括：（一）每百名学生拥有高于规定学历教师数：小学、初中分别达到4.2人以上、5.3人以上；（二）每百名学生拥有县级以上骨干教师数：小学、初中均达到1人以上；……（七）每百名学生拥有网络多媒体教室数：小学、初中分别达到2.3间以上、2.4间以上。每所学校至少6项指标达到上述要求，余项不能低于要求的85%；所有指标校际差异系数，小学均小于或等于0.50，初中均小于或等于0.45。两维评估方法兼顾了水平与均衡，不仅评估教育质量与水平，还评估均衡程度，都需要达到相应的标准，体现了教育质量与教育公平两手抓，两手都要硬的政策要求。

**（四）程序调适：将基本均衡的评估结果作为申报条件，由“普查”到“抽查”**

无论是义务教育基本均衡，还是优质均衡，在评估程序上，都采取自下而上的方式进行，即县级自评、地市复核、省级评估、国家认定。优质均衡又进一步细化了流程。《县域义务教育优质均衡国家督导评估认定工作规程》（以下简称《规程》），该《规程》规定，国家评估认定工作包括资格审核、社会认可度调查、指标审核、实地核查、结果认定5个流程，依次进行。在实地核查环节，与义务教育基本均衡发展的县县核查的方式不同，义务教育优质均衡发展采取了抽查的核查方法。《规程》还规定，国务院教育督导委员会办公室根据资格审查结果、社会认可度调查结果和指标审核结果，以省为单位在当年申报县中抽取部分县进行实地核查。这种抽查的方式，是响应国家给基础减负的号召，切实减轻基层迎检工作的负担和压力。

**（五）方法与手段调适：方法多样，关注公众满意度和认可度**

义务教育基本均衡督导评估的实地核查环节，主要采取听取汇报、查阅资料、走访学校、访谈等方式进行。优质均衡则进一步深入课堂，还延伸到其他学段。如《规程》规定，到校评估时，实地核查组应开展教学活动观察、现场检查、随机访谈、核查档案资料等。实地核查的专家可以推门听课、明察暗访，问卷调查。《规程》显示，实地核查组可视情况安排对部分幼儿园、高中进行延伸查访。

义务教育优质均衡采取在各县政府部门、教育行政部门官网悬挂问卷二维码方式，人民群众都可以扫码进行问卷填答。这相比基本均衡的满意度调查采用的先由省级提供问卷对象联系信息，再由第三方向问卷对象发送登录账号、密码，由问卷对象进行问卷调查的方式，向前迈进了一大步，更有利于收集到客观、真实的信息，为政策调适提供依据。

**（六）总结**

*1. 政策调适的核心是满足人民群众教育需求*

面对我国发展区域差异大、城乡差距大的现实情况，政府在推进义务教育均衡发展上进行了从初步均衡到基本均衡，再到优质均衡的目标调适，调适的核心都是紧紧围绕满足人民群众教育需求而进行。义务教育均衡政策的调适也特别关注政策内部的衔接性。如文件规定，申报义务教育优质均衡发展县应具备以下基本条件：通过国家义务教育基本均衡发展认定三年以上；基本均衡发展认定后年度监测持续保持较高水平。可见，义务教育优质均衡将基本均衡的督导评估认定结果作为申报门槛条件，这就实现了政策内部的衔接与延续，体现了义务教育均衡步步紧跟、压茬推进的实践策略。

在推进义务教育均衡发展的过程中，围绕满足人民群众教育需求这个核心，政府通过国务院出台文件，从国家层面建立了推进义务教育均衡的制度框架；通过颁布《教育规划纲要》明确了在更大范围，更高水平推进义务教育均衡的实施路径；进而再以跟各省签订义务教育均衡备忘录的形式，以开展义务教育均衡督导评估为重要的操作抓手。这样形成的一揽子制度安排，是义务教育均衡得以逐步推进，取得成效的重要方面。

*2. 基于证据进行政策调试是保障政策生命力的关键*

义务教育均衡政策在制定、执行与评价上，政策主体都是各级政府的教育行政主管部门。这种供给、实施和评估三重角色合一的格局，决定了政府的政策话语占据绝对主导地位，不利于各种主体的利益表达和整合。随着政府执政理念突出人的主体地位，政府职能将进一步转变，义务教育均衡政策在制定、执行与评价方面，充分尊重民意，给予人民群众在政策制定、执行与评价上的话语权，需要政府有开放的心态、透明的机制予以保障。可喜的是，在义务教育均衡政策调适过程中，我们看到政府注重多渠道了解民意，并基于证据进行相应的政策调适。第一，义务教育均衡政策高度关注公众满意度或认可度，在基本均衡政策中将公众满意度作为重要参考，而优质均衡更进一步突出了公众认可度的重要性，将公众认可度作为重要的评价内容之一。第二，政府注重其内部相关部门之间的协同。作为主要推进义务教育督导评估的教育督导部门，也密切与基础教育主管部门关系，了解他们对义务教育均衡政策推进的意见和建议，目标是形成合力，共同推进义务教育均衡，满足人民群众需要。第三，媒体报道也是政府了解民意的主要途径。在今年的义务教育优质均衡现场会上，陈宝生部长说道，近年来，新闻媒体和一些内参都在反映，教育仍是群众的"烦心事"。在义务教育阶段，仍存在校外培训火爆、"择校热"高烧难退、民办学校办学不规范等诸多问题。说到底，这些问题都是优质资源供给不足、分配不均的结果。抓优质均衡发展，回应了群众关切，有利于推动解决义务教育突出问题，进一步提高群众教育满意度和获得感。

3. 评价主体的专业与多元有助于提升政策调适的科学性

在义务教育优质均衡启动现场会上，发现此次进行义务教育优质均衡网络评估和实地核查的专家来源趋于多元，根据实地核查的任务清单需求，既有来自财务领域的专家，也有来自课程教学领域的专家，还有国家督学、全国知名的校长，教育部中层干部、第三方教育研究机构科研人员，体现了评估主体的多元化与专业化，这对义务教育均衡政策的公共利益走向有极大的裨益，是政策调试重要的专业力量支撑。

## 三、推进义务教育均衡发展的重点与难点

经过数据测算，对于长三角区域而言，推进优质均衡的难点主要表现在资源短缺，用地集约（面积类指标达标难）。

### （一）在资源配置均衡方面：生均体育运动场馆面积、生均教学及辅助用房面积

关于生均体育运动场馆面积指标，《规程》规定：近三年评估中，对于人口密度过高的大城市中心城区的学校，体育运动场馆面积可包括经改造（改建）后，能够满足学生运动需要的、专用的、安全的活动空间，如校园内部的地下、楼顶等区域设立的专用运动场地，由当地政府或教育部门与之签订租赁合同，保障学校上课时间专用的校外周边体育场馆步行10分钟内到达，且有安全的交通保证。

### （二）在政府保障方面

指标1：所有小学、初中每12个班级配备音乐、美术专用教室1间以上。

《办法》规定：每间音乐专用教室面积不小于96平方米，每间美术专用教室面积不

小于 90 平方米。

《规程》规定：近三年评估中，对于在 2016 年及之前规划并建成的学校，其音乐、美术专用教室单间使用面积按小学、初中分别不低于 73 平方米、67 平方米评估；对于最大班额低于 30 人的农村小规模学校，按小学、初中分别不低于 54 平方米、61 平方米评估。同时要求各地做出建设规划，评估后持续跟踪复查，认定后三年之内达到规定标准要求。

指标 2：所有小学、初中规模不超过 2000 人，九年一贯制学校、十二年一贯制学校义务教育阶段规模不超过 2500 人。

《规程》规定：近三年评估中，对于 2010 年及之前规划并建成的学校，以及进城务工人员随迁子女占比超过 50% 的学校，其学校规模按小学、初中均不超过 2400 人、九年一贯制学校不超过 3000 人评估。同时要求各地做出建设规划，评估后持续跟踪复查，认定后三年之内达到《优质均衡评估办法》规定标准要求。

指标 3：小学、初中所有班级学生数分别不超过 45 人、50 人。

深入分析问题内在原因，主要在于政府部门之间产生的“协同惰性”：“协同惰性”是研究集体行动困境的新视角，缺乏有效的监督协调机制而导致了合作的困境，合作呈现碎片化特征。资源配置均衡指标与责任部门如下（表 1）。

**表 1　资源配置均衡指标与责任部门**

| 指标 | 责任部门 |
|---|---|
| 每百名学生拥有高于规定学历教师数 | 人事处 |
| 每百名学生拥有县级及以上骨干教师数 | 人事处 |
| 每百名学生拥有体育、艺术（美术、音乐）专任教师数 | 人事处 |
| 生均教学及辅助用房面积（㎡） | 发展规划处 |
| 生均体育运动场馆面积（㎡） | 发展规划处 |
| 生均教学仪器设备值（元） | 基教处 |
| 每百名学生拥有网络多媒体教室数 | 信息化处 |

横向的行政分化：涉及发改委、自规局、编办、教育部门等。具体工作由教育部门落实，这意味着教育部门要协调所有部门的工作。在这些横向的部门中，教育部是弱势部门，要居中协调，颇为困难。

## 四、长三角区域推进义务教育均衡发展的策略

思想观念上变革、认同；态度上积极，作为一个提升的契机；行动上跟进，专项推进；方式方法上合适，根据实际情况调整。

**（一）建立省级层面推进机制**

成立“县域义务教育优质均衡发展”省级推进工作组；

加强统筹、落实部门责任。

**（二）建立县级层面推进机制**

明确县政府“推进义务教育优质均衡”的主体责任；

明确县“推进义务教育优质均衡”的时间表、路线图。

**（三）建立学校发展机制**

包括：坚持“五育”融合，促进学生全面发展；加强课堂教学改革，提升教师的专业能力；集团化办学要从形式融合走向深度的内涵融合，提升校际优质均衡度；勇于改革创新，在重点领域实现新突破。

**（四）建立自查自测机制**

省级、区县、学校层面分别建立自查自测机制，动态监测义务教育优质均衡的发展状态；对照指标开展自查自测，补齐短板（以年度教育统计数据），严格对照目标任务，认真对照《督导评估规程》，逐一梳理到校的数据、做到一校一策，汇总分析，查漏补缺、固强补弱，反对任何形式的弄虚作假和低水平达标。

**（五）加强对公众认可度的跟踪监测**

无论是基本均衡还是优质均衡，都只是在特定的时间（评估认定期间）进行了群众满意度收集，后期的跟踪监测中就不再涉及。为使义务教育均衡政策更好地得到推进与调适，满足广大人民群众的需求，政府需以更开放心态，广开言路，广纳民意，建议关于满意度的收集不仅在评估期间，还应定期收集、定期监测，如每年安排一个时间段，通过投放社会认可度问卷，设置开放性问题，了解人民群众的感受，问需于民，再进行政策相关调试，才能朝着让人民群众“上好学”的政策目标不断迈进。

# 粤港澳大湾区建设与高等教育合作发展

宋永华①

**摘　要：**纵观世界经验，一流高校都会通过区域合作来提升整体竞争力，促进区域教育协同发展。高等教育区域合作一方面可以推动一流高校的建设；另一方面有利于弱势高校在竞争中得以生存与发展，进而促进区域协调发展。世界一流大学通过区域合作促进资源共享以及优势互补，提升合作各方综合实力，以应对所面临的挑战与机遇。由此可见，区域合作是高等教育未来发展的必由之路。党的二十大报告首次以专门的章节阐述了科教兴国、人才强国的战略部署，将教育、科技、人才作为决胜现代化建设全局的基础性、战略性支撑，同时强调要促进区域协调发展，推进粤港澳大湾区建设，发挥港澳优势和特点，深化港澳同各国地区更加开放、更加密切的交往合作。粤港澳大湾区正处于国家“双循环”的重要交汇点，粤港澳大湾区高等教育的未来应该重点关注科技、人才、创新，积极推动区域合作与区域协调发展，同时要充分发挥港澳的桥梁作用，助力对外开放。澳门大学将贯彻“国家所需、澳门所长、澳门所需、澳大所长”的发展方针，积极服务国家区域发展战略以及对外开放战略，推动湾区的联盟建设、合作科研、人才培养、协同创新，积极发挥桥梁作用，深化与国际尤其是葡语国家的交流与合作进而联动湾区，推动区域教育协调发展以及高质量发展。

**关键词：**粤港澳大湾区；区域协调发展；高等教育合作

## 一、展望世界，探讨高等教育发展趋势

展望当今世界，一流大学以培养未来的领导者、创造新思想、拓展科技前沿与发展新技术、提供公共服务等为使命。在全球化的背景下，如何应对来自区域、国家和全球的机遇与挑战，是一流大学当下最值得关注与深思的问题。全球化时代带来的全球性的社会问题与挑战是严峻的，例如国际形势和格局存在不确定性等。但同时，全球科学技术的深刻变革推动了第四次工业革命，或将根本性地重塑我们的生活、学习、工作和交

① 宋永华，中国教育发展战略学会副会长兼国际教育专业委员会理事长、澳门大学校长。

流方式，为我们带来全新的发展机遇。

应对挑战、把握机遇，第三届“世界高等教育大会”为我们指明了新的发展方向。大会提出了塑造高等教育未来的六项原则，其中，“通过合作而非竞争实现卓越”尤其值得我们关注。

纵观世界经验，一流高校都会通过区域合作来提升整体竞争力，促进区域教育协同发展。例如，美国第一个大学联盟“美国大学协会”，创建初衷是为了迅速扭转美国研究生毕业文凭急剧贬值的局面，现已成为全世界规模最大、学术性研究范围最广的大学组织之一；“常春藤联盟”成立初衷是为了建立一个顶级学院的体育竞赛协会，目前是全美乃至世界范围内名校的代名词；英国的“罗素大学集团”创建初衷为了进一步提升各校研究实力、增加学校收入、招收最优秀的学生与教师、降低政府干预以及提倡大学合作，目前集团代表着英国最顶尖的大学；欧洲的“Erasmus 计划”是欧盟为实现高等教育国际化出台的一项高等教育交流旗舰项目，旨在促进师生的流动与创新合作，加快欧盟内部及欧盟与其他国家的交流，提高了欧盟高等教育在全球的影响力；“澳大利亚八校联盟”成立时的愿景是通过资源共享、优势互补提升自身的学术水准，提升澳大利亚高等教育的市场竞争力，解决教育资源外流的问题，目前该联盟代表澳大利亚最顶尖的大学。由此可见，高等教育区域合作一方面可以推动一流高校的建设；另一方面有利于弱势高校在竞争中生存与发展，进而促进区域协调发展。世界一流大学常常通过区域合作促进资源共享以及优势互补，提升合作各方综合实力，以应对所面临的挑战与机遇。可以说，区域合作是高等教育未来发展的必由之路。

## 二、融入国家，服务国家重大战略需求

今年，党的二十大顺利召开，标志着我国正式开启以中国式现代化全面推进中华民族伟大复兴的新征程。党的二十大报告首次以专门的章节阐述了科教兴国、人才强国的战略部署，将教育、科技、人才作为决胜现代化建设全局的基础性、战略性支撑。党的二十大报告亦指出要促进区域协调发展，推进粤港澳大湾区建设，支持港澳更好融入国家发展大局，为实现中华民族伟大复兴更好发挥作用。党的二十大报告还强调要坚持高水平对外开放，加快构建“双循环”的新发展格局；要发挥港澳优势和特点，深化港澳同各国地区更加开放、更加紧密的交往合作。

粤港澳大湾区正处于国家“双循环”的重要交汇点，《粤港澳大湾区发展规划纲要》（以下简称《纲要》）为湾区高等教育发展指出了多个重要方向：要打造教育和人才高地；要推动教育合作发展；要支持粤港澳高校合作办学，鼓励联合共建优势学科、实验室和研究中心；要充分发挥粤港澳高校联盟的作用；要支持大湾区建设国际教育示范区；要完善国际人才培养模式，加强人才国际交流合作等。

因此，我国高等教育，尤其是粤港澳大湾区高等教育的未来，应该重点关注科技、人才、创新，积极推动区域合作与区域协调发展，同时要充分发挥港澳的桥梁作用，助力对外开放。

## 三、共建湾区，浅谈澳大的使命与实践

澳门大学是澳门一所国际化综合性公立大学，具有多元文化共存、协同学院与书院的全人教育体系以及国际化的办学模式等特色和优势。澳门大学以“立足澳门，共建湾区，融入国家，走向世界”为发展定位，以“国家所需、澳门所长”为发展方针。近年来，澳门大学在世界大学排名中稳步提升，共有十大学科领域进入ESI世界前1%。

澳门是湾区西岸唯一的中心城市。湾区西岸的高等教育，不管是数量、科研实力还是办学层次与东岸相比都存在着差距，创新基础能力亟待加强。《纲要》亦指出，要提高西岸发展水平，促进东西两岸协同发展。因此，澳门大学在参与推进湾区建设的同时，亦将重点关注湾区西岸的发展，并积极担当和引领在西岸的科研创新和人才培养的领军角色。近年来，澳门大学着重在以下几个方面开展工作。

### （一）联盟

2016年，澳门大学与中山大学、香港中文大学共同发起“粤港澳高校联盟”，旨在汇聚三地精英高校优质教研资源，深化三地高校教育交流合作。2019年，粤港澳高校联盟被写入《纲要》，作为推进湾区教科交流合作的重要平台和抓手。联盟至今汇聚了粤港澳三地42所高校入盟；成员高校在联盟框架下先后成立了48个专业联盟，涉及文、理、医、工多个学科和高校事务领域；目前，联盟在人才培养、学术交流、科研合作等方面不断开拓创新，开展了一系列卓有成效的工作。未来，对标国家所需，结合湾区所向，发挥高校所能，联盟将进一步整合内外优质教研资源，推动湾区教科的纵深发展。

2019年，澳门大学与北京师范大学—香港浸会大学联合国际学院、五邑大学共同发起“粤港澳大湾区西岸科技创新和人才培养合作联盟”。联盟启动之初，以推动湾区西岸高校科教合作为主要目标，后再逐步有序拓展至联动科研院所及企业单位，目前共有21间成员单位。联盟以“促科创、育人才，联西岸、建湾区”为理念，充分挖掘、发挥、整合西岸的科技和教育资源，协同创新、深化合作，助力打造湾区西岸科技创新中心和人才培养基地，实现湾区区域协调发展。

### （二）科技

澳门大学在科研方面采取突出特色、发挥优势、构建高峰和加强合作的策略，以问题为导向，重点支持既具澳门特色，又顺应国际发展潮流的学科方向。目前已经形成了结合科技和人文的，以“四个三”为骨干的战略布局。

同时，澳门大学高度重视与湾区高校、科研院所及企业单位的合作，例如，澳门大

学正参与共建九个粤港澳联合实验室，与中科院合作成立“澳门大学—中国科学院深圳先进技术研究院人工智能与机器人联合实验室”，与中山大学合作成立“教育部生物无机与合成化学联合重点实验室”，与华发集团、格力电器、南方电网等湾区企业成立联合实验室，共同推动湾区科技发展。

**（三）人才**

在人才培养方面，为助力湾区人才高地的构建，澳门大学与合作伙伴共同积极探索人才联合培养合作。例如，澳门大学与华南理工大学共同推出了“2+2”本科双学位联合培养项目，为首个湾区高校合作的双向双学位本科联合培养计划；澳门大学也与华南师范大学、南方科技大学、深圳大学等合作博士生联合培养项目，澳门大学还与中山大学、广州医科大学、南方医科大学等合作学生研究员计划。

另外澳门大学也推出了针对高端应用型人才培养的专业学位课程：工商管理博士学位课程 DBA、公共行政博士学位课程 DPA、教育博士学位课程 EDD 及高级管理人员工商管理硕士学位课程 EMBA，服务湾区建设。澳门大学还积极举办“湾区联盟高校优秀学生研习班”“粤港澳大湾区高校戏剧节”等活动，促进湾区学生增进认识、深化交流。

**（四）创新**

在创新方面，澳门大学聚焦湾区重点发展产业，积极构建和完善“五位一体”的研究创新及转化体系，从创新、服务、管理、培育和实践等维度构建和夯实高水平的产学研平台。为此，澳门大学创立了协同创新研究院，下设多个中心。

创新创业中心为“国家级众创空间”，致力于构建澳门大学的科技成果转化与创新创业生态系统。认知与脑科学研究中心、数据科学研究中心、人工智能与机器人研究中心是三个跨学科交叉研究平台，鼓励科技和人文社科领域协同发展，提升研究创新活力。澳门转化医学创新研究院针对澳门医药成果转化需求，旨在促进粤港澳大湾区、内地其他地区，甚至全球具有临床实用价值的药品、医疗器械、诊断试剂等创新科技成果通过澳门进行转化。协同创新研究院亦创建及优化了学科前沿课程和交叉课程，致力于培养适应社会需求的跨学科、跨领域人才。

为推动科研成果转化至湾区，澳门大学也在加快建设澳大横琴产学研示范基地。珠海澳大科技研究院成立短短三年，已获国家、省市科技部门立项和承担企业委托研究项目 170 项，多项澳大专利已成功转移到湾区企业。

**（五）开放**

在对外开放方面，澳门大学积极发挥桥梁作用，深化与国际尤其是葡语国家的交流合作，联动湾区发展。

澳门大学倡议成立了“中国与葡语国家海洋研究联盟”“中国澳门特别行政区与葡语国家学术图书馆联盟”和“澳门特别行政区与内地学术图书馆葡语资源联盟”。澳门大学还牵头成立“中国旅游教育合作联盟”“中葡双语教学暨培训中心”“葡文天地”“崇文楼”，助力“一中心、一平台、一基地”建设。在疫情初期，澳门大学向非洲两所大学捐赠呼吸机原型，并为两所大学的工程及医疗专业人员提供技术培训，将技术转移至葡语国家，促进我国与葡语国家的合作和友谊。

## 四、总结

新格局、新征程为我们带来了新挑战与新机遇。我们将会以更高的标准、更强的决心与更大的力度把澳门大学办成一所国际公认的卓越大学，助力澳门、湾区乃至国家的科研创新和人才培养，在国家进一步对外开放中发挥桥梁优势，更好地服务科教兴国战略、人才强国战略、创新驱动发展战略，为实现中华民族伟大复兴和推动构建人类命运共同体贡献澳门和澳大力量。

# 夯实京雄保一体化发展人才基础的战略思考

张建强　王　颖[①]

**摘　要：**党的二十大报告提出“促进区域协调发展”“高标准、高质量建设雄安新区”。本文从政策研究入手，提出构建京雄保一体化的三大理论应用、五个思考维度、七个关键步骤。三大理论应用是：用还原理论解剖案例；用协同理论研究融合；用系统科学理论对标区域高质量发展的经验。五个思考维度是：京雄保一体化概念的逻辑起点是国家实施北京非首都功能转移；京雄保一体化的系统动力是高质量发展的全国样板和现代化经济体系新引擎；实现京雄保一体化的历史机遇是在北京非首都功能转移中，用好疏散、承载、分担和保障中的时间差；京雄保一体化系统动能是教育部河北省共推的国家职业教育改革试点；实现京雄保一体化的关键要素是标准引领教育高质量发展，教育造就高质量的人才。七条实现路径是：建立教育标准化协同机制，鼓励院校建立产业研究院，打造标准化人才的“保定军校”，建立保定市教育标准化体系，开展区域综合标准化试点，打造教育标准化国际学术交流高地，优化标准化工作的良性发展环境。

**主题词：**区域协调；产教融合；教育治理；标准引领

建设雄安新区、推动京津冀协同发展，是习近平总书记亲自谋划、亲自部署、亲自推动的重大国家战略。党的二十大报告把“高标准、高质量建设雄安新区”作为“深入实施区域协调发展战略”的首要任务。在“南深圳，东浦东，北雄安”的改革布局中，保定市因其与雄安新区血脉相承、骨肉相连、不可分割的特殊关系，提出了构建京雄保一体化发展新格局的设想。在此背景下，教育部、河北省人民政府决定共推保定市开展国家职业教育改革试点，为京雄保一体化发展夯实人才基础，以同时承担疏解北京非首都功能、保障雄安新区建设的双重任务。建设雄安新区、实现京雄保一体化发展作为一个庞大的复杂系统，涉及北京、雄安、保定等区域主体和教育、科技、人才等相关领域

① 张建强（1960—），男，中国教育发展战略学会教育标准专业委员会副理事长，北京师范大学系统科学学院特聘教授、教育服务标准与认证研究中心常务副主任。教育部“我国教育国际化发展战略研究”课题组副组长，教育部“中国教育标准战略研究”课题总执笔人。研究方向：教育标准技术管理。王颖（1995—），女，香港中文大学教育心理学博士（在读）北京师范大学教育服务标准与认证研究中心助理研究员。北京师范大学横向课题“幼儿园运动游戏融合发展”项目组核心成员。

以及产业、行业、企业、院校的专业需求，还有产教融合型的专业设置、课程开发、师资培训、教育教学、实验实训、教育评价等学科建设问题。本文用还原理论去解剖案例；用协同理论去研究融合；用系统科学的基本原理和典型案例，去揭示标准在引领京雄保一体化中的基础地位和战略支撑作用以及标准引领教育高质量发展的实现路径。

## 一、京雄保一体化的政策依据

### （一）区域协调发展的政策依据

2018 年 4 月，为有序转移北京非首都功能，中共中央、国务院在《河北雄安新区规划纲要》的批复中指出："雄安新区作为北京非首都功能疏解集中承载地，要重点承接北京非首都功能和人口转移。积极稳妥有序承接符合雄安新区定位和发展需要的高校、医疗机构、企业总部、金融机构、事业单位等，严格产业准入标准，限制承接和布局一般性制造业、中低端第三产业。"2019 年 1 月，中共中央、国务院在《关于支持河北雄安新区全面深化改革和扩大开放的指导意见》中指出："支持雄安新区引进京津及国内外优质教育资源，教育布局要与城市发展布局和产业布局相匹配，推动雄安新区教育质量逐步达到国内领先水平。"2021 年 2 月，《保定市国民经济和社会发展第十四个五年规划和二〇三五年远景目标纲要》正式提出"构建京雄保一体化发展新格局"。2021 年 11 月，教育部、河北省人民政府联合印发《关于提升区域职业教育发展动能打造品质保定的实施意见》，决定共同开展保定市国家职业教育改革试点，立足新发展阶段，贯彻新发展理念，聚焦提升区域职业教育发展动能、打造品质保定，推动职业教育"长入"经济、"汇入"生活、"融入"文化、"渗入"人心、"进入"议程……打造职业教育改革创新亮点和职业教育国际品牌，探索形成可复制、可推广的市域职业教育改革新模式、新样板。

### （二）推动教育标准化的政策依据

2018 年 1 月 1 日修订实施的《中华人民共和国标准化法》（以下简称《标准化法》），将立法宗旨从"改进产品质量"修改为"提升产品和服务质量"，明确国家鼓励企业、社会团体和教育、科研机构等开展或者参与标准化工作和国际标准化活动。将团体标准与国家标准、行业标准、地方标准、企业标准并列，纳入国家标准体系。《标准化法》还把企业"公开其执行的强制性标准、推荐性标准、团体标准或者企业标准的编号和名称"作为法定义务，如不履行，"由标准化行政主管部门责令限期改正；逾期不改正的，在标准信息公共服务平台上公示"。为了推动《标准化法》的实施，国务院随即出台《关于加强质量认证体系建设促进全面质量管理的意见》（国发〔2018〕3 号），部署"大力推行高端品质认证，开展绿色有机、机器人、物联网、城市轨道交通装备等高端产品和健康、教育、体育、金融、电商等领域服务认证"，首次将教育服务认证纳入国家质量认证体系。2018 年 11 月，《教育部关于完善教育标准化工作的指导意见》（教政法〔2018〕

17 号)》，指出：进入新时代，我国教育事业步入高质量发展阶段，教育标准的重要性愈益凸显。加快教育现代化、建设教育强国、办好人民满意的教育，引导我国教育总体水平逐步进入世界前列，必须增强标准意识和标准观念，形成按标准办事的习惯，提升运用标准的能力和水平，形成可观察、可量化、可比较、可评估的工作机制，充分发挥标准的支撑和引领作用。2021 年 10 月，中共中央、国务院印发《国家标准化发展纲要》(《国务院公报》2021 年第 30 号)，提出：标准是经济活动和社会发展的技术支撑，是国家基础性制度的重要方面。标准化在推进国家治理体系和治理能力现代化中发挥着基础性、引领性作用。新时代推动高质量发展、全面建设社会主义现代化国家，迫切需要进一步加强标准化工作。

## 二、推动京雄保一体化的相关理论

### (一)还原论

还原论(Reductionism)，是一种哲学思想，认为复杂的系统、事物、现象可以将其化解为各部分之组合来加以理解和描述。还原论来自 1951 年美国逻辑哲学家蒯因的《经验论的两个教条》一文。还原论方法是经典科学方法的内核，将高层的、复杂的对象分解为较低层的、简单的对象来处理；世界的本质在于简单性。根据还原论的基本原理，在研究京雄保一体化发展的总体战略前，必须先研究京雄保各自的功能点和价值点。

### (二)协同论

协同论由德国著名物理学家哈肯(Hermann Haken)于 1976 年创立。主要研究远离平衡态的开放系统在与外界有物质或能量交换的情况下，如何通过自己内部协同作用，自发地出现时间、空间和功能上的有序结构(寻找京雄保的差异和互补性)。协同论以系统论、信息论、控制论、突变论等为基础，吸取了耗散结构理论的大量营养，在微观到宏观的过渡上，描述了各种系统和现象中从无序到有序转变的共同规律。该理论对研究京雄保一体发展同样有重要的启示作用，即要寻找京雄保三地的差异和互补性，促进各地协同作用。

### (三)系统科学

系统科学，是研究系统的结构与功能关系、演化和调控规律的科学。它以不同领域的复杂系统为研究对象，从系统和整体的角度，探讨复杂系统的性质和演化规律，目的是揭示各种系统的共性以及演化过程中所遵循的共同规律，发展优化和调控系统的方法，并进而为系统科学在科学技术、社会、经济、军事、生物等领域的应用提供理论依据。该理论提供了系统科学的视角，也就是说在制定战略方案时应把构建京雄保一体化发展新格局作为一个复杂系统来研究。

理论是发现问题、认识问题、解决问题的先导。用还原论、协调理论、系统科学的原理和方法，可以帮助我们探索构建京雄保一体化新格局的有效途径。

## 三、对标长三角的地级城市

从地缘关系和曾经的经济落差来看，京津冀的北京、保定和长三角的上海、苏州有惊人的相似之处。北京和上海分别为中国的政治中心和经济中心，属于同等量级。与保定一样，苏州一直是非省会、非计划单列的地级市。依托大上海，苏州抢抓机遇，兴办乡镇企业、发展外向型经济、创办工业园区、创新驱动发展，在长三角一体化进程中异军突起。2021 年，苏州市 GDP 达到 2.27 万亿元，在全国城市中排名第六，人均 GDP 排名第三；规模以上工业总产值突破 4 万亿元，央媒报道苏州工业总产值超过上海，成为世界最大的工业城市，公认的园林式城市和历史文化名城。用还原论、协同论和系统科学的观点透视苏州，可以发现其发展的客观必然性，同时能够为京雄保发展提供有益的经验借鉴。

### （一）标志性的发展事件

对接大上海，形成“苏南模式”。早在 20 世纪 80 年代，苏州在上海的辐射下，农民“离土不离乡、进厂不进城”，大力发展以集体经济为主的乡镇企业，主动吸收上海国营企业的先进技术和无法返城的插队知青，形成乡镇企业发展的“苏南模式”。20 世纪 90 年代，在对外开放和产业转型升级阶段，苏州与上海实行错位发展，做上海不想做、不便做的产业。进入 21 世纪，上海负责 0—1 环节，苏州负责 1—10 环节。以信息产业为例，上海主攻软件，苏州就发展硬件。如今，上海创新能力与高端产业的落地与苏州强大的生产能力已经融为一体。

借梯上楼，走出“昆山之路”。1984 年 5 月，国务院确定 14 个沿海开放城市，苏州却金榜无名。苏州六县中昆山却借势创办了一个自费工业小区，并在上海虹桥机场设立了一个大广告牌，上面写着“国家级经济技术开发区——昆山欢迎你”。不久，江苏第一家中日合资企业“苏旺你”落户昆山，随后台资企业纷至沓来。如今，已经连续 17 年名列全国百强县榜首。开创了闻名全国的自费创建开发区的“昆山之路”。

敢抢敢拼，首创“张家港精神”。张家港市由沙洲县更名而来。曾经是苏南的“北大荒”。穷则思变，乡镇企业起步较早。1985 年，中央作出《关于经济体制改革的决定》后，乡镇企业的生存压力加大，沙洲县率先提出“三上一高”（上质量、上技术、上管理，提高经济效益）的战略思想，成为江苏省乡镇企业的标杆。1990 年国务院批准第一家保税区落户上海张江保税区，得知保税区是中国对外开放程度最高、运作机制最便捷、政策最优惠的经济区域之后，张家港人想别人不敢想、干别人不敢干的事。规划、申报、建设同时进行，于 1992 年建成江苏省唯一全国第一批国家级保税区。张家港是中国城市精神的首创者，“团结拼搏、负重奋进、自加压力、敢于争先”的“张家港精神”传承至今。

接受软件转移，推广“园区经验”。1992年初，邓小平南方谈话提出要借鉴新加坡经验。时任新加坡总理李光耀随即作出积极回应，提出按照“新加坡模式”在中国打造一个工业园区。在与上海、山东、无锡的竞争中，时任苏州市长章新胜积极争取到李光耀的信任和邓小平的支持，将工业园区落户苏州。按照李光耀提出的“软件转移”概念，苏州工业园区将新加坡城市规划、公共行政管理等方面的成功经验作为城市管理软件引入苏州。借助新加坡，苏州对标世界一流标杆、争做世界第一、勇创中国唯一、一张蓝图绘到底、创新引领发展、产城深度融合、构建梯度培训体系、营造国际一流营商环境、异地复制“园区经验”。

## （二）产教融合的全景呈现

产教融合发展，实现“四链叠加”。苏州产教融合助力高等教育和职业教育高质量发展，实现了教育链、产业链、人才链、创新链的四链叠加。在政策层面上，苏州市先后出台校企合作促进办法和管理办法、企业学院建设等若干政策文件；在机制构建上，建立了苏州市经济教育联席会议制度和职业教育改革发展领导小组，健全了深化产教融合的协调机构；在组织实施中，把管理一线的工作人员选派到新加坡培训，再放在最合适的城市管理岗位上。

生机勃勃的科教创新区。苏州的独墅湖科教创新区以名校集聚为引领、合作办学为特色、产教融合为路径、协同创新为导向、高端人才为支撑，构建了以全日制学历教育为主、覆盖“高职、高专、本科、硕士、博士”多层次立体化的人才培养体系。形成“一个产业创新园区吸引一批平台，一个平台吸引或孵化出一群企业，一个企业引来一批人才”的发展格局。吸引了牛津大学高等研究院等33家中外知名高校设置校区、科研院所，引进了包括中科院苏州纳米所在内的15家国家级科研院所以及包括华为苏州研发中心在内的新型研发机构。截至2022年6月，科创区拥有院士工作站、博士后科研工作和流动站38个，院士41人，国家重点人才工程计划142人，区级以上领军人才2359人。16.4万多名从业人员中大学及以上学历者占比达64%。

“两头延伸”的职业体验中心。苏州智能制造融合发展中心，总投入1.7亿元，占地面积近6000平方米，汇集了苏州10大板块68家先进智能制造企业的示范典型，整合了22所职业院校产教融合实践路径，形成了相对完整的智能制造职业体验架构，成为全市职业院校的教学实践基地、中小学职业体验中心和校企产融对接的综合服务中心，树立了职业教育产教深度融合新标杆。

## （三）标准化＋职业教育

苏州市职业教育围绕德国“双元制”人才培养模式，研制系列地方标准，在全国率先将“标准化”引入职业教育体系建设，按照专业与产业对接、课程内容与职业标准对接、教学过程与生产过程对接的思路，建构起“职业标准—岗位标准—专业标准—课程标准—师资标准—实习实训—达标认定”的职业教育“标准链”。太仓市政府和中国德国商会联合发布18项中德人才评价证书互认目录，在全国范围内首次实现中德专技人才之间的互认。

地处太仓的苏州健雄学院在全国高职院校率先开设标准化技术专业。专业方向以“标准化＋行业”为特色，包括机电一体化行业标准化和物联网应用技术行业标准化以及药品质量与安全行业标准化三个培养方向。培养目标是从事标准查询、跟踪、解读、研制、实施、评价与反馈等标准化专业技术技能的“标准化＋复合型”人才。自1993年第一家德资企业克恩－里伯斯落户太仓以来，得益于“双元制”人才培养模式和标准的成功实施，太仓市的德企累计超过400家，德企投资总额超50亿美元，年工业产值超500亿元人民币，现代制造业实现从量变到质变的转变。

结论：沿着苏州崛起的轨迹，聚焦关键节点的关键事件，可以发现，在长三角一体化、沪苏同城化的系统中，在靓丽的数字背后，是苏南模式、昆山之路、张家港精神、园区经验的系统性、连续性、协同性效应，其中，选准对标对象、实施标准战略、树立行业标杆效果尤其明显。这些地区发展经验对于如何用标准引领和推动京雄保一体化发展提供了重要的启示。

## 四、推动京雄保一体化发展的战略思考

“京雄保一体化”作为“京津冀一体化”系统里的子系统，主要推手是保定市。构建京雄保一体化发展新格局，必须明晰京雄保一体化的逻辑起点、内在动力，以及京雄保一体化系统的结构与功能关系、演化和调控规律。

### （一）京雄保一体化的逻辑起点

在京雄保一体化的系统里，北京急需疏散非首都功能和人口，雄安因承载北京非首都功能和人口而生，北京和雄安形成北京非首都功能和人口转移系统的阴阳二极。雄安新区建设是千年大计，在没有建成之前。保定可以利用时间差，阶段性地履行雄安新区的义务，承载北京非首都功能和人口。当雄安新区的转移功能实现之后，辐射力形成，雄安新区可以充当二传手，向保定转移北京非首都功能和人口。因此，用还原论的原理，即可发现京雄保一体化系统的逻辑起点是北京非首都功能和人口转移。由于功能互补加政策引领，阴阳二极的发展趋势是合二为一，一体化发展。

### （二）京雄保一体化的系统动力

在实行北京非首都功能转移过程中，根据党中央的战略部署，雄安新区承担着继深圳特区、浦东新区之后中国改革第三高地的历史使命，要成为推动高质量发展的全国样板，建设现代化经济体系的新引擎，要做到四个坚持：坚持世界眼光、国际标准、中国

特色、高点定位，坚持生态优先、绿色发展，坚持以人民为中心、注重保障和改善民生，坚持保护弘扬中华优秀传统文化、延续历史文脉。这既为雄安新区铸魂，又为京雄保一体化注入了新的动力。

### （三）京雄保一体化的历史机遇

中共中央、国务院在《河北雄安新区规划纲要》的批复中要求雄安新区加强同北京、天津、石家庄、保定等城市的融合发展。在漫长的建设和发展进程中，结构与功能关系、演化和调控存在很多时间差。用好时间差就有融合点。因此，京雄保一体化的历史机遇是：在疏散、承载、分担和保障中让雄安与北京、保定实现错位发展、融合发展，从而构建京雄保一体化发展新格局。

### （四）京雄保一体化的战略支撑

党的二十大报告把教育、科技、人才作为全面建设社会主义现代化国家的基础性、战略性支撑。2021 年 11 月 4 日，教育部和河北省人民政府联合印发《关于提升区域职业教育发展动能　打造品质保定的实施意见》，把保定与雄安作为一个整体，以保定为主阵地，推行职业教育改革试点。试点的目标是打造职业教育改革创新亮点和职业教育国际品牌，探索形成可复制、可推广的市域职业教育改革新模式、新样板。由此可见，部省共推国家级职业教育改革试点，就是要围绕服务保定承接北京非首都功能和人口转移，服务保障雄安新区建设、构建京雄保一体化发展新格局提供战略支撑。

### （五）标准引领，人才支撑京雄保一体化发展

标准，既是技术工具，更是战略选择。回望历史，从宏观角度看，大秦王朝实施“车同轨，书同文”，赢得国家的大一统和中华民族的经久不衰；从微观角度看，孟子说“无规矩不成方圆”，即使是中国工匠大师鲁班也离不开圆规和曲尺（规矩）。放眼世界，“在现在的国际技术规则制定领域里，由美英德法日主持和主导的国际标准数量占到全球标准数量的 90% 到 95%，而另外的 170 个国家主持的标准数量占到 5%。”

当今中国，1981 年之前，中国从来没有主导过一项国际标准。1981—1990 年，中国只主持了 2 项国际标准。从 2000 年到 2015 年，中国主持的国际标准的数量变化非常快，超过了 800 项。6 年前中国仅占 0.7%，现在上升到 1.8%。

标准是我国现代化发展的重要引领。中共中央、国务院印发的《中国教育现代化 2035》中“标准”二字出现了 16 次，新修订的《中华人民共和国职业教育法》中“标准”二字出现 21 次。建党百年庆典结束后不久，《国家标准化发展纲要》出台。《教育部关于完善教育标准化工作的指导意见》也提出了具体实施方案。

经国家标准化管理委员会批准，清华大学、保定学院、苏州建雄职业技术学院等 13 个教育和教育服务机构成为国家社会管理和公共服务综合标准化单位试点。因此，构建京雄保一体化发展新格局，应充分发挥标准化的引领和支撑作用。

在构建京雄保一体化发展新格局的复杂系统里，离不开中共中央、国务院的战略决策因素，离不开教育部和河北省人民政府提供职业教育改革试点的新动能，离不开“标准”这个世界通用技术语言的引领。

## 五、标准夯实京雄保一体化人才基础的实现路径

党的二十大报告把“高质量发展”列入“中国式现代化的本质要求”和“全面建设社会主义现代化国家的首要任务”，强调要加快建设高质量教育体系。习近平指出：“标准决定质量”“只有高标准才有高质量”。据此，夯实京雄保一体化人才基础必须以标准为引领，全面实施标准化战略，巩固标准化工作基础，加大标准化工作力度。

### （一）建立教育标准化联席会议制度，健全教育标准化协调机制

中国教育发展战略学会是教育部主管、民政部注册的国家一级社团组织。下属教育标准专业委员会（以下简称国教标委）由北京师范大学、中国教育科学研究院、中国教育报刊社、中国教育电视台、北京语言大学、中国银行等机构联合发起成立。国教标委是教育部“中国教育标准战略研究”委托课题承担机构，是“国家教育标准化研究平台”的承办机构。保定学院是国家标准化管理委员会批准的全国应用型本科唯一的综合标准化试点高校。由保定市人民政府牵头，可以组织教育局、标准委、保定学院等相关机构和院校建立教育标准联席会议制度。在战略学会与保定市政府战略合作框架下，健全教育标准化协调机制。

### （二）鼓励院校和科研机构开展区域产业研究，引领适用人才培养

围绕保定市国家职业教育改革试点的五大目标，即打造人才保定、智造保定、创新保定、山水保定、文化保定，鼓励保定的高等院校和职业院校建立产业研究院，研究政府颁布的产教融合扶持政策和保定、雄安产业规划以及承接北京非首都功能和人口转移部署，梳理人才岗位需求，提出专业设置、学科建设、课程开发、师资培训、教材编制、实验实训、能力评价等研究报告，直接服务于本校的产教融合和人才培养。

### （三）创办标准化学院，打造中国标准化人才的“保定军校”

百年之前，保定是留法勤工俭学运动的策源地。留法勤工俭学运动为中国共产党培养、造就了一大批优秀的马克思主义者、杰出的共产主义战士。保定还诞生了中国近代军事教育史上成立最早、规模最大、设施最完整、学制最正规的陆军军官学校，培养了大量为反抗压迫和民族独立而战的革命军人。在中国面临百年未遇之大变局，建设教育强国、科技强国、人才强国、文化强国、体育强国、健康中国急需“标准”支撑的关键时刻，可以创办标准化学院，打造中国标准化人才的“保定军校”，服务于全国的标准化事业。

### （四）提升标准研发能力，完善保定市教育标准化体系

雄安新区肩负先行先试，为全国提供可复制可推广的经验，保定也要探索形成可复

制、可推广的市域职业教育改革的新模式、新样板。因此，可以鼓励相关院校和研究机构将可复制可推广的新经验、新模式、新样板上升为标准，以标准为载体，在全国乃至全球推广雄安经验、保定模式、保定样板。

**（五）配合国家职业教育改革试点，申办教育标准化研究示范基地**

基于保定的历史文化资源、雄安新区千年大计和国家职业教育改革试点，丰富构建京雄保一体化新格局的深刻内涵，可以与国家级智库和社团组织深度合作，利用“河北保定学院应用型本科教育标准化”被列为第七批国家级社会管理和公共服务综合标准化试点项目的契机，配合国家职业教育改革试点，通过中国教育发展战略学会与保定市人民政府的战略合作，共建教育标准化研究示范基地。

**（六）建立教育标准国际学术交流中心，打造标准化学术高地**

按照教育部、河北省人民政府联合印发《关于提升区域职业教育发展动能打造品质保定的实施意见》，保定市承担“为世界其他国家和地区提供可借鉴可推广的中国职业教育改革发展经验，走在全国职业教育国际合作的前列”的任务。这就需要建立教育标准化国际学术交流中心，以此为平台，依托国家级智库和社团组织，开展教育标准化国际学术交流活动。建立政府引导、企业主体、产学研联动的国际标准化工作机制。

**（七）建立标准化保障和创新激励机制，优化标准化良性发展环境**

建立标准化保障机制，包括建立“市场驱动、政府引导、企业为主、社会参与、开放融合”的标准化工作机制；完善认证认可、检验检测、政府采购、招投标等活动中应用先进标准的政策机制。建立标准化创新激励机制，包括按照有关规定开展表彰奖励；发挥财政资金引导作用，积极引导公益组织和社会资本投入标准化工作。

## 六、结语

教育部与河北省人民政府建立部省合作机制，共推保定国家职业教育改革试点，是夯实京雄保一体化人才基础发展新格局的重大举措。试点的任务是提升区域职业教育发展动能，涉及的范围涵盖构建区域产教深度融合新格局、加强政校企协同联动、建立服务乡村振兴长效机制、着力打造文化精神传承高地、全面深化体制机制改革等方面，试点的使命是“打造职业教育改革创新亮点和职业教育国际品牌”，试点的目标是探索形成可复制、可推广的市域职业教育改革新模式、新样板，把新模式、新样板转化为团体标准、地方标准、行业标准，乃至国家标准、国际标准，通过标准引领，将保定经验、保定模式、保定样板在全国乃至全世界复制和推广。本文从两大国家战略中寻找政策依据；从三大理论中寻找研究工具；从三个角度对标典型案例；用五个要素进行系统构建；通过七个节点勾勒实现路径。

## 参考文献：

[1]刘劲杨. 还原论两种形相及其思维实质[J]. 自然辩证法通讯，2007(06).

[2]梅剑华. 客观性、因果性与自然律[J]. 中国社会科学评价，2022(02).

[3]郭治安，谭叔明. 协同学及其在计算系统和社会系统中的应用[J]. 系统工程与电子技术，1989(07).

[4]狄增如. 一个演化的复杂系统——经济[J]. 科学中国人，1996(11).

[5]中共中央、国务院. 关于对《河北雄安新区规划纲要》的批复[J]. 中华人民共和国国务院公报，2018(13).

[6]中共中央、国务院. 关于支持河北雄安新区全面深化改革和扩大开放的指导意见[J]. 中华人民共和国国务院公报，2019(05).

[7]国务院. 关于加强质量认证体系建设促进全面质量管理的意见[J]. 中国对外经济贸易文告，2018(18).

[8]教育部. 关于完善教育标准化工作的指导意见[J]. 中华人民共和国教育部公报，2018(11).

# 教育现代化监测评估与长三角教育现代化发展

张　珏①

**摘　要：**围绕加快推进教育现代化、建设教育强国和办好人民满意的教育，党中央、国务院发布规划，提出长三角率先实现教育现代化的战略目标以及研究发布统一的教育现代化指标体系、协同开展监测评估、引导各级教育高质量发展的重点任务。基于相关研究和项目实施，本文主要讨论了五个方面的话题，其中包括：1. 教育长三角在中国式现代化大局中占据重大战略地位；2. 教育监测评估指标体系研究开发要兼顾科学性和可行性；3. 努力探索科学有效的教育现代化监测评估工具与制度；4. 努力实现对教育现代化发展的多维度监测评估；5. 深化我国区域教育现代化监测评估的重点关注。

**关键词：**教育现代化；监测评估；长三角；治理

党的二十大报告首次将教育、科技、人才一体化部署，摆在高质量发展首要任务之后的突出地位，强调要加快建设教育强国、加快建设高质量教育体系，体现了党中央的重大理论和实践创新，赋予了教育事业在全面建设社会主义现代化国家新征程上的新定位、新要求、新使命。受教育部以及上海市教委及苏、浙、皖三省教育行政部门的委托，由华东师范大学、上海市教育科学研究院共同承建的教育经济宏观政策研究院牵头，协同江苏省教育评估院、浙江省教育现代化研究与评价中心、安徽省教育评估中心以及华东理工大学、安徽师范大学等单位，联合成立长三角教育现代监测评估中心，共同承担长三角教育现代化监测评估工作。本文对长三角教育现代化发展的监测评估的相关问题从五个方面进行讨论。

## 一、长三角在中国式现代化大局中占据重大战略地位

我国是人口众多、区域之间存在巨大差异的发展中大国，面向第二个百年奋斗目标，党中央做出促进区域协调发展的战略部署。目前，京津冀协同发展、粤港澳大湾区建设、长三角一体化发展、长江经济带创新发展、黄河流域生态保护和高质量发展等区域重大

---

① 张珏，上海市教育科学研究院研究员。

战略，已成为中国式现代化建设发展的新特点、新格局。在国家多个区域中，党中央之所以要求长三角率先实现教育现代化、率先开展教育现代化监测评估工作，是因为长三角在国家现代化建设和全方位对外开放格局中具有举足轻重的战略地位。长三角一体化发展是习近平总书记亲自谋划、亲自部署、亲自推动的国家发展战略。长三角在国家区域发展中具有它的自身优势，无论是在人口、经济发展、产业发展，还是在高新技术发展抑或是国际合作交流中，在全国，乃至全球都占有比较重要的突出地位。同时，长三角实现一体化发展、达成“一极三区一高地”的目标要求，将对完善中国改革开放，尤其是形成具有重要影响力的全球人才中心和创新高地具有重大现实意义。另外，在世界比较重要的城市群，例如在大家常说的六大城市群中，长三角也具有自身比较优势、特点和影响力。

在教育发展整个国家战略布局当中，长三角承担着先行先试、示范带动的重要作用。首先在整个国家区域教育现代化发展当中，京津冀、长三角、粤港澳大湾区、长江经济带、黄河流域都有各自的优势、重要环节和特点，长三角区域的教育现代化发展整体上处于领先地位。另外，长三角区内部无论上海，还是江苏、浙江、安徽，一市三省都承担着国家层面不同领域的教育改革发展试验任务，承载着国家教育现代化率先发展和改革创新探索的试验田使命。在国家教育区域发展及其战略布局中，长三角承担着率先发展、先行先试这样一种引领区域发展的功能。在中共中央发布的长三角一体化发展规划中，也是明确要求要“研究发布统一的教育现代化指标体系，协同开展监测评估，引导各地学校高质量发展”。

## 二、监测评估指标体系研究开发要兼顾科学性和可行性

第一，学习吸收已有的一些教育现代化指标体系，包括相关的监测体系、理论和方法。2013 年，教育部组织有关的单位和专家，形成了《中国教育现代化进程监测评估指标体系》，这套指标体系有普及与公平、结构与质量、条件与保障、服务与贡献等 4 个大的方面和 40 个监测指标。这 40 个指标全部是数量指标。

第二，借鉴继承了部分发达地区教育现代化监测评估实践。北京、上海、天津、江苏、浙江、广东等一些东部沿海发达地区、经济教委发达的地区，事实上早就各自从自己的实际出发，制定相应的指标进行相应的监测，来服务各地的教育决策和精准的施策。

第三，研究应用国内外相关的监测指标以及相关的理论和方法，如第四代评价理论，当然现在有学者已经提出了第五代评价理论；再例如，在指标体系构建方面，参考比较多的依然是 CRPP 结构模型及其变化形态；另外，还参考了大家比较熟悉的全球创新指数、人类发展指数。这些评价体系指标的数量，根据监测评估对象的不同变化比较大，其中，世界银行就是按照人均国民收入一个指标就把所有类型国家分成高收入、中收入、

低收入等不同类型的国家；世界经济论坛、洛桑国际管理发展学院则不然，它们的全球竞争力评价指标体系及全球竞争力报告就采用了数百个指标，包括它们的指标构成方法，都对我们研究和建立区域教育现代化指标体系带来很多启发。

第四，从实际出发，针对各界的高度关注以及党和国家战略要求，设计一些新的、具有明确导向性和特色的指标，并努力体现目标导向、问题导向、效果导向的设计原则。

另外，这套指标体系承担的功能则明确设计为：监测评估长三角现代化发展水平、区域教育一体化发展水平、长三角在整个国际和国家的坐标系中所处的位置以及一市三省的教育现代化发展水平，既包括进展、成就、问题、短板和在国内国际坐标里面的相对位置，也包括相对于监测指标标准的目标实现程度等。

与以往构建指标体系对照，长三角教育现代化指标体系建设首先构建了理论框架，其构成逻辑是以学习者的现代化作为出发点。围绕促进人的现代化，推进学校的现代化、教育体系现代化、教育治理现代化，在此基础上，教育现代化的发展还要产生经济社会发展的贡献和国际国内的影响力。图 1 是指标体系构建的基础和理论框架。

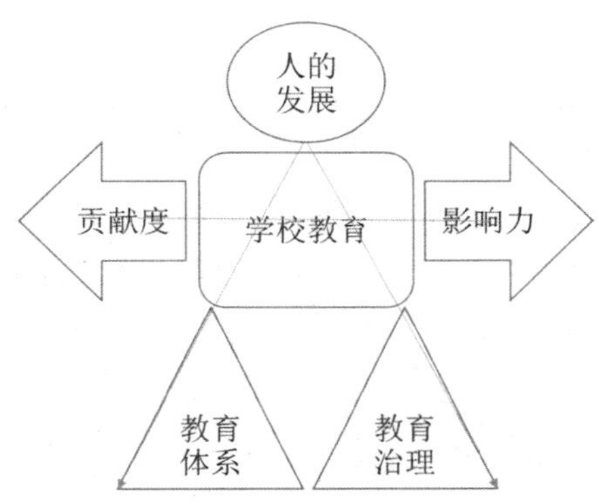


**图 1　长三角区域教育现代化监测评估理论框架**

基于上述工作和指标体系构建框架，设计形成一套包括 6 个方面一级指标、20 个二级指标和 71 个监测点的指标体系，其应用对象是长三角整体。同时，为了反映长三角内一市三省的教育现代化发展特色和优势，还为一市三省每个地方设置了 3 个指标、32 个监测点，通过监测评估进一步突出各地教育改革创新发展的特色和优势。

## 三、努力探索科学有效的教育现代化监测评估工具与制度

首先，围绕大国教育现代化治理探索，应用了具有中国特色的区域教育现代化监测评估组织实施保障体制。在区域教育监测评估领导统筹方面，教育部专门成立领导小组及办公室，协调不同机构和长三角一市三省教育行政部门，共同领导和推进这项重点工作，并在实践中探索和凝练行政科研融合落实机制、多元协同的参与机制、精准的施策

和服务机制。

其次，在获取和应用可靠的数据信息方面，初步探索形成了多维数据信息来源体系。例如，建立了稳定及时获取国家统计数据信息、大型抽样调查数据信息、长三角一市三省教育发展特色指标和优势指标数据信息以及国际国内第三方权威性数据信息的平台和机制。

另外，立足监测评估工具体系创新，实践中重点开发了监测目标达成度分析模型、教育现代化指数模型以及监测点多维分析框架。在此基础上，还遴选和形成了一市三省教育改革创新发展方面典型案例，希望综合分析和提炼，能够凝练出一些可借鉴可推广的经验和做法。

还有，在监测评估和形成初步成果的过程中，注重广泛听取区域内部、区域外部多方面的意见，充分反映和吸取专家学者的智慧与建议。同时，与专业的开发公司密切合作，加快研制长三角教育现代化监测评估系统，一方面及时有效地实现监测评估结果的集约化和可视化；另一方面努力推进长三角及其他区域，乃至全国教育现代化的监测评估重要环节加快实现数字化、便利化。

## 四、努力实现对教育现代化发展的多维度监测评估

教育现代化是一个不断发展和逐步迈向更高质量、服务贡献成效呈现更加显著的动态变化过程，只是在发展过程中不同的节点有不同的实现目标和要求。相对于过去，现代化是一种超越；相对于当下，现代化代表先进水平、更高质量和更高的满意度；相对于未来，现代化是引领发展的旗帜和更美好的蓝图。教育既是内部体系极其复杂的大系统，同时又是与经济社会诸多领域密切联动的多关联体系，教育质量或教育成效的评价，尤其是人才培养质量的评价不仅难以找到合适的指标，同时也难以进行定量化的评价和表述。利用一组指标（无论是否包括定性指标），难以直接全面评价教育现代化水平，更不能对一地甚至一国的教育现代化质量给出全面客观的评价。

避免简单评价和判断一地或一国教育现代化发展水平，需要从多个维度综合认识、理解和多维度综合评价。例如，可以通过指标、监测点的监测目标进行程度分组、分类或总体进行分析，以反映设定目标的达成情况；可以采用可比较指标编制指数进行不同地区或国家层面的分析，判断其不同坐标系中的相对地位及变化；也可以针对单个重要指标或监测点进行横向、纵向以及内部、外部的比较与分析；当然还可以通过教育改革创新的典型案例、学校或区县观测点的佐证和补充，为教育现代化监测评估提供不同视角和素材。

监测评估指标或监测点的监测目标达成度模型主要用于分析判断总体、不同方面、不同领域或环节指标的监测目标达成长度与特点，例如：针对长三角区域或一市三省，

可对照 2025 年目标要求和评价标准，形成一系列不同对象的监测目标达成度分析结果。另外，针对有明确政策和规划目标要求的指标或监测点，还可以分为已经达到目标、即将达成目标、努力可达成目标和达成目标困难 4 种情况形成监测评估判断，并对需要努力可达成监测目标要求以及难以达成监测目标要求的指标或监测点进行预警预报，及时反馈到各地教育行政部门，为其采取针对性举措和明确补齐短板的目标要求、实施精准施策提供可靠的支持。同时，也可以通过监测目标达成度模型，相对于国家 2035 年规划目标实现程度、国家"十四五"规划的目标实现程度以及对联合国教科文 2030 行动框架的目标实现程度进行分析和判断。其中，最重要、也是对各个省市影响比较大的，就是针对各省监测指标，形成已经达成、即将达成、需要努力和达成困难的判断，对各地政府部门的精准施策形成强有力的支撑。

教育现代化指数模型的编制分国际、国内这两个方面，分析结果可用于分析国家、国际两个教育坐标系中各地或不同区域的教育现代化发展地位和变化。国内教育现代化指数分析呈现了长三角区域、一市三省在全国及 31 个省市区中的相对位置，便于对照判断各自在国家教育现代化坐标系中的相对地位和优劣势。国际教育发展水平指数反映了长三角、一市三省在不同收入类型国家坐标系中的相对地位和水平。同时，为了进一步分析判断长三角以及一市三省教育现代化指数与人均 GDP、人类发展指数、区域创新能力、区域创新创业指数以及人均地方教育支出等重要排行的对应关系，还将教育现代化指数的 31 个省市区排行和部分重要指标排行进行了相关分析和对照。图 2 为 31 个省市区的教育现代化指数排行与人均 GDP 排行的相关分析。

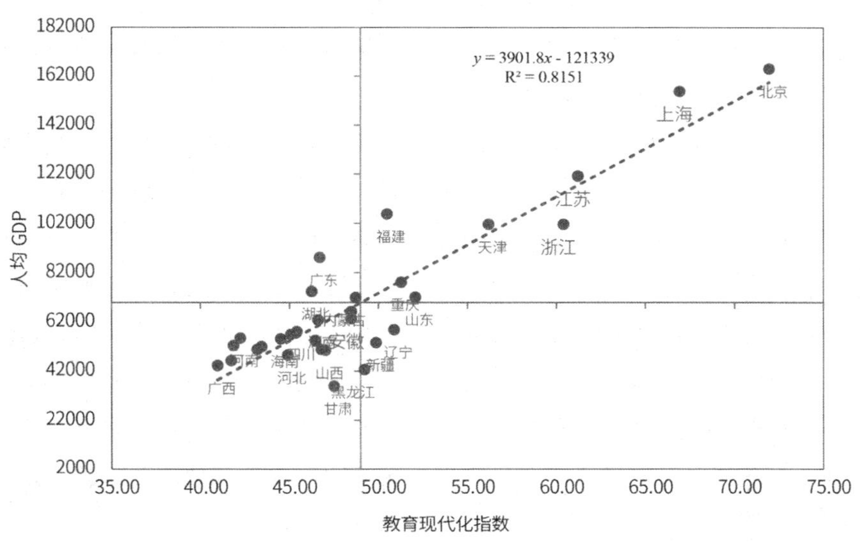


**图 2　全国各地教育现代化指数与人均 GDP 排行的相关分析**

重要指标和监测点的多维分析既涉及纵向、横向比较以及区域、城乡内部差距及变化等多维度的分析和判断，也涉及对这个指标或监测点以及它对应环节或领域的进步程度、努力程度、目标实现程度、发展满意度等内容。指标或监测点的多维分析便于各地对照同等经济社会发展水平的地区比较自身的教育指标水平，为各地科学把握发展动态和解决突出问题提供科学决策依据。从实际情况看，各地相对于总体发展水平的判断，往往会更加关注同等发展水平地区之间重要指标水平的比较。

通过上述监测目标达成度、教育现代化指数、指数或监测点多维分析以及针对监测发现问题开展的专题研究及典型案例汇集等多个维度的综合分析和判断，可对长三角、一市三省教育现代化水平及其进步程度、推进改革创新的努力程度等做出综合评价，为各地总结经验、实现科学决策和精准施策提供可靠支撑，为长三角探索凝练教育治理现代化理论、讲好中国教育现代化故事、代表国家积极参与全球竞争与合作奠定扎实的实践基础。

## 五、深化我国区域教育现代化监测评估的重点关注

对照党的二十大精神和战略部署，在进一步学习把握中国式现代化特征、推进重点、推进路径基础上，进一步深化教育现代化及其监测评估相关理论和方法的学习与研究，提高对加快推进教育现代化、建设教育强国、办好人民满意教育的认识和站位，努力探索开辟大国教育治理现代化的新路。

针对我国新时期的阶段性发展特点和主要矛盾，从各地之间、区域之间教育现代化发展处于不同阶段、面临不同发展重点任务的实际出发，进一步探索、完善和形成统筹有力、科学有效、持续稳定的协同、组织及实施保障体制机制，通过及时反馈和信息服务，支持科学决策、精准施策，引导社会关注，营造良好生态。

立足长三角，面向全国和其他区域，聚焦“一个确立、四个重点”不断探索和丰富我国教育现代化监测评估的理论和实践。一个确立就是要在监测过程中重点关注是不是体现了将教育优先发展放在基础性、全局性、战略性地位。四个重点之一就是重点关注区域、城乡、学校、人群之间教育差距，特别是师资队伍、优质教育资源供给等方面的情况；之二是重点关注教育领域的科技创新、服务贡献和人力资源开发水平及增量变化；之三是重点关注教育的国际合作交流以及引进来、走出去的实际水平和影响力，关注高水平留学生培养和吸引能力以及参与全球教育治理的能力水平，这也是教育强国的重要内涵；之四是重点关注人才培养体系、质量、满意度以及教育数字化、教育治理法治化对教育改革创新产生的动能和变化。

# 建设区域协调发展新格局与促进区域教育协同

范恒山[①]

**摘　要：**区域协调发展事关国家发展大局，在一系列重大战略与政策的强力推动下，区域经济发展呈现出前所未有的良好局面，但区域问题仍然突出，促进区域协调发展任重道远，要紧扣分类指导和协同联动的操作导向，重点推进七个方面的工作，着力建设区域协调发展新格局。区域教育协同发展与公平服务是促进区域协调发展的核心内容，要在总结经验的基础上，针对突出问题，优化区域教育资源配置，建立人民满意的、提供公平服务的高质量教育体系。

**关键词：**区域协调发展；区域教育协同；战略与政策

区域协调发展关系国家长治久安和民族繁荣昌盛，而区域问题是区域协调发展的直接障碍。区域问题内容广泛，促进落后地区加快发展、推动资源枯竭地区产业转型、提升发达地区的国际竞争力水平、实现国土空间的优化配置、深化地区间的合作联动等都是促进区域协调发展需要面对的重大课题，但地区差距悬殊是最为关键的区域问题，也是多种区域问题的综合反映，促进区域协调发展的本质要求和核心内容，是缩小地区发展差距，更为准确地说，是缩小地区间过大的和不合理的差距。

## 一、促进区域协调发展的战略演进与现实状况

区域问题不仅是经济问题，也是社会问题、政治问题，其所带来的影响是广泛的、深刻的。区域战略和政策的制定实施就是为了解决各类区域问题，而20世纪90年代中期是一个重要的时间节点。鉴于“八五”末期呈现出的过大地区差距，中央提出把缩小地区差距作为一条长期坚持的重要方针，明确从“九五”开始，要更加重视支持中西部地区经济发展，逐步加大解决地区差距继续扩大趋势的力度，积极朝着缩小差距的方向努力。[②]从那个时候开始，一系列重大区域发展战略和政策陆续出台，从1999—2006年，

① 范恒山（1957—），男，湖北天门人，经济学博士，博士生导师，高级经济师，教授；国家促进中部地区崛起办公室原副主任，国家发展改革委原副秘书长。

② 十四大以来主要文献选编（中）[M]. 北京：人民出版社，1997.

先后出台了推进西部大开发、振兴东北地区等老工业基地、促进中部地区崛起等政策文件，区域协调发展战略全面形成。“十一五”时期，围绕贯彻落实区域协调发展战略，国家选择具有不同代表性的地区，立足于实施分类指导，出台了一大批重大区域战略规划。党的十八大以后，区域战略与政策的研究、制定与实施达到一个新的高度，呈现出一些新的特点：协调发展构成新的发展理念的重要内容，成为治国理政的战略方针和指导原则；区域政策与财政政策、货币政策等主要经济政策相提并论，成为国家指导和调控经济活动的主体手段和重要工具；各级党和政府主要负责同志直接主持区域战略和政策制定实施，促进区域协调发展成为名副其实“一把手”工程；区域重大战略陆续推出，跨区域、跨流域一体联动深入推进；着力解决重大区域问题，进一步促进不同地区、不同人群的协调发展、共同提升，最为突出的是通过扶贫攻坚，解决了绝对贫困问题，全面建成小康社会；进一步强化典型带动与示范，打造了一批重要的发展改革与开放合作平台；等等。

在区域协调发展战略、区域重大战略、主体功能区战略、新型城镇化战略、乡村振兴战略、可持续发展战略等一系列重要区域政策的强力推动下，区域经济发展呈现出了前所未有的良好局面，取得了粲然可观的积极成效，主要是：优化了区域发展格局。在进一步巩固东部地区发展优势的基础上，推动了中西部地区的经济提质加速。从 2008 年开始，中西部地区经济增长速度显著加快，有效缩小了与东部地区的发展差距，培育了一批新的经济增长极。长三角、珠三角、京津冀等传统经济引擎继续展现牵引活力，武汉城市圈、长株潭城市群、成渝经济区等中西部地区新的经济增长极陆续形成，促进了欠发达地区加快发展。一批原中央苏区、革命老区、民族地区及资源枯竭型地区焕发活力，经济增速明显提升；自 2012 年以来，以农村为主体的近一亿贫困人口实现脱贫，创造了世界奇迹，提升了区域比较优势。长三角、珠三角、京津冀等发达地区先进制造业、现代服务业迅速发展，经济结构不断优化；黑龙江、河南等粮食主产区地位进一步巩固提升。黑龙江粮食年产量已达 1500 亿斤以上；河南粮食年产量也达到了 1300 亿斤以上；一些生态环境良好地区的生态经济开发取得突破性进展，绿色发展水平持续提升。区域联动进一步加强。跨行政区合作积极展开，经济区建设成为推动地区经济发展的重要途径，部分地区一体化进程明显加快。重点地区的引领带动能力不断提升。城市群发展快速，中心城市对一般城镇和周边地区的辐射能力增强，城乡融合进程不断走向深入；国家级新区、自由贸易试验区、共同富裕示范区、现代化引领区域改革创新力度不断强化，一批成熟的经验和做法被复制与推广。

区域战略和政策之所以能对促进区域协调发展产生具有实质性而又十分明显的效果，关键在于其体现了分类指导和协同联动的本质特征。分类指导把握了各个地区的具体区情和所面对的关键问题，具有强烈的针对性和务实性，从而能产生吹糠见米、立竿见影的实际效果；而协同联动能够推动地区间进行合理分工、发挥比较优势、避免恶性竞争，能够促进地区间实行优势互补、资源共享，提高整体创新能力、拓展更为广阔的发展空间；还能在关键时期或特殊环境下做到同舟共济、抱团取暖。

促进区域协调发展依然任重道远，过去存在的区域问题并没有根本解决，发展进程中又呈现出一些新的问题。主要有：地区分化加剧。受资源禀赋、地理区位、现实基础、营商环境、科技条件、政策差别等的影响，在激烈的地区竞争中，地区间发展不平衡的状况表现突出，四大区域板块间、区域板块内部各省份间、各省份内部地区间的分化状况日趋明显，一部分地区出现由快到慢的反转。困难地区跨越发展后劲不足。部分资源枯竭地区产业转型进展缓慢，新的增长点尚未形成；受制于"马太效应"和"破窗效应"，一些欠发达地区出现资源要素流动入不敷出的状况；部分脱贫地区发展基础不够坚实，巩固拓展脱贫攻坚成果的长效机制尚未建立；农村地区发展相对缓慢，城乡间综合实力差距进一步拉大。一体化实质性进展迟缓。各种形式的行政垄断、地区封锁和市场分割依然存在，统一市场建设的隐性障碍有增无减，在资源要素自由流动、自主配置，产业结构统筹安排、互补互促，基本公共服务共建共享、一体提升等关键方面的区域开放合作依然薄弱。

应该说，区域发展不平衡、不协调状况的存在是一种正常现象，所谓的绝对平衡和协调是难以做到的。从推动发展的角度来看，也不能搞绝对的平衡和协调，有差距才有追赶，有追赶就会形成竞争，正是在你追我赶、争先恐后的竞争中，才实现高质量发展和高效益增长。我们追求的平衡是动态平衡，追求的协调是发展中的协调，促进区域协调发展所要致力解决的问题是消除不合理的、过大的地区差距。因为不合理的、过大的地区差距不仅违背社会主义制度的原则，也会最终破坏生产力的发展、妨碍社会的稳定。

## 二、着力建设区域协调发展新格局

我国已步入全面建设社会主义现代化的新征程，基于建设现代化的伟大使命，党的二十大报告进一步强调促进区域协调发展，明确指出，深入实施区域协调发展战略、区域重大战略、主体功能区战略、新型城镇化战略，优化重大生产力布局，构建优势互补、高质量发展的区域空间布局和国土空间体系。把握二十大的要求，基于过去促进区域协调发展的实践经验和当前存在的主要问题，紧扣分类指导和协同联动的操作导向，下一步应着力从如下方面开展工作。

第一，增强对特殊困难地区的战略与政策赋能。革命老区、民族地区、边境地区、资源枯竭地区、脱贫基础不牢固地区以及在过去发展中由强变弱、陷入困境的"泥沼"地区等是促进区域协调发展的短板或薄弱环节，推动这些地区实现跨越发展需要采取特殊的举措。国家区域战略与政策集高品位、广影响、强能量、大红利于一体，对地区发展具有倍增的促进作用和叠加的衍生效能。推动特殊困难地区摆脱困境，实现跨越式增长，与全国同步实现现代化，必须加强国家区域战略与政策赋能。赣南原中央苏区在国家定向区域战略与政策指导下实现快速发展的实践，就是一个生动有力的例证。要结合解决不同地区的实际问题和推动发展的基本需要，量身定制战略规划和政策文件，通过有力的机制、实在的举措和具有支撑带动力的项目，推动其实现振兴跃升。

第二，强化推动共同富裕的机制建设与政策安排。党的二十大明确“中国式现代化是全体人民共同富裕的现代化”，一个富强民主文明和谐美丽的社会主义现代化强国，不能允许存在两极分化。开启全面建设现代化的征程，也意味着已经到了扎实推动共同富裕的阶段。目前，我国城乡区域发展和收入分配差距依然较大，这种差别的形成既有生产力发展不足的问题，也有分配不公的问题。推动共同富裕要把加快生产力发展和建立公平的分配机制有机结合起来，既要做大蛋糕，也要分好蛋糕。在发展方面，要着力推进重点地区，特别是欠发达地区、广大农村地区加快发展；在分配方面，要重视提高低收入人群的收入水平，特别是解决好劳动报酬在初次分配中比重过低问题，同时运用再分配、第三次分配增加低收入者收入，扩大中等收入群体。还应探索多种渠道增加中低收入群众要素收入，多渠道增加城乡居民的财产性收入。

第三，大力推动行政交界地区合作联动发展。实践表明，多个行政区毗邻的区域发展大都处于欠发达状况，其原因在于，在其所属的行政区内部，由于路远地偏，政府管控与支持常常鞭长莫及、力不从心；在行政区外部，基于自身利益，互不隶属的各行政区往往明里暗里较劲，相互间竞争激烈，结果是相互损伤。行政交界地区加快发展的唯一出路，就是开展区域合作、实行协同联动。通过合作打造一体发展的经济区，统筹推进基础设施建设、市场体制构建、产业发展布局、生态环境保护、公共服务提升等重要经济社会发展事项，以此提高整体创新能力和发展水平，不断拓展发展空间。上一级行政区应积极采取措施，推动所属边沿地区深化开放合作，创新协调机制，把竞争对手变成合作伙伴，合力把行政交界地区打造成为区域经济发展中心。

第四，进一步增强城市群、都市圈的引领带动作用。城市群、都市圈大中小城市密集，是国家创新资源与要素的主要集聚地，发展动能充足，自然而然成为推动中国现代化建设的主要力量，也必须担当起促进区域协调发展的主体责任。当前，总体上说，城市间的竞争大于互补，大城市对一般城市、城市对农村的虹吸效应大于辐射效应，要通过深入推进以人为核心的新型城市化战略，着力推动大中小城市和小城镇的协调联动，着力推动城乡融合发展。要以城际铁路和市域、市郊铁路等轨道交通为骨干，提高城市群、都市圈基础设施连接性贯通性；要优化城市间的功能分工，打造各类产业的互补互促的良性发展格局。要通过统一规划、体制联动、共建共享、同权同利打破城乡二元结构，促进城乡资源要素的平等交换与双向流通；要通过功能分解、企业进村、产业转移、对口帮扶等有效途径，加大以城带乡、以工助农的力度。

第五，推动大区域协同联动和小空间因情施策的有机结合。区域发展的实践表明，一般而言，超越行政区的经济区地域范围越宽阔，可以利用的资源要素就越丰富，可以形成的创新能力就越高强，地区发展的能量就越充足。与此同时，区域政策的空间板块覆盖面越小，针对性就越强，实施的效果也就越显著。因此，推动区域协调发展要把实现尽可能多的行政区合作联动与实行对适宜空间板块区域的定向指导有机结合起来。但无论是推进大的区域空间的协同联动，还是实施相对较小国土板块的分类指导，其措施都要充分体现针对性、务实性和有效性，防止大而化之、无的放矢。

第六，实行区域重大战略有机衔接、一体协同。鉴于区域重大战略的影响力和有效性，如果相互隔离、各自为战，就会因战略区别形成战略分割，又因战略分割导致政策级差，从而有可能形成新的区域发展不平衡。因此，要推动同一地区多种战略的融合贯通，促进不同地区重大战略间的有机衔接，充分发挥重大战略的叠加效应和复制推广功能，促进各地区充分利用国家战略，各显其能推动地区发展。

第七，充分发挥数字技术的支撑作用。数字技术是正在蓬勃发展的世界新一轮科技革命和产业变革的核心成果，对经济社会发展和生产生活治理方式形成了全方位的影响。对区域发展而言，数字技术能够有效颠覆传统的时空模式，化解既有地理环境约束，超越现实发展基础，克服传统治理方式存在的随意性等内在缺陷，更加广泛、自由和高效地配置资源，为实现落后地区创新发展路径、实现后来居上提供了有利条件。要遵循数字发展规律，推动数字基础设施的一体建设。相对欠发达地区要尽力发展数字技术体系，加快建设数字经济平台，推动数字产业化和产业数字化，使其成为推动经济发展的基本支撑和主要动能。在很大程度上说，未来发展的核心竞争力主要体现在对数字技术的掌控能力上。欠发达地区宁可牺牲一点其他方面的需求或建设，也要千方百计建立高水平的数字技术体系和数字经济结构，在这个方面不能落在后面。

## 三、努力推进区域教育协同发展与公平服务

促进区域协调发展的一个核心内容，就是推动基本公共服务的均等化，而教育是重要的基本公共服务。因此，促进区域协调发展，应当把推进区域教育协同发展和公平服务放在十分重要的位置。从一定程度上说，基本公共服务均等化的程度反映着区域协调发展的程度与质量，而区域教育协同发展与公平服务的状况则反映着基本公共服务均等化的程度与质量，教育能否实现区域协同发展和公平服务，关系到许多人的一生，也影响到国家整体实力的增强。在推动区域协调发展过程中，应当采取切实有力的举措，提高区域教育协同发展和公共服务的水平。

“基本实现公共服务均等化”是党的二十大所明确的到2035年我国基本实现社会主

义现代化时提的要求，时间紧迫。党的二十大要求“办好人民满意的教育”，而人民是否满意的依据就是能否实现教育公平。应该说，经过数十年的持续努力，我国教育公平状况不断改善，其中一个重要方面，就是教育普及水平全方位提高。资料表明，2021 年我国九年义务教育巩固率达到 95.4%，学前教育毛入学率从 2012 年的 30% 达到 88.1%，高中阶段的教育毛入学率为 91.4%，高等教育毛入学率由 2012 年的 30% 上升到 2021 年 57.8%，义务教育和学前教育普及程度达到高收入国家平均水平，高等教育进入国际社会公认的“普及化”阶段[①]。教育发展的成就应该充分肯定，但我们也要清醒地认识到，在区域教育协同发展和公平服务方面，仍然存在着一些问题。一是，区域教育资源配置不均衡，城市和农村，中心区域和边沿区域，发达地区和欠发达地区，教育资源供给差距比较大。二是，较高的受教育人群的平均数掩盖了结构上的不均衡问题。平均与平衡不是一回事，虽然高等教育毛入学率已达到较高水平，但实际上在农村与城市、边沿区域与中心区域、欠发达地区与发达地区之间的差距是显著的。一个平均数，容易把这些不平衡不协调的问题掩盖起来。总体上看，存在着不同地区人群享受教育的机会不公平、权利不均等的问题。例如，虽然国家免费提供九年义务教育，但一则，各个地区和各个家庭的基本条件不尽一样，因为因病返贫、家庭缺乏劳动力等原因，并非所有的孩子都能实际或完整地享受国家提供的免费教育；二则，现行的教育活动受政府与市场双重规制驱动，存在着课堂教育和课外教育两个轨道，贫困家庭的学生往往请不起家庭教师，因而会形成有“家教”和无“家教”学生在学习成绩进而升学概率方面的明显差异。三则，各地的教育条件差别明显，教学质量与水平也体现出较大的差别，客观上会带来条件较好地区和较差地区升学率的差距，从而也会影响到教育的公平状况。四则，考试规则与录取规则并不完全一致，由于学校分布状况和考生的地域、城乡属性等的差别，考取高分的学生不一定能被相当的大学录取，而一部分考分较低的学生反而能够读上更好的大学；再加上一些学校具有“自主招生”等特权，就更容易形成招录上的不公平，从而带来教育服务的不公平。因此，实现区域教育协同发展、促进教育公平服务是我们需要高度重视、着力落实的一项重要任务。

党的二十大对实施科教兴国战略、优化区域教育资源配置等做出了重要部署。基于存在的突出问题，应当在如下方面继续做出努力：一是建立统一的教育公平服务标准体系，针对薄弱环节制定实施方案，采取有效措施逐项推进，按期保质达标。二是多措并举，包括加大经费投入、项目支持，推动优质资源转移以及开展联合办学、对口支援等，进一步推动教育资源在区域间的合理配置和向薄弱地区的汇合聚集，加快义务教育优质均衡发展和城乡一体化。三是强化特殊困难家庭的帮扶力度，综合考虑各方面需要，切

① 党的二十大报告辅导读本［M］. 北京：人民出版社，2022.

实提高义务教育控辍保学水平。四是完善进城农民平等享有公平教育的权利，保障随迁子女及时入学。五是严格控制高等教育考试中各种形式的加分和特招，严格规范相关高校的自主招生权力和程序。六是进一步降低高等教育的入学门槛，积极探索实施宽进严出的管理模式。七是统筹职业教育、高等教育、继续教育等的协同创新，适当提高职业教育的等级或层次，促进教育进一步面向经济建设主战场，进一步服务关键核心技术的攻坚突破。

# 乡村振兴背景下农村学前教育保教队伍建设的政策建议

季卉慧　张海昕[①]

**摘　要：**人口迁移变化和城镇化发展对学前教育适龄儿童的规模带来影响，特别是农村学前教育保教队伍建设的问题尤为突出。促进农村学前教育发展是建设高质量教育体系、落实乡村振兴战略的必然选择。“十四五”时期，是我国学前教育从规模发展到质量提升的“爬坡过坎”过程，面临着农村学前教育保教队伍人员紧缺、幼师学历和保教质量的迫切提升、各项经费投入不足、多元成本分摊机制尚未有效建立等现实困境。对此，本文建议动态关注农村学前教育学龄人口变化情况、合理进行幼师配置，加强保教队伍职业价值观的培养，对其职前职后一体化培训，多渠道加大对学前教育师资的经费投入等，以实现农村学前教育高质量发展。

**关键词：**乡村振兴；学前教育；保教队伍；政策建议

2017 年 10 月 18 日，习近平总书记在党的十九大报告中提出乡村振兴战略。党的二十大报告中再次明确“全面推进乡村振兴”。乡村振兴包括产业振兴、人才振兴、文化振兴、生态振兴、组织振兴的全面振兴。乡村振兴离不开教育的支持，教育强是农村强的重要保障，优先发展农村教育事业也是乡村振兴的重要内容。

人生百年，立于幼学。学前教育对人的一生具有启蒙性的基础育人作用，学前阶段是幼儿认识世界，培养生活习惯、行为习惯的重要时期，对人的终身发展和生涯规划具有至关重要的意义。“十三五”时期，我国学前教育规模快速扩大，普惠率稳步提升，但总体来看，学前教育仍然是教育事业的短板，尤其是农村学前教育。因此，学前教育势必是乡村教育振兴发展历程中的首要任务之一，而助推农村学前教育发展上台阶的关键，是建设一批高质量的保教队伍。

---

① 季卉慧，教育部学校规划建设发展中心高级主管。张海昕，中国教育发展战略学会生涯教育专委会理事长。

## 一、乡村振兴背景下农村学前教育发展的宏观背景

农村学前教育是我国教育体系的重要组成部分，在我国教育事业改革发展过程中具有重要作用。由于我国长期城乡二元体制的划分，以及城镇化进程的逐渐加快，大量的投入、资源与人才向城市集中，造成农村资源相对有限。农村学前教育在此影响下，发展越来越落后于城市。为了进一步推动高质量农村学前教育发展，需要客观分析当前的宏观背景。

### （一）促进农村学前教育发展是建设高质量教育体系必然要求

党的二十大报告指出，要坚持以人民为中心发展教育，加快建设高质量教育体系，发展素质教育，促进教育公平。学前教育是基础教育的重要组成部分，也是高质量教育体系的基础和起点。要充分发挥奠基性和持续性的作用和影响。当前，农村学前教育仍是整个教育体系的“短板之短板”。在农村学前教育从规模发展到质量提升的过程中，如何促进城乡幼儿园均衡发展，为农村幼儿提供高质量的教育供给，成为当下我国农村学前教育发展急需解决的现实问题。

2021 年，教育部等 9 部门颁布《“十四五”学前教育发展提升行动计划》，明确要健全普惠性学前教育资源配置、师资队伍建设、经费投入与成本分担等方面保障机制，提升学前教育公共服务水平。扎实建设高质量学前教育体系以推进“幼有善育”“幼有优育”的农村学前教育发展至关重要。

### （二）生育率和学龄人口规模是影响农村学前教育资源配置的重要因素

学前教育作为与出生人口最先发生联系的教育阶段，其资源配置必定将人口因素作为重要的参考依据。为有效应对低生育率、人口老龄化等问题，我国从 2011 年开始出台“二孩政策”，2016 年正式实施“全面二孩”政策。政策实施后，2016 年我国出生人口 1786 万人，二孩及以上占比超过 45%，但随后二孩出生率逐年下降（图 1）。为进一步提升生育意愿及生育率，2021 年 5 月中共中央政治局召开会议审议了《关于优化生育政策促进人口长期均衡发展的决定》，实施“一对夫妻可以生育三个子女政策及配套支持措施”的“三孩”政策，努力提高优生优育服务水平，发展普惠托育服务体系，推进教育公平与优质教育资源供给，降低家庭教育开支。党的二十大报告明确要“优化人口发展战略，建立生育支持政策体系，降低生育、养育、教育成本”。

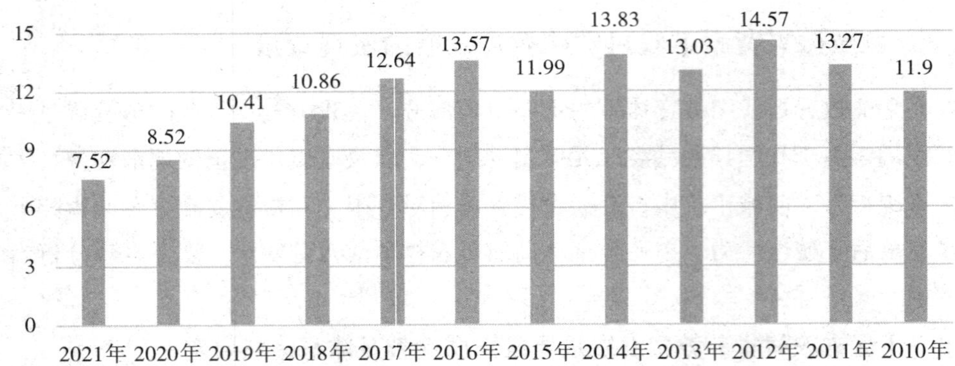


**图 1　2010—2021 年我国人口出生率（‰）**

数据来源：国家统计局。

学前教育与生育率有着互相影响的关系。一方面，生育率的下降将对我国学前教育规模和资源配置等带来挑战；另一方面，学前教育发展本身也影响着人们的生育意愿。“十四五”时期，我国人口将进入负增长阶段，较高的生育养育教育成本，使得年轻人不想生、不敢生。因此，农村学前教育发展面临巨大挑战，最直接的变化是学龄儿童数量的减少，优质教师“留不住、留不下”，办园质量受到严重影响。“十四五”时期，农村学前教育实现高质量的内涵式发展至关重要，学前教育的发展要逐渐转变到“幼有善育”上来。

**（三）完善农村公共服务体系是乡村振兴战略实施的重要保障**

2018 年颁布的《中共中央　国务院关于实施乡村振兴战略的意见》中强调“优先发展农村教育事业”，这从顶层设计的高度明确了教育在乡村振兴中的价值定位。2021 年，教育部等四部门印发了《关于实现巩固拓展教育脱贫攻坚成果同乡村振兴有效衔接的意见》，提出要提高普惠性学前教育质量，指导脱贫地区持续扩大普惠性学前教育资源，积极扶持普惠性民办园，提高普惠性幼儿园覆盖率。

农村学前教育是农村社会的有机组成部分，农村地区存在许多幼儿父母常年外出务工，孩子由爷爷奶奶隔代照顾的现状。隔代照顾虽然满足了对幼儿“养”的功能，但在“育”的方面存在明显短板。因此，农村学前教育的发展，也是实现农村幼儿全面发展的有效载体和方式。农村学前教育的高质量、可持续的发展，对我国进一步巩固脱贫攻坚成果、实现农村幼儿全面发展等方面具有深远影响。完善农村学前教育公共服务体系是乡村振兴战略实施的重要保障，也是缩小城乡学前教育差距、推进教育公平的关键。

## 二、农村[①]学前教育保教队伍建设中面临的主要问题

近年来，国家通过三期学前教育行动计划等政策的实施，极大促进了学前教育发展。2021年我国共有幼儿园29.5万所，学前教育在园幼儿4805.2万人，学前教育毛入园率达到88.1%，普惠性幼儿园覆盖率达到90.6%[②]，学前教育发展取得明显成绩。但目前农村学前教育发展仍然面临教师队伍紧缺、保教质量总体偏低、资源总体投入不足等现实难题。

### （一）农村学前教育保教队伍紧缺，保育员配置未达标问题突出

保教队伍配置情况是衡量幼儿园办学条件的重要指标。师资队伍的紧缺是影响农村幼儿园保教质量不可忽视的因素之一。2021年，全国学前教育共有专任教师319.1万人，独立设置的幼儿园有专任教师307.7万人，其中农村幼儿园专任教师153.47万人，城市幼儿园生师比为13.6∶1，农村为16.5∶1，农村幼儿园专任教育配置数量弱于城市，农村幼儿园专任教师紧缺。按照《幼儿园教职工配备标准》规定，全日制幼儿园教职工与幼儿比为1∶5—1∶7，半日制为1∶8—1∶10。2021年，全国幼儿园教职工与幼儿比为1∶8，其中城市为1∶7.1，农村为1∶9.1，农村幼儿园每位教职工比城市多负担2名幼儿。2021年，全国幼儿园共有保育员122.2万人，农村幼儿园保育员57.2万人，未达到每班配备一名保育员的标准（表1）。2021年，全国幼儿园共有卫生保健人员16.9万元，比上年增长5.3%。但农村地区幼儿园有卫生保健人员7.1万人，比上年减少0.1%。西部农村地区减幅尤为明显，减幅为12.2%。保教队伍的短缺，将使每位保教人员照看更多的孩子，加大了教职工的工作量，农村学前教育高质量发展，必然要求进一步补充充足的专任教师、保育员和卫生保健人员。

**表1　2021年独立设置的幼儿园教职工情况**

| 区域 | 在园幼儿数（万人） | 教职工数（万人） | 专任教师（万人） | 保育员（万人） | 卫生保健人员（万人） | 生师比 | 在园幼儿与教职工之比 |
|---|---|---|---|---|---|---|---|
| 全国 | 4539.1 | 564.6 | 307.7 | 122.2 | 16.9 | 14.8 | 8.0 |
| 城市 | 2084.5 | 294.9 | 154.2 | 65.0 | 9.8 | 13.5 | 7.1 |
| 农村 | 2454.6 | 269.8 | 153.5 | 57.2 | 7.1 | 16.0 | 9.1 |

数据来源：《2021年中国教育统计年鉴》。

### （二）农村幼师学历水平偏低，城乡差距明显，保教质量有待提升

2021年，全国学前教育大专以上学历专任教师有279.5万人，比上年增加31.1万人，增长12.5%。但城乡之间差距大，2021年城市这一比例达到92.4%，而农村仅为83.0%，

① 按照《统计用城乡划分代码》，城乡划分为城区、镇区和乡村三大类。此部分数据若无特殊说明，城市指城区，农村指镇区和乡村之和。数据来源于《中国教育统计年鉴》及教育部官网。

② 数据来源：2021年全国教育事业发展统计公报。

农村比城市低 9.4 个百分点。中部地区农村更低，仅为 78.5%。从幼儿园园长的学历水平来看，2021 年全国有园长 31.1 万人，本科以上学历园长占比 47.5%，城市和农村本科以上学历园长占比分别为 55.5% 和 41.5%，城乡差距较大。农村幼儿园中，无论是专任幼师还是园长，学历水平均明显低于城市。从专任幼师接受培训情况来看，2021 年全国学前教育专任幼师接受培训的总人数为 284.8 万人，占专任幼师总数比例为 89.3%，其中农村这一比例为 86.9%，比城市低 4.8 个百分点。农村学前幼师接受培训的机会较少，培训欠缺。

表 2　2021 年学前教育专任教师和园长学历情况

| 区域 | 专任教师总数（万人） | 大专以上学历教师数（万人） | 大专以上学历专任教师占专任教师总数比例（%） | 园长总数（人） | 本科以上学历园长数（人） | 本科以上学历园长占园长总数比例（%） |
|---|---|---|---|---|---|---|
| 全国 | 319.1 | 279.5 | 87.6 | 31.1 | 14.8 | 47.5 |
| 城市 | 155.9 | 144.1 | 92.4 | 13.3 | 7.4 | 55.5 |
| 农村 | 163.2 | 135.5 | 83.0 | 17.8 | 7.4 | 41.5 |

数据来源：《2021 年中国教育统计年鉴》。

教师能力素质的整体偏低，带来的是农村学前教育保教质量的相对薄弱。由于当前大多数农村学前教育教师仅为专科学历，本科及以上学历的教师较少，这使农村学前教育教师在课程开发能力和科学研究能力上普遍较弱。① 由于农村学前教育在校舍、现代化设备等硬件上与城市的差距，叠加教师在理论、实践与管理水平上的不足，加上师资紧缺带来的教师工作量大的现实，导致农村幼儿园保教质量有待进一步提升。

### （三）农村学前教育财政投入不足，多元分担机制未有效建立

2000 年诺贝尔经济学奖得主、芝加哥大学教授詹姆斯·赫克曼（Heckman，J）曾提出“学前教育是回报率最高的教育时段”的观点。国外有多项研究表明，学前教育具有较高的经济回报率。芝加哥亲子中心通过追踪研究发现，在考虑通胀因素的情况下，对学前教育每投入 1 美元，15—18 年后所获得的收益是 7.14 美元，其中社会获得的收益是 3.85 美元，幼儿及其家庭获得的收益是 3.29 美元，社会收益主要来源于犯罪率降低等带来的行政、司法开支的减少。②

近 10 年来，我国学前教育财政投入力度持续加大，2020 年全国财政性学前教育经费为 2532 亿元，比 2011 年的 416 亿元增长 5 倍，财政性教育经费占比从 2011 年的 2.2% 提高到 2020 年的 5.9%。中央财政支持学前教育发展专项资金十年累计投入超过 1700 亿

① 周廷红，徐东，田肖宜．乡村振兴背景下农村卓越幼儿教师队伍建设的策略［J］．成都师范学院学报，2022，38（06）．

② 裘指挥，刘焱．国外学前教育的社会经济效益研究［J］．比较教育研究，2011，33（06）．

元。[①] 然而，由于我国学前教育的发展基础较为薄弱，学龄人口基数较大，导致生均一般公共预算教育经费仍未达到理想水平。[②] 同时，我国学前教育财政投入主体中，政府投入相对不足，家庭负担重，社会力量弱。从政府承担比例上来看，与 OECD 国家对比发现，绝大多数 OECD 国家以政府投入为主，2006—2015 年，OECD 国家学前教育经费的公共来源占比平均水平稳定保持在 80%左右，并呈现缓慢上升的趋势。近十年，我国学前教育财政性经费投入虽然不断增加，但成本多元分担的机制并未有效形成，政府负担比例总体不高。目前我国学前教育经费投入占 GDP 总额不到 0.3%，低于 OECD 国家 0.6% 的平均水平。同时，学前教育阶段转移支付较少，并且大部分专项转移支付主要用于支持校舍改扩建等硬件设施的改善，较少用于提高教师生活水平和条件。[③]

## 三、中国式现代化的农村学前教育发展的政策建议

农村学前教育高质量发展要从外部因素和内生动力两个方面“双管齐下”，以优化教育资源配置为手段，构建高质量学前教育师资队伍，提高教师队伍待遇，增强职业吸引力，促进乡村振兴背景下农村学前教育事业的可持续发展，以满足人民群众对美好教育的需求。

### （一）关注农村学龄人口变化，建立幼儿入园需求动态监测系统

孙百才、王嫣（2022）以第六次和第七次全国人口普查数据为基础，运用中国人口预测系统（CPPS），对学前教育的教师需求情况做了城乡分布的预测。该研究发现，低方案下 2022—2035 年我国城乡学前教育学位和教师需求数均呈下降趋势，高方案下生育政策的影响于 2024 年显现，2028 年达到学位和教师需求峰值，此后逐渐回落。在 1:17 和 1:15 的师生比水平下，农村地区在低方案下维持 1:17 的师生比仍存在一定压力，高方案下的教师供需矛盾更加突出。[④] 受人口因素及城镇化的影响，2021 年全国农村幼儿园开始减少。因此，各地要结合已有幼儿园及保教队伍配置情况，关注区域农村学龄人口变化情况，建立学前教育适龄人口入园需求动态监测系统。随着“三孩”政策的实施，一方面不仅要立足当下，考虑学前教育需求的短期增加带来的资源配置压力，合理制订农村幼儿园教师聘用计划；也要计从长远，从更长一段时间出发，规划好出生人口逐渐减少

① 砥砺十年路　奋进新征程——党的十八大以来学前教育改革发展成就［EB/OL］. http://www.moe.gov.cn/fbh/live/2022/54405/sfcl/202204/t20220426_621796.html.

② 刘大伟. 我国教育财政投入努力程度研究——基于生均经费指数的国际比较［J］. 大连教育学院学报，2021，37（04）.

③ 李芳，祝贺，姜勇. 我国学前教育财政投入的特征与对策研究——基于国际比较的视角［J］. 教育学报，2020，16（01）.

④ 孙百才，王嫣.“三孩”政策下我国城乡学前教育师资需求预测——基于cpps 人口软件的分析［J］. 教育经济评论，2022，7（06）.

后幼儿园校舍的综合使用、教师队伍的配置与培养问题。

### （二）加强中国式现代化保教队伍生涯教育培养，完善培训体系

农村学前教育幼师专业发展是助推农村学前教育发展的重要工作之一。持续的培训或继续教育是保证学前幼师专业水平与时俱进的重要手段。贯通职前职后培养，建立职前、入职、职后一体化培养机制[①]，不仅能够缩短新幼师的适应周期和对工作的胜任感，而且可以有效规划出职业发展路径，保证幼师队伍的稳定性。一方面，要完善学前教育专业人才培养培训体系，加强职前学前教育保教队伍的生涯教育的培养。在职前培养阶段，培养过程应注重理论与实践相结合，高等院校等职前培养机构应充分将教育教学与幼儿园园长、专任幼师、保育员等岗位职责和工作技能相结合，增加实践教学环节的比重，确保被培训者能够迅速适应工作岗位的需要。职后培养应建立多渠道、多层次培训体系，以信息化和数字化为重要手段，通过丰富的智能化教学资源、跨区域的教研、建立学习和教研共同体等形式，提高职后培养的低效问题，同时满足不同幼师的个性化需求，提升不同岗位的工作规范化水平，使其有归属感和责任感。

针对保教队伍人员流动性大的现实问题，要加大对当地本土幼师的培养。单纯依靠支援性的教师培养与补充，不能解决从根本上改变农村学前教育幼师队伍“留得住、留得下”的问题。一方面，区域内学前教育专业的高等院校要以重点服务学前教育和儿童发展为主要目标，在招生规模和招生地域上进行测算和合理分配；另一方面，要加大本地幼师培养培训力度，打造高水平的本土化师资团队，深化农村学前教育特色化课程与教学改革，服务农村学前教育可持续发展。

### （三）多渠道加大学前教育的经费投入，提升教师职业获得感

师资是学前教育发展的中坚力量。我国学前教育教师整体薪资水平偏低，这严重影响人们进入学前教育幼师队伍的意愿，也是造成幼师队伍流动性大的原因。芬兰在 2022 年 11 月召开了一次圆桌会议，为儿童早期教育面临的问题提供解决方案。会议提出可在社会伙伴之间协商解决教师薪酬问题，教育和文化部正在启动一项研究，以确定立法发展的需要，尤其是在教师编制方面。[②]OECD 国家将改善工资激励机制作为提高学前教师留用率的关键举措。一般来说，教师工资与教龄呈正相关，在 OECD 国家具有 15 年工作经验的公立学前班教师年薪通常比法定起始年薪约高 34%。[③]2020 年教育部等六部门聚焦乡村教师印发《关于加强新时代乡村教师队伍建设的意见》，提出“数量基本满足需求，质量水平明显提升，队伍结构明显优化，地位大幅提高，待遇得到有效保障，职业吸引

① 李泉，张永刚，邓庆．乡村振兴背景下农村学前教育发展现状及提升策略研究［J］．曲靖师范学院学报，2022，41（05）．

② 芬兰多措并举改善学前教育师资问题［EB/OL］．http：//cice.shnu.edu.cn/84/e1/c18762a754913/page.htm.

③ 蔡迎旗，胡马琳.OECD 国家高质量学前教师队伍建设的行动与启示［J］．全球教育展望，2022，51（09）．

力持续增强，贫困地区乡村教师队伍建设明显加强”的建设目标。借鉴国外学前教育发展经验，我国应切实提高学前教育师资队伍的薪资水平和福利待遇，并可以学前教育立法为机会，探索形成稳定的编制保障和待遇保障机制，将完善学前教育教师队伍薪资水平落到实处，增加职业吸引力，增强教师职业获得感。

“十四五”时期坚持学前教育的公益普惠发展也决定了政府在学前教育发展中应发挥更加重要的作用。应支持多渠道增加对学前教育的经费投入，优化经费投入结构，完善扶持政策，加大学前教育财政投入力度，根据实际综合考虑学前教育财政性经费支出占GDP的比例、学前教育经费占政府财政支出比例、财政性学前教育经费占财政性教育经费比例等，引导鼓励社会力量加大对学前教育投入力度，逐步提高农村学前教育财政投入水平。

# 雄安新区高等教育规模与结构的预测

## ——基于高等教育与经济协同发展视角[①]

周光礼　耿孟茹[②]

**摘　要：**高等教育与经济协同发展是雄安新区打造全球科学人才中心和创新高地的关键一环。本文基于高等教育与经济的协同关系，以面向建设国际科技创新中心的北京、上海、粤港澳大湾区为常模团体，从高校知识创新驱动、企业技术创新驱动两种模式出发，结合常模参照法与回归预测模型对不同人口规模及经济发展水平下雄安新区的高等教育规模及结构进行预测，并据此提出构建雄安新区高等教育系统的建议。

**关键词：**雄安新区；区域创新系统；高等教育规模；高等教育结构；经济发展

设立雄安新区是在全球知识经济时代背景与中国经济新常态发展阶段做出的重大历史性战略选择，是千年大计、国家大事。雄安新区不仅肩负着疏解北京非首都功能、缓解“大城市病”的重任，而且对于培育新经济增长极、补齐京津冀协同发展短板、推进城市群协同发展具有重要意义，是支撑京津冀世界级城市群建设的有力空间载体。作为创新驱动发展引领区，雄安新区坚持把创新作为高质量发展的第一动力。国内外经验表明，创新的源头在高校，高等教育是科技第一生产力、人才第一资源、创新第一动力的重要交汇点。一方面，高等教育通过人才培养和科学研究为区域创新发展提供基础性战略支撑；另一方面，高校集聚人才、学科、资源和平台优势，有利于促进创新要素资源的汇聚与融合。应该说，当前雄安新区的高等教育尚处于空白状态，如何科学规划区域高等教育系统，将成为雄安新区打造世界重要科学人才中心与创新高地的关键。本文基于高等教育与经济协同关系建立回归预测模型，进而对雄安新区高等教育的规模及结构进行预测，以期为其高等教育系统的战略谋划提供依据。

---

① 本文为课题资助：2019 年国家社会科学基金（教育学）重点课题“雄安新区教育与经济社会协同发展研究”［AGA190011］的研究成果。

② 周光礼，中国人民大学评价研究中心主任，教授，博士生导师，中国教育发展战略学会高等教育专业委员会学术委员会主任，主要研究方向：高等教育政策与管理、大学发展与评价；耿孟茹（通讯作者），中国人民大学教育学院博士研究生，主要研究方向：高等教育政策与管理。

## 一、文献回顾及分析框架

高等教育是全球知识经济的重要驱动因素，对区域创新系统的构建与经济高质量发展具有重要的支撑和引领作用。大量研究聚焦于高等教育、区域创新系统和区域发展三者之间的互动关系及作用机制。首先，创新是区域经济高质量发展的动力。区域经济的内生性增长依赖于知识与创新，创新能够突破资源要素的约束，通过边际收益递增实现经济的可持续发展。具体而言，区域创新系统的建设有利于区域经济从产业集聚的低端层面向技术集聚与知识集聚的高端层面跨越，推动产业形态由劳动密集型、技能密集型向科技密集型、创新密集型攀升；有利于架构起产学研合作的区域网络，实现资源共享与网络集成；有利于打造区域品牌，增强区域竞争优势。由此，区域创新能力的强弱成为产生区域经济发展差异的重要原因。朱勇对中国2000—2003年的区域经济水平与技术创新能力的纵列数据进行分析，结果表明经济区域发展水平的80%都可以由技术创新能力来解释。

其次，高校是区域创新系统的重要组成部分。区域创新系统最早由库克提出，特指地理上相关联的企业、高校、科研机构以及中介组织等一系列创新要素构成的具有创新能力的区域性网络，是产业集群的延伸与国家创新系统的基石。与分散式创新格局相比，区域创新系统强调创新的集聚性，即集成区域空间内的各种创新要素，优化区域内科创资源的配置，极大地提升了区域内科技创新的整体能力。事实上，高校通过人才培养、知识生产和传播、技术创新以及丰富区域创新文化等成为区域创新的主体要素之一。基于知识溢出效应，高等教育对创新的影响还能进一步扩增，辐射带动整体区域发展。由此可见，高校的角色不再仅是“知识仓库”与“知识工厂”，而是通过跨界活动积极促进知识交流、学习、应用与创新，成为“知识中心”，嵌入区域创新系统。大量经典案例也确实印证了高等教育对区域创新的重要性。筑波科技城在建设过程中通过引入高水平研究型大学促进了人才与其他要素资源的集聚。硅谷的“神话”也离不开高等教育提供的高端人才与产出的前沿科研成果。

最后，高等教育与经济社会协同发展是区域高等教育规划的基本原则。区域创新系统由创新要素和要素之间的关系组成，高等教育资源与其他创新要素的地理集聚并不必然带来创新主体间的有效互动，只有面向经济社会的发展需求系统地配置高等教育资源，构成合理有序的高质量区域高等教育系统，才能促进创新要素的紧密衔接，进而实现区域高质量发展。陈琼琼、薛新龙以世界创新高地之一的旧金山湾区为样本，总结出符合创新高地发展需求的高等教育的特征，即宏观层面具有定位清晰的层次结构、开放多样的形式结构以及与产业结构紧密关联的科类结构，微观层面具有专业规范的产学研管理组织和兼职教师制度。何振海从系统化发展视角出发分析了加州高等教育体系，指出有机结合外部社会对高等教育的多元需求与高等教育的发展趋势规划，高等教育系统有利于形成良性稳定的发展框架。罗秋明也同样强调在区域发展的过程中，区域经济会呈现出综合化和整体化的趋势，这就需要形成与区域经济相适应的高等教育系统，以满足其对人才与科技研发的需求。

综上所述，面向经济社会发展需求合理规划区域高等教育系统，对于形成区域创新体系、进而推动经济发展尤为重要。雄安新区作为未来的创新驱动发展引领区与新经济增长极，亟须构建与经济社会协同发展的高质量区域高等教育体系。根据雄安新区的战略定位，雄安新区高等教育发展的战略目标应该是京津冀优质高等教育资源的集聚地、全国高等教育创新发展的示范区、全球主要的科学人才中心和创新高地。为了支撑此战略目标，雄安新区需要构建服务高等教育大众化的中学后教育体系和服务于科技自立自强的高水平研究型大学体系。其中，中学后教育体系包括职业教育、普通高等教育和继续教育。从正规高等教育体系来看，中学后教育体系主要包括高等职业教育体系和普通高等教育体系，前者以专科层次的教育为主，后者以本科层次的教育为主。高水平研究型大学与国家实验室、国家科研机构、科技领军企业一道构成国家战略科技力量。因此，雄安新区高质量高等教育教育体系至少应该包括子系统，即高水平研究型大学体系、高水平应用型大学体系、高水平职业教育体系，其办学层次大体上对应于研究生教育、本科教育、专科教育。目前关于雄安新区高等教育体系的研究主要聚焦于定性的规范性研究。如武义青定性地讨论了雄安大学的办学模式，龙江和公钦正开展小规模的案例分析和比较研究，通过对深圳特区及上海浦东新区的高等教育发展进行分析明确了雄安新区高等教育的规划特点。相关研究初步探索了雄安新区高等教育的发展路径，但鲜有研究结合经济社会发展需求对雄安新区高等教育的建设开展定量分析。鉴于此，本文基于高等教育与经济的协同关系建立回归预测模型，进而对雄安新区高等教育的规模及结构进行预测，以期将雄安新区高等教育体系的建构建立在科学数据的基础上。

## 二、研究设计

### （一）研究对象

目前，中国已经率先布局构建北京、上海、粤港澳大湾区三大科技中心和创新高地。“十四五”规划纲要提出“支持北京、上海、粤港澳大湾区形成国际科技创新中心”。国际科技创新中心是“科技创新资源密集、科技创新活动集中、科技创新实力雄厚、科技成果辐射范围广大，从而在全球价值网格中发挥显著增值功能并占据领导和支配地位的城市或地区”。基于创新活动形成的创新区域与属于上层建筑范畴的行政区域有所区别。全球创新指数（GII）忽视行政及政治边界，从地理区域出发精准定位全球最活跃的科技集群。2020 年，中国粤港澳大湾区、北京、上海进入全球前 100 位科技集群区域，极具发展潜力。

雄安新区地处北京、天津、保定腹地，规划范围包括雄县、容城、安新三县及周边部分区域，远期控制区面积约2000平方公里，具有资源环境承载力强，现有开发程度低等优点。雄安新区坚持世界眼光、国际标准，通过承接北京非首都功能疏解，搭建国际一流科技创新平台，建设国际一流科技教育基础设施，构建国际一流创新服务体系，打造全球创新高地。高等教育是科技、人才的根基，“兴科技必先兴教育”，本文突破行政边界，以科技集群区域为研究对象，选取同样面向建设全球科技中心的北京、上海及粤港澳大湾区作为常模团体，结合其高等教育与经济发展协同情况对雄安新区高等教育的规模及结构进行预测分析。

### （二）指标体系与数据来源

高等教育规模及结构受经济发展水平的显著影响。因此，本文从经济发展水平与高等教育系统两方面构建指标体系。经济发展水平以地区生产总值进行表征；高等教育系统则从高等教育规模、办学层次结构及学科专业结构来描述。具体而言，高等教育规模以普通高等学校在校生数（本专科）表示，办学层次结构以专科、本科、研究生在校生占比来表征，学科专业结构主要以第一、二、三产业对应的本科专业在校生占比来指代，因为本科生是高等教育的主要组成部分，最终共形成8个研究指标（表1）。研究数据由《中国城市统计年鉴》《中国教育统计年鉴》《中国统计年鉴》，北京、上海、广州、深圳、佛山、香港等地统计年鉴及粤港澳大湾区统计专页相关数据整理所得，个别异常值及缺失值采用插值法进行处理。

**表1　经济发展水平与高等教育系统的相关指标**

| 目标层 | 准则层 | 指标层 |
|---|---|---|
| 经济发展水平 | 地区生产总值 | GDP |
| 高等教育系统 | 高等教育规模 | 普通高等学校在校生数 |
| | 办学层次结构 | 专科在校生占比<br>本科在校生占比<br>研究生在校生占比 |
| | 学科专业结构 | 第一产业对应科类本科在校生占比<br>第二产业对应科类本科在校生占比<br>第三产业对应科类本科在校生占比 |

### （三）研究方法

教育研究领域的预测方法主要包括回归预测分析法、时间序列预测法以及学生流法。由于雄安新区具有“平地起高楼”的典型特点，其未来发展模式与先前轨迹完全不同，时间序列预测法并不适用。此外，学生流法未将外部系统对高等教育的影响纳入考虑，多用于初、中等教育学生数量的预测。因此，本文采用常模参照法与回归预测分析法，面向经济发展需求对雄安新区高等教育系统进行预测。

1. 常模参照法

常模参照法广泛应用于教育测量领域，其核心观点是将研究对象与常模团体的表现进行比较，从而获得标准意义。运用常模参照法主要包括以下几个步骤：一是确定常模团体。常模团体是最重要的考虑因素，其选择标准是应反映研究对象重要的变量特征，要具有代表性。二是建立常模。常模团体在特定事件上的表现被称为常模。三是结合常模与研究对象的表现进行评价与分析。本研究中，北京、上海、粤港澳大湾区与雄安新区都以打造国际科技创新中心为建设目标，具有典型共同特征。因此，将北京、上海、粤港澳大湾区作为常模团体，以三地经济发展与高等教育的协同关系建立常模。

2. 回归预测分析法

回归预测分析法是在分析解释变量与被解释变量的相关关系基础上建立回归方程，并据此进行预测的计量方法。高等教育系统与经济、政治、文化、人口等诸多因素相关，但顺着这些关系分析最终都是与生产力发展水平产生关系。高等教育的供给水平取决于经济发展对高等教育的需求水平。经济发展伴随着产业结构的升级转型，高级专门技术人才占全社会劳动力的比重随之增加。同时，劳动生产率的提升进一步促进技术升级及规模经济的发展，促使高等教育人才需求增加，高等教育规模进一步扩大。此外，经济社会的发展也会对高等教育结构产生影响。一方面，经济发展影响劳动力市场对技术技能型、应用型以及研究型人才的需求，推动高等教育层次结构的调整。另一方面，产业结构升级改变人才技能需求，学科专业结构随之变动。胡咏梅、李硕豪等人以反映经济发展水平的指标为基础建立一元线性回归预测模型，对高等教育供给水平进行预测。本文以地区生产总值（GDP）为解释变量，以经济发展—劳动力变化—人才需求变动为逻辑起点建立回归预测模型，如公式（1）所示。其中，被解释变量 $Y$ 是高等教育的规模及结构，解释变量为 $GDP$。$\beta$ 为回归系数，为扰动项。

$$Y=\beta_0+\beta_1 GDP+\mu \tag{1}$$

## 三、实证分析

### （一）经济发展水平

表 2 呈现了北京、上海、粤港澳大湾区的经济发展水平。由统计结果可知：①粤港澳大湾区的地区生产总值与人口总量远高于北京、上海。2020 年该地年末常住人口达到 9077 万人，地区生产总值为 115081 亿元。② 1999—2020 年，三地地区生产总值及年末常住人口均稳步上升。其中，北京、上海、粤港澳大湾区地区生产总值年均增长率分别为 13.0%、11.1%、8.5%，其年末常住人口年均增长率分别为 2.7%、2.2%、3.1%。③结合以上指标，1999 年粤港澳大湾区每万人 GDP 为 4.4 亿元，高于其余地区。2020 年北京每万人 GDP 增长至 16.5 亿元，位居首位。

表 2　1999—2018 年北京、上海、粤港澳大湾区 GDP 及人口总数

| 时间 | 北京 | | | 上海 | | | 粤港澳大湾区 | | |
|---|---|---|---|---|---|---|---|---|---|
| | GDP（亿元） | 人口（万人） | 每万人 GDP（亿元 / 万人） | GDP（亿元） | 人口（万人） | 每万人 GDP（亿元 / 万人） | GDP（亿元） | 人口（万人） | 每万人 GDP（亿元 / 万人） |
| 1999 | 2760 | 1257 | 2.2 | 4222 | 1567 | 2.7 | 20851 | 4734 | 4.4 |
| 2000 | 3278 | 1364 | 2.4 | 4812 | 1609 | 3.0 | 23229 | 5004 | 4.6 |
| 2001 | 3862 | 1385 | 2.8 | 5258 | 1668 | 3.2 | 24138 | 5093 | 4.7 |
| 2002 | 4526 | 1423 | 3.2 | 5795 | 1713 | 3.4 | 25321 | 5131 | 4.9 |
| 2003 | 5267 | 1456 | 3.6 | 6762 | 1766 | 3.8 | 26985 | 5185 | 5.2 |
| 2004 | 6253 | 1493 | 4.2 | 8165 | 1835 | 4.4 | 30352 | 5243 | 5.8 |
| 2005 | 7150 | 1538 | 4.6 | 9366 | 1890 | 5.0 | 34287 | 5279 | 6.5 |
| 2006 | 8387 | 1601 | 5.2 | 10718 | 1964 | 5.5 | 38507 | 5477 | 7.0 |
| 2007 | 10426 | 1676 | 6.2 | 12669 | 2064 | 6.1 | 43505 | 5678 | 7.7 |
| 2008 | 11813 | 1771 | 6.7 | 14277 | 2141 | 6.7 | 46894 | 5889 | 8.0 |
| 2009 | 12901 | 1860 | 6.9 | 15288 | 2210 | 6.9 | 48567 | 6115 | 7.9 |
| 2010 | 14964 | 1962 | 7.6 | 17437 | 2303 | 7.6 | 55409 | 6382 | 8.7 |
| 2011 | 17189 | 2024 | 8.5 | 19539 | 2356 | 8.3 | 62311 | 6705 | 9.3 |
| 2012 | 19025 | 2078 | 9.2 | 20559 | 2399 | 8.6 | 67233 | 6992 | 9.6 |
| 2013 | 21135 | 2125 | 9.9 | 22264 | 2448 | 9.1 | 73740 | 7229 | 10.2 |
| 2014 | 22926 | 2171 | 10.6 | 24068 | 2467 | 9.8 | 79148 | 7454 | 10.6 |
| 2015 | 24779 | 2188 | 11.3 | 25659 | 2458 | 10.4 | 84634 | 7664 | 11.0 |
| 2016 | 27041 | 2195 | 12.3 | 28184 | 2467 | 11.4 | 92522 | 7903 | 11.7 |
| 2017 | 29883 | 2194 | 13.6 | 30633 | 202466 | 12.4 | 101410 | 8145 | 12.5 |
| 2018 | 33106 | 2192 | 15.1 | 32680 | 2475 | 13.2 | 107989 | 8361 | 12.9 |
| 2019 | 35445 | 2190 | 16.2 | 37988 | 2481 | 15.3 | 116071 | 8942 | 13.0 |
| 2020 | 36103 | 2189 | 16.5 | 38701 | 2488 | 15.6 | 115081 | 9077 | 12.7 |

注：香港及澳门GDP按当年汇率换算为人民币；内地城市为“年末常住人口”、香港为“年底居住人口”、澳门为“年终人口”。

### （二）高等教育系统

1. 高等教育规模

表 3 呈现了北京、上海及粤港澳大湾区的高等教育规模。统计显示：①高校扩招以来，北京、上海、粤港澳大湾区的高等教育规模不断扩大，且粤港澳大湾区扩张态势突出，高校数量由 1999 年的 60 所增加至 2020 年的 168 所，普通高等学校在校生人数由 26.3 万人增加至 240.7 万人，普通高等学校专任教师数由 1.6 万人增加至 11.1 万人。②结合经济发展状况，相同经济规模下粤港澳大湾区高等教育规模远低于北京、上海。1999 年三地在校生人数与 GDP 的比值分别为 0.85%、0.48%、0.13%。③结合人口分布情况，2020 年北京、上海、粤港澳大湾区在校生数分别为 59 万人、54.1 万人、240.7 万人。

表 3　1999—2018 年北京、上海、粤港澳大湾区高等教育规模

| 时间 | 北京 | | | 上海 | | | 粤港澳大湾区 | | |
|---|---|---|---|---|---|---|---|---|---|
| | 高校数（所） | 在校生数（万人） | 专任教师数（万人） | 高校数（所） | 在校生数（万人） | 专任教师数（万人） | 高校数（所） | 在校生数（万人） | 专任教师数（万人） |
| 1999 | 64 | 23.4 | 3.5 | 41 | 20.1 | 2.0 | 60 | 26.3 | 1.6 |
| 2000 | 59 | 28.2 | 3.5 | 37 | 22.7 | 2.1 | 59 | 33.2 | 1.8 |
| 2001 | 61 | 34.0 | 3.6 | 45 | 28.0 | 2.2 | 67 | 40.7 | 2.0 |
| 2002 | 62 | 39.9 | 3.5 | 50 | 33.2 | 2.3 | 77 | 48.8 | 2.7 |
| 2003 | 74 | 45.9 | 3.8 | 57 | 37.9 | 2.4 | 82 | 57.3 | 3.3 |
| 2004 | 77 | 50.0 | 4.4 | 59 | 41.6 | 2.9 | 95 | 68.3 | 3.8 |
| 2005 | 79 | 53.7 | 6.2 | 60 | 44.3 | 3.2 | 114 | 87.0 | 4.8 |
| 2006 | 82 | 55.5 | 6.5 | 60 | 46.6 | 3.4 | 116 | 98.3 | 5.4 |
| 2007 | 83 | 56.8 | 6.8 | 60 | 48.5 | 3.5 | 119 | 117.0 | 6.0 |
| 2008 | 82 | 57.6 | 7.0 | 61 | 50.3 | 3.7 | 120 | 125.2 | 6.7 |
| 2009 | 88 | 57.7 | 7.3 | 66 | 51.3 | 3.8 | 133 | 134.2 | 6.5 |
| 2010 | 89 | 57.8 | 7.4 | 66 | 51.6 | 3.9 | 133 | 141.6 | 7.0 |
| 2011 | 89 | 57.9 | 6.3 | 66 | 51.1 | 4.0 | 138 | 151.1 | 7.3 |
| 2012 | 91 | 58.2 | 6.4 | 67 | 50.7 | 4.0 | 143 | 161.6 | 7.7 |
| 2013 | 89 | 58.9 | 7.0 | 68 | 50.5 | 4.0 | 143 | 169.4 | 8.1 |
| 2014 | 89 | 59.5 | 7.1 | 68 | 50.7 | 4.1 | 142 | 176.4 | 8.2 |
| 2015 | 90 | 59.3 | 6.9 | 67 | 51.2 | 4.2 | 148 | 184.8 | 8.8 |
| 2016 | 91 | 58.8 | 6.9 | 64 | 51.5 | 4.2 | 151 | 188.2 | 8.9 |
| 2017 | 92 | 58.1 | 6.9 | 64 | 51.5 | 4.3 | 162 | 198.8 | 9.4 |
| 2018 | 92 | 58.1 | 7.0 | 64 | 51.8 | 4.5 | 164 | 204.2 | 9.7 |
| 2019 | 92 | 58.6 | 6.9 | 64 | 52.7 | 4.6 | 166 | 214.9 | 10.4 |
| 2020 | 92 | 59.0 | 7.1 | 63 | 54.1 | 4.8 | 168 | 240.7 | 11.1 |

注：香港统计数据仅包括教育资助委员会资助大学，在专任教师统计中该地区数据缺失。

### 2. 层次结构

表 4 呈现了北京、上海及粤港澳大湾区的高等教育层次结构。统计显示：①北京、上海、粤港澳大湾区专科在校生占比整体呈下降趋势，研究生（硕博）在校生占比不断上升。②各地区本科在校生数占比在五成左右，本科生是高等教育的主要组成部分，层次结构呈橄榄球形。③北京、上海层次结构重心高于粤港澳大湾区。与北京、上海 2019 年研究生在校生占比高达 39.4%、28.7% 不同，粤港澳大湾区同年研究生在校生占比仅为 7.4%。研究生比例小而专科生比例大是粤港澳大湾区高等教育的一大特点。

表 4　1999—2018 年北京、上海、粤港澳大湾区高等教育层次结构（%）

| 时间 | 北京 | | | 上海 | | | 粤港澳大湾区 | | |
|---|---|---|---|---|---|---|---|---|---|
| | 专科在校生占比 | 本科在校生占比 | 研究生在校生占比 | 专科在校生占比 | 本科在校生占比 | 研究生在校生占比 | 专科在校生占比 | 本科在校生占比 | 研究生在校生占比 |
| 2003 | 18.1 | 63.9 | 18.0 | 35.7 | 51.6 | 12.7 | 47.5 | 47.4 | 5.1 |
| 2004 | 18.5 | 62.3 | 19.2 | 35.5 | 51.0 | 13.5 | 47.0 | 47.6 | 5.4 |
| 2005 | 18.6 | 60.7 | 20.7 | 33.8 | 51.9 | 14.3 | 46.9 | 48.0 | 5.1 |
| 2006 | 18.1 | 60.4 | 21.5 | 31.7 | 53.5 | 14.9 | 45.6 | 49.5 | 4.9 |
| 2007 | 17.6 | 60.3 | 22.0 | 29.8 | 55.1 | 15.1 | 44.1 | 51.0 | 4.9 |
| 2008 | 16.8 | 60.8 | 22.5 | 28.6 | 56.3 | 15.1 | 43.0 | 51.9 | 5.2 |
| 2009 | 16.3 | 60.0 | 23.7 | 27.1 | 56.9 | 16.0 | 42.5 | 52.2 | 5.3 |
| 2010 | 15.2 | 59.7 | 25.1 | 25.9 | 57.1 | 17.0 | 41.9 | 52.7 | 5.4 |
| 2011 | 14.1 | 59.5 | 26.4 | 24.7 | 57.2 | 18.1 | 41.3 | 53.2 | 5.5 |
| 2012 | 13.0 | 58.1 | 28.8 | 23.5 | 57.2 | 19.2 | 41.0 | 53.5 | 5.5 |
| 2013 | 12.6 | 57.8 | 29.6 | 22.5 | 57.3 | 20.2 | 40.9 | 53.5 | 5.6 |
| 2014 | 11.9 | 56.3 | 31.8 | 22.2 | 57.1 | 20.6 | 40.6 | 53.7 | 5.7 |
| 2015 | 10.9 | 56.5 | 32.6 | 22.3 | 56.7 | 21.1 | 39.9 | 54.4 | 5.8 |
| 2016 | 9.7 | 57.0 | 33.3 | 21.8 | 56.4 | 21.8 | 39.0 | 55.1 | 5.8 |
| 2017 | 8.0 | 53.1 | 38.9 | 19.5 | 53.0 | 27.5 | 38.2 | 54.9 | 6.9 |
| 2018 | 7.6 | 53.2 | 39.2 | 18.7 | 53.3 | 28.1 | 37.8 | 55.0 | 7.2 |
| 2019 | 7.5 | 53.1 | 39.4 | 18.3 | 53.0 | 28.7 | 38.8 | 53.7 | 7.4 |

注：鉴于数据可获得性并结合广东高等教育资源集中于珠三角地区的空间布局特点，此处粤港澳大湾区有关数据由广东、香港、澳门有关数据计算所得，1999—2002 年、2020 年数据缺失。

3. 科类结构

本文参照已有研究做法，面向产业需求对学科专业类别进行划分。其中，农学对应第一产业；工学、理学对应第二产业；经济管理、文史哲、法学、教育学、医学等对应第三产业，各地区学科结构如表 5 所示。统计显示：①第一产业对应学科专业本科在校生占比远低于第二、第三产业。除个别年份外，第三产业对应学科专业占比最高。②粤港澳大湾区第三产业对应学科专业占比高于上海。2020 年，粤港澳大湾区该指标达到 66.4%，上海为 56.3%。③随着时间推移，两地第一、二产业对应学科专业占比整体呈下降趋势，第三产业对应学科专业占比整体呈上升趋势。

表 5　1999—2020 年上海、粤港澳大湾区高等教育学科结构（%）

| 时间 | 上海 | | | 粤港澳大湾区 | | |
|---|---|---|---|---|---|---|
| | 第一产业对应学科本科在校生占比 | 第二产业对应学科本科在校生占比 | 第三产业对应学科本科在校生占比 | 第一产业对应学科本科在校生占比 | 第二产业对应学科本科在校生占比 | 第三产业对应学科本科在校生占比 |
| 1999 | 0.9 | 51.5 | 47.6 | 2.1 | 38.3 | 59.6 |
| 2000 | 1.1 | 50.5 | 48.4 | 2.1 | 37.4 | 60.5 |
| 2001 | 0.9 | 44.5 | 54.6 | 1.9 | 36.5 | 61.5 |
| 2002 | 1.0 | 42.6 | 56.5 | 1.9 | 35.8 | 62.3 |
| 2003 | 0.8 | 47.6 | 51.6 | 1.9 | 34.8 | 63.3 |
| 2004 | 0.6 | 45.3 | 54.1 | 2.0 | 34.6 | 63.4 |
| 2005 | 0.5 | 43.3 | 56.1 | 1.9 | 34.2 | 63.9 |
| 2006 | 0.6 | 41.4 | 57.9 | 1.7 | 33.7 | 64.5 |
| 2007 | 0.6 | 41.0 | 58.4 | 1.5 | 33.3 | 65.2 |
| 2008 | 0.6 | 41.2 | 58.2 | 1.3 | 32.5 | 66.1 |
| 2009 | 0.6 | 41.6 | 57.8 | 1.2 | 31.8 | 67.0 |
| 2010 | 0.6 | 41.6 | 57.8 | 1.1 | 31.6 | 67.2 |
| 2011 | 0.6 | 41.8 | 57.6 | 1.1 | 31.3 | 67.6 |
| 2012 | 0.5 | 42.0 | 57.5 | 1.0 | 31.2 | 67.8 |
| 2013 | 0.5 | 41.0 | 58.5 | 1.1 | 32.6 | 66.3 |
| 2014 | 0.6 | 40.4 | 59.0 | 1.0 | 30.5 | 68.5 |
| 2015 | 0.5 | 40.2 | 59.3 | 1.0 | 30.1 | 68.8 |
| 2016 | 0.5 | 40.1 | 59.4 | 1.0 | 30.3 | 68.6 |
| 2017 | 0.5 | 40.1 | 59.4 | 1.0 | 30.8 | 68.2 |
| 2018 | 0.6 | 40.4 | 59.1 | 1.0 | 31.6 | 67.4 |
| 2019 | 0.6 | 40.7 | 58.9 | 1.0 | 32.9 | 66.0 |
| 2020 | 0.6 | 43.0 | 56.3 | 1.1 | 32.5 | 66.4 |

注：粤港澳大湾区数据由广州、香港、澳门本科分专业在校生数计算所得，1999 年澳门数据缺失。由于数据可获得性原因，此处仅对上海及粤港澳大湾区的高等教育学科结构进行讨论。

### （三）雄安新区高等教育系统预测

区域创新系统包括政府、高校与研究机构、企业、中介组织等多元主体。其中，政府主要发挥引导作用，中介组织发挥协调作用，高校与研究机构以及企业则是区域创新能力的根本来源。根据亨利·埃茨科威兹和罗伊特·雷德斯多夫的官、产、学三螺旋理论，政府、企业与大学是知识经济时代区域创新体系中的三种力量。三螺旋理论不刻意强调谁是主体，而是强调政府、企业和大学在创新活动过程中是一种密切合作、相互促进的关系：企业作为进行生产性的场所，承担着最终产品问世的重任；政府作为契约关系的来源，为交换提供公共政策环境；大学作为新知识新技术的来源，是知识经济的生产性要素。这是根据西方实践建构的理论，该理论应用于中国需要进行进一步修正。在中国的区域创新系统中，政府一直发挥主导作用。在政府主导的前提下，有两种主要的区域创新体系，一种是高校知识创新驱动的创新系统，另一种是企业技术创新驱动的创新系统。前者强调以具有丰富高等教育资源为基础，通过基础研究、知识生产和技术创新推动区域创新能力的提升；后者强调以企业为龙头，区域创新主要表现为技术创新。

聚焦于本文的常模团体，北京、上海的创新发展属于高校知识创新驱动的区域创新系统。一方面，两地拥有大量高等教育资源和国内顶尖高校。结合前文高等教育与经济发展相关统计数据可知，在相同经济规模下，北京、上海的高等教育与粤港澳大湾区相比具有规模大、研究生占比高的典型特点。整理 2017 年“双一流”高校名单可知，北京市“双一流”学科总数高达 155 个，上海市也有 56 个。此外，集聚北京大学、清华大学等 41 所高等教育资源的中关村科技园，引入新加坡南洋理工大学、复旦大学、上海交通大学信息安全学院等高等教育分支机构的张江科技园等都是两地区域创新的驱动“引擎”。另一方面，两地拥有多家领军创新企业。2019—2021 年，工信部公示的 4762 家专精特新“小巨人”企业名单中北京和上海分别入选 264 家、262 家。根据《2021 胡润全球独角兽榜》，截至 2021 年 11 月，北京拥有 91 家独角兽企业，上海拥有 71 家。

粤港澳大湾区则属于企业技术创新驱动的创新系统。该地区集聚了华为、腾讯、华大基因、深圳市大疆科技有限公司等高科技企业，这些企业的 PCT 国际专利申请数量占了全国的一半，企业科技创新能力突出。高校是开展基础研究的主战场。粤港澳大湾区“应用研究活跃、基础研究冷门”的现象充分反映了其企业科技创新主导的特征。以粤港澳大湾区创新中心之一的深圳为例，该市 2018 年研发支出共 1163.5 亿元，其中高校研发经费支出为 22.3 亿元，仅占 1.26%。同时，结合前文分析可知，与北京、上海两地相比，粤港澳大湾区高等教育具有研究生比例小，专科生比例大的典型特点。

基于以上分析，本文从高校知识创新驱动模式（模式 1）、企业技术创新驱动模式（模式 2）两条发展路径出发，以北京、上海、粤港澳大湾区经济发展及高等教育的协同关系分别建立回归预测模型。

1. 回归预测模型

基于地区经济发展与区域高等教育的协同关系，分别以普通高等学校在校生数、各层次高等教育在校生占比、各学科专业高等教育本科在校生占比为因变量建立高等教育规模、办学层次结构及学科专业结构的回归模型，如表 6—表 8 所示。从统计检验结果来看，除以上海本科在校生占比为因变量的回归模型外，各模型 F 统计量的 P 值趋近于 0，回归模型高度显著；GDP 显著性水平达到 1%；拟合优度基本大于 50%，具有较高的解释力。从回归结果来看，GDP 的增长对高等教育规模、研究生在校生占比与第三产业对应学科专业本科在校生占比具有显著正向影响；对专科在校生占比、第一、二产业对应学科专业本科在校生占比具有显著负向影响；对本科在校生占比的影响呈现地区差异性。

表 6　高等教育规模回归模型

| | (1) | (2) | (3) |
|---|---|---|---|
| | 北京 | 上海 | 粤港澳大湾区 |
| GDP | 0.000668*** | 0.000705*** | 0.00195*** |
| | (0.000161) | (0.000136) | (0.000119) |
| Constant | 41.255*** | 32.426*** | 13.367 |
| | (3.140) | (2.850) | (8.055) |
| Observations | 22 | 22 | 22 |
| R-squared | 0.464 | 0.572 | 0.931 |

表 7　层次结构回归模型

| | 专科在校生占比 | | | 本科在校生占比 | | | 研究生在校生占比 | | |
|---|---|---|---|---|---|---|---|---|---|
| | (1) | (2) | (3) | (4) | (5) | (6) | (7) | (8) | (9) |
| | 北京 | 上海 | 粤港澳大湾区 | 北京 | 上海 | 粤港澳大湾区 | 北京 | 上海 | 粤港澳大湾区 |
| GDP | -4.39e-04*** | -6.53e-04*** | -1.12e-04*** | -3.41e-04*** | 6.63e-05 | 8.54e-05*** | 7.80e-04*** | 5.87e-04*** | 2.59e-05*** |
| | (1.50e-05) | (4.23e-05) | (1.03e-05) | (2.46e-05) | (6.77e-05) | (1.26e-05) | (2.74e-05) | (3.61e-05) | (3.24e-06) |
| Constant | 20.949*** | 37.647*** | 48.826*** | 63.939*** | 53.791*** | 47.077*** | 15.105*** | 8.560*** | 4.134*** |
| | (0.278) | (0.834) | (0.673) | (0.455) | (1.334) | (0.821) | (0.507) | (0.710) | (0.211) |
| Observations | 17 | 17 | 17 | 17 | 17 | 17 | 17 | 17 | 17 |
| R-squared | 0.983 | 0.941 | 0.887 | 0.928 | 0.060 | 0.754 | 0.982 | 0.946 | 0.810 |

表 8　学科结构回归模型

| | 第一产业对应学科本科在校生占比 | | 第二产业对应学科本科在校生占比 | | 第三产业对应学科本科在校生占比 | |
|---|---|---|---|---|---|---|
| | (1) | (2) | (3) | (4) | (5) | (6) |
| | 上海 | 粤港澳大湾区 | 上海 | 粤港澳大湾区 | 上海 | 粤港澳大湾区 |
| GDP | -9.78e-06*** | -1.17e-05*** | -1.89e-04*** | -5.31e-05*** | 2.01e-04*** | 6.46e-05*** |
| | (2.81e-06) | (1.55e-06) | (5.10e-05) | (1.11e-05) | (5.27e-05) | (1.24e-05) |
| Constant | 0.826*** | 2.105*** | 46.208*** | 36.287*** | 52.944*** | 61.587*** |
| | (0.059) | (0.104) | (1.066) | (0.752) | (1.100) | (0.839) |
| Observations | 22 | 22 | 22 | 22 | 22 | 22 |
| R-squared | 0.377 | 0.741 | 0.408 | 0.533 | 0.420 | 0.576 |

2. 高等教育规模预测

依据 2021 年世界银行划分各国经济水平的标准，当人均 GDP 为 1046—4095 美元时，该地区处于中等偏下收入经济水平；达到 4095—12695 美元时，处于中等偏上收入经济水平；超过 12695 美元时，处于高收入经济水平。结合回归模型，对不同人口规模及经济发展水平下雄安新区的高等教育规模进行预测，结果如表 9 所示。其中，模式

1是北京、上海回归模型预测结果的平均水平；模式2为粤港澳大湾区回归模型的预测结果。

雄安新区作为创新驱动发展引领区，各项经济社会发展指标应定位于达到国际领先水平。若按照高校知识创新驱动模式发展，当处于高收入经济水平，人口规模为300万时，雄安新区普通高等学校在校生规模大于38.53万人较为适宜；人口规模为500万时，雄安新区在校生规模应大于39.65万人；人口规模为1000万时，雄安新区在校生规模应大于42.46万人。若按照企业技术创新驱动模式发展，人口规模为300万时，雄安新区在校生规模大于18.16万人较为适宜；人口规模为500万时，雄安新区在校生规模应大于21.35万人；人口规模为1000万时，在校生规模应大于29.34万人。在同等人口规模与经济发展水平下，基于高校知识创新驱动模式所预测的雄安新区高等教育规模高于企业技术创新驱动模式。高等教育规模随人口、经济的增长而增加。

**表9　高等教育规模预测**

| 人口（万人） | 经济发展水平 | GDP（亿元） | 在校生数（万人） | |
|---|---|---|---|---|
| | | | 模式1 | 模式2 |
| 300 | 中等偏下收入 | 202.45—792.57 | 36.98—37.38 | 13.76—14.91 |
| | 中等偏上收入 | 792.57—2457.05 | 37.38—38.53 | 14.91—18.16 |
| | 高收入 | >2457.05 | >38.53 | >18.16 |
| 500 | 中等偏下收入 | 337.41—1320.94 | 37.07—37.75 | 14.02—15.94 |
| | 中等偏上收入 | 1320.94—4095.09 | 37.75—39.65 | 15.94—21.35 |
| | 高收入 | >4095.09 | >39.65 | >21.35 |
| 1000 | 中等偏下收入 | 674.83—2641.89 | 37.30—38.65 | 14.68—18.52 |
| | 中等偏上收入 | 2641.89—8190.18 | 38.65—42.46 | 18.52—29.34 |
| | 高收入 | >8190.18 | >42.46 | >29.34 |

*3. 层次结构预测*

表10为雄安新区办学层次结构的预测结果。若按照高校知识创新驱动模式发展，当处于高收入经济水平，人口为300万时，专科在校生占比小于27.96%，本科在校生占比小于58.53%，研究生在校生占比大于13.51%较为合理；人口为500万时，专科生占比应小于27.07%，本科生占比应小于58.30%，研究生占比应大于14.63%；人口为1000万时，专科生占比应小于24.83%，本科生占比应小于57.74%，研究生占比应大于17.43%。若按照企业技术创新驱动模式发展，人口为300万时，专科生占比小于48.55%，本科生占比大于47.29%，研究生占比大于4.20%较为适宜；人口为500万时，专科生占比应小于48.37%，本科生占比应大于47.43%，研究生占比应大于4.24%；人口为1000万时，专科生占比应小于47.91%，本科生占比应大于47.78%，研究生占比应大于4.35%。相比于高校知识创新驱动模式，企业技术创新驱动模式下所预测的雄安新区办学层次结构重心较低。

随着人口的增加及经济发展水平的提升，模式 1、模式 2 的层次结构都呈现重心上升趋势，即专科生占比逐步下降，研究生占比逐步上升。这是因为随着产业形态由劳动密集型和技能密集型向科技密集型和创新密集型升级，需要研究生教育参与其中。只有充分发挥研究生教育的策源力量，培育首创精神与原始创新能力，才能形成区域创新系统的核心竞争力。

**表 10　层次结构预测**

| 人口（万人） | 经济发展水平 | GDP（亿元） | 专科在校生占比（%） | | 本科在校生占比（%） | | 研究生在校生占比（%） | |
|---|---|---|---|---|---|---|---|---|
| | | | 模式 1 | 模式 2 | 模式 1 | 模式 2 | 模式 1 | 模式 2 |
| 300 | 中等偏下收入 | 202.45—792.57 | 28.87—29.19 | 48.74—48.81 | 58.76—58.84 | 47.10—47.15 | 11.97—12.38 | 4.14—4.15 |
| | 中等偏上收入 | 792.57—2457.05 | 27.96—28.87 | 48.55—48.74 | 58.53—58.76 | 47.15—47.29 | 12.38—13.51 | 4.15—4.20 |
| | 高收入 | >2457.05 | <27.96 | <48.55 | <58.53 | >47.29 | >13.51 | >4.20 |
| 500 | 中等偏下收入 | 337.41—1320.94 | 28.58—29.12 | 48.68—48.79 | 58.69—58.82 | 47.11—47.19 | 12.06—12.74 | 4.14—4.17 |
| | 中等偏上收入 | 1320.94—4095.09 | 27.07—28.58 | 48.37—48.68 | 58.30—58.69 | 47.19—47.43 | 12.74—14.63 | 4.17—4.24 |
| | 高收入 | >4095.09 | <27.07 | <48.37 | <58.30 | >47.43 | >14.63 | >4.24 |
| 1000 | 中等偏下收入 | 674.83—2641.89 | 27.86—28.93 | 48.53—48.75 | 58.51—58.77 | 47.14—47.31 | 12.30—13.64 | 4.15—4.20 |
| | 中等偏上收入 | 2641.89—8190.18 | 24.83—27.86 | 47.91—48.53 | 57.74—58.51 | 47.31—47.78 | 13.64—17.43 | 4.20—4.35 |
| | 高收入 | >8190.18 | <24.83 | <47.91 | <57.74 | >47.78 | >17.43 | >4.35 |

4. 学科结构预测

表 11 为雄安新区高等教育学科结构的预测结果。若按照高校知识创新驱动模式发展，当经济发展处于高收入水平，人口为 300 万时，第一、第二产业对应学科专业学生人数占比分别小于 0.80%、45.74%，第三产业对应学科专业学生人数占比大于 53.44% 较为适宜；人口为 500 万时，第一、第二产业对应学科专业学生人数占比应分别小于 0.79%、45.43%，第三产业对应学科专业学生人数占比应大于 53.77%；人口为 1000 万时，第一、第二产业对应学科专业学生人数占比应分别小于 0.75%、44.66%，第三产业对应学科专业学生人数占比应大于 54.59%。若按照企业技术创新驱动模式发展，人口为 300 万时，第一、第二产业对应学科专业学生人数占比小于 2.07%、36.16%，第三产业对应学科专业学生人数占比大于 61.74% 较为适宜；人口为 500 万时，第一、第二产业对应学科专业学生人数占比应分别小于 2.06%、36.07%，第三产业对应学科专业学生人数占比应大于 61.85%；人口为 1000 万时，第一、第二产业对应学科专业学生人数占比应分别小于 2.01%、35.85%，第三产业对应学科专业学生人数占比应大于 62.12%。在不同发展

模式下，雄安新区高等教育学科结构的预测结果都呈现“三二一”的格局，相比于高校知识创新驱动模式，企业技术创新驱动模式下第一、第三产业对应学科专业占比较高。

随着人口的增加及经济发展水平的提升，第一、第二产业对应学科专业占比下降，第三产业对应学科专业占比上升。这与经济发展规律相吻合，经济增长通常伴随着产业结构的规律性变化，表现为国民经济重心从第一产业向第二产业，进而向第三产业升级。产业结构升级通过劳动力市场的中介作用传导到高等教育领域，导致第三产业对应学科专业占比增加。

**表 11　学科结构预测**

| 人口（万人） | 经济发展水平 | GDP（亿元） | 第一产业对应学科本科在校生占比（%） | | 第二产业对应学科本科在校生占比（%） | | 第三产业对应学科本科在校生占比（%） | |
|---|---|---|---|---|---|---|---|---|
| | | | 模式 1 | 模式 2 | 模式 1 | 模式 2 | 模式 1 | 模式 2 |
| 300 | 中等偏下收入 | 202.45—792.57 | 0.81—0.82 | 2.09—2.10 | 46.06—46.17 | 36.24—36.28 | 52.98—53.10 | 61.60—61.64 |
| | 中等偏上收入 | 792.57—2457.05 | 0.80—0.81 | 2.07—2.09 | 45.74—46.06 | 36.16—36.24 | 53.10—53.44 | 61.64—61.74 |
| | 高收入 | >2457.05 | <0.80 | <2.07 | <45.74 | <36.16 | >53.44 | >61.74 |
| 500 | 中等偏下收入 | 337.41—1320.94 | 0.81—0.82 | 2.08—2.09 | 45.96—46.14 | 36.22—36.27 | 53.01—53.21 | 61.61—61.67 |
| | 中等偏上收入 | 1320.94—4095.09 | 0.79—0.81 | 2.06—2.08 | 45.43—45.96 | 36.07—36.22 | 53.21—53.77 | 61.67—61.85 |
| | 高收入 | >4095.09 | <0.79 | <2.06 | <45.43 | <36.07 | >53.77 | >61.85 |
| 1000 | 中等偏下收入 | 674.83—2641.89 | 0.80—0.82 | 2.07—2.09 | 45.71—46.08 | 36.15—36.25 | 53.08—53.48 | 61.63—61.76 |
| | 中等偏上收入 | 2641.89—8190.18 | 0.75—0.80 | 2.01—2.07 | 44.66—45.71 | 35.85—36.15 | 53.48—54.59 | 61.76—62.12 |
| | 高收入 | >8190.18 | <0.75 | <2.01 | <44.66 | <35.85 | >54.59 | >62.12 |

## 四、结论与建议

基于雄安新区建设全球重要科技中心和创新高地的发展定位，本文以同样面向打造世界科技创新中心的北京、上海、粤港澳大湾区三地为常模团体，从高等教育与经济协同发展视角出发，结合常模参照法与回归预测法对不同人口规模与经济发展水平下雄安新区的高等教育规模与结构进行预测，得到如下结论及建议。

### （一）关于高等教育规模的结论与建议

在京津冀协同发展背景下，需同时重视北京的疏解效果与雄安新区的承接效果，实现雄安新区的可持续发展。雄安新区是北京非首都功能的疏解地，作为非首都功能的高等教育可以在京津冀一体化发展框架下有序疏解到雄安新区。同时，雄安新区应紧紧抓住疏解北京高校的机会，打造自身的“造血”能力。与经济发展及人口规模相协调的雄安新区高质量高等教育系统有助于加快北京高等教育资源的疏解，并在新区实现有效配置，推动京津冀世界级城市群的建设。因此，雄安新区需结合自身创新发展模式与区域经济社会发展情况合理谋划、动态调整高等教育的规模。

结合本文预测结果，当雄安新区经济发展处于高收入水平时，高等教育规模的适宜目标为：在高校知识创新驱动模式下，人口规模为300万时，普通高等学校在校生规模大于38.53万人；人口规模为500万时，在校生规模大于39.65万人；人口规模为1000万时，在校生规模大于42.46万人。在企业技术创新驱动模式下，人口规模为300万时，在校生规模大于18.16万人；人口规模为500万时，雄安新区在校生规模大于21.35万人；人口规模为1000万时，在校生规模大于29.34万人。随着人口规模的增长与经济发展水平的提升，雄安新区高等教育规模稳步增长。

### （二）关于高等教育层次结构的结论与建议

合理的高等教育层次结构对于培育技术技能型人才、应用型人才、学术型人才，满足区域创新系统多样化人才需求具有重要作用。同时，研究生教育承担培养高层次人才及开展科技研究的重任，有利于培育区域创新能力。雄安新区高等教育的基本定位是优质高等教育资源的集聚地、全国高等教育创新发展的示范区、全球主要的科学中心和科技创新高地，因此需合理布局高等教育层次结构，支持“双一流”建设高校在新区办学，提高研究生占比。

结合本文预测结果，当雄安新区经济发展处于高收入水平时，高等教育层次结构的适宜目标为：在高校知识创新驱动模式下，人口规模为300万时，专科生占比小于27.96%，本科生占比小于58.53%，研究生占比大于13.51%；人口为500万时，专科生占比小于27.07%，本科生占比小于58.30%，研究生占比大于14.63%；当人口为1000万时，专科生占比小于24.83%，本科生占比小于57.74%，研究生占比大于17.43%。在企业技术创新驱动模式下，人口为300万时，专科生占比小于48.55%，本科生占比大于47.29%，研究生占比大于4.20%；人口为500万时，专科生占比小于48.37%，本科生占比大于47.43%，研究生占比大于4.24%；人口为1000万时，专科生占比小于47.91%，本科生占比大于47.78%，研究生占比大于4.35%。随着人口规模的增长与经济水平的提升，雄安新区高等教育层次结构重心应逐渐上升。

### （三）关于高等教育学科结构的结论与建议

人力资本转化为现实生产力依赖于高等教育与产业结构的耦合协调。学科专业结构与劳动力市场技能需求紧密相关。雄安新区瞄准世界科技前沿，面向国家重大战略，高起点布局高端高新产业，重点发展新一代信息技术产业、现代生命科学和生物技术产业、新材料产业、高端现代服务业等，合理的高等教育学科专业结构是实现其产业建设与发展的基础。同时，通过对接学科专业结构与产业结构，能够缓解结构性失业矛盾，使雄安新区既能培养人才，也能留住人才、吸引人才。

结合本文预测结果，当雄安新区经济发展处于高收入水平时，高等教育学科结构的适宜目标为：在高校知识创新驱动模式下，人口为300万时，第一、第二产业对应学科专业学生人数占比分别小于0.80%、45.74%，第三产业对应学科专业学生人数占比大于53.44%；人口为500万时，第一、第二产业对应学科专业学生人数占比分别小于0.79%、45.43%，第三产业对应学科专业学生人数占比大于53.77%；人口为1000万时，第一、第二产业对应学科专业学生人数占比分别小于0.75%、44.66%，第三产业对应学科专业学生人数占比大于54.59%。在企业技术创新驱动模式下，人口为300万时，第一、第二产业对应学科专业学生人数占比小于2.07%、36.16%，第三产业对应学科专业学生人数占比大于61.74%；人口为500万时，第一、第二产业对应学科专业学生人数占比分别小于2.06%、36.07%，第三产业对应学科专业学生人数占比大于61.85%；人口为1000万时，第一、第二产业对应学科专业学生人数占比分别小于2.01%、35.85%，第三产业对应学科专业学生人数占比大于62.12%。随着人口规模的增长与经济水平的提升，雄安新区高等教育的学科专业结构应遵循第一、第二产业对应学科专业占比下降，第三产业对应学科专业占比上升的规律。

## 参考文献：


[1]新华社. 河北雄安新区规划纲要[EB/OL].(2018-04-21)[2022-10-26]. http://www.xinhuanet.com/politics/2018-04/21/c_1122720132_10.htm.

[2]潘雄锋，杨越. 区域创新体系运行的基本理论框架及中国的实证研究[M]. 北京：科学出版社，2015.

[3]Howells J.Innovation and regional economic development：A matter of perspective ？[J]. Research Policy，2005，34(8).

[4]朱勇，张宗益. 技术创新对经济增长影响的地区差异研究[J]. 中国软科学，2005(11).

[5]Cooke P. Regional innovation systems：Competitive regulation in the new Europe[J]. Geoforum，1992，23(3).

[6]赖德胜，王琦，石丹淅. 高等教育质量差异与区域创新[J]. 教育研究，2015，36(02).

[7]Youtie J，Shapira P. Building an innovation hub：A case study of the transformation of university roles in regional technological and economic development[J]. Research Policy，2008，37(8).

[8]刘佳骏. 国外典型大都市区新城规划建设对雄安新区的借鉴与思考[J]. 经济纵横，2018(01).

[9]陈琼琼，李远．旧金山湾区高等教育发展研究——基于区域创新体系的视角［J］．比较教育研究，2020，42（10）．

[10]Cooke P，Uranga M G，Etxebarria G. Regional innovation systems：Institutional and organisational dimensions［J］. Research Policy，1997，26（4-5）．

[11]薛新龙，史薇，霍鹏．创新高地的高等教育组织结构变革研究——以美国旧金山湾区为例［J］．中国高教研究，2021（09）．

[12]何振海．系统化发展视野内的加州公立高等教育——1960 年总体规划的历史价值探析［J］．比较教育研究，2009，31（07）．

[13]罗秋明，刘安民．区域经济发展与高等教育［J］．经济师，2003（10）．

[14]周光礼．区域发展的高等教育因素：概念框架与案例分析［J］．湖南师范大学教育科学学报，2021，20（06）．

[15]武义青，张云，柳天恩．怎样筹建雄安大学［J］．前线，2019（04）．

[16]龙江．京津冀协同发展条件下区域经济发展对高等教育的需求研究——以雄安新区为例［D］．北京：北京邮电大学，2018.

[17]公钦正．国家级特区高等教育与经济社会协同发展研究——基于深圳、浦东经验的雄安新区高等教育规划［J］．湖南师范大学教育科学学报，2021，20（06）．

[18]中华人民共和国中央人民政府．中华人民共和国国民经济和社会发展第十四个五年规划和 2035 年远景目标纲要［EB/OL］.（2021-03-13）［2022-11-22］. http：//www.gov.cn/xinwen/2021-03/13/content_5592681.htm.

[19]杜德斌，何舜辉．全球科技创新中心的内涵、功能与组织结构［J］．中国科技论坛，2016（02）．

[20]Cornell University，INSEAD，WIPO.The global innovation index 2020：who will finance innovation［R］. Ithaca，Fontainebleau and Geneva，2020.

[21]朱迎春，王大鹏．经济发展对高等教育规模影响的实证研究［J］．统计与决策，2010（10）．

[22]毛建青．高等教育规模定量预测的常用方法综述［J］．黑龙江高教研究，2008（02）．

[23]张敏强．教育测量学［M］．北京：人民教育出版社，1998.

[24]俞培果，杨晓芳，沈云，廖斌．我国高等教育需求预测与高等教育规模的确定［J］．预测，2002（03）．

[25]胡咏梅，薛海平．经济发展水平与高等教育规模的相关性研究［J］．江苏高教，2004（02）．

[26]李硕豪，胡德鑫．我国普通高等教育规模的预测与潜力分析［J］．国家教育行政学院学报，2014（03）．

[27]王伯庆，韩蔚．粤港澳、京津冀、长三角地区高等教育与经济发展报告［R］．南方科技大学粤港澳大湾区高等教育大数据研究中心，2020．

[28]胡德鑫，王漫．高等教育学科结构与产业结构的协调性研究［J］．高教探索，2016（08）．

[29]雷云．供给侧改革视域下区域高等教育学科结构与产业结构的适切性研究［J］．黑龙江高教研究，2017（03）．

[30]杜德斌，祝影．全球科技创新中心：发展模式与中国实践［J］．科学，2022，74（04）．

[31]张振刚，户安涛，叶宝升，邓海欣．粤港澳大湾区建设国际科技创新中心的思考［J］．城市观察，2022（01）．

[32]李兰芳，唐璐，陈云伟，邓勇．全球主要城市群科技创新中心建设经验对成渝地区的启示［J］．科技管理研究，2022，42（06）．

[33]陈琼琼，马近远．区域创新体系中的深圳高等教育发展——基于三螺旋模式的分析［J］．特区实践与理论，2022（01）．

[34]岳昌君，邱文琪．面向2035的我国高等教育规模、结构与教育经费预测［J］．华东师范大学学报（教育科学版），2021，39（06）．

[35]耿孟茹，田浩然．高等教育与产业结构耦合协调及其经济效应——基于省级面板数据和空间杜宾模型的实证分析［J］．重庆高教研究，2013（03）：1–14．

# 标准引领产教融合　推动区域经济创新发展

郑飞虎[①]

**摘　要：**加快完善社会主义市场经济体制，需要推动区域经济发展更平衡、更协调、更包容。本文从产教融合的视角，探讨了标准范式在推动区域经济创新发展中的作用与机制，其中包括：（一）重新界定产教融合的相关属性，突出产教融合的关键指引标准与原则；（二）基于合约交易的标准视角重构产教融合的治理模式与边界，夯实产教融合的保障条件；（三）产教融合中要积极发挥标准的双重效用，既要基于标准降低产教融合的交易成本，更要以标准引领并形成产教融合的集群竞争力，以此促进区域经济创新发展的可持续性与多样性。

**关键词：**标准；产教融合；治理

2021年8月17日，习近平总书记在中央财经委员会第十次会议上指出，做好区域协调发展，"是要根据各地区的条件，走合理分工、优化发展的路子"，这突出了区域经济发展需要根据不同地区的资源禀赋条件不断加以动态调整完善，同时也要求基于全社会、全局的视角树立一种战略意识，即不同区域经济发展程度有高有低，时间上也会有先有后，不同地区富裕程度还会存在一定差异，不可能齐头并进。这是一个在动态中向前发展的过程，要持续推动，不断取得成效。根据新结构经济学理论，区域经济发展取决于四个基础要素维度的耦合，分别是地区禀赋、产业结构、技术升级及制度。这其中，教育对地区禀赋中的劳动力供给质量、科学技术创新具有直接的影响，并在地区产业结构升级及制度优化过程中扮演着不可或缺的作用，因此在这一意义上，我们可以把产教融合活动作为推动区域经济创新发展的重要推手。

## 一、产教融合的基础属性与指引标准

教育与产业分属不同的国民经济活动序列，两者又具有非常密切的内在联系。从三

① 郑飞虎（1974—），男，北京师范大学经济与工商管理学院副教授、博士生导师，北京师范大学国际产能合作与创新研究中心执行主任，教育服务标准与认证研究中心主任，中国教育发展战略学会教育标准专业委员会秘书长。研究方向：教育与开放创新、周期经济学。

大产业的结构划分，教育隶属于服务业，是产业类别中的一部分，这使得教育天然具有产业的某些共同的经济属性：比如教育要素禀赋的密集度及其比较优势的形成，教育服务提供的四种模式，教育需求与供给的匹配及其不平衡引发对教育稀缺资源的竞夺等，这是教育经济属性及其相应功能外放的表现。但在另一方面，教育又具有针对人的发展的社会学范畴的本质属性，特别是基于脑科学发展形成的教育规律与认识，是指导人类社会关系协调与规范发展的重要逻辑基础。因此在这一意义上，教育的社会属性是要超越自身的产业属性，并在产业属性发展的过程中发挥着前瞻的引领力与价值指路人角色，理应成为属性中的指引标准。教育属性的"双元特征"——经济隶属性与社会独立性（图1），在一定程度上会引起教育与产业之间的功能叠加或者说界限模糊，由此带来了两者关系发展的第三个特征——合作性，即教育与产业之间需要不断对话，探索彼此之间互为互利的合作领域，正是基于这一特征，拉开了产教融合的序幕，这也是产教融合得以不断发展与创新的根本所在（图2）。

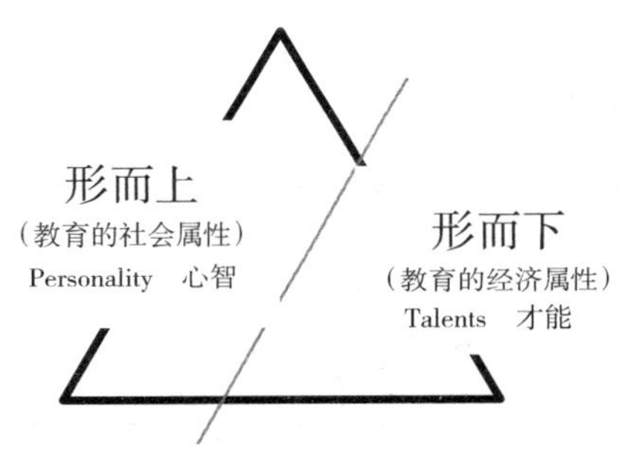


**图1 教育属性的双元特征**

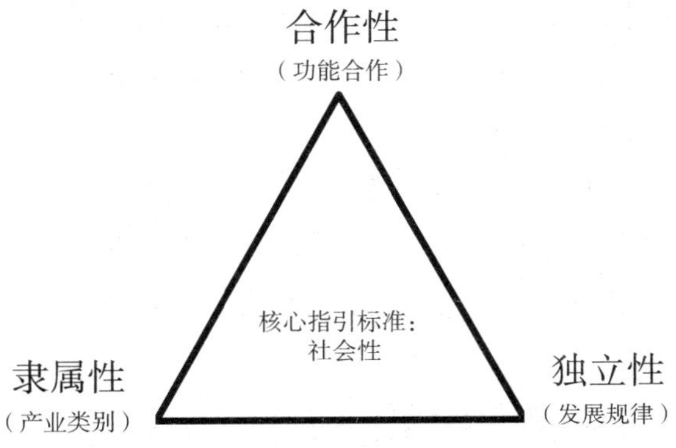


**图2 教育在产教融合中的三个特性**

与教育复杂属性的情况相反，产业的发展遵循着自身比较单一而清晰的内在逻辑。特别是自20世纪中叶以来，以强劲的现代制造业发展为基础，在科学研究领域取得重大突破的前提下，现代产业发展遵循着以下一个完美的内向循环的内驱逻辑（图3，又称产业内向循环[①])。

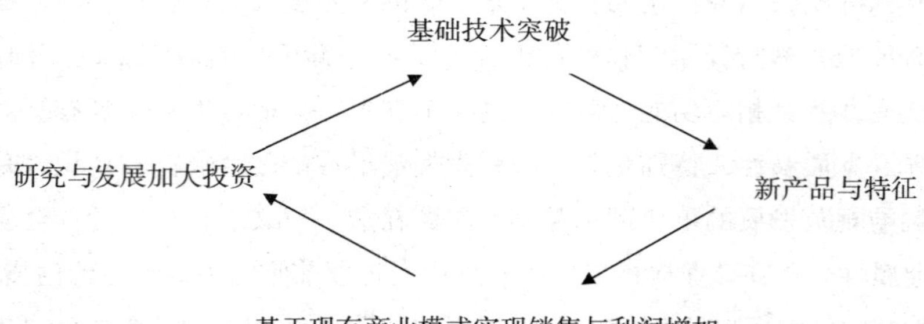


**图 3　20 世纪中期以来产业发展的内向循环逻辑**

但是这一产业内向循环在 21 世纪初，由于大学的不断增多以及更多面向职场培训活动的兴起，导致其内向循环的链条发生了位移，甚至一度中断，其具体特征表现如下：

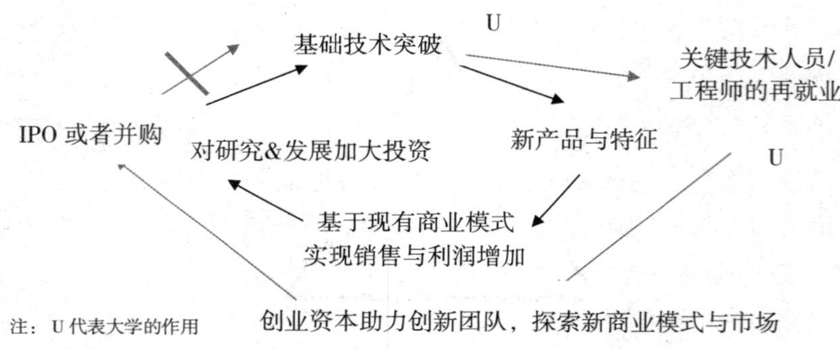


**图 4　21 世纪产业发展的外向循环逻辑：阻碍与机遇**

——在基础技术环节，原先企业大量投资研发以求获取技术突破，现在却极少愿意这样做，原因在于基础技术成果突破的漫长时间及其外部性；

——从事基础技术突破的关键人员，现在有更多的趋势自己尝试创业，从而离开原有企业，这就带来了产业中人员的流动与技术外溢；

——创业资本的青睐、更多可得的高素质流动人才（得益于大学面向职场培训的增多），这就促成了产业中新的竞争者与增量竞争资源，并最终通过上市或并购获得长足的发展。

在 21 世纪初产业发展由内向循环转向外向循环的过程中，我们可以清晰地看到大学—教育对产业发展的影响：当产业资本对基础技术突破不愿加大投入时，企业以往扮演的基础创新的重心有可能外移到大学教育这一领域（以中国为例，我国基础研究的国

① Henry Chesbrough.Open Innovation：The New Imperative for Creating and Profiting from Technology [ M ]. Harvard Business School Press，2003.

家自然科学基金委员会面上项目的70%以上是由教育系统承担的；国际经验也显示，大学在基础研究和科技创新中具有极端重要性，位于硅谷的斯坦福大学，连续多年被评为全球最具创新性大学，十分注重基础研究和科技创新成果的转化）；当大学在基础技术突破中取得明显成效后，关键的技术人员 / 工程师加入创业队伍中，这不仅拓展了大学基础技术研究经费的获取（专利技术转让收入、保留一定的持股比例等），而且流动的技术人员以及大学大量面向职场的培训活动促成了高素质人才进入产业领域，推动了产业持续不断的创业创新。对于产业的创业资本来说，无须自身前期大量的研发经费投入，就能收获来自大学基础技术研究突破带来的应有成果转化，以及高素质的技术人才队伍，这就促成了产业与教育领域非常高效的合作，通过创新商业模式与开拓新市场，最终实现IPO上市或并购，产业的发展获得长足进步（举世闻名的硅谷模式就是这一原理的最好证明，据相关统计研究显示，与斯坦福大学有关联的大约有40000家企业，这些企业的产值加起来，相当于世界第十大经济体；21世纪初以来，中国新能源车在国际市场上占据了半壁江山，并成功实现对发达国家统治世界百年之久的燃油车市场弯道超车。而在中国新能源车创始人当中，三分之二来自华南理工大学。透视华南理工大学充任中国新能源汽车“黄埔军校”的背后，与华南理工大学推行的“+智能”通识人才教育培养，跨界开展关键共性前沿引领颠覆性技术的研究，以及整合国家与地方，跨学科开展协同育人等创新举措密切关联）。显然，在产业“双循环”的转化过程中（由内向循环走向外向循环），我们发现产教融合成功的关键在于前期彼此良好的分工，中期开放各自边界促成资源流动，后期双方又密切整合进行从商业模式到新市场开拓的无缝对接，华南理工大学成为中国新能源汽车“黄埔军校”的经验恰恰验证了这一点。

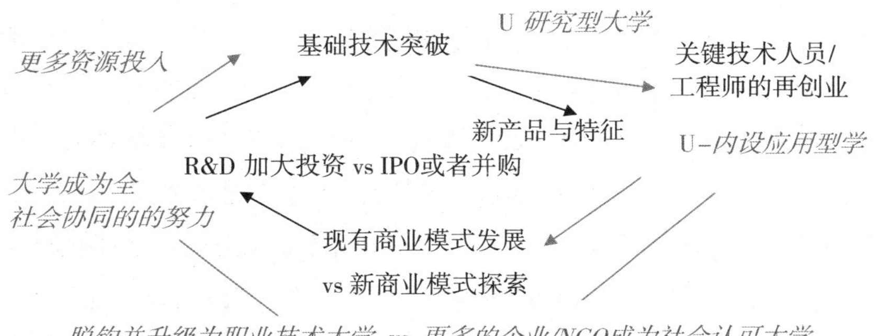


**图5　产教融合下的双循环：大学与产业发展的外向良性循环**

注：这里的U（大学简称），包括了两层组织含义：其一是指目前国家导向的“双一流”研究型大学；其二是在其内部专门设立应用型学院（一个可取的方式是将转型中的职业技术学院直接托管或外包给研究型大学，建立新的治理机制）。而当大学的应用型学院发展成熟且颇具影响力，再将其独立为市场化的职业技术大学。与此同时，开放更多的企业、非营利性机构成为社会认可的大学并提供就业实践服务，这样整体上就大大提升了大学的规模与范围效应，从而使得基础技术研究与突破具有了更广泛的社会动员与激励。

事实上，基于上述产教融合活动的认识，我们发现从图 4（产业外循环）到图 5（产教融合循环）的转化，一个非常重要的关键点在于，重新界定大学（U）的类别（即结构化细分，如突出研究型大学等）并将其与产业活动进行价值链上的紧密协同配置（比如探索研究型大学下设应用型学院，同时开展职业技术学院的外包与托管等，这是从治理视角探索的产教融合新标准、新机制，具有双向、开放意义上的制度创新；而非传统意义上的大学内部学科与学院设立，后者更多是单向、封闭式的制度延续）。以开放、治理的视角来推进产教融合活动的探索，无疑为区域经济的创新发展提供了更为强劲的动力与支持。

## 二、重构产教融合的治理新机制——基于“人才培养”的价值标准解构

产教融合的前述新视角，即把大学以外的所有外部机构，包括每一家公司、非营利性组织等都看作是被认可的大学，并鼓励其提供应有的实践服务，这就使得产业与教育的边界出现了开放与融合。原先高等教育培养人的最核心的功能，现在变成所有机构同心协力想要实现的目标，包括科技公司在内。由此带来一个非常重要的研究话题：给定大学与产业各自不同的禀赋与优势，在相互结合培养人才的过程中，我们到底应该采取一种怎样的治理机制来促进其良性发展?

目前，在中国现有体制下，由大学向产业端的延伸不计其数，不仅在诸多高校中存有各式校办产业集团，而且不少高校在经济发达城市开办了新的应用学院作为孵化器，成功孵化了很多参控股的上市企业。但是反过来，从产业端向高校的延伸，目前来看较难获得合法身份，只有早期少数成功的企业家与社会名流以捐款形式创办的私立大学延续至今（比如陈嘉庚捐助的厦门大学，张伯苓创办的南开大学等）。最新获批的由知名企业家曹德旺先生捐资的民办非营利性大学——福耀科技大学，则采取政府加公益基金的方式运行，实行党委领导下的董事会或者理事会负责制。对于创办福耀科技大学，曹德旺认为不是为了让中国多一所大学，而是为了探索一种新的教育模式，用他的话说，“有些学校的教育不能与真正的社会需求相适应。我们希望，福耀科技大学的毕业证书，是能够代表工程师水准的工作证，让毕业生可以很光荣、很自信地走向社会”。

曹德旺的这番讲话，提出了一个非常重要的观察视角，即为了探索一种新的教育模式，我们到底应该在产教融合上进行怎样的战略创新？而这种创新在培养人才方面应该秉承什么样的标准与原则？这些问题恰恰是探索新时代人才培养的核心要义所在。为回答这一问题，我们需要回到教育属性的“双元特征”与产教融合的三个属性，从中发掘出人才培养的有机内核。

从现代人才培养来看，它要求教育提供不同方面的价值属性，既有形而上的心智价

值方面的教育需求，也有形而下的才能价值方面的塑造需求，两者共同构成了人才培养的价值标准内涵。从产业发展来看，形而下的人才才能价值作为产业发展最重要的人力资本投入，可以与产业实践活动进行快速对接，帮助产业解决现实问题或潜在问题，进而推动产业生产函数产出提升并实现最大效益。由此，教育与产业在人才培养方面既有各自供给方面的不同特色，同时彼此借助人才培养又叠加了相互需求，产教融合对人才培养的重要影响使得界定人才培养的价值标准成为必要前提。

目前ISO等三大国际标准组织共同给标准下的定义认为，标准是为了在一定的范围内获得最佳秩序，经协商一致制定并推行，共同使用和重复使用的一种规范性文件。标准的这一定义表明，标准的指向在于解决现实或潜在问题，力求在一定的范围内获得最佳秩序，实现最大效益，即满足实用性的特征。这既符合教育经济属性的功能实现，同时也是产业发展追寻的必然目标。此外，从标准的渊源来看，标准来源于人类社会实践活动，其产生的基础是科学研究和技术进步的成果，是实践经验的总结，即满足科学性的特征。大学教育作为科学研究与技术进步的重要源泉，可以确保标准的技术内容推陈出新，不断涌现先进的科技创新成果。与此相适应，产业发展则提供了先进科技创新成果及时转化的市场激励与产业化保障，从而有利于标准的实施。由此我们发现，基于人才培养为核心的产教融合，不仅体现了人才培养价值标准的适用性，同时确保了人才培养价值标准的科学性。

在上述产教融合人才培养价值标准解构的逻辑下，我们假设新时代人才培养模式不仅仅采取以往单纯由大学培养，然后毕业生为产业单位所接受，这种模式使得产业与大学之间实际上处于对立的供给与需求地位，因而人才培养真正所需要的双元内涵—心智与才能，实际上被割裂开并不完整。站在产教融合的视角，我们将新时代人才的培养标准划分为两个阶段，即大学教育的心智开发、理论素养与产业实践的才能开发，现代社会的人才只有经过这两个阶段的完整训练，才算真正意义上满足就业市场需求。由此我们得到以下治理结构图①（图6）。

① Shih. Fen S C hen. A G eneral TCE Model of Intenational Business Institutions: Market Failure a n d Reciprocity [ J ]. Journal of International Business Studies, 2010 ( 41 ).

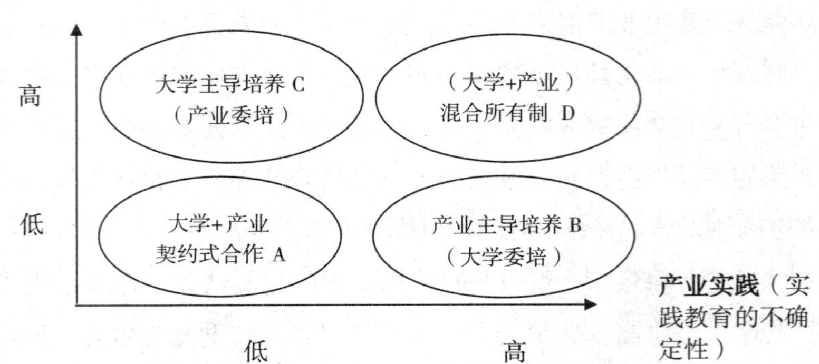


**图 6　产教融合下的人才培养价值不同运营模式**

——在给定完全信息的条件下，A 模式代表一个理想状态的产教融合模式：最终人才市场的用户向大学预定人才的心智教育与理论素养，向产业单位预定人才的实践服务，这样大学与产业合作向最终用户提供人才培养服务，同时各自保持独立的关系距离。在信息相对比较透明与充分的领域，大学与产业单位之间可以就前述领域开展各种有效的契约式合作。

——如果存在的情形是产业单位开展实践教育的成本较高，不确定性较大，但是大学开展心智教育与理论素养的成本较低，那么一种可选的合作模式是 B，大学将其基本服务通过合约出售给产业单位（为其开展人才委培服务），而由产业单位主导人才的培养，并向最终用户直接提供合格的人才。这正是曹德旺创办福耀科技大学的缘由，也是当下许多实力雄厚的企业开展“企业大学”的初衷所在。

——如果存在的情形是大学开展心智教育与理论素养的成本较高，面临的不确定性更大，但是产业单位开展实践教育的成本较低，那么一种可选的理论模式是 C，即大学将人才培养的实践教育服务外包给产业单位，而由大学主导人才的培养，并向最终用户提供合格的人才。这种模式下大学培养的人才标准内涵区别于以往传统大学的做法，其原因在于产教融合的有机发展。

——进一步来看，如果大学开展基础教育和产业单位开展实践教育的成本都高企的话，那么一种可行的模式应该将产教两个领域进行内部化，双方可以合作建立共同所有权的混合实体 D。这可能成为未来中国大学发生变革的重要方向与组成部分，同时也是享誉国际的德国职业教育“双元制”精髓所在。

## 三、推进产教融合的政策建议

在习近平新时代中国特色社会主义思想指导下，基于“跳出教育看教育、立足全局看教育、放眼长远看教育”的新观念，为深化产教融合，促进教育链、人才链与产业链、创新链有机衔接，基于前述分析，我们给出如下政策建议：

（1）区域经济创新发展核心在于确立人才培养的价值标准。区域资源禀赋中，人力资本是流动性最大，也是边际价值创造最重要，最为关键的要素。当前中国的优质大学教育资源分布并不均衡，但是从产教融合的视角来看，可以借由区域特有产业、特色产业的实践来吸引与大学教育的合作，进而在高端人才培养方面紧紧将人才的才能价值环节嵌入区域的产业发展活动，这不仅可以为区域带来与大学基础教育的创新合作契机，同时也有利于深入推进区域产教融合的发展，进而带动更多的科学研究和技术进步成果在区域中扎根，并有效推动科技成果产业化的过程。这一系列活动最终将有助于确立区域人才培养方面的特色价值标准，并为区域经济创新发展提供源源不断的重要人力资本支持。

（2）区域经济创新发展需要增加产教融合的敏捷性。当下面临人工智能等数字化急剧发展的背景，各种新技术与新产业不断推陈出新，对于人才培养的时效性与可持续性提出了更高要求，这就使得我们传统人才培养的速度、流程及目标都要相应优化，要因应不同区域产业发展的最新实践需要，加大产教融合的敏捷性管理[①]，以此赢得主动性与导向性。

（3）推动区域产教融合的主动对标，不断精练形成自身的制度标准。目前世界经济处于衰退向复苏阶段过渡，正是各项创新技术更新迭代的酝酿时期，各国纷纷推出旨在领先未来发展的前瞻性技术领域的战略蓝图，并不断加大国家战略投入。为此，从产教融合的视角来看，国内不同区域在深化产教融合发展机制同时，更应主动打开区位或国家的物理边界与封闭视角，主动对标世界最为先进的发达国家或先进产业经验做法，不断借鉴吸收学习并加大鼓励技术创新，从而在总结世界成熟经验基础上确立自身更好的制度标准。

（4）发挥标准双重效应，注重产教融合的政策聚合效果与区域集群竞争力。在产教融合过程中，要充分考虑兼顾多重利益，包括产业部门、教育部门、区域与地方政府的不同考虑，求取最大公约数来促进协同发展。产教融合中要积极发挥标准的双重效用，既要基于标准降低产教融合的交易成本，强化区域通过标准协调产教融合的利益冲突；更要以标准引领并形成产教融合的集群竞争力，扩大区位生态体系的总体价值，以此促进区域经济创新发展的可持续性与多样性。

① 薛澜，赵静．走向敏捷治理：新兴产业发展与监管模式探究［J］．中国行政管理，2019（08）．

# 为了每一个——区域教育高质量体系架构

项海刚[①]

**摘　要：**为落实党的二十大精神，杭州市上城区致力于建设共同富裕背景下高质量教育体系的构架，确立了“高水平建设优质均衡、人民满意的美好教育引领区”的奋斗目标，努力做到“教好每一位学生、成就每一名教师、办好每一所学校、幸福每一个家庭”。

**关键词：**高质量；体系

党的二十大报告首次提出，“中国式现代化是全体人民共同富裕的现代化”，“高质量发展是全面建设社会主义现代化国家的首要任务”。上城区教育局致力于共同富裕背景下高质量教育体系的构架，努力将二十大精神转化为办好人民满意教育的生动实践。先后获评国家信息化教学实验区、基础教育国家级优秀教学成果推广应用示范区、国家学前教育发展改革实验区、全国未成年人思想道德建设工作先进单位等荣誉，区域教育现代化指数、学习型城市发展指数均为全省第一。

党的二十大报告对教育的战略定位提出了新的要求，强化教育、科技、人才一体化发展理念，坚持教育优先发展，加快建设教育强国。新时代共同富裕背景下的高质量教育体系建设，就是高水平推进教育公平与质量，需要把握两大核心要素：坚持以人民为中心、关注每一个人。这也是上城教育一以贯之的发展思路。区域优化调整以来，上城教育确立了“高水平建设优质均衡、人民满意的美好教育引领区”的奋斗目标，提出了“教好每一位学生、成就每一名教师、办好每一所学校、幸福每一个家庭”的美好愿景。

## 一、教好每一位学生

教育要为党育人、为国育才，教育发展要始终坚持以学生为本，高质量教育体系更要面向全体学生，培养德智体美劳全面发展的社会主义建设者和接班人。上城教育确立了“身心健康、品质优秀、学业上乘、素质全面、个性鲜明”的培养目标，创造条件，

---

① 项海刚，浙江省杭州市上城区教育局党委书记、局长，中国教育发展战略学会区域教育专业委员会常务理事。

让每个上城孩子都有人生出彩的机会。

### （一）"五维合一"实现全面发展

秉持"崇德、慧智、健体、尚美、悦劳"五维合一理念，上城教育构建"德育为先，五育融合"学生培养体系，培养全面而有个性发展的上城学子。精心打造"行走德育"区域思政教育品牌，创建"红领巾学院""青苗团学院""思政研究院"三院一体培养模式，推进大思政课程一体化建设。培育校内外120个德育基地，推广79条行走路线，组织开展"寻根、承志、追梦、扬帆"四大主题行走，让社会主义核心价值观成为学生成长的芯片，为每一个学生的"行中学"提供更多可能。坚持五育并举、融合育人。创新实施"上城区青少年阳光成长行动"，秉持全员发展、五育融合原则，让每一个学生有自我悦纳的心理健康状态。坚持思维课堂的研究，让学生会提问，会思考，会从实践中寻找答案。"百团大赛，百舸争流"体育"双百"赛事，让运动普及和竞技比赛双线并行。在上好劳动必修课的同时，提出"创意物化""校园自治""家务自理""农工体验""社会服务"五域合一的上城劳动菜单，让学生出力、出汗、动脑、动情，用双手诠释"劳动创造美好生活"。戏剧节、科技节、新型学习中心等，辐射的不仅是各个学校的优质课程，更让上城孩子在走班、走校、走社会中"会做事，会做人"。

### （二）"一单・一袋・多维述评"助推阳光成长

"不比起步，比进步""不比横向，比纵向""不比天赋，比努力"，学生综合评价是促进学生德智体美劳全面发展、培养学生个性成长的重要举措。上城教育深入推进学生"增值＋综合"多元评价改革，在全区上下形成绿色评价共识。以小学生综合评价为例，在全省率先推出《小学生综合评价改革实施方案》，创新实施"一单・一袋・多维述评"评价体系。其中，"一单"是学生发展综合报告单；"一袋"是学生个人学习档案袋，可以根据情况选择以电子版或实物版呈现；"述评"是用语言描述学习表现。该评价体系从德、智、体、美、劳及学生个性发展六个维度，细化学生品德、学业、身心、审美、劳动与社会实践五方面评价，注重学生过程表现和成果水平等，让学生发展"看得见"。成功创建成为浙江省首批素质教育评价改革实验区、浙江省首批小学生综合评价改革试点区。

### （三）"淘活动"平台赋能个性发展

随着"双减"政策深入推进，校外培训班少了，孩子有了更多自由支配时间。到了周末，如果不上培训班，"爸爸去哪儿"的烦恼困扰着每一位家长。为此，上城教育在做好"双减"后半篇文章上下功夫，创新升级"淘活动"平台，让学生一键即能"淘"到喜欢的活动，有效解决孩子周末"去哪儿"问题。作为全市首个全公益研学平台，"淘活动"集成社会公益场馆、文化创意机构、研学机构、非遗工作室、知名院校、未来社区等资源。学生只要登录"淘活动"，2500多门课程任由挑选，一节课只要二三十元。学生在2—3小时内，由专业教师带着参加丰富的拓展体验——去胡庆余堂做一天"药剂师”，在老巷子里捏糖人，到运河边监测水质……目前，已有115家进驻场馆上新活动1000余场，“淘活动”所有课程周周爆满，参与学生达78000余人，受到社会的广泛关注和赞誉。

## 二、成就每一名教师

习近平总书记深刻指出：“一个人遇到好老师是人生的幸运，一个学校拥有好老师是学校的光荣，一个民族源源不断涌现出一批又一批好老师则是民族的希望。”上城教育坚持“以人民为中心”的强大人格力量为核心，坚持把立德树人作为根本任务，从事业信仰力、专业学习力、职业幸福力3个维度，让每一位教师清晰自己职业生涯每一个阶段的进阶目标，走向卓越，让“名师荟萃”成为上城教育的核心竞争力。全区现有正高级职称教师23人，累计培养省特级教师85人，教育人才引育全省领跑。

### （一）筑牢教师事业信仰力

师德师风是第一标准，只有扣好教师的“人生之扣”，以德立身、以德立学、以德施教，才能把党和国家对新一代建设者和接班人的要求，落实到教书育人的每一个细节中去。上城教育在实践中凝练了“静心教书、潜心育人；敬业成人、精业成才”的上城教师精神，引导教师凝聚共识，推进教育高质量发展。推出了一系列师德师风建设举措。加强党建统领，区四套班子领导与百位思政教师结对，引导上城教师凝聚共识，以更大境界、更大胸怀、更大格局，潜心育人。推出“局长思政课”，每年暑期师德集中培训，区教育局长都要给老师们上思政第一课，已经成为区域教师培育的一大特色品牌。2022年暑期思政课上，区教育局党委书记、局长项海刚以《做新时代“大先生”》为题，针对性剖析了教师队伍中存在的问题，提出了心灵“6问”，讲述了10余个彰显高尚师德和温情师爱的上城故事，引导老师们对标身边的榜样力量，努力成为爱的守望者、正能量的传递者、永远的学习者、未来的创造者。注重师德常态培训，将师德专题教育活动贯穿全年、融入日常，构建教师精神培育课程，完善师德教育“体味幸福”系列活动，让立德树人真正入脑入心，切实营造风清气正的教育生态。以新教师为例，每批次新教师严把“入口关”，将师德培训列入新教师培训必修课；每学年开展新教师培训，举行隆重的新教师入职宣誓仪式，通过仪式教育激发教师职业道德追求，增强教师荣誉感；每周开展“相约星期二”活动，要求全员参与，为期一年，通过集中授课、名校现场教学等方式，实现理论实践两手抓、两手硬。经过近十年的坚持，帮助一批批新教师成功迈好职业生涯的第一步。

### （二）激发教师专业学习力

经过多年的实践探索，上城教育创新实施“五阶段五梯队多维度”教师专业培养机制，为教师“向下扎根、向上生长”提供适切的成长路径和发展空间。“五阶段”是指针对1—3年、4—10年、11—17年、18—24年、25年以上教龄等教师群体，设立新苗奖、新秀奖、能手奖、风华奖、红烛奖等五大奖项，按照30%的比例进行评选，构建上城美好教师成长的“基础平台”。在此基础上，依次设置区学科带头人、D类人才+区特级教师、C类人才+省特级教师、B类及以上人才4个梯队，从而形成了五级人才梯队体系。同时，针对班主任教师群体，增设“星级班主任”奖项，进一步拓宽育人者队伍专业成长通道。全区涌现出了一大批教育领军人才，现有在职省特级教师49名，在省特级教师评审的基础上，区委区政府还评选出区特级教师100名。为了更好地发挥特级教师的引领作用，把区域特色资源用好，异校设置“100+”特级教师工作室，学员覆盖全区所有中小学幼儿园，既带动区内年轻教师成长，又促进他们自身提升成长，更是让每一个孩子都享受到优质的教育资源，努力绘就“名师就在我身边”的美好教育愿景。

### （三）创造教师职业幸福力

教育是一群有情怀的人做着一件有温度的事情。上城区从事业、待遇、情感等多方位提升教师职业幸福力，吸引一大批各方面优秀人才投入教育事业中来。坚持以事业留人。上城区有很好的教育发展基础，学校改革创新积极性高，教育教学成果丰硕，荣获6项国家基础教育教学成果奖，教育发展态势非常好。社会尊师重教氛围浓厚，区委区政府每年都隆重开展教师节表彰系列活动，提升教师幸福感。“教好每一名学生，成就每一位教师，办好每一所学校，幸福每一个家庭”成为大家共同的教育理想。坚持以待遇留人。在全力保障学校教师平均工资收入水平不低于或高于当地公务员平均工资收入水平的基础上，上城教育还加大名优教师激励力度。增设“目标考核奖”和“校长统筹奖”，学校自主设立学校发展的重点项目和特色项目，制定具体考核指标内容、发放方案、奖励办法等，确保经费发放有据可依、有案可查，激励学校促进内部自主管理。同时，区教育发展基金会积极助力，设立“君子兰”“米兰”“红梅”等教师奖项，增强教师荣誉感。基金会成立17年来，奖励资金达2亿元，惠及20余万师生，让教师成为让人羡慕的职业。坚持以情感留人。致力于为教师创造温馨的生活和工作环境，从关心关爱教师日常生活入手，尽可能提供暖心保障。全力保障杭州市班主任龄满20年奖励5万元、30年教龄教师公共交通免费等举措的落地实施，在此基础上，通过新校配建、老校改建等方式，为外地来杭新教师提供青年教师公寓、人才房+婚房等福利，近五年已累计惠及2061人，100%满足五年内新教师住房需求。同时，在“双减”背景下，创新推出教师“恋爱假”“亲子假”等举措，给予教师群体充分的归属感。

## 三、办好每一所学校

人民群众对美好教育生活的向往，从“学有所教”向“优有所教”转变，从“有学上”到追求“上好学”，这就迫切需要更加公平更高质量的教育。建设美好校园是打造

"美好教育"、促进教育共富的有效保障。为此，上城教育结合新时代品质教育发展的需要，创新提出上城区高品质校园"十有标准"，构建有美感、有细节、有人性、有温度、有故事的美好校园。

### （一）全力打造美好校园焕颜工程

精准规划，聚焦新校建设品质，坚持规划先行，制定学校建设"十四五"规划，系统谋划全域新校新园建设项目。编制《上城区中小学、幼儿园建设交付标准》《上城区新时代学校设计导则》两套标准，在国家统一规范的学校建设标准基础上，增加具有上城辨识度的建设管理标准，高起点高标准办好每一所新校新园。加强过程管理，以"5·30"为时间节点，加强空气质量、设施采购、环境建设等关键环节把控，让新校新园提前三个月具备形象开办条件。"十四五"以来，上城区有27所新校新园均实现高起点办学，全区累计33个学校项目获"杭州市建筑工程西湖杯"荣誉。精致优化，安排专项资金对老旧学校进行改造焕颜，"十三五"以来，有机更新老校10所，未来三年还将更新6所，让老校焕发出新活力。立足未来多样化学习需求，加强学校未来学习中心建设，目前已建成各类学习中心136个，其中三星级12个、二星级31个、一星级93个，打造时时可学、处处能学的智慧泛在学习空间。

### （二）全域推进名校集群发展工程

教育优质均衡的高质量发展，无论从推进公平还是从提高质量意义上，都需要充分激活每所学校的办学活力。为此，上城教育探索实施"名校集群"建设，秉持"人口在哪里、优质教育就跟进到哪里，产业布局在哪里、优质教育就配套到哪里"理念，在完善资源布局的基础上，打造全域覆盖的教育"新共同体"十大模式。通过推进名校新校、院校合作、跨体制校、区域联合、教师联盟和集群联智等十大模式建设。加强名校集群协同发展机制构建，实现价值共享，从名校输出到共享共赢；主体协同，变以强带弱为校级共生；效能优化，从指令型捆绑到指导型建构；动能内生，从外力输血到内力再生。名校集群打破了"一个好校长就是一所好学校"的观念，如果把学校比喻成电脑，那么一个好校长就是一套好的操作系统，一套好的操作系统可以启动一批电脑。让优质教育资源惠及上城每一平方米土地上，让孩子在家门口就能享受到美好教育，努力实现"名校就在家门口"美好愿景，是教育行政人的职责与使命。

### （三）全面深耕校园文化品牌建设工程

积极向上的校园文化是学校发展的灵魂，能激励师生迸发干劲、激发学校办学活力。为此，上城教育聚焦学校内涵发展，深入实施"一校一品""一校多品"文化工程，让学校不再是生硬的建筑，而是景景有故事、物物皆育人的文化场所。上城区有319岁的紫阳小学、423岁的胜利小学等许多办学历史百年以上的学校，更有笕成中学、东城外国语实验等新开办的学校。上城教育因地制宜，探寻学校的既有资源、文化痕迹，聚焦校园小景打造，形成鲜明特色。如2022年暑期，丁兰实验学校改造的卫生间配有智能马桶、智能镜、感应式水龙头等多种智能设备，以及无障碍设置，结合学校“礼术健雅博”五艺课程体系，搭配五种传统图案，打造五星级卫生间，让学生时时处处都能感受到美好。再比如，钱学森学校，建筑风格富有江南特色，融入宋韵文化元素；赓续钱学森红色基因，精心打造的纪念馆、太空农园等充分彰显学校办学理念，成为学生成长的沃土。上城教育正是通过每一处环境改造，让校园的每个角落都讲述生动的师生故事，让每个学生都适性成长、让每位教师都幸福工作。

## 四、幸福每一个家庭

随着新时代教育高质量发展推进，办好人民满意的教育有了新内涵，如何提升家庭教育质量，如何构建家校社协同育人体系等都是新的命题。上城教育积极探索，推出了诸如“星级家长执照”平台、“长幼随学”、“托幼一体”等一系列创新实践，向人民满意的美好教育无限接近。

### （一）全国首推“星级家长执照”平台

“星级家长执照”平台面向全区0—15岁孩子家长，助力家长从“合法”走向“合格”。教育、文明办、妇联等多个部门联动，聚焦各阶段孩子特点、家庭教育重点、家长需求要点等维度，设计平台课程，让上城家长在平台上有学、易学、享学、优学、乐学，指导家长成为“明责任、乐学习、会倾听、常陪伴”的合格父母。同时，推出“每周一天家庭日”活动，真正让家长成为孩子的第一任教师。目前，平台在浙里办成功上线，拥有近23万用户，课程资源1万个，覆盖718个线下学习点，实现了区域覆盖、全国辐射，荣获全国教育改革创新特别奖等省级以上奖项15项。

### （二）创新实施“长幼随学”新政

随着多孩生育这一重大人口政策推出，各级各类配套的积极生育支持措施的出台势在必行。上城教育率先探索“长幼随学”举措，切实缓解多孩家庭孩子接送困难，最大限度实现“教育公平政策”与“生育友好政策”的协同兼容。我们结合区域实际，在充分调研的基础上，实施多孩家庭子女入园入学的“长幼随学”新政。根据“自愿申请、公开公平、就便安排”原则，推出幼随长、长随幼、长幼同调等3条路径，涵盖辖区所有公民办幼儿园、小学、初中，创造条件让多孩家庭子女选择同一所学校就读，让暖心举措落地有声。2022年招生过程中，上城教育创造条件满足了1240个“长幼随学”需求，其中700余个为随迁子女，有效回应了群众对“多生优育”美好教育的期待。另外，在部分区域实施“学区群”联招联调机制，满足孩子及家长个性需求。创新推出“入学零跑”、户籍生“入学一码通”服务，实现孩子家长足不出户领取入学通知书，已覆盖全区所有小学。

### （三）全域推进“托幼一体化”建设

当前，“托幼一体化”逐渐成为学前教育新的发展趋势。上城教育在100%满足3—6岁幼儿入园需求基础上，全域推进“托幼一体化”建设。在资源供给上，按照“政府主导、优质普惠、可设尽设”思路，通过新园布局增托位、老园腾挪扩托位、支持民办添托位等形式，多渠道拓展托育资源，切实解决家庭托育难题。如利用丁蕙二小空置校舍，改建成嵌入式幼儿园，最大限度满足丁兰区块托育需求。2022年，创设出1156个优质普惠托位，让幼儿在家门口享受“优质”且“普惠”的托育服务，初步实现托班布点14个街道全覆盖。在内涵发展上，不断优化托班照护环境，创设“玩色工作坊”等托班幼儿活动场所56处；整合《婴幼儿游戏的设计与实施》《早期教养》等现有资源，创设剥小豆豆等游戏化精品教学主题活动24个；开展托班区域链教研，分层分类帮助托班教师提升养育照护能力，全方位提升托育服务品质。

只有教育治理的现代化，才能更进一步来满足人民群众对优质教育的需求。上城教育经过多年实践，厘清了管、办、助、评各机构的分工与整合，构建起服务导向、定位明晰、职能科学、协同有力的“管办助评”新体系。

回归社会发展的本原，归属到每个人、每个家庭，教育是一种必需。高质量教育发展体系建设应遵循教育规律和生命规律，以人民为中心，以爱为底色，为了让每一个孩子享受高质量的教育，上城教育，一直在努力前行！

# 超级中学对农村学生精英大学入学机会的影响①

郭丛斌　夏宇锋　李世奇②

**摘　要：** 本文基于A大学2004—2018年在31个省份的录取数据，通过设定超级中学测量指标和模型，构建出衡量各省历年超级中学的测度指标，并以农村学生精英大学辈出率指征各省农村学生精英大学入学机会，在此基础上运用双重固定效应模型，分析超级中学的教育垄断对我国农村学生精英大学入学机会的影响。研究结果表明，农村学生精英大学录取机会与其人口比例不相称，超级中学造成的教育垄断不利于农村学生获取精英大学入学机会。为了促进城乡间教育公平，可以从禁止超级中学各种扰乱招生秩序行为、完善农村专项计划、提高县域高中教育质量、重点关注和帮扶各类高中农村学生等方面做出努力。

**关键词：** 超级中学；教育不平等；精英大学入学机会

党的二十大报告首次专章论述教育、科技和人才，充分体现了党对教育事业、科技事业、人才事业前所未有的高度重视，也更加突出了教育、科技、人才在中国式现代化建设进程中的基础性、战略性支撑地位。普通高中教育是国民教育体系的重要组成部分，在人才培养中起着承上启下的关键作用。普通高中高质量发展与创新人才培养，对我国向着建设世界科技强国宏伟目标奋勇前进具有重大战略意义。习近平总书记在报告中从“实施科教兴国战略，强化现代化建设人才支撑”的战略高度，对“办好人民满意的教育”作出专门部署，凸显了教育的基础性、先导性、全局性地位，彰显了以人民为中心发展教育的价值追求，为推动教育改革发展指明了方向。

办好人民满意的教育，就是要坚持以人民为中心发展教育，建设高质量教育体系，发展素质教育，促进教育公平。这为当前和今后一段时间，我国普通高中教育事业发展

---

① 本文为基金项目：国家自然科学基金项目“乡村振兴背景下县级高中教育质量研究：评价体系、影响因素和提升策略”（项目编号：72074012）的研究成果。本文主体内容已刊登于2021年第6期《高等教育研究》发表。

② 郭丛斌（1980—），男，福建宁德人，教育部人文社会科学重点研究基地北京大学教育经济研究所研究员，博士生导师，研究方向：教育经济学。夏宇锋（1998—），男，江西上饶人，北京大学教育学院硕士研究生，研究方向：教育经济学。李世奇（1987—），男，湖北黄冈人，北京大学教育学院博士后，研究方向：教育政策。

指明了方向。党的十八大以来，我国普通高中教育加快普及发展步伐，如期实现普及目标，全面深化教育综合改革，持续推进育人方式变革，不断提升育人质量，努力满足人民群众对公平而有质量教育的需求。然而，我国幅员辽阔、人口众多，各地区自然资源禀赋迥异，区域、城乡普通高中教育发展不平衡不充分问题依然比较突出，并由此带来中国精英大学入学机会在区域、城乡不同类型（示范高中与非示范高中、县域高中与地市级高中等）的普通高中在高考这一大规模纸笔测验表现上的巨大差异。值得注意的是，高等教育进入普及化阶段后，人们已不再仅仅满足于有机会接受高等教育，而是更多地希望能够进入精英大学学习，以便有更多的机会成为才能卓越、影响深远的社会精英，成为各行各业的领军人物。尤其是近年来，随着优质普通高中教育资源集聚发展，一些示范高中逐步演变成超级中学，进一步加剧了各地普通高中发展生态的失衡。超级中学骤然发展的实质是对优质普通高中教育资源的垄断，这些学校高考成绩越好，生源就越好，办学资源也更加充裕，学校的实力也就更加强大。超级中学的急剧扩张，形成了对优质普通高中教育资源和高中教育市场的控制。超级中学虽然名义整合了中学教育资源，提高了校内学生的升学率，但却是以吸收周边县域、市域，甚至全省优质的教育资源，挤压同一行政区内其他学校的生存空间为代价的。它只是将全省原本应该分散在各地市、县各类普通高中精英大学的生源集中在极少数的一两所学校而已。可以说“超级中学”的出现很大程度上打破了学校之间的良性竞争和高中教育的平衡，极大地阻碍了高中教育的平衡发展，对其他高中，尤其不利于县域高中的发展。2017 年《中国人口和就业统计年鉴》显示，我国 49.03% 的人口生活在县级及以下行政单位，而这部分人口中的大多数都需要依靠县域高中完成高中阶段的学习，积累人力资本或争取获得高等教育机会。与此同时，随着乡镇一级高中的逐步撤销，大量农村学生需要进入县域高中学习以考取大学，县域高中承担着众多农村学生的普通高中阶段教育任务，对我国整体人力资本的积累以及促进弱势群体子女代际流动、维护社会公平方面都具有非常重要的作用。

有研究表明，近 20 年的高校扩招并未提高农村学生的精英大学入学机会，反而随着时间推移出现了机会差异扩大化的倾向[①]，“寒门再难出贵子”也成为社会普遍关注和忧虑的问题[②]。与此同时，近年来我国高中教育质量的校际差异问题也日益引起社会各界的广泛关注，超级中学的崛起抑制了一般高中的发展以及区域内的整体教育质量[③]，精英大学入学机会在高中之间呈现出“强者愈强，弱者愈弱”的马太效应[④]。作为我国农村学生进

① 岳昌君，邱文琪．规模扩大与优质高等教育入学机会均等化［J］．高等教育研究，2020，41（08）．

② 永乐大帝二世：寒门难再出贵子［DB/OL］．（2014-01-10）［2021-04-10］．https：//www.guancha.cn/YongLeDaDiErShi/2014_01_10_198837.shtml．

③ 郭丛斌，徐柱柱，张首登．超级中学：提高抑或降低各省份普通高中的教育质量［J］．教育研究，2021，42（04）．

④ 郭丛斌，林英杰．精英大学入学机会校际差异的马太效应研究［J］．北京大学教育评论，2020，18（04）．

入精英大学学习、实现社会地位跃升的主要渠道，广大县域高中近年来的发展举步维艰。2013 年除直辖市外 27 个省份的精英大学生源中，有 20 个省份的县域高中学生占比不足 30%[①]。优质生源被跨地区“掐尖招生”[②]、优秀师资不断流失、高考制度变化对教育薄弱校的适应性压力等因素无不制约着县域高中的发展。鉴于县域高中的重要作用和所处困境，2021 年的《政府工作报告》特别补充了“加强县域高中建设”，并将其作为下一阶段我国教育事业发展的一个重点任务。[③]

有鉴于此，本文基于 A 大学 2004—2018 年在 31 个省份的录取数据，将各省这 15 年间有 6 年及以上录取 A 大学人数排在省内前 10% 的中学定义为超级中学，通过构建超级中学垄断率、中学首位比等指标来衡量各省历年超级中学的垄断程度，并以农村学生精英大学辈出率来衡量各省农村学生精英大学入学机会的可能性，运用双重固定效应模型，分析超级中学的教育垄断对我国农村学生精英大学入学机会的影响。研究结果表明，农村学生精英大学录取机会与其人口比例不相称，超级中学造成的教育垄断不利于农村学生获取精英大学入学机会。为了促进城乡间教育公平，可以从禁止超级中学各种扰乱招生秩序行为、完善农村专项计划、提高县域高中教育质量、重点关注和帮扶各类高中农村学生等方面做出努力。

## 一、问题提出

近年来，随着高等教育规模的不断扩大，学历贬值现象日益严重，在此大背景下，接受精英大学教育有助于毕业生获得更高社会地位和更广泛发展前景的工作。Seth D 和 Zimmerman 的研究表明，智利两所最具选择性大学的三个专业所培养的学生以 1.8% 的人数占比，获得了智利上市公司 41% 的董事和高管职位[④]。与之类似，在 2020 年中国大学杰出校友排行榜中，北大、清华培养的政商学界杰出人才数量分别位列全国前两名，堪称“中国政商学界杰出人才摇篮”[⑤]。与其他大学毕业生相比，精英大学毕业生除了具有良好的职业发展前景之外，其获得的收入回报也更高。周扬和谢宇通过对比分析中国 1999 年大学扩招前后的高等教育收入回报后发现，扩招前中国重点大学和非重点大学的收入回报

① 郭丛斌，王家齐．我国精英大学的生源究竟在何方——以A 大学和B 大学 2013 级生源为例［J］．教育研究，2018，39（12）．

② 李丽，赵文龙．高校扩招背景下高中分流与教育机会公平研究［J］．西安交通大学学报（社会科学版），2014，34（05）．

③ 人民网．“加强县域高中建设”，补充进了《政府工作报告》！［DB/OL］．（2021-03-12）［2021-04-10］．https：//m.thepaper.cn/baijiahao_11683760.

④ Seth D.Zimmerman.Elite Colleges and Upward Mobility to Top Jobs and Top Incomes［J］.American Economic Review，2019，109（1）.

⑤ 引用自艾瑞深校友会网官网的文章《2020 中国大学杰出校友排名公布，北京大学连续 16 年卫冕冠军》。

没有显著差别，扩招后重点大学的收入回报显著高于非重点大学[①]。许玲丽和艾春荣利用中国综合社会调查（CGSS）2003年和2008年数据，将我国高校分成中央部属高校、省属高校和其他高校三类，并将其作为高校教育质量的替代变量，分析了其对毕业生教育回报的影响，结果表明，大学质量与个体高等教育回报呈现显著正相关关系，中央部属高校以及省属高校的教育回报分别比其他高校显著高出16.3%、12.4%[②]。杨素红和杨钋基于麦可思研究院2010年中国大学生就业状况调查数据的研究结果同样表明，“211工程”院校和“985工程”院校毕业生的平均起薪分别比普通高职院校毕业生高148元和168元[③]；Hongbin Li对清华大学中国数据中心于2010年采集的数据分析结果也发现，在控制了高考分数、个人与家庭特征、专业及大学地理位置等因素的影响后，“985工程”院校和“211工程”院校毕业生的起薪比其他院校毕业生高出10.7%[④]。这种不同层次高校毕业生的收入回报差异问题在国外同样存在。Monks J基于美国全国青少年追踪调查数据的分析发现，在以录取人数占申请人数的比例等指标作为衡量高校质量的标准时，高竞争力或最有竞争力高校毕业生的收入显著高于竞争力较低高校的毕业生[⑤]。Broecke S对英国高校毕业生的研究也表明，若以全日制本科生的平均入学成绩作为高校选拔性的代理变量，则高校选拔性每提高一个标准差，其全日制本科生毕业三年半后的工资将显著增加约7%[⑥]。

习近平总书记多次强调，教育是阻断贫困代际传递的重要途径。我国现已进入高等教育普及化阶段，农村学生只有进入精英大学才更有可能实现代际向上流动，阻断代际贫困。然而，受高等教育规模结构性扩张等因素的影响，近些年我国农村学生的精英大学入学机会不断减少。1977—2010年间，我国高等教育先后经历了四次较大规模的扩张，从实现路径来看，招生规模扩增的承载主体是专科院校以及地方或民办本科院校，并没有渗透到以“985工程”和“211工程”院校为代表的央属院校[⑦]。这种高等教育系统的结构性扩张在增加了高等教育总量供给的同时，也使得优质高等教育资源的占比明显下降，从而加剧了高等教育系统内部的分化。在高校扩招这一背景下，我国城乡学生虽

---

① 周扬，谢宇．从大学到精英大学：高等教育扩张下的异质性收入回报与社会归类机制［J］. 教育研究，2020，41（05）.

② 许玲丽，艾春荣．高等教育回报的质量差异——对部属、省属与地方高校的比较研究［J］. 经济理论与经济管理，2016（08）.

③ 杨素红，杨钋．应届本专科毕业生起薪的院校差异研究——基于分层线性模型的分析［J］. 复旦教育论坛，2014，12（02）.

④ Hongbin Li et al.Does attending elite colleges pay in China？［J］. Journal of Comparative Economics，2012，40（1）.

⑤ Monks J.The returns to individual and college characteristics：Evidence from the National Longitudinal Survey of Youth［J］. Economics of Education Review，2000.

⑥ Broecke S.University selectivity and earnings：Evidence from UK data on applications and admissions to university［J］. Economics of Education Review，2012.

⑦ 鲍威．中国高等教育规模扩张的理论解释与扩张机制［J］. 教育学术月刊，2012（08）.

然在高等教育入学机会数量上的差距不断缩小[①]，但在高等教育质量，即优质高等教育机会获得方面的差距却进一步扩大。陈晓宇通过对2007年、2009年和2011年高校毕业生的抽样调查数据的分析得出，乡镇生源在“985工程”院校的结构辈出率仅为73%，但在高职高专中达到了116%[②]。李永友和王猋基于浙江省108所高等院校的2014级新生数据的研究结果同样表明，城镇户籍学生在部属院校和省属重点院校的辈出率大于1，与之相反，农村户籍学生则在省属普通院校以及高职高专的辈出率大于1[③]。此外，有学者通过对北京大学教育学院开展的四次全国高校毕业生抽样调查数据的分析发现，若将“211工程”大学定义为精英大学，则农村地区生源入读精英大学的辈出率在1999—2003年间一直低于1；县镇和小镇的生源就读精英大学的辈出率在1999年和2001年时均大于1，但到2003年和2005时，均小于1；与之形成鲜明对比的是，大城市生源进入精英大学的辈出率一直大于1[④]。张首登通过分析A大学2000—2018年的录取数据，发现A大学全国历年农业户口学生占比的平均水平为13.6%，农村学生的精英大学录取机会较少[⑤]。以上研究结果均表明，我国农村学生的精英大学入学机会远低于城市学生，且这种趋势在不断增强。

近年来，超级中学凭借优质的生源、师资、充裕的教育经费以及良好的办学条件，越来越多地垄断了精英大学录取机会[⑥⑦⑧]，受到社会各界的广泛关注。许多学者开始分析探讨超级中学对教育公平的影响。这些研究可概括为以下三个方面：一是超级中学对校际教育公平的影响，即超级中学的扩张引起了其他学校尤其是县域高中教育质量的滑坡；二是超级中学造成的不同阶层间的教育不公平，如家庭富裕的学生更有可能获得优质高中教育资源；三是对超级中学内部学生间教育公平的影响，超级中学为追求升学率，可

---

① 王伟宜，陈兴德. 高等教育入学机会获得的城乡差异分析——基于1982—2010年我国16所高校的实证调查［J］. 教育研究与实验，2014（05）.

② 陈晓宇. 谁更有机会进入好大学——我国不同质量高等教育机会分配的实证研究［J］. 高等教育研究，2012，33（02）.

③ 李永友，王猋. 优质高等教育享有机会公平性研究——基于浙江高校的调查分析［J］. 财贸经济，2016，37（01）.

④ Changjun Yue.Expansion and equality in Chinese higher education［J］.International Journal of Educational Development，2015，40.

⑤ 张首登. 中国精英大学入学机会的影响因素研究——基于A 大学本科生调研数据［D］. 北京：北京大学，2020.

⑥ 王英杰. 多维度视角下“超级中学”现象研究［D］. 贵阳：贵州财经大学，2019.

⑦ 郭建鹏，张娟，甘雅娟，柯雅清. 超级中学并不“超级”——基于厦门大学本科毕业生学习经历的实证调查［J］. 教育与经济，2019，35（05）.

⑧ 黄晓婷，关可心，熊光辉，陈虎，卢晓东.“超级中学”公平与效率的实证研究——以K 大学学生学业表现为例［J］. 教育学术月刊，2016（05）.

能在学校教育资源分配方面向尖子生过度倾斜[①②③④⑤]。相形之下，关于超级中学对农村学生改变命运，尤其是对农村学生精英大学入学机会影响的实证研究相对较少。对于这一问题，部分学者认为，分数面前人人平等，相对来说最为公平，因此超级中学将中考分值作为选拔优秀学生的标准之一，在一定程度上扩大了农村户籍学生享受优质高中教育资源的渠道，从而有利于提升农村学生精英大学入学机会[⑥]。另有一些学者认为，一方面，超级中学在各类教育资源获得上对拥有更多农村生源的其他普通高中形成了“挤压”；另一方面，城镇子女借助超级中学的平台在高校入学机会上对就读于超级中学的农村学生形成了“挤压”，在超级中学的“双重挤压”下，农村学生进入一流大学的希望更加渺茫[⑦⑧]。

那么，超级中学对农村学生精英大学入学机会的影响究竟如何？是有助于，还是不利于农村学生获得精英大学入学机会？为解答这一问题，本研究利用 A 大学[⑨]的学生调查数据，通过构建超级中学垄断率、中学首位比、农村学生精英大学辈出率等指标，运用双重固定效应模型，分析超级中学对农村学生精英大学录取机会的影响，并在此基础上提出相关政策建议。

## 二、超级中学测量指标和模型设定

### （一）测量指标

1. 超级中学垄断率

为了测算超级中学垄断率，首先需要对超级中学进行操作化定义。超级中学一般具有办学规模大、垄断优质师生资源、垄断精英大学特别是清华北大录取机会等特点。由于办学规模和师生资源等数据暂时难以获得，所以本文主要依据对精英大学录取机会的垄断程度来定义超级中学。黄晓婷等将精英大学录取人数占比超出生源省份平均值 2 个标准差以上的高中定义为该省的超级中学，但是该操作化定义得到的超级中学其实是各省某一年份在精英大学录取上表现较好的中学，如果这些学校不同年份的精英大学录取

① 杨东平.“超级中学”超越了教育规律［N］. 中国教育报，2015-01-23.

② 郭丛斌，王家齐. 我国精英大学的生源究竟在何方——以A 大学和B 大学 2013 级生源为例［J］. 教育研究，2018，39（12）.

③ 甘莹，刘俊仁. 教育公平视域下“超级中学”现象探析［J］. 教育探索，2015（02）.

④ 李醒东，崔梦恬. 社会学视阈中的“超级中学”现象解析［J］. 教育科学，2016，32（05）.

⑤ 习勇生.“超级中学”：普通高中校际差距的催化剂［J］. 中国教育学刊，2014（06）.

⑥ 肖川. 教育给了我们什么［J］. 教育科学研究，2003（09）.

⑦ 冯帮，李紫玲. 从“超级中学”现象看城乡子女教育公平问题——以湖北省D 市为例［J］. 教育发展研究，2014，33（02）.

⑧ 梁正瀚，张旭. 挑战与机遇：实现超级中学的蜕变［J］. 上海教育科研，2016（02）.

⑨ A 大学学科齐全，综合实力是国内外公认的精英大学，在各种世界大学排行榜上均处于国内前列。

人数波动较大，有的年份非常多，而有的年份非常少的话，则很难称之为超级中学。有鉴于此，为了更精准地反映出超级中学能够在较长时间内垄断所在省份精英大学录取机会的特点，本文对各省 2004—2018 年录取 A 大学人数进行排序，将 15 年间有 6 年及以上均排在全省前 10% 的中学定义为超级中学①。各省当年 A 大学录取人数中超级中学所占的比例即为本文的核心自变量——超级中学垄断率，具体公式如下：

$$Super_{it}=S_{it}/N_{it}$$

其中，$S_{it}$ 为第 i 省第 t 年超级中学录取 A 大学的人数，$N_{it}$ 为第 i 省第 t 年录取 A 大学的总人数，$Super_{it}$ 实际上为各省当年超级中学所占的 A 大学录取名额的比例，取值在 0—1 之间，其数值越低，表示该省当年超级中学对本省精英大学录取机会的垄断程度就越低，其他普通高中则拥有更多的精英大学录取机会；其数值越高，则表示该省当年精英大学录取机会过度集中于省内极少数的超级中学，其他普通高中的精英大学录取机会则被大量挤占。

2. 中学首位比

超级中学的出现是省内优质高中教育资源发展不均衡的结果，为了进一步考察这种不均衡对农村学生精英大学录取机会的影响，本文参考郭丛斌等人的研究，引入中学首位比：

$$First_{it}=F_{it}/N_{it}$$

上式中，$F_{it}$ 为第 i 省第 t 年录取 A 大学人数最多的中学的录取人数，$N_{it}$ 为第 i 省第 t 年录取 A 大学的总人数，$First_{it}$ 为中学首位比，反映各省当年精英大学录取机会的集中程度，取值在 0—1 之间，其数值越低，表明该省当年首位中学对本省精英大学录取机会的垄断程度就越低；反之，该省当年首位中学对本省精英大学录取机会的垄断程度就越高。

3. 农村学生精英大学辈出率

为了衡量农村学生精英大学录取机会，本文参考梁晨等的研究，引入农村学生精英大学辈出率②：

$$Rural_{it}=r_{it}/R_{it}$$

上式中，$r_{it}$ 为第 i 省第 t 年 A 大学录取人数中农村生源占全部录取人数的比例，$R_{it}$ 为第 i 省第 t 年农业人口占全部人口的比例，$Rural_{it}$ 为农村学生 A 大学辈出率。假定某省当年 A 大学录取人数中农村生源的占比与该省当年农业人口的占比相等，那么该省当年农村学生精英大学辈出率等于 1，说明该省当年的农村生源获得了与其人口比例相应的

---

① 当然，现实中也存在某个中学“昙花一现”地在某一年获得较大比例的精英大学录取机会的情况，因此本文的超级中学垄断率实际上是真实情况的下界，真实的垄断情况可能会更为严重。

② 梁晨，张浩，李兰，阮丹青，康文林，李中清．无声的革命：北京大学、苏州大学学生社会来源研究（1949—2002）[M]．生活·读书·新知三联书店，2013.

录取机会；大于 1，则说明该省当年的农村生源获得了超出其人口比例的录取机会；小于 1，则说明该省当年的农村生源未获得与其人口比例相应的录取机会。

### （二）模型设定

为探讨在控制了地区和时间因素后，各省超级中学的教育垄断是否会影响该省农村学生的精英大学录取机会，本文采用加入了省份和年份固定效应的双重固定效应模型，具体模型设定如下：

$$Y_{it}=\beta_0+\beta_1 Super_{it}+\beta_2 X_{it}+\sigma_i+\theta_t+\mu_{it}$$

其中，$Y_{it}$ 是被解释变量——农村学生精英大学辈出率，即第 i 省第 t 年高考录取 A 大学人数中农村生源占比 / 当年农业人口占比；$Super_{it}$ 是核心解释变量——超级中学垄断率，即第 i 省第 t 年 A 大学录取人数中超级中学毕业生所占的比例；$X_{it}$ 为一系列控制变量，包括第 i 省第 t 年的人均 GDP、普通高中生均教育事业经费、高中生师比、高考专项计划人数，以分别控制经济发展程度、教育经费投入水平、高中教育质量和倾向性招生政策对农村学生精英大学录取率的影响；$\sigma_i$ 为省份固定效应，用以控制随地区变化而不随时间变化的不可观测因素，如各省的考生能力特质、高考改卷给分标准等；$\theta_t$ 为年份固定效应，用以控制随时间变化而不随地区变化的不可观测因素，如高校专项计划、贫困地区专项计划等各类专项招生政策等；$\mu_{it}$ 为随机误差项。本文使用到的上述变量的相关数据均整理自国家统计局和教育部官网发布的历年《中国统计年鉴》《全国教育经费统计年鉴》和《全国教育统计年鉴》。

## 三、实证研究结果

### （一）各省超级中学对精英大学录取人数的垄断情况

依据上文定义，全国[①] 共有 41 所超级中学。其中，22 个省份都只有 1 所超级中学，基本都分布在省会城市，只有江西的超级中学分布在抚州这一地级市。在拥有 2 所超级中学的浙江、重庆、河南、广西、湖南、河北、福建和广东等 8 个省份中，除重庆外，其他 7 个省份超级中学的地理分布可分为“省会—省会”（河南、湖南）、“省会—计划单列市”（浙江、福建、广东）和“省会—地级市”（河北、广西）3 种模式。江苏是唯一有 3 所超级中学的省份，其中两所在南京市，另外一所在盐城市。

表 1 报告了全国各省 2004—2014 年超级中学垄断率的情况[②]。根据各省这 11 年的垄断率均值，本文将全国 31 个省份分成三组，分别是轻度垄断组（均值在 20% 以内）、中度垄断组（均值在 20%—40% 之间）和高度垄断组（均值在 40% 以上）。其中，轻度垄断组包

① 不含港澳台地区，下同。

② 囿于数据可得性，笔者只找到了截至 2014 年的户籍人口城镇化率数据，在下文的实证分析只用到了 2004—2014 年的精英大学录取数据，故对相应指标描述统计的时间区间也为 2004—2014 年，下同。

括山东、辽宁等 10 个省份，中度垄断组包含山西、福建等 15 个省份，高度垄断组包括河北、宁夏等 6 个省份。山东省超级中学垄断率的平均值为 9%，全国最低；而青海省超级中学垄断率的平均值为 74%，全国最高。也就是说，在全国 31 个省份中，属于中度垄断以上的省份，即超级中学包揽本省 20% 以上 A 大学录取名额的省份高达 21 个；全国超级中学垄断率最高的省份是最低省份的 8.2 倍。这些数据表明现阶段我国精英大学生源分布过度集中，超级中学造成的高中教育垄断现象较为严重。从 2012 年开始，各组省份的超级中学垄断率基本都呈现下降趋势，这可能与 2012 年开始实行的国家专项计划有关。

**表 1　全国各省历年超级中学垄断率**

| 省份 | 2004年 | 2005年 | 2006年 | 2007年 | 2008年 | 2009年 | 2010年 | 2011年 | 2012年 | 2013年 | 2014年 | 均值 |
|---|---|---|---|---|---|---|---|---|---|---|---|---|
| 轻度垄断组 | | | | | | | | | | | | |
| 山东 | 10% | 10% | 7% | 14% | 9% | 10% | 11% | 18% | 6% | 7% | 2% | 9% |
| 辽宁 | 8% | 14% | 13% | 7% | 12% | 7% | 13% | 13% | 12% | 10% | 8% | 10% |
| 安徽 | 5% | 10% | 14% | 12% | 16% | 12% | 12% | 14% | 16% | 14% | 15% | 13% |
| 河南 | 11% | 9% | 17% | 17% | 11% | 12% | 16% | 22% | 23% | 13% | 25% | 16% |
| 四川 | 15% | 10% | 11% | 11% | 13% | 20% | 18% | 23% | 18% | 20% | 19% | 16% |
| 江西 | 8% | 11% | 14% | 24% | 16% | 20% | 18% | 20% | 17% | 21% | 21% | 17% |
| 江苏 | 20% | 18% | 22% | 20% | 18% | 18% | 17% | 19% | 18% | 16% | 12% | 18% |
| 湖北 | 16% | 19% | 8% | 15% | 25% | 22% | 22% | 23% | 21% | 19% | 19% | 19% |
| 北京 | 13% | 15% | 17% | 16% | 24% | 23% | 23% | 21% | 22% | 17% | 20% | 19% |
| 浙江 | 10% | 16% | 22% | 20% | 16% | 21% | 19% | 25% | 20% | 20% | 28% | 20% |
| 中度垄断组 | | | | | | | | | | | | |
| 山西 | 6% | 10% | 15% | 26% | 30% | 27% | 14% | 30% | 29% | 27% | 30% | 22% |
| 福建 | 29% | 19% | 26% | 32% | 24% | 17% | 25% | 17% | 19% | 22% | 21% | 23% |
| 天津 | 31% | 32% | 23% | 22% | 30% | 33% | 29% | 20% | 17% | 14% | 13% | 24% |
| 内蒙古 | 35% | 21% | 19% | 16% | 43% | 20% | 23% | 29% | 41% | 14% | 28% | 26% |
| 云南 | 26% | 29% | 21% | 31% | 36% | 18% | 39% | 31% | 29% | 19% | 23% | 28% |
| 上海 | 22% | 22% | 24% | 20% | 23% | 26% | 26% | 34% | 30% | 37% | 43% | 28% |
| 黑龙江 | 18% | 25% | 30% | 25% | 29% | 32% | 29% | 35% | 30% | 31% | 27% | 28% |
| 湖南 | 26% | 18% | 25% | 28% | 22% | 27% | 26% | 32% | 32% | 43% | 42% | 29% |
| 广西 | 42% | 30% | 38% | 38% | 35% | 21% | 32% | 25% | 23% | 29% | 29% | 31% |
| 新疆 | 22% | 31% | 26% | 34% | 43% | 35% | 38% | 41% | 36% | 24% | 20% | 32% |
| 甘肃 | 7% | 13% | 20% | 19% | 38% | 36% | 50% | 39% | 48% | 40% | 43% | 32% |
| 贵州 | 24% | 31% | 37% | 26% | 19% | 42% | 29% | 57% | 32% | 35% | 25% | 32% |
| 陕西 | 28% | 28% | 30% | 34% | 34% | 44% | 26% | 36% | 34% | 36% | 25% | 32% |
| 广东 | 35% | 27% | 41% | 34% | 27% | 34% | 39% | 37% | 33% | 27% | 24% | 33% |
| 吉林 | 24% | 32% | 31% | 26% | 38% | 36% | 46% | 42% | 38% | 37% | 36% | 35% |
| 高度垄断组 | | | | | | | | | | | | |
| 河北 | 20% | 46% | 39% | 40% | 54% | 44% | 56% | 46% | 58% | 51% | 37% | 45% |

续表

| 省份 | 2004 | 2005 | 2006 | 2007 | 2008 | 2009 | 2010 | 2011 | 2012 | 2013 | 2014 | 均值 |
|---|---|---|---|---|---|---|---|---|---|---|---|---|
| 宁夏 | 26% | 21% | 58% | 33% | 61% | 52% | 44% | 52% | 70% | 55% | 59% | 48% |
| 重庆 | 49% | 43% | 58% | 52% | 59% | 53% | 60% | 41% | 33% | 43% | 42% | 48% |
| 西藏 | 67% | 40% | 60% | 33% | 60% | 50% | 60% | 67% | 29% | 60% | 25% | 50% |
| 海南 | 61% | 52% | 56% | 50% | 67% | 46% | 74% | 52% | 60% | 30% | 41% | 54% |
| 青海 | 87% | 69% | 67% | 77% | 69% | 83% | 89% | 82% | 74% | 64% | 57% | 74% |

## （二）各省精英大学录取机会的集中程度

根据各省 2004—2014 年的首位比均值，本文将全国 31 个省份也分为 3 组：均值在 20% 以内的为轻度集中组、均值在 20%—40% 之间的为中度集中组、均值在 40% 以上的为高度集中组。如表 2 所示，江苏、山东等 13 个省份为轻度集中组，山西、广西等 14 个省份为中度集中组，宁夏、西藏等 4 个省份为高度集中组。其中，江苏省首位比的平均值最低，为 9%；青海省首位比的平均值最高，为 74%。总体上看，表 2 与表 1 的统计结果非常相似，31 个省份中，只有福建、湖南、广东由表 1 的中度垄断组转为表 2 的轻度集中组，河北、重庆由表 1 的高度垄断组转为表 2 的中度集中组。结合上文所述的超级中学分布，可以发现这几个省都有两所超级中学，当计算首位比时，首位中学的集中程度自然会有所下降。此外，大部分省份 2012 年的中学首位比，较之 2011 年都明显下降。①

**表 2　全国各省历年中学首位比**

| 省份 | 2004年 | 2005年 | 2006年 | 2007年 | 2008年 | 2009年 | 2010年 | 2011年 | 2012年 | 2013年 | 2014年 | 均值 |
|---|---|---|---|---|---|---|---|---|---|---|---|---|
| 轻度集中组 | | | | | | | | | | | | |
| 江苏 | 7% | 9% | 10% | 9% | 9% | 9% | 9% | 10% | 10% | 9% | 8% | 9% |
| 山东 | 10% | 10% | 7% | 14% | 11% | 10% | 11% | 18% | 7% | 7% | 6% | 10% |
| 河南 | 8% | 9% | 11% | 12% | 11% | 12% | 11% | 11% | 14% | 9% | 16% | 11% |
| 浙江 | 7% | 8% | 12% | 12% | 9% | 13% | 11% | 15% | 13% | 12% | 17% | 12% |
| 安徽 | 11% | 10% | 14% | 12% | 16% | 15% | 13% | 14% | 16% | 14% | 15% | 14% |
| 辽宁 | 11% | 14% | 13% | 18% | 13% | 14% | 16% | 15% | 12% | 14% | 15% | 14% |
| 四川 | 15% | 10% | 11% | 11% | 13% | 20% | 18% | 23% | 18% | 20% | 19% | 16% |
| 福建 | 17% | 14% | 14% | 25% | 15% | 15% | 17% | 20% | 15% | 15% | 12% | 16% |
| 江西 | 11% | 11% | 14% | 24% | 16% | 20% | 18% | 20% | 17% | 21% | 21% | 17% |
| 湖南 | 14% | 12% | 15% | 16% | 15% | 17% | 16% | 21% | 19% | 24% | 31% | 18% |
| 湖北 | 16% | 19% | 8% | 15% | 25% | 22% | 22% | 23% | 21% | 19% | 19% | 19% |
| 北京 | 13% | 15% | 17% | 16% | 24% | 23% | 23% | 21% | 22% | 17% | 20% | 19% |
| 广东 | 17% | 19% | 21% | 21% | 14% | 18% | 24% | 22% | 24% | 18% | 15% | 19% |

① 中学首位比和超级中学垄断率虽然相似，都是衡量精英大学录取中的垄断状况，但是两者内涵不同。中学首位比是某一省份当年录取 A 大学人数最多的中学所占的比例，这类中学不是固定的，有时候并不一定是本文界定的超级中学。而超级中学垄断率是在标定了某一省份 15 年间有 6 年及以上录取 A 大学人数均排在全省前 10% 的中学为超级中学后，计算的这些中学录取 A 大学人数的占比。

续表

| 省份 | 2004年 | 2005年 | 2006年 | 2007年 | 2008年 | 2009年 | 2010年 | 2011年 | 2012年 | 2013年 | 2014年 | 均值 |
|---|---|---|---|---|---|---|---|---|---|---|---|---|
| 中度集中组 | | | | | | | | | | | | |
| 山西 | 17% | 14% | 15% | 26% | 30% | 27% | 23% | 30% | 29% | 27% | 30% | 24% |
| 广西 | 31% | 19% | 23% | 35% | 35% | 17% | 18% | 32% | 23% | 21% | 18% | 25% |
| 天津 | 31% | 32% | 23% | 32% | 30% | 33% | 29% | 20% | 17% | 19% | 20% | 26% |
| 河北 | 13% | 27% | 22% | 28% | 34% | 23% | 37% | 29% | 30% | 28% | 25% | 27% |
| 内蒙古 | 35% | 21% | 19% | 32% | 43% | 20% | 23% | 29% | 41% | 14% | 28% | 28% |
| 上海 | 22% | 22% | 24% | 20% | 23% | 26% | 26% | 34% | 30% | 37% | 43% | 28% |
| 云南 | 26% | 29% | 21% | 31% | 36% | 24% | 39% | 31% | 29% | 19% | 23% | 28% |
| 重庆 | 32% | 26% | 37% | 27% | 30% | 28% | 31% | 26% | 21% | 23% | 29% | 28% |
| 黑龙江 | 19% | 25% | 30% | 25% | 29% | 32% | 29% | 35% | 30% | 31% | 27% | 28% |
| 新疆 | 22% | 31% | 26% | 34% | 43% | 35% | 38% | 41% | 36% | 24% | 20% | 32% |
| 贵州 | 24% | 31% | 37% | 26% | 19% | 42% | 29% | 57% | 32% | 35% | 25% | 32% |
| 陕西 | 28% | 28% | 30% | 34% | 34% | 44% | 27% | 36% | 34% | 36% | 25% | 32% |
| 甘肃 | 15% | 13% | 20% | 19% | 38% | 36% | 50% | 39% | 48% | 40% | 43% | 33% |
| 吉林 | 24% | 32% | 31% | 26% | 38% | 36% | 46% | 42% | 38% | 37% | 36% | 35% |
| 高度集中组 | | | | | | | | | | | | |
| 宁夏 | 26% | 29% | 58% | 33% | 61% | 52% | 44% | 52% | 70% | 55% | 59% | 49% |
| 西藏 | 67% | 40% | 60% | 33% | 60% | 50% | 60% | 67% | 29% | 60% | 25% | 50% |
| 海南 | 61% | 52% | 56% | 50% | 67% | 46% | 74% | 52% | 60% | 30% | 41% | 54% |
| 青海 | 87% | 69% | 67% | 77% | 69% | 83% | 89% | 82% | 74% | 64% | 57% | 74% |

### （三）各省农村学生精英大学录取机会的情况

2004—2014 年全国各省农村学生精英大学辈出率均小于 1（表 3），说明中国的农村生源并未获得与人口相对应的精英大学录取机会，这与已有相关研究结果是基本一致的[①]。在 31 个省份中，海南的农村学生精英大学辈出率最低，仅为 0.03%；山东的农村学生精英大学辈出率最高，为 0.40%。农村学生精英大学辈出率在 0.14% 以下的省份除了上海、北京等直辖市和广东外，多为中部地区和西部经济欠发达地区；而农村学生精英大学辈出率在 0.20% 以上的省份主要是东部发达地区和中部人口大省，如浙江、江苏、河南、湖北等。总体上看，农村学生精英大学辈出率较高的省份，大部分超级中学垄断率和中学首位比都相对较低；而农村学生精英大学辈出率较低的省份，超级中学垄断率和中学首位比则相对较高。从变化趋势来看，在 2012 年以前，农村学生精英大学辈出率呈逐年下降趋势，其中，四川省从 2004 年的 0.16% 降低到 2011 年的 0.04%，黑龙江省从 0.21% 减少至 2011 年的 0.05%；2012 年后，农村学生辈出率有所提升，江西从 2011 年的 0.17% 提升到 2014 年的 0.32%，广西壮族自治区从 2011 年的 0.09% 增加至 2014 年的 0.21%，这可能也与 2012

① 朱红，张文杰. 精英大学生家庭特征及其对子女能力素质的影响——以北京大学 2016—2018 级新生为例［J］. 高等教育研究，2020，41（10）.

年开始实行的国家专项计划有关。

表 3　全国各省历年农村学生精英大学辈出率

| 省份 | 2004年 | 2005年 | 2006年 | 2007年 | 2008年 | 2009年 | 2010年 | 2011年 | 2012年 | 2013年 | 2014年 | 均值 |
|---|---|---|---|---|---|---|---|---|---|---|---|---|
| 海南 | 0.00% | 0.00% | 0.00% | 0.00% | 0.00% | 0.00% | 0.00% | 0.08% | 0.08% | 0.16% | 0.06% | 0.03% |
| 上海 | 0.00% | 0.00% | 0.00% | 0.00% | 0.13% | 0.22% | 0.00% | 0.09% | 0.19% | 0.00% | 0.00% | 0.06% |
| 陕西 | 0.18% | 0.22% | 0.05% | 0.07% | 0.08% | 0.05% | 0.03% | 0.14% | 0.19% | 0.08% | 0.05% | 0.10% |
| 新疆 | 0.21% | 0.19% | 0.10% | 0.00% | 0.08% | 0.21% | 0.00% | 0.12% | 0.05% | 0.08% | 0.09% | 0.10% |
| 北京 | 0.12% | 0.17% | 0.16% | 0.13% | 0.09% | 0.11% | 0.07% | 0.05% | 0.07% | 0.08% | 0.10% | 0.10% |
| 吉林 | 0.13% | 0.09% | 0.12% | 0.10% | 0.21% | 0.07% | 0.07% | 0.00% | 0.22% | 0.12% | 0.15% | 0.12% |
| 内蒙古 | 0.00% | 0.11% | 0.06% | 0.27% | 0.14% | 0.14% | 0.00% | 0.10% | 0.11% | 0.18% | 0.21% | 0.12% |
| 天津 | 0.00% | 0.03% | 0.16% | 0.13% | 0.06% | 0.20% | 0.06% | 0.12% | 0.20% | 0.13% | 0.27% | 0.12% |
| 黑龙江 | 0.21% | 0.18% | 0.15% | 0.17% | 0.14% | 0.04% | 0.13% | 0.05% | 0.13% | 0.12% | 0.09% | 0.13% |
| 宁夏 | 0.07% | 0.13% | 0.07% | 0.13% | 0.07% | 0.06% | 0.13% | 0.13% | 0.08% | 0.34% | 0.20% | 0.13% |
| 广西 | 0.14% | 0.17% | 0.00% | 0.14% | 0.07% | 0.08% | 0.13% | 0.09% | 0.19% | 0.23% | 0.21% | 0.13% |
| 青海 | 0.19% | 0.11% | 0.00% | 0.00% | 0.11% | 0.08% | 0.00% | 0.14% | 0.00% | 0.25% | 0.67% | 0.14% |
| 广东 | 0.07% | 0.15% | 0.00% | 0.02% | 0.24% | 0.23% | 0.18% | 0.09% | 0.12% | 0.14% | 0.33% | 0.14% |
| 安徽 | 0.13% | 0.16% | 0.11% | 0.17% | 0.13% | 0.07% | 0.11% | 0.14% | 0.10% | 0.20% | 0.40% | 0.16% |
| 辽宁 | 0.16% | 0.24% | 0.24% | 0.21% | 0.12% | 0.13% | 0.14% | 0.11% | 0.19% | 0.20% | 0.12% | 0.17% |
| 西藏 | 0.00% | 0.00% | 0.24% | 0.00% | 0.00% | 0.00% | 0.24% | 0.40% | 0.17% | 0.24% | 0.61% | 0.17% |
| 贵州 | 0.08% | 0.15% | 0.18% | 0.18% | 0.19% | 0.17% | 0.14% | 0.10% | 0.27% | 0.21% | 0.25% | 0.17% |
| 甘肃 | 0.29% | 0.34% | 0.22% | 0.21% | 0.18% | 0.12% | 0.00% | 0.19% | 0.13% | 0.12% | 0.14% | 0.18% |
| 江西 | 0.19% | 0.17% | 0.08% | 0.10% | 0.16% | 0.11% | 0.19% | 0.17% | 0.23% | 0.26% | 0.32% | 0.18% |
| 四川 | 0.16% | 0.26% | 0.23% | 0.30% | 0.16% | 0.21% | 0.17% | 0.04% | 0.19% | 0.09% | 0.21% | 0.18% |
| 云南 | 0.25% | 0.19% | 0.17% | 0.21% | 0.03% | 0.11% | 0.20% | 0.25% | 0.34% | 0.23% | 0.30% | 0.21% |
| 山西 | 0.36% | 0.30% | 0.24% | 0.16% | 0.06% | 0.25% | 0.22% | 0.13% | 0.28% | 0.14% | 0.31% | 0.22% |
| 福建 | 0.33% | 0.32% | 0.35% | 0.19% | 0.21% | 0.16% | 0.15% | 0.22% | 0.26% | 0.19% | 0.30% | 0.24% |
| 河北 | 0.33% | 0.39% | 0.22% | 0.22% | 0.22% | 0.17% | 0.25% | 0.21% | 0.19% | 0.30% | 0.21% | 0.25% |
| 湖南 | 0.50% | 0.37% | 0.38% | 0.21% | 0.24% | 0.27% | 0.11% | 0.14% | 0.16% | 0.15% | 0.19% | 0.25% |
| 湖北 | 0.46% | 0.33% | 0.22% | 0.18% | 0.22% | 0.21% | 0.16% | 0.25% | 0.24% | 0.26% | 0.24% | 0.25% |
| 重庆 | 0.23% | 0.21% | 0.21% | 0.18% | 0.12% | 0.29% | 0.16% | 0.28% | 0.41% | 0.31% | 0.37% | 0.25% |
| 江苏 | 0.31% | 0.29% | 0.37% | 0.30% | 0.20% | 0.26% | 0.32% | 0.28% | 0.26% | 0.32% | 0.29% | 0.29% |
| 浙江 | 0.32% | 0.38% | 0.31% | 0.25% | 0.25% | 0.34% | 0.25% | 0.39% | 0.35% | 0.49% | 0.31% | 0.33% |
| 河南 | 0.42% | 0.37% | 0.41% | 0.34% | 0.31% | 0.36% | 0.44% | 0.26% | 0.46% | 0.32% | 0.31% | 0.36% |
| 山东 | 0.50% | 0.53% | 0.37% | 0.35% | 0.31% | 0.41% | 0.45% | 0.27% | 0.31% | 0.42% | 0.52% | 0.40% |

## （四）超级中学对农村学生精英大学入学机会的影响

1. 教育垄断程度与农村学生精英大学辈出率的散点图

为更直观呈现教育垄断与农村学生精英大学入学机会的关系，本文以农村学生精英大学辈出率为纵轴，分别以超级中学垄断率和中学首位比为横轴，绘制了两幅散点图。如图 1 所示，各省超级中学垄断率和当年的农村学生精英大学辈出率大致呈线性负相关关系，换言之，随着超级中学垄断率的提高，农村学生精英大学辈出率呈逐渐下降的趋势。与之相似，随着中学首位比的提高，农村学生精英大学辈出率也呈现逐渐下降的趋势（图2）。

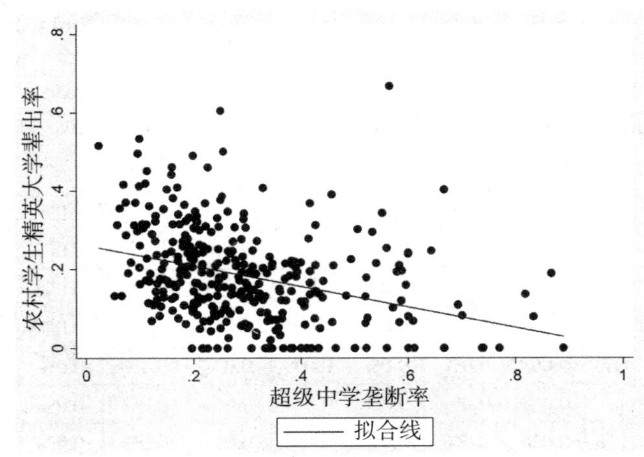


**图1　历年超级中学垄断率与农村学生精英大学辈出率的散点图**

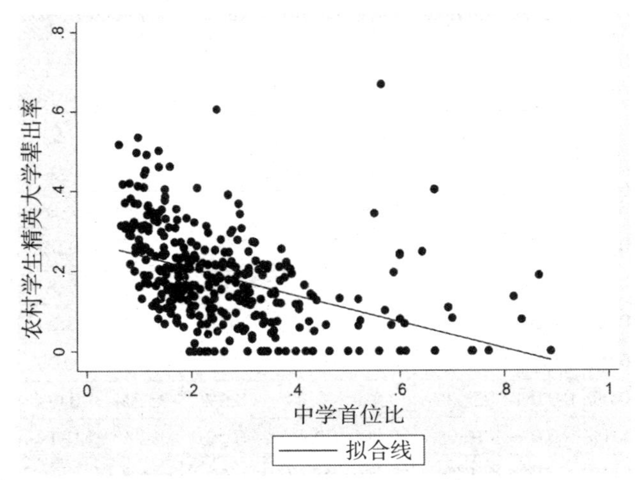


**图2　历年中学首位比与农村学生精英大学辈出率的散点图**

2. 精英大学农村学生中来自超级中学的比例

各省2004—2014年录取A大学的农村生源来自超级中学的比例如表4所示，均值1为农村生源来自超级中学比例的历年均值；均值2为农村生源来自县域高中比例的历年均值。可以发现，除上海、宁夏、重庆、河北、西藏5个省份外，所有省份的农村生源来自超级中学的比例均远小于10%，其中海南、黑龙江、辽宁、内蒙古、青海、山东、新疆这7个省份录取A大学的农村生源来自超级中学的比例均为0。与之形成鲜明对比，青海、江西等20个省份录取A大学的农村生源来自县域高中的比例均超过40%，其中青海高达91.1%，江西高达82.6%。这意味着绝大多数省份的农村学生都不是通过超级中学考入精英大学，而是通过县域高中考入精英大学。

**表 4　各省历年农村生源来自超级中学的比例**

| 省份 | 2004年 | 2005年 | 2006年 | 2007年 | 2008年 | 2009年 | 2010年 | 2011年 | 2012年 | 2013年 | 2014年 | 均值 1 | 均值 2 |
|---|---|---|---|---|---|---|---|---|---|---|---|---|---|
| 海南 | a | a | a | a | a | a | a | 0.0% | 0.0% | 0.0% | 0.0% | 0.0% | 75.0% |
| 黑龙江 | 0.0% | 0.0% | 0.0% | 0.0% | 0.0% | 0.0% | 0.0% | 0.0% | 0.0% | 0.0% | 0.0% | 0.0% | 44.4% |
| 辽宁 | 0.0% | 0.0% | 0.0% | 0.0% | 0.0% | 0.0% | 0.0% | 0.0% | 0.0% | 0.0% | 0.0% | 0.0% | 68.9% |
| 内蒙古 | a | 0.0% | 0.0% | 0.0% | 0.0% | 0.0% | a | 0.0% | 0.0% | 0.0% | 0.0% | 0.0% | 55.9% |
| 青海 | 0.0% | 0.0% | a | a | 0.0% | 0.0% | a | 0.0% | a | 0.0% | 0.0% | 0.0% | 91.1% |
| 山东 | 0.0% | 0.0% | 0.0% | 0.0% | 0.0% | 0.0% | 0.0% | 0.0% | 0.0% | 0.0% | 0.0% | 0.0% | 70.4% |
| 新疆 | 0.0% | 0.0% | 0.0% | a | 0.0% | 0.0% | a | 0.0% | 0.0% | 0.0% | 0.0% | 0.0% | 25.4% |
| 四川 | 0.0% | 0.0% | 0.0% | 0.0% | 0.0% | 0.0% | 0.0% | 0.0% | 0.0% | 0.0% | 5.9% | 0.5% | 57.3% |
| 广东 | 0.0% | 0.0% | a | 0.0% | 0.0% | 0.0% | 0.0% | 0.0% | 0.0% | 0.0% | 5.6% | 0.6% | 18.7% |
| 河南 | 0.0% | 0.0% | 0.0% | 0.0% | 0.0% | 0.0% | 0.0% | 0.0% | 0.0% | 0.0% | 6.7% | 0.6% | 74.0% |
| 江西 | 0.0% | 0.0% | 0.0% | 0.0% | 0.0% | 0.0% | 0.0% | 4.0% | 0.0% | 0.0% | 2.9% | 0.6% | 82.6% |
| 湖北 | 0.0% | 4.3% | 0.0% | 0.0% | 0.0% | 0.0% | 0.0% | 0.0% | 0.0% | 5.3% | 5.0% | 1.3% | 42.9% |
| 山西 | 0.0% | 0.0% | 0.0% | 0.0% | 0.0% | 0.0% | 0.0% | 0.0% | 0.0% | 16.7% | 0.0% | 1.5% | 49.6% |
| 云南 | 0.0% | 0.0% | 0.0% | 0.0% | 0.0% | 0.0% | 0.0% | 16.7% | 0.0% | 0.0% | 0.0% | 1.5% | 27.6% |
| 吉林 | a | 0.0% | 0.0% | 0.0% | 0.0% | 28.6% | 0.0% | 0.0% | 0.0% | 0.0% | 0.0% | 2.9% | 0.0% |
| 江苏 | 4.2% | 4.3% | 8.0% | 4.3% | 6.7% | 0.0% | 0.0% | 4.3% | 0.0% | 0.0% | 0.0% | 2.9% | 63.2% |
| 天津 | 0.0% | 0.0% | 0.0% | 0.0% | 0.0% | 0.0% | 0.0% | a | 12.5% | 0.0% | 16.7% | 2.9% | 72.9% |
| 安徽 | 0.0% | 0.0% | 0.0% | 0.0% | 0.0% | 0.0% | 0.0% | 0.0% | 16.7% | 18.2% | 0.0% | 3.2% | 67.1% |
| 贵州 | 0.0% | 0.0% | 0.0% | 0.0% | 0.0% | 0.0% | 0.0% | 33.3% | 0.0% | 0.0% | 8.3% | 3.8% | 41.9% |
| 广西 | 0.0% | 20.0% | a | 25.0% | 0.0% | 0.0% | 0.0% | 0.0% | 0.0% | 0.0% | 0.0% | 4.5% | 49.4% |
| 北京 | 0.0% | 0.0% | 0.0% | 0.0% | 0.0% | 0.0% | 16.7% | 25.0% | 0.0% | 0.0% | 14.3% | 5.1% | 0.0% |
| 福建 | 0.0% | 0.0% | 5.9% | 0.0% | 9.1% | 0.0% | 14.3% | 16.7% | 6.7% | 10.0% | 0.0% | 5.7% | 47.0% |
| 甘肃 | 0.0% | 0.0% | 0.0% | 0.0% | 25.0% | 0.0% | a | 0.0% | 33.3% | 0.0% | 0.0% | 5.8% | 77.2% |
| 湖南 | 8.1% | 7.7% | 3.4% | 0.0% | 10.0% | 0.0% | 0.0% | 0.0% | 6.7% | 23.1% | 20.0% | 7.2% | 62.1% |
| 浙江 | 0.0% | 8.3% | 0.0% | 13.8% | 4.2% | 9.1% | 11.5% | 9.1% | 5.9% | 5.8% | 15.2% | 7.5% | 49.2% |
| 陕西 | 0.0% | 16.7% | 0.0% | 0.0% | 20.0% | 0.0% | 0.0% | 33.3% | 18.2% | 20.0% | 0.0% | 9.8% | 32.0% |
| 上海 | a | a | a | a | 50.0% | 0.0% | a | 0.0% | 0.0% | a | a | 12.5% | 0.0% |
| 宁夏 | 0.0% | 0.0% | 0.0% | 0.0% | 100.0% | 0.0% | 0.0% | 0.0% | 100.0% | 0.0% | 0.0% | 18.2% | 13.6% |
| 重庆 | 25.0% | 33.3% | 30.8% | 16.7% | 12.5% | 31.8% | 10.0% | 25.0% | 4.8% | 22.2% | 14.3% | 20.6% | 16.1% |
| 河北 | 7.7% | 30.0% | 18.2% | 25.0% | 45.5% | 33.3% | 23.1% | 11.1% | 20.0% | 36.8% | 21.4% | 24.7% | 39.9% |
| 西藏 | a | a | 0.0% | a | a | a | 0.0% | 100.0% | 0.0% | 100.0% | 0.0% | 33.3% | 0.0% |

注：a 表示该省当年没有农业户口学生录取 A 大学。均值 1 为农村生源来自超级中学比例的历年均值，均值 2 为农村生源来自县域高中比例的历年均值。

3. 教育垄断对农村学生精英大学入学机会的影响

在上述分析基础上，本部分首先使用双重固定效应模型考察了超级中学垄断率对农村学生精英大学辈出率的影响（表 5）。第（1）列只控制了省份和年份固定效应，可以看出超级中学垄断率对农村学生精英大学辈出率的影响显著为负，回归系数为 –0.3369，说明超级中学垄断率每提高 1 个单位，农村学生精英大学辈出率就会减少 0.3369 个单位，这意味着超级中学的教育垄断程度越高，越不利于农村学生获得精英大学的录取机会。第（2）列和第（3）列进一步加入人均 GDP 对数、高中生均教育经费、高中生师比、专项计划招生人数等省级控制变量，核心解释变量——超级中学垄断率的回归系数依旧在 1% 的显著性水平下为负，且系数大小与第（1）列相比变化不大，这进一步表明超级中学确实不利于农村学生精英大学教育机会的获得。在诸多控制变量中，人均 GDP 对数和高中生均教育经费对于农村学生精英大学辈出率影响不显著；而高中生师比和专项计划招生人数的影响显著为正，说明全省高中教育质量的总体提升和倾向性招生政策均有利于提高农村学生的精英大学录取机会。具体而言，在第（3）列回归结果中，高中生师比的回归系数为 0.014，说明高中生师比每增加 1 个单位，农村学生精英大学辈出率会增加 0.014 个单位；专项计划招生人数的回归系数为 0.0069，说明在其他因素不变的情况下，如果某省 A 大学专项计划招生人数每增加约 1.45 名农业户口学生，则农村学生精英大学辈出率会增加 0.01 个单位（最优状态为 1，此时该省当年的农村生源获得了与其人口比例相应的录取机会）。①

**表 5　各省历年超级中学垄断率对农村学生精英大学辈出率的回归结果**

| | （1） | （2） | （3） |
|---|---|---|---|
| 超级中学垄断率 | –0.3369***<br>（0.0580） | –0.3736***<br>（0.0605） | –0.3611***<br>（0.0601） |
| 人均 GDP 对数 | | 0.0225<br>（0.0287） | 0.0182<br>（0.0285） |
| 高中生均教育经费 | | 0.0482<br>（0.0295） | 0.0356<br>（0.0296） |
| 高中生师比 | | 0.0143**<br>（0.0058） | 0.0140**<br>（0.0057） |
| 专项计划招生人数 | | | 0.0069**<br>（0.0027） |
| 常数项 | 0.2833***<br>（0.0178） | –0.2337<br>（0.2970） | –0.1764<br>（0.2949） |
| 省份固定效应 | 是 | 是 | 是 |
| 年份固定效应 | 是 | 是 | 是 |
| 观测值 | 341 | 310 | 310 |
| $R^2$ | 0.10 | 0.16 | 0.18 |

注：***、**、* 表明分别在 1%、5%、10% 的显著性水平下显著，括号内为回归标准误，下同。

① 计算如下：0.01/0.0069 ≈ 1.45。

如前所述，省内首位中学录取精英大学人数占全省录取人数总和的比例在一定程度上也可以反映精英大学录取机会的集中程度。鉴于此，本文将表 4 的核心解释变量替换为中学首位比，回归结果如表 6 所示，第（1）列只控制了省份和年份固定效应，中学首位比的回归系数为 –0.3518，说明中学首位比每增加 1 个单位，农村学生精英大学辈出率就会减少 0.3518 个单位。第（2）—（3）列进一步控制了人均 GDP 对数、高中生均教育经费、高中生师比、专项计划招生人数，中学首位比的回归系数依旧在 1% 的显著性水平下显著，且系数大小与第（1）列相比变化不大。总的来说，3 列回归结果均说明中学首位比的增加会对农村学生精英大学辈出率带来显著的负向影响；精英大学录取机会越集中于一所中学，越不利于农村学生获得精英大学录取机会。

**表 6　各省历年中学首位比对农村学生精英大学辈出率的回归结果**

| | （1） | （2） | （3） |
|---|---|---|---|
| 中学首位比 | –0.3518***<br>（0.0650） | –0.3932***<br>（0.0684） | –0.3755***<br>（0.0682） |
| 人均 GDP 对数 | | 0.0219<br>（0.0289） | 0.0178<br>（0.0287） |
| 高中生均教育经费 | | 0.0476<br>（0.0297） | 0.0355<br>（0.0299） |
| 高中生师比 | | 0.0139**<br>（0.0058） | 0.0137**<br>（0.0058） |
| 专项计划招生人数 | | | 0.0067**<br>（0.0027） |
| 常数项 | 0.2780***<br>（0.0181） | –0.2257<br>（0.2997） | –0.1727<br>（0.2978） |
| 省份固定效应 | 是 | 是 | 是 |
| 年份固定效应 | 是 | 是 | 是 |
| 观测值 | 341 | 310 | 310 |
| $R^2$ | 0.09 | 0.14 | 0.16 |

为了检验回归结果的稳健性，本文将被解释变量替换为精英大学录取人数中农村生源占比。表 7 和表 8 报告了相应的回归结果，与表 5、表 6 的结果基本一致，超级中学垄断率和中学首位比的系数均显著为负，高中生师比和专项计划招生人数显著为正，验证了前文回归结果的稳健性。以上结果进一步说明超级中学的教育垄断不利于农村学生精英大学录取机会的获得，而全省高中教育质量的总体提升和倾向性招生政策均有利于农村学生获得精英大学录取机会。

表 7　各省历年超级中学垄断率对精英大学录取人数中农村生源占比的回归结果

| | （1） | （2） | （3） |
|---|---|---|---|
| 超级中学垄断率 | −0.2122***<br>（0.0392） | −0.2338***<br>（0.0415） | −0.2239***<br>（0.0412） |
| 人均 GDP 对数 | | 0.0096<br>（0.0199） | 0.0061<br>（0.0197） |
| 高中生均教育经费 | | 0.0376*<br>（0.0200） | 0.0282<br>（0.0201） |
| 高中生师比 | | 0.0116***<br>（0.0039） | 0.0114***<br>（0.0039） |
| 农业人口占比 | | 0.0830<br>（0.1522） | 0.0687<br>（0.1504） |
| 专项计划招生人数 | | | 0.0051***<br>（0.0018） |
| 常数项 | 0.1834***<br>（0.0121） | −0.2016<br>（0.2448） | −0.1464<br>（0.2426） |
| 省份固定效应 | 是 | 是 | 是 |
| 年份固定效应 | 是 | 是 | 是 |
| 观测值 | 341 | 310 | 310 |
| $R^2$ | 0.09 | 0.14 | 0.16 |

表 8　各省历年中学首位比对精英大学录取人数中农村生源占比的回归结果

| | （1） | （2） | （3） |
|---|---|---|---|
| 中学首位比 | −0.2276***<br>（0.0438） | −0.2494***<br>（0.0465） | −0.2358***<br>（0.0463） |
| 人均 GDP 对数 | | 0.0082<br>（0.0199） | 0.0048<br>（0.0198） |
| 高中生均教育经费 | | 0.0368*<br>（0.0201） | 0.0277<br>（0.0202） |
| 高中生师比 | | 0.0113***<br>（0.0039） | 0.0112***<br>（0.0039） |
| 农业人口占比 | | 0.0456<br>（0.1520） | 0.0316<br>（0.1504） |
| 专项计划招生人数 | | | 0.0049***<br>（0.0018） |
| 常数项 | 0.1817***<br>（0.0122） | −0.1603<br>（0.2457） | −0.1085<br>（0.2438） |
| 省份固定效应 | 是 | 是 | 是 |
| 年份固定效应 | 是 | 是 | 是 |
| 观测值 | 341 | 310 | 310 |
| $R^2$ | 0.08 | 0.13 | 0.15 |

## 四、研究结论及政策建议

促进基础教育质量提升和公平发展一直是党和国家高度重视的民生问题，党的十九大报告也首次提出要发展“公平而有质量的教育”。受城乡户籍制度分割的影响，城乡教育公平问题一直是社会关注的焦点。长期以来，中国农村学生在高等教育机会，尤其是优质高等教育机会获得方面一直处于劣势。而精英大学对学生未来发展的高回报率使得精英大学入学机会对农村学生的代际向上流动尤为重要，因此，在国家全面推动乡村振兴战略的重要阶段，关注农村学生精英大学入学机会具有非常重要的理论意义和现实意义。本文基于中国 A 大学 2004—2018 年的学生调查数据，通过定义超级中学，构建超级中学垄断率、中学首位比和农村学生精英大学辈出率等指标，运用双重固定效应模型，探讨超级中学对农村学生精英大学录取机会的影响。研究结果表明，现阶段各省精英大学录取机会过度集中于省内某一所或几所中学，我国超级中学对精英大学录取机会的垄断现象较为严重，农村学生的精英大学录取机会与其人口比例极不相称；超级中学教育垄断程度以及精英大学录取机会集中程度的提高均会显著降低农村学生的精英大学录取机会。究其原因，可能存在以下三个方面：

首先，超级中学的中考录取分数线普遍较高，城乡义务教育质量差距较大使得农村学生中考分数相对较低，因而能够进入超级中学的农村学生也相对较少。超级中学因为具有极高的北清录取率和一本录取率受到众多学生与家长的青睐和追捧，这使得超级中学的中招录取分数线水涨船高。但我国城乡义务教育无论是在教师数量、教学能力等人力资源投入方面，还是在教育经费等财力资源投入方面，抑或是在办学条件等物力资源投入方面，都存在明显差距[①②]，这些教育资源投入上的差距直接导致了城乡学校在义务教育质量上的差距[③]。与城市学生相比，我国农村学生主要分布在义务教育质量更差的农村学校，中考分数更低[④]，所以能够达到超级中学录取分数线并被录取的比例也相对较少，因此最终通过超级中学进入精英大学的农村学生比例也相对更少。

其次，农村学生在超级中学的学校归属感与学业自我概念较低，受到学校的关注也相对较少，因此可能出现成绩下滑，从而难以通过超级中学进入精英大学。由于超级中学主要分布在大城市，对于习惯于农村生活、性格偏内向的农村学生群体来说，远离家

① 张亚星，梁文艳．北京市义务教育阶段教师教学能力城乡差异研究——兼论城乡义务教育一体化进程中农村教师专业发展的对策［J］．教育科学研究，2017（06）．

② 卢尚建．城乡教师教学水平差距的现状调查及分析——基于对浙江省城乡教师的调查研究［J］．全球教育展望，2013，42（06）．

③ 檀慧玲，刘艳．国家义务教育质量监测：实现有质量的教育公平的有效途径［J］．中国教育学刊，2016（01）．

④ 柯政．课程改革与农村学生的学业成功机会——基于A 市八年中考数据的分析［J］．教育研究，2016，37（10）．

人的陌生城市寄宿生活可能会降低其学校归属感[①]。此外，根据“大鱼小池塘效应”[②]，在义务教育阶段，农村学生因为学习成绩在就读学校名列前茅，是“小池塘”里的“大鱼”，因而具有较高的学业自我概念，受到学校和教师的关注度也相对较高。这些因素都有利于促进农村学生学业成绩的提升，从而使其能够持续保持较高的学业自我概念，并获得更多来自学校与教师的关注，最终形成良性循环。与之形成鲜明对比的是，农村学生进入整体生源质量更高的超级中学，面对更为优秀的同伴群体，更有可能降低学业自我概念，从而出现学业成绩的下滑，并进一步扩大与城市学生的成绩差距。与此同时，为维持在高考升学方面的优势地位，超级中学在学校内部教育资源分配以及日常教学活动中，可能会优先关注成绩更为优秀的城市学生；相形之下，农村学生不被学校与教师重视。受上述各方面因素的共同影响，超级中学的农村学生可能陷入学业自我概念降低、成绩下降、学校关注度减少的恶性循环，加之农村学生的学校归属感普遍较低，这些学生即使进入超级中学，在高考中取得优异成绩的比例也相对较低，这可能也会进一步降低农村学生通过超级中学进入精英大学的机会。

再者，县域高中生源主要来自农村，超级中学对县域高中的挤压，加大了农村学生进入精英大学的难度。有调查结果显示，县域高中学生中弱势群体子女的比例较高，其中农村户籍学生、家庭年收入在 5 万元以下的学生，以及父亲受教育程度为初中及以下的学生占比分别高达 74%、65.0% 和 73.7%[③]。换言之，县域高中承担着为我国广大农村学生提供高中教育机会的重要使命，是农村学生考入精英大学、实现社会阶层跃升的主要渠道。而超级中学对县域高中生源和师资的“虹吸效应”，使得现阶段县域高中的发展举步维艰。一方面，超级中学凭借其在精英大学录取机会上的绝对优势，令广大学生与家长趋之若鹜，从而能够通过提升录取标准招收到更优秀的生源。此外，公办超级中学还通过名校办民校等手段实现在全省范围内掐尖招生，这种做法进一步加剧了当地县域高中优质生源的流失；另一方面，超级中学通过有竞争力的薪酬与职业发展前景吸收引进县域高中的优秀教师，容易造成县域高中师资队伍整体素质的下降。县域高中由于缺乏优秀学生的领头羊作用以及骨干教师在日常教研与教学方面的榜样示范作用，可能出现学校学习氛围变差、教师教学热情削减等降低学校教育质量的现象，从而使得学生学业成绩进一步下滑。在此情况下，本地优质生源外流以及教师引进、培养、流失问题将会更加严重，全面提升县域高中教育质量的困难也会越来越大，因而可能会进一步降低

① 冯帮，李紫玲. 从“超级中学”现象看城乡子女教育公平问题——以湖北省D 市为例［J］. 教育发展研究，2014，33（02）.

② Marsh，Herb. The Big-Fish-Little-Pond Effect on Academic Self-Concept［J］. Journal of Educational Psychology，1987，79.

③ 引用自公众号“北京大学教育经济研究所”推送的文章：《郭丛斌：加强县域高中建设 促进教育振兴乡村》。

当地政府投资基础教育的动力，这些因素最终使县域高中的发展陷入恶性循环。由于县中以农村生源为主，县中教育质量下降，则整个省农村学生进入精英大学的比例就有可能降低。

鉴于上述分析，为降低超级中学的教育垄断对农村学生精英大学入学机会的影响，并充分发挥县域高中对农村学生等弱势群体代际向上流动的积极作用，政府应该在禁止超级中学无限制地跨区域招生，坚持和完善农村专项计划、切实提高县域高中教育质量、重点关注和帮扶各类高中农村学生等方面采取相应措施：

第一，禁止超级中学无限制跨区域招生和其他各种扰乱招生秩序行为。为了维持在北大清华录取率上的优势，超级中学往往会采取无限制地跨区域招生等手段争抢高分生源，这种招生行为是以破坏全省教育生态、损害弱势高中以及弱势群体的利益为代价的。已有研究发现，跨市县招生减少了以县域高中为主的弱势高中的精英大学录取机会；相较于禁止全省招生的省份，允许全省招生的省份其省内精英大学生源两极分化的程度更大①。本文研究结果也表明，超级中学的教育垄断会显著降低农村学生的精英大学录取机会，为打破超级中学对优质生源的垄断，保障以县域高中为主的弱势高中的生源质量，应当严令禁止超级中学以各种理由无限制地跨市县掐尖招生以及提前招生、举办初中班等各类扰乱招生秩序的行为。

第二，坚持和完善农村专项计划。本文回归结果发现，在控制了超级中学垄断率、人均 GDP 对数以及教育资源投入（如高中生均教育经费和高中生师比）等因素的影响后，专项计划招生人数能够显著提高农村学生精英大学录取机会，这表明我国自 2012 年起陆续实施的面向贫困地区和广大农村的专项招生计划取得了良好的政策效果。但与此同时，城乡学生精英大学录取机会的差距仍然居高不下，农村学生精英大学辈出率远远低于 1%，有鉴于此，我国应当继续坚持并适当增加面向农村的专项计划招生名额。此外，这些专项计划在实施过程中也产生了诸如招生名额被浪费、名额分配属地化倾向明显以及招生专业数量少、专业设置冷门等问题。张瑞娟对我国 95 所高校 2015—2017 年高校专项计划录取数据的分析发现，部分优质高校的实际录取人数远低于招生计划数②。从 2017 年高校专项计划录取生源的生源地来看，高校将专项计划名额大量投放到本省农村生源，如西北工业大学在陕西招生占比高达 52.11%③。袁景蒂通过访谈发现，一些高校的专项计划的招生专业数量少，且以冷门专业或学校的弱势专业为主④。鉴于此，在坚持

---

① 郭丛斌，林英杰. 精英大学入学机会校际差异的马太效应研究［J］. 北京大学教育评论，2020，18（04）.

② 张瑞娟. 我国高校专项计划的招生政策研究［D］. 上海：华东师范大学，2018.

③ 吴秋翔，崔盛. 农村学生重点大学入学机会的区域差异——基于高校专项计划数据的实证分析［J］. 中国高教研究，2018（04）.

④ 袁景蒂. 重点高校招生“专项计划”实施研究［D］. 厦门：厦门大学，2019.

农村专项计划的同时，还应当完善相关配套政策，进一步提高政策的精准度与有效性，避免专项计划招生出现缺额等现象，均衡分配招生指标，扩大招生专业范围，增加热门专业和优势专业的招生名额占比，切实发挥专项计划对农村学生等弱势群体的补偿作用。

第三，切实提高县域高中教育质量。农村专项计划本质上是针对农村生源等弱势群体采取的补偿性招生政策，是促进教育公平的重要举措，但该类计划无法从根本上缩小城乡学生在精英大学录取机会上的差距。也就是说，只有进一步提升县域高中教育质量，才能切实帮助农村学生获得更多精英大学录取机会，从而实现社会阶层跃升。目前，随着新高考改革政策在全国范围内的陆续实施，我国县域高中不仅存在优质生源与师资流失问题，还面临着选课走班教室不足、学科教师结构性短缺、职业生涯规划教师缺乏等新问题。此外，本文实证研究结果发现，仅仅提高全省高中阶段生均教育经费并不能显著增加农村学生精英大学录取机会。因此，为提高县域高中教育质量，一方面应该同时加大对农村义务教育与县域普通高中教育的扶持力度，以缩小城乡学校高中生源的学业基础差距；并通过制定薪酬、培训、深造、职称评定与教师编制等方面的倾斜性政策提升县域高中教师岗位的吸引力。另一方面要建立强校与弱校对口帮扶机制，鼓励结对学校合作教研，互派学校领导及骨干教师挂职跟岗交流学习；在立足普通高中多样化特色化发展基础上，探索集团化办学模式，扩大优质教育资源覆盖面。

第四，重点关注和帮扶各类高中的农村学生。各类高中的农村学生是农村家庭摆脱贫困和改变命运的希望。受公共教育资源投入的城乡差异以及家庭等因素的影响，相较于城市高中生，农村高中生的学业基础总体上更为薄弱，心理健康问题也更为突出①②。鉴于此，学校与教师应该给予各类高中农村学生更多学业和心理方面的帮扶，以提高农村学生的精英大学入学机会。如前所述，县域高中是农村学生进入精英大学实现社会阶层向上流动的主要渠道，发挥着教育阻断贫困代际传递的重要作用，所以县域高中的农村学生应该获得学校与教师的重点关注与帮扶。与此同时，城乡学生间的差距同样存在于超级中学，因生活、学习环境（如同伴群体、受教师的关注程度）的突然变化以及与城市学生的成绩差距，超级中学的农村学生更容易出现学校归属感和学业自我概念降低等问题，且这些问题会进一步影响学生学业成绩与心理健康。因此，超级中学应该摒弃片面追求升学率的做法，回归教育本义，切实关注和关心学校里的每一位学生，尤其是相对弱势的农村学生。

习近平总书记指出："要全面深化教育领域综合改革，增强教育改革的系统性、整体性、协同性。"坚持教育优先发展，必须坚持以人民为中心的发展思想，以教育评价改革

① 景英，任红岩，傅茂笋，黄涛，张增智.2011年山东省城乡中学生心理健康状况调查［J］. 预防医学论坛，2012，18（05）.

② 马艳云. 城乡高二学生心理健康对比研究［J］. 现代基础教育研究，2013，11（03）.

为牵引建设高质量教育体系，大力推动教育优质均衡发展。本文有关超级中学对农村学生精英大学入学机会的刻画，勾勒了高等教育进入普及化阶段后，超级中学的无序发展对区域高中教育生态破坏的隐忧。建立区域良好的高中阶段教育生态，推动区域高中教育优质均衡发展，必须在政策设计上杜绝超级中学违规跨区域招生以及优质教师资源的无序流动，切实加快建立以发展素质教育为导向的普通高中学校办学质量评价体系，通过各类专项计划，进一步扩大精英大学入学机会 e 在县域高中农村学子的覆盖面，不断满足人民对更好高中教育的期待、保障农村学生有更多教育获得感。

# 县域高中振兴与区域社会经济发展

蒋 承 张思思[1]

**摘 要：**县域高中振兴对乡村振兴和新型城镇化发展具有三个方面的重大意义。第一，县域高中是县域基础教育发展成果的“显示器”，即县域高中通过高考将基础教育阶段的整体成果显现出来。第二，随着城镇化进程的加速，农村学生涌入县城就读，县域高中办学规模迅速扩大。广大农村学子通过高考、就业等路径向城市转移，县域高中在这一时期充分发挥了城乡之间“连接器”的功能。第三，教育与经济的相互影响更加紧密，县域高中将成为县域经济社会发展的“增强器”。所以，落实《“十四五”县域普通高中发展提升行动计划》不仅有利于普通高中提质增效，更对区域社会经济的整体改革发展具有重要的现实意义。

**关键词：**县域高中；基础教育；区域发展

高中教育是基础教育与高等教育的重要衔接阶段，发挥着承上启下的关键作用，是国民教育体系的重要环节之一。国家“十四五”规划中明确提出：“巩固提升高中阶段教育普及水平，高中阶段毛入学率提高到 92% 以上。”目前，我国普通高中共 1.42 万所，县域高中 0.72 万所，占了半壁江山，在校生规模超过了一半，达到了 1468.4 万人。[2]由此可见，县域高中是我国普通高中的主要办学力量，普通高中提质增效的着眼点与突破点都在于能否振兴县域高中。高中教育是基础教育公共服务的“枢纽”，县域普通高中教育是整个高中教育的“根基”，振兴县域普通高中教育，从教育外部讲，对于破解我国大中小城市协调发展难题、实现乡村振兴，从教育内部讲，对于破解我国教育现代化难题、建设教育强国，都具有重大的战略格局意义。[3]

---

① 蒋承，中国教育发展战略学会高中教育委员会副理事长兼秘书长；张思思，中国教育发展战略学会高中教育专业委员会副秘书长。

② 加强县域高中建设，坚决制止违规跨区域掐尖招生行为 [ EB/OL ]. 教育部网站，2021-03-31.

③ 张志勇，史新茹. 聚焦县中发展提升行动计划 振兴县域普通高中教育的公共政策选择 [ J ]. 人民教育，2022（Z1）.

## 一、我国县域高中的发展历史

县域高中的发展与国家的发展密不可分。新中国成立后，百废待兴，我国处在工业化发展初期，急需一批国家建设的人才。由于资源紧缺，只能集中现有教育资源成立一批重点中学服务国家建设。1978 年，教育部颁发了《关于办好一批重点中小学试行方案》，该政策的颁布直接推动了重点高中的高速发展。教育部在 1983 年 10 月《关于进一步提高普通中学教育质量的几点意见》中，开始强调重点高中发挥示范作用。这一时期，县域政府响应政策，举全县之力办好一两所好高中。随着改革开放的浪潮，国家和地区经济快速发展，经济建设需要大量的人才储备，为数较少的重点中学已满足不了经济建设的需要，也满足不了人民日益增长的教育需求。1994 年 7 月，国务院颁布《关于“中国教育改革和发展纲要”的实施意见》，提出“到 2000 年普通高中在校生要达到 850 万人左右。每个县要面向全县重点办好一两所中学。全国重点建设 1000 所左右实验性、示范性的高中。”一时间“县一中”成为区域基础教育的成果的代表，也是区域优质教育资源的集中地，在许多学生和家长心里，考上县一中就如一只脚已踏进重点大学。随着经济的发展和城市化进程的加速，高中教育普及率逐年提高，教育和经济的相互影响更为紧密，由教育资源集聚带来的人口流动的迁徙更为普遍。近年来，省级高中和地市级高中迅速发展，从政策和资源等多种渠道吸引县域高中生源、师资。县域高中曾经的辉煌不再，正面临着“塌陷”的危险。由此引致的县域经济与社会发展、人口与劳动力人数、行业结构也在发生着巨大的调整与变化。

## 二、县域高中在区域发展中的功能

县域高中与区域经济社会发展密不可分，振兴县域高中是现阶段区域发展的重要突破。县域高中在区域发展中发挥着三重功能与作用：

### （一）县域高中是县域基础教育发展成果的“显示器”

20 世纪末，九年义务教育普及任务逐步完成，初中毕业生对高中教育需求大量增加。2010 年《国家中长期教育改革与发展规划纲要（2010—2020）》提出，“加快普及高中阶段教育”，“到 2020 年，普及高中阶段教育，全面满足初中毕业生接受高中阶段教育需求”。至此，普通高中教育在教育政策的论述中成为专门论述的教育阶段，高中教育性质的定位对人才素质的提高、创新人才的培养有特殊意义。承接义务教育，普通高中教育是巩固青少年知识结构与学习能力的关键期；面向高等教育，普通高中教育阶段也是青少年知识结构分化与学习风格养成的奠基期。[①] 在县域教育体系中，高中教育作为县域基

① 王坤．从知识贫困中突围：论县域普通高中的塌陷与振兴［J］．中国教育学刊，2022（02）．

础教育的最高阶段被重视和被需要。县域高中通过教育、教学等培养方式从德智体美劳等方面对学生进行全面培养，通过高考选拔和检验基础教育阶段的教育教学成果。县中的高考成绩成为县乡人民的重要关注点，甚至成为人民群众对当地办学水平是否满意的重要决定指标。县域高中毕业生一部分通过高考进入高等教育继续学习；另一部分选择进入劳动力市场就业。县域高中教育为县域人口素质的提高、人力资本的提高提供支持，促进县域经济与社会的发展。

### （二）县域高中是城乡教育、经济、社会发展的“连接器”

2019 年 7 月国务院办公厅颁布《关于新时代推进普通高中育人方式改革的指导意见》（以下简称《意见》），成为新世纪以来首个普通高中教育改革的纲领性文件。《意见》中明确普通高中教育定位：普通高中教育是国民教育体系的重要组成部分，在人才培养中起着承上启下的关键作用。办好普通高中教育，对巩固义务教育普及成果、增强高等教育发展后劲、进一步提高国民整体素质具有重要意义。城镇化的最大特点就是人口向城镇流动带来了大量劳动力，劳动力本身所具备的人力资本可以直接推动经济增长，也可以促进技术进步和产业升级。[①] 随着城镇化进程的加速，接受了高中教育的劳动力人口迅速向县城和中心城镇集聚，乡村学生涌入县城就读，也迅速扩大了县域高中的办学规模。县域高中随着办学规模扩大、办学质量增强，在提升县域劳动力素质能力的同时，广大县域和农村的学子也通过高考、就业等路径向大城市转移，县域高中目前仍然是广大农村学子走向城市的主要途径。县域高中在巩固基础教育普及成果和增强高等教育发展后劲、进一步提高国民整体素质中仍发挥着“连接器”的重要功能。

### （三）县域高中将成为县域经济与社会发展的“增强器”

2021 年末，教育部等九个部门联合印发《“十四五”县域普通高中发展提升行动计划》（以下简称《县中计划》）中明确提出：县域高中振兴对乡村振兴和新型城镇化发展具有重大意义。这是我国在基础教育阶段第一次提出特定地域、特定学段的教育问题。由此可见县域高中在整个国民教育体系中的重要定位，也反映了现阶段县域高中的发展正面临着亟待解决的问题。随着城镇化速度加快，教育与经济的相互影响更加紧密，县域中学正面临着前所未有的挑战。由于高考是选拔性考试，是国内由高中教育到高等教育的必经之路，由此高中教育阶段被社会和家庭赋予了极其重要的意义。县域高中在发挥基本高中教育阶段教学和育人功能的同时也因高考的选拔结果、高考成绩等而更受瞩目，高考成绩成为衡量一所县域高中办学质量的重要指标。

由于城市在吸纳产业发展、人口就业、教育资源的能力远超县城与乡村，高考的选拔性和竞争性加剧了城乡教育资源分配的不均衡。一部分城市高中通过跨区域招收优质

---

① 林权. 基于人力资本投资视角的经济增长研究：以公共教育投资为例［J］. 辽宁大学学报（哲学社会科学版），2017，45（03）.

生源、高薪优待吸引优质教师，使得越来越多的县域优秀生源和师资流向城市，有些地区甚至从义务教育阶段就因家长陪同学生就读而迁居城市，导致一部分人口和劳动力资源流失，产业结构发生变化。县域高中又因基础资源薄弱、教育信息滞后、教育经费投入不足等原因在发展过程中受阻，县域高中之间在管理、教学等环节同质化竞争异常激烈。高考升学的结果一旦让社会和家庭不满意就加速了一部分县域高中的衰落，甚至在一些地方出现了“县中塌陷”的现象。

县域高中是县域经济社会发展的“增强器”。实现乡村振兴和新型城镇化发展必须要固本强基办好县域高中，要从政策、资源等多方面加大对县域高中的扶持力度。据有关数据表明，在以往10余年全国新增的城镇人口当中，超过一半都在县级区域。县域高中的发展应与区域的发展共融，在留住人才、生源、劳动力方面整体改善县域高中发展。只有振兴县域高中，才能促进县域公共教育服务体系水平整体提高，才能使教育与经济发展同频、互为支撑，以此留住适应县域发展、融入县域文化的本土化人才。

从县域高中在区域经济与社会发展的三个重要功能上可以看出，县域高中是建设高质量教育体系的关键环节，县域高中直接反映基础教育改革的成效，县域高中也是促进教育资源均衡、区域教育与经济协同发展的基石，振兴县域高中需深入落实《县中计划》中“加大对县中的扶持力度，整体提升县中办学水平”的要求，这不仅对普通高中的提质增效，而且对带动整个基础教育的改革发展，都具有重要的现实意义。

## 三、县域高中振兴的措施

### （一）在教育治理体系中加强县域高中与区域发展的联动

教育治理体系是一个非常复杂的管理体系，既涉及纵向与横向，也涉及宏观与微观。但其核心是哪些主体在哪个管理层级上、在哪些管理内容上、在哪些管理环节上具有决策权。[①] 县域高中的振兴是与区域发展密切相关的系统工程，在准确认识县域高中的功能定位后，还要从政策、经济、社会等多维度共建。政策上，从教育资源的分配结构上做出干预调整。从严格落实限制省级、市级高中跨区招生，变相“掐尖”生源等政策着手，从源头上遏制县域生源流失。经济上，财政投入要加大公共教育经费投入比例，改善县域高中办学条件，提升县域高中办学能力。同时应配套相应的吸引人才和留住人才的政策与资金，保障优质师资能够长期稳定于县域高中。同时，在国家深化教育改革与发展、建设高质量教育体系的背景下，县域高中应把握时机，主动学习、积极适应国家教育改革与发展的要求，增强发展的内驱力和信心，在新高考时代把握自身发展定位，加强与高等教育衔接的能力，向外寻发展、向内求突破。

---

① 褚宏启．教育治理：以共治求善治［J］．教育研究，2014，35（10）．

**（二）遵循县域高中发展的内在逻辑，建立支撑县中发展的专项保障制度**

优质教师与生源的欠缺或流失是弱势县中知识贫困现象中的人力资本贫困要素，阻碍了弱势县中的知识能力提升及由此引起的高质量发展。针对县中优质教师流失的问题，应当着力构建多样化且整体有效的优质教师流动帮扶制度与县域教师综合待遇保障制度。要通过特殊专项经费保证人才招考、名师名校工作室的建立。通过团队合作，学术交流实现团队中成员自身实力提高，教学资源共享，教育均衡发展的创新型教师群体。教师素质和教学水平的提高，必然带来学校面貌改观以至区域范围内教育的良性发展。要创新教师管理评价机制。深化教师“县管校聘”改革，进一步完善编制部门控制教师编制总量，人社部门控制教师岗位总量，教育行政部门在总量控制范围内对各学校编制和岗位数量进行动态调整的管理体制。要增加县域内教师流动，积极对接高层次教师资源，让每一名干部教师都处于流动状态，由学校人变为系统人。大力实施“人才强教”工程，拓宽新教师招聘渠道，加大教育人才经费投入保障力度，积极吸引高层次人才和优秀毕业生从教。完善职称评聘、评先树优、激励保障等各项政策，加大对教师的关心关爱，确保“引得来、留得住、用得好”。持续开展新课程培训，组织校长和教师全员培训，不断提高校长办学治校能力和教师教育教学水平。

**（三）加强县域高中与高校的衔接，完善高等教育机会对资源薄弱的区域的偏向性分配**

要真正振兴县中，必须通过专门性的制度安排，遵循“扶弱”或“补偿”原则，对原社会经济地位处于劣势的工农阶层，对已经“塌陷”的县中，在高等教育升学通道和精英大学入学机会等方面给予额外的庇护和照顾。通过这种专门性、偏向性的制度设计，从而使县域内的工人和农民家庭子女的流动机会得到提高。县中“出口”端的打通与扩充，有助于从根本上、根源上留住优质生源与优秀师资，从而避免陷入升学差—生源差—师资差—升学更差的恶性循环。县中教育的振兴，也可以借助这种社会主义制度下的“国家庇护”流动模式[①]，以县域为基本单位，以直接扩充县中学生的高等教育机会，尤其是精英高等教育机会为切入点和突破口，以此扭转县中的发展困局，改变代际流动的模式，缩小日益扩大的高中教育区域差距与校际差距。[②]

“十四五”时期，是我国开启全面建设社会主义现代化国家新征程的重要机遇期，也是全面贯彻落实《“十四五”县域普通高中发展提升行动计划》提出的全方位推动县域普通高中高质量发展的关键期。宏观布局层面，应兼顾教育公平与效率，尤其是要因地制

① 李煜. 代际流动的模式：理论理想型与中国现实［J］. 社会，2009，29（06）.

② 刘丽群，张文婷. 振兴县中：何以必要及如何可能［J］. 湖南师范大学教育科学学报，2021，20（11）.

宜，提升教育资源利用效率，全面提升县域高中教育质量。“十四五”时期，县域政府要高度重视教育事业发展，全面加强党对教育工作的领导，以立德树人为根本任务，以深化教育综合改革为动力，以全面提高教育教学质量，促进教育事业发展为目标。

# 五、推进教育数字化转型和孕育教育新生态

# 教育数字化：教育电视媒体的独特价值与作用

柯春晖[①]

**摘　要：**党的二十大报告提出“推进教育数字化”。面对数字化时代的趋势和潮流，教育电视媒体不断提升优质电视教育产品的生产、供给、服务能力，推出《同上一堂课》直播课堂，坚持走转型发展、融合发展之路，在教育数字化战略中发挥了独特作用，奋力书写了“教育电视、大有可为”的新篇章。

**关键词：**教育数字化；教育电视媒体;《同上一堂课》；融合发展

作为教育与现代电视技术、媒体功能的结合体，教育电视媒体在广播电视教学和教育新闻宣传中的作用不可替代。面对疫情的突然冲击，教育电视媒体通过推出《同上一堂课》直播课堂等方式，在助推大规模在线教育、推进教育数字化中发挥了独特作用。伴随着现代信息技术和互联网技术的发展，教育电视媒体面临着深刻的转型发展、融合发展任务。因应教育数字化战略的深入实施，教育电视媒体应该、可能而且必须作出新的贡献、彰显独特价值。

## 一、“教育＋电视”，别样风景线

中国教育电视台成立于1986年，是在邓小平等老一辈领导人关心支持下成立的，隶属于教育部。成立之初，中国教育电视台主要承担中央广播电视大学课程教学的播出任务。2000年10月，开通了中国教育卫星宽带传输网平台，2003年5月，在为抗击“非典”期间的中小学生提供教学节目的基础上，中国教育电视台正式开播面向全国的“空中课堂”频道。

作为党的宣传思想文化阵地和唯一的国家级专业电视台，作为学习型、精品型、特色型电视台，长期以来，中国教育电视台始终坚持正确办台方向，坚守自身的定位、特色，坚持以服务党和国家事业发展大局、服务教育部党组中心工作、服务校园、服务师生为己任。最近这些年，中国教育电视台顺应经济社会发展的新形势、媒体格局的新变

① 柯春晖，中国教育电视台。

化、教育事业改革发展的新要求，全力推进“频道回归、阵地回归、人心回归”，五个频道全部收回台里统一管理，持续走频道高质量专业化、品牌化道路。一频道集中全台优质节目、栏目，打造影响力强、覆盖人群广泛的国家级综合教育频道。二频道以《同上一堂课》为核心品牌，打造服务国家基础教育的“空中课堂”电视教学频道。三频道服务“走出去”战略，努力打造面向全球、致力于传播中国教育和文化的国际频道。四频道以大职教理念为统领，打造服务现代职业教育和体育、卫生健康事业的卫视频道。五频道为早期教育数字频道，立足婴幼儿、少年养成，打造线上线下相结合的早教平台。五个频道各具特色又互为补充，形成服务国家终身教育体系、顺应人民群众多样化教育需求的现代教育媒体平台。此外，中国教育电视台还拥有中国教育卫星宽带传输网、中国教育网络电视台和《教育传媒研究》杂志、长安书院 App 等传播平台，还拥有众多的新媒体公共账号。

面对数字化时代的趋势和潮流，中国教育电视台坚持走转型发展、融合发展之路，不断提升自身数字化水平，不断提升优质电视和教育产品的生产、供给、服务能力，在教育数字化战略中发挥了独特作用。

## 二、同上一堂课，跨越山和海

2020 年初，新冠肺炎疫情突如其来。疫情初起之时，中国教育电视台紧急提出要重新开通“空中课堂”频道，为中小学生学习提供服务。教育部发出“停课不停教、不停学”的号召后，中国教育电视台积极响应、紧急策划，推出《同上一堂课》直播课堂。在教育部基础教育司的大力支持下，《同上一堂课》直播课堂依托北京市优质中小学资源，以人教版课程教材为基础，通过直播卫星平台、有线电视网络、互联网，为全国 1.8 亿中小学生提供电视远程教学服务，为偏远、贫困地区以及互联网尚未有效通达地区的中小学送去优质教育资源，成为特殊时期大规模在线教育的重要力量，凸显了电视教学在教育数字化方面的价值。

《同上一堂课》集合了北京等地的优质基础教育资源，提供了高水平的课程和教学内容。《同上一堂课》集结了以北京中小学为主体的名师教学团队。小学课程主要由清华大学附属小学、史家教育集团、北京第二实验小学、海淀区中关村第一小学、海淀区中关村第三小学、府学胡同小学、人民大学附属小学等学校的优秀教师参与讲授。中学部分主要由人大附中、清华附中、北大附中、北师大附属实验中学、北师大二附中、一零一中学、北京四中、北京景山学校、北京市八一学校、北京市十一学校、北京二中、北京五中、三帆中学等知名中学名师承担各科教学任务。这些老师大多是长期躬耕三尺讲台的骨干教师、学科带头人，不少是高级、正高级教师，有的还是特级教师。无论是教坛老将还是新秀，他们均本着对教育事业的热爱和高度负责的精神，一丝不苟备课，认真、庄重地讲课，成为一道靓丽的风景。台里还专门聘请中国教育科学研究院等单位专家，参与指导课程的建模设计、课件审查、课程讲授、质量监测评价等工作，全流程把控课程品质。为了提升课程互动性，及时答疑解惑，《同上一堂课》还安排老师直播结束后登录中国教育网络电视台进行“8 分钟老师画重点”，对重点内容再进行网络端的互动讲解。

卫星电视直播教学在全国农村，边远、贫困、民族地区覆盖上发挥了独一无二的优势。直播卫星“户户通”“村村通”工程是能有效覆盖互联网及有线电视网较薄弱甚至未通达地区的公共服务平台，卫星电视直播课堂是疫情期间农村、边远地区学生接受教育的最主要渠道之一。广电总局卫星直播中心提供的收视分析报告显示，《同上一堂课》直播课堂收视率位居前列，多次独霸榜首。在观看直播课堂的用户中，小学课程平均观看时长是 29 分钟，《同上一堂课》每节课是 15—20 分钟，超过 100% 的完播率显示小学课程成为直播卫星用户的刚需。为保证电视空中课堂的有效收视，《同上一堂课》开播伊始，中国教育电视台即与国家广电总局的设备制造商进行多番研讨，从满足课堂教学使用需求、加强电视课堂互动、添加教师培训专区等方面，定制开发了电视教育专用机顶盒。2020 年，中国教育电视台自筹资金并联合社会力量，向当时尚未摘帽的 52 个国家级贫困县的 3340 个教学点，捐赠了 1 万多套电视教育专用直播卫星接收设备，惠及 18.18 万名学生和 1.39 万位教师。2021 年，中国教育电视台联合中华思源工程扶贫基金会，启动“思源 · 空中课堂”公益项目，率先在海南省启动，设备覆盖海南省 570 个教学点的 1505 间教室，惠及 2.4 万名学生及 3500 余位教师。此外，台里还向重庆、新疆等地捐赠卫星接收机顶盒终端。目前电视教育专用直播卫星接收设备已广泛覆盖全国偏远区县。

电视直播的有效模式助推了学习方式变革，成为中小学特别是偏远地区中小学提升教育教学质量、促进教育公平的有效途径。电视教育严格的制播标准、稳定的电视信号为课堂质量及学习效果提供了双重保障。电视课堂图像画面流畅清晰，无异常失真现象，响度符合课堂教学需求，有效塑造了拟真课堂环境，同时电视更大的屏幕尺寸，更远的观看距离，更高的画面清晰度，保证了学习效果，更有利于被广大师生和家长接受。电视课堂便于实现多名同学、师生共同收看学习和讨论，形成良性互动的“双师课堂”模式，提升了教学效果，成为基层教师学习观摩的样板，成为他们提升教育教学水平的重要帮手。尤其是“三区三州”和中西部边远贫困地区、网络不发达地区的学生和教师们，通过电视课堂享受到了优质教育资源。《同上一堂课》事实上助力了教育公平、脱贫攻坚和乡村振兴。

自开播至今，《同上一堂课》已走过 3 个寒暑，课堂内容不断丰富、形式不断创新，质量和品牌影响力不断提高。《同上一堂课》内容设计上坚持“五育”并举，以最新国家统编教材为主体，严格按照新课标要求开设小学各学科全学段课程，不仅有语文、数学、英语，还开足开齐科学、道德与法治、体育、音乐、美术等课程。同时，高三、初三备考课程全面布局，开设全科复习课，重点梳理本学科知识结构和重难点，帮助学生提升学科思维品质和解决问题的能力。后来又增加了初、高中课程、“名师课堂”、重难点课程的录制和播出。2021 年“双减”政策出台后，国家电视空中课堂频道致力于搭建有价值的优质内容聚合平台，思政类、中华优秀传统文化类、素养拓展类、科学养成类、体育健康类、兴趣个性类、劳动实践类等“五育”并举、形式丰富、题材多样的课后服务视频内容已超过 7000 分钟。

电视直播课堂有力地完善和补充了国家智慧教育平台的覆盖、内容和服务，在实践中凸显了电视作为一种重要的传播手段在教育数字化方面的独特价值。截至 2022 年底，过去 3 年时间里，共有北京、上海、浙江等地的 100 多所学校，累计超过 3600 名教师参与了《同上一堂课》的录制，奉献了 6300 多节异彩纷呈的精品课程。制作、播出的中小学精品课程及课后拓展类数字资源达 17 万分钟，全网曝光量超 10 亿人次。《同上一堂课》每天同步直播小学课程 7 小时，创造了中国电视史上课程直播天数最多、义务教育阶段课程涵盖范围最广、公立学校老师参与人数最多的在线直播纪录。国家电视空中课堂频道成为以大屏端为主，互联网、手机端协同的国家教育数字资源制作和分发平台，圆满完成了特殊时期在线基础教育教学保障的历史使命。正如习近平总书记所指出的：“广大教育工作者奋战在抗击疫情和‘停课不停学、不停教’两条战线上，守护亿万学生身心健康，支撑起世界上最大规模的在线教育，为抗击疫情、全面有序复学复课作出了重要贡献。”《同上一堂课》是其中的侧影。2022 年 1 月，《同上一堂课》节目组被授予中央和国家机关“青年文明号”荣誉称号。

## 三、教育数字化，媒体融合路

数字化时代，媒体形势发生前所未有的变化，全媒体不断发展，出现了全程媒体、全息媒体、全员媒体、全效媒体，信息无处不在、无所不及、无人不用，导致舆论生态、媒体格局、传播方式发生深刻变化，新闻舆论工作面临新的调整。这一全新形势，是摆在媒体面前的重大、紧迫任务。习近平总书记曾深刻指出：“推动媒体融合发展、建设全媒体就成为我们面临的一项紧迫课题。”

过去这些年，中国教育电视台坚持走融合发展之路。以互联网思维重构新闻宣传格局，努力构建电视、网络、移动终端深度融合的一体化、联动式主流舆论格局，不断提升内容生产水平，提高运用全媒体思维、方式、手段讲好中国教育故事的能力和水平。推出系列专题节目、多种深度报道和大型直播特别节目，坚持网上网下共同发力，塑造教育新闻宣传的新媒体格局，切实提升传播力、引导力、影响力、公信力，多个新闻作品获得中国新闻奖。不断推进频道专业化建设，积极构建职教、体育、健康节目新生态。倾力打造《长安街》《师说》《我是辅导员》等科教、思政品牌节目，推出并不断创新

《放飞梦想》青春歌会，打造青少幼素养类特色节目和活动。强化影视剧和纪录片创作，台里创作的纪录片《重返红旗渠》不久前获得第十六届精神文明建设“五个一工程”奖等多个奖项。教育网络电视台积极打造优质新媒体教育产品，用户规模大幅增长。积极跟踪先进技术和行业前沿，积极推进新一代信息技术革命成果融合应用，满足高质量视听需求，升级改造播控系统，不断提升制播技术水平，全力提升安全保障能力。

党的二十大擘画了我国未来发展的宏伟蓝图，提出要以中国式现代化推进中华民族伟大复兴，对教育工作、新闻舆论、媒体传播等事业发展作出了全面部署，为教育媒体未来发展指明了方向。2021 年，教育部等五部门发布《关于大力加强中小学线上教育教学资源建设与应用的意见》，提出要“充分发挥互联网学习平台和电视空中课堂各自优势”“会同国家广播电视总局办好中国教育电视台‘空中课堂’频道”，助力教育高质量发展和教育公平。2022 年 9 月，教育部党组书记、部长怀进鹏同志到中国教育电视台调研，在与《同上一堂课》直播团队和在线师生互动时，怀进鹏同志充分肯定了《同上一堂课》在改变教育和学习方式等方面发挥的积极作用，同时提出了新的要求和殷切希望。《中国教育电视台“十四五”事业发展规划》也对因应数字化时代的要求进一步走转型发展之路作出了部署。我们将勇于面对数字化时代的机遇和挑战，坚定不移地走全媒体发展之路，推动媒体融合不断走向纵深，在教育数字化方面作出新的独特贡献，奋力书写“教育电视，大有可为”的新篇章。

继续以互联网思维优化资源配置。积极推动电视和新媒体在工作机制、流程管理、信息内容、技术应用、平台终端、人才队伍上共融互通，构建“先网后台、移动优先”的新型传播形态，实现一体化资源配置、全媒体内容生产、全流程共享平台，不断提高运用全媒体思维、方式、手段讲好中国教育故事的能力。

持续推进“空中课堂”常态化建设。充分发挥国家课程平台汇聚名师的优势，以国家平台的标准做好教育信息化背景下优质课程示范和引领，持续打造《同上一堂课》优质课堂内容，进一步丰富数字化优质教育教学资源，拓展服务功能。着力拓展种类丰富的“课后三点半”及“五育”教育内容，丰富学生学习资源，助力发展素质教育。积极推进中国在线电视教育课程标准制定，规范电视课堂教学等在线教育节目的采集、制作、传输和播出的技术要求，确保电视课堂在线教育节目质量。加大《同上一堂课》电视教育专用机顶盒落地力度，通过爱心企业和公益基金等社会力量实现全国小学教学点全覆盖。

打造全方位矩阵式融合传播体系。以“天上一颗星、地上一张网”的全媒体矩阵，以用户需求为指引，坚持内容生产服务于应用，构成形式鲜明、权威性强、互动丰富的立体式传播，全媒体矩阵联动运营，实现教育声量最大化。整合台内台外、网上网下资源渠道，在生产方式、技术融合、内容形态、传播场景等方面推动教育媒体服务的多元化升级，加强跨界合作，为融合发展注入前沿思路和社会活力，在商业平台做大做强主账号，在多端、多地、多个媒体间形成联动效应。综合运用大数据、人工智能、虚拟现实等技术，聚合并深度开发全台新闻、节目、产业资源，为用户提供全方位、专业化、点对点的服务，打造中国教育“大众点评”。加强教育数字化典型案例宣传推广。

着力提升技术水平和安全保障能力。跟踪先进技术和行业前沿，积极推进新一代信息技术革命成果融合应用，满足高质量视听需求，升级改造播控系统，不断提升制播技术水平。服务全媒体内容建设，坚守大屏，服务小屏，形成“一张网、一个内容库”的融合制作平台。坚持“字字千钧、秒秒政治、天天考试”的理念，把好关口、管好队伍、守好阵地，不断强化安全保障能力。

切实推进干部人才队伍建设。完善全媒体评价体系，统筹收视率数据、专家评价、新媒体传播等指标，探索建立有教育传媒特色、体现媒体深度融合要求的综合评价体系。不断优化组织架构，深化干部人事制度改革。进一步打通管理、业务晋升双通道，健全专业技术职称体系，完善全流程绩效考核制度，充分调动干部员工的积极性、主动性和创造性，着力提升干部人才队伍素质，激发队伍活力。

# 教育信息化促进基础教育区域协调发展

王继新[①]

**摘　要：**区域协调发展被党和国家摆放在重要的战略位置上，对中国现代化建设起到至关重要的作用。教育公平是区域协调发展的重要保障，当前基础教育区域协调发展依旧存在一些较为突出的问题，通过以国家政策为指导、以信息技术为手段，针对乡村地区基础教育困境，对教育信息化促进基础教育区域协调发展开展了一系列实证研究，在对实践过程中经验进行总结与推广后，形成了以信息技术为手段促进基础教育区域协调发展的有效模式，为促进教育公平、推动区域协调发展、加快中国现代化建设提供了可参考的路径。

**关键词：**区域协调发展；教育公平；基础教育；教育信息化

## 一、前言

近年来，我国的经济发展、科技创新、人才培养等现代化建设相关的关键要素正处在深度变革、稳步前进的新阶段。由党的十九届五中全会通过的《中共中央关于制定国民经济和社会发展第十四个五年规划和二〇三五年远景目标的建议》强调了推动区域协调发展具有重大意义，提出“坚持实施区域重大战略、区域协调发展战略、主体功能区战略，健全区域协调发展体制机制”，并将推动区域协调发展确立为解决发展不平衡问题的内在要求。变革与发展也必然会带来新的机遇与挑战，由于经济、地理及教育建设等多方面原因，区域发展不协同的现象依旧存在。本文以乡村教育困境为切入点，通过对以信息技术为手段促进城乡基础教育优质均衡发展的多项研究得到的经验进行归纳总结，最终形成了能够促进基础教育区域协同发展的切实有效路径。

---

① 王继新，中国教育发展战略学会理事，华中师范大学人工智能教育学部二级教授。

## 二、基础教育区域协调发展的战略背景与实际问题

### （一）基础教育区域协调发展的战略背景

2022 年 10 月 16 日，习近平总书记在中国共产党第二十次全国代表大会上就区域协调发展作出了重要指示①："促进区域协调发展，深入实施区域协调发展战略、区域重大战略、主体功能区战略、新型城镇化战略，优化重大生产力布局，构建优势互补、高质量发展的区域经济布局和国土空间体系"。并强调，要"加快义务教育优质均衡发展和城乡一体化，优化区域教育资源配置"。

近年来，党和政府对区域协调发展高度重视，推动区域间基础教育的优质均衡发展，在促进教育公平、缩小区域间基础教育差距上起到了至关重要的作用。在加快中国高质量发展、现代化建设进程中，区域协调发展始终被党和国家放在重要的战略位置上，而教育公平的实现则可为国家区域协调发展战略的进一步深入实施提供重要的保障。

### （二）基础教育区域协调发展面临的困境

以 2022 年 9 月在汕尾地区的区域基础教育协调发展的调研内容为例，从城乡间协调发展羸弱、区域间教师的发展渠道存在差距、教育新型基础设施建设未均衡发展、弹性与多维的教研评价机制仍未形成这四个方面，对我国区域基础教育协调发展存在的问题进行剖析。

1. 城乡间的协同发展仍旧羸弱，亟须在乡村教育上加大投入

乡村教育问题是当前党和国家高度重视的问题，乡村教育、经济、社会的发展滞后问题若得不到缓解，不仅会对我国的长远发展造成不利影响，同时也不利于社会的稳定与民族的团结。通过城乡间的协同发展，带动乡村学校教育教学质量的整体提升，这是落实城乡间教育优质均衡发展的有效途径，更是促进乡村振兴的有力杠杆。要实现乡村振兴，首先得发展乡村教育，乡村教育水平决定着乡村振兴的目标能否实现，若乡村富裕了，但教育水平、精神风貌、文化没有跟上，那说明还未实现乡村振兴这个目标。以乡村教育的发展带动乡村环境、文化的整体提升，乡村振兴不仅要"扶贫"，更需要"扶智"和"扶志"并重，培养未来新农村建设的主力军。

---

① [1] 中共中央关于制定国民经济和社会发展第十四个五年规划和二〇三五年远景目标的建议 [EB/OL]. [2022-11-03]. http://www.gov.cn/zhengce/2020-11/03/content_5556991.htm.

[2] 习近平. 高举中国特色社会主义伟大旗帜 为全面建设社会主义现代化国家而团结奋斗——在中国共产党第二十次全国代表大会上的报告（2022 年 10 月 16 日）[EB/OL]. [2022-10-16]. https://www.xingning.gov.cn/mzxn-hbzzf/gkmlpt/content/2/2403/post_2403959.html#8351.

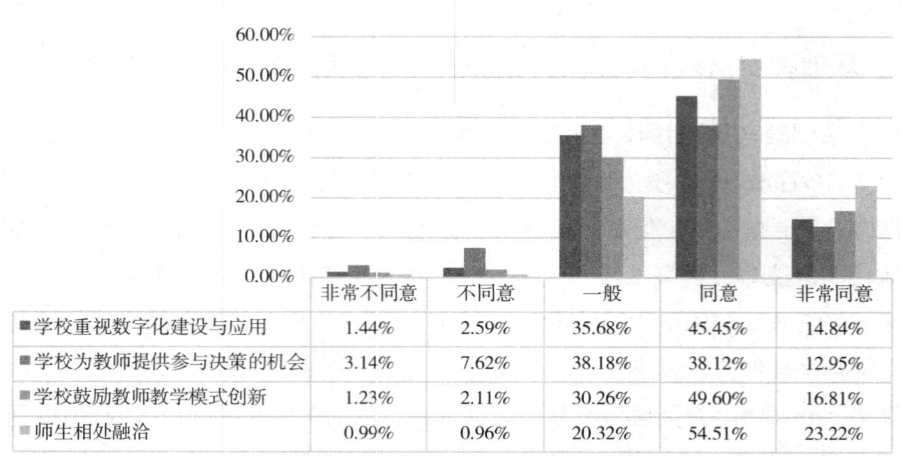


| | 非常不同意 | 不同意 | 一般 | 同意 | 非常同意 |
|---|---|---|---|---|---|
| 学校重视数字化建设与应用 | 1.44% | 2.59% | 35.68% | 45.45% | 14.84% |
| 学校为教师提供参与决策的机会 | 3.14% | 7.62% | 38.18% | 38.12% | 12.95% |
| 学校鼓励教师教学模式创新 | 1.23% | 2.11% | 30.26% | 49.60% | 16.81% |
| 师生相处融洽 | 0.99% | 0.96% | 20.32% | 54.51% | 23.22% |

**图 1　教师协作活动参与频率**

**表 1　汕尾地区基础教育阶段城乡教育投入（万元）**

| | 基础设施 | 信息化 | 思政教育 | 美育 | 劳育 |
|---|---|---|---|---|---|
| 乡村学校 | 113.51 | 13.54 | 51.25 | 1.38 | 4.09 |
| 城镇学校 | 427.85 | 53.50 | 56.18 | 7.46 | 33.59 |

城乡间教师的协作活动是城乡间协同发展的指标之一。如图 1 所示，组成跨学科教学团队的活动，形成常态化参与的只占了 11.31%，观察同事的课堂并提供反馈意见的活动，形成常态化参与的只占了 17.96%，参与跨校、跨班级、跨年级的合作探究活动，形成常态化参与的只有 12.21%，与同事共享教学材料的活动，形成常态化参与的只有 25.21%，学科组合作制定评估学生的共同标准，形成常态化参与的只有 17.29%。在城乡协同发展依旧羸弱的形势下，乡村教育上的投入却还是很低。如表 1 所示，为汕尾地区基础教育阶段城乡教育投入，乡村学校与城镇学校间在教育投入层面上存在显著性差异，乡村教育基础设施、信息化建设、思政教育、美育、劳育上的投入远远低于城镇学校。在乡村撤点并校的背景下，乡村教育对于解决“城镇挤、乡村弱”的情况至关重要，乡村教育事关乡村振兴与乡村发展，乡村教育是我国未来国家发展的重点，对此亟须加大对乡村教育的投入，从而缓解城镇学位供给紧张、班级拥挤的现象。

2. 区域间教师的发展渠道存在差距

通过对乡村教师的访谈，发现当前对于乡村教师来说最为困难的方面，主要体现在教师职称评定难，参与教研活动、个性化教师培训的机会较少，校际教师间交流的机会匮乏这几个方面的问题。教师的发展，关系到落后地区的教师能否“下得去、留得住、教得好”①。当前我国落后地区教师的发展渠道与发达地区相比，仍旧有比较大的差距。很

① 马红梅，孙丹．农村教师劳动力市场的本地人效应：基于甘肃基础教育调查的证据［J］．教师教育研究，2019，31（03）．

多教师下到落后地区后，缺乏与外界交流和共同成长的机会，只能以一股教育热情支撑着自己的教育教学，这种现状不利于优秀师资的引入。要通过政策与资源向落后地区倾斜，解决落后地区师资在专业发展方面的顾虑，为落后地区的教师有针对性地设置相应的评价标准与教师发展规划，在职称评定、专业发展的机会与条件等方面给予落后地区教师以照顾政策，这对于能否留住人才至关重要。

3. 教育新型基础设施建设未均衡发展，阻碍了高质量教育体系的构建

教育新型基础设施包括信息网络、平台体系、数字资源、智慧校园、创新应用、可信安全等方面的新型基础设施体系①。教育新型基础设施建设是高质量教育体系构建的前提条件。技术的发展、社会的进步对教育教学环境提出了更高的要求，能否与时俱进，跟上时代的发展步伐，决定着教育教学能否适应大环境的变化与提出的挑战。但当前我国教育新型基础设施建设仍未达到均衡发展，我国广大的乡村地区以及发达地区中的欠发达区域，相较我国的发达城市，其基础设施建设水平仍旧相当落后，这使得我国广大乡村儿童与青少年接受高质量教育教学的目标受到了阻碍。落后地区的环境好了、基础设施建设跟上了，留不住人的问题才能够得到解决。

如表 2 所示，将所收集的数据进行独立样本 T 检验，发现城乡之间学校的学习空间建设情况存在显著性差异，该地区城乡之间在社团活动、科创教育、体育（与健康）等学科内容的学习空间相关的基础设施建设上，乡村地区低于城镇地区，呈现显著性差异。而在美育学习空间建设方面，城乡间不存在显著性差异。

**表 2　汕尾地区城乡学习空间建设情况的差异性分析（独立样本 T 检验）**

| 因变量 | 维度 | 类别 | M | SD | T |
|---|---|---|---|---|---|
| 学校学习空间建设情况 | 社团活动教室或基地 | 农村 | 1.28 | 0.45 | −3.758** |
| | | 城镇 | 1.61 | 0.49 | |
| | 科创教育教室或基地 | 农村 | 1.07 | 0.26 | −2.406* |
| | | 城镇 | 1.55 | 0.50 | |
| | 德育相关教室或基地 | 农村 | 1.37 | 0.49 | −2.018* |
| | | 城镇 | 1.55 | 0.50 | |
| | 美育相关教室或基地 | 农村 | 1.43 | 0.50 | −1.940 |
| | | 城镇 | 1.61 | 0.49 | |
| | 体育（与健康）相关教室或基地 | 农村 | 1.33 | 0.47 | −3.193** |
| | | 城镇 | 1.61 | 0.49 | |
| | 劳动教育相关教室或基地 | 农村 | 1.22 | 0.42 | −2.228* |
| | | 城镇 | 1.41 | 0.50 | |
| | 其他 | 农村 | 1.00 | 0.00 | −1.764 |
| | | 城镇 | 1.05 | 0.23 | |

注：* $p<0.05$，** $p<0.01$，*** $p<0.001$。

① 教育部等六部门印发意见部署教育新型基础设施建设［J］. 现代教育技术，2021，31（08）.

4. 农村薄弱学校已解决“开齐开足课”问题，但缺少城乡师生高效协同的“好课”

当前城乡师生间仍缺乏师生高效协同的“好课”，“好课”是以乡村地区的教育教学水平不断接近城镇地区的教育教学水平为标准。但在推动“开好课”的过程中，却存在城乡间教育评价标准设定僵化的情况，用城市的教学评价标准评价乡村教育教学，这对很多乡村教师来说显得不够公平，甚至导致很多乡村教师压力很大，出现焦虑的情况。基础教育区域协调发展是学校自身、校际间、区域间，通过彼此的适应、协作、配合，从而达到相互促进、和谐发展的过程，而这个过程必须以弹性、多维的教研评价机制提高师资队伍的教学积极性。弹性、多维的教研评价强调从学生和学校的现实情况出发，不看相对看绝对，以学生的初始状态和末始状态来判断教师的教学效果，同时对学生的评价也根据学生自身的个性化特征给予评价标准的界定，而非传统地要求学生各门科目都能达到优秀。不了解学生的原始学情、学校的原始情况，一味以学生取得的成绩作为判断教师教学水平高低的标准，这对于落后地区的教师是不公平的，因为这些地区生源基础就弱，又怎么能从百分制的卷面成绩就判断这位教师在教学过程中所付出的努力呢？

## 三、信息化促进基础教育区域协同发展的实践探索

2020 年 3 月，教育部印发的《关于加强“三个课堂”应用的指导意见》指出，到 2022 年底要全面实现“专递课堂”“名师课堂”和“名校网络课堂”在广大中小学校的常态化按需应用。近年来，华中师范大学信息化与基础教育均衡发展协同创新中心以“三个课堂”为主要抓手，为促进区域基础教育协调发展，展开了多项实践与研究。

### （一）强交互专递课堂链接城乡师生开展协同办学

专递课堂通过网上专门开课或同步上课、利用互联网按照教学进度推送适切的优质教育资源的方式来解决乡村薄弱学校和教学点缺少师资、开不出开不足开不好国家规定课程的问题。在此基础上，强交互专递课堂教学系统引入了 5G 无线传输，解决课堂交互卡顿延迟问题；通过引入视音频采集、传输、存储设备，对教与学过程行为进行记录并实时存储；而通过引入无线桌面交互展台，则能够在不改变传统课堂书写习惯的同时，实时记录、监控学习过程。

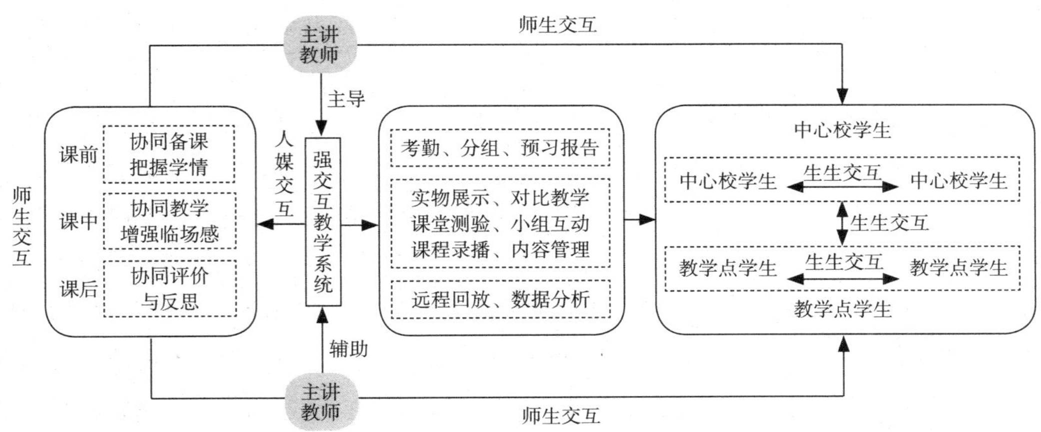


**图 3　强交互专递课堂的教学流程**

强交互专递课堂的教学流程如图 3 所示，包含课前、课中、课后三个阶段：在课前阶段，主课堂教师利用无线移动展台和系统软件实时记录教学过程，开展课前精准的学情分析及面对城乡学生差异的教学设计和预习测评；在课中阶段，主课堂教师的讲授、示范等教学过程，同步在乡村教学点的远端课堂上高清呈现，同时远端课堂学生的学习过程，能即时反馈到主讲端；在课后阶段，强交互专递课堂教学系统能够一键存档学生作品，通过回放远程分享，帮助开展课后评价与反思。

### （二）“名师课堂 + AI”：“双师”培训与素养提升

名师课堂通过组建网络研修共同体等方式，发挥名师名课示范效应，探索网络环境下教研活动的新形态，以优秀教师带动普通教师水平提升，使名师资源在更大范围内得到共享，促进教师专业发展，旨在解决教师教学能力不强、专业发展水平不高的问题。

#### 1. 城乡教师共同体与“双师”培训

利用名师课堂建立的城乡教师共同体通过借助社交平台和教育服务平台两个环境，采取了“线下 + 线上”相结合的形式，以校本、校际、区域三个层次为基础，开展了双师协同教学研训工作，有效地促进了乡村教师专业的发展。

“双师”培训则是利用网络建立城乡教师共同体，鼓励他们基于教学实践随时开展活动与针对实际教学展开探究，在问题解决中不断提高课堂教学效果，并实现内部成员之间的充分交流、资源共享、相互学习与共同成长。以城乡教师共同体为基础建立的“双师”培训模式如图 4 所示。

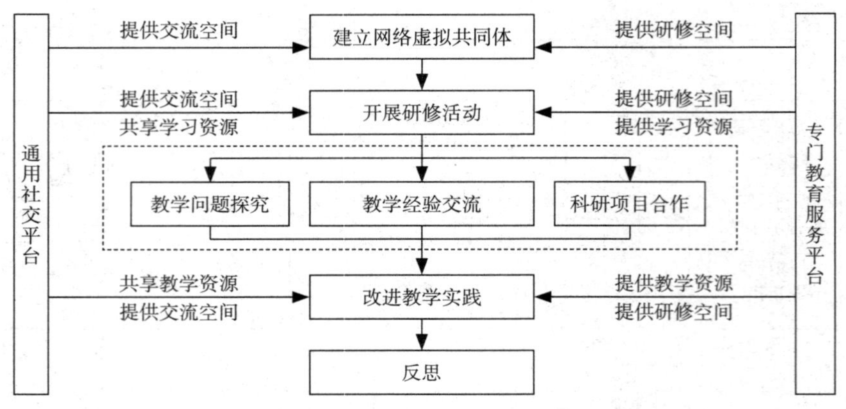


图 4　“双师”培训

2. 同步互动教师培训体系

基于名师课堂构建的同步互动教师培训体系旨在实现乡村教师培训，提升乡村教师素养，该培训体系的结构如图 5 所示。

基于名师课堂构建的同步互动教师培训体系包含课前、课中、课后三部分：课前阶段城镇主讲教师与乡村辅助教师协同备课，共享教学资源；课中阶段城乡学校开展同步互动课堂教学，城镇主讲教师的实体课堂，通过互联网传送到乡村薄弱学校，乡村教师通过课堂观摩提高教学水平；课后阶段，城乡教师通过网络研修共同开展教学评价与反思，在同步互动中促进专业发展。

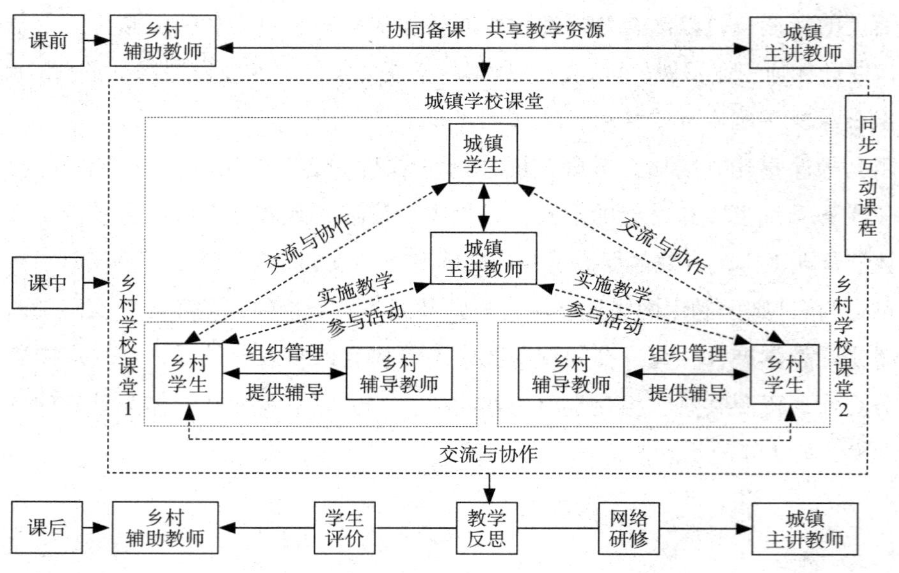


图 5　同步互动教师培训体系

### （三）学校共同体建设

在信息技术的支持下建设的城乡教学共同体，在组织架构上表现为一个城市中心学校带动周边 M 个（M 值取为 1—3）教学点，而区域内 N×（1+M）的教学共同体构成了一个共同体网络，即学校共同体，其结构如图 6 所示。

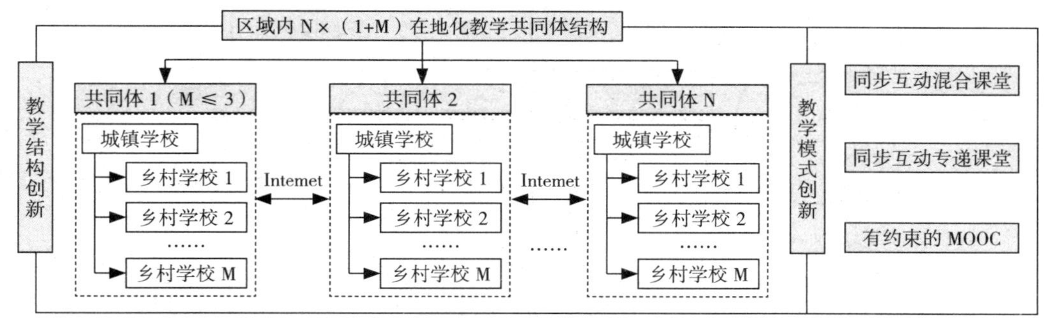


图 6　学校共同体

以学校共同体为基础开展的教学模式创新，包括同步互动混合课堂、同步互动专递课堂，可以进一步帮助教学点开齐、开好国家规定课程，促进城乡教师共同发展和学生共同成长。

## 四、信息化促进基础教育区域协调发展的经验路径

自 2013 年起，华中师范大学信息化与基础教育均衡发展协同创新中心针对乡村地区基础教育发展中面临的困境，在湖北省内的咸安区、恩施市、来凤县、崇阳县建立了多个实验区，以信息化技术为手段助力基础教育的区域协调发展，并进一步以湖北省内实验区总结的模式为参考，逐步在四川、贵州、云南、河南、江西、吉林、辽宁省内的多个地区及县市建立应用推广区，以此实现湖北经验面向全国地区的逐步推广。

### （一）以共同体为核心打造区域基础教育优质均衡发展模式

在人工智能技术的支持下，通过以区域、学校和个体三个层面为出发点，能够构建学校、教学、学生和教师共同体，以共同体为核心的区域基础教育优质均衡发展模式如图 7 所示。

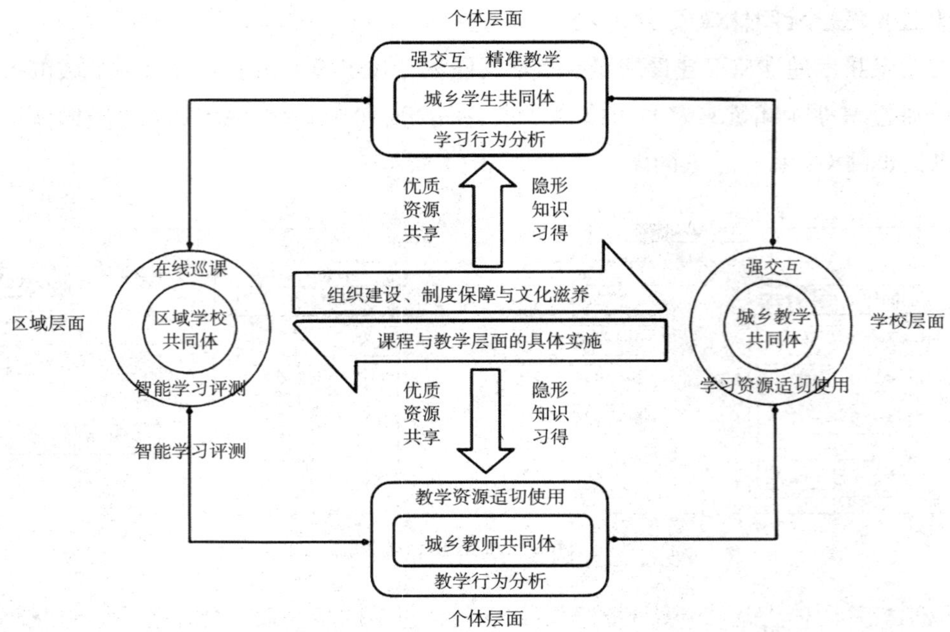


**图 7　以共同体为核心的区域基础教育优质均衡发展模式**

以共同体为核心的区域基础教育优质均衡发展模式由区域学校共同体、城乡教学共同体、城乡教师共同体和城乡学生共同体组成。

1. 区域学校共同体

在区域教育主管部门的参与下，将区域内多个教学共同体组合到一起，能够形成区域内的学校共同体，能够从规章制度层面为城乡基础教育优质均衡发展提供保障，并在城乡交互的过程中构建新型的合作文化。在技术层面，区域学校共同体能够通过在线巡课系统对不同类型学校的教学现状进行分析和诊断，利用智能测评系统动态监测区域内学生的学习情况，实现区域基础教育教学的精准治理。

2. 城乡教学共同体

以多模态强交互专递课堂为抓手，能够进一步建立联结城市学校和乡村薄弱学校及教学点的教学共同体。在多种资源共享平台工具的助力下，城乡教学共同体能够将城市学校优质数字教育资源和师资通过互联网引入乡村，实现学习资源适切使用。

3. 城乡教师共同体和城乡学生共同体

在区域学校共同体建设的支持下，以城乡教学共同体为依托推进城乡教师和学生之间的交流，进而建立城乡教师共同体和城乡学生共同体，促进城乡师生共同成长。

在此基础上，以共同体为核心建立的区域基础教育优质均衡发展模式能够有效实现城乡优质教育资源共享和优良师资有序流动，形成城乡教育发展新生态，为推动城乡基础教育质量的整体提升提供强有力的驱动。

## （二）"三个课堂 +AI"助力推动区域基础教育协调发展

以强交互专递课堂教学空间建设为抓手，在实体空间、虚拟空间和社会组织空间"三维空间"中明确各要素之间的关系，有助于实现区域基础教育教学中"强交互"关系的构建，如图 8 所示。

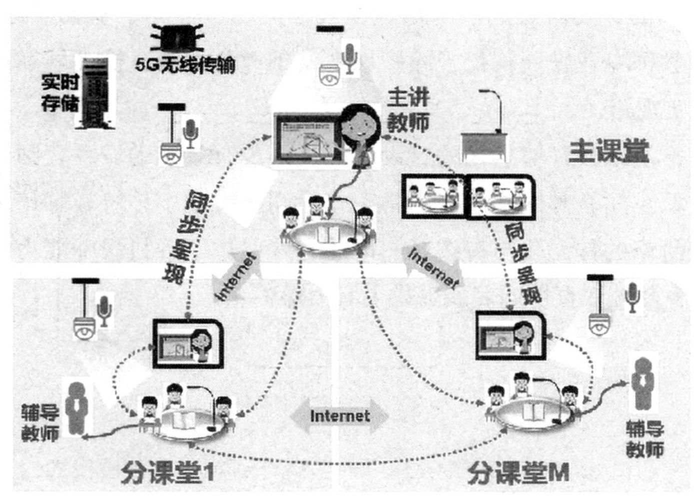


图 8　强交互专递课堂教学空间

"三个课堂 +AI"助力农村教学点质量提升实践研究的概念框架如图 9 所示。通过实践探索积累的经验可知，AI 赋能的"三个课堂"有助于构建乡村教育新生态，在实践层面和理论层面形成具有中国特色应用模式和理论建树，能够有效实现乡村教育的教学质量提升、学生成长助力以及对教师发展的促进，在信息技术的助力下，有效推动了城乡间基础教育的优质均衡发展。

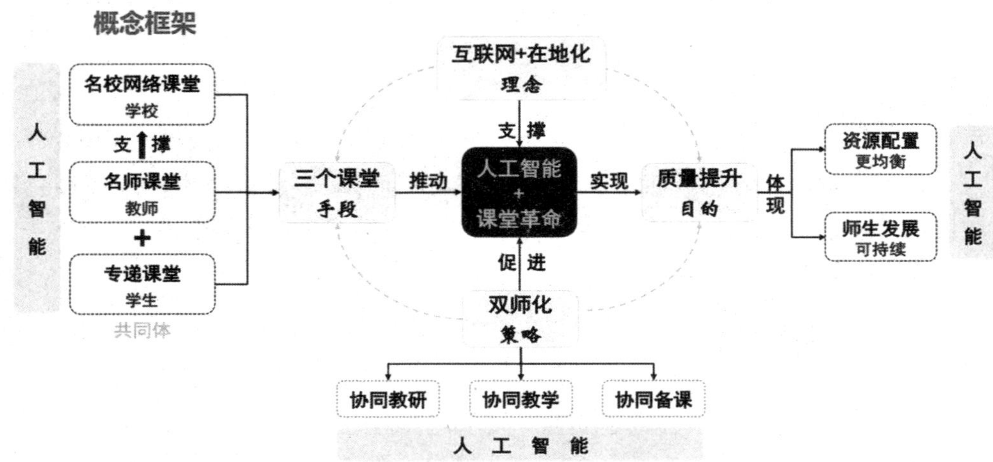


图 9　"三个课堂 +AI"助力农村教学点质量提升实践研究概念框架

### （三）构建区域同步互动教师培训体系与网络教研模式

通过人工智能技术与教师培训体系的融合创新，能够有效地建设城镇主讲教师与乡村辅助教师同步互动的“双师”体系，为城乡间的教学资源共享、乡村地区教师的专业能力的促进提供了有力保障。而同步互动教师培训体系则进一步提供了一种信息技术与基础教育教师培训的深度融合的教师培训模式，进一步推动了基础教育的数字化转型，为促进城乡区域教师专业发展均衡、缩短城乡基础教育差距、推动城乡基础教育协同发展提供了有效的实现路径。

在此基础上，基础教育信息化的建设能够进一步有效推动城乡教师研修共同体的建设，不仅保障了城乡间教师网络研修的常态化，同时打破了传统教师培训的局限，实现了乡村教师网络研修的常态化与持续性，以此有效促进了乡村教师能力和乡村教育质量的双提升，为城乡基础教育协同发展提供了有力保障。

# 教育信息化状态演变与发展趋势

刘方爱　谭俏俏[①]

**摘　要：**论文分析了新中国成立以来教育信息化不同阶段的发展状态，从国家政策、建设内容、建设成果等维度进行了重点的讨论。最后，结合新一代信息技术，讨论了以智能化应用为依托的高校智慧应用场景，分析了高校教育信息化的发展趋势。新中国成立以来，在党的领导下，我国教育信息化立足于本土文化和社会经济环境，以技术支撑和教育改革为引领，取得了巨大的成果，为我国教育现代化的发展做出了重要贡献。

## 一、教育信息化政策演变

中国的教育信息化是在中国共产党领导下，立足于中国本土文化、社会经济环境，以技术支撑和教育改革引领的伟大事业。随着信息技术的发展，高校教育信息化经历了不同的阶段，从萌芽、建设到应用，再到教育信息化 2.0 新时期，教育信息化建设取得了巨大成就。信息技术与教育教学不断融合，教育思维、教学生态、教学环节等方方面面都发生了巨变。教育信息化作为教育现代化的重要支撑和教育改革发展的重要抓手，在信息时代的重要性将愈加显现，教育信息化将走向何方？作为具有几千年教育沉淀的教育大国，有着丰富的教育资源，在这场教育变革中，一定能、也必须站在世界教育信息化改革的前列。

按照发展历程，中国教育信息化政策的演进过程可以划分为萌芽阶段（1949—2000 年）、迅速发展阶段（2001—2010 年）和全面推进阶段（2011—2020 年）等 3 个阶段，不同阶段显现出不同的时代特征。

### （一）1949—2000 年：教育信息化萌芽阶段

该阶段以电化教育为主要特征。随着国家改革开放和党的十一届三中全会的召开，1978 年 4 月，邓小平同志在全国教育工作会议上指出，“要制订加速发展电视、广播等现代化教育手段的措施，这是多快好省发展教育事业的重要途径，必须引起充分的重视”。

① 刘方爱、谭俏俏，山东师范大学。

同年，经国家批准，中央电化教育馆成立，由此开始，我国教育信息化建设队伍体系初具雏形。随后，教育部下发了一系列教育信息化相关文件，促进了我国教育信息化的萌芽，推动了我国教育信息化的发展。

1991 年中国电化教育协会成立。

1998 年 12 月，教育部制订《面向 21 世纪教育振兴行动计划》，提出实施“现代远程教育工程”，形成开放教育网络，构建终身学习体系，这份行动计划不仅指明了我国教育信息化的发展方向，也为我国教育信息化的改革和发展提供了良好基础。

1999 年 6 月，中共中央、国务院发布《关于深化教育改革全面推进素质教育的决定》，提出“要大力提高教育技术手段的现代化水平和教育信息化程度”，再次明确了教育信息化的重要性和地位。

这一时期，我国不仅在本科高校设立了一批电化教育本科专业，还增加了一批省、市广播电视大学，初步构建了多层次、多类别的电化教育体系，大大促进了我国电化教育的发展，为我国教育信息化发展储备了大量人才，这也是我国电化教育的复兴时期。

### （二）2001—2010 年：教育信息化迅速发展阶段

2002 年国家颁布《教育信息化“十五”发展规划（纲要）》，是首次以教育信息化命名的发展规划，这是从“电化教育发展规划”向“教育信息化发展规划”的重要转折点。

2002 年 11 月，教育部办公厅发布《〈教育管理信息化标准〉实施办法（试行）》和《〈教育管理信息化标准〉应用示范区建设实施办法（试行）》。

2004 年 3 月，国务院批转了教育部《2003—2007 年教育振兴行动计划》，提出“教育信息化建设进程”。

2005 年 8 月，教育部发布《教育部科技基础资源数据平台建设管理办法》。

在这一阶段，教育信息化建设受到充分重视，初步形成了教育资源的建设体系，基础网络设施也得到了较大提升，应用支撑平台建设成果显著，为今后的融合创新、智能引领提供了基础保障。

### （三）2011—2020 年：教育信息化全面推进阶段

2012 年教育部颁布《教育信息化十年发展规划（2011—2020 年）》，明确指出要坚持“应用驱动”的工作方针，“以教育信息化带动教育现代化”，这是全国首个中长期教育信息化发展规划。

同年 9 月，全国教育信息化工作电视电话会议强调，要以建设“三通两平台”为抓手，以应用为导向，加快推进教育信息化体系建设，逐步完善教育信息化基础设施。各省市、区县和学校研制了教育信息化发展规划，涌现出智慧教育、智慧校园、未来学校等发展规划。

2013 年，党的十八届三中全会首次将教育信息化写入中央全会决议。

2014 年 2 月 27 日，习近平总书记在召开中央网络安全和信息化领导小组第一次会议时强调："没有信息化就没有现代化。"

2015 年 5 月，首届国际教育信息化大会在山东青岛召开。习近平总书记在贺信中指出，"应顺应信息技术的发展，推动教育变革和创新，构建网络化、数字化、个性化、终身化的教育体系，建设'人人皆学、处处能学、时时可学'的学习型社会，培养大批创新人才"。这次国际教育信息化大会的召开，标志着我国正在走一条具有中国特色的教育信息化道路，我国教育信息化从自主探索建设向国际协作引领转变，为世界教育信息化提供中国解决方案。

2016 年 6 月，教育部深入贯彻落实中央决策部署，印发了《教育信息化"十三五"规划》，并联合九部门印发了《关于加快推进教育信息化当前几项重点工作的通知》，部署了"三通两平台"、教学点数字教育资源全覆盖和教育信息技术应用能力提升等七项重点工作。这一时期，教育信息化逐渐实现从建设到应用的转变。

2017 年 11 月，"教育大数据应用技术国家工程实验室"在华中师范大学启动，并在启动会上首次提出我国教育信息化即将进入 2.0 新时期。

2018 年 4 月，教育部印发了《教育信息化 2.0 行动计划》，教育信息化被提升到教育教学改革的核心位置。

2019 年，中共中央、国务院印发的《中国教育现代化 2035》文件提出，要加快信息化时代教育变革，推进教育治理体系和治理能力现代化。随着后疫情时代的来临，不断验证了教育信息化发展的重要意义，进一步催化我国教育信息化急速发展。

## 二、高校教育信息化应用的发展

随着国家教育信息化政策的逐步深化，高校信息化应用也不断细化，在服务于学校人才培养模式、促进高校科研水平提升、增强高校社会服务与文化传承能力等方面发挥了越来越大的作用。高校教育信息化应用发展可分为如下四个阶段（图 1）：

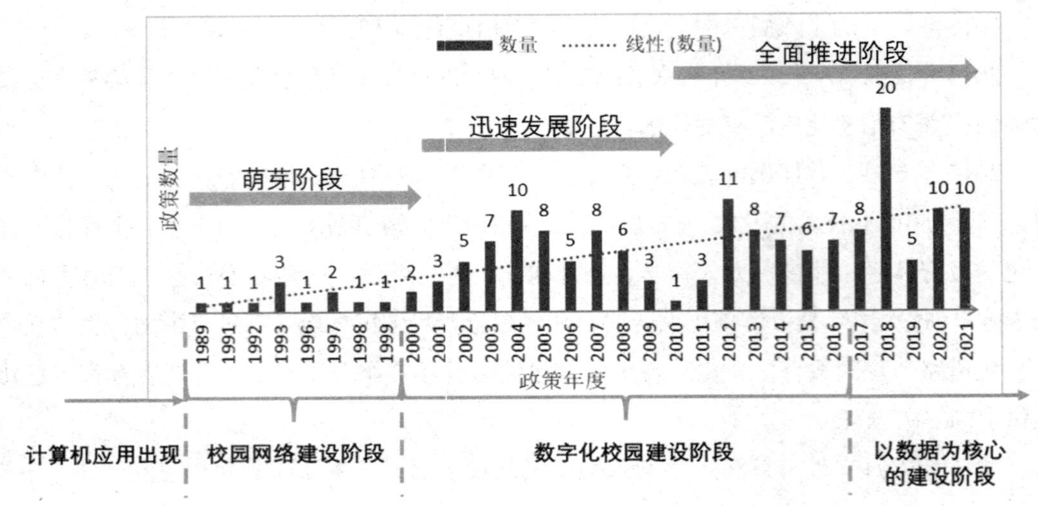


图 1　教育信息化政策历年发布数量变化图

## （一）高校微机应用的出现

80 年代，教育信息化在校园逐渐映现，其形式是个人电脑的应用，例如电子邮件、科研管理等。

虽然电子邮件是在 70 年代发明的，它却是在 80 年代才得以兴起。到 80 年代中期，电子邮件开始在大学师生中传播开来；受网络速度的限制，用户只能发送简短的信息，无法发送大量图片；到 90 年代中期，互联网浏览器诞生，全球网民人数激增，电子邮件被广为使用。

## （二）90 年代校园网络建设成为焦点

进入 90 年代，高校根据信息化建设的需要，成立了专门的网络中心或信息中心，负责学校的校园网建设、推进网络化进程。到 90 年代末，全国有 500 余所大学建设了完备的校园网络。

1. 网络建设

90 年代，由于交换技术的出现，局域网技术发展突飞猛进，进入了一个崭新的阶段。1994 年中国教育与科研计算机网（CERNET）建设成立，作为教育信息化基础设施，解决了从无到有的问题，培育了我国最早的互联网用户。作为最早覆盖全国的互联网骨干网，CERNET 解决了大学师生上网的问题，为教育信息化开上网络通道起到了举足轻重的作用。同时，也为我国培育了第一批互联网用户和互联网建设人才。

2. 信息系统呈现方式

高校信息系统应用建设逐渐从 80 年代的单机时代走进了文件服务器时代，基本上采用 C/S 模式，即大家熟知的客户机和服务器结构。它可以充分利用两端硬件环境的优势，将任务合理分配到 Client 端和 Server 端来，降低了系统的通信开销。

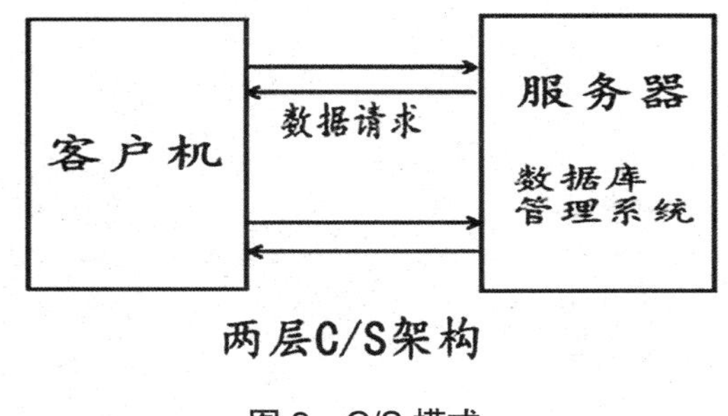


图 2　C/S 模式

优点：客户端响应速度快、共享数据；缺点：客户端成为系统安全和管理的负担。

### （三）2000 年数字化校园建设阶段

2000 年左右，由于互联网和计算机的进一步发展和普及，出现了数字校园的概念，高校信息化建设进入快速发展阶段。教育部颁布了一系列信息化建设政策，建设的侧重点逐渐从信息基础设施转向各类信息系统，主要围绕以下几个方面：

1. 网络优化

（1）有线、无线网络融合。

随着学校翻转课堂、线上线下混合式教学模式等信息化教学活动的开展，构建泛在、可控、安全的无线网络已成为高校校园网基础设施的标配。广大师生迫切希望学校构建移动学习、泛在学习空间。为此，学校纷纷启动了无线网络建设项目，实现无线网络与有线网络并行的“双轨”校园网络架构体系，为学生提供泛在的网络学习空间，满足随时、随地自主学习的需求。当时，高校无线网络作为有线网络的补充，通过把有线网络与无线网络有机融合，实现有线网络与无线网络相对独立、双轨运行，又相互补充，起到冗余备份的效果。

（2）网络安全建设。

2014 年 2 月 27 日，习近平总书记在中央网络安全和信息化领导小组第一次会议上的讲话中提出，没有网络安全就没有国家安全，没有信息化就没有现代化。2015 年，中共中央办公厅、国务院办公厅印发《关于进一步加强和改进新形势下高校宣传思想工作的意见》中指出要着力加强高校宣传思想阵地管理。强调要加强校园网络安全管理，加强高校校园网站联盟建设，加强高校网络信息管理系统建设。特别是随着国家《网络安全法》《数据安全法》《密码法》和《个人信息保护法》的发布，高校网络安全的意识不断增强，网络安全设施和网络安全制度得到了高度的重视。目前，已形成了基本的网络安全体系（图 3）。

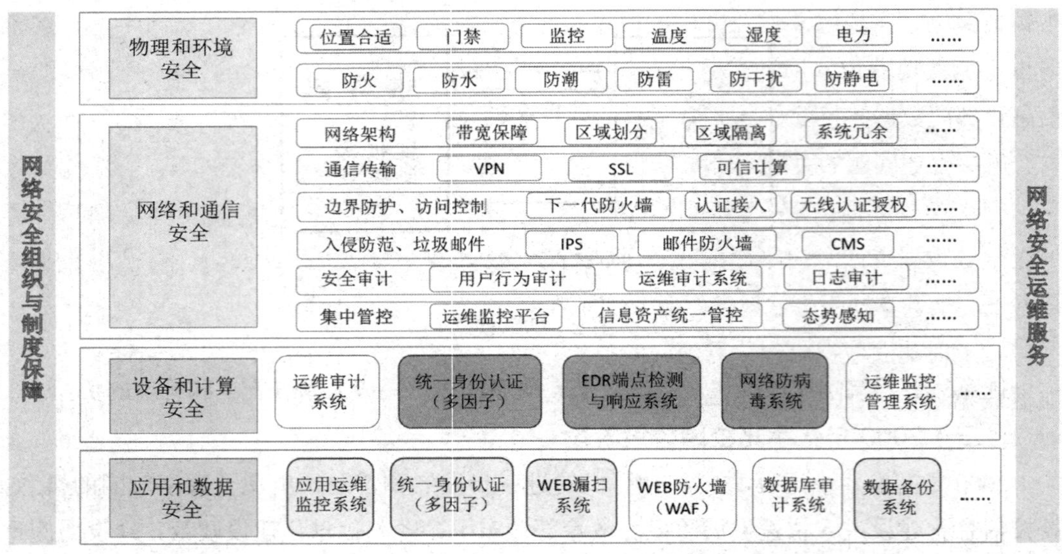


图 3　网络安全体系

2. 平台建设

该阶段，高校先后开发了各种各样的应用系统，包括人事管理、财务管理、教务管理、科研管理等一系列管理信息系统和以身份认证、数据交换、集成门户为特征的数字校园运行管理平台，部分应用列在表 1 中。同时，Internet 的发展导致了信息化应用模式的变革，应用逐渐由 C/S 模式转向浏览器 / 服务器模式（B/S）。

表 1　高校部分应用列表

| | | | |
|---|---|---|---|
| 综合信息服务平台 | 协同办公系统 | 人事管理系统 | 财务管理系统 |
| 一站式服务平台 | 科研系统 | 资产管理系统 | 研究生管理系统 |
| 综合教务管理系统 | 图书管理系统 | 网站群管理系统 | 电子邮件系统 |
| 一卡通管理系统 | 云存储系统 | 公房管理系统 | 大型仪器共享系统 |
| 学工管理系统 | 统一支付平台 | 通信平台 | 无纸化会议系统 |
| 机构知识库系统 | 网络教学平台 | 虚拟仿真实训平台 | 党务教育系统 |
| 会场资源系统 | 留学招生系统 | 低值易耗品平台 | 高校业财一体化平台 |
| 电控充值系统 | 图书馆智能化系统 | 国交处出入境管理系统 | 档案管理系统 |
| 电子虚拟仿真平台 | 毕业生生源采集系统 | 高校教师培训管理系统 | 视频会议系统 |
| …… | …… | …… | …… |

### （四）以数据为核心的建设阶段

1. 数据治理

数据在各行各业的辅助决策和业务驱动作用日益凸显，校园数据作为学校重要资产也应该为学校领导的决策、部门业务协同、师生服务提供有力支撑。但现实是校园数据发挥不了应用的效益：学校领导不能及时拿到支撑决策分析的数据，不能掌握准确的基本校情数据，需要时要有关部门临时统计，但统计来源不一致，往往结果不一致。各部门也不能便捷获取，同样的数据每年要多次重复统计，信息化带来的便捷感受不明显。信息化部门数据共享困难，维护成本高，不知从何处下手。

解决上述问题的关键是要对高校的各项数据进行数据治理。

（1）学校数据治理工作对加快完善学校“人、财、物”和“教学、科研、管理”等校级全域数据资产，解决数据标准不统一、业务数据不完整、数据接口不完善、数据质量差、交换共享缺失等问题具有重要的治理意义；

（2）对建立数据生产、存储、监控、完善、应用的生态化长效机制，盘活数据资产，挖掘数据价值，加快推进以数据为支撑的“互联网 + 校务服务”建设具有重要的实践意义；

（3）对构建满足学校教学、科研、管理与服务要求的开放性、协同化运行支撑环境具有重要的保障和促进意义。

通过数据治理，破解制约学校信息化发展的瓶颈问题，解决“数据缺失、不规范、不准确、共享难、价值难发挥”等问题。图 4 提供了一种数据治理框架。

图 4　数据治理架构图

2. 数据应用建设

通过数据治理，切实提高学校数据资产的质量和覆盖范围，保障各类数据能够充分共享、安全使用，依托数据治理成果，结合高校教学、科研、管理、服务等各类场景开展数据应用建设。

（1）师生个人数字档案。

基于学校数据中心、校内现有的业务系统的数据，建立以个人数据为中心的数字档案，提供个人综合信息查询、数据纠错补录和部分数据填报业务的实现，解决“查数据烦、用数据难、重复填表”几大核心痛点。

（2）智慧思政建设。

在学校管理工作中，让数据发挥价值，既可以全面掌握学生的学习及思想动态，为其提供精准的、更具针对性、个性化的教育，又可以帮助管理人员制定更加科学、合理的制度，提升高校的管理水平，服务学生精细化管理。

学业预警：将学生上课考勤数据、图书借阅数据、进出图书馆数据、期中考试成绩、先修课程成绩等数据，结合学业预警的智能算法，对学生的学业进行精确预警。

经济预警：将学生在校一卡通消费数据、学生所在地困难认定数据、突发事件等数据，结合经济预警的智能算法，对学生进行经济预警。例如：通过数据治理平台分析学生的一卡通消费情况，根据学生的消费信息和消费习惯来分析和掌握学生的实际家庭状况，在资助学生的过程中更加公平合理。

（3）个性化教学。

通过数据治理可以更加深入地了解学生的发展情况，实施学生从入学到毕业的数据全生命周期管理。例如：通过学生的选课情况就可以了解学生的学习喜好，从而可以按照个性化发展需求对学生的学习计划与课程进行合理安排。个性化学习能够助力教育由“千篇一律”到“千人千面”的转变，真正实现“因材施教”。

（4）办学指标监测。

对数据进行可视化分析和深入挖掘，获取的结果可以作为领导决策的依据。对于高校管理人员，对获取的数据进行分析和整合，并提出精准预测。例如：通过大数据分析对比往年的招生情况、线上咨询等信息，预测未来各地市的招生情况，制订招生计划；通过对往届学生的就业去向数据进行分析，提供专业的就业指导和科学干预，切实提高了就业率。

（5）舆情分析。

校园舆情的监控是非常重要的，可以在一定程度上影响校园的稳定性。校园舆情数据来源广泛且多样化，包括：微信、微博、QQ 以及论坛等多种形式。而大数据技术可以根据学生在校园舆情平台上的动向来收集和了解学生的实际情况，经过数据处理与加工后，可以形成准确的舆论导向。通过分析学生的心理动态、信息需求，借此加强舆情预测，避免不良的个体行为或情绪影响到群体，及时保护学生不受侵害，提升校园舆情管理水平。

（7）资源整合。

高校信息化建设如果缺乏科学设计、整体管控，“信息孤岛”会演变为“数据孤岛”。构建现代高校信息资源大数据平台，统一数据标准及规范，实现教育数据共享交换，连通各类教育信息系统，消除“数据孤岛”，让数据多跑路，让师生少跑腿，助力教育治理能力提升。

## 三、高校教育信息化的发展趋势

### （一）5G+ 融合校园网络

教育信息化正在逐步迈向教育信息化 2.0 时代，基于 5G 打造的网络将有助于为学校构建完整、集约、统一的网络服务，实现数据共享与安全存储，提升校园信息化管理运维效能，助推 5G 与教育行业深度融合。5G+ 融合校园网是以云网融合为核心，充分利用 5G 网络设施的性能，将有线无线深度融合统一。以光纤到终端的局域有线网 +5G 无线网络 + 传感器网络融合的校园网络将会成为校园网络发展的一种趋势。

1. 光网络

光网络作为校园网的主干网络，实现光纤到教室、实验室、办公室等场所，实现高速有线局域网。

2.5G 无线网络

5G 无线网络以高速率、低延迟、大容量实现众多移动终端的接入，在高校有较多的应用场景。例如：考虑高校餐厅应用场景，目前对于上万人就餐的学生餐厅很少完全实现刷脸支付。而对于几百、几千人的就餐场所，刷脸支付就成为常态。其主要原因就是网络及人脸识别速度问题，因处理效率较慢，会造成学生买饭拥挤状态。当校园 5G 网络开通后，就可能解决这个问题。

3. 融合校园网的传感器网络

融合校园网的传感器网络为各种智能应用提供数据采集，实现身份的智能识别与管理，教室和教学设备、实验室和实验设备、图书馆和图书借还的智能监控与管理，智能安防与浴室水房的智能管控以及食堂就餐等消费的智能管理等，为师生的学习、工作、生活提供安全便捷高效的智能化服务，极大地方便广大师生的日常生活及教学科研等活动，提高生活质量和工作效率。

在高校校园网中通常使用的是射频识别技术，即 RFID，实现各方面的智能化管理。例如：通过将存储有个人基本信息和个人资料信息的 RFID 电子标签与手机卡绑定在一起，就能直接用手机刷卡实现身份的自动识别和智能消费，通常用于校门进出、日常考勤等，智能消费包括食堂、水房、超市等的消费。

### （二）新一代智能数据中心建设

高校智慧校园将是一个庞大的复杂系统，在建设智慧校园的过程中，不得不考虑基础设施与软硬件的投入与运行成本、数据运行的效率及安全、数据存储的便利及可靠等一系列问题。云计算最显著的特点是具有超强的计算能力和存储能力，同时还具有高可靠性、通用性、可扩展性和按需服务等一系列特点。计算环境承载着校园种类繁多的应用，是教育信息化的心脏，目前基本上是由学校自建的私有云承载着计算服务。

1. 高校数据中心计算环境

高校计算环境有不同的选择方式。

（1）高校自建私有云平台。

这是目前的主流服务方式。为了深化信息技术与教育教学、管理、师生服务等的融合，高校都已经建立了各自的数据中心，形成了自己的私有云资源，实现了高校内部计算资源的共享。随着各个院系计算资源的不断增加，数据中心的管理也越来越复杂。为了保持各自数据中心 24 小时的不间断运行，需要不断地投入人力、物力、财力，不断地维修更换设备、更新技术，消除各种安全隐患（如火灾、网络入侵、数据安全、电力故障等），以便提供安全、稳定、可靠的服务。

这种方式的效能分析较难做出，而社会化服务是下一步的方向。目前，政府已经启动资源共享策略，无特殊需求禁止建立私有的、各自的数据中心。利用共享的数据中心或社会公有云服务，将硬件的运行维护交给了社会服务机构，实现专业的人干专业的事。

（2）私有云 + 公有云形成混合云用服务模式。

高校利用自有的私有云和公有云资源为师生服务。如计算服务本地化，而备份、容灾机制公有云化。

（3）公有云服务。

逐步将私有云上的计算迁移到公有云上，学校将不再建立数据中心，不再承载计算环境的运维代价，包括人力和物力，类似于政府的运行模式，以购买服务的方式维护学校信息化应用的运行。

2. 高校数据中心公有云化问题

高校的数据中心是否可以利用社会化服务，将其迁移到公有云上？让社会资源提供安全、稳定、高效的服务，解放校内的信息化维护人员，让其干更专业的事，这是一个值得研究的问题。高校内部的信息化基础设施是复杂的，可以分为网络基础设施、计算资源基础设施、安全保证基础设施和各种各样的终端设备。而高校内部信息技术使用方式也多种多样，有实时性要求较高的校园卡、视频教学等服务，有数据安全要求较高的学籍管理等服务，更有各种视频直播等任务，也有各种各样的大流量浏览、下载需求等。

因此，基于公有云设施和网络性能分析，厘清高校内部的信息化业务需求和性能需求，包括计算、内存、并发、网络等性能指标。基于不同业务的性能要求，提出高校信息化基础设施迁移公有云的策略，指导高校信息化基础设施从私有云向社会公有云或混合云迁移。能否进行迁移，需要评价如下两个问题：

（1）功能性问题。

也就是说迁移到公有云上能否保障学校各项应用的顺利开展，学校的信息化应用种类繁多，需要对每一个应用进行评估，决定是否可以迁移到公有云服务。这涉及应用计算资源需求、网络带宽需求、并发控制需求、安全需求等方方面面，需要建立一个评价指标体系。

（2）性价比问题。

在功能性问题的基础上，要综合分析私有云和公有云的性价比问题，如果公有云的运行成本高于各自私有云的运行成本，那就没有迁移的必要了。同时，还应考虑安全性等问题。因此，需要对每一个应用进行深入的分析、评价。

### （三）服务智能化

大数据在支持适应性教学、个性化学习、科学评估和精确管理等方面，具有其他技术无法替代的优势；云计算在实现跨时空、跨地区的海量优质教育资源共建与共享，促进区域教育均衡发展方面具有独一无二的特点；人工智能（AI），包括了知识工程、专家系统、语音识别、视频识别、语义分析、情感计算、虚拟现实（VR）、增强现实（AR）等众多领域的先进智能技术。因此，智能化应用在高校中有众多的应用场景。

#### 1. 智慧课堂

通过在线优质教育资源的推送、课堂上平板电脑的使用、课后在线自主学习、评测与分析，实现更高效的师生双向互动，促进学生主动式、协作式、研究型的学习。通过AI技术对师生的课堂学习行为进行分析，帮助教师知晓课堂整体教学成效，为优化课堂教学提供数据支持，为校领导辅助教学决策提供依据。为一线教师、广大学生构建学习、交流、分享的网络空间，通过教育信息化促进教学方式与学习方式的变革。

（1）互动课堂。

5G直播互动教学提供直播课堂管理和高清视频直播功能，实现一对多的课堂直播教学。授课和听课教室的老师可以通过部署在云上的课程管理平台，进行课程排课和预约，同时提供课件上传和下载功能，方便课程管理和准备。直播课程开始后，老师可以通过智慧终端进行播控管理，利用5G大带宽特性，实现多地课堂同步上课。

（2）虚拟现实教学与增强现实课堂。

虚拟现实技术（VR）与增强现实技术（AR）是多学科进行交叉、融合的产物，也是高校教育信息化建设与应用的又一重要技术。虚拟现实技术可以提供多维交互体验的服务需求，从而营造出真实感的沉浸式学习体验；增强现实技术，可以提供知识具象化的服务需求，构建 AR 场景，将抽象的知识对象进行立体生动讲解，提升学生的学习兴趣并促进学生对知识的深入理解与掌握。由虚拟现实技术构建起的情境一般是真实的或逼近真实的三维虚拟情境，用户能够在三维的虚拟情境中发生交互行为，从而产生对现实生活新的认知。

2. 平安校园

立足于学校安全管理需求，以 5G 专网为基础设施，以人、车为中心，通过技防、人防、物防等多种手段，对校园建设进行智能化升级，实现校园安全事件做到事前有预警、事中能控制、事后可追溯，为师生营造安全、放心的学习生活环境。

例如，校园安防通过人脸识别、活体检测、人脸搜索及人脸对比等技术，建设智能校园安保系统，有效增强校园安全系数，预防校园治安案件发生。再如，结合生物识别技术、热成像测温技术、视频智能分析等技术手段，围绕“高精度、高效率，低成本，灵活布控、安全可靠”几个方面，实现“有效预防、及时控制和消除突发公共卫生事件及其危害”的目的。

3. 智慧管理

（1）教师队伍。

基于教师教学综合评价系统，可依据教师的课前、课中、课后等客观教学数据，以及机器学习、深度神经网络等人工智能技术，改善人工评价、教学督导评价不够客观的缺点，为教学督导、职称评审等教学活动提供有力支撑。

利用数据治理平台和智能化技术，可以分析、评估各项教师、专业数据，例如紧缺的专业和学科人才，从而为教师招聘、教师培养提供相应的方向指导。同时，在人工智能技术的支持下，学校可以为每位教师提供教学能力评估报告，使教师对自己擅长和不擅长的教学要求有更清晰的认知，帮助教师取长补短，促进高校整体教师队伍的持续优化。

（2）学生管理。

人工智能技术可以用于学生管理，主要体现在对学生信息、学生行为的管理方面。通过对学生信息的采集、录入、管理和使用等环节，实现餐厅、宿舍、图书馆、体育场等场所的身份信息进行自动识别、验证，从而提高服务的效率和精准度，实现食宿管理的高效化和安全管理的自动化。

（3）财务管理。

数据监控。人工智能技术为财务部门进行 24 小时不间断的精确财务数据收集、审核提供强大的技术支持，极大地提高了高校财务信息处理的效率和效果。同时，能够对资金流量、使用情况和使用频率进行监督，深入挖掘并分析财务数据，提升从财务数据中对问题数据的发现能力，规避财务风险。

财务报销管理。人工智能技术实现了财务报销全流程的自动化管理，利用信息化平台与计算机软件可自动办理财务报销业务，从报销凭证的信息识别到最终的财务资金出纳，全程由信息化系统进行操作，实现财务报销的高效审核与电子化操作，以及财务报销流程的规范化、信息化、透明化，实现数据追溯，防止信息丢失。

4. 智慧服务

（1）智能问答机器人。

智能问答机器人是在人工智能的语言识别、语义分析、自然语言处理、知识图谱等方面进行深入的发掘与开发，通过对问题描述中的句式、词语的分析，来进行智能解答。将人工智能的问题解决平台接入校内的各业务域，任何时间、任何地点、任何终端的条件下，当师生有了疑问和问题，通过智能问答的方式，让师生自动获得官方的准确解答。

（2）慕课。

慕课的出现，使得优质教育资源共享更方便、更高效。慕课采用课堂讲授、在线讨论、随堂测验、自我管理学习进程等形式多样的互动，形成了“以学生为中心”的教学模式。这种“以学生为中心”的教学模式课堂氛围轻松活泼，更能激起学生的学习主动性和创新性，提高学习效果。

（3）智能化的网络考试评价系统。

题库和网络考试评价系统的有机组合，可实现数字化智能组卷，无纸化上机考试，系统自动阅卷和成绩分析、评价等功能。这种组合方式既节约了组织考试的成本，又保证了考试成绩的客观性和对考生的公平。利用智能化技术可以对学生学习全过程做出综合性的评价，会有效地激发学生学习的主动性、积极性和自我管理能力，达到更加理想的教学效果。

## 四、总结

在党的领导下，特别是改革开放以来，教育信息化快速发展，为我国教育现代化的发展做出了重要贡献。在一些领域，如校园移动支付、智能应用领域已经走到世界前列。2021 年既是“十四五”开局之年，也是新时代教育信息化开启新征程之年。利用新一代信息技术提升教育管理数字化、网络化、智能化水平，推动教育决策由经验驱动向数据驱动转变、教育服务由被动响应向主动服务转变，这是任重道远的任务。教育信息化迈向 2.0 时代必将引发教育的系统性、整体性、协同性和颠覆性变革，为教育信息化发展创造了前所未有的战略机遇。随着教育信息化改革的深入，我们相信中国教育信息化必将引领世界教育发展的趋势。

# 教育数字化战略对民族地区教育优质均衡的影响研究

江凤娟[①]

**摘　要：**教育数字化战略是民族地区教育事业发展的重要组成部分。采用民族地区49个自治县的数据为基础，基于结构方程分析民族地区教育数字化对教育优质均衡发展的影响，同时探讨民族地区教育数字化投入对教育均衡的门槛效应。实证结果表明：教育数字化发展水平对县域教育优质均衡发展有显著的正向影响，且存在单门槛效应；人口规模、地理区域、组织保障、国家政策、上级考核和平行竞争对教育数字化也产生了显著正向影响，而机制保障、政策环境和平行采纳并没有产生显著影响。鉴于此，在积极推动教育数字化发展的时候，综合考虑基础设施建设以及数字化应用范围和程度，避免存在资源浪费却无法推动教育优质均衡地发展。

**关键词：**教育数字化战略；教育优质均衡；民族地区

## 一、研究背景

民族地区义务教育优质均衡是我国教育事业的重要组成部分和攻坚难点。中国少数民族1亿以上的人口以“大散居、小聚居、交错杂居”的方式居住在广袤的土地上。尤其是中国西部的民族聚集区，由于地理空间禀赋资源不足，教育要素配置效率低下等原因，成为我国推动教育优质均衡发展的一个短板。2022年3月，习近平总书记在关于教育的重要论述中指出，“推动义务教育优质均衡发展和城乡一体化，着力补齐教育短板”。民族地区的教育优质均衡成为当前公共教育发展和实现教育公平的关键，也是促进民族地区人民美好生活实现的重要内容（江凤娟，2021）。新时代背景下我国义务教育优质均衡问题整体呈现出地域性、多层次和多样性的特征，而教育数字化凭借跨时空、零成本复制、支持个性差异等优势成为促进教育优质均衡的重要手段（刘名卓，郭赛，2020）。

当前，信息技术应用于教育已经从教育信息化策略迈入教育数字化战略的时代。2022年3月，教育部怀进鹏部长强调，“围绕激发教育创新活力和潜能，实施国家教育

① 江凤娟，中央民族大学教育学院副院长，教授。

数字化战略行动”。进入中国特色社会主义发展新时期，加速推进技术深度融合于教育教学，教育数字化成为推动教育创新发展的重要内生动力，加快推进育人模式的本质创新与升级转型（郑永和，周丹华，熊建辉，等，2022）。“教育数字化转型”是当前教育战略发展和改革创新的热点，也是未来教育创新变革的发展（Aldhafeeri，F.M.，Alotaibi，2022）。随着云计算、人工智能与区块链等新一代数字技术的发展与应用，以数字驱动变革与发展已经成了世界性的主题（祝智庭，2021）。2020 年 9 月，联合国教科文组织、国际电信联盟和联合国儿童基金会联合发布了《教育数字化转型：学校联通，学生赋能》，关注教育的数字化连通。欧盟（European Commission，2021）发布了《数字教育行动计划（2021—2027 年）》，明确了欧盟层面未来需要推进“促进高性能的数字教育生态系统的发展”和“提高数字技能和能力以实现数字化转型”两大战略事项（Area M.，Adell J.，2021）。2022 年 2 月 8 日，教育部发布《教育部基础教育司 2022 年工作要点》共提出四大项 14 小项要点，其中重点要求深化信息技术应用改革，实施基础教育数字化战略行动，注重需求牵引，深化融合应用，赋能提质增效。可见，数字化是当前教育改革与发展的核心议题，教育数字化战略行动成为国际教育改革的重点和趋势，已经是一个不争的事实。

通过教育数字化促进民族地区教育优质均衡是近年来教育公平和教育质量的一个重要话题。当前发展到教育数字化时代，新媒体应用正在引发更大的信息社会不公平问题（朱莎，杨浩，冯琳，等，2017），数字鸿沟问题不仅不会消失，甚至呈现逐渐扩大的趋势（Haight M，2014）。改革开放以来，民族地区利用信息技术助力教育经历起步探索、稳步建设、加速发展以及变革重构等四个演进历程，当前正处于创新全面发展、融合共建生态的关键阶段（刘军，罗雯，张芥，2018）。在教育信息化时代，党和国家非常重视民族地区教育的发展，如《教育信息化 2.0 行动计划》将民族地区教育信息化作为教育现代化的重要任务。民族地区的教育数字化是全国教育现代化和质量体系中的薄弱环节和瓶颈，这与民族地区“穷财政大教育”的基本矛盾直接相关。党的十八大报告、十九大报告均指出要合理向民族地区倾斜教育资源，体现出国家对民族教育工作的高度重视。特别是随着乡村振兴战略规划的实施，民族地区对人才需求的异质性和多样性增强，民族地区的教育数字化更是面临更多的不确定因素。民族地区应精准抓住教育数字化这把“利刃”，把握机遇、顺势而为是当前教育发展之要。

然而，当前关于民族地区教育数字化的研究多停留在传统信息化过程及成效的案例分析，从教育优质均衡的视角进行系统研究还是一个薄弱环节。对民族地区教育数字化的讨论和评估多从数字资源、数字化教学或教师等微观视角出发，将教育发展水平视为既定的研究背景，较少对教育优质均衡的发展进行回应和分析。只有全面了解教育数字化作用于民族地区义务教育的过程，探究其应用于教育优质均衡的内在作用机制，才可能在对民族地区教育数字化的制度环境“准确把脉”的基础上进行宏观设计，并结合乡村振兴战略规划，提出针对性的建议和策略。

基于此，本文以2010—2020年中国少数民族49个自治县面板数据为基础，研究教育数字化与义务教育优质均衡直接的动态影响关系。并借助门槛效应模型，考察教育数字化与教育优质均衡之间是否存在门槛效应和门槛值，并根据门槛效应模型的结果分组，考察教育数字化对教育优质均衡的异质性影响，以期为民族地区促进教育优质均衡过程中如何发挥教育数字化的价值提供决策参考。

## 二、文献综述

### （一）教育数字化发展阶段和特征

随着数字技术的不断发展，近年来世界很多国家都把教育数字化列入战略规划。教育数字化是教育信息化的发展新阶段，技术的更新促进了教育数字转型升级（Cox M.J.，Niederhauser D.S.，2013）。美国高等教育信息化协会（EDUCAUSE）将数字化转型定义为“通过文化、劳动力和技术深入而协调一致的转变，优化和转变机构运营、战略方向和价值主张的过程”（Christopher，2020）。教育数字化转型是建立在数字化转换（从模拟格式到数字格式的转变）、数字化升级（利用数字技术和信息改变组织的运作过程）基础上的转型，指向系统化的发展（Lee T.，Rice S，2014）。教育数字化转型指的是将数字技术整合到教育领域的各个层面，推动教育组织转变教学范式、组织架构、教学过程、评价方式等全方位的创新与变革，从供给驱动变为需求驱动，实现教育优质公平与支持终身学习，从而形成具有开放性、适应性、柔韧性、永续性的良好教育生态（祝智庭，2022）。

如今，技术革新已经渗透在每个生产要素中，成为现实生产力。特别是人工智能、云计算、大数据、虚拟现实、5G和区块链等新一代数字技术的发展和应用，对教育产生了颠覆性的影响（Maity S.，Sahu T.N.，Sen N.，2020）。使用数字技术来建立新的教育服务、实施新方法或形成新模式，超越了传统界限和发展格局。例如，互联网拓展了教育的时空结构，可实现同步混合课堂、异步远程学习、跨时空跨群体交流互动（Cruz-Porter，Annie，2016）。因此，数字技术对教育具有革命性的影响（Tang H.，2021），技术本身的功能价值及其对教育具有革命性影响的预见性，推动着教育事业发展的转型实践。

教育数字化作为促进教育发展的战略规划，非常注重技术应用的更新迭代。如自1996年起，美国每五年出台一次国家教育技术规划（National Education Technology Plan，NETP），为美国信息技术教育变革和发展提供了政策保障（Demartini，C.G.，等，2020）。日本在教育信息化和数字化建设中也取得了显著成效，早在20世纪80年代初信息化教育就成为基本国策的内容（Morohin W.，Rubanovskis A，2013）。于2001年、2004年、2009年分别提出了“E-Japan”“U-Japan”和“I-Japan”三大国家信息化战略。韩国在

1997 年发布了第一个教育信息化发展规划（Master Plan on ICT Use in Education），此后每隔五年发布一次教育信息化发展规划。新加坡在 20 世纪 70 年代末就明确了信息技术在推动国家经济发展上的巨大潜力，在 1980 年制定了第一个国家信息化战略规划。新加坡教育部于 1997 年发布了为期五年的教育信息化一期发展规划（Master Plan 1，MP1），随后在 2003 年、2008 年、2015 年发布了教育信息化二期、三期、四期发展规划。英国政府一直将教育信息化视作教育改革的核心，1998—2010 年期间，由专门机构英国教育传播与技术管理局（BECTA）负责英国教育信息化的政策制定和实施。由此可见，世界各教育强国都非常注重信息技术在教育中的创新应用，并通过制定教育信息化战略规划和教育改革政策，经历了从教育信息化向教育智能化、教育智慧化等数字转型升级的发展。

我国也一直注重信息技术在教育教学中的应用和更新升级。从政策文件发展历程得知，我国教育信息化起源于 20 世纪 90 年代末。从已有的研究综述可见，有研究者把改革开放作为信息化起点（顾小清，2018；黄荣怀，2018），或者把党的十九大作为教育信息化 1.0 和 2.0 的分水岭（雷朝滋，2018）。也有研究者根据信息化发展的特征和重点内容，将其划分为前教育信息化阶段（1978—1999 年）、教育信息化 1.0 阶段（2000—2018 年）和教育信息化 2.0 阶段（2018 年之后）（黄荣怀，2018）。近年来，我国政府发布了一系列政策文件，例如《中国教育现代化 2035 规划》《教育信息化 2.0 行动计划》，对教育数字化转型起着主导推动作用，为教育数字化转型提供了战略性方向。

在前教育信息化阶段，在教育中主要应用广播、电视，同时开始重视计算机在教育教学中的实践。在教育信息化 1.0 阶段，信息技术的应用体现出媒体化、网络化的特征，注重教学资源公共服务平台和服务体系的建设。在教育信息化 2.0 阶段，我国教育信息化事业实现了前所未有的快速发展和更新升级。尤其是在基础设施建设方面，数字化、智能化环境从无到有，成果显著。“互联网 +”“智能化”“人工智能”“大数据”等成为应用的重点技术，更加注重信息技术对教育质量的价值和影响。

从信息技术应用于教育领域的发展来看，技术的更新迭代推动了教育结构、教育形态和学习方式等教育要素的变革，呈现出数字化、在线化、终身化的特征（Hartong，S.，2019），其最终表现形态是服务—提供教育和社会的公共服务。因此，教育数字化不只关注数字化本身，还需要对服务的义务教育优质均衡和教育质量进行科学的评测，为进一步推动文明进步和社会创新提供实证基础。

### （二）教育优质均衡发展检测研究

2017 年教育部修订出台新的《县域义务教育优质均衡发展督导评估暂行办法》，明确根本目的是“整体提高义务教育标准化建设水平和教育质量，加快我国义务教育从基本均衡走向优质均衡”。截至 2019 年 3 月，全国累计通过督导评估的县数量已达 2717 个，占全国总县数的 92.7%，16 个省（区、市）整体通过认定。2019 年《中共中央　国务院关于深化教育教学改革全面提高义务教育质量的意见》明确指出，“促进县域义务教育从基本均衡向优质均衡发展”。促进义务教育优质均衡发展工作不仅时间紧迫，还对学校教育质量提出了更高要求。

义务教育优质均衡发展评价体系是评判教育优质均衡发展程度的主要依据，只有构建出全面、有层次的评价指标，才有可能真实地反映教育优质均衡发展的状况，从而进一步指导教育活动的有效开展。2010 年，国家教育督导团办公室在义务教育均衡督导评估试点工作中，提出了均衡督导评估指标，包括教育经费、办学条件、教师队伍、生源、教学管理 5 个维度 10 个指标。有的学者则借鉴国外尤其是欧盟的教育制度公平测度指标体系的经验，构建了一个包括人力资源、物力资源、财力资源和教育资源配置公平的指标体系，包括 4 个一级指标和 25 个二级指标（沈有禄，谯欣怡，2009）。2012 年教育部颁布了《县域义务教育均衡发展督导评估暂行办法》，用来评估义务教育校际均衡状况。也有学者提出从环境均衡度、城乡均衡度和结果均衡度三个维度出发，建构县域义务教育均衡发展指标体系（于发友，赵慧玲，赵承福，2011）；有的学者则围绕教师资源均衡度、生源均衡度和保障系统均衡度三个方面，设计了一套表征县域义务教育全过程的指标体系（董世华，范先佐，2011）。也有学者提倡建立义务教育县域内校际均衡评价指标体系，分别为入学机会或入学规则均衡指标、教育投入中资源配置均衡指标和教育质量或教育结果指标（王善迈，董俊燕，赵佳音，2013）；也有学者确定区域内义务教育均衡发展的假设指标，主要包括两类：体现政府职责的指标和体现教育发展水平的指标，其中前者包括教育经费、教育设施和教师队伍，后者包括学校管理和教育效果（薛二勇，2013）。

而对于教育优质均衡发展水平的计算方法也有多种，常用的有基尼系数、泰尔指数和差异系数等，不同计算方法有着不同的适用范围。基尼系数是 1912 年由意大利统计学家基尼（Corrado Gini）提出，用于分析收入分配的差距，后来引入教育领域，主要分为以受教育年限为数据计算教育基尼系数（翟博，2006）和以教育经费投入为数据计算基尼系数（傅禄建，汤林春，2013）。基尼系数能充分体现地区义务教育均衡的差异性，但其计算量较大、数据要求较高。泰尔指数最早是由荷兰著名经济学家泰尔（H.Theil）用来评判个人与地区间的收入差异指标，指数越大表明数据差异程度越大，反之越小。泰尔指数的特性在于它的可分解性，可分别考察子群内差距和子群间差距对总体差距的贡献率。差异系数又称变差系数、离散系数，是一组数据的标准差与其平均数之比，是测算数据离散程度的相对指标，运用较前两个指标更为广泛（中国教科院，2018）。在差异系数的基础上，也有研究者从工具理性和价值理性的角度，设计了义务教育均衡发展双向判断表（司晓宏，樊莲花，2020）（表 1）。

**表 1　义务教育均衡发展双向判断表**

| 义务教育均衡判断双向维度 | | 价值判断 | |
|---|---|---|---|
| | | 均衡 | 不均衡 |
| 事实判断 | 均衡 | A（真 – 真） | B（真 – 假） |
| | 不均衡 | C（假 – 真） | D（假 – 假） |

从学界研究看，对义务教育优质均衡发展监测的研究多聚焦于操作层面的主体构成、指标设置、方法选择以及结果使用等方面。在监测主体层面，有学者认为，应实施多元监测主体，探索并加强教育督导部门与相关研究机构的合作，监测活动可以在政府部门进行宏观调控和组织下，将某些需具备较强专业性和客观性的工作委托给社会第三方进行，赋予其监督和评价学校的权力，并充分关注社会公众的意见，以保障监测程序的公正和监测数据的真实性（尤莉，2016）。在指标设置方面，有学者从输入变量、生产变量、产出变量和独立变量维度，构建了表征教育资源和教育产出变量关系的公平测度指标体系（Houck，E.A.，2012）。也有学者从教师资源、生源，以及保障系统三个维度出发，设计了一套涵盖生源数量等 15 个一级指标、72 个二级指标和 64 个三级指标在内的县域义务教育均衡发展监测指标矩阵（董世华，范先佐，2011）。在监测方法科学性上，有学者认为，对监测指标的筛选与权重确定，应参考相关系数法的分析结果，采用主成分分析法剔除双负荷指标（任春荣，2011）。关于监测结果的研究主要集中在监测效能如何实现方面，有学者分析认为，应建立一套义务教育均衡发展预警机制，既可以对我国义务教育均衡发展总体态势进行警报演示，同时也可以对已制定实施的政策措施效果进行追踪评估，从而为各级教育行政部门的及时反馈调整提供切实可行的参考依据（薛海平，2013）。

此外，还有学者从制度变迁和政策选择的视角，提出我国义务教育监测制度经历了以“普九”验收为主的制度萌芽、以学界研究和地方摸索为主的制度探索、以差异系数模拟计算为手段的基本均衡监测和以内涵质量为目标的优质均衡监测四个阶段（杨令平，2018）。总结上述观点，可以发现，一方面，当前学界对义务教育优质均衡发展监测的研究尚不充分且未形成比较统一成熟的理论；另一方面，现有的研究多是基于最大限度发挥监测工具性功能视角的分析，而对优质均衡发展监测活动价值性功能的关注度明显不足（司晓宏，2020）。

与义务教育发展基本均衡的要求相比，优质均衡的新要求体现在“三新一重”上。一是新指标，即在基本均衡发展评估指标基础上，增加了一些新的指标，如骨干教师配备、网络多媒体教室配备、设施设备利用率、校园文化建设、课程开齐开足率、国家义务教育质量监测相关科目学生学业水平等；二是新标准，进一步提高小学、初中综合差异系数标准，分别由原来的 0.65、0.55 提高到 0.50、0.45，其他各项指标要求也有所提高；三是新方法，在学校资源配置的指标上，要求各项指标的校际差异系数和各项指标的水平值均要达标，体现“高水平、高均衡”的两维要求。同时在水平值的评估中，要求县域内“校校达标”，体现“办好每一所学校”的优质均衡发展导向；四是重质量，将“教育质量”作为一个独立部分设计了9项指标，加重了质量评估权重。同时，在资源配置、政府保障两个部分，在选取指标时，也都是强调了与提高质量、促进学生全面发展的相关性。特别是采用了义务教育质量监测指标，强化指标体系对学生综合素质发展水平的关注，提高质量评估权重和权威性。本研究将采用这种计算方式来表示县域教育优质均衡的发展水平。

## 三、数据选择和模型设定

### （一）变量设计

被解释变量为民族地区自治县的义务教育均衡发展水平。主要计算县域的教育差异程度，差异程度越大，均衡水平越低。主要采用了县域义务教育的差异系数标准，小学为0.50，初中为0.45，即为教育优质均衡水平。

解释变量为教育数字化发展水平。主要采用教育部科技司关于教育数字化评估的评价指标。

中介变量包括教育数字化投入、人口规模、平均受教育年限、经济发展程度、政府支持程度。其实教育数字化投入主要采用学校产权资产统计的固定资产值与当年人口数的比值（万元/人），即人均固定资产值，反映教育数字化投入水平的高低。

### （二）数据来源

本研究收集了2010—2020年49个民族自治县的教育数字化和教育均衡数据，49个自治县分布在8个民族地区（内蒙古自治区、宁夏回族自治区、新疆维吾尔自治区、西藏自治区和广西壮族自治区五大少数民族自治区和少数民族分布集中的贵州、云南和青海三省）。教育数字化发展数据、教育均衡数据均来自各县教育局发布的工作报告、教育部义务教育均衡发展督导评估小组发布的统计报告。

### （三）模型设定

本文以县域教育优质均衡为被解释变量，以教育数字化为解释变量。将反映区域个性化特征的组织保障、机制保障、政策环境、经济基础、数字化发展水平作为中介变量。组织保障，如有专门负责数字化的部分赋值为1，否则为0；机制保障，将网站建设和管理相关的政策文件的数量作为保障力度，类型为连续变量；政策环境，分为国家级和区域级教育数字化政策，国家级赋值为1，区域等级赋值为2；经济基础，主要用人均GDP进行衡量；数字化发展水平，主要统计人均基础设施（网络、多媒体、电脑、一体机等）达标分数。同时将人口规模和地理区域作为干扰变量。具体如下：

$$Y_{it}=\beta_0+\beta_1 U_{it}+\Sigma\alpha_i X_{it}+\eta_i+\varepsilon_{it}$$

$i$ 和 $t$ 分别表示县域和年份；$Y_{it}$ 为结果变量，用县域教育优质均衡的对数表示；$U_{it}$ 是核心解释变量，代表各县教育数字化发展水平；$X_{it}$ 代表一系列控制变量；$\beta$ 为核心变量影响系数，$\alpha_i$ 为其他控制变量影响系数；$\eta_i$ 代表县域的固定效应；$\varepsilon_{it}$ 为残差项。考虑到上一年的教育均衡水平对第二年产生的影响，因此，在解释变量中引入被解释变量的一阶滞后项。

此外，参照已有文献以及门槛模型的设计思路（Hansen，1999；Wang，2015；Zhou et al.，2022；陈卓，2022），设计我国教育数字化投入对教育均衡促进作用的门槛回归模型：

$$EIL_{it}=\alpha_0+\beta_1 \ln EII_{it} I（lnPGDP_{it} \leq \gamma）+\beta_2 \ln EII_{it} I（\ln PGDP_{it} > \gamma）+\delta X_{it}+\mu_i+\varepsilon_{it}$$

其中 $\ln EIL_{it}$ 代表门槛依赖变量，$I$ 代表示性函数，$\ln PGDP_{it}$ 代表县域教育数字化水平，$\gamma$ 代表门槛值。本研究依据门槛值将民族地区教育数字化投入分为较高与较低两个层次。形成假设为：

H1：教育均衡与教育数字化发展水平之间存在非线性关系。

H2：教育均衡与教育数字化的相关关系受地区数字化投入水平的影响。

## 四、研究结论

### （一）动态模型回归统计结果

由动态模型的统计结构可见，教育数字化对民族地区教育优质均衡存在显著的非线性影响。结果显示，教育数字化的回归系数为正，并且在 1% 的水平上显著，表明教育数字化对县域教育优质均衡有显著的正向影响。

由回归结果还可知，政策保障对县域教育优质均衡的影响存在显著的时滞效应。当期县域经费投入的回归系数为负，但第二年的教育数字化投入回归系数为正，并且均在 1% 的水平上显著，表明县域教育经费投入对县域教育数字化发展的影响存在时期上的差异性。主要原因在于教育数字化投入并不能产生立竿见影的效果，而且教育拨款通常都要提前一年提出经费预算，由此显示教育经费对教育均衡的影响有显著的滞后性。

其他控制变量的回归结果表明：（1）组织保障对县域教育信息化发展水平有显著的正向影响。建立了专门的信息化管理部门，规范程度越高，县域教育信息化发展水平越高，表明加强组织保障将显著提高县域教育信息化水平，进而提高县域的义务教育均衡发展水平。（2）经济基础对县域教育数字化发展水平有显著的正向影响。表明地区经济发展水平与县域教育数字化存在显著的正向关系，经济快速增长必然带来县域教育数字化发展水平提高。（3）国家政策对县域教育数字化的影响系数为正，并且在 1% 的水平上显著，表明随着国家政策的推动和倡导，县域教育数字化发展水平将呈上升趋势。（4）上级考核对县域教育数字化发展具有显著的正向影响，表明随着管理部门制定的考核标准的规范化和明确化，县域教育数字化发展水平逐渐提升。（5）平行竞争对县域教育数字化有显著的正向影响，相互交流的其他地区教育数字化发展水平越高，对本县域的教育数字化也是一个显著的正向激励。可能是这些区域提供了一个参考标准或者形成了竞争氛围，在某种程度上提升了本县域的教育数字化水平（表2）。

**表2　动态模型的回归分析统计结果**

| 变量 | 模型一 | 模型二 | 模型三 | 模型四 | 模型五 | 模型六 |
|---|---|---|---|---|---|---|
| 人口规模 | 0.902*** | 0.937*** | 1，041*** | 0.561* | 0.302 | 0.0923 |
| | （3.275） | （2.926） | （3.274） | （1.673） | （0.855） | （0.279） |
| 地理区域 | 0.0701*** | 0.0596*** | 0.0694*** | 0.0131 | –0.0128 | –0.0110 |
| | （1.061） | （0，900） | （1.206） | （0.169） | （–0.178） | （–0.126） |
| 组织保障 | | 0.513*** | 0.477*** | 0.380** | 0.336 | 0.244 |
| | | （2.754） | （2.639） | （1.987） | （1.648） | （1.262） |
| 机制保障 | | 0.108 | 0.113* | 0.0926 | 0.0359 | 0.0861 |
| | | （1.469） | （1.735） | （1.326） | （0.489） | （1.208） |
| 政策环境 | | | –0.309 | –0.336 | –00641 | 0.0284 |
| | | | （–1.268） | （–1.478） | （–0.3456 | （0，126） |
| 经济基础 | | | 0.0732*** | –0.000156 | 0.00762 | –0.00283 |
| | | | （2.786） | –000236 | （0.315） | （–0.0894） |
| 国家政策 | | | | | 1.156*** | 1.336*** |
| | | | | | （4.519） | （4.992） |
| 平行采纳 | | | | | 0.311 | 0.222 |
| | | | | | （1.034） | （1.025） |
| 上级考核 | | | | | 0.909*** | 0.986*** |
| | | | | | （3.773） | （4.036） |
| 平行竞争 | | | | | | 0.178*** |
| | | | | | | （4.298） |
| 样本数量 | 1136 | 1136 | 1136 | 1136 | 1136 | 1136 |

## （二）门槛效应统计结果

以教育数字化水平为门槛变量，对存在三门槛、双门槛、单门槛的三种情况进行估计，通过反复抽样与Bootstrap方法得到F统计量和P值，并据此确定模型的门槛个数及形式（表3）。

**表3　门槛效应自抽样检验**

| 模型 | F值 | P值 | BS次数 | 临界值 | | |
|---|---|---|---|---|---|---|
| | | | | 0.01 | 0.05 | 0.10 |
| 单一门槛 | 76.39*** | 0.0000 | 300 | 59.67146 | 37.5643 | 29.3684 |
| 双重门槛 | 18.62 | 0.1756 | 300 | 49.6381 | 35.6712 | 23.5413 |
| 三重门槛 | 8.67 | 0.5691 | 300 | 38.1267 | 26.5943 | 18.3654 |

根据 STATA15.1 软件对该单门槛模型的回归分析结果，教育数字化投入在不同教育数字化水平下均正向促进均衡发展，这种促进效应随教育数字投入的提高而减弱。

当教育数字化处于较低水平，其回归系数为 0.0236，此时增加教育数字化投入对提高教育均衡有显著的促进作用；当教育数字化发展处于较高水平，其回归系数为 0.0119，此时增加教育数字化投入对提高教育均衡的促进作用减弱，且未通过显著性检验，即增加教育数字化投入不能显著影响教育均衡。

**表 4　门槛模型的回归分析**

| | 估计参数 | 标准误差 | T 值 | P 值 | 95% 置信区间 |
|---|---|---|---|---|---|
| IL | 0.0018 | 0.0056 | 0.26 | 0.68 | [-0.0079，0.0182] |
| GINI | -0.0086** | 0.0064 | -2.68 | 0.01 | [-0.0136，-0.0023] |
| EF | -0.0721** | 0.0159 | -3.69 | 0.01 | [-0.0749.-0.0222] |
| InEII（InPGDP<=11.35） | 0.0236*** | 0.0255 | 3.25 | 0.00 | [0.0236，0.1268] |
| InEII（InPGDP>11.35） | 0.0119 | 0.2698 | 0.68 | 0.00 | [-0.0228，0.1612] |

注：***、**、* 分别表示在 1%、5%、10% 的显著性水平下通过检验。

通过模型的回归分析结果显示（表 4），研究假设 H1 与 H2 成立：即教育均衡与教育数字化水平之间并非简单的线性相关关系，而是存在以教育数字化投入为门槛变量的门槛效应。这就意味着，当地区教育数字化投入越过门槛值，增加教育数字化的投入，教育数字化对教育均衡水平提高的作用较弱，这意味着教育数字化水平较高地区更需要关注教育数字化资源的有效应用；当区域教育数字化投入低于门槛值时，增加教育信息化投入能显著提高教育均衡水平。由此可见，一般情况下，教育数字化投入较低地区仍需完善基础教育数字化设施的建设，增加教育数字化投入会取得较为显著的效果。

## 五、讨论和展望

通过对 8 个民族地区 49 个自治县教育数字化和教育优质均衡的影响研究，发现教育数字化确实正向促进教育优质发展，进而促进教育公平。通过动态结构方程的计算，发现人口规模、区域特征、组织保障、国家政策、上级考核和平行竞争均对教育数字化产生正向激励。在此基础上进行了门槛效应的计算，发现当教育数字化投入超过达到 0.0236 的时候，教育数字化投入对教育优质均衡的正向激励明显降低。根据以上结论，得到如下政策启示：

实现教育数字化政策的创新和发展要抓住机遇。结合我国教育数字化发展及其对教育均衡的效应，民族地区经济欠发达地区要结合国家和地区政策配置好数字化资源，并建设好相应的配套设施，增强教育数字化的可得性；加强和东部发达地区的合作，积极推动政策创新，避免出现“数字化马太效应”的现象，争取实现各地区数字化的协调发展。

继续大力发展民族地区教育数字化，全方位推进教育数字化的结构性优化，加强网络环境和网络资源等基础设施的建设，提高义务教育教学和管理的数字化程度。为发挥教育数字化对教育均衡的效应提供有利条件，更好服务民族地区义务教育。规避数字化教育投入的“避重就轻”，抑制数字化资源在教育系统内部的反复流动，引导教育数字化从管理、教学有计划向学习过程倾斜，从“消除差异”到“共同进步”。

积极推动传统教育信息化与现代教育数字化的结合，发挥两者的长处，规避短处，突出教育数字化的功能优势，实现传统义务教育优质均衡，尤其是教学和学习系统的转型和升级。鼓励管理部门更好服务教育优质均衡，政府应出台相关政策，加强企业、政府等对义务教育的产品和技术供给能力，针对教育质量和教育均衡进行相关创新。

教育数字化战略已经融入现代化教育教学的过程之中，但是对教育优质资源均衡和教育公平的驱动和赋能还需要进一步确定和择机调整。本研究关注中国特色的教育数字化推动民族地区义务教育优质均衡的政策过程和政策影响，为中国教育数字化战略发展和政策制定理论研究提供实证数据和资料支撑。只有全面了解教育数字化作用于民族地区义务教育的过程，探究其应用于教育优质均衡的内在作用机制，才可能在对民族地区教育数字化的制度环境“准确把脉”的基础上进行宏观设计，并结合乡村振兴战略规划，提出针对性的建议和策略。

## 参考文献：

[1]陈纯槿，郅庭瑾．我国基础教育信息化均衡发展态势与走向［J］．教育研究，2018，39（08）：129-140.

[2]陈荟，鲁文文．我国民族地区教育均衡发展研究70年［J］．西南大学学报（社会科学版），2019，45（04）：19-28，197.

[3]陈金华．中国县域基础教育信息化发展水平动态测评模型研究［D］．西安：陕西师范大学，2017.

[4]陈丽，郭玉娟，王怀波，等．新时代信息化进程中教育研究问题域框架［J］．现代远程教育研究，2018（01）：8.

[5]成江荣，解月光．农村中小学教育信息化绩效评估指标体系的构建［J］．中国电化教育，2011（02）：47-52.

[6]翟博．教育均衡发展：理论、指标及测算方法［J］．教育研究，2006（03）：16-28.

[7]丁婧．功能层面的教育信息化评价标准研究［D］．南京：南京师范大学，2011：95.

[8]董爱智．河北省区域教育信息化现状评估及其战略规划研究——一个SWOT 分析框架

[J]. 石家庄经济学院学报，2008(04)：72-75.

[9]董世华，范先佐. 我国县域义务教育均衡发展监测指标体系的构建——基于教育学理论的视角[J]. 教育发展研究，2011，31(09)：25-29.

[10]董学敏. 区域基础教育信息化评测及其对教育质量的影响研究[D]. 武汉：华中师范大学，2019.

[11]杜荣贞. 义务教育质量均衡测度及影响机理研究[D]. 北京：北京理工大学，2018.

[12]范福兰，张屹，唐翠兰. 基于C-SWOT的基础教育信息化发展战略模型构建研究[J]. 电化教育研究，2018，39(12)：29-36.

[13]范先佐. 义务教育均衡发展改革的若干反思[J]. 教育研究与实验，2016(03)：1-8.

[14]冯建军. 义务教育优质均衡发展的理论研究[J]. 全球教育展望，2013，42(01)：84-94，61.

[15]冯献，李瑾. 信息化促进乡村振兴的国际经验与借鉴[J]. 科技管理研究，2020，40(03)：174-181.

[16]傅禄建，汤林春. 义务教育均衡发展程度测评：综合教育基尼系数方法[M]. 上海：华东师范大学出版社，2013：126-127.

[17]龚锋，卢洪友，卢盛峰. 城乡义务教育服务非均衡问题研究——基于"投入—产出—受益"三维视角的实证分析[J]. 南方经济，2010(10)：35-48.

[18]顾小清，林阳，祝智庭. 区域教育信息化效益评估模型构建[J]. 中国电化教育，2007(05)：23-27.

[19]郭清扬，卢同庆. 办学体制改革与义务教育均衡发展[J]. 华中师范大学学报(人文社会科学版)，2017，56(03)：161-169.

[20]和齐宗. 我国义务教育均衡发展研究：缘起、进展与思考[J]. 中国教育科学，2017(01)：137-157，136，228.

[21]江凤娟，刘晓璇. 民族地区教师信息技术使用意愿的影响因素研究——基于TAM的分析[J]. 民族教育研究，2021，32(03)：78-86.

[22]江凤娟. 中国民族地区教育信息化研究[M]. 石家庄：河北科学技术出版社，2021.1.

[23]雷励华. 教育信息化促进城乡教育均衡发展的国内研究综述[J]. 电化教育研究，2019，40(02)：38-44.

[24]李玲，周文龙，钟秉林，李汉东.2019—2035年我国城乡小学教育资源需求分析[J]. 中国教育学刊，2019(09)：58-64.

[25]李祥云，周云. 实现公平而有质量的义务教育的最低成本测算——以H省B县小学为例[J]. 教育经济评论，2020，05(01)：15-32.

[26]李政蓉，郭喜. 民族地区基本公共教育政策变迁的演进逻辑——基于"间断—均衡"

理论的视角［J］. 西南民族大学学报（人文社会科学版），2021，42（11）：205–214.

［27］刘军，罗雯，张芥. 改革开放40年民族教育信息化演进：历程、规律与启示［J］. 民族教育研究，2018，29（06）：32–38.

［28］卢春，邢单霞，吴砥. 城市和农村学校信息化应用水平发展差异及影响因素分析［J］. 现代远距离教育，2018（06）：13–20.

［29］罗廷锦. 数字鸿沟与中国欠发达地区反贫困问题研究［D］. 北京：北京邮电大学，2020.

［30］宁宇哲，陈兴，李海峥，等. 创新型网络教育与欠发达地区基础教育质量提升［J］. 教育学报，2020，16（02）：75–84.

［31］沈有禄，谯欣怡. 基础教育均衡发展：我们真的需要一个均衡发展指数吗？［J］. 教育科学，2009，25（06）：9–15.

［32］史耀疆，唐彬，邢俊升. 乡村振兴战略下应用信息技术 助力农村教育发展［J］. 贵州社会科学，2021（01）：152–160.

［33］司晓宏，樊莲花. 义务教育均衡发展监测的理性困境及其超越［J］. 教育研究，2020，41（11）：83–90.

［34］王国霞. 大数据时代城乡教育优质均衡发展新思路［J］. 中国教育信息化，2021（11）：1–6.

［35］王茜. 信息技术促进农村小规模学校教育质量提升研究［D］. 武汉：华中师范大学，2020.

［36］王善迈，董俊燕，赵佳音. 义务教育县域内校际均衡发展评价指标体系［J］. 教育研究，2013（02）：65–69.

［37］王正惠，蒋平. 从基本均衡到优质均衡：民族地区县域义务教育均衡发展的时代转向——基于四川民族地区的实证研究［J］. 民族教育研究，2021，32（02）：78–89.

［38］王志军，余新宇，齐梦梦."互联网+"背景下我国农村教育信息化发展着力点分析［J］. 中国电化教育，2021（10）：91–97.

［39］吴砥，李枞枞，周文停，等. 我国中部地区基础教育信息化发展水平研究——基于湖北、湖南、江西、河南、安徽5省14个市（区）的调查分析［J］. 中国电化教育，2016（07）：1–9.

［40］吴砥，邢单霞，阳小，等. 教育信息化指数构建及应用研究［J］. 电化教育研究，2020，41（01）：7.

［41］吴宏超. 基本均衡背景下民族地区义务教育发展研究——基于东、中、西部9省（区）26个民族县的调查分析［J］. 华中师范大学学报（人文社会科学版），2020，59（05）：166–174.

[42]熊才平，丁继红，葛军，等. 信息技术促进教育公平整体推进策略的转移逻辑［J］. 教育研究，2016，37（11）：8.

[43]薛二勇，李廷洲. 义务教育师资城乡均衡配置政策评估［J］. 教育研究，2015，36（08）：65–73.

[44]薛二勇. 区域内义务教育均衡发展指标体系的构建——当前我国深入推进义务教育均衡发展的政策评估指标［J］. 北京师范大学学报（社会科学版），2013（04）：21–32.

[45]杨亮星，林森，张玲，逯瑜. 宁夏高校教育信息化评估指标体系初探［J］. 教育现代化，2016，3（03）：116–119.

[46]杨新磊. 区域基础教育信息化绩效评估——以苏州市为例［D］. 武汉：华中师范大学，2015.

[47]杨宗凯，熊才平，吴瑞华，汪学均，丁继红. 信息技术促进基础教育公共服务均等化研究前景预判［J］. 中国电化教育，2015（01）：70–76.

[48]于发友，赵慧玲，赵承福. 县域义务教育均衡发展的指标体系和标准建构［J］. 教育研究，2011，32（04）：50–54.

[49]张玲. 宁夏经验：在网络精准扶智行动中的“互联网+ 教育”实践［J］. 中小学信息技术教育，2020（12）：17–19.

[50]张伟平，王继新. 信息化助力农村地区义务教育均衡发展：问题、模式及建议——基于全国 8 省 20 县（区）的调查［J］. 开放教育研究，2018，24（01）：103–111.

[51]张伟平. 信息化助力乡村教学点质量提升的机制和机理研究［D］. 武汉：华中师范大学，2019.

[52]赵丹，陈遇春，Bilal Barakat. 基于空间公正的县域义务教育质量均衡评估指标体系构建［J］. 教育与经济，2018（02）：27–34.

[53]赵丹，陈遇春，赵阔. 优质均衡视角下乡村小规模学校教育质量困境与对策［J］. 华中师范大学学报（人文社会科学版），2019，58（02）：157–167.

[54]赵丹. 县域义务教育均衡发展：公众满意度评价及问题透视——基于西北五县的实证调查［J］. 华中师范大学学报（人文社会科学版），2014，53（04）：147–154.

[55]赵红霞，谢红荣. 义务教育均衡发展中的精准扶贫研究［J］. 湖南师范大学教育科学学报，2016，15（05）：84–88.

[56]赵晓声. 县域义务教育信息化均衡发展指标体系与监测方法研究［D］. 西安：陕西师范大学，2018.

[57]中国教科院“义务教育均衡发展标准研究”课题组. 义务教育均衡发展国家标准研究［J］. 教育研究，2013，34（05）：36–45.

[58]朱莎，杨浩，冯琳. 国际“数字鸿沟”研究的现状、热点及前沿分析——兼论对教育

信息化及教育均衡发展的启示［J］. 远程教育杂志，2017，35（01）：82–93.

［59］祝智庭，胡姣. 教育数字化转型的实践逻辑与发展机遇［J］. 电化教育研究，2022，43（01）：5–15.

［60］Aldhafeeri，F. M.，& Alotaibi，A. A. Effectiveness of digital education shifting model on high school students' engagement［J］. Education and Information Technologies，2022（1）：1–23.

［61］Area，M.，& Adell，J. Digital technologies and educational change. a critical approach. Revista electrónica Iberoamericana Sobre Calidad，Eficaciay Cambio En educación，2021，19（4）：83–96.

［62］Babacan，S.，& Dogru Yuvarlakbas，S. Digitalization in education during the COVID–19 pandemic：Emergency distance anatomy education. Surgical and Radiologic Anatomy（English Ed.），2021；2022，44（1）：55–60.

［63］British Educational Communication and Technology Agency. What is the self–review framework？［R］. Coventry，UK：BECTA，2006.

［64］Cichosz，M.，Wallenburg，C. M.，& Knemeyer，A. M. Digital transformation at logistics service providers：Barriers，success factors and leading practices. The International Journal of Logistics Management，2020，31（2）：209–238.

［65］Cruz–Porter，Annie. Education and Social Justice in a Digital Age［J］. Social Policy & Administration，2016，50（1）：125–127.

［66］Demartini，C. G.，Benussi，L.，Gatteschi，V.，& Renga，F. Education and digital transformation：The "riconnessioni" project［J］. IEEE Access，2020，8：186233–186256.

［67］Drori，Gili S.；Yong Suk Jang. The Global Digital Divide：A Sociological Assessment of Trends and Causes［J］. Social Science Computer Review，2003，21（2）：144–161.

［68］Galla，C. K. Indigenous language revitalization，promotion，and education：Function of digital technology. Computer Assisted Language Learning，2016，29（7）：1137–1151.

［69］Hartong，S. Education 4.0？ critical reflections on the digitalization of education as an educational research field. Zeitschrift F ü r Pädagogik，2019，65（3）：424–444.

［70］Lamanauskas，V. Digital education：some implication［J］. Journal of Baltic science education，2011，10：216–218.

［71］Lee，T.，& Rice，S. Educational technology and equity：Students access to and use of computers in low–and middle–socioeconomic schools. The International Journal of Technologies in Learning，2014，20（3）：43–60.

［72］Marchenko，G.，Murzina，S.，Timofeev，S.，& Vodopyanova，K. Digitalization of education: Advantages and problems. E3S Web of Conferences, 2021, 273: 12058.

[73]Mertala, P. Paradoxes of participation in the digitalization of education: A narrative account. Learning, Media and Technology, 2020, 45 (2): 179–192.

[74]Murzina, I. Y. Humanitarian Resistance in the Context of Digitalisation of Education. Obrazovanie i Nauka, 2021; 2020, 22 (10): 90–115.

[75]OECD. Creating a citizen–driven environment through good ICT governance - the digital transformation of the public sector: helping governments respond to the needs of networked societies. OECD Publishing, 2017.

[76]Sklyarova Elena; Kharlamova Galina. Digitalization of education and the problem of continuity [J]. E3S Web of Conferences, 2020, 273: 12096.

[77]Tang, H. Implementing open educational resources in digital education [J]. Education Tech Research, 2021, Dev 69: 389–392.

[78]Terentyeva, R. V., Fakhrutdinova, A. V., Fedorova, S. N., Gaidamashko, I. V., & Fahrutdinova, G. Z. Ethnocultural competencies of a teacher in the context of education digitalization. Hamdard Islamicus, 2020, 43 (1): 1313–1321.

[79]UNESCO. Reimagining our futures together: a new social contract for education [C]. Proceedings of the 41st session of the UNESCO General Conference, 2021.

[80]Veletsianos, G. Open educational resources: Expanding equity or reflecting and furthering inequities? Educational Technology Research and Development, 2020; 2021, 69 (1), 407–410.

# 虚拟现实技术在教育数字化转型中的研究与实践

李西峙[①]

**摘　要：**传统的依靠反复记忆、做题等的学习方式通常被认为是反天性的，但是以创造为目的的自主学习是顺应天性的。孩子们从出生开始，在自然界中探索、创造、学习，是一种自然而然的行为。在幼儿阶段，无论家长怎么教，几乎所有孩子都学会了走路、吃饭、说话等相当多的内容。原因很简单，因为孩子们是在一个相当丰富的立体的自然界中学习成长的。然而到了中小学，孩子们从自然界走入了教室，主要通过书本、文字、图片来学习新知识，学习的效率反而下降了。虚拟现实技术可以建立一个和自然界相似的学习环境。虚拟现实技术是否有可能将大部分甚至全部义务教育的学习内容变成顺应人性的学习内容？本文从虚拟现实课件平台、虚拟仿真环境、个人成长档案、师徒系统等几个维度提出了非常具体的面向素质教育的基础设施的建设意见，并在广东省、江西省300多所试点学校，展示了虚拟现实技术在教育数字化转型中的研究与实践成果。

## 一、背景

### （一）时代背景与社会矛盾

在数字化时代，大量青少年沉迷手机视频和数字游戏。人和电脑的关系是21世纪人类面临的重大难题，这个难题和教育的数字化转型是并存的。传统的教学和测评体系很难真正地适应人类生活的大环境的变化。越来越多的青少年找不到学习的动力，成绩下降，整日沉迷在数字世界，家长束手无策。

教育的数字化转型迫在眉睫。人工智能究竟学什么？如何让每个人成为数字世界的创造者（李铁才，李西峙，2020）？我们的教育系统应该成为解决这些问题的主要力量之一。教育的数字化转型不是简单地将纸质教材数字化、视频化，而是要真正地改变教育的学习方式和评价方式，建立以自主学习为主的全新体验。这里非常重要的就是如何让更多的老师、学生、社会力量都参与到数字化内容的创造中来。我们需要构建创作者生

① 李西峙，浙江大学计算机专业（竺可桢学院2001级），2004年创立了NPL 语言的开源200万行代码，大学期间在国内外会议和刊物上发表游戏引擎、脚本语言技术、人工智能、未来教育相关文章8篇。

态，其中创作工具的易用性和普适性决定了能否构建出真正的内容生态。

### （二）虚拟现实技术在教育领域的国内外现状

虚拟现实技术在教育领域中有代表性的2个开发者生态为Unity和Roblox。Unity是通用3D引擎技术起家的国外公司，类似的还有Unreal等，2021年，Unity应用每月的下载量超过50亿次，全球月活Unity用户超过150万人，Unity创建和运营业务所触达的全球平均月活跃玩家数量超28亿。国内95%以上的高职和高校的虚拟现实课件采用Unity开发完成。Roblox是更加面向青少年的创作者社区，类似的还有Minecraft等。Roblox的开发者主要为高中生和大学生，使用者以中小学生为主；2022年第三季度，每天使用Roblox的用户为5880万人，月活跃创作者超过了400万人、线上由玩家和开发者创作的地图超过了4000万款。上述Unity、Roblox、Minecraft等都有面向学校的教育版和相应的开发者社群。

### （三）发展趋势与工具选择

可以看到全球的大趋势是虚拟现实技术正在从游戏领域逐渐向教育领域渗透，但是还没有能真正对标教材，还未成体系地广泛应用。我们可以类比PPT（Office/WPS）技术对纸质教材的成体系化的升级换代。在未来几年，如果创作工具简单到让大多数老师和学生可以掌握，则可以预测基于虚拟现实技术的互动世界将成为更多学科类和跨学科类的首选教学资源和手段。我们也可以称之为教育元宇宙。

本文基于帕拉卡Paracraft（一款国产的自主原创的可以对标Unity、Roblox的虚拟现实创作工具），阐述其在教育数字化转型中的研究与实践成果。

## 二、素质教育的解决方案

### （一）素质教育的难点

素质教育需要一个面向全年龄段、鼓励创造的环境。虚拟现实技术可以让老师和学生共同创造属于自己的项目，为项目式学习提供最佳的创造工具和仿真环境。我们认为虚拟现实技术是开展素质教育的土壤。我们提出要建立“基于个人成长档案的在线学习平台”。可以理解为是构建面向素质教育的基础设施，为教育的数字化转型建立开发者生态。

如果说应试教育的核心是中考、高考的总分数。那么素质教育的核心是创造属于自己的作品。素质教育的评估应该是基于学生成长过程中所有个人作品的评估（个人成长档案）。

### （二）构建素质教育的基础设施：方案概述

在过去的数十年，我们已经建立了非常完善的应试教育的基础设施，包括课程（教材）、教室（学校）、考题（练习题库）、教学与评分（师资和中高考录取机制）。

对应的素质教育的基础设施应该是：虚拟现实课件平台、虚拟仿真环境、个人成长档案、师徒系统。

更具体的是，我们需要打造下述4个方面的统一生态：

1. 虚拟现实课件平台是为了建设素质教育所需的虚拟现实类的项目式课程。这是素质教育最前置的基础设施，等同于传统教育中教材与课程的地位。

2. 提供数字世界中的模拟仿真环境；让用户的作品可以得到反馈和验证。

3. 个人成长档案是用户所有2D/3D的数字作品、自我评价、他人评价的集合，需要记录在区块链上。保证时间上不可作弊，内容上可以溯源。

4. 师徒系统是为了建立素质教育情境下的师生关系。

（1）基于个人成长档案的数据分析：提供多维度、可搜索的老师和学生的人才库。

（2）构建基于自主学习 + 项目式学习的在线师生关系。让优秀的老师（学校）和学生可以双向选择。

（3）构建大学生家教平台，构建可商业化的师生关系。高年级学生教低年级学生，人人可以当老师，让当老师成为一种重要学习体验。

（4）向社会（国家、高校、企业）输出多维度、可信任、可搜索、可溯源的学生档案。解决招人、用人、就业等社会合作需求。

**（三）虚拟现实课件平台**

上面提出的4个方面，第1项是最难的。教育的数字化转型最核心的是采用什么样的工具去开发课程内容。如同Office/WPS让优秀的一线老师可以方便地创建PPT文档用于教学，我们需要使用同样方便的工具，创造出适合学生自主学习的可交互的虚拟现实课件。在中小学、高职、大学等学校间建立起课件内容的开发者生态。

我们采用了一款名为帕拉卡Paracraft的创造工具作为虚拟现实课程的内容生产力工具，在广州和江西300多所学校进行了试点，在课内和课外都取得了很好的教学成果。在1年的时间内，超过10万名学生通过课堂学习使用了帕拉卡，创造了10万多件个人数字作品，创造了200多个3D虚拟校园，多名一线的信息科技老师发表了基于帕拉卡的学术论文或书籍，同时获得了2022信息科技课标专家组的推荐，并进入了2022年10月教育部的信息科技的课标解读。

1. 现有智慧教育的开发工具存在的问题

（1）国内的大部分在线课程内容还是传统的PPT+说课视频的模式。学生很难保持兴趣和自主学习。

（2）国内的高等教育和职业教育的虚拟现实课程，超过95%使用Unity等国外的商业化开发工具制作，大都没有付费，存在版权风险。

（3）大多数基于Web3D的虚拟现实课件需要国外的软件运行环境和大量美术资源才

能浏览课件，每节课首次加载需要 2—10 分钟，访问效率比传统的视频低，浪费学生的上课时间。

（4）学生和老师需要掌握 Unity、Autodesk Maya、Visual Studio、Git 等大量国外的工具才能开发出课程。对于非计算机专业的学生，学习门槛高。很多老师会选择外包课程制作给第三方公司，但是缺点是自己无法像 PPT 一样自由更改，往往课程的效果与老师的期望不一致。

（5）国内目前多数学校研发的虚拟现实课件中的 3D 教学素材资源无法在学校间共享，同样的课程不同学校在重复开发、相互无法借鉴，造成大量人力资源的浪费，不利于课程的迭代开发。

2. 我们需要构建什么样的虚拟现实课件平台

（1）可以让用户任意创作复杂的 3D 动画和 3D 程序，要非常适合开发生动的自主学习的虚拟现实课件。

（2）是完全自主知识产权的，用国产编程语言研发的虚拟现实创作平台，最好是开源的。（取代 Unity、Autodesk 等的独特定位）

（3）课件需要能够发布到互联网，并包含 AI 互动教学系统。基于流媒体、VR 等技术让虚拟现实课程在手机微信、电脑浏览器、VR 设备上可以快速打开，无须安装插件，无需漫长的加载，即刻开始学习。

（4）初期需要提供创作工具的在线课程，1—2 周内，学生和老师可以快速掌握并开始创造属于自己的作品或虚拟现实课件。

（5）教学素材资源可共享。用区块链技术保护所有历史版本的知识产权，并让用户永远可以站在巨人的肩膀上创作。

## 三、总结

项目式学习与自主学习是素质教育的主要形态。我们需要为学生提供能够激发创造力和想象力的虚拟现实环境，提供在家中可以点评和鼓励学生自主学习的在线老师，提供丰富的覆盖学科和跨学科的课程内容，提供基于项目和个人成长档案的评价机制。

帕拉卡是一个非常好的选择，推荐给广大的教育工作者，希望可以建立更多的样板校、样板区，让更多的信息科技和学科类老师都参与到虚拟现实课件的研发与教学实践中。

## 参考文献：

[1]龚春美. 项目式学习下初中信息技术教学内容的重构［J］. 中学教学参考，2022（6）.

[2]教育部专家组. 义务教育信息科技课程标准（2022年版）[M]. 北京：人民教育出版社，2022.

[3]大富网络. 帕拉卡软件虚拟现实课件平台. https://keepwork.com/official/open/vr/index，2022.

[4]杭州上城区信息科技教研组. Paracraft 青少年3D 动画编程入门（微课版）[M]. 北京：清华大学出版社，2021.

[5]于平. Paracraft 创意动画入门[M]. 北京：清华大学出版社，2018.

[6]李铁才，李西峙. 相似性与相似原理（第2版）[M]. 哈尔滨：哈尔滨工业大学出版社，2020.

# 基于房—树—人的青少年心理健康状态检测架构①

邹　赛　万　敏②

**摘　要：**房—树—人绘画心理健康状态检测方法能够客观反映来访者的心理情绪和心理状态，已经引起了大量学者的关注。如何通过人工智能技术对青少年心理健康状态自测是当前的一个挑战。本文以房—树—人绘画为对象建立了数据集，提出了一种青少年心理健康自动检测架构（HTP—EYOLO）。通过YOLO算法，建立房—树—人元素检测模型，精准识别房—树—人元素及它们包含的心理健康特征元素；通过决策树，设计房—树—人判定模型，对青少年心理健康进行分析。

**关键词：**心理健康检测；房—树—人；YOLO；决策树

## 一、引言

流行病学调查显示，个人抑郁症患病率为6.8%。《中国国民心理健康发展报告（2019—2020）》指出青少年抑郁检出率为24.6%，重度抑郁达到7.4%。可见，青少年心理问题已经是一项社会问题，快速检测方法的研究具有学术意义及实用价值。

绘画活动能有效反映和影响人的情绪和心理状态。通过绘画活动来分析人的情绪已得到认同。西格蒙德·弗洛伊德（Sigmund Freud）认为艺术作品能够体现心理冲突和神经症。Buck则认为房—树—人这三种绘画元素更能体现情绪的波动情况。在美国、中国、日本等国已经采用房—树—人绘画作为心理障碍临床测量依据。然而，房—树—人绘画的测量结果的判别需要在大型医院的专业的人员参与下才能进行，难以大面积推广。

近年，随着图像处理和模式识别等新兴计算机技术的迅猛发展，特征提取和检测的图像识别研究成为热点，并在心理学、医学、农业等各行各业获得了广泛的应用。以

① 国家社会科学基金，基于云网协同的思想政治理论课教学智慧化评价（21vsz126）支助。

② 邹赛（1981—），男，贵州大学大数据与信息工程学院教授、博士生导师，中国教育发展战略学会教育大数据专业委员会学术委员，贵州云网协同大数据创新中心首席执行官，澳大利亚悉尼CSIRO的访问研究学者，担任IEEE VTC分会主席和移动信息系统编辑。研究方向：5G网络、网络切片、智慧教育和生物信息学。万敏（1976—），女，宜宾学院人工智能与大数据学部副教授。研究方向：思想政治教育、智慧教育、图像检测与识别。

YOLO 为代表的图像识别算法，它直接从图像像素出发，通过方框的形式对图像特征进行检测。YOLO 算法不但可以预测图片的特征还能给出方框包含物体的准确度和产生的框精确的程度。能否引入人工智能技术对房—树—人绘画进行分析，从而实现大学生心理健康自动检测？

不同于以往，这篇论文基于房—树—人绘画心理测量理论，以中国西部宜宾学院大学生为研究对象，建立青少年房—树—人心理健康检测数据集；引入 YOLO 技术及决策树方法，提出了一种针对青少年心理健康自动检测架构（HTP-EYOLO）。

## 二、系统模型及数据集建立

### （一）房—树—人绘画心理健康检测模型

房—树—人绘画测验有着较好的心理健康检测优势。它能够有效避免青少年“装好”和“装病”倾向，也能够有效克服受测者有意戒备或无意识的防御心理，并能捕捉受测者难以言表的内心冲突，从而筛查出潜在的不良心理状态，有效提高青少年心理普查的信度和效度。受测者在对房—树—人绘画时潜意识得以表达、沟通，能够体现受测者内心的冲突和情结。房—树—人等元素有无对应的心理特征如表 1 所示，画纸和画面大小与心理特征的对应关系如表 2 所示，房元素的特征与心理特征的对应关系如表 3 所示，树元素的特征与心理特征的对应关系如表 4 所示，人元素的特征与心理特征的对应关系如表 5 所示。

**表 1　房—树—人元素与心理特征的关系**

| 元素 | 有画面解读 | 无画面解读 |
|---|---|---|
| 房 | 代表个人有对家庭、家族关系的看法、感情、态度和沟通模式、家庭与外部环境之间的关系等比较良好 | 回避成长环境 |
| 树 | 代表的是有生命力和能量，了解个体的人格特性 | 个体力量薄弱 |
| 人 | 有自我形象、个人的信念和价值观、理想状态 | 隐藏个人情况 |

**表 2　房—树—人画面 / 画纸占比与心理特征的关系**

| 房—树—人画面 | 检测点 | 画面解读 |
|---|---|---|
| 过大 | 大于画纸的 4/5 | 以自我为中心 |
| 适中 | 占用画面的 2/3 | 自我认知较好 |
| 过小 | 小于画面的 1/9 | 内向自我无力 |

**表 3　房元素的绘画特征与心理特征的关系**

| 房的分析 | 检测点 | 无画面解读 |
|---|---|---|
| 房顶 | 平房顶 | 比较关注自我，性格难缠，冲动、敌意行为 |
| 门窗 | 门窗 | 与家庭成员和外界交流少，情感冷漠，有防御心，内心不愿意被人了解和看透，有不安全感 |
| 房屋结构 | 单层房 | 具有较多幻想，对环境比较敏感，人际交往上防御性较强 |

表 4　树的绘画特征与心理特征的关系

| 树的分析 | 检测点 | 画面解读 |
| --- | --- | --- |
| 树冠 | 树冠 | 自制性格，自我控制能力强 |
| 树干 | 粗树干 | 生命力，成长中得到关爱，活动积极 |
| 树根 | 有树根 | 对无意识层面的探索，对性的关心 |

表 5　人的绘画特征与心理特征的关系

| 人的分析 | 检测点 | 无画面解读 |
| --- | --- | --- |
| 形象 | 写真人、抽象人 | 对外界有警戒心理，不愿意表露真实的自我，可能存在智商低下的困扰 |
| 面部朝向 | 正面 | 可能存在逃避表现，是一种防御，对人或事物拒绝，比较自我，有逆反心理 |
| 四肢 | 上肢、下肢 | 缺乏理想目标和行动力，冲动欲望少 |

### （二）房—树—人数据集标签设定

房—树—人绘画 $G=\{C, T, R\}$ 对心理健康判定时不仅需要考虑绘画类别 $C=\{c_1,c_2,c_3\}$，还需要考虑画面布局 $R=\{r_1,r_2,r_3\}$，同时需要考虑每个类别 $c_i$ 的特征 $T=\{t_1,t_2,t_{\dots}\}$。因此标记的数目远远大于样本数。总共标记出 902 个样本，其中正相关样本 300 个，负样本 602 个。

在 300 张正样本中，房子相关的标签 308 个，树相关的标签 361 个，人相关的标签 335 个。在 602 张负样本中，房子相关的错误标签 651 个，树相关的错误标签 841 个，人相关的错误标签 782 个，正负特征样本比为 1:2。可见，房—树—人数据集的正、负样本比，图形类别比及特征比例合理，能够满足算法需要。

### （三）房—树—人数据集的图形归一化处理

训练和验证数据集来自在校大学生通过手绘或者软件进行绘制的图片、百度图库、书籍扫描。由于所采集图片形状具有不规则性，而算法训练时要求图片大小为 $1280\times1280$ 个像素。基于此，需要对像素点过低图片进行扩充，像素点过高图片进行删减。

基于房—树—人绘画的心理健康检测不但要检测出房、树、人的特征，还需检测这三者内部的相关特征。因此，进行像素点扩充时需要考虑周边像素点具备色彩的平滑性，即插入像素时要求一阶光滑度（一阶连续导数）。

令 $W$，$H$ 为图像 $G$ 的宽与高，当像素点扩充时，图像 $G$ 的每行需要插入 $1280-W$ 个点，每列需要插入 $1280-H$ 个点。已知点 $P_{w,h}$ 扩充后的像素点为 $p_{\frac{1280}{w},\frac{1280}{h}}$。已知节点 $p_{0,0}=p_0<p_1<\cdots<p_n=p_{1280,1280}$ 上的函数值 $G_0,G_1,\cdots,G_n$，记 $\nabla_k=p_{k+1}-p_k$，$\nabla=\max\limits_{k}\nabla_k$。若在已知节点 $P_k$ 上除已知函数值 $G_k$ 外，还可以求出导数值 $G'_k$，则房—树—人绘画检

测图像缩放时的分段插值函数 $G_{\nabla}(p)$ 被给出：

$$G_{\nabla}(p)=\left(\frac{p-p_{k+1}}{p_k-p_{k+1}}\right)^2\left(1+2\frac{p-p_k}{p_{k+1}-p_k}\right)G_k+\left(\frac{p-p_k}{p_{k+1}-p_k}\right)^2\left(1+2\frac{p-p_{k+1}}{p_k-p_{k+1}}\right)G_{k+1}+$$

$$\left(\frac{p-p_{k+1}}{p_k-p_{k+1}}\right)^2(p-p_k)G'_k+\left(\frac{p-p_k}{p_{k+1}-p_k}\right)^2(p-p_{k+1})G'_{k+1} \qquad (1)$$

当像素点删减时，采用均匀删除。图像 $G$ 的每行需要删减 $W-1280$ 个点，每列需要删减 $H-1280$ 个点。

## 三、HTP-EYOLO 检测算法

### （一）基于 YOLO 的房树人元素检测模型

房树人绘画数据集对占比、元素和房、树、人及包含的特征都需要检测。同时，数据集来源于学生手绘、网络和书籍，导致绘画图片不仅有黑白和彩色，还有线条及图形表达的不规则性。采用 YOLO 算法的方格进行图像元素对比。为了减少计算的复杂度，当方格中没有检测物时，不参与计算过程。每个负责检测的方格需要包含定位信息、分类信息、置信度及损失函数，其中，定位信息为当前方格的中心坐标位置。

$$P(\theta)=P(\theta|\beta_1)P(\beta_1)+P(\theta|\beta_2)P(\beta_2)+P(\theta|\beta_3)P(\beta_3)=\sum_{i=1}^{G}P(\beta)(\theta|\beta_i) \qquad (2)$$

其中，$G$ 为数据集；$P(\theta)$ 为特征 $\theta$ 的概率；$\beta_1$、$\beta_2$、$\beta_3$ 分别表示特征 $\theta$ 属于房、树、人的概率。

基于 YOLO 的房—树—人元素检测模型的置信度包括方格中包含对象的概率及对象的真实性，其数学表达式为：

$$C_i^j=P_r(\text{Object})\times IOU_{pred}^{truth} \qquad (3)$$

其中，$C_i^j$ 表示第 $i$ 个方格的第 $j$ 个对象的置信度。

采用差平方和误差来定义房—树—人元素检测模型训练时的损失函数，如（4）式所示：

$$Loss=\sum_{i=0}^{s^2}\sum_{j=0}^{B}\left[\left(\sigma(t_x)_i^j-\sigma(\hat{t}_x)_i^j\right)^2+\left(\sigma(t_y)_i^j-\sigma(t_y)_i^j\right)^2\right]+$$

$$\sum_{i=0}^{s^2}\sum_{j=0}^{B}\left[\left(t_{wi}^{\,j}-\hat{t}_w^{\,j}\right)^2+\left(t_{hi}^{\,j}-t_h^{\,j}\right)^2\right]+\sum_{i=0}^{s^2}\sum_{j=0}^{B}\left(C_i^j-\hat{C}_i^j\right)^2+\sum_{i=0}^{s^2}\sum_{j=0}^{B}\sum_{c\in classes}\left(p_i^j(c)-\hat{p}_i^j(c)\right)^2 \qquad (4)$$

其中，$\left(\sigma(t_x)_i^j-\sigma(\hat{t}_x)_i^j\right)^2+\left(\sigma(t_y)_i^j-\sigma(t_y)_i^j\right)^2$ 为坐标测试值与真实值之间误差平

方，$\sum_{i=0}^{s^2}\sum_{j=0}^{B}\left[\left(\sigma\left(t_x\right)_i^j-\sigma\left(\hat{t}_x\right)_i^j\right)^2+\left(\sigma\left(t_y\right)_i^j-\sigma\left(t_y\right)_i^j\right)^2\right]$为所有单元格和检测框的坐标误差和，$\left(t_{wi}^{\ j}-\hat{t}_{w}^{\ j}\right)^2+\left(t_{hi}^{\ j}-t_{h}^{\ j}\right)^2$为单元格和检测框的长宽测试值与真实值之间误差平方，$\sum_{i=0}^{s^2}\sum_{j=0}^{B}\left[\left(t_{wi}^{\ j}-\hat{t}_{w}^{\ j}\right)^2+\left(t_{hi}^{\ j}-t_{h}^{\ j}\right)^2\right]$为所有单元格和检测框的长宽测试值与真实值之间误差平方，$\sum_{i=0}^{s^2}\sum_{j=0}^{B}\left(C_i^j-\hat{C}_i^j\right)^2$ 为所有单元格和检测框的置信度测试值与真实值之间误差平方和，$\sum_{i=0}^{s^2}\sum_{j=0}^{B}\sum_{c\in classes}\left(p_i^j\left(c\right)-\hat{p}_i^j\left(c\right)\right)^2$为所有单元格、检测框、类别的置信度预测值与真实值之间误差平方。

**（二）基于决策树的房—树—人判定模型**

令基于 YOLO 的房—树—人元素检测模型检测的元素构成决策树输入的数据集 $X$，人工标定的心理类型为结果集 $Y$，采用平方误差最小化准则，及基尼指数最小化准则，进行特征选择，生成二叉树，具体步骤如下：

Step1：将所有的元素看成一个一个的节点。

Step2：遍历当前特征的每一种分割方式，找到最好的分割点。同时将数据划分为不同的子节点，计算划分之后所有子节点的基尼指数。

Step3：使用第二步遍历所有特征，选择出最优的元素，以及该元素的最优的划分方式，得出最终的子节点。

Step4：用验证数据集对已生成的树进行剪枝并选择最优子树。

## 四、结论

本文对以房—树—人绘画为主题的心理健康状态测评进行了研究。以中国西部宜宾学院大学生为对象建立了数据集，提出了基于房—树—人的青少年心理健康状态检测框架。HTP-EYOLO 通过青少年绘画的房—树—人能够自动智能分析其心理健康状态，能够大规模并行处理青少年心理健康状态的分析。

## 参考文献：

[1]杨龚晓晓．胶质细胞源性神经营养因子在糖尿病共病抑郁中的中介作用探讨［D］．南京：东南大学，2020.

[2]王学义．让儿童青少年拥有一颗健康的心——低龄化心理障碍的成因与对策［J］．心理与健康，2022（02）.

[3]Sun H，Liu J，Chai S，et al. Multi-Modal Adaptive Fusion Transformer Network for the Estimation of Depression Level [J]. Sensors，2021，21（14）.

[4]Hu J，Zhang J，Hu L，et al. Art Therapy：A Complementary Treatment for Mental Disorders [J]. Frontiers in Psychology，2021（12）.

[5]Palmer L，Farrar A R，Valle M，et al. An Investigation of The Clinical Use of The House-Tree-Person Projective Drawings in The Psychological Evaluation of Child Sexual Abuse [J]. Child Maltreatment，2000，5（2）.

[6]Kaimal G，Walker M S，Herres J，et al. Examining Associations Between Montage Painting Imagery and Symptoms of Depression and Posttraumatic Stress Among Active-Duty Military Service Members [J]. Psychology of Aesthetics Creativity and the Arts，2020.

[7]Chih-Ying，L. The Development of a Scoring System for the Kinetic House-Tree-Person Drawing Test [J]. Hong Kong Journal of Occupational Therapy，2011.

[8]Xiong M，Yi-Tuo Y E. The House-Tree-Person Technique and Its Application in Counseling [J]. Journal of Jimei University（Education Science Edition），2012.

[9]Tanaka，neri，Abe，et al. Psychological Aspects of Foreign Children Living in Japan as Seen from the Synthetic-House-Tree-Person Test：Comparison with Bolivian Children [J]. Bulletin of the Meiji Gakuin Institute for Psychological Research，2007.

[10]Zhang J，Duan Y，Gu X. Research on Emotion Analysis of Chinese Literati Painting Images Based on Deep Learning [J]. Frontiers in Psychology，2021（12）.

[11]Chen J D Z，Lin Z，Mccallum R W. Noninvasive Feature-Based Detection of Delayed Gastric Emptying in Humans Using Neural Networks [J]. IEEE Transactions on Biomedical Engineering，2000，47（3）.

[12]Rani S，Kumar P S，Priyadharsini R，et al. Automated Weed Detection System in Smart Farming for Developing Sustainable Agriculture [J]. International journal of Environmental Science and Technology，2022，19（9）.

[13] Jiang P，Ergu D，Liu F，et al. A Review of Yolo algorithm developments [J]. Procedia Computer Science，2022，199：1066-1073.

# 教育数字化转型下的智慧教育形态：关键特征与生成途径①

武法提　田　浩　高姝睿②

**摘　要：** 教育数字化转型是推动教育高质量发展的重要举措，是建设教育强国的必由之路，在教育数字化转型背景下，智慧教育具有育人为本、场景感知、数据驱动、人机协同等关键特征。在教育数字化转型过程中，智慧教育形态的生成有两大途径，一是通过建设教育专网、教育大数据中心、一体化教育云平台及智慧校园，搭建智慧学习环境；二是通过赋能教育资源建设、教学模式创新、教育评价体系变革、师生信息素养提升、智能教育治理等核心应用场景，实现教育全流程再造重组，支撑高质量教育体系建设。

**关键词：** 教育数字化转型；智慧教育；智慧教育形态；智慧学习环境；关键特征；生成途径

党的二十大报告明确提出，要“推进教育数字化，建设全民终身学习的学习型社会、学习型大国”，赋予了教育在全面建设社会主义现代化国家中新的使命任务。近年来，教育部高度重视信息技术对教育的影响，积极部署推进教育数字化转型，明确提出实施教育数字化战略行动，建设国家智慧教育公共服务平台。③教育数字化转型并非数字技术的简单应用和叠加，而是发挥技术内生动力，实现教育全方位、系统化变革，其中既涵盖了智慧学习环境的转型升级，又涉及对各核心教育场景的赋能。因此，构建智慧教育新形态，是推进教育数字化转型的根本目标和生成途径，可促进我国教育从基本均衡走向高位均衡，推动教育的高质量发展。④

① 本文为国家社会科学基金 2020 年度教育学一般课题“基于人机智能协同的精准学习干预研究”（课题编号：BCA200080）的成果。

② 武法提，北京师范大学教育技术学院院长，教授。田浩，北京师范大学教育技术学院博士生。高姝睿，北京师范大学教育技术学院博士生。

③ 教育部．教育部 2022 年工作要点［EB/OL］.（2022-02-08）［2022-12-06］. http：//www.moe.gov.cn/jyb_xwfb/gzdt_gzdt/202202/t20220208_597666.html.

④ 雷朝滋．抓住数字转型机遇 构建智慧教育新生态［J］. 中国远程教育，2022（11）：1-5+74.

## 一、教育数字化转型下的智慧教育形态关键特征

一般认为，教育数字化进程经历了三个阶段：数字化转换阶段，即信息传递的形式由模拟信号转为数字信号，该过程涉及数字化设施建设、数字资源开发等；数字化升级阶段，即利用数字技术改变组织运作过程，涉及泛在互联、平台云化等内容；数字化转型阶段，则是基于前两个阶段进行系统规划，全面推进数字化意识、数字化思维和数字化能力，[①]是教育数字化的终极导向。

在加快推进教育数字化转型进程中，以智能技术重塑教育形态、聚焦个性化人才培养的智慧教育，是落实教育数字化的重要场域，智慧教育形态具有育人为本、场景感知、数据驱动、人机协同等关键特征。

“育人为本”是最根本的理念特征。教育数字化转型的根本目的是促进教育主体——“人”的发展，着力培养品德优良、全面发展、务实创新的人才，倡导以智能技术赋能教育实现深层次变革，形成新的教育形态，以促进人的个性化成长。因此，智慧教育强调“以学习者为中心”，遵循人的认知发展规律，基于学生个体差异按需开展教学，提供个性化的学习诊断、学习资源与学习支持服务，实现以学定教、因材施教。

“场景感知”是最基本的功能特征。在教育数字化转型实践中，各类传感器与数字技术可实现对外在物理环境及内在学习状态的感知：[②]通过物理信息传感器、射频识别技术、全球定位系统等，可实时获取温度、湿度、亮度、嘈杂度等物理环境信息，并根据预设参数自动调节室内设备，为学生营造最为适宜的学习环境；同时，高清摄像头、可穿戴设备、数字坐垫等可用于捕捉学生的状态特征信息，为分析其内在状态与学习行为创造了必要条件。

“数据驱动”是最核心的技术特征。教育数字化转型强调数据要素的作用，旨在通过挖掘现有数据创造新的价值，发挥技术生态系统潜力，实现更高层次的信息化。[③]作为教育数字化转型的主要目标，智慧教育形态遵循“数据驱动”的基本思想，即借助各类设备与系统采集教师、学生与学习环境中的全息数据，构建各教育主体画像，从而对校园的日常管理情况、学生的行为习惯与学习偏好、教师的授课风格与教学成效等进行剖析、解读，为“教、学、评、管、测、研、服”等场景提供精准的决策服务。

“人机协同”是最重要的模式特征。随着人工智能技术的发展，各类终端设备的智能水平不断提升，可帮助或代替人类完成基础性、重复性与高计算量的工作，人工智能与人类教师互补融合的协同工作方式是智慧教育的主要模式。机器可完成数据统计与分析、

---

① 黄荣怀．加快教育数字化转型 推动学校高质量发展［J］．人民教育，2022（Z3）：28-32.

② 黄荣怀．智慧教育的三重境界：从环境、模式到体制［J］．现代远程教育研究，2014（06）：3-11.

③ 祝智庭，胡姣．教育数字化转型的实践逻辑与发展机遇［J］．电化教育研究，2022，43（01）：5-15.

学生学情反馈、低阶思维知识传授、个性化资源推送等工作，教师则因其特有的思维能力与社会属性，在学生的高阶思维能力、非智力因素培养等方面发挥作用。

## 二、教育数字化转型下的智慧教育形态生成途径

教育数字化转型，是通过数字化、网络化和智能化技术，推进教育教学全要素、全流程、全业务、全领域的再造重组，实现教育内部的系统性变革。因此，建设支撑高质量教育教学的智慧学习环境、实现对各教育核心场景的赋能，即塑造智慧教育新形态，是推进教育数字化转型的基本途径。

### （一）构建智慧学习环境，形成高质量教育支撑体系

1. 建设教育专网：推进教育基础设施升级

教育专网是教育新基建的数字底座，可最大限度地保障校园网络联通至同一教育网络，实现优质资源共享及教育各场景业务流程的智慧化发展。[①] 在区域层面，推动 5G 时代的教育城域网建设，加快推进 5G 网络、校园有线网、无线网、物联网等多网融合，统一出口，形成区域教育一张网；打造数据互联互通、资源共享、信息交换和远程教育管理的基础架构，实现网络地址、域名和用户的统一管理，提供快速稳定的网络服务；鼓励通过混合云模式建设教育云，增强教育云的计算和存储等服务能力，实现集约化、规模化、绿色化发展。在学校层面，以教育城域网为契机，扩大学校出口带宽，实现宽带网络“万兆到学校、千兆到桌面”；完善校园网身份认证和 VPN 建设，实现 IPv6 校园网络全覆盖，推进校园网络基础设施的迭代升级。

2. 构建教育大数据中心：提供服务多主体的教育大脑

教育大数据是推进教育系统智慧化升级的重要基础，设计大数据中心并构建教育大脑，可为精准学情分析与科学教育决策提供有效支撑。首先，基于国家标准、行业规范与学校实际，制定基础类、管理类、数据类、技术类、应用类、安全类六类教育大数据标准，规范数据全生命周期流程；借助区块链技术构建数据溯源和数据签章机制，明确数据使用规则与应用权限，保障数据的质量、真实性与隐私性。其次，建设数据中台，建立数据转换池，采集和存储多源异构数据，打破信息孤岛；构建教育数据目录和溯源图谱，对接数据中台与校园业务场景，实现校园大数据的收集沉淀、互融互通和协同共享；处理、规范和融合多源异构数据，推动数据中心向集约化、高绩效协同发展模式转变。再次，优化用于数据分析与结果反馈的教育大脑，即基于数据接口同步区域基础数据与校级数据，通过数据分析构建面向不同主体的用户画像，并设计个性化的数据看板；在此基础上，建设教育发展动态监测系统、精准教学系统、学生综合素质评价系统等，

---

① 余胜泉，陈璠，房子源．以服务为中心推进教育新基建［J］. 开放教育研究，2022，28（02）：34-44.

实现高效管理、精准教学与科学评价。

3. 搭建一体化教育云平台：支持教育数据与业务流动共享

健全教育平台体系是促进教育数字化转型的重要战略举措。构建一体化教育云平台，可为各教育主体提供一站式服务，实现多级业务流动共享，创新教育发展模式。具体而言，主要措施有：归并各类平台用户，打造统一身份认证、统一应用入口、支持单点登录的云平台，规范建设标准和功能模块，集全场景服务于一体；搭建具有扩展性门户网站的基础架构，支持用户按需获取服务；实现信息数据联动协同、分类展示、集成应用，提供便捷、优质、可插拔的智慧教育应用“工具箱”；建设开放应用接口体系，面向上层应用提供统一的 HTTPs 标准协议接口，支持各方主体提供通用应用、个性化调用功能模块；依托一体化云平台，进一步优化面向师生的网络学习空间，推动网络学习空间的多终端适配，开发支撑泛在学习的移动应用；汇聚各类终端、场景的生成性数据，利用区块链技术建立各主体的数字学习档案，记录教与学的过程与成果，支撑教师专业发展、学生综合素质评价与家校协同育人。

4. 推进建设智慧校园：强化丰富适性的优质学习体验

校园是学生学习的主要场所，打造能够带来优质学习体验、保障各主体安全的智慧校园，可有效支撑各场景的智慧化实践，为教育数字化转型提供重要推力。在校园中，完备各类教室建设是重中之重：升级通用教室，提升交互式电子白板、智慧黑板等多媒体教学设备配置水平，实现高清直播录播的常态化应用；拓展专用教室，基于各学科特色，配备感知交互、虚拟沉浸、仿真实验等智能设备，支持体验式、沉浸式课堂的开展；建设智慧教室，构建全物联化的学习环境，自动调节教室温度、空气湿度与灯光设备，并配备桌面摄像头、数字手环等无感式数据采集设备，实现对多模态数据的可持续收集。同时，校园数字安防建设是营造良好校园环境的重要保障，应对校园门禁、监控、电子班牌等公共设施进行智能化升级，扩大安防设施部署范围，在校园重点点位安装高清摄像头，实现对学生轨迹的智能追踪与突发事件的自动预警，保障师生人身安全。

### （二）赋能教育核心应用场景，推进教育流程重组再造

1. 促进优质资源建设：满足多样化教育教学需求

教育数字化转型可促进新型教育资源的开发，促进优质资源共享。首先，借助虚拟现实、人工智能等数字化技术，开发交互式、生成式教育资源，拓展资源类型，有助于满足多样化教学与研修需求。新型教育资源可兼容各类数字终端、动态更新内容、拓展体验边界、及时记录交互轨迹，从而撬动课堂教学数字化转型。[①] 其次，教育数字化转型可以更好地发挥智力资源优势，组建共创共享的教学共同体，强化教师专业技能，激发

① 黄荣怀. 加快教育数字化转型 推动学校高质量发展［J］. 人民教育，2022（Z3）：28-32.

教师职业发展动力。再次，有助于优化教育资源供给模式，汇聚国家级、市级、区级和校级优质教学资源，联动学校、教师、研究机构、企业等多元主体参与资源的共建共享，形成融合基础资源、个性化资源、校本资源的供给形态；聚焦教学与研修的经典案例，选择、提炼与重组动态生成的亮点资源，构建生成性优质资源。

2. 探索新型教学模式：实现数据驱动的精准教学

教育数字化转型需要探索以精准教学和个性化学习为特征的新型教学模式。教师可以终端设备的软件应用为载体，以问题需求为抓手，结合课程主题、知识逻辑与学情教情等信息确定教学目标，筛选适切的资源、设计精准的路径、开展适宜的活动。基于对课前备课、课中交互、课后作业等数据的深度剖析，教师可及时了解学情、精准识别学生问题，并根据问题特征与学生特质，设计相关活动或支架引发学生思考，实现学生高阶思维的培养。同时，通过挖掘学习者的日常学习数据，教师可了解学生的学习习惯，为具有不同学习习惯的学生提供个性化学习路径、适切的学习资源，支持其顺利完成自主学习任务，助力个性化成长与发展。另外，基于数字化资源和工具，教师可打造优质课例，通过观摩示范、共同研修等方式，实现新型教学模式的常态化应用。

### （三）变革教育评价体系：实施数据驱动的评价方式

在教育数字化转型背景下，大数据和人工智能技术的应用，有利于教育系统摆脱经验式、结果式评价，开展客观化、过程化评价，① 对现存的教育评价体系进行全方位优化和改进。这具体表现为：在宏观层面，基于人口信息、经济发展数据、区域位置信息等多层次、多维度数据，综合评价资源配置的合理性，提高资源配置的有效性。在中观层面，基于学习过程与结果数据，为每个学生精准画像，记录学习计划和成长轨迹，识别其学习偏好、学习风格、学习障碍等信息；同时，通过对学生知识技能、情感态度、策略方法、高阶思维等方面的综合性、增值性评价，实现对学生综合素质的精准分析，从而打破“唯分数”的传统评价方式，助力培养全面发展的人才。在微观层面，基于对学生知识、兴趣、能力等方面的表征，通过预测性、诊断性分析，向学生推荐量身定制的学习任务、学习内容、学习资源和学习策略。②

### （四）提升师生信息素养：践行信息化社会人才理念

信息化社会的人才理念强调能力本位、素质本位，教育数字化转型的根本指向是“人”，故而提升师生信息素养至关重要。一方面，需要研制学生信息素养指标体系，加强以获取、理解、处理、表达、创新等能力为主的信息素养体系建设，将其纳入学生综合素质评价，提高数字化学习能力与认知水平；鼓励学生利用信息技术开展跨学科、跨

① 盛雪云. 北京师范大学教育技术学院院长武法提：在线教育要适配于面向未来的教育体系［J］. 在线学习，2021（10）：22–25+80.

② 黄荣怀. 人工智能促进教育发展的核心价值［J］. 中小学数字化教学，2019（08）：1.

区域的综合性课程学习，提升学习能力与创新能力。另一方面，需要建构线上线下融合的协同教研体系，形成以中小学教师、教研员、教育研究者、教师研修管理者等为核心成员的研究共同体；有机整合并定向补充“国培”计划和市级培训任务，革新传统的“大水漫灌”形式，深入一线课堂，开展定制化培训。教育数字化转型背景下智能技术与学科知识、教学方法的深度融合，可兼顾群体的教育需求和个体的差异化诉求，提供大规模的个性化教育供给，实现知识、能力、素质的整体提升，支撑教育高位均衡发展，促进人的全面、自由、个性化发展。

**（五）推动智能教育治理：制定科学精准的教育决策**

数据收集与智能技术的使用让数据驱动决策有了新的可能，深度的数据挖掘可以为决策提供依据，使教育管理手段从“经验导向”转向“证据导向”，形成人机协同、多元参与的决策模式，提升教育决策的透明性、科学性、预见性。采集学校及师生的基本信息、教师教研及学生学习的过程性数据，通过数据中台对这些数据进行清洗、整理、汇聚及呈现，微观层面上可以了解学校发展、教师专业发展、学生学业成绩以及学生心理健康等要素的变化趋势，为管理者的决策提供改进方向；中观层面上可以对比不同区域、学校与班级的发展现状，为优化、调整教育资源配置提供依据，促进教育公平；宏观层面上可以动态模拟和分析学校布局、教育财政、就业渠道、招生选拔等教育子系统及其关系的演变过程，为国家教育制度、学校管理制度及教学制度明晰改革方向和提供决策依据①。

教育数字化转型与“数字中国”建设一脉相承，是教育领域融汇新一轮科技革命成果的主要突破口。身处教育数字化转型的关键时期，基础教育领域的决策者和管理者要准确把握智慧教育形态的关键特征、明确构建智慧教育形态的基本路径，充分利用技术优势赋能教育变革，推进教育数字化转型可持续发展。

（编辑　夏国萍）

① 张慧，黄荣怀，李冀红，尹霞雨．规划人工智能时代的教育：引领与跨越——解读国际人工智能与教育大会成果文件《北京共识》[J]．现代远程教育研究，2019，31（03）：3-11.

# AI 赋能教育的路径探索与创新实践

赵姝颖 ①

**摘　要：**新一代人工智能在全球范围的蓬勃发展，给人们的生产生活带来很多颠覆性影响，给教育行业同样带来了前所未有的机遇和挑战。如何以 AI 赋能教育，促进教育变革创新，培养出更多符合智能时代要求的优秀人才，既是重大战略问题，也是广大科教工作者的使命和责任。本文分析了 AI 赋能教育的背景，介绍了作者团队在理念、方法、资源等方面进行的大胆探索和创新实践，对促进 AI 与教育深度融合、办好符合智能时代要求的高质量教育具有重要意义。

## 一、AI 赋能教育的背景

教育是国之大计、党之大计。党的二十大报告指出："教育、科技、人才是全面建设社会主义现代化国家的基础性、战略性支撑。"科技进步靠人才，人才培养靠教育，教育发展离不开科技进步的有力支撑，三者之间是相互关联、相互促进的统一整体，特别是随着 AI 技术的快速发展及其在各领域应用的不断普及，必将对教育产生重大影响。

AI 赋能教育是时代之需。习近平总书记在致"2019 国际人工智能与教育大会"的贺信中强调，把握全球人工智能发展态势，找准突破口和主攻方向，培养大批具有创新能力和合作精神的人工智能高端人才，是教育的重要使命。要高度重视人工智能对教育的深刻影响，积极推动人工智能和教育深度融合，促进教育变革创新。这些论断深刻地阐释了人工智能时代教育的重要使命，提出了推动人工智能与教育深度融合、促进教育变革的明确要求。刚刚闭幕的"2022 国际人工智能与教育会议"，再次聚焦 AI 赋能教育主题，教育部长怀进鹏在大会致辞中强调，"人工智能技术在教育中的融合应用是教育变革的关键要素"。AI 赋能教育已经成为当前教育改革的迫切需要，事关教育高质量发展，事关办好人民满意的教育，事关实现教育现代化的战略行动。

---

① 赵姝颖，发展中国家工程技术科学院院士，中国教育发展战略学会人工智能与机器人教育专业委员会常务理事，中国人工智能学会智能产品与产业工作委员会副主任委员，辽宁省首席科学传播专家，东北大学信息科学与工程学院教授。

AI 赋能教育是科教工作者的使命和责任。近年来，国内外专家学者在 AI 赋能教育的方向上进行了大量的研究和实践探索，出现了不少面向教育的 AI 技术和 AI 赋能的教育实践案例。作者团队充分运用多年来在人工智能与机器人领域教学科研和社会服务中积累的经验和成果，在 AI 赋能教育的理念、方法、资源等方面进行的创新实践，是时代进程中众多探索实践的一部分，希望能对推动 AI 与教育深度融合、办好符合智能时代要求的高质量教育发挥应有促进作用。

## 二、AI 赋能教育的路径探索

### （一）AI 赋能教育的主要对象

教育是个庞大的系统工程，AI 赋能教育的赋能对象和路径选择也可以有很多种。作者团队对 AI 赋能教育的探索，主要是以教育者、受教育者和教育活动作为基本着力点来进行的。对教师侧的 AI 赋能，使 AI 作为“助教”参与教学，甚至可以通过 AI 技术生成虚拟教师，对学生进行答疑解惑，实现教师“分身有术”。通过对学生侧的 AI 赋能，使 AI 作为“助学者”和“伴学者”助力学习，激发学习兴趣，提升自主学习能力。通过对教学活动过程的 AI 赋能，使 AI 作为“环境”和“资源”参与教学，使教育者和受教育者在智能化教学服务中激发教与学的热情、享受教与学的乐趣、提升教与学的效能。

### （二）AI 赋能教育的关键技术

可以为教育赋能的 AI 技术有很多，作者团队在实践中涉及比较多的主要包括机器感知、机器认知、机器学习、群体智能、人机交互和知识图谱等。

通过机器人或智能学习终端为学生提供参与互动学习的途径，是机器感知技术赋能教育的典型方法之一。它改变了原来主要由教师讲授课程的单向知识传播模式，构建一种教与学互动的双向信息传播模式。例如，可以利用各种传感器实现对学生学习过程的数据采集，把这些被采集的数据上传到智慧教育平台就可以支持进一步深度挖掘，为构建学生个性化学习方案、实现对学生学习情况的监测评价等提供依据。

通过视觉识别或者语音识别技术，可以实现对教学的赋能。例如，利用视觉识别技术实现自动批改作业，利用语音识别技术实现智能知识问答，利用人脸识别和表情识别技术实现对学生学习状态的监测等。

机器学习技术赋能教学是通过构建机器学习算法，对一些学习任务进行智能模拟，从而给学生提供一些实现任务的路径参考，达到启发学生思维的作用。例如，在棋类教学中，利用机器学习实现博弈算法，可以为学生提供试探的可选操作参考。

通过构建物联网教学系统实现对教学的赋能是群体智能技术在教学上的典型应用之一。例如，可以利用搭建好的物联网系统实现对学生学习数据的捕获，也可以将学生自主构建的智能体作为获取学习数据的终端节点设备接入物联网教学系统，为学生提供实践性教学环境，支持学生“做中学”“用中学”和“创中学”。

人机交互技术赋能教学可以通过互动式教学软件设计，支持学生的探究式学习。例如，利用视觉、语音、穿戴设备等多种交互方式，可以呈现出趣味性更强的实践教学形式，有利于提高学生的学习兴趣，增强自主学习能力。

构建教学相关的知识图谱，通过AI生动形象地展示知识，把教材、头脑中的知识表达清楚。例如，可以通过存储的知识出试题，也可根据学生的回答情况给予针对性的帮助。知识图谱技术能增强教学内容的系统性和教学过程的互动性。

随着AI赋能教育的不断推进，将会有更多的智能技术融合应用，呈现更多智能化的教学场景。

## 三、AI赋能教育的创新实践

作者团队在AI赋能教育的创新实践中，从理念方法、教育资源、教学组织等多方面进行了大量探索，并在全年龄段进行了实践，取得明显成效。

### （一）理念和方法创新

AI赋能教育，目的是促进教育变革创新，培养出更多符合智能时代要求的具有创新能力和合作精神的人才。教育变革创新，首先应该是理念和方法的创新。过去教学以教师为主体，主要形式是教师讲、学生听，教师考、学生答，对学生的应试能力培养过多，对创造力培养过少。智能技术支持下，能够满足教学路径多元化、教学方式多样化、教学深度个性化、教学产出成果化。因此，教学理念和方法不仅需要变革和创新，也有条件进行变革和创新。

作者团队在深刻理解和把握AI赋能教育目标要求基础上，在教育理念和方法上进行了创新。在理念上，大力倡导科艺融合的教育理念，通过AI赋能促进受教育者“三个素养”（科学素养、技术素养、艺术素养）和“三现能力”（发现能力、实现能力、展现能力）的综合提升；在方法上，紧紧围绕AI赋能教育的目标要求，通过AI赋能对教育活动过程进行重新构造，创造性地提出“4T教学模型”［导师（Tutors）、教师（Teachers）、实习生（Trainees）和团队（Teams）］和“五步教学法”（教、学、练、展、评），形成了“以教师为指导、以学生为中心”的教学模式，在实践过程中对受教育者“三个素养”“三现能力”的提升和创新能力、合作精神的培养起到了明显的促进作用。

### （二）教育资源创新

在AI赋能教育的创新实践中，作者团队自主研发了一系列AI赋能、特色鲜明、易学好用的教育资源，为创新实践活动提供了有力支撑，其中核心资源可以概括为一个软件开发平台和一套智能教学系统。

一个软件开发平台，即“汉语言”软件平台，是通过汉语编程的系列软件开发环境，包括面向系统集成的 S 版、面向开源硬件的 H 版、面向智能终端听小方的 T 版和面向学习者浏览的 L 版等。采用汉语作为编程语言，大大降低了智能系统设计的门槛，甚至很多文科生都可以成为非常出色的程序设计者。汉语言具有网络接口，可以实现 Wi-Fi、蓝牙等通信功能，方便与以单片机、Arduino 控制器、树莓派为主的智能硬件系统进行信息交互，支持多种语言混合编程，快速实现智能系统搭建与应用。教师可以利用汉语言编程环境方便快捷地设计制作自己的互动式教学软件，学生借助该软件可以完成课程内容的学习和学习成果展示分享，开发人员可以通过“汉语言”快速建立智能教学系统等。

智能教学系统是基于“汉语言”开发的一套可支持线上线下互动、基于云端协同的智能教学服务系统，这套系统可以支持智能化教学样态，实现立体综合教学场，改变了原来老师教、学生学的单向知识传播模式。该系统主要包括教学智能体、互动教学软件及云服务平台三部分，其中，教学智能体是基于 STEAM 智能硬件设计开发的多种智能系统，包括机械臂、智能车、生产线、互动式教学工具箱、“听小方”知识竞赛系统等，这些资源具有网络通信模块，可以与计算机进行通信，实现远程控制和信息收集；互动教学软件是基于汉语言 S 版开发的教学软件，包含电子教案和电子测评两部分，学生可以利用该软件学习掌握授课内容，测试学习成果；云服务平台可实现学生学习数据的收集和存储。通过上述系统实现智能化教学样态，重新定义备课、教学过程和学习成果测评。教学过程可采用“专家教师 + 班导师”形式进行，线上由专家导师进行统一授课，线下由班导师负责维持秩序、简单答疑。学生具有自己的身份 ID，学习过程产生的数据可以统一上传到云平台进行存储、分析和评价，实现学习过程的闭环管理。

图 1　AI 赋能教育的教学新样态

### （三）面向全学段多类别的教育教学创新实践

作者团队利用自主研发的教育教学资源，开展了大量的AI赋能教育实践，覆盖了从幼儿到大学生再到社会公众的全学段、多类别教育，满足了多种不同类型的学习需求。本文仅举几例做以简要介绍。

例一：AI赋能教育之“方方历险记”。主要用于幼儿教育，已在多所幼儿园进行实践，收到较好效果。作者团队以自主研发的机器人“方方”历险经历作为故事背景，沉浸式将小朋友们带入这个美妙奇幻的故事里面，小朋友就是故事的主人翁。每次课都是一次冒险，小朋友们与方方一起经历考验，思考解决办法，最后利用自己的聪明才智通过考验。项目采用“学、玩、赛”三个环节进行教学，分别为自己探索、自学自测和集体游戏竞赛。学生利用机器人在教材上点读探索，获取故事细节和知识；然后机器人会向学生提问，学生需要根据问题找到正确答案，验证所学；最终教师组织全体进行集体游戏互动，收集学生学习数据，掌握学习情况。

图2　AI赋能幼儿教育的实践案例

例二：AI赋能教育之“中小学人工智能普及教育课程开发和建设”。中国教育发展战略学会发布的《中小学人工智能课程教学指南》，为促进人工智能普及教育提供了有效指导。为推动这个教学指南的落实，作者团队积极参与了相关课程设计和建设工作，并用AI赋能助力教学实践，以科普公益活动等形式组织中小学生参与体验AI和学习AI的实践活动，大大提升了学生学习人工智能的主动性和积极性。

图3　AI赋能人工智能普及教育的实践案例

例三：AI 赋能教育之“综合实践课程教学改革”。作者团队将上述理念方法和教育资源应用到高等学校《机器人原理与应用》《人工智能》和《人工智能综合实践》等教学改革实践中，在教学资源、教学组织等方面进行了大胆创新，学生通过任务驱动学习，实现了教育资源的共建共享，充分激发了学生的主动性、积极性和创造力，也降低了教师的重复劳动，为教师提升综合能力提供了更多时间。通过 AI+ 专业的探索，更多非 AI 专业的学生也有机会获得 AI 赋能教育带来的好处。

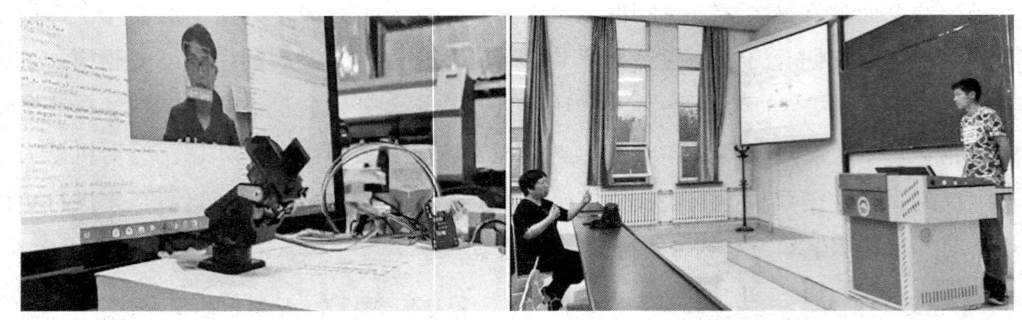

图 4　AI 赋能综合实践教育的实践案例

例四：AI 赋能教育之“智能党史学习系统”。既可以面向学校教育，也可以面向成人教育，在高等学校、科研院所、社区干部、社会公众党史学习中进行了大量实践应用，受到广泛关注和好评。为促进基层党建工作，深化广大党员对党史知识的学习和理解，作者团队以智能技术为依托，开发了“庆祝中国共产党建党 100 周年”的知识互动学习竞赛系统。系统由点读机器人、纸面编码系统和交互学习软件构成，通过网络连接成整体。支持团队学习、互动学习、集体竞赛，通过“边学边测”检验学习效果，通过分组学习与竞赛，极大地促进了学员的学习热情，提升了基层党建活动的实效性。此外，这套智能党史学习系统还具有很强的开放性，既可以赋能党史学习教育，也可以满足其他各类教育需求。

图 5　AI 赋能党史学习教育的实践案例

AI 赋能教育既是一项战略性任务，也是一项系统性工程，已经成为时代之需、大势所趋，其探索与实践起步于校园又不止于校园。作者团队在该领域的创新实践虽然取得了很大进展和成效，但也仅是众多探索和实践中的一部分。随着 AI 技术的不断进步，AI 赋能教育的探索与实践必将取得更大成效，为促进教育改革创新发挥更大作用。

## 参考文献：

[1]黄荣怀，周伟，杜静，等．面向智能教育的三个基本计算问题［J］．开放教育研究，2019，25（05）：11-22.

[2]余胜泉．人工智能教师的未来角色［J］．北京教育（普教版），2020（02）：11-12.

[3]陈凯泉，张春雪，吴玥玥，等．教育人工智能（EAI）中的多模态 学习分析、适应性反馈及人机协同［J］．远程教育杂志，2019，37（05）：24-34.

[4]宁佳，张海，杨絮．美国人工智能助教应用案例及启示［J］．中国信息技术教育，2019（Z4）：158-160.

# 职业教育数字化转型需多方协同、系统推进

韩锡斌[①]

数字技术创新日益加速，以前所未有的方式影响社会生产、生活和学习。全球教育在多种因素的综合作用下正在发生深刻的数字化转型。2021 年，国际电信联盟发布《教育的数字化转型：连接学校，赋能学习者》，经济合作与发展组织发布《2021 年数字教育展望》，欧盟发布《（2021—2027）数字教育行动计划》等，对教育数字化转型进行了积极的回应和倡导。2022 年初教育部发布的《2022 年工作要点》中提出，要实施国家教育数字化战略行动，明确了教育数字化发展的方向。党的二十大报告中明确提出，推进教育数字化，建设全民终身学习的学习型社会、学习型大国，将教育数字化提升到了国家发展战略的高度。

党的十八大以来，职业教育信息化有了长足发展。教育部推动落实《职业院校数字校园建设规范》、实施国家级职业教育专业教学资源库项目、职业院校数字校园建设实验校项目，推动高职人才培养工作状态数据管理系统建设并建立职业教育信息化发展水平监测机制，举办全国职业院校信息化教学大赛（后改名为全国职业院校技能大赛教学能力比赛），开展职业院校领导及骨干教师信息化专项培训等。在上述政策及项目的指引和驱动下，职业院校信息化支撑条件不断完善、信息化教学模式不断创新、教师信息化教学能力持续提升、信息化治理体系建设初见成效，为职业教育数字化转型奠定了坚实的基础。

与以往信息化不同，职业教育数字化转型不仅是指数字技术应用于教育教学，更为重要的是优化和转变职业教育机构的办学空间、办学方式、战略方向和价值主张，形成与数字时代相适应的教育体系。职业教育数字化转型发展是一个长期复杂的渐变过程，也是多主体参与的系统工程，需要政府、学校、企业、学术机构等多方协同、系统推进。

## 一、政府制定发展战略并统筹推进职业教育数字化

做好职业教育数字化发展的顶层设计。2 月 28 日教育部怀进鹏部长在国家教育行政

---

① 韩锡斌，清华大学教育研究院长聘教授、博士生导师、副院长，中国教育发展战略学会常务理事。

学院举行2022年春季开学典礼上指出，要聚焦数字中国，大力实施教育数字化战略行动。按照“需求牵引、应用为王、服务至上”的原则，抢占未来发展先机，切实以教育信息化推动教育高质量发展。3月底“国家职业教育智慧教育平台”正式上线，不仅整体设计支撑学习、教学、管理和服务的技术体系，更重要的是统筹规划以数字化实现职业教育转型升级的发展战略和实施行动。职业与成人教育司陈子季司长在平台新闻发布会上介绍，将以“升级平台、充实资源、完善机制”为内容，以“条件硬化、应用优化、质量强化”为目标，以“服务教学、服务教师、服务学生、服务考核评价、服务行政管理”为导向，坚持需求牵引，建构以“1个职教大脑（数字驾驶舱系统）、2个二级平台、4个子系统和4个分中心”为主体的国家职业教育智慧教育平台，据此统筹谋划职业教育数字化发展。

加强发展战略的宣传阐释及相关政策和行动的相互衔接。在职业教育的政策文件中，已有不少信息化相关的阐述和行动，如《国家职业教育改革实施方案》、《职业教育提质培优行动计划（2020—2023年）》、《职业院校数字校园规范》、职业教育数字化战略行动等，各级教育行政部门在推进职业教育数字化发展过程中，需要有意识地对这些政策和行动进行相互衔接和配合，并向职业院校准确宣传阐释相关政策的精神，确保统一认识、上下联动。

瞄准瓶颈问题精准施策。各级教育行政部门在不断加强职业教育数字化政策和措施的同时，还需要瞄准发展中的瓶颈问题进行精准、有效的施策，破解职业院校发展中自身难以解决、需要政府统筹或多方协调解决的问题。例如，学校需要更加具体的数字化政策指导、数字化成熟度评估标准；校本资源入库、平台与数据对接的准入标准和办法。另外，西部地区、偏远地区的职业院校，尤其是中职学校在数字化基础设施建设、人员信息化能力发展等方面欠账较多，凭借自身能力难以跟上数字化发展步伐，有形成新的“数字鸿沟”的隐忧，需要给予特别的政策支持，如在采取试点先行的策略中，要考虑不同地区、不同类型学校的布局等，据此分类总结经验，差异化指导数字化发展等。

## 二、学校规划落实职业教育数字化转型发展

规划先行、迭代发展。数字化转型发展是职业院校回应数字时代职业教育变革的必然趋势，需要以此视角重新审视、完善学校事业发展规划。同时，教育数字化转型也是一个持续演进的过程，没有现成的模式可以复制，需要根据自身特点不断探索，迭代发展。学校制订发展规划对内可以凝聚共识，对外可以汇聚各方资源和智慧。“国家职业教育智慧教育平台”不是教育行政部门的管理平台，而是联通所有学校的技术体系。学校可以借助平台互联互通的优势汇聚校外资源和力量，全面提升办学能力。

提升师生信息化意识和能力。学校的根本任务是人才培养，应引导学生通过“国家

职业教育智慧教育平台”学习在线开放课程及资源，培育学生信息素养、信息化专业知识、信息化职业能力，成为具有自我激励意识、自我管理能力的终身学习者。教师是人才培养的主体，也是有效落实数字化转型发展的关键。学校应指导教师充分利用平台中“专业与课程服务中心”的国家级省级校级专业教学资源库、国家级省级精品在线开放课程和课程思政示范课、国家级示范性虚拟仿真实训基地云上资源等优质资源，基于这些资源进行个性化的备课与教学，并鼓励教师将自己的课程开放到平台中，在共享交流过程中不断提升信息化教学反思与改进能力。同时，借助“教师服务中心”全国职业院校校长治理能力提升培训项目和教师教学能力大赛优秀作品等资源，加强教师发展体系建设，完善教师发展体系和激励机制，增强教师数字化教学改革与创新的意识与动机，支持教师深入参与信息化教学改革及研究，持续提升数字时代教师教学综合能力。

发展数据驱动的治理体系与治理能力。学校应树立数字化管理和服务理念，利用信息技术提升教育管理精细化、智能化水平，推动教育决策由经验驱动向数据驱动转变、教育管理由单向管理向协同治理转变、教育服务由被动响应向主动服务转变，提高管理服务质量与效率，降低管理服务成本，促进学校综合改革，持续提升学校科学化管理水平和治理能力。在建设校本数据中心的同时，逐步与“中国职教大脑”对接，实现学校、专业、课程、教师及学生等数据的动态报送，减轻工作负担，提高管理质量和效率。

夯实技术基础并完善组织保障。数字校园技术系统是实现数字化转型的“基座”，包括网络信息基础设施、信息化教学环境、仿真实训系统环境、信息化校园环境等。学校应坚持需求导向、整体规划、分步实施的原则，充分利用互联网的特性，统筹校内外数字化服务资源，借助社会力量协同构建技术系统，经济、高效地为学生、教师和管理人员提供网络化、智能化、稳定安全的信息服务。学校还要重视数字化组织体系的建设，包括信息化领导力、信息化组织机构、政策与规范、人力资源、建设与应用机制、运维管理体系和安全保障体系等，确保数字校园顺利实施、安全运行和持续发展。

## 三、企业提供优质产品和服务并履行社会责任

教育数字化行动战略的实施离不开企业的产品和服务，包括数字化设施建设、数字化技术平台和工具构建、数字化教育资源开发、教育人力资源培训、教育管理辅助服务等，这将给面向教育领域的企业带来新的机遇。目前低水平同质化的教育资源较多，能够破解职业教育教学难题的优质资源缺乏，如虚拟仿真实验实训系统、基于实操训练的技能考核系统；销售产品的居多，面向职业院校提供深入持续、个性化服务的少。因此，企业应时刻关注职业教育需求，深入理解教育规律，特别是面向教育难题，加大研发投入，持续提供优质技术产品和服务。同时，数字化教育企业还要坚守商业伦理，履行社会责任。坚持开放共赢理念，提供的平台和系统不封闭、不垄断，相关企业之间主动对

接，协同服务院校；尊重数据和资源的版权，承担保密义务等。

## 四、学术机构面向战略需求开展针对性研究

学术机构需要肩负起历史的使命，面向职业教育数字化战略需求，开展有针对性的研究。转变传统的思辨论理和实验室验证研究范式，遵循“政策研究、职教实践和学术探索”三位一体的研究思路，基于院校创新实践，持续滚动地推进职业教育数字化的研究，为政府决策、院校改革提供科学的、前瞻的理论、方法和技术依据。

总之，职业教育正面临着一场全方位的系统性变革，需要所有利益相关方，包括政府、职业院校、行业企业、学术机构的协同努力，系统推进数字化时代职业教育转型发展。职业教育数字化转型是一项动态的、复杂的系统工程，而且在全球都没有现成的经验和模式。需要按照“需求牵引、应用为王、服务至上”的原则，不断探索从技术应用转变为融合创新的可行路径，推动职业教育数字化转型的敏捷演变，并逐步塑造教育组织的数字化意识、文化和制度。在此过程中，基于互联网的各类信息技术由过去的单一辅助要素，扩展为无所不在的创新驱动力，引发职业教育人才培养体系的整体性、系统性变革。这一变革不是互联网与原有职业教育的简单叠加，而是通过互联网思维、连通的环境与技术等创新成果，构建职业教育新体系，主动适应产业升级的要求；探索职业教育新规律，促进技术与教学深度融合；创新职业教育新模式，全面服务终身学习；培育职业教育新机制，推进资源共享与均衡发展，最终支撑引领职业教育迈向现代化。

# 六、深化国际合作机制和创新国际人才培养途径

# 加强中国与东盟国家的教育合作，重中之重在人才培养

周满生[①]

2022年11月，中国领导人出席了G20峰会、APEC工商领导人峰会、APEC领导人非正式会谈、“中国—东盟领导人会议”等一系列高峰论坛，重点强调要加强中国与东盟各国的合作，也凸显了东盟在区域架构中、在地区和国际事务中日益增长的影响力。英国剑桥大学高级研究员马丁·雅克阐述了东盟与中国合作的必要性：“东盟是一种新型国际秩序的模板。它以非凡的技巧成功置身于中美分歧之外，寻求与中美两国同时发展关系。同时，由于东盟地理上靠近中国，它正在被中国的经济发展所改变。这是一个最有趣的例子，说明一个国家联盟可以通过谈判与中国建立一种新型紧密且和谐的关系。”[②]

东南亚国家与中国地域同属亚洲，文化、风俗相近，文化和教育交流由来已久。近十余年来，中国与东盟国家的人文合作更具实质性的进展。2004年9月，在北京举行了首届“中国—东盟青年事务部长级会议”，约定“从2005年起每年在中国广西举办东盟青年领导人培训项目，将东盟国家青年领导人在中国培训列入议程”。从2008年起，外交部教育部贵州省人民政府在贵州省成功举办了13届“中国—东盟教育交流周”和3届“中国—东盟国家教育部长圆桌会议”。交流周形成了中国—东盟百名校长牵手未来系列活动、中国—东盟青少年交流系列活动、中国—东盟人文交流系列活动、中国—东盟职业教育博览会、中国—东盟教育合作与人才交流洽谈会、“一带一路”教育合作六大品牌系列活动。

2018年11月14日，“中国—东盟领导人会议”在新加坡召开。李克强总理代表中国政府在会议上宣布：为加强民众对双方合作的了解和参与，支持开展更多人文交流项目。中方2019年将向中国—东盟合作基金增资，中方将设立“中国—东盟菁英奖学金”，并开展“未来之桥”项目的中国—东盟青年领导人千人研修计划，未来5年邀请1000名东盟优秀青年来华培训，播撒友谊的种子。

2022年10月31日，习近平总书记在北京与越共中央总书记阮富仲进行了会谈。现

---

① 周满生，中国教育发展战略学会副会长，创新人才研究会副会长，中国教育学会学校文化研究分会理事长，北京师范大学博士生导师。

② 马丁·雅克．美无法取代中国对东盟的重要性［N］．环球时报，2022-11-19.

在越南已成为中国第六大贸易伙伴。中方承诺向越南提供至少1000个政府奖学金名额，为越南培养至少1000名汉语教师。

党的二十大报告将人才的重要性提到前所未有的高度，习近平总书记指出，“教育、科技、人才是全面建设社会主义现代化国家的基础性、战略性支撑。必须坚持科技是第一生产力、人才是第一资源、创新是第一动力……”[①]。这涉及新发展格局中如何高质量促进跨境人才流动、创新国际人才培养机制等重大问题，也涉及粤港澳大湾区和南部跨境省区与东南亚诸国的人才培养方面的合作问题。

我认为加强我国与东南亚国家的人才培养领域的合作，应高度重视下述方面。

## 一、合作培养人才要强调发挥双边优势

在2022年10月召开的第五届进博会开幕式致辞中，习近平总书记指出：“中国将推动各国各方共享中国大市场机遇”，“中国将推动各国各方共享制度型开放机遇”，“中国将推动各国各方共享深化国际合作机遇”[②]。相比起商品和要素流动型开放，制度型开放层次更高、力度更深、影响更大，更注重对标高标准国际规则、管理标准，以及人才的培养、标准与规则。

我国与东盟在人才储备和人才培养上各有优劣。东盟连续两年成为中国第一大贸易伙伴，数字产品贸易、移动支付、信息平台服务等快速增长对中国—东盟经贸合作贡献和发展潜力巨大。东盟十国拥有约5亿劳动年龄人口，劳动力年轻，后备力量充足，但部分东盟国家劳动力教育水平相对较低，技能人才难以满足产业发展需要，来自中国的高中端技术对东盟国家有较强吸引力。

从另一角度来看，目前我国总体上国际组织胜任力人才与培养目标之间存在较大差距，具备国际组织胜任力的人才需求与供给不足之间的矛盾依然长期存在。参与全球治理的关键是能够具有一批掌握议程设置权、规则制定权与国际话语权的专业人才。它需要有相应的人才培养与使用制度做支撑。要突破人才瓶颈，做好人才储备，为我国参与全球治理提供有力人才支撑。对我国而言，亟须更多掌握议程设置能力、规则制定能力、舆论宣传能力与统筹协调能力的人才，掌握全球话语权，面向未来，以新的方式在全球治理中发挥作用。而东盟国家中的新加坡、泰国、菲律宾、印度尼西亚、马来西亚等国都有大量的国际问题专家、国际组织兼职人员在各种国际机构和NGO中工作，有丰富的国际组织工作经验，与东盟国家的密切合作可以完善国际组织人才队伍建设的政策与管理，将有助于发现、培养并选拔更多人才参与全球治理，推动构建人类命运共同体。

---

① 习近平：高举中国特色社会主义伟大旗帜 为全面建设社会主义现代化国家而团结奋斗——在中国共产党第二十次全国代表大会上的报告。

② 习近平2022年11月5日进博会致辞：《共创开放繁荣的美好未来》，中国新闻网。

合作要在双边相互尊重、信任平等的基础上才能持久开展。只有在人才培养领域深化交流互鉴，才能促进互利共赢。

## 二、合作培养人才要以粤港澳大湾区和南部跨境省区为主，突出区位优势

粤港澳大湾区的资本、技术、人才、信息等要素正在加速融合。粤港澳大湾区的综合竞争力、国际影响力正在大幅跃升。该区域强调发挥自身科技和产业优势，强调全球“引才用才”，现正迎来新的人才聚集高峰。近年粤港澳大湾区三地融合态势给大湾区发展带来新的生机和创新活力。粤港澳三地科技研发、转化能力突出，拥有一批在全国乃至全球具有重要影响力的高校、科研院所、高新技术企业和国家大科学工程，创新要素吸引力强，对东盟国家有很强的吸引力，尤其与东盟中的新加坡、马来西亚、泰国等国合作更为凸显。

广西、贵州、云南等凭借独特的地缘优势一直在中国与东南亚国家的人才培养合作，在区位上占压倒优势。

如建于1952年的广西民族大学，以“民族性、区域性、国际性”为办学特色，累计招收来自全球82个国家和地区的2.2万余名留学生，成为在国内外颇具知名度的中国—东盟人才培养基地。广西民族大学依靠地缘优势，在泰国、老挝和印度尼西亚分别设立3所孔子学院，注册学员人数达26万余人，参加各类汉语水平考试人数3万余人，有效推动了国际中文教育，促进中外民心相通。位于广西大学的中国—东盟金融合作学院于2021年9月成立。该学院将为中国与东盟各国培养和输送更多具有国际视野的专业型人才，进一步促进中国与东盟在金融领域的人才培养、学术交流以及业务共享合作。学院将以专业化人才队伍服务中国与东盟特色金融发展，围绕东盟与中国在金融人才和智库研究等方面的需求展开合作。学院将立足学科前沿，打造面向东盟的金融人才一流学府、金融决策高端智库、多边金融合作常设机制、金融科技产学研孵化平台，助力中国（广西）自由贸易试验区和广西面向东盟的金融开放门户建设。

再如，贵州大学成为从2008年至今举办的15届“中国—东盟教育交流周”的倡导者、参与者和推动者。截至目前，贵州大学已主、承、协办交流周系列活动100余项，接待中外嘉宾8000余人次；与东盟国家70多所大学、学术机构建立友好关系，积极推进交流互访、师生互换、科研合作、合作办学、共建实验室等方面的实质性合作；2020年至今，学校向东盟国家开展农业、国际汉语等领域的培训项目，累计培训2500余人次。贵州大学还在泰国北清迈大学开展汉语专业联合培养本科生项目，在泰国皇太后大学举办联合培养研究生项目。留学生由汉语学习为主，逐渐转向法律、经济、土建等专业。学成回国的学生，大多就职于所在国政府机关、公司企业、教育机构等，从事管理、技术、金融、教学等工作，为自己国家政治、经济、文化、教育、科技事业发展做出了

积极的贡献。

云南与缅甸、老挝、越南三国接壤，边境线4000余公里。云南与东盟地区高等教育的合作随着澜湄次区域的开发呈快速发展势头。2001年中国东盟教育部长会议在云南召开，中国讨论了如何加强双方教育的合作；2002年大理学院开始招收越南等国的医学专业的学生，云南民族大学成立了全国第一所东南亚文化语言学院，着力培养文化交流使者。云南高教也在同步走出国门，融入东南亚。

这些区域、省份各有自己的区位优势，只有把这些区位优势充分调动起来，与东盟国家的人才需求充分融合，才能做到协调发展。

## 三、合作培养要突出学科重点，既强调高新技术人才，也要重视培养职业技术类应用型、实用性人才

粤港澳大湾区在科技、金融等领域人才培养方面具有得天独厚的优势。多年来，中国与东盟形成了良好的伙伴关系。双方在空间技术应用、通信卫星、航天测绘等方面开展了密切交流合作，太空成为双方合作的新领域。2018年，印度尼西亚政府首次启动“印尼工业4.0”规划，涉及数字技术、网络物理系统和硬件等新型制造技术的应用，因此需要大量的高新技术和智能制造业人才作为支持。

人才培养是企业打造核心力的关键。企业的中高层管理人才与技术人才是人才培养的核心对象，也是人才培养的关键。现在越来越多的中资企业在东盟国家投资建厂，跨国校企合作也在不断深入，这不仅能为当地快速培养符合实际需求的技术人才，也为东盟国家的智能制造业发展赋能。如上汽通用五菱汽车股份有限公司拥有中国在印尼投资最大的汽车制造基地，并在柳州市建立了中印汽车学院。该公司从印尼芝卡朗和卡拉望职高挑选260名学生，提供奖学金赴中印汽车学院进行汽车制造相关培训，为印尼的生产基地及相关产业园区培养高素质应用型人才。柳州在汽车及机械工业方面有产业集聚的优势。目前，柳州职业技术学院与上汽通用五菱、柳工等单位共建4个企业全球培训中心和多个国际工匠学院。

2022年在广西柳州市举行了中国—东盟“工业互联＋智能升级”高质量发展国际论坛。会议邀请多位来自中国和东盟国家的专家学者，围绕产教融合培养高端技术人才，加强中国与东盟在智能制造业领域的教育合作展开交流。

然而中国与东盟的跨国校企合作仍面临着缺乏长远规划，培训形式单一，缺乏培训的评价体系，产教融合不充分等问题。未来需要构建多方参与的校企协同治理体系，并搭建多种资源有效整合的校企共享平台。

## 四、合作培养人才要从基础教育抓起

东盟国家学龄儿童数量庞大，除新加坡外，基础教育的发展并不是很理想，中国普及义务教育的经验可部分为东盟国家借鉴。同时，基础教育发展过程中出现的新问题，如流动人口子女和留守儿童的受教育问题也可以相互学习借鉴。

即使在高科技领域，基础教育的双方合作也大有可为。2022 年 11 月 1 日，太空中的神舟十四号三名航天员与地面上的中国—东盟青少年，在北京王府学校进行了一场“天宫对话”问答互动活动。来自中国以及文莱、马来西亚、缅甸、菲律宾、泰国、越南等东盟国家青少年向航天员们踊跃提问，并一一获得细心解答。主会场设在北京，在文莱、马来西亚、缅甸、菲律宾、泰国、越南等地设立分会场。中国和东盟国家青少年、媒体代表等近千人参与活动。中国—东盟中心发挥了桥梁作用，推动双方开展更多与载人航天相关的合作，促进各领域交流与合作。在北京主会场与海外分会场连线中，东盟国家青少年代表就航天员在太空中最大的挑战、是否可以使用手机并上网、如何喝水进食、男女航天员的差异、成为航天员最重要的素质等问题纷纷提问，陈冬、刘洋、蔡旭哲三位航天员对此细心解答并希望青少年朋友们的航天梦早日成真。这是中国宇航领域同东盟国家基础教育领域一次非常有意义的活动，希望以后能不断开展这类活动，使双方儿童受益。

## 五、合作培养人才要不断应对数字化学习的新挑战

发展数字教育，这是国际共识，不存在意识形态方面的冲突。

2022 年召开的亚太地区教育部长会议和第三届中国—东盟教育部长圆桌会议都把发展数字教育作为主题。会议倡议“举办教育数字论坛，推动成立数字教育发展联盟，促进优质数字教育资源共享，推进数字教育标准制定，网络数字空间治理等方面的合作”等。但内容过于宏观，需待具体落实。

作为全球数字经济发展的热点地区之一，东盟各国政府高度重视区域内数字经济融合。2021 年，东盟发布《东盟数字总体规划 2025》，旨在推动东盟数字发展与合作。数字经济将成为中国—东盟合作新增长点。

根据相关研究报告，预计到 2025 年，中国和东盟数字经济总量有望达到 9.58 万亿美元。随着数字经济进入全新发展阶段，数字经济时代新就业形态不断涌现，技能链、人才链与产业链的深度融合对数字人才的需求呈现快速增长趋势。数字人才培养正从学科导向变为产业需求导向，从专业分割转向跨界交叉融合。人才培养的目标从服务数字经济转型变为支撑引领数字经济发展。

所以我们一定要抓住这个契机，以政府间合作为基础，以校企合作为基本路径，以

人工智能、大数据、区块链、云计算、5G 等数字人才的培养为重点，有机整合政策、人才、技术、市场等多种要素资源，打造中国—东盟新型数字人才培养发展体系。

随着《区域全面经济伙伴关系协定》（RCEP）正式生效，中国和东盟经贸合作将提质增效，人才培养交流合作将迎来更加广阔的发展前景。正如国务院副总理胡春华出席 2022 年 11 月 5 日的“RCEP 与更高水平开放”高层论坛所说：“《区域全面经济伙伴关系协定》（RCEP）生效实施以来，中国政府采取一系列务实举措，全面落实市场开放承诺和协定义务，促进自贸区政策红利持续释放。中方愿同各成员国一道，进一步提升 RCEP 建设水平，不断深化区域产业链供应链合作，积极对接高标准经贸规则，加强区域互联互通建设，促进区域各国共同发展、共同繁荣。”这也将为包括做深做实面向东盟的开放合作提供人才支撑。

# 数字经济领域应用中国人才标准的认证国际化可行性研究

毛居华[①]

**摘　要：**在世界经济数字化转型大趋势和"一带一路"共建良好国际政商环境下，应用中国人才标准的国际化认证工作，在部分数字经济领域已具有可行性。国际化认证是基于中国经验和标准的国际教育合作和文化交流，能够从数字人才的角度促进"一带一路"国家科技进步、经济发展和民众就业创业，进一步发挥中国的国际影响力。本文通过调研中国数字经济核心产业细分领域发展状况，分析研究人才标准国际化的各影响要素，系统建立了人才国际化认证可行性四维评价模型。该模型从规模化程度、技术先进性、就创业可能性和培训必要性四个维度，对数字经济部分细分领域举例进行研究分析，并给出可行性分值及结论。

**关键词：**"一带一路"；中国人才标准；认证国际化；数字人才；评价模型

## 一、研究背景

### （一）中国数字经济概况

我国高度重视数字经济发展。习近平总书记指出，数字经济发展速度之快、辐射范围之广、影响程度之深前所未有，正在成为重组全球要素资源、重塑全球经济结构、改变全球竞争格局的关键力量。党的十八大以来，党中央高度重视发展数字经济，将其上升为国家战略。在《中华人民共和国国民经济和社会发展第十四个五年规划和2035年远景目标纲要》中，以第五篇整篇论述了"加快数字化发展建设数字中国"。文中指出，"迎接数字时代，激活数据要素潜能，推进网络强国建设，加快建设数字经济、数字社会、数字政府，以数字化转型整体驱动生产方式、生活方式和治理方式变革"。

据中国信通院发布《中国数字经济发展白皮书（2020年）》报告显示：中国数字经济规模由2005年的2.6万亿元，增加到2019年的35.8万亿元，数字经济占GDP比重已提升到36.2%。

---

① 毛居华，清华大学国家服务外包人力资源研究院副院长。

据专家预测，到2025年，数字经济将成为经济增量的主要贡献和存量的半壁江山，即数字经济将占整个GDP的50%。

### （二）人才认证国际化意义

在世界经济数字化转型大趋势下，世界各国都有着发展数字经济的迫切需求和现实意义。中国提出的“一带一路”共建倡议，为广大国家发展数字经济提供了前所未有的良好国际政商环境。国家搭台，经济唱戏，人才主角，“一带一路”国家经济要繁荣，人才是基本前提和关键要素。

中国的部分数字经济产业居于世界前列，拥有世界领先的技术、产业规模和人才培养能力与经验。在该领域推广应用中国人才标准的认证国际化工作，是“授人以渔”，能帮助外国民众掌握新兴领域知识技能，实现民众就业创业，推动本国产业发展。认证国际化意味着更深层次的教育合作和文化输出，也能够进一步发挥中国的国际影响力。中国在部分数字经济对“一带一路”国家的经验分享和人才合作，必将促进各国经济发展和提高人民生活水平，凸显中国对“人类命运共同体”理念的践行，进一步树立中国是负责任大国的国际形象。

## 二、分析模型构建

本课题的研究目的，是研究对外国从业人员以中国标准进行人才认证的可行性。通过对国内外相关标准应用情况调研和企业专家访谈，研究认为中国人才标准的国际化认证可行性，有着两层基本逻辑（图1）：

逻辑一：研究中国产业是不是世界规模较大的，核心技术或产品是不是世界领先或全球范围内普遍应用的。打铁还需自身硬，自身的实力是前提，这是第一层逻辑。

逻辑二：研究该产业是不是有可能复制到外国，岗位或职业需不需要系统化培训。如果某产业在中国发展得很好，但由于种种原因不能复制到国外，那么在国外培养人才也就失去了意义；如果产业可以复制到国外，但人员基本不需要特别培训，或只是劳动力密集型企业，那也不是我们该课题的研究对象。这是第二层逻辑。

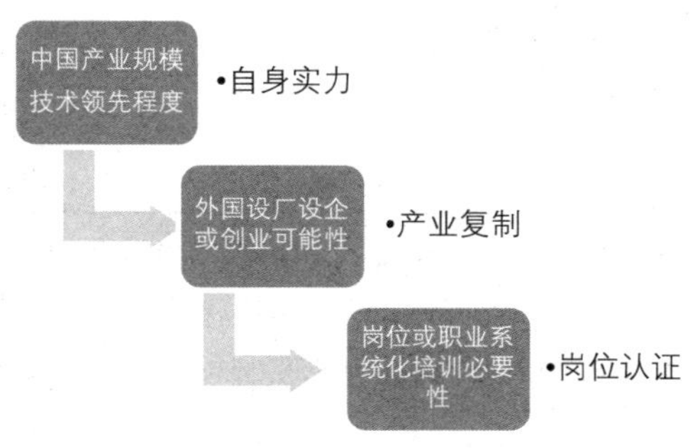


**图1 产业分析逻辑**

上述四个维度简称为：规模化程度、技术先进性、就创业可能性以及培训必要性。其中，前两者特指中国相较于全球其他国家的属性。

任一维度按照一星到五星五个等级来评定。原则有二：

（1）任一维度低分否决制，即任何一个维度，若低于三星，则该细分子类产业就被否决，即不认为有对国际人才认证的可行性；

（2）若各维度都在三星以上，则原则上按照总分来描述国际人才认证可行性的高低。

由此，对于应用中国人才标准的国际化认证可行性模型（以下简称“四维分析模型”），可采用四个维度星级描述，简要说明见表1。

**表1　四维度评估指标**

| 维度星级 | 规模化程度 | 技术先进性 | 就创业可能性 | 培训必要性 |
|---|---|---|---|---|
| ★★★★★ | 规模居世界前两位，有该产业的全球性龙头企业 | 核心技术世界领先或产品世界范围内普遍应用 | 产业易在外国落地或人员易自主创业 | 岗位很需要人员掌握新技能新素养，很需要培训及认证 |
| ★★★★ | 规模居世界前五位，有该产业的全球影响力企业 | 核心技术或产品服务与发达国家可直接竞争 | 产业在一定条件下在国外落地或人员较易创业 | 岗位比较需要新技能新素养，需要培训及认证 |
| ★★★ | 规模居世界前十位水平；国内从业人员较多 | 能及时跟进国际先进技术，跟进产品研发 | 产业在解决前提基础后可在国外落地，人员能创业 | 人员掌握新技能和新素养后，对展开工作有帮助 |
| ★★ | 规模在全球居中游水平 | 技术水平处于模仿阶段 | 产业有很大难度在国外落地，人员不容易自主创业 | 技能和素养不太需要系统性培养 |
| ★ | 规模在全球居中游以下水平 | 尚未跟进或模仿成功技术或核心产品 | 产业不太可能在国外落地，人员难以自主创业 | 不太需要掌握新的技能和素养 |

按评定原则，若某产业分析结果如表2，则为否定结论（无国际化认证可行性）。

**表2　评估指标示例**

| 维度 | 星级 | 特别说明 |
|---|---|---|
| 规模化程度 | ★★★★ | |
| 技术先进性 | ★★ | |
| 就创业可能性 | ★★★ | |
| 培训必要性 | ★★ | |

说明：上述示例中，该产业技术先进性和岗位的培训必要性分值均不足3分，故不认为有国际化人才认证的可能。

## 三、部分细分领域应用

### （一）数字经济产业含义及分类

2021 年，国家统计局正式定义了数字经济概念。数字经济是指以数据资源作为关键生产要素、以现代信息网络作为重要载体、以信息通信技术的有效使用作为效率提升和经济结构优化的重要推动力的一系列经济活动。从范畴上来讲，统一表述为产业数字化和数字产业化两大领域范畴。数字产业化主要包括四大产业：数字产品制造业、数字产品服务业、数字技术应用业，以及数字要素驱动业。产业数字化主要指数字化效率提升业，具体包括数字化转型的智慧农业、智能制造、智能交通、智慧物流、数字金融、数字商贸、数字社会、数字政府等。

以数字技术应用业和数字要素驱动业为例，其细分领域如下：

数字技术应用业，包括软件开发、网络传输服务、互联网相关服务、信息技术服务、其他等（图 2）。

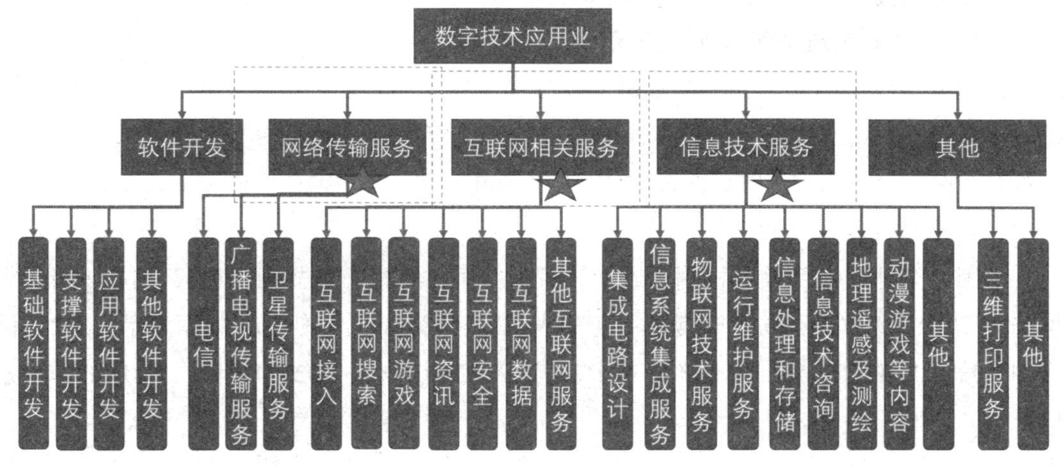


图 2　数字技术应用业

数字要素驱动业，包括互联网平台、互联网批发零售、互联网金融、数字内容与媒体、信息技术基础建设、数字资源与产权交易、其他等（图 3）。

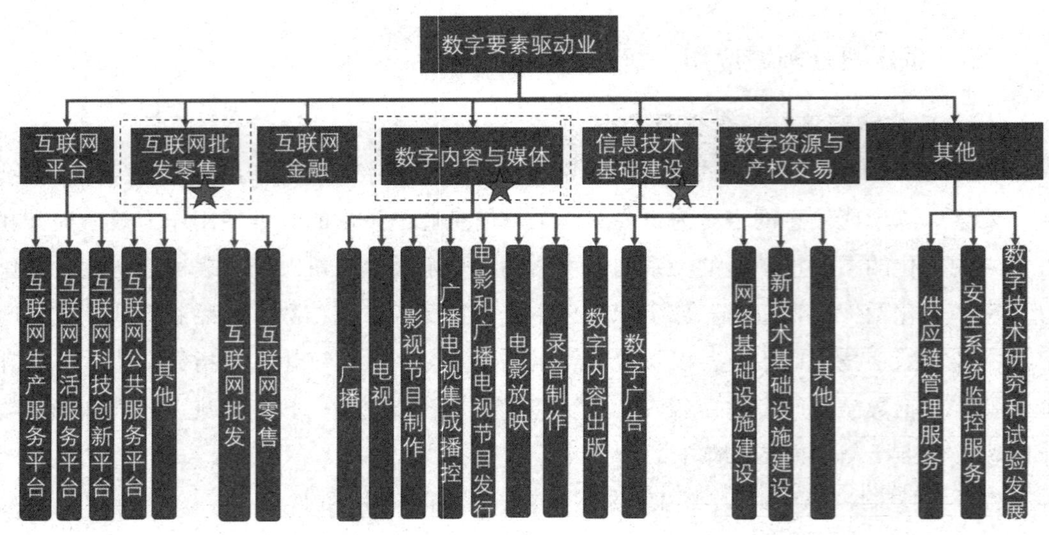


图 3　数字要素驱动业

该分类仅基于统计角度划分，实际研究领域会进一步细分。

## （二）产业领域模型研究分析示例

四维分析模型的应用，主要采用文献参考和专家（企业）访谈方式，以 DELPHI 法得出星级评定。此部分以计算机制造和电子商务（互联网零售）两个细分领域为例，文献资料对照，分析该细分领域的人才认证国际化可行性。

1. 计算机制造业分析

中国是全球最大的计算机制造基地，目前中国计算机产业规模居世界首位。国际数据公司（IDC）发布了 2020 年第四季度全球 PC 出货量报告（图 4）。数据显示，2020 年第四季度全球 PC 出货量同比增长 26.1%，达到 9160 万台。2020 年全年，全球 PC 市场出货量同比增长 13.1%。

| 2020 年第四季度全球前五大传统 PC 厂商出货量、市场份额及同比增长率 | | | | | |
|---|---|---|---|---|---|
| 厂商 | 4Q20 出货量（千台） | 4Q20 市场份额 | 4Q19 出货量（千台） | 4Q19 市场份额 | 同比增长率 |
| 1.Lenovo | 23122 | 25.20% | 17918 | 24.70% | 29.00% |
| 2.HP lnc | 19130 | 20.90% | 17185 | 23.70% | 11.30% |
| 3.Dell Technologles | 15797 | 17.20% | 12463 | 17.20% | 26.80% |
| 4.Apple | 7349 | 8.00% | 4927 | 6.80% | 49.20% |
| 5.Acer Group | 6551 | 7.20% | 4418 | 6.10% | 48.30% |
| 其他厂商 | 19641 | 21.40% | 15712 | 21.6% | 25.00% |
| 合计 | 91590 | 100.00% | 72622 | 100.00% | 26.10% |
| 来源：IDC 极度个人电脑设备跟踪，2021 年 1 月 11 日<br>备注：以上数据初步统计结果 | | | | | |

| 2020 年全球前五大传统 PC 厂商出货量、市场份额及同比增长率 | | | | | |
|---|---|---|---|---|---|
| 厂商 | 2020 年出货量（千台） | 2020 年市场份额 | 2019 年出货量（千台） | 2019 年市场份额 | 同比增长率 |
| 1.Lenovo | 72669 | 24.00% | 64855 | 24.20% | 12.00% |
| 2.HP lnc | 67646 | 22.40% | 62935 | 23.50% | 7.50% |
| 3.Dell Technologles | 50298 | 16.60% | 46546 | 17.40% | 8.10% |
| 4.Apple | 23102 | 7.60% | 17894 | 6.70% | 29.10% |
| 5.Acer Group | 20989 | 6.90% | 17080 | 6.40% | 22.90% |
| 其他厂商 | 67901 | 22.40% | 58357 | 21.8% | 16.40% |
| 合计 | 302605 | 100.00% | 267667 | 100.00% | 13.10% |
| 来源：IDC 极度个人电脑设备跟踪，2021 年 1 月 11 日<br>备注：以上数据初步统计结果 | | | | | |

**图 4　全球 PC 厂商数据**

居家办公、线上学习以及消费需求的复苏成为全球 PC 市场出货量增加的主要驱动因素。数据显示，2020 年第四季度联想份额上升到 25.2%，惠普上升到 20.9%，戴尔上升到 17.2%，排名前三的厂商中联想增长最多。

就工业计算机技术专利来看，中国后来者居上，图 5 为截至 2021 年 7 月全球工业计算机行业技术来源国分布情况。目前，全球工业计算机第一大技术来源国为中国，中国工业计算机专利申请量占全球工业计算机专利总申请量的 78.60%，占据绝对优势；其次是美国，美国工业计算机专利申请量占全球工业计算机专利总申请量的 14.68%。

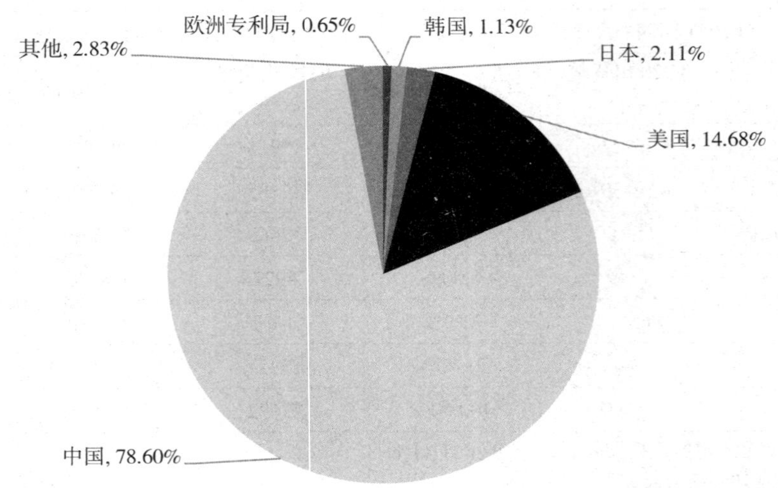


**图 5　全球工业计算机技术来源国分布情况**

但客观地讲，中国的关键技术及专利应用相较外国仍有很大差距。全球工业计算机市场价值最高 TOP10 专利中，无一为中国企业（表 3）。

**表 3　全球工业计算机技术市场价值前十**

| 截至 2021 年 7 月全球工业计算机行业市场价值最高 TOP10 专利的申请人（单位：万美元） | | | |
|---|---|---|---|
| 专利 | 标题 | 当前申请（专利权）人 | 价值（万美元） |
| JP6088026B2 | 增强的物理下行链路控制信道映射 | 苹果公司 | 1543 |
| EP2375802B1 | 处于协作或非协作通信关系的设备之间的通信 | 高通股份有限公司 | 1502 |
| MX342394B | 根据彩色分量对共享 SAO 参数的视频进行编码的方法和装置 | 三星电子株式会社 | 1408 |
| CN109118290B | 方法、系统和计算机可读非暂时性存储介质 | 脸谱公司 | 1387 |
| RU2692039C2 | 用于切换传输和接收信道时间分离的双工的载波带间配对的装置和方法及其在不同传输时间间隔的复用中的应用 | 高通股份有限公司 | 1382 |
| EP2974145B1 | 用于网络计算的便携式平台 | 脸谱公司 | 1376 |
| US10678416B2 | 用于传感或控制系统的基于占用的运行状态确定 | 谷歌有限责任公司 | 1278 |
| MX359109B | 图像编码方法、图像解码方法、图像编码装置、图像解码装置和图像编码 / 解码装置 | 太格文 – Ⅱ有限责任公司 | 1268 |
| TW1387252B | 传输上行链路讯号之方法 | 光学细胞技术有限责任公司 | 1259 |
| MX337473B | 视频编码设备、视频解码设备、视频编码方法、视频解码方法 | 富士通株式会社 | 1248 |

综上，就计算机行业发展存在的问题来看：

一是行业标准没有话语权。由于该行业起步较晚，计算机行业的相关标准制定完全由发达国家的企业主导，我国企业未能有参与资格。

二是缺少核心技术。关键的计算机零部件无法生产，或质量价格上无法与国外企业竞争，如芯片、CPU 基本被英特尔、AMD、三星等厂商垄断。我国计算机企业难以短时间内突破技术瓶颈。

三是无领袖企业。联想虽是出货量全球第一，但它只是以计算机组装为主，缺乏核心关键的专利技术。

四是人才缺乏。有创新能力的计算机人才仍严重不足。

由此，计算机制造业分析结论见表 4：

**表 4　计算机制造业分析表**

| 维度 | 星级 | 特别说明 |
| --- | --- | --- |
| 规模化程度 | ★★★★★ | 世界第一 |
| 技术先进性 | ★★ | 缺少核心技术，卡脖子 |
| 就创业可能性 | ★★★★★ | 国外容易建厂和人员就业 |
| 培训必要性 | ★★ | 以劳动力密集型企业为主 |
| 结论：计算机制造业，不适合做面向外国从业人员的中国标准人才认证 | | |

2. 电子商务业分析

中国是全球最大的电子商务市场，超过 60% 的消费者在线购物，已养成在线购物的习惯。2019 年，中国电商的销售额几乎是美国、英国、德国、日本和韩国总和的两倍，并且增长还在提速。

据商务部电子商务司《中国电子商务报告（2019）》显示（图 6、图 7），2019 年，中国网民规模已超过 9 亿人，互联网普及率达 64.5%；全国电子商务交易额达 34.81 万亿元，其中网上零售额 10.63 万亿元，同比增长 16.5%，实物商品网上零售额 8.52 万亿元，占社会消费品零售总额的比重上升到 20.7%；电子商务从业人员达 5125.65 万人。

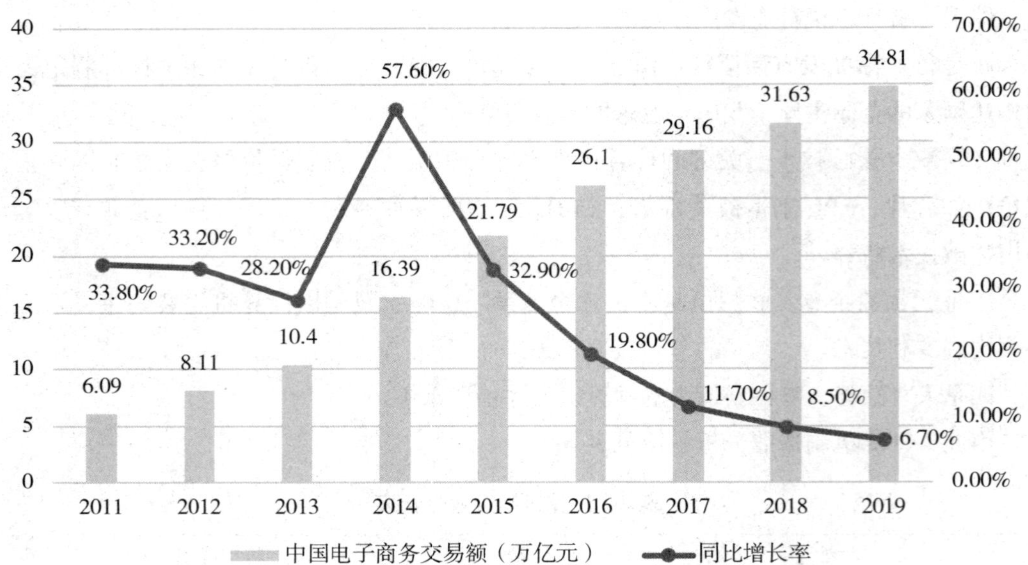


数据来源：《中国电子商务报告（2019）》，电子商务司。

**图 6　中国电子商务交易额**

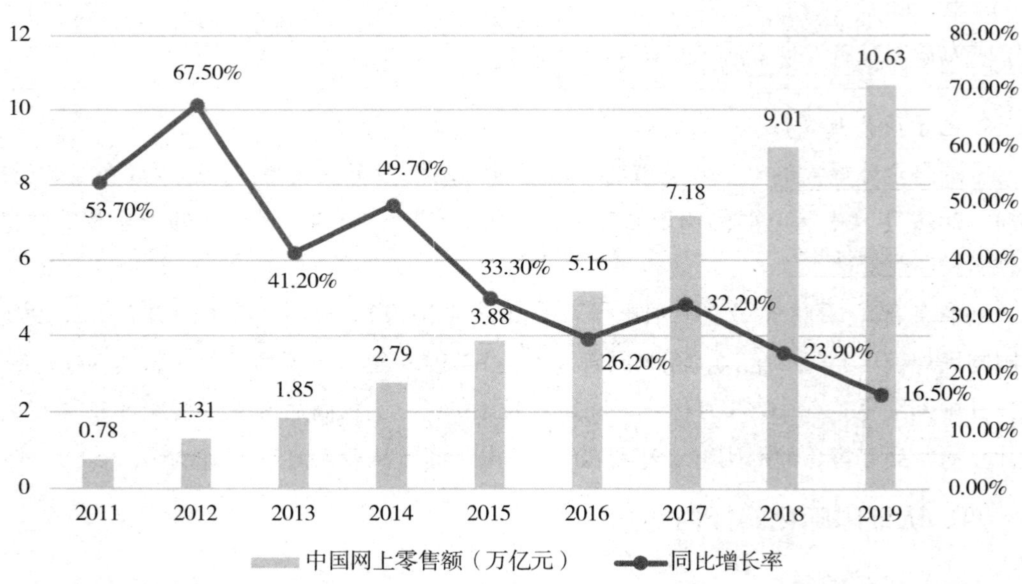


数据来源：《中国电子商务报告（2019）》，电子商务司。

**图 7　中国网上零售额**

2019 年，通过海关跨境电子商务管理平台零售进出口商品总额达 1862.1 亿元，同比增长 38.3%。其中，出口总额 944 亿元，年均增速 60.5%；进口总额 918.1 亿元，年均增速 27.4%（图 8）。

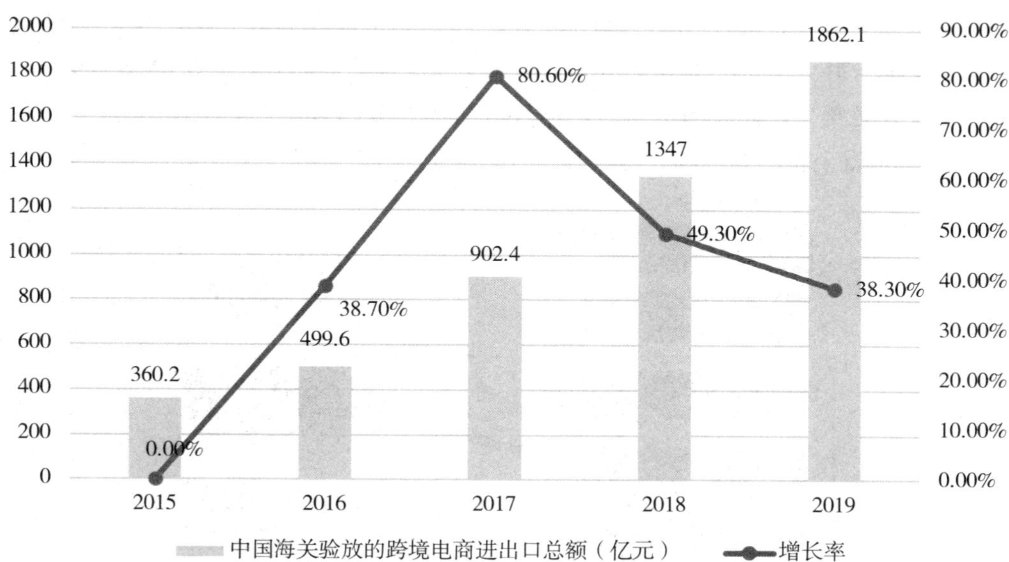


数据来源：《中国电子商务报告（2019）》，电子商务司。

**图 8 中国跨境电商进出口额**

综上，随着“一带一路”共建得到世界各国越来越多的关注与参与，跨境电子商务正成为各国经济发展的重要引擎和解决人员就业的重要领域。电子商务业分析结论见表 5。

**表 5 电子商务业分析表**

| 维度 | 星级 | 特别说明 |
|---|---|---|
| 规模化程度 | ★★★★★ | 世界最大的电商市场 |
| 技术先进性 | ★★★★ | 国际竞争力的龙头企业，有核心技术 |
| 就创业可能性 | ★★★★★ | 国外人员容易实现就业和电商创业 |
| 培训必要性 | ★★★★ | 尤其是跨境电商，需要较为系统的培训 |
| 结论：电子商务领域，适合做面向外国从业人员的中国标准人才认证（总分：18 分） | | |

## 四、认证国际化路径简述

### （一）认证路径

2021 年 5 月，清华大学举办了“一带一路”数字贸易人才教育国际对话。该对话有上合组织、中国东盟组织等国际组织，哈萨克斯坦、埃及等国家，阿里巴巴等龙头企业，国内百所院校的专家现场参会，国内校企万人线上参会。会上，工程院院士孙家广提出包括国际化人才认证的国际教育合作五点倡议，得到了与会专家和嘉宾的高度认同。

人才认证，立足点是为企业服务，为企业发展提供数量足够和质量合格的人才，在此过程中实现产教良性互动，推动教育系统的人才培养；最终建立起社会人才基准线。

人才认证人群（图 9），整体上可分为三类：在校人员（学生），在职人员（员工）和社会人员。认证推广的路径有五条：院校教育国际合作、龙头企业跨国认证、国际组织协同、协会国际间合作、政府间合作。

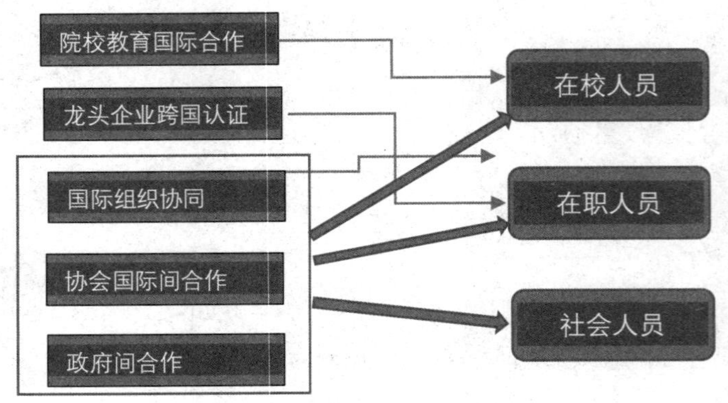


图 9　合作路径与对象

搭建国际认证体系，建立行业领域的国际人才基准线，实现企业、院校、人员的良性互动与多赢。

1. 院校教育国际合作

当前，我国和其他国家教育交流频繁，在有些领域中国院校专业已经走出国门，获得了其他国家的认可。

2021 年，赞比亚职业教育和培训管理局（TEVETA）正式批准了三项由中国高职院校研究开发的专业教学标准成为“赞比亚国家职业教育教学标准”的请求。

院校以专业教育为切入点，进而实现对校内学生的认证，是可行的。

2. 龙头企业跨国认证

当前，中国部分行业龙头企业已经实现了国际化。

在跨境电子商务领域，以阿里巴巴为例，2018 年，阿里巴巴全球速卖通海外买家数累计突破 1.5 亿。速卖通在全球 100 多个国家的购物类 App 下载量排名第一，全球范围内每月访问速卖通的消费者超过 2 亿。而跨境 B2B 业务，阿里巴巴国际站累计服务 200 余个国家和地区的超过 2600 万活跃企业买家，近三年支付买家的复合增长超过 100%。

在数字媒体领域，抖音（TikTok）已经是世界上规模最大、应用最广的企业。Cloudflare 的数据报道称，TikTok（抖音海外版）是 2021 年全球访问量最大的互联网网站，超过了谷歌；而据第三方移动应用监测平台 Sensor Tower 数据显示，全球 2020 年 4 月非游戏类移动应用收入榜单中，字节跳动旗下抖音及 TikTok 收入占领榜首，该月总收入约为 7800 万美元。TikTok 近日发布的最新数据显示，其全球月度活跃用户已超过 10 亿人。

TikTok 的美国月度活跃用户总数飙升至 9100 多万人。TikTok 曾在本月早些时候表示，目前其美国活跃用户人数超过 1 亿人。该公司还披露，其于美国的每日用户人数已超过 5000 万人。

基于龙头企业创造的行业生态，依托龙头企业来做国际人才认证的路径基本成熟。

3. 国际组织协同

在 2021 年清华大学举办的国际对话上，时任上合组织秘书长诺罗夫秘书长主旨发言指出数字贸易在上合组织国家发展的重要性和人才培养的必要性。并提出建议，为建立数字经济专业大学之间的合作平台，制订一个识别和培养人才的计划，以及培训数字商业领域专家的国际教育标准。

基于各国经济发展和人员就业的出发点，与相关国际组织协同开展国际化人才认证，是可行的。

4. 协会国际间合作

中国国际贸易促进会、中国标准化技术协会、中国科协等与国际合作密切的协会，亦是推广国际人才认证的可能路径。

2021 年 10 月，根据国际标准化组织技术管理局（ISO/TMB）第 82 会议决议，由中国提出的《直播营销服务指南》被国际标准化组织（ISO）正式批准立项，赋予国际标准项目编号 ISO/IWA41。这是全球首个直播营销（直播电商 / 直播带货）领域的国际标准。

借助部分协会的国际标准制定工作，以及国际合作的广泛渠道，进行国际人才的认证推广也是可行路径。

5. 政府间合作

政府间合作，相对重要的是“一带一路”共建的相关部门。借助“一带一路”来推广人才国际化认证，将是可能规模化展开和快速取得成效的必由之路。

“一带一路”要加强“五通”，即政策沟通、道路联通、贸易畅通、货币流通和民心相通，以点带面，从线到片，逐步形成区域大合作格局。

五通之中，政策、道路是前提，贸易是目的，货币和民心是结果。也就是说，“一带一路”以国际贸易、以促进本国经济发展和人民生活水平提高为基本着眼点，而人才是第一资源。因此，我们认为，共建“一带一路”，是“政府搭台，经济唱戏，人才奠基”，人才是起决定性作用的根本要素。随着“一带一路”倡议被世界各国所认可和接受，培养“一带一路”新时代人才已成为落实“一带一路”倡议、促进“一带一路”各国经济发展的重大议题。在“一带一路”国家展开人才认证，将更具有现实意义。

## 五、结论

应用中国人才标准的国际化认证工作，对中国而言，是教育输出、文化输出、标准输出，能够加大中国的国际影响力，树立中国的负责任大国形象，是构建人类命运共同体的重要工作环节。对“一带一路”国家而言，是借鉴和应用中国的经验和标准，培养足够数量和质量的人才，从而促进本国的经济发展，提升民众生活水平。

本课题研究认为，在数字经济核心产业的部分领域，应用中国人才标准的认证国际化前提条件已经齐备，并具有了坚实可靠的基础。

而通过政府部门、龙头企业、相关协会、国际组织和院校五条路径，实现与其他国家协同和衔接，是发挥自身优势，实现应用中国人才标准的国际化认证有效方式，各方应积极探索国际化认证的联合协同模式。

总之，数字经济领域应用中国人才标准的认证国际化工作，符合中国是“负责任的大国”身份，是人类命运共同体构建的必要环节，是“一带一路”共建的重要部分，对于促进中外交流，带动全球就业创业，推动各国经济发展和人民生活水平提高，都有着积极意义。

## 参考文献：

[1]习近平．不断做强做优做大我国数字经济[J]．先锋，2022（03）：3.

[2]李雪婷，顾志娟，江小涓．数字经济将撑起我国经济半壁江山[N]．中国妇女报，2022-08-12（05）.

[3]潘彪，黄征学．数字经济概念演变、内涵辨析与规模测度[J]．中国经贸导刊，2022，（05）：52.

[4]马君，李一凡．我国职业教育国际合作政策的发展历程、演进逻辑与优化路径[J]．教育与职业，2021（11）.

# 人才战略视角下我国高等教育国际化的战略地位

伍　宸①

## 一、时代背景与问题提出

在党的二十大报告中，习近平总书记明确指出要“完善人才战略布局，坚持各方面人才一起抓，建设规模宏大、结构合理、素质优良的人才队伍。加快建设世界重要人才中心和创新高地，促进人才区域合理布局和协调发展，着力形成人才国际竞争的比较优势”。党的二十大报告进一步强调，“教育、科技、人才是全面建设社会主义现代化国家的基础性、战略性支撑”，要“加快建设世界重要人才中心和创新高地”。作为教育、科技、人才的最密切结合点，以及构建高质量高等教育体系、培养高层次人才、推动科技创新的前沿阵地，中国特色世界一流大学在建设成为世界重要人才中心和创新高地的进程中承担着重要的责任与使命。② 据此，在当前及今后的很长一段时期内，加快建设世界人才中心将成为国家的战略中心任务和使命。大学作为人才的聚集地和高地，自然也需要在此过程中发挥重要的、不可或缺的作用。世界人才中心的形成有其自然规律，尤其是在全球化深化发展的大背景下，各世界主要发达国家通过充分发挥高等教育的作用广泛招揽和吸纳全球范围内的优秀人才已是通行法则。

美国作为当今世界头号资本主义国家，充分借助高等教育国际化办学源源不断从世界范围内吸纳人才，成为美国的基本国策和重要战略，也为高等教育服务国家人才中心战略树立起典范。美国吸引了大批高层次移民，其中主要以大学毕业生、诺贝尔奖获得者和发明家为主。其中在受过高等教育的工作者中，约 17% 是海外移民，约 29% 的 STEM 领域工科博士在外国出生，而 52% 的博士学位拥有者是海外移民。20 世纪处于科学中心的美国，汇聚了费米、冯·诺依曼等杰出科学家，集聚了全球近 70% 的诺贝尔奖获得者、近 50% 的高被引科学家。此外，美国约 33% 的诺贝尔奖获得者不是在美国出生的。因此，移民对美国经济发展产生了重大影响。根据经济学家的测算，1999 年至 2010 年，持有美

① 伍宸，宁波大学教育学院教授，中国教育发展战略学会第四届理事会理事，国际教育专业委员会副秘书长。

② 段世飞，钱跳跳．一流大学建设世界重要人才中心的实践路径［J］．神州学人，2023（02）：32–34.

国 H-1B 家签证的高技能外国公民贡献了美国资本生产率的 10%—25%。1999—2000 年期间，占总就业人数的 1% 的外国 STEM 行业工作者，使得在本土接受高等教育的工作者（含 STEM 和非 STEM 行业）工资增加了 4%—6%。商业领袖和各政治派别的受访者都表示，外国劳动力对美国经济有积极影响，特别是在创新方面。全球优秀创新人才的集聚度是世界人才中心和创新高地的基本测度指标之一。①

由此观之，美国通过大力发展高等教育为国家经济社会发展积聚了大量高端优秀人才，创造了巨大的经济和社会效益。世界级人才高地即汇聚了一大批世界一流的创新创业人才和以这些人才为核心的人才群体，能够在科技创新、产品研发和产业变革中引领世界潮流的人才密集区。② 我国作为发展中国家，正处于经济社会高质量发展新阶段，亟须大量各行各业高端人才。其中一方面需要我们自主培养和造就；另一方面还需要扩大视野。通过国际化办学等方式不断将世界范围内的优秀人才源源不断吸纳到我国，参与到我国的社会主义现代化建设事业中来。据此，在当前风云变幻的国际环境下，我们需要重申高等教育国际化对于人才中心建设的战略地位。

## 二、国际人才流动动因分析

在讨论高等教育国际化在人才中心建设过程中的战略地位之前，我们需要首先分析国际高端人才流动的动因是什么，是哪些因素导致了高端人才在国际间流动。对这些因素分析，有助于我们有针对性地开展相应国际化办学活动。有研究者指出，影响人才流动的动因主要有三个：个体因素（年龄、性格、价值观等）、组织因素（工作环境、劳动收入、组织文化等）和社会因素（经济背景、供求关系等），在此基础之上，学者们又通过对要素间关系的分析，从个体、组织和社会三个层面建立了相关的验证性模型。③ 据此，本文也初步从如下几个方面探讨国际人才流动的基本动因。

### （一）收入和发展在国际间存在的差距

导致国际间人才流动的首要动因就是在收入和发展上所存在的客观差距。其中，对于一些直接创造生产价值的行业来说更为明显，比如工程师、技术专家、牙医等行业。事实上，多年以来美国的软件工程师主要来自印度、中国等发展中国家和地区，而医生等则以东欧国家为主。由于在收入和经济发展水平上存在的较大差距，发展中国家的一些特殊行业高端人才就有了向发达国家流动的动力。一方面为了追逐自身的经济利益；

① 何丽君．中国建设世界重要人才中心和创新高地的路径选择［J］．上海交通大学学报（哲学社会科学版），2022，30（04）：33-42.

② 薄贵利．论打造世界级和国家级人才高地［J］．中国行政管理，2019（06）：6-11

③LEVIN R，ROSSE J.Talent Flow：A Strategic Approach to Keeping Good Employee，Helping Them Grow，and Letting Them Go［M］.San Francisco：A Wiley Company，2001.

另一方面也是为了更高的事业发展平台。

### （二）非经济动因

自然地，有经济方面的动因，也就存在着非经济动因。比如对于科学领域的高层次人才来说，除了收入和金钱方面的原因外，很多研究者更关注目的地国家研究设施和大学的质量，研究经费的充裕度以及能否与研究同行高质量、便利地开展学术互动等方面的因素。这些因素从根本上影响研究环境，从而进一步影响学术人才专业化的发展潜力。此外，政治和社会环境的健康有序也能极大程度影响高端人才的流动。良好的社会治安、医疗条件，甚至交通和居住条件等都是影响高层次人才去国家区域间流动的非经济因素。在当前世界各国都加强对高端学术人才抢夺的时代背景下，非经济因素越来越发挥着根本性的作用，能否营造起积极健康的学术氛围，给拔尖学术人才营造优渥的学术和生活环境至关重要。

### （三）对资本和人才的需求

随着一些发展中国家或地区经济的快速发展，产生了对资本和一些技能型人才的巨大需求。比如我国自改革开放以来，大力吸引外资以及引进海外高层次和技能型人才而推动了经济社会的发展。除此之外，包括印度、韩国以及马来西亚等新兴经济体的快速发展，也都产生了对全球资本和高层次人才，其中尤其是对一些高级管理人才、工程师等的迫切需求，进而促进了国际间人才的流动。

### （四）科学技术发展进步对人才的需求

近 20 年来，信息和通信技术的革命性进步，加大了对这些领域人才的急剧需求。比如工程师、数字程序员、科学家和其他可用于软件和硬件开发的人才，这些人才的供应国主要包括俄罗斯、印度、波兰、南非、中国和墨西哥等发展中国家，流入国主要包括美国、英国等发达国家或地区。近年来，随着我国信息和通信技术的跨越式发展，成为世界重要的创新中心之一，我们也逐步具备了从世界范围内吸引相关人才的条件和能力。除此之外，新能源革命和相关技术的发展，也扩大了对这些领域相关人才的需求。因此，对于一个国家或区域来说，积极抢占在相关领域的科研和产业应用制高点，也是吸引人才的重要方式。

### （五）人才的聚集和集中效应

一般说来，科技创新型人才容易受同行的可用性吸引，因为很少独立开展诸如设计新产品、创新理念和开展研究活动等创新活动。正如前文所言，科技创新人才和高端技能型人才离开所在国到别国求职，不仅仅因为经济因素，更多是考虑到能否有高质量的科研同行及其合作者。尤其是对于科研工作者来说更是如此，能够与高质量的学术同行开展学术讨论、学术合作并产出学术研究成果是吸引其产生国际流动的主要动因之一。所以这也可以解释为何美国和英国等发达国家是世界主要高端学术人才流入地，因为这些国家和地区积聚了大量高端学术人才，比如诺贝尔奖获得者等，已经产生了对人才的集聚和集中效应。

**（六）语言兼容性、网络和社会文化亲和力**

在促进国际间人才流动的动因中，语言的兼容性、网络和社会文化亲和力同样也扮演着重要的角色。就语言兼容性来说，作为国际通用语言——英语的使用度在很大程度上决定了对海外高端人才的吸引力。事实上，在亚洲很多新兴经济体中，都将英语作为官方工作语言之一，进而对吸引海外高层次人才创造了便利条件。近年来，随着我国高等教育国际化水平的不断提高，一些高水平研究型大学也越来越多地开设英语课程，创设英语工作环境等。就网络和社会文化亲和力来说，能否建立起一种开放、包容和善于沟通交流的社会交流文化，也是吸引世界范围内高层次人才流动的重要因素。

**（七）政策制度和移民政策**

最后，一个国家或地区的政策制度和移民政策也在很大程度上影响高层次人才的流动方向。比如近年美国对其移民政策做了较大的调整，就很大程度影响了一些高层次人才的流动去向。在当前对国际高端人才争夺日益激烈的背景下，需要制定和出台更多有利于高层次人才引进的政策制度和移民政策。

## 三、我国高等教育国际化战略地位

前文分析了跨国或区域高层次人才流动的主要动因或者说触发因素。对这些因素的明确是确立我国高等教育国际化在人才中心建设过程中战略地位的理论基础。较之于其他行业和部门，高等教育部门或者说大学有其自身的组织特性和独特使命，这也是在人才中心建设战略中确立高等教育国际化办学战略地位的基本依据。因为高等教育机构在高端学术人才集聚、高技能人才吸纳和培养以及国际人才的交流与合作上有其独特优势，因此也有其独特的战略地位。

**（一）充分发挥高校在高端学术人才集聚上的战略地位**

大学是当今世界知识创新的中心，根据最新的相关数据统计显示，我国高校集聚了全国超过 40% 的两院院士、近 70% 的长江学者和国家杰出青年科学基金获得者。在全国基础研究和重大科研任务、国家重大实验室建设、国家级三大科技奖励项目中，高校参与比重和贡献份额均超过 60%，国家自然科学基金项目 80% 以上由高校承担。因此，高校不仅是高端学术人才的集聚地，同样还是科学创新的中心。基于前文对国际高端人才流动的动因分析，对于高端学术人才的流动来说，除了经济因素，一些非经济动因发挥的作用更为明显。其中高端学术人才的集聚和集中效应发挥了重要作用。因此，对于我国高校来说，要充分借助国际化办学大力延揽一些具有世界影响力的高端学术人才，比如诺贝尔奖和菲尔兹奖获得者，世界顶尖大学知名学者和教授等。然后以引进这些高端学术人才为纽带，进一步提升对其他层次学术人才的吸引力，最终逐渐在某些方面形成世界学术人才高地甚至中心。

**（二）充分发挥高校在高技能人才吸纳和培养上的战略地位**

我国高校需要充分发挥其人才培养的功能，一方面不断优化和改革招生考试制度，从世界范围内吸引大批优秀生源；另一方面不断提升培养质量，把这些学生培养成为我国社会主义事业的建设者。我国高等教育应该要具备聚天下英才的气魄和能力。事实上，从世界主要发达国家的发展史看，通过高等教育从世界范围内吸引和培养各种高净值技能型人才是通行法则。我国作为发展中国家，在现代化建设过程中同样需要借助高等教育的力量从世界范围内吸纳和培养更多高素质人才。

**（三）充分发挥高校作为国际人才交流与合作中枢的战略地位**

相较其他社会组织和机构，高校具有人才集聚、国际学术交流与合作频繁的特点。因此，在人才中心建设过程中，需要充分发挥高校作为国际人才交流与合作中枢的战略地位。具体来说包括：一是高校要在全球范围内建立起广泛和实质性的人才交流机制，通过举办高端学术论坛、学术交流机制等方式吸引全球范围内的高端学术人才；二是不断优化和完善境外人才来华开展学术交流与合作的环境及相关政策文件，为他们营造更为便利和具有包容性的学术交流与合作环境。

## 四、结语

当今世界正处于百年未有之大变局，我国社会主义现代化建设正面临着复杂多变的国际国内局势。在全面推进国家治理体系和治理能力现代化以及实现高质量发展新阶段，各级各类高素质人才的中心地位和作用将不断凸显。在人才中心建设征程中，我们不仅要立足于本国实际大力提高人才培养质量，还要借助高等教育国际化办学从世界范围内吸引人才，聚天下英才而育之、用之。当前我国在高端人才存量和增量上与欧美等发达国家地区相比还有较大的差距。一些核心关键技术亟待进一步突破，如“工业母机、高端芯片、基础软硬件、开发平台、基本算法、基础元器件、基础材料等瓶颈仍然突出，关键核心技术受制于人的局面没有得到根本性改变”①。据此，我们需要锚定我国高等教育国际化在世界人才中心建设征程中的战略地位，并从政府政策设计，高校办学方略等方面整体性推进世界人才中心建设战略。

---

① 习近平．深入实施新时代人才强国战略　加快建设世界重要人才中心和创新高地［N］．人民日报，2021-09-29（01）．

# 国际视阈下的学习型社会与学习型大国建设

杨树雨[①]

**摘　要**：党的二十大报告首次提出“学习型大国”一词。学习型社会走进中国20年，从党的十六大至二十大，持续提出建设学习型社会。特别是近十年来，中国学习型社会建设成绩显著，为世界做出了重大贡献。从学习型社会到学习大国，再到学习型大国，学习型社会建设目标的变化具有特殊的时代背景与重大的现实意义。学习型大国显示了中国学习型社会建设的国家层面制度和社会体量，是我国对学习型社会与学习型组织理论的进一步认可，表明中国的学习型社会建设将进一步深化；标志着中国学习型社会建设模式走向成熟：将推动“一带一路”倡议实施及人类命运共同体构建。我国将以学习型大国的姿态，在向各国优秀文化和先进成果的学习过程中，不断地积极推动构建新型国际关系。

**关键词**：国际视阈；学习型社会；学习型大国

## 一、国际视阈下我国学习型社会建设的回顾

### （一）学习型社会建设走进中国

朗格朗和赫钦斯对终身教育和学习型社会理论作出重大贡献。1965 年，在联合国教科文组织成人教育大会上，法国教育专家朗格朗提出了终身教育的理念。1968 年，美国学者罗伯特·赫钦斯出版了 *The Learning Society* 一书，被翻译成《学习化社会》，该书首次提出“学习型社会”的概念，成为学习型社会理论的代表作。

“富尔报告”和“德洛尔报告”丰富了学习型社会的理论。1972 年，联合国教科文组织的《学会生存——教育世界的今天与明天》报告书发布。该报告强调了终身教育与学习型社会理念，引领了全球学习型社会的建设与发展。1990 年联合国教科文组织等共同主办的“世界全民教育大会”通过《世界全民教育宣言》和《满足基本学习需要的行

① 杨树雨（1955—），男，山东人，中国传媒大学研究员，中国教育发展战略学会终身学习专业委员会副理事长兼秘书长，研究方向：学习型社会与学习型组织、终身教育与终身学习。

动纲领》两份文件，[①] 对全球的终身学习和学习型社会建设产生了重要的影响。1996 年，联合国教科文组织"二十一世纪国际教育委员会"发布了《学习：财富蕴藏其中》。该报告强调当今社会的核心是终身学习，提出了学习型社会的四大支柱：学会与人相处、学会追求知识、学会做事、学会发展。1997 年，联合国教科文组织在德国汉堡召开主题为"成人学习：21 世纪的关键"的第五届成人教育学会和发表的《汉堡宣言》，为世界成人教育和成人学习指明了前进方向。

经济合作与发展组织启动教育型城市和学习型城市建设。1973 年，经济合作与发展组织"OECD"创建"教育型城市"，7 个城市中，挂川市在 1979 年就宣称是日本的第一个学习型城市。1993 年，OECD 出版了 1992 年第二届教育型城市国际会议（在瑞典哥德堡市举办）的报告，列举了世界范围内的 7 个学习型城市。1991 年启动的欧洲终身学习项目（ELLI）描述了学习型城市的重要特征，列举了欧洲范围内 80 个学习型城市；1998 年至 2000 年的"迈向欧洲学习型社会"项目（TELS）创立了"迈向欧洲学习型社会"项目指标体系。1996 年，英国利物浦市率先宣称自己为学习型城市。1998 年英国担任欧盟轮值主席国，南安普顿市主办了欧洲学习型城市会议。2001 年，OECD 为创建学习型城市和地区制定了 10 项政策原则。[②]

2001 年，中国开始走上建设学习型社会之路。2001 年 5 月 15 日，江泽民同志在"亚太经合组织人力资源高峰会"上的讲话中提出"构筑终身教育体系，建设学习型社会"。由此，中国向全世界宣布，开始走上了创建学习型社会之路。如今，以上终身教育与学习型社会、学习型城市建设诸多理念已经成为国际社会的共识。

### （二）中国学习型社会建设为世界做出了重大贡献

中国持续学习型社会建设 20 年成绩显著。2002 年 11 月，中国共产党第十六届代表大会报告中提出"形成全民学习、终身学习的学习型社会，促进人的全面发展"。随后，党的十七大、十八大、十九大都继续强调建设学习型社会。这充分体现出我国从进入新世纪以来一直高度重视学习型社会的建设。2022 年 10 月召开的党的二十大会议，不仅在二十大报告中继续提出建设学习型社会，而且首次提出了学习型大国，彰显出进一步加大中国学习型社会建设的力度和内容的丰富度。20 年来，我国学习型社会建设成效显著。特别是近十年来，学习型社会建设使得我国人民的精神面貌发生了极大的变化，全民学习、终身学习成为人们的共识和积极行动。科教兴国、尊重人才成为共识。

国家和各地积极推进学习型城市建设形成百城联盟。2002 年中共中央办公厅、国务院办公厅颁发的《2002—2005 年全国人才队伍建设规划纲要》和 2003 年《中共中央、

① 中国教育发展战略学会主编. 中国教育发展战略学会 2020 学术年会文集［M］. 中山大学出版社，2021：104.

② 杨进. 国际社会构建学习型城市　推进终身学习策略综述［J］. 天津电大学报，2012（02）：9-11.

国务院关于进一步加强人才工作的决定》以及2004年经国务院批准的《2003—2007年教育振兴行动计划》，均提出要开展创建学习型城市活动，促进学习型社会的形成。我国的学习型城市建设与学习型社会建设得以同时起步，并突出了学习型城市建设在学习型社会建设中的优势地位。2013年，首届国际学习型城市大会在北京召开，标志着世界对中国学习型城市建设成就的认可。2014年，教育部等七部门印发《关于推进学习型城市建设的意见》，标志着我国学习型城市建设进入了全国统一领导推进的实践阶段。上海、北京率先提出建设学习型城市。随后，大连和常州、南京、杭州、郑州、西安、上海、重庆、北京陆续出台学习型城市建设的文件。天津市、福建省、徐州市、上海市、太原市、河北省、宁波市、成都市、西安市、安徽省、山东省也陆续颁布了终身教育、社区教育、老年教育的相关条例。2013年，在教育部领导的支持下，由中国成人教育协会牵头，一大批开展学习型城市建设的特大型城市和省会城市率先联合成立学习型城市联盟，标志着我国城市间学习合作互动的起步。至2019年，七批次加入学习型城市联盟的城市共有105个。其中，含4个直辖市、4个计划单列市、22个省会城市。

中国积极参与联合国教科文组织全球学习型城市建设并起到了带头作用。自2013年首届国际学习型城市大会（于北京发表《首都宣言》）以来，五届大会发表了宣言、《学习型城市关键指标》、《学习型城市建设指南》、《青年行动》等一系列重要文件。建立了学习型城市网络，召开了第一次网络城市成员大会，制定了两个战略文件。在这近十年的一系列活动中，无不体现出中国智慧、中国方案和中国贡献。北京、上海、杭州、成都四个城市获“学习型城市奖”，北上广深等十个学习型城市网络成员成为全世界学习型城市建设的榜样。

## 二、学习型大国建设的战略要义

### （一）从学习大国到学习型大国

学习大国的提出具有特殊背景与重大意义。2014年5月22日，习近平总书记在上海召开外国专家座谈会时强调，中国要永远做一个学习大国，不论发展到什么水平都虚心向世界各国人民学习，以更加开放包容的姿态，加强同世界各国的互容、互鉴、互通，不断把对外开放提高到新的水平。[①] 习近平总书记的重要讲话体现了中国是一个开放、包容的国家，表明中国重视建设学习型社会，重视科技和创新在经济转型升级进程中的作用，以及中国推动各国文明文化交流的意愿。

“学习大国”进入党的十九大报告。在党的十九大报告“从严治党”部分“（八）全面增强执政本领”中提出“推动建设学习大国”。

① 习近平．不拒众流方为江海　中国永做学习大国［EB/OL］.（2014-05-23）［2022-12-14］. http://www.xinhuanet.com//politics/2014-05/23/c_1110837550.htm.

学习大国成为我国2035重大战略目标。2019年2月，中共中央、国务院印发的《中国教育现代化2035》提出，到2035年，总体实现教育现代化，迈入教育强国行列，推动我国成为学习大国。同年2月，习近平总书记为即将出版发行的第五批全国干部学习培训教材作序强调，我们党依靠学习创造了历史，更要依靠学习走向未来。要加快推进马克思主义学习型政党、学习大国建设。①

党的二十大报告也强调，推进教育数字化，建设全民终身学习的学习型社会、学习型大国。

### （二）学习型大国的内涵丰富、意义重大

党的二十大报告中，将学习型大国与学习型社会并列，我认为是更加明确地显示了中国学习型社会建设的国家层面考量和社会体量。

针对建设“学习型大国”的新提法，怎么看？怎么干？值得我们深刻思考。从学习型社会到学习大国，再从学习大国到学习型大国，其中有什么更深刻的认识升华呢？学习型大国，是在“社会”的基础上增加了“大国”，在大国前面又增了“型”字，这些有什么特殊含义呢？

在学习大国中加了一个“型”字，是我国对学习型社会与学习型组织理论的进一步认可。顺理成章地将“学习大国”纳入“学习型”系列，丰富了“学习型”系列，形成了中国特色的“学习型社会”“学习型大国（国家）”“学习型城市”“学习型乡村”等“学习型区域”；以及“学习型政党”“学习型企业”“学习型机关”“学习型学校”等“学习型组织”；还有“学习型家庭”“学习共同体”等概念，形成了系列名词群体。

《报告》在前半句加了“推进教育数字化”，指明了建设学习型社会、学习型大国的一种方法或路径；“建设全民终身学习的”定语，是继续坚持了党和国家的一贯提法。

学习型大国提出的重大意义在于：中国的学习型社会建设将进一步深化，中国学习型社会建设模式走向成熟，将推动“一带一路”倡议实施及人类命运共同体构建。

### （三）学习型大国的国际站位突出

党的二十大报告还提出，“共建‘一带一路’成为深受欢迎的国际公共产品和国际合作平台”“我们全面推进中国特色大国外交，推动构建人类命运共同体”。“科学社会主义在二十一世纪的中国焕发出新的蓬勃生机，中国式现代化为人类实现现代化提供了新的选择，中国共产党和中国人民为解决人类面临的共同问题提供更多更好的中国智慧、中国方案、中国力量，为人类和平与发展崇高事业作出新的更大的贡献！”学习型大国建设能不能作为国际公共产品的助推器呢？

2014年提出“学习大国”的背景就是面向世界的，当然对“学习型大国”的理解也

① 习近平为第五批全国干部学习培训教材作序［EB/OL］.（2019-03-01）［2022-12-14］. https://m.gmw.cn/baijia/2019-03/01/32584463.html.

应该有国际视野。我国以学习型大国的姿态，向各国优秀文化和先进成果的学习过程中，不断地积极推动构建新型国际关系，推动构建人类命运共同体。我相信：中国一定能够与世界人民共同应对各种全球性挑战，创造人类文明新形态。学习型社会建设具有普适性，已经受到世界各国人民的欢迎，因此，中国的学习型大国建设也将会受到世界上绝大多数国家的欢迎。

## 三、我国学习型大国建设的发展

当前，在全球经济高度依存的情况下，人类社会早已成为“你中有我，我中有你”的命运共同体，任何国家都难以在全球性问题前独善其身，也不可能凭一己之力解决自身和全球性问题。实现开放、包容、普惠、平衡、共赢的经济全球化比以往任何时候都必要和紧迫。

### （一）进一步深化中国的学习型社会建设

加强对学习型社会、学习型大国建设理论的研究。研究内容在更多地关注全民终身学习、学习权利公平、学习机会平等和人的全面发展等方面的基础上，还要将其作为一种社会、大国发展方式，与社会、大国的经济增长、文化繁荣、社会稳定等方面密切结合进行研究。

中国的学习型大国建设首先要练好内功，办好自己的事。要继续深入开展学习型社会建设、学习型城市建设和各级各类学习型组织建设，继续深化马克思主义学习型政党和学习型党组织等中国特色学习型组织建设，继续推进学习型家庭和学习共同体建设，继续推动落实《中国教育现代化 2035》“成为学习大国”的战略目标。通过全民终身学习和学习型社会建设，促进我国新时代学习型大国建设，加快建设教育强国、科技强国、人才强国，构建服务全民终身学习的教育体系和高质量教育体系。

在继续做好学习型社会和学习型城市规划和实施的基础上，积极开展学习型社会和学习型城市建设监测工作。建立长期监测机制，通过监测正常化，为学习型社会和学习型城市建设提供有效、实用的科学数据，保证学习型社会和学习型城市建设的可持续发展。应继续坚持以评促建，持续开展，逐步转变成常规工作。

城市积极反哺农村，促进乡村振兴。学习型城市建设要支持学习型乡村建设。我国学习型城市建设应从专注城区向乡村转移，帮助城市管辖的郊区和农村、行政区划之外相邻的农村、边缘和贫困地区的农村，这是中国特色社会主义跨区域支援的优良传统。以学习型城市建设的成果和经验，结合国家乡村振兴战略、乡村人才振兴要求，积极推动学习型乡村建设，培养乡村本土人才，制定鼓励城市人才下乡和定居农村的政策，解决农村空心化问题。以城带乡，反哺农村，缩小城乡居民间的观念差距、知识差距、人才差距、财富差距，缩小学习资源差距，使改革开放的成果尽快惠及乡村和农民，实现联合国17项可持续发展目标中第11项的目标：建设包容、安全、有风险抵御能力和可持续的城市及人类住区。

进一步关注弱势群体教育与学习权利与实践的落实。加强对老年人、边远地区少数民族群众、贫困地区群众、残障人群、城乡困难家庭、农村“三留”人员的“送教上门”和学习引导。在保证平等受教育权的同时，还应使学习者在经济上学得起、方式上便捷享学，将包容性充分体现到城乡全域和群体全纳上。实现联合国17项可持续发展目标中第11项的目标：确保包容、公平的优质教育，促进全民享有终身学习机会。

**（二）明晰学习型大国的大国责任担当和意识**

中国学习型大国建设将站在世界高度、全球视野。我国倡导“一带一路”民心相通和构建人类命运共同体，就要在建设学习型大国的角度，有大国的责任担当和意识，带头推动世界学习型社会的建设。联合其他的学习型大、中、小国家，一起推动世界各国的学习型社会、学习型国家建设，筑成世界和平、正义、繁荣、富裕、美好环境的大局。

努力建设世界教育与人才培养的高地。党的二十大报告明确指出：“加快建设世界重要人才中心和创新高地，促进人才区域合理布局和协调发展，着力形成人才国际竞争的比较优势。”随着中国教育强国、科技强国、人才强国建设的日臻完善，中国在世界人才培养和交流过程中必然处于重要的地位，学习型大国建设将促进这一地位的形成和巩固。

认真学习和研究联合国教科文组织有关教育与学习的最新成果。例如，2015年，联合国教科文组织发布了自成立70周年以来的第三个具有里程碑意义的报告《反思教育：向“全球共同利益”的理念转变？》，再次重申终身学习至关重要的价值。2021年11月10日，发布了《共同重新构想我们的未来：一种新的教育社会契约》报告，探讨和展望面向未来乃至2050年的教育，呼吁国际社会重新思考学习的基本问题，即“为何学、怎样学、学什么、在哪儿学和何时学”，关于教育与社会发展互动关系的全新揭示将激发新一轮终身教育与学习的变革。

积极开展与联合国教科文组织的广泛合作。联合国教科文组织汇集了世界各成员国的著名专家学者，也包括中国的专家学者，对终身教育、终身学习、学习型社会，乃至对学习型大国和学习型社会建设理论具有高瞻远瞩的实力，会把其主导的国际学习型城市大会作为反映学习型城市建设的风向标。我国应加大与其合作的力度，要积极参与其牵头组织的活动，认真从中学习，借鉴先进的理论与实践经验，结合中国国情弘扬中国特色。

鼓励更多的中国城市积极加入全球学习型城市网络和合作项目。在中国的学习型城市联盟105座城市中，仅有10座城市加入了联合国教科文组织学习型城市网络成员。有关部门应为这些城市创造条件，积极鼓励它们加入学习型城市网络，走上国际舞台，学习其他城市创建学习型城市的先进经验，扩大本城市的影响，唱响本土颂歌，让更多的中国城市在世界舞台上共同合唱中国声音。鼓励更多的中国城市参与联合国教科文组织合作开展的学习型城市建设研究或实践项目，如上海和成都等城市，扩大了城市的影响，收到了很好的效果。

体现大国担当，组织亚洲学习型社会与学习型城市交流活动。在联合国教科文组织的协调下，我国可以牵头开展亚洲各国的学习型社会与学习型城市交流活动。例如，定期召开亚洲学习型社会与学习型城市论坛，或组织相关的研究与实践项目，讨论区域国别学习型城市建设问题。相近的文化、地域环境，会使我们之间有更多的共同语言，更多的合作需求，更多和睦富裕的愿望，必将取得更多的互惠成果。

# 加强国际胜任力　培养应对全球治理变局

何昌垂[①]

**摘　要：**为应对全球治理格局变化，适应新时期的挑战，全球治理的框架、体系、规制规则需要与时俱进，改革势在必行，而且迫在眉睫。有效参与全球治理的根本在于人才，关键在于国际胜任力的培养，重点在于探索教育的改革与创新。国际胜任力教育需要面向世界议程，既为国家育才，也为世界储才。应该把全球治理人才纳入国家人才强国战略，包括探讨建立全球治理人才高地等。需要一个既雄心勃勃又切实可行的青年人才国际胜任力发展策略，从国家层面进行顶层设计，并跨部门、跨行业统筹规划，使之成为我国人才强国战略的重要组成部分。

**关键词：**国际胜任力培养；全球治理；构建人类命运共同体

当前，全面建设社会主义现代化国家新征程的号角已经吹响。习近平总书记在党的二十大报告中总结回顾党的十八大以来的工作时指出，我们全面推进中国特色大国外交，推动构建人类命运共同体，坚定维护国际公平正义，倡导践行真正的多边主义，旗帜鲜明反对一切霸权主义和强权政治，毫不动摇反对任何单边主义、保护主义、霸凌行径。我们完善外交总体布局，积极建设覆盖全球的伙伴关系网络，推动构建新型国际关系。我们展现负责任大国担当，积极参与全球治理体系改革和建设，全面开展抗击新冠病毒感染疫情国际合作，赢得广泛国际赞誉，我国国际影响力、感召力、塑造力显著提升。

党的二十大明确了现阶段和未来一段时间中国共产党的中心任务就是团结带领全国各族人民全面建成社会主义现代化强国、实现第二个百年奋斗目标，以中国式现代化全面推进中华民族伟大复兴。为应对人类社会面临前所未有的挑战，报告在“促进世界和平与发展，推动构建人类命运共同体”部分明确提出一系列举措，包括践行共商共建共享的全球治理观；坚定维护以联合国为核心的国际体系、以国际法为基础的国际秩序、以联合国宪章宗旨和原则为基础的国际关系基本准则；积极参与全球治理体系改革和建设，坚持真正的多边主义，推进国际关系民主化，推动全球治理朝着更加公正合理的方

① 何昌垂，联合国粮农组织原副总干事，中国教育发展战略学会国际胜任力培养专业委员会学术委员会副主任。

向发展。

党的二十大报告为我们参与全球治理科研、教育和全球治理实践提供了遵循，也为国际胜任力及其人才队伍建设指明了方向，提出了明确目标。我们同时也看到，在党的二十大报告中，“全球治理”“构建人类命运共同体”“爱国”“教育”“人才”等与全球治理密切相关的词语出现频次增大。这充分说明，党和国家对全球治理与构建人类命运共同体的高度重视，以及对国际胜任力培养与人才储备的高度关注。

全球治理之所以备受各国关注，是因为世界正面临第二次世界大战以来从未经历过的动荡与深层次变革。进入21世纪以来，国际上出现了许多不确定因素，尤其是五大变数交织并存，加速了大变局的演进。

一是新科技的飞速发展。新一轮技术和产业革命正改变着人类的生产模式和生活方式，改变着人类社会的组织形态、治理模式和管理方式，深刻影响着全球格局。

二是新兴经济体的崛起。世界新兴经济体成长与群体性崛起，发展中国家参与全球治理意愿日益强烈，以中国为代表的新兴力量正在走近全球治理舞台中心，“重心东移”，全球政治经济体系出现深度调整。2022年底在东南亚国家召开的三大全球性峰会，就是最有说服力的例子之一。

三是大国对抗与战略博弈。最近几年，西方一些国家重拾冷战思维，推行单边主义、强权政治，搞军事同盟、集团对抗以及地区冲突，严重挑战了以联合国为核心的全球治理体系，导致世界局势复杂、动荡。

四是非传统安全风险激增。气候危机、能源危机、生态危机、灾害频发、环境退化、饥饿与贫困、公共卫生等非传统安全风险的频数与烈度激增，人类的可持续发展受到空前挑战，联合国的2030年可持续发展目标已经偏离轨道。

五是全球经济恢复动力不足。疫情、地区冲突、逆全球化冲击、超级大国霸凌等，使贸易、经济、科技、人才等领域受到遏制、封锁、打压，全球供给链、产业链被破坏，经济复苏乏力，能源危机、贫困与饥饿人数增加，加大了国际政治经济秩序坍塌的风险。

为应对全球治理格局变化，适应新时期的挑战，全球治理的框架、体系、规制规则需要与时俱进，改革势在必行，而且迫在眉睫。这是我们国际胜任力培养工作者必须了解、思考与探索研究的现实问题。下面，我想从三个方面谈谈个人的一些想法与建议。

## 一、深刻理解全球治理与构建人类命运共同体的关系内涵

党的二十大报告指出，中国始终坚持维护世界和平、促进共同发展的外交政策宗旨，致力于推动构建人类命运共同体；积极参与全球治理体系改革和建设。如何在理论上加

深认识，在实践中积极推进这一理念？

回顾我国参与全球治理的历程，可以更好地了解我们到底从哪儿来。

新中国成立以来，我国参与全球治理经历了边缘性角色、韬光养晦的有限参与者、有所作为的全面参与者、奋发有为的引领者四个阶段的角色转换。

在70多年艰苦曲折的进程中，中国一直彰显勤奋、坚韧、实干、诚信与敢于担当的民族特质。作为联合国的缔造者之一，中国严格履行了联合国安理会常任理事国的职责，即使处于贫穷落后的年代，中国也坚守承诺，担当起一个负责任大国的职责与义务。特别是在推动和平、发展、安全与人权，执行联合国决议，推动联合国千年发展目标的实现，以及联合国2030年可持续发展目标的实施中，作出了举世瞩目的贡献。今天，中国成为联合国会费与联合国维和行动第二大出资国（15.254%），是“南南合作”的重要支持者。这是我国全面参与联合国事务与全球治理的信心所依、底气所在。

党的二十大报告指出，必须坚持胸怀天下。要拓展世界眼光，深刻洞察人类发展进步潮流，积极回应各国人民普遍关切，为解决人类面临的共同问题作出贡献，以海纳百川的宽阔胸襟借鉴吸收人类一切优秀文明成果，推动建设更加美好的世界。

我认为，正是有这种天下胸怀与世界眼光，才使中国进入新时期以来在全球治理中不断拓展创新，提出一系列新的理念与举措，包括推动机制创新，搭建各种国际对话平台与包容开放的多边合作机制；创建新型合作机构，与有关国家共同创建一批新型的合作组织，有力补充了现有国际组织的不足，促进了全球或区域的经济发展；参与全球治理改革与国际规则制定，提出共商、共建、共享的全球治理观；引领理念创新，倡议构建人类命运共同体，共建“一带一路”、生态文明建设，提出全球发展倡议与全球安全倡议等。

作为一个升级版的大型国际公共产品，全球发展倡议直面国际社会共同关注，提出六个坚持，涉及八大重点领域，以及一份包含32项务实合作的成果清单，助力联合国2030年可持续发展目标的实施，并整合升级了对联合国的合作基金，得到国际社会的广泛关注与支持，目前已有60多个国家加入“全球发展倡议之友小组”。

为了同国际社会一道落实上述倡议举措，中国承诺：坚持对话协商，推动建设一个持久和平的世界；坚持共建共享，推动建设一个普遍安全的世界；坚持合作共赢，推动建设一个共同繁荣的世界；坚持交流互鉴，推动建设一个开放包容的世界；坚持绿色低碳，推动建设一个清洁美丽的世界。

这五个“坚持”是中国对国际社会的一个庄严宣示，充分体现了一个全球治理改革引领者所具有的大国胸怀、大视野与大格局——深刻洞察人类发展进步潮流，积极回应各国人民普遍关切，为人类解决面临的共同问题提供中国方案，为推动建设更加美好的世界作出中国贡献。

## 二、认清全方位参与全球治理是一项长期任务

无论是理念创新，还是实践布局，党的二十大报告指出的中国参与全球治理的理念、原则和模式，是全球治理理论与实践相结合的创新，是一场适应“世界之变，时代之变”、争取历史的主动。这是一个充满挑战、不是一代人能够完成的艰巨任务。

我们应该认识到，在严峻复杂的国际环境下，以中国式现代化全面推进中华民族伟大复兴、中国走向全球治理舞台中心的全过程，将始终充满激烈竞争，甚至是严酷斗争——科技竞争、资源竞争、市场竞争、人才竞争，等等；归根结底，这是综合国力的长期竞争。对此，我们要让青年人做好长期、足够的思想准备。

应当看到，我国在参与全球治理中还存在诸多短板：在国际事务与全球治理中，能真正真实、立体、全面地讲好中国故事的能力还很弱；能敏锐把握变化、有效驾驭激烈竞争与主动应对挑战、引领变革的青年领军人才还十分短缺；有能力讲清中国式现代化五大特征和本质要求、讲清中国式现代化与世界和平发展的关系、讲清中国式现代化能为全球共同关注的问题提供解决方案与切实好处的关系等能“构建中国话语和中国叙事体系”的本领依然不足，在国际上进行对话有时还很困难，短板明显。

在现有的全球 7 万多个国际组织中，特别是联合国系统内，中国职员的数量和质量与我国的大国地位、贡献度还很不相称。随着中国实力与影响力不断增强，在华建立的国际组织也在不断增加（目前在民政部注册的将近 50 个），但能有效运营与管理这些国际组织、不断发挥投入作用与影响的人才资源却严重匮乏。

显而易见，面对人才方面“量”和“质”的双重挑战，国际胜任力培养的现实任务，是要创造更多的平台与机会，加强与提升青年综合素质与国际化水平，是应对全球治理之需的必由之路。这是一个长期爬坡努力的过程。

## 三、需要既雄心勃勃又切实可行的国际胜任力培养策略

党的二十大报告强调，科技是第一生产力，人才是第一资源，创新是第一动力。

我对于全球治理领域“创新是第一动力”的理解是，要在全球治理中发挥引领作用，理念创新非常重要。“治理是公共事务处理之道”，按此定义，中国“治理之道”的形成其实比柏拉图提出“Governance”的年代还早些。孔子及其弟子编《论语》、释“六经”、创儒家学派，就大量论述了古代中国的“治理之道”;《道德经》中提到“治大国，若烹小鲜”;《史记》记载的大量实例如秦长城、都江堰的修建等都印证了中国古代各领域“治理之道”的智慧与文化精髓;《吕氏春秋》则论述了“竭泽而渔，岂不得鱼，而明年则无鱼;

焚薮而田，岂不获得，而明年无兽”。可见，中国人很早就有了朴素的可持续发展观。而到了现代，“Global Governance（全球治理）”的理念却由西方（德国）人士率先提出；联合国的“可持续发展目标（SDG）”则是哥伦比亚代表团在2008年联合国会议上首倡的；众所周知的“Gender Balance（性别平衡）”是印度专家在20世纪80年代提交给联合国的一份咨询报告中提出的；国际上经常提到的“幸福指数”则是由不丹国王提出后被联合国总结采用的。同科技领域一样，在发展学的原创驱动力上，我们还有很大的空间，原创差距也很大。这里面的根本问题，涉及文化、制度与人才等诸多方面，需要深入开展理论探索与研究。

我认为，有效参与全球治理的根本在于人才，关键在于国际胜任力的培养，重点在于探索教育的改革与创新。我们的国际胜任力教育需要面向世界议程，既为国家育才，也为世界储才。应该把全球治理人才纳入国家人才强国战略，包括探讨建立全球治理人才高地、国际培训中心，加强培训者的培训，编写符合新时期全球治理发展格局的新教材，推动大数据库的建立与数字技术的应用，开辟有效的国际合作渠道与高端人才引进机制等，为培养大批适应双轮驱动运作、能够担当民族复兴大任、具有国际化视野的人才持续赋能。今后的5—10年将是关键期。

习近平总书记指出，青年强，则国家强。当代中国青年生逢其时，施展才干的舞台无比广阔，实现梦想的前景无比光明。并寄语广大青年要怀抱梦想又脚踏实地，敢想敢为又善作善成，立志做有理想、敢担当、能吃苦、肯奋斗的新时代好青年，让青春在全面建设社会主义现代化国家的火热实践中绽放绚丽之花。

青年是我国走近全球治理舞台中心的重要力量，肩负着实现中华民族伟大复兴、创造多极化世界格局、支持联合国实现2030年可持续发展目标等重要责任，使命光荣、任重道远。为此，我们迫切需要一个既雄心勃勃又切实可行的青年人才国际胜任力发展策略，从国家层面进行顶层设计，并跨部门、跨行业统筹规划，使之成为我国人才强国战略的重要组成部分。

从人才需求的内涵变化看，需要注重六方面综合能力的培养：

适应大变局：重在独立思考，培养批判性思维，学会用三只眼睛看天下——看中国、看世界、看变化；

引领改革创新：在动荡、变革与发展中，敢于开拓创新，推动多边主义，发挥引领作用；

传播新思想：构建人类命运共同体是中国对人类历史进程的思想理念贡献，需要理论研究、实践体会和行动推广；

全球新视野：培养大格局、大胸怀，既有战略眼光，又能做实干家、宣传员，讲好中国故事，提供中国方案，贡献中国智慧和力量；

掌握新科技：了解新科技的内涵、发展与伦理道德，自觉适应信息化数字化对人类发展、生产与生活方式以及社会组织的影响，提升管理的能力与水平；

善内外兼修：在全球治理竞争与国际斗争中，既旗帜鲜明、不忘初心、坚持底线，又懂得斗争、讲究道术。

从胜任力的特质要求看，需要紧紧围绕党的二十大报告精神，强调家国情怀，结合联合国新的（4+5）胜任力框架及上述六方面需求内涵，设计人才培养的目标、方向与内容；重塑国家六维要求的内涵，即：熟悉国家的方针政策（新时代新征程的历史使命，特别是全球治理原则）；了解我国国情（建设社会主义现代化国家的特色与本质）；具有全球视野（促进世界和平与发展与构建人类命运共同体关系）；熟练运用外语（构建中国话语和中国叙事体系，讲好中国故事）；通晓国际规则（维护以联合国为核心的国际体系）；精通国际谈判（坚持对话协商、交流互鉴，斗智斗勇不斗气，展现可信、可爱、可敬的中国形象）。

对于领军人才，应注重全球战略领导力的提升，直面全球问题与国际组织特性，培养“四力”——领导力（远见卓识、战略决策、引领方向、凝练政策）；执行力（制定规划、组织实施、建立团队、配置资源）；创造力（探索未知、担当挑战、开拓进取、引领改革）；影响力（文化底蕴、个人魅力、谦逊谨慎、沟通宣传）。

党的二十大报告为未来五年甚至更长时期我国参与全球治理描绘了蓝图，也提供了如何落实的明确指针。当前，摆在我们面前的主要任务是把党的二十大的精神融入国际胜任力培养的全方位、各层面、全过程。这要求我们善于思考，敢于创新，从理念到行动、从内容到形式、从模式到方法，踔厉奋发、扎实推进，努力实现造就具有“6C 特质”的全球治理新人才目标，即 Confidence（充满自信）、Critical Thinking（批判思维）、Challenge（勇于挑战）、Collaboration（善于协作）、Creativity（开拓创新）、Communication（沟通交流）。

从大国到强国，既需要发展硬实力，也需要提升软实力。面对动荡变革、严峻复杂的国际环境，我们要做的事只会越来越多，也会越来越难，但越是到艰难时刻，越需要我们坚信“空谈误国，实干兴邦”，坚持每个人都做好自己的事，鼓励青年切切实实去感受世界、认认真真思考未来、满怀激情渴望变革、脚踏实地实现人生的真正价值，为参与全球治理、构建人类命运共同体，作出我们应有的贡献。

## 参考文献：

[1]何昌垂. 从联合国看国际组织人才任职能力培养[J]. 国际人才交流，2018（07）：2.

[2]何昌垂. 推动联合国守正创新，促进人类可持续发展[J]. 世界知识，2022（01）：58-60.

# 新时代国际胜任力的需求和培养

张　宁　李嘉苗[①]

**摘　要：** 培养具有国际胜任力的人才是当前和未来时代发展的需求。新时代培养人才的国际胜任力，可帮助中国提升在国际事务中的参与度和影响力；改革开放以来国际化人才培养目标要求经历了三次阶段变化；中国青年国际组织胜任力表现在核心价值、核心能力和管理能力方面的情况特点和分析；我国培养国际组织青年人才的重点应该是：全球视野、国际可迁移专业能力、尊重多样性、有效沟通能力、协同合作能力、领导管理能力。

**关键词：** 国际胜任力；国际化人才；胜任力培养

近年来，中国高等教育界普遍知晓三个有关国际组织方面的信息：一是党中央、国务院有关部委高度重视国际组织人才培养推送工作；二是我国在联合国等国际组织缴纳的会费大幅度提升；三是在联合国等国际组织中的中国籍雇员严重不足。这三个信息的重要背景有三方面：一是20多年来我们从联合国等国际组织获得了政治、经济、科技、教育、文化、体育、卫生以及维和等方面的多边平台资源，极大促进了中国近20年的高速、全面发展；二是联合国等国际组织最近几年迫切需要中国的支持和参与；三是我们过去没有培养出足够多的全球化人才，没有足够多的能够胜任国际组织工作的人才。

## 一、新时代国际胜任力的需求

作为世界第二大经济体，中国在国际事务中的参与度和影响力与日俱增，中国已成为联合国会费与联合国维和行动第二大出资国（15.254%），但由于在国际组织任职的中国籍职员太少，远未达到与我国地位和会费匹配的最低人数，导致我国在国际组织的代表性不足问题越发凸显。当前符合国际组织要求又愿意去工作的且能胜任国际组织工作的人员是严重不足的，这就牵扯到国际组织胜任力的指标体系。除了国际组织，同样存在问题的还有以下五个方面的人才培养："一带一路"等南南合作的人才；中央政府事业

① 张宁，中国教育发展战略学会副会长兼国际胜任力培养专业委员会理事长，国家留学基金管理委员会原副秘书长。李嘉苗，中国教育发展战略学会国际胜任力培养专业委员会秘书处助理。

单位能够参与全球合作治理的人才；中外跨国公司管理人才；双一流建设，世界重要人才中心建设人才；国际传媒人才。

中国的高等教育发展现在进入了一个新的时期，2021年9月习近平总书记在主持全国第一次中央人才工作会议时，提出了跟培养国际胜任力人才密切相关的几点论述。第一，有关世界高等教育中心的四次转移，世界强国是以高等教育中心作为一种标志来转移的。16世纪在意大利，以博洛尼亚大学、帕多瓦大学等为代表的一批意大利大学形成了世界高等教育中心；17世纪在英国，以牛津大学、剑桥大学等为代表的一批英国高校形成了世界高等教育中心；18世纪在法国，以巴黎大学、蒙彼利埃大学等为代表的一批法国大学形成了世界高等教育中心；19世纪在德国，以柏林大学、柏林自由大学、海德堡大学等为代表的一批德国大学形成了世界高等教育中心；20世纪在美国，以哈佛大学、麻省理工学院、斯坦福大学、普林斯顿大学、哥伦比亚大学、耶鲁大学等为代表的一批美国高校形成了世界高等教育中心。第二，有关战略部署，习近平总书记希望中国能够建设世界重要人才中心和世界创新高地，同时强调，中国当前比历史上任何时期都更渴望人才。培养具有全球视野、能够参与全球治理、胜任国际组织工作的国际胜任力人才是当前和未来时代发展的需求。

国际胜任力在国际上通用的是全球胜任力（Global Competence）。胜任力最早是由美国哈佛大学心理学教授Mc Clelland在1973年提出来的。全球胜任力的概念是1988年美国国际教育交流协会（Council on International Educational Exchange，CIEE）在其年会主题报告《为全球胜任力而教》（Education for Global Competence）中提出的，是全球胜任力理念在教育领域的第一次系统性探讨和提出，这对推动全球胜任力的发展和应用具有重要的历史意义。1998年美国教育委员会（American Board of Education，ABE）在《为全球胜任力而教——美国未来的通行证》（Educating for Global Competence：Americans' Passport to the Future）报告[①]中再次强调了全球胜任力的重要性、必要性和迫切性，并作为教育政策文件为面向全体学生培养全球胜任力提供了目标方向和途径。

有关全球胜任力的内涵，建议从以下四个方面了解。第一，亨特（2004）的同心圆结构模型[②]，该模型将全球胜任力的知识、技能和态度3个维度细化成17个指标，其中最重要的指标是最内圈层的态度，包含认可他人差异、非判断性反应、开放的态度、承认多样化等；第二，圈层是知识维度，如全球化、世界历史等；最外圈层是技能/经历维度，包括识别文化差异与参与全球竞争、进行跨文化合作、有效参与全球社会和商业事务、评价跨文化行为的能力等。对于我国来说，也是非常适合的一个描述全球胜任力认

①American Council on Education.Washington.DC.Commission on International Education.Educating for Global Competence；Americas Passport to the Future［EB/OL］. https：//files.eric.ed.gov/fulltext/ED421940.pdf.

②Hunter，W.D. "Got global competency？" International Educator，Spring，2004：6–12.

知的基本框架（图 1）。

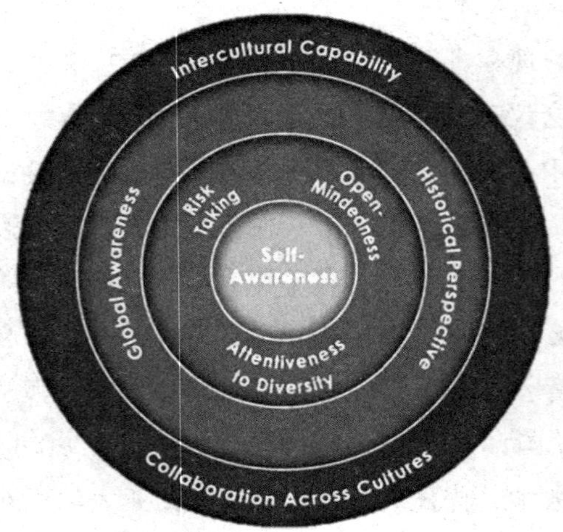


图 1　亨特（2004）全球胜任力同心圆结构模型 The Global Competence Model

第二，清华大学率先提出了全球胜任力的本土化定义和培养体系（图 2）。清华大学在 2016 年首次制定启动实施了全球战略，将“全球胜任力”作为九大战略方向之首，发布了“着力培养具备全球胜任力的拔尖创新型人才”的战略目标，研究制定了全球胜任力的指标体系，将全球胜任力定义为在国际与多元文化环境中有效学习、工作和与人相处的能力，并提出了包含认知、人际和个人三个层面的六大核心素养：全球议题与世界文化、母语与外语、开放与尊重、沟通与协作、自觉与自信以及道德与责任。①

全球胜任力的核心素养

全球胜任力的提升，是一个持续的、终身学习的过程，需要在认知、人际与个人三个层面不断地探索发展六大核心素养。

**世界知识与全球议题**

了解世界历史、地理、经济与社会发展的知识，理解不同国家的政治和文化差异，关注环境、能源、健康、安全等全球议题，理解人类相互依存、共同发展的重要意义。

**语言**

恰当有效地以母语和至少一种外语进行口头与书面表达，能够与国际同行深入探讨专业话题，并通过语言理解、欣赏不同的文化内涵。

**开放与尊重**

保持好奇和开放的心态，尊重文化差异，具有跨文化同理心：坦然面对不确定性，适时调整自己的情感与行为。

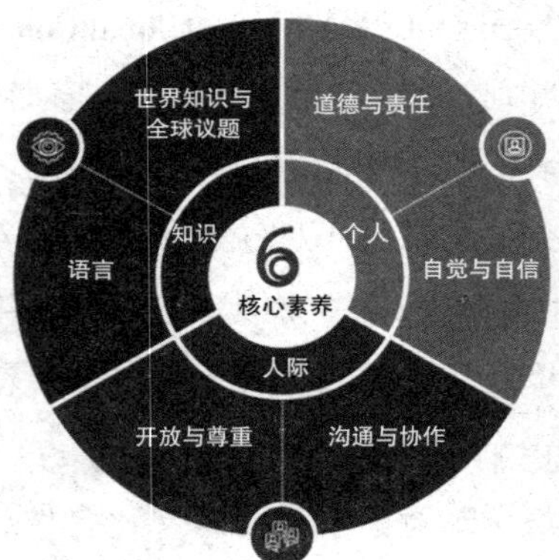


**沟通与协作**

具有合作精神和协调能力。能够与不同文化背景的人友好互动和交流；善于化解冲突与矛盾，能够在跨文化团队中发挥积极作用。

**自觉与自信**

深刻认识自己的文化根源与价值观，理解文化对个体思维和行为方式的影响；在跨文化环境中自信得体地表达观点，并通过不断自我审视来提升自我。

**道德与责任**

诚实守信，遵守社会伦理。恪守职业道德，坚持在重大事项上做出负责任的决策；勇于承担责任，推动人类可持续发展。

图 2　清华大学全球胜任力人才培养六大核心素养图

① 廖莹，章霁，余韵寒．聚力全球胜任力素养发展，共创人类命运共同体未来——清华大学学生全球胜任力发展指导体系建设［J］．中国研究生，2019（01）．

第三，国际学生能力评估测试（PISA）全球胜任力框架[①]（图3）。2017年12月经济合作与发展组织（OECD）与哈佛大学教育研究生院“零点项目（Project Zero）”共同发布了《国际学生能力评估测试（PISA）全球胜任力框架》，该框架从知识、技能、态度和价值观四个维度来阐述全球胜任力，是对15岁已经完成义务教育的全球学生进行一个对全球胜任力的测试评估，包括：能够分析在地区、全球和文化上有重要意义的问题以及局势；能理解并欣赏不同的看法和世界观；能与不同性别、国家、民族，有着不同宗教、社会和文化背景的人建立良性互动；愿意并能够为可持续发展和人类的集体福祉采取建设性行动。

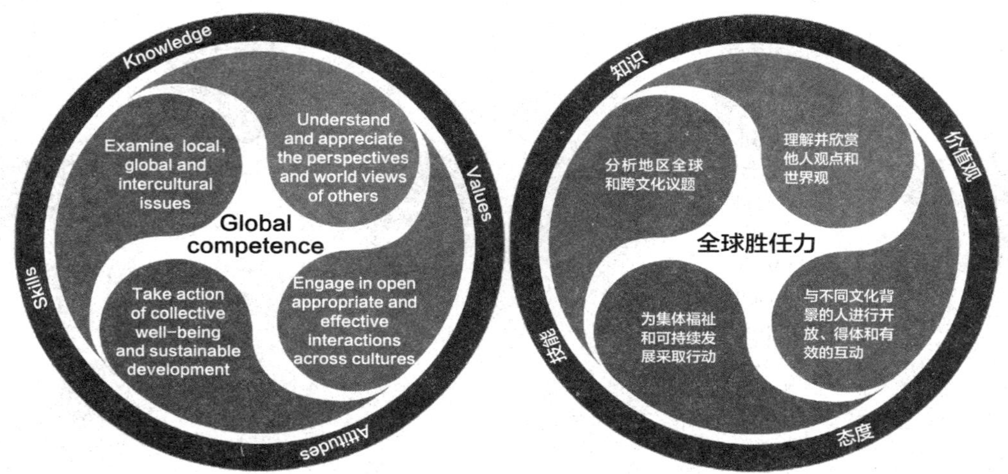


图3 PISA全球胜任力模型 Global Competency Framework（OECD，2018，p.11）

第四，联合国价值观和行为框架[②]（图4）。1999年，联合国出台了“面向未来的胜任能力”，该指标体系提出了386框架，即三项核心价值（诚信正直Integrity、专业精神Professionalism、尊重多样性Respect for Diversity），八项核心能力（沟通能力Communication、团队精神Teamwork、规划与组织Planning and Organization、责任心Accountability、创新精神Creativity、用户导向Client Orientation、持续学习Commitment to Continuous Learning、技术意识Technological Awareness），六项管理能力（领导力Leadership、战略视野Strategic Vision、赋权增能Empowering Others、建立信任Building Trust、绩效管理Managing Performance、决策能力Judgment/Decision-Making）。20多年来，这些旨在使“工作人员能够最大限度地发挥潜力”的胜任能力为联合国提供了界定

①OECD. Preparing our youth for an inclusive and sustainable world - the OECD PISA Global competence framework.Paris：PISA，OECD Publishing，2018.

②United Nations Office of Human Resources（OHR）[EB/OL]. https：//hr.un.org/page/un-values-and-behaviours-framework-0#：~：text=The%20framework%20comprises%3A，Develop%3B%20and%20Adapt%20and%20Innovate.

其组织文化的基础，既是联合国培训职员的具体内容，更是职员招聘录用、绩效评估、提拔晋升的标准和依据，也是每位国际公务员自我管理规划的重要指南。在这些胜任力指标基础之上，2021 年底联合国秘书处提出试行一个新的胜任力框架，是根据近 4500 名秘书处工作人员和领导的意见共同创建的，新框架由 386 变成了 4+5，即四大核心价值（包容 Inclusion、正直 Integrity、谦逊 Humility、人性 Humanity）和五大核心能力（联系和协作 Connect and Collaborate、分析和规划 Analyse and Plan、交付有积极影响的成果 Deliver Results with Positive Impact、学习和发展 Learn and Develop、适应和创新 Adapt and Innovate）。

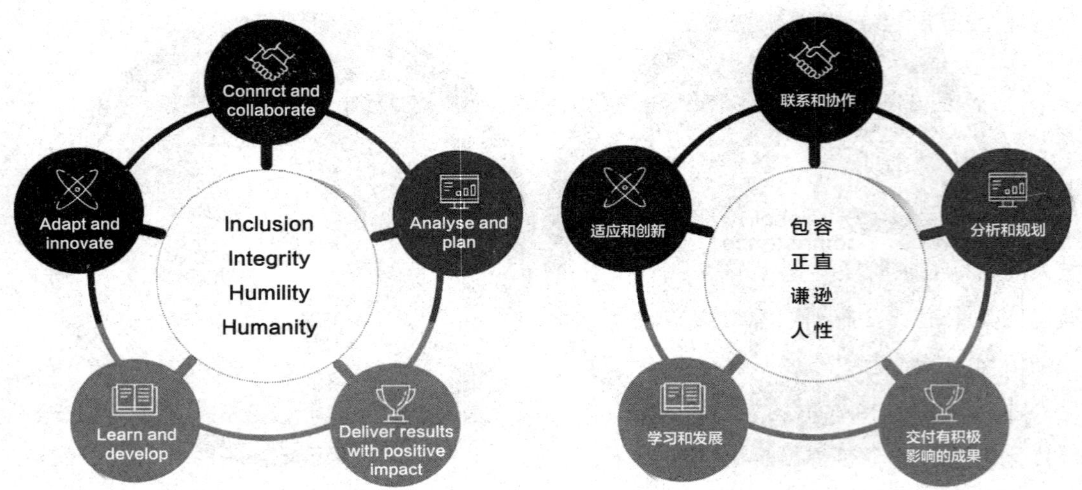


图 4　联合国价值观和行为框架 UN Values and Behaviours Framework

数据来源：联合国人力资源管理厅。

进入 21 世纪，世界各国开始重视新生全球视野与能力的培养，一些国家对全球胜任力的认知也从理论探讨逐渐转化为政府行动，并从政策层面付诸实践。美国联邦教育部发布了《美国联邦教育部战略规划》、德国出台了《2030 趋势概率》、加拿大制定了《学习 2030》、日本公布了《第三期教育振兴基本计划》、瑞典设立了全球公民项目、英国颁布了《国际教育战略：全球潜力、全球增长》、新加坡提出了《21 世纪胜任力和学业成就框架》、联合国教科文组织在第 38 届大会上发布了“教育 2030 行动框架”等，以上项目都是聚焦国际教育视角并落脚于培养解决全球问题的能力。

## 二、改革开放以来国际化人才培养

1978—2019 年，41 年间我国有 656 万出国留学人员，到 2020 年达到 683 万人，目前已超过 700 万人（图 5）。

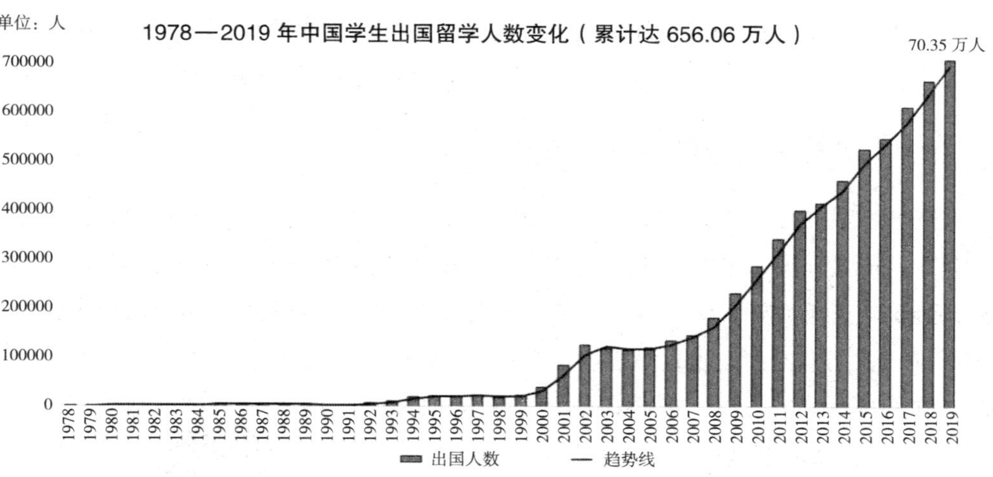


**图 5　1978—2019 年中国学生出国留学人数变化（累计达 656.06 万人）**

数据来源：教育部国际司。

我国国际化人才培养的目标随着社会经济的发展要求和国际地位的提高，经历了三次大的目标要求阶段变化：第一阶段是 1978—2000 年，我国“培养国际化人才”主要是通过留学渠道到发达国家学习先进的科学技术，培养国内亟须的现代化建设人才，同时鼓励留学人员成为中外合作的“桥梁和纽带”。在这一阶段，我国没有明确提出培养国际化人才的目标要求，而是选派优秀的人员到国外去学习先进的科学技术，回国建设中国现代化事业。这个目标呈现出了两个方面的事实：第一，选派的出国留学人员绝大部分是理工农医学科背景；第二,一些留学人员成为促进中外双边合作的“桥梁和纽带”，成为单位部门国际交流合作工作的负责人，这个时期的留学人员群体主要在双边合作中有很大贡献作用，对多边合作了解的人不多。

第二阶段是 2001—2014 年，中国经过 15 年的努力加入世界贸易组织，面临国际化人才的强大需求。在这一阶段，我国提出培养“具有国际视野、通晓国际规则的国际化人才”，为中国全面、高速发展提供了人才支撑。中国加入世贸组织兑现了允许自然人流动承诺，通过许可留学中介，极大地推动了自费出国留学，留学规模跳跃式增长，学习国际经贸、法律等社科、文科专业留学人员大幅度提高，国际留学教育成为国际化人才培养的一个重要环节。几百万留学人员为中国举办奥运会、G20、APEC、上海世博会、中非合作论坛峰会等多边活动，以及大量跨国公司进入中国、中国企业国际化等方面做出了突出贡献，为中国在政治、经济、教育、科技、文化、体育以及国防等领域的高速、全面进一步发展起到了国际化人才的突出作用。

第三阶段是 2015 年至今，我国明确提出加大培养国际组织人才，培养具有全球视野、了解中国国情、能够胜任参与全球治理的高层次国际化人才。2014 年 12 月召开的全国留学工作会议上明确提出要开拓选派和培养国际组织人才。2015 年中央和国务院的相关报告也都提出要培养国际组织人才，我国培养国际胜任力人才开启了一个新的阶段。

## 三、中国青年国际组织的胜任力

我们国家从 2015 年起到国际组织工作过的实习生累计超过 1000 多位，其中包括一些青年 JPO（联合国初级专业技术人员，简称 JPO）。这些实习生在核心价值、核心能力和管理能力方面有如下特点：第一，在三项核心价值里，中国青年学生做得比较好的是敬业精神；在正直方面表现是不错的，但有不足；做得相对弱一些的主要是尊重多样性。第二，在八项核心能力里，中国青年学生有四项核心能力是比较强的，在世界青年学生中都是一流的，譬如责任心、客户导向、持续学习、技术意识；有两个方面一般，譬如计划组织、团队合作；有两项比较弱，譬如沟通能力、创造力。各国青年在创造力方面都不是很强或者说有的国家会好一些，但对于我国青年人来说，由于普遍的不擅长问问题、不擅长讨论、不擅长质疑、不擅长创意，导致绝大多数学生创造力都相对一般。第三，在六项管理能力里，由于我国的教育基本上不注重教授决策能力、对未来的研判、授权赋能、领导力，对建立信任也引导不足，导致青年学生在管理能力方面做得相对差一些。

## 四、如何培养提升国际胜任力

习近平总书记对国家机构参与全球治理提出了四个方面的要求：要有规则制定能力、议程设置能力、舆论传播能力、统筹协调能力。对参与全球治理的人才提出了六个要求：第一要熟悉党和国家的方针政策；第二要了解中国国情；第三要具有全球视野，注意不是“国际视野”；第四要熟练运用外语；第五要通晓国际规则；第六要精通国际谈判。目前我国培养国际化人才的主要途径有两个，一个是通过向国际组织输送中国青年人才，另一个是通过海外留学。我国在培养国际组织青年人才时，要注重培养具有全球视野和领导管理能力的优秀人才，培养他们在跨文化学习与工作融合中形成国际可迁移能力，减少选择性交流，尊重多样性，锻炼分工协同合作能力，提升有效沟通能力，成为国际组织或全球化工作的储备人才。对于海外留学，获取知识体系和视野，不能局限于发达国家，“国外”并不等于“欧美发达国家”，目前中国青年需要全面了解发展中国家，并在未来致力于培养成胜任中国与发展中国家合作的国际化人才。对于中国的青年学生来说，建议在六个方面提升国际胜任力：第一要培养全球视野；第二要培养国际可迁移专业能力；第三要培养尊重多样性；第四要培养有效沟通能力；第五要培养协同合作能力；第六要培养领导管理能力。

# 参酌国外先进标准，提升区域职教质量

庞卫权[①]

**摘　要：**本文对标世界经济论坛2019年全球竞争力报告中职业教育质量排名世界第一的瑞士职业教育，以及全球酒店管理专业QS排名第一的瑞士洛桑酒店管理学院，利用质量管理理论中的质量链和关键节点信息流控制管理方法，从六个关键点全面系统地分析职业教育质量的关键影响因素；（一）准确了解行业的人才需求；（二）建立专业教学标准；（三）进行专业定位；（四）课程设置与课程内容的开发；（五）教学实施与控制；（六）行业评估反馈。

同时，以酒店管理相关专业为例，通过中国与瑞士职业教育的对比性研究，探索两国职业教育体系之间的关键差异，对如何通过标准化支撑和引领区域职业教育质量进行分析，并尝试提供解决方案。

**关键词：**瑞士职业教育；质量链；关键节点信息流控制；对比研究；提高区域职业教育质量

习近平总书记指出："职业教育是国民教育体系和人力资源开发的重要组成部分，是广大青年打开通往成功成才大门的重要途径，肩负着培养多样化人才、传承技术技能、促进就业创业的重要职责，必须高度重视、加快发展。"[②]

民族的素质影响着国家的发展和社会的进步。发展职业教育，可以提高劳动者素质和就业能力，适应社会主义市场经济和社会发展需要，为全面建设社会主义现代化强国提供有力人才支撑。

党的十八大以来，党和国家高度重视职业教育发展，相继出台《关于加快发展现代职业教育的决定》《关于深化产教融合的实施意见》《国家职业教育改革实施方案》等一

① 庞卫权（1969—），男，瑞士洛桑酒店管理学院中国区职业教育顾问，瑞士环球教育中国区负责人。中国精品酒店联盟副理事长，中国技师协会酒店分会副会长，江苏省旅游学会常务理事。研究方向：瑞士完整职业教育培训体系（包括应用型本科、高职、中职、等级认证和职业培训）在中国的应用以及我国职业教育体系改革的探索。

②2019年8月20日下午，中共中央总书记、国家主席、中央军委主席习近平考察甘肃省张掖市山丹培黎学校时的讲话。

系列重要文件，为推动职业教育高质量发展指明了方向。经过多年的努力，我们国家的职业教育实现了突飞猛进的发展，建成了全世界规模最大的职业教育体系。然而，中华职业教育社编写的《中华职业教育发展评价报告（2022）》显示职业教育依然存在区域发展不平衡。同时，中共中央、国务院 2021 年 10 月 12 日印发的《关于推动现代职业教育高质量发展的意见》提出了“到 2035 年，职业教育整体水平进入世界前列”的要求。可以说，我国的职业教育已经进入区域平衡高质量发展的新阶段。

没有高标准就没有高质量。标准是为在一定范围内获得最佳秩序，对活动或其结果规定共同的和重复使用的规则、导则或特性的文件。该文件经协商一致制定并经一个公认机构的批准。它以科学、技术和实践经验的综合成果为基础，以促进最佳社会效益为目的。标准对经济活动和社会发展起到支撑和引领的作用。《国家标准化发展纲要》要求通过优化标准化治理结构，增强标准化治理效能，提升标准国际化水平，引领高质量发展。《教育部关于完善教育标准化工作的指导意见》明确指出制定教育标准要处理好必要性和可行性、统一性和特色化、刚性约束和鼓励创新的关系，充分考虑区域特点和城乡差距，给基层探索创新的空间。

本文将对标世界经济论坛 2019 年全球竞争力报告中职业教育质量排名世界第一的瑞士职业教育，以及全球酒店管理专业 QS 排名第一的瑞士洛桑酒店管理学院，尝试利用质量管理理论中的质量链和关键节点信息流控制管理方法全面系统地分析职业教育质量的关键影响因素；同时，以酒店管理相关专业为例，通过中国与瑞士职业教育的对比性研究，探索两国职业教育体系之间的关键差异，对如何通过标准化支撑和引领区域职业教育质量进行分析，并尝试提供解决方案。

## 一、参酌中外、见贤思齐

笔者在酒店和餐饮行业担任高管近 20 年（其中包括 5 年的海外餐饮投资与咨询工作经历），谙熟先进的管理理念和实践。2010 年加入瑞士洛桑酒店管理学院在中国的教育项目的管理工作，至今已近 12 年。其间历任北京第二外国语学院中瑞酒店管理学院酒店管理系主任、扬州中瑞酒店职业学院执行院长，现任保定赛诺思威（洛桑）酒店职业教育培训中心首席教育官。是迄今唯一一个全面参与瑞士完整的职业教育培训体系（包括应用型本科、高职、中职、等级认证和职业培训）在中国落地的人。在这个充满艰辛、探索和收获的过程中，对中国和瑞士的职业教育进行了深刻的洞察，而且感悟颇深。并一直致力于利用自己的管理经验同时借鉴瑞士的成功经验提升我国职业教育质量。

瑞士被誉为创新型国家，从 2011 年开始，在全球创新指数（Global Innovation Index）[①]

①《全球创新指数报告》，世界知识产权组织、康奈尔大学、欧洲工商管理学院。

排名中已连续十二年稳居首位。瑞士是世界上工业化程度高、经济发达、科技领先的富强国家之一，其人均收入也居于世界前列。人才是瑞士强大创新能力和高效经济的核心支柱。IMD 世界人才排名（WTR）报告[①]的数据显示（图 1），瑞士从 2017 年至 2022 年连续六年在 63 个经济体中保持第一的地位。而职业教育则是瑞士人才优势的根基。根据世界经济论坛 2019 年全球竞争力报告[②]，瑞士的职业教育培训、企业在职培训以及毕业生职业能力三项得分都在全球排名第一（图 2）。相比之下，中国在这三项的评分排名分别是第 41、第 38、第 38，远低于中国的国家竞争力排名（第 28）。可以说，我们的职业教育培训与瑞士存在很大的差距，而且也拖了国家竞争力的后腿。

| Country | 国家 | Rank |
|---|---|---|
| Switzerland | 瑞士 | 1 |
| Sweden | 瑞典 | 2 |
| Luxembourg | 卢森堡 | 3 |
| Norway | 挪威 | 4 |
| Denmark | 丹麦 | 5 |
| Austria | 奥地利 | 6 |
| Iceland | 冰岛 | 7 |
| Finland | 芬兰 | 8 |
| Netherlands | 荷兰 | 9 |
| Germany | 德国 | 10 |

图 1　世界人才排名前十的经济体

| Country | 国家 | Rank |
|---|---|---|
| Switzerland | 瑞士 | 1 |
| Austria | 奥地利 | 2 |
| Netherlands | 荷兰 | 3 |
| Denmark | 丹麦 | 4 |
| Finland | 芬兰 | 5 |
| Singapore | 新加坡 | 6 |
| Germany | 德国 | 7 |
| USA | 美国 | 8 |
| Luxembourg | 卢森堡 | 9 |
| Norway | 挪威 | 10 |

图 2　职业教育培训排名

① IMD World Talent Ranking. IMD World Competitiveness Center.

② The Global Competitiveness Report 2019. World Economic Forum.

| | 瑞士 | | 中国 | |
|---|---|---|---|---|
| | 得分 | 排名 | 得分 | 排名 |
| 国家竞争力 | 82.3 | 5 | 73.9 | 28 |
| 职业教育培训 | 90.8 | 1 | 58.9 | 41 |
| 企业在职培训 | 79.0 | 1 | 58.3 | 38 |
| 毕业生职业能力 | 81.4 | 1 | 59.1 | 38 |

图 3　中国与瑞士国家竞争力以及职业教育培训得分对比

瑞士洛桑酒店管理学院成立于 1893 年，自始至终专注酒店管理教育，经过 120 多年的探索和尝试，形成了全球公认的最为成功的酒店管理人才培养的"洛桑模式"。100 多年来，瑞士洛桑酒店管理学院是国际上酒店教育高品质的标杆，常年稳坐全球第一的宝座（图 4）。"洛桑模式"将一流的硬件设施、高水平的师资以及科学的教育模式相结合，实现了理论与实践的高度统一，使毕业生不仅能更好地适应行业，而且具有广阔深远的发展潜力，为全球酒店行业输送了数以万计的高级人才。已被教育及酒店业界公认为培养酒店高能力、高素质人才的理想模式。

| 排名 | 学校名称 | 国家 | 总分 |
|---|---|---|---|
| 1. | Ecole hôtelière de Lausanne<br>洛桑酒店管理商学院 | 瑞士 | 99.4 |
| 2. | University of Nevada<br>内华达大学 | 美国 | 90.5 |
| 3. | Swiss Hotel Management School<br>瑞士酒店管理大学 | 瑞士 | 88.5 |
| 4. | Glion Institute of Higher Education<br>格里昂酒店管理学院 | 瑞士 | 85.8 |
| 5. | Les Roches Global Hospitality Management Education<br>理诺士国际酒店管理学院 | 瑞士 | 85.7 |
| 6. | Cesar Ritz Colleges<br>凯撒里兹学院 | 瑞士 | 84.5 |
| 7. | Hotel Institute Montreux<br>蒙特勒酒店管理学院 | 瑞士 | 83.9 |
| 8. | Culinary Arts Academy<br>瑞士厨艺学院 | 瑞士 | 79.4 |
| 9. | Hotel School the Hague<br>荷兰海牙酒店管理大学 | 荷兰 | 78.1 |
| 10. | The Hong Kong Polytechnic University<br>香港理工大学 | 中国香港 | 72.4 |

图 4　2022 年 QS 全球酒店管理院校排名

## 二、质量链、关键控制点管理

质量链管理（Quality Chain Management，QCM），是以多个组织和多种要素共同参与的质量形成与实现过程为内容，以质量流、信息流、价值流为对象，通过控制关键链节点，实现协调耦合、增值高效的质量管理理论和方法体系[①]。

职业教育的质量流研究的是职业教育的质量特性在规划、开发、设计、实施和反馈等过程中的定向流动和有序传递。对质量流全过程中关键节点的选择和控制是进行质量管理的基础和核心。关键节点的判断条件是[②]：

① 质量形成的核心过程。

② 对关键质量特性有决定性的影响。

③ 质量链中的瓶颈或薄弱环节。

通过对瑞士的职业教育体系进行研究，笔者提炼总结了图 5 中的 6 个职业教育质量流关键控制节点以及每个关键控制节点的相关方。

职业教育的质量流起源于行业的需求。因为职业教育的目的是使受教育者获得某种职业或者生产劳动所需具备的综合素养。所以，职业教育的质量特质应该源于相应职业的人才需求。接下来需要根据职业人才需求设置相关专业并制定专业教学标准。学校再根据自己的人才培养职业方向、教育主管部门的专业教学标准，以及本校的能力和资源优劣势确定要开设的专业及其定位。然后，专业负责人及其团队就可以按照学校的定位进行课程与教学的开发设计。之后的环节便是教学的实施和控制了。最后，根据用人企业的反馈对质量流的各个环节进行完善，从而实现教育质量的 PDCA 循环管理和螺旋上升，达到持续改进的目的。

职业教育是以知识为媒介的，所以信息流的质量是职业教育质量的最重要的决定性因素，是质量流的神经系统。它的流动过程，就是把行业的人才需求转化为职业教育质量特性的过程。质量信息在质量链中按照一定的方向和顺序流动，形成一个紧密衔接的逻辑系统。系统中任何环节的变化都会引发后续环节的连锁反应，形成所谓的“骨牌效应”。在整个职业教育过程中，信息是复杂的，流量是巨大的。由于教育主管部门和学校的资源是有限的，不可能对信息流进行全面细致的管控。我们需要通过实施对质量流关键节点的信息流控制，在实现控制效果最大化的同时把成本控制在合理的范围内，达到事半功倍的效果。

① 金国强，刘恒江．质量链管理理论研究综述［J］．世界标准化与质量管理，2006（03）：21-24.

② 闫海燕．高速铁路工程质量链模型构建与关键控制点识别研究［D］．天津：河北工业大学，2015.

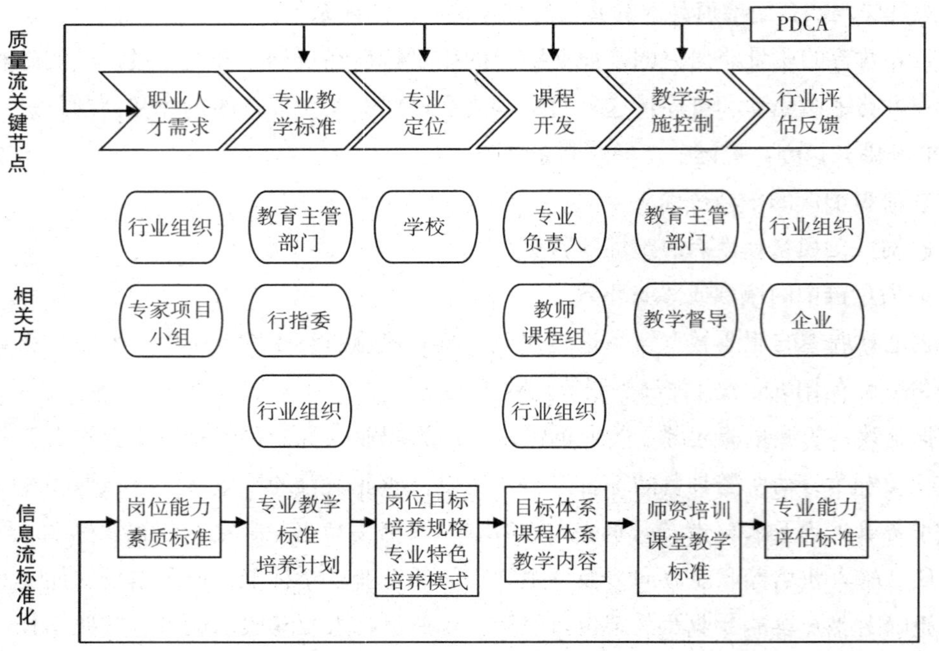


图 5　职业教育质量流与信息流的关键节点

## 三、职业教育质量关键节点的标准化思考

本文接下来的部分将以酒店管理相关职业教育专业为例，以关键节点为脉络，对瑞士职业教育的质量保障与管理相关标准进行分析，同时结合我国的实际情况，对通过关键节点标准化促进职业教育的区域平衡高质量发展略表拙见。

**关键节点一：准确了解行业的人才需求**

职业教育是为了培养高素质技术技能人才，使受教育者具备从事某种职业或者实现职业发展所需要的职业道德、科学文化与专业知识、技术技能等职业综合素质和行动能力而实施的教育。[①] 我们必须首先准确了解不同职业对从业者的综合素质和行动能力要求。这个要求在行业是以“能力素质标准”或者“胜任力标准”（以下统称“能力素质标准”）的形式存在的。

“能力素质标准”应当对能够甄别绩效优秀者和绩效普通者的个性特征进行全面、系统、准确的描述，一般是动机、特质、知识和技能以及特定工作岗位所要求的一组行为特征、胜任力的总和，这组特征对工作绩效和取得工作成功有最为直接的影响。[②] 在国际上，研究确定能力素质标准是行业组织的一项重要职责。

①《中华人民共和国职业教育法》。

② McClelland D.C.Testing for competence rather than for intelligence，American Psychologist，1973，V28（1）：1—14.

笔者有幸于2012年底至2014年初，应加拿大旅游局人力资源署的邀请，作为行业专家，全程参与了其“国际餐饮管理能力素质标准”的制定[①]，以及该标准相对应的能力测评认证体系的研发。该标准总结了作为一个餐厅总经理所应具备的9大类、38种能力、106种次能力，以及掌握每一项次能力所需的知识和技能。这个标准是加拿大旅游局人力资源署研发的一系列能力标准之一，其他标准还包括从客房服务员、前台服务员到调酒员、厨师，再到各部门高级管理，直至总经理的20多个岗位的能力素质标准。他们研发这些能力标准的目的是为企业甄选、发展和评估员工，为在职人员个人职业规划，也为职业教育提供系统、全面、准确的能力素质依据。这次经历让笔者深刻认识能力素质标准的意义、作用和科学制定方法。这样的行业标准正是我们国家多数行业缺失的，也是酒店职业教育人才培养所亟须的基础依据。

建议如下：能力素质标准为职业教育的各个环节提供最基础的、根本的依据。就像是相关专业职业教育的基本法。没有这个标准，职教界就无法准确掌握行业对人才培养的要求，职业教育对接行业需求就无从下手。因此，无论是职业教育发达还是相对落后的区域，都需要能力素质标准在职业教育中发挥其关键的保障和引领作用。同时，由于我国国土辽阔、市场规模巨大且层次丰富，同一个行业在不同区域，以及同一个行业的不同业态都应该制定自己的能力素质标准，以便给不同区域的不同院校提供差异化办学的支持。

能力素质标准的研发是一项专业性很强的工作，需要行业专家、学科专家以及能力素质研究专家的协同努力，很难在教育体系内实现。因此，提出以下几种解决方案供参考：针对所有职业教育专业，协调相关政府主管部门，对各行业组织提出制定能力素质标准的要求；或者由各专业组织行业专家、相关学科专家和能力素质研究专家共同研究制定相关专业能力素质标准。

**关键节点二：建立专业教学标准**

我们需要将上一个关键节点对行业人才需求的研究成果—能力素质标准—转化为专业教学标准。在我国，职业院校的专业设置和人才培养方案的制定基本上是依据教育部为每个专业制定的“专业教学标准”。然而，我国的专业教学标准在确保职业教育对接行业需求方面所起到的作用也是远远不够的。特别是在“培养规格”方面，普遍过于简单、笼统，并不能对人才培养给予系统、全面、准确的指导。以酒店管理专业为例，其专业教学标准只规定了21条培养规格[②]。

瑞士的教育主管部门（State Secretariat for Education，Research and Innovation ，SERI）

① International F&B Management Competency Standard，Canadian Tourism HR Council.

② 高等职业学校酒店管理专业教学标准. http://www.moe.gov.cn/s78/A07/zcs_ztzl/2017_zt06/ 17zt06_bznr/bznr_gzjxbz/gzjxbz_lydl/lydl_lyl/201907/P020190730538572914412.pdf.

会为职业教育的每个专业发布一个“法规”，其作用类似于我们的“专业教学标准”。在瑞士的专业法规中，培养规格是以培养某种能力为教学目标的形式进行描述的。以某专业为例[①]，在 VET 层次（瑞士职业教育的最基础层次，相当于中国的中职），该专业的法规将教学目标分为了专业能力、方法能力、社会和自我管理能力三大类。专业能力为本专业特有的，其他两种能力则属于通用型的能力。另外，该专业法规还规定，作为该法规生效的条件，相关行业组织必须制订一个“培养计划”（类似我国职业院校制定的人才培养方案），并且需要得到 SERI 的批准。同时，还指出培养计划必须对法规中的能力目标进行如下细化：

① 说明它们对职业教育的重要性。

② 明确在工作情境中所期待的行为。

③ 表明具体的绩效目标。

④ 始终将其与资格认证程序联系起来。

专业法规还要求培养计划具体说明：

① 课程结构。

② 课程在不同教学参与方之间的分配（学校、企业、专业培训机构）。

③ 有关职业安全、健康保护和环境保护的法规和建议。

继续以该专业为例，它的培养计划的核心内容是一套全面、系统的职业能力教学目标体系，将专业法规要求的三大类能力目标中的专业能力作为核心，将其他两大类通用能力融入其中[②]。培养计划的专业能力教学目标设置得非常详尽和具体，与实际的职业行为一一对应。培养计划将专业能力教学目标分成了几个大类，每个大类下又根据具体的科目分成数个小类，每个小类下就是具体的、可量化的执行目标。另外，还将执行目标分为 6 个层次，每个具体执行目标都明确了要求达到的层次。并且校内课程、实习地点以及在职培训都有不同的执行目标。这些执行目标达到近两百条，非常细致。

建议如下：职业教育是一项有目的的理性行为，教育教学目标的准确性和全面性是决定人才培养效果的首要因素。在我们现有的专业教学标准的基础上，我们还需要增设类似瑞士的培养计划，为职业院校和老师们提供全面、系统、准确的培养目标体系以及课程设置标准。

同样，由于人才培养目标体系和课程设置标准的研发是一项专业性很强的工作，需要行业专家、学科专家以及教育专家的协同努力。应该由教育主管部门发挥其职能优势，

① Verordnung des SBFI über die berufliche Grundbildung，Bäckerin–Konditorin–Confiseurin/ Bäcker–Konditor–Confiseur mit eidgenössischem Fähigkeitszeugnis（EFZ），27.Oktober 2010，Bundesamt für Berufsbildung und Technologie.

② Bildungsplan zur Verordnung über die berufliche Grundbildung Bäckerin–Konditorin–Confiseurin EFZ und Bäcker–Konditor–Confiseur EFZ（Nr.：21104）.

协调各方面资源，科学研究制定系统、全面、准确的人才培养目标体系，为院校的专业设置、课程与教学的开发和实施、教学督导和评估提供科学的依据和具体的准则。

针对所有职业教育专业，协调相关政府主管部门，要求各行业组织制定系统、全面、准确的人才培养目标体系和培养计划，供职业院校和产教融合型企业作为蓝本使用。多数院校和企业可以直接使用行业标准，部分实力较强的可以增加自己的特色。

如果行业组织缺乏这方面的能力和资源，也可以考虑委托各专业行指委牵头，协调行业组织，甄选行业、学科、教育权威专家组成教育教学目标体系的研发项目组科学、严谨地开展研发工作。

**关键节点三：专业定位**

虽然制定了能力素质标准、专业教学标准和培养计划，由于我国疆域辽阔、发展不平衡、行业规模大、业态更丰富，行业对一个职业教育专业人才培养的需求仍有多样性。加之学生、院校能力与资源等方面的不同，职业院校在规划设置专业的时候，可以选择差异化的、具有独特亮点的定位。从而在招生和就业、服务企业，以及毕业生的职业发展方面获得持续优势。定位的差异化主要体现在职业面向和培养模式两个方面。

建议院校在规划职业面向的时候考虑以下因素（以酒店管理专业为例）：

不同业态：有奢华酒店、快捷酒店、精品酒店、民宿、度假村、会议中心等。

不同岗位：分为纵向和横向的不同。如培养目标纵向包括基层、中层或者高层等不同层级，横向包括服务员、点菜员、调酒师、茶艺师等不同岗位。

不同企业：虽然行业存在通识的标准，但是具体企业在文化、定位、特色等方面可能有显著的差异，所以不同的企业存在对人才的个性化需求。

不同发展路径：考虑设定特殊方向（比如酒店管理创业方向），可以侧重餐饮、前厅等一线部门，也可以侧重人力资源、市场营销、财务会计等二线部门，或者创业、咨询顾问等方向。

不同职业面向所需要实现的培养目标。以能力素质标准为基础，了解不同的就业方向在人才培养需求方面的不同。

在培养模式方面，院校需要盘点自己拥有的专业带头人、师资、软硬件设施、校企合作等方面的资源情况，并思考以下两个关键问题。

理论教学与实践教学的比例是多少？可以把理论教学与实践教学看作一个连续体。一端是纯理论教学；另一端是纯实践教学。一般来讲，中职教学更靠近纯实践端，高职教学更靠近连续体的中间部分，而应用型本科的教学更偏向纯理论端。在瑞士，中职阶段的学生的实践课程要占四分之三以上，高职大约占 50%。应用型本科（如洛桑酒店管理学院）的实践教学也要占到大约 40%。

在培养过程中，院校与企业分别承担的教学比例是多少？同样可以看作一个连续体。

一端是纯学校培养；另一端是纯企业培养。在瑞士，中职教育是以双元制为主的，而在瑞士的双元制体系中，学生的学习主要是在企业实现的，职业院校起到的是辅助作用。中职学生每周在企业工作3—4天；在学校和行业协会培训中心1—2天。瑞士的高职教育是以兼职学习为主，要求在企业工作时间不少于50%。而瑞士的应用型本科（如洛桑酒店管理学院）的培养模式比较特别，他们在校内实现了产教融合。接下来进行专门介绍。

## 四、洛桑的产教融合培养模式

瑞士洛桑酒店管理学院的教育模式的特点和优势就是成功地在校内实现了产教融合、工学交替、学以致用，培养出了有理论、懂业务，既会实际操作，又有管理能力的人才。

为了达到理论与实践的高度统一，真正做到学以致用，洛桑的教育模式中设置了大量的实践课程，并要求学校按照行业标准建设所需实操教学设施。要求以酒店行业发展水平为标杆，以专业发展的实际需要为依据，时时处处与行业生产、管理、服务保持一致，通过真实的职业环境促进教育与运营在校内的无缝对接。洛桑模式对院校的要求实际上是一个酒店与学校的结合体。学校需要具备的实操设施一般包括：酒吧、咖啡厅、中餐厅、中餐厨房、西餐厅、西餐厨房、客房、前台、公共区域、洗衣房等。更重要的是，洛桑模式要求这些实操场所要真实地运营，要有客人、出产品，而不能像其他学校的实操场所一样沦为“角色扮演”教学的背景环境。

实践教学是洛桑模式的核心要素，虽然确保了高品质的教育效果，同时也造成了高昂的前期投入和教学运营成本，加之真实的运营需要拥有丰富行业经验的师资，使得大部分院校望尘莫及。学校自建实训设施不仅投资和运营成本巨大，且可能会由于学生人数有限而造成资源闲置。所以原则上很少有综合类大学可以为其所有专业建设完善的实训设施。

## 五、我国的校企合作、产教融合模式

近几年，国家发布了多个关于发展职业教育的方针政策，这些政策无一例外都着重强调职业教育人才培养应与市场需求对接，以实践能力培养为重点。而要达到这个要求，职业教育需要做到理实一体、知行合一，需要采用产教融合的人才培养模式。

产教融合的人才培养模式要求在我们传统的说教型职业教育中增加相当大比重的生产实践教学，需要在设备设施、教学内容和专业师资等方面与行业对接。然而，很少有职业院校能够达到这些要求。而且，即使能够做到，也会像洛桑酒店管理学院一样形成高昂的教学成本。

国家把深化产教融合改革作为推进人才资源供给侧结构性改革的战略性任务，大力推动校企合作，希望利用企业的生产设备设施和专业人员实现专业化的实践教学。[①]然而，在参与职业教育开展实践教学方面，企业同样面临着难以逾越的鸿沟。首先，企业的专业水平是参差不齐的。另外，即使企业在日常生产经营方面具有一定的专业能力，但是，由于不懂教育，很少有企业具备将其专业能力转化为符合职业教育规律的课程的能力。而且，虽然企业拥有专业人才，但是并不具备将其培养成为合格的教学人才的能力。因此，多数企业并不具备参与职业教育所需的教育理念和教学能力。所以在校企合作中并没有行使相应的教育职能，导致绝大部分实习生沦为廉价劳动力。建议如下：

1. 区域职业教育的职业面向选择

职业院校应该根据可获取的资源选择差异化的人才培养职业面向，比如说乡村或边远地区，由于没有高星级酒店，很难为奢华酒店人才培养提供所需的资源，职业面向可以考虑精品酒店、快捷酒店、民宿等。当然，为了确保院校能够准确了解不同职业面向的人才需求，科学选择职业面向定位，相关部门需要制定不同职业面向的人才素质标准，发挥其支撑和引领的作用。

2. 区域职业教育的培养模式选择

由于我国不同区域的经济发展水平差异较大，一些偏远区域不具备在职业院校内投资建设对接行业标准的实训设施，同时，由于师资水平的局限性，也很难确保实训设施的投资回报。他们可能更适合通过校企合作实现产教融合。如果人才培养的职业面向是本地区的企业，就与相关企业合作。如果职业面向是去其他区域就业，就要开展跨区域的校企合作。

为了改善前文介绍的校企合作中存在的名不符实的现象，帮助企业解决课程和师资方面的困难，赋予企业真正参与职业教育所需的能力，我们需要建立完善的教育教学目标、培养计划和企业师资培训体系（关于职业教育师资培训将在关键节点五中进行详细探究）系列标准。企业可以使用成型的标准课程，而不是自行开发。企业师资也经过标准的培训和考核，既能保证专业性也便于监督管理。

3. 共享实训中心

集中资源办大事，通过整合政府、学校和企业资源，为各个重点专业建立专业的、先进的、健全的共享实训中心。承担不同院校的相关专业的实训教学。作为兼具教育属性和职业属性的平台，高效率、高质量地行使以下职责：

① 课堂教学与理论实践对接。

② 学生身份向员工身份的转化。

③ 将企业优秀的实践转化为行业标准以及教学目标、标准、内容。

①《建设产教融合型企业实施办法（试行）》。

④ 提升企业在现代学徒制、产教融合等职业教育中的专业性。

⑤ 双师型教师培养。

⑥ 企业师傅的培训。

⑦ 教研、科研。

⑧ 社会、行业培训。

**关键节点四：课程设置与课程内容的开发**

明确了专业定位之后，需要做的就是课程设置和课程内容的开发工作。课程设置和课程内容的开发依据是专业定位时选择的职业面向以及相对应的能力素质培养目标体系。真正的培养目标体系应该是什么样子呢？它应该是以人才培养总体目标为基础，将其系统地分解为各培养阶段的培养目标，进而分解为各个课程的培养目标，最后再细化为每个课时的培养目标，从而形成一个高度统一的体系，确保每一门课程的每一节课都能够为最终的人才培养目标而协同努力（图 5）。

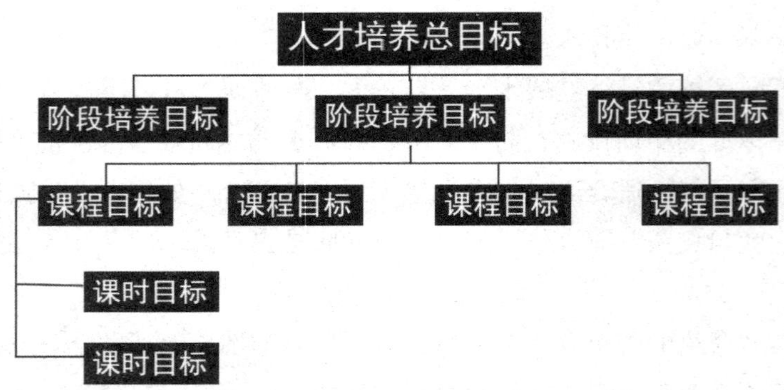


**图 5　培养目标体系**

接下来的工作便是以培养目标体系为依据开发课程设置。将能力培养目标转化为课程设置是一个专业且复杂的工作，需要行业专家、学科专家和教育专家的共同努力。所以，同样是很难在院校层面实现的。这也是造成我国职业教育与行业需求脱节的一个重要环节。

如前文所述，在瑞士，行业组织负责制订的培养计划中包括了详尽全面的培养目标体系和课程设置。院校既可以直接使用，按照标准开展教学，也可以在标准的基础上增添本校的特色。

再以洛桑酒店管理学院的课程设置特点为例。

洛桑酒店管理学院的课程设置是专业理论、应用理论与教育理论的有机结合。课程分类明确、能力培养目标清晰。洛桑的课程体系中专业课程多达 50 多门，全面涵盖酒店主要运营和管理部门，具有极高的专业性和复合性，从基层岗位的操作课程到运营管理再到战略管理和探索创新，由低年级到高年级循序渐进地开展，理论与实践紧密结合。以洛桑模式的应用型本科层次为例，在其课程设置规划中，以两次实习为分界线将校内教学分为三个阶段。第一阶段是第一、第二学期，这个阶段的培养目标是使学生掌握酒店一线基础服务岗位所应具备的专业能力素质。第三学期是学生第一次校外实习，定位为“一线基础服务岗位实习”，与大一的学习内容相对应。第三学期的实习非常重要，通过这次实习，一方面，学生可以实践和巩固大一的学习成果；另一方面，学生对酒店的实际运营管理有了感性的认识，有利于接下来的管理理论学习。第二个校内教学阶段是第四、第五学期。在这个阶段学生主要学习管理课程，如财务管理、人力资源管理、市场营销管理、运营管理等。由于有了第三学期的实习经验，学生可以更好地理解和应用这个阶段教授的管理知识和能力。第六学期是学生的第二次实习，定位为“管理实习”。不管学生是否可以获得管理岗位的实习机会，在这次实习中，学生都需要尽量应用第四、第五学期学到的管理知识和能力去观察、分析、参与酒店的管理工作。第三个校内学习阶段是大四的第七、第八两个学期。大四这一年将进行分方向教学。学生根据自己的就业意向选择不同的方向，同时需要完成各自的毕业论文。而且，洛桑的课程设置以及教学内容会根据酒店业发展的需要不断推陈出新，不仅及时推出实用性强的新课程，也要求传统课程不断更新（图 6）。

• 工学交替大、小循环

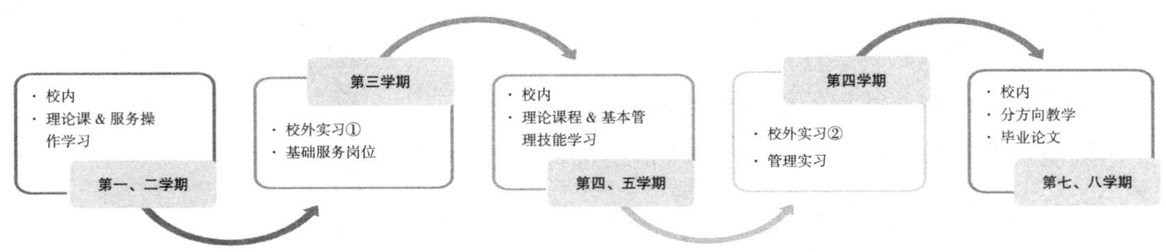


**图 6　“洛桑模式”课程设置的结构**

在我国，课程内容的开发工作主要依赖教师。中国职业院校的教师普遍缺少行业经验，造成了授课内容与行业实际状况脱节，学生所学的内容与未来的工作脱节。另一方面，没有行业经验的教师对行业缺乏认识，更谈不上情怀，不能给予学生正确的专业引导，甚至有可能对行业进行错误的评论，使学生丧失在相应行业就业的兴趣。在瑞士，所有的职业教育师资都必须经过培训和认证，而参与教师认证的基本条件是不仅要拥有相应的专业资质而且必须要有三年相关领域工作经验。以高度“知行合一”著称的“洛桑模式”需要理论与实践完美结合的教师。因此，“洛桑模式”对教师有更高要求，专业课教师都需要拥有丰富的酒店管理经验以及较好的教育背景，再经过洛桑的师资培训，从而确保教学效果。建议如下：

1. 坚决贯彻执行《国家职业教育改革实施方案》关于“自2020年起，除‘双师型’职业技术师范专业毕业生外，基本不再从未具备3年以上行业企业工作经历的应届毕业生中招聘”的规定。

2. 有必要再次强调笔者在关键节点二中的建议，要求行业组织负责研制教学目标体系和课程设置，报教育主管部门审批后，作为蓝本供相关院校参考使用。当然，教育主管部门还需要利用教育专业资源帮助行业组织提升这方面的专业能力。

这些标准对于偏远、乡村区域的院校的意义更加重大。它们的师资能力更弱，更无法承担这些研发工作。有了这套目标体系和课程设置，它们直接使用即可，对提升区域职业教育培养质量可以起到支撑和引领的作用。

**关键节点五：教学实施与控制**

教师在职业教育中的关键作用是毋庸置疑的。职业教育人才培养的效果最终取决于教师的能力素养。即使没有前文介绍的能力素质标准、专业教学标准、专业定位、培养模式等一系列标准作为依据和支持，能力素养水平高的老师也有可能培养出符合行业需求的人才。然而，这样的优秀教师是可遇不可求的稀缺人才，不能满足我国大规模的人才培养需求。我们职业教育的质量不能任由命运的摆布，而应该掌控在自己手里。因此，对于师资的培养、评估和管理工作同样是职业教育质量管理的一个重要环节。

瑞士有一套完整的职业教育师资培养体系。该体系全面涵盖了职业教育体系中相关机构不同的师资需求，包括[①]：

① 参与双元制职业教育的企业中的培训师。

② 获批参与职业教育的培训机构中的培训师。

③ 基础职业教育学校（类似于我们的中职）教师。

④ 高级职业教育院校教师。

瑞士联邦政府针对上述职业教育师资的不同要求建立了培训和认证体系，确保职业教育师资具备以下几个方面的平衡能力：

理论与实践的平衡：理论和实践必须相互联系。在引导学习者掌握实践能力的同时为其提供理论基础。实践使理论变得具体，理论可以使实践系统化，而且可以帮助学生做到知其所以然。

儿童教育学与成人教育学的平衡：通过职业教育，年轻人向经济和社会独立迈出了第一步。这种向成年的过渡在教学和学习过程中也很明显。在职业生涯开始时，学习过程的规划、启动和控制可能还要依赖职业教育培训师资。职业教育培训师资必须有意识地培养他们能够以自主、自我指导和自我组织的方式，不断塑造自己职业能力的发展。

---

① Rahmenlehrpläne Berufsbildung sverantwortliche.

根据情况鼓励和要求自主学习，使学习者能够为他们当前和未来的职业教育和培训承担起自我责任。

工作与学习的平衡：学校、企业和其他学习场所（如跨企业课程）之间的环境转换对学习者提出了很高的要求。职业教育培训师资要确保学习地点之间的良好合作。

在双元制的企业中，因为培训是在服务 / 生产过程中进行的，所以只能在有限的范围内实现。在企业的产教融合型培训中，一方面由于学习结果立即产生价值，有利于激发学习者的动机；另一方面由于客户和市场的期望很高，所以对培训结果的要求很高。

企业绩效与个人发展的平衡：要考虑到企业、社会的经济利益，以及个人的期望和需求，以便加强所有相关方的参与动机。

能力学习和教育准则：职业教育的目标不仅要获取知识，更重要的是发展和扩大职业能力。学习是基于特定职业、实践、理论和通识教育内容的交织。

为了确保教学质量，瑞士洛桑酒店管理学院为其中国的合作院校提供了教师培训和认证服务。在参与洛桑项目的十余年中，笔者不仅通过了培训、获得了认证，而且经常为该培训提供翻译等支持，因此对其非常了解。

洛桑的教师培训不仅包括教学设计、教学技能、教学材料等内容，而且更加着重强调由“教”向“学”，由儿童教育理念向成人教育理念的转变。洛桑的教育理念致力于利用“以学生为中心的教学方法”激发学生的兴趣和动力，引导学生主动承担责任，能学善用、探索创新。这与中国的灌输式的教育理念完全相反。我国的很多学校仍然在采用照本宣科的应试型教学方式。因为测试的内容多根据书本内容而定，学生不需要认真听讲就能够通过看书进行学习，通过背书应付考试。因此学生的学习积极性和课堂效果普遍比较差。在与洛桑的合作过程中，在教学理念和方法转变方面，我方教师们确实经历了一个艰难的过程。所幸的是这个转变所带来的效果是非常显著的。笔者有幸接触到的其他国际著名大学的教学模式，发现都与洛桑的类似。因此推断，洛桑推崇的教学理念和方法是国际优秀院校共同认可的。

为了评估教师贯彻洛桑教学理念和方法的状况，洛桑酒店管理学院在其教师培训内容的基础上制定了一套评估标准。不管是洛桑的教学审计，还是我们校内平时听课和教学督导，全都使用这套标准。不仅推动了洛桑教学理念和方法的落实，而且为我们的教学和教师评估提供了客观的标准。当然，也有人提出教学是一门艺术，每个人可能有不同风格，不宜统一。这个说法是对洛桑教学标准的误解。洛桑制定课堂教学的标准，是对其认为合格的课堂教学所必须履行的必要条件的强制措施，是为了推动教师走出舒适圈，从传统的说教向更加科学的教学方式转变。它的目的是避免劣质教学，它虽然并不构成卓越教学的充分条件，但是也不会对其产生任何限制。建议如下：

建立完整的职业教育师资的培训认证体系，不仅包括院校教师，还要把企业教师纳入其中。为产教融合型企业参与职业教育解决师资问题。尤其是欠发达地区，因为更加依赖企业实现产教融合的人才培养，企业的师资（师傅）是职业教育人才培养质量的关键影响因素之一。

建立类似洛桑酒店管理学院的量化的教学标准，确保课堂教学的基本水平。

**关键节点六：行业评估反馈**

2020 年教育部等九部门印发的《职业教育提质培优行动计划（2020—2023 年）》要求完善政府、行业企业、学校、社会等多方参与的质量监管评价机制。完善职业学校评价制度，把职业道德、职业素养、技术技能水平、就业质量和创业能力作为衡量人才培养质量的重要内容。

根据我们的调研，教育主管部门现行的学校办学质量评价标准所考核的因素主要包括软硬件办学条件和教学过程。但是，这种评价存在两个问题：

虽然这些都是办学质量的影响因素，但是并不能为培养行业所需人才提供“必要且充分”条件。不仅缺少了一些重要的必要条件。而且，各因素的评价内容与培养行业所需人才的目标之间的逻辑关系不清晰，不能直接反映人才培养效果。

不能被衡量的就无法被管理，无法管理的也就谈不上质量保障。从另外一个角度说，被评估和考核的才会被重视。所以我们使用的衡量标准决定着职业院校把工作重心放在哪里。就像在培养过程中因为无据可依而迷失一样，对于毕业生的人才培养效果评估，我们也缺少有效的手段。比较普遍的是征求用人单位的反馈意见。然而，由于行业也缺少科学的能力素质评估手段，因此，对毕业生的能力素质评估完全取决于反馈者个人水平，难免有失偏颇或以偏概全。

2019 年，教育部、国家发展改革委、财政部、市场监管总局联合印发《关于在院校实施“学历证书 + 若干职业技能等级证书”制度试点方案》，部署启动“学历证书 + 若干职业技能等级证书”（以下简称 1+X 证书）制度试点。希望通过对接职业技能等级考核，提升学生就业能力，更好地服务于国家需要和市场需求。

这项措施成功的前提是，职业技能等级证书能够准确反映职业活动和个人职业生涯发展所需要的综合能力素质。然而，这方面恰恰是我们职业教育培训的另一个瓶颈。首先，我国各行业技能等级认证的体系不健全，很多专业无法找到与其培养目标相对应的证书。另外，我国的技能等级证书的考评普遍信度和效度较低。一方面，由于没有能力素质标准的支撑，多数技能等级评估的内容不能准确、完整地反映从事该专业所应具备的综合能力素质。另一方面，测评的方式方法不科学，无法准确反映被评估人的真实状况。

在瑞士，职业教育的文凭和能力等级证书是合二为一的。而技能的考核由第三方机构负责。也就是说学生经过学校的培养后，通过第三方的职业能力等级评估才能获得相关证书。这种模式不仅比学校进行考核发证更加公允，而且也是对学校培养行业所需人才所取得的效果的最佳评估方式。

在瑞士，所有职业教育专业都有对应的技能等级评估认证。这些评估认证同样是由行业组织建立的。也同样是由教育主管部门审批的。因为这些评估认证与上文介绍的能力素质标准、教学目标出自同一个组织，所以可以确保它们的内在逻辑联系，从而实现行业需求、教育培训、评估认证、聘用发展的有机衔接。

瑞士能力等级评估认证的方法也更加全面和系统。以某个烹饪类的高级能力认证为例（相当于我国的高级职称），其评估总共用时 21.5 小时，包括以下五个部分[①]：

实际操作（16.5 小时）：本部分考试涵盖生产计划、原材料采购、储存、加工、生产和处置等领域的实际工作。

专业技术（60 分钟）：候选人应该能够评估原材料、半成品和成品，并就营养问题向客户提供建议。

案例研究（180 分钟）：在综合案例研究的框架内，以跨学科和相互关联的方式对专业知识、企业组织、员工管理和成本核算等主题进行测试。

员工管理（30 分钟）：这一部分包括与两位专家就与本行业员工管理相关的问题和情况进行讨论。被试者应该能够在员工和团队管理中运用当代领导方法，对学习者进行培训，并能够识别正确的、以绩效为导向的激励员工的机会。

商业组织与商品管理（30 分钟）：被试者应具备组织日常运营的全面的专业知识。了解并能够正确应用质量管理的基础知识。能够根据质量、经济效益和食品法的标准计划和执行采购。可以描述相关法律法规，并在公司内贯彻实施。如有必要，他们会寻求专业组织的支持。

建议如下：

据悉我国这两年正在着手建立能力等级认证体系。能力等级认证同样是一项复杂且专业的工作，特别是我国当下能力认证的水平普遍较低，能否实现从 0—1 的突破关系到能力等级认证体系的成败。同样建议教育主管部门发挥职能优势，协调政府其他相关部门，整合各方面资源，成立能力等级认证专家小组，引导各行业组织科学研究建立认证体系。

## 六、结语

我国职业教育已经进入区域平衡高质量发展的新阶段，并确定了“到 2035 年，职业教育整体水平进入世界前列”的目标，因此有必要对标世界上最前沿的职业教育。

职业教育是以知识为媒介的，所以信息流的质量是职业教育质量最重要的决定性因

① Guidance on the examination regulations for the professional examination for Head baker pastry chef confectioner head baker pastry chef confectioner.

素，是质量流的神经系统。它的流动过程，就是把行业的人才需求转化为职业教育质量特性的过程。质量信息在质量链中按照一定的方向和顺序流动，形成一个紧密衔接的逻辑系统。系统中任何环节的变化都会引发后续环节的连锁反应，形成所谓的“多米诺骨牌效应”。本文建议通过建立一系列标准，对质量流关键节点的信息流实施引导和控制，可以在实现管理效果最大化的同时把成本控制在合理的范围内，达到事半功倍的效果。

本文首先识别出职业教育质量链的以下六个关键节点。

关键节点一：准确了解行业的人才需求。

关键节点二：建立专业教学标准。

关键节点三：专业定位。

关键节点四：课程设置与课程内容的开发。

关键节点五：教学实施与控制。

关键节点六：行业评估反馈。

接下来，以酒店管理相关专业为例，对关键节点的信息流进行逐个梳理和分析。本文对中国与瑞士的职业教育进行了对比分析，探索了两国职业教育体系之间的关键差异，借鉴了瑞士职业教育体系在各个关键节点的质量保障与管理相关标准，同时结合我国的实际情况，对通过关键节点标准化促进职业教育的区域平衡高质量发展进行了探索。

本研究建议，我国职业教育系统中，在下述关键节点，通过建立类似瑞士的标准体系，甚至比瑞士的标准更加全面细致（因我国人口、面积和经济规模都远远大于瑞士），可以在职业教育区域平衡高质量发展方面起到至关重要的支撑和引领作用（表 1）。

**表 1　关键节点及增设标准**

| 关键节点 | 需要增设的标准 |
|---|---|
| 一、准确了解行业的人才需求 | 人才能力素质标准 |
| 二、建立专业教学标准 | 培养计划（包括全面、系统、准确的培养目标体系以及课程设置标准） |
| 五、教学实施与控制 | 职业教育师资培训标准、课堂教学评估标准 |
| 六、行业评估反馈 | 专业能力评估认证标志 |

职业教育需要行业组织的密切合作以及专业支持。在瑞士，行业组织是职业教育相关专业的推动者。由于行业组织的生存取决于会员的支持，所以他们必须为会员提供有价值的服务。其中一项就是解决人才问题。因此，常常是行业组织其代表会员主动与职业教育主管部门对接，从而启动相关专业的职业教育规划。既然行业组织希望职业院校为他们培养人才，教育主管部门便要求其制定能力素质标准、培养计划、能力等级评估认证。只有这些工作获得认可，教育主管部门才会启动相关职业教育专业的建设与落实。行业组织通过与教育部门的合作，达到为会员企业培养人才的目的，行使自己应尽的职能，从而获得会员企业的支持，实现自己的价值。由于相关专业的职业教育原动力来源

于企业，且人才培养精准对接企业需求，加之作为企业利益代言人的行业组织的协调，才得以形成企业与院校共同构成的高效双元制职业教育体系。

在对瑞士的能力等级认证体系进行研究的过程中，笔者在一个 PET 层次（瑞士职业教育的高级层次，相当于我国的高级职称）的评估认证指南文件中发现了以下关于职业教育培训的能力要求：

① 解释基础职业培训的法律基础工作。

② 解释学徒合同的结构和法律意义。

③ 说明学习者、家长和培训师的权利和责任。

④ 解释选择学习者的标准。

⑤ 组织实习。

⑥ 有条不紊地指导学习者。

⑦ 对各个培训步骤进行规划。

⑧ 解释培训的控制机制。

⑨ 控制学习文档。

通过将职业教育培养的相关能力纳入高级能力等级认证，使那些通过职业教育培训和认证，获得职业发展，成为行业高级人才的受益者，能够了解、参与和推动职业教育培养和认证，从而形成良性循环。

因此，职业教育质量的不断提升以及与行业需求的对接是无法在教育体系内部实现的。如果无法促使行业组织承担起相应的职业教育培训职能，教育界的努力都将是徒劳的。

# 建立国际中文教育标准体系，推动中国语言文化全球传播[①]

袁　礼[②]

**摘　要**：习近平总书记在党的二十大报告中对增强中华文明传播力影响力作出重要部署。国家"十四五"规划提出了"建设中文传播平台，构建中国语言文化全球传播体系和国际中文教育标准体系"。国际中文教育是中国提供给世界的语言公共产品，是推动中华文化走向世界的重要支撑。本文分别采用调查研究、案例研究和行动研究等三种方法，阐述国际中文教育标准化工作基础及现实问题，并运用SWOT模型研究提出国际中文教育标准体系的"三个向度建设"和"三元标准框架"；解读案例《国际中文教育中文水平等级标准》（GF0025-2021）的引导作用、应用前景与体系化建设；具体分析世界汉语教学学会团体标准化工作成果、经验与建议路径，略论国际中文教育高质量发展的建议策略。

**关键词**：国际中文教育；标准化；文化传播

习近平总书记在党的二十大报告中再次强调"坚持教育优先发展"，并对增强中华文明传播力影响力作出重要部署，提出"加快构建中国话语和中国叙事体系，讲好中国故事，传播好中国声音，展现可信、可爱、可敬的中国形象""深化文明交流互鉴，推动中华文化更好走向世界"。《中华人民共和国国民经济和社会发展第十四个五年规划和2035年远景目标纲要》明确提出"建设中文传播平台，构建中国语言文化全球传播体系和国际中文教育标准体系"。时任中国教育部副部长、国家语委主任田学军指出，"国际中文教育是教育国际交流合作的重要组成部分，是中国提供世界的语言公共产品，是中国融入世界、世界了解中国的重要平台。开展国际中文教育，为世界各国民众学习中文提供

---

① 本文是基金项目：国家语委"十四五"科研规划2021年度委托项目"国际中文教育标准体系框架研究"（编号：WT145-2）的研究成果。

② 袁礼（1973—）男，安徽东至人，博士，中国教育发展战略学会教育标准专业委员会学术委员会副主任，世界汉语教学学会第八届至第十一届理事兼学会秘书处负责人，中外语言交流合作中心研究员，研究方向：国际中文教育管理、教育标准。

帮助，是我们作为母语国义不容辞的责任”。显然，国际中文教育是语言教学，也是文化传播，更是推进中外人文交流的载体和手段，这为建设国际中文教育标准体系、推动中国语言文化全球传播指明了研究方向。

## 一、调查研究：国际中文教育标准的工作基础、现实问题与标准体系研究思路

新时代推动高质量发展、全面建设社会主义现代化国家，迫切需要进一步加强标准化工作。2021 年 10 月，党中央、国务院印发了《国家标准化发展纲要》，要求“立足新发展阶段、贯彻新发展理念、构建新发展格局，优化标准化治理结构，增强标准化治理效能，提升标准国际化水平，加快构建推动高质量发展的标准体系”，发展目标是全域“标准化深度发展”“标准化水平大幅提升”“标准化开放程度显著增强”“标准化发展基础更加牢固”。作为面向多语世界的国家公共产品，国际中文教育特别需要建立面向全球合作者和学习者的教育教学标准，探索构建标准体系，形成专业的标准化工作队伍。

我国一直把国际中文教育标准的研制与普及作为中文母语国的责任和义务。自 20 世纪 50 年代以来，新中国开启了对外国人的汉语教学工作，从“清华大学中国语文专修班”起步，对外汉语教学的质量标准不断丰富发展。1988 年 9 月，由中国对外汉语教学研究会组织完成了我国第一份国际中文教育标准化文件[①]——《汉语水平等级标准和等级大纲（试行）》出版，仅包括“词汇”和“语法”二维基准；进入 90 年代，“汉字”也成为汉语水平标准化对象，由此扩展建构了“词汇大纲”“语法大纲”与“汉字大纲”等标准化文件体系，形成了面向外国学习者的“初中高”多层次汉语水平等级标准。21 世纪初，国家陆续发布了《汉语桥工程》《关于加强汉语国际推广的若干意见》，由此，中国对外汉语教学的教学重心、教学主体、教学理念、教学方法、教学手段、教学内容与汉语水平测试等发生了变化，《国际汉语能力标准》（2007 年 10 月）、《国际汉语教师标准》（2007 年 12 月）、《国际汉语教学通用课程大纲》（2008 年 3 月）应运而生。2010 年，教育部、国家语委发布了《汉语国际教育用音节汉字词汇等级划分》（GF0015-2010）建构了音节、汉字、词汇“三维基准”，2021 年 3 月，《国际中文教育中文水平等级标准》（GF0025-2021）（以下简称《等级标准》）将“三维基准”扩展为“四维基准”，即音节、汉字、词汇和语法（表 1）。截至目前，中国先后发布国际中文教育各类标准化文件 40 项，但是，其中归口管理“标准”立项、起草、审核、发布和实施标准化工作程序的，仅有教育部和国家语委的语言文字规范 2 项和世界汉语教学学会团体标准 1 项。

---

① 标准化文件是指通过标准化活动制定的文件。文件类别一般包括指南、协议、规范或规程、技术报告和标准。标准的范畴，一般包括规则，技术规范，操作规程和实物标准等。

表 1　汉语（中文）水平等级标准（1988—2022 年）

| 汉语（中文）水平等级标准 | 二维基准（1988 年） | 三维基准（2010 年） | 四维基准（2021 年） |
|---|---|---|---|
| 内容要素 | “词汇”和“语法” | 音节、汉字、词汇 | 音节、汉字、词汇和语法 |

海外中文教育标准是国际中文教育标准体系建设的重要组成部分，是中文（公共产品及服务）国际化与标准化的重要体现。据教育部中外语言交流合作中心发布的《国际中文教育教学资源发展报告（2021）》[①]资料统计，截至 2022 年 12 月，海外有关国家或地区教育行政部门发布的各类中文能力标准、中文课程标准、中文测试标准达 105 项，即包括 AP（Advanced Placement）中国语言文化课程与考试大纲（2007）、IGCSE（International General Certificate of Secondary Education）国际普通中等教育证书中文考试大纲（2005）、A-Level（General Certificate of Advanced Level）国际普通教育高级水平证书中文考试大纲、IB（International Baccalaureate Organization）中文普通话初级课程具体语种的教学大纲（2011）等 4 项全球性标准化文件、欧洲汉语能力标准（2012）和 100 项国别及地区性标准化文件，覆盖 31 个国家。

标准[②]的表现形式是一种“文件”，总体目标是“获得最佳秩序，促进共同效益”。标准是标准化文件（指南、协议、规范或规程、技术报告和标准）的一种。[③]根据标准文件归口管理者、标准化目的和标准信息编码进行检索，现有的海内外中文教学所指称的“大纲”“标准”，多数为具有指南性质的标准化文件。学界对国际中文教育标准建设研究内容较少：一方面是针对教学标准的相关研究，包括配套教材、课程大纲和指导手册等（梁宇，2016；马箭飞，2021；吴勇毅，2021；等等）；另一方面是中文教育标准与国外相关标准的比较研究（张新生，2019；马佳楠等，2019；刘乐宁，2021；等等）。已有研究的问题有：一是有关标准建设规则的相关理论研究不足；二是描述性研究较多，主要是历史述评和经验总结，缺乏一线调研的数据；三是问题意识与导向意识不强，对策性研究较少，如标准的技术规范与系统化、国内标准及其他国家相关标准的相互关联，对接和认可，以及标准实施过程中的效用监测以及标准国际化等问题仍关注较少，实证性调研也较少，等等。

当前，国际中文教育标准主要围绕语言文字和文化教学展开，仍以教材、教师和教学法为主要研究问题（话题），简化了教育功能。针对上述已有研究的问题，以教育科学、技术和经验的综合成果为基础的国际中文教育标准体系显然有很大发展空间。结合

① 教育部中外语言交流合作中心组编. 国际中文教学资源发展报告（2021）[M]. 北京：北京语言大学出版社，2021.

② 标准是通过标准化活动，按照规定的程序经协商一致制定，为各种活动或其结果提供规则、指南或特性，供共同使用和反复使用的文件。

③ 白殿一，刘慎斋. 标准化文件的起草[M]. 北京：中国标准出版社，2020.

历史实践经验和现实需求，对照问题清单和访谈反馈，笔者应用 SWOT 分析法[①]，提出国际中文教育标准体系的“三个向度建设”及“三元标准体系”，三个向度建设即包括：国际公共产品服务建设（A），学科体系、话语体系和学术体系建设（B）和国家体制国际协作机制建设（C），具体对应形成三元标准框架：语言教育培训市场服务规范（团体标准）、语言课程教学与专业学习大纲（行业标准）、语言文字教育国家政策法规（国家标准）与国际合作交流通行规则（国际标准）体系，其中，语言文字（产品）与教育服务两个向度是国际中文教育标准体系的基础，二者存在矩阵关联或内容映射关系（表 2）：通过多学科视角，对矩阵关系进行实证分析及可行性讨论研究，将涉及中文内涵（语言、文字、文学、现当代社会文化、民俗与非物质文化）的教学大纲与学习指南，中华优秀传统文化和社会主义文化国际传播的内容、形态、价值、支撑资源及技术等规则、技术规范、操作流程和实物标准，等等。

**表 2　国际中文教育标准体系框架建设示意图**

<table>
<tr><td rowspan="2">国际中文教育标准体系</td><td colspan="4">C：国家体制国际协作机制建设：国家政策法规（国家标准）与国际合作交流通行规则（国际标准）。C 是 A/B/AmBn 的本源 / 依据。优质 A/B/AmBn 可转化为 C。</td></tr>
<tr><td colspan="4">B：学科体系、话语体系和学术体系建设：语言课程教学与专业能力体系（行业标准）</td></tr>
<tr><td rowspan="4">A：国际公共产品服务建设：语言教育行业及培训市场服务（团体标准）</td><td>A1B1</td><td>A1B2</td><td>......</td><td>A1Bn</td></tr>
<tr><td>A2B1</td><td>A2B2</td><td>......</td><td>......</td></tr>
<tr><td>......</td><td>......</td><td>AiBj</td><td>......</td></tr>
<tr><td>AmB1</td><td>......</td><td>......</td><td>AmBn</td></tr>
<tr><td colspan="5">注：AB 标准体系构成矩阵，交叉（或有空项）形成 m×n 项标准，其中，AiBj 指具体的某项业务规范标准。</td></tr>
</table>

## 二、案例研究：《等级标准》的引导作用、应用前景与体系化建设

《等级标准》是首个面向外国中文学习者全面描绘、评价其中文语言技能和水平的规范标准，由中国教育部和国家语委发布，自 2021 年 7 月 1 日起正式实施，世界汉语教学学会作为国际中文教育领域的社会组织之一，充分调动海内外会员智力资源，前期围绕《等级标准》组织专家参与攻关，后期围绕《等级标准》开展应用普及工作。一年多应用实践证明，《等级标准》文本简洁，逻辑自洽，描述了国际中文教育是什么，教育为谁服务，中文课程教什么，教到什么程度，谁可以来教中文，怎么进行中文能力测试等一系列问题，可以作为国际中文教育认知、教学与学习技术规范，为新时代发展国际中文教育标准体系研究锚定工作方向，起到了核心科学引领作用。

---

①SWOT 分析法（SWOT Analysis，又称强弱危机分析、优劣分析法等）是市场营销的基础分析方法之一，通过评价自身的优势（Strengths）、劣势（Weaknesses）、外部竞争上的机会（Opportunities）和威胁（Threats），用以在制定发展战略前对自身进行深入全面的分析以及竞争优势的定位。

《等级标准》的提案、立项与起草工作，促进了国际中文教育事业领导者与学科带头人的协商协作。从内容要素及权威性上看，《等级标准》就国际中文教育学科体系、话语体系和学术体系建设等内容既展开了中外语言标准比较研究，又延续了不同时期“汉语水平等级标准”（1987—2021 年）研究成果，集成了音节、汉字、词汇和语法等四项基准，突出标准化主题的针对性和连贯性，以《等级标准》理论构建过程为例，世界汉语教学学会很多会员的理论探索、教学成果为标准的框架设计、能力描述、等级划分等贡献了智慧。仅就“国际中文教育”术语而言，许多学者的研究，比如刘乐宁（2021）、郭熙和林瑀欢（2021）、赵杨（2021）、王辉和冯伟娟（2021）等，都对其有详细的阐释，但侧重点各有不同。《等级标准》则汇集各方灼见，将“国际中文教育”术语定义为“面向中文作为第二语言的学习者的教育”，从源头上进一步明晰其内涵。《等级标准》理论体系构建是一个庞大的系统工程，每一个术语、每一条描述、每一个数据都充分体现了学界同仁的集体智慧。笔者认为，我们可以借鉴这一做法，将诸多思想简约化，通过升维思考将其抽象为专业化理论，采用降维表达将其转化为全世界听得懂的通用性语言（例如标准），使包括教师、学生和学生家长在内的多语社会至少能理解中文的时代价值和中华文化的生活意义。《等级标准》的发布与实施将推动国际中文教育进一步走向规范化、标准化，是中国语言文字规范标准体系进一步完善的重要标志[①]。

《等级标准》的普及应用，将推动新时代国际中文教育整体性变革。从《等级标准》推广过程看，世界汉语教学学会率先示范，通过组织专题学术会议、设立相关研究课题等给予扶持，最为典型的课题征集活动是“全球中文教育主题学术活动资助计划”。学会通过指导单位会员举办不同层次、范围的《等级标准》研讨会和研究项目，设立“标准体系建设”“标准的对接与认证”“标准的区域与国别化应用”等若干议题，邀请世界各地汉语教师与学术研究者就协同推广和广泛应用《等级标准》等交流思想。围绕《等级标准》理论解读和实践应用的学术交流会议及期刊学术论文不断丰富。《等级标准》多语种版及应用解读本、教学手册等已在多个国家发行。汉考国际根据《等级标准》研制的高等水平（HSK7—9 级）在全球组织了首次考试。世界汉语教学学会秘书长、教育部中外语言交流合作中心主任马箭飞（2021）表示，我们需要重点推动以下几方面的工作：一是推出高质量、适用性强的标准应用指南。二是细化标准的国际应用，论证新标准与其他语言标准衔接的科学内在规律，推动不同标准之间的对接和认证。明确新标准在来华留学和奖学金管理，以及留学生的预科教育和专业教育的入学、考核、毕业等环节中的要求和实际应用。三是依据新标准，科学研制新一代国际中文教学使用的教材、教学设计和课程大纲，也需要调整考试方法和内容来打造 HSK 3.0 版，等等。

---

① 国际中文教育中文水平等级标准［EB/OL］.（2021-03-31）［2022-12-01］. 中国教育部网站，http：//www.moe.gov.cn/jyb_xwfb/gzdt_gzdt/s5987/202103/t20210329_523304.html.

从《等级标准》服务可扩展性方面分析，体系化建设与应用将是学界集智攻关的重要课题。与《等级标准》紧密关联的教学大纲与学习需求，由行业和市场推出的教师资格认定服务、课程与教材、语言文化产品、学习服务与教学管理工具等，必将是新的标准化对象，它们与《等级标准》共同发挥作用，不断优化国际中文教育"生态"——至少包括：国际中文教学与学习标准体系（教学能力与学习服务、课程大纲、课堂管理、学习能力检测的内容与方法以及检测所需的支撑系统等）、国际中文教育质量监管评估标准体系（监管内容、监管流程、评估指标以及监管所需的支撑系统）等2类基础应用标准体系，再增加国际中文教育供给侧（教育学习服务提供者的准入资质、服务品质与退出原则以及国际合作发展的过程管理等）、国际中文教育需求侧（中文教育体验项目/机构/设施建设、运营及全球平等合作的一般性原则），国际中文教育产品生产端（各类教育产品系统分类与生产技术）、国际中文教育在线（云端）服务端（虚拟现实环境的中文信息与知识传播服务平台、服务中心以及专用网站的全球组网技术要求）等4类标准体系，每类标准体系有若干个子标准体系。

## 三、行动研究：开启世界汉语教学学会标准化工作，推进国际中文教育高质量发展

2016年9月，习近平主席致第39届国际标准化组织大会的贺信指出，"中国将积极实施标准化战略，以标准助力创新发展、协调发展、绿色发展、开放发展、共享发展。我们愿同世界各国一道，深化标准合作，加强交流互鉴，共同完善国际标准体系"。国务院前总理李克强在第39届国际标准化组织大会致辞中强调，"标准化水平的高低，反映了一个国家产业核心竞争力乃至综合实力的强弱"。世界汉语教学学会凝聚学界同人认真学习领会中央精神，研判国内国际形势，不断强化标准观念、规范意识，研究探索多措并举，大力推动国际中文教育高质量发展。

第一，深入开展问题研究，依托国际性社会团体制定团体标准管理办法，建立科研机制。研究发现，相对于国际通行的"规则""技术规范""操作规程"和"实物标准"的技术要求而言，目前国际中文教育和海外中文教育普遍存在标准质量还有待提高、标准供给还存在缺口、标准体系还不健全、标准制定机制和实施机制还不完善、标准的国际影响力还不强以及标准在国际上认可度不高等问题，主要表现在：不重视"标准"作为"共同语言"的规范性，不重视保护知识产权，泛化"标准"概念，标准化工作不通畅，等等。鉴于此，世界汉语教学学会一方面积极作为：2021年12月，由秘书长单位教育部中外语言交流合作中心成立国际中文教育标准体系研究组，并获得国家语委"十四五"科研课题支持。2022年8月，世界汉语教学学会标准与认证工作委员会启动团体标准化工作，研究成立标准化工作委员会，制定了《世界汉语教学学会团体标准管

理办法》，8 月 26 日，由中外多家机构及专业人士联合起草、与《等级标准》配套的首项团体标准《国际中文教育教师专业能力标准》在全国团体标准信息平台（http://www.ttbz.org.cn/）发布，旨在引领培育标准化工作典型，树立解决实际需求的教育服务标准的典型案例。另一方面，学会谋划发展思路：一是用好国内国际两种资源，建立多元主体、多边合作、多方参与的团体标准化工作机制与制度；二是搭建全球化、区域化和国别化的工作平台，协同实施团体标准并对接当地标准；三是创新发展世界各地民间社团标准化工作伙伴关系，营造“连得上”“传得开”“叫得响”“有得干”“干得好”的国际合作氛围。

第二，注重标准化工作的教育价值观、科技含量和人才资源效应，追求新时代新征程下国际中文教育高质量发展。党的二十大报告把教育、科技、人才三大战略构成了相互联系的有机整体，作为高质量发展的战略支撑。“十四五”时期，中国贯彻落实经济新常态下的绿色发展理念，积极构建以国内大循环为主体，国内国际双循环相互促进的新发展格局，坚持对外开放。鉴于此，世界汉语教学学会作为根植于中国的国际性社团，一方面，必须在国内大循环中夯实标准化工作“基本盘”，以《等级标准》为起点，持续开展以标准化为主题的学术活动，支持教学研究、学术讨论、科学研究乃至政策研究项目，储备多学科、多领域的专业人才和技术力量，努力实现“四为”目标：一是为应用《等级标准》进而构建标准体系提供建设方案；二是为国际中文教育系列产品（服务）标准化提供需求分析；三是为标准化科研成果融入学科教学提供专业咨询；四是为更新建制化、专业化的中文教育理论、科学原则、研究方法以及公共政策建立新型智库。另一方面，世界汉语教学学会作为国际性社团，在国内国际双循环相互促进过程中发挥“中转站”功能，持续调研国内国际两个场域的中文教育标准化需求，以标准化吸引世界各地传播与出版机构、中文考试服务机构和以在线中文教育平台为代表的市场力量成为团体骨干，创新团体标准化对接国际化，引领市场化与多元化。

第三，把握好标准体系的自身规律与共性特征，形成国际中文教育工程化和市场化发展态势。一是在中文教育政策、教学与学习、教材及数字化资源、专业技术人员、测试评价、实习实践、国际等公共产品（服务）需求方面完善合作机制（项目），形成“政—产—研—学—用”多边协商、多主体协同、多层次协作、兼顾各方利益立场的标准化工作格局；二是遵循《团体标准管理规定》和国际认证认可有关工作准则，用好行业政策为团体标准国际化工作赋能加力；三是坚持引导“学中文”到“用中文”的标准化导向，鼓励多学科交叉支撑中文教学和“中文 + 职业教育”实践经验，使标准体系具备分化与繁殖能力，在各地产生发酵效应，培育形成系统化、模块化、本土化、规范化、分众化、精英化、连锁化的国际中文教育公共产品和服务的“需求—供给”规模化市场。

## 四、余论与结论

构建新时代国际中文教育标准体系，需要深入推动《等级标准》应用普及与完善，这是推动中国语言文化全球传播的具体行动。标准体系必须充分反映能动性、规律性和公益性，这需要充分调研实际需求乃至开展课题研究，需要广泛吸纳海内外一线教师经验、专家学者智慧和科学技术知识，需要建立官民商多渠道并举中文教育的政策规则导向和国际国内协同的合作交流机制。最根本的是，国际中文教育要树立广泛磋商、凝聚共识的标准观念，形成按标准、守规范的办事习惯，完善可观察、可量化、可比较、可评估、可复制的工作准则，进而不断优化国际中文教育标准的体系结构及应用效能，为切实推动中国语言文化全球传播提供强有力的制度保障。

## 参考文献：

[1]习近平. 高举中国特色社会主义旗帜，为全面建设社会主义现代化国家而团结奋斗——在中国共产党第二十次全国代表大会上的报告［R］. 北京：人民出版社，2022：42-46.

[2]新华网. 中华人民共和国国民经济和社会发展第十四个五年规划和2035年远景目标纲要［EB/OL］.（2021-03-13）［2022-11-30］. 中国政府网，http：//www.gov.cn/xinwen/2021-03/13/content_5592681.htm.

[3]田学军.2021国际中文教育交流周正式启动［EB/OL］.（2021-12-14）［2022-11-30］. 人民网，http：//world.people.com.cn/n1/2021/1214/c1002-32307593.html.

[4]新华社. 中共中央　国务院印发《国家标准化发展纲要》［EB/OL］.（2021-10-11）［2022-11-30］. 国家标准化管理委员会，http：//www.sac.gov.cn/zt/gyzt/zxdt/202110/t20211011_348074.html.

[5]李行建. 一部全新的立足汉语特点的国家等级标准——谈《国际中文教育中文水平等级标准的研制与应用［J］. 国际汉语教学研究，2021（01）：8-11.

[6]梁宇. 以教师选用教材为导向的国际汉语教材评价标准体系构建［J］. 云南师范大学学报（对外汉语教学与研究版），2016，14（05）：78-85.

[7]马箭飞. 强化标准建设，提高教育质量——国际中文教育标准与考试研讨会大会致辞［J］. 国际汉语教学研究，2021（01）：4-5.

[8]吴勇毅. 汉语母语国的担当和责任——《国际中文教育中文水平等级标准》制定的意义［J］. 国际汉语教学研究，2021（01）：18-20.

[9]张新生.《欧洲语言共同参考框架》与国际汉语水平等级标准［J］. 国际中文教育（中英文），2021，6（02）：65-73.

[10]马佳楠，张彤辉. 试论《国际汉语教学通用课程大纲》与海外外语能力标准的对接——以西班牙安达卢西亚大区、美国新泽西州汉语教学大纲制定为例[J]. 国际汉语教学研究，2019（02）：74-79.

[11]刘乐宁. 美国外语教学委员会外语教学标准与《国际中文教育中文水平等级标准》的互鉴和互补[J]. 国际汉语教学研究，2021（01）：16-17.

[12]郭熙，林瑀欢. 明确"国际中文教育"的内涵和外延[EB/OL].（2021-03-16）[2022-11-30]. 中国社会科学报，http：//news.cssn.cn/zx/bwyc/202103/t20210316_5318331.shtml.

[13]赵杨. 主编寄语[J]. 国际中文教育（中英文），2021，8（01）：1-2.

[14]王辉，冯伟娟. 何为"国际中文教育"[EB/OL].（2021-03-15）[2022-11-30]. 光明网，https：//www.gmw.cn/xueshu/2021-03/15/content_34688036.htm.

[15]袁礼. 标准是多语世界国际中文教育的共同语言[J]. 国际汉语教学研究，2022（03）：91-96.

[16]新华社. 习近平致第39届国际标准化组织大会的贺信[EB/OL].（2016-09-12）[2022-11-30]. 新华网，http：//www.xinhuanet.com/politics/2016-09/12/c_1119554153.htm.

[17]新华社. 李克强出席第39届国际标准化组织大会并发表致辞[EB/OL].（2016-09-14）[2022-11-30]. 新华网，http：//www.xinhuanet.com/politics/2016-09/14/c_1119567794.htm.

# 七、学术委员谈学习贯彻二十大精神<br>拓展高质量教育发展新体系

# “学习贯彻二十大精神　推进教育高质量发展”
# 中国教育发展战略学会学术委员会发言提要

党的二十大是在迈上全面建设社会主义现代化国家新征程、向第二个百年奋斗目标进军的关键时刻召开的一次十分重要的大会。学习宣传贯彻党的二十大精神是当前和今后一个时期全党全国的首要政治任务。为学习贯彻党的二十大精神，服务国家战略，深入推进教育发展战略研究，中国教育发展战略学会于 2022 年 12 月 3 日召开学术委员研讨会，以“学习贯彻二十大精神推进教育高质量发展”为主题，深入研讨教育发展新格局、新战略、新任务。

会上，委员们围绕中国式现代化和教育高质量发展、科技自立自强和人才培养、区域战略发展、数字化等议题展开研讨，为新发展理念、新格局、新目标下教育高质量发展、协调发展、统筹发展提供了很多新见解和新思路，为学会深化教育发展战略研究提供了新视角。

以下为中国教育发展战略学会学术委员会委员发言提要（按姓氏笔画排序）：

**北京大学教育经济研究所所长、教授丁小浩就教育与收入不平等的实证研究做介绍：**

我和合作者杨素红、陈得春做了一个实证研究，用世界银行和联合国开发计划署相关数据库，收集并整理了 152 个国家 1990—2019 年近三十年的统计数据，用其中的基尼系数表示收入分配不平等的程度，用 25 岁及以上人口的平均受教育水平代表教育程度，探讨教育与收入不平等之间的关系。

20 世纪五六十年代以来，教育被认为是经济发展一个非常关键的要素。探讨教育对经济影响的研究可谓汗牛充栋。大多数研究将教育作为增长模型中技术进步的默认基础，以现代人力资本理论为支撑，其实证结果基本肯定了教育对经济增长和个人收入提高具有显著的积极作用。相比之下，对于教育能否减少社会贫富差距，改善收入分配格局，则无论在理论、机制构建上还是实证分析方面均比较薄弱。在探讨教育增长和收入不平衡关系方面，库兹涅茨假说具有十分重要的影响。

所谓的库兹涅茨假说是描述收入不平等与经济增长之间关系的，即随着经济的增长，收入不平等的关系呈现一个倒U形的关系。后来库兹涅茨倒U形曲线被用来描述不同种类的增长和不同种类不平衡之间的关系。比如说有一些学者研究环境的库兹涅茨假说、政治的库兹涅茨假说。在教育领域有一些研究从教育增长与教育不平等的关系来研究教育库兹涅茨曲线，也有一些学者研究教育增长与收入不平等的关系。我们这个研究聚焦的是教育增长和收入不平等的角度，也就是研究随着教育增长，收入不平等的程度，是不是呈现了一种倒U形的态势？

我们在做研究的过程中，对相关文献进行了一个梳理，发现研究库兹涅茨假说的一个比较重要的角度是试图通过建立刻画增长和收入不平等关系的理论模型，分析理论模型成立的前提条件和现实世界的差距，从根本上，通过模型构建一种机制，解释库兹涅茨假说具有普遍意义。对于这类的研究我们大致梳理了三类文献：一类是工业化进程的机制，它是从工业化进程这样的角度建立了一些理论模型，来试图检验库兹涅茨这样的一种曲线关系，是普遍存在的铁率。第二类是从人力资本机制来探讨。第三类就是劳动力市场供求机制。我们研究中都有详细的分析，因为时间关系，我这里就不赘述了。从对以上三类理论模型的梳理和分析中，可以看出那些试图通过简化和限定现实世界运行的具体规则，哪怕是建立极少变量简约关系，想要从机制上论证库兹涅茨假说的具有普遍性的规律的研究，实际上并不是很成功，也就是说为证实库兹涅茨假说提供原理性的研究，最后都因存在一些反例而被否定了。

关于库兹涅茨假说实证研究情况怎么样？有几个经验事实主导了人们对于库兹涅茨曲线一个质疑。其中包括人们通过大量的数据分析发现，在单个极端贫穷国家转变为相对贫穷国家发展的历程中，并没有发现不平等水平的上升。东亚一些国家和地区，在60年代中期到90年代中间的快速经济增长也并没有伴随着显著的收入差距的扩大，反而是在缩小，这个被简称为东亚奇迹。而美国和欧洲等发达国家收入差距在经历20世纪二三十年代下降以后，七八十年代转而上升，不是倒U形，而是正U形的这样的一个曲线……这些都是与库兹涅茨假说不相符合的。托马斯·皮凯蒂在21世纪《资本论》这样一本比较有影响的书中指出，库兹涅茨曲线实证基础十分薄弱，发达国家在21世纪不平衡程度，甚至超过了21世纪第二个10年，对此他认为实际上导致收入不平等加剧最主要的因素是长期资本收益率大于经济增长率。

对于教育，库兹涅茨假说的经验证据如何呢？对于教育增长与收入不平等之间的关系实证研究，已有的研究基本上都是从教育水平和教育不平等角度展开的，而我们文献分析发现，实证研究的结果莫衷一是。

对此我们做了实证新研究，我们用世界银行和联合国开发署相关的数据，我们收集并整理了150多个国家，从1990—2019年近30年的各国家的发展数据，我们用其中基尼系数表示收入分配不平等的程度，用25岁以上人口的平均受教育水平代表这个国家的教育发展程度，我们通过不同角度实证分析，探讨教育和收入不平等之间的关系。

我们主要得到以下实证分析的结论：

教育与收入不平等之间存在紧密，但是并不是唯一的关系模式，并不是说它一定遵守着一种U形或者倒U形，或者单调递增或者单调递减的关系，这是我们的第一个结论。

在考虑时间和国家因素的双向固定效应以后，教育和基尼系数的关系并没有呈现出倒U形的模式。

分国别来看，如经济发展、收入分配和社会导向等因素制约，不同国家教育和基尼系数的关系，实际上呈现多样的模式，也就是说既有单调线性相关，也有倒U形曲线相关，还有非常微弱的没有通过统计检验的相关。

在案例分析国家，我们详细分析一些有特点的比较典型的代表性案例国家，发现相似发展模式不同国家，它的教育和基尼系数发展也是复杂多样，单一国家不同发展阶段教育和基尼系数的关系模式也是多变的。

同一国家采用不同的指标度量教育水平和收入不平等的关系模式是有差别的，由此可见，受现实世界技术革新、人口规模、经济结构、制度保障等多元因素动态变化的影响，无论基于理论模型推导，还是经验数据检验，都无法非常有效地支持教育库兹涅茨曲线存在的必然性。

我们的研究利用了长时段的多国别数据和典型案例国家相关数据，基于国际比较的角度，采用了各种统计，运用包括双向固定效应、模型和案例分析等方法，从多角度剖析教育增长和基尼系数的关系，得出的主要结论就是教育库兹涅茨曲线并不是一个放之四海而皆准的普遍关系，这是我们最主要的一个结论。

我们从这个研究里边，可以引申出几点讨论，首先教育和收入不平等的关系是教育经济学研究非常经典的议题，深入分析和探讨其关系模式具有非常重要的意义。我国"十四五"时期经济社会发展几大新的目标之一，就是民生福祉达到新水平，要国民收入增长和经济增长基本同步，分配结构明显改善，全民受教育程度不断提高，多层次社会保障体系更加健全，也就是说这里面含有两点意思，一个是国民收入增长是属于做大蛋糕的范畴，而收入分配公平是分好蛋糕的问题，这两者实现原理和机制可能会有很大差异，这是我想强调的一点。

第二点教育作为调节收入分配的重要因素，它的发挥作用渠道和空间是有限度的。传统收入分配中以人力资本为基础的边际生产的理论，无法很好解释不同群体劳动收入（与收入基尼系数相关），也不能很好解释劳动收入以外的其他因素，比如说包括资本性因素（与财富基尼系数相关），这个财富和收入基尼系数衡量的是不同性质的问题。目前以人力资本为基础的边际生产理论，实际上无法对贫富差异影响做出一个非常有效的，包括机制在内的比较深入的分析。在不同的历史时期和发展阶段，对处在不同环境经济体而言造成收入不平等的原因错综复杂，既有市场失灵的成分，也有政府失灵的责任，既有宏观经济政策、货币政策、税收政策、公共福利政策等的影响，也有社会文化和历史传统的原因，如何让教育在既做大蛋糕又分好蛋糕上发挥应有的作用，不只关系到教育事业的发展，也关系到整个社会的发展，充分挖掘教育在国计民生中的基础性作用，同时又不盲目地让教育过度地承受其不能承受之重，这是值得深入探讨的问题。

另外关于高质量教育发展，究竟和我们整个教育增长（普遍民众受教育程度、受教育年限的提高），是一种什么样的关系？也是值得我们深入研究的。

**“加强案例和案例库建设，服务中国式教育现代化。”中国教育发展战略学会副会长、教育部学位与研究生教育发展中心原主任、《中国研究生》杂志原执行主编、国家督学王立生认为：**

案例作为一种教材资源，是将实践问题理论化、系统化，将高水平研究、教学与实践有机融合的重要载体，是提升专业学位研究生实践能力的重要途径，也是推动专业学位研究生培养模式改革的重要手段，在促进专业学位研究生教育高质量发展、落实“建设高质量教育体系”要求方面发挥着重要作用。将这些典型案例用到实际人才培养过程中，也是推动我们专业学位研究生培养模式改革一个重要的手段。而且在强调高质量发展过程中，专业学位研究生教育如何实现高质量发展？案例教学资源的开发和利用就变得很重要。

现在对研究生的培养，从原来学术性学位为主，到现在更多强调培养专业学位，所以这两年在招生政策方面也做了很大的调整，即往高层次应用型人才占比更多的方向努力。关于专业学位发展，这几年也出台了好多文件，都在鼓励引导、推动专业学位快速发展，到 2050 年要达到现在在校研究生招生总规模的三分之二，现在实际上已经超过 60% 了，还要进一步扩大，将来培养硕士专业学位占比会越来越高。

另外，不仅是硕士层面，包括硕士专业学位的培养规模，也要进一步扩大。在 20 世纪 90 年代和 21 世纪初，大家对于发展专业博士学位一直有争议，有不同的看法，觉得博士还主要是以学术人才培养为主，专业学位到硕士就可以了。随着科学技术的发展复杂程度越来越高，尤其是现在科技竞争在一些关键领域、核心技术，对应用型人才层次要求越来越高，大家已经达成共识，专业学位要往博士层面上扩大布局，尤其是针对一些新技术、新领域、新赛道。

专业学位研究生教育目前已经有很大规模，现在进入更高质量、更大规模、更高层次、更多类别、更优布局的大发展时期，将为服务教育强国战略、服务创新型国家建设、服务行业产业转型升级，发挥更为重要的作用。最近十年，专业学位突飞猛进地发展，从规模、比例上讲已经是一个大发展的时期。

在这种情况下如何去推动专业学位人才培养质量的保障和提升？所以我提出开发高水平的案例、建设高质量的案例库，在这样的需求导向大背景下，案例教学通过呈现案例情境，将理论与实践紧密结合，引导学生发现问题、分析问题、解决问题，从而掌握理论、形成观点、提高能力。

从国际上看，美国、加拿大、英国等国家案例教学起步较早，发展模式也较为成熟，自20世纪70年代起，相继成立了专门的案例机构，为促进专业学位教育发展提供了重要支撑。如哈佛商学院已形成写作团队专业化、出版资源一体化、营销推广全球化的运营模式；加拿大沃顿商学院的案例教学成为世界典范；英国案例中心在案例资源汇集、会员模式建设等方面独具特色。

我国案例建设从总体上看，仍然存在整体统筹与战略谋划不足，案例开发、编写水平总体不高，优质案例缺乏，案例教学应用效果不够显著等问题，与满足专业学位教育高质量发展需求还有较大差距。2012年，财政部设立财政专项，支持教育部学位与研究生教育发展中心建设“中国专业学位案例中心”。2015年，教育部印发《关于加强专业学位研究生案例教学和联合培养基地建设的意见》，明确提出要加强案例教学，发挥案例教学在专业学位人才实践创新能力培养方面的重要作用。2020年9月，国务院学位委员会、教育部印发《专业学位研究生教育发展方案（2020—2025）》，明确提出要破除仅以论文发表评价教师的简单做法，将教学案例编写等纳入教师考核、评聘体系。

扎根中国大地开发具有时代性的优秀案例，多角度展示我国新时代改革开放和社会主义现代化建设实践成就，用中国概念讲好中国故事，有助于促进国家治理体系和治理能力现代化建设的经验传播，有助于传递中国新发展理念，有助于彰显中国特色社会主义制度的特色优势。经过十多年时间，案例中心累计收录案例4000余篇，服务研究生培养单位400多家，已成为目前全国规模最大的综合性案例资源库及案例教学服务平台。所以我们现在不仅需要大量的工作去组织、制定一些标准、规则，让大家都参与进来，让一线教师和一些相关行业部门、企业参与进来，也是一个很复杂的工作，尽管有财政支持，但是学位中心也贴补了不少自己的经费，应该说这几年还是取得了很大的进展。目前，案例中心已接入国家智慧高教平台研究生教育板块，面向更多的用户开放。很多研究生培养单位直接就可以通过这个平台，获取这些案例，运用到实际人才培养过程中。

在2022年9月新版《研究生教育学科专业目录》修订前，我国原有的47个专业学位类别中，已有30余个开展案例库建设。如中国管理案例共享中心年入库工商管理案例

600 篇左右；会计案例库已收录 1500 余篇教学案例；公共管理教指委多次举办案例大赛；法律硕士案例库已收录 230 余个法律案例等。这是案例和案例库建设基本的情况。

在案例教学方面，从服务国家的总体需求来讲，习近平总书记也提出了很多要求，2020 年 8 月，习近平总书记在经济社会领域专家座谈会上的重要讲话中指出，新时代改革开放和社会主义现代化建设的丰富实践是理论和政策研究的“富矿”，我国经济社会领域理论工作者大有可为。改革开放以来，我国经济社会发展、生态文明建设取得举世瞩目的伟大成就，在推进社会主义现代化建设中积累了丰富的理论成果和实践经验，为专业学位案例建设提供了大量鲜活而蕴含中国智慧的案例素材。

以习近平新时代中国特色社会主义思想为指导，贯彻落实二十大精神和全国研究生教育会议精神，坚持示范引领、共建共享、公益开放的发展理念，加大案例建设力度，显著提升案例建设水平，有力促进案例使用推广，推动优质中国案例走出去。我们现在跟国外，尤其是美国、欧盟一起搞 MBA 教育联盟，实际上已经跟美国签了互认协议，互相承认自己的包括案例在内的 MBA 培养人才的质量和水平，借这个机会来提升我们国际影响力。通过这种方式讲中国故事，把这些优秀中国案例通过合作平台推出去，国外的一些 MBA 教育也使用中国的案例，这样实现了一种互相学习互相借鉴，对我们来讲也是在讲好中国故事，宣传中国的发展经验。

现在要求加快形成中国特色案例建设，以新高地、新品牌、新模式打造引领性、专业性、权威性的案例教学服务平台，把中国专业学位案例中心建成具有中国特色、世界水平、影响一流的案例中心。怀进鹏部长在首届中国案例建设国际研讨会上致辞指出，案例是丰富全球治理理论的重要载体，是改革教育教学理念的重要载体，是繁荣国际学术交流的重要载体。同时提出了以下希望，即融通实践世界和理论创新，推动学术发展。融通案例研究和案例教学，启动教育改革，这是人才培养模式的改革。融通自主创新和多方智慧，推动共建共享，这是国与国之间的共建共享。怀部长还进一步表示，将一如既往推动中国特色案例建设，加强案例研究的支持力度，一是在相关基金项目中设立课题和研究方向，推动研究范式改革；二是加强案例开发激励力度。在成果评审和人才评价中加强对案例成果的认定，将案例成果和学术论文放到同等重要的地位；三是加强案例基地建设力度。依托重点企业和单位建设一批示范案例研究基地，带动专家学者、教师、学生真正了解、研究中国实践，开发优质案例，对中国经验做出学理解释。

**二十大报告，对于教育数字化有什么深远意义？中央电化教育馆党委书记、馆长、研究员王珠珠，就学习贯彻二十大精神谈了自己的学习体会：**

党的二十大报告强调了科教兴国战略、人才强国战略、创新驱动战略。第一次提出了这三个战略是国家发展的基础性、战略性支撑。同时在第五部分里也提出了把“推进教育数字化”作为科教兴国和人才强国战略的重要任务之一，对推进“教育数字化战略行动计划”锚定了方向，提出了更高的要求。

在党的二十大报告第五部分的战略部署中，有一些新词很吸引我，其中就有四个“新”：即新领域、新赛道、新动能、新优势。我认为这些提法对我们的教育、科技和人才创新都有非常重要的新要求。这些要求不仅是对宏观上教育、科技和人才创新事业的要求，同时也是对具体支撑教育、科技和人才创新具体任务的总要求。我从这样的认识出发，讲了三点体会。

第一是推进数字化战略的新定位和新要求。党和国家都非常重视教育信息化，在很多文件里都提到。党的十九大报告中讲的是“发展学前教育、特殊教育和网络教育”，我记得当时有人还与我讨论过为什么提这三个教育，还并列在一起。我认为，从当时情况看这三个都是难点。而直接把推进数字化教育作为战略任务，这应该是第一次。它揭示了“教育数字化”在国家经济社会发展全局中的新定位，强调了作为国家基础性、战略性支撑的教育必须推进数字化。我们在实践工作中，要摒弃那种把教育技术仅仅看作是方法手段的传统观念，要充分挖掘和发挥数字要素在教育全系统、全学段、全过程的价值，彰显技术变革教育的魅力；要转换教育系统从内部看变革的视角，从国家发展的战略大局去看我们教育信息化、教育技术的深度融合，包括新场景、新模式的创造，并以此去推动各行各业的人才辈出和科技创新；要改变技术变革教育的“慢节奏”，怀进鹏部长强调要使教育成为适应社会经济发展的“快变量”。那么推动教育数字化发展，也是加快我国教育成为“快变量”的一个非常重要的措施。所以，我们的教育要通过观念的改变，新技术的不断演进以及我们自身不断的努力与创新，以教育自身基础性、全局性、先导性的独特优势，形成对网络强国和数字中国建设的超前支撑、基础支撑和全局支撑。

第二是新动能和新优势。党的二十大报告第五部分指出的新动能、新优势是一个结果。我们要通过教育科技和人才的创新发展，来为国家提供新动能和新优势。作为教育技术或作为推进数字化教育的一个过程，我们要通过“应用为王”去寻找新动能。从过去教育教学中比较倚重或者全面倚重逻辑判断与经验分析转向逻辑判断与数据分析相结合，更多地去推动人工智能与人的智能的结合，实现教育的新突破。教育技术更应该聚焦高质量教育发展的目标，在提高效率的基础上，努力满足提高效益和师生幸福感的深层需求。在教育教学过程中应用教育技术，只有简单、方便、快捷的，能够提高效率、效益和师生幸福感的时候，才能够产生持续的、自觉的、积极的推动，所以这样的过程正是去寻找和塑造教育新动能和新优势的过程。

第三是新领域和新赛道。党的二十大报告把推进教育信息化的战略任务提高到促进全民终身学习，建设学习型社会的高度。报告中“推进数字化”后面接的就是终身学习和学习型社会的内容。我认为这样的表述不仅要求教育数字化要把重心放在学校教育体系的创新上，又要深入终身学习所涵盖的非正规教育和非正式学习之中。以前党的报告、国家的政府工作报告着力于教育系统内部，比如说，充分利用信息化手段，缩小区域、城乡和校际的教育差距等，重点是放在国民教育体系。现在这样的表述，我认为重点不仅要放在国民教育体系，更要深入社会的方方面面，以教育的力量去影响社会的学习，以学习的力量支撑全社会的发展与创新，不仅要强调技术，更要强调技术和场景以及应用的融合去解决问题。所以教育数字化转型应通过融合正式学习和非正式学习，融合学校学习场所、生活和社会实践场所，融合物理空间、信息空间与人际交流空间，极大地激发多样化的认知需求，构建活跃、高质量的学习社群，持续稳定地满足不同风格学习者的学习需要，从中构建全民学习、终身学习的新领域，形成解决世界教育问题、进行系统变革的中国人才培养新模式和新赛道。

**中国教育发展战略学会副会长、北京大学社科学部副部长、北京大学教育学院教授文东茅认为，二十大报告里最大的变化或者亮点，就是教育、科技、人才“三位一体”的战略定位，为教育提出了新的使命、新的要求。他认为：**

有一种倾向需要认真思考：是不是因为当下中国进入了一种特别的应急状态，所以把教育的任务狭窄化为为科技、人才服务？

如果是那样的话，可能就会出现教育主要服务于人才、科技的倾向，进而在教育实践中就会更加强调基础学科、加强学习难度、注重天才培养、增强考试选拔、加大对科技人才的激励等一系列政策调整。这是不是我们要走的路？我个人觉得在这方面要慎重，不应该过分地强化国际竞争，避免用当年美苏的冷战思维办教育。把教育、科技、人才作为更加密切的整体，是为了加强中国式现代化的基础支撑，强化了教育在人才培养、科技创新中的作用，但是并不否定或淡化教育的基础性、普遍性或者说一贯的地位和作用，这是我们应该特别明确的。

我把党的十八大、十九大、二十大报告关于教育的相关文件对照着学习了一遍，发现十八大报告教育部分的大标题就是“办好人民满意的教育”；十九大报告是“优先发展教育”，其中也讲到加快教育现代化、办好人民满意的教育；在二十大报告里，教育部分的标题仍然是“办好人民满意的教育”。所以说，办人民满意的教育、教育现代化、高质量发展才是教育这项事业恒久不变的主题。只不过在二十大报告中对教育在人才培养、科技创新功能有新的强调，这也是新时代的新任务、新挑战。这并不意味着一切教育都要围绕“人才”。人才尤其是科技人才，在受教育群体中只是很小的一部分，绝大部分人都不能称之为科技人才，比如说职业教育学生、一般高校学生、人文社科学科学生等，这部分人的培养在未来不应该被轻视或忽视，也需要同样重视。

中国式现代化为教育现代化和办人民满意的教育指明了方向。二十大报告指出，中国式现代化是人口规模巨大的现代化，是共同富裕的现代化，是物质文明和精神文明协调发展的现代化，这就意味着中国教育现代化也应该惠及每一个人，应该促进每个人的共同富裕，应该增进每个人的物质文明和精神文明协调发展。所以，在教育现代化过程中，要坚持人民至上，切实满足广大人民群众的教育需求，要不忘初心，为全体人民谋幸福，为中华民族谋复兴。在党的二十大报告中，幸福、福祉、造福这几个词的出现次数加起来有14次之多。可见，“跳出教育办教育”，不应该是把教育变成科技和人才战略的附庸或者是工具，而应该从促进全体受教育者的身心发展和幸福这一初心来看教育，人才、科技以及现代化也都应该服务于人民幸福、民族复兴的初心和使命。

那么，如何实现教育的这些功能？答案就是办高质量教育、实现教育现代化。关于高质量教育，有很多不同的标准，但我觉得人民满意、人民幸福是最根本的标准；关于教育现代化，也有很多指标，如教育投入、师资水平、教育公平、信息化、治理体系等，但我觉得还有非常重要的一点就是人的现代化。二十大报告提出培养德智体美劳全面发展的人，中国式现代化中“物质文明和精神文明协调发展”，就是人的现代化的具体体现。

在学术界和国际社会，其实已经有了这样的转向。比如，近年出现了“新人力资本理论”，它超越原来简单地把教育作为一种经济工具、把人作为生产资源的思维，而是更加强调教育为整个社会发展、为人自身的全面发展服务，除了提升人的经济功能，还要发展非经济功能，除了提升认知功能，还强调非认知功能，包括人的动机、情感、价值观、社会态度、组织认同、个性发展等。再如，社会与情感教育最近成为国际社会强调的热点，积极心理学也在推动积极教育。国际组织，像联合国教科文组织、儿童基金会都在大力推动社会情感的教育，OECD在2015年就发布《促进社会进步的技能：社会与情感的力量》的报告，美国2015年也制定了学术社会和情感学习相关法案，韩国和日本都在制定幸福教育相关的政策。所有这些理论和实践转向的实质，就是要强调教育促进人本身的全面发展，强调教育促进认知和情感的充分发展。对这种转向的需求在抗疫三年中已经显得极为迫切，在未来社会，如何应对世界的不确定性和复杂多变的人际关系，降低紧张、焦虑、恐惧等，都将是普遍而持续的需求。

所以，教育现代化、办人民满意的教育，就是要满足这种深层的需求。不能仅仅把教育视为受教育机会和资源分配的工具，学校不应该成为一个零和博弈的竞技场，而要成为人人成长、人人幸福的乐园。这是一种基于新的人生观、教育观而对教育功能、定位进行的根本性的调整和战略转向，希望我们教育发展战略学会能高度关注，积极促进其实现。

**北师大国际与比较教育研究院院长、教授刘宝存就《中国式教育现代化的内涵、历程与经验》发言，他在发言中谈道：**

习近平总书记在党的二十大报告中强调："从现在起，中国共产党的中心任务就是团结带领全国各族人民全面建成社会主义现代化强国、实现第二个百年奋斗目标，以中国式现代化全面推进中华民族伟大复兴。"强国之路，教育先行，中国式教育现代化既是中国式现代化的核心组成部分，同时也是推动实现中国式现代化的战略基础与关键保障。本文围绕中国式教育现代化的内涵、发展历程与建设的基本经验展开谈一谈。

**一、中国式教育现代化的内涵**

18 世纪 60 年代工业革命的爆发使西方国家率先进入了现代化行列，也开启了资本主义向外扩张的全球化进程。与此同时，欧洲启蒙运动所带来的自由、理性、个人权利等价值观和以此为基础所建立的市场经济、民主政体等一整套制度逐渐成为西方现代社会共同的文明基础，这种西方社会所推崇的"现代性"沿着全球化的进程脉络不断影响着其他非西方国家。作为典型的后发外生型国家，中国的现代化意识在 19 世纪 60 年代前后开始萌芽，其要义就是向西方学习，如洋务运动之"变器"、戊戌维新之"改制"等。但是，对发达国家发展模式的一系列模仿借鉴都以失败告终，这充分表明，西方式现代化的理念内核与制度模式并不符合中国国情，中国必须开辟一条具有中国特色的现代化发展道路。

新中国成立后，中国开始真正意义上的现代化建设。通过七十余年的不懈努力，中国共产党领导全国人民成功走出一条有别于西方现代化的中国式现代化新道路。这条中国式现代化新道路超越了西方以个人为中心的发展模式，打破了"现代化就是西方化"的一元论、单线论发展逻辑，创造了人类文明新形态，拓展了发展中国家走向现代化的途径。

中国式教育现代化是在服务中国式现代化整体事业的语境中书写展开的，具有深厚的历史积淀与现实意义。在时空属性上，中国式教育现代化既指向过去，代表中国在不同条件背景下推动教育改革，提升教育现代性的历史发展过程；又指向现在，代表中国对过往已有教育建设经验进行系统总结、提炼升华的最新理论与实践成果；更指向未来，代表中国为更好应对世界百年未有之大变局，更好实现中华民族伟大复兴中国梦而主动抉择的教育发展战略。

归根到底，中国式教育现代化所探寻的也是一条具有中国特色且最适合中国国情的教育现代化发展新道路。

中国式教育现代化与世界其他国家的教育现代化有着根本意义上的不同，在本质特征上主要体现在五个方面：第一，中国式教育现代化是中国共产党领导的教育现代化，具有坚定有力的领导核心与强大的政治优势，这是中国历史发展的必然要求和人民选择的共同结果。第二，中国式教育现代化是坚持社会主义方向、扎根中国大地的教育现代化，蕴含着马克思主义中国化的理论逻辑、中华优秀传统文化的历史逻辑以及党和人民筚路蓝缕、上下求索的实践逻辑，是三者辩证统一的创新产物。第三，中国式教育现代化是以人为本、服务人民的教育现代化，始终坚持发展为了人民、发展依靠人民、发展成果由人民共享，不断满足人民美好生活的需求。第四，中国式教育现代化是公平均衡、高效优质的教育现代化，旨在构建一个制度体系更加先进、结构体系更加合理、育人体系更富质量、治理体系更加完善的现代化教育体系。第五，中国式教育现代化是开放包容、自信自觉的教育现代化，始终坚持高水平对外开放，在与世界接轨的进程中不断提高中国教育水平，通过教育交流与合作构筑人类命运共同体。

## 二、中国式教育现代化的历程

中国式教育现代化从一开始就与中华民族的前途命运紧密联系在一起，带有自强、革命、创新和超越的深刻烙印。新中国成立以来，党领导和团结全国人民不断探寻中国教育改革发展的实践路径，建立起中国特色社会主义教育体系，成功走出了中国式教育现代化的新道路。

### （一）在曲折探索中累积经验：1949—1977 年

新中国成立之后，在“以俄为师”的口号下，中国开始全面学习苏联的教育发展模式，相继引入了一系列苏联的教育理论、课程教材、教学方法和学校管理制度。此时的中国教育界普遍将“现代化”视为“苏联化”，强调教育要与实践形成联系，适应工业发展、国防发展等国家建设的需要。客观而言，中国借鉴苏联模式的教育建设取得了一定的成果，但也存在机械死板、急于求成、适应困难等问题，在很大程度上限制了中国教育的质量提升和长远发展。

1956 年党的八大初步确立起社会主义基本制度，中国教育也从新民主主义教育逐步过渡到社会主义教育。在这个时期，毛泽东提出了教育要为无产阶级政治服务，教育与生产劳动相结合，这标志着中国开始走上社会主义教育现代化的发展道路。与此同时，由于中苏关系的恶化，中国领导人决定放弃苏联模式，独立探索社会主义发展道路。

这一时期，中国的教育现代化事业从学习苏联转向自主建设，有效服务了我国的农业现代化、工业现代化、国防现代化和科学技术现代化，为全国各行各业培养了大量较高素质的劳动者和专业技术人才。然而，中国在自主发展教育的过程中也出现了偏离实际、急躁冒进等问题，中国教育现代化建设一度出现了短暂的中断甚至倒退。

### （二）在改革开放中加速变革：1978—1999 年

1978 年改革开放之后，有关“真理标准问题”的大讨论也引发了中国教育界对教育本质的大讨论，讨论破除了狭隘的教育“工具论”和教育属于上层建筑的片面观点，明确了“教育是培养人的活动”这一基本论断，为推进教育现代化加速变革提供了坚实的理论基础。

1983年，邓小平在北京科学技术政策讨论会上指出，“我们搞的现代化，是中国式的现代化。我们建设的社会主义，是有中国特色的社会主义”。同年，邓小平提出“教育要面向现代化，面向世界，面向未来”的战略思路，由此奠定了开辟中国特色社会主义教育现代化道路的重要基调。1993年，中共中央、国务院发布《中国教育改革和发展纲要》，明确提出“再经过几十年的努力，建立起比较成熟和完善的社会主义教育体系，实现教育的现代化”，首次将教育现代化作为一个独立的发展目标进行重点论述。同时在全国范围内实施科教兴国战略，教育现代化建设的重要性以国家意志与社会共识的形式得到进一步凸显。

中国教育现代化在改革开放的浪潮中得到全面推进，教育现代化成为中国现代化建设的重要优先事项。这一时期，中国的教育财政投入空前加大，教育法律框架初步形成，基本完成了九年义务教育普及、青壮年扫盲以及全国高校调整重组工作，成功建立起世界上最大规模的教育体系。

（三）在与时俱进中走向纵深：2000—2011年

进入21世纪，中国的社会经济发展日新月异，教育现代化建设事业也进入新的发展阶段。

2007年，党的十七大报告做出了“优先发展教育，提高教育现代化水平，办好人民满意的教育，建设人力资源强国”的重大决策。2010年，党中央、国务院召开全国教育工作会议，会后发布的《国家中长期教育改革和发展规划纲要（2010—2020年）》提出“到2020年基本实现教育现代化，基本形成学习型社会，进入人力资源强国行列”的发展目标。这一时期，中国已经开始有意识地总结提炼过往的教育建设经验，并基于中国发展的现实需要构思和设计未来计划，中国教育现代化事业不断与时俱进，不断朝着战略纵深方向稳步前进。

（四）在新时代新征程中凝练升华：2012年至今

2012年，党的十八大召开，中国特色社会主义教育现代化事业正式进入新时代。以习近平同志为核心的党中央高度重视教育事业，相继在十八届三中、四中、五中和六中全会中对统筹深化教育领域综合改革、全面推进教育治理现代化和法治化等做出多方位部署，中国教育现代化事业取得新的历史性成就。

2017年，国务院印发《国家教育事业发展“十三五”规划》，提出到2020年“教育现代化取得重要进展，教育总体实力和国际影响力显著增强，推动我国迈入人力资源强国和人才强国行列，为实现中国教育现代化2030远景目标奠定坚实基础”。

同年，习近平总书记在党的十九大报告中再次强调“建设教育强国是中华民族伟大复兴的基础工程，必须把教育事业放在优先位置，深化教育改革，加快教育现代化，办好人民满意的教育”。

2019年，中共中央、国务院印发《中国教育现代化2035》，提出“到2035年，总体实现教育现代化，迈入教育强国行列，推动我国成为学习大国、人力资源强国和人才强国”的总体目标。

2022年，党的二十大报告进一步强调“以中国式现代化全面推进中华民族伟大复兴”是中国共产党的中心任务。“中国式现代化”崭新命题的提出使中国教育现代化被提升至前所未有的战略高度。至此，中国将过去70余年教育改革发展的风雨历程与得失经验进行系统梳理、凝练升华，形成一个包含中国式教育现代化理念、内容、实施、评价等在内的完整话语体系和行动方案，汇聚成一条具有社会主义特色的中国式教育现代化新道路。

## 三、中国式教育现代化的经验

面对国内外错综复杂的新形势，中国教育改革发展必须不断进行反思总结和经验提炼，坚定道路自信、理论自信、制度自信、文化自信，以中国式教育现代化推动中国式现代化，全面推进中华民族伟大复兴。

第一点，中国式教育现代化必须坚持中国共产党的领导。历史和实践已证明，办好中国的事情关键在党，加强中国共产党对教育事业的全面领导是实现中国式教育现代化的根本保证。从革命根据地时期兴办新民主主义的人民教育，到新中国成立后探索建立社会主义教育制度，改革开放后开辟中国特色社会主义教育现代化道路，再到新时代中国特色社会主义教育现代化踏上新征程，党领导教育事业的思想理念一脉相承。

第二点，中国式教育现代化必须为中国式现代化大局服务。新中国成立以来，教育在现代化建设中的重要性不断凸显，从把教育作为经济发展领域的重点任务之一到确立教育优先发展的战略地位，从提出“发展经济必须依靠科技和教育”到实施科教兴国与人才强国战略，教育现代化始终服务于国家现代化的迫切需要，始终致力于为国家的经济发展、社会繁荣和文化兴盛提供全方位支持。

第三点，中国式教育现代化必须以人民为中心发展教育。主要体现为我国致力于民生工程，教育公平，教育资源的优化配置，教育的多样化发展。

第四点，中国式教育现代化必须建立高质量教育体系。包括终身学习体系，上下衔接左右沟通的教育体系，多元评价充分保障的教育体系等。

第五点，中国式教育现代化必须坚持扩大教育对外开放。中国式教育现代化是更加自信主动的现代化，它需要范围更广、路径更宽、基础更实、影响更深、竞争力更强的教育对外开放。

第六点，中国式教育现代化必须全面推进教育治理现代化。教育治理是国家治理的重要一环，是国家机关、社会组织、利益群体和公民个体等按照一定的制度安排进行互动，共同管理公共教育事务、共同做出教育决策的合作过程。

**如何解读高质量教育体系与中国式现代化？同济大学副校长、教授江波就“教育现代化”和“高质量教育体系”等内容谈了体会：**

（一）我感到，“教育现代化”中有的指标，看上很微观，但很重要。我最近这段时间有机会观察长三角地区的一些中小学校。我想有两个指标需进一步研究。

一个硬指标实际上讲的是投入的问题，也就是学校的班额。现在 OECD 国家中，教育现代化水平高的国家，班额一般在 30 人左右，那么，2035 年我国实现教育现代化目标时，我们的班额指标是什么？我们在班额上要有硬指标规定。这个硬指标实际表现出来是什么？是我们的投入，我们在空间上、基础设施上、教育资源上、办学资源上的投入等。

另外一个指标，看上去“软”，实际上也是一个硬指标。那我们教育的价值观中“包容”能否更加普及、更加现实，更加被家校社接受和认同，并成为社会共识。教育中的“全纳”，就是包容。残障孩子能否更加便捷享受现代化教育资源？这方面，推动实现还是有相当大的困难。

（二）我目前在中国成人教育协会的工作中特别关注到“建设全民终身学习的学习型社会、学习型大国”这个主题。我的工作体会是：

从二十大报告来看，一个是重视“拔尖创新人才”，对我们国家来说特别重要。另一个是重视“高素质的技术技能型人才”（产教融合、职业教育等）。还有一个是重视全民教育或者说全民学习，建设终身学习型社会、学习型大国。实际上很多其他地方也讲到了，如，在乡村振兴中讲到“人才”，在公民道德工程建设中讲到“全面提升公民道德水平”。

我们的人口质量仍要引起我们高度重视。我国目前成人人口 11 亿以上，16—59 岁劳动年龄人口 8.8 亿人。与 10 年前相比，整体教育水平又有了进一步提高，但是，我们劳动年龄人口中大专及以上受教育程度人口占比仍不到四分之一（23.61%），60 岁及以上的老年人口总量达到 2.67 亿人，全国人口中仍然有 15 岁及以上不识字的人 3700 多万（具体可能分布于比较大的年龄段中）。这些人口广泛地分布在城乡之中。这与人力资源强国的要求还有相当距离。

我们现在讲要跳出教育看教育。我是这样理解的：第一，跳出现在教育部工作的小教育，看整个社会大教育；第二，在大教育里，也要和社会、经济、文明（生态文明、数字文明）的转型更深度地融合。现在讲的这些战略，是我们国家乡村振兴、公民素质的全面提高。

（三）二十大报告讲了职业教育、高等教育、继续教育协同创新，强调家校社协同育人，重视《家庭教育促进法》《未成年人保护法》等，必须是家校社协同育人的，必须解决广大成年人的学习与教育问题。

他们如何学习？怎么提供更好的教育？如何来支持他们获得更好的教育？这些教育的规律是什么？怎么样能够更好地建设学习型社会、学习型大国？在这方面，无论是学科方面的建设、在一线的教育教学工作，还是支撑这样的现代化教育高质量体系的建设，我们都任重道远，有很多工作要做。

**高质量教育体系下如何办好人民满意的教育？国家教育发展研究中心副主任、研究员杨银付以“加快建设高质量教育体系的方法论”为题谈体会，他认为：**

党的二十大报告里面谈到加快建设高质量教育体系。这些年来，我们一直致力于建立一个更加公平、更高质量、更富活力、更有特色的教育体系，进入新时代、新阶段，要从“有学上”迈向“上好学”，从学有所教到学有优教，所以建设高质量教育体系就成为“十四五”时期我们的主要任务。

怎么来建设呢？我从学习党的二十大精神中体会到以下五个方面。

第一，坚持党的领导，以人民为中心。党政军民学、东西南北中，党领导一切，所以我们的任何改革，包括我们建设高质量教育体系也应在党的领导下进行。党的二十大报告指出，要“坚持以人民为中心发展教育”。我们要在党的领导下办好人民满意的教育。

第二，坚持全局观念、系统观念，来谋划我们的高质量教育体系。党的十六大以来，教育一直放在民生建设的部分。教育是民生也是国计，教育是今天更是明天，教育、科技、人才是全面建设社会主义现代化国家基础性、战略性支撑，必须坚持科技是第一生产力，人才是第一资源，创新是第一动力，深入实施科教兴国战略，人才强国战略，创新驱动发展战略。从这里我们能够看到，教育要坚持全局观念，要坚持教育方针中教育为社会主义现代化建设服务。

立足全局看教育，放眼长远看教育。在教育内部谋划教育改革。以教育评价改革为牵引，统筹推进育人方式、办学模式、管理体制、保障机制改革。

第三，坚持制度创新、科技创新。过去我们讲过制度创新、科技创新是推动经济社会发展的两个轮子，在教育方面也是这样。党的二十大报告提出，推进教育数字化，建设全民终身学习的学习型社会、学习型大国。推进教育数字化，首先要适应当今智能时代发展趋势，互联网 + 生产、互联网 + 消费、互联网 + 交通、互联网 + 交往无所不在，

互联网 + 教育虽然还在蹒跚学步，但是方兴未艾，未来已来。

在教育方面我们已有了许多方面的变迁。比如资源形态的变迁，从平面纸介质教科书式的教育资源，到各种无所不在的数字化优质教育资源，我们还建立了国家智慧教育平台。线上线下相融合的学习，本就是一个趋势。

这都源于当今的科技创新，源于这个数字时代。但同时我们要推进制度创新，比如说学分银行这个概念，就包含着制度创新的要求，我们每个人都有一个个人学习账户，终身学习账户、我们的学分可以互认，可以积累，这样我们学校的边界就打开了，学生学校所有制就被打破了。教育能够量身定制，正是全民学习、终身学习，人人时时、处处学习的学习型社会、学习型大国该有的样子。所以我们能看到这一年多以来，我们大力推动中国数字化行动，并正在取得成效。

第四，坚持顶层设计，上下联动。这个当然更多还是在我们制度创新、体制创新、机制创新等方面。比如说我们出台政策，要有顶层设计，改革从一开始摸着石头过河，到现在注重改革的整体性、系统性、协同性。在基础教育方面，学前教育、义务教育、普通高中教育方面都出台了顶层设计的改革文件。如在教育评价方面，我们出台了深化新时代教育改革总体方案等，顶层设计有了，还需要上下联动，也特别需要尊重基层首创精神。经验来自地方，来自基层，来自学校和现场，而不是来自办公室。党的教育方针如果没有落实到学校，没有体现到学生和教师身上，那它就仅在墙上，在文件里。所以上下联动的工作特别重要。

要坚持顶层设计、上下联动，尊重基层的首创精神，尊重学校的办学主体地位，尊重老师们的主动性、积极性、能动性，尊重学生的学习主体地位。

第五，坚持扎根中国、融通中外。这其实有一个最基本的道理，没有最好的，只有最适合的。鞋子合不合适，脚最知道，所以这也是我们党的思想路线，一切从实际出发，理论联系实际，扎根中国的同时要坚持融会中外，坚持胸怀天下，面向现代化，面向世界，面向未来。这样我们一起，我们的根是扎根中国，同时我们的视野是面向全球，扎根中国，融通中外，从而也发展我们中国特色，世界水平的高质量教育，也是我们中国式现代化的道路。

## 高质量教育体系下如何办好人民满意的职业教育？教育部职业教育中心研究所原副所长、研究员余祖光以此为题发表观点：

《中国教育现代化 2035》就提出了建设高质量的教育体系，二十大报告教育部分也明确办好人民满意的教育为主题，报告特别强调坚持以人民为中心发展教育。我认为不只是一个新提法，而是更有社会主义鲜明特色的教育发展理念，这为我们会议的第六个议题指明了一个战略方向。

对教育的战略研究的启发，我谈两个方面。一方面，教育战略发展要坚持以人民为中心的出发点和落脚点。这里有两个思考，一个是高质量教育体系要覆盖全体人民，我们的国家仍然是发展中国家，区域发展不平衡，城乡的差距、居民收入和公共服务的差距还比较明显。在这个背景下，建设高质量教育体系要使不同经济社会阶层的人民群众都满意，这是很难的。因此，既要满足大多数居民的公共教育的需要，还要眼睛向下，满足一些困难群体的特殊要求，比如残障人士、农村留守儿童、城市务工人员随迁子女。此外，对一些收入较高群体希望有更高标准的教育服务的需求，也应当鼓励准公共服务机构提供收费服务，促进合理的教育消费繁荣民办教育，当然还需要要求企业单位依法提供必要的员工职业培训和继续教育，或者为员工个人继续教育提供办理条件，教育体系应该是多样、灵活、便利的，能够调动社会力量积极性，适合人民群众多样化选择和经济社会的多样化人才需求。另一方面，高质量教育体系要让群众信得过和靠得住，以人民为中心办教育，不仅要目标导向，更要以问题导向深入改革，以提高群众对我们教育的公信力和接受教育服务的获得感。

教育应对内部质量和外部挑战，需要政策反馈和行动反思。从教育内容看，教育快速普及，比如近年来高职每年扩招 100 万人，这种情况难免出现教育资源稀释和生均投入不足的问题，这是质量标准难以保障的主要问题。另外，随着教育普及，教育年限延长和提高教育层次，我们存在不严格把握学历文凭和职业技能证书考核标准，宽进宽出，造成文凭和证书含金量贬值问题。还有一些学校的学生上课不抬头，水课、清考、考试作弊、混文凭的情况也比较多，这都给学校的吸引力和群众公信力带来了隐患，成为影响人民群众不满意的主要问题。不是没有质量标准，而是不能严格把握质量关。影响质量的另一个问题，就是形式主义的工作，造成工作浮躁和业务研究的肤浅，学校忙于应付各种检查、评估、竞赛。比如职业教育竞赛活动过多，不是说竞赛不重要，但是耗费的精力太多，服务的人群过少，普遍性不够，教师应对各种非教学工作过重，业务时间不足，使得教育教学科学改革支撑不足，以及教学改革实验严重缺乏，这也都是教育普遍存在的问题。包括我们研究，从现存的人民群众抱怨比较多的问题入手，是高质量教育体系建设完善的看得见、摸得着的重要途径。

就教育外部需求的变化看，面对新时代，以信息技术和高科技推动未来经济社会和工作世界的重大变化，以教育战略积极应对，面对更大的挑战，要有忧患意识。21 世纪教育委员会学习财富的报告，就是在世纪之交研判了世纪科技走向带来的人类生产方式、生活方式的变化，提出了教育变革的应对，当今中国教育战略新的目标实现，依然不可忽视具有高瞻远瞩的跨界思维。如果说这种宏大蓄势的思维难以把握，未来劳动力市场动态变化难以预测，我们可以本着以提高学习者未来生存发展适应能力为切入点，采取反推判断，考虑我们的人才培养方式到底处于何种状态。反思我们的教育发展方式、人才培养方式与现代化新生产、生活方式的适配程度，明确改革发展的战略、优先选项和急需突破的核心领域十分必要，因为以往的战略在我看来更多是目标导向，是一些政策的延续，是一些政策的阐述，而缺乏根本性的调查基础。以人民为中心的教育战略研究需要一些新的思维，面向现代化建设全局落实战略规划是宏观的，但是它必须要惠及学习者个人，以往我们宏观没有问题，但是往往落实不到学习者个人，这应该有一个新的转变。当然我们要树立中央关于政治、经济、社会、文化、生态“五位一体”全局发展观，紧密结合各个领域发展大目标，特别是政治方向、经济建设、社会发展和劳动就业对教育的新需求。

在教育战略规划中首先要有教学需求利益相关方的明确诉求和具体参与，我觉得职业教育就业导向很明确。尤其现在就业非常困难的时候，这个问题就更突出了。首先是相关者的利益参与，我们在政策制定、政策反馈和教育战略的制定过程中，包括教育法规制定中，最缺的就是利益相关者参与，而且有时候忽略的正是重要的利益相关者。现在我们要改的就是这类问题，我们职教法新制定也是注意一些问题。利益相关方的参与明确诉求和具体参与有利于相关部门的准确需求信息、教育相关政策的组合、各方面制度的互补。

其次，我们教育内部的协调发展，必须落实中央提出的更高要求。比如这次提出职业教育、高等教育和继续教育协调发展，这种跨界衔接涉及产教融合、优化职业教育类型定位。以往我们这种教育内部条条框框突破不了，都有各自的领域，这种思维比较严重，就不利于内部协调发展。这次文件里提出三类教育协调发展是一定要落实的。最后，作为政府的公共服务要倾听服务对象的政策反馈，以学生和家长为主，也要包括基层学校和一线教师，还要有行业企业的合作单位，这样才有可能使我们教育的规划目标不偏离，使我们教育战略措施惠及学习者个人以及家庭。原来在教育评估、教育评价和政策反馈上，往往更注意第三方，但是其实更重要的是利益的直接相关方。我们这方面短板比较明显。

第二，要面向世界，吃透经验教训，利用中国自主优势创中国模式。作为世界上最大的发展中国家，我们要办大教育，包括职业教育。从初步的研究看，教育教学这方面无论在理论还是实践上，我们与发达国家都有较大的差距，我们的投入还很不够，我们的实验开展不足，所以我们应该有更宽广的国际视野，国际合作交流不能停留在对世界教育发展指标的追赶层面。我们战略规划特别容易提出理论，其实提的不过是发展指标层面的问题，根本没有深入研究其中的规律，而且我们仅仅关注到经验，没有研究它的教训。当然不能照办别国模式，一定要在博采众长基础上充分发挥社会主义制度优势，走出中国自己的模式，比如如何用既有统一性又因地制宜照顾不同经济发展区的地区多样性，在中国，地区多样性非常突出，需要发展适应不同经济技术管理发展水平的，满足产业行业需求的各级、各类多形式的教育。

第三，未来职业教育战略要提高对世界剧变适应能力，教育是面向未来的事业，也是创造未来的事业，学习和工作不是两个平行的世界。

信息社会劳动组织的优化、人工智能的替代化、个人的创新创业能力和不断学习能力，成为不可替代的核心竞争力。人才不仅需要院校培养，还需要在企业成长，在劳动市场摔打，因此教育的改革不能没有产教融合、校企合作、职业指导、商家规划，也要适应劳动就业新潮流，培养造就适应多样化工作方式的劳动者。

很多人通过在辅助性的服务岗位或者比较低技术的岗位锻炼、流动，最后对整个流程、整个产业链都比较熟悉，而后自己创业或者开辟新的行业。其次要构建多样化区域教育结构，我们人口多，区域经济发展不平衡，生产水平多样化，科技结构迭代平衡，我们不同区域的教育结构和学校要依托一方水土服务一方百姓，要依托地方骨干企业群、校企合作孕育相关产业文化，造就一方教育生态环境，形成当地科技、经济、人才教育产业链，人才链、教育链良性循环，成为科技教育人才强国的基础单元。

最后一点，我们要掌握各层教育主体真实透明的信息，在教育规划过程中，大家都认为自上而下，缺乏一种自下而上，不同层次主体的参与，尤其是劳动力市场提出比较中长期劳动力市场的供求信息和预测。劳动就业现在逼着我们必须考虑教育服务学习者和经济发展这第一重要指标，也是教育事业发展的供求信号，如果有了明确的以往就业需求状况和未来需求预测，教育部门、学校、家长和学生个人都会发挥主动性和积极性，做好个人学习和就业的生涯规划，这是教育体系的部分，也是我们教育规划的一部分，它是由学习者完成的，如果能够调动他们的积极性，我们的工作就好做多了。目前我们的工作差距比较大，在关键的信息领域，大数据并没有发挥作用，或者我们没有用起来，这样我们的规划就很难。

**华东师范大学终身教育研究中心主任、教授吴遵民就构建一个服务全民终身学习的教育体系提出“开放大学五问”。他的发言要点主要为：**

《中国教育现代化 2035》中提出的未来 15 年我们要构建一个服务全民终身学习的教育体系。党的二十大更是把建设学习型社会的目标，提升到了构建学习型大国这样一个宏伟的事业上来。那么我觉得应该是两个体系，一个是终身学习的体系，一个是学习大国的构建体系，它跟开放教育的资源，特别是跟新型的高等教育的形态、开放大学的功能的发挥，都有着密切的关系。很多重大的战略都跟开放大学有关，比如当前支持开放大学参与终身学习教育体系的建设，国家现在已经正式在国家开放大学挂牌老年大学等。

简单来说，开放大学的转型，怎么实现一种高质量的内涵的发展，其实进入了一个非常关键的时期。新时期国家提出很多的重要战略，比如终身化、数字化、老龄化、市场化以及高等教育的新型化、多样化等，在很大程度上呼应了我们当下普通公民对开放教育的需求。

所以，对国家教育体系在整体进行改革的同时，要对当下开放大学10周年成立以来它的转型发展或者是过去的办学效果进行一个科学的评价，我觉得这个非常重要。评价实际上是有各种维度、方向和标准的。我认为评价可以有五个思考方向。

其一，我认为需要思考什么样的评价对开放大学是最好的评价。其二，什么样的评价才应该成为开放大学最看重的，最在意的评价。其三，什么样的评价最能够体现开放大学的作用和地位。其四，什么样的评价最能推动开放大学高质量地发展。其五，什么样的评价才最能够展现开放大学的精神品质和社会价值。

第一问，毋庸置疑，要坚定不移地贯彻国家高质量发展的教育方针，这是满足国家发展的需要。

我们也必须要满足普通民众对新型高等教育的期待和需求，我觉得这就是最好的评价。一个是紧跟国家战略的方向，另一个就是办好人民满意的教育，这两点如果抓住了，对开放大学来讲应该是一个最好的发展方向。那么要做到这个目标，我觉得开放大学的管理体制机制要重新健全或者完善，也就是说新型高等教育的管理体制和机制，应该跟普通高校是不一样的。教师的队伍跟普通高校也应该是不一样的，我认为开放教育的教师团队应该是智能化的教师团队，所要培养的学生或者人才的方向，是要为社会提供特殊的紧缺领域的人才。简单地说，开放大学必须跟普通高校错位发展，这应该成为开放大学转型和改革的方向。

第二问，仍要紧盯国家的发展方针，我觉得这应该成为我们开放大学最看重的评价。那么对开放大学来讲，当前国家有一系列的重要的发展战略。比如说对于人口老龄化的问题，怎么通过老龄教育去化解，老年教育到底是一个什么样的教育？老年教育的本质又是什么？我们怎么来寻找老年教育发展的突破口，等等。

第三问，国家一方面提出教育治理的现代化；另一方面第一次把推进数字化教育写入了二十大报告里边。那么简单地说，我们讲教育的治理，实际上现在开放大学跟普通高校是不一样的。我们现在承担的不仅有一些没有进入社会的年轻人，我们更承担了推进校外的成人教育、职业教育、社区教育的重任。那么在这样一个现代化、工业化、城镇化交错迅猛发展的社会样态当中，怎么去提升社会治理的效能？这应该是我们教育治理现代化的一个重要命题。

再一个数字化教育，或许利用自身的教育资源、优势在学习平台去研究数字化教育的开发和应用。不仅是一个PPT的运用，而应考虑怎么能够深入人心，包括老年人、儿童、青少年，如何能够为他们提供适合他们的教育或者学习资源，是新时期必须要解决的又一个问题。

第四问，2021 年各种高等教育在学总规模达到 4430 万人，高等教育的入学率也超过了 50%。所以当高等教育经营进入高大众化和普及化以后，民众对参与高等教育的需求和结构包括形式都发生了转变。

简单地说，就是要构建一种新型的学习社会。那么在这样的转变过程当中，我觉得社会民众对高等教育的需求，实际上由阶段性向终身性延伸、专业化向多元化拓展，并有标准化向个性化迈进的趋势。那么随着这样一种终身教育概念的普及和实践的深入，民众将教育、工作、退休作为三个泾渭分明的人生阶段的认知也早已被彻底打破，那么成人非传统高等教育需求将迅速地扩展，社会的发展性和不确定性也就大大提升了他们参与开放型高等教育的意愿。

第五问，其实在对于这个高等教育的未来的定位，我个人提出过三种划分的建议，我认为未来大学可以分为学术型、通用型和实用型三种类型。学术型大学类似于 985、211，它旨在培养具有生产知识和科学创造能力的拔尖人才。通用型大学如普通的二本这样的大学，它的培养目标应该定位为具有广博知识结构的复合型人才。而我认为的实用型大学，就是我们现在的高职，应该致力于培养具备工匠精神的职业技能领域的专业人才。那么对于开放大学，基于它的特点和定位，我认为它应该实现跟普通高等教育和职业高等教育的错位发展，跟它们实现互补，功能上互补，有参差有别的人才培养目标，这才能够最好体现开放大学的精神品质和它的社会地位。

简单地说，我认为就开放大学的本质属性而言，它不需要与传统高等学校同类竞争，而应该在开放的高等教育的赛道上引领潮流。从错位发展的角度出发，开放大学需要建立多元化的人才观，在高等教育体系框架之内去建立一套富有开放大学特色的人才培养模式和教育评价制度，同时打造服务区域性的发展和提升开放大学影响力的科研体系和社会服务平台。我想这才是开放大学今后需要思考、需要转型、需要提升的一个重大命题。

**国家开放大学原党委副书记、教授张少刚以“创新教育形态　促进共同富裕”为题分享自己对开放大学的观点，他认为：**

党的二十大报告坚持以人民为中心的指导思想和中国式现代化的提出，对办好开放大学，做好开放教育是鞭策和鼓舞。开放教育的宗旨与愿景，是要为一切有意愿和有能力的人提供学习的机会。“敬学广惠、有教无类”是国家开放大学的校训。

中国式现代化特征之一为全体人民共同富裕，这不只是物质上的共同富裕，也是精神上的共同富裕，而且要面向规模巨大的受教育人口。2008 年，时任中央电大校长葛道凯在谈促进教育大众化时说，“电大是平民进步的阶梯，教育公平的砝码，学习者充实自我和增进动力的补给站”。他言简意赅地指出，电大从事开放教育是面向大众、服务大众的，是面向工作一线，面向教育弱势群体和老少及偏远地区的求学者的。电大开放教育40 年伴随着社会的发展而发展，这可以投射到满足广大民众的生活和他们的学习需求的变化上。这种变化是什么？我理解是民众生活从温饱到小康的变化。电大开放教育 40 年累计本专科毕业生逾 1500 万人，为我国高等教育大众化做出贡献，目前学历继续教育在校的学生有 500 余万人，其 70% 是一线和偏远地区的求学者。

开放大学的发展见证了开放教育从满足工作提升的学习驱动，到全面实现小康生活品质提升的教育导向，未来要走进物质文明和精神文明相协调，全体人民共同富裕的新时代。从这个意义上讲，新时代的开放教育如何发展？就是我们经常提到的人人、时时、处处、可学、能学、乐学的全民终身教育。过去，温饱社会和小康社会的学习动力，多来自为生计的学习，职业的学习和专业的学习需求。走向未来的现代化学习社会，学习内在驱动有什么变化，其中一点是情感式学习。按照霍金斯在学习型社会中的描述，学习型社会是时间自由的闲暇学习。

知所从来、思所将往。学习贯彻党的二十大精神，就开放教育而言，要在终身教育学习型社会生态中来定位开放大学，助力全民终身学习型社会建设，促进中国式现代化的发展。

这些年，国家开放大学已经实现了从“大学生村官”培养到促进振兴乡村的教育系统化变化；从过去重视纵向的行业合作，到今天关注横向的社区教育，重视老年教育的时代选择。这些都是在适应温饱与小康社会学习需求变化过程中，助力人民共同富裕的学习型社会建设成果，这不仅是物质上几次分配推动共同富裕，更有知识和文化的学有所教、学有所获、学有所乐的精神上的共同富裕。

这些年，在多次研讨会上，我都讲“大运河文化带”建设，倡导国内沿运河八省 35 个城市，联动打造运河名片，拉动经济，改革教育，共享文化，传承文明。这是运河流域众生共同富裕、命运共同体的一种写照，也是人与自然和谐共生的和平发展之路。对此，我们要在教育发展战略上给予更多的关注，因为以运河为纽带，创新教育新形态，便于融会贯通我们的高教、职教、基教，以及继续教育、老年教育，构建我们城乡学校教育大系统，形成学校教育与社区教育和社会教育互促新格局。

开创跨区域和跨学龄段，虚实结合的新形态的教育和大学，打破传统学校围墙，拓宽开放教育的体系，共建共享，弘扬大运河文化精神，以学分银行加持学历教育，社会培训和闲暇游学，包括社会的情感学习，助力乡村振兴，为学习型社会的建设树立新形态学校教育样板。

通过几年的不懈努力，改革教育体制机制，创立教育新形态，越来越多地得到不同行业人士的关注。未来社会需要的不仅是规模扩大，更是价值多样化，人民为生活品质提高而学习，学习型社会、学习型国家建设，要在全体人民共同富裕上做文章，如是说，开放教育大有可为。

**上海师范大学原校长、教授张民选作为一个比较教育的学者，以“愿景与行动，认识全球教育变革趋势，落实科教兴国、人才强国战略”为题发言，他指出：**

我们中心建立了联合国教科文组织教学中心以后，参与联合国系统的教育活动就成为我们义不容辞的责任。2021 年联合国教科文组织、国际教育委员会发表了一个简称为“教育的未来”的报告，2022 年 9 月联合国教科文组织又召开了变革峰会，这当然就成了我们关注的焦点，我觉得联合国似乎在向中国学习，而且这种国际组织向中国学习是潜移默化的，在话语上我们影响了他们。

我在研究过程当中注意到两个问题。第一，联合国教科文组织的这份报告和原先的报告有什么差异？第二，既然联合国教科文组织已经发表报告了，为什么联合国还要再召开教育峰会？且由联合国而不是由教科文组织来组织专门的教育峰会，这本身就是极不寻常的一件事情。

在研究当中我们发现，第一，联合国教科文组织前几份报告都是提出愿景或者是理念，和以往不同，报告并没有直接给出美好宏大的愿景，而是呼吁国际社会来共同勾画未来的愿景，而且希望各国政府和国际社会来打造一个新的契约，在契约精神的引领下采取行动。第二，我们发现，教育变革峰会显然更进一步，峰会似乎在告诫世人，教育变革、教育发展不仅需要理念和愿景，而且更加需要政治的、集体的、脚踏实地的行动，尤其是危机重叠交织的当下，正如联合国秘书长古特雷斯在峰会声明当中所说，变革教育是为了人类共同未来而势在必行的紧迫的政治行动，那么联合国为什么要采取政治行动？又希望人们采取哪些行动呢？联合国希望通过组织全球的峰会，号召各国政府和社会来以契约精神采取政治行动，以教育变革来实现教育的可持续发展。

那么教育可持续发展，教育变革到底体现在哪里呢？体现在以下几个领域，即学校、学习、教师素质学习和教育财政。学校领域，峰会仔细地分析了学校应该成为包容、公平、安全的学习场所，其中最精彩的提法，我觉得是对学校教育的一个深刻阐述，联合国认为学校不仅是社会对教育作为一种共同利益所做出的承诺，而且学校还给儿童和青少年提供了一种独特的环境。

学习方面峰会没有提出新的愿景，而只是再一次强调学会学习、学会做事、学会共同生活和学会生存，只是赋予了新的内涵，它特别强调了应该让学生成为学习的主体，他们不仅应该掌握应变未来的知识和技能，而且应该学会参与到知识的建构和创新当中去。

教师是变革的主体，学校是生产知识的地方。与传统的观念不同，教师不仅是现有知识的传递者、传授者和提供者，现有教育学、心理学的应用者，教师更是知识的生产者，学生的引领者和世界意义的建构者。由此推广而去，报告给教师赋予了参与教育决策的权利，他们成为教育变革的主体和社会发展推动者的一个使命，当然由此要变革示范教育、职前教育和在职进修的内容和方式。

这次会议也提出了数字化是教育变革转型的杠杆，峰会强调，数字学习是儿童、青年、成年人在数字化时代生活和工作的关键，数字学习需要混合的教学方法、丰富的学习资源和教师人机互动的能力以及资源提供的平台，联合国由此发出建设全球性公共教学平台的倡议，以保证教师和学生能够获取多样化和个别化的资源。

当然教育发展离不开资金的问题，所以峰会要求各国财政部和政府来承诺和保障教育财政，要创造新的融资的方法，以确保教育经费的增长，公平分配经费，有效地使用经费，使较弱势群体也能够获得优质的教师和教学资源，峰会当然号召大家采取共同的行动，这样才有可能在2030年实现可持续教育发展的目标，才有可能为人类创造和平、繁荣、可持续的未来。

**关于学习党的二十大报告精神，中国教育发展战略学会常务副会长、中国联合国教科文组织全国委员会咨询专家张双鼓发言的题目为《实施科教兴国战略，加快建设教育强国》，其内容分为三个部分，一是牢牢把握教育、科技、人才、创新的一致性特征；二是加强建设高质量教育体系；三是以教育评价改革牵引教育领域综合改革。**

习近平总书记作的二十大报告，是党团结带领全国各族人民夺取新时代中国特色社会主义新胜利的政治宣言和行动纲领。

**一、牢牢把握教育、科技、人才、创新的一致性特征**

二十大报告首次将教育、科技、人才内容单独成章，把教育、科技、人才进行“三位一体”统筹安排、一体部署。

“创新”在二十大报告中出现50多次，是最热的高频词之一。突出教育、科技、人才、创新的一致性特征是与科教兴国战略、人才强国战略、创新驱动发展战略的一致性高度关联。

强国战略共同服务于创新型国家的建设，对教育强国、科技强国和人才强国建设之间的内在关系和新时代任务进行了深刻阐述，为未来进一步推动教育事业高质量发展指明了方向，极具战略意义和深远影响。

## 二、加快建设高质量教育体系

高等教育要扎根中国大地办大学，要主动融入新发展格局，通过服务国家战略形成对建设创新高地的支撑。《中国教育现代化 2035》提出，2035 年主要发展目标是提升一流人才培养与创新能力。分类建设一批世界一流高等学校，建立完善的高等学校分类发展政策体系，引导高等学校科学定位、特色发展。

《中共中央关于制定国民经济和社会发展第十四个五年规划和二〇三五年远景目标的建议》指出，提高高等教育质量。推进高等教育分类管理和高等学校综合改革，构建更加多元的高等教育体系，高等教育毛入学率提高到 60%。分类建设一流大学和一流学科，支持发展高水平研究型大学。

二十大报告科学谋划了今后五年乃至更长时期党和国家事业发展的目标任务和大政方针。报告对发展不同阶段不同类型的教育提出各自的重点内容时指出，“统筹职业教育、高等教育、继续教育协同创新，推进职普融通、产教融合、科教融汇，优化职业教育类型定位”。

### （一）坚持创新在我国现代化建设全局中的核心地位

“坚持创新在我国现代化建设全局中的核心地位”，加强自主创新能力，实施科教兴国战略。

科技创新对经济的支撑作用更加凸显，已经成为国与国之间争夺生存权、发展权和话语权的焦点与核心。创新是当今时代的重大命题。

坚持创新在我国现代化建设全局中的核心地位，把科技自立自强作为国家发展的战略支撑，坚持面向世界科技前沿、面向经济主战场、面向国家重大需求、面向人民生命健康，深入实施科教兴国战略、人才强国战略、创新驱动发展战略，完善国家创新体系，加快实现高水平科技自立自强，加快建设科技强国。

### （二）加快建设高质量教育体系

“加快建设高质量教育体系”，提高高等教育质量，实施人才强国战略。质量是教育的生命，教育质量是培养人的质量。

党的二十大报告提出，要“实施科教兴国战略、强化现代化建设人才支撑”，要“加快建设高质量教育体系”，要“全面提高人才自主培养质量”，要“加快建设中国特色、世界一流的大学和优势学科”。充分体现党和国家对高等教育的需要比以往任何时候都更加迫切，对科学知识和卓越人才的渴求比以往任何时候都更加强烈。

### （三）教育数字化，是国家的竞争战略

教育信息技术已成为国与国竞争的关键，世界各国都将人工智能技术等作为未来国

家竞争力提升的关键，以期在新一轮科技革命中占据制高点。

党的二十大报告指出，“推进教育数字化，建设全民终身学习的学习型社会、学习型大国”。第一次明确提出了“学习型大国”。教育数字化行动是国家层面的战略行动，我国教育信息化正迈向数字化转型新阶段。目前，中国正在扎实推进高等教育数字化战略行动，不断完善教育信息化顶层设计和体制机制，以高水平的教育信息化引领教育现代化，推动教育高质量发展。

（四）中外合作办学，搭建高等教育国际合作平台

2003 年 9 月 1 日，国务院实施了行政法规《中华人民共和国中外合作办学条例》（以下简称《中外合作办学条例》）。

《中外合作办学条例》颁布及实施以来，教育部相继出台了一系列规范性文件，对加强中外合作办学的管理工作发挥了重要作用。中外合作办学，是引进国外优质资源办学、培养国际化人才的有效方式。

## 三、以教育评价改革牵引教育领域综合改革

中共中央、国务院印发的《深化新时代教育评价改革总体方案》（以下简称《总体方案》）强调，要以立德树人为主线，“破五唯”为导向，以五位一体为抓手，改进结果评价，强化过程评价，探索增值评价，健全综合评价。

二十大报告对深化教育领域综合改革提出了进一步要求，“深化教育领域综合改革，加强教材建设和管理，完善学校管理和教育评价体系，健全学校家庭社会育人机制”。

中央全面深化改革委员会第二十六次会议审议通过《关于开展科技人才评价改革试点的工作方案》，聚焦“四个面向”，围绕国家科技任务用好用活人才，创新科技人才评价机制，以激发科技人才创新活力为目的，以“评什么、谁来评、怎么评、怎么用”为着力点，以“破四唯”和“立新标”为突破口，以深化改革和政策协同为保障，按照创新活动类型构建以创新价值、能力、贡献为导向的科技人才评价体系，引导各类科技人才人尽其才、才尽其用、用有所成，为实现高水平科技自立自强和建设世界科技强国提供有力人才支撑。

（一）立德树人成效是教育评价改革的根本标准

教育评估系统和评估指标的实践研究是促进育人方式改革的重要手段。《总体方案》要求，坚持把立德树人成效作为根本标准。坚决克服重智育轻德育、重分数轻素质等片面办学行为，促进学生身心健康、全面发展。

二十大报告再次强调“落实立德树人根本任务”。人才培养是我国高校的最根本任务，课程质量是人才培养的重要保障，教师的水平直接影响着人才培养的质量。单纯用考试升学的“指挥棒”指挥学校教育、评价学校教育、考核学校教育，违背了立德树人的教育本质。

（二）“破五唯”是教育评价改革的重中之重

党的二十大报告提出，加快建设国家战略人才力量，努力培养造就更多大师，战略科学家、一流科技领军人才和创新团队、青年科技人才、卓越工程师、大国工匠、高技能人才。必须深化教育领域综合改革，完善教育评价体系。扭转不科学的教育评价导向，坚决克服唯分数、唯升学、唯文凭、唯论文、唯帽子的顽瘴痼疾。“五唯”是当前教育评价问题的集中体现，反映了不科学的评价导向。

（三）深化教育评价改革是一项复杂的系统工程

深化教育评价改革是一项复杂的系统工程，需要加强顶层设计和整体谋划，加强教育评价改革关联性、系统性和可行性研究。

深化教育评价改革是一项复杂的系统工程，需要各方通力配合、协同推进。《总体方案》明确提出：教育评价事关教育发展方向，有什么样的评价指挥棒，就有什么样的办学导向。

为深入贯彻落实习近平总书记关于教育的重要论述和全国教育大会精神，需完善立德树人体制机制，扭转不科学的教育评价导向，坚决克服“五唯”的顽瘴痼疾，提高教育治理能力和水平，加快推进教育现代化、建设教育强国、办好人民满意的教育。

**“教育如何为科技自立自强形成人才支撑？”教育部教育科研网教育在线总编、编审陈志文以“跳出教育看教育，从二十大报告准确把握教育在当下的新使命、新任务”为题发言，他指出：**

党的二十大报告提出，教育、科技、人才是全面建设社会主义现代化国家的基础性、战略性支撑。必须坚持科技是第一生产力、人才是第一资源、创新是第一动力，深入实施科教兴国战略、人才强国战略、创新驱动发展战略，开辟发展新领域新赛道，不断塑造发展新动能新优势。

我们要坚持教育优先发展、科技自立自强、人才引领驱动，加快建设教育强国、科技强国、人才强国，坚持为党育人、为国育才，全面提高人才自主培养质量，着力造就拔尖创新人才，聚天下英才而用之。

注意，实施科教兴国的目的，是强化现代化建设人才支撑。在这一章节，前面有两段开明宗义的阐述，然后才分别阐述了教育、科技、人才等板块的工作。

第一段，应该看成是对教育、科技、人才的定位或作用，即教育、科技、人才是全面建设社会主义现代化国家的基础性、战略性支撑。第二段，我们可以看成是怎么实现这种目标或价值，即通过教育强国、科技强国、人才强国。这其中，更多的是对教育的要求或者期望：坚持为党育人，为国育才，全面提高人才自主培养质量，着力造就拔尖创新人才，最后“聚天下英才而用之”。

总之，仔细研读完，我们就会发现，教育与科技人才放在一起论述，核心强调的是教育对科技创新，对拔尖人才的支撑价值和作用。简单一句话，为科技自立自强提供人才支撑、技术支撑。

2021 年 4 月，清华大学 110 周年校庆前夕，习近平总书记考察清华大学时明确指出：“建设一流大学，关键是要不断提高人才培养质量。要想国家之所想、急国家之所急、应国家之所需。”并语重心长地谈道：“党和国家事业发展对高等教育的需要，对科学知识和优秀人才的需要，比以往任何时候都更为迫切！”

坦率地讲，在当前的政治形势下，国家的发展，包括军事、国家安全，急需科技自强自立，急需人才的支撑，核心就是：我们的高校，就是教育。

今天国家面临的这一形势，与新中国成立之初有相似之处。52 年院系调整中，对中国高等教育进行了一场“大手术”，拆解了综合性大学，组建了大量的专门院校，尤其是理工科院校，核心目的就是为新中国建设培养一批亟须的专门的技术人员。

今天，中国高校再次面临这一战略需要。

这就是跳出教育看教育，用系统思维看教育，站位国家发展看教育，而不是只在教育圈子里打转，只谈绝对的教育理想。

教育为科技自强自立提供人才支撑亟须解决的两个重要问题。

在报告中，对于落实为科技自立自强提供人才支撑，讲了四个方面宏观的方向：“坚持为党育人，为国育才，全面提高人才自主培养质量，着力造就拔尖创新人才，聚天下英才而用之。”

结合这些设计，我想谈两个具体问题。

第一，对应着力造就拔尖创新人才，基础教育亟须纠偏，需要系统建立拔尖创新人才的早期选拔与培养体系问题。

要站在国际科技前沿，核心还是拔尖人才，因此，在这场长期的较量中，拔尖人才的培养至关重要。

自然科学多属于早慧学科，数学、物理尤为突出，这是和社会科学完全不同的，因此，自然科学方向的拔尖人才的培养，不是从大学才开始的，必须从中学甚至小学就考虑。

在近年推进教育公平与均衡发展的过程中，我们强调绝对的就近入学与资源均衡，系统摧毁了过去有违公平与均衡发展的以“实验班”为代表的拔尖创新人才的选拔与培养体系，但遗憾的是，在否定原来存在瑕疵的拔尖人才的选拔与培养体系的同时，我们却未能很好地平衡好因材施教，未能建立新的拔尖创新人才的早期选拔与培养制度。

目前人大附中的早培班，以及清华大学丘成桐班，都是拔尖创新人才特殊的选拔培养模式，但遗憾的是，无论人大附中，还是清华丘成桐班，本质上都是学校个体行为，虽然经过相关部门批准，但严格讲不是一个国家的制度设计。从这个角度来说，我们必须在确保公平与均衡发展的前提下，系统建立国家的拔尖创新人才特殊的选拔与培养制度。

美国有系统的天才培养计划，在高中也有AP课程这类给不同的同学发展空间的做法。

第二，必须重视和加强理工科人才培养数量与质量的问题，完善新高考改革的选科制度设计，推行全科开考。

外国对中国的围堵打压，核心与焦点全部在对中国理工科人才的培养上，即所谓敏感专业。而当下教育对科技自立自强的支撑，核心还是科技人才，即理工科人才。但新高考改革实施后，强化学生的选择权的同时，忽视了国家的需要。受功利选考与功利学习的影响，一方面带来了类文科生的显著增长，另一方面，不选就不学，相关理工科专业学生，基础知识存在结构性缺陷，如选了物理，往往就不选化学，对高校理工科专业的人才培养造成了严峻的挑战。

对此，我们必须重视高考改革带来的这个问题，在深化完善高考改革的过程中，应承认面对功利文化的现实，一方面加强引导，另一方面需要对选考制度进行必要调整，考虑全科开考，以确保理工科人才的培养质量与数量，以支撑科技的自立自强，实现高质量发展的目标。

**重庆大学原党委常务副书记、副校长、教授陈德敏认为，我们大学面临新的格局，当然也面临着新的环境的变化，党和国家给高等教育，主要是给大学、本科学校提出了新的要求，怎么加快形成在高质量教育体系、形成高质量大学发展的新格局，所以认为在推进中国式现代化的进程中，要加快形成高质量大学发展的新格局。他认为：**

党的二十大报告里面提出了很多新的、前瞻的提法和要求，在第五部分专门讲实施科教兴国战略，强化现代化建设人才支撑里，主要讲到教育，提出了要全面提高人才自主培养质量，提出了自主培养质量，这是以前没有过的。要研究中国式现代化，为中国培养人才，我们要提高人才的自主培养质量。同时也明确纲领性的提法，就是坚持以人民为中心发展教育，加快建设高质量的教育体系，在高等教育方面，特别指出要统筹职业教育、高等教育、继续教育的协同创新，推进职普融通、产教融合、科教融会，这是这几年我们都在做的事情，优化职业教育类型定位。

高等教育是要加强基础学科、新兴学科、交叉学科建设，加快建设中国特色世界一流大学和优势学科。其中里面提到了把职业教育、高等教育、继续教育协同创新，加以统筹，这样一个新的提法，值得我们进一步深入地研究，特别是从下一步面向未来的战略发展提出，建设高质量教育体系及高质量大学建设的基本指导思想，也表明中国式现代化对正在改革发展的高效的教育质量与能力，我们现在能力建设已很大程度地增强了，但是这次又提出了新的目标任务要求。因此，高等教育作为整个中国教育宝塔形态的上层部分、高质量教育体系的上层部分，以大学为形态的高等教育，也成为一代又一代的人才培养与人才输出的主要出口，整个教育是培养人，为党育人、为国育才，主要出口是大学，直接与科技创新和经济发展紧密联系，和其他方面融合最多的也是大学，同时大学还担负着科学技术创新方面的重要任务，特别是一批重点大学和特色大学，面对未来新的发展进程，在新时代新的发展阶段，大学应该有一个怎样的新面貌，以及现在百年未有之大变局的进一步的深化扩展，国际大学的教育环境已经出现了很多不确定性的冲击，特别是美西方在大学合作交流的脱钩的挑战，如美国禁止我们主要的理工科等一些新兴学科的人去美留学等，这些都是不确定性的变化冲击。

为此，我们必须要以求实的、科学的规划与战略行动来服务中央和国家的战略需求，作为学会的主要方向，我们要在规划、谋划和对未来的战略行动的策划当中，主动服务于党中央的决策部署和国家的战略需求，坚持改革创新攻坚，不只是一般创新，有很多思想攻坚，通过持续坚韧的奋斗加快形成高质量大学教育发展的新格局，我们作为研究规划前瞻的、未来的发展谋划应该在这方面有所助力。为此面向未来前端发展，厘清思路，形成切实可行的战略行动规划显得尤为重要，这也是我们的任务。所以经过初步的一些考虑，提出以下六个方面的重点统筹协调。

第一，大学办学规模层次与结构的统筹协调。中国已经是全球最大的高等教育体系，按照去年的统计，现在全国共有高等学校3012所，超过了3000所，大大小小的高等学校，包括中央的、地方的以及民办高校，对这些学校的办学、建设、设置的合理性和稳定性，现在到了一个新时期，应该要有所稳定。无限制地发展再发展，导致现在很多学校面临调整，包括很多高职学院和地方院校，也采取重立、划院系等措施，随着人口结构的变化，招生困难也出现了。在这些高校中本科有1228所，核心的是中央所属的118所，其中起支撑作用是教育部的76所，另外还有企业办的将近50所，民办的高校770多所，中外合作办学12所，这形成了高等教育在学的总规模是4430万人，各类在校本科生是1893万人，研究生几百万人，这是很大一块，高校的专任教师按教育部的统计现在是188万多人，其中本科高校127万人。

第二，我国高校规模层次要统筹。就是高等学校的分类、层次与各级学科特色重点发展的统筹协调，要分类、分层次，每个层次、每个类型都可以办出全国一流高校，但是有各具特色和各自的重点要突出，这是第二个统筹。

第三，从我们大学的教学内容（也叫教育内容）的共性基础与个性特色拓展进行统筹，就是我们讲到的通识教育和专业教育。总的来讲，大学教育的共性基础和个性特色要统筹协调，现在就业出现问题，实体部门和用人单位感到不适应，各方面好像都会一点，但针对性技能却不强。

第四，大学教育的教学质量提升与培养能力的增强要统筹协调。不只提教学质量提升，同时对人才的培养能力要增强，这涉及课堂内容和教学的优化提升，涉及课堂实习实训和一线实践的协同安排。

第五，大学人才培养服务于经济发展及科技创新的统筹协调，特别是一批重点大学和教育部直属高校和一些部委管的特色高校，这也是国家的要求。

最后，在建设高质量教育体系当中，普通本科教育为主的高等教育与职业教育、继续教育分工协同、统筹协调进行。职业教育里有高等教育，继续教育里也有高等教育，具体如何统筹协调，是我们下一步的课题。

**北京大学中国教育财政科学研究所研究员刘明兴、闵亦杰[①]针对“部属高校人才专项绩效评估”课题作了研究介绍。他们认为：**

从2002年以来，我们首次提出要实施人才强国战略，至今已有20多年。人才强国战略的一个重要的抓手，就是人才专项的设置、评选和实施。人才专项现在分布在多个部门，包括中组部的千人计划、万人计划；中科院的特聘研究员计划；人社部的百千万人才计划；科技部的自然科学基金委的优青、杰青项目；教育部的长江学者奖励计划，等等。研究人才专项的问题，就是如何删减、合并、重叠的人才专项，精简人才专项的体系，减少无效率的财政资金的风化，或者在原有的人才专项基础上，对其实施内容或者实施对象进行调整，以更高效率或精准地实现部门设立人才专项的目的。我们还要聚焦更具体问题，就是基于国重实验室样本，对长江、杰青、优青、万人四项目进行横向比较。尤其着重回答一个问题，就是在促进教育均衡的目标下，我们如何促进长江学者等人才的区域间流动，尤其是从发达地区向欠发达地区的流动。

首先介绍一下我们研究的数据和情境，国家重点实验室，它是依托大学和科研院所建设的，具有相对独立的人事权和财务权的科研实体。它可以分成三类，包括学科国家重点实验室、企业国家重点实验室和省部共建国家重点实验室。其中又以学科国家重点实验室为主，涵盖了30年的时间周期，222个学科国家重点实验室，其中有13000名左右的副高级及以上职称的科研人员。在这样的样本下我们进行分析。从一些描述上来看，

① 闵亦杰、刘明兴，北京大学中国教育财政科学研究所助理研究员。

国家重点实验室及其人员是相对有代表性，在发达学科之中，一半以上的实验室和科学家，都是教育部下属，也就是说在各个大学里面。剩下部分的更大比例是在中科院下面。从地区分布上来讲，北京、天津、上海、江苏、浙江、广东等东部的发达省市，是国家重点实验室分布比较集中的地方。此外，陕西、湖北、吉林等省，也有相对较多的国重实验室分布。

下面，我来汇报一下国重实验室样本下的人才专项获得情况。首先，我们可以看到有 80% 的科学家，没有获得任何的“杰青”“优青”“长江学者”和“万人计划”等人才项目。与之相对应的，就是超过 20% 的科学家获得过相关的项目，这个比例是相当高的，也可以证明，国重实验室是“人才专项”较为集中的研究情境。在这 20% 里面，一大半是获得一项人才项目的，还有人获得两项以上。同时，以长江学者为基准，我们统计了获得长江学者的科学家，其中 73.7% 同时获得了“优青”“杰青”的称号，31% 获得了万人计划和长江学者。换言之，就是专项之间的重叠还是相对比较明显的一个现象。

同时，下一个指标从国重实验室的口径，或者是全样本的口径来看，人才称号比较集中地分布在东部地区、发达地区的高校，比如浙江大学等。“长江学者”“杰青”的地区分布非常集中，北京、上海占 70%。这也反映出，无论从哪个口径看，地区间不均衡现象均比较突出。

下面是国重实验室样本下人才专项绩效评估的问题。其中“万人计划”发表的论文的数量、质量都是最高的。次之是“长江学者”和“杰青”，这两个项目均比较注重研究质量，当然我们看到这个获得“杰青”“长江”的科学家，很大比例是重合的，只获得“长江学者”的科学家和只获得“杰青”的科学家对比，发现这个结论依然成立。

但是，也发现“杰青”在被引数量上，要高于“长江学者”的获得者。最后是“优青”，“优青”相比而言更加侧重职业生涯早期阶段的一个奖励。另一个关注点是获得人才称号前、后，这个科学家的研究是否有进一步，得到的结论有几方面，一方面是获得“长江学者”之后，科学家的研究数量和质量基于产业结合的程度，均增加最多。“杰青”“优青”也在增加，但是幅度不及“长江学者”。同时，获得万人计划的这个激励以后，一个有趣的现象是，这个科学家的被引数量反倒会下降。此外，在一个实验室中获得“长江学者”的人数比例越高，那么这个实验室整体而言，它的成果的数量和质量则会获得较明显的成长和增长。

科学家获得“长江学者”以后，相比于获得其他的人才称号，更可能在产业界，也就是与企业增加联系。相比之下，“杰青”的获得者更有可能会在学校内有晋升。而“万人计划”的获得者，更可能去政府任职。

最后就是流动性，也就是获得人才称号以后，科学家可能会离开原单位，去其他的单位任职。获得“长江学者”以后，这个科学家更可能从这个发达地区流动到了欠发达地区，但其中也有比较大的比例是所谓的行政流动，也就是在欠发达地区的高校担任领导职务。与之相对应的，“杰青”的获得者更可能从欠发达地区向发达地区流动，体现了“携资流动”的特点。

总结：以“长江学者”跟其他人才相对比。第一是“长江学者”的获评的标准比较高，同时相比于其他项目是兼顾研究的质量和数量；第二是获评后，“长江学者”最能保持长期的学术发展的势头；第三是获评后，“长江学者”对本组织的科研溢出效应比较明显；第四是获评以后，“长江学者”结合产业的意愿，相比于其他的几种人才专项的获得者都是最强的；最后，就是获评“长江学者”后，向欠发达地区的流动是比较频繁的。

下一步，我们想谈论一下如何鼓励“长江学者”的有序流动。

首先，还是从“长江学者”这个专项的特点谈起。我们认为“长江学者”有水平高、势头保持好和对本组织科研溢出效应强这三个特点，可以起到充分发挥“长江学者”流动后的科研带头作用。其次，要鼓励引进，“长江学者”欠发达地区的学校要引进“长江学者”团队。再次，要鼓励“长江学者”在新的被引进的环境中发挥造血作用，提升本校年轻的科研工作者的水平，培养硕博士研究生。

充分发挥“长江学者”流动后的科研带头作用，鼓励其与产业结合的流动。

第一方面，“长江学者”结合产业的意愿最强。“长江学者”向欠发达地区的流动比较频繁，因此要发挥“长江学者”流动和引进“长江学者”的地区产业之间的所谓两利性。

第二方面，是欠发达地区有投资，比较优势产业或者是新产业“弯道超车”的动力，而比较优势产业和新产业，又亟须高质量的、优秀的、顶尖的科学家作为支持。

因此，我们得出一个结论，以产业前景部分替代薪酬待遇激励，以帮助引进者与当地产业深度结合方式留住人才。

最后是具体的几点建议：

第一点，我们建议将人才引进与留存，纳入“双一流”评价体系的考核之中，包括两方面，一方面就是要考核或建议考核某个学校、某个学科能够培养和引进特色优势学科和与当地经济发展高度契合学科，这方面学科的带头人和他的学术团队。另一方面是考察这个引进团队，是否在被引进的建立实体性的研究机构。实体性研究机构是更好地可以跟当地的产业进行结合的一种组织形式，将这两方面纳入这个“双一流”的评价体系中。

第二点，从政府的角度，对欠发达地区高校引进人才，要进行资金的支持。一个可能的办法是在“双一流”专项中，增设“中西部地区和东北地区人才专项计划”，对弱势地区高校从东部引进与区域经济发展契合度较高的高层次人才给予配套经费。同时该经费应该以这个研究团队或者实体研究机构为单位进行发放，以支持完整的研究力量能够落地到西部去。

第三点，要鼓励高校与本地政府首先确定产业急需人才，制定产业—人才的对应目录。可以更好地梳理所需智力需求，有的放矢，提高有限财政资源的利用效率；明确的产业前景有利于说服人才以较低的薪酬待遇加盟。

第四点，要鼓励引进的大学和当地政府合作，进行产业配资，是指引进地区工信、发改部门、高新 / 经开区政府或产业基金为人才引进支付的费用。产业配资反映的是地区需要某类人才的急迫性，是产业对人才的定价。因此，推动这类配资更有前景，能够找到这个当地的真实需求，进而和发达地区的人才进行匹配。

第五点，打造欠发达地区的人才发展生态系统，由强调区域中人才、产业、创新创业的单一变量的影响，转向关注系统要素间组织连接、匹配迭代与整体网络的进化，实现人才链、产业链、创新链、创业链的有机融合。

**北京外国语大学冠名讲习教授、国际教育学院院长秦惠民以“坚持高水平对外开放　实现高等教育高质量发展”为题发表自己的学习体会。他认为：**

党的二十大报告提出了“加快建设高质量教育体系”“加快建设教育强国”的任务。中国高等教育从20世纪末实现“立足国内培养博士生”，到党的二十大报告提出“全面提高人才自主培养质量，着力造就拔尖创新人才”，体现了新时代对高等教育的高质量要求，就是要通过加快建设高质量的高等教育体系，实现高等教育的高质量发展，从而实现高等教育强国的建设目标。为此，报告同时对高等教育明确提出了“加快建设中国特色、世界一流的大学和优势学科”的建设途径和任务。

二十大报告关于“实现高质量发展”和“坚持高水平对外开放”，为“加快建设高质量教育体系”提供了理念和方法的指引。以中国式现代化全面推进中华民族的伟大复兴，是二十大报告明确的新时代新征程党的使命任务，而教育、科技、人才是全面建设社会主义现代化国家的基础性、战略性支撑。建设高质量教育体系的重要目的是推动和实现教育的高质量发展。实现高质量发展是二十大报告中关于实现中国式现代化的一个重要理念，报告明确提出，“中国式现代化的本质要求是：坚持中国共产党领导，坚持中国特色社会主义，实现高质量发展”。报告第四部分的题目就是“加快构建新发展格局，着力推动高质量发展”，并开宗明义地指出“高质量发展是全面建设社会主义现代化国家的首要任务”。高质量发展不只是对经济工作而言，而是贯穿二十大报告始终的对各项工作的一个总要求和重要发展理念。

建设高质量高等教育体系的任务和“建设中国特色、世界一流的大学和优势学科”的任务紧密相连，后者是前者的核心内容。高质量的高等教育体系应该能够主动服务国内国际两个大局，推动构建高等教育的新发展格局，有利于实现“加快建设中国特色、世界一流的大学和优势学科”的任务。

高质量体系应该是开放的体系，开放既是新发展理念和高质量发展的核心内容和机制，又是实现创新发展的关键保障。现代教育本身具有开放的特性。“文革”后中国的对外开放就是从教育开始的。邓小平于20世纪80年代提出的“教育要面向现代化、面向世界、面向未来”，引领了中国教育几十年来沿着“三个面向”推进和发展。“人才自主培养”绝不意味着闭门造车，必须进一步“坚持高水平对外开放”。二十大报告明确提出“扩大国际科技交流合作，加强国际化科研环境建设，形成具有全球竞争力的开放创新生态”。实现“建设中国特色、世界一流的大学和优势学科”的任务，高等教育要保持高水平的开放机制，通过高质量高等教育体系的结构机制，主动服务国内国际两个大局，国内要扎根于中国经济与社会的发展需求，做好高等教育的“四个服务”，把论文写在中国的大地上，深度融入中国的现代化和中华民族伟大复兴的进程；国际要坚持高水平对外开放，推进中国高等教育的全球化发展，推进大学的对外交流与合作，使中国大学在维护世界和平、促进共同发展，为文明交流、文明互鉴和文明共存，构建人类命运共同体，共同应对各种全球性挑战，实现人类可持续发展做出贡献的同时，实现一流的目标。怀进鹏部长在新一轮“双一流”建设推进会上指出，要大力用好全球优质教育资源，同世界一流资源开展高水平合作办学和科学研究，开辟人才走出去培养的新路子，打造更具国际合作竞争力的留学教育，使更多全球智慧资源、创新要素为我所引、为我所用。杜玉波会长指出，国际交流合作是大学的基本职能，鼓励大学开展国际交流合作，不仅有利于合作的国家，而且有利于地区和世界的融合发展。“要建立全球高等教育伙伴关系，发挥黏合剂作用。面对可持续发展，高等教育通过加强世界范围内的知识传播与人才培养合作，共享优质教育资源，促成各国对人类命运共同体目标达成全球共识。要促进多元文化的认识和理解，发挥润滑剂作用。”（杜玉波11月26日在“2022高等教育国际论坛年会”上的报告）

习近平新时代中国特色社会主义思想为中国高等教育建设中国特色、世界一流大学的理论和实践明确了价值选择、使命要求，指引了前进方向。党的十八大以来，适应国家和社会需求的高质量高等教育体系持续优化，一流大学建设在理论上，从本土与全球、特殊和普遍、方法与目标、环境和成果、形式与内涵等方面对扎根中国大地建设世界一流大学的相互关系、建设逻辑和推进路径进行了深入探讨；在实践上，从探索中国特色世界一流大学建设道路，回应人才培养根本问题，服务国家战略需求，提高人才培养质量，建设强师队伍和解决评价指挥棒问题等方面进行了探索并取得显著进展。

通过高质量高等教育体系的促进机制和中国特色世界一流大学和优势学科的引领作用，使我国高等教育的整体水平和综合实力以及国际交流合作能力不断提高，实现高等教育强国目标。

北外国际教育学院在2021年首次发布“中国大学全球影响指数”的基础上，2022年将研究推出“中国大学全球影响指数2022——以教育信息化促进国际交流合作”，旨在推进中国大学的对外交流合作和高等教育的全球化进程，助力中国世界一流大学的建设进程，为“加快建设高质量教育体系”和高等教育强国建设做出贡献。

**高质量教育体系下区域教育，尤其是乡村教育面临哪些机遇和挑战？北京师范大学教育学部教授袁桂林针对农村教育、偏远地区弱势群体的教育发表看法与观点。他认为：**

如何加快建设高质量的教育体系？首先谈一下教育观，我理解教育观绝对不是国际上搞的学科竞赛和横向相比较。教育观是指我们国家的教育目标的达成度，这是我的一个认识。不是说我们国家在什么国际奥赛中的名次，那个是相对的，虽然也反映了我们一定的水平，但是我们质量观可能是培养目标联系起来的。

第一点，质量的衡量标准评估方面，如何全面地反映学生的发展，特别是学生的全面素质发展？建立高质量的教育体系是制度、机制，谈这些问题的时候，我们给学生的发展提供保障，解决影响学生质量高低的变量，而不是质量本身，教育质量体现在学生综合素质的表现。

我们的教育法提出，社会主义建设者、接班人的五育并举、全面发展，以及立德树人，涉及基础教育各个年龄段，加强“三风一训”工作成就。

第二点，高质量教育体系建设要有很好的教师配置，质量高低和教师数量、结构息息相关。教师队伍如何，2019年中央有文件不仅谈了教师队伍各种结构，还有一个概念叫城乡结构，尤其要协调好城乡数量等方面的配置差距。

第三点，学校课程开设是不是要兼顾三层管理？开足开全国家课程、地方课程、校本课程这个要求是不是规定不够严格，很多地方没有更多的教师，就把地方课程、校本课程挤占了，如果没有强大的监督和保障机制，高质量的体系也很难说形成了。

第四点，班额问题和学校规模的问题。班额随着经济的发展、教育投入的增加，要改变，教师的数量扩充，班额标准逐年下降，这才是教育质量体系建设要考虑的。否则影响质量的这些变量没有变化，质量也很难提高。再一个就是学校规模，受经济规律刺激，有的名校过度膨胀也存在问题。

第五点，学生投入的学习时间，从我们作息时间看是非常充足的，有的地方还有晚自习，这是没问题的。我在这里建议，质量高低应该和留级制度联系起来，作为教育的质量保证。

**中国教育科学研究院《教育研究》杂志社原总编、编审高宝立就“怎么样理解发展素质教育在当下的重大意义，落实好立德树人根本任务”谈了自己的学习体会：**

在二十大报告中，“发展素质教育”是紧跟着“加快建设高质量教育体系”之后提出的，我体会，新时代的素质教育是高质量教育体系的重要内容之一，它应该是一种新型的教育形态，具有丰富内涵。回顾改革开放以来我国教育发展的历程，素质教育理念是在我国改革开放实践，特别是教育改革中不断深化，在教育理论上和思想上的产物，在实践中发挥了重要的引领作用，取得了显著成效。特别是党的十八大以来，各级各类学校学生的思想道德素质、科学文化素质和身心健康素质得到了全面提升。

以习近平同志为核心的党中央，高度重视培养德智体美劳全面发展的社会主义建设者和接班人。十九大报告中曾提出了“发展素质教育”的任务，十九届六中全会的决议也更加明确提出“人民思想道德素质、科学文化素质和身心健康素质明显提高”这样的要求，将其列为经济社会发展主要目标的重要内容。二十大报告进一步强调：“培养什么人、怎样培养人、为谁培养人是教育的根本问题。育人的根本在于立德。要全面贯彻党的教育方针，落实立德树人根本任务，培养德智体美劳全面发展的社会主义建设者和接班人。坚持以人民为中心发展教育，加快建设高质量教育体系，发展素质教育。”对发展素质教育的这样一种强调，特别凸显了在以中国式现代化全面推进中华民族伟大复兴的历史进程中，人才培养所具有的极端重要性。联系中国式现代化的五大重要特征，我们也能够深刻感受到，面向未来，培养能够担当民族复兴大任的时代新人，全面提升人才素质水平的全局性作用。所以说二十大报告再次强调发展素质教育，就进一步明确了教育的目标和任务，对我国教育改革发展有重要的现实指导意义。

2016 年教师节前夕，习近平总书记在北京八一学校考察时强调，“素质教育是教育的核心”。这一论断内涵丰富而深刻。我体会，素质教育是合规律性与合目的性的统一。素质教育体现了教育教学的科学属性，即遵循教育教学规律和学生身心发展规律；体现了教育的目标要求，即人才培养规格要契合时代需求，要培养具有坚定正确的政治立场、崇高的人生理想、高尚的道德情操、深厚的爱国情怀、宽阔的世界眼光、强大的创新能力、良好的文化艺术修养和健康的身心素质以及个性才能的新人；体现了教育的质量标准，就是适应经济社会发展需要，促进人的全面发展，实现社会全面进步和人的个性全面发展的统一；体现了办好人民满意教育的境界，即以优秀人才助力建成现代化强国，同时以教育成就人生幸福，实践证明优良的素质是青少年放飞青春梦想的实力和基础，这一点应该说是相辅相成的。在二十大报告对中国式现代化的全面阐述中，强调丰富人民精神世界，人民精神文化生活更加丰富；在谈到现代化强国建设目标时，多次谈及人的全面发展，提出促进物的全面丰富和人的全面发展，要求人的全面发展要取得更为明显的实质性进展，等等。这些内容都表明，人的现代化是中国式现代化，包括教育现代化的重要内容，而且是核心，是关键。我们学习贯彻党的二十大精神，要心怀“国之大者”，按照党的二十大规划的宏伟蓝图，以更高的定位来把握新时代素质教育的新要求，深刻思考时代新人所需的素质构成、内容指向、实现方式等，探索如何破解发展素质教育方面的关键问题和薄弱环节，推进体制机制创新和教育理念创新，深化教育教学改革，落实好立德树人根本任务。我想有以下这几点需要我们进一步思考和关注。

第一，新时代发展素质教育，要用习近平新时代中国特色社会主义思想铸魂育人。立德树人是素质教育的根本任务，我们学习贯彻党的二十大精神，要自觉把思想统一到二十大精神上来，围绕二十大提出的一系列新思想、新观点、新论断和目标、任务，开展系统研究，并做好成果转化，转化为教材，转化为课程，引导学生坚定不移听党话、跟党走，树立为中华民族伟大复兴而奋斗的信心和决心，增强中国特色社会主义道路自信、理论自信、制度自信和文化自信，树立投身全面建设社会主义现代化国家的远大志向。学校的德育具有由近及远，由具体到抽象的递进规律，思想性、科学性、规律性是德育基本原则，因此，我们要进一步全面推进“大思政课”建设，统筹推进大中小学思政课一体化，完善各级各类教育中立德树人的落实机制。

第二，新时代发展素质教育，要坚持五育并举，切实促进学生综合素质养成。立足于中华民族伟大复兴战略全局和世界百年未有之大变局的高度，学校教育要将德智体美劳“五育”完美融合，从而达成培养担当民族复兴重任的时代新人的目的。在新的时代背景下，在学生综合素质养成中，要教授学生通晓人类社会历史的发展规律，熟悉中华民族的历史，传承中华优秀传统文化，深刻了解当代中国和世界，培养学生的全球素养，增强人类命运共同体意识。使学生在国际比较中，在全球视野下来领悟和感受中国特色社会主义的制度优势和魅力，做到政治辨别力提高和理论知识掌握相互促进。还要聚焦突飞猛进的科技发展态势，注重培养学生的学习能力和获取信息的能力以及高阶思维能力，树立数字化的意识，转变学习方式，做到知行合一，建设性地思考问题。在职业教育中要注重科学精神与工匠精神的实践融合，塑造“科魂匠心”，体现职业教育作为类型教育的培养要求。高校的文化素质教育、通识教育也应该进一步改进，应该既重视基础性和常识性、专门性，同时也注重前沿性和趋势性、综合性，这对学生综合素质培养，特别是创新精神和实践能力的培养提高是十分必要的。

第三，新时代发展素质教育，要深化教育教学改革，实现协同育人。党的二十大报告给我们的一个重要启示就是要坚持系统思维，推进我们的各项工作。素质教育是一个复杂系统，关涉学校、家庭、社会各方面，需要全社会树立素质教育理念，形成协同育人的良好社会生态。学习型社会、学习型大国建设，其标志之一就是素质教育理念在全社会的普及，其中深入实施以素质教育为核心价值取向的教育评价改革，保障和引导人才培养的正确方向，我认为是特别重要的。基础教育领域，当前减负正在爬坡阶段，在取得了成绩的基础上，还有诸如科学减负等问题需要探索。要落实“双减”措施，真正做到减负增效、优质高效，深入实施素质教育，促进学生全面发展健康成长。同时在教育优先发展的行动中，教育的投入要促进教育内涵发展，适应素质教育的需要，教育教学措施的升级换代等都需要关注学生多样化的发展需求，为加强因材施教打好现代化的物质基础。我觉得这也是一个重要的政策导向问题。

我认为在高等教育领域也面临着一个问题，就是如何形成课堂内外、学校内外综合育人培养机制，如何全方位地充实教育资源，这方面也需要下功夫。现实中，产教融合等，在高等职业院校可能强调得更多一些，但是普通高校当前也面临着这样一个重要的问题。要着眼产教融合、科教融汇育人，以人才培养为基点，集成创新人才培养、科学研究、学科教学、社会服务为一体的综合发展体系。将新的科学研究成果及时地转化为教学内容，转化为人才培养的新引擎，使教学更接近学科发展前沿和社会生活实际，积极推进科研和教学的深度融合以及学科间的融合与渗透。这对提升学生社会责任感、拓展视野、增强创新意识将产生积极影响。此外，要创新导学导研机制，从跨学科知识、跨学科研究方法等方面指导学生学习，激发学生的学习热情，提升学生的创新能力和科研能力。面向未来，面向工作场域，要加强学生的情感能力和职业能力的养成，形成贯通课堂内外、学校内外人才的培养机制，打造一系列精品课程和精品教材，高质量驱动教学、科研深度融合，以适应人才培养的需要。

第四，新时代发展素质教育，要特别注重理论和实践的创新，发挥教育科学研究工作的作用。素质教育是一个不断充实、发展与丰富的概念，具有动态性和包容性，当然，这方面的研究也比较多。当前，要从国家和民族长远发展大计的高度，深刻领悟二十大报告提出的发展素质教育的新要求，有针对性地开展系统化的理论研究，在人才培养过程中做系统深入的实践探索，关键是要构建适应国情，适应学生成长规律要求的素质教育的制度体系。要分级分类，探索不同学段不同年龄学生的认知发展、情感发展的特点和客观规律，把握好立德树人的切入点，这些都是至关重要的。通过扎实有效的教育教学改革和全方位的教育理念的创新，来构建高品质的素质教育体系，提升素质教育的整体水平，从而为培养担当民族复兴重任的时代新人作出应有的贡献。

**希望教育集团高级副总裁、国资委中央企业智库联盟研究员郭平以“高质量教育体系，助力国家更好参与全球教育治理”为主题发言，并提出10个政策建议：**

二十大报告首次指出，教育科技人才是全面建设社会主义现代化国家的基础性、战略性支撑，二十大以后，中国开启实现中国式现代化的新征程，开放合作成为推动新时代教育变革创新的关键。中国将畅通国内国际教育循环，构建面向全球的教育伙伴关系，并且将站在更高起点，以更高质量全面提升中国教育的全球影响力，积极参与全球教育治理。但是我们看到，我们的教育规模的竞争力指数在相对数量上跟其他的教育强国有一定的差距，特别是教育资源竞争力指数还是相对偏低。面对这样的客观差距，建设教育强国的目标，以及我们的更好参与全球教育治理的雄心，要求我们不断提升高质量的教育体系。接下来，我对高质量教育体系助力国家更好参与全球教育治理，提出10个政策建议。

第一，加速世界大学、世界一流大学群建设。建设世界一流大学应当拥有一流的治理理念和效能，卓越的师资，世界一流学科和专业，培养出全球公认的顶尖人才，拥有充足的财政支持，取得具有全球影响力的研究成果。世界一流大学群建设对打造城市区域及国家教育发展新的增长以及整体发展水平，还有对城市区域及国家的实力的意义都非常重大，应该打破长期以来高校之间的相对比较各自为政的状态，保持开放共享，协同发展。国内教育目前有一些问题，比如在资源的重复建设、重复投资上，有时有的地方比较片面地追求硬件的建设，存在资源浪费的现象，提高教育资源的综合配置效率与效能刻不容缓。那么应该抓紧落实共享资源互通、课程互补优势，使教学科研双增长，引进具有全球视野，丰富实践经验，在相关领域造诣颇深的企业家或者高管做特聘教师。通过长聘特聘双聘互聘等灵活务实的机制，建立高水平教学科研师资队伍，鼓励教育工作者跨省跨区域交流，充分发挥多学科优势，打破壁垒或互融共通，协同培养城市区域及国家紧缺的全球顶尖创新人才，同时也鼓励学生跨区域多岗位实习以及工作，引导高校通过国际合作与交流，推进“双一流”高质量建设，组建国际高校联盟，携手参与国际学术组织，推进跨学科交叉融合和跨领域跨国界的科研工作，善用留学人才回国服务示范区，如以北京市为中心的京津冀一体化发展区，国际合作教育样板区和国际人文交流汇聚地、长三角地区国际教育示范区、粤港澳大湾区、国际教育创新岛海南自贸港等优势区域，加速世界一流大学群建设。

第二，全球选聘“双一流”大学校长最好是由有全球视野、有全球影响力的顶尖的领军人才来担任。

第三，探索全球顶尖创新人才培养的路径。目前国内的学生在高阶技能，比如批判性思维问题解决和互动性解决问题方面的能力还是有一些不足的。在问题解决的计划性和彻底性方面，与欧美学生存在差距，在真实性学习体验方面也比较贫乏。发达国家注重培养创新意识，并强调学生的实践能力。中国要引领世界，需要革新人才培养模式，重构高质量教育体系，当务之急是加速为国家培养立足中国、面向全球的全球顶尖创新人才，着力培养其21世纪核心技能，比如批判性思维和问题解决能力、沟通技能、合作技能以及创新技能。

第四，兴办全球顶尖创新型大学。立足中国的国情，聚焦国家重大战略，兴办全球顶尖创新型大学。

第五，加速高校的提质增效。根据2018年全球城市创新指数，波士顿、纽约、伦敦、巴黎、东京、旧金山、新加坡等城市作为全球创新网络中的枢纽性节点城市，均拥有高水平的一流大学，国内目前高校在取得世界一流大学术排名上还需加油，亟须提质增效，迎头赶超。

第六，强化软技能培养。欧美学校比较重视培养学生的软技能，英国教育部2021年投资扩大Project部队学员计划，丰富学生的软技能；哈佛大学创办的全球教育创新中心意在促进21世纪全球教育领导力的发展，着力塑造学生的全球视野，提高跨文化交流与协作能力与创新创造能力，独立思辨能力，沟通与人际交往能力，团队协作能力，等等。鼓励学生积极参与国际组织和全球事务，增强跨界跨国的竞争实力，引进国际优质教育资源，开展高质量中外合作办学，推进中外人文交流，特别是高级别的人文交流机制建设，促进教师学生流动和校际交流，加快培养具有全球视野和全球竞争力的人才。

第七，布局全球，积极参与全球的教育治理。全球竞争的核心是高阶人才的竞争，全球化对人的跨学科学习能力、跨文化解决问题的实力要求越来越高，我一直谈的是实力而不是能力，一流大学群合力走出去，融进去赶上一流大学群，比方说我们可以结合“一带一路”倡议，也可以结合RCEP等适度布局。

第八，创建中国第一个外语城市，实施“留学中国”计划。面对复杂的国际环境，国家急需大批具有全球视野、通晓国际规则、熟练运用多门外语、精通中外谈判的全球化领军人才。“留学中国”这个计划可以考虑选择在上海试点。上海具有得天独厚的优势，建成国内第一个以英语为主、多语种齐头并进的外语城市。上海现在每年有4000多名来自世界各国的留学生，打造留学上海优质教育品牌，建立并实施上海国际教育质量认证制度体系，增强上海作为亚洲首选留学目的地的吸引力和竞争力，增进留学生对中国文化正向的理解和传播，建成最受欢迎的留学目的地和国际教育交流中心城市。随着中国高质量开放的加速，需要更多来华留学人员，积极促进中外民心相通，推动经济，对接国际规则，构建全球共识，参与全球治理。

第九，建成多个产教融合型典范城市。今天几个老师也都提出来，加强技术技能人才培养转型升级，聚焦高校科技创新改革发展，加快建成多个国家级产教融合的典范城市，比如说我们可以选择北京、上海、广州、深圳、杭州、成都、南京等地的高校来布局未来战略性新兴产业所需的创新人才。

第十，持续讲好美好的中国故事。国际传播的最佳方式之一就是挑选合适的人才，在合适的时间、环境，以合适的语言、方式、姿态讲好故事，通过吸收人类文明发展优秀成果的教育，向世界呈现真实多位全面美好的中国形象。我们需要努力办好人民满意的高等高质量教育，培育更多大国良师。一方面要善于讲述美好的中国故事，另一方面要大力培养一批又一批善于讲述美好中国故事的时代新人。2035 年我国将总体实现教育现代化，迈入教育强国行列，我国教育更加注重开放的系统性、整体性、协同性，优化开放总体布局不断扩大，高质量教育的朋友圈将深度参与战略规则、标准评价体系等多方面的全球教育治理，加强与联合国教科文组织 20 个集团、金砖、亚太经合组织、上海合作组织等多边组织的教育合作创建，基于人类命运共同体理念的全球教育治理机制，为全球教育治理贡献中国教育方案。

相信高质量的中国教育体系将以服务国家战略为己任，带着自信的光芒在全球教育治理的舞台上，助力国家更好地参与全球教育治理。

**北京大学教育学院研究员郭从斌主要汇报了县域高中教育的研究，他谈道：**

之所以比较关注县域高中，主要是源自于我自己这些年参加北大招生工作的感受。我是 1997 年从福建宁德福安一个县级市考到北大，当年我们县里面有 5 个人考上了北大。2006 年我参加招生工作以后，发现不少县域高中的生源流失比较严重，很多年都出不了一个精英大学的学生，在较大程度上就能够反映出县域学校的教学水平。另外，我们根据招生的结果也发现县域高中的学生进入大学后，在团队合作、心理素质等非认知因素方面，也相对落后于地市级高中的学生。县域学校教育有以下四个方面特点。

第一，我国将近一半的人口都分布在县域，其中大部分农村的人口和弱势群体的孩子，他们都是靠进入高中考上大学来改变命运的。县域高中的教育质量下降，导致优质生源、教师的流失，陷入恶性循环。第二，郡县治则天下安，县域自古以来就是我们中国基本的行政单元，县域经济对国家的经济发展非常重要。而振兴县域经济关键在于人才，如果一个县的教育质量不行，那么有意向到该县工作的人，考虑到子女的教育问题，也会望而却步。同样，即使有些人已经到县级工作，那么他的孩子入学时，也有可能会流动到更大的城市去。第三，实施乡村振兴战略，要高度重视县一级在统筹城乡中的平台和纽带作用。建好县域高中，一方面有利于提升农村学生获得优质高等教育的机会，那么他们就能够有向更高层次发展的机会，他们可能在更高的层次和更多的领域反哺农村的发展。另一方面也有利于培养和吸引人才，为农村经济社会发展提供智力支持。第四，县域高中对于带动义务教育均衡发展至关重要。我国现在有 11.42 万所县域高中，大概占高中总数的半壁江山，招生规模也超过了一半。县域高中作为县域教育的重要组成部分，某种意义上是一个县域教育的龙头，其毕业生的质量在很大程度上能够反映出一个县的基础教育的整体质量。我们团队从 2017 年开始，先后在全国 8 个省份的 100 多个县域高中和 30 多所地市级高中开展调查，并且成功申请了多项国家自然科学基金、国家社科基金、北京市教科规划，北京市北大教育数据中心的重点课题，还有福建中青年教师教育的科研项目。

同时依托这些项目，我们撰写了 20 多篇与现有高中有关的学术论文和研究报告，并且出版了专著《县域高中、超级中学与中国精英大学入学机会》，并即将出版县域高中的发展报告蓝皮书。这么多研究里面，有三篇文献与高中研究相关的文章是发表在《教育研究》上。另外，我们在高等教育研究、北大教育评论、清华教育研究、华东师大学报等刊物上发表了跟县域高中教育相关的一些研究。另外在人民日报，还有包括中国教育报等上也发表了相关的文章。另有 3 篇在国外的 SSCI 文章上发表，形成了一定的社会影响力。2021 年在民主党派、两会代表的积极呼吁下，第十三届全国人大的第四次、五次会议均将“加强县域高中建设”列入政府工作报告当中，作为提高社会建设水平的重点工作，同时教育部也连续两年将县域普通高中振兴列为当年的重点工作。

下面，我简要介绍一下这些文章的基本内容。第一篇跟县域高中有关的文章，是 2018 年发表在《教育研究》上的《我国精英大学的生源究竟在何方——以 A 大学和 B 大学 2013 级生源为例》，得出以下特点。第一，精英大学的生源主要来自地市级以上的高中，其中省会级的省会城市的优质高中的资源最为丰富。第二，像东北三省以及内蒙古、新疆等边疆地区的优质高中，在不同行政层级之间的分布比较适合，它们主要是地市机关和省城的高中，尤其是省城的高中培养的精英大学的生源比较多，而县域高中难以培养出精英大学的学生。而与之相反的像沿海地区的省份，主要是浙江、江苏、福建以及山东、河南等一些人口大省的优质高中在县级地区较为丰富，县级高中也能培养出精英大学的学生。第三，县级地区的优质高中资源呈现聚集的趋势。

另外一个结论就是每个省份内部各地区之间，这种优质高中教育资源的分布呈现出以下特点，第一，各个省产生的精英大学的生源，更多地集中在省会城市。第二，华东地区和东北地区的教育激励系数和首位比相对比较低，就说明了这些省份的优质高中的教育资源在各级行政区域之间分布较为均衡。而像西北地区、西南地区及华南地区，教育不均衡程度较为严重，主要集中在少数的市区如市辖区内。这篇文章后面也被《新华文摘》《人大报刊》专门转载。

第二篇文章是2021年发表在《教育研究》的《中国高考难度：大些好，还是小些好——从县市高中学生精英大学入学机会公平的视角》，我们主要是以本县来作为高考难度的测度指标，使用计量模型来研究高考难度，对县域高中学生进入大学的机会，以及机会集中程度的影响。

研究结论发现，高考难度对县域高中学生存在着显著影响，高考难度越小，越有利于这些县域高中的学生进入精英大学。另外高考难度比较大的时候，精英大学的学生的录取机会更多地会集中在少数的高中。在高考难度降低的时候，更多的学校会分到这个蛋糕，这些机会更加分散，对于县域高中和非顶尖的地市级高中更有利。而从文科和理科来看，相对于文科而言，理科的高考难度的变化对县域高中学生入学机会的影响会更加直接和显著。这篇文章后面也被《新华文摘》转载，然后也被中央政研室单独成篇编译成简报上报。

第三篇文章是《超级中学：提高抑或降低各省普通高中的教育质量》，这篇文章也是发表在2021年的《教育研究》上。这篇文章是将大学的录取比例超过省内平均水平两个标准，构建超级中学的教育垄断指数，垄断指数越高，说明省的垄断教育垄断程度指数越高，省的操作性的垄断程度也越高，并以理科的一本分数线，还有包括北大、中科大的理科分数线作为衡量各省高等教育集团的指标，测量测度指标来分析我国超级中学的教育垄断的变化趋势。这个结论发现近年来我国超级中学造成的教育垄断现象较为严重，内地的省份中有26个省份都是中度的垄断型以上，其中西部地区的省份垄断程度更为严重，而且更多的都是为一所高中单独垄断。

第一，在大部分的中部省份和东部省份都是为两所超级中学垄断。第二，超过三所超级中学的主要是教育与经济较发达的和人口更多的省份。第二，随着超级中学垄断程度的提高，这个省的高等教育质量将会显著下降，也就是说一个省的超级中学的教育越垄断，垄断程度越高，那么该省的高中教育质量就会下降得更明显。第三，与对各省高中教育质量总体影响相比，超级中学的教育垄断对本省最高水平的高中教育质量影响更大。具体来说，超级中学教育垄断程度越高，可能会对各省的理科一本线有影响，但是对它的影响还是小于对北大、清华、中科大等精英大学录取率，且其垄断程度对越好的学校的影响更明显。这篇文章也是被《新华文摘》转载，然后被人大报刊复印资料所转载，然后根据本文的结论，撰写的报告也获得中央政治局常委的肯定性批示，同时也获得北大的教育经济学的优秀论文一等奖。

第四篇文章是《精英大学入学机会校际差异的马太效应研究》，这篇文章也是发表在北京大学《教育评论》上。这篇文章主要得出的结论是各高中恒强者恒强，弱者陨落的马太效应特别明显，而跨市、县高招生是使得这些学校存在“马太效应”的最核心的一个原因。

第五篇是《高考命题：全国统一还是分省自主？——从县、市高中学生精英大学入学机会差异的视角》，这篇文章发表在华东师大学报上。这篇文章得出的结论是，目前为止，全国统一命题还是因为分省命题，尤其是现在既有全国命题，又考虑到各个省的实际情况，分成了全国的甲、乙、丙三类卷，这种命题方式是最有利于县域高中学生以及最能够缓解这种精英大学的学生集中在某些优势的高中身上的这种趋势。

第六篇文章是《超级中学对农村学生精英大学入学机会的影响》，发表在《高等教育研究》上。这个研究结论为超级中学的垄断程度越大，那么农村的学生被精英大学录取机会就越小。

下一步，我们团队也将会进一步围绕加强县域高中建设开展相应的研究，然后积极向各级教育行政主管部门和县域高中建言献策。另外也积极参与部署高校县中托管帮扶项目，还将致力于国家乡村振兴重点帮扶县教育人才组团式的帮扶工作。

**中国教育发展战略学会教育信息化专委会、未来教育专委会副理事长、清华大学教授程建钢重点谈了数字教育与教育数字化转型。他主要谈了以下五点：**

第一点，教育数字化转型是信息社会对教育变革的必然要求，因为产业转型驱动了人才需求的变化，技术演进改变了我们的育人方式，社会的变迁引起了教育的变革，政策的支持促进了教育数字化转型。

第二点，教育数字化转型，我认为，它的核心要义仍然是教书育人的本质没有发生变化。我们不能本末倒置，还是要从教育教学变革的角度，优先研究信息社会这个阶段，我们教育的理论、理念、结构、模式等，从面对日新月异的技术，新技术应用融合到教育变革当中。归根结底还是研究教育的问题，作为工业化社会长期形成的教育体系，学校、专业、学科、管理等是一个非常复杂的体系，它的改变不是一蹴而就的，而是遵循渐变规律，需要通过技术的应用，促进教育变革。

教育信息化不仅是教育设备、教育手段的改变，而是教育思想、教育理念、教学模式、教学结构的转变，离开教育信息化谈不上教育现代化，所以我们不要过度在乎不断出现的云计算、大数据、智慧智能等，回归教育教学本质，加速教育变革研究和实践。

第三点，教育数字化转型是一个社会过程，从技术的视角来看，它是以数字化、网络化、智能化、多媒体化等为特征；从教育视角来看，它是以开放性、共享性、协作性、交互性和个性化等为特征，但在教育教学理论发展、模式创新和应用实践等方面不会一蹴而就，而是要坚守教育的育人本质，需要多学科领域学者求同存异和协同研究，构建适应信息社会的教育体系。

教育数字化转型，事实上迫切要从社会学、哲学、人类学、经济学的视角进行跨界讨论，不仅是立足教育学科。

第四点，数字中国与数字教育。习近平总书记指出："数字技术正以新理念、新业态、新模式全面融入人类经济、政治、文化、社会、生态文明建设各领域和全过程，给人类生产生活带来广泛而深刻的影响。"国家"十四五"规划纲要也有章节论述"加快数字化发展　建设数字中国"。教育部怀进鹏部长6月29日在联合国"教育变革峰会"预备会明确提出："大力推动教育数字化转型，改变教育生态、学校形态、教学方式，帮助人们适应数字化时代。"2022年初，怀进鹏部长也亲自部署实施国家教育数字化战略行动。

我个人认为数字教育是数字中国重要的组成部分。中国的教育智慧之一，就是大力科学地发展数字教育，服务信息社会的教育变革，为数字中国添彩。

最后一点，关于教育数字化转型的研究，虽然近三年来欧盟、联合国教科文组织、儿童基金会等陆续发布了数字化转型的框架参考模型或者规范等，但是学术研究很少，截至2022年8月，我们团队仅仅检索到国际上英文文献216篇、中文文献108篇，其中37篇中文文献是2022年上半年写的。好多文章也是前些年数字化教育的翻版，这一方面的研究目前还是皮毛，虽然现在大家都谈数字化转型，但是学术研究从方法论、从跨界的角度还有很大差距，所以2022年建议在战略层面上组织跨界学者开展基于系统工程的研究。

**中国教育发展战略学会常务副会长兼秘书长、终身学习专委会理事长韩民结合党的二十大精神，谈了建设教育强国的几个关键：**

二十大报告当中，把教育、科技、人才放在一章里来阐述，以前的教育是在民生当中，可能比较强调的是教育对于人的发展的作用。那么这次把教育、科技和人才专门在一章当中来阐述，我个人理解具有两层非常重要的意义。

一是强调了教育、科技、人才对于全面建设社会主义现代化强国的基础性、战略性的支撑作用，体现了中央对于教育、科技、人才在国家社会主义强国建设当中的基础性、战略性支撑作用的一个新的认识，强调了两个服务，一个是服务于社会主义建设；一个是服务人的全面发展。在这里我觉得更多的是强调了教育对国家战略的支撑作用。

这里面还特别提到，"必须坚持科技是第一生产力""人才是第一资源"等提法，教育是科技创新和人才培养的基本途径、首要支撑。我们的终极目标是建设社会主义现代化强国，现代化强国的内涵是说我们的政治文明、物质文明、精神文明、社会文明和生态文明都要达到世界领先水平。建设社会主义现代化强国和实现五个建设的目标和任务，基础都是国民素质和人才提高，而支持国民素质和人才建设的是教育，所以我们要加快建设教育强国，这也是二十大提出的战略要求。当然二十大报告还提出了建设学习型大国，这是一个新的提法，之前教育强国不是一个新命题，但是从二十大的精神当中我们可以看到对教育强国的建设提出了新的、更高的要求。当然我们还提出了一系列的国家发展战略，包括科教兴国战略、可持续发展战略、区域协调发展战略、创新驱动战略、人才强国战略、乡村振兴战略等一系列的国家战略，但所有的这些战略，我觉得支撑这些战略的基础都是人，而人的能力的提升要靠教育，所以我觉得教育的基础性、战略性支撑作用主要体现在以下方面。

第一，坚持加快建设教育强国必须要坚持教育优先发展，一个最显著的指标就是我们在教育上的财政性投入，十八大以来我们实现了4%这个战略目标，这个是我们国家财政性教育经费占GDP比例的一个变化。

第二，我想强调的就是加快建设教育强国必须着力提升教育质量，我们从教育大国向教育强国转变，关键在于提高教育的质量。教育质量的核心是提高学习者，不仅是学校，也包括对全民的学习能力和素质，尤其是核心能力的培养，我觉得这是反映教育质量的一个根本指标。再有就是加快建设教育强国必须大力促进教育公平，这是过去至少20多年来我们非常强调的教育方面的重要战略目标和任务，而且我们也确实在促进教育公平方面有了很大的进展。但是我们也要看到，在促进教育公平方面我们仍然还是面临很多问题和挑战需要去解决。

比如义务教育经费，义务教育一般公共预算教育经费的城乡差距。自2012年以来，一度有所缩小，但是最近几年这种差距又在拉大，城镇小学和农村小学的一般公共预算的生均经费的差距很明显。从这一个侧面反映出来，我们在教育公平方面仍然需要进一步缩小差距。

加快建设人才强国必须要继续深化教育改革，深化教育改革创新，如中国教育现代化2035中，从教育现代化的角度强调了要从教育的理念体系、制度、内容、方法、治理几个方面入手，在这些方面继续深化改革仍然还是要进一步下功夫来深入推动我们的改革。

再有一点，就是要加快建设学习强国，必须和加快学习型社会和学习型大国建设来统筹推进，因为现代的教育体系它不仅涵盖了正规教育，也包括非正规教育和非正式学习，尤其对于提高创新能力和人才队伍的素质来说，除了学校教育之外，继续教育和终身学习也是非常重要的，所以建设教育强国不仅要做强学校教育，也要做强继续教育，要推动整个社会的学习。

另外，学习型社会建设学习型大国，包括教育强国，根本目标是促进人的发展，促进人的可持续的学习。所以我们教育强国的建设，必须要加强全社会的学习，就是学习型社会、学习型大国建设的统筹推进，不仅要推进学校教育，还要大力推进继续教育。

**北京教育科学研究院副院长、教授褚宏启分享的题目是“建设教育强国”。他在发言中指出：**

新中国成立 70 多年来，教育取得了很大成就，这个成就概括为四个字，其中两个字是“最大”，我们建成了世界上最大规模的教育体系；另两个字是“中上”，教育总体发展水平已进入世界中上行列。但是大而不强，所以我们现在要建设教育强国。那么强与不强，根据什么指标去衡量？

其中一组比较容易测量的指标，有如公共教育经费占国民生产总值的比重、人均公共教育经费、入学率问题、大学生人数等。另有一组指标不太好测量，有如学生是否具有科学民主的精神，学生是否得到全面个性发展，学生是否可以自主发展，师生关系是否民主平等，教育中的权力是否受到制约，权利是否受到保护，是否把因材施教进行到底，等等。

这两组指标对教育强国来说哪组更重要？都很重要，我认为不能只有第一组，没有第二组。我们现在衡量国家教育达到国际中上水平，主要是根据第一组，所以这里就产生了一个问题，衡量是不是教育强国，必须有一个维度，有个结构化的指标。我们评价一般根据 CIPP 模式，现在我们把它倒过来，用 PPIC 模式。我们主要看前三个，第一个 P 就是结果，它跟目标是连在一块儿的，主要涉及学生素质，就是产出。产出就是最后要培养强大的人民。中间“课程内容、教学方式（包括学习方式）、教育管理”代表什么？代表我们做的教育在教什么、学什么，怎么教、怎么学、怎么管，这几个事做强才是强大的教育。要把这些事做好，事在人为，主要是靠教师。投入要素有很多，人、财、物，还包括信息化，强师计划就是强调培养强人、建设强国。

这里提出一个问题，如果说只用一个指标来衡量一个国家是不是教育强国，那么这唯一的指标应该是什么？一会儿我会揭晓。

上面这五条都必须强，目标产出要强，中间“课程内容、教学方式、教育管理”要强，最后教师要强。首先培养的目标和培养的结果要强，大家知道过去片面发展很严重，唯分数论，所以现在我们提出全面发展，但是我认为只提全面发展是不够的，为什么？因为全面发展永远正确，而且在孔子那个时代就注重全面发展了。所以我们必须追问一下，在那么多的素养当中哪些素养最重要？因为师生的生命有限，教与学的时间有限，我们的确需要突出重点素质的培养。

这个素养就是 21 世纪核心素养，所谓强大的人必须与时代相契合。核心本质是创新。

国内一个研究团队梳理了全球 29 个核心素养框架中的素养条目，得到 9 项超越特定领域的通用素养，特别强调高阶认知。因此我们可以看到核心素养是个国际潮流，它是国际上培养目标的升级迭代运动过程。我们经过研究提出6个素养：创新能力、批判性思维、公民素养、合作交流能力、自我发展素养、信息素养。这6个素养背后体现的是创新创业精神、科学理性精神、民主法治精神、尊重他人的精神、独立自主的精神。这些精神正是我们这个民族特别需要的。

回到我刚才问大家的问题，衡量教育强国与否的首要指标是什么？我们认为首要指标就是创新能力。第二个是课程内容要强。第三个是教学方式要强。第四个是教育管理要强。最后一个是教师要强。

**中国教育报刊社原总编、中国教育发展战略学会副会长、编审翟博以"实施科教兴国战略，加快建设教育强国"为题分享交流。他认为：**

我们党历来高度重视教育在全面建成社会主义现代化强国、全面推进中华民族伟大复兴中的战略性地位和作用。习近平总书记在党的二十大报告中庄严宣告："从现在起，中国共产党的中心任务就是团结带领全国各族人民全面建成社会主义现代化强国、实现第二个百年奋斗目标，以中国式现代化全面推进中华民族伟大复兴。"同时，报告将高质量发展作为全面建设社会主义现代化国家的首要任务。根据新时代新任务新要求，报告以"实施科教兴国战略，强化现代化建设人才支撑"为主题，深化了对实施科教兴国战略，强化现代化建设人才的新认识，这充分体现了党和国家对于新时代实施科教兴国战略的高度重视，把教育在社会主义现代化强国建设全局中的地位和作用提升到新高度。

梳理和回顾党中央重视和发展教育事业的历史进程，对于我们深刻理解和把握党的二十大精神，具有重要意义。21世纪，中国将实现现代化，中华民族将实现伟大复兴。实现这一战略的关键就是要优先发展教育，这是党和政府一贯的指导思想，也是中国最高领导层一以贯之的战略思想。

从教育优先发展提出，到实施"科教兴国战略""人才强国战略"，再到实施"创新驱动发展战略"，既体现了党中央对教育在我国社会主义现代化强国建设全局中的战略地位和作用的高度重视，也体现了我们党对教育战略地位和作用认识上历史逻辑、理论逻辑、实践逻辑的有机统一、理论升华和实践飞跃，其贯通的一条思想主线和战略主题，就是全面建成社会主义现代化强国。1992年10月，党的十四大报告提出："我们必须把教育摆在优先发展的战略地位，努力提高全民族的思想道德和科学文化水平，这是实现我国现代化的根本大计。"这次大会是中国现代化历史上一个重要的转折，在党的历史上第一次明确提出了建立社会主义市场经济体制的目标，第一次明确提出要把教育摆在优先发展的战略地位。从党的十三大提出把教育事业放在"首要位置""突出战略位置"，到党的十四大提出把教育摆在优先发展的战略地位，是我们党和国家对教育战略地位和作用认识的理论升华和战略提升。

1995 年，江泽民在全国科技大会上首次正式提出“实施科教兴国战略”，并指出：“科教兴国，是指全面落实科学技术是第一生产力的思想，坚持教育为本，把科技和教育摆在经济、社会发展的重要位置，增强国家的科技实力及向现实生产力转化的能力，提高全民族的科技文化素质。”同时，《中共中央　国务院关于加速科学技术进步的决定》首次以中央文件形式提出在全国实施科教兴国战略。同年，党的十四届五中全会在关于国民经济和社会发展“九五”计划和 2010 年远景目标的建议中，把实施科教兴国战略列为今后 15 年乃至整个 21 世纪加速我国社会主义现代化建设的重要方针之一。1996 年，八届全国人大四次会议以具有法律效应的形式，正式提出了国民经济和社会发展“九五”计划和 2010 年远景目标，将“科教兴国”确定为基本国策。

2003 年 5 月 23 日，中共中央政治局专门研究和部署加强人才工作等问题，以胡锦涛为总书记的中央领导集体首次提出了人才强国战略。12 月，新中国历史上第一次全国人才工作会议，首次把人才强国战略上升到国家战略层面，会议讨论了《中共中央　国务院关于进一步加强人才工作的决定》。这是党中央、国务院第一次专门就加强人才工作作出决定。

2012 年，党的十八大首次提出“实施创新驱动发展战略”。明确提出：“科技创新是提高社会生产力和综合国力的战略支撑，必须摆在国家发展全局的核心位置。”这是我们党放眼世界、立足全局、面向未来作出的重大决策。2015 年 3 月，中共中央、国务院出台《关于深化体制机制改革加快实施创新驱动发展战略的若干意见》，指导深化体制机制改革，加快实施创新驱动发展战略。2021 年，《中华人民共和国国民经济和社会发展第十四个五年规划和 2035 年远景目标纲要》提出，坚持创新在我国现代化建设全局中的核心地位，把科技自立自强作为国家发展的战略支撑，深入实施科教兴国战略、人才强国战略、创新驱动发展战略，完善国家创新体系，加快建设科技强国。

习近平总书记在党的二十大报告中将“实施科教兴国战略，强化现代化建设人才支撑”作为独立章节进行谋划部署，并对完善科技创新体系，加快实施创新驱动发展战略作出专门部署，这为实施科教兴国战略、人才强国战略，坚定走好创新驱动高质量发展之路，指明了前进方向、提供了根本遵循。党的二十大将科教兴国战略、人才强国战略、创新驱动发展战略作为“三大战略”“三维一体化”进行部署，共同推进、相互支撑、融合实施，充分体现了以习近平同志为核心的党中央一体化统筹推进科教兴国战略、人才强国战略、创新驱动发展战略，加快实现社会主义现代化强国战略目标、全面推进中华民族伟大复兴伟大历史进程的坚定决心、战略定力、紧迫感和使命感。这些重要论断，丰富和发展了习近平新时代中国特色社会主义思想、习近平关于教育的重要论述，把党和国家对教育的战略地位和作用的认识提高到了新高度新水平。

回望历史，中国教育改革和发展无不与教育优先发展战略、科教兴国战略、人才强国战略、创新驱动发展战略等国家战略有着密不可分的关系，在每一个重要的新的历史关头，都体现了教育对国家意志和战略的重大抉择和国家现代化的重要支撑。科教兴国战略、人才强国战略、创新驱动发展战略都是党中央提出的需要长期坚持的国家重大战略，也都是事关现代化建设高质量发展的关键问题。

围绕报告教育主题，我谈几点学习体会。

一是报告首次把“教育、科技、人才”统筹在全面建设社会主义现代化国家大格局下一体化战略部署，强化了现代化建设人才支撑的新任务。报告提出“教育、科技、人才是全面建设社会主义现代化国家的基础性、战略性支撑”。这既是对全面建设社会主义现代化的科学设定和战略部署，也是对教育、科技、人才之间的相互联系、有机统一的新提升，更加凸显了教育、科技、人才之间相互联系、相互促进、相互作用和有机统一的关系，更加体现了对教育、科技、人才在全面建设社会主义现代化国家的基础性、战略性作用的全局性、整体性设计和一体化推进。

二是报告首次把“科教兴国战略、人才强国战略、创新驱动发展战略”统筹在全面建设社会主义现代化国家大战略下一体化战略设计，深化了实施科教兴国战略的新使命。报告提出“深入实施科教兴国战略、人才强国战略、创新驱动发展战略，开辟发展新领域新赛道，不断塑造发展新动能新优势”。这一战略安排，以高度的战略性、系统性、全局性设计，既把科教兴国战略、人才强国战略、创新驱动发展战略，统领在全面建成社会主义现代化强国、以中国式现代化全面推进中华民族伟大复兴的战略格局下、统筹在党的二十大提出的党的中心任务、首要任务下，全面展现了新时代的中国全面建成社会主义现代化强国、以中国式现代化全面推进中华民族伟大复兴的战略布局。教育是国家和民族最根本的事业，在国家发展中具有基础性、先导性、全局性的重要作用，必须坚持教育优先发展，坚持科技是第一生产力、人才是第一资源、创新是第一动力。这是我国开辟发展新领域新赛道，塑造发展新动能新优势的力量源泉。

三是报告首次把“加快建设教育强国、科技强国、人才强国”统筹在全面建设社会主义现代化国家大布局下一体化加快部署推进，体现了全面建成社会主义现代化强国的新目标。从党的十九大提出，建设教育强国是中华民族伟大复兴的基础工程，必须把教育事业放在优先位置。从“建设教育强国、科技强国、人才强国”到党的二十大提出“加快建设教育强国、科技强国、人才强国”，到2035年实现“建成教育强国、科技强国、人才强国”的总体目标。在当前世界百年未有之大变局和中华民族伟大复兴的战略全局的时代背景下，这一论断，既体现党和国家对加快建设教育强国、科技强国、人才强国的高度重视和紧迫需要，更体现了党和国家对全面提高人才自主培养质量，着力造就拔尖创新人才的高度重视和充满期待。

深入学习贯彻党的二十大精神，必须坚持以习近平新时代中国特色社会主义思想为指导，深入学习贯彻党的二十大提出的新理念新战略新举措，结合实际落实党的二十大确定的各项任务，坚持为党育人、为国育才，全面贯彻党的教育方针，落实立德树人根本任务，培养德智体美劳全面发展的社会主义建设者和接班人，加快建设高质量教育体系，发展素质教育，促进教育公平，把服务国家重大发展战略作为重要任务，全面提高人才自主培养质量，着力造就拔尖创新人才，充分发挥教育在全面建设社会主义现代化国家中的基础性、战略性支撑作用。

**首都师范大学教育学院教育经济与管理研究所所长、教授薛海平分享了关于校外培训监管立法的初步研究。他认为：**

2021 年“双减”政策的出台，为我们国家校外监管提供了政策保障，但是由于缺少相关的校外培训监管的一些法律依据，所以教育行政部门在监管的过程中出现了一些权责不清、司法不明，还有程序的规范性等问题，严重影响了“双减”政策的实施和落实。2022 年 11 月 23 日，教育部出台的《校外培训行政处罚暂行办法（征求意见稿）》，专门为校外培训监管出了规章制度，虽然目前还处在征求意见阶段。但是到目前为止，我们国家的校外培训监管的立法仍然不完善，我们可以看到其他一些国家地区，尤其是东亚地区，在 20 世纪就开始对校外培训进行监管，有比较完善的监管法律体系，所以可以给我们国家的校外培训监管立法提供一些启示和借鉴。

我们可以看一看其他国家和地区立法的发展历程，第一个是中国台湾地区，采取了分类监管的立法模式，在 1984 年台湾当局修订了私立学校法，对补习教育监管主体做出了规定，对于国民补习学校、进修学校和短期补习学校的设立、变更和撤销都做了具体的规定，在 2013 年的时候台湾当局又发布了一个补习及进修教育法的修正草案，也做出了一些监管的规定。此外还在其他的一些法律里面，比如性侵害犯罪防治法、建筑公共安全技术规则等这些方面去规范和完善校外培训行业。

第二个是韩国，韩国校外培训监管也有比较长的历史，从 1961 年就有私立培训机构法来规范私立培训机构的资格和运作标准；1980 年的时候又出了一个规范教育和消除过热的课外辅导方案，禁止所有校外培训机构开展培训活动；1981 年又逐步放宽，允许非学科类的培训；1984 年，对于处在小学、初中成绩 20% 以下的学生放开培训，还有放开高中生的寒假培训；1998 年的时候，允许学校免费家教。2016 年又开始对于校外培训机构的设置的各种条件进行立法规制，所以韩国的校外培训监管在不停地动态调整过程中。

日本也是很早对校外培训进行监管，在 1949 年日本就颁布了社会教育法，明确将青少年校外培训分为社会教育，从法律上确认校外培训跟学校教育是并行发展的。1989 年的时候日本建立了一个政府主导、市场调节、协会参与的监管体系，制定了一系列的规章制度。到了 2013 年，又修订了学校教育法的实施细则，明确规定地方政府可以协同校外培训机构来助力推进教育，推广软性的监管。

我们可以看到，这些东亚国家和地区，随着经济、社会的发展，有步骤针对各个阶段中的社会培训监管进行立法，基本上它们都是以公权力为主体，强调政府对校外培训监管的强制力作用。

第三个就是立法结构的比较分析，这里面包括目标适用对象管理机制、保障机制和监督处罚机制，由于时间关系我不再细讲了。我们将中国大陆的《民办教育促进法》与中国台湾的私立学校法、韩国的辅导法、日本的社会教育法进行了对比。

第四个是立法内容与目的的比较。中国台湾地区的私立学校法的目的主要是私人办学，增加国民就学机会。韩国的辅导法主要目的是保障校外培训机构的健康发展。日本的社会教育法主要是促进全民进行教育的普及，我们国家大陆的民促法，还有要出台的校外培训行政处罚暂行办法，其主要的目的是保障民办学校合法权益，加强校外培训监督，规范校外培训的处罚行为。校外培训监管主体比较，基本上都是政府作为监管主体，但是在不同的国家，还有一些差别。像日本的监管主体更加多元，以政府为主导，通过行业协会来协作监管。

从校外培训监管的形式来说，都是从比较早就开始把法律引入校外培训监管，对校外培训监管越来越具有强制性，最后发展成公权力普遍介入的现状，还有一个就是校会培训监管制度的比较，三者的共同点是通过法律把权力引入监管层面，尽可能将校外培训监管的方方面面都纳入监管的制度里面。日本比较有特点是软硬兼施，在校外培训硬监管的情况下，支持行业自律促进软监管。

通过这些国家和地区的比较我们可以看到，我们国家国情因为跟东亚国家和地区比较相似，校外培训行业比较发达，但校外培训监管法律法规明显滞后，校外培训行政处罚法还未出台，且这个法规领域狭窄，所以还要完善校外培训监管法律法规体系，可以从以下几个方面努力：

一是明晰校外培训监管多元主体的执法权限，因为监管的主体是政府，也涉及多层政府和政府各部门，除了政府之外还有行业协会、社会公众，这是一个多元主体。二是校训监管立法的调整对象，包括校外培训的多种形式，不光有学科类、非学科类，也有很多的夏令营，网络还有各种 App。三是对象，我们保护的对象，目前依据行政处罚法，是三岁以上儿童。四是完善正式合作的法律监管体系。五是构建校外培训监管立法的一个具体路径，制定校外培训法，更全面更系统地对校外培训监管进行规定。

纵观上述国家和地区 60 多年的校外培训监管立法历程，它们的校外培训监管都经历了从无序监管到有序监管的过程，在这个过程中，法律的规范起到了一个非常重要的保障作用。所以我们国家也应逐渐构建这样一个比较完善的校外培训监管法律体系，提升校外培训治理的法制化水平。

# 后　记

在中国教育发展战略学会领导的支持下，基于2022年中国教育发展战略学会学术年会的成果，与国家社科基金社团活动资助项目结合，编辑出版了这部《聚焦国家战略，推动教育高质量发展》。

首先感谢学术年会八个分论坛的组织者，他们克服疫情困难，不仅圆满完成学术年会的举办，而且在书稿推荐、初审及联络方面做了大量工作，他们分别是：负责平行论坛一的终身学习专委会杨树雨、教育财政专委会魏建国、思想道德建设专委会严帅、民办教育专委会黄为、安全教育专委会黄淑娟、家校协同专委会白瑜；负责平行论坛二的教育法治专委会马雷军、姚锡川、教育政策专委会杜晓利、教育新闻传播专委会万安伦、陈鹏、传统文化教育专委会李海彬、王森、产教融合专委会李桂云、李潇阳；负责平行论坛三的教育评价专委会刘扬云、张宜艳、人才发展专委会李志民、陈志文、国际胜任力培养专委会张宁、安艳琪、国际教育专委会董松寿、人文教育专委会何庆、教育考试专委会张刚、心理教育专委会陈虹、教育认证专委会顾占春；负责平行论坛四的教育教学创新专委会王琪、儿童教育与发展专委会王建、教师发展专委会雷振海、姜志伟、促进西部教育发展专委会刘云生；负责平行论坛五的高等教育专委会张小京、崔盛、高中教育专委会蒋承、艺术教育专委会杨秀文；负责平行论坛六的人工智能与机器人教育专委会韩力群、未来教育专委会吴砥、教育信息化专委会周一、教育大数据专委会龚春燕；负责平行论坛七的区域教育专委会赖配根、教育标准专委会陈光巨、郑飞虎、张建强、现代教育管理专委会王刚；负责平行论坛八的乡村振兴专委会柳萌、生涯教育专委会张海昕。

同时要感谢韩民秘书长对全书的精心指导，感谢学术委员会副主任康宁对全书的组织审稿，感谢学会秘书处办公室张丽娟对书稿的大量协调工作。

我们还要感谢中国教育在线在这次学术年会、学术委员会研讨会，以及书稿整理中提供的重要支撑。在此，感谢参与工作的陈志文、冯蕾、徐明磊、杨菲菲、张海利、王莎莎、田博、郑昕宇、建乐乐、李公俭、曾君平、陈晨。

最后，我们要感谢每一位作者，用他们的思考，为我们提供了这样一本学术精品，希望这一本书对新时代中国高质量教育发展起到积极的推动作用。